Contencioso Tributário

Contencioso Tributário

PROCESSO, ARBITRAGEM E EXECUÇÃO

2019 • Volume II • Reimpressão

Serena Cabrita Neto
Advogada e Docente Convidada da Universidade Católica Portuguesa

Carla Castelo Trindade
Advogada e Docente Convidada da Universidade Católica Portuguesa

ALMEDINA

CONTENCIOSO TRIBUTÁRIO

AUTORES

Serena Cabrita Neto

Carla Castelo Trindade

EDITOR

EDIÇÕES ALMEDINA, S.A.

Rua Fernandes Tomás, nºs 76-80

3000-167 Coimbra

Tel.: 239 851 904 · Fax: 239 851 901

www.almedina.net · editora@almedina.net

DESIGN DE CAPA

FBA.

PRÉ-IMPRESSÃO

João Jegundo

IMPRESSÃO E ACABAMENTO

Artipol – www.aripol.net

Janeiro, 2019

DEPÓSITO LEGAL

420261/17

ALMEDINA | GRUPOALMEDINA

BIBLIOTECA NACIONAL DE PORTUGAL – CATALOGAÇÃO NA PUBLICAÇÃO

NETO, Serena Cabrito, e outro

Contencioso tributário : procedimento, princípios e garantias / Serena Cabrito Neto, Carla Castelo Trindade. - v. – (Manuais profissionais)
2º v. - p. - ISBN 978-972-40-6885-5

I – TRINDADE, Carla Castelo

CDU 347

Aos nossos filhos:
Pedro
e
Salvador, Carminho, Francisca, Rosarinho e Zé Maria
que possam realizar os seus sonhos!

ABREVIATURAS

CAAD – Centro de Arbitragem Administrativa
CC – Código Civil
CPA – Código de Procedimento Administrativo
CPC – Código de Processo Civil
CPPT – Código de Procedimento e de Processo Tributário
CPT – Código de Processo Tributário
CPTA – Código de Processo nos Tribunais Administrativos
CRP – Constituição da República Portuguesa
DGCI – Direcção-Geral dos Impostos
DGAIEC – Direcção-Geral das Alfândegas e dos Impostos Especiais sobre o Consumo
ETAF – Estatuto dos Tribunais Administrativos e Fiscais
EBF – Estatuto dos Benefícios Fiscais
IEC – Impostos Especiais sobre o Consumo
IMI – Imposto Municipal sobre Imóveis
IMT – Imposto Municipal sobre as Transmissões Onerosas de Imóveis
IRC – Imposto sobre o Rendimento das Pessoas Colectivas
IRS – Imposto sobre o Rendimento das Pessoas Singulares
IUC – Imposto Único de Circulação
IAS – Indexante de Apoios Sociais
IVA – Imposto sobre o Valor Acrescentado
LAV de 1986 – anterior Lei de Arbitragem Voluntária (Lei nº 31/86, de 29/08)
LAV/LAV de 2011 – actual Lei de Arbitragem Voluntária (Lei nº 63/2011, de 14/12)
LFRA – Lei das Finanças das Regiões Autónomas
LGT – Lei Geral Tributária
LPTA – Lei de Processo nos Tribunais Administrativos e Fiscais (Decreto-Lei nº 267/85, de 16/07)
LTC – Lei de Organização, Funcionamento e Processo do Tribunal Constitucional (Lei nº 28/82, de 15/11)

Portaria de Vinculação	– Portaria nº 112-A/2011, de 22/03
Regulamento de Custas	– Regulamento de Custas nos Processo de Arbitragem Tributária do CAAD
RCPITA	– Regime Complementar do Procedimento de Inspecção Tributária e Aduaneira
RJAT	– Regime Jurídico da Arbitragem Tributária
STA	– Supremo Tribunal Administrativo
TCA	– Tribunal Central Administrativo
TFUE	– Tratado sobre o Funcionamento da União Europeia
TGIS	– Tabela Geral do Imposto do Selo
TJUE	– Tribunal de Justiça da União Europeia

PREFÁCIO

O contencioso tributário constitui uma área de prática com extraordinária importância, que ocupa hoje em dia um imenso universo de profissionais junto da administração, tribunais e escritórios de advogados. Todos os dias, milhares de processos fazem o seu caminho pelos nossos tribunais, com resultados favoráveis por vezes aos contribuintes, noutras vezes à administração, com decisões mais fundamentadas nuns casos e menos seguras noutros – com isto se construindo a justiça fiscal que é essencial a um estado de direito. Na verdade, a importância do contencioso é tal que a iniquidade que resta no nosso sistema fiscal não resulta menos das regras substantivas de que é feito que da disparidade no acesso à justiça tributária e da morosidade das decisões judiciais.

A publicação de um novo manual de *Contencioso Tributário* constitui, por isso, ocasião para celebrar. Apesar do largo número de profissionais que se dedicam ao contencioso tributário é escasso o volume de trabalhos que procuram sistematizar os princípios e regras de que o contencioso tributário se faz, uma empresa que não é facilitada pela pressão quotidiana que marca o trabalho do contencioso, pela complexidade da lei em vigor e pela inconstância das alterações legislativas e da evolução jurisprudencial.

O trabalho que dão agora à estampa Serena Cabrita Neto e Carla Castelo Trindade será, portanto, um precioso elemento de estudo e trabalho. Mais ainda por haver nele três notas essenciais a toda a obra de referência: *ambição,* por abranger procedimento e processo, contencioso judicial e contencioso arbitral; *actualidade,* por nele se recolherem laboriosamente as últimas orientações doutrinárias, administrativas e jurisprudenciais; *sentido crítico,* por se assumir sem reverência opinião própria quanto às questões, orientações e decisões mais e menos polémicas em que o contencioso tributário assenta.

Este sentido crítico evidentemente não é algo que aqui surja do vazio mas que antes nasce da experiência que as autoras têm no domínio do direito fiscal. A Serena Cabrita Neto, desde há anos profissional de referência no contencioso tributário e que, ainda sob orientação do José Luís Saldanha Sanches, publicou um dos nossos primeiros trabalhos de introdução ao procedimento e processo tributário, liderando agora o departamento fiscal do maior escritório de advogados do país. A Carla Castelo Trindade, fazendo o seu percurso pela advocacia primeiro, passando pela Secretaria de Estado dos Assuntos Fiscais depois, onde tomou largamente em mãos o trabalho de montagem do sistema da arbitragem tributária em Portugal, para o reproduzir depois noutras latitudes. Ambas docentes hoje em dia dos programas pós-graduados *Católica Tax*.

A publicação deste *Manual* assinala assim, em larga medida, uma natural renovação de gerações entre aqueles que investigam e discutem o contencioso tributário. E para a Universidade Católica, representa a confirmação da capacidade dos nossos docentes e do sermos capazes de oferecer aos nossos alunos a formação da melhor qualidade.

SÉRGIO VASQUES
Professor da Universidade Católica Portuguesa

NOTA INTRODUTÓRIA

A crescente sofisticação do sistema fiscal, combinada com a pressão para a arrecadação de receitas por parte do Estado fez crescer exponencialmente as necessidades de interacção com a Administração Tributária e o número de litígios fiscais. Por tudo isto, nunca os cidadãos estiveram tão despertos para os temas fiscais como estão hoje.

Volvida cerca de uma década e meia desde a massiva informatização do sistema da autoridade tributária, os problemas enfrentados pelos contribuintes são agora outros e estão para além dos clássicos problemas relativos à prática dos actos tributários e à sua quantificação, antes se centrando nos novos modelos de tributação como por exemplo os resultantes da aplicação das normas anti-abuso.

A par destas alterações significativas, vemos introduzida em Portugal, de forma pioneira e com um sucesso assinalável, a Arbitragem Tributária que, como qualquer novidade legislativa, não deixa de suscitar dúvidas aos seus destinatários e profissionais que com a mesma operam.

Com este trabalho pretendemos auxiliar todos os profissionais que de forma directa ou indirecta lidam com questões fiscais e se relacionam com a autoridade tributária ou com os tribunais. Pretendemos também auxiliar os estudantes que há muito reclamavam a necessidade de uma obra que compreendesse uma panorâmica global e integrada do sistema processual tributário. Tentámos para tal apresentar um trabalho que integrasse as garantias dos contribuintes em sede administrativa, judicial ou arbitral e executiva, não sem, porém, deixar de olhar aos problemas suscitados em cada uma das fases, às soluções que a doutrina aponta e, ainda, às soluções da jurisprudência.

Na escolha das problemáticas abordadas não foi alheia a experiência profissional diária que enfrentamos enquanto advogadas, enquanto árbitras e, bem assim, enquanto docentes, merecendo por isso os nossos alunos – deste e dos precedentes anos lectivos – um agradecimento pelos desafios constantes que nos lançam com as suas questões e abordagens.

A extensão deste trabalho, que desde logo exigiu a publicação em dois volumes, e a complexidade das matérias abordadas testemunham por si só o enorme esforço envolvido na sua preparação completada em cerca de um ano de dedicação quase exclusiva.

Porém, tal não teria sido possível sem o auxílio, motivação e abnegação de algumas pessoas que não podemos deixar de assinalar e a quem dirigimos o nosso profundíssimo agradecimento.

Em primeiro lugar, Sérgio Vasques – antes de mais um amigo – coordenador do Católica Tax, grande impulsionador e motivador deste livro, que não quebrou em momento algum o seu entusiasmo pelo resultado que sempre acreditou vir a acontecer. A ele devemos gratidão por toda a confiança.

À Madalena Robalo Cordeiro, nossa aluna do Mestrado Forense, que auxiliou em dedicação quase exclusiva nas pesquisas e no enquadramento das posições recolhidas. A nossa doce Madalena foi peça fundamental na execução desta empreitada. Sabemos que sem ela este trabalho não existiria, menos ainda em tão pouco tempo.

À Susana Bradford Ferreira, advogada estagiária, que auxiliou na revisão do texto, também contribuindo decisivamente para a sua concretização em particular no que respeita ao Capítulo da Arbitragem Tributária. Acutilante e inteligente, o contributo da Susana raras vezes se resume ao óptimo, sendo na sua grande mairoria excelente e neste trabalho não foi excepção.

À Priscila Santos, advogada experiente com dedicação plena ao contencioso tributário, que teve um contributo inestimável na análise de alguns dos problemas aqui abordados como as matérias da caducidade e prescrição.

Uma final homenagem a José Luis Saldanha Sanches, o nosso Professor, que cedo no seu percurso percebeu a importância do domínio da matéria das garantias e do contencioso tributário enquanto instrumentos efectivadores da tutela dos cidadãos, sempre motivando os seus alunos ao estudo da juriprudência e incluindo nos seus programas e estudos esta perspectiva processual do direito fiscal, por vezes menosprezada pela academia. A ambas as autoras influenciou, desde logo, no gosto pelas matérias da fiscalidade.

Por fim, às nossas famílias, e, em especial, aos nossos respectivos filhos. Ao todo são cinco adoráveis crianças que como calcularão em pouco ajudam no libertar de tempo a qualquer uma das mães, mas em muito contribuem para a sua realização permitindo, assim, que se inspirem e escrevam...

As Autoras,

Serena Cabrita Neto
Carla Castelo Trindade

Lisboa, Dezembro de 2016

INTRODUÇÃO

À semelhança do que sucede no âmbito de outros ramos do Direito, como do Direito Civil ou do Direito Penal, também no Direito Fiscal o estudo das normas adjectivas ou processuais é necessário de modo a alcançar uma visão completa do sistema. Embora as normas tributárias adjectivas não se confundam com as de carácter substantivo – as quais, *grosso modo*, determinam a incidência, as taxas aplicáveis, as isenções dos tributos, entre outros factores –, é inegável que o estudo do sistema jurídico tributário ficaria incompleto sem uma análise das suas normas processuais. Nesta obra pretende-se, então, estudar as normas – a sua articulação e aplicação prática – que pautam quer o procedimento tributário, quer o processo tributário, sem esquecer a arbitragem tributária e o processo de execução fiscal. Todos eles têm na sua base, via de regra, uma interacção entre o contribuinte e Administração Tributária, cuja iniciativa pode partir de qualquer uma dessas entidades, podendo culminar num litígio quanto ao acto administrativo daí resultante.

Na verdade, o contribuinte que se depara com um acto da Administração Tributária que lhe é desfavorável, ou com o qual não concorda, e pretende discutir a legalidade deste mesmo acto poderá fazê-lo com a própria Administração, perante um tribunal judicial tributário ou perante um tribunal arbitral. Por outro lado, se da prática deste acto decorrer a obrigação de pagamento de imposto e o contribuinte não proceder a este pagamento, haverá lugar a um processo de execução fiscal. Com efeito, e como melhor se verá, no âmbito do contencioso tributário vale o princípio do *solve et repete,* segundo o qual o contribuinte será obrigado a pagar o imposto ou a prestar garantia para que possa contestar a legalidade do acto em causa evitando os efeitos de uma cobrança coerciva do tributo. Dito de outro modo, vale o princípio do *solve et repete,* segundo o qual a discussão da legalidade da dívida não tem efeito suspensivo, sendo necessária a prestação de garantia para a eventual suspensão do processo de execução fiscal. Quer no âmbito do procedimento tributário, através da reclamação graciosa ou do recurso hierárquico, quer no âmbito do processo judicial tributário através da impugnação judicial ou mesmo no âmbito da arbitragem tributária, discute-se sempre a legalidade do acto que deu origem à dívida tributária. Se, pelo contrário, o contribuinte pretender discutir a (in)exigibilidade da dívida, poderá fazê-lo no âmbito do processo de execução fiscal, através da oposição à execução.

Em todo o caso, antes de mais, mostra-se fundamental ter presente a dicotomia entre procedimento tributário e processo tributário, sendo que o que realmente distingue o procedimento tributário do processo judicial tributário é o papel da Administração Tributária em cada um deles. Se num lado, o do procedimento tributário, esta actua como órgão decisor – que decide liquidar adicionalmente um tributo, reconhecer um benefício fiscal, deferir ou indeferir uma reclamação graciosa –, no outro, o do processo tributário, a Administração Tributária surge em posição paralela à dos administrados – sujeitos passivos, substitutos, responsáveis ou interessados –, como parte desse processo, teoricamente com igualdade de armas. Esta diferença reflecte-se também, em normas muito relevantes para o exercício da tutela dos cidadãos, originária ou subsidiariamente aplicáveis, como por exemplo, as referentes à contagem de prazos. Enquanto os prazos do procedimento tributário e de apresentação de impugnação judicial, de acordo com os artigos 57º, nº 3 da Lei Geral Tributária (LGT) e 20º, nº 1 do Código de Procedimento e Processo Tributário (CPPT), se contam nos termos do artigo 279º do Código Civil (CC), de acordo com o artigo 20º, nº 1 do CPPT, já os prazos processuais, isto é, para a prática de actos no processo judicial tributário, contam-se nos termos do Código de Processo Civil (CPC). Ora, não obstante a análise que adiante se fará sobre as especificidades dos modos de contagem de prazos, saliente-se desde já que a grande distinção entre um e outro é o facto de no procedimento tributário, ao contrário do que acontece no processo judicial tributário, o prazo não se suspender nas férias judiciais[1].

Pese embora a relevância desta dicotomia procedimento/processo, esta não será a única presente no contencioso tributário e que merecerá atenção. Com efeito, subsiste ainda no contencioso tributário – com evidentes desvantagens para os administrados e numa evidente desactualização à luz da evolução do próprio contencioso administrativo, cujas regras se aplicam subsidiariamente ao processo tributário – uma distinção entre actos tributários e

[1] Vejam-se os pontos 49 e 67 deste manual.

actos em matéria tributária. Esta diferença, como se verá, não é inofensiva na medida em que dela decorrerá uma separação clara entre actos que, embora praticados no âmbito da relação jurídico-tributária e pela Administração Tributária, serão tratados à luz das regras processuais administrativas previstas no Código de Processo nos Tribunais Administrativos (CPTA) e não pelas regras próprias do contencioso tributário, seguindo os demais actos as normas do CPPT e da LGT. Ou seja, mantém o legislador a separação oriunda da clássica prevalência do direito administrativo sobre o direito tributário, entre actos que, embora praticados pela Administração Tributária, devem ser escrutinados por via de aplicação das regras processuais administrativas, determinando qual o meio tutelar administrativo ou judicial a que o contribuinte poderá recorrer. Assim, se pretender discutir a legalidade de um acto tributário ou a este legalmente equiparado, em regra um acto de liquidação de um tributo, o contribuinte poderá contestá-lo administrativamente através da reclamação graciosa, judicialmente através da impugnação judicial e ainda pedir a constituição de tribunal arbitral, sempre com base nas regras do CPPT e da LGT. Por sua vez, se não concordar com um acto em matéria tributária, ou seja, que não envolva a discussão sobre a liquidação de um tributo, o contribuinte apenas poderá contestá-lo administrativamente mediante o recurso hierárquico e judicialmente através da acção administrativa regulada no CPTA

Feita esta breve exposição inicial, é de referir que devido à extensão deste manual por razões editoriais este dividir-se-á em dois volumes.

Assim, no Volume I começaremos por analisar, os princípios basilares do contencioso tributário como um todo, olhando em especial ao princípio da tutela jurisdicional efectiva e ao da legalidade tributária e, bem assim, às normas que tutelam o relacionamento não litigioso do contribuinte com a Administração Tributária. Analisaremos também, a título introdutório, as fontes normativas, as regras de interpretação e de aplicação da lei no tempo e, bem assim, o papel da doutrina e da jurisprudência.

De seguida, na Parte I, dedicada ao procedimento tributário, pretendemos descortinar as regras e as características do procedimento tributário, determinando em primeiro lugar as entidades que nele podem intervir. De seguida olharemos aos princípios que norteiam a actuação da Administração Tributária e aos direitos e garantias dos contribuintes. Deter-nos-emos num capítulo, o IV, para descortinar quais as várias classificações de actos procedimentais para depois passarmos ao regime dos juros a favor da Administração e a favor do contribuinte. De seguida, analisaremos os procedimentos especiais em matéria tributária, tais como os procedimentos de avaliação e de inspecção tributária para, já no fim, nos dedicarmos ao estudo dos meios tutelares administrativos. Por último, caberá estudar no Volume I as regras relativas ao ónus da prova.

O Volume II, por seu turno, divide-se em três partes distintas.

Na Parte II, dedicada ao processo judicial tributário, caberá em primeiro lugar analisar os princípios que norteiam o processo tributário e que vinculam a actuação tanto do tribunal quanto das partes, para de seguida descortinarmos os sujeitos que podem ser parte ou têm legitimidade para intervir no processo e, bem assim, as regras de atribuição da competência dos tribunais tributários. Tudo isto com o intuito de uma melhor compreensão das diferentes formas processuais que, como não poderia deixar de ser, também serão objecto de estudo e sobre as quais nos debruçaremos num capítulo autónomo, o X. Por fim, caberá olhar às regras relativas ao ónus da prova relembrando naturalmente as regras já estudadas aquando da Parte I relativa ao procedimento e salientando as especificidades existentes no processo tributário

Na Parte III analisaremos em traços gerais o meio alternativo de resolução de litígios em matéria tributária, ou seja, a arbitragem tributária, passando por uma referência ao âmbito material da arbitragem de forma a concluir quais os actos susceptíveis de sindicância arbitral, não sem olharmos à tramitação procedimental e processual e ainda aos efeitos da decisão arbitral, remetendo-se para a recentemente publicada obra de uma das autoras deste manual, onde se faz o estudo aprofundado do Regime Jurídico da Arbitragem Tributária[2].

Por fim, na Parte IV procederemos ao estudo do processo de execução fiscal, descortinando a sua natureza, analisando os seus pressupostos, bem como a sua tramitação e formas de reacção.

São estes os objectivos que nos propomos com esta obra.

Uma última nota para referir que a nossa análise tem sempre subjacente a procura pelo equilíbrio entre dois polos, que muitas das vezes são opostos e que se prendem com os direitos e garantias dos contribuintes que compreensivelmente pretendem, por um lado, pagar o mínimo de impostos possível e, por outro, contrariar actos ilegais da Administração Tributária e o direito da Administração Tributária de cobrar tributos e arrecadar receitas vendo a sua actuação espartilhada, naturalmente, pelo estrito cumprimento da lei. É neste equilíbrio que estas matérias se tornam interessantes e importantes para o dia-a-dia dos cidadãos e por isso mereceram a nossa atenção.

[2] Carla Castelo Trindade (2016), "Regime Jurídico da Arbitragem Tributária Anotado", Almedina, Lisboa.

PARTE II
PROCESSO TRIBUTÁRIO

Terminado o estudo do procedimento tributário, tanto dos princípios que pautam a actuação da Administração Tributária e das garantias dos contribuintes quanto dos procedimentos em especial e dos meios tutelares administrativos – que fizemos no Volume I – iniciamos agora a segunda parte deste manual com a análise do processo tributário.

Para o Volume I remetemos então, não só o estudo das regras aplicáveis ao procedimento tributário, aos princípios e às garantias dos contribuintes mas também – porque têm aplicação também quanto ao processo, à arbitragem e à execução – para os princípios constitucionais, em particular para o da tutela jurisdicional efectiva, e para as fontes de direito que estudámos nas primeiras 40 páginas do Volume I.

A iniciar este Volume II é de salientar a mudança de papel da Administração Tributária. No processo, a Administração Tributária não é já a entidade decisora, como sucede no âmbito dos vários procedimentos tributários, mas sim parte nos diferentes meios processuais que analisaremos. Para além disso, ao contrário do que sucede na actividade procedimental, que pode cingir-se à emanação de um acto, em sede de processo tributário haverá sempre, via de regra, um litígio entre o sujeito passivo, o responsável ou substituto tributário e a Administração Tributária a dirimir pelos tribunais. Ou, pelo menos, haverá sempre uma pretensão que o sujeito passivo quer ver apreciada em Tribunal.

Mais, é de referir a diferença no modo de contagem de prazos no âmbito do procedimento e em sede de processo judicial tributário. Enquanto os prazos do procedimento tributário e de apresentação de impugnação judicial, de acordo com os artigos 57º, nº 3 da LGT e 20º, nº 1 do CPPT, se contam nos termos do artigo 279º do CC, os prazos processuais, isto é, para a prática de actos no processo judicial tributário, contam-se nos termos do CPC, de acordo com o artigo 20º, nº 1 do CPPT.

Assim, recorde-se que os prazos no procedimento tributário são contínuos, contando-se sábados, domingos e feriados, e não se suspendem nas férias judiciais. Já os prazos no processo judicial tributário, pese embora também sejam contínuos, contando-se sábados, domingos e feriados, suspendem-se nas férias judiciais. O dia da notificação não conta, sendo considerado como o "dia zero".

Deste modo, tal como vimos no procedimento tributário, é fundamental analisarmos em primeiro lugar os princípios que caracterizam o processo judicial tributário, quer aproximando-o, quer afastando-o do processo civil e do processo administrativo. Na verdade, muitos dos princípios que pautam o processo tributário já serão conhecidos de outros ramos processuais do direito, designadamente o princípio do contraditório ou da livre apreciação da prova.

Por outro lado, caberá determinar quem são os sujeitos que intervêm no processo judicial tributário ou, dito de outro modo, quem pode ser parte neste processo e que tribunais têm competência para dirimir os litígios em causa.

De seguida, tentaremos dissecar as várias formas processuais, tal como a impugnação judicial e a acção administrativa, bem como as providências cautelares e os recursos admitidos.

A terceira parte do nosso manual será dedicada ao regime da arbitragem tributária enquanto meio alternativo à impugnação judicial.

Por fim, analisaremos o processo de execução fiscal que consistirá na quarta parte.

Este é o nosso Manual, Volume II.

Capítulo VIII
Princípios do Processo Tributário

No capítulo II da primeira parte deste manual – Volume I – procedemos ao estudo dos princípios que pautam o procedimento tributário. Estes, como vimos, estão consagrados quer na LGT, quer no CPPT e muitos são também de consagração constitucional.

A LGT enumera os princípios do procedimento tributário no seu artigo 55º, determinando, em jeito de cláusula geral, que *"a administração tributária exerce as suas atribuições na prossecução do interesse público, de acordo com os princípios da legalidade, da igualdade, da proporcionalidade, da justiça, da imparcialidade e da celeridade, no respeito pelas garantias dos contribuintes e demais obrigados tributários"*. Consagra-se ainda, no artigo 56º, o *princípio da decisão* como princípio orientador do procedimento tributário; no artigo 58º trata-se do *princípio do inquisitório*, no artigo 59º do *princípio da colaboração* e no artigo 60º do *princípio da participação*. Por sua vez, o CPPT trata dos princípios aplicáveis ao procedimento tributário: no artigo 45º, onde consagra o *princípio do contraditório*; no artigo 46º, no qual prevê o *princípio da proporcionalidade*, no artigo 47º, onde trata o *princípio do duplo grau de decisão* e nos artigos 48º e 49º, onde se consagra o *princípio da cooperação*[1].

Dos princípios referidos decorrem imposições e limites para a Administração Tributária e, por seu turno, direitos e garantias para os contribuintes. Com efeito, os princípios do procedimento tributário devem ser aplicados à Administração Tributária enquanto entidade decisora, e não enquanto parte. É por esta razão, como se viu, que decidimos tratar os princípios do procedimento e os princípios do processo em partes distintas deste manual.

[1] Princípio que é ainda concretizado e enunciado no artigo 59º da LGT e nos artigos 11º e 60º do CPA.

Assim, os princípios do procedimento tributário são norteadores da actividade da Administração Tributária, enquanto entidade decisora, no âmbito do procedimento tributário, que, tal como já vimos, de acordo com o artigo 54º, nº 1 da LGT, constitui *"toda a sucessão de actos dirigida à declaração dos direitos tributários"*, abrangendo toda a actividade da Administração Tributária que tem em vista a declaração de direitos tributários, através da emanação de um acto, designadamente as acções preparatórias ou complementares de informação e fiscalização tributária, a liquidação dos tributos efectuada pela Administração Tributária, a revisão dos actos tributários, o reconhecimento ou revogação de benefícios fiscais, a emissão ou revogação de outros actos administrativos em matéria tributária, as reclamações graciosas, os recursos hierárquicos, a avaliação directa ou indirecta dos rendimentos ou valores patrimoniais e a cobrança das obrigações tributárias, na parte que não tiver natureza judicial.

Ora, para além destes princípios aplicáveis ao procedimento tributário, também estão previstos quer na LGT, quer no CPPT, quer no RJAT, bem como no CPC – aplicável subsidiariamente –, princípios aplicáveis ao processo tributário, ou seja, às partes no processo tributário e, em concreto, à Administração enquanto parte de um processo judicial ou jurisdicional. Na verdade, apesar da aparente repetição de princípios no procedimento e processo tributário, designadamente do princípio do *inquisitório*, do *contraditório*, da *celeridade* ou da *cooperação*, estes não se confundem.

Aqui a Administração Tributária não actua já como entidade decisora, mas apenas enquanto parte. Assim, não só o conteúdo dos princípios que aparentemente se "repetem" no processo tributário será diferente, mas também a óptica através da qual os analisaremos será distinta. Aqui no processo as exigências decorrentes do princípio do inquisitório, por exemplo, impendem sobre o juiz e não sobre a Administração. O mesmo se dirá acerca do princípio da *celeridade* e do *contraditório*.

Por outro lado, consagram-se no âmbito do processo tributário princípios que não fariam sentido no procedimento tributário, tais como o princípio *pro actione* ou da *igualdade das partes*.

Antes, porém, de procedermos à análise destes princípios, caberá determinar se o contencioso tributário é de *mera anulação* ou *de plena jurisdição*, ou seja, se através do processo tributário apenas se visa a anulação de decisões administrativas lesivas, remetendo-se a emanação do acto legal e adequado ao caso novamente para a Administração Tributária. Ou, se por outro lado, o contencioso tributário tem como pressuposto a lesão de direitos ou interesses legítimos, independentemente da lesão resultar ou não da existência de um acto administrativo, não sendo assim necessária a existência de um acto lesivo para a concessão da tutela jurisdicional[2].

De seguida, analisaremos os princípios estruturantes do processo tributário, fundamentais não só para a sua caracterização mas também para determinar em que momentos se aproxima e em que situações, pelo contrário, se afasta quer do processo civil quer do processo administrativo. Estes serão os princípios da *plenitude dos meios processuais* (artigo 97º, nº 2 da LGT), da *tipicidade das formas processuais*, o princípio *pro actione* (artigo 7º do CPTA), da *cooperação* (artigo 7º do CPC), da *celeridade* (artigos 97º, nº 1 da LGT e 96º, nº 1 do CPPT), da *igualdade das partes* (artigo 98º da LGT) e do *contraditório* (artigo 267º, nº 5 da CRP). É patente que muitos destes princípios não têm consagração expressa nem na LGT, nem no CPPT decorrendo do processo civil e do processo administrativo, bem como da própria CRP.

Caberá de seguida a análise dos princípios relativos à prova que respondem a várias questões relativas à instrução do processo e ao ónus da prova no âmbito do mesmo processo: deverá o juiz cingir-se às provas apresentadas pelas partes? Quem pode realizar ou requerer a realização de diligências de prova? Que meios de prova são admitidos no âmbito do processo tributário? Como deverá o juiz valorá-los, na tomada da decisão acerca da matéria de facto?

Aqui referimo-nos especificamente aos princípios *do inquisitório* (artigos 99º, nº 1 da LGT e 13º, nº 1 do CPPT), *da universalidade dos meios de prova, da livre apreciação da prova* (artigo 607º, nº 5 do CPC), *da aquisição processual* (artigo 413º do CPC) e *da imediação.*

Por último, pretende-se determinar a forma processual do processo tributário, designadamente se se trata de um processo essencialmente escrito ou se vale o princípio da oralidade.

É de referir que ao longo do estudo destes princípios – fundamentais para a compreensão posterior dos meios processuais no âmbito do contencioso tributário –, serão várias as vezes em que nos apoiaremos na doutrina mais relevante em sede do estudo do processo civil e do processo administrativo. Na verdade, muitos destes princípios decorrem do processo civil, não estando sequer expressamente consagrados nem na LGT, nem no CPPT, aplicando-se subsidiariamente os artigos do CPC que os consagram, por força do artigo 2º, alínea *e*) do CPPT. Outros serão aplicáveis no âmbito do processo adminis-

[2] Esta temática já tem vindo a ser abordada por nós em vários assuntos, designadamente na Introdução deste manual, no ponto 1.2 relativo ao princípio da tutela jurisdicional efectiva e o ponto 2.1.2 relativo ao CPPT.

trativo, possuindo um conteúdo muito semelhante aos princípios aplicáveis no âmbito do contencioso tributário.

Comecemos então a análise dos princípios que pautam o processo judicial tributário, sem os quais não será possível uma compreensão das formas processuais, que serão objecto de estudo no capítulo X.

52. Processo tributário como contencioso de plena jurisdição

Antes de analisarmos especificamente os princípios do processo tributário, cabe analisar a qualificação deste enquanto contencioso de mera anulação ou de plena jurisdição.

Um contencioso de *mera anulação* será aquele mediante o qual apenas se visa a anulação de decisões administrativas, remetendo-se a emanação do acto legal e adequado ao caso novamente para a Administração Tributária. Assim, o único pressuposto para a concessão da tutela jurisdicional num contencioso de mera anulação, será a invocação de vícios de um acto praticado pela Administração, que se pretende que seja anulado pelo Tribunal.

Por outro lado, um contencioso de *plena jurisdição* será aquele que tem como pressuposto a lesão de direitos ou interesses legítimos, independentemente de a lesão resultar ou não da existência de um acto administrativo, não sendo assim necessária a existência de um acto lesivo para a concessão da tutela jurisdicional. Para além disso, num contencioso de plena jurisdição, quando a lesão dos direitos ou interesses legítimos resultar de um acto, o Tribunal não só pode anular a decisão da Administração como também a pode substituir pela decisão adequada e ainda condenar a Administração Tributária a devolver quantias incorrectamente cobradas ou a pagar juros indemnizatórios.

- ***Princípio da tutela jurisdicional efectiva***

Antes de mais, para que se possa afirmar que o contencioso tributário é de plena jurisdição, este terá de respeitar as exigências do princípio da tutela jurisdicional efectiva, pelo que cabe relembrar o que foi dito acerca deste princípio constitucional no ponto 1.2 da Introdução deste manual.

Como já tivemos oportunidade de salientar, o direito à tutela jurisdicional efectiva está consagrado no nº 4 do artigo 268º da CRP, tratando-se do direito basilar de todo o sistema tutelar tributário. Este direito dos administrados impõe que, para todo e qualquer conflito que mereça composição judicial, seja possível encontrar um Tribunal competente e um meio processual que confira protecção adequada e suficiente aos interesses dignos de tutela jurídica.

No âmbito constitucional, este princípio não só está consagrado no artigo 268º, nº 4 como também no artigo 20º, nº 1[3]. Recordamos as palavras de GOMES CANOTILHO e VITAL MOREIRA, de que o direito à tutela judicial efectiva está consagrado no artigo 20º, nº 1 da CRP, sendo ele mesmo, "*um direito fundamental constituindo uma garantia imprescindível da protecção de direitos fundamentais, sendo, por isso, inerente à ideia de Estado de direito*"[4]. Este preceito constitucional reconhece vários direitos conexos, como o direito de acesso ao direito, de acesso aos tribunais, à informação e consulta jurídicas, ao patrocínio judiciário e à assistência de advogado, todos componentes de um direito geral à protecção jurídica. No que diz respeito ao direito de acesso aos tribunais, este constitui uma garantia universal e geral e resulta do monopólio tendencial de resolução de conflitos por órgãos do Estado ou providos de legitimação pública. No artigo 268º, nº 4 da CRP, por sua vez, consagra-se o direito à tutela jurisdicional efectiva em sede de justiça administrativa[5].

Na opinião destes autores, os nºs 4 e 5 do artigo 268º da CRP, em articulação com os artigos 20º e 212º da CRP – este último estatui a competência dos tribunais administrativos e fiscais para dirimir litígios emergentes das relações jurídico-administrativas – concretizam o direito à tutela jurisdicional efectiva dos direitos e interesses dos particulares "*na específica relação destes com a administração*". Este direito inclui, designadamente, o reconhecimento e protecção de direitos ou interesses, a impugnação de quaisquer actos administrativos lesivos de direitos ou interesses legalmente protegidos dos particulares, a determinação da prática de actos administrativos legalmente devidos, a adopção de medidas cautelares e o direito de impugnar normas administrativas com eficácia externa lesiva.

Esta norma constitucional está transposta no artigo 9º da LGT, no qual se garante no seu nº 1 o acesso à justiça tributária para a tutela plena e efectiva de todos os direitos ou interesses legalmente protegidos e, no nº 2, o direito de acesso aos tribunais, prevendo-se a possibilidade de impugnação ou recurso dos actos em matéria tributária que lesem direitos ou interesses legalmente protegidos. Neste direito de acesso aos tribunais, de acordo com LEITE CAMPOS, BENJAMIM SILVA RODRIGUES e LOPES DE SOUSA, inclui-se expressamente o direito de apreciação de determinada pretensão por um

[3] Veja-se o acórdão do STA de 10 de Setembro de 2014, proferido no âmbito do processo nº 0582/14 que afirma que "*o artº 20º da Constituição da República Portuguesa garante a todos o acesso ao direito e aos tribunais para defesa dos seus direitos e interesses legalmente protegidos.*".

[4] J.J GOMES CANOTILHO / VITAL MOREIRA (2014), Vol. I, p. 408.

[5] *Ibidem*, p. 408,409 e 416.

tribunal, ou seja, o direito ao processo e até o direito de vista do processo, permitindo-se o acesso aos autos[6].

Também do artigo 96º do CPPT resulta que o processo judicial tributário tem por função a tutela plena, efectiva e em tempo útil dos direitos e interesses legalmente protegidos em matéria tributária.

Ora, do direito constitucional à tutela jurisdicional efectiva resulta a exigência de o legislador ordinário consagrar quatro tipos de meios processuais: (*i*) meios de reconhecimento e protecção de direitos ou interesses legalmente protegidos em matéria tributária, (*ii*) meios de impugnação de quaisquer actos lesivos de direitos ou interesses legalmente protegidos dos particulares, (*iii*) meios de determinação da prática de actos administrativos legalmente devidos e (*iv*) meios cautelares adequados. De facto, este direito possui três vertentes distintas, exigindo uma tutela declarativa, executiva e cautelar adequada.

No que diz respeito aos *meios de reconhecimento e protecção de direitos ou interesses legalmente protegidos em matéria tributária*, no âmbito do processo tributário está prevista a acção para o reconhecimento de direito ou interesse legítimos em matéria tributária, de acordo com o artigo 145º do CPPT, que será objecto de estudo no ponto 62 deste manual. Quanto aos *meios de impugnação* de quaisquer actos lesivos de direitos ou interesses legalmente protegidos dos particulares, são vários os meios que dão cumprimento a esta exigência constitucional no âmbito do processo tributário, sendo na verdade os mais utilizados na prática, tais como o processo de impugnação judicial previsto no artigo 99º do CPPT, o processo de derrogação do sigilo bancário previsto no artigo 146º-A a 146º-C do CPPT, a oposição à execução fiscal previsto no artigo 203º e seguintes do CPPT e a reclamação dos actos do órgão da execução prevista no artigo 276º do CPPT, que serão objecto de estudo respectivamente nos pontos 60., 64.4 e na Parte IV deste manual. Relativamente aos *meios de determinação da prática de actos administrativos legalmente devidos* está consagrada no âmbito do processo tributário a intimação para um comportamento no artigo 147º do CPPT, que será objecto de análise no ponto 63 deste manual. Por fim, no que diz respeito aos *meios cautelares adequados*, consagram-se no âmbito do processo tributário não só meios adequados de reacção contra providências cautelares adoptadas pela Administração no artigo 144º do CPPT, como também se prevê a possibilidade de os sujeitos passivos requererem ao Tribunal a adopção de medidas cautelares contra a própria Administração no artigo 147º, nº 6 do CPPT. A impugnação de medidas cautelares adoptadas pela

[6] Diogo Leite Campos/ Benjamim Silva Rodrigues/ Jorge Lopes de Sousa (2011), p. 111-112.

Administração e as medidas cautelares a favor do contribuinte serão objecto de estudo nos pontos 65.3 e 65.2 deste manual, respectivamente.

Assim, os meios impugnatórios, as ações cautelares e as remanescentes acções previstas no CPPT são o corolário da aplicação ao contencioso tributário do princípio da tutela jurisdicional efectiva.

A este propósito, RUI DUARTE MORAIS considera que, no artigo 268º, nº 4 da CRP e no artigo 96º do CPPT, está em causa a alteração de paradigma de um contencioso de mera anulação para um contencioso de plena jurisdição. A tutela judicial tributária deixou, para o autor, de ter como pressuposto a invocação dos vícios de um acto praticado pela Administração cuja anulação se requer, dependendo apenas de uma lesão de direitos ou interesses legalmente protegidos que se pretende proteger, embora a impugnação judicial de actos continue a ser a forma processual mais utilizada[7].

Não há dúvida alguma que o direito à tutela jurisdicional efectiva tem plena aplicação no contencioso tributário e que o legislador actualmente prevê outros meios processuais para além da anulação de actos lesivos dos direitos ou interesses dos contribuintes, o que significa que a existência de um acto lesivo deixou de ser pressuposto de acesso à tutela jurisdicional. No entanto, o cumprimento do princípio da tutela jurisdicional efectiva só será alcançado se as sentenças puderem ter todos os efeitos necessários e aptos a proteger o direito ou interesse apreciado pelo Tribunal, não podendo limitar-se à mera anulação do acto tributário. Pelo contrário, o processo de impugnação pode revestir uma natureza condenatória, caso o contribuinte solicite não só a anulação do acto tributário, mas também a devolução do montante pago acrescido dos respectivos juros[8].

É necessário então olhar especificamente para a impugnação dos actos tributários e averiguar os poderes do Tribunal e o *conteúdo da sentença*. Assim, enquanto num contencioso de mera anulação o interessado apenas poderá requerer a declaração da inexistência ou invalidade de um acto administrativo, no contencioso de plena jurisdição o interessado poderá pedir que o Tribunal, em caso de procedência do seu pedido anulatório, condene a Administração à prática do acto devido[9].

Desde SALDANHA SANCHES, a doutrina mais moderna tem vindo a qualificar o processo tributário como contencioso de plena jurisdição, designa-

[7] RUI DUARTE MORAIS (2012), p. 241-242.

[8] Veja-se neste sentido o acórdão do TCA Sul de 3 de Dezembro de 2015, proferido no âmbito do processo nº 07421/14.

[9] RUI DUARTE MORAIS (2012), p. 243.

damente, mais recentemente, RUI DUARTE MORAIS, que afirma que no contencioso tributário o interessado poderá pedir que o tribunal, na procedência do seu pedido anulatório, condene a Administração à prática de um acto devido, especialmente nos casos de impugnação de actos de indeferimento tácito[10]. Este autor alega que nestes casos o tribunal terá de se pronunciar sobre a pretensão material do interessado, não se podendo limitar a "reenviar" a questão para a Administração Tributária. Isto é, nos processos de impugnação de actos, o Tribunal não se poderá limitar a anular o acto, devendo especificar na sentença os actos que devem ser praticados pela Administração. No entanto, este autor invoca uma ressalva ao contencioso de plena jurisdição resultante do princípio da separação de poderes. O Tribunal não poderá substituir a Administração na tomada da decisão, pelo que só poderá determinar os actos que devem ser praticados por esta nos casos de "*estrita vinculação legal*" relativamente ao conteúdo do acto a praticar[11]. Deste modo, considera que nestes casos, como a decisão decorre directamente da lei, a condenação na prática do acto não é mais do que a aplicação da lei ao caso concreto.

NUNO CERDEIRA RIBEIRO, por sua vez, considera que a questão do contencioso tributário como contencioso de plena jurisdição está, pelo menos até certo ponto, superada. Neste sentido, entende que a protecção das diferentes posições jurídicas está hoje assegurada, uma vez que entende que foi afastada a filosofia anteriormente vigente que atribuía aos tribunais o mero controlo da legalidade da actuação administrativa. Desde logo, considera que esta plenitude é assegurada pela possibilidade de o tribunal condenar a Administração à prática do acto devido – possibilidade que considera consagrada no artigo 147º, nº 4 do CPPT, ou seja, no âmbito da intimação para um comportamento. Na verdade, a opinião deste autor é a de que o contencioso tributário cumpre a imposição constitucional prevista no artigo 268º, nº 4 da CRP, mas que os termos em que o faz é que nem sempre serão os mais adequados, aludindo à possibilidade da falta de articulação do contencioso tributário com a reforma do contencioso administrativo de 2004 como possível causa desta desadequação[12].

[10] Também FREITAS DA ROCHA e SALDANHA SANCHES, entre outros, defendem que o contencioso tributário é de plena jurisdição Cf. JOAQUIM FREITAS DA ROCHA (2014), p. 247-252 e J.L SALDANHA SANCHES (2001), "O contencioso tributário como contencioso de plena jurisdição" *in* Fiscalidade, nº 7/8, p. 63-71. Em sentido contrário: ALBERTO XAVIER (1972), "Aspectos Fundamentais do Contencioso Tributário" que qualifica o contencioso tributário como sendo de mera anulação.

[11] RUI DUARTE MORAIS (2012), p. 243-244.

[12] NUNO CERDEIRA RIBEIRO (2014), p. 29-30.

Serão assim em menor número as vozes que defendem que os poderes do juiz são restritos à anulação de actos e à condenação em reembolso, juros e indemnização por garantia indevida na medida em que somente estes poderes têm uma base legal nos artigos 43º da LGT e 171º do CPPT, defendendo que o contencioso tributário consubstancia um contencioso de mera anulação. É certo que um contencioso de plena jurisdição poderá pôr em causa a celeridade dos tribunais tributários na medida em que as decisões substitutivas ou condenatórias serão mais complexas de tomar que uma decisão de simples declaração de ilegalidade, de anulação ou não do acto tributário. No entanto, parece-nos que a solução que melhor se coaduna com a tutela jurisdicional efectiva pese embora as desvantagens para a celeridade que desta possam decorrer, será sem dúvida aquela que garante que as sentenças possam ter todos os efeitos necessários e aptos a proteger o direito ou interesse apreciado pelo Tribunal, ou seja, o contencioso de plena jurisdição.

Por outro lado, o contencioso administrativo, aplicável subsidiariamente ao tributário, acolheu esta plenitude desde 2004, permitindo a cumulação de pedidos, não se vislumbrando as razões para não transpor a regra para o CPPT. Quanto a nós, entendemos que o processo tributário consubstancia um contencioso de plena jurisdição, na medida em que o Tribunal, perante a impugnação de um acto tributário, pode não só anular a decisão da Administração, como substitui-la pela decisão adequada, sempre que possuir os elementos necessários para tal. De facto, parece-nos que, no processo tributário, a sentença pode ter, para além de um *conteúdo anulatório*, um teor *substitutivo* – quando altera a quantificação do imposto, por exemplo – ou mesmo um teor *condenatório* – quando obriga a Administração a devolver quantias incorrectamente cobradas e ao pagamento de juros indemnizatórios, por exemplo – embora seja de admitir que, na maioria das vezes, as decisões se reconduzem à mera anulação do acto tributário ilegal.

Assim, em face das exigências constitucionais decorrentes do princípio da tutela jurisdicional efectiva, consagrado no artigo 268º, nº 4 da CRP e do princípio da economia processual, parece-nos que a interpretação dos artigos 13º – que prevê que os juízes dos tribunais tributários devem realizar ou ordenar todas as diligências que considerem úteis ao apuramento da verdade relativamente aos factos que lhes seja lícito conhecer – e 114º do CPPT – que prevê que o juiz ordene as diligências de produção de prova necessárias no âmbito do processo de impugnação judicial – nos permitem afirmar com segurança que o processo tributário consubstancia um *contencioso de plena jurisdição.*

Esta interpretação advém também do facto de o juiz poder, ao abrigo dos *princípios da oficiosidade* e do *inquisitório*, reunir todos os elementos de que necessite para tomar a decisão declarativa ou constitutiva do direito do contribuinte, no mesmo processo onde ordenou a anulação de um acto praticado pela Administração[13].

Para além disso, admitir que o Tribunal condene a Administração na prática do acto devido tem vantagens ao nível da *economia processual* pois evita a ulterior remessa à Administração Tributária com vista a obter uma nova decisão, ou seja, que esta tenha que iniciar um novo procedimento administrativo para praticar o acto sem os vícios de ilegalidade dos quais enfermava o acto anulado. Este parece ser também o entendimento defendido pela jurisprudência dos tribunais superiores administrativos e fiscais. Veja-se, designadamente, o acórdão do TCA Sul de 3 de Dezembro de 2015, proferido no âmbito do processo nº 07421/14, no qual se afirmou que:

> *"São diversas as razões no sentido de que o actual contencioso tributário reveste a natureza de contencioso de plena jurisdição:*
>
> *a- **Os princípios da oficialidade e da investigação ou inquisitório**, estruturantes do processo judicial tributário, consubstanciando-se, o primeiro na atribuição ao juiz de poderes para dirigir o processo, e o segundo no poder de ordenar as diligências que entender necessárias para a descoberta da verdade, princípios estes que, além do mais, devem permitir a redução do número de processos que acabam sem decisões de mérito (cfr.artº.99, nº.1, da L.G.Tributária; artº.13, nº.1, do C.P.P.Tributário);*
>
> *b-**O princípio da tutela jurisdicional efectiva** com consagração constitucional (cfr. artº.268, nº.4, da Constituição da República) somente é alcançado se as sentenças puderem ter todos os efeitos necessários e aptos a proteger o direito ou interesse apreciado pelo Tribunal, assim não podendo limitar-se à mera anulação do acto tributário e podendo o processo de impugnação revestir uma natureza condenatória, caso o contribuinte solicite não só a anulação do acto tributário, mas também a devolução do montante pago acrescido dos respectivos juros;*
>
> *c-**O princípio da economia processual** que exige que se ponha fim ao litígio utilizando do processo judicial tudo o que puder ser aproveitado para basear uma decisão do Tribunal de onde sai logo uma definição da situação tributária concreta sob análise que não careça de qualquer nova pronúncia da Administração Tributária;*
>
> *d-Por último, razões ligadas ao **próprio âmbito do contencioso tributário ou aos limites à plena jurisdição de um tal contencioso**, os quais só serão de aceitar em relação àqueles domínios ou aspectos da acção administrativa em que a mesma plena jurisdição implique para o juiz tributário a prática de actos que afrontem o núcleo essencial da função administrativa, nomeadamente a intangibilidade do caso julgado administrativo ou o res-*

[13] No ponto 54.1 deste capítulo daremos a atenção merecida ao importante princípio do inquisitório.

peito pelas áreas em que a Administração Tributária goza de uma margem de livre apreciação na sua decisão (v.g. discricionariedade técnica)". (destacado nosso).

Na verdade, um importante passo no sentido da afirmação do processo tributário como um contencioso de plena jurisdição tem sido a possibilidade reconhecida pela jurisprudência de *anulação parcial* dos actos de liquidação[14].

Rui Duarte Morais salienta que, nestes casos, a situação do sujeito passivo fica definitivamente estabelecida pois o tribunal, anulando parte do acto tributário, decide que o imposto devido é no valor de **y** e não no valor de **x**, tal como defendido pela Administração Tributária. Porém, o mesmo autor defende que a sentença que anula parcialmente o acto não o substitui. Isto é, o acto impugnado subsiste parcialmente, na parte em que não tiver sido anulado, continuando a ser o "título" no qual se funda a exigência de pagamento de imposto[15].

Neste sentido, veja-se o acórdão de 2 de Dezembro de 2015, proferido no âmbito do processo nº 0754/15, no qual se afirmou:

> *"(...) o contencioso tributário não é hoje por força das garantias constitucionais que ao contribuinte são atribuídas um contencioso de mera anulação mas sim como um **contencioso de plena jurisdição**.*
>
> *(...) o acto tributário da liquidação entendido aqui como acto administrativo que encerra todo um procedimento de liquidação, contendo uma manifestação de vontade unilateral da AT sobre o montante da prestação tributária altera a esfera jurídica do contribuinte e face à sua legalidade o mesmo **só pode ser alterado ou revogado através de sentença judicial**.*
>
> *Neste entendimento a acção de impugnação judicial que o artigo 101 al a) da LGT consagra como meio processual tributário e o CPPT regula nos artigos 99 e segs não pode deixar de ser entendida o como uma **verdadeira acção constitutiva**.*
>
> *Consequentemente a **decisão judicial que anula parcialmente o acto da liquidação não merece censura** nem pode ser entendida como um interferência na área da competência da AT mas antes como o exercício de sindicância da legalidade e efectiva reconstituição da situação em litígio que incumbe aos Tribunais nos termos do artigo 202 da CRP.*
>
> *E só assim se garante a tutela judicial efectiva dos direitos do contribuinte nos termos do disposto nos artigos 20 e 268/4 da CRP e 9º e 43 da LGT".* (destacado nosso).

[14] A jurisprudência tem baseado esta possibilidade de anulação parcial do acto de liquidação na doutrina que defende a divisibilidade destes actos, designadamente Casalta Nabais (2015), p. 415 e J.L Saldanha Sanches (2001), p. 63-71.

[15] Rui Duarte Morais (2012), p. 243.

Na verdade, a doutrina maioritariamente perfilhada pelo STA é a de que o contencioso tributário consubstancia um contencioso de plena jurisdição, admitindo-se assim a anulação parcial de actos de liquidação, embora esta possibilidade também resulte da divisibilidade dos actos de liquidação. Este entendimento resulta, designadamente, do acórdão do STA de 30 de Abril 2013, proferido no âmbito do processo nº 01374/12[16]:

> *"Constitui* ***jurisprudência pacífica*** *deste Supremo Tribunal, ainda muito recentemente afirmada pelo Pleno desta Secção de Contencioso Tributário do STA (cfr. o Acórdão do Pleno de 10 de Abril de 2013, proferido no recurso nº 298/12) que «(...) o acto tributário, enquanto acto divisível, tanto por natureza como por definição legal, é susceptível de anulação parcial. É esta, aliás, a posição consensual da doutrina e da jurisprudência da Secção de Contencioso Tributário do Supremo Tribunal Administrativo, a qual, para além de apelar a essa divisibilidade (Cfr., entre outros, os acórdãos proferidos em 9/07/1997, no processo nº 5874; em 22/09/1999, no processo nº 24101; em 16/05/2001, no processo nº 25532; em 26/03/2003, no processo nº 1973/02; em 27/09/2005, no processo nº 287/05; e em 12/01/2011, no processo nº 583/10.),* ***apela, também, à natureza de plena jurisdição da sentença de anulação parcial do acto****, invocando razões ligadas aos princípios processuais da* ***economia processual*** *(para que da sentença ou acórdão do tribunal saia logo uma definição da situação que não careça de qualquer nova pronúncia da administração tributária) e ligadas ao próprio âmbito do contencioso de mera anulação (no qual os limites à plena jurisdição só serão de aceitar em relação àqueles aspectos da acção administrativa em que a plena jurisdição implique para o juiz tributário, enquanto juiz administrativo, a prática de actos que afrontem o núcleo essencial da função administrativa) (Cfr. o Prof. Saldanha Sanches, in Fiscalidade, 7/8, Julho-Outubro de 2001, págs. 63 e segs., e o Prof. Casalta Nabais, in Direito Fiscal, 2ª ed., pág. 397.). Deste modo, se o juiz reconhecer que o acto tributário está inquinado de ilegalidade que só em parte o invalida, deve anulá-lo apenas nessa parte, deixando-o subsistir no segmento em que nenhuma ilegalidade o fira."* (destacado nosso).

Aqui chegados, parece pacífico, tanto na doutrina quanto na jurisprudência, que o contencioso tributário consubstancia um contencioso de plena jurisdição, tal resultando do princípio da tutela jurisdicional efectiva e dos

[16] Veja-se neste sentido o acórdão do STA de 02 de Dezembro de 2015, proferido no âmbito do processo nº 0754/15, no qual se afirmou que o tribunal tributário *"conhecendo em impugnação judicial de um acto administrativo de liquidação e da legalidade desse acto tem o dever de, reconstituindo a situação lesiva, ordenar, se for caso disso, a sua modificação pois só assim exerce a tutela judicial efectiva consagrada na CRP"* e ainda que a *"anulação parcial de tal acto insere-se nos poderes e função judicial do Tribunal e não constitui interferência na área de competência da Administração Tributária"*.

diferentes meios processuais consagrados no CPPT, dos poderes reconhecidos ao juiz decorrentes do princípio do inquisitório e do princípio da oficialidade previstos nos artigos 13º e 114º do CPPT e, ainda, do princípio da economia processual.

• ***Limites ao contencioso de plena jurisdição***

Não obstante o acima exposto e a posição que se perfilha, são de salientar certos limites ao contencioso de plena jurisdição.

Já fizemos referência ao *princípio da separação de poderes* que opera como limite à possibilidade de o Tribunal determinar na sentença o acto a praticar pela Administração Tributária. Assim, o Tribunal só poderá determinar o conteúdo do acto tributário a praticar pela Administração quando a decisão decorra directamente da lei, ou seja, exige-se o respeito pelas áreas em que a Administração Tributária goza de uma margem de livre apreciação na sua decisão, nos casos, por exemplo, em que goza de discricionariedade técnica.

Freitas da Rocha também defende que o contencioso tributário consiste num *contencioso de legalidade*, excluindo-se assim as questões relacionadas com o mérito e com a oportunidade da actuação administrativa nos casos em que a decisão não é exclusivamente vinculada. Ou seja, o Tribunal deve abster-se de julgar as decisões tomadas pela Administração quando lhe são atribuídos espaços próprios de valoração[17].

Por outro lado, entendemos que a plena jurisdição do contencioso tributário é *mitigada*, uma vez que as decisões substitutivas – que alteram a quantificação de um tributo –, as decisões condenatórias – que obrigam a Administração a devolver a quantia indevidamente paga e a pagar juros indemnizatórios – bem como as decisões de anulação parcial do acto tributário, dependem de o juiz ter no processo todos os elementos necessários[18]. Neste sentido, veja-se o acórdão do STA de 4 de Maio de 2011, proferido no âmbito do processo nº 021/11, no qual este tribunal superior decidiu anular totalmente o acto de liquidação por não dispor dos elementos necessários para o anular parcialmente, designadamente quanto ao valor da matéria colectável:

> *"Deve, porém, anular-se totalmente o acto quando a Administração Fiscal tenha calculado a matéria colectável por correcções técnicas, supondo um determinado valor e o juiz concluir pela inexistência, em certos casos, de situações que justifiquem a introdução dessas mesmas correcções, bastantes para alterar, assim, o seu montante, ficando, por isso, na dúvida*

[17] Joaquim Freitas da Rocha (2014), p. 252-253.

[18] No mesmo sentido: Rui Duarte Morais (2012), p. 244-245.

quanto à qualificação e quantificação efectuada, pois não cabe aos tribunais, substituindo-se à Administração, apurar a matéria colectável e proceder à correspondente liquidação."

E, ainda, o acórdão do STA de 9 de Julho de 2014, proferido no âmbito do processo nº 01146/13, no qual igualmente se decidiu não anular parcialmente o acto tributário:

"No caso, a exclusão de tributação dos ganhos provenientes da transmissão da parte urbana do prédio misto não só altera a quantificação rendimento colectável como influi na taxa de imposto aplicável, pelo que redução do rendimento colectável exige a prática de novo acto de liquidação, sendo impraticável a mera anulação parcial porque o tribunal não pode substituir a taxa de imposto aplicada na liquidação impugnada por outra, isto é, não pode substituir-se à administração tributária na aplicação de outra taxa de imposto ao rendimento tributável que subsista para tributação em mais-valias."

Temos de concordar com Rui Duarte Morais quando afirma que o contencioso de plena jurisdição apresenta enormes dificuldades de índole prática pois os tribunais não estão vocacionados para as tarefas de determinação da matéria colectável ou de liquidação, pelo que obrigá-los a realizar este tipo de tarefas resultaria num aumento da morosidade dos tribunais administrativos e fiscais, já actualmente muito acentuada. Assim, o referido autor salienta a necessidade de se encontrar soluções que tenham em conta as especificidades que se colocam no contencioso tributário de impugnação, aquando da adaptação do CPPT ao actual contencioso administrativo[19]. A arbitragem, como veremos, não obstante a limitação do seu âmbito de aplicação, mitiga fortemente esta dificuldade devido à especialização dos árbitros e, bem assim, à possibilidade de haver árbitros não juristas no colectivo de juízes. Veremos ulteriores desenvolvimentos no ponto 71.3 deste manual.

Como já tivemos oportunidade de salientar, esta adaptação do contencioso tributário ao novo contencioso administrativo ainda não aconteceu, pelo que as soluções que permitiriam uma impugnação de plena jurisdição ainda não foram determinadas. Deste modo, não podemos deixar de referir novamente a premente necessidade de realização desta adaptação. Pese embora o contencioso administrativo já tenha sido alvo de duas reformas recentes, em 2004 e em 2015 respectivamente e, apesar de desde a Lei do Orçamento do Estado para 2004 – Lei nº 107-B/2003, de 31 de Dezembro – ter sido sucessivamente contemplada a autorização legislativa concedida ao Governo para proceder

[19] Rui Duarte Morais (2012), p. 245.

à revisão da LGT e CPPT com vista à sua harmonização com o CPTA, a verdade é que ainda não se concretizou a propalada harmonização.

Foi já com a reforma de 2004, que o contencioso administrativo de mera anulação se transformou num contencioso de plena jurisdição, permitindo-se, para além da declaração de inexistência ou invalidade do acto administrativo, a condenação da Administração na prática do acto devido[20]. No que diz respeito ao contencioso tributário, embora teoricamente tenhamos chegado à conclusão de que se trata igualmente de um contencioso de plena jurisdição, são necessárias soluções que tenham em conta as suas especificidades e que transponham para a lei o que a doutrina e a jurisprudência já retiram do sistema.

Para além disso, é de referir que, desde 2004, se estabeleceu no processo administrativo que o tribunal deve identificar a existência de causas de invalidade diversas das que tenham sido alegadas, devendo as partes ser ouvidas para alegações complementares, estando esta possibilidade prevista actualmente no artigo 95º, nº 3 do CPTA. Ou seja, o juiz no âmbito do contencioso administrativo poderá conhecer vícios dos actos impugnados que não tenham sido invocados pelo impugnante ou pelo Ministério Público. Já no processo de impugnação judicial, o juiz só poderá conhecer os vícios do acto tributário impugnado invocados pelo impugnante na petição inicial (artigo 108º, nº 1 do CPPT) e pelo Ministério Público, como decorre do artigo 124º, nº 2 do CPPT. Pelo contrário, não poderá conhecer de outros vícios do acto, não invocados pelas partes, na medida em que não está consagrada no âmbito do processo judicial tributário uma norma equivalente àquela prevista em sede de processo administrativo no artigo 95º, nº 3 do CPTA.

Assim, é necessária a adopção de um modelo estrutural semelhante àquele que, por referência ao CPC, foi adoptado no CPTA, bem como uma revisão da tramitação processual no sentido da sua simplificação, incluindo o papel e competências dos intervenientes no processo, admitindo-se designadamente que o juiz tenha conhecimento de vícios do acto impugnado, não invocados pelas partes, em sede de impugnação judicial. Tendo a dicotomia entre acção administrativa comum e acção administrativa especial desaparecido do contencioso administrativo com a reforma de 2015, parece-nos que, em nome da simplicidade e da celeridade, também deverá desaparecer do contencioso tributário a dicotomia entre impugnação judicial e acção administrativa, prevendo-se um processo tributário que abranja a impugnação judicial dos actos

[20] Neste sentido e para maiores desenvolvimentos, veja-se Vasco Pereira da Silva (2013), "O Contencioso Administrativo no Divã da Psicanálise", p. 221-233.

tributários bem como a impugnação dos demais actos administrativos em matéria tributária, actualmente regulada no CPPT e no CPTA[21]. Em 2015, não só foi aprovado pelo Decreto-Lei nº 4/2015, de 7 de Janeiro, o novo CPA, como o Decreto-Lei nº 214-G/2015, de 2 de Outubro, procedeu à revisão do CPTA e do ETAF, o que torna ainda mais urgente a adaptação do contencioso tributário ao contencioso administrativo. Passados 11 anos da reforma do contencioso administrativo, surge outra profunda reforma ao nível do CPA, do CPTA e do ETAF, continuando o contencioso tributário agarrado a velhos dogmas e harmonizado com um contencioso administrativo anterior a 2004.

Por fim, cabe referir que embora ainda não se tenha concretizado a adaptação do contencioso tributário à reforma do contencioso administrativo, a jurisprudência – tanto do STA quanto dos tribunais arbitrais – tem procedido a uma adaptação *ad hoc* dos poderes dos tribunais tributários, permitindo-se, designadamente a condenação da Administração Tributária no pagamento de juros indemnizatórios e de indemnização por garantia indevida, bem como a anulação parcial do acto, determinando-se o valor do imposto a pagar e estabelecendo-se em definitivo a situação do sujeito passivo[22].

Aqui chegados, podemos confirmar que o contencioso tributário consubstancia um contencioso de plena jurisdição, pelo menos num plano teórico. Isto resulta, por um lado, de estarem consagrados no CPPT, para além dos meios de

[21] Também no "Relatório do Grupo de Trabalho para o Estatuto da Política Fiscal – competitividade, eficiência e justiça do sistema fiscal" (2010) *in* Cadernos de Ciência e Técnica Fiscal, nº 209, p. 54 se considerou que se havia de ponderar se a impugnação judicial não constituía um meio adequado para a apreciação dos actos para os quais hoje o CPPT impõe a acção administrativa mais complexa e onerosa, que deste modo deixaria de se justificar. O mesmo relatório indica que em sede de harmonização do CPPT e do CPTA importará ponderar se se justifica a aplicação no contencioso tributário da acção administrativa especial – actualmente acção administrativa.

[22] Veja-se, a título exemplificativo, os acórdãos do STA de 8 de Outubro de 2014, proferido no âmbito do processo nº 01016/14 e de 13 de Abril de 2011, proferido no âmbito do processo nº 01032/10 nos quais se admite que o sujeito passivo possa requerer o pagamento de indemnização por garantia indevida na execução de julgados, se ainda não o tiver feito em sede de procedimento ou processo tributário e ainda o acórdão de 24 de Novembro de 2010, proferido no âmbito do processo nº 01103/09 no qual se admite a mesma possibilidade relativamente ao pagamento de juros indemnizatórios. O processo arbitral nº 48/2013-T, por sua vez, prevê, por um lado, que pode ser proferida condenação da Administração Tributária no pagamento de juros indemnizatórios e de indemnização de garantia indevida no processo de impugnação judicial e, por outro, que também os tribunais arbitrais podem apreciar o pedido de indemnização por garantia indevida. Com efeito, entendemos que se enquadra no âmbito das competências dos tribunais arbitrais a fixação dos efeitos das suas decisões, nos mesmos termos previstos para a impugnação judicial, designadamente, quanto à condenação em juros indemnizatórios ou à condenação por indemnização por garantia indevida. Cf. Carla Castelo Trindade (2016), p. 120-126 relativamente ao conteúdo das decisões arbitrais condenatórias.

impugnação de actos tributários ou em matéria tributária, outros meios processuais que permitem o reconhecimento de direitos ou interesses ou a condenação da Administração à prática do acto devido. Por outro, admite-se que as sentenças em sede de impugnação judicial de actos tributários, para além de um conteúdo anulatório, tenham um conteúdo "substitutivo" (indicador da actuação da Administração Tributária) e condenatório. Porém, é fundamental encontrar soluções que tenham em conta as especificidades que se colocam no contencioso tributário de impugnação, designadamente a dificuldade de os Tribunais procederem a operações de fixação da matéria colectável ou de liquidação, de modo a permitir na prática um efectivo contencioso de plena jurisdição.

53. Princípios estruturantes do processo tributário

Chegados à conclusão que o processo tributário constitui um contencioso de plena jurisdição – ainda que com algumas limitações –, cabe agora iniciar o estudo dos princípios aplicáveis ao processo judicial tributário. Olhe-se em primeiro lugar para os *princípios estruturantes* do processo tributário bem como para as exigências que destes princípios decorrem não só para o sujeito passivo e para a Administração Tributária mas também para o juiz e para o Ministério Público que "entram agora em cena".

Assim, pretende-se aqui analisar os *princípios da plenitude* dos meios processuais e da *tipicidade das formas* processuais, o *princípio pro actione*, da *cooperação*, da *celeridade*, da *igualdade das partes* e do *contraditório*.

Muitos destes princípios são, como tivemos já oportunidade de ver, comuns a outros ramos processuais do direito, designadamente ao processo administrativo e ao processo civil, pelo que a sua análise não será muito exaustiva. Por outro lado, muitos também estão consagrados em sede do procedimento tributário pelo que caberá relembrar o seu conteúdo e descortinar em que medida se distinguem destes previstos no âmbito do processo tributário. Por fim, também se indicará os princípios que têm aplicação em sede do processo arbitral tributário, ainda que só na Parte III deste manual relativa à arbitragem tributária os princípios aplicáveis a esta via jurisdicional alternativa sejam, em especial, analisados.

Através do estudo destes princípios pretendemos descortinar as características principais do processo tributário, designadamente em que medida se distingue e se aproxima do procedimento tributário, do processo administrativo e do processo civil[23].

[23] Para maiores desenvolvimentos, veja-se Alberto Xavier (2005), "Princípios do Processo Administrativo e Judicial Tributário", André Festas da Silva (2007), "Princípios Estruturantes

53.1. Princípio da plenitude dos meios processuais

O princípio da plenitude dos meios processuais está consagrado no artigo 97º, nº 2 da LGT do qual resulta de que a todo o direito de impugnar corresponde o meio processual mais adequado de o fazer valer em juízo.

Antes de mais, este princípio decorre do direito à tutela jurisdicional efectiva constitucionalmente consagrado no artigo 268º, nº 4 da CRP, a que fizemos referência no ponto anterior. Resulta ainda da garantia constitucional do direito de acesso aos tribunais consagrada no artigo 20º da CRP. A este propósito cabe recordar as palavras de Gomes Canotilho e Vital Moreira, que entendem que este preceito constitucional (artigo 20º, nº 1 da CRP) reconhece vários direitos conexos, como o direito de acesso ao direito, de acesso aos tribunais, à informação e consulta jurídicas, ao patrocínio judiciário e à assistência de advogado, todos componentes de um direito geral à protecção jurídica. No que diz respeito ao direito de acesso aos tribunais, no dizer dos autores, este constitui uma garantia universal e geral e resulta do monopólio tendencial de resolução de conflitos por órgãos do Estado ou providos de legitimação pública[24].

No âmbito do processo administrativo também se afirma o direito de acesso ao direito e aos tribunais decorrente das exigências constitucionais do artigo 268º, nº 4 e 20º, nº 1 da CRP, encontrando-se consagrado no artigo 2º do CPTA, no qual se afirma que "*a todo o direito ou interesse legalmente protegido corresponde a tutela adequada junto dos tribunais administrativos*"[25].

Na verdade, a velha máxima de que "*a cada direito deve corresponder uma acção*" decorre do processo civil, designadamente do artigo 2º, nº 2 do CPC no âmbito do qual se afirma que "*a todo o direito, excepto quando a lei determine o contrário, corresponde a acção adequada a fazê-lo reconhecer em juízo, a prevenir ou reparar a violação dele e a realizá-lo coercivamente, bem como os procedimentos necessários para acautelar o efeito útil da acção.*"

Assim, neste artigo 97º, nº 2 da LGT consagra-se uma das mais importantes garantias do Estado de Direito, assegurando a existência de protecção jurídica adequada para toda e qualquer situação de lesão dos direitos e interesses dos sujeitos passivos e outros interessados. Tanto deste artigo 97º, nº 2 da LGT quanto das exigências constitucionais dos artigos 268º, nº 4 e 20º, nº 1 da CRP – parece resultar uma afirmação da teoria subjectivista de um processo tributário virado primordialmente para a tutela de direitos sub-

do Contencioso Tributário" e J.L Saldanha Sanches (1987), "Princípios do Contencioso Tributário".

[24] J.J Gomes Canotilho / Vital Moreira (2014), Vol. I, p. 408-409.

[25] Neste sentido, veja-se José Carlos Vieira de Andrade (2015), p. 143-146.

jectivos e interesses dignos de tutela jurídica dos particulares. Pese embora a teoria subjectivista seja defendida pela jurisprudência e pela doutrina dominantes, acompanhamos FREITAS DA ROCHA quando defende que se deverá proceder a uma consideração conjunta de ambas as dimensões, entendendo que não só os contribuintes, mas também a Administração Tributária e outros actores podem merecer protecção por via contenciosa[26].

Por outro lado, o mesmo autor salienta que, apesar da consagração do princípio da plenitude dos meios processuais no âmbito do processo tributário, a escolha do meio processual juridicamente adequado não está dependente da opção do interessado, resultando do recorte jurídico-normativo de cada meio. Ou seja, apesar da consagração deste princípio resultar a exigência de que para todo e qualquer direito de impugnar deve corresponder um meio processual adequado de o fazer valer em juízo, o interessado/lesado não poderá escolher livremente o meio processual a utilizar, devendo recorrer ao meio processual legalmente previsto como adequado para a impugnação daquele acto[27]. Assim, se o sujeito passivo pretender impugnar um acto tributário terá necessariamente que se utilizar a impugnação judicial nos termos do artigo 99º e seguintes, e não um qualquer outro meio processual, na medida em que resulta da lei que o meio adequado é aquele. Isto sem prejuízo das regras da convolação que analisaremos, no ponto 53.2, relativo ao princípio da tipicidade das formas processuais e, no ponto 59 deste manual, relativamente à escolha do meio processual adequado e o dever de correcção do processo.

Na verdade, este tem sido também o entendimento da jurisprudência do STA, designadamente a respeito da utilização do processo de impugnação judicial ou do recurso contencioso – actualmente acção administrativa, por força do disposto no artigo 37º do CPTA. Neste sentido, veja-se o acórdão do STA de 14 de Maio 2015, proferido no âmbito do processo nº 01958/13, no qual se afirma que a utilização da impugnação judicial ou da acção administrativa depende do conteúdo do acto impugnado: "*se este comporta a apreciação da legalidade de um acto de liquidação será aplicável o processo de impugnação judicial e se não comporta uma apreciação desse tipo é aplicável o recurso contencioso/acção administrativa especial*", não resultando então da simples opção do interessado lesado[28].

[26] JOAQUIM FREITAS DA ROCHA (2014), p. 38-39.

[27] *Ibidem*, p. 254-255.

[28] Neste sentido: acórdão do STA de 02 de Julho de 2014, proferido no âmbito do processo nº 1950/13, de 28 de Maio de 2014, proferido no âmbito do processo nº 1263/13, de 29 de Fevereiro de 2012, proferido no âmbito do processo nº 441/11, de 08 de Julho de 2009, proferido no âmbito do processo nº 306/09, de 02-02-2005, proferido no âmbito do processo nº 1171/04, de 16 de Fevereiro de 2005, proferido no âmbito do processo nº 960/04 e de 20 de Maio de 2003, proferido no âmbito do processo nº 305/03.

Aqui chegados, podemos concluir, então, que do princípio da plenitude dos meios processuais consagrado no processo tributário, tal como no processo civil e no processo administrativo, decorre que para e todo e qualquer direito de impugnar corresponde o meio processual mais adequado de o fazer valer em juízo, prevendo-se no artigo 101º da LGT os vários meios processuais tributários ao dispor dos interessados. Porém, e como já se viu, o meio processual mais adequado não corresponderá necessariamente ao meio escolhido pelo interessado, mas do regime jurídico expressamente consagrado para aquele meio que deverá ser respeitado. Esta ideia decorre necessariamente do princípio da tipicidade das formas processuais, que será objecto de estudo no ponto seguinte.

53.2. Princípio da tipicidade das formas processuais

Neste ponto analisaremos o princípio da tipicidade das formas processuais ou dos meios processuais, designadamente as duas exigências decorrentes deste princípio, e ainda, como se distingue o regime do contencioso tributário do previsto para o contencioso administrativo.

- ***Exigências decorrentes deste princípio***

Assim, em primeiro lugar, o princípio da tipicidade das formas processuais exige que as formas processuais estejam fixadas na lei, incluindo os trâmites processuais e a respectiva sequência, bem como o conteúdo dos actos processuais[29]. Por outro lado, decorre também deste princípio a exigência de utilização da forma processual mais adequada à pretensão que se quer fazer valer em juízo, de entre as formas processuais previstas e reguladas por lei.

Rui Duarte Morais considera que esta última, se trata de uma exigência de racionalidade na medida em que supostamente a tramitação prevista para cada forma processual será a que garante, de forma mais célere e económica, a melhor realização da justiça[30].

Normalmente haverá apenas um determinado meio processual adequado a fazer reconhecer certo direito ou interesse em juízo. Dito de outro modo, devido à correspondência entre direito e acção adequada a fazê-lo reconhecer em juízo decorrente do artigo 97º, nº 2 da LGT, ou seja, do princípio da plenitude dos meios processuais, haverá normalmente apenas um determinado meio processual que pode ser utilizado para obter a tutela judicial, a

[29] Neste sentido Rui Duarte Morais (2012), p. 250 e relativamente ao processo administrativo, José Carlos Vieira de Andrade (2015), p. 430.

[30] Rui Duarte Morais (2012), p. 250.

não ser que a lei determine o contrário[31]. Esta possibilidade da lei determinar o contrário, ou seja, de consagração de mais do que um meio processual adequado para fazer valer em juízo determinado direito, resulta do artigo 2º, nº 2 do CPC que determina que *"a todo o direito, excepto quando a lei determine em contrário, corresponde a acção adequada"*, subsidiariamente aplicável no contencioso tributário, por força do disposto no artigo 2º, alínea *e*) do CPPT. Na verdade, é desta regra do processo civil que decorre a consagração no artigo 97º, nº 2 da LGT do princípio da plenitude dos meios processuais.

Assim, decorre do princípio da tipicidade das formas processuais a exigência de o interessado utilizar a forma processual – prevista e regulada na lei – mais adequada a fazer valer em juízo a sua pretensão. Isto poderá significar que o interessado seja obrigado a utilizar diferentes formas processuais quando, no mesmo momento, tenha que reagir contra vários actos administrativos, mesmo que todos se enquadrem na mesma relação jurídica material e estejam em entre si numa relação de prejudicialidade ou de dependência.

Ora, decorre então do princípio da tipicidade das formas processuais a exigência de utilização simultânea de diferentes formas processuais sendo que o êxito da pretensão do interessado num destes meios poderá satisfazer totalmente a sua pretensão. Pense-se no caso do particular que deduz impugnação judicial e apresenta simultaneamente a oposição à execução. Se o acto de liquidação for anulado totalmente em sede de impugnação judicial, já não se colocará a questão da exigibilidade da dívida tributária. Questão menos linear suscitar-se-á se for declarada a inexigibilidade antes da declaração de ilegalidade, caso em que o tribunal pode validar a actuação administrativa, mas a dívida já não será exigível[32]. Rui Duarte Morais critica esta solução rígida por resultar num aumento de custos para o particular e para um certo grau de duplicação do trabalho, e nós acrescentamos as dificuldades decorrentes de decisões que se contradigam.

Por outro lado, é o princípio da tipicidade das formas processuais e a exigência de utilizar a forma processual – prevista e regulada na lei – mais adequada a fazer valer em juízo a sua pretensão que determina que o nº 2 do artigo 147º do CPPT delimite que a intimação para um comportamento só seja aplicável *"quando, vistos os restantes meios contenciosos previstos no presente Código, for o meio mais adequado para assegurar a tutela plena, eficaz e efectiva dos direitos ou interesses em causa"*. Em nossa opinião, como tivemos já oportunidade de salientar,

[31] Jorge Lopes de Sousa (2011), Vol. II, p. 88.

[32] Rui Duarte Morais (2012), p. 251.

a intimação para um comportamento será o meio adequado para compelir a Administração a proferir uma decisão expressa, designadamente de indeferimento ou deferimento de reclamações graciosas ou de recursos hierárquicos. Contudo, este entendimento não é pacífico, sendo o argumento utilizado por autores como Lopes de Sousa, que o sujeito passivo tem à sua disposição outros meios tutelares adequados a fazer valer o seu direito, designadamente a impugnação judicial do acto de indeferimento tácito.

Rui Duarte Morais considera ainda excessivo o número de formas processuais existentes no ordenamento adjectivo tributário[33]. Não podemos deixar de concordar, na senda do que vimos aflorando quanto à necessidade de se simplificar o sistema. De facto um regime com menos formas processuais é naturalmente mais apreensível pelas partes porque menos prolixo e menos permeável a discussões pouco profícuas que inundam os tribunais.

• ***Sinais de flexibilidade do princípio da tipicidade das formas processuais***

Embora não se possa negar a rigidez das exigências, resultantes da consagração deste princípio da tipicidade das formas processuais, são de salientar alguns sinais de flexibilidade, designadamente a possibilidade de *convolação*, de *correcção da petição inicial* e da aplicação do *princípio da adequação formal* no processo tributário.

Assim, no que diz respeito à *convolação*, resulta do nº 3 do artigo 97º da LGT que se ordenará a correcção do processo quando o meio usado não for o adequado. A mesma ideia resulta do nº 4 do artigo 98º do CPPT que prevê que em caso de erro na forma do processo, este será convolado na forma de processo adequada, nos termos da lei. Por força dos termos imperativos utilizados nestas normas, Lopes de Sousa considera que, em regra, em caso de erro na forma do processo, é obrigatória a convolação do processo para a forma adequada, excepto se não for possível utilizar a petição para essa forma de processo adequada.

Segundo este autor, destes artigos resulta ainda que no processo judicial tributário, a nulidade resultante do erro na forma do processo é de conhecimento oficioso[34]. Com efeito, o erro na forma do processo consubstancia uma nulidade susceptível de sanação, através da convolação. De acordo com o artigo 193º do CPC, o erro na forma do processo importa unicamente a anulação dos actos que não possam ser aproveitados, devendo praticar-se os que forem estritamente necessários para que o processo se aproxime, quanto

[33] *Ibidem*, p. 250-251.

[34] Jorge Lopes de Sousa (2011), Vol. II, p. 88.

possível, da forma estabelecida pela lei. No entanto, não se devem aproveitar os actos já praticados, se do facto resultar uma diminuição das garantias do réu, designadamente um prazo menor para contestar ou alegar.

Ora, para que seja possível a convolação é necessário que seja viável o prosseguimento do processo na forma processual adequada. Isto significa, em primeiro lugar, que a respectiva *petição tem de ter sido tempestivamente apresentada* para efeitos da nova forma processual. No que diz respeito à tempestividade, deverá atender-se, naturalmente, ao prazo previsto para a utilização do meio processual adequado pois é a apresentação da petição no prazo legalmente fixado para o meio adequado que é decisiva para o aproveitamento da petição, ou seja, para a convolação. Será então irrelevante que a petição seja intempestiva para o meio processual inadequado.

Exige-se ainda a verificação dos *pressupostos processuais* de que depende a admissibilidade da forma processual adequada e que o *pedido* formulado se compagine com a forma de processo adequada[35]. A convolação justifica-se por razões de economia processual pelo que não haverá utilidade alguma na correcção do erro na forma do processo se não for possível proferir uma decisão de mérito na forma de processo adequada, por qualquer razão que obste ao seu prosseguimento. A jurisprudência do STA, validando positivamente o esforço de convolação dos tribunais inferiores em prol da economia e celeridade, tem igualmente defendido que a convolação depende da verificação destes requisitos, reconhecendo também a obrigatoriedade de proceder à convolação quando tais requisitos estiverem preenchidos. Veja-se, neste sentido, o acórdão do STA de 24 de Fevereiro de 2016, proferido no âmbito do processo nº 01182/13, no qual se afirmou:

> *"Tendo sido efectuados, pelo contribuinte, na forma de processo por si escolhida (Oposição) um pedido de anulação da liquidação adicional verifica-se erro na forma do processo. Não é possível a convolação se a petição apresentada foi para além do prazo de 90 dias após o termo do prazo para pagamento voluntário do tributo."*

E ainda o acórdão do STA de 2 de Dezembro de 2015, proferido no âmbito do processo nº 0730/15 que refere o requisito da aptidão da petição:

[35] No entanto, quando tenha sido efectuada uma cumulação de pedidos e a forma de processo seja adequada à apreciação apenas de um deles, segundo Lopes de Sousa, não poderá haver correcção da forma de processo quanto aos pedidos para os quais a forma de processo seja inadequada, devendo o processo seguir a forma escolhida pelo interessado relativamente à apreciação do pedido para o qual essa forma processual é adequada. Cf. Jorge Lopes de Sousa (2011), Vol. II, p. 92.

"Deve operar-se a convolação da impugnação judicial em oposição à execução fiscal se a petição inicial é apta ou idónea para o efeito".

Por fim, do acórdão do STA de 19 de Novembro de 2014, proferido no âmbito do processo nº 0607/14, resulta a obrigatoriedade de proceder à convolação quando se verificarem preenchidos todos os seus requisitos:

"A convolação para a forma de processo adequada insere-se dentro de um princípio de economia processual de modo que se pode concluir que em caso de erro na forma do processo a convolação só não poderá ser ordenada oficiosamente se tiver já ocorrido a caducidade do direito de acção ou a falta de outros pressupostos processuais donde depende a sua admissibilidade se verifique designadamente quando a petição inicial é inepta."

Por último, cabe referir que também não haverá qualquer utilidade em proceder à convolação nos casos em que o interessado já está a utilizar um outro meio processual adequado à obtenção do efeito que poderia ser obtido com a convolação. Isto acontece, por exemplo, se o interessado recorreu (erradamente) à oposição à execução para discutir a legalidade do acto de liquidação, mas apresentou igualmente uma impugnação judicial para contestar a legalidade do mesmo acto. Não haverá qualquer utilidade em convolar a oposição à execução no meio adequado que seria a impugnação judicial, tendo em conta que o interessado já recorreu a este meio.

Para além da possibilidade – ou mesmo exigência – de convolação, ou seja, de sanação da nulidade resultante de erro na forma de processo, outro sinal de flexibilidade do princípio da tipicidade das formas processuais é o convite do tribunal à *correcção da petição* em caso de errada identificação do autor do acto impugnado, salvo se o erro for manifestamente indesculpável, nos termos do artigo 98º, nº 5 do CPPT.

Por fim, a rigidez do princípio da tipicidade das formas processuais é posta em causa pela aplicação ao processo tributário – por força do artigo 2º, alínea *e*) do CPPT – do *princípio de adequação formal* que exige que "*quando a tramitação prevista na lei não se adequar às especificidades da causa, deve o juiz oficiosamente, ouvidas as partes, determinar a prática dos actos que melhor se ajustem ao fim do processo, bem como as necessárias adaptações*", nos termos do artigo 547º do CPC[36].

Este princípio exige assim "*um juiz com uma perspetiva crítica das regras procedimentais, um juiz ativo, um juiz empenhado em que o rito processual assegure os*

[36] Rui Duarte Morais (2012), p. 250. Este princípio também é aplicável ao processo administrativo, por força do artigo 1º do CPTA. Cf. José Carlos Vieira de Andrade (2015), p. 430.

fins do processo, cumprindo-se assim a instrumentalidade do direito adjetivo face ao direito substantivo"[37].

- ***Contencioso tributário vs contencioso administrativo***

Por último, cabe salientar as diferenças existentes entre os regimes previstos no contencioso tributário e no contencioso administrativo que, em nossa opinião, demonstram a necessidade de adaptação do processo tributário às reformas de 2004 e de 2015 do contencioso administrativo.

Como vimos, no âmbito do contencioso tributário, devido à multiplicidade de meios processuais, não serão raras as vezes em que o interessado terá que utilizar simultaneamente duas formas de processo distintas para contestar actos administrativos que fazem parte da mesma relação jurídica material e que estão entre si numa relação de dependência ou prejudicialidade, designadamente a impugnação judicial para contestar a legalidade do acto de liquidação e a oposição à execução para pôr em causa a exigibilidade da dívida ou a sua responsabilidade pelo pagamento do tributo em causa. Isto não significa, no entanto, que não se admita a cumulação de pedidos numa mesma acção, designadamente em sede de impugnação judicial, tal como resulta do artigo 104º do CPPT. Esta prerrogativa é também admitida, ainda que com algumas limitações – exigindo-se, designadamente a identidade do tributo –, em sede de reclamação graciosa como de resto tivemos oportunidade de observar no ponto 44.3 deste manual. O que não se admite é a cumulação de pedidos aos quais correspondam formas processuais distintas, limitação que, como referimos, será porventura um dos entraves práticos à efectivação da plena jurisdição em sede tributária. Como por exemplo, em sede de impugnação peticionar-se, para além da anulação do acto, a intimação da Administração Tributária à passagem de certidão que contenha a declaração do direito do sujeito passivo.

No contencioso administrativo, pelo contrário, já com a reforma de 2004 se afastou esta inflexibilidade, prevendo-se a possibilidade de cumulação de pedidos mesmo se aos pedidos cumulados correspondessem diferentes formas de processo, adoptando-se nestes casos a forma da antiga acção administrativa especial, com as adaptações necessárias, nos termos do artigo 5º do CPTA[38]. Assim, permitia-se que o particular obtivesse numa única acção a protecção

[37] Abílio Neto (2014), "Novo Código de Processo Civil Anotado", p. 587-589.

[38] Neste sentido, Vieira de Andrade considerava que a lei de processo administrativo determinava a compatibilidade entre as diversas formas de processo, não obstando à cumulação de pedidos. Cf. José Carlos Vieira de Andrade (2011), p. 430.

adequada para os seus direitos ou interesses. De facto, decorre da exposição de motivos da Proposta de Lei nº 92/VIII, de 13 de Julho de 2001, que originou a reforma de 2004 do CPTA que a admissão com grande amplitude da cumulação de pedidos visava "*pôr termo a um sistema em que o interessado se via, muitas vezes, forçado a lançar mão de sucessivos meios processuais para obter a satisfação de pretensões inseridas numa mesma relação jurídica material*", situação que continua a verificar-se no contencioso tributário[39].

Com a reforma do contencioso administrativo de 2015 foi-se ainda mais longe. Tendo sido eliminada a dicotomia acção administrativa comum/acção administrativa especial, o CPTA prevê agora apenas uma forma de acção – a acção administrativa no artigo 37º e seguintes – em sede da qual é possível a cumulação dos mais variados pedidos, designadamente o pedido de anulação ou declaração de nulidade ou inexistência de um acto administrativo com o pedido de condenação da Administração ao restabelecimento da situação que existiria se o acto não tivesse sido praticado e o pedido de anulação ou declaração de nulidade ou inexistência de um acto administrativo com o pedido de anulação ou declaração de nulidade de contrato cuja validade dependa desse acto, entre outros.

Mário Aroso de Almeida considera que a revisão de 2015 do contencioso administrativo, prevendo que todas as acções nos tribunais administrativos passam a ser tramitadas segundo um modelo de tramitação próprio especificadamente regulado no CPTA – a acção administrativa – assinala o "*atingimento da maioridade da justiça administrativa, no nosso Estado de Direito democrático, que, tendo sido instituída com o CPTA, só um vez dado este passo se liberta das injustificadas peias herdadas do passado*"[40]. Prevendo-se uma única forma de acção, não se coloca sequer a questão da cumulação de pedidos aos quais correspondam diferentes formas de processo, o que tem vantagens ao nível da simplicidade e economia processual para os particulares que não correm o risco de optar pela forma processual errada.

Já defendemos neste manual a necessidade de adaptação do contencioso tributário às reformas do contencioso administrativo de 2004 e 2015. Esta necessidade resulta, designadamente, da impossibilidade de cumulação de pedidos no âmbito do contencioso tributário quando aos pedidos corresponderem formas de processo diferentes, exigindo-se que o interessado utilize as duas formas de processo aplicáveis. Enquanto no contencioso administrativo

[39] Para mais desenvolvimentos veja-se Mário Aroso de Almeida/Carlos Fernandes Cadilha (2010), p. 38-52.

[40] Mário Aroso de Almeida (2016), "Manual de Processo Administrativo", p. 340-343.

começou por se permitir esta cumulação de pedidos para, em 2015, se eliminar as diferentes formas processuais, prevendo-se uma só forma de acção. Defendemos, em suma, que se deverá eliminar do contencioso tributário a dicotomia impugnação judicial/acção administrativa, permitindo-se que quer os actos tributários, quer os actos em matéria tributária sejam impugnáveis através do mesmo meio processual: a impugnação judicial.

Recordamos a este propósito que na mais recente reforma do contencioso tributário de que temos conhecimento, num sistema jurídico de matriz similar ao nacional – de Cabo Verde –, num claro sentido de economia demonstrado pelo legislador, esta dicotomia de meios de defesa – actos tributários/reclamação graciosa e impugnação judicial e actos em matéria tributária/recurso hierárquico e acção administrativa – foi eliminada, sendo todos os actos tributários sujeitos a reclamação graciosa e a recurso hierárquico e sendo todos impugnáveis. É de referir ainda a uniformização dos prazos para os meios de reacção, independentemente de estarmos no âmbito do procedimento ou no âmbito do processo, contribuirá para a simplificação, vantajosa quer para os contribuintes quer para a Administração que deixam de ter de lidar com prazos distintos. De facto, é clara a discrepância entre o contencioso administrativo e o contencioso tributário. Enquanto o primeiro, aproximando-se do regime do processo civil resultante da reforma de 2013, prevê uma só forma de acção, visa a economia processual e um acesso à justiça pelos particulares cada vez mais simples e garantístico, o contencioso tributário continua preso a velhos dogmas anteriores à reforma de 2004, prevendo um excessivo número de meios processuais, dispersos e confusos que obstam a uma justiça mais simples, mais célere e mais eficaz.

53.3. Princípio *pro actione*

Para além da necessidade de convolação do convite para a correcção da petição inicial e a aplicabilidade do princípio da adequação formal ao processo tributário, também o princípio *pro actione* ou do favorecimento do processo, minimiza a rigidez das formas processuais resultante do princípio da tipicidade das formas processuais, sendo merecedor de uma análise autónoma[41]. Este princípio decorre do processo administrativo pelo que caberá, em primeiro lugar, descortinar a sua consagração naquele âmbito, para depois analisar a sua consagração ao nível do contencioso tributário.

Como se concluiu no ponto anterior, a rigidez das formas processuais decorrente do princípio da tipicidade das formas processuais tem sido ate-

[41] Neste sentido: Rui Duarte Morais (2012), p. 252.

nuada, quer pela necessidade de convolação, quer pelo convite para a correcção da petição inicial, bem como pela aplicação de dois princípios no âmbito do processo judicial tributário: o princípio da adequação formal e o princípio *pro actione.*

Este último princípio merece agora a nossa atenção, cabendo descortinar a sua consagração tanto no contencioso administrativo – do qual é oriundo – quanto no âmbito do contencioso tributário.

Assim, em primeiro lugar, verificamos que este princípio está consagrado, no âmbito do processo administrativo, no artigo 7º do CPTA, em concretização do princípio constitucional do acesso efectivo à justiça administrativa e à tutela jurisdicional efectiva[42]. Segundo Vieira de Andrade, o princípio *pro actione* aponta "*para uma interpretação e aplicação das normas processuais no sentido de favorecer o acesso ao tribunal e de evitar as situações de denegação de justiça, designadamente por excessivo formalismo*"[43].

Daqui decorre a ideia de que as regras processuais são um instrumento para a realização da justiça e não – devem ser – um obstáculo a que ela aconteça. Neste sentido, Mário Aroso de Almeida e Carlos Fernandes Cadilha consideram que foi com a consagração do princípio da tutela jurisdicional efectiva no âmbito do contencioso administrativo – do qual o princípio *pro actione* é corolário, acrescentamos – que se verificou uma mudança de paradigma, na medida em que em as situações jurídicas subjectivas passaram a estar no centro do sistema, ao invés das formas do processo, que constituem apenas um instrumento ao serviço das pessoas[44]. Ou seja, o legislador passou a dar mais relevância à tutela dos direitos e interesses legítimos dos particulares, em detrimento do respeito rígido das formas processuais. Estas permitem a tutela dos direitos e interesses legítimos, devendo o legislador interpretar as normas que regulam as formas processuais no sentido de promover a obtenção de decisões de mérito.

De facto, a consagração do princípio *pro actione* no processo administrativo, ocorrida na reforma de 2004, resultou da ideia de que a efectividade do direito de acesso à justiça administrativa passava pela criação de condições

[42] Também no âmbito do processo civil vigora um princípio idêntico. No artigo 278º, nº 3 do CPC prevê-se o dever do juiz providenciar para o suprimento dos pressupostos processuais susceptíveis de sanação, não havendo lugar a absolvição da instância quando o pressuposto se destine a tutelar o interesse de uma das partes e a decisão de fundo deva ser integralmente favorável a essa parte.

[43] José Carlos Vieira de Andrade (2015), p. 415.

[44] Mário Aroso de Almeida/Carlos Fernandes Cadilha (2010), p. 28-30. No mesmo sentido: J.M Sérvulo Correia (2004), "O princípio *pro actione* no procedimento administrativo", p. 39-41.

que promovessem a emissão de pronúncias sobre o mérito das causas submetidas à apreciação dos tribunais administrativos[45].

Antes da reforma, na verdade, existia um número muito elevado de processos que eram objecto de decisões de mera forma sem que o tribunal se chegasse a pronunciar sobre o mérito da causa. Neste sentido, Vieira de Andrade considera que um dos principais objectivos da reforma de 2004 do contencioso administrativo foi assegurar que os processos obtivessem uma decisão de mérito, "*evitando, até ao limite do suportável, decisões formais injustificadas*"[46]. No entanto, é de salientar que o princípio *pro actione* já vinha tendo alguma expressão na jurisprudência dos tribunais administrativos, antes da sua consagração no artigo 7º do CPTA, de epígrafe "*Promoção do acesso à justiça*"[47].

Decorre assim do princípio *pro actione* que, em caso de dúvida, os tribunais têm o dever de interpretar as normas processuais "*no sentido de promover a emissão de pronúncias sobre o mérito das pretensões formuladas*", tal como disposto no artigo 7º CPTA.

Assim, podemos concluir desde já que o princípio *pro actione* consagrado no âmbito do processo administrativo se baseia na ideia de que as formas processuais são instrumentos ao dispor dos particulares e a favor da realização da justiça, não devendo servir de obstáculo à obtenção da mesma. Deste modo, exige-se que o juiz interprete as normas processuais no sentido de favorecimento do processo, ou seja, de obtenção da justiça, evitando formalismos excessivos e decisões formais injustificadas que afectem desrazoavelmente a protecção judicial dos particulares.

Pese embora este princípio não esteja expressamente consagrado nem na LGT, nem no CPPT, o mesmo também será aplicável no âmbito do processo tributário, admitindo-se, assim, alguma flexibilidade das exigências decorrentes do princípio da tipicidade das formas processuais que analisámos acima. A aplicação deste princípio em sede de contencioso tributário resulta não só do disposto na alínea *c*) do artigo 2º do CPPT, que prevê a aplicação subsidiária das normas do CPTA, mas também do facto de a própria jurisprudência ter vindo a considerar o princípio *pro actione* pacificamente aplicável no domínio do processo tributário[48]. A este propósito, veja-se, designadamente,

[45] Mário Aroso de Almeida/Carlos Fernandes Cadilha (2010), p. 60.

[46] José Carlos Vieira de Andrade (2015), p. 416.

[47] Mário Aroso de Almeida/Carlos Fernandes Cadilha (2010), p. 61.

[48] Veja-se, por exemplo, o acórdão do TCA Norte de 28 de Fevereiro de 2013, proferido no âmbito do processo nº 00141/12.1, do TCA Sul de 27 de Janeiro de 2009, proferido no âmbito do processo nº 02543/08 e do STA de 29 de Outubro de 2008, proferido no âmbito do processo nº 0541/08.

o acórdão do STA de 6 de Março de 2013, proferido no âmbito do processo nº 01327/12, no qual se afirmou:

> *"Em face do exposto, tendo presente as circunstâncias concretas que o caso convoca, afigura-se que, **por força do princípio pro actione**, enquanto corolário do direito à tutela judicial efectiva, na dimensão em que impõe a **eliminação de formalismos processuais que afectem desrazoavelmente a protecção judicial dos cidadãos**, deve o art. 104º do CPPT ser interpretado no sentido de não constituir obstáculo ao prosseguimento da presente impugnação"*. (destacado nosso).

Do lado da doutrina, Rui Duarte Morais considera que é à luz do princípio *pro actione* que deve ser interpretado o artigo 37º, nº 4 do CPPT, segundo o qual, nos casos em que o particular utilizar o meio de defesa errado, indicado na notificação, poderá ainda recorrer ao meio de defesa adequado no prazo de 30 (trinta) dias a contar do trânsito em julgado da decisão judicial que reconheça o meio utilizado como errado. Para além disso, refere o autor que, nos casos em que a forma processual indicada na notificação não seja a adequada, tendo sido posteriormente utilizada pelo interessado, o tribunal deverá convolar o processo na forma própria, considerando-se o recurso sempre tempestivo e aproveitando-se, no possível, o já processado[49].

Aqui chegados, concluímos que com a aplicação deste princípio ao processo tributário visa-se flexibilizar a exigência que impende sobre o particular de utilizar a forma que a lei considera adequada para fazer valer a sua pretensão, exigindo-se que os juízes interpretem as normas processuais no sentido de favorecer a obtenção de uma decisão de mérito, ou seja, evitando-se que formalismos excessivos impeçam o acesso dos particulares à justiça.

53.4. Princípio da cooperação

Tal como no procedimento, também no processo tributário recai sobre as partes um dever de cooperação recíproca decorrente do princípio da cooperação consagrado no artigo 99º, nº 2 da LGT.

Antes de procedermos à análise deste princípio estruturante do processo tributário, cabe recordar o que foi dito aquando do estudo do princípio da colaboração aplicável em sede de procedimento tributário. De seguida descortinaremos o conteúdo deste importante princípio do processo judicial tributário, designadamente as exigências decorrentes da sua consagração para as partes do processo, bem como para os magistrados, recorrendo às normas

[49] Rui Duarte Morais (2012), p. 253.

do CPC que, de certa forma, completam o conteúdo deste princípio. Faremos também referência ao facto deste princípio ser aplicável no procedimento e no processo administrativo e também no processo arbitral tributário.

Assim, com a consagração do princípio da colaboração no âmbito do *procedimento tributário* vimos que se pretendia que a Administração Tributária e os sujeitos passivos colaborassem entre si, criando-se um diálogo permanente e produtivo à descoberta da verdade material. Deste princípio decorre assim não só o dever de a Administração colaborar com os contribuintes, mas também destes colaborarem com aquela. Em sede de procedimento tributário são, como vimos, duas as dimensões deste princípio, consagradas no artigo 59º, nº1, nº 3 e nº 4 da LGT. O artigo 48º do CPPT, por sua vez, concretiza o dever de colaboração da Administração e dos contribuintes, nos seus nºs 1 e 2, respectivamente.

Por um lado, por força do princípio da colaboração, resultam para a Administração Tributária, no âmbito do procedimento tributário, obrigações de índole diversa, designadamente deveres de informação genérica, deveres de informação específica quanto a casos concretos e deveres de esclarecimento dos contribuintes e de outros obrigados tributários. É o dever de colaboração da Administração que justifica, designadamente, a consagração do procedimento de informações vinculativas, previsto no artigo 68º da LGT. Já no que diz respeito ao dever de colaboração dos sujeitos passivos para com a Administração, resulta do artigo 59º, nº 4 da LGT a exigência de cumprimento de obrigações acessórias previstas na lei e de prestação de esclarecimentos que lhes sejam solicitados pela Administração Tributária acerca da sua situação tributária, bem como sobre as relações económicas que mantenham com terceiros. Um exemplo de um dever de prestação de esclarecimentos será a exigência prevista no artigo 9º do EBF, de as pessoas titulares do direito a benefícios fiscais deverem declarar, no prazo de 30 (trinta) dias, que cessou a situação, de facto ou de direito, na qual se baseava o seu benefício, excepto nos casos em que tal cessação for de conhecimento oficioso.

Cabe referir ainda que este princípio da colaboração também é aplicável em sede de *procedimento administrativo*, decorrendo deste princípio, por um lado, o dever da Administração actuar "*em estreita colaboração com os particulares*" tal como previsto no artigo 11º do CPA e, por outro, o dever da Administração Pública e dos particulares cooperarem entre si no procedimento, de acordo com o artigo 60º do CPA.

Aqui chegados, facilmente se compreende que o princípio da cooperação agora em causa, aplicável ao processo judicial tributário, terá necessariamente implicações distintas daquelas decorrentes do princípio da colaboração consagrado no âmbito do procedimento, pois a relação jurídica tributária estabelecida entre os sujeitos passivos e a Administração Tributária deu origem a um litígio que um juiz visa dirimir.

O princípio da cooperação aplicável ao *processo tributário* pressupõe que todos colaborem com os tribunais na realização da justiça, designadamente os particulares que são obrigados a prestar colaboração nos termos da lei de processo civil, de acordo com o nº 2 do artigo 99º da LGT, e as autoridades ou repartições públicas que são obrigadas a prestar informações ou a remeter cópias dos documentos que o juiz entender necessários ao conhecimento do objecto do processo, tal como disposto no nº 3 do artigo 99º da LGT e no nº 2 do artigo 13º do CPPT. FREITAS DA ROCHA considera que decorre deste princípio um dever de cooperação recíproca para os actores processuais. Apesar de considerar aplicável a todos os actores processuais, este autor salienta que o campo de incidência mais apropriado para o princípio da cooperação será em relação às partes no processo[50].

Na verdade, para uma melhor compreensão deste princípio terá que se olhar para as normas de processo civil para as quais o nº 2 do artigo 99º da LGT remete, designadamente para o artigo 7º do CPC, que consagra o princípio da cooperação[51]. De facto, é de salientar que o conteúdo do princípio da cooperação poderá ser preenchido por recurso a este artigo 7º do CPC, não só pela remissão feita pelo artigo 99º, nº 2 da LGT mas também pelo facto de o artigo 2º, alínea *e*) prever a aplicação subsidiária das normas do CPC ao processo tributário. Do nº 1 do artigo 7º do CPC resulta que, na condução e intervenção no processo, devem os magistrados, os mandatários judiciais e as próprias partes cooperar entre si, concorrendo para se obter, com brevidade e eficácia, a justa composição do litígio. Decorre ainda do artigo 417º, nº 1 do CPC o dever de todas as pessoas – sejam ou não partes na causa – prestarem a sua colaboração para a descoberta da verdade, respondendo ao que lhes for perguntado, submetendo-se às inspecções necessárias, facultando o que for requisitado e praticando os actos que forem determinados. Assim, do princípio da cooperação consagrado no artigo 7º do CPC – aplicável por remissão do nº 2 do artigo 99º da LGT – resulta a exigência de os intervenientes no

[50] JOAQUIM FREITAS DA ROCHA (2014), p. 255. Segundo este autor, actores e partes processuais não se confundem. Enquanto o actor corresponde a qualquer interveniente no processo, a parte será a pessoa ou entidade que apresenta determinada pretensão ou contra quem tal pretensão é apresentada Cf. FREITAS DA ROCHA (2012), p. 262.

[51] No que diz respeito à colaboração dos particulares em matéria de prova, será aplicável o artigo 417º do CPC.

processo colaborarem entre si, no sentido de nele se apurar a verdade sobre a matéria de facto e, com base nela, se obter a adequada decisão de direito[52].

Aqui chegados, podemos concluir que o princípio da cooperação consagrado no âmbito do processo tributário exige a colaboração recíproca dos magistrados, das partes e dos mandatários judiciais, de modo a obter-se a justa composição do litígio, ou seja, a descoberta da verdade material e a adequada decisão.

Relativamente às partes, os particulares estão obrigados a colaborar, nos termos da lei de processo civil, e as autoridades ou repartições públicas são obrigadas a prestar as informações ou a remeter cópia dos documentos que o juiz entender necessários ao conhecimento do objecto do processo, nos termos do artigo 99º, nºs 2 e 3 da LGT, respectivamente.

No que diz respeito à exigência de colaboração dos magistrados e dos mandatários judiciais, embora não esteja expressamente consagrada nem na LGT, nem no CPPT, consideramos que esta resulta da aplicação subsidiária ao processo judicial tributário das normas do CPTA e do CPC, nos termos do artigo 2º, alíneas *c)* e *e)* do CPPT, respectivamente. De facto, também no âmbito do *processo administrativo* se prevê a aplicação do princípio da cooperação, estando expressamente consagrado no artigo 8º do CPTA que "*na condução e intervenção no processo, os magistrados, os mandatários judiciais e as partes devem cooperar entre si, concorrendo para que se obtenha, com brevidade e eficácia, a justa composição do litígio*". Vieira de Andrade salienta ainda os especiais deveres de colaboração que impendem sobre as entidades administrativas cuja finalidade será a de "*contrabalançar o seu domínio da relação jurídica substantiva*", previstos no nº 4, do artigo 8º[53].

Cabe ainda referir que também no âmbito do processo arbitral se prevê no artigo 16º, alínea *f)* do RJAT a cooperação aplicável aos árbitros, às partes e aos mandatários. Em sede de arbitragem tributária, decorre do princípio da cooperação, por um lado, o dever de os árbitros esclarecerem as partes e, consequentemente, os mandatários destas sobre a necessidade de apresentação de declarações, requerimentos ou outras peças que o tribunal arbitral entenda por convenientes. Caber-lhes-á, ainda, esclarecer as partes sobre a prática de quaisquer outros actos necessários ao exercício dos seus direitos,

[52] Cf. José Lebre de Freitas (2013), "Introdução ao Processo Civil", p. 186. Relativamente ao princípio da cooperação no processo civil, veja-se ainda Fernando Pereira Rodrigues (2013), p. 101-141.

[53] Este autor refere ainda que do nº 2 do artigo 8º do CPTA resulta a consagração do princípio da boa-fé, do qual resulta a exigência das partes se absterem de requerer diligências inúteis ou de adoptar expedientes dilatórios Cf., José Carlos Vieira de Andrade (2015), p. 433-434.

incluindo a correcção dos erros ou omissões manifestas que se observem. Por outro lado, sobre as partes impende o dever de cooperar de boa-fé no decurso do processo, *"esclarecendo, de modo completo e verdadeiro, os factos de que tenham conhecimento e, bem assim, oferecendo os meios de prova a que tenham acesso"*[54]. Lopes de Sousa, por seu turno, considera que o cumprimento dos deveres de colaboração e boa-fé assume especial relevância no processo arbitral tributário, *"em que a preocupação com a celeridade está mais presente do que nos processos dos tribunais judiciais"*, alegando que o maior obstáculo à celeridade tem sido a disponibilidade de todos os intervenientes processuais para o agendamento de reuniões com tribunais colectivos[55].

Por último, cabe salientar que o princípio da cooperação está intimamente ligado ao princípio da boa-fé processual que, pese embora não esteja expressamente consagrado nem na LGT, nem no CPPT, resulta da aplicação subsidiária ao processo tributário das normas do CPTA e do CPC. Deste modo, o princípio da boa-fé processual está previsto no artigo 8º, nº 2 do CPTA e no artigo 8º do CPC, nos quais se estabelece que as partes devem agir de boa-fé e observar os deveres de cooperação.

Caso a Administração Tributária ou o sujeito passivo não respeitem estes princípios, poderão ser condenados por litigância de má-fé, nos termos do artigo 104º da LGT. Para além disso, a Administração pode ser condenada numa sanção pecuniária, a quantificar de acordo com as regras sobre a litigância de má-fé, caso actue em juízo contra o teor de informações vinculativas anteriormente prestadas aos interessados ou se o seu procedimento no processo divergir do habitualmente adoptado em situações idênticas. Já o sujeito passivo poderá ser condenado em multa, nos termos da lei geral, ou seja, dos artigos 542º e seguintes do CPC.

53.5. Princípio da celeridade

Neste ponto pretendemos analisar o princípio da celeridade consagrado no âmbito do processo judicial tributário, não sem antes recordarmos o princípio da celeridade que vigora em sede de procedimento tributário. Depois, caberá delimitar as exigências decorrentes da consagração deste princípio no processo judicial tributário, especialmente o que se deve entender por *prazo razoável* e quais as consequências do incumprimento destas exigências.

Já tivemos oportunidade de estudar o princípio da celeridade que vigora no procedimento tributário no ponto 9 deste manual. Este princípio está

[54] Carla Castelo Trindade (2016), p. 367-368.
[55] Jorge Lopes de Sousa (2013), p. 190.

enunciado no artigo 55º da LGT e concretizado no artigo 57º da LGT, fixando prazos para a conclusão do procedimento e para a prática de actos procedimentais, nos seus nºs 1 e 2.

Aqui, cabe apenas recordar que este princípio comporta uma dimensão positiva e uma dimensão negativa. Da primeira decorre a obrigação de a Administração providenciar pelo rápido andamento do procedimento tributário, ou seja, pela celeridade das suas actuações e pela eficácia das diligências efectuadas. É desta dimensão do princípio da celeridade que decorre a fixação, pelo legislador, dos prazos máximos previstos no artigo 57º da LGT. Por outro lado, da dimensão negativa deste princípio resulta a proibição da prática de actos inúteis e dilatórios, prevista no artigo 57º, nº 1 da LGT, exigindo-se a simplicidade e economia procedimental. Por força desta dimensão, o artigo 53º, nº 1 do CPPT prevê o arquivamento obrigatório do procedimento de iniciativa do contribuinte, caso este fique parado por mais de 90 (noventa) dias por motivo a este imputável.

Do princípio da celeridade consagrado no âmbito do procedimento tributário resultam, então, deveres que impendem sobre os sujeitos passivos e especialmente sobre a Administração Tributária. Sobre esta impende a obrigação de concluir o procedimento tributário num prazo razoável, devendo providenciar assim pelo rápido andamento do processo. O sujeito passivo, por sua vez, por força da consagração deste princípio, não poderá praticar actos inúteis ou dilatórios.

Ora, do princípio da celeridade que agora nos ocupa, consagrado no âmbito do processo judicial tributário, decorre um dever que impende, não sobre a Administração Tributária ou sobre os sujeitos passivos, mas sobre o *juiz* que deverá proferir a decisão num *prazo razoável*[56].

Este dever de o juiz proferir a decisão num prazo razoável decorre de uma exigência constitucional, na medida em que o princípio da celeridade é um corolário tanto do direito de acesso aos tribunais, previsto no artigo 20º da CRP, quanto do princípio da tutela jurisdicional efectiva, consagrado no artigo 268º, nº 4 da CRP[57]. GOMES CANOTILHO e VITAL MOREIRA consideram que resulta do nº 4 do artigo 20º da CRP o direito à decisão da causa em tempo razoável ou, dito de outro modo, o princípio da razoabilidade tem-

[56] O princípio da celeridade não está apenas consagrado no âmbito do processo tributário mas também no processo administrativo, em sede do qual também se prevêem processos urgentes. No mesmo sentido, veja-se VIEIRA DE ANDRADE, que admite a consagração do princípio da celeridade no processo administrativo Cf. JOSÉ CARLOS VIEIRA DE ANDRADE (2015), p. 417-418.

[57] Neste sentido: JORGE LOPES DE SOUSA (2011), Vol. II, p. 30 e DIOGO LEITE CAMPOS/BENJAMIM SILVA RODRIGUES/JORGE LOPES DE SOUSA (2012), p. 846.

poral na duração do processo. Os mesmos autores entendem que o direito ao prazo razoável constitui um "*momento material da tutela judicial efectiva*", pelo que será aplicável em qualquer processo e perante qualquer jurisdição[58]. Aliás, o direito a obter uma decisão judicial num prazo razoável não só está constitucionalmente consagrado no artigo 20º, nº 4 da CRP, como resulta ainda do artigo 6º da Convenção Europeia dos Direitos do Homem, que prevê que "*qualquer pessoa tem direito a que a sua causa seja examinada, equitativa e publicamente, num prazo razoável*".

Sabendo que o direito a uma decisão em prazo razoável decorre dos princípios constitucionais de acesso ao direito e de tutela jurisdicional efectiva, bem como da Convenção Europeia dos Direitos do Homem, cabe agora analisar o princípio da celeridade especificamente no âmbito do processo tributário.

O princípio do qual resulta que o processo tributário deverá ser concluído e decidido num prazo razoável está concretizado quer na LGT, no seu artigo 97º, nº 1, que prevê que "*o direito de impugnar ou de recorrer contenciosamente implica o direito de obter,* ***em prazo razoável,*** *uma decisão que aprecie, com força de caso julgado, a pretensão regularmente deduzida em juízo e a possibilidade da sua execução*", quer no CPPT, no seu artigo 96º, nº 1, no qual se prevê que o "*o processo judicial tributário tem por função a tutela plena, efectiva e* ***em tempo útil*** *dos direitos e interesses legalmente protegidos em matéria tributária*" (destacados nossos).

Assim, Freitas da Rocha considera que o princípio da celeridade procura ser "*a âncora que assegura a viabilidade das pretensões*", quer do obrigado tributário, quer do credor tributário que visa a prossecução do interesse público[59]. Quanto a nós, consideramos que uma tutela jurisdicional plena e efectiva no âmbito do processo tributário terá necessariamente de ser uma tutela célere, isto é, que assegure a obtenção de uma decisão com força de caso julgado num prazo razoável.

Neste sentido, é de salientar que um dos objectivos com a instituição da arbitragem tributária foi precisamente o de imprimir uma maior celeridade na resolução dos litígios emergentes entre a Administração Tributária e os contribuintes, sendo esta assumidamente uma primordial vantagem do recurso ao instituto[60]. E a verdade é que a duração média dos processos arbitrais tem

[58] J.J Gomes Canotilho /Vital Moreira (2014), Vol. I, p. 417-418.

[59] Joaquim Freitas da Rocha (2014), p. 256.

[60] Susana Soutelinho, referindo-se à celeridade como um dos objectivos do regime da arbitragem tributária, considera que a celeridade na resolução de litígios não só confere aos contribuintes um "*efectivo acesso à justiça*", como auxilia os tribunais judiciais a reduzirem o número de pendências, o que a longo prazo, entende que conduzirá a uma "*melhor qualidade das decisões judiciais*". Cf. Susana Soutelinho (2013), p.408.

sido, até ao presente, de cerca de 4 (quatro) meses e meio, pese embora o artigo 21º do RJAT preveja um prazo máximo de seis (seis) meses para a duração do processo arbitral, a partir da data da constituição do tribunal arbitral até à prolação da decisão e a respectiva notificação às partes, constituindo um recorde absoluto em matéria de justiça tributária.

A este propósito, "*a arbitragem tem-se revelado um meio efectivamente mais eficaz o que reforça o cumprimento de um dos grandes objectivos do regime: a maior celeridade na obtenção da decisão como reforço dos interesses legalmente protegidos dos cidadãos*"[61].

Aqui chegados, coloca-se a questão de saber qual é o *prazo razoável* para a duração máxima do processo judicial tributário.

Do nº 2 do artigo 96º do CPPT resulta que, para cumprir em tempo útil a função de tutela plena e efectiva dos direitos e interesses legalmente protegidos em matéria tributária, o processo judicial tributário terá uma *duração máxima de 2 (dois) anos* contados entre a data da instauração e a decisão proferida em 1ª instância que lhe ponha termo. Este será o prazo máximo de duração da impugnação de liquidação dos tributos, da impugnação da matéria tributável, quando não dê origem à liquidação de qualquer tributo ou do recurso contencioso de actos administrativos relativos a questões tributárias que não comportem a apreciação da legalidade do acto de liquidação, ou seja, da acção administrativa, entre outros meios processuais. Mais se refere que nos termos do artigo 21º, alínea *b*) aplicável *ex vi* artigo 122º nº 1 ambos do CPPT uma vez conclusos os autos o juiz deverá proferir a sentença no *prazo de 20 (vinte) dias*.

Por outro lado, para certos casos, prevê-se um prazo máximo de *duração de 90 (noventa) dias*, nos termos do artigo 96º, nº 3 do CPPT. Tratam-se de *processos urgentes*, tais como a impugnação de providências cautelares adoptadas pela Administração Tributária, as providências cautelares de natureza judicial, os meios acessórios de intimação para consulta de processos ou documentos administrativos e passagem de certidões, a produção antecipada de prova e a intimação para um comportamento, previstos nas alíneas *g*), *i*), *j*), *l*) e *m*) do nº 1 do artigo 97º do CPPT, respectivamente. É de salientar ainda que também o processo de derrogação do sigilo bancário previsto no artigo 146º-B do CPPT, ou seja, o recurso judicial do sujeito passivo contra a decisão da Administração Tributária de derrogação é tramitado como processo urgente, pelo que a decisão judicial deverá ser proferida no prazo de *90 (noventa) dias*, tal como disposto no nº 4 do artigo 146º-D do CPPT.

O *prazo de 90 (noventa) dias* de duração máxima dos processos urgentes acima referidos constitui um prazo processual pelo que, de acordo com o

[61] Carla Castelo Trindade (2016), p. 54.

artigo 20º, nº 2 do CPPT, deverá contar-se nos termos do CPC. Assim, recorde-se que os prazos no processo tributário são contínuos, contando-se sábados, domingos e feriados. Em regra, os prazos processuais suspendem-se nas férias judiciais, no entanto, no âmbito dos processos urgentes não há lugar a esta suspensão nos termos do artigo 138º do CPC. O dia da notificação não conta, sendo considerado como o "dia zero".

Apesar da consagração destes prazos máximos de duração do processo tributário – de 90 (noventa) dias para os processos urgentes ou de 2 (dois) anos para os restantes casos e 20 (vinte) dias para a prolação da sentença –, a verdade é que não se estabelece qualquer sanção processual para a sua inobservância[62]. Antes da Lei nº 53-A/2006, de 29 de Dezembro, previa-se como consequência da demora excessiva dos processos judiciais a caducidade das garantias e o levantamento de penhoras. No entanto, esta consequência foi eliminada, prevendo-se a caducidade da garantia apenas nos casos em que a reclamação graciosa não estiver decidida no prazo de 1 (um) ano a contar da data da sua interposição, nos termos do artigo 183º-A, nº 1 do CPPT. A única consequência decorrente do não cumprimento do prazo de duração máxima do processo judicial tributário (de 2 (dois) anos ou de 90 (noventa) dias ou mesmo de 20 (vinte) dias para a prolação da sentença) será a eventual responsabilidade civil extracontratual do Estado por atraso na administração na justiça, ou melhor, por violação do direito à tutela judicial em tempo útil, por força do disposto no artigo 22º da CRP, a ser exercida em processo autónomo.

No âmbito da arbitragem, o nº 1 do artigo 21º do RJAT determina que "*a decisão arbitral deve ser emitida e notificada às partes no prazo de seis meses*", sendo que este prazo de 6 (seis) meses corresponde ao prazo de duração da fase processual do processo arbitral e não ao prazo para decidir.

O prazo para decidir será, por força da aplicação subsidiária do disposto no artigo 21º, alínea *b*) do CPPT, igualmente de 20 (vinte) dias ou, no máximo, de 30 (trinta) dias caso se utilize subsidiariamente a regra do artigo 607º, nº 1 do CPC. Em caso de eventual incumprimento do prazo de 20 (vinte) ou 30 (trinta) dias para decidir, não tendo sido ultrapassado o prazo de 6 (seis) meses previsto no nº 1 do artigo 21º do RJAT de duração do processo arbitral, entendemos que não advém qualquer sanção deste incumprimento. Por outro lado, se não for cumprido o prazo de 20 (vinte) ou 30 (trinta) dias para decidir e tiver sido ultrapassado o prazo de 6 (seis) meses de duração do processo arbitral, sem que o tribunal arbitral tenha utilizado fundamentada e

[62] Neste sentido: Joaquim Freitas da Rocha (2014), p. 258 e Jorge Lopes de Sousa (2011), Vol. II, p. 31.

justificadamente o mecanismo de prorrogação previsto no nº 2 do artigo 21º do RJAT, entendemos que o tribunal arbitral será dissolvido e haverá fundamento para uma acção de responsabilidade do(s) árbitro(s) em questão[63].

Lopes de Sousa considera que mesmo que venham a ser observados os prazos fixados no âmbito do processo judicial tributário, tal não será suficiente para assegurar a tutela judicial em tempo útil em todos os processos em que seja admissível o recurso jurisdicional. De facto, estes prazos máximos dizem apenas respeito às decisões em 1ª instância, não se prevendo qualquer prazo máximo para as decisões dos recursos jurisdicionais. O mesmo autor salienta que a razão de ser do não estabelecimento de qualquer prazo máximo para a decisão de recursos jurisdicionais será o facto de não existirem meios nos tribunais superiores que permitam assegurar uma decisão num prazo máximo razoável[64].

Apesar da consagração do princípio da celeridade no âmbito do processo judicial tributário, do direito resultante deste princípio de obter, em prazo razoável, uma decisão que aprecie, com força de caso julgado, a pretensão regularmente deduzida em juízo e a possibilidade da sua execução, e da fixação de prazos máximos de duração do processo tributário, a verdade é que, na prática, continua a verificar-se uma excessiva morosidade dos tribunais administrativos e fiscais. De facto, de acordo com os últimos dados divulgados pelo Ministério da Justiça referentes a 2015, o número de processos pendentes nestes tribunais era de 75.372, sendo que 53.510 eram acções de natureza fiscal. Assim, a excessiva morosidade dos tribunais administrativos e fiscais mostra-se ser um dos maiores obstáculos ao exercício de uma tutela jurisdicional efectiva no âmbito do contencioso tributário, não se vislumbrando uma solução para o problema a curto trecho. É fundamental que a teoria decorrente da consagração do princípio da celeridade, reconhecida pela comunidade em geral, se reflicta na prática através da adopção de medidas concretas que agilizem os processos pendentes nos tribunais, desde logo, por exemplo, através da introdução de medidas que promovam o encorajamento à desistência processual (quanto a processos antigos) mediante a bonificação em sede de custas e dedução de prejuízos para os desistentes, como já experimentado em sede de processo civil.

Por fim, cabe retomar a ideia de que a morosidade dos tribunais administrativos e fiscais foi uma das razões que justificou a implementação do regime da arbitragem tributária. A arbitragem foi introduzida, por um lado, como

[63] Seguindo Carla Castelo Trindade (2016), p. 418-420.

[64] Jorge Lopes de Sousa (2011), Vol. II, p. 30.

meio alternativo de resolução de litígios e veículo para aumentar a celeridade na resolução de litígios que opõem a Administração Tributária ao sujeito passivo, e por outro, como veículo para reduzir a pendência de processos nos tribunais administrativos e fiscais. Com efeito, a introdução deste regime era necessária, desde logo, para o descongestionamento dos tribunais tributários judiciais, embora não tenha sido a única razão que levou à sua consagração[65].

Aqui chegados podemos concluir que do princípio da celeridade consagrado no âmbito do processo judicial tributário decorre o direito à decisão da causa em tempo razoável, sendo que, em regra, o prazo razoável será de 2 (dois) anos contados entre a data da instauração do processo e a decisão proferida em 1ª instância que lhe ponha termo, nos termos do artigo 96º, nº 2 do CPPT. Por outro lado, a sentença deverá ser proferida no prazo de 20 (vinte) dias, tal como resulta do artigo 21º, alínea *b*) do CPPT. Na prática são raras as vezes em que estes prazos são cumpridos, verificando-se uma excessiva morosidade dos tribunais administrativos e fiscais. E a verdade é que não se estabelece qualquer sanção processual para a não observância destes prazos.

53.6. Princípio da igualdade das partes

Um outro princípio estruturante do processo judicial tributário é o princípio da igualdade das partes, entenda-se, dentro do próprio processo. A este propósito, pode ler-se no artigo 98º da LGT que "*as partes dispõem no processo tributário de iguais faculdades e meios de defesa*". Antes de mais, caberá fazer menção ao princípio da igualdade consagrado no âmbito do procedimento tributário para, de seguida, descortinarmos o conteúdo deste princípio ao nível do processo judicial tributário. Pretende-se ainda fazer referência à consagração deste princípio em sede de arbitragem tributária, do processo administrativo e do processo civil para, por fim, analisarmos a questão da classificação do processo judicial tributário como um processo de partes.

Assim, cabe desde já referir que no âmbito do procedimento tributário, a LGT estabelece no seu artigo 55º que "*a administração tributária exerce as suas atribuições na prossecução do interesse público, de acordo com os princípios da legalidade, **da igualdade**, da proporcionalidade, da justiça, da imparcialidade e da celeridade, no respeito pelas garantias dos contribuintes e demais obrigados tributários*" (destacado nosso). Ora, nos termos do artigo 6º do CPA, que consagra o princípio da igualdade, "*[n]as suas relações com os particulares, a Administração Pública deve reger-se pelo princípio da igualdade, não podendo privilegiar, beneficiar, prejudicar, pri-*

[65] Para maiores desenvolvimentos acerca das razões que levaram à consagração legal da arbitragem tributária, veja-se a parte III deste manual.

var de qualquer direito ou isentar de qualquer dever ninguém em razão de ascendência, sexo, raça, língua, território de origem, religião, convicções políticas ou ideológicas, instrução, situação económica, condição social ou orientação sexual". Assim, no âmbito do procedimento tributário, o princípio da igualdade exige que a Administração Tributária não actue discricionariamente[66].

O princípio da igualdade das partes consagrado no âmbito do processo judicial tributário terá implicações distintas. Assim, o princípio da igualdade processual (ou de armas) exige que as partes sejam colocadas no processo judicial tributário em "*perfeita paridade de condições para obter a justiça que reclamam*"[67]. Prevê-se, neste sentido, a igualdade de exercício de faculdades e a igualdade de meios de defesa das partes, de acordo com o disposto no artigo 98º da LGT.

É de salientar que este princípio também é aplicável no *processo arbitral tributário*, no processo administrativo e no processo civil que é um processo de partes, por excelência.

Em sede de *arbitragem tributária*, a alínea *b*) do artigo 16ºdo RJAT estabelece que constitui um princípio do processo arbitral "*[a] igualdade das partes, concretizado pelo reconhecimento do mesmo estatuto substancial às partes, designadamente para efeitos do exercício de faculdades e do uso de meios de defesa*". Na verdade, parece que todo o sistema da arbitragem tributária está traçado em respeito estrito por este princípio, pelo que da alínea *b)* do artigo 16º do RJAT não resulta que as partes devem ter, por princípio, o mesmo estatuto substancial, pois este decorre já da forma como o RJAT foi desenhado. Desta alínea decorre sim a exigência de o tribunal arbitral, em cada caso concreto, assegurar a concretização prática deste postulado e verificar se está a ser respeitado este princípio da igualdade de partes, designadamente por haver um desequilíbrio entre os meios e faculdades ao dispor da Administração Tributária e os meios e faculdades ao dispor do sujeito passivo[68].

[66] No entanto, este princípio não exige que se mantenha indefinidamente a mesma interpretação das normas tributárias. Deste modo, "*se, depois da aplicação uniforme, durante um determinado período de tempo, de uma mesma interpretação da lei, nas suas relações com os administrados, a administração se convence que é correcta uma outra interpretação, o princípio da igualdade não obsta a que passe a adoptar na sua prática esta nova interpretação*" desde que generalizada, Cf. Diogo Leite Campos/Benjamim Silva Rodrigues/Jorge Lopes De Sousa (2012), 447-448.

[67] Nas palavras de Leite Campos, Benjamim Silva Rodrigues e Lopes de Sousa que consideram que a *ratio* deste princípio decorre dos artigos 13º e 20º da CRP, ou seja, do princípio constitucional da igualdade e do direito de acesso ao direito Cf. Diogo Leite Campos/Benjamim Silva Rodrigues/Jorge Lopes de Sousa (2012), p. 857.

[68] Quanto ao princípio da igualdade das partes em sede de arbitragem tributária, veja-se Carla Castelo Trindade (2016), p. 365-367 e Jorge Lopes de Sousa (2013), p. 185.

Quanto ao *processo administrativo*, prevê-se no artigo 6º no CPTA que o "*tribunal assegura um estatuto de igualdade efectiva das partes no processo, tanto no que se refere ao exercício de faculdades e ao uso de meios de defesa como no plano da aplicação de cominações ou de sanções processuais, designadamente por litigância de má-fé*"[69].

No âmbito do *processo civil*, por seu turno, é o artigo 4º do CPC que dispõe que "*[o] tribunal deve assegurar, ao longo de todo o processo, um estatuto de igualdade substancial das partes, designadamente no exercício de faculdades, no uso de meios de defesa e na aplicação de cominações ou de sanções processuais*".

Na verdade, intimamente ligado a este princípio está o direito a um processo equitativo que é reconhecido amplamente em textos de direito internacional, designadamente no artigo 10º da Declaração Universal dos Direitos do Homem e no artigo 6º da Convenção Europeia dos Direitos do Homem.

Por último, é fundamental uma referência à questão da classificação do processo tributário como um processo de partes. Com efeito, será que se poderá afirmar que devido à consagração do princípio da igualdade das partes o processo judicial tributário consubstancia um processo de partes?

Antes de mais, cabe explicitar que um processo de partes será aquele onde as partes dispõem do processo por força da aplicação do princípio do dispositivo. Isto significa que partes gozam de liberdade de decisão sobre a instauração do processo, sobre a conformação do seu objecto, sobre as partes em causa e mesmo sobre o termo do processo. Porém, mesmo no processo civil que será o processo de partes por excelência, baseando-se em conflitos de interesses privados, atribuem-se cada vez mais poderes ao julgador, exigindo-se também a cooperação entre o tribunal e as partes, pelo que o princípio do dispositivo não é absoluto[70].

No que diz respeito ao processo tributário, a doutrina tem entendido que este não se trata de um processo de partes. Por um lado, JESUÍNO ALCÂNTARA MARTINS e COSTA ALVES consideram que o processo tributário não é em rigor um processo de partes, pelo facto de a Administração Tributária actuar sempre "*norteada pela prossecução do interesse público*"[71]. Já RUI DUARTE MORAIS entende que o processo tributário vem sendo progressivamente estruturado, em termos formais, como um processo de partes, "*embora a lei*

[69] Relativamente ao princípio da igualdade das partes no processo administrativo, VIEIRA DE ANDRADE considera que este princípio significa sobretudo "*uma limitação dos privilégios processuais da Administração, quer perante o juiz (que agora dispõe de poderes de intimação, condenação e sanção), quer perante o particular ou em comparação com ele*" Cf., JOSÉ CARLOS VIEIRA DE ANDRADE (2011), p. 433.

[70] Neste sentido: FERNANDO PEREIRA RODRIGUES (2013), p. 79-85, JOSÉ LEBRE DE FREITAS (2013), p. 155-156 e J.P REMÉDIO MARQUES (2011), p. 152.

[71] JESUÍNO ALCÂNTARA MARTINS/JOSÉ COSTA ALVES (2015), p. 37.

não dê total acolhimento a tal orientação". Os passos dados no sentido da consagração do processo tributário como um processo de partes têm sido, por um lado, a eliminação de privilégios atribuídos à Administração Tributária e, por outro, a consagração de obrigações que impendem sobre a mesma[72].

Repare-se que a Administração Tributária está obrigada a respeitar os mesmos prazos que os sujeitos passivos e a pagar custas judiciais, podendo ser condenada por litigância de má-fé caso actue em juízo contra o teor de informações vinculativas anteriormente prestadas aos interessados ou se o seu procedimento no processo divergir do habitualmente adoptado em situações idênticas, nos termos do artigo 104º da LGT. Deste modo somos da opinião que, pese embora com um caminho longo a percorrer, cada vez mais o processo tributário se aproxima de um processo de partes. No mesmo sentido, veja-se o acórdão do STA de 18 de Novembro de 2009, proferido no âmbito do processo nº 0952/09, no qual se afirmou que o disposto no nº 6 do artigo 145º do CPC – actual artigo 139º, nº 6 do novo CPC –, de que "*praticado o acto em qualquer dos três dias úteis seguintes sem ter sido paga imediatamente a multa devida, logo que a falta seja verificada, a secretaria, independentemente de despacho, notifica o interessado para pagar a multa (...)*", é aplicável também aos actos processuais da Fazenda Pública, em consideração do princípio da paridade de estatuto das partes no processo judicial. Ora, pese embora a consagração do princípio da igualdade das partes no processo judicial tributário, nos termos do artigo 98º da LGT e a eliminação de privilégios da Administração Tributária, bem como a consagração de obrigações que sobre esta impendem, a verdade é que ainda não se poderá afirmar que o processo tributário consubstancia, em rigor, um processo de partes ainda que cada vez mais se consigam retirar destas características de um verdadeiro processo de partes. Com efeito, são duas as razões que nos impedem de qualificar o processo tributário como um processo de partes *tout court*.

Por um lado, devido ao facto de a Administração Tributária exercer as suas funções na *prossecução do interesse público*, tal como dispõe o artigo 55º da LGT. Este corresponde à efectivação do princípio da legalidade, à descoberta da verdade material e à tributação de acordo com a real capacidade contributiva dos contribuintes.

Por outro, porque impende sobre a actuação da Administração Tributária o *princípio da imparcialidade*, previsto igualmente no artigo 55º da LGT. Com efeito, havendo sempre uma entidade, a Administração Tributária, sobre a qual impende o dever de se manter imparcial e de prosseguir o interesse público – e não um interesse próprio –, a mesma não pode ser entendida

[72] Rui Duarte Morais (2012), p. 253-254.

como sendo a típica "parte" que encontramos no processo civil – aquela que defende inquestionavelmente a sua posição sem quaisquer preocupações de imparcialidade. É, quanto muito, uma parte diferente.

Assim, apesar de se consagrar ao nível do processo judicial tributário o princípio da igualdade das partes, do qual decorre a igualdade de exercício de faculdades e a igualdade de meios de defesa das partes, de acordo com o disposto no artigo 98º da LGT, a verdade é que, pelo facto de subsistirem aspectos estruturais de desigualdade – como é, por exemplo, a dupla representação na defesa do interesse público no processo, pela Fazenda Pública e pelo Ministério Público – ainda não podemos afirmar que o processo tributário consubstancia um autêntico processo de partes.

53.7. Princípio do contraditório

O último princípio estruturante do processo judicial tributário é, na verdade, um princípio basilar de todo e qualquer processo judicial num Estado de Direito: o princípio do contraditório. Este princípio está intimamente ligado ao princípio da igualdade das partes que acabámos de analisar, tendo em conta que o princípio do contraditório é um "*instrumento privilegiado para atingir a igualdade processual entre as partes*"[73]. Com efeito, são as faculdades decorrentes deste princípio que asseguram a efectiva igualdade das partes no processo tributário.

Pese embora a sua importância crucial, o princípio do contraditório não está expressamente consagrado no âmbito do processo tributário, nem na LGT, nem no CPPT, embora esteja previsto no artigo 45º do CPPT, relativamente ao procedimento tributário.

Assim, o artigo 45º do CPPT dispõe no seu nº 1 que "*o procedimento tributário segue o princípio do contraditório, participando o contribuinte, nos termos da lei, na formação da decisão*", no seu nº 2 que "*o contribuinte é ouvido oralmente ou por escrito, conforme o objectivo do procedimento*" e no seu nº 3 que "*no caso de audiência oral, as declarações do contribuinte serão reduzidas a termo*". No âmbito do *procedimento tributário* o princípio do contraditório relaciona-se com o direito à participação consagrado no artigo 60º da LGT, que tivemos oportunidade de analisar no ponto 21 deste manual. Deste direito, por sua vez, decorre a faculdade dos interessados participarem na formação das decisões que lhe sejam desfavoráveis, através do exercício da audição prévia antes da tomada da decisão pela Administração Tributária, designadamente antes da prática do acto de liquidação ou antes da decisão de aplicação de métodos indirectos de avaliação da matéria tributável, nos termos das alíneas *a*) e *d*) do nº 1 do artigo 60º da LGT.

[73] Joaquim Freitas da Rocha (2014), p. 259.

É de salientar o direito de audição prévia do contribuinte no âmbito do procedimento de aplicação de normas anti-abuso, previsto no nº 5 do artigo 63º do CPPT, na medida em que fixa um prazo mais lato de 30 (trinta) dias para o exercício deste direito. Em regra, de acordo com o artigo 60º da LGT, o direito de audição prévia será exercido, como se sabe, num prazo entre 15 (quinze) e 25 (vinte e cinco) dias. Compreende-se a razão de ser deste prazo mais alargado. Por um lado, devido ao maior espaço de discricionariedade da Administração Tributária, no âmbito do procedimento especial de aplicação da CGAA, que poderá desconsiderar, para efeitos tributários, determinado negócio jurídico celebrado pelo sujeito passivo caso entenda que se verificam os elementos de aplicação da cláusula. Por outro, porque o artigo 38º da LGT, ao remeter para conceitos indeterminados como os de "*meios artificiosos*" ou de "*abuso de formas jurídicas*", impõe à Administração Tributária a necessidade de considerar a realidade material em questão em toda a sua globalidade e complexidade e esta só será atingível na medida em que seja possível ao contribuinte expor devidamente a sua versão dos factos em causa.

No que diz respeito ao *processo judicial tributário*, apesar de nem a LGT, nem o CPPT, consagrarem expressamente o princípio do contraditório, a sua aplicação resulta, desde logo, do facto de este constituir uma decorrência natural do princípio constitucional da participação, previsto no nº 5 do artigo 267º da CRP, no qual se estabelece que os cidadãos têm o direito de participar na formação das decisões e deliberações que lhes dizem respeito.

Por outro lado, de acordo com o artigo 2º, alínea *e*) do CPPT, as normas CPC são subsidiariamente aplicáveis ao processo tributário, pelo que será aplicável em sede de processo judicial tributário o artigo 3º, nº 3 do CPC que consagra o princípio do contraditório no âmbito do processo civil. Assim tem entendido a jurisprudência do STA, que tem vindo a aplicar pacificamente ao processo judicial tributário o princípio do contraditório plasmado no artigo 3º, nº 3 do CPC[74]. Veja-se, a título exemplificativo, o acórdão do STA de 29 de Janeiro de 2014, proferido no âmbito do processo nº 0663/13, no qual se afirmou:

> *"O art. 3º, nº 3, do CPC, aplicável ao contencioso tributário ex vi da alínea e) do art. 2º do CPPT, dispõe: «O juiz deve observar e fazer cumprir, ao longo de todo o processo, o princípio do contraditório, não lhe sendo lícito, salvo caso de manifesta desnecessidade, decidir questões de direito ou de facto, mesmo que de conhecimento oficioso, sem que as par-*

[74] Veja-se, neste sentido, os acórdãos do STA de 13 de Abril de 2016, proferido no âmbito do processo nº 0548/15, de 04 de Fevereiro de 2016, proferido no âmbito do processo nº 0205/15, de 25 de Novembro de 2015, proferido no âmbito do processo nº 0839/15, de 08 de Maio de 2013, proferido no âmbito do processo nº 01230/12.

> *tes tenham tido a possibilidade de sobre elas se pronunciarem». Trata-se de um princípio basilar do processo, que hoje ultrapassou a concepção clássica, que o associava ao direito de resposta, para se assumir como uma garantia da participação efectiva das partes no desenvolvimento de todo o litígio, mediante a possibilidade de influírem em todos os elementos que se liguem ao objecto da causa (...)".*

Embora não se pretenda aprofundar demasiado este princípio que, naturalmente, já foi objecto de análise aquando do estudo do processo civil ou mesmo do processo penal, cabe referir as linhas gerais do princípio do contraditório, estruturante do processo judicial tributário.

Neste sentido, seguindo a doutrina de LEBRE DE FREITAS, podemos afirmar a existência de um contraditório *no plano da alegação* que "*exige que os factos alegados por uma [das partes] (como causa de pedir ou fundamento de excepção), possam pela outra ser contraditados (por impugnação ou por excepção), sendo assim concedida a ambas, em igualdade, a faculdade de sobre todos eles se pronunciarem*"; e um contraditório *para a prova* que "*exige a) que às partes seja, em igualdade, facultada a proposição de todos os meios probatórios potencialmente relevantes para o apuramento da realidade dos factos (principais ou instrumentais) da causa; b) que lhes seja concedido fazê-lo até ao momento em que melhor possam decidir da sua conveniência (...); c) que a produção ou admissão da prova tenha lugar com audiência contraditória de ambas as partes; [e]d) que estas possam pronunciar-se sobre a apreciação das provas produzidas por si, pelo adversário ou pelo tribunal*"[75].

FERNANDO PEREIRA RODRIGUES refere-se ainda ao contraditório na *alegação do direito*, ao nível dos articulados, das alegações orais finais e ainda em caso de interposição de recurso para os tribunais superiores. O mesmo autor considera que o princípio do contraditório consubstancia um "*remédio para as «decisões-surpresa»*" na medida em que o juiz deve observar e fazer cumprir, ao longo de todo o processo este princípio, "*não lhe sendo lícito, salvo caso de manifesta desnecessidade, decidir questões de direito ou de facto, mesmo que de conhecimento oficioso, sem que as partes tenham tido a possibilidade de sobre elas se pronunciarem*"[76].

Para além disso, LEBRE DE FREITAS defende que já se ultrapassou a concepção clássica, que associava o princípio do contraditório ao direito de resposta, para se assumir então como uma garantia da participação efectiva das partes no desenvolvimento de todo o litígio, mediante a possibilidade de influ-

[75] JOSÉ LEBRE DE FREITAS (2013), p. 125 e 128.

[76] FERNANDO PEREIRA RODRIGUES (2013), "O Novo Processo Civil: os Princípios Estruturantes", p. 47. Relativamente ao contraditório ao nível da discussão das questões de direito, veja-se ainda RITA LOBO XAVIER/INÊS FOLHADELA/GONÇALO ANDRADE E CASTRO (2014), "Elementos de direito processual civil: teoria geral: princípios: pressupostos" p. 128.

írem em todos os elementos que se liguem ao objecto da causa. Assim, afirma que *"a esta concepção válida mas restritiva, substitui-se hoje uma noção mais lata de contraditoriedade, com origem na garantia constitucional do rechtliches Gehör germânico, entendida como garantia de participação efectiva das partes no desenvolvimento de todo o litígio, mediante a possibilidade de, em plena igualdade, influírem em todos os elementos (factos, provas, questões de direito) que se encontrem em ligação com o objecto da causa e que em qualquer fase do processo apareçam como potencialmente relevantes para a decisão"*. Deste modo, segundo este autor, a finalidade principal do princípio do contraditório deixou de ser a *defesa*, *"no sentido negativo de oposição ou resistência à actuação alheia"*, passando a ser *a influência*, *"no sentido positivo de direito de incidir activamente no desenvolvimento e no êxito do processo"*[77]. No mesmo sentido, PAULO RAMOS DE FARIA e ANA LUÍSA LOUREIRO consideram que o princípio do contraditório é actualmente entendido como a garantia concedida às partes de participarem efectivamente na *"evolução da instância"*, podendo influenciar todas as decisões e desenvolvimentos processuais *"com repercussões sobre o objecto da causa"*[78].

No âmbito do processo tributário, é o princípio do contraditório que justifica, por exemplo, que no processo de impugnação judicial, após a petição inicial apresentada pelo contribuinte, o juiz ordene a notificação do representante da Fazenda Pública para, no prazo de 90 (noventa) dias, contestar; ou que as partes sejam notificadas para alegarem quando tenha havido junção ao processo de documentos com relevo probatório – acórdão do Pleno de secção do contencioso tributário do STA de 8 de Maio de 2013, proferido no âmbito do processo nº 01230/12 – ou, ainda, que seja assegurada ao oponente a oportunidade de se pronunciar antes do Tribunal proferir a decisão de indeferimento liminar da oposição à execução – acórdão do STA de 13 de Abril de 2016, proferido no âmbito do processo nº 0548/15.

Quanto às *consequências da violação do princípio do contraditório* no âmbito do processo tributário, a jurisprudência do STA tem entendido que serão de aplicar subsidiariamente as normas do CPC, designadamente os seus artigos 195º, nº 1 e 3º, nº 3[79]. Neste sentido, o acórdão do STA de 13 de Abril de 2016, proferido no âmbito do processo nº 0548/15 entendeu que:

[77] JOSÉ LEBRE DE FREITAS (2013), p. 124-125.

[78] PAULO RAMOS DE FARIA/ANA LUÍSA LOUREIRO (2014), "Primeiras Notas ao Novo Código de Processo Civil", p. 31.

[79] Veja-se, neste sentido, os acórdãos do STA de 4 de Fevereiro de 2016, proferido no âmbito do processo nº 0205/15, de 25 de Novembro de 2015, proferido no âmbito do processo nº 0839/15 e de 29 de Janeiro de 2014, proferido no âmbito do processo nº 0663/13.

> *"(...)impunha-se, em observância do princípio do contraditório e tendo em vista evitar decisão-surpresa, que o Tribunal 'a quo', previamente ao indeferimento liminar da petição de oposição, tivesse assegurado à oponente a oportunidade de se pronunciar sobre o teor da informação oficial ou, pelo menos, da existência da excepção de cumulação ilegal de oposições. Ao ter omitido tal notificação, susceptível de influir no exame e decisão da causa, incorreu em* ***nulidade processual*** *(artigos 195º, nº 1 e 3º, nº 3 do Código de Processo Civil, aplicáveis ex vi do artigo 2º, alínea e) do Código de Procedimento e de Processo Tributário – CPPT), o que inquina a validade dos actos posteriormente praticados, incluindo a decisão recorrida"* (destacado nosso).

Deste modo, de acordo com o artigo 195º, nº 1 do CPC, a consequência da violação do princípio do contraditório no âmbito do processo tributário, designadamente nos casos de omissão de um acto ou de uma formalidade que a lei prescreve, será a nulidade processual, quando a lei o declare ou quando a irregularidade cometida possa influir no exame ou na decisão da causa. Neste sentido, veja-se ainda o acórdão do Pleno da secção do contencioso tributário do STA de 8 de Maio de 2013, proferido no âmbito do processo nº 01230/12, no qual se afirmou que:

> *"A falta de cumprimento do contraditório, concretizada na não notificação do recorrente para se pronunciar ao abrigo do disposto nos arts. 655º, nº 2 e 654º, nº 2 do CPC, reconduz-se à omissão de um acto exigido por lei que, porque susceptível de influir no exame ou decisão da causa constitui nulidade, sujeita ao regime dos artigos 195º, 197º e 199º do CPC."*

No entanto, em caso de manifesta desnecessidade, poderá ser dispensada a observância deste princípio. Esta excepção deverá ser permitida por aplicação subsidiária daquele nº 3 do artigo 3º do CPC já referido, ao abrigo do artigo 2º, alínea *e*) do CPPT.

Por último, cabe referir que o princípio do contraditório também constitui um princípio do *processo arbitral*, sendo o contraditório assegurado, designadamente, através da faculdade conferida às partes de se pronunciarem sobre quaisquer questões de facto ou de direito suscitadas no processo, tal como disposto na alínea *a*) do artigo 16º do RJAT. Assim, da consagração deste princípio em sede de arbitragem tributária, decorre o dever do tribunal arbitral assegurar que às partes – quer à Administração Tributária, quer ao contribuinte – é conferida a possibilidade de se pronunciarem sobre todas as questões de facto ou de direito suscitadas no processo que poderão influenciar a decisão final relativamente à questão controvertida.

A concretização do princípio do contraditório é especialmente relevante em sede de arbitragem tributária, na medida em que todo o processo arbitral se baseia numa lógica de livre condução do processo e de grande informalidade. Deste modo, e apesar de se tratar de um processo cuja tramitação é definida pelo próprio tribunal, "*deverá ser sempre assegurado às partes o direito de se pronunciarem sobre todas as questões, assumam elas a natureza de questões de facto ou de questões de direito, sob pena de ser impugnável a decisão arbitral, nos termos dos artigos 27º e 28º, nº 1, alínea d). do RJAT*"[80]. Com efeito, um dos fundamentos para a decisão arbitral ser anulável por impugnação é o de ter havido, no decorrer do processo arbitral, violação do princípio do contraditório. Contudo, pese embora não exista uma referência explícita no artigo 16º, alínea *a*) do RJAT que consagra o princípio do contraditório na arbitragem tributária, LOPES DE SOUSA considera que também no processo arbitral será dispensada a observância deste princípio em caso de "*manifesta desnecessidade*", sendo este um corolário do princípio processual geral da proibição da prática de actos inúteis previsto no artigo 3º, nº 3 do CPC[81].

Em suma, do procedimento tributário ao processo tributário, sem esquecer da arbitragem, o princípio do contraditório é um princípio absolutamente estruturante cuja violação dá lugar à nulidade da sentença.

54. Princípios relativos à prova

Estudados os princípios estruturantes do processo judicial tributário, cabe agora analisar os princípios que valem no domínio da instrução, ou sejam da produção de prova no âmbito do processo tributário.

Serão admitidos no âmbito do processo tributário todos os meios de prova? Como pode o juiz apreciar os meios de prova no âmbito do processo tributário? A quem cabe fazer prova de quais factos? Como se reparte o ónus da prova? Estas são as questões que se colocam neste ponto e às quais os princípios relativos à prova pretendem dar resposta.

Comecemos então por analisar o princípio sem dúvida mais relevante no que diz respeito à prova: o princípio do inquisitório.

54.1. Princípio do inquisitório

• ***Princípio do inquisitório no procedimento tributário***

Já tivemos oportunidade de analisar o princípio do inquisitório aplicável no âmbito do procedimento tributário, previsto no artigo 58º da LGT.

[80] Acerca do princípio do contraditório no âmbito do processo arbitral tributário, CARLA CASTELO TRINDADE (2016), p. 362-365.

[81] JORGE LOPES DE SOUSA (2013), p. 184-185.

Como vimos, este princípio surge na sequência do princípio da verdade material que obriga a Administração à prossecução do interesse público e a nortear toda a sua actuação a um só fim: a descoberta da verdade, numa óptica material e não meramente formal. Esta exigência de prossecução do interesse público, por sua vez, tem consagração constitucional no artigo 266º, nº 1 da CRP, impondo-se à Administração Pública em geral.

O princípio do inquisitório consagrado no âmbito do procedimento tributário no artigo 58º da LGT obriga a *Administração Tributária* a realizar todas as diligências necessárias à satisfação do interesse público e à descoberta da verdade material, não estando subordinada à iniciativa do autor do pedido, sendo também corolário do dever de imparcialidade que orienta a actividade pública, nos termos dos artigos 266º, nº 2 da CRP e 55º da LGT. Assim, a *Administração* não se pode cingir aos elementos apresentados pelos contribuintes ou outros interessados que tenham formulado o pedido, nem aguardar pela iniciativa destes. Pelo contrário, deverá ela própria tomar a iniciativa de realizar as diligências que entenda serem relevantes para o apuramento da verdade dos factos na qual deve assentar a sua decisão.

Por outro lado, em cumprimento do dever de imparcialidade resultante dos artigos 266º, nº 2 da CRP e 55º da LGT, deve ainda trazer para o procedimento todos os elementos de prova que lhe pareçam indispensáveis à descoberta da verdade material – embora, de acordo com as regras do ónus da prova, a indicação de tais elementos caiba aos interessados – ainda que tenham em vista demonstrar factos cuja prova seja contrária aos interesses patrimoniais da Administração. Assim, a Administração Tributária não pode deixar de considerar todos os meios de prova que tenha em seu poder, nem todas as diligências que possa tomar, mesmo as que beneficiem a outra parte.

Ora, o princípio do inquisitório que agora nos ocupa, em sede do estudo do processo judicial tributário, diz respeito aos poderes de investigação e de cognição do *tribunal* ou do *juiz* e não da Administração Tributária. Assim, a questão que se coloca é se no âmbito da instrução do processo tributário vigora o princípio do dispositivo ou do inquisitório, dito de outro modo, quais são os poderes de investigação do tribunal no processo tributário?

Deste modo, neste ponto pretendemos analisar o princípio do inquisitório consagrado no âmbito do processo tributário, designadamente em que consiste e como se relaciona com o princípio do dispositivo. Caberá ainda referir a conciliação deste princípio com o dever de fundamentação dos actos e com o princípio do inquisitório que recai sobre a Administração Tributária.

- ***Princípio do inquisitório vs princípio do dispositivo***

O artigo 99º, nº 1 da LGT e o artigo 13º, nº 1 do CPPT consagram, sem sombra de dúvidas, o princípio do inquisitório do tribunal tributário no domínio do processo tributário[82]. Por um lado, o nº 1 do artigo 99º da LGT dispõe que *"[o] tribunal deve realizar ou ordenar oficiosamente todas as diligências que se lhe afigurem úteis para conhecer a verdade relativamente aos factos alegados ou de que oficiosamente pode conhecer"* e o nº 1 do artigo 13º do CPPT, por sua vez, estabelece que *"[a]os juízes dos tribunais tributários incumbe a direcção e julgamento dos processos da sua jurisdição, devendo realizar ou ordenar todas as diligências que considerem úteis ao apuramento da verdade relativamente aos factos que lhes seja lícito conhecer"*.

Deste modo, tal como a Administração Tributária no âmbito do procedimento tributário, também o juiz ou o tribunal no processo tributário deve visar a descoberta da verdade material – e não apenas formal –, impendendo sobre este o poder-dever de realizar todas as diligências que entenda serem úteis para a descoberta da verdade material, não estando limitado às provas que as partes apresentarem ou requererem[83].

Do artigo 13º do CPPT resulta ainda a consagração do *princípio da oficialidade ou da oficiosidade*, que se consubstancia na atribuição ao juiz de poderes para dirigir o processo. Em sede do processo de impugnação judicial, por exemplo, cabe ao juiz dirigir os termos do processo, ordenando as diligências que considerar necessárias para a descoberta da verdade, sem sujeição aos meios probatórios requeridos pelos particulares ou pela Fazenda Pública, nos termos do artigo 114º do CPPT[84].

Factos e questões de direito

Pese embora vigore no âmbito do processo tributário o princípio do inquisitório, é de salientar a existência de limites a este princípio, designadamente

[82] Também no âmbito do processo administrativo está consagrado o princípio do inquisitório no artigo 90º, nº 3 do CPTA. Por força deste princípio, o juiz deverá procurar a verdade material, tendo como limite o âmbito do processo, determinado pelo pedido e pela causa de pedir. Por outro lado, nos termos do artigo 95º, nº 3 do CPTA, o juiz poderá qualificar autonomamente os vícios invocados pelas partes e tem o poder-dever de conhecer oficiosamente as causas de invalidade do acto administrativo impugnado. A propósito do princípio do inquisitório no processo administrativo, veja-se José Carlos Vieira de Andrade (2015), p. 418-419.

[83] Neste sentido, entendendo que vigora no processo tributário o princípio da verdade material – e não formal –, veja-se Jorge Lopes de Sousa (2011), Vol. I, p. 176. No que diz respeito ao princípio da verdade material no âmbito do processo administrativo, veja-se José Carlos Vieira de Andrade (2015), p. 418-419.

[84] Jorge Lopes de Sousa (2011), Vol. I, p. 173.

ao nível dos poderes de cognição do tribunal. Com efeito, haverá que distinguir entre *factos* e *questões de direito*, na medida em que, quanto aos primeiros vigora essencialmente o princípio do inquisitório e, relativamente às questões já prevalece o princípio do dispositivo, oposto ao princípio do inquisitório. *Factos*, segundo Lebre de Freitas, são acontecimentos ou circunstâncias do mundo exterior ou da vida íntima do homem, pertencentes ao passado ou ao presente, "*concretamente definido no tempo e no espaço e como tal apresentando as características de objecto*"[85]. Já as *questões de direito*, seguindo o entendimento perfilhado pelo acórdão do STA de 27 de Outubro de 2007, proferido no âmbito do processo nº 01007/06, envolvem tudo o que diga respeito à "*concludência ou inconcludência das excepções e da causa de pedir*" e "*às controvérsias que as partes sobre elas suscitem*".

Ora, como se verá, o conhecimento pelo tribunal de *factos* não alegados, que não sejam de conhecimento oficioso nem sejam factos instrumentais, complementares, notórios ou daqueles que o tribunal tem conhecimento por exercícios das suas funções, isto é, o conhecimento de factos que *não podia conhecer*, não constitui nulidade da sentença nos termos do artigo 125º do CPPT, desde que os factos digam respeito às *questões* alegadas pelas partes. Tudo porque no que diz respeito aos factos, repita-se, vigora o princípio do inquisitório que prevalece sobre o princípio do dispositivo.

Relativamente às *questões*, pelo contrário, verifica-se a prevalência do princípio do dispositivo, na medida em que o tribunal está obrigado ao conhecimento de *todas* as questões suscitadas, por um lado, e *só* pode conhecer as questões suscitadas e aquelas que sejam de conhecimento oficioso, por outro. Em caso de *falta de conhecimento* pelo tribunal da questão suscitada pelas partes, verifica-se a nulidade da sentença por *omissão de pronúncia*. Por outro lado, o conhecimento pelo tribunal de questões que *não podia conhecer*, consubstancia igualmente a nulidade da sentença, mas por *excesso de pronúncia*, nos termos do nº 1 do artigo 125º do CPPT.

No seguimento do que acabámos de referir, a parte final do nº 1 do artigo 99º da LGT delimita o princípio do inquisitório "*aos factos alegados* [pelas partes] *ou de que oficiosamente possa* [o tribunal] *conhecer*". A parte final do nº 1 do artigo 13º do CPPT refere-se também "*aos factos que lhes* [aos juízes] *seja lícito conhecer*". Assim, da conjugação destes dois artigos parece resultar que o juiz apenas pode conhecer os factos alegados pelas partes ou os factos que sejam de conhecimento oficioso, tais como a caducidade do direito de impugnar ou a prescrição da dívida tributária.

[85] José Lebre de Freitas (1991), "A Confissão no Direito Probatório", p. 44.

Contudo, como bem salienta LOPES DE SOUSA, esta limitação dos poderes cognitivos do tribunal aos factos alegados pelas partes ou aos factos de conhecimento oficioso "*não tem clara justificação no processo tributário nem pode ser entendida em termos absolutos*"[86]. Na verdade, em bom rigor, estas limitações aos poderes cognitivos do tribunal – e consequentemente ao princípio do inquisitório – decorrem de um outro princípio processual, estruturante do processo civil e oposto ao princípio do inquisitório: *o princípio do dispositivo.*

Antes de analisar sucintamente as implicações resultantes deste princípio do processo civil, cabe referir que, pese embora as semelhanças existentes entre o processo tributário e o processo civil, temos que concordar com LOPES DE SOUSA quando afirma que há diferenças substanciais entre estes dois processos, resultantes designadamente da posição da Fazenda Pública/ Administração Tributária que pode eliminar juridicamente, total ou parcialmente, de modo unilateral, o acto objecto do processo de impugnação judicial, nos termos do artigo 113º, nºs 1 e 2 do CPPT[87]. Acrescentamos nós, há diferenças desde logo porque a Fazenda Pública, estando em representação da Administração Tributária, está obrigada à legalidade e ao princípio da descoberta da verdade material.

Ora, seguindo a doutrina de LEBRE DE FREITAS, este princípio *do dispositivo* sendo estruturante no âmbito do processo civil pode traduzir-se em duas ideias fundamentais: (*i*) na disponibilidade da instância em si mesma, isto é, disponibilidade das partes sobre o impulso processual inicial e sobre o termo do processo, celebração de compromisso arbitral, desistência, confissão ou transacção; e (*ii*) na disponibilidade da conformação da instância, ou seja, disponibilidade sobre o objecto do processo. Dito de outro modo, o princípio do dispositivo traduz-se "*na liberdade de decisão sobre a instauração do processo, sobre a conformação do seu objecto e das partes em causa, e sobre o termo do processo, assim como, muito mitigadamente sobre a sua suspensão*"[88].

RITA LOBO XAVIER, INÊS FOLHADELA e GONÇALO ANDRADE E CASTRO consideram inerente ao princípio do dispositivo uma ideia de autorresponsabilidade das partes, sendo o autor e o réu "*responsáveis pelo processo e pela orientação que lhe imprimem*"[89].

No que diz respeito à disponibilidade de início e de pôr termo ao processo tributário, o princípio do dispositivo será aplicável ao sujeito passivo/obrigado

[86] JORGE LOPES DE SOUSA (2011), Vol. I, p. 174.

[87] *Ibidem.*

[88] JOSÉ LEBRE DE FREITAS (2013), p. 156-157.

[89] RITA LOBO XAVIER/INÊS FOLHADELA/GONÇALO ANDRADE E CASTRO (2014), p. 140.

tributário, na medida em que cabe a este o impulso do processo de impugnação judicial e, por outro lado, também é ao sujeito passivo que compete a desistência da instância ou do pedido[90]. No entanto, é a vertente do princípio do dispositivo relativa à disponibilidade sobre o objecto do processo que determina a limitação dos poderes cognitivos do tribunal, no âmbito do processo tributário. Ora, o nº 1 do artigo 5º do CPC estabelece que *"[às] partes cabe alegar os factos essenciais que constituem a causa de pedir e aqueles em que se baseiam as excepções invocadas"*, embora no nº 2 do mesmo artigo estejam elencados os factos que podem ser considerados pelo juiz, para além dos factos articulados pelas partes. Com efeito, mesmo no processo civil, não vale em termos absolutos a regra da não consideração de factos que não tenham sido alegados pelas partes, pelo que o tribunal poderá ter em conta os factos:

- De conhecimento oficioso (artigo 608º, nº 2, *in fine* do CPC)[91],
- Instrumentais, que resultem da instrução da causa (artigo 5º, nº 2, alínea *a*) do CPC)[92],
- Complementares, que resultem da instrução da causa, desde que seja dada possibilidade à parte de se pronunciar sobre eles (artigo 5º, nº 2, alínea *b*) do CPC),
- Notórios e aqueles que o tribunal tenha conhecimento por exercício das suas funções (artigo 5º, nº 2, alínea *c*) do CPC)[93].

Ora, tendo em conta que no processo judicial tributário está em causa o interesse público e não apenas os interesses privados das partes, por maioria de razão, os poderes de cognição atribuídos ao juiz no âmbito do processo civil deverão ser reconhecidos ao juiz no âmbito do processo tributário, podendo este conhecer, para além dos factos alegados pelas partes, dos factos acima referidos[94]. É de referir ainda que o conhecimento dos factos de conhecimento oficioso já resulta expressamente do artigo 99º, nº 1 da LGT.

[90] No entanto, não será de admitir a transacção por força do princípio da indisponibilidade dos créditos tributários, e da prossecução do interesse público inerente à matéria fiscal a que está adstrita a Administração Tributária sendo esta uma das razões que levou a que a arbitragem tributária não dependesse de convenções de arbitragem. Para maiores desenvolvimentos: Carla Castelo Trindade (2016), p. 46-50.

[91] Artigo 99º, nº 1, *in fine* da LGT.

[92] Tem-se entendido que a instrumentalidade poderá resultar não só de factos essenciais alegados pelas partes mas também das razões e direito que fundamentam a pretensão da parte.

[93] Considerando-se notórios os factos que sejam do conhecimento geral, nos termos do artigo 412º, nº 1 do CPC.

[94] Jorge Lopes de Sousa (2011), Vol. I, p. 175.

Para além disso, LOPES DE SOUSA salienta que no processo tributário "*a administração, que surge colocada processualmente numa posição oposta à do particular, não é titular de um interesse oposto ao do particular, antes está constitucional e legalmente obrigada a actuar exclusivamente subordinada ao interesse público e com imparcialidade, tanto nos processos administrativos como nos judiciais (arts. 266º, nºs 1 e 2, da CRP e 55º da LGT)*"[95]. Deste modo, o princípio do dispositivo não é aplicável à Fazenda Pública, no sentido em que não lhe é concedida liberdade para decidir quais os elementos fácticos e probatórios que irá levar para o processo. Com efeito, Administração Tributária tem o dever de informação sobre toda e qualquer matéria de facto com interesse para a discussão da causa, independentemente de os factos favorecerem a própria Administração ou o particular. A Administração Tributária está obrigada, como vimos, à prossecução do interesse público da descoberta da verdade material. Este dever resulta naturalmente do princípio da imparcialidade que vincula a actuação da Administração, nos termos dos artigos 266º, nº 2 da CRP e artigo 55º da LGT.

Aqui chegados, tendo em conta que vigora no âmbito do processo tributário o princípio da verdade material – e não da verdade formal, como no processo civil – deve entender-se que o tribunal tributário pode averiguar e considerar factos não alegados pelas partes, tendo como única limitação as questões suscitadas pelas mesmas[96]. Assim, "*havendo no processo judicial tributário mais razões do que no processo civil para poderes de cognição ampliados, não poderá deixar-se de entender, sob pena de se estar a ofender o princípio da unidade de valoração legislativa no âmbito do sistema jurídico, que naqueles processos, o tribunal tributário tem, no mínimo, poderes de cognição com amplitude idêntica à atribuída no domínio do processo civil*"[97]. Ora, no domínio do processo civil o juiz pode ter em conta factos não alegados pelas partes, desde que digam respeito a questões suscitadas pelas partes. Deste modo, no que respeita aos *factos*, o princípio do inquisitório revela-se mais forte no processo tributário do que no processo civil. Com efeito, como já salientámos, o conhecimento pelo juiz de factos não alegados pelas partes, quer sejam factos de conhecimento oficioso, quer sejam factos notórios, instrumentais ou complementares, não consubstancia a nulidade da sentença nos termos do artigo 125º do CPPT. Na verdade, este artigo apenas prevê a nulidade da sentença no caso de se verificar a pronún-

[95] *Ibidem.*

[96] Em sentido contrário, defendendo que o juiz não pode investigar factos não alegados pelas partes e, muito menos, servir-se deles na decisão final, excepto se se tratarem de factos de conhecimento oficioso, veja-se JOAQUIM FREITAS DA ROCHA (2014), p. 259.

[97] JORGE LOPES DE SOUSA (2011), Vol. I, p. 176.

cia sobre *questões* que o juiz não deva conhecer, isto é, *questões não alegadas pelas partes*. Assim, quanto às questões deverá prevalecer o princípio do dispositivo. Neste sentido, veja-se o acórdão do STA de 3 de Fevereiro de 2016, proferido no âmbito do processo nº 0931/13, no qual se afirmou:

> "*Não ocorre nulidade da sentença por excesso de pronúncia se a decisão recorrida se conteve a sua apreciação às questões suscitadas pelo contribuinte designadamente a questão da caducidade do direito à liquidação pela Administração Tributária.*".

Deste modo, chegamos à conclusão que em sede de processo judicial tributário, o juiz poderá conhecer de factos não alegados pelas partes, sejam ou não de conhecimento oficioso, desde que digam respeito às questões suscitadas pelas mesmas. Para conhecer a verdade relativamente a estes factos, o juiz deverá realizar ou ordenar oficiosamente todas as diligências que considerar úteis, por força do princípio do inquisitório, nos termos dos artigos 99º, nº 1 da LGT e 13º, nº 1 do CPPT.

Se o juiz se pronunciar acerca de questões que não podia conhecer – porque não suscitadas pelas partes –, nos termos do artigo 125º, nº 1 do CPPT, a sentença será nula por excesso de pronúncia. Assim, quanto às questões, o tribunal está, por força do princípio do dispositivo, limitado às questões alegadas pelas partes estando obrigado ao conhecimento de todas as questões que estas lhes suscitem e podendo conhecer apenas das questões suscitadas e daquelas que sejam de conhecimento oficioso.

Conhecimento dos vícios do acto impugnado

No processo de impugnação judicial (ou de arbitragem tributária), o juiz só poderá conhecer dos vícios do acto tributário impugnado invocados pelo impugnante na petição inicial (artigo 108º, nº 1 do CPPT) e pelo Ministério Público, como decorre do artigo 124º, nº 2 do CPPT. Pelo contrário, não poderá conhecer de outros vícios do acto administrativo, não invocados pelas partes, na medida em que não existe no processo judicial tributário uma norma equivalente àquela prevista em sede de processo administrativo, no artigo 95º, nº 3 do CPTA, nos termos da qual se estabelece que o tribunal deve identificar a existência de causas de invalidade diversas das que tenham sido alegadas, devendo as partes ser ouvidas para alegações complementares. Assim, no processo de impugnação judicial, o juiz apenas pode conhecer dos vícios geradores de mera anulabilidade invocados pelo impugnante e pelo Ministério Público. Já no que concerne aos vícios geradores de nulidade, vigora em relação a todos os processos impugnatórios – tributários ou administrativos

– a regra da possibilidade de conhecimento oficioso, por força do artigo 162º, nº 2 do CPA. Isto pese embora a questão que se coloca quanto aos poderes do tribunal à frente melhor desenvolvida.

Necessidade de realização de todas as diligências?
Por outro lado, apesar da consagração do princípio do inquisitório no âmbito do processo tributário, resulta tanto do artigo 99º, nº 1 da LGT quanto do artigo 13º, n. º 1 do CPPT, que o juiz não está obrigado à realização de *todas* as diligências que sejam requeridas pelos intervenientes processuais, devendo realizar ou ordenar a realização apenas daquelas que considere *úteis* ao apuramento da verdade. Embora a decisão de realizar, ou não, as diligências caiba ao juiz, Lopes de Sousa salienta que a necessidade de realização das diligências poderá ser controlada de forma objectiva, em face da real necessidade para o apuramento da verdade, podendo ser apreciada, em sede de recurso, a decisão de recusa de realização de qualquer diligência[98]. Neste sentido, o juiz só não deverá realizar determinada diligência requerida pelas partes ou pelo Ministério Público – quando este intervenha, como parte no âmbito da impugnação judicial – se a considerar inútil ou dilatória, em despacho fundamentado.

Leite Campos, Benjamim Silva Rodrigues e Lopes de Sousa defendem que, em caso de falta de realização de diligências instrutórias úteis para a descoberta da verdade dos factos, a sentença não será nula por omissão de pronúncia mas sim por erro de julgamento, na medida em que resulta de uma "*errada não aplicação do preceito legal que a impõe*"[99]. Por sua vez, o acórdão do STA de 23 de Outubro de 2013, proferido no âmbito do processo nº 0388/13, perante a não realização de determinada diligência instrutória útil à descoberta da verdade dos factos, considerou que a sentença enfermava de "*défice instrutório*", aplicando-se subsidiariamente o artigo 662º do CPC:

> "*(...) o princípio do inquisitório, que enforma o processo tributário, impõe que o juiz realize ou ordene todas as diligências que considere úteis ao apuramento da verdade (cf. artigos 99º, nº 1, da LGT e 13º, nº 1, do CPPT), não estando sequer limitado às provas que as partes apresentarem ou requererem.*
>
> *Ora, não constando da sentença, nem dos autos, elementos que permitam ao tribunal 'ad quem' reapreciar do alegado vício de violação de lei, por erro nos pressupostos, das liquidações*

[98] Jorge Lopes de Sousa (2011), Vol. I, p. 180.

[99] Diogo Leite Campos/Benjamim Silva Rodrigues/Jorge Lopes de Sousa (2012), p. 859.

sindicadas, terá de concluir-se que os autos padecem de ***défice instrutório****, determinante da anulação da sentença recorrida (artigo 712º [actual artigo 662º] do CPC, aplicável ex vi da alínea e) do artigo 2º do CPPT) e da remessa dos autos ao tribunal 'a quo' com vista à cabal averiguação dos factos alegados pela impugnante a esse respeito, indispensável à boa decisão da causa e posterior decisão em conformidade"* (destacado nosso).

- ***Princípio do inquisitório vs dever de fundamentação dos actos tributários***

Por fim, cabe analisar a questão da conciliação do princípio do inquisitório, consagrado no âmbito do processo tributário, com o dever da Administração Tributária de fundamentação dos actos, por um lado, e com o princípio do inquisitório que recai sobre a Administração Tributária no âmbito do procedimento tributário, por outro[100].

Relativamente à primeira questão, cabe relembrar que nos termos do disposto no artigo 268º, nº 3, da CRP "*[o]s actos administrativos estão sujeitos a notificação aos interessados, na forma prevista na lei, e carecem de fundamentação expressa e acessível quando afectem direitos ou interesses legalmente protegidos*". No mesmo sentido, o artigo 77º da LGT estabelece que "*a decisão de procedimento é sempre fundamentada por meio de sucinta exposição das razões de facto e de direito que a motivaram, podendo a fundamentação consistir em mera declaração de concordância com os fundamentos de anteriores pareceres, informações ou propostas, incluindo os que integrem o relatório da fiscalização tributária*".

Como tivemos oportunidade de ver aquando do estudo do direito à fundamentação no ponto 19 deste manual, todos os actos tributários bem como os actos em matéria tributária carecem de fundamentação. Esta constitui um dever para a Administração Tributária e, simultaneamente, um direito para os contribuintes.

Caso se verifique a *falta de fundamentação legalmente exigida* ou, caso a fundamentação do acto exista mas se revele insuficiente – por não cumprir os parâmetros acima referidos –, o acto em causa é *ilegal* por *vício de forma*, susceptível de gerar a sua anulação, nos termos do artigo 99º, alínea *c)* do CPPT.

Se a Administração Tributária cumprir o dever de fundamentação formal mas a *fundamentação* do acto tributário for *errada*, ou seja, as razões de facto e de direito invocadas não sejam susceptíveis de justificar a prática do acto, este será igualmente *ilegal* mas por erro nos pressupostos de facto ou de direito, ou

[100] Para maiores desenvolvimentos relativamente aos limites do princípio do inquisitório, veja-se ELISABETE LOURO MARTINS (2011), "Os Limites do Princípio do Inquisitório e a sua Articulação com as Regras do Ónus da Prova no Procedimento e no Processo Judicial Tributário" *in* Estudos em memória do Professor Doutor J.L Saldanha Sanches, Vol. V, p. 131-153.

seja, por *errónea quantificação ou qualificação dos factos tributários*, sendo susceptível de anulação nos termos do artigo 99º, nº 1, alínea *a*) do CPPT. Na verdade, a fundamentação é uma composição, antecedente ao acto tributário, e a (i) legalidade daquela irá, consequentemente, determinar se não mesmo inquinar, a legalidade deste último. A este propósito, veja-se ainda o acórdão do STA de 15 de Fevereiro de 2012, proferido no âmbito do processo nº 0872/11 no qual se distingue entre o vício formal de falta de fundamentação e o vício material da fundamentação errada:

> *"A fundamentação do acto revela que o seu autor só o emitiu porque, bem ou mal, chegou à conclusão que o património da executada não é suficiente para pagar a dívida exequenda. Ora, este elemento é apto a justificar a decisão tomada, e por isso mesmo, suficiente para dar a conhecer a razão de ser da reversão. As interrogações colocadas pela oponente quanto à possibilidade de existirem mais bens e à necessidade de se conhecer o valor dos existentes, já não dizem respeito ao dever formal de fundamentação, mas à veracidade dos pressupostos ou fundamentos do acto de reversão. Se não há insuficiência do património, então não se verifica um dos pressupostos legais da reversão enunciados no artigo 24º da LGT e no artigo 8º da RGIT. Mas este é já um problema de validade substancial ou material do acto e não um problema de forma, onde se deve incluir o não incumprimento do dever de fundamentação".*

A questão que se coloca no confronto deste dever de fundamentação dos actos com o princípio do inquisitório é a de saber se perante um acto tributário ilegal por falta de fundamentação ou por fundamentação errada, poderá o tribunal, ao abrigo deste princípio e do da descoberta da verdade material, "corrigir" a fundamentação da Administração Tributária substituindo-se a esta[101]. Deverá o juiz determinar "sempre" a anulação total dos actos tributários por vício de forma em caso de falta de fundamentação ou por erro sobre os pressupostos de facto ou de direito, quando a fundamentação do acto, pese embora existente, não seja válida? Se este for o único vício a inquinar a validade do acto que foi praticado em obediência à lei e que devia ser praticado, não poderá o juiz, em nome da descoberta da verdade material e do princípio do aproveitamento do acto, corrigir a fundamentação e sanar o acto tributário praticado?

A favor da possibilidade de o juiz não poder proceder à anulação de todo e qualquer acto que enferme do vício de falta de fundamentação ou de fundamentação errada, admitindo-se a sanação do mesmo, devem ser referidos o

[101] Seguindo de perto CARLA CASTELO TRINDADE (2016), p. 431-433, embora relativamente ao princípio do inquisitório no âmbito do processo arbitral tributário.

princípio da economia procedimental, o facto de o contencioso tributário se assumir hoje como um contencioso de plena jurisdição, o princípio do aproveitamento do acto administrativo e, naturalmente, os princípios da verdade material e do inquisitório. Contra esta possibilidade serão de ter em conta os princípios da tutela jurisdicional efectiva, da separação de poderes, do inquisitório – que também impende sobre a Administração Tributária – e o dever de fundamentação formal dos actos tributários.

Ora, antes de mais, cremos ser de ter em mente que esta possibilidade de sanação do acto tributário terá como limite o cumprimento do dever de fundamentação formal do acto por parte da Administração, não sendo de admitir, em princípio, a sanação de actos tributários não fundamentados.

Com efeito, em regra, o juiz não poderá "corrigir" ou "salvar" um acto tributário *não fundamentado*, que não contenha, de todos, as razões de facto e de direito que levaram a Administração a decidir daquela forma e não de outra, ou seja, o itinerário cognoscitivo por esta percorrido. Assim o entendemos por três ordens de razões: por um lado, em nome do princípio da tutela jurisdicional efectiva, por outro, devido à consagração constitucional do dever – e correspectivo direito – à fundamentação na sua vertente formal e, por fim, por força do princípio da separação de poderes.

Assim, em primeiro lugar, não será de admitir a sanação do vício de falta de fundamentação pelo juiz na medida em que este vício põe em causa o direito constitucionalmente consagrado à tutela jurisdicional efectiva previsto no nº 4 do art. 268º da CRP. Com efeito, sem conhecimento da fundamentação o destinatário do acto tributário em causa não poderá aferir da legalidade do mesmo, nem tampouco poderá escolher entre aceitar o acto ou impugná-lo pois não conhece as razões que levaram a Administração a praticá-lo. Ou seja, o princípio da tutela jurisdicional efectiva exige a fundamentação dos actos de forma a que o contribuinte possa fazer uma opção consciente entre a sua aceitação ou a sua impugnação. Um acto tributário não fundamentado será, no limite, irrecorrível.

Por outro lado, o direito à fundamentação – independentemente da validade dos fundamentos invocados – está constitucionalmente consagrado no artigo 268º, nº 3, da CRP que determina que *"[o]s os actos administrativos estão sujeitos a notificação aos interessados, na forma prevista na lei, e carecem de fundamentação expressa e acessível quando afectem direitos ou interesses legalmente protegidos"*. Assim, todos os actos tributários, bem como todos os actos em matéria tributária, só serão legais se fundamentados.

Para além disso, o juiz não poderá sanar o acto tributário, procurando os fundamentos de facto e de direito totalmente omitidos pela Administração sem pôr em causa o princípio da separação de poderes, ou seja, sem se substituir à Administração Tributária. É sobre esta que recai o dever de fundamentação dos actos por si praticados, cabendo-lhe (também) a descoberta da verdade material, devendo realizar no procedimento tributário todas as diligências necessárias à satisfação do interesse público e à descoberta da verdade material, por força do princípio do inquisitório consagrado no artigo 58º da LGT. Se se permitisse a sanação do vício de falta de fundamentação nestes casos, estar-se-ia a permitir o exercício de poderes do órgão executivo pelo órgão jurisdicional que procederia à fundamentação e correcção do acto tributário. E se assim fosse, os deveres que recaem sobre a Administração ficariam esvaziados de sentido e a tutela jurisdicional do contribuinte contra actos tributários não fundamentados seria virtualmente inexistente.

Deste modo, entendemos que no caso de ausência de fundamentação, tal vício não será, em princípio, sanável, pelo que o tribunal não poderá "corrigir" o acto tributário. Terá forçosamente de determinar a anulação do acto ilegal por vício de falta de fundamentação, nos termos do artigo 99º, alínea *c*) do CPPT[102].

Veja-se, neste sentido e a título exemplificativo, o acórdão do STA de 17 de Outubro de 2012, proferido no âmbito do processo nº 0383/12, no qual este tribunal considerou que *"não cumpre as exigências de fundamentação a remissão genérica para as normas do CIVA, nem as meras declarações, no sentido de que 'a actividade exercida não se enquadra nos termos definidos pelo Decreto-lei nº 199/96'*, ou que *"as operações tributárias em causa são aquisições intracomunitárias de bens", porque demasiado genéricas, não permitindo a um destinatário normal aperceber-se integralmente das razões de facto e de direito da não aplicabilidade do regime daquele diploma, ficando, desta forma, comprometido o seu direito de defesa"*. Neste caso, o vício de falta de fundamentação não é sanável, inquinando a legalidade do acto notificado, na medida em que os fundamentos invocados pela Administração não permitem que o destinatário do acto descortine integralmente as razões de facto e de direito que a levaram a tomar aquela decisão, ou seja, não foi cumprido o dever de fundamentação formal. Assim, o tribunal não poderá "corrigir" a fundamentação da Administração Tributária substituindo-se a esta.

Contudo, há autores que admitem esta possibilidade mesmo nos casos em que o acto tributário enferma de um vício de falta de fundamentação,

[102] No mesmo sentido, embora referindo-se aos actos administrativos vinculados, VIEIRA DE ANDRADE entende que se deverá partir de um pressuposto de existência de uma fundamentação formal suficiente Cf. JOSÉ CARLOS VIEIRA DE ANDRADE (2007), "O Dever de Fundamentação Expressa de Actos Administrativos", p. 346.

ao abrigo do princípio do aproveitamento dos actos. PAULO MARQUES e CARLOS COSTA perfilham esta opinião em nome da economia procedimental, da verdade material, da eficácia e da boa-fé, entendendo também que não existe um direito fundamental à fundamentação dos actos tributários. Estes autores consideram que poderá aproveitar-se a totalidade ou parte do acto praticado, "*evitando-se um indesejável recuo procedimental*"[103].

A admitir-se esta possibilidade de sanação, exigir-se-á, contudo, em nossa opinião, a verificação de determinados pressupostos. Em primeiro lugar, não é admitir a sanação do acto nos casos de total ausência de fundamentação, de incongruência ou de obscuridade mas apenas quando a fundamentação for insuficiente. Excluem-se também os casos de fundamentação insuficiente quando estiver em causa um dever especial de fundamentação, designadamente quando o acto a sanar seja de derrogação do sigilo bancário ou de aplicação de CGAA, na medida em que estão em causa importantes garantias dos contribuintes. Por outro lado, a sanação do acto tributário apenas será possível quando não pudesse ter sido outra a decisão tomada pela Administração Tributária, isto é, nos casos de estrita vinculação. O acto de fundamentação insuficiente a sanar devia ser praticado naqueles termos, pelo que será seguramente repetido, mas com a fundamentação legalmente exigida, em caso de anulação do mesmo. Por fim, exige-se sempre uma ponderação casuística, ou seja, uma análise do caso concreto e dos princípios em causa, procurando a conciliação entre o princípio do inquisitório, da verdade material e da economia procedimental, e o princípio de separação de poderes que poderá ser posto em causa, garantindo-se também o cumprimento do dever de fundamentação por parte da Administração Tributária[104].

Por outro lado, caso o acto tributário enferme de vício de fundamentação *errada*, será de admitir, em princípio, a sanação deste vício pelo tribunal, pese embora também se exija um exame casuístico, tendo sempre em especial consideração que a contextualização de direito que é dada no acto que fundamenta o acto tributário cristaliza-se, pelo menos quanto *àquele acto tributário*, na ordem jurídica. Isto é, a resposta a esta questão nunca poderá ser dada em termos absolutos. Assim, em nossa opinião, poderá admitir-se a sanação deste

[103] PAULO MARQUES/ CARLOS COSTA (2013), "A liquidação de imposto e a sua fundamentação", p.161-162.

[104] É de referir que a própria jurisprudência tributária, em tempos idos, defendeu que o Tribunal não podia proceder ao aproveitamento do acto tributário que enfermasse de vício de forma quando a fundamentação fosse absolutamente omissão e não insuficiente Cf. Acórdão do Tribunal Tributário de 2.ª Instância de 7 de Março de 1989, processo nº 58.786 e SÉRGIO VASQUES (1996), ""O Dever de Fundamentação na Jurisprudência Tributária" *in* Fisco Nº 76/77.

vício de fundamentação errada quando não pudesse ter sido outra a decisão tomada e mediante a verificação de certas condições.

Aqui seguimos de perto o entendimento perfilhado por VIEIRA DE ANDRADE, pese embora a sua tese diga respeito ao aproveitamento dos actos administrativos estritamente vinculados[105]. De facto, os actos tributários são, na grande maioria dos casos, actos vinculados. Exige-se o cumprimento do dever de fundamentação formal, ou seja, o acto tem de conter a fundamentação legalmente exigida, designadamente as razões de facto e de direito que levaram a Administração a tomar aquela decisão. Senão, o acto será, em regra, anulável por vício de falta de fundamentação, nos termos do artigo 99º, alínea *c*) do CPPT. Por outro lado, o juiz tem que ter a certeza da existência de outros fundamentos de facto ou de direito, não formalmente invocados pela Administração mas capazes de sustentar o facto. Na verdade, só será de admitir a sanação do acto tributário erradamente fundamentado quando, pese embora os fundamentos de facto e de direito invocados pela Administração não justifiquem a decisão tomada, existam, contudo, na realidade disposições normativas ou factos aptos a suportarem legitimamente uma decisão de conteúdo idêntico.

Será de referir ainda o entendimento deste autor – com o qual concordamos – de que só será de admitir a sanação de um acto mal fundamento praticado pela Administração Tributária em estrita vinculação, nos termos da lei, sendo que os parâmetros da sua actuação deverão estar totalmente definidos na lei.

Por último, partimos do pressuposto que o dever de fundamentação não afasta o princípio da verdade material que vincula o juiz, não o impedindo de considerar no processo elementos não invocados na declaração do agente, seja para anular, seja para manter o acto.

Em tempos idos, o próprio STA defendeu o aproveitamento de actos administrativos *mal fundamentados*, seguindo a doutrina de VIEIRA DE ANDRADE. Este tribunal superior exigia, em primeiro lugar, que tivesse havido "*enunciação suficiente, embora errónea ou inexacta dos fundamentos de facto e de direito da decisão*", excluindo os casos de falta ou insuficiência de fundamentação[106]. Por outro lado, o acto a sanar devia ser estritamente vinculado e praticado com o sentido imposto pela lei, "*independentemente dos concretos motivos invocados*". Por fim, entendia-se que o juiz só podia aplicar o princípio do aproveitamento dos

[105] JOSÉ CARLOS VIEIRA DE ANDRADE (2007), p. 346-347.

[106] Acórdão do Pleno de Secção de Contencioso Administrativo do STA de 3 de Abril de 2000, proferido no âmbito do processo nº 031173.

actos administrativos quando pudesse concluir, sem margem para dúvidas, que o acto em causa não podia ter outro conteúdo decisório[107].

Neste sentido, seguindo o entendimento por nós aqui perfilhado, são de salientar ainda as práticas jurisprudenciais do *Conseil d'État* de sanação de actos administrativos – o último grau de jurisdição dos tribunais administrativos franceses – de "substituição de motivos", "substituição da base legal" e "excepção de motivo supérfluo".

No que diz respeito à "substituição de motivos", o *Conseil d'État* não anula um acto praticado com base em fundamentos errados, que devia ser praticado de qualquer forma, mas por outros motivos, substituindo oficiosa e automaticamente os fundamentos errados nos quais a Administração se baseou por outros legais que o justifiquem, desde que a decisão em causa tenha sido tomada nos termos exigidos por lei. O juiz poderá substituir a base legal ou os fundamentos de facto, sendo que neste último caso pressupõe-se que este tenha conhecimento de todas as informações necessárias. Por outro lado, exige-se que o conteúdo decisório do acto administrativo seja legal, substituindo-se os fundamentos errados, sem que seja necessário, todavia, alterar a decisão[108]. Esta possibilidade baseia-se na ideia de que será inútil anular uma decisão que não podia não ser tomada, quando um outro fundamento, não invocado pela Administração justifica a prática do acto, sendo de admitir que o juiz possa oficiosamente proceder à sua sanação[109]. Já a "excepção do motivo supérfluo" verificar-se-á quando alguns dos fundamentos do acto administrativo estejam errados, embora outros invocados sejam válidos para justificar a prática do mesmo. Nestes casos, apesar da existência de certos fundamentos errados, o *Conseil d'État* não determina a anulação do acto administrativo, considerando-o validamente fundamentado, desconsiderando aqueles fundamentos porque "supérfluos"[110].

Pese embora estas práticas jurisprudenciais, quer do STA quer do *Conseil d'État*, bem como a doutrina de Vieira de Andrade, digam respeito a actos administrativos estritamente vinculados, entendemos que esta possibilidade deverá estender-se aos actos tributários que serão, na grande maioria dos casos, praticados em estrita vinculação, em obediência à lei, por força da consagração do princípio da legalidade.

[107] Acórdão de 25 de Fevereiro de 1999, proferido no âmbito do processo nº 041848.

[108] Bernard Pacteau (1977), "Le Juge de L'Excès de Pouvoir et les Motifs de L'Acte Administratif", p. 92, 96-97.

[109] http://www.revuegeneraledudroit.eu/blog/2008/03/30/la-substitution-de-motifs-devant-le-juge-administratif/

[110] Bernard Pacteau (1977), "Le Juge de L'Excès de Pouvoir et les Motifs de L'Acte Administratif", p. 107-115.

Por conseguinte, consideramos que perante um acto tributário *mal fundamentado* que devia ser praticado naqueles termos, o juiz poderá, por um lado, saná-lo mediante a substituição dos fundamentos errados invocados pela Administração por outros válidos, se puder determinar com segurança a existência dos mesmos. Por outro, poderá não anular o acto por erro nos pressupostos de facto ou de direito, desconsiderando os fundamentos errados ou "supérfluos", nos casos em que a Administração Tributária tiver indicado na sua fundamentação outros motivos válidos que justifiquem a prática do acto em causa.

Esta possibilidade de sanação tem por base não só a consagração dos princípios do inquisitório e da verdade material, mas também da economia procedimental, bem como o facto de o contencioso tributário se tratar de um contencioso de plena jurisdição. Relativamente ao princípio da economia procedimental, a verdade é que a sanação do acto tributário permite evitar um recuo procedimental injustificado quando o juiz tiver conhecimento de fundamentos que poderão justificar o acto *mal* fundamentado, pois sendo acto tributário anulado, será seguramente repetido pela Administração com a fundamentação correcta. Por outro lado, do facto do contencioso tributário se assumir hoje como um contencioso de plena jurisdição decorre a possibilidade de o juiz proferir sentenças de conteúdo condenatório ou substitutivo e de anular parcialmente actos tributários. Com efeito, como se viu no ponto 52, o juiz não está limitado a proferir decisões de anulação ou não anulação de um acto (como seria o caso num contencioso de mera anulação). Ora, se se permite que o juiz anule parcialmente um acto, sanando parte deste, também será de admitir a sanação *integral* de um acto tributário mediante a substituição dos fundamentos invocados pela Administração por outros válidos, por este descortinados ao abrigo do princípio do inquisitório.

Contra esta possibilidade alinham, em especial, o princípio da separação de poderes e o dever de fundamentação que impende sobre a Administração Tributária, na medida em que a sanação dos actos tributários mal fundamentos poderia encorajar a Administração a furtar-se ao cumprimento dos seus deveres.

Contudo, e sem prejuízo de tudo o que se deixou dito a propósito do dever de fundamentação, entendemos que este dever legal e constitucional apenas exige que a fundamentação seja suficiente para garantir a tutela jurisdicional efectiva[111]. Dito de outro modo, a CRP exige apenas que a Administração

[111] Neste sentido, relativamente à fundamentação de actos administrativos, o STA já defendeu, em tempos idos, que "o dever de fundamentação do acto administrativo não obriga a uma

cumpra o dever de fundamentação na sua vertente formal, proporcionando ao destinatário do acto o conhecimento do itinerário cognoscitivo por esta percorrido. Tudo para assegurar que o contribuinte possa optar, de forma consciente, entre a aceitação do acto ou a sua impugnação contenciosa, isto é, para garantir a defesa do contribuinte contra um acto tributário ilegal. Pelo contrário, a Constituição não estabelece que os fundamentos invocados pela Administração devem ser exactamente os legalmente correctos, na medida em que a sua invalidade não põe em causa a tutela jurisdicional efectiva.

O contribuinte pode contestar a legalidade do acto, invocando designadamente o vício de fundamentação errada, isto é, o erro sobre os pressupostos de facto ou de direito. Perante isto caberá ao tribunal fazer o juízo casuístico de perceber se há ou não possibilidade de depuramento do acto, substituindo, portanto, a fundamentação errada pela certa.

Por fim, relativamente ao princípio da separação de poderes, consideramos que este será respeitado pelo facto de apenas se admitir a sanação nos casos de estrita vinculação, ou seja, quando o acto tributário devia ser praticado por força do disposto na lei, sem qualquer margem de apreciação pela Administração. Incluir-se-ão aqui os casos, no que diz respeito à fundamentação de direito, em que a Administração Tributária baseou a sua decisão nas disposições jurídicas correctas mas procedeu a uma interpretação errada das mesmas. Ou, por exemplo, tendo baseado a sua decisão em duas normas, limitou-se a referir uma na fundamentação do acto. Nestes casos em que materialmente a decisão não podia ser outra, o tribunal, ao abrigo do princípio do inquisitório poderá "corrigir" o acto tributário, fazendo referência ao artigo em falta, por exemplo, e não procedendo à sua anulação[112].

Pelo contrário, não será de admitir a sanação do vício de fundamentação errada nos casos de discricionariedade técnica, na medida em que esta colocaria em causa o princípio da separação de poderes. Com efeito, nestes casos o juiz estaria a substituir-se à Administração e a optar pela prática de um acto em certos termos. O que não ocorre, como se compreende, quando o acto a sanar é estritamente vinculado, pois a prática do mesmo é determinado por lei, limitando-se o juiz a substituir ou a desconsiderar os fundamentos invocados pela Administração. Ademais, mesmo quando se tratar de um acto estri-

fundamentação assente em razões de facto e de direito correctas" *vide* acórdão de 25 de Setembro de 1999, proferido no âmbito do processo nº 041848.

[112] Em sentido contrário, RUI DUARTE MORAIS considera que a fundamentação do acto tributário deverá ser exaustiva, pelo que o tribunal não poderá validar o acto, suprindo as deficiências da sua fundamentação Cf. RUI DUARTE MORAIS (2012), p. 79.

tamente vinculado, não será de admitir a sanação do vício de fundamentação errada quando o vício seja "grosseiro": quando se verifica, designadamente, uma errada aplicação do direito ou incongruências entre a fundamentação de direito e a fundamentação de facto.

Por fim, em nome do princípio do contraditório que, tal como se viu no ponto 53.7, vigora no âmbito do processo tributário, exigir-se-á que o juiz consulte as partes antes de decidir pela sanação do acto tributário, concedendo-lhes a oportunidade de se pronunciarem acerca da mesma. Assim, entendemos que o juiz apenas poderá proceder à sanação do acto se, após a pronúncia das partes, se mantiverem razões que justificam que, naquele caso concreto, prevalecem os princípios do inquisitório, da verdade material e da economia procedimental, não se pondo em causa o princípio da separação de poderes, o dever constitucional de fundamentação dos actos e a tutela jurisdicional efectiva.

- ***Princípio do inquisitório da Administração vs princípio do inquisitório do tribunal***

Por último, é de salientar a relação entre o princípio do inquisitório consagrado no âmbito do processo tributário e o princípio previsto no âmbito do procedimento tributário, do qual decorrem deveres que impendem sobre a Administração Tributária.

A este propósito, cabe relembrar que, aquando do incumprimento das obrigações resultantes do princípio do inquisitório pela Administração Tributária, ou seja, quando esta não realizar todas as diligências necessárias à descoberta da verdade material, o acto tributário ou outro acto final de um procedimento tributário será anulável por violação do princípio da vinculação à verdade material[113]. Também a não solicitação pela Administração, aos interessados, dos elementos probatórios necessários à instrução do procedimento constitui um vício do procedimento que poderá implicar a anulação da decisão que daquele resultar[114].

A este respeito Rui Duarte Morais entende que, no contencioso de impugnação de actos, antes de se colocar a questão da produção de prova no âmbito do processo judicial tributário, cabe determinar se a Administração Tributária cumpriu ou não o seu dever de investigação, ou seja, de realização de todas as diligências necessárias à descoberta da verdade material.

[113] Joaquim Freitas da Rocha (2014), p. 124.

[114] Diogo Leite Campos/Benjamim Silva Rodrigues/Jorge Lopes de Sousa (2012), p. 488.

Se o tribunal entender que a Administração não cumpriu este dever, desrespeitando o princípio do inquisitório, haverá, na opinião deste autor, que anular o acto tributário ou em matéria tributária por preterição de formalidade essencial, isto é, por "*omissão de diligências instrutórias necessárias que a Administração Tributária estava obrigada a realizar*"[115]. Assim, no entendimento deste autor, antes de o juiz realizar ou ordenar a realização de qualquer diligência – requerida ou não pelas partes – que se afigure útil à descoberta da verdade dos factos, deverá averiguar se a Administração Tributária respeitou ou não o princípio do inquisitório, ou seja, se realizou ou não todas as diligências necessárias à descoberta da verdade material. Não podemos concordar com a posição do autor na medida em que, por um lado, o contencioso tributário assume-se actualmente como um contencioso de plena jurisdição e, por outro, porque no limite estar-se-ia a admitir que a Administração Tributária, ao violar o princípio do inquisitório, pudesse assim limitar os poderes de investigação do juiz.

54.2. Princípio da universalidade dos meios de prova

Embora tenhamos chegado à conclusão de que vale no âmbito da instrução no processo judicial tributário o princípio do inquisitório, não há dúvida de que as partes – o sujeito passivo e a Administração Tributária/Fazenda Pública – podem juntar meios de prova, devendo fazê-lo quando em si recaia o ónus da prova dos factos que alega. Do princípio resulta apenas que o juiz não deverá cingir-se aos meios de prova apresentados pelas partes, devendo realizar todas as diligências que considere úteis à descoberta da verdade material. Ou seja, "*é ao juiz que cabe definir quais os meios de prova a utilizar para prova dos factos cujo conhecimento releve para a decisão e necessitem de prova*", mas os interessados podem juntar documentos, arrolar testemunhas e requerer a realização de diligências de prova que considerem úteis à descoberta da verdade dos factos relevantes para a decisão, devendo fazê-lo sempre que o ónus da prova lhe incumba[116].

No que diz respeito aos meios de prova admissíveis no processo judicial tributário, a doutrina tem entendido que vigora o princípio da universalidade dos meios de prova. Relativamente à impugnação judicial, a consagração deste princípio resulta expressamente do disposto no nº 1 do artigo 115º do CPPT, no qual se prevê que são admitidos os meios gerais de prova.

Deste princípio decorre que é admissível o recurso a todos os meios de prova admitidos em direito. Rui Duarte Morais considera que não podia

[115] Rui Duarte Morais (2012), p. 256-257.

[116] Jorge Lopes de Sousa (2011), Vol. II, p. 260.

ser outra a solução consagrada, tendo em conta que no processo tributário se visa a descoberta da verdade material[117].

- ***Regime em sede de impugnação judicial***

Em sede de impugnação judicial, a consagração do princípio da universalidade dos meios de prova decorre também do disposto no nº 3 do artigo 108º do CPPT. Aqui prevê-se que o impugnante, com a petição inicial, oferecerá os documentos de que dispuser, arrolará testemunhas e "*requererá as demais provas que não dependam de ocorrências supervenientes*". Assim, o legislador não faz qualquer restrição aos meios de prova que podem ser apresentados ou requeridos pelo impugnante. Ao contrário do que se passa na reclamação graciosa na qual, de acordo com a alínea *e*) do artigo 69º do CPPT, não é permitida prova testemunhal[118]. O mesmo regime vale para a prova que a Fazenda Pública poderá apresentar com a contestação, nos termos do artigo 110º, nº 1 do CPPT.

Ora, os meios gerais de prova admitidos em direito estão indicados no CC e no CPC: prova documental (artigos 423º a 451º do CPC e 362º a 387º do CC), prova por confissão (artigos 452º a 465º do CPC e 352º a 361º do CC), prova pericial (artigos 467º a 489º do CPC e 388º a 389º do CC), prova por inspecção (artigos 490º a 493º do CPC e 390º e 391º do CC) e prova testemunhal (artigos 495º a 526º do CPC e 392º a 396º do CC)[119]. Deste modo, a única limitação dos meios de prova, no âmbito do processo tributário, decorrerá das proibições de prova determinadas por normas constitucionais, relativas designadamente a direitos, liberdades e garantias. Esta limitação decorre do artigo 32º, nº 8 da CRP que, embora se refira directamente ao processo criminal, vale para todos os processos[120]. Este artigo da CRP determina que são nulas as provas obtidas mediante tortura, coacção, ofensa da integridade física ou moral da pessoa, abusiva intromissão na vida privada, no domicílio, na correspondência ou nas telecomunicações. Assim, qualquer prova obtida nos termos acima referidos será nula e, para o que aqui nos importa, não poderá ser utilizada no âmbito do processo judicial tributário.

[117] Rui Duarte Morais (2012) p. 257.

[118] Para maiores desenvolvimentos, veja-se o ponto 44.2 deste manual, onde são indicadas as regras fundamentais do procedimento de reclamação graciosa.

[119] Para maiores desenvolvimentos relativamente aos meios de prova admitidos, especificamente em sede de processo civil, veja-se Fernando Pereira Rodrigues (2016), "Os Meios de Prova em Processo Civil".

[120] No mesmo sentido e relativamente ao regime do contencioso administrativo, veja-se José Carlos Vieira de Andrade (2015), p. 420.

No entanto, há que recordar neste ponto a possibilidade de acesso da Administração Tributária aos dados e informações bancárias dos contribuintes, dos seus familiares ou de terceiros e, ainda, das entidades que se encontrem numa relação de domínio com ele, admitida designadamente em caso de avaliação da matéria tributável por métodos indirectos, nos termos do artigo 63º-B da LGT. Com efeito, os dados bancários poderão ser utilizados para a fixação da matéria tributável por métodos indirectos e, para o que aqui nos interessa, como meios de prova no âmbito da impugnação judicial do acto de liquidação subsequente. E este meio de prova é admissível, pese embora a derrogação do sigilo bancário – que permite o acesso directo pela Administração aos dados bancários dos contribuintes, inseridos na sua esfera pessoal – constitua uma intromissão na vida privada dos mesmos. O legislador não a considera, porém, uma intromissão "abusiva" na vida privada, suficiente para constituir prova nula. Como tivemos oportunidade de salientar no ponto 18 deste manual, o Tribunal Constitucional tem defendido uma posição mais moderada no que diz respeito ao sigilo bancário, entendendo que, apesar do bem protegido por este integrar a protecção do direito à reserva da vida privada, não é protegido nos mesmos termos que outras áreas da vida pessoal, admitindo restrições resultantes da necessidade de salvaguardar outros direitos ou interesses constitucionalmente protegidos, admitindo, designadamente, a quebra de sigilo bancário por iniciativa da Administração Tributária[121].

Contudo, perante uma decisão de derrogação de sigilo bancário, já sabemos que o contribuinte poderá interpor recurso judicial para o tribunal tributário, nos termos do artigo 146º-B do CPPT e, por força do nº 6 do artigo 63º-B da LGT, em caso de deferimento deste recurso, os elementos de prova obtidos pela Administração não podem ser utilizados para qualquer efeito em desfavor do contribuinte.

- ***Regime em sede de acção administrativa***

Analisado o regime dos meios de prova admitidos em sede de impugnação judicial, cabe delimitar as regras previstas no âmbito da acção administrativa, regulada no CPTA.

Desde a reforma de 2004 do contencioso administrativo, também no processo administrativo é aplicável o princípio da universalidade dos meios de prova, tendo desaparecido as anteriores limitações legais de prova, tais como a proibição do depoimento da autoridade recorrida em quase todos os processos, bem como a exclusão da prova testemunhal e por inspecção em determi-

[121] Rui Duarte Morais (2012), p. 230 e o acórdão do Tribunal Constitucional nº 442/2007.

nados processos[122]. Com efeito, está expressamente previsto no nº 2 do artigo 90º do CPTA que a instrução na acção administrativa – que é, após a reforma de 2015, a única forma de processo – se rege pelo disposto na lei processual civil, sendo admissíveis todos os meios de prova nela previstos.

Assim, quer na impugnação judicial de actos tributários, quer na acção administrativa, que consubstancia o meio processual adequado para a impugnação de actos em matéria tributária que não comportem a discussão da legalidade de um acto de liquidação, nos termos do artigo 97º, n. º 1, alínea *p*) e nº 2 do CPPT, são admitidos os meios gerais de prova.

- ***Regime em sede do processo arbitral tributário***

O princípio da universalidade dos meios de prova também está consagrado em sede de arbitragem tributária, decorrendo do disposto na alínea *d*) do nº 2 do artigo 10º do RJAT. Com efeito, esta norma determina que deverão constar do pedido de constituição de tribunal arbitral "*os elementos de prova dos factos indicados e a indicação dos meios de prova a produzir*", não fazendo o legislador qualquer restrição aos meios de prova que podem ser apresentados ou requeridos pelo sujeito passivo ou outro interessado, tal como decorre do artigo nº 3 do artigo 108º do CPPT relativo à petição inicial da impugnação judicial.

Assim, serão igualmente de admitir, no âmbito do processo arbitral tributário, os meios gerais de prova previstos no CC e no CPC, por força da aplicação subsidiária das normas do CPC relativas aos meios de prova, *ex vi* artigo 29º, nº 1, alínea *e*) do RJAT.

- ***Limitações legais de prova***

Todavia, no âmbito do processo tributário verifica-se também algumas limitações legais de prova, designadamente nos artigos 147º, nº 2 e 146º-B, nº 3 do CPPT.

Ora, segundo Lopes de Sousa, a garantia constitucional do direito de acesso aos tribunais para defesa dos direitos e interesses legalmente protegidos, prevista no artigo 20º, nº 1 da CRP, "*reclama a possibilidade de utilização dos meios probatórios que sejam necessários para que tal defesa se possa efectivamente concretizar*"[123]. Assim, no entendimento deste autor, serão materialmente inconstitucionais as normas que prevejam limitações à utilização de meios de prova indispensáveis para a demonstração prática dos direitos ou interesses que se pretenda ver judicialmente reconhecidos.

[122] *Ibidem*.

[123] Jorge Lopes de Sousa (2011), Vol. II, p. 257.

No entanto, não se exclui totalmente a possibilidade de, em determinados meios processuais, designadamente no âmbito de processos urgentes nos quais se visa a obtenção de uma decisão de forma expedita, se limitarem os meios de prova impedindo a utilização dos meios de prova que podem causar uma certa morosidade.

Torna-se, porém, necessário, para que tal restrição probatória seja constitucionalmente admissível, que não se ponha em causa a possibilidade prática de reconhecimento judicial dos direitos ou interesses. Isto significa que as restrições probatórias apenas serão constitucionalmente admissíveis nos casos em que seja possível obter tal reconhecimento através da utilização de outro meio processual. Neste sentido, será constitucionalmente admissível a restrição probatória prevista no artigo 147º do CPPT, no âmbito da intimação para um comportamento, na medida em que o interessado poderá utilizar outros meios processuais em que não haja limitações probatórias, quando houver necessidade de produção de prova não documental, podendo recorrer, designadamente, à acção para o reconhecimento de um direito ou interesse legítimo.

No que diz respeito à restrição probatória prevista no artigo 146º-B, nº 3 do CPPT, esta já não será constitucionalmente admissível, exactamente pelas razões acima referidas. O impugnante, caso seja necessária a produção de prova não documental, não poderá recorrer a qualquer outro meio processual.

O Tribunal Constitucional já se pronunciou pela inconstitucionalidade desta limitação de prova no âmbito do recurso judicial da decisão da Administração de derrogação de sigilo bancário, bem como da decisão de aplicação de métodos indirectos com base em manifestações de fortuna ou na verificação de acréscimos injustificados de património ou de despesa.

A este propósito, no acórdão proferido no processo nº 681/2006, de 12 de Dezembro de 2006, o Tribunal Constitucional *julgou inconstitucional*, por violação do direito de acesso aos tribunais, consagrado no artigo 20º, nº 1 da CRP, em conjugação com o princípio da proporcionalidade consagrado no artigo 18º, nº 2 da CRP, o artigo 146º-B do CPPT "*na parte em que veda em qualquer caso a possibilidade de o contribuinte produzir prova testemunhal no recurso da decisão da administração tributária que determina o acesso à informação bancária que lhe diz respeito*". Por outro lado, no acórdão proferido no processo nº 813/07, de 22 de Janeiro de 2008, o Tribunal Constitucional *julgou inconstitucional*, por violação dos artigos 20º, nº 1, em conjugação com o artigo 18º, nº 1, ambos da CRP, a norma constante da parte final do nº 3 do artigo 146º-B, do CPPT, quando aplicável por força do disposto no *nº 8 do artigo 89º-A* da LGT, na medida em que exclui em absoluto a produção de prova testemunhal, nos casos em que esta é, em geral, admissível[124]. Ou seja, ao admitir-se que possam existir situações em que seja indispensável a prova testemunhal, não podendo o sujeito passivo, por força do artigo 146º-B, nº 3 do CPPT, requerer provas de tal natureza, será de considerar materialmente inconstitucional esta restrição probatória, tal como acontece *"em relação a qualquer outra limitação dos meios de prova, em situações em que os meios permitidos não bastem para assegurar a demonstração em tribunal da verificação dos pressupostos de um direito ou interesse que se pretende ver reconhecido"*[125]. Deste modo, a inconstitucionalidade verificar-se-á, quer a limitação probatória seja feita em sede de impugnação de decisões de derrogação do sigilo bancário, quer seja nos casos de impugnação de decisões de avaliação da matéria tributável por métodos indirectos com base em manifestações de fortuna ou em acréscimos injustificados de património ou de despesa.

Depois destes dois acórdãos com eficácia *inter-partes*, o Tribunal Constitucional, no acórdão proferido no processo nº 759/2013, de 30 de Outubro de 2013, julgou inconstitucional com força obrigatória geral, por violação dos artigos 20º, nº 1, em conjugação com o artigo 18º, nº 2, ambos da CRP, da norma constante da parte final do nº 3 do artigo 146º-B, do CPPT, quando aplicável por força do disposto no nº 8 do artigo 89º-A da LGT, *"na medida em que exclui em absoluto a produção de prova testemunhal, nos casos em que esta é, em geral, admissível"*. Note-se que o Tribunal Constitucional declarou a inconstitucionalidade com força obrigatória geral da parte final do nº 3 do artigo 146º-B, do CPPT apenas nos casos de recursos judiciais de decisões de aplicação de métodos indirectos com base em manifestações de fortuna ou em acréscimos injustificados de património ou despesa e não nos casos de recursos de decisões de derrogação de sigilo bancário.

Aqui chegados, podemos concluir que vale no âmbito do processo judicial tributário o princípio da universalidade dos meios de prova. No que diz respeito à *impugnação judicial*, as partes poderão juntar ou requerer todos os meios gerais de prova admitidos em direito, nos termos do artigo 115º, nº 1 do CPPT. Relativamente à *acção administrativa*, que é o meio de impugnação de actos em matéria tributária que não comportem a apreciação da legalidade de um acto de liquidação, por força do artigo 97º, n. º 1, alínea *p*) e nº 2 do CPPT, nos termos do artigo 90º, nº 2 do CPTA, também são admitidos os meios gerais de prova. No âmbito destes dois meios processuais a única limi-

[124] O STA também tem defendido a inconstitucionalidade material do artigo 146º-B, nº 3 do CPPT, designadamente no acórdão de 14 de Julho de 2010, proferido no âmbito do processo nº 0549/10.

[125] Jorge Lopes de Sousa (2011), Vol. II, p. 566.

tação probatória resulta das proibições de prova previstas no artigo 32º, nº 8 da CRP. O que se diz para a impugnação judicial vale subsidiariamente para a arbitragem tributária.

Por outro lado, verificam-se certas *restrições probatórias noutros meios processuais* tributários, designadamente no recurso judicial da decisão de derrogação do sigilo bancário e da decisão de aplicação de métodos indirectos de avaliação da matéria colectável com base em manifestações de fortuna ou em acréscimos injustificados. Nestes casos, o impugnante apenas pode juntar prova de natureza documental. Porém, estas restrições probatórias serão constitucionalmente admissíveis quando não puserem em causa a possibilidade prática do reconhecimento judicial dos direitos ou interesses legítimos. Isto significa que as restrições probatórias apenas serão constitucionalmente admissíveis nos casos em que seja possível obter tal reconhecimento através da utilização de outro meio processual no âmbito do qual se admitem os meios gerais de prova.

54.3. Princípio da livre apreciação da prova

Determinados os meios de prova que podem ser juntos e requeridos pelas partes ou realizados e ordenados pelo juiz, cabe agora determinar como é que tais meios são valorados pelo juiz na tomada da sua decisão. Será que o juiz pode valorar os meios de prova livremente e de forma subjectiva? Ou terá que atribuir a cada meio de prova um valor já fixado por lei?

No processo judicial tributário vigora o princípio da livre apreciação da prova, o que significa que as provas deverão ser apreciadas de acordo com a livre convicção do juiz ou, dito de outro modo, a decisão acerca da matéria de facto da causa é tomada pelo julgador "*segundo a sua íntima convicção, formada no confronto com os vários meios de prova*"[126]. Embora este princípio não esteja expressamente consagrado nem na LGT, nem no CPPT, trata-se de um princípio do processo civil, previsto no artigo 607º, nº 5 do CPC, aplicável subsidiariamente ao processo tributário por força do artigo 2º, alínea *e*) do CPPT.

Neste sentido, a própria jurisprudência dos tribunais superiores administrativos e fiscais tem validado a aplicação deste princípio relativo à prova, como resulta dos acórdãos do TCA Sul de 14 de Novembro de 2013, proferido no âmbito do processo nº 05555/12 e de 7 de Maio de 2013, proferido no âmbito do processo nº 06418/13, onde se afirmou:

> *"Segundo o princípio da livre apreciação da prova, o Tribunal baseia a sua decisão, em relação às provas produzidas, na sua íntima convicção, formada a partir do exame e ava-*

[126] José Lebre de Freitas (2013), p. 196 e Rita Lobo Xavier/Inês Folhadela/Gonçalo Andrade e Castro (2014), p. 149.

liação que faz dos meios de prova trazidos ao processo e de acordo com a sua experiência de vida e de conhecimento das pessoas (cfr.artº.655, nº.1, do C.P.Civil). Somente quando a força probatória de certos meios se encontra pré-estabelecida na lei (v.g.força probatória plena dos documentos autênticos – cfr.artº.371, do C.Civil) é que não domina na apreciação das provas produzidas o princípio da livre apreciação."

Pese embora, por força deste princípio, as provas sejam apreciadas segundo a livre convicção do julgador, esta terá necessariamente que ser fundamentada[127].

Como bem relembra VIEIRA DE ANDRADE, a livre convicção do julgador na avaliação da prova e dos factos "*não representa, porém, um arbítrio ou um puro subjectivismo, já que, para além da força probatória legal de determinadas provas (designadamente documentais), essa convicção ou certeza prática tem como pressupostos valorativos os critérios da experiencia comum e da lógica do homem médio (de bonus paterfamilias), havendo de ser racional e susceptível de motivação em termos de se lhe reconhecer uma capacidade de convencimento objectiva (ou intersubjectiva) e controlável*"[128]. Ou seja, do princípio da livre apreciação das provas não decorre um puro arbítrio para o julgador. Este terá que fundamentar a sua decisão de valorar mais ou menos determinado meio de prova, determinada testemunha em vez de outra, de forma racional e susceptível de convencer as partes e a comunidade em geral da sua decisão. Assim, o julgador não poderá necessariamente basear as suas decisões de valoração dos meios de prova em critérios puramente subjectivos, mas sim em critérios da experiência comum, objectivos dentro do possível, para que possam ser controláveis.

A livre apreciação surgiu no âmbito do processo civil, substituindo um sistema de prova legal no qual o valor de cada meio de prova estava pré-fixado por lei. Actualmente, tanto no processo civil quanto no processo tributário, *a regra é da livre apreciação da prova* pelo julgador, sendo a excepção os casos em que a lei lhe impõe a conclusão a tirar de certo meio de prova[129].

• ***Excepções ao princípio da livre apreciação da prova***

Assim, dos meios gerais de prova admitidos em direito e admitidos na impugnação judicial por força do artigo 115º, nº 1 do CPPT – prova documental, prova por confissão, prova pericial, prova por inspecção e prova testemunhal –, apenas têm um *valor probatório fixado* na lei os documentos escritos autênticos

[127] RUI DUARTE MORAIS (2012), p. 257.

[128] JOSÉ CARLOS VIEIRA DE ANDRADE (2015), p. 421.

[129] FERNANDO PEREIRA RODRIGUES (2013), p. 153 e JOSÉ LEBRE DE FREITAS (2013), p. 197.

(artigo 371º, nº 1 do CC) ou particulares (artigo 376º, nº 1 do CC), a confissão escrita, feita em juízo (artigo 358º, nº 1 do CC) ou em documento autêntico ou particular, quando dirigida à parte contrária ou quem a represente (artigo 358º, nº 2 do CC). No entanto, quer os documentos, quer a confissão, quando não reúnam os requisitos exigidos para terem a força probatória legal, ficam sujeitos à livre apreciação do juiz, de acordo com os artigos 366º e 361º do CC, respectivamente.

Relativamente ao processo tributário, especialmente à impugnação judicial e ao pedido de constituição do tribunal arbitral, a prova documental será a mais relevante e frequente, pelo que será importante distinguir de forma sucinta os documentos autênticos, dos documentos autenticados e particulares.

Um documento será *autêntico* quando tiver sido emanado por autoridade ou oficial público competente, em razão da matéria e do lugar, que não esteja legalmente impedido de o lavrar, de acordo com o disposto no artigo 369º, nº 1 do CC. Os documentos autênticos fazem *prova plena* dos factos que referem como praticados pela autoridade ou oficial público respectivo, assim como dos factos que neles são atestados com base nas percepções da entidade documentadora, valendo os meros juízos pessoais do documentador como elementos sujeitos à livre apreciação do julgador, nos termos do artigo 371º, nº 1 do CC. Assim, estes documentos gozam de força probatória *plena* relativamente aos factos que referem como tendo sido praticados pela autoridade ou oficial público respectivo, assim como dos factos que neles são atestados com base nas percepções da entidade documentadora. A força probatória destes documentos só poderá ser ilidida com base na sua falsidade, nos termos do artigo 372º, nº 1 do CC.

Os documentos *particulares* devem ser assinados pelo seu autor, ou por outrem a seu rogo, se o rogante não souber ou não puder assinar, podendo a assinatura ser substituída por simples reprodução mecânica, em certos casos, tal como previsto no artigo 373º, nºs 1 e 2 do CC. Nos termos do artigo 376º, nº 1 do CC, os documentos particulares cuja autoria seja reconhecida nos termos do artigo 375º do CC, fazem prova *plena* quanto às declarações atribuídas ao seu autor.

Por fim, os documentos particulares *autenticados* nos termos da lei notarial têm a força probatória dos documentos autênticos, mas não os substituem quando a lei exija documento desta natureza para a validade do acto, nos termos do artigo 377º do CC. O juiz terá que respeitar a força probatória destes documentos, fixada por lei, embora seja de salientar que os meios de prova com força probatória *plena* admitem sempre prova em contrário. Por outro lado, embora se admitam no âmbito do processo tributário meios de prova com força probatória *plena*, estão excluídos meios de prova com força *pleníssima*, ou seja, que não admitam prova em contrário. Vejamos porquê.

Em matéria de prova podem ser usadas presunções que constituem ilações que a lei ou o julgador tiram de um facto conhecido para firmar um facto desconhecido, nos termos do artigo 349º do CC. Estas presunções poderão ser legais quando estejam previstas na própria lei, ou judiciais quando se fundarem nas regras da experiência, de que normalmente certos factos são consequência de outros. Ora, as presunções judiciais não têm força probatória plena pelo que poderão ser ilididas pela mera *contraprova*, nos termos do artigo 346º do CC. Isto é, a parte contra quem beneficia a presunção tem apenas que tornar duvidosa a correspondência da presunção à realidade. Pelo contrário, as presunções legais apenas podem ser ilididas mediante *prova em contrário*, nos termos do artigo 350º, nº 2 do CC. Em geral, admitem-se até presunções legais inilidíveis, ou seja, que não admitem a prova em contrário. No entanto, no âmbito do processo tributário, somos da opinião que as presunções legais são sempre ilidíveis, isto é, admitem sempre prova em contrário[130].

Seguimos assim o entendimento de Rui Duarte Morais, ao defender que, pese embora o artigo 73º da LGT apenas refira que as presunções consagradas nas normas de incidência admitem sempre prova em contrário, trata-se de um princípio geral aplicável a todas as presunções legais, "*uma vez que os princípios constitucionais que presidem à tributação não parecem ser conformes com a existência de ficções jurídicas*"[131]. Assim, parece-nos que não são de admitir meios de prova com força probatória *pleníssima*, designadamente presunções legais inilidíveis – ou seja, que não admitam prova em contrário – porque a ser assim contrariar-se-ia o princípio constitucional da legalidade tributária.

Para além destes limites ao princípio da livre apreciação da prova que exigem que o juiz atribua aos documentos o valor pré-fixado na lei, dando como provados determinados factos, também o *princípio do contraditório* consubstancia um limite a este princípio. Seguindo o entendimento de Vieira de Andrade, é de salientar que não pode ser proferida uma decisão com base em factos probatórios sobre os quais alguma das partes não tenha tido oportunidade de se pronunciar[132].

[130] Prevê-se no artigo 64º do CPPT um procedimento especial para a ilisão de presunções legais previstas nas normas de incidência, analisado no ponto 31 deste manual para o qual remetemos. O sujeito passivo poderá proceder à ilisão das demais presunções legais – sempre ilidíveis – no âmbito dos meios tutelares, designadamente em sede de impugnação judicial dos actos tributários.

[131] Rui Duarte Morais (2012), p. 258.

[132] José Carlos Vieira de Andrade (2015), p. 421.

- ***Informações oficiais***

Cabe ainda fazer menção às *informações oficiais* referidas nos nºs 2 e 3 do artigo 115º do CPPT que constituem um meio de prova no direito tributário. Estas informações são prestadas pela inspecção tributária sobre a matéria de facto pertinente e pelos serviços da Administração Tributária sobre os elementos oficiais que digam respeito à colecta impugnada e restante matéria do pedido, de acordo com o artigo 111º, nº 2, alíneas *a)* e *b*) do CPPT.

O nº 2 do artigo 115º do CPPT estabelece que as informações oficiais só têm força probatória quando forem devidamente fundamentadas de acordo com critérios objectivos. Em tempos, estabeleceu-se a força probatória plena destas informações oficiais, designadamente no artigo 22º do Decreto-Lei nº 24784 de 17 de Dezembro de 1934, mas com a entrada em vigor do CPT, a força probatória destas informações passou a verificar-se apenas quando estas estivessem devidamente fundamentadas. Actualmente, nos processos de impugnação judicial, por força do disposto no nº 2 do artigo 115º do CPPT, não é necessário fazer *prova em contrário* do que consta das informações oficiais pois estas não possuem força probatória plena. Basta *gerar dúvidas* fundadas para que a decisão sobre a respectiva matéria de facto tenha de ser processualmente desfavorável à Administração Tributária, nos termos do artigo 346º do CC[133]. Deste modo, as informações oficiais, tais como a generalidade dos meios de prova, estão sujeitas à livre convicção do juiz, pelo que o seu relevo probatório dependerá da sua fundamentação. O sujeito passivo ou outro interessado apenas terá que fazer *contraprova*, ou seja, gerar uma dúvida razoável quanto à correspondência à verdade do afirmado em tais informações, não sendo necessária a prova em contrário[134].

- ***Princípio vigente no processo arbitral tributário***

Por último, é de salientar que, no âmbito do processo arbitral tributário consagrou-se um princípio inovador no artigo 16º, alínea *e*) do RJAT. É o princípio da *livre apreciação dos factos e da livre determinação das diligências de produção de prova necessárias, de acordo com as regras da experiência e a livre convicção dos árbitros aplicável* que se dirige à actuação do tribunal arbitral.

Por força da consagração deste princípio, o tribunal arbitral é livre de estabelecer na reunião prevista no artigo 18º do RJAT, as diligências de prova que entender necessárias à correcta aplicação do direito e à correcta compreensão da questão controvertida, sendo também livre na apreciação dos factos

[133] Jorge Lopes de Sousa (2011), Vol. II, p. 259.
[134] Rui Duarte Morais (2012), p. 258.

em discussão. Assim, este princípio constitui uma variante do princípio do inquisitório, consagrado no nº 1 do artigo 99º da LGT e no artigo 607º, nº 5 do CPC, na sua dimensão de livre apreciação de prova.

Aqui chegados, podemos concluir que, em sede do processo judicial tributário, é aplicável o princípio da livre apreciação da prova, o que significa que a decisão acerca da matéria de facto se baseia na livre convicção do julgador. No entanto, certos meios de prova têm o seu valor fixado na lei, pelo que o juiz terá necessariamente que considerar provados os factos dos quais aqueles meios de prova fazem prova, excepto se for feita prova em contrário. Aqui referimo-nos aos documentos autênticos e autenticados que, como vimos, têm força probatória *plena*, admitindo, porém, prova em contrário.

No âmbito do contencioso tributário, pode-se então concluir que não há meios de prova com força probatória pleníssima, ou seja, não existem meios de prova que não admitam prova em contrário, designadamente as presunções legais que serão sempre ilidíveis, por forca do princípio da legalidade tributária.

54.4. Princípio da aquisição processual

Como decorrência natural do princípio da verdade material que norteia o processo tributário temos o princípio da aquisição processual.

Este princípio está expressamente previsto no artigo 413º do CPC, no qual se prevê que o tribunal deve ter em conta todas as provas produzidas, independentemente de terem sido produzidas pela parte que as devia produzir. Isto significa que as provas emanadas por uma das partes podem aproveitar à parte contrária, dando-se os factos como provados para o processo, mesmo se resultarem consequências desfavoráveis para a parte que os alegou[135]. Ou seja, todo o material necessário à decisão pode ser tomado em consideração pelo juiz, independentemente de quem alegou o facto ou de quem fez prova do mesmo. A razão de ser desta regra é a *descoberta da verdade material* a que está adstrito o julgador no âmbito do processo judicial tributário. O juiz não poderá deixar de considerar factos provados na tomada da decisão final, mesmo quando a prova tiver sido produzida pela parte contrária a quem os factos sejam favoráveis. Esta é, aliás, a única interpretação compatível com os princípios que norteiam o sistema tutelar tributário.

Assim também tem entendido a jurisprudência. Neste sentido, veja-se o acórdão do TCA Sul de 27 de Janeiro de 2009, proferido no âmbito do processo nº 02543/08, no qual se afirmou:

[135] Neste sentido, relativamente ao princípio da aquisição processual no âmbito do contencioso administrativo: José Carlos Vieira de Andrade (2015), p. 420.

> *"O princípio da aquisição processual diz-nos que o material necessário à decisão e aduzido ao processo por uma das partes – sejam alegações, sejam motivos de prova pode ser tomado em conta* ***mesmo a favor da parte contrária àquela que o aduziu.***
>
> *Reputa-se adquirido para o processo; pertence à comunidade dos sujeitos processuais. (Castro Mendes, Dir. Proc. Civil, 1980, III-209. No mesmo sentido veja-se, do mesmo autor Do Conceito de Prova em Processo Civil. l 66).*
>
> ***Todos os elementos probatórios carreados para os autos, constituem elementos de prova de extrema relevância e utilidade para uma consciencioso decisão.***
>
> *É que o princípio da livre apreciação entrecruza-se necessariamente com o da imediação e o da aquisição processual por força do qual os materiais (afirmações e provas) aduzidos por uma das partes ficam adquiridos para o processo, sendo atendíveis mesmo que sejam desfavoráveis à parte contrária."* (destacado nosso).

Ora, o princípio da aquisição processual, bem como o princípio do inquisitório e o da livre apreciação da prova levam-nos a concluir que não existe no âmbito do processo tributário um ónus da prova "subjectivo" ou "formal" em sentido próprio, mas apenas objectivo[136]. Se valesse no processo tributário um ónus da prova subjectivo, tal implicaria que o juiz só poderia considerar os factos alegados e provados por cada uma das partes interessadas, devendo descartar a demais prova. Pelo contrário, como vimos, por força do princípio do inquisitório, o juiz no processo tributário tem o poder-dever de procurar a verdade material e realizar ou ordenar a realização das diligências que considere úteis para essa descoberta, mesmo para além dos contributos das partes.

No entanto, mesmo perante os factos dados como provados, poderá subsistir no espírito do juiz uma dúvida razoável ou uma incerteza quanto aos factos relevantes para a decisão final, não sendo lícito abster-se de decidir. Assim, tornam-se necessárias regras que estabeleçam qual o sentido em que deve ser proferida a decisão, em caso de dúvida razoável do juiz, havendo sempre um ónus da prova objectivo. Segundo VIEIRA DE ANDRADE, pressupõe-se uma repartição adequada dos encargos de alegação, de modo a repartir os riscos da falta de prova, sendo que a decisão "*há-de naturalmente desfavorecer quem não veja provados os factos em que assenta a posição por si sustentada no processo*"[137].

Da aplicação destas regras resulta que, em caso de dúvida razoável do julgador, este deverá decidir contra a parte que tinha o ónus da prova de determinado facto e não o cumpriu. Ora, de acordo com as regras gerais sobre o ónus da prova previstas no CC, quem invoca um direito tem o ónus da prova

[136] Neste sentido RUI DUARTE MORAIS (2012), p. 258-260.
[137] JOSÉ CARLOS VIEIRA DE ANDRADE (2015), p. 422.

dos respectivos factos constitutivos. À contraparte, por sua vez, caberá a prova dos factos impeditivos, modificativos ou extintivos desse direito, de acordo com o disposto no artigo 342º do CC. Esta também é a regra prevista na LGT, respeitante ao procedimento tributário. Com efeito, de acordo com o artigo 74º, nº 1 da LGT, *"o ónus da prova dos factos constitutivos dos direitos da administração tributária ou dos contribuintes recai sobre quem os invoque"*.

O artigo 100º, nº 1 do CPPT, por sua vez, determina que no âmbito da impugnação judicial, *"sempre que da prova produzida resulte a* ***fundada dúvida*** *sobre a existência e quantificação do facto tributário,* ***deverá o acto impugnado ser anulado***" (destacado das autoras). Ou seja, no âmbito da impugnação judicial de actos tributários, o legislador prevê que nos casos em que, decorrida que esteja a actividade probatória, permaneça no espírito do julgador uma dúvida razoável acerca da existência ou quantificação do facto tributário – que deu origem ao acto tributário impugnado –, o acto deverá ser anulado.

No entanto, aqui, no que diz respeito à impugnação judicial e ao pedido de constituição do tribunal arbitral, há que ter cautela. É que embora o autor seja o particular/sujeito passivo e a Ré seja a Administração Tributária – entidade Requerente e entidade Requerida na arbitragem –, quem afirma a existência de um direito e consequentemente tem que fazer prova dos factos constitutivos do mesmo é a Administração e não o sujeito passivo. Neste sentido, RUI DUARTE MORAIS salienta que nos processos impugnatórios verifica-se uma inversão da posição processual das partes relativamente ao interesse que querem fazer valer em juízo. Como a Administração Tributária afirma o direito ao imposto, terá que fazer a prova do seu direito[138]. Assim, apenas quando se verificarem os pressupostos legais da obrigação tributária é que cabe ao particular provar os factos impeditivos, modificativos ou extintivos do direito ao imposto.

Se assim não fosse e se exigisse que o sujeito passivo fizesse prova dos factos constitutivos da sua pretensão anulatória do acto tributário, ou seja, de que a Administração Tributária não actuou em conformidade com a lei, teríamos – como bem salienta RUI DUARTE MORAIS – uma presunção quase absoluta de legalidade do acto. O mesmo entendimento é perfilhado por VIEIRA DE ANDRADE, referindo-se ao ónus da prova objectivo no âmbito do contencioso administrativo. Este autor entende que no âmbito dos meios impugnatórios de actos administrativos – a actual acção administrativa prevista no artigo 37º do CPTA – não se pode exigir do autor a prova dos factos constitutivos da sua pretensão anulatória, de modo a caber à Administração apenas a prova das

[138] RUI DUARTE MORAIS (2012), p. 259-260.

excepções invocadas. Se assim não fosse, na prática tal equivaleria *"à invocação da 'presunção de legalidade do acto administrativo', fazendo recair sobre o particular o ónus da prova (subjectivo) da ilegalidade do acto impugnado"*, designadamente da não verificação dos pressupostos legais da sua prática[139].

Pese embora esta ideia – de o ónus da prova ser da Administração Tributária – é de referir que, em certos casos, se verifica uma *inversão do ónus da prova*, designadamente nos casos de determinação da matéria tributável por métodos indirectos. Nos termos dos artigos 74º, nº 3 da LGT e 100º, nºs 2 e 3 do CPPT, à Administração Tributária cabe apenas a prova da verificação dos pressupostos de aplicação dos métodos indirectos, por exemplo, da manifestação de fortuna na qual se baseia a sua decisão, cabendo ao sujeito passivo o ónus da prova do erro ou manifesto excesso na matéria tributável quantificada. Rui Duarte Morais compreende esta inversão do ónus da prova, na medida em que foi o incumprimento do sujeito passivo dos seus deveres de cooperação que obrigou ao recurso a métodos indirectos de avaliação da matéria tributável[140].

Por fim, cabe referir que estas regras de repartição do ónus da prova objectivo apenas se aplicam no âmbito de processos impugnatórios, ou seja, na impugnação judicial ou no pedido de constituição do tribunal arbitral de actos tributários ou na acção administrativa para impugnação de actos em matéria tributária que não comporte a apreciação da legalidade de actos de liquidação, regulada no CPTA e no âmbito da arbitragem tributária[141]. No que diz respeito aos restantes meios processuais, aplicam-se as regras gerais do CC, cabendo ao interessado alegar e provar os factos constitutivos do direito que invoca, como por exemplo, na acção para o reconhecimento de um direito ou interesse legítimo em matéria tributária, prevista no artigo 145º do CPPT.

Aqui chegados, concluímos que:

- Por força do princípio do inquisitório, impende sobre o juiz o poder-dever de realizar todas as diligências que considere úteis para a descoberta da verdade material.
- De acordo com o princípio da livre apreciação da prova, o juiz toma a decisão acerca da matéria de facto da causa, segundo a sua íntima convicção, formada no confronto com os vários meios de prova.

[139] José Carlos Vieira de Andrade (2015), p. 423.

[140] Rui Duarte Morais (2012), p. 260.

[141] As mesmas regras de repartição do ónus da prova serão aplicáveis em sede de reclamação graciosa e de pedido de revisão oficiosa dos actos tributários, quando o acto tributário é impugnado administrativamente.

- Para além disso, por força do princípio da aquisição processual, o juiz para tomar a decisão final deverá tomar em consideração todo o material necessário à decisão, designadamente todos os factos dados como provados e todos os meios de prova, mesmo a favor da parte contrária àquela que acarretou tais meios para o processo.
- Assim, não vale no âmbito do contencioso tributário e administrativo um ónus da prova "subjectivo" em sentido próprio, que obrigaria o juiz a considerar apenas os factos alegados e provados por cada uma das partes interessadas.
- No entanto, quando subsistir uma dúvida razoável acerca dos factos relevantes para a decisão final, não podendo o juiz abster-se de decidir, serão aplicáveis as regras gerais do ónus da prova, no sentido objectivo, previstas no artigo 342º do CC.
- Em sede de impugnação judicial, cabe, porém à "Ré"/Administração Tributária o ónus da prova dos factos constitutivos do seu direito ao imposto, pelo que sempre que resultar da prova produzida uma dúvida fundada relativamente à existência e à quantificação do facto tributário, deverá o acto impugnado ser anulado, nos termos do artigo 100º, nº 1 do CPPT.
- Isto significa que apenas quando se verificarem os pressupostos legais da obrigação tributária, é que cabe ao particular provar os factos impeditivos, modificativos ou extintivos do direito ao imposto.
- Se assim não fosse, valeria uma presunção quase absoluta de legalidade do acto administrativo.

54.5. Princípio da imediação quanto aos meios de prova

Por último, cabe analisar o princípio da imediação que, tal como os princípios relativos à prova já analisados – designadamente o princípio da universalidade dos meios de prova, da livre apreciação da prova e da aquisição processual –, é proveniente do processo civil.

Neste ponto pretende-se determinar quais as decorrências deste princípio consagrado no processo civil, em que medida é aplicável no processo tributário, fazendo uma especial menção ao regime previsto para a inquirição de testemunhas no âmbito da impugnação judicial.

Assim, segundo Lebre de Freitas, do princípio da imediação resulta a exigência de o julgador da matéria de facto ter o contacto mais directo possível com os meios de prova. Dito de outro modo, decorre deste princípio que entre o julgador e os meios de prova deverá existir a maior aproximação possível. Deste modo, exige-se que os actos de produção de prova tenham lugar perante o tribunal, "*ao qual compete apreciar a prova e pronunciar-se, consequentemente, sobre os factos provados e não provados*". Existem, porém, excepções a esta regra da produção de prova perante o tribunal, designadamente nos casos em que haja lugar à produção antecipada de prova perante um juiz diferente do da causa – nos termos dos artigos 419º e 420º, nº 2 do CPC –, ou quando a natureza do meio probatório exija que a produção tenha lugar antes da audiência, tal como no caso da prova pericial, regulada nos artigos 478º a 485ºdo CPC[142].

Remédio Marques entende que este princípio se traduz no contacto directo ente o julgador, as partes e as testemunhas, defendendo que este contacto directo permite "*apurar mais fidedignamente a veracidade dos factos*"[143].

Fernando Pereira Rodrigues, por sua vez, considera que a produção e a livre apreciação da prova pressupõem a observância do princípio da imediação, bem como dos princípios da oralidade e da concentração. Com efeito, entende que a produção da prova deve ter lugar "*em contacto mais directo possível com as pessoas que constituem a fonte de conhecimento dos factos*", oralmente e de "*forma continuada no tempo*"[144].

Este princípio será aplicável ao processo tributário, desde já, devido à aplicação subsidiária das normas do CPC, nos termos do artigo 2º, alínea *e*) do CPPT. Por outro lado, poderá descortinar-se a aplicação deste princípio da evolução do regime de inquirição de testemunhas em sede de impugnação judicial[145].

No domínio do Código de Processo das Contribuições e Impostos (CPCI), a regra era a de que as testemunhas eram inquiridas – com redução a escrito dos depoimentos – na então denominada Repartição de Finanças, apenas sendo inquiridas pelo próprio juiz do processo se tal fosse requerido pelas partes, nos termos do artigo 96º deste diploma legal. No domínio do subsequente CPT, por sua vez, embora se tenha alterado esta regra, invertendo-se os termos, manteve-se a possibilidade de as testemunhas serem inquiridas na Repartição de Finanças, tal como disposto no artigo 133º nº 2 deste diploma: "*Não tendo o impugnante declarado que pretende produzir a prova na repartição de finanças, será aquela produzida directamente no tribunal*".

Tendo em conta que as testemunhas eram inquiridas por outra entidade que não juiz, que posteriormente tinha acesso aos depoimentos reduzidos

142 José Lebre de Freitas (2013), p. 193-194.

143 J. P Remédio Marques (2011) "A Acção Declarativa à Luz do Código Revisto", p. 163.

144 Fernando Pereira Rodrigues (2013), p. 147.

145 A doutrina também tem defendido a aplicação do princípio da imediação no âmbito do contencioso tributário, designadamente Rui Duarte Morais (2012), p. 260-261.

a escrito, o princípio da imediação era muito limitado pois o juiz não tinha contacto directo com os meios de prova. Na verdade, perdiam-se as vantagens do depoimento prestado perante o tribunal pois, como se sabe, muitas vezes a convicção de veracidade a atribuir aos depoimentos não resulta só do que a testemunha disse, mas também da forma como o disse. RUI DUARTE MORAIS refere que este sistema era justificado por razões de economia, considerando "*perverso*" um sistema em que a condução do interrogatório das testemunhas e a redacção a escrito dos seus depoimentos eram efectuadas por alguém que era funcionário de uma das partes em juízo[146].

Actualmente, pelo contrário, os depoimentos das testemunhas são prestados em audiência contraditória perante o tribunal, devendo ser gravados, sempre que existam meios técnicos para o efeito, cabendo ao juiz a respectiva redução a escrito, nos termos do artigo 118º, nº 2 do CPPT. Para além disso, nos termos do nº 5 do mesmo artigo, as partes – ou seja, o impugnante e o representante da Fazenda Pública – podem interrogar directamente as testemunhas[147].

Deste modo, perante o regime actual de inquirição de testemunhas na impugnação judicial, consideramos que se verifica a maior aproximação possível entre o julgador da matéria de facto e os meios de prova, sendo aplicável o princípio da imediação. A jurisprudência também tem reconhecido a aplicação do princípio da imediação no âmbito do processo tributário, embora não em termos absolutos. Com efeito, no acórdão do Pleno da secção de contencioso tributário do STA de 12 de Dezembro de 2012, proferido no âmbito do processo nº 01152/11, este tribunal concluiu que são de admitir limitações ao princípio da imediação, permitindo-se designadamente que seja o juiz a quem o processo está distribuído a elaborar a sentença no momento em que a mesma tem de ser proferida.

Vejamos então o que foi afirmado neste acórdão.

Em primeiro lugar, considerou-se que é sempre preferível "*que ocorra contacto directo, imediato, entre o juiz e a testemunha, pois que lhe permite perguntar, observar e depreender do depoimento e das reacções do inquirido uma maior convicção sobre a realidade dos factos do que a obtida pela mera leitura do relato escrito ou audição do depoimento prestado*". No entanto, entendeu-se que o princípio da imediação – que implica esse contacto directo com os meios de prova – não se deverá

[146] RUI DUARTE MORAIS (2012), p. 261.

[147] Nos termos do nº 4 do artigo 119º do CPPT, as testemunhas também podem ser ouvidas por teleconferência gravada a partir do tribunal tributário quando sejam residentes fora da área da jurisdição do tribunal tributário.

erigir em valor absoluto no âmbito do direito tributário. Isto devido às *"especialidades que comporta o processo tributário e pelo histórico a que fizemos alusão"*. O histórico a que este acórdão se refere é a possibilidade vigente no domínio do CPCI e do CPT das testemunhas serem inquiridas nas Repartições de Finanças. Assim, chega à conclusão que as limitações ao princípio da imediação, justificam-se em sede de impugnação judicial, não pondo em causa a descoberta da verdade material, fazendo referência à possibilidade de reapreciação da matéria de facto em sede de recurso nos Tribunais da Relação e ainda ao facto deste princípio não constar de *"norma própria que imponha a [sua]aplicação (...) na pureza enunciada"*.

> *"Reconhecendo-se que mesmo com o registo magnético não se conseguem apreender determinadas realidades, que só a imediação entre o juiz e a testemunha permite, e que quando o juiz profere a decisão de acordo com a sua livre convicção, essa convicção foi formada não só com o que lhe foi dito mas também como foi dito, ainda assim o sistema de reapreciação da prova funciona nos Tribunais da Relação e com maior acuidade se impõe a relativização da referida imediação em processo tributário, numa operação de sopesagem das vantagens e inconvenientes, sempre por atenção ao quadro legal supra exposto, o qual, reitera-se, não encerra norma própria que imponha a aplicação do princípio em análise, na sua pureza intrínseca, e atendendo também à especialidade do processado da impugnação judicial que não tem uma fase autónoma de fixação dos factos provados e não provados somos levados a considerar, numa interpretação sistemática, também pautada por critérios de justiça e equidade, que se justificam as referidas limitações não se mostrando prejudicada a busca da verdade material atentos os amplos poderes que nesta matéria assistem ao Juiz Tributário"*.

É de salientar que, no âmbito do *processo arbitral tributário*, o artigo 16º, alínea *d*) do RJAT prevê expressamente como princípio orientador do processo arbitral, a oralidade e a imediação, enquanto princípios operativos da discussão das matérias de facto e de direito. Aqui, e ao contrário do processo judicial tributário, impõe-se *expressamente* a oralidade e a imediação como princípio no processo arbitral. Daqui resulta que a discussão das matérias de facto e de direito ocorrerá oralmente[148].

Aqui chegados, podemos concluir que o princípio da imediação é aplicável em sede de processo tributário, designadamente da impugnação judicial de actos tributários, embora admita limitações, desde que não ponham em causa a descoberta da verdade material. De facto, este princípio tal como os

[148] Relativamente ao princípio da oralidade e da imediação em sede de processo arbitral tributário, veja-se Carla Castelo Trindade (2016), p. 369-370 e Jorge Lopes de Sousa (2013), p. 186-187.

restantes princípios relativos à prova que analisámos são corolários do princípio da verdade material, auxiliando o tribunal na busca da verdade material.

O *princípio do inquisitório* permite que o juiz realize ou ordene a realização de todas as diligências que considere úteis à descoberta da verdade dos factos alegados ou não pelas partes, desde que digam respeito às questões suscitadas pelas mesmas. Assim, o juiz não tem que se cingir aos factos alegados e aos meios de prova apresentados pelas partes. O *princípio da universalidade dos meios de prova* também favorece a descoberta da verdade material, tendo em conta que, em regra, serão admitidos os meios gerais de prova. De acordo com o *princípio da livre apreciação da prova*, o juiz toma a decisão acerca da matéria de facto da causa, segundo a sua íntima convicção, formada no confronto com os vários meios de prova. Para além disso, por força do *princípio da aquisição processual*, o juiz para tomar a decisão final pode tomar em consideração todo o material necessário à decisão, designadamente todos os factos dados como provados e todos os meios de prova, mesmo a favor da parte contrária àquela que acarretou tais meios para o processo.

55. Princípio relativo à forma processual: princípio da oralidade

Estudados os princípios estruturantes do processo tributário, bem como os princípios relativos à prova, pretende-se por fim analisar o princípio relativo à forma processual vigente no processo judicial tributário, comparando com o regime consagrado no processo civil, no processo arbitral tributário, bem como no processo administrativo, fazendo referência à necessidade de adaptação do contencioso tributário ao contencioso administrativo.

Assim, no âmbito do *processo civil* vale o princípio da oralidade o que implica, segundo Lebre de Freitas, que a produção dos meios de prova pessoal tenha lugar oralmente, perante os julgadores da matéria de facto, pese embora seja possível a sua gravação em registo adequado[149]. Mais do que isso, é patente a oralidade no processo civil no âmbito do qual se prevê a realização de uma audiência prévia nos termos do artigo 591º do CPC, bem como de uma audiência de discussão e julgamento – a audiência final prevista no artigo 604º do CPC – em sede da qual as partes poderão efectuar alegações orais, de acordo com a alínea *e)* do nº 3 do artigo 604º do CPC.

Pelo contrário, o *processo judicial tributário* continua a ser essencialmente um processo escrito, não havendo lugar a audiência prévia ou audiência de julgamento. Na verdade, como teremos oportunidade de analisar aquando do estudo dos meios processuais, no âmbito da impugnação judicial, as par-

[149] José Lebre de Freitas (2013), p. 195.

tes não têm possibilidade de fazer alegações orais mas apenas escritas – nos termos do artigo 120º do CPPT – e não há lugar a uma audiência final de discussão e julgamento. O único "momento oral" do processo de impugnação judicial de actos tributários será a audiência contraditória em sede da qual são inquiridas as testemunhas nos termos do artigo 118º do CPPT que atrás analisámos ou em caso de depoimento de parte. Isto se houver testemunhas arroladas pelas partes e o juiz não as dispensar, tal como pedido para prestação de depoimento de parte. Aliás, o juiz poderá conhecer logo o pedido, sem realização de qualquer audiência para a inquirição de testemunhas ou audição da parte, após a apresentação da contestação pelo representante da Fazenda Pública e após a vista do Ministério Público se o processo fornecer os elementos necessários, de acordo com o artigo 113º, nº 1 do CPPT.

Já no *processo arbitral tributário* prevê-se na alínea *d)* do artigo 16ºdo RJAT como princípios orientadores deste processo a *oralidade e a imediação*. Assim, em sede do processo arbitral tributário, ao contrário do processo judicial tributário, consagra-se como princípio, que a discussão das matérias de facto e de direito ocorrerá oralmente. Por outro lado, prevê-se a possibilidade de realização de alegações orais em sede da reunião prevista no artigo 18º do RJAT.

Nota-se assim que, à excepção do pedido de constituição de tribunal arbitral – que segue por escrito – e da resposta da Administração Tributária – que nos termos do previsto no artigo 17º também será apresentada por escrito –, os restantes actos processuais e eventuais diligências processuais serão, por princípio, e caso o tribunal assim o entenda, orais. No entanto, pese embora a importância conferida pelo legislador ao princípio da oralidade no âmbito do processo arbitral tributário, não será de aceitar que a observância extrema deste princípio ponha em causa a célere tramitação do processo arbitral ou a perfeita compreensão do mérito da causa[150]. Com efeito, "*o princípio da oralidade não é um fim em si mesmo*", devendo ceder quando o tribunal considerar mais conveniente a prática de actos por escrito[151].

O princípio da oralidade vale igualmente no âmbito do *contencioso administrativo* desde a reforma de 2004. A este propósito, Vieira de Andrade refere que tradicionalmente – ou seja, antes da reforma de 2004 – o processo administrativo organizava-se através de peças escritas, não valendo nem o princípio da imediação nem o princípio da oralidade. Actualmente, após a reforma de 2015, na acção administrativa há lugar, em regra, a uma audiência

[150] Neste sentido e para maiores desenvolvimentos, veja-se Carla Castelo Trindade (2016), p. 369-370.

[151] Jorge Lopes de Sousa (2013), p. 187.

final *oral*, nos termos do artigo 91º do CPTA, ou seja, quando haja inquirição de testemunhas, depoimentos de parte ou esclarecimentos verbais por peritos[152]. Assim, aproxima-se da tramitação do processo civil, prevendo-se ainda a realização de uma audiência prévia nos termos do artigo 87º-A do CPTA – prevista no artigo 591º do CPC.

Esta tramitação regulada no CPTA será aplicável na impugnação de actos em matéria tributária que não comportem a apreciação da legalidade de actos de liquidação, de acordo com o artigo 97º, nº 1, alínea *p*) e nº 2 do CPPT.

Pelo contrário, em sede de *impugnação judicial* dos actos tributários, como vimos, o único momento de oralidade será a audiência contraditória para inquirição de testemunhas, continuando a ser um processo essencialmente escrito, organizado através de peças escritas: a petição inicial do impugnante (artigo 103º do CPPT), a contestação do representante da Fazenda Pública (artigo 110º do CPPT), as alegações escritas das partes (artigo 120º do CPPT), a vista do Ministério Público (artigo 121º do CPPT) e a sentença (artigo 122º do CPPT).

Não podemos deixar de reiterar a nossa opinião de necessidade urgente de adaptação do contencioso tributário ao contencioso administrativo. Já tendo sido efectuadas duas reformas – em 2004 e em 2015 – ao contencioso administrativo, aproximando-se, nesta última, a tramitação da acção administrativa à nova tramitação do processo civil resultante do novo CPC de 2013, o contencioso tributário continua próximo de um contencioso administrativo anterior a 2004, tratando-se essencialmente de um processo escrito.

[152] José Carlos Vieira de Andrade (2015), p. 426-427.

Capítulo IX
Partes do Processo

Quando procedemos ao estudo do procedimento tributário, na parte I, dedicámos parte da nossa análise à determinação de quem, numa óptica subjectiva, podia intervir nos procedimentos tributários, analisando os pressupostos procedimentais, designadamente a *personalidade tributária* – a susceptibilidade de ser sujeito de relações jurídicas tributárias – e a *personalidade procedimental tributária* – a susceptibilidade de poder intervir no procedimento tributário –, a *capacidade tributária* – de poder praticar actos que produzam consequências jurídicas substanciais e formais na relação tributária – e a *capacidade procedimental tributária* – para exercício de direitos tributários especificamente no procedimento tributário –, bem como, a *legitimidade* para intervir no procedimento tributário.

Ora, também no âmbito do estudo do processo judicial tributário se mostra fundamental determinar quem são os sujeitos ou entidades que neste podem intervir, ou seja, quem pode apresentar uma petição que inicie um processo, quem a pode contestar, quem pode intervir na mesma e apresentar provas, quem resolve o litígio, de entre outras.

Neste capítulo pretendemos então determinar quem possui legitimidade para intervir no processo judicial tributário, começando por distinguir a figura do *actor* processual da *parte* processual. De seguida, descortinaremos quais as entidades a quem o legislador atribui legitimidade processual tributária, detendo-nos em particular nos sujeitos passivos, na Administração Tributária e no Ministério Público.

No âmbito do processo tributário, e ao contrário do que sucede no procedimento, a Administração Tributária actua apenas como parte e não como entidade decisora. De facto, cabe ao Tribunal dirimir o litígio existente entre a Administração e o sujeito passivo, pelo que caberá analisar a jurisdição tributária, bem como as regras relativas à competência dos tribunais tributários em razão da matéria, do território, da hierarquia e do valor, e ainda as consequências decorrentes da incompetência absoluta e relativa.

56. Partes e Ministério Público – Teoria objectivista e subjectivista do processo

Segundo Freitas da Rocha, no processo tributário, dever-se-ão distinguir duas figuras: o actor processual – Ministério Público – e a parte processual[1]. Assim, a *parte* será a pessoa ou entidade que apresenta uma determinada pretensão em Tribunal ou a pessoa ou entidade contra quem tal pretensão é apresentada. Em sede de impugnação judicial de actos tributários, as partes serão, portanto, o impugnante que apresenta a petição inicial requerendo a anulação ou declaração de nulidade ou inexistência do acto tributário, por um lado, e a Administração Tributária contra quem tal pretensão é deduzida, por outro[2]. Os *actores processuais*, por sua vez, serão todos os intervenientes no processo, o que inclui para além das partes, outras entidades como o Ministério Público e, segundo Freitas da Rocha, o próprio Tribunal.

Ora, tal como os sujeitos ou entidades carecem de legitimidade para poderem intervir no âmbito do procedimento tributário, também as partes processuais e os actores processuais carecem de legitimidade para que possam intervir no processo judicial tributário.

Cabe relembrar, desde já, o que foi dito relativamente ao pressuposto da legitimidade aquando do estudo do procedimento. Com o mesmo, pretende-se que apenas intervenham no procedimento tributário os verdadeiros interessados na causa, aqueles cuja participação é necessária para que a decisão final do procedimento produza um efeito útil. Freitas da Rocha considera que a legitimidade constitui uma "*específica situação jurídica material*" em que se encontra um sujeito em relação ao objecto de um determinado procedimento. Assim, o autor entende que é necessário que intervenham no procedimento as pessoas titulares dos direitos e adstritas aos deveres que compõem o objecto imediato da relação material controvertida, de modo a que a decisão final do procedimento seja eficaz[3]. Por outro lado, Rui Duarte Morais

[1] Joaquim Freitas da Rocha (2014), p. 262.

[2] No entanto, no âmbito da impugnação judicial, a autoridade com legitimidade passiva – a que praticou o acto – não tem qualquer intervenção processual, pois, como veremos, a Administração Tributária é representada pelo representante da Fazenda Pública nos termos do artigo 15º, nº 1 do CPPT Cf. Jorge Lopes de Sousa (2011), Vol. I, p. 126.

[3] JOAQUIM FREITAS DA ROCHA (2014), p. 144.

defende que a legitimidade consubstancia uma certa posição em face da relação material litigada[4].

Deste modo, chegámos à conclusão, no ponto 4.2.3. deste manual, que a legitimidade no procedimento tributário consiste numa certa posição do sujeito em face da relação material controvertida objecto do procedimento. Entendemos naquela sede que a legitimidade procedimental devia ser reconhecida aos sujeitos – activo e passivo – da relação material objecto do procedimento. Tudo para que a decisão final deste, que apenas produz efeitos *inter partes*, fosse eficaz para ambos.

O artigo 9º, nº 1 do CPPT regula a legitimidade no procedimento tributário, ou seja, a possibilidade de nele intervir como parte. Assim, de acordo com este preceito têm legitimidade no procedimento tributário:

- A Administração Tributária;
- Os contribuintes incluindo substitutos e responsáveis e outros obrigados tributários; e
- As partes nos contratos fiscais, e quaisquer outras pessoas que provem interesse legalmente protegido.

Como resulta do nº 4 do artigo 9º do CPPT, estas entidades têm igualmente legitimidade no *processo judicial tributário*.

No que concerne ao conceito de legitimidade no âmbito do processo tributário, também aqui a devemos entender como uma certa posição do sujeito em face da relação material controvertida, objecto do processo. Relativamente à legitimidade das *partes*, devemos olhar para as normas do CPC e do CPTA, das quais resultam designadamente que:

- O *autor* é parte legítima quando tem interesse directo em demandar (artigo 30º, nº 1, 1ª parte, do CPC), ou dito de outro modo, o autor é considerado parte legítima quando alegue ser parte na relação material controvertida (artigo 9º, nº 1 do CPTA);
- O *réu* é parte legítima quando tem interesse directo em contradizer (artigo 30º, nº 1, 2ª parte, do CPC), ou seja, quando seja a outra parte na relação material controvertida e, quando for caso disso, a pessoa ou entidade titular de interesses contrapostos aos do autor (artigo 10º, nº 1 do CPTA).

[4] Rui Duarte Morais (2012), p. 56.

O autor em sede de processo judicial tributário será quem tem legitimidade activa, por exemplo, o sujeito passivo do imposto cujo acto de liquidação se impugna no âmbito da impugnação judicial ou o interessado que invoque a titularidade do direito ou interesse a reconhecer na acção para o reconhecimento de um direito ou interesse legalmente previsto (artigo 145º do CPPT). O réu, por seu turno, será a entidade com legitimidade passiva para contestar que será, via de regra, a Administração Tributária, "representada" pelo representante da Fazenda Pública. Isto é, em regra o "autor" com legitimidade activa será o sujeito passivo da relação jurídico-tributária e o "réu" com legitimidade passiva será o sujeito activo desta relação, ou seja, a Administração Tributária. Assim, neste sentido, veja-se o acórdão do TCA Sul de 27 de Novembro de 2012, proferido no âmbito do processo nº 05948/12, no qual se afirmou:

> *"A legitimidade das partes ('legitimatio ad causam') é o pressuposto processual que, traduzindo uma* ***correcta ligação entre as partes e o objecto da causa****, as faculta para a gestão do processo. Como regra (legitimidade directa), serão partes legítimas os titulares da relação material controvertida (cfr.artº.26, nº.3, do C.P.Civil, 'ex vi' do artº.2, al.e), do C.P.P.Tributário; artº.9, do C.P.P.Tributário), assim se assegurando a coincidência entre os sujeitos que, em nome próprio, intervêm no processo e* ***aqueles em cuja esfera jurídica a decisão judicial vai directamente produzir a sua eficácia****. Da análise do artº.26, nº.3, do C. P. Civil, conclui-se que o critério supletivo de aferição da legitimidade processual se deve basear no interesse em demandar ou contradizer, face ao objecto inicial do processo, individualizado pela relação material controvertida tal como o A. a configura."* (destacado nosso).

E ainda:

> *"Em primeira linha, no caso de impugnação de actos tributários de liquidação têm legitimidade para intervir no processo os sujeitos passivos do tributo liquidado (cfr.artº.9, nº.1, do C.P.P.Tributário)."*

Por outro lado, no acórdão do STA de 17 de Novembro de 2010, proferido no âmbito do processo nº 0624/10, considerou-se que a Câmara Municipal, embora fosse a destinatária da receita do IMI, não tinha legitimidade activa para impugnar judicialmente o resultado da segunda avaliação de um imóvel:

> *"Nos termos do nº 1 do artigo 134º do CPPT – aplicável por remissão do nº 1 do artigo 77º do Código do IMI, atenta a natureza de acto de fixação de valor patrimonial do acto de segunda avaliação do imóvel impugnado –, a legitimidade para a impugnação do resultado da segunda avaliação cabe ao contribuinte, a quem o acto é notificado, e não também ao*

chefe de finanças e/ou à câmara municipal, que dispõem igualmente de legitimidade procedimental para desencadear a segunda avaliação do imóvel.

Atenta a natureza subjectiva do contencioso tributário em geral e a estrutura do processo de impugnação judicial em particular – no qual se não encontra espaço para a defesa de contra-interesses particulares na manutenção do acto impugnado –, há-de concluir-se não dispor a câmara municipal de legitimidade activa para a impugnação judicial do resultado da segunda avaliação do prédio, não obstante se lhe reconheça legitimidade procedimental para desencadear essa segunda avaliação (cfr. o nº 1 do artigo 76º do Código do IMI, na redacção da Lei nº 64-A/2008, de 31 de Dezembro)".

Para além da Administração Tributária, dos contribuintes e dos sujeitos passivos – incluindo substitutos e responsáveis –, dos outros obrigados tributários, das partes dos contratos fiscais e das pessoas que provem interesse legalmente protegido, terão também legitimidade para intervir no processo judicial tributário o *Ministério Público* e o *representante da Fazenda Pública*, tal como disposto no nº 4 do artigo 9º do CPPT. No que diz respeito à legitimidade no processo judicial tributário do Ministério Público, pese embora esta não decorra de uma certa posição do mesmo relativamente à relação material controvertida, resulta directamente da lei[5].

Como se verá mais à frente, o Ministério Público pode intervir como actor processual ou parte acessória na defesa da legalidade e a promoção do interesse público em matéria tributária, bem como parte principal, na representação dos incapazes menores, interditos e inabilitados, tal como disposto no artigo 14º, nº 1 do CPPT, sendo que quando intervém como actor processual poderá suscitar novos vícios do acto impugnado, em sede de impugnação judicial, como se infere do disposto no artigo 124º, nº 2, alínea *b*) do CPPT.

O Ministério Público não terá, pelo contrário, qualquer intervenção no âmbito do processo arbitral tributário, excepto ao nível do recurso da decisão arbitral para o Tribunal Constitucional. Com efeito, é a própria Lei do Tribunal Constitucional que reconhece no seu artigo 72º, nº 1, alínea *a*) a legitimidade do Ministério Público para recorrer das decisões arbitrais que recusem a aplicação de norma constante de convenção internacional, acto legislativo ou decreto regulamentar. Daqui decorrerá a exigência do árbitro-presidente, ou pelo menos do CAAD, de notificar o Ministério Público da decisão arbitral proferida "*sempre que o tribunal arbitral recuse a aplicação de uma norma que conste*

[5] Nos pontos 57.2 e 57.3 analisaremos como é que quer o representante da Fazenda Pública quer o Ministério Público intervêm no processo judicial tributário, determinando quais as suas competências.

de convenção internacional, acto legislativo ou decreto regulamentar com fundamento na sua inconstitucionalidade"[6].

Quanto às entidades com legitimidade para intervir no processo judicial tributário, cabe referir que FREITAS DE ROCHA critica o facto de apenas disporem de legitimidade para intervir no processo "*as pessoas ou entidades directamente intervenientes e potencialmente lesadas nas relações subjacentes respectivas*". Segundo o autor, esta solução resulta do modelo subjectivista adoptado no âmbito do processo tributário, estruturado para a tutela jurisdicional efectiva dos direitos e interesses dos administrados e não para a tutela de bens jurídicos objectivos constitucionalmente protegidos[7]. Com efeito, já tivemos oportunidade de salientar, aquando do estudo do direito à tutela jurisdicional efectiva – no ponto 1.2 deste manual – que, embora a teoria subjectivista seja defendida pela jurisprudência e pela doutrina dominante, este autor considera que se deverá proceder a uma consideração conjunta das dimensões subjectiva e objectiva, defendendo que não apenas os contribuintes, mas também a Administração Tributária e outros actores podem merecer protecção por via contenciosa[8]. Os tribunais, no entanto, não acompanham este entendimento, continuando a entender, especialmente no que diz respeito ao processo de impugnação judicial regulado no CPPT, que "*os interesses legalmente protegidos*" que tornam legítima a intervenção no processo, devem ser entendidos na óptica da defesa dos direitos e dos interesses dos administrados, isto é, *grosso modo* dos sujeitos passivos[9].

A este propósito, olhemos novamente para o acórdão do STA de 17 de Novembro de 2010, proferido no âmbito do processo nº 0624/10, designadamente para a razão de ser do não reconhecimento de legitimidade activa à Câmara Municipal para impugnar judicialmente o resultado de uma segunda avaliação de imóveis:

> "*Sendo o modelo impugnatório entre nós vigente um modelo subjectivista, funcionalmente estruturado para tutela jurisdicional efectiva dos direitos e interesses dos administrados (artigo 268º nº 4 da Constituição da Republica Portuguesa), que não da Administração, compreende-se que a legitimidade para a impugnação seja atribuída apenas aos particulares lesados, e não aos sujeitos activos da relação tributária ou aos destinatários da receita fiscal. É que são aqueles, e não outros, os potenciais lesados com a actuação administrativa*

6 No mesmo sentido, veja-se MIGUEL GALVÃO TELES (2010) "Recurso para o Tribunal Constitucional das decisões dos tribunais arbitrais", p. 651.

7 JOAQUIM FREITAS DA ROCHA (2014), p. 263.

8 *Ibidem*, p. 38-39.

9 Neste sentido: RUI DUARTE MORAIS (2012), p. 279-280.

ilegal, ao menos no plano tributário, sendo por isso apenas àqueles que haverá que reconhecer legitimidade para impugnar o acto."

Relativamente a esta questão, é necessário deixar claro um ponto.

A Administração Tributária tem, sem dúvida, legitimidade para intervir no processo judicial tributário, resultando esta legitimidade expressamente da lei, do disposto no artigo 9º, nºs 1 e 4 do CPPT e, como veremos, é representada em todo o processo pelo representante da Fazenda Pública. No entanto, no que diz respeito à impugnação judicial de actos, tendo em conta o modelo subjectivista de tutela jurisdicional efectiva dos direitos e interesses dos administrados – acolhido constitucionalmente no artigo 268º, nº 4 da CRP –, a Administração Tributária não possui legitimidade activa, ou seja, está impedida de apresentar, por sua iniciativa, uma determinada pretensão em Tribunal, pois o processo judicial tributário visa exclusivamente a protecção dos direitos e interesses legalmente protegidos dos particulares e não a defesa dos interesses da Administração ou de outros valores objectivos.

Entendemos, contudo, que independentemente da posição que se adopte, objectivista ou subjectivista, importa o estrito cumprimento do princípio da legalidade, impondo-se aos particulares – contribuintes, sujeitos passivos ou outras entidades a quem a lei reconheça interesse no litígio[10] – o direito a fazer valer os seus interesses perante um tribunal e, noutra vertente, à Administração, o direito de liquidar e cobrar os impostos, taxas ou contribuições legalmente devidas, reconhecendo-se uma posição igualitária, justa e equitativa.

Por último, é necessário averiguar as *consequências da falta de legitimidade* de alguma das partes, designadamente, o que sucede se quem impugna o acto de liquidação em sede de impugnação judicial não é o sujeito passivo do imposto em causa, nem tem qualquer interesse legalmente protegido na causa.

Em manifesto afastamento da doutrina civilista, Freitas da Rocha considera que a legitimidade não é um "*pressuposto*" pois a sua falta não conduz necessariamente a um valor jurídico negativo[11]. A jurisprudência, por sua vez, apoiada nas teses mais clássicas – que merecem a nossa concordância – tem entendido que a falta de legitimidade de alguma das partes constitui uma *excepção dilatória* que obsta ao conhecimento do mérito da causa. A este propósito, e a título ilustrativo, veja-se o acórdão do TCA Sul de 27 de Novembro 2012, proferido no âmbito do processo nº 05948/12, no qual se afirmou:

[10] Como resulta do artigo 9º, nº 1 e n. º 4 do CPPT.

[11] Joaquim Freitas da Rocha (2014), p. 262-263.

> *"Se qualquer das partes carecer de legitimidade o Tribunal deve abster-se de conhecer do mérito da causa e absolver o réu da instância (cfr.artº s.288, nº.1, al.d), 493, nº.2, e 494, al.e)* [actuais artigos 278º, nº 1, alínea *d*), 576º, nº 2 e 577º, alínea *e*) do CPC] *todos do C.P.Civil, aplicáveis 'ex vi' do artº.2, al.e), do C.P.P.Tributário), sendo tal excepção dilatória de conhecimento oficioso (cfr.artº.495, do C.P.Civil). A legitimidade das partes deve ser determinada de acordo com a lei vigente no momento em que é proferida a decisão sobre a mesma".*

Já do acórdão do TCA Sul de 13 de Fevereiro de 2014, proferido no âmbito do processo nº 07329/14, resulta que:

> *"[A] legitimidade activa é uma condição necessária para obter uma apreciação sobre o mérito da pretensão e não, naturalmente, uma condição da sua procedência (a qual só em momento posterior será apreciada). Com efeito, importa não confundir a questão de fundo, aquela que será sujeita à apreciação de mérito do Tribunal, com o pressuposto processual que precede, cronologicamente, tal análise.".*

57. Entidades com legitimidade processual tributária

Descortinadas as entidades com legitimidade para intervir no processo judicial tributário, pretendemos agora analisar cada uma das mesmas, designadamente os sujeitos passivos, a Administração Tributária e o representante da Fazenda Pública, bem como o Ministério Público. Não se pretende analisar exaustivamente qual a forma de intervenção de cada uma destas entidades nos diferentes meios processuais previstos no CPPT mas apenas determinar, em termos gerais, como é reconhecida e como é efectivada a legitimidade processual das mesmas.

57.1. Sujeitos passivos

Comecemos então por analisar a legitimidade processual dos sujeitos passivos, inclusive as figuras de legitimidade plural – o litisconsórcio e a coligação – e em que medida se admitem no âmbito do processo judicial tributário fazendo também referência aos conceitos de personalidade e capacidade judiciária. Relativamente à capacidade judiciária, é necessário descortinar ainda o regime do patrocínio judiciário no âmbito do processo judicial tributário, fazendo ainda referência ao regime vigente no processo administrativo e no processo arbitral tributário. Por fim, caberá fazer menção ao apoio judiciário e à aplicação da Lei nº 34/2004, de 29 de Julho, alterada pela Lei nº 47/2007, de 28 de Agosto – a Lei de Acesso ao Direito e aos Tribunais – no âmbito do processo judicial tributário.

• ***Legitimidade processual dos sujeitos passivos***

De acordo com o artigo 9º, nºs 1 e 4 do CPPT, têm legitimidade no processo judicial tributário *"os contribuintes, incluindo substitutos e responsáveis"* bem como *"outros obrigados tributários"*.

Contribuintes/sujeitos passivos

No que diz respeito aos contribuintes, tal como entendemos aquando do estudo dos sujeitos do procedimento tributário, deveremos entender que o legislador se refere não só aos contribuintes, no sentido económico do termo, mas igualmente aos sujeitos passivos. Estes, de acordo com o artigo 18º, nº 3 da LGT, correspondem às pessoas singulares ou colectivas, os patrimónios ou organizações de facto ou de direito que, nos termos da lei, estão vinculados ao cumprimento da prestação tributária, seja como contribuintes directos, substitutos tributários ou responsáveis tributários.

Quanto aos contribuintes, cabe referir a interessante questão assinalada por Lopes de Sousa ao chamar a atenção para o facto de estes não perderem a legitimidade para impugnar judicialmente um acto de liquidação, caso efectuem o pagamento do imposto liquidado, não podendo este pagamento ser interpretado como aceitação tácita do acto. Para além disso, se o pagamento for efectuado já na pendência do processo impugnatório também não perde tal legitimidade, não se verificando a ilegitimidade superveniente[12].

Substitutos tributários

Relativamente aos substitutos tributários, cabe relembrar que a substituição tributária ocorre quando a prestação tributária é exigida, por imposição legal, a pessoa diferente do contribuinte – o substituto –, via de regra através de mecanismos de retenção na fonte do imposto devido nos termos do artigo 20º da LGT.

Ora, enquanto a legitimidade do *substituído* para intervir no processo judicial tributário está assegurada pela referência, no artigo 9º, nº 1, ao *"contribuinte"*, na medida em que é este quem suporta o encargo do imposto, de forma a ser reconhecida a legitimidade processual dos *substitutos* tributários era necessária a referência expressa a estes, o que ocorre no mesmo nº 1. Assim, é expressamente reconhecida pelo legislador a legitimidade dos substitutos para intervir no processo judicial tributário.

[12] Jorge Lopes de Sousa (2011), Vol. I, p. 128-129. Já no âmbito do contencioso administrativo, nos termos do artigo 56º do CPTA, não pode impugnar um acto administrativo com fundamento na sua mera anulabilidade quem o tenha aceitado, expressa ou tacitamente, depois de praticado.

Para além disso, Lopes de Sousa defende ainda que os substitutos têm legitimidade para intervir nas impugnações judiciais deduzidas pelos substituídos e *vice-versa*, nos termos do artigo 129º, nº 1, alínea *a*) do CPPT. O substituto terá interesse na impugnação judicial de actos de retenção na fonte quando tiver entregue ao Estado uma quantia superior à retida e o substituído terá interesse na mesma impugnação quando o substituto tiver retido uma quantia superior à devida[13].

A jurisprudência também tem reconhecido a legitimidade processual do substituto tributário, designadamente no acórdão do STA de 9 de Setembro de 2009, proferido no âmbito do processo nº 362/09, no qual se afirmou:

> *"É inequívoco, resultando literalmente do nº 3 do artigo 18º da LGT, que o 'substituto' tributário é sujeito passivo da relação jurídica de imposto, como o são, nos termos do mesmo preceito, o 'contribuinte directo' e o 'responsável', sendo que «para efeitos de legitimidade, a lei tributária não estabelece uma coincidência necessária entre a qualidade de sujeito passivo da relação jurídica de imposto e a de parte legítima no processo tributário, pois que o artigo 9º do CPPT recorta a legitimidade não sobre a posição de sujeito passivo na relação jurídica de imposto mas sobre a de 'contribuinte', para logo de seguida aí incluir também, além da administração tributária, o Ministério Público e a Fazenda Pública, os substitutos e responsáveis, outros obrigados tributários, as partes nos contratos fiscais e quaisquer outras pessoas que provem interesse legalmente protegido (cfr. os números 4 e 1 do artigo 9º do CPPT, sob a epígrafe 'Legitimidade').*
>
> *Assim dispõe em geral a lei tributária quanto à legitimidade, parecendo 'mais generosa' até na atribuição de legitimidade para o procedimento e o processo tributário que a norma que sobre a matéria se contém no artigo 26º do Código de Processo Civil, que pressupõe a titularidade de um interesse directo em demandar, expresso na utilidade derivada da procedência da acção, e que é conferida, na falta de indicação da lei em contrário, aos sujeitos da relação controvertida. (...)"*

Veja-se ainda o acórdão do STA de 6 de Fevereiro de 2013, proferido no âmbito do processo nº 0839/11, no qual se reiterou este entendimento:

> *"[o]substituto tributário dispõe de legitimidade procedimental e **processual** para reclamar graciosamente e depois **impugnar judicialmente** os actos de liquidação de imposto por retenção na fonte que repute de ilegais, pois que tratando-se de um **sujeito passivo da relação jurídica de imposto** (artº 18º, nº 3 da LGT), tanto o artº 9º, nº 1 e 4 do CPPT como o artº 26º do CPC, lhe conferem essa legitimidade, e nisso tem interesse digno de tutela jurídica."* (destacado nosso).

[13] Para mais desenvolvimentos, veja-se o ponto 3.1.1 deste manual relativamente aos actos de retenção na fonte e o ponto 44.5.2 relativo à reclamação graciosa destes actos.

Resulta deste acórdão que, mesmo que o legislador não tivesse reconhecido expressamente a legitimidade do substituto tributário no artigo 9º, nº 1 do CPPT, nos casos de retenção na fonte a título definitivo, este sempre teria legitimidade na medida em que é o sujeito passivo do imposto.

Responsáveis tributários

Para além dos sujeitos passivos e dos substitutos, também os *responsáveis* têm legitimidade para intervir no processo judicial tributário, apesar de esta apenas se verificar após serem chamados ao cumprimento da obrigação tributária. Como já se viu, os responsáveis a que se refere o artigo 9º, nº 1 do CPPT podem ser solidários ou subsidiários, verificando-se, em regra, a responsabilidade subsidiária. De acordo com o artigo 22º, nº 5 da LGT, tanto os responsáveis subsidiários quanto os responsáveis solidários podem impugnar judicialmente a dívida tributária cuja responsabilidade lhes for atribuída nos mesmos termos que o devedor principal.

No entanto, a legitimidade dos responsáveis resulta da verificação de determinados pressupostos que analisámos aquando do estudo dos sujeitos do procedimento tributário, no ponto 4 deste manual. Assim, nos termos do nº 2 do artigo 9º do CPPT, a legitimidade do responsável *solidário* resulta da exigência em relação a ele do cumprimento da obrigação tributária, ainda que em conjunto com o devedor principal. Por outro lado, a legitimidade do responsável *subsidiário*, resulta de ter sido ordenada contra eles a reversão da execução fiscal ou de ter sido requerida qualquer providência cautelar de garantia dos créditos tributários, tal como disposto no nº 3 do artigo 9º do CPPT.

Outros obrigados tributários

Por fim, os *outros obrigados tributários* com legitimidade para intervir no processo judicial tributário a que o artigo 9º, nº 1 do CPPT faz referência, são todas as pessoas que podem ter responsabilidade pessoal, a título de representantes, pelo pagamento da dívida tributária, como por exemplo, o cabeça-de-casal, no caso de falecimento do executado originário – artigo 155º do CPPT –, o liquidatário judicial ou administrador da insolvência no caso de insolvência – artigo 156º do CPPT – e anteriores possuidores de bens quando se tratarem de impostos sobre a propriedade – artigo 158º do CPPT[14].

Aqui há que deixar uma nota relativamente à legitimidade no *processo arbitral tributário*. Constituindo a arbitragem um meio alternativo à impugnação judicial, a legitimidade para requerer a constituição do tribunal arbitral será

[14] Lopes de Sousa (2011), Vol. I, p. 120-121.

a prevista neste artigo 9º do CPPT que acabámos de descortinar, *ex vi* artigo 29º, nº 1, alínea *a*) do RJAT. Com efeito, o desencadeamento do processo arbitral está dependente da iniciativa, ou seja, do pedido de constituição do tribunal arbitral, do interessado com legitimidade para o fazer. E, por força do artigo 9º do CPPT, o requerente – parte legítima activa no processo arbitral tributário – será então o contribuinte ou sujeito passivo, o substituto ou o responsável tributário[15].

• ***Legitimidade plural: litisconsórcio e coligação***

Cabe ainda referir a possibilidade de existirem casos de legitimidade plural no âmbito do processo judicial tributário, fazendo referência às figuras do *litisconsórcio* e da *coligação*, já conhecidas do processo civil. Assim, recorde-se que o litisconsórcio se distingue da coligação na medida em que naquele existe apenas uma relação ou situação material controvertida enquanto na coligação, para além da pluralidade de sujeitos, temos uma pluralidade de pedidos, ou dito de outro, verifica-se simultaneamente uma pluralidade subjectiva e objectiva.

Por outro lado, enquanto a coligação é, em regra, voluntária, o litisconsórcio poderá ser voluntário ou necessário, sendo que neste caso, a preterição de litisconsórcio necessário constitui uma excepção dilatória que, nos termos do artigo 316º e seguintes do CPC, deverá ser suprida mediante o chamamento da parte em falta, através do incidente de intervenção principal provocada. A este propósito, Remédio Marques determina que "[o] *litisconsórcio necessário é aquela situação de pluralidade de partes (com unicidade de relação material controvertida) que é imposta às próprias partes sendo que essa imposição pode resultar da lei (litisconsórcio necessário legal), de convenção das próprias partes (litisconsórcio necessário convencional) ou da natureza da própria relação material controvertida (litisconsórcio necessário natural)*"[16].

No âmbito do processo judicial tributário, o artigo 104º do CPPT estabelece a possibilidade de coligação de autores em sede de impugnação judicial, dependente da verificação dos mesmos pressupostos que a cumulação

[15] Neste sentido: Carla Castelo Trindade (2016), p. 264-265. Como se verá aquando do estudo da arbitragem tributária na parte III deste manual, o Ministério Público não tem intervenção no processo arbitral tributário e a Administração Tributária não é representada pelo representante da Fazenda Pública, sendo a intervenção passiva do dirigente máximo do serviço da Administração Tributária, o que significa que não será aplicável, em sede de arbitragem tributária o nº 4 do artigo 9º do CPPT.

[16] João Paulo Remédio Marques (2011), p. 386-396.

de pedidos: identidade de natureza de tributos, dos fundamentos de facto e de direito invocados e do tribunal competente para a decisão[17].

Por outro lado, a jurisprudência do STA tem vindo a admitir a possibilidade de coligação de oponentes em sede de oposição à execução fiscal, embora não haja norma legal que expressamente o preveja. Deste modo, têm entendido que "*não haverá obstáculo a que* [a coligação] *ocorra, se se verificarem os requisitos em que a coligação é admitida pelo CPC, que é de aplicação subsidiária, nos termos do art. 2º, alínea c), do CPPT*", designadamente que a causa de pedir seja a mesma e única, que os pedidos estejam entre si numa relação de prejudicialidade ou de dependência e que a procedência dos pedidos principais dependa essencialmente da apreciação dos mesmos factos ou da interpretação e aplicação das mesmas regras de direito, nos termos do artigo 36º do CPC[18].

Relativamente ao litisconsórcio voluntário, embora não esteja expressamente previsto nem na LGT nem no CPPT, nada parece impedir a sua aplicação no âmbito do processo judicial tributário. Por outro lado, não se afiguram casos de litisconsórcio necessário legal, convencional ou natural em matéria tributária.

Contudo, poderá porventura questionar-se se será aplicável no âmbito do processo tributário o artigo 34º, nº 1 do CPC, respeitante às acções que devem ser propostas por ambos os cônjuges, ou por um deles com o consentimento de outro, configurando assim um caso de litisconsórcio necessário. Mediante uma interpretação extensiva do artigo 16º, nº 5 da LGT que estabelece que "*qualquer dos cônjuges pode praticar todos os actos relativos à situação tributária do agregado familiar e ainda os relativos aos bens ou interesses do outro cônjuge, desde que este os conheça e não se lhes tenha expressamente oposto*", podemos chegar à conclusão que qualquer dos cônjuges pode deduzir impugnação judicial ou recorrer a qualquer outra forma processual, por si só. No entanto, pese embora a lei não o disponha expressamente, em defesa de um são desenvolvimento processual cremos que nestes casos em que o cônjuge apresente impugnação judicial sem intervenção do outro, o tribunal deverá, à cautela, convidar o sujeito passivo a suprir esta eventual irregularidade, bem como proceder à notificação do cônjuge ausente, informando-o do processo[19].

[17] Relativamente à possibilidade de cumulação de pedidos em sede de impugnação judicial, veja-se o ponto 60.3 deste manual.

[18] Neste sentido, vejam-se os acórdãos do STA de 06 de Maio de 2015, proferido no âmbito do processo nº 01310/14, de 09 de Julho de 2014, proferido no âmbito do processo nº 0194/13 e de 17 de Outubro de 2012, proferido no âmbito do processo nº 0702/12.

[19] Neste sentido e defendendo esta solução em sede de arbitragem tributária: Carla Castelo Trindade (2016), p. 266.

- ***Personalidade e capacidade judiciária***

Delimitada a legitimidade dos sujeitos passivos, cabe agora descortinar os conceitos de legitimidade e capacidade judiciária.

Segundo VIEIRA DE ANDRADE, a *personalidade judiciária* é tradicionalmente definida como a susceptibilidade de ser parte no processo[20]. Esta, de acordo com o artigo 3º, nº 1 do CPPT decorre da personalidade tributária que, como vimos, consiste na susceptibilidade de ser sujeito de relações jurídicas tributárias, tal como disposto no artigo 15º da LGT.

Como já tivemos oportunidade de referir em sede de análise da personalidade tributária no ponto 4.2.1 deste manual, esta coincide com a personalidade jurídica do Direito Civil. Isto significa que, em regra, a todas entidades com personalidade jurídica – pessoas singulares e pessoas colectivas na medida e nos pressupostos da sua atribuição pelo Direito – é reconhecida personalidade tributária. Estas entidades poderão, portanto, ser sujeitos de relações jurídico-tributárias sem necessidade de preencherem requisitos ou pressupostos específicos. No entanto, o legislador entendeu que a qualidade de sujeito passivo pode caber também a entidades desprovidas de personalidade jurídica ou que a não possuam para efeitos de outros ramos do direito. Assim, por vezes a personalidade tributária é reconhecida a entidades insusceptíveis de outras relações jurídicas. São duas as razões que justificam esta extensão da personalidade tributária: visa-se, por um lado, assegurar a igualdade de tratamento, e por outro, quer-se evitar que a lei fiscal seja contornada pela irregular constituição de pessoas colectivas[21].

Por força do disposto no artigo 3º, nº 1 do CPPT, resultando a personalidade judiciária da personalidade tributária e sendo esta reconhecida a entidades desprovidas de personalidade jurídica, a estas entidades será igualmente reconhecida a susceptibilidade de ser parte no processo judicial tributário. Como exemplos destas entidades, temos as heranças jacentes e as sociedades irregulares que são consideradas sujeitos passivos de IRC, nos termos do artigo 2º, nº 1, alínea *b)* e nº 2 do Código de IRC. Ou seja, sendo-lhes reconhecida personalidade tributária, *maxime* a susceptibilidade de ser sujeito de relações jurídico-tributárias, por força do disposto no artigo 3º, nº 1 do CPPT, estas entidades também serão susceptíveis de ser parte no processo judicial tributário. Veja-se, neste sentido, o acórdão do STA de 24 de Outubro de 2012, proferido no âmbito do processo nº 0550/12, no qual se afirmou

[20] JOSÉ CARLOS VIEIRA DE ANDRADE (2015), p. 251.

[21] SÉRGIO VASQUES (2015), p. 380.

a susceptibilidade do cabeça-de-casal intervir em representação da herança jacente e indivisa no âmbito do processo judicial tributário:

> *"O cabeça de casal tem poderes de administração da herança, até à sua liquidação e partilha (artº 2079º do CC), pelo que tem legitimidade para intervir nos procedimentos tributários e processos tributários, em representação da herança, de acordo com o disposto nos artºs 3º, nº 1 do CPPT, 15º e 16º, nº 3, ambos da LGT."*

Embora sem personalidade jurídica, a herança jacente tem personalidade judiciária, sendo nesse âmbito representada pelo cabeça-de-casal. Isto resulta do artigo 8º, nº 1 do CPPT onde se prevê que as entidades desprovidas de personalidade jurídica, mas que disponham de personalidade tributária, são representadas pelas pessoas que, legalmente ou de facto, efectivamente as administrem.

No que diz respeito à *capacidade judiciária*, segundo Vieira de Andrade, esta consiste na susceptibilidade de uma pessoa estar em juízo[22]. A autonomia deste pressuposto relativamente à personalidade judiciária decorre, em regra, para os particulares, devido à existência de certas restrições à capacidade de exercício de direitos, designadamente em relação aos menores, interditos e inabilitados.

A capacidade judiciária tem por base – e por medida – a capacidade de exercício dos direitos tributários, ou seja, a capacidade tributária, de acordo com o disposto no nº 2 do artigo 3º do CPPT. Como já se viu, a capacidade tributária consiste na medida dos direitos e deveres tributários que cada sujeito pode exercer por si. De acordo com o artigo 16º, nº 2 da LGT, em regra, tem capacidade tributária, quem tiver personalidade tributária.

Assim, quem tem personalidade tributária – pessoas jurídicas e outras entidades a quem nos termos da lei é reconhecida –, terá em regra capacidade tributária, podendo praticar actos que produzam consequências jurídicas substanciais e formais na relação tributária. No entanto, à semelhança da capacidade civil, também a extensão da capacidade tributária varia conforme o sujeito passivo e a sua situação em concreto, podendo a lei tributária alargar ou diminuir a capacidade tributária destas pessoas ou entidades.

Posto isto, nem todos os sujeitos tributários têm capacidade tributária, não dispondo dela designadamente os menores, interditos e inabilitados. Não tendo capacidade tributária, estes também não terão capacidade judiciária, de acordo com o artigo 3º, nº 2 do CPPT. Estes incapazes só poderão estar em

[22] José Carlos Vieira de Andrade (2015), p. 252.

juízo por intermédio dos seus representantes, ou autorizados pelo seu curador, excepto quanto aos actos que possam exercer pessoal e livremente, de acordo com o nº 3 do artigo 3º do CPPT. É de referir ainda que cabe ao Ministério Público a representação dos incapazes, nos termos do artigo 14º, nº 1 do CPPT.

Nos termos do artigo 4º do CPPT, por sua vez, as sucursais, agências, delegações ou representações podem intervir no processo judicial tributário mas apenas mediante autorização expressa da administração principal e quando o facto tributário lhe respeitar.

A falta de capacidade judiciária consubstancia também uma excepção dilatória que obsta ao conhecimento do mérito da causa e determina a absolvição do réu da instância, por aplicação subsidiária dos artigos 576º, nº 2 e 278º, alínea *c)* do CPC, *ex vi* artigo 2º, alínea *e)* do CPPT. Verificar-se-á a falta de capacidade judiciária designadamente no caso das sociedades em liquidação representadas em juízo pelo gerente quando, nos termos do artigo 151º e seguintes do Código das Sociedades Comerciais durante a liquidação, deverão ser representadas pelos liquidatários.

- ***Patrocínio judiciário***

Aqui chegados, cabe ainda salientar que é *obrigatória a constituição de advogado* nos termos previstos no artigo 6º do CPPT. Assim, será obrigatória a constituição de advogado nas causas judiciais cujo valor exceda o dobro da alçada do tribunal tributário da 1ª instância – ou seja, €10.000,00 –, bem como nos processos da competência do TCA e do STA[23]. Existem ainda normas especiais que consagram a dispensa de constituição de mandatário em certos meios processuais, designadamente no recurso judicial da decisão de derrogação do sigilo bancário e da decisão de aplicação de métodos indirectos de avaliação com base em manifestações de fortuna ou acréscimos injustificados de património ou de despesa, nos termos do artigo 146º-B, nº 3 do CPPT.

É de destacar, porém, que no âmbito do *contencioso administrativo* vale uma regra distinta relativamente à necessidade de patrocínio judiciário. Assim, nos termos do artigo 11º, nº 1 do CPTA, é obrigatória a constituição de mandatário, nos termos previstos no CPC, podendo as entidades públicas fazer-se patrocinar em todos os processos por advogado, solicitador ou licenciado

[23] Dispõe o artigo 105º da LGT, na redacção que lhe foi dada pela Lei nº 82-B/2014, de 31 de Dezembro, que a alçada dos tribunais tributários corresponde àquela que se encontra estabelecida para os tribunais judiciais de 1ª instância. Assim, nos termos do disposto no artigo 44º, nº 1 da Lei de Organização do Sistema Judiciário – Lei nº 62/2013, de 26 de Agosto – a alçada dos tribunais judiciais de 1ª instância em processo civil é de € 5.000,00.

em direito ou em solicitadoria com funções de apoio jurídico, sem prejuízo da representação do Estado pelo Ministério Público. Por sua vez, o artigo 40º, nº 1 do CPC dispõe que é obrigatória a constituição de advogado nas causas de competência de tribunais com alçada, em que seja admissível recurso ordinário, nas causas em que seja sempre admissível recurso, independentemente do valor e nos recursos e nas causas propostas nos tribunais superiores.

Rui Duarte Morais considera que, tratando-se a norma prevista no artigo 6º do CPPT de uma norma de natureza especial, prevalece sobre o disposto no CPTA relativamente ao patrocínio judiciário[24]. Este autor defende até que a norma do CPPT é aplicável a todos os processos em matéria tributária, mesmo aqueles regulados pelo disposto no CPTA, tal como a acção administrativa prevista no artigo 37º deste diploma para o qual o artigo 97º, nº 1, alínea *p)* e nº 2 do CPPT remetem. Embora considerasse que esta norma era aplicável a todos os processos judiciais tributários, este autor não concordava com o regime de dispensa da obrigatoriedade de constituição de mandatário judicial. Recorde-se que antes da redacção dada pela Lei nº 82-B/2014, de 31 de Dezembro – Lei do Orçamento do Estado para 2015 –, o artigo 6º, nº 1 do CPPT previa que apenas era obrigatória a constituição de advogado nos processos cujo valor excedesse o decuplo do valor da alçada do tribunal tributário de 1ª instância. Para além disso, no âmbito do processo administrativo até à reforma do contencioso administrativo de 2015, previa-se no artigo 11º do CPTA que, nos processos da competência dos tribunais administrativos, era sempre obrigatória a constituição de advogado.

Actualmente, já não é tão gritante a discrepância dos regimes de patrocínio judiciário que vigoram no âmbito do contencioso tributário e no processo administrativo – ao qual é aplicável um regime idêntico ao do processo civil. Com efeito, no âmbito do contencioso tributário, de acordo com o artigo 6º, nº 1 do CPPT, a constituição de advogado é obrigatória nas causas judiciais cujo valor seja superior a € 10.000,00, enquanto no processo civil e consequentemente no processo administrativo, de acordo com o disposto no artigo 40º, nº 1 do CPC e artigo 11º, nº 1 do CPTA, é obrigatória a constituição de advogado nas causas de valor superior a € 5.000, 00. No entanto, teremos aqui mais uma razão que justifica a necessidade de adaptação do contencioso tributário ao contencioso administrativo, resultante das reformas de 2004 e de 2015.

Em caso de falta de constituição de advogado, sendo esta obrigatória, "*o juiz, oficiosamente ou a requerimento da parte contrária, determina a sua notificação para o constituir dentro de prazo certo, sob pena de o réu ser absolvido da instância, de*

[24] Rui Duarte Morais (2012), p. 280-281.

não ter seguimento o recurso ou de ficar sem efeito a defesa", nos termos do artigo 41º do CPC, aplicável subsidiariamente ao processo tributário por força do artigo 2º, alínea *e*) do CPPT. Por conseguinte, caso se verifique a falta de constituição de advogado, sendo esta obrigatória, o juiz determina a notificação do sujeito passivo para o constituir dentro de certo prazo, sob pena de absolvição da instância constituindo uma excepção dilatória ou de não ter seguimento o recurso, consoante os casos.

Analisados os regimes do patrocínio judiciário no âmbito do processo judicial tributário, bem como no processo administrativo, cabe ainda referir o regime aplicável em sede de arbitragem tributária.

Ora, no âmbito do *processo arbitral tributário* serão aplicáveis as mesmas regras que vigoram no âmbito do processo judicial tributário, designadamente o disposto no artigo 6º, nº 1 do CPPT que é subsidiariamente aplicável por força do artigo 29º, nº 1, alínea *a*) do RJAT[25]. Deste modo, a exigência de constituição de mandatário judicial depende igualmente do valor da acção, sendo obrigatória a constituição de advogado nos processos arbitrais cujo valor exceda o dobro da alçada do tribunal tributário de 1ª instância – € 10.000,00. Para além disso, em caso de falta de constituição de advogado nos processos arbitrais em que esta é obrigatória, aplicar-se-á igualmente o disposto no artigo 41º do CPC, com as devidas adaptações, por força do artigo 29º, nº 1, alínea *e*) do RJAT. Assim, a falta de constituição de advogado, quando obrigatória, constitui uma excepção dilatória, sendo que a sua apreciação e a notificação da obrigação de constituição de mandatário será da competência do tribunal arbitral. Porém, a solução plasmada no artigo 41º do CPC está pensada para processos judiciais onde existe uma fase de saneamento e instrução prévia ao julgamento. No caso da arbitragem tributária, não existindo esta fase, a prática dos tribunais arbitrais tem sido a de notificar oficiosamente a parte em falta para constituir advogado dentro de certo prazo, aquando do recebimento do pedido de constituição de tribunal arbitral. No entanto, se a parte notificada não constituir mandatário judicial no prazo fixado, poderá ainda fazê-lo após a constituição do tribunal arbitral que terá igualmente de notificar a parte para essa constituição, tal como disposto no artigo 41º do CPC, com as devidas adaptações. Isto significa que a não constituição de advogado, quando obrigatória, não determina a absolvição da instância antes da constituição do tribunal arbitral, na medida em que não existe ainda um tribunal arbitral constituído e só este terá competência para a declarar.

[25] Seguindo de perto Carla Castelo Trindade (2016), p. 267-268.

- ***Apoio judiciário***

Cabe ainda, por fim, fazer referência à figura do apoio judiciário e à aplicação da Lei nº 34/2004, de 29 de Julho, alterada pela Lei nº 47/2007, de 28 de Agosto – a Lei de Acesso ao Direito e aos Tribunais no âmbito do processo judicial tributário.

Antes de mais, é de referir que esta lei constitui actualmente o *"principal diploma regulador da matéria do acesso ao direito e aos tribunais, enquanto concretização actualista do direito à tutela jurisdicional efectiva, consagrado no artigo 20º da CRP"*[26]. Com efeito, tal como decorre do artigo 1º, nº 1 desta lei, esta visa assegurar que a ninguém seja dificultado ou impedido o conhecimento, exercício ou a defesa dos seus direitos, *"em razão da sua condição social ou cultural, ou por insuficiência de meios económico"*, consagrando-se assim neste diploma legal acções e mecanismos de informação e protecção jurídicas.

Por conseguinte, o artigo 6º, nº 1 desta lei determina que a protecção jurídica reveste as modalidades de *consulta jurídica* e de *apoio judiciário*. O apoio judiciário, por seu turno, de acordo com o artigo 16º, nº 1, poderá abranger a dispensa de taxa de justiça e demais encargos com o processo; a nomeação e pagamento da compensação de patrono; o pagamento da compensação de defensor oficioso; o pagamento faseado de taxa de justiça e demais encargos com o processo; a nomeação e pagamento faseado da compensação de patrono; o pagamento faseado da compensação de defensor oficioso e a atribuição de agente de execução.

Ora, o que neste ponto se pretende descortinar, em específico, é a aplicabilidade desta Lei de Acesso ao Direito e aos Tribunais no âmbito do processo judicial tributário o que, consequentemente, permitiria o acesso dos sujeitos passivos e outros interessados ao apoio judiciário nos termos por esta fixados. Assim, cumpre olhar para o disposto no artigo 17º, nº 1 deste diploma referente ao âmbito de aplicação. Este estabelece que *"[o]regime de apoio judiciário aplica-se em todos os tribunais, qualquer que seja a forma do processo"*, pelo que não se coloca qualquer dúvida de que o sistema de acesso ao direito e aos tribunais, na sua modalidade de *apoio judiciário*, será aplicável aos tribunais tributários, em sede de qualquer forma processual[27].

[26] Carla Castelo Trindade (2016), p. 321.

[27] Com a nova redacção do artigo 17º, nº 1, alterado com a Lei nº 47/2007, de 28 de Agosto, passou a admitir-se a aplicação do regime do apoio judiciário *"noutras estruturas de resolução alternativa de litígios"*, designadamente no âmbito da arbitragem tributária. Para mais desenvolvimentos relativamente à aplicação da Lei de Acesso ao Direito e aos Tribunais no âmbito do processo arbitral tributário, veja-se Carla Castelo Trindade (2016), p. 321-324. Em sentido contrário, entendendo que não há lugar à concessão de apoio judiciário para o pagamento de custas e encargos

Deste modo, os sujeitos passivos e outros interessados poderão requerer o apoio judiciário no âmbito do processo judicial tributário, obtendo a dispensa de taxa de justiça, de pagamento de patrono, entre outros benefícios, garantindo assim o cumprimento dos princípios constitucionais da tutela jurisdicional efectiva e de acesso ao direito, consagrados nos artigos 20º e 268º, nº 4 da CRP. Estes sujeitos terão naturalmente que preencher os requisitos e seguir o procedimento previsto na Lei nº 34/2004, de 29 de Julho.

57.2. Administração Tributária – o representante da Fazenda Pública

Como tivemos oportunidade de salientar no ponto anterior, o sujeito passivo ou outro interessado com legitimidade pode ser representado pelo mandatário judicial, sendo que em certos casos, designadamente quando o valor da causa for superior ao dobro do valor da alçada – € 10.000,00 –, é obrigatória a constituição de advogado.

A Administração Tributária, por sua vez, será em regra representada no âmbito do processo judicial tributário pelo representante da Fazenda Pública, sendo que a legitimidade deste para intervir no processo judicial tributário está expressamente prevista no artigo 9º, nº 4 do CPPT.

A criação desta figura do *representante da Fazenda Pública* teve lugar com a entrada em vigor do ETAF em 1984, tendo-se quebrado a ligação que antes existia entre a Administração e os Tribunais Fiscais. Até este momento existia o Ministério Público das Contribuições e Impostos, constituído não por magistrados mas sim por funcionários da Administração Tributária. Chegou a questionar-se se se deveria confiar os interesses da Administração Tributária ao Ministério Público, pese embora os seus magistrados não tivessem quaisquer competências específicas no domínio tributário. Sem prejuízo do que se possa discutir quanto à dupla representação do interesse público no processo tributário, alguns autores assinalam que a opção pela criação de um conjunto de representantes da Fazenda Pública teve vantagens evidentes: não só os mandatários tinham competências específicas em matérias tributárias como tinham uma ligação funcional com as Administrações que representavam em juízo[28].

Neste ponto cabe descortinar a legitimidade para intervir no processo tributário do representante da Fazenda Pública, reforçando a ideia de que este

no processo arbitral tributário, veja-se Cláudia Sofia Melo Figueiras (2013), "Arbitragem: a descoberta de um novo paradigma de justiça tributária?", p. 99-100 *in* "A Arbitragem Administrativa e Tributária: Problemas e Desafios".

[28] Seguindo de perto Rui Duarte Morais (2012), p. 283.

apenas tem legitimidade ao nível processual e nunca para intervir no procedimento tributário. De seguida, analisaremos as competências que lhe são atribuídas, os prazos aplicáveis, bem como as consequências da inadequada representação da Fazenda Pública. Caberá ainda delimitar os meios processuais específicos nos quais o representante da Fazenda Pública poderá exercer as suas competências, para, por fim, referir o regime previsto no âmbito do processo arbitral tributário, determinando designadamente se o representante da Fazenda Pública tem ou não legitimidade para intervir.

• ***Legitimidade do representante da Fazenda Pública***

Assim, em primeiro lugar, cabe reafirmar que o representante da Fazenda Pública apenas tem *legitimidade* para intervir nos processos judiciais tributários e nunca no âmbito dos procedimentos tributários. Esta conclusão retira-se, desde já, do nº 4 do artigo 9º do CPPT que expressamente reconhece a legitimidade do representante da Fazenda Pública *"no processo judicial tributário"*. Por outro lado, o artigo 53º do ETAF prevê que a Fazenda Pública defende os seus interesses *nos tribunais tributários* – judiciais e arbitrais – através de representantes e o artigo 54º do mesmo diploma só prevê a representação perante os vários *tribunais da jurisdição tributária*, não existindo qualquer norma legal que indique qual o órgão que representaria a Fazenda Pública perante outras entidades.

Esta conclusão retira-se, ainda. do disposto no artigo 22º do CPPT que prevê que *no processo judicial tributário*, os prazos para a prática de actos pelo representante da Fazenda Pública têm natureza de prazos peremptórios[29]. Lopes de Sousa salienta que na redacção anterior apenas se dizia que as promoções do representante da Fazenda Pública seriam dadas em 10 (dez) dias, sem explicitar se se tratava de um prazo do processo judicial tributário ou do procedimento tributário[30],31.

[29] De acordo com o artigo 139º do CPC, os *prazos dilatórios* diferem para certo momento a possibilidade de realização de um acto ou o início da contagem de um outro prazo, enquanto o decurso dos *prazos peremptórios* extingue o direito de praticar o acto.

[30] Constituindo um prazo processual, de acordo com o artigo 20º, nº 2 do CPPT, deverá contar-se nos termos do CPC. Assim, recorde-se que os prazos no processo tributário são contínuos, contando-se sábados, domingos e feriados. Os prazos processuais suspendem-se nas férias judiciais, excepto no caso dos processos urgentes, tal como o recurso judicial da decisão de derrogação de sigilo bancário nos termos do artigo 146º-B do CPPT, de acordo com o artigo 138º do CPC. O dia da notificação não conta, sendo considerado como o "dia zero". Já os prazos no procedimento tributário, de acordo com os artigos 57º, nº 3 da LGT, 20º, nº 1 do CPPT e 279º do CC, são contínuos, contando-se sábados, domingos e feriados. No entanto, se o prazo terminar a um sábado, domingo ou feriado, transfere-se para o dia útil seguinte. Estes prazos não se suspendem em férias judiciais.

- ***Competências do representante da Fazenda Pública***

Assim, sabendo que o representante da Fazenda Pública apenas tem legitimidade para intervir no âmbito do processo judicial tributário, olhemos para as *competências* que lhe são atribuídas nos tribunais tributários, pelo legislador designadamente no artigo 15º do CPPT. Compete ao representante da Fazenda Pública:

- Representar a Administração Tributária e, nos termos da lei, quaisquer outras entidades públicas no processo judicial tributário e no processo de execução fiscal;
- Recorrer e intervir em patrocínio da Fazenda Pública na posição de recorrente ou recorrida e
- Praticar quaisquer outros actos previstos na lei.

Como veremos, estas competências poderão ser exercidas em diferentes meios processuais e concretizar-se na prática de diferentes actos, tais como, a contestação da petição inicial no âmbito da impugnação judicial nos termos do artigo 110º, nº 1 do CPPT, a promoção da extinção deste processo em caso de revogação do acto impugnado nos termos do artigo 112º, nº 4 do CPPT, o pedido de arresto de bens quando haja fundado receio de diminuição de garantia de cobrança de créditos tributáveis, de acordo com o artigo 136º do CPPT, ou a contestação da oposição no processo de execução fiscal, de acordo com o artigo 210º do CPPT, entre outros.

- ***Prazos aplicáveis***

No que diz respeito ao *prazo* para o exercício destas competências que lhe são atribuídas, de acordo com o nº 2 do artigo 22º do CPPT, o representante da Fazenda Pública deverá praticar os actos para os quais tem competência no prazo de 15 (quinze) dias nos tribunais tributários e de 30 (trinta) dias nos

Relativamente aos prazos no procedimento administrativo aplicáveis ao procedimento arbitral, de acordo com o artigo 87º do CPA, não há férias judiciais mas o prazo suspende-se sábados, domingos e feriados. Se o termo do prazo coincidir com dia em que o serviço perante o qual deva ser praticado o acto não esteja aberto ao público, ou não funcione durante o período normal, transfere-se para o primeiro dia útil seguinte. Assim, a diferença entre o modo de contagem dos prazos no CC, no CPC e no CPA reflecte-se na sua suspensão. Enquanto os prazos do procedimento tributário, nos termos do CC, não se suspendem sábados, domingos e feriados, nem durante as férias judiciais, já os prazos do processo judicial e arbitral tributário, nos termos do CPC, pese embora não se suspendam sábados domingos e feriados, suspendem-se durante as férias judiciais, excepto no caso dos processos (judiciais) urgentes. Por fim, os prazos no procedimento arbitral, nos termos do CPA, suspendem-se sábados, domingos e feriados mas, não durante as férias judiciais.

[31] Jorge Lopes de Sousa (2011), Vol. I, p. 124-125.

TCAS e no STA, na falta de disposição especial. Por força do disposto no nº 1 deste artigo, estes prazos são peremptórios o que significa que o seu decurso, sem que o acto tenha sido praticado, extingue o direito do representante da Fazenda Pública o praticar, nos termos do artigo 139º, nº 3 do CPC, sem prejuízo do acto ainda poder ser praticado nos 3 (três) dias úteis subsequentes ao termo do prazo, mediante o pagamento de multa, ou poder ser invocado justo impedimento, aplicando-se subsidiariamente o artigo 140º do CPC.

- ***Representação inadequada da Administração Tributária***

Aqui chegados, é de salientar que, de acordo com o artigo 54º do ETAF, a representação da Fazenda Pública – e consequentemente a prática dos actos acima indicados, entre outros – pode estar a cargo de diferentes entidades. Assim, nas secções de contencioso tributário do STA e dos TCA, a representação cabe ao *director-geral da Autoridade Tributária e Aduaneira* que pode ser representado pelos respectivos *subdiretores-gerais* ou por *trabalhadores em funções públicas* daquela Autoridade licenciados em Direito.

Nos tribunais tributários de 1ª instância, caberá igualmente ao *director-geral da Autoridade Tributária e Aduaneira*, mas este poderá ser representado pelos *directores de finanças* e *directores de alfândega* da respectiva área de jurisdição ou por *funcionários* daquela Autoridade licenciados em Direito. Na verdade, os directores de finanças e os directores de alfândega podem ser representados por funcionários da Autoridade Tributária e Aduaneira licenciados em Direito.

Todavia, quando estejam em causa receitas fiscais lançadas e liquidadas pelas autarquias locais, a Fazenda Pública será representada por *licenciado em Direito* ou por *advogado* designado para o efeito pela respectiva autarquia, de acordo com o previsto no nº 3 do artigo 54º do ETAF[32].

Ora, há que equacionar a possibilidade de *representação inadequada* da Administração Tributária. Com efeito, segundo Lopes de Sousa, serão duas as situações que podem originar a inadequada representação da Fazenda Pública, cada um com consequências diferentes que caberá delimitar[33].

[32] O Tribunal Constitucional no acórdão nº 553/94 de 17 de Maio de 1995 considerou inconstitucional a alínea *a*) do nº 1 do artigo 42º do antigo CPT, na medida em que, conjugada com o artigo 37º do antigo CPT, estabelecia a obrigatoriedade das Câmaras Municipais serem representadas pelo representante da Fazenda Pública que representa a Administração Tributária do Estado nos tribunais tributários. O Tribunal Constitucional entendeu assim que os princípios constitucionais da autonomia das autarquias locais e da descentralização administrativa impunham a solução actualmente consagrada – a representação autónoma das autarquias em todos os processos judiciais tributários relacionados com receita por elas criada, liquidadas e cobradas, nos termos legais.

[33] Jorge Lopes de Sousa (2011), Vol. I, p. 202-203.

Assim, em primeiro lugar, poderá verificar-se o não chamamento ao processo do representante da Fazenda Pública adequado por decisão da secretaria, o que implicará, na opinião deste autor, a *nulidade processual* nos termos do artigo 187º, alínea *a*), 195º e 196º do CPC, na medida em que deste chamamento indevido resultou a falta de citação de quem foi indicado como réu, o que implicará a nulidade de todos os actos posteriores à petição.

Por outro lado, o sujeito passivo ou outro interessado com legitimidade *activa* poderá indicar erradamente determinado representante da Fazenda Pública, sendo que nestes casos verificar-se-á uma situação de *irregularidade de representação*, que deverá ser sanada nos termos dos artigos 27º e 28º do CPC, aplicáveis *ex vi* artigo 2º, alínea *e*) do CPPT, ou seja, *grosso modo* mediante a citação do representante adequado. LOPES DE SOUSA salienta que nestes casos de irregularidade, apenas se verifica um erro na indicação do representante, mas não da entidade da Administração Tributária que deve intervir.

Coisa diferente se passará quando se verificar uma situação de erro na indicação da entidade da Administração Tributária que deverá intervir no lado passivo do processo, ou seja, quando o sujeito passivo indicar uma entidade que não deve intervir. Nestes casos, verificar-se-á a *ilegitimidade passiva* da mesma, o que constitui uma excepção dilatória, prevista no artigo 577º, alínea *e*) do CPC, que justifica a absolvição da instância de acordo com o artigo 576º do CPC. Aqui nem sequer se chega a colocar uma questão de representação inadequada da Fazenda Pública, na medida em que a entidade da Administração Tributária indicada para intervir no lado passivo do processo carece de legitimidade.

• ***Meios processuais em que é reconhecida a legitimidade***

Cabe agora determinar em que *meios processuais* terão os representantes da Fazenda Pública competência e legitimidade para intervir. Como se viu, estes têm legitimidade para intervir no *processo judicial tributário* pelo que caberá olhar para o artigo 97º, nº 1 do CPPT que determina os tipos de processos aos quais é atribuída a qualificação de processos judiciais tributários. Porém, como bem salienta LOPES DE SOUSA, não cabe ao representante da Fazenda Pública a representação da Administração Tributária em todos os processos indicados neste artigo 97º do CPPT[34].

Assim, pese embora a prática nem sempre demonstre a observância estrita destas regras, é de afastar a representação pelo representante da Fazenda Pública, designadamente, no âmbito da acção para o reconhecimento de

[34] JORGE LOPES DE SOUSA (2011), Vol. I, p. 205.

direito ou interesse legítimo prevista no artigo 145º do CPPT, tendo em conta que o nº 4 deste artigo determina que será a entidade que teria competência para decidir o pedido que terá legitimidade passiva para intervir, bem como nos processos de intimação para consulta de documentos e passagem de certidões nos quais terá legitimidade passiva a entidade cuja intimação se pretende e que seja competente para facultar a informação ou passar a certidão, de acordo com o previsto no nº 1 do artigo 105º do CPTA.

O representante da Fazenda Pública também não representa a Administração Tributária no recurso judicial apresentado pelo sujeito passivo nos termos do artigo 146º-B do CPPT para contestar a decisão de derrogação de sigilo bancário, tendo em conta que o nº 4 deste artigo estabelece que será notificado para deduzir oposição o director-geral dos Impostos ou o director-geral das Alfândegas e dos Impostos Especiais sobre o Consumo.

Por outro lado, decorre expressamente do artigo 15º, nº 1, alínea *a*) do CPPT que o representante da Fazenda Pública poderá representar a Administração Tributária em sede do processo de execução fiscal. Além disso, poderá representar a Administração no âmbito da intimação para um comportamento prevista no artigo 147º do CPPT, tal como é reconhecido no acórdão do STA de 18 de Junho de 2013, proferido no âmbito do processo nº 01148/12:

> *"Em lugar algum do artº 147º do CPPT se refere especificamente qualquer órgão da Administração Tributária como detentor da legitimidade passiva. Assim sendo, tem de entender-se que o representante da Fazenda Pública deve intervir ao abrigo das regras gerais sobre a sua legitimidade passiva contidas nos artºs 9º nº 4 e 15º nº 1 al. a) ambos do CPPT."*

No que respeita a acção administrativa regulada no CPTA para a qual remete o artigo 97º, nº 1, alínea *p*) e nº 2 do CPPT, Lopes de Sousa defende que também se deverá reconhecer a competência – para representar a Administração Tributária – e a legitimidade do representante da Fazenda Pública[35]. Assim entende o autor devido à atribuição genérica de competência ao representante da Fazenda Pública para representar a Administração Tributária nos processo judiciais tributários, decorrente do artigo 15º, nº 1, alínea *a*) do CPPT e dos artigos 53º e 54º do ETAF e devido à falta de uma norma especial no CPTA que afaste a sua competência na acção administrativa – antiga acção administrativa especial.

Já Rui Duarte Morais defende que o representante da Fazenda Pública apenas representa a Administração Tributária nos processos regulados no

[35] *Ibidem*, p. 209.

CPPT, pelo que nos processos regulados no CPTA, designadamente em sede de acção administrativa, será a entidade que praticou o acto impugnado que deverá ser directamente notificada para contestar e a quem caberá consequentemente a representação da Administração. Este autor entende que esta distinção de entidades a quem cabe a representação da Administração Tributária nos processos regulados no CPPT e no CPTA decorre de um entendimento jurisprudencial que distingue relativamente a toda a tramitação processual, entre as formas processuais reguladas no CPPT e aquelas que se entende que devem obedecer à tramitação constante do CPTA[36].

Quanto a nós, olhando para o actual artigo 10º do CPTA relativo à legitimidade passiva, tendemos a concordar com a opinião perfilhada por Lopes de Sousa. Nada parece afastar a competência do representante da Fazenda Pública para representar a Administração Tributária nos casos de impugnação de actos em matéria tributária que não comportem a apreciação da legalidade de um acto de liquidação através da acção administrativa regulada no CPTA.

- ***Representação de outras entidades públicas***

Determinados os principais meios processuais no âmbito dos quais se atribui ao representante da Fazenda Pública a competência para a representação da Administração Tributária, temos que ter em conta que este poderá representar *outras entidades públicas* no processo judicial tributário e no processo de execução fiscal, de acordo com o artigo 15º, nº 1, alínea *a*) do CPPT.

Assim, poderá colocar-se a questão de saber que entidades deverão obrigatoriamente ser representadas pelo representante da Fazenda Pública. Rui Duarte Morais defende que as entidades com personalidade jurídica terão o direito a escolher os seus mandatários, não devendo ser a lei a impor-lhes um determinado representante. Por sua vez, relativamente às entidades sem personalidade jurídica mas com autonomia administrativa e financeira, este autor defende que a resposta encontrar-se-á no disposto nos respectivos estatutos.

Deste modo, como exemplos de entidades públicas representadas pelo representante da Fazenda Pública em sede de processo judicial tributário, temos a Autoridade Nacional de Comunicações, a Comissão de Mercado de Valores Mobiliários e o INFARMED[37].

[36] Rui Duarte Morais (2012), p. 284.

[37] Reconhecendo que compete ao representante da Fazenda Pública nos Tribunais Tributários intervir nos casos de impugnação de taxas liquidadas pelo INFARMED, veja-se o acórdão do TCA Sul, de 20 de Janeiro de 2014, proferido no âmbito do processo nº 01000/03. Pelo contrário, negando a susceptibilidade do representante da Fazenda Pública representar em Tribunal a Caixa Geral de Depósitos, veja-se o acórdão do STA de 6 de Fevereiro de 2013, proferido no âmbito do processo nº 0935/12.

Por último, é de salientar que *no âmbito do processo arbitral tributário* a intervenção passiva será do dirigente máximo do serviço da Administração Tributária que actua em representação da Administração Tributária. De facto, nos termos do artigo 17º, nº 1 do RJAT, o presidente do Conselho Deontológico do CAAD notifica o dirigente máximo do serviço da Administração Tributária para apresentação de resposta no prazo de 30 (trinta) dias.

57.3. Ministério Público

O Ministério Público constitui uma magistratura caracterizada por um "*poliformismo funcional*", o que significa que actua em vários domínios jurídicos diferentes, tanto na acção penal, quanto na defesa da legalidade, bem como na representação do Estado, dos incapazes e incertos. Por outro lado, no que diz respeito à sua unidade organizativa, o Ministério Público está estruturado de forma uniforme em todas as jurisdições[38].

No que aqui nos interessa, cabe analisar a legitimidade do Ministério Público para intervir no processo judicial tributário. Esta legitimidade resulta expressamente da lei, estando prevista no artigo 9º, nº 4 do CPPT.

Todavia, tal como o representante da Fazenda Pública, o Ministério Público só tem legitimidade para intervir no processo judicial tributário e não no âmbito do procedimento tributário[39]. Esta conclusão retira-se quer do artigo 9º do CPPT que apenas prevê, no nº 4, a legitimidade do Ministério Público para intervir relativamente ao processo judicial tributário, quer do artigo 22º do CPPT que determina a natureza dos prazos para a prática de actos pelo Ministério Público, fazendo apenas referência ao processo judicial tributário.

Por outro lado, pese embora se reconheça a legitimidade do Ministério Público para intervir no processo judicial tributário, este não terá legitimidade para intervir na fase dos processos de execução fiscal que decorre junto da Administração Tributária. Neste sentido, Lopes de Sousa relembra que, embora o processo de execução fiscal tenha natureza de processo judicial nos termos do artigo 103º, nº 1 da LGT, a sua fase administrativa não se engloba no conceito de processo judicial tributário resultante do artigo 97º do CPPT, pelo que o Ministério Público apenas poderá intervir nos meios processuais que devam ser tramitados nos tribunais tributários referidos nas alíneas *n*) e *o*) do nº 1 do artigo 97º do CPPT[40].

[38] Joaquim Freitas da Rocha (2014), p. 267.

[39] O Ministério Público também não tem legitimidade para intervir no processo arbitral tributário Cf. Carla Castelo Trindade (2016), p. 424.

[40] Jorge Lopes de Sousa (2011), Vol. I, p. 195.

Assim, pretendemos neste ponto analisar as *competências* reconhecidas ao Ministério Público no âmbito do processo judicial tributário, bem como delimitar *quem representa* o Ministério Público junto dos tribunais tributários. Cabe desde já salientar que, independente das competências atribuídas, a actuação do Ministério Público deve ser sempre norteada por critérios de legalidade e objectividade, tal como resulta do artigo 2º, nº 2 do Estatuto do Ministério Público.

- ***Competência do Ministério Público***

Em primeiro lugar, cabe determinar que o Ministério Público pode intervir como actor processual ou parte acessória na *defesa da legalidade e a promoção do interesse público* em matéria tributária, bem como parte principal, *na representação dos incapazes menores, interditos e inabilitados*, tal como disposto no artigo 14º, nº 1 do CPPT.

Comecemos por analisar a competência do Ministério Público para a defesa da legalidade e promoção do interesse público[41].

Desta competência resulta que o Mistério Público deverá controlar a aplicação da lei pelos tribunais tributários e promover a boa aplicação da justiça, designadamente emitindo pareceres e requerendo o que considerar conveniente. Não temos, todavia, uma norma específica no CPPT que nos indique os poderes do Ministério Público quando actua na *defesa da legalidade e na promoção do interesse público*, ou seja, como actor processual e não como parte. Assim, das várias normas do CPPT, que regulam os diferentes meios processuais, e das normas do Estatuto do Ministério Público decorrem, entre outros, os seguintes poderes para o Ministério Público como actor processual ou parte acessória na *defesa da legalidade e a promoção do interesse público*[42]:

- Zelar pelos interesses que lhe estão confiados, promovendo o que tiver por conveniente (artigo 6º, nº 1 do Estatuto do Ministério Público),

[41] A este propósito, RUI DUARTE MORAIS considera que a dicotomia de tarefas entre o Ministério Público e o representante da Fazenda Pública é difícil de entender. Com efeito, ao Ministério Público cabe defender a legalidade e promover o interesse público, enquanto ao representante da Fazenda Pública cabe, como vimos, defender os interesses legítimos desta Cf. RUI DUARTE MORAIS (2012), p. 283.

[42] A jurisprudência do STA também tem entendido que "*[c]abendo ao Ministério Público, em sede de contencioso tributário, a defesa da legalidade e a promoção do interesse público, tem o mesmo legitimidade para pedir a reforma de autos (oposição a execução fiscal) desaparecidos, nos termos conjugados do art. 1074º do CPC, nº 1 do art. 6º do EMP, arts. 14º, 16º, nº 2, 97º, nº 2, 121º, nºs. 1 e 2, 124º do CPPT e arts. 62º nº 1, e 85º nºs. 2, 3 e 4 do CPTA*". Neste sentido, vejam-se os acórdãos do STA de 21 de Maio de2014, proferido no âmbito do processo nº 01701/13 e de 22 de Janeiro de 2014, proferido no âmbito do processo nº 01755/13.

designadamente podendo suscitar a regularização da petição, arguir nulidades, suscitar questões que obstem ao conhecimento do pedido e requerer a realização de diligências (artigos 16º, nº 2 e 121º, nºs 1 e 2 do CPPT);
- Pronunciar-se sobre as questões de legalidade que tenham sido suscitadas no processo, nos termos do artigo 121º, nº 1 do CPPT; e
- Suscitar, por fim, novos vícios do acto impugnado, como se infere do disposto no artigo 124º, nº 2, alínea *b*) do CPPT.

Embora as normas previstas no artigo 121º e 124º do CPPT digam respeito ao processo de impugnação judicial, LOPES DE SOUSA defende que serão aplicáveis, quando for possível, aos outros casos previstos no CPPT em que se prevê vista ao Ministério Público sem indicação expressa do seu conteúdo, como nos artigos 113º, nº 1, 127º, nº 3, 151º, nº 1, 278º, nº 2 e 289º, nº 1 do CPPT. Ou seja, nestes casos o Ministério Público terá os mesmos poderes que indicamos acima, pois nenhuma razão justifica que lhe sejam atribuídos mais ou menos poderes nestes meios processuais[43].

O mesmo autor faz referência à possibilidade prevista no artigo 62º, nº 1 do CPTA, do Ministério Público assumir, no exercício da acção pública, posição de autor, "*requerendo o seguimento de processo que, por decisão ainda não transitada, tenha terminado por desistência ou outra circunstância própria do auto*"[44]. Não há dúvida que esta possibilidade será de admitir no âmbito da acção administrativa para impugnação de actos em matéria tributária que não comportem a apreciação da legalidade de um acto de liquidação para a qual o artigo 97º, nº 1, alínea *p*) e nº 2 do CPPT, pois esta segue a tramitação prevista nos artigos 37º e seguintes do CPTA.

Assim, o que este autor questiona é se esta possibilidade de o Ministério Público de requerer o seguimento do processo que, por decisão ainda não transitada, tenha terminado por desistência ou outra circunstância própria do autor também se verifica nos processos impugnatórios judiciais tributários regulados pelo CPPT. O que está em causa é a conciliação entre o interesse público de reposição da legalidade subjacente à intervenção do Ministério Público e o interesse particular do impugnante. Este autor chega à conclusão que será de admitir também no processo judicial tributário, designadamente no processo de impugnação, o uso pelo Ministério Público da prerrogativa prevista no artigo 62º, nº 1 do CPTA. Assim entende devido ao facto ser reco-

[43] JORGE LOPES DE SOUSA (2011), Vol. I, p. 190.
[44] *Ibidem*, p. 190-191.

nhecida ao Ministério Público a faculdade de prosseguimento do processo em matéria de recursos jurisdicionais, sem ou mesmo contra a vontade do impugnante e mesmo nos casos em que houve uma decisão de mérito, nos termos do artigo 280º, nº 1 do CPPT.

Rui Duarte Morais, por sua vez, questiona a possibilidade de o Ministério Público, por iniciativa própria – ou seja, actuando oficiosamente –, impugnar um determinado acto tributário por "*ser conhecedor da* [sua] *ilegalidade*". Fazendo referência ao princípio do dispositivo, entendido como princípio de auto-responsabilização das partes, este autor entende que, em princípio, caberá aos interessados a decisão de recorrer ou não das decisões da Administração Tributária, desde já pelo facto de estarem em causa obrigações pecuniárias que, na perspectiva do devedor, são disponíveis. Assim, defende que a promoção oficiosa de uma acção pelo Ministério Público só poderá ter lugar quando estejam em causa outros valores, para além daqueles relativos à obrigação tributária, tal como a imparcialidade e a justiça da actividade administrativa. Neste sentido, este autor entende também que a legitimidade do Ministério Público para dar impulso subsequente ao processo, designadamente para interpor recurso – prevista no artigo 280º, nº 1 do CPPT – só deverá ser reconhecida neste tipo de situações.

É ainda fundamental fazer referência ao previsto no nº 2 do artigo 14º do CPPT. Esta norma prevê que o Ministério Público será sempre *ouvido* nos processos judiciais *antes de ser proferida a decisão final*. Embora o legislador se refira à "*decisão final*", na verdade, nos processos que correm nos tribunais tributários, o Ministério Público tem sempre legitimidade para intervir e consagra-se a possibilidade de o mesmo emitir um parecer antes da prolação da decisão final, quer *da causa*, quer de *incidentes*, em nome da defesa da legalidade e da promoção do interesse público que constituem as competências do Ministério Público nos processos judiciais tributários[45].

Isto é, as razões que justificam este dever de audição do Ministério Público – a defesa da legalidade e a promoção do interesse público – valem, em princípio, em relação a quaisquer questões controvertidas e não apenas relativamente à decisão final do processo – a sentença. Com efeito, o artigo 127º do CPPT, relativo aos incidentes no âmbito do processo de impugnação judicial, estabelece no seu nº 3 que o Ministério Público se pronunciará obrigatoria-

[45] Neste sentido: Jorge Lopes de Sousa (2011), Vol. I, p. 193 e Rui Duarte Morais que defende que por "*decisão final*" se deverá entender qualquer decisão judicial susceptível de formar caso julgado intra-processual, como as que decidem incidentes Cf. Rui Duarte Morais (2012), p. 285.

mente antes da decisão do incidente sobre a matéria nele discutida. Já no âmbito do processo de execução fiscal, o Ministério Público é sempre ouvido antes do tribunal tributário da 1ª instância decidir os "*incidentes, os embargos, a oposição, incluindo quando incida sobre os pressupostos da responsabilidade subsidiária e a reclamação dos actos praticados pelos órgãos da execução fiscal.*

No entanto, verificam-se três excepções à *obrigatoriedade de audição* do Ministério Público[46]. Vejamos em que é que estas consistem:

- Quando seja evidente o fundamento da decisão, como por exemplo nos casos de decisões liminares de indeferimento ou rejeição;
- Quando o Ministério Público assuma a representação de uma das partes no processo ou quando interponha recurso jurisdicional pois, nestes casos, assumindo a veste de parte ou de recorrente, por força do princípio da igualdade das partes, não se poderá atribuir ao Ministério Público uma dupla oportunidade para se pronunciar sobre as questões objecto do processo;
- Quando se determina a aplicação das normas previstas no CPTA a determinado meio processual tributário, não se prevendo neste diploma a possibilidade de intervenção do Ministério Público, como por exemplo no processo de intimação para consulta de documentos e passagem de certidões, previsto no artigo 146º do CPPT que remete para as normas do CPTA.

A falta de audição do Ministério Público, quando obrigatória, constitui uma *nulidade processual sanável*, tendo em conta que não consta da lista de nulidades insanáveis prevista no artigo 98º do CPPT. Assim, nos termos do artigo 199º, nº 1 do CPC, para ser conhecida, esta nulidade terá de ser arguida pelo Ministério Público antes de o acto terminar, se a ela estiver presente, ou se não estiver, no prazo de 10 (dez) dias a contar do dia em que, depois de cometida a nulidade, tiver intervenção em algum acto praticado no processo ou for notificado para qualquer termo dele, mas neste último caso só quando deva presumir-se que então tomou conhecimento da nulidade ou quando dela pudesse conhecer, agindo com a devida diligência.

A arguição desta nulidade será feita perante o tribunal em que a omissão tiver ocorrido.

Ora, para além da intervenção do Ministério Público no processo judicial tributário como parte acessória na *defesa da legalidade e a promoção do interesse*

[46] Neste sentido: Jorge Lopes de Sousa (2011), Vol. I, p. 194.

público, nos termos do nº 1 do artigo 14º do CPPT, a este também caberá a *representação dos ausentes, incertos e incapazes*. Nestes casos, caberá ao Ministério Público a defesa dos interesses patrimoniais destes, intervindo como parte principal do processo.

Deste modo, intervindo como parte principal, o Ministério Público terá todos os poderes processuais atribuídos às partes, tal como disposto no artigo 5º, nº 1, alínea *c*) do Estatuto do Ministério Público.

Aqui cabe relembrar que os incapazes menores e interditos não têm capacidade judiciária tributária pelo que não podem intervir nos processos judiciais tributários, por si mesmos, tendo a sua intervenção de ser efectuada através de um representante. Por outro lado, os inabilitados, pese embora possam intervir nos processos judiciais tributários, não o podem fazer só por si mesmos, tendo de ser assistidos por um curador. Ora, não havendo oposição expressa no processo judicial tributário por parte do representante legal do incapaz menor ou interdito ou por parte do inabilitado autorizado pelo curador, o Ministério Público assumirá a representação.

- ***Representantes do Ministério Público nos tribunais tributários***

Por fim, cabe delimitar quem representa o Ministério Público junto dos tribunais tributários, designadamente para o disposto no artigo 52º do ETAF. Assim, o Ministério Público é representado no STA pelo Procurador-Geral da República, que pode fazer-se substituir por procuradores-gerais-adjuntos. Nos TCA, por sua vez, será representado por procuradores-gerais-adjuntos. Já nos tribunais tributários de 1ª instância serão representados por procuradores da República e por procuradores-adjuntos, nos termos das alíneas *a*), *b*) e *c*) do nº 1 do artigo 52º do ETAF.

É de salientar que no nº 3 do mesmo artigo prevê-se que na colocação e provimento dos magistrados na jurisdição tributária seja ponderada a formação especializada, de acordo com o disposto nos nºs 1 e 2 do artigo 136º do Estatuto do Ministério Público.

58. Tribunal

Estudada a legitimidade para intervir no processo judicial tributário quer dos actores, quer das partes processuais, é agora fundamental analisar o Tribunal que vai dirimir o litígio existente entre as partes, em regra, o sujeito passivo e a Administração Tributária. Assim, para que determinado Tribunal possa dirimir um litígio ou uma questão em matéria tributária é necessário, em primeiro lugar, que estejamos perante a *ordem jurisdicional* correcta e, por outro, que dentro de tal ordem estejamos perante o *tribunal competente*.

Neste sentido, Freitas da Rocha distingue os conceitos de *jurisdição* e *competência*. Para este autor, a *jurisdição* será o poder de julgar, tratando-se de um conceito tendencialmente qualitativo. Já a *competência* será a parcela de jurisdição de que cada tribunal é titular, tratando-se de uma realidade quantitativa[47].

Comecemos então por analisar a jurisdição ou a ordem jurisdicional tributária para de seguida determinamos as regras da competência bem como as consequências da verificação da incompetência do Tribunal.

58.1. Jurisdição tributária

Resulta do artigo 209º, nº 1, alínea *b*) da CRP que os tribunais administrativos e fiscais em face da Constituição, integram a mesma categoria de tribunais, isto é, os tribunais administrativos e fiscais integram uma só jurisdição.

Antes de mais, é necessário fazer menção à *evolução histórica* que resultou na criação de tribunais tributários tais como os conhecemos hoje[48].

Com base na visão demasiado rígida do princípio da separação de poderes de Montesquieu, durante muito tempo a actividade administrativa esteve subtraída ao controlo dos tribunais, cuja função era então limitada a dirimir litígios entre particulares. Na verdade, entendia-se que se o tribunal julgasse a Administração estaria a violar a separação de poderes. Surgiu posteriormente o sistema do "administrador-juiz", de inspiração francesa, no âmbito do qual a própria Administração julgava a sua actuação através de órgãos próprios, dotados de maior ou menor independência técnica. Deste sistema passou-se para um sistema de justiça delegada, passando a existir tribunais administrativos, mas que eram considerados órgãos da Administração e não do poder judicial.

No âmbito da matéria tributária, esta situação manteve-se mesmo já no domínio da CRP de 1976, na medida em que os juízes dos tribunais de 1ª instância, os chamados Tribunais das Contribuições e Impostos, eram escolhidos pelo Ministro das Finanças. Para além disso, os agentes do Ministério Público das Contribuições e Impostos eram funcionários da Administração Fiscal. Deste modo, foi apenas com a entrada em vigor do ETAF, em 1984, que se alterou esta situação, criando-se regras de recrutamento dos juízes e de sujeição ao exercício do poder disciplinar, semelhantes às vigentes para os tribunais comuns, cabendo a gestão ao Conselho Superior dos Tribunais Administrativos e Fiscais. Actualmente, os juízes e os tribunais da

[47] Joaquim Freitas da Rocha (2014), p. 269.
[48] Acompanhando Rui Duarte Morais (2012), p. 263-265.

jurisdição tributária gozam das mesmas garantias de independência, substanciais e formais, que os magistrados e tribunais judiciais, acentuando-se a necessária especialização ao nível do recrutamento e da formação de tais juízes.

Aqui chegados, podemos desde já concluir que entre nós foi adoptado um *modelo pluralista* de organização judiciária, tendo em conta que diferentes tribunais ou ordens de tribunais julgam determinadas matérias, em razão do princípio da especialização. Neste sentido, o artigo 209º da CRP prevê que, para além do Tribunal Constitucional e do Tribunal de Contas, existem duas ordens de tribunais: a dos tribunais judiciais, que inclui o Supremo Tribunal de Justiça e os tribunais judiciais de primeira e de segunda instância, e a dos tribunais administrativos e fiscais, que inclui o STA e os demais tribunais administrativos e fiscais.

Rui Duarte Morais refere-se assim a uma dualidade de jurisdições decorrente não só da existência de duas "*pirâmides organizativas*" mas também pela existência de dois Conselhos Superiores, aos quais compete, de acordo com o artigo 217º da CRP, a nomeação, a colocação, a transferência e a promoção dos juízes e o exercício da acção disciplinar. Para este autor a existência de uma jurisdição administrativa e fiscal autónoma justifica-se pela especialização das matérias cujo julgamento lhes é cometido, embora também saliente que se trata essencialmente de um "*produto histórico*"[49].

Ora, analisando em concreto a jurisdição administrativa e tributária, chegamos à conclusão que se consagrou um *esquema piramidal* semelhante ao da ordem dos tribunais judiciais. Assim, a organização dos tribunais administrativos e fiscais desdobra-se em três níveis hierárquicos. Do artigo 8º do ETAF resulta então que fazem parte da jurisdição administrativa e tributária:

- Em 1ª instância, os tribunais administrativos de círculo e os tribunais tributários;
- Em 2ª instância, os chamados Tribunais Centrais Administrativos (TCA); e
- O Supremo Tribunal Administrativo (STA).

No que diz respeito ao STA, este funciona por *secções* e em *plenário*, de acordo com o artigo 12º, nº 1 do ETAF. As secções são as de contencioso administrativo e de contencioso tributário que funcionam em formação de três juízes conselheiros ou em pleno de secção, nos termos do nº 2 do mesmo

[49] Rui Duarte Morais (2012), p. 265-266.

artigo[50]. De acordo com o artigo 1º, nº 1 do Decreto-Lei nº 325/2003, de 29 de Dezembro, que define a sede, a organização e a área de jurisdição dos tribunais administrativos e fiscais, o STA tem sede em Lisboa e jurisdição em todo o território nacional.

Relativamente aos TCA, estes funcionam em colectivo de três juízes desembargadores, funcionando igualmente por *duas secções*, uma de contencioso administrativo e outra de contencioso tributário, nos termos do artigo 32º do ETAF. De acordo com o artigo 31º do ETAF existem dois TCA, o TCA Sul, com sede em Lisboa e o TCA Norte, com sede no Porto. De acordo com o artigo 2º, nºs 1 e 2 do Decreto-Lei nº 325/2003, de 29 de Dezembro, que define a sede, a organização e a área de jurisdição dos tribunais administrativos e fiscais, a área de jurisdição do TCA Sul abrange o conjunto das áreas de jurisdição atribuídas no mapa anexo aos Tribunais Administrativos de Círculo e Tributários de Almada, Beja, Castelo Branco, Funchal, Leiria, Lisboa, Loulé, Ponta Delgada e Sintra. Já a área de jurisdição do TCA Norte abrange o conjunto das áreas de jurisdição atribuídas no mapa anexo aos Tribunais Administrativos de Círculo e Tributários de Aveiro, Braga, Coimbra, Mirandela, Penafiel, Porto e Viseu.

Quanto aos tribunais tributários de 1ª instância, estes estão agregados com os tribunais administrativos de círculo, tendo sido adoptada a designação de tribunal administrativo e fiscal (TAF), nos termos do artigo 3º, nº 3 do Decreto-Lei nº 325/2003, de 29 de Dezembro, e do artigo 9º, nº 2 do ETAF[51]. No entanto, em Lisboa, devido à sua dimensão e ao volume de processos, mantêm-se separados o tribunal administrativo de círculo e o tribunal tributário.

Assim, parece-nos em sede da jurisdição administrativa e tributária vigora *uma regra de agregação*, na medida em que os tribunais são, em regra, simultaneamente tributários e administrativos, embora nos TCA e no STA existam duas secções para cada umas áreas e em Lisboa os tribunais tributários de 1ª instância não estejam agregados com os tribunais administrativos de cír-

[50] São relativamente frequentes os acórdãos tomados em pleno da secção de contencioso tributário, designadamente nos casos de recursos para uniformização da jurisprudência, nos termos do artigo 27º, nº 1, alínea *b*) do ETAF.

[51] Os TAF estão sedeados em várias cidades do país, embora a sua distribuição geográfica não corresponda hoje nem à organização regional da Administração Tributária, nem à organização judiciária dos tribunais comuns. Nos termos do artigo 3º, nºs 1 e 2 do Decreto-Lei nº 325/2003, de 29 de Dezembro, os tribunais administrativos e fiscais têm sede em Almada, Aveiro, Beja, Braga, Castelo Branco, Coimbra, Funchal, Leiria, Lisboa, Loulé, Mirandela, Penafiel, Ponta Delgada, Porto, Sintra e Viseu e a sua área de jurisdição consta do mapa anexo a este diploma e que dele faz parte integrante.

culo. A este propósito, discordamos, por isso, com a posição defendida por Freitas da Rocha de que na base da pirâmide da jurisdição tributária vale uma regra de segregação, existindo, de um lado, tribunais administrativos de círculo e, do outro, tribunais tributários. Com efeito, a regra parece ser a da agregação destes tribunais, sendo Lisboa a única excepção no qual o tribunal tributário se encontra separado do tribunal administrativo de círculo[52].

De acordo com o artigo 46º, nº 1 do ETAF, em regra, os tribunais tributários de 1ª instância, ou seja, os TAF, funcionam com *juiz singular*. No entanto, existem duas excepções a esta regra, prevendo-se a possibilidade de intervenção de todos os juízes do tribunal, sendo o quórum de dois terços:

- Quando o tribunal estiver desdobrado e funcionar em juízo de grande ou média instância[53], de acordo com o artigo 49º-A, nº 4 do ETAF *a contrario*; e
- Quando se coloque uma questão de direito nova que suscite dificuldades sérias e se possa vir a colocar noutros litígios, de acordo com o artigo 46º, nº 2 do ETAF.

Analisada a jurisdição dos tribunais, bem como o seu modo de funcionamento – em secções ou com juiz singular – cabe, por fim, determinar *como são escolhidos os juízes* da jurisdição tributária, bem como os *litígios* por esta abrangidos.

Assim, os *juízes de primeira instância* são escolhidos através de concursos entre magistrados que, em princípio, terão tido formação específica, o que assegura a especialização destes juízes, embora sem distinção entre as áreas do direito administrativo e do direito tributário, nos termos dos artigos 70º a 72º do ETAF. Os *juízes desembargadores* dos TCA, por sua vez, serão escolhidos igualmente por concurso público entre os juízes dos tribunais administrativos e fiscais, isto é, entre os juízes de 1ª instância, nos termos do artigo 61º do ETAF. Já o provimento de vagas de *juízes conselheiros* do STA pode ser efectuado por *transferência de juízes* de outra secção do Tribunal; por *nomeação de juízes do Supremo Tribunal de Justiça*, a título definitivo ou em comissão permanente de serviço ou por *concurso*. A este concurso para juiz do STA podem

[52] Joaquim Freitas da Rocha (2014), p. 271.

[53] Nos termos do artigo 9º-A e 49º-A do ETAF, os tribunais tributários de 1ª instância podem ser desdobrados em juízos especializados, quando o volume ou a complexidade do serviço o justifiquem. Assim, podem ser criados juízos de grande, média ou pequena instância tributária que decidirão, respectivamente, os litígios de elevado, médio e pequeno valor, isto é, que ultrapassem 10 vezes, 2 vezes ou não ultrapassem o valor da alçada do Tribunal da Relação.

candidatar-se não só juízes dos TCA com cinco anos de serviço nesses tribunais mas ainda juízes dos tribunais da Relação, procuradores-gerais-adjuntos e juristas não magistrados, tal como disposto no artigo 66º do ETAF.

Relativamente aos *litígios* abrangidos pela jurisdição administrativa e fiscal, caberá olhar para o artigo 4º, nº 1 do ETAF que prevê, entre outros, (*i*) os litígios que tenham por objecto a tutela de direitos fundamentais e outros direitos e interesses legalmente protegidos, no âmbito de relações jurídicas administrativas e fiscais, (*ii*) a fiscalização da legalidade das normas e demais actos jurídicos emanados por órgãos da Administração Pública, ao abrigo de disposições de direito administrativo ou fiscal e (*iii*) a fiscalização da legalidade de actos administrativos praticados por quaisquer órgãos do Estado ou das Regiões Autónomas não integrados na Administração Pública.

Por outro lado, de acordo com o nº 3 do artigo 4º do ETAF, estão excluídos do âmbito desta jurisdição os litígios que tenham por objecto a impugnação de actos praticados no exercício da função política e legislativa; decisões jurisdicionais proferidas por tribunais não integrados na jurisdição administrativa e fiscal e de actos relativos ao inquérito e instrução criminais, ao exercício da acção penal e à execução das respectivas decisões.

58.2. Competência dos tribunais tributários

Como já tivemos oportunidade de referir, para que um Tribunal possa resolver determinada questão tributária exige-se, por um lado, que estejamos perante a ordem jurisdicional adequada e, por outro, que estejamos perante o Tribunal competente. Analisado o requisito da jurisdição administrativa e fiscal, indicando designadamente quais os tribunais que integram a jurisdição administrativa e fiscal – tribunais administrativos e fiscais, TCA e STA –, cabe determinar de que parcela da jurisdição é titular cada tribunal. Neste ponto pretendemos, portanto, delimitar as *regras de atribuição da competência* aos tribunais que integram a jurisdição administrativa e fiscal. A competência será atribuída em função de diversos critérios que analisaremos de seguida, designadamente em razão da *matéria*, em razão do *território*, em razão da *hierarquia* e em razão do *valor*. Para além disso, podemos distinguir entre competência interna e competência internacional dos tribunais, embora neste manual nos dediquemos apenas às regras de competência interna.

Antes de iniciarmos o estudo dos diferentes critérios de atribuição de competência, é de salientar que a competência dos tribunais da jurisdição administrativa e fiscal é fixada no momento da propositura da causa, sendo irrelevantes as modificações de facto e de direito que ocorram posteriormente, de acordo com o artigo 5º, nº 1 do ETAF.

58.2.1. Competência em razão da matéria

Comecemos então por analisar as regras de atribuição da competência em razão da matéria dos tribunais que integram a jurisdição administrativa e fiscal, ou seja, os critérios que nos permitem aferir se determinado tribunal é *materialmente* competente para conhecer da causa e dirimir o litígio.

Antes de mais, cabe referir que na opinião de Rui Duarte Morais, as questões de delimitação de jurisdição constituem questões de competência em razão da matéria. Este autor não distingue entre competência em razão da jurisdição, ou seja, saber se a apreciação de determinada causa cabe à ordem ou jurisdição dos tribunais administrativos e fiscais ou a outros tribunais, e competência em razão da matéria, ou seja, se a questão deverá ser dirimida pelos tribunais tributários ou pelos tribunais administrativos[54].

Quanto a nós, deduz-se da própria estrutura desta parte dedicada ao estudo do Tribunal que divergimos deste autor. Com efeito, decidimos analisar separadamente a jurisdição e a competência por considerarmos que se tratam de pressupostos diferentes[55]. Assim, entendemos que em primeiro lugar caberá determinar se a temática deverá ser resolvida pela ordem jurisdicional administrativa e fiscal e, integrando esta jurisdição, deverá determinar-se o tribunal materialmente competente que poderá ser um tribunal administrativo ou um tribunal tributário.

Independentemente desta questão, cabe agora determinar o critério de atribuição da competência em razão da matéria dos tribunais tributários.

O que determinará a competência em razão da matéria dos tribunais tributários será a *natureza tributária do litígio*, ou seja, a competência material destes tribunais decorre da *natureza jurídica* da questão a resolver ou do litígio a dirimir.

Pelo contrário, acompanhando o entendimento de Rui Duarte Morais, a competência em razão da matéria não resulta da *natureza jurídica das partes*, especialmente da entidade credora, nem tão pouco da *forma de processo* a ser utilizada Neste sentido, os tribunais tributários serão materialmente competentes mesmo nos casos em que os sujeitos activos da relação jurídico-tributária não sejam entidades públicas, mas sim pessoas privadas que exercem funções públicas, tais como as concessionárias de obras públicas, de serviços públicos ou bens de domínio público. No que diz respeito às formas de processo, este autor entende que mesmo no âmbito dos processos que

[54] Rui Duarte Morais (2012), p. 268 e no mesmo sentido: Mário Aroso de Almeida (2016), "Manual de Processo Administrativo", p. 155.

[55] No mesmo sentido: Joaquim Freitas da Rocha (2014), p. 269.

seguirem a tramitação da acção administrativa no CPTA, os tribunais tributários serão materialmente competentes nos casos de impugnação de actos em matéria tributária que não comportem a apreciação da legalidade da decisão, pese embora o facto da tramitação seguida estar prevista no CPTA e não no CPPT[56].

Ora, de acordo com Lopes de Sousa, a repartição de competências entre os tribunais tributários e os tribunais administrativos faz-se tendo em conta o *objecto do acto impugnado*, ou seja, se o acto impugnado diz respeito ou não a uma *questão fiscal*. Assim, se o acto impugnado disser respeito a uma questão fiscal, serão materialmente competentes os tribunais tributários e, pelo contrário, se o acto impugnado não respeitar uma questão fiscal, serão competentes os tribunais administrativos[57]. Este autor salienta ainda que a jurisprudência do STA tem-se pronunciado várias vezes acerca do conceito de *questão fiscal* para a delimitação de competências entre tribunais tributários e tribunais administrativos, tendo surgido duas teses opostas. A primeira defende que uma *questão fiscal* consiste em toda a questão *"que emerge de resolução autoritária que imponha aos cidadãos o pagamento de qualquer prestação pecuniária com vista à obtenção de receitas destinadas à satisfação de encargos públicos do ente respectivo"* e a segunda defende, de forma mais ampla, que a *questão fiscal* é aquela que envolve a "*interpretação e aplicação de quaisquer normas de direito fiscal substantivo ou adjectivo, para resolução de questões sobre matérias respeitantes ao exercício da função tributária da Administração Pública*"[58]. Tenderemos a concordar com a segunda interpretação, mais ampla.

Aqui chegados, caberá olhar para as enumerações legais da competência material dos tribunais tributários previstas nos artigos 4º, nº 1 e 49º do ETAF. Aqui cabe salientar que na redacção anterior ao Decreto-Lei nº 214-G/2015, de 2 de Outubro, o artigo 4º do ETAF estabelecia que competia aos tribunais da jurisdição administrativa e fiscal a apreciação de litígios que tivessem *nomeadamente* por objecto a tutela de direitos fundamentais, bem como dos direitos e interesses legalmente protegidos dos particulares directamente fundados em normas de direito administrativo ou fiscal ou decorrentes de actos jurídicos praticados ao abrigo de disposições de direito administrativo ou fiscal; a fiscalização da legalidade das normas e demais actos jurídicos emanados por pessoas colectivas de direito público ao abrigo de disposições de direito administrativo ou fiscal, bem como a verificação da invalidade de quaisquer

[56] Rui Duarte Morais (2012), p. 270.
[57] Jorge Lopes de Sousa (2011), Vol. I, p. 229-230.
[58] *Ibidem*, p. 230.

contratos que directamente resulte da invalidade do acto administrativo no qual se fundou a respectiva celebração; entre outros litígios.

Actualmente, o artigo 4º do ETAF prevê os mesmos litígios e, embora não utilize o advérbio *nomeadamente*, acrescentou-se uma alínea *o*) ao nº 1 deste artigo que indica que compete aos tribunais da jurisdição administrativa e fiscal a apreciação de litígios que tenham por objecto "*relações jurídicas administrativas e fiscais que não digam respeito às matérias previstas nas alíneas anteriores*".

Assim, à semelhança de Rui Duarte Morais – embora o seu entendimento se refira à redacção anterior destes artigos – cremos que esta enumeração de questões ou litígios para os quais os tribunais tributários são materialmente competentes é meramente indicativa e não taxativa[59]. Deste modo, reafirmamos que o critério para determinar a competência material dos tribunais tributários é a *natureza jurídica* da questão a resolver, não se exigindo que tal questão conste expressamente destes artigos. É saber se se trata ou não de uma *questão fiscal* no sentido em que envolve a "*interpretação e aplicação de quaisquer normas de direito fiscal substantivo ou adjectivo, para resolução de questões sobre matérias respeitantes ao exercício da função tributária da Administração Pública*". A título exemplificativo podemos indicar que os tribunais tributários serão materialmente competentes para conhecer das acções de impugnação de actos de liquidação de receitas fiscais estaduais, regionais ou locais, e parafiscais, incluindo o indeferimento total ou parcial de reclamações desses actos; de impugnação dos actos de fixação dos valores patrimoniais e dos actos de determinação de matéria tributável susceptíveis de impugnação judicial autónoma; bem como da impugnação dos actos praticados pela entidade competente nos processos de execução fiscal e dos actos administrativos respeitantes a questões fiscais que não sejam atribuídos à competência de outros tribunais.

A lei pode pontualmente restringir a competência dos tribunais tributários. Neste sentido, no nº 3 do artigo 4º do ETAF, *exclui-se* do âmbito da jurisdição administrativa e fiscal a apreciação de litígios que tenham por objecto a impugnação de actos praticados no exercício da função política e legislativa; de decisões jurisdicionais proferidas por tribunais não integrados na jurisdição administrativa e fiscal e de actos relativos ao inquérito e instrução criminais, ao exercício da acção penal e à execução das respectivas decisões.

Podemos concluir assim que a competência em razão da matéria dos tribunais tributários depende da natureza jurídica da questão ou do litígio em causa. Estes tribunais serão materialmente competentes para conhecer das

[59] Rui Duarte Morais (2012), p. 268-269.

questões e dos litígios de natureza tributária, designadamente nos casos elencados nos artigos 4º e 49º do ETAF, muito embora se possam admitir outras questões de natureza tributária que os tribunais tributários terão competência para conhecer tudo porque as listas previstas nestes artigos não são taxativas.

Há ainda que referir três questões relativamente à competência em razão da matéria dos tribunais tributários.

Em primeiro lugar, é de salientar a existência de *situações problemáticas* no âmbito das quais não será óbvio se a questão a conhecer é, ou não, de natureza tributária ou se está em causa, ou não, o exercício da função tributária, designadamente nos casos em que as características de determinadas prestações pecuniárias ponham em causa a sua qualificação como tributos e a consequente competência em razão da matéria dos tribunais tributários. Na verdade, não são raras as vezes em que os tribunais superiores são chamados a delimitar a competência em razão da matéria dos tribunais tributários, ou seja, a determinar se determinada questão pode ou não ser conhecida por estes tribunais.

Assim, a título exemplificativo veja-se o acórdão do STA de 16 de Dezembro de 2015, proferido no âmbito do processo nº 075/14 no qual se afirmou que "*a compensação devida pelo proprietário ou outro titular de direitos reais sobre prédio a lotear ou a sujeitar a qualquer operação urbanística que nos termos de regulamento municipal seja considerada como de impacto relevante, pela dispensa de cedência ao município de parcelas para a implantação de espaços verdes públicos, equipamentos de utilização colectiva e infra-estruturas que devam integrar o domínio municipal (cfr. art. 44º, nºs 1, 4 e 5, do RJUE),* ***assume a natureza de taxa****, na medida em que o pagamento dessa compensação tem como contrapartida a dispensa de cedência de parcelas de terreno para integração no domínio municipal, pressuposto do acto de licenciamento da operação urbanística e da emissão do respectivo alvará, motivo por que aquela compensação visa a remoção de um obstáculo jurídico à actividade do particular (cfr. art. 4º, nº 2, da LGT e art. 3º do RGTAL)*" (destacado nosso).

Assim, este tribunal concluiu que a competência em razão da matéria para conhecer da impugnação judicial dessa taxa era dos tribunais tributários, nos termos do artigo 49º, nº 1, alínea *a*), *i*) do ETAF.

Por outro lado, o STA já reconheceu a competência material dos tribunais tributários para a apreciação do processo de oposição à execução quando os créditos de natureza não tributária devam ser cobrados coercivamente no âmbito do processo de execução fiscal. Neste sentido, veja-se o acórdão do STA de 18 de Junho de 2013, proferido no âmbito do processo nº 01184/12, no qual se afirmou que:

> *"Instaurando-se no Serviço de Finanças um processo de execução fiscal para cobrança coerciva de quantia relativa a taxa de portagem, coima e custos administrativos, liquidados ao contribuinte/executado pelo Instituto de Infra-Estruturas Rodoviárias – I.P., o tribunal tributário é competente para a apreciação do processo de oposição deduzido contra essa execução fiscal"*.

Em segundo lugar, as normas fiscais poderão aplicar-se a situações reguladas por outros ramos do direito, pelo que as *questões prejudiciais* à concretização da obrigação tributária, tais como a determinação do titular de determinado bem ou rendimento, são da competência de outros tribunais, o que resultará normalmente na suspensão da instância dos tribunais tributários até ser proferida a decisão final por aqueles.

É de referir que a *incompetência em razão da matéria* consubstancia um caso de *incompetência absoluta* pelo que, como veremos no ponto 58.3, a lei proíbe que o tribunal incompetente decida a causa. Por outro lado, o juiz deverá conhecer oficiosamente da competência do tribunal, sob pena de nulidade da sentença.

Por último, cabe salientar que no âmbito da arbitragem tributária, como se verá no ponto 70 deste manual, a competência material do tribunal arbitral dependerá do acto impugnado em causa, sendo que "*o artigo 2º*[do RJAT] *define o âmbito material da arbitragem tributária fixando, nas duas alíneas do nº 1, o conjunto de questões que podem ser submetidas a análise nos tribunais arbitrais, tal como se previa no artigo 124º, alínea a), ponto 4., da Lei nº 3-B/2010, de 28 de Abril, autorização legislativa que legitimou a aprovação do RJAT*" e a Portaria de Vinculação introduziu várias limitações à jurisdição arbitral[60].

Assim, serão arbitráveis designadamente os actos de liquidação adicional ou oficiosa, de retenção na fonte e de pagamento por conta, bem como de autoliquidação, de impostos administrados pela Autoridade Tributária e Aduaneira, o que significa que os tribunais arbitrais terão competência material para apreciar a legalidade de tais actos. Por outro lado, os tribunais arbitrais já não serão materialmente competentes para apreciar a legalidade de actos de liquidação, de autoliquidação, de retenção na fonte ou de pagamento por conta de taxas e de contribuições, por força de uma interpretação *a contrario* do artigo 2º da Portaria de Vinculação, nem de actos de liquidação, de autoliquidação, de retenção na fonte ou de pagamento por conta de impostos cuja

[60] Carla Castelo Trindade (2016), p. 58. No mesmo sentido: Jorge Lopes de Sousa (2013), p. 104-109, Nuno Villa-Lobos/Tânia Carvalhais Pereira (2013), p. 377-382 e Rui Ribeiro Pereira (2013), p. 390-392.

administração não seja da competência da Autoridade Tributária e Aduaneira, designadamente os impostos administrados pela Região Autónoma da Madeira, por força do artigo 1º da Portaria de Vinculação.

58.2.2. Competência em razão do território

Cabe agora determinar *onde* é que determinada acção deverá ser instaurada, isto é, as regras da competência em razão do território dos tribunais tributários.

Antes de analisarmos os critérios de delimitação da competência em razão do território, relembramos que o STA tem sede em Lisboa e jurisdição em todo o território nacional, pelo que não se colocarão questões de competência em razão do território, sendo competente para conhecer todas as questões relativas a todo o território nacional.

Já que no que diz respeito aos TCA, temos que distinguir a área de jurisdição do TCA Norte que abrange o conjunto das áreas de jurisdição atribuídas no mapa anexo aos tribunais administrativos de círculo e tributários de Aveiro, Braga, Coimbra, Mirandela, Penafiel, Porto e Viseu, da área de jurisdição do TCA Sul que abrange o conjunto das áreas de jurisdição atribuídas no mapa anexo aos tribunais administrativos de círculo e tributários de Almada, Beja, Castelo Branco, Funchal, Leiria, Lisboa, Loulé, Ponta Delgada e Sintra. Com efeito, relativamente a estes tribunais já se poderão colocar questões relativamente à sua competência territorial. Será então necessário delimitar os *critérios de repartição da competência* em razão do território destes tribunais, de forma a determinar os casos em que será territorialmente competente o TCA Norte ou o TCA Sul.

Como veremos melhor no ponto seguinte, relativo à competência em razão da hierarquia, o TCA – ou melhor, a secção de contencioso tributário do TCA – é competente para conhecer certas questões em matéria tributária em *primeiro grau de jurisdição* e outras em sede de *recurso*, apreciando as decisões proferidas em 1ª instância pelos tribunais tributários, tal como resulta do artigo 38º do ETAF.

Assim, os critérios para a atribuição da competência em razão do território serão diferentes consoante se tratem de questões que o TCA aprecia em *primeiro grau de jurisdição* ou em sede de *recurso*. Deste modo, no que diz respeito à apreciação de *recursos* de decisões proferidas pelos tribunais tributários, a repartição da competência territorial dos TCA estará determinada pelo tribunal tributário em que correu termos o processo em que o recurso foi interposto, ou, dito de outro modo, depende do tribunal tributário que apreciou a questão em 1ª instância e que tomou a decisão da qual foi interposto recurso.

Desta regra resulta, por exemplo, que se determinada decisão tiver sido proferida pelo Tribunal Tributário de Lisboa, o recurso deverá necessariamente ser apreciado pelo TCA Sul.

Por outro lado, relativamente à competência territorial para o conhecimento de questões em *primeiro grau de jurisdição*, designadamente para os recursos dos actos administrativos respeitantes a questões fiscais praticados por membros do Governo, aplicar-se-ão as regras previstas no artigo 12º, nº 2 do CPPT, aplicáveis aos tribunais tributários de 1ª instância[61].

Cabe então descortinar os critérios de repartição da competência em razão do território consagrados neste artigo 12º do CPPT, aplicáveis quer aos tribunais tributários de 1ª instância, quer às secções de contencioso tributário dos TCAs quando apreciem questões em primeiro grau de jurisdição, nos termos do artigo 38º, alínea *b*) do ETAF.

No entanto, antes de analisarmos estes critérios cabe relembrar que os tribunais tributários têm sede em Almada, Aveiro, Beja, Braga, Castelo Branco, Coimbra, Funchal, Leiria, Lisboa, Loulé, Mirandela, Penafiel, Ponta Delgada, Porto, Sintra e Viseu, de acordo com o artigo 3º, nº 1 do Decreto-Lei nº 325/2003, de 29 de Dezembro, e que a sua área de jurisdição consta do mapa anexo a este diploma que dele faz parte integrante.

Para além disso, à excepção de Lisboa, os tribunais tributários e os tribunais administrativos de círculo funcionam agregados, assumindo a designação unitária de "*tribunais administrativos e fiscais*", tal como disposto no nº 2 do artigo 3º do mesmo diploma.

- ***Critérios de repartição da competência: impugnação judicial e processo de execução fiscal***

Analisemos os critérios de repartição da competência em razão do território nos tribunais tributários e na secção de contencioso do TCA quando aprecie questões em primeiro grau de jurisdição.

O artigo 12º, nº 1 do CPPT começa por prever que os processos da competência dos tribunais tributários são julgados em 1ª instância pelo tribunal da *área do serviço periférico local* onde se praticou o acto objecto de impugnação ou onde deva instaurar-se a execução.

No âmbito da impugnação judicial, o legislador ficciona que os actos tributários objecto desta impugnação foram praticados na área de domicílio ou sede do contribuinte, da situação dos bens ou da liquidação, tal como resulta do artigo 103º, nº 2 do CPPT.

[61] Neste sentido: Jorge Lopes de Sousa (2011), Vol. I, p. 164.

Aqui há que fazer dois esclarecimentos.

Em primeiro lugar, que, de acordo com o artigo 6º do Decreto-Lei nº 433/99, de 26 de Outubro, que aprovou o CPPT, consideram-se órgãos periféricos locais os serviços de finanças, alfândegas, delegações aduaneiras e postos aduaneiros da Autoridade Tributária e Aduaneira[62].

Em segundo lugar, que este critério de delimitação da competência territorial dos tribunais tributários de 1ª instância previsto no nº 1 do artigo 12º do CPPT aplica-se somente nos casos de impugnação judicial quando o acto impugnado foi praticado por um serviço periférico local e nos casos de execução fiscal[63].

Assim, no processo de *impugnação judicial*, se o acto impugnado foi praticado por um órgão periférico local, é territorialmente competente o tribunal tributário com jurisdição na área em que se inclua esse órgão, de acordo com os artigos 12º, nº 1 e 103º, nº 2 do CPPT. Se o acto foi praticado por outros serviços da Administração Tributária, aplicar-se-á o disposto no nº 2 do artigo 12º do CPPT.

Relativamente à competência dos tribunais para os *processos de execução fiscal*, ou seja, para a apreciação de questões de natureza jurisdicional relativas a estes processos, tais como os incidentes, os embargos de terceiro, a oposição à execução fiscal, a verificação e graduação de créditos e as reclamações de decisões dos órgãos da execução fiscal, por força do critério previsto no nº 1 do artigo 12º do CPPT, é territorialmente competente o tribunal tributário de 1ª instância da área do órgão periférico local – serviço de finanças – onde foi instaurada ou onde deva ser instaurada a execução. Neste sentido, veja-se o acórdão do TCA Sul de 13 de Fevereiro de 2014, proferido no âmbito do processo nº 07236/13, no qual se afirmou que "*para o conhecimento das questões de natureza jurisdicional relativas aos processos de execução fiscal, nomeadamente a oposição a execução fiscal prevista nos artºs.203 e seg., do C.P.P.Tributário, é competente territorialmente o Tribunal Tributário de 1ª. Instância da área do Serviço de Finanças onde foi instaurada, ou onde deva ser instaurada a execução fiscal (cfr.artºs.12, nº.1, e 151, nº.1, do C.P.P. Tributário)*".

[62] No que concerne à competência em razão do território da Administração Tributária, as regras relativas à competência territorial da Administração estão consagradas nos nºs 2 a 5 do artigo 10º do CPPT, sendo de notar que a competência em função do território é normalmente aferida em função do domicílio do sujeito passivo ou da situação dos bens. Para mais desenvolvimentos veja-se o ponto 4.2 deste manual, relativo à competência da Administração Tributária no procedimento tributário.

[63] No entanto, é de salientar que o tribunal territorialmente competente para apreciar os processos de arresto será o tribunal da área do serviço de finanças competente para a execução fiscal relativa aos créditos cuja cobrança se visa garantir, nos termos dos artigos 138º e 214º, nº 1 do CPPT.

Aqui chegados, podemos já descortinar dois critérios de atribuição da competência em razão do território aos tribunais tributários de 1ª instância, previstos no nº 1 do artigo 12º do CPPT[64]:

- Em sede de impugnação judicial, quando os actos impugnados forem praticados por um serviço periférico local, será territorialmente competente o tribunal tributário com jurisdição na *área do serviço onde o acto impugnado foi praticado*, tendo em consideração que o legislador no artigo 103º, nº 2 do CPPT ficciona que os actos tributários foram praticados na área de domicílio ou sede do contribuinte, da situação dos bens ou da liquidação.
- No processo de execução fiscal, é territorialmente competente para apreciar as questões de natureza jurisdicional – designadamente, a oposição à execução e os embargos de terceiro – o tribunal tributário de 1ª instância da *área do serviço de finanças onde foi instaurada ou deva ser instaurada a execução fiscal.*

No nº 2 do artigo 12º CPPT, por seu turno, prevê-se que nos casos em que os actos tributários ou os actos em matéria tributária impugnados sejam praticados por *outros serviços* da Administração Tributária, será territorialmente competente o tribunal tributário da área do domicílio ou sede do contribuinte, da situação dos bens ou da transmissão.

Aqui caberá determinar que "*outros serviços*" são estes e que actos estão em causa neste artigo.

Os outros serviços da Administração Tributária serão, desde logo, os órgãos periféricos regionais que, de acordo com o artigo 6º do Decreto-Lei nº 433/99, de 26 de Outubro, que aprovou o CPPT, correspondem às direcções de finanças da Autoridade Tributária e Aduaneira, bem como as alfândegas de que dependam os postos aduaneiros ou delegações aduaneiras, sempre que estejam em causa actos por estes praticados. Por outro lado, também poderão estar em causa actos praticados por outros órgãos, situados em diferentes níveis da Administração Tributária, designadamente actos praticados pelo Governo ou por membros do Governo.

No que diz respeito aos actos, é de salientar que não estão em causa apenas actos tributários, ou seja, de liquidação de tributos, referindo-se expressamente o nº 2 do artigo 12º do CPPT aos "*actos em matéria tributária*". Assim, acompanhamos LOPES DE SOUSA quando entende que no nº 2 do artigo 12º do CPPT se visa definir a competência dos tribunais tributários para o conhe-

[64] Seguindo JORGE LOPES DE SOUSA (2011), Vol. I, p. 165 e 167.

cimento da generalidade de actos da Administração Tributária. Como se sabe, os *actos tributários* serão os actos de liquidação e equiparados, enquanto os *actos em matéria tributária* serão todos os outros actos da Administração Tributária, o que abrange quer os actos preparatórios do acto de liquidação contenciosamente impugnáveis – os chamados actos destacáveis ou os actos que sejam imediatamente lesivos dos direitos dos contribuintes –, como os actos finais de procedimentos – como a decisão de não reconhecimento de um benefício fiscal –, quer os actos posteriores aos actos de liquidação, como os de indeferimento de reclamações graciosas, recursos hierárquicos ou pedidos de revisão dos actos tributários – os chamados actos de segundo ou terceiro grau[65],[66].

Nestes casos, quando os actos tributários ou em matéria tributária impugnados não tenham sido praticados por um órgão periférico local, mas sim por serviços centrais ou regionais da Administração Tributária, o tribunal tributário territorialmente competente para apreciar a impugnação será aquele com jurisdição na *área do domicílio ou sede do contribuinte, da situação dos bens ou da transmissão*, de acordo com o disposto no nº 2 do artigo 12º e nos nºs 1 e 2 do artigo 103º do CPPT. Estabelecendo-se vários critérios de repartição da competência, Lopes de Sousa defende que não será aplicável apenas um, sendo a competência cumulativa[67].

Encontramos assim no nº 2 do artigo 12º do CPPT um terceiro critério de repartição da competência em razão do território:

- Quando o acto tributário ou em matéria tributária impugnado tiver sido praticado por órgão diferente do órgão periférico local – seja por serviços centrais ou regionais da Autoridade Tributária e Aduaneira, ou mesmo por membros do Governo – a competência do tribunal tributário em 1ª instância será determinada em função do domicílio ou sede do autor, da situação dos bens ou da transmissão, ou seja, será territorialmente competente para apreciar a impugnação de tais actos, o tribunal tributário com jurisdição na *área do domicílio ou sede do autor, da situação dos bens ou da transmissão.*

[65] Jorge Lopes de Sousa (2011), Vol. I, p. 167.

[66] Recordamos o que deixámos dito no ponto 41. No que diz respeito aos actos destacáveis, é nosso entendimento que o sujeito passivo ou outro interessado poderão optar entre a impugnação autónoma do acto destacável ou apenas pela impugnação do acto final, sendo que os vícios dos actos destacáveis serão arguíveis na discussão da legalidade do acto final ainda que não tenham sido objecto de uma impugnabilidade autónoma. Contudo, não se poderão porém duplicar meios sob pena dos eventuais vícios do acto destacável serem uma questão prejudicial da impugnabilidade do acto definitivo.

[67] *Ibidem*, p. 165.

Analisado o artigo 12º do CPPT há naturalmente uma conclusão a retirar. Este artigo refere-se apenas aos processos de impugnação e de execução fiscal. Assim, podemos questionar-nos acerca dos critérios de repartição da competência em razão do território dos tribunais tributários aplicáveis aos restantes meios processuais, designadamente à acção administrativa e à acção para o reconhecimento de um direito ou interesse legítimo em matéria tributária.

- ***Critérios de repartição da competência: outros meios processuais***

Relativamente à acção administrativa regulada nos artigos 37º e seguintes do CPTA para a qual o artigo 97º, nº 1, alínea *p*) e nº 2 do CPPT remete, este é o meio adequado para a impugnação de actos em matéria tributária que não comportem a apreciação da legalidade de actos de liquidação. De acordo com Lopes de Sousa, que acompanhamos, o tribunal tributário territorialmente competente para apreciar as acções administrativas respeitantes a questões fiscais será o *tribunal da área do serviço periférico local onde foi praticado o acto* ou, no caso de não ter sido praticado por um órgão periférico local, *o tribunal de domicílio ou sede do contribuinte, da situação dos bens ou da transmissão*, nos termos do artigo 12º, nºs 1 e 2 do CPPT. Assim, este autor entende que apenas serão aplicáveis subsidiariamente as regras relativas à competência territorial previstas nos artigos 16º a 22º do CPTA, na medida em que não existam normas próprias no CPPT sobre a competência territorial para processos de impugnação de actos tributários e actos em matéria tributária[68].

Já no que diz respeito à acção para o reconhecimento de um direito ou interesse prevista no artigo 145º do CPPT, a divide-se.

Lopes de Sousa considera que a remissão feita no nº 4 deste artigo, que indica que estas acções *"seguem os termos do processo de impugnação considerando-se na posição de entidade que praticou o acto a que tiver competência para decidir o pedido"* abrange a aplicação àquelas do regime de competência territorial conexionado com a tramitação da impugnação, ou seja, o regime previsto no artigo 103º, nº 1 do CPPT, relativo à competência territorial da Administração Tributária. Assim, no entendimento deste autor, aplicando-se globalmente a esta acção o regime do processo de impugnação judicial, será de admitir a aplicação do regime da competência territorial dos tribunais tributários, *"pois haverá identidade essencial das situações processuais que se podem gerar em ambos os tipos de processo"*. Deste modo, se a decisão do pedido cabia a um órgão periférico local – serviço de finanças –, será territorialmente competente para apreciar esta

[68] Jorge Lopes de Sousa (2011), Vol. I, p. 169.

acção o *tribunal da área do serviço que seria territorialmente competente para tal decisão*, nos termos dos artigos 12º, nº 1 e 103º, nº 1 do CPPT. Por outro lado, se a decisão do pedido cabia a outro órgão da Administração Tributária, será territorialmente competente para apreciar o pedido de reconhecimento do direito ou interesse, *o tribunal da área do domicílio ou sede do contribuinte ou da situação dos bens*, de acordo com o artigo 12º, nº 2 e 103º, nºs 1 e 2 do CPPT[69].

Em sentido contrário, Rui Duarte Morais considera que, relativamente aos processos de natureza não impugnatória, as soluções previstas na lei são pontuais e contraditórias, pelo que na ausência de uma norma expressa, este autor defende que estamos perante uma lacuna no CPPT que deverá ser suprida por aplicação do disposto nos artigos 16º a 22º do CPTA relativamente à competência territorial o que, na maioria dos casos, resultará "*na competência do tribunal do domicílio ou sede do autor, uma vez que a entidade demandada será de âmbito nacional*"[70].

Quanto a nós, seguimos o entendimento de Lopes de Sousa, no que diz respeito à acção para o reconhecimento de um direito ou interesse legítimo em matéria tributária. No entanto, quando não existir uma norma expressa que determine o critério de repartição da competência territorial dos tribunais tributários para apreciar determinado pedido ou para decidir no âmbito de determinado meio processual, tenderemos a concordar com Rui Duarte Morais: verificando-se uma lacuna, serão subsidiariamente aplicáveis ao processo judicial tributário as normas do CPTA nos termos do artigo 2º, alínea *c)* do CPPT. Com efeito, vimos que não há uma separação rígida entre as ordens jurisdicionais administrativa e tributária, ou melhor, existe apenas uma ordem jurisdicional administrativa e tributária e que, via de regra, os tribunais administrativos de círculo e os tribunais tributários de 1ª instância estão agregados pelo que, no que diz respeito às regras de atribuição de competência dos tribunais, fará todo o sentido a aplicação das regras do processo administrativo quando se verificar uma lacuna no CPPT.

Em certos casos, porém, o legislador fixou expressamente o tribunal territorialmente competente, tal como no artigo 146º-B, nº 1 do CPPT, no qual se prevê a competência do *tribunal tributário de 1ª instância do domicílio fiscal do contribuinte* para apreciar os recursos judiciais de decisões da Administração Tributária de derrogação de sigilo bancário ou de aplicação de métodos indirectos de avaliação da matéria colectável com base em manifestações de fortuna ou em acréscimos injustificados de património ou despesa. Nestes

[69] *Ibidem*, p. 170.

[70] Rui Duarte Morais (2012), p. 275.

casos, não há dúvida que será aplicável o regime no CPPT, não se verificando qualquer lacuna.

- ***Incompetência territorial***

Por último, sem prejuízo da análise posterior dos regimes de incompetência absoluta e relativa dos tribunais tributários, cabe analisar ainda as consequências da incompetência territorial do tribunal, isto é, do facto de determinada acção ser instaurada perante o tribunal tributário territorialmente incompetente[71]. A incompetência territorial constitui uma incompetência meramente relativa, o que significa que, em regra, deverá ser invocada pelo interessado até aos momentos fixados no artigo 17º do CPPT, sob pena de o vício não invocado tempestivamente se considerar sanado.

No entanto, aqui é de salientar que o artigo 17º do CPPT apenas se refere ao regime de arguição da incompetência territorial relativamente aos processos de *impugnação judicial e de execução fiscal*. No que diz respeito aos restantes processos judiciais tributários que não sejam de impugnação judicial nem de execução fiscal, será aplicável o regime previsto no CPTA, aplicável subsidiariamente por força do artigo 2º, alínea *c*) do CPPT. Todavia, é de referir que o regime de arguição da incompetência territorial previsto no artigo 17º do CPPT é aplicável também à acção para o reconhecimento de direito ou interesse legítimo, na medida em que esta segue os termos do processo de impugnação judicial, de acordo com o artigo 145º, nº 4 do CPPT[72].

O artigo 13º do CPTA, por sua vez, estabelece que "*a competência dos tribunais administrativos, em qualquer das suas espécies, é de ordem pública e o seu conhecimento precede o de qualquer outra matéria*". Assim, nestes processos a incompetência territorial será de conhecimento oficioso.

Temos assim dois regimes de arguição da incompetência territorial no âmbito do processo judicial tributário:

- O regime previsto no artigo 17º do CPPT, aplicável aos processos de impugnação judicial – no qual se inclui a acção para o reconhecimento de um direito ou interesse legítimo em matéria tributária – e de execução fiscal.
- O regime previsto no artigo 13º do CPTA, aplicável aos restantes meios processuais tributários.

[71] Seguindo Jorge Lopes de Sousa (2011), Vol. I, p. 247-253 e Rui Duarte Morais (2012), p. 275-276.

[72] Também neste sentido, Jorge Lopes de Sousa (2011), Vol. I, p. 248.

Relativamente ao regime previsto no artigo 17º do CPPT, cabe salientar designadamente que:

- A incompetência territorial é meramente relativa, só podendo ser arguida pelo representante da Fazenda Pública, no âmbito do processo de impugnação judicial e pelo executado no processo de execução fiscal. Não é, portanto, de conhecimento oficioso do tribunal.
- A incompetência territorial só pode ser arguida até ao início da produção da prova no processo de impugnação judicial e até findar o prazo para a oposição no processo de execução fiscal. Ou seja, maioritariamente por razões de economia processual e pelas vantagens da imediação na produção de prova, a incompetência só poderá ser arguida antes da produção de prova.
- Efectuada a arguição da incompetência territorial do tribunal, este deverá apreciar esta questão depois de ouvida a parte contrária, em nome do princípio do contraditório e nos termos do artigo 3º, nº 3 do CPC. Se o tribunal não se tiver pronunciado acerca da questão da incompetência territorial antes do momento de proferir a decisão final, não poderá deixar de apreciá-la neste momento, tal como resulta dos artigos 152º, nº 1 e 608º, nº 2 do CPC[73].

Já no que diz respeito ao regime de arguição da incompetência territorial previsto no artigo 13º do CPTA, é de referir que:

- Sendo a competência dos tribunais administrativos, em qualquer das suas espécies, de ordem pública, a incompetência territorial dos tribunais será de conhecimento oficioso pelo que poderá ser suscitada a todo o tempo, por qualquer interessado ou pelo Ministério Público.

Qualquer que seja o regime de arguição da incompetência territorial, a consequência da declaração de incompetência territorial do tribunal será a *remessa oficiosa do processo para o tribunal considerado competente*, tal como disposto no artigo 18º, nº 1 do CPPT.

Para além disso, a declaração da incompetência territorial não afecta a tempestividade do acto praticado pelo interessado, na medida em que a petição se considera apresentada na data do primeiro registo do processo, de acordo com o nº 4 do mesmo artigo.

[73] Estes artigos do CPC são aplicáveis subsidiariamente ao processo judicial tributário por força do artigo 2º, alínea *e*) do CPPT.

58.2.3. Competência em razão da hierarquia

Como já tivemos oportunidade de salientar, a jurisdição administrativa e fiscal tem uma estrutura em pirâmide, desdobrando-se em três níveis hierárquicos: na base os tribunais administrativos e fiscais, de seguida os TCA e, por fim, o STA.

Neste ponto pretendemos então delimitar a competência destes tribunais em razão da hierarquia ou, dito de outro, em que situações são hierarquicamente competentes os tribunais acima referidos, quer em 1ª instância, quer como instância de recurso. Por fim, faremos uma breve referência à consequência da violação destas regras de competência em razão da hierarquia, sem prejuízo dos vícios de incompetência absoluta e de incompetência relativa serem autonomamente analisados no ponto 58.3.

No que diz respeito aos *tribunais administrativos e fiscais*, cabe-lhes, em regra, conhecer em primeiro lugar de quaisquer processos do contencioso tributário, nos termos do artigo 49º do ETAF. FREITAS DA ROCHA qualifica estes tribunais como tribunais de ingresso, entendendo que lhes cabe conhecer todas as questões jurídico-tributárias relativamente às quais não esteja reservada a competência nem do TCA nem do STA[74]. Estes tribunais, naturalmente, só poderão conhecer litígios em 1ª instância.

Relativamente ao TCA, isto é, à secção de contencioso tributário do TCA, este pode conhecer questões quer em primeira instância, quer em sede de recurso, nos termos do artigo 38º do ETAF.

Assim, poderá conhecer como *primeiro grau de jurisdição* dos recursos dos actos administrativos respeitantes a questões fiscais praticados por membros do Governo – tais como as questões relativas à concessão de benefícios fiscais –, dos pedidos de declaração de ilegalidade de normas administrativas de âmbito nacional emitidas em matéria fiscal, bem como dos pedidos de adopção de providências cautelares relativos a processos da sua competência. Por outro lado, em *sede de recurso*, de acordo com a alínea *a*) do artigo 38º do ETAF, cabe ao TCA apreciar os recursos das decisões dos tribunais tributários, salvo o disposto na alínea *b*) do artigo 26º do ETAF, ou seja, salvo nos casos de recurso *per saltum* directamente do tribunal tributário para o STA quando o fundamento do recurso for exclusivamente matéria de direito[75].

Na verdade, onde se levantam mais problemas na prática é na determinação do que é que constitui "matéria de facto" e "matéria de direito", de forma

[74] JOAQUIM FREITAS DA ROCHA (2014), p. 275.

[75] Neste sentido, vejam-se os acórdãos do STA de 28 de Outubro de 2015, proferido no âmbito do processo nº 01181/14, de 18 de Junho de 2014, proferido no âmbito do processo nº 0547/12 e do TCA Sul de 19 de Fevereiro de 2015, proferido no âmbito do processo nº 06424/13.

a determinar se o tribunal é competente em razão da hierarquia para conhecer o recurso daquela decisão dos tribunais tributários. A este propósito, veja-se, a título exemplificativo, o acórdão do TCA Sul de 19 de Fevereiro de 2015, proferido no âmbito do processo nº 06424/13 no qual se concluiu que *"[a]discordância com os juízos fáctico-conclusivos retirados pelo julgador da factualidade apurada leva a que se considere que o recurso não versa exclusivamente matéria de direito"*, pelo que se considerou o TCA hierarquicamente competente para o conhecimento do recurso jurisdicional.

Cabe ainda salientar a competência do TCA Sul para proceder à anulação da decisão arbitral, decorrente do disposto no nº 1 do artigo 27º do RJAT.

A acção de impugnação da decisão arbitral prevista neste artigo não constitui um verdadeiro recurso, na medida em que, como veremos no ponto 72.2.1 deste manual, consagrou-se no RJAT a regra da irrecorribilidade da decisão arbitral. Assim, o TCA Sul não aprecia a aplicação das regras de direito substantivo, nem se pode substituir ao tribunal arbitral, proferindo nova decisão sobre o mérito da causa, não actuando assim como uma verdadeira segunda instância. Pelo contrário, cabe-lhe apenas o controlo dos aspectos procedimentais ou processuais da decisão proferida.

A competência para conhecer destas acções de impugnação de decisões arbitrais apenas é reconhecida ao TCA Sul por aplicação do artigo 59º, nº 2 da Lei da Arbitragem Voluntária, subsidiariamente aplicável ao regime da arbitragem tributária, por força do artigo 29º, nº 1, alínea *c*) do RJAT, na medida em que o artigo 181º, nº 1 do CPTA para ali remete os termos da constituição e funcionamento dos tribunais arbitrais administrativos. Este artigo 59º, nº 2 estabelece que a competência para decidir da impugnação de sentença arbitral pertence ao TCA em cuja circunscrição se situe o local de arbitragem e, sendo que a arbitragem tributária – como veremos no ponto 69.2 – é uma arbitragem institucionalizada a funcionar exclusivamente no CAAD, com sede em Lisboa, apenas o TCA Sul será competente para decidir dos pedidos de impugnação das decisões arbitrais em matéria tributária[76].

Quanto ao STA, deverão distinguir-se as suas competências em sede de *plenário* e em sede de *secção de contencioso tributário*, quer em *pleno* ou em *formação "normal" de três juízes*:

- A *secção de contencioso tributário em formação de três juízes* é hierarquicamente competente para conhecer, nos termos do artigo 26º do ETAF, *em primeiro grau de jurisdição*, dos recursos de actos administrativos pra-

[76] Neste sentido, veja-se Carla Castelo Trindade (2016), p. 516 e Jorge Lopes de Sousa (2013), p. 233.

ticados pelo Conselho de Ministros respeitantes a questões fiscais, dos conflitos de competência entre tribunais tributários e dos requerimentos de adopção de providências cautelares respeitantes a processos da sua competência, tal como resulta das alíneas *c*), *d*) e *g*) do artigo 26º do ETAF. *Em sede de recurso*, a secção de contencioso tributário em formação de três juízes pode conhecer dos recursos dos acórdãos da secção de contencioso tributário dos TCA, proferidos em 1º grau de jurisdição, bem como dos recursos interpostos de decisões dos tribunais tributários com exclusivo fundamento em matéria de direito, tal como disposto nas alíneas *a*) e *b*) do mesmo artigo.

- O *pleno* da secção de contencioso tributário é hierarquicamente competente para conhecer dos recursos de acórdãos excepcionalmente proferidos pela secção em 1º grau de jurisdição, dos recursos para uniformização de jurisprudência, nos termos do artigo 27º, nº 1 do ETAF e do recurso da decisão arbitral quando esteja em oposição, quanto à mesma questão fundamental de direito, com acórdão proferido pelo TCA ou pelo STA, de acordo com o artigo 25º, nº 2 do RJAT[77].
- O *Plenário* – composto pelo Presidente, pelos vice-presidentes e pelos três juízes mais antigos de cada uma das secções, de acordo com o artigo 28º, nº 1 do ETAF – é hierarquicamente competente para conhecer dos conflitos de competência entre tribunais administrativos de círculo e tribunais tributários ou entre as secções de contencioso administrativo e de contencioso tributário, tal como disposto no artigo 29º do ETAF[78].

[77] Compete ainda ao pleno da secção de contencioso tributário do STA pronunciar-se, nos termos estabelecidos na lei de processo, relativamente ao sentido em que deve ser resolvida, por um tribunal tributário, qualquer questão de direito nova que suscite dificuldades sérias e que se possa vir a colocar noutros litígios. O pleno da secção actua mais frequentemente como instância de recurso para uniformização da jurisprudência. Veja-se, neste sentido e a título exemplificativo, os acórdãos pleno da secção de contencioso tributário do STA de 20 de Abril de 2016, proferido no âmbito do processo nº 028/16, de 16 de Março de 2016, proferido no âmbito do processo nº 01315/14, de 16 de Setembro de 2015, proferido no âmbito do processo nº 099/15, de 3 de Junho de 2015, proferido no âmbito do processo nº 0793/14, todos recursos de oposição de acórdãos, isto é, de uniformização da jurisprudência em sede dos quais se discute fundamentalmente os requisitos deste recurso.

[78] Veja-se a título exemplificativo os acórdãos do Plenário de 16 de Abril de 2016, proferido no âmbito do processo nº 01150/15 e de 25 de Novembro de 2015, proferido no âmbito do processo nº 01346/15, no qual se decidiu que "[c]*ompete ao Tribunal Administrativo conhecer da acção administrativa especial em que se pede a anulação da deliberação da Caixa de Previdência dos Advogados e Solicitadores (CPAS)*" e que "*o conhecimento das acções sobre a responsabilidade civil extracontratual de entes públicos compete aos tribunais administrativos*", respectivamente.

Impõem-se uma nota relativamente à competência do pleno da secção de contencioso tributário para a apreciação dos recursos das decisões arbitrais sobre o mérito da pretensão deduzida, quando estejam em oposição, quanto à mesma questão fundamental de direito, com acórdão proferido pelo TCA ou pelo STA.

Com efeito, o artigo 25º, nº 3 do RJAT determina ser aplicável a este recurso das decisões arbitrais, com as necessárias adaptações, o regime do recurso para uniformização de jurisprudência regulado no artigo 152º do CPTA e, como se viu, o artigo 27º, nº 1, alínea *b*) do ETAF estabelece que compete ao pleno da secção de contencioso tributário do STA conhecer dos recursos para uniformização da jurisprudência. Para dissipar as dúvidas que se possam colocar, refira-se que parece ser este o regime aplicável no contencioso administrativo, na medida em que o artigo 25º, nº 1, alínea *b*) do ETAF prevê a competência do pleno da secção de contencioso administrativo do STA para conhecer os recursos para uniformização da jurisprudência no processo administrativo.

Deste modo, a solução que melhor se enquadra no sistema e se coaduna com os regimes fixados em sede de processo judicial tributário e de processo administrativo, será a da competência do *pleno da secção do contencioso tributário* e não da secção de contencioso tributário em formação de três juízes ou do plenário, para conhecer recursos das decisões arbitrais quando estejam em oposição, quanto à mesma questão fundamental de direito, com acórdão proferido pelo TCA ou pelo STA.

Cabe ainda salientar a existência do Tribunal de Conflitos, de natureza *ad hoc*, constituído por conselheiros do Supremo Tribunal de Justiça e do STA para julgar conflitos de competência entre tribunais administrativos e fiscais e os tribunais judiciais.

Aqui chegados, e embora a matéria de recursos seja objecto de uma análise mais aprofundada no capítulo X relativo às formas processuais, podemos concluir desde já que, em regra, a competência para conhecer de recursos cabe ao tribunal imediatamente superior na hierarquia. Assim, os recursos das decisões dos tribunais administrativos e fiscais são apreciados pela secção de contencioso tributário do TCA, os recursos das decisões desta secção quando seja hierarquicamente competente em 1ª instância serão apreciados pela secção de contencioso tributário do STA. Por fim, quando esta secção do STA excepcionalmente proferir decisões em 1ª instância, será o pleno competente hierarquicamente para conhecer os recursos das mesmas.

Por outro lado, quando estão exclusivamente em causa questões de direito, o recurso da decisão dos tribunais administrativos e fiscais é, *per saltum*, para o STA, nos termos do artigo 26º, alínea *b*) do ETAF.

Para além disso, vale no contencioso tributário o princípio do duplo grau de jurisdição, o que significa que só existe, em regra, um grau de recurso das decisões proferidas pelos tribunais administrativos e fiscais ou pelo TCA e STA, nos casos em que são excepcionalmente competentes em primeiro grau de jurisdição[79]. Também este princípio será objecto de análise aquando do estudo dos recursos em especial.

Já as decisões arbitrais serão, como se verá, em regra irrecorríveis, excepto quando se verificar uma contradição entre a decisão arbitral e um acórdão proferido por algum dos TCA ou pelo STA, relativamente à mesma questão fundamental de direito e a orientação defendida pelo acórdão impugnado não esteja de acordo com a jurisprudência consolidada pelo STA[80]. Estes recursos das decisões arbitrais devem ser conhecidos pelo pleno da secção de contencioso tributário do STA.

Por último, é de salientar que da violação das regras definidoras da *competência em razão da hierarquia* decorre a *incompetência absoluta* do tribunal. Assim, como veremos no ponto 58.3, a lei proíbe que o tribunal incompetente decida a causa. Por outro lado, o juiz deverá conhecer oficiosamente da competência do tribunal, sob pena de nulidade da sentença.

58.2.4. Competência em razão do valor

Em nome da justiça e da celeridade processual poderá delimitar-se a competência dos tribunais em função do valor da causa. Assim, nem todas as questões de diminuto valor poderão ser apreciadas por qualquer tribunal. Normalmente, serão os tribunais de 1ª instância a apreciar as questões de valor mais reduzido, cabendo aos tribunais superiores as questões cujo valor assuma uma certa relevância económica.

[79] A possibilidade de recurso continua a ser condicionada pelo valor da causa pelo que também os tribunais tributários, tais como os tribunais judiciais, têm alçada, como resulta do artigo 280º, nº 4 do CPPT. Actualmente, o artigo 105º da LGT, na redacção que lhe foi dada pela Lei nº 82-B/2014, de 31 de Dezembro, dispõe que a alçada dos tribunais tributários corresponde àquela que se encontra estabelecida para os tribunais judiciais de 1ª instância. Assim, nos termos do disposto no artigo 44º, nº 1 da Lei de Organização do Sistema Judiciário – Lei nº 62/2013, de 26 de Agosto – a alçada dos tribunais judiciais de 1ª instância em processo civil – e consequentemente dos tribunais tributários – é de € 5.000,00. Pelo contrário, admite-se o recurso para o pleno da secção de contencioso tributário do STA para uniformização de jurisprudência independentemente do valor da causa, nos termos do artigo 280º, nº 5 do CPPT.

[80] Carla Castelo Trindade (2016), p. 491. Veja-se ainda, relativamente ao recurso de revisão de decisões arbitrais tributárias: Jorge Lopes de Sousa (2013), "Recurso de revisão de decisões arbitrais tributárias".

A fixação de regras de competência em razão do valor visa, em regra, que os tribunais superiores não sejam inundados de questões de pequeno valor e até de reduzida significância jurídica para que possam resolver questões juridicamente mais relevantes e complexas.

No âmbito do processo civil, o valor da causa chegou a ser importante para a determinação da forma do processo, para determinar designadamente se este revestia a forma ordinária, sumária ou sumaríssima. Com o novo CPC, passou a existir apenas uma forma de processo – a forma ordinária – embora o valor da causa ainda seja relevante para determinar a competência do tribunal. Assim, nos termos do artigo 66º do CPC e das leis de organização judiciária, consoante o valor da causa, o tribunal competente poderá ser a instância central ou local de determinado tribunal.

No âmbito da jurisdição tributária, por seu turno, o valor da causa não será relevante nem para a determinação da forma do processo – que também é única –, nem para determinar que instância é competente em sede de 1ª instância pois os tribunais tributários não estão organizados por instâncias locais ou centrais.

No entanto, o valor da causa tem relevância para efeitos de *recurso*, isto é, para saber se determinada decisão é susceptível de recurso, de apreciação por um Tribunal superior. Assim, tal como no âmbito do processo civil, são fixadas alçadas para os tribunais administrativos e fiscais, para o TCA e para o STA. Isto resulta designadamente do artigo 6º, nº 1 do ETAF que prevê expressamente que *"[o]s tribunais da jurisdição administrativa e fiscal têm alçada"*[81]. Com efeito, a possibilidade de recurso é condicionada pelo valor da causa, tal como resulta do artigo 280º, nº 4 do CPPT que determina que não cabe recurso das decisões dos tribunais tributários da 1ª instância proferidas em processo de impugnação judicial ou de execução fiscal *quando o valor da causa não ultrapassar o valor da alçada fixada para os tribunais tributários da 1ª instância*. Segundo Freitas da Rocha, a alçada de um Tribunal tributário será o valor a partir do qual se pode recorrer da decisão desse tribunal, ou seja, o valor máximo da causa que um Tribunal tributário conhece sem possibilidade de recurso ordinário[82].

Olhemos então para as alçadas dos tribunais de jurisdição tributária.

[81] A previsão de alçadas para os tribunais tributários resultou da entrada em vigor do novo ETAF com a Lei nº 13/2002, de 19 de Fevereiro, na medida em que o antigo ETAF previsto no Decreto-Lei nº 129/84, de 27 de Abril previa a regra exactamente oposta, de que os tribunais tribuários não tinham alçada.

[82] Joaquim Freitas da Rocha (2014). p. 277.

A alçada dos TCA corresponde à que se encontra estabelecida para os tribunais da Relação, de acordo com o nº 4 do artigo 6º do ETAF, ou seja, é de € 30.000,00 nos termos do disposto no artigo 44º, nº 1 da Lei de Organização do Sistema Judiciário – Lei nº 62/2013, de 26 de Agosto.

Nos processos em que exerçam competências de 1ª instância, a alçada dos TCA e do STA corresponde, para cada uma das suas secções, respectivamente à dos tribunais administrativos de círculo e à dos tribunais tributários, de acordo com o disposto no nº 5 do mesmo artigo.

Já no que diz respeito os tribunais tributários de 1ª instância, embora o ETAF disponha no nº 2 do seu artigo 6º que *"[a] alçada dos tribunais tributários corresponde a* ***um quarto*** *da que se encontra estabelecida para os tribunais judiciais de 1ª instância"* (destacado nosso), temos que olhar para a nova redacção dos artigos 105º da LGT e 280º, nº 4 do CPPT, resultante da Lei nº 82-B/2014, de 31 de Dezembro.

O artigo 105º da LGT determina que *"[a] alçada dos tribunais tributários corresponde àquela que se encontra estabelecida para os tribunais judiciais de 1ª instância"*, enquanto o nº 4 do artigo 280º do CPPT estabelece que *"[n]ão cabe recurso das decisões dos tribunais tributários de 1ª instância proferidas em processo de impugnação judicial ou de execução fiscal quando o valor da causa não ultrapassar o* ***valor da alçada fixada para os tribunais tributários de 1ª instância****"*. Deste modo, chegamos à conclusão de que actualmente a alçada dos tribunais tributários corresponde à alçada dos tribunais judiciais de 1ª instância, ou seja, é de € 5.000,00, nos termos do disposto no artigo 44º, nº 1 da Lei de Organização do Sistema Judiciário[83].

Por último, para que se possa aferir se determinada decisão é recorrível e passível de ser apreciada pelos tribunais superiores, temos que delimitar as *regras de determinação do valor da causa* nos processos judiciais tributários, previstas no artigo 97º-A do CPPT.

[83] No mesmo sentido, veja-se o acórdão do STA de 24 de Fevereiro de 2016, proferido no âmbito do processo nº 01291/15, no qual se afirmou que *"[a] partir de 1 de Janeiro de 2015 o valor da alçada dos tribunais tributários encontra-se fixada em € 5.000,00 face à Lei nº 82-B/2014, de 31 de Dezembro, que conferiu nova redacção ao art. 105º da LGT, no qual se passou a estabelecer que 'A alçada dos tribunais tributários corresponde àquela que se encontra estabelecida para os tribunais judiciais de 1ª instância' e à norma contida no nº 4 do art. 280º do CPPT, que passou a estabelecer que 'Não cabe recurso das decisões dos tribunais tributários de 1ª instância proferidas em processo de impugnação judicial ou de execução fiscal quando o valor da causa não ultrapassar o valor da alçada fixada para os tribunais tributários de 1ª instância', não tendo as alterações introduzidas no ETAF pelo Dec.Lei nº 214-G/2015, de 2 de Outubro, alterado tal matéria"*.

Assim, o valor da causa será:

- Quando seja impugnada a liquidação, o da importância cuja anulação se pretende (nº 1, alínea *a*));
- Quando seja impugnado o acto de fixação da matéria colectável, o valor contestado (nº 1, alínea *b*));
- Quando seja impugnado o acto de fixação dos valores patrimoniais, o valor contestado (nº 1, alínea *c*));
- No recurso contencioso – ou seja, na actual acção administrativa prevista no artigo 37º e seguintes do CPTA – do indeferimento total ou parcial ou da revogação de isenções ou outros benefícios fiscais, o valor da isenção ou do benefício (nº 1, alínea *d*));
- No contencioso associado à execução fiscal, o valor correspondente ao montante da dívida exequenda ou da parte restante, quando haja anulação parcial, excepto nos casos de compensação, penhora ou venda de bens ou direitos, em que corresponde ao valor dos mesmos, se inferior (nº 1, alínea *e*));
- Nos restantes casos, fixado pelo juiz, tendo em conta a complexidade do processo e a condição económica do impugnante (nº 2) e
- Em caso de apensação de impugnações ou execuções, o valor correspondente à soma dos pedidos (nº 3).

No que concerne às acções administrativas – que serão o meio adequado para contestar a legalidade de actos em matéria tributária que não comportem a apreciação da legalidade da liquidação, nos termos do artigo 97º, nº1, alínea *p*) e nº 2 do CPPT –, serão aplicáveis as regras de determinação do valor da causa previstas nos artigos 32º e seguintes do CPTA. Sem prejuízo de uma análise mais detalhada aquando do estudo dos elementos que deverão constar da petição inicial no ponto 60.4.1.3 deste manual, no que diz respeito ao valor da causa em sede de impugnação judicial serão relevantes as alíneas *a*) a *c*) do nº 1 do artigo 97º-A do CPPT, bem como o seu nº 3. Assim, de acordo com a alínea *a*) do nº 1 do artigo 97º-A do CPPT, quando seja impugnado um *acto de liquidação*, o valor da causa corresponderá ao da importância cuja anulação se pretende. Isto significa que caso se pretenda a anulação *total* do acto, o valor da causa corresponderá ao valor da própria *liquidação* e se, pelo contrário, se pretender apenas a anulação *parcial*, corresponderá ao valor da *parte impugnada*. Deverá considerar-se incluído no valor da liquidação o valor dos juros compensatórios que eventualmente tenham sido liquidados, na medida em que, como se viu no ponto 27.1.1, o artigo 35º, nº 8 da LGT estabelece que estes juros "*integram-se na própria dívida do imposto, com a qual são conjuntamente liquidados*"[84].

Por outro lado, LOPES DE SOUSA salienta que do teor literal da norma plasmada na alínea *a*) do nº 1 do artigo 97º-A do CPPT decorre que não são tidos em conta para efeitos de determinação do valor da causa os pedidos que sejam cumulados com o pedido de anulação do acto de liquidação, designadamente os pedidos de juros indemnizatórios e de indemnização por garantia indevida que, como se sabe, podem ser formulados no processo de impugnação judicial, tal como decorre dos artigos 43º, nº 1 e 53º, nº 3 da LGT e do artigo 171º, nº 1 do CPPT. Este autor entende que este regime consubstancia um afastamento "*dificilmente justificável*" da regra que vale quer no processo civil, tal como dispõe o artigo 297º, nº 2 do CPC, quer no processo administrativo, de acordo com o artigo 32º, nº 7 do CPTA, de que, em caso de cumulação de pedidos com valor autónomo, se atenda a todos eles, para a determinação do valor do processo[85].

Por sua vez, a alínea *b*) do nº 1 do artigo 97º-A do CPPT determina que quando se impugne o *acto de fixação da matéria tributável*, o valor da causa corresponderá ao valor contestado. Esta norma também é passível de críticas na medida em que parece contrariar a regra que vigora, quer no processo civil – artigo 297º do CPC –, quer no processo administrativo – artigo 32º do CPTA –, de que o valor da causa deverá coincidir com o valor do benefício que se pretende obter[86]. Com efeito, nos casos de impugnação judicial do acto de fixação da matéria tributável o benefício que o interessado pretende obter não corresponde ao "*valor contestado*" a que a alínea *b*) faz referência, mas sim ao imposto que deixaria de ser cobrado com a alteração do valor da matéria tributável contestado, que será sempre inferior àquele. Neste sentido, LOPES DE SOUSA defende que, em coerência com o disposto na alínea *a*) do mesmo artigo, nas situações de impugnação de actos de fixação da matéria tributável, o valor da causa deveria ser fixado em função do valor do imposto que estaria conexionado com a matéria tributável contestada.

A este propósito, será relevante o acórdão do TCA Sul de 13 de Março de 2014, proferido no âmbito do processo nº 07125/13, no qual se entendeu que:

> "*O que a impugnante questiona é a fixação da matéria colectável por métodos indirectos e a consequente desconsideração do princípio declarativo, ou seja, o que se pretende com*

[84] Para mais desenvolvimentos acerca dos juros compensatórios e das implicações de integrarem a própria dívida do imposto, veja-se o ponto 27.1.1 deste manual.

[85] JORGE LOPES DE SOUSA (2011), Vol. II, p. 72.

[86] Neste sentido: JORGE LOPES DE SOUSA (2011), Vol. II, p. 73.

a presente impugnação é a repristinação da situação jurídico-fiscal que existiria não fosse a prática do acto de fixação da matéria colectável por métodos indirectos crismado ilegal. A fixação da matéria colectável por parte da AF, nos termos do artigo 92º/6, da LGT, cifrou--se em €0,00 (nº 3º do probatório), sendo que a matéria colectável pela qual a impugnante pugna corresponde à que foi por si declarada, ou seja a correspondente a prejuízos fiscais de €304.301,31 (n.os 1 e 7 do probatório). Donde decorre que este último quantitativo corresponde ao benefício económico a obter com a procedência da presente acção, pelo que o pedido se centra na anulação parcial da liquidação impugnada na parte em que desconsiderou os prejuízos fiscais declarados de €304.301,31, sendo este o valor da acção, nos termos do artigo 97º-A/1/a), do CPPT".

Neste caso, aplicando-se literalmente a alínea *b*) do nº 1 chegaríamos à conclusão que o valor da causa corresponderia a €0,00, na medida em que este é o valor correspondente à matéria tributável fixada e, consequentemente, o valor contestado. Bem andou o TCA Sul ao considerar como valor da causa os €304.301,31 respeitantes aos prejuízos fiscais desconsiderados pela Administração Tributária, aplicando a regra geral do processo civil e do processo administrativo de que o valor da causa deverá corresponder ao benefício económico a obter com a procedência da acção.

Já a alínea *c*) do nº 1 do artigo 97º-A do CPPT estabelece que quando se impugne o *acto de fixação dos valores patrimoniais* o valor da causa corresponderá ao valor contestado, considerando Lopes de Sousa que, também nestes casos, o valor da causa deveria ser fixado em função do valor do imposto que está conexionado com o VPT fixado, quando estiver conexionado com um só acto de liquidação, ressalvando, contudo, que a inadequação desta regra não se verifica quando a fixação do VPT seja utilizada numa pluralidade de actos de liquidação[87]. Com efeito, se o contribuinte pretende contestar a legalidade de vários actos de liquidação com fundamento no mesmo VPT fixado, fará todo o sentido que proceda à impugnação contenciosa autónoma do VPT e que seja este o valor da causa[88].

A alínea *d*) já diz respeito ao recurso contencioso, ou seja, à acção administrativa apresentada para contestar a legalidade do *indeferimento ou revogação*

[87] *Ibidem*, p. 74.

[88] Recorde-se que no nosso entender estes actos de fixação do VPT correspondem aos actos de avaliação directa da matéria tributável e impugnáveis contenciosamente de forma autónoma, constituindo actos destacáveis. Tratando-se de actos destacáveis, o sujeito passivo ou outro interessado poderá optar entre a impugnação autónoma do acto de fixação do VPT ou a impugnação do acto final de liquidação, não se admitindo, todavia, que proceda à impugnação de ambos os actos, invocando os mesmos vícios. Para mais desenvolvimentos, veja-se o ponto 32.2 deste manual.

de uma isenção ou benefício fiscal, sendo de distinguir os casos em que a isenção ou o benefício se reporta a um, vários ou indeterminados actos de liquidação.

Quando este indeferimento ou revogação diz respeito a um só acto de liquidação, o valor da causa corresponderá ao dessa isenção ou benefício, tal como decorre da alínea *d*) do nº 1 do artigo 97º-A do CPPT. Quando se reportarem a mais do que um acto de liquidação, o valor da causa corresponderá à globalidade de actos de liquidação a que a isenção ou benefício diz respeito, "*devendo o valor da acção ser calculado com base nos valores vigentes à data em que se pratica o acto de indeferimento*"[89]. Por fim, quando se reportarem a um número indeterminado de actos de liquidação, o valor da isenção ou do benefício será incalculável, pelo que se deverá considerar a acção de valor indeterminável, aplicando-se o critério supletivo previsto no nº 2 do artigo 34º do CPTA, *ex vi* artigo 2º, alínea *c*) do CPPT. Isto significa que o valor da causa se considera superior ao da alçada dos TCAs, ou seja, € 30.000,00[90].

No que diz respeito ao contencioso associado à execução fiscal, tal como a oposição à execução, a alínea *e*) determina que o valor da causa será o valor correspondente ao montante da dívida exequenda ou da parte restante, quando haja anulação parcial, excepto nos casos de compensação, penhora ou venda de bens ou direitos, em que corresponde ao valor dos mesmos, se inferior. Neste sentido, veja-se o acórdão do STA de 4 de Maio de 2016, proferido no âmbito do processo nº 0458/16, no qual se entendeu que "*[n] o contencioso associado à execução fiscal, nos casos em que esteja em causa compensação, penhora ou venda de bens ou de direitos, o valor atendível para efeitos de custas corresponde ao valor dos bens ou direitos penhorados, vendidos ou objecto de compensação, se inferiores à dívida exequenda (artº 97-A, nº 1, al. e) do CPPT)*".

58.3. Incompetência dos tribunais tributários

Antes de descortinarmos as consequências do incumprimento das regras de repartição de competência dos tribunais tributários acima elencadas, recorde-se as consequências previstas no caso da incompetência da Administração Tributária, elencadas no ponto 4.2.3.1 deste manual.

Relativamente à violação das regras de competência em razão da *matéria* e do *território*, o artigo 61º, nº 2 da LGT estabelece que recai sobre o órgão mate-

[89] JORGE LOPES DE SOUSA (2011), Vol. II, p. 74.

[90] O valor da alçada dos TCA (Sul e Norte) corresponde ao valor da alçada que se encontra estabelecida para a Relação, ou seja, € 30.000,00, conforme se retira da leitura conjugada do artigo 6, nº 4, do ETAF e do artigo 44º da Lei de Organização do Sistema Judiciário (Lei nº 62/2013, de 26 de Agosto).

rial e territorialmente incompetente, que tenha recebido a petição do sujeito passivo, o dever de *enviar as peças* do procedimento para o órgão da Administração Tributária competente no prazo de 48 (quarenta e oito) horas após a declaração de incompetência, sendo o interessado devidamente notificado da remessa, de acordo com o nº 3 do mesmo artigo[91].

No entanto, se a entidade incompetente não proceder à remessa das peças do procedimento ao órgão competente e decidir, não tendo competência para tal, a legalidade desta decisão poderá ser contestada quer administrativamente, através da reclamação graciosa ou do recurso hierárquico, quer judicialmente, através da impugnação judicial ou da acção administrativa, ou mesmo jurisdicionalmente através do pedido de constituição de tribunal arbitral, consoante se trate de um acto tributário ou de um acto em matéria tributária que comporte ou não a apreciação da legalidade da liquidação, tudo com fundamento em incompetência, nos termos dos artigos 70º e 99º, alínea *b*) do CPPT.

Como já fomos concluindo ao longo do estudo dos critérios de repartição de competência dos tribunais tributários, em razão da matéria, do território, da hierarquia e do valor, a violação das regras da competência pode resultar na incompetência absoluta ou relativa dos tribunais e na consequente impossibilidade de conhecimento do mérito da causa[92].

Por outro lado, embora a verificação da incompetência – quer seja absoluta ou relativa – do tribunal obste ao conhecimento do mérito da causa, não poderá implicar, nas palavras de Freitas da Rocha, uma "*cega recusa em conhecer as peças processuais que já foram entretanto produzidas*". Com efeito, este

[91] No âmbito dos processos tributários regulados pelo CPPT, tal como a impugnação judicial, o nº 1 do artigo 18º do CPPT estabelece que a consequência da incompetência territorial do tribunal será a remessa oficiosa do processo ao tribunal competente no prazo de 48 (quarenta e oito) horas, sendo que nos restantes casos de incompetência o interessado poderá requerer, no prazo de 14 (catorze) dias a contar da notificação da decisão que declare a incompetência, a remessa do processo ao tribunal competente. No que diz respeito aos processos tributários regulados pelo CPTA, tal como a acção administrativa e os meios processuais acessórios previstos no artigo 146º do CPPT, o artigo 14º do CPTA determina que o processo deverá ser oficiosamente remetido, se possível por via electrónica, ao tribunal administrativo ou tributário competente. Se o tribunal competente não pertencer à jurisdição administrativa e fiscal, o nº 2 deste artigo estabelece que o interessado poderá requerer a remessa do processo ao tribunal competente no prazo de 30 (trinta) dias a contar do trânsito em julgado da decisão que declare a incompetência.

[92] Lopes de Sousa salienta que a declaração de incompetência do tribunal pode ser apenas parcial, ou seja, relativamente a uma parte das questões que lhe são colocadas. Nestes casos, da decisão de incompetência decorre que o pedido para cuja apreciação o tribunal se declarar incompetente se deverá considerar sem efeito Cf. Jorge Lopes de Sousa (2011), Vol. I, p. 236-237.

autor relembra que em nome do princípio da economia dos actos processuais se deverá evitar a repetição de actos que possam ser aproveitados[93].

Ora, no que diz respeito à *incompetência absoluta*, esta resultará da incompetência em razão da *matéria* e em razão da *hierarquia*, de acordo com o previsto no artigo 16º, nº 1 do CPPT. Verificar-se-á a incompetência em razão da matéria quando for submetida aos tribunais com jurisdição em matéria fiscal uma questão que não faça parte das competências que lhes foram atribuídas, sendo, na verdade, da competência dos tribunais comuns ou dos tribunais administrativos.

A incompetência em razão da hierarquia, por sua vez, verificar-se-á quando determinada questão enquadrável na jurisdição tributária seja apresentada a um tribunal que não é competente para o seu conhecimento, designadamente quando a impugnação de um acto de liquidação que é da competência dos tribunais tributários de 1ª instância é apresentada à secção de contencioso tributário do TCA ou do STA.

Como já vimos, de acordo com o artigo 17º, nº 1 do CPPT, a incompetência relativa dos tribunais tributários decorre da infracção das regras de competência territorial.

A incompetência relativa também se poderá verificar relativamente ao serviço da Administração Tributária e não apenas ao Tribunal, sendo de salientar o caso da incompetência do serviço da Administração onde é entregue a petição inicial da impugnação judicial[94]. Com efeito, nos processos de impugnação judicial prevê-se a possibilidade da petição inicial ser apresentada quer no tribunal tributário competente quer no *serviço periférico local* onde haja sido ou deva legalmente considerar-se praticado o acto, nos termos do artigo 103º, nº 1 do CPPT. E, como já se referiu, o legislador no nº 2 do artigo 103º do CPPT ficciona que os actos tributários foram praticados na área de domicílio ou sede de contribuinte, da situação dos bens ou da liquidação.

O artigo 17º, nº 3 do CPPT, por sua vez, prevê que nos casos em que a petição seja apresentada em serviço periférico local *territorialmente incompetente*, o seu dirigente promova a remessa da petição para o serviço considerado competente no prazo de 48 (quarenta e oito) horas. Ora, enquanto Freitas da

[93] Joaquim Freitas da Rocha (2014), p. 279.

[94] Quando a petição inicial seja apresentada no tribunal territorialmente incompetente, verificando-se a incompetência relativa do mesmo, de acordo com o nº 1 do artigo 18º do CPPT, o tribunal deverá proceder à remessa oficiosa do processo ao tribunal competente no prazo de 48 (quarenta e oito) horas.

Rocha admite a aplicação desta solução, Lopes de Sousa entende que se deverá considerar revogado este nº 3 do artigo 17º do CPPT[95].

Na verdade, este autor recorda que deixou de ter lugar qualquer actividade administrativa prévia por parte do serviço periférico local onde é apresentada a petição inicial da impugnação judicial. Antes da Lei nº 15/2001, de 5 de Junho, que alterou os artigos 103º, 110º e 111º do CPPT, o serviço da Administração Tributária que recebia a petição inicial devia preparar o processo, autuar a petição, apensar o processo administrativo, juntar documentos e informações e tomar uma posição sobre a impugnação. Ora, actualmente deixou de se verificar qualquer actividade administrativa relativa à organização do processo ou à apreciação da impugnação, tendo o serviço periférico local apenas a obrigação de enviar a petição ao tribunal tributário competente no prazo de 5 (cinco) dias após o pagamento da taxa de justiça inicial, de acordo com o artigo 103º, nº 3 do CPPT. Assim, não fará sentido que sendo a petição inicial apresentada no serviço periférico local territorialmente incompetente, seja este obrigado a enviar a petição da impugnação judicial ao serviço periférico local competente para que este a envie ao tribunal tributário competente, tal como disposto no artigo 103º, nº 3 do CPPT.

Concordamos com a posição deste autor, considerando tacitamente revogado o nº 3 do artigo 17º do CPPT e considerando que o serviço periférico local incompetente que tiver recebido a petição inicial da impugnação judicial deverá enviá-la directamente para o tribunal tributário competente.

No que diz respeito às regras de competência em razão do valor, não se coloca a questão da incompetência do tribunal no momento da propositura da acção na medida em que a alçada do tribunal tributário apenas será relevante para efeitos de recurso e, consequentemente, apenas nesta sede poderá ter relevância o valor da causa.

Na verdade, se o recurso é interposto e a causa não admite recurso, nem sequer cabe falar em incompetência do Tribunal[96]. Por outro lado, nos casos em que o recurso foi mal interposto normalmente verificar-se-á a incompetência absoluta em razão da hierarquia, designadamente nos casos em que os recursos são interpostos para o STA quando deveriam ter sido para o TCA porque a matéria não é exclusivamente de direito.

Feita esta explanação inicial, analisemos então em concreto os efeitos da verificação da incompetência absoluta ou relativa do tribunal tributário.

[95] Jorge Lopes de Sousa (2011), Vol. I, p. 249-250 e Joaquim Freitas da Rocha (2014), p. 281.

[96] Seguindo Joaquim Freitas da Rocha (2014), p. 282.

58.3.1. Incompetência absoluta

Antes de mais, cabe referir que, de acordo com o nº 2 do artigo 16º do CPPT, a incompetência absoluta é de *conhecimento oficioso* e pode ser arguida pelos interessados ou suscitada pelo Ministério Público, ou pelo representante da Fazenda Pública, *até ao trânsito em julgado da decisão final.*

Deste modo, o Tribunal tem o dever oficioso de declarar a incompetência absoluta, seja em razão da matéria, por exemplo, caso a acção tenha sido interposta no tribunal administrativo de círculo, sendo competente o tribunal tributário de 1ª instância, ou em razão da hierarquia, designadamente quando tenha sido interposto recurso para o STA, sendo competente o TCA porque a questão não é exclusivamente de direito. Com efeito, a não apreciação da competência do Tribunal constitui nulidade da sentença, nos termos do artigo 125º do CPPT.

Os restantes interessados não têm este dever, mas poderão suscitar a questão da incompetência absoluta do tribunal até ao trânsito em julgado da decisão final. Aqui, é de salientar a crítica de FREITAS DA ROCHA que encara com "*alguma perplexidade*" o facto de o Ministério Público não estar vinculado a este dever oficioso de suscitar a questão da incompetência absoluta do tribunal, na medida em que tem como função a defesa da legalidade democrática e a promoção da realização do interesse público[97].

Quanto a nós, entendemos que o facto do nº 2 do artigo 16º do CPPT, numa formulação infeliz, estabelecer que a incompetência absoluta *pode* ser suscitada pelo Ministério Público, não afasta a vinculação desta entidade à defesa da legalidade democrática pelo que, apercebendo-se da incompetência absoluta do Tribunal, consideramos que o Ministério Público estará obrigado a suscitar a questão devido às funções que lhe estão incumbidas.

Olhemos agora para as *consequências* da declaração de incompetência absoluta do tribunal.

O artigo 18º do CPPT prevê quais as consequências da declaração de incompetência absoluta do tribunal tributário, ou seja, de incompetência em razão da *matéria* e de incompetência em razão da *hierarquia.*

O nº 2 do artigo 18º do CPPT prevê a faculdade de os interessados requererem a remessa do processo ao tribunal competente no prazo de 14 (catorze) dias a contar da data da notificação da decisão que declare a incompetência do tribunal. Assim, como bem salienta LOPES DE SOUSA, a previsão desta faculdade afasta a aplicabilidade do regime previsto no artigo 278º, nº 1, alínea *a*) do CPC que prevê a absolvição da instância nos casos de incompetência abso-

[97] JOAQUIM FREITAS DA ROCHA (2014), p. 280.

luta do tribunal. Este autor refere ainda que este regime será aplicável quer o tribunal considerado competente pertença à ordem jurisdicional administrativa e tributária, quer pertença à ordem dos tribunais judiciais, pois a incompetência em razão da matéria é um dos tipos de competência indicados no nº 1 do artigo 16º do CPPT, ou seja, é um dos casos de incompetência absoluta[98].

Todavia, se não for requerida tempestivamente a remessa para o tribunal competente, a instância extingue-se.

Por outro lado, Lopes de Sousa considera que o regime previsto no nº 2 do artigo 18º do CPPT apenas é aplicável aos casos de incompetência absoluta do tribunal tributário nos *processos regulados pelo CPPT*, como a impugnação judicial – artigos 99º e seguintes do CPPT –, a intimação para um comportamento – artigo 147º do CPPT – ou o recurso das decisões de derrogação de sigilo bancário – artigo 146º-A e seguintes do CPPT[99].

Assim, nos processos judiciais tributários *regulados pelas normas de contencioso administrativo*, tal como a acção administrativa – referida no artigo 97º, alínea *p)* e nº 2 do CPPT, regulada artigos 37º e seguintes do CPTA – e os meios processuais acessórios referidos no artigo 146º do CPPT, será aplicável o regime previsto no artigo 14º do CPTA e não o regime do CPPT.

Este artigo estabelece que quando a petição seja dirigida a tribunal incompetente, o processo será *oficiosamente* remetido, se possível por via electrónica, ao tribunal administrativo ou tributário competente. Quando, por sua vez, o tribunal competente não pertence à jurisdição administrativa e fiscal, o interessado pode no prazo de 30 (trinta) dias a contar do trânsito em julgado da decisão que declare a incompetência, requerer a *remessa* do processo ao tribunal competente, com indicação do mesmo.

Cabe ainda referir que, em ambos os casos, a petição considera-se apresentada na data do primeiro registo de entrada, para efeitos da tempestividade da sua apresentação.

Para além disso, Lopes de Sousa considera que mesmo nos casos de processos judiciais tributários regulados no CPPT, quando o tribunal competente não pertencer à jurisdição administrativa e fiscal, aplicar-se-á o regime previsto no artigo 14º, nº 2 CPTA, que prevê o prazo alargado de 30 (trinta) dias a contar do trânsito em julgado da decisão que declare a incompetência, para requerer a remessa do processo ao tribunal competente, com indicação do mesmo.

[98] Jorge Lopes de Sousa, Vol. I, p. 256.

[99] *Ibidem.*

Assim, podemos concluir, desde já, que temos dois regimes diferentes de efeitos da incompetência absoluta do tribunal, consoante o processo judicial tributário seja regulado pelo CPPT ou pelo CPTA.

- ***Processos regulados pelo CPPT***

No primeiro caso, de acordo com o nº 2 do artigo 18º do CPPT, o interessado poderá requerer a remessa do processo para o tribunal competente no prazo de 14 (catorze) dias – caso o tribunal competente pertença à jurisdição administrativa e fiscal – ou de 30 (trinta) dias, nos termos do nº 2 do artigo 14º do CPTA – caso o tribunal competente não pertença à jurisdição administrativa e fiscal. Caso o interessado não requeira a remessa do processo nos prazos previstos, a instância extingue-se. Segundo Freitas da Rocha, consoante os casos, poderá verificar-se a convalidação do acto impugnado ou o trânsito em julgado da decisão sob recurso, por exemplo, de primeira instância[100].

Neste sentido, veja-se ainda o acórdão do STA de 14 de Janeiro de 2015, proferido no âmbito do processo nº 01382/14, no qual se afirmou:

> "*Tal constitui, **excepção dilatória** de incompetência absoluta deste Tribunal, – artº 16º, nº 2 do Código de Procedimento e Processo Tributário – que obsta ao conhecimento do mérito e dá lugar à absolvição da instância do recorrido (artigos 101º, 494º, alínea a) e 493º, nº 2 do Código de Processo Civil* [artigos 96º, 577º e 578º do actual CPC]*), **salvo se for requerida a remessa do processo ao Tribunal competente**, nos termos do nº 2 do artigo 18º do Código de Procedimento e Processo Tributário.*" (destacado nosso).

Quanto a nós, entendemos que a incompetência absoluta do tribunal constitui uma excepção dilatória, o que implica a absolvição da instância, de acordo com os artigos 96º, 577º e 578º do CPC[101]. O interessado poderá requerer, no entanto, no prazo de 14 (catorze) dias, a remessa do processo ao tribunal materialmente competente, nos termos do artigo 18º, nº 2 do CPPT.

Se não o fizer, o interessado poderá ainda interpor recurso da decisão do tribunal que decretou a incompetência material e consequente absolvição da instância, caso considere que este é materialmente competente para apreciar a causa[102]. Neste sentido, veja-se o acórdão do TCA Sul de 10 de Setembro de

[100] Joaquim Freitas da Rocha (2014), p. 280.

[101] No mesmo sentido: Rui Duarte Morais (2012), p. 270.

[102] A incompetência material dos tribunais arbitrais, por o objecto do litígio se encontrar fora do âmbito definido no artigo 2ºdo RJAT, constitui uma excepção dilatória que obsta ao conhecimento do mérito da causa, tendo como consequência a absolvição da Requerida – Administração Tributária – da instância, tal como decorre dos processos arbitrais nºs 112/2015-T e 669/2015-T. Quando a

2015, proferido no âmbito do processo nº 08591/15 que decidiu que os autos deviam baixar ao tribunal *a quo* para que este conhecesse do pedido, na medida em que não se verificava a incompetência em razão da matéria.

Por outro lado, será de equacionar a possibilidade de o interessado concordar com a decisão do tribunal que decretou a incompetência material, mas tenha deixado passar o prazo de 14 (catorze) dias para requerer a remessa do processo, nos termos do nº 2 do artigo 18º do CPPT. Ora, nos casos em que ainda não tenha decorrido o prazo do direito à acção, para deduzir a impugnação judicial ou interpor outra acção, o interessado poderá ainda fazê-lo no tribunal materialmente competente que, recorde-se, deverá ser indicado na decisão que declare a incompetência, de acordo com o nº 3 do artigo 18º do CPPT.

- ***Processos regulados pelo CPTA***

Quando o processo judicial tributário for regulado pelo CPTA, em regra, o processo será oficiosamente remetido, se possível por via electrónica, ao tribunal administrativo ou tributário competente. No entanto, quando o tribunal competente não pertencer à jurisdição administrativa e fiscal, o interessado poderá, no prazo de 30 (trinta) dias a contar do trânsito em julgado da decisão que declare a incompetência, requerer a remessa do processo ao tribunal competente, com indicação do mesmo, de acordo com o disposto no nº 2 do artigo 14º do CPTA. Neste sentido, veja-se o acórdão do STA de 25 de Novembro de 2015, proferido no âmbito do processo nº 0831/14, em sede do qual, afirmando-se que o processo de execução de julgados é comum no processo tributário e no processo administrativo, isto é, é aplicável ao processo tributário o regime do processo administrativo, e verificando-se a incompetência absoluta do tribunal em razão da hierarquia, impõe-se a remessa dos autos ao Tribunal competente, nos termos do disposto no artigo 151º, nº 3 do CPTA e, acrescente-se, de acordo com o artigo 14º, nº 1 do CPTA.

Aqui chegados, é de referir que o momento a partir do qual se inicia a contagem do prazo para o interessado solicitar a remessa do processo para o tribunal competente é também diferente no âmbito destes dois regimes[103].

decisão arbitral for objecto de acção de anulação para o TCA Sul, este terá competência para conhecer e decidir da excepção da incompetência absoluta do tribunal arbitral, tal como dispõe o acórdão do TCA Sul de 5 de Novembro de 2015, proferido no âmbito do processo nº 08133/14.

[103] Cabe salientar que o prazo de 14 (catorze) dias previsto no artigo 18º, nº 2 do CPPT constitui um prazo processual pelo que, de acordo com o artigo 20º, nº 2 do CPPT, deverá contar-se nos termos do CPC. Assim, recorde-se que os prazos no processo tributário são contínuos, contando-

Assim, enquanto nº 2 do artigo 18º do CPPT prevê que o prazo de 14 (catorze) dias se começa a contar da notificação da decisão que declare a incompetência absoluta do tribunal, o nº 2 do artigo 14º do CPTA prevê que o prazo se começa a contar do trânsito em julgado da decisão que declare a incompetência.

Lopes de Sousa considera preferível este segundo regime, na medida em que a decisão que declara a incompetência é sempre passível de recurso com fundamento em oposição de julgados, podendo ser igualmente objecto de reclamação com fundamento na existência de nulidades de decisão, nos termos dos artigos 615º, 616º e 666º do CPC[104].

Deste modo, podemos concluir que:

- A incompetência absoluta decorre do incumprimento das regras de atribuição da competência em razão da matéria e da hierarquia.
- A incompetência absoluta é de *conhecimento oficioso*, podendo ser arguida igualmente pelos interessados ou suscitada pelo Ministério Público, ou pelo representante da Fazenda Pública, *até ao trânsito em julgado da decisão final.*
- Nos casos de incompetência absoluta do tribunal tributário nos processos regulados pelo CPPT, como a impugnação judicial – artigos 99º e seguintes do CPPT –, a intimação para um comportamento – artigo 147º do CPPT – ou o recurso das decisões de derrogação de sigilo bancário – artigo 146º-A e seguintes do CPPT, será aplicável o regime do artigo 18º do CPPT.
- Assim, a incompetência absoluta constitui uma excepção dilatória que implica a absolvição da instância, nos termos dos artigos 96º, 577º e 578º do CPC.
- Contudo, de acordo com o nº 2 do artigo 18º do CPPT, o interessado poderá requerer no prazo de 14 (catorze) dias, a contar da notificação da decisão que declare a incompetência absoluta, a remessa do processo ao tribunal material ou hierarquicamente competente.
- Caso não requeira a remessa para o tribunal competente, poderá interpor recurso da decisão que decretou a incompetência absoluta do tribunal, caso não concorde com a mesma, ou deduzir impugnação judicial ou recorrer à intimação para um comportamento, por exem-

se sábados, domingos e feriados mas suspendendo-se nas férias judiciais, excepto no âmbito dos processos urgentes. O dia da notificação não conta, sendo considerado como o "dia zero".

[104] Jorge Lopes de Sousa (2011), Vol. I, p. 259-260.

plo, no tribunal competente, se ainda não tiver decorrido o prazo para o fazer.

- Nos processos judiciais tributários regulados pelas normas de contencioso administrativo, tal como a acção administrativa – referida no artigo 97º, alínea *p*) e nº 2 do CPPT, regulada artigos 37º e seguintes do CPTA – e os meios processuais acessórios referidos no artigo 146º do CPPT, será aplicável o regime previsto no artigo 14º do CPTA e não o regime do CPPT.
- Em regra, o processo será oficiosamente remetido, se possível por via electrónica, ao tribunal administrativo ou tributário competente.
- Quando o tribunal competente não pertence à jurisdição administrativa e fiscal, o interessado poderá, no prazo de 30 (trinta) dias a contar do trânsito em julgado da decisão que declare a incompetência, requerer a remessa do processo ao tribunal competente, com indicação do mesmo, de acordo com o disposto no nº 2 do artigo 14º do CPTA.

58.3.2. Incompetência relativa

No que diz respeito à incompetência relativa, como já se viu, do artigo 17º, nº 1 do CPPT decorre que a violação das regras da competência territorial do tribunal determina a incompetência relativa do tribunal. Aquando do estudo das regras de atribuição da competência em razão do território, analisámos as consequências e o regime de arguição da incompetência relativa.

Recorde-se, desde já, que temos dois regimes de arguição da incompetência territorial, ou seja, relativa, no âmbito do processo judicial tributário: o regime previsto no artigo 17º do CPPT, aplicável aos processos de impugnação judicial – no qual se inclui a acção para o reconhecimento de um direito ou interesse legítimo em matéria tributária – e de execução fiscal; e o regime previsto no artigo 13º do CPTA, aplicável aos restantes meios processuais tributários.

Relativamente ao regime previsto no artigo 17º do CPPT, aplicável à impugnação judicial e ao processo de execução fiscal, cabe salientar designadamente que:

- A incompetência relativa *só pode ser arguida* pelo representante da Fazenda Pública no âmbito do processo de impugnação judicial e pelo executado no processo de execução fiscal, não sendo de conhecimento oficioso.
- Só pode ser arguida *até ao início da produção da prova no processo de impugnação judicial e até findar o prazo para a oposição no processo de execução fis-*

cal. Ou seja, maioritariamente por razões de economia processual e pelas vantagens da imediação na produção de prova, a incompetência só poderá ser arguida antes da produção de prova.

- Efectuada a arguição da incompetência relativa do tribunal, este deverá apreciar esta questão depois de ouvida a parte contrária, em nome do princípio do contraditório e nos termos do artigo 3º, nº 3 do CPC. Se o tribunal não se tiver pronunciado acerca da questão da incompetência antes do momento de proferir a decisão final, não poderá deixar de apreciá-la neste momento, tal como resulta dos artigos 152º, nº 1 e 608º, nº 2 do CPC[105].

No que diz respeito ao não conhecimento oficioso da incompetência relativa no processo de execução fiscal, veja-se o acórdão do STA de 17 de Fevereiro de 2016, proferido no âmbito do processo nº 01618/15, no qual se afirmou que:

> *"Nos termos do regime do artº 17º do CPPT a infracção das regras de competência territorial determina a incompetência meramente relativa do Tribunal (cfr. o nº 1 do referido normativo), sendo que essa incompetência apenas pode ser arguida, no processo de execução, pelo executado, até findar o prazo para a oposição (cfr. a alínea b) do nº 2 do art. 17º do CPPT), não podendo ser arguida pela Fazenda Pública nem oficiosamente ser conhecida em oposição à execução fiscal."*[106]

Já no que diz respeito ao regime de arguição da incompetência relativa previsto no artigo 13º do CPTA, aplicável aos restantes meios processuais, é de referir que:

- Sendo a competência dos tribunais administrativos, em qualquer das suas espécies, de ordem pública, a incompetência relativa dos tribunais será de *conhecimento oficioso* e poderá ser suscitada a todo o tempo, por qualquer interessado ou pelo Ministério Público.

Freitas da Rocha não distingue estes dois regimes de arguição, entendendo que a incompetência relativa não é de conhecimento oficioso, embora nada impeça o tribunal de conhecer a incompetência relativa, independen-

[105] Estes artigos do CPC são aplicáveis subsidiariamente ao processo judicial tributário por força do artigo 2º, alínea *e*) do CPPT.

[106] No mesmo sentido, veja-se ainda o acórdão do STA de 22 de Janeiro de 2014, proferido no âmbito do processo nº01945/13.

temente das partes suscitarem esta questão, pois "*a competência em geral é uma condição indispensável para a emanação de uma decisão adequada e útil da causa*"[107].

Quanto a nós, cremos ter deixado claro que distinguimos o regime da incompetência relativa dos processos de impugnação judicial e de execução fiscal, por um lado, e dos restantes meios processuais, por outro. Nos primeiros casos a incompetência relativa deverá ser arguida pelo representante da Fazenda Pública ou pelo executado, enquanto nos segundos será de conhecimento oficioso.

Relativamente à *consequência* da declaração de incompetência relativa do tribunal, esta será a *remessa oficiosa do processo* para o tribunal considerado competente no prazo de 48 (quarenta e oito) horas, tal como disposto no artigo 18º, nº 1 do CPPT. Esta consequência aproxima-se daquela prevista nos casos de incompetência territorial do órgão da Administração Tributária a quem é entregue ou dirigido determinado requerimento ou petição. Com efeito, recorde-se que, de acordo com o artigo 61º, nº 2 da LGT, o órgão da Administração Tributária territorialmente incompetente está obrigado a enviar as peças do procedimento para o órgão da Administração Tributária competente igualmente no prazo de 48 (quarenta e oito) horas, após a declaração de incompetência.

Para além disso, decorre do nº 1 do artigo 18º do CPPT que o prazo de 48 (quarenta e oito) horas para a remessa oficiosa do processo ao tribunal competente se conta a partir da prolação da sentença em que se declara a incompetência, tal como nos casos de declaração de incompetência no âmbito do procedimento tributário, de acordo com o disposto do artigo 61º, nº 2 da LGT[108].

Lopes de Sousa entende que a possibilidade de remessa do processo antes do trânsito em julgado da decisão está no facto de "*os despachos interlocutórios proferidos em processos judiciais tributários e execuções fiscais não admitirem recurso jurisdicional autónomo, só podendo em impugnação da decisão final do processo ser atacadas as decisões contidas em tais despachos*", tal como disposto no artigo 285º, nº 1 do CPPT. Deste modo, os interessados não poderão interpor recurso na sequência do despacho que declare a incompetência relativa ou territorial[109].

[107] *Ibidem*, p. 281.

[108] Cabe salientar que o prazo de 48 (quarenta e oito) horas previsto no artigo 18º, nº 1 do CPPT constitui um prazo processual pelo que, de acordo com o artigo 20º, nº 2 do CPPT, deverá contar-se nos termos do CPC. Assim, recorde-se que os prazos no processo tributário são contínuos, contando-se sábados, domingos e feriados mas suspendendo-se nas férias judiciais, excepto no âmbito dos processos urgentes. O dia da notificação não conta, sendo considerado como o "dia zero".

[109] Jorge Lopes de Sousa (2011), Vol. I, p. 255.

Poderá, no entanto, ocorrer que o tribunal para onde seja remetido o processo não se considere competente – ou se declare incompetente – e entenda que é competente o primeiro tribunal, vindo esta decisão a transitar em julgado, teremos um *conflito negativo de competência*, de acordo com o artigo 109º do CPC.

Ora, de acordo com o artigo 29º do ETAF, os conflitos de competência entre tribunais administrativos de círculo e tribunais tributários, ou entre as Secções de Contencioso Administrativo e de Contencioso Tributário do TCA e do STA, serão resolvidos pelo Plenário do STA. Por outro lado, os conflitos de jurisdição entre tribunais administrativos e fiscais e tribunais comuns serão resolvidos pelo Tribunal de Conflitos, de natureza *ad hoc*, constituído por conselheiros do Supremo Tribunal de Justiça e do STA.

Por último, é de salientar, relativamente quer à incompetência absoluta, quer à incompetência relativa que:

- A declaração da incompetência do tribunal não afecta a tempestividade do acto praticado pelo interessado na medida em que a petição se considera apresentada na data do primeiro registo do processo, de acordo com o nº 4 do artigo 18º do CPPT.
- A decisão que declara a incompetência absoluta ou relativa do tribunal, deverá indicar o tribunal considerado competente, de acordo com o disposto no artigo 18º, nº 3 do CPPT.

Capítulo X
Formas Processuais

Nesta Parte II, referente ao processo judicial tributário, procedemos ao estudo dos princípios que o norteiam tendo determinado, a este propósito, quem tem legitimidade para nele intervir. Isto sem deixar de delimitar as regras das competências dos tribunais.

Para além disso, na Parte I deste manual tivemos a oportunidade de proceder à análise dos vários meios tutelares administrativos de que dispõem os contribuintes ou outros interessados para contestar a legalidade dos actos tributários e dos actos em matéria tributária, designadamente a reclamação graciosa, o recurso hierárquico e o pedido de revisão dos actos tributários.

No capítulo que agora se inicia pretendemos analisar os meios processuais ao dispor dos sujeitos para contestar a legalidade destes mesmos actos, designadamente a impugnação judicial e a acção administrativa. No entanto, tal como decorre do artigo 97º do CPPT, o processo judicial tributário abrange alguns meios processuais para além da impugnação de actos tributários e acção administrativa de actos em matéria tributária, regulada, desta feita, no CPTA.

Assim, para além da *impugnação judicial* e da *acção administrativa*, que naturalmente serão objecto de um estudo mais aprofundado, pretende-se analisar o regime da *acção para reconhecimento de um direito ou interesse em matéria tributária* e da *intimação para um comportamento* que decorrem aliás do direito constitucional à tutela jurisdicional efectiva, previsto no artigo 268º, nº 4 da CRP.

Analisaremos ainda os *meios processuais acessórios* previstos no artigo 146º do CPPT, bem como o processo de derrogação do dever de sigilo bancário e da decisão de avaliação da matéria colectável com base em manifestações de fortuna, a que fizemos já referência aquando do estudo dos procedimentos especiais em matéria tributária, na secção I do capítulo VI deste manual.

De seguida, analisaremos o *contencioso cautelar* que inclui tanto as medidas adoptadas a favor da Administração Tributária, quanto as adoptadas a favor dos contribuintes, bem como a impugnação judicial das providências cautelares adoptadas pela Administração Tributária que também são uma exigência decorrente do direito constitucional à tutela jurisdicional efectiva previsto no artigo 268º, nº 4 da CRP.

Por fim, será necessário descortinar como poderão ser contestadas as decisões proferidas nestes processos, ou melhor, em que situações e em que termos poderão ser reapreciadas as sentenças proferidas no âmbito da impugnação judicial, da acção administrativa, dos meios processuais acessórios, entre outros. Para isto, será necessário analisar o regime dos *recursos*.

Tudo com o intuito de alcançarmos uma visão geral do processo judicial tributário, dos vários meios processuais ao dispor dos contribuintes e outros interessados, analisando, para cada um deles, os fundamentos, os requisitos, os prazos, a sua tramitação e o regime aplicável.

Ao longo da exposição ou mesmo antes desta, chegaremos, porém, a uma conclusão transversal: são porventura demasiados os meios processuais ao dispor do contribuinte o que, por sua vez, torna o acesso à justiça tributária demasiado confuso e complexo[1]. Reiteramos assim a nossa posição, de resto já várias vezes referida, de que deverá admitir-se a impugnação de actos tributários e de actos em matéria tributária no âmbito do processo de impugnação judicial, eliminando-se a dicotomia entre estes dois meios processuais.

59. Escolha do meio processual adequado e dever de correcção do processo

Antes de entrarmos no estudo das várias formas processuais existentes no âmbito do contencioso tributário, cabe relembrar o que foi dito aquando do estudo dos princípios do processo judicial tributário relativamente à plenitude e à tipicidade destas formas processuais.

- ***Princípio da plenitude dos meios processuais***

Recorde-se que do *princípio da plenitude dos meios processuais* – decorrente do princípio da tutela jurisdicional efectiva consagrado no artigo 268º, nº 4 da CRP, ou se se quiser da concretização deste na vertente processual –, resulta que a todo o direito de impugnar, corresponde o meio processual mais adequado de o fazer valer em juízo. Este princípio está, como se viu no ponto 53.1

[1] No mesmo sentido, veja-se Nuno Cerdeira Ribeiro que refere uma *"enorme dispersão dos meios processuais ao dispor dos sujeitos passivos"* Cf. Nuno Cerdeira Ribeiro (2014), p. 34.

deste manual, consagrado no artigo 97º, nº 2 da LGT[2]. Resulta igualmente da garantia constitucional do direito de acesso aos tribunais consagrada no artigo 20º da CRP.

Com efeito, LEITE CAMPOS, BENJAMIM SILVA RODRIGUES e LOPES DE SOUSA entendem que o princípio de que a todo e qualquer direito corresponde um meio processual para o fazer valer em juízo – constante do nº 2 do artigo 97º da LGT –, representa um corolário do direito de acesso aos tribunais na sua vertente de direito ao processo e à *"proibição da indefesa"*[3]. Na verdade, trata-se da consagração no âmbito do contencioso tributário da velha máxima de que *"a cada direito deve corresponder uma acção"* decorrente do processo civil, designadamente do artigo 2º, nº 2 do CPC no âmbito do qual se afirma que *"a todo o direito, excepto quando a lei determine o contrário, corresponde a acção adequada a fazê-lo reconhecer em juízo, a prevenir ou reparar a violação dele e a realizá-lo coercivamente, bem como os procedimentos necessários para acautelar o efeito útil da acção."*. Deste modo, consagra-se no artigo 97º, nº 2 da LGT uma das mais importantes garantias do Estado de Direito, na medida em que se assegura a existência de protecção jurídica adequada para toda e qualquer situação de lesão dos direitos e interesses dos sujeitos passivos e outros interessados.

Aquando do estudo do princípio da plenitude dos meios processuais, no ponto 53.1, chegámos a duas conclusões que cabe aqui relembrar.

Por um lado, que tanto do artigo 97º, nº 2 da LGT quanto das exigências constitucionais dos artigos 268º, nº 4 e 20º, nº 1 da CRP resulta a afirmação da teoria subjectivista de um processo tributário virado primordialmente para a tutela de direitos subjectivos e interesses dignos de tutela jurídica dos particulares.

Por outro, que apesar da consagração deste princípio no âmbito do contencioso tributário, a escolha do meio processual juridicamente adequado não está dependente da opção do interessado, resultando do recorte jurídico-normativo de cada meio. Isto é, pese embora decorra da consagração deste princípio a exigência de para todo e qualquer direito de impugnar corresponder um meio processual adequado de o fazer valer em juízo, o interessado/lesado não poderá escolher livremente o meio processual a utilizar. Deve, pelo contrário, recorrer ao meio processual legalmente previsto como sendo

[2] Nas várias alíneas do nº 2 do artigo 97º do CPPT estão previstas as várias formas processuais que integram o *processo judicial tributário*. No entanto, decorre da alínea *e*) que nem todas as formas processuais estão previstas neste artigo, como por exemplo, o recurso judicial da decisão de derrogação do sigilo bancário previsto no artigo 146º -B do CPPT.

[3] DIOGO LEITE CAMPOS/BENJAMIM SILVA RODRIGUES/JORGE LOPES DE SOUSA (2012), p. 846.

o adequado para aquele caso, seja a impugnação judicial, a acção administrativa ou a acção para o reconhecimento de um direito ou interesse legítimo em matéria tributária, entre outros. Isto sob pena de perder o seu direito à acção.

- ***Princípio da tipicidade das formas processuais***

Esta conclusão decorre aliás do *princípio da tipicidade dos meios ou formas processuais* que também analisámos no ponto 53.2, em sede do estudo dos princípios do processo judicial tributário, no capítulo VIII deste manual para o qual remetemos.

Deste modo, podemos desde já concluir que o *meio adequado* não será necessariamente o escolhido pelo interessado, ou seja, a adequação do meio não resulta apenas da escolha por parte daquele. Pelo contrário, a adequação do meio escolhido pelo interessado decorrerá do regime legalmente previsto. Assim, a exigência de utilização da forma processual mais adequada à pretensão que se quer fazer valer em juízo, de entre as formas processuais previstas e reguladas por lei, decorre deste *princípio da tipicidade dos meios processuais*. Para além disso, este princípio exige que as formas processuais estejam fixadas na lei, incluindo os trâmites processuais e a respectiva sequência bem como o conteúdo dos actos processuais[4].

A menos que a lei expressamente diga o contrário, haverá apenas um meio processual adequado a fazer reconhecer certo direito ou interesse em juízo. Dito de outro modo, devido à correspondência entre direito e acção adequada a fazê-lo reconhecer em juízo decorrente do artigo 97º, nº 2 da LGT, ou seja, do princípio da plenitude dos meios processuais, via de regra haverá apenas um determinado meio processual que pode ser utilizado para obter a tutela judicial.

Aqui chegados, podemos afirmar, então, que decorre do princípio da tipicidade das formas processuais a exigência de o interessado utilizar a forma processual – prevista e regulada na lei – mais adequada a fazer valer em juízo a sua pretensão. Isto poderá significar que o interessado será obrigado a utilizar diferentes formas processuais quando no mesmo momento tenha de reagir contra vários actos administrativos, mesmo que todos se enquadrem na mesma relação jurídica material e estejam entre si numa relação de prejudicialidade ou de dependência. Deste modo, como veremos melhor na análise das diferentes formas processuais, o interessado não poderá, por exemplo, recorrer à impugnação judicial para reagir contra um acto em matéria tributária que

[4] Neste sentido Rui Duarte Morais (2012), p. 250 e relativamente ao processo administrativo, José Carlos Vieira de Andrade (2011), p. 430.

não comporte a apreciação da legalidade de um acto de liquidação, devendo sim socorrer-se da acção administrativa regulada no CPTA[5].

Cabe relembrar a crítica que temos vindo a apontar relativamente ao número excessivo de formas processuais existentes no contencioso tributário. De facto, um regime com menos formas processuais será naturalmente mais apreensível pelas partes porque menos prolixo[6].

- ***Princípio da adequação formal e o dever de convolação***

Por outro lado, apesar das exigências rígidas decorrentes da consagração do princípio da tipicidade das formas processuais, designadamente da utilização pelo interessado da forma processual – prevista e regulada na lei – mais adequada a fazer valer em juízo a sua pretensão e não de qualquer outra, são de salientar alguns sinais de flexibilidade, designadamente a possibilidade – ou mesmo, exigência – de convolação e a aplicação do princípio da adequação formal no processo tributário. Com efeito, a rigidez das exigências decorrente do princípio da tipicidade das formas processuais é posta em causa pela aplicação ao processo tributário – por força do artigo 2º, alínea *e*) do CPPT – do princípio de adequação formal consagrado artigo 547º do CPC.

Princípio da adequação formal

Recorde-se que este princípio exige que, nos casos em que a tramitação prevista na lei de determinada forma processual não se adeqúe às especificidades da causa, o juiz oficiosamente – e ouvidas as partes – determine a prática dos actos que "*melhor se ajustem ao fim do processo, bem como as necessárias adaptações*"[7].

Este princípio exige assim "*um juiz com uma perspetiva crítica das regras procedimentais, um juiz ativo, um juiz empenhado em que o rito processual assegure os*

[5] Não é de confundir esta necessidade de utilização de diferentes formas processuais para reagir contra vários actos administrativos com a questão da discussão, em diferentes sedes, do mesmo acto tributário de liquidação. A este propósito, é de recordar a solução que apontámos relativamente à impugnação de actos de liquidação de imposto – designadamente de IMI e de Imposto do Selo – cujo pagamento seja faseado em duas ou três prestações: o contribuinte poderá deduzir impugnação judicial, contestando a legalidade do acto de liquidação a partir da data do termo do prazo de pagamento voluntário quer da primeira, quer da segunda quer da terceira prestação mas não poderá reagir contra todas deduzindo três impugnações judiciais ou deduzindo uma impugnação judicial e apresentando um pedido de constituição de tribunal arbitral. Se o fizer, haverá litispendência ou caso julgado tudo na medida em que o objecto do pedido – o acto tributário de liquidação de IMI ou de Imposto do Selo – é o mesmo.

[6] Também neste sentido: Rui Duarte Morais (2012), p. 250-251.

[7] Rui Duarte Morais (2012), p. 250. Este princípio também é aplicável ao processo administrativo, por força do artigo 1º do CPTA Cf. José Carlos Vieira de Andrade (2011), p. 430.

fins do processo, cumprindo-se assim a instrumentalidade do direito adjetivo face ao direito substantivo"[8].

Dever de convolação

Já no que concerne ao dever de correcção do processo, ou seja, ao dever de convolação, cabe recordar o que foi dito aquando do estudo do princípio da tipicidade das formas processuais.

Assim, quando o meio processual utilizado pelo interessado não seja o adequado, decorre quer da LGT, quer do CPPT, o *dever de correcção* oficiosa por parte do tribunal. Neste sentido, o nº 3 do artigo 97º da LGT estabelece que será ordenada a correcção do processo quando o meio usado não for segundo a lei o adequado e, por sua vez, o nº 4 do artigo 98º do CPPT determina que, em caso de erro na forma do processo, este será convolado na forma do processo adequada, nos termos da lei[9]. FREITAS DA ROCHA considera que se trata de um *dever de cooperação* imposto pela lei ao Tribunal, determinando que este ordene a correcção do processo para a forma adequada, "*de modo a permitir que o eventual lesado não saia prejudicado apenas pela má escolha do instrumento de defesa*"[10].

O erro na forma do processo trata-se, assim, de uma nulidade sanável através do instituto da convolação. De acordo com o artigo 193º do CPC, o erro na forma do processo importa unicamente a anulação dos actos que não possam ser aproveitados, devendo praticar-se os que forem estritamente necessários para que o processo se aproxime, quanto possível, da forma estabelecida pela lei. No entanto, não se devem aproveitar os actos já praticados, se do facto deste aproveitamento resultar uma diminuição das garantias do réu, designadamente um prazo menor para contestar ou alegar. Contudo, como se teve já oportunidade de referir aquando do estudo do princípio da tipicidade das formas processuais, para que seja possível a convolação na forma processual adequada, determinados requisitos devem estar preenchidos. Ou

[8] ABÍLIO NETO (2014), p. 587-589.

[9] Neste sentido, JORGE LOPES DE SOUSA defende que, por força dos termos imperativos utilizados nestas normas, em caso de erro na forma do processo, em regra, será obrigatória a convolação do processo para a forma adequada, excepto se não for possível utilizar a petição para essa forma de processo. Segundo este autor, destes artigos resulta ainda que no processo judicial tributário, a nulidade resultante do erro na forma do processo é de conhecimento oficioso Cf. JORGE LOPES DE SOUSA (2011), Vol. II, p. 88.

[10] JOAQUIM FREITAS DA ROCHA (2014), p. 291. Por outro lado, este dever de convolação para uma forma de processo judicial tributário que seja adequada cabe apenas ao tribunal tributário e não à Administração Tributária, nos termos do acórdão do pleno da secção de contencioso tributário do STA de 10 de Abril de 2013, proferido no âmbito do processo nº 01159/12.

seja, é necessário que seja viável o prosseguimento do processo na forma processual adequada[11].

- Em primeiro lugar, a petição do interessado tem que ter sido tempestivamente apresentada para efeitos da nova forma processual. No que diz respeito à tempestividade, é irrelevante se a petição é intempestiva para o meio processual inadequado, exigindo-se *a apresentação da petição no prazo legalmente fixado para o meio adequado*. Esta é que é decisiva para o aproveitamento da petição, ou seja, para a convolação.
- Por outro lado, exige-se *a verificação dos pressupostos processuais* de que depende a admissibilidade da forma processual adequada.
- E que *o pedido formulado* se compagine com a forma de processo adequada.

O dever de correcção ou convolação justifica-se por razões de economia processual, pelo que não haverá utilidade alguma na correcção do erro na forma do processo se, por qualquer razão que obste ao seu prosseguimento, não for possível proferir uma decisão de mérito na forma de processo adequada. Também não haverá qualquer utilidade em proceder à convolação nos casos em que o interessado já esteja a utilizar um outro meio processual adequado à obtenção do efeito que poderia ser obtido com a convolação.

A este propósito, Freitas da Rocha defende que o dever de correcção do processo não consubstancia um "*dever abrangente e sem balizas*". Assim, considera que decorre da jurisprudência do STA a existência de limites ao dever de convolação, não sendo exigido quando a improcedência ou intempestividade da petição sejam manifestas, ou quando aos diversos pedidos formulados correspondam diferentes formas processuais[12].

Aqui chegados podemos concluir que no âmbito do contencioso tributário o interessado deverá utilizar o meio adequado, nos termos da lei, para fazer valer a sua pretensão, por força do princípio da tipicidade dos meios processuais. No entanto, se o meio processual usado não for o legalmente adequado, e desde que estejam preenchidos os requisitos, o tribunal tem o dever de proceder à correcção da forma do processo, isto é, à convolação na forma processual adequada.

[11] Não será de admitir designadamente a convolação de processo em procedimento tributário e *vice-versa* Cf. Joaquim Freitas da Rocha (2014), p. 292.

[12] Joaquim Freitas da Rocha (2014), p. 291. A este propósito, vejam-se os acórdãos do STA de 24 de Fevereiro de 2016, proferido no âmbito do processo nº 01182/13, de 2 de Dezembro de 2015, proferido no âmbito do processo nº 0730/15 e de 19 de Novembro de 2014, proferido, por seu turno, no âmbito do processo nº 0607/14.

No contencioso tributário a escolha do meio adequado poderá revelar-se uma tarefa difícil, tendo em conta o excessivo número de meios processuais existentes. Com efeito, não serão raras as vezes em que o interessado não procede à escolha do meio processual adequado à prossecução dos seus interesses, seja por *desconhecimento da lei, pouca familiaridade com a matéria tributária* ou devido ao uso de *conceitos indeterminados por parte do legislador*[13].

Posto tudo isto, não deviam restar quaisquer dúvidas da bondade que seria para o sistema a redução dos meios processuais e a consequente simplificação do contencioso tributário. No entanto, como esta redução de meios processuais ainda não teve lugar, caberá neste manual descortinar o regime das mais importantes formas processuais, reguladas quer no CPPT, como a impugnação judicial e a intimação para um comportamento, quer no CPTA, como a acção administrativa e os meios processuais acessórios previstos no artigo 146º do CPPT.

Iniciemos então o estudo das formas processuais com aquela que é sem dúvida a mais importante forma de processo no âmbito do contencioso tributário: a impugnação judicial.

60. Processo de impugnação judicial

Tratando-se do meio processual por excelência do processo judicial tributário, serão vários os pontos a analisar no estudo da impugnação judicial. Com efeito, como salienta Freitas da Rocha, trata-se de um meio processual exclusivo da jurisdição tributária que visa a anulação total ou parcial de actos tributários[14]. Isto porque, como se sabe, a arbitragem não é um meio judicial mas sim um meio *jurisdicional*, alternativo à impugnação judicial e que, insistimos, irá ser objecto de estudo na parte III deste manual.

A impugnação judicial constitui, assim, uma garantia essencial dos contribuintes, tal como a reclamação graciosa, o recurso hierárquico ou os demais meios tutelares administrativos, com a importante diferença de decorrer perante um Tribunal e não perante a Administração Tributária. Esta no processo judicial tributário, designadamente na impugnação judicial e, adiante-se, no pedido de constituição de tribunal arbitral, não actua como entidade decisora, mas apenas como parte.

Ora, na análise desta forma processual, descortinaremos a sua natureza e âmbito, a sua relação com a reclamação graciosa que já tivemos oportunidade de estudar em pormenor aquando do estudo dos meios tutelares admi-

[13] Joaquim Freitas da Rocha (2014), p. 291.

[14] *Ibidem*, p. 292.

nistrativos na secção II do capítulo VI deste manual, bem como a questão da possibilidade de cumulação de impugnações. Para a parte III deste manual remeter-se-á a relação deste meio e a sua articulação com a arbitragem tributária. Tudo para, por fim, ser dada a devida atenção à tramitação da impugnação judicial.

Ao longo da nossa análise, procederemos ainda a uma comparação com as regras previstas para a reclamação graciosa e para o processo arbitral tributário, na medida em que se apresentam como meios alternativos ao dispor do sujeito passivo que pretenda contestar a legalidade de actos tributários.

60.1. Natureza e âmbito

Relativamente à *natureza* da impugnação judicial, não há dúvida que – como o próprio nome indica – se trata de uma garantia *processual* dos contribuintes, tendo lugar perante um tribunal. Distingue-se assim dos meios tutelares administrativos, como a reclamação graciosa, no âmbito dos quais a Administração Tributária actua como entidade decisora.

Freitas da Rocha questiona, no entanto, se se trata de uma verdadeira acção ou de um mero recurso, não sendo mais do que a continuação do procedimento administrativo de liquidação e cobrança dos tributos, "*acontecendo apenas a circunstância de que tal procedimento teria culminado num acto supostamente inválido*". Este autor conclui que nasce com a petição inicial uma acção autónoma, na medida em que se discute um verdadeiro conflito de interesses[15].

Já que no diz respeito ao *âmbito* ou objecto deste meio processual, o mesmo autor levanta a questão de o processo de impugnação judicial ter como objecto a relação jurídica tributária ou o próprio acto tributário. Conclui que "*indubitavelmente*" o objecto deste processo é o acto tributário, *maxime* de liquidação, embora saliente que seria mais vantajoso para o contribuinte se o objecto fosse a relação jurídica tributária, na medida em que se "anulariam" todos os efeitos jurídicos produzidos no âmbito da mesma[16]. Na verdade, é pacífico na doutrina que o acto tributário ou de liquidação constitui o objecto da impugnação judicial[17].

Com efeito, o que é relevante delimitar neste ponto são os *actos impugnáveis* através do meio processual de impugnação judicial, ou seja, em que situações poderá recorrer o contribuinte a este meio processual para contestar a lega-

[15] Joaquim Freitas da Rocha (2014), p. 292-293.

[16] *Ibidem*, p. 293.

[17] No mesmo sentido: Jesuíno Alcântara Martins/José Costa Alves (2015), p. 107, Jorge Lopes de Sousa (2011), Vol. II, p. 107 e 108 e Rui Duarte Morais (2012), p. 287.

lidade de actos que considere desfavoráveis ou ilegais. Assim, será de utilizar o meio processual de impugnação judicial quando o acto a impugnar seja[18]:

- Um acto tributário, ou seja, de liquidação ou equiparado (artigo 97º, nº 1, alínea *a*) do CPPT);
- Um acto em matéria tributária que comporte a apreciação da legalidade de um acto de liquidação (artigo 97º, nº 1, alínea *d*) do CPPT) – referimo-nos aos actos de *segundo grau* como as decisões de reclamação graciosa ou de *terceiro grau* como as decisões de recursos hierárquicos de decisões de indeferimento de uma reclamação graciosa – e
- Um acto de outro tipo, desde que a lei utilize o termo "*impugnação*" para fazer referência ao meio processual a utilizar.

Aqui há que ter cautela.

Não se tratam de diferentes processos impugnatórios mas do mesmo meio processual que incide sobre distintos actos, "*revestindo uma configuração jurídico-processual distinta*"[19].

Deste modo, integram o âmbito do processo de impugnação judicial, isto é, são impugnáveis através deste meio processual, os seguintes actos:

- Actos de liquidação dos tributos, incluindo os actos de autoliquidação, retenção na fonte e pagamento por conta, isto é, *grosso modo*, os actos tributários (artigo 91º, nº 1, alínea *a*) do CPPT e artigo 95º, nº 1, alínea *a*) da LGT);
- Actos administrativos em matéria tributária que comportem a apreciação da legalidade do acto de liquidação como os actos de indeferimento total ou parcial – expresso ou tácito – de reclamações graciosas dos actos tributários – os chamados actos de *segundo grau* (artigo 97º, nº 1, alínea *c*) do CPPT e 95º, nº 1, alínea *d*) da LGT);
- Actos administrativos em matéria tributária que comportem a apreciação da legalidade do acto de liquidação, isto é, actos que embora não incidam directamente sobre uma liquidação, acabam por tê-la por referência, questionando-se o valor do tributo a pagar, tais como os actos de indeferimento – expresso ou tácito – de recursos hierárquicos, interpostos de decisões de indeferimento de reclamações graciosas – os chamados actos de *terceiro grau* (artigos 76º, nº 2, 97º, nº 1, alínea *d*) do CPPT e 95º, nº 2, alínea *d*) da LGT);

[18] Seguindo Jorge Lopes de Sousa (2011), Vol. II, p. 107 e 108.

[19] Joaquim Freitas da Rocha (2014), p. 315.

- Actos de indeferimento – expresso ou tácito – da revisão oficiosa de actos tributários (artigo 97º, nº 1, alínea *d*) do CPPT e 95º, nº 1, alínea *d*) da LGT)[20];
- Actos que decidam o agravamento à colecta aplicado em virtude da apresentação de reclamação graciosa ou de recurso hierárquico sem qualquer fundamento razoável, previsto nos artigos 91º, nºs 9 e 10 da LGT e 77º, nº 3 do CPPT (artigo 97º, nº 1, alínea *e*) do CPPT e 95º, nº 1, alínea *e*) da LGT)[21];
- Actos de fixação da matéria tributável por métodos indirectos, quando não dêem origem à liquidação de qualquer tributo, designadamente nos casos em que houve prejuízos fiscais e o obrigado tributário não concorde com o resultado deste acto (artigo 97º, nº 1, alínea *b*) do CPPT e 95º, nº 1, alínea *c*) da LGT);
- Actos de fixação de VPT, com as especificidades previstas no artigo 134º do CPPT (artigo 97º, nº 1, alínea *f*) do CPPT e 95º, nº 1, alínea *b*) da LGT);

[20] Como tivemos oportunidade de salientar no ponto 46 deste manual, caso a decisão de indeferimento do pedido de revisão oficiosa de actos tributários *comporte a apreciação da legalidade do acto de liquidação*, a sua legalidade poderá ser contestada contenciosamente através da *impugnação judicial*. Isto verificar-se-á quando a revisão do acto tributário seja efectuada por iniciativa do sujeito passivo dentro do prazo para reclamação graciosa, com fundamento em qualquer ilegalidade, ou quando seja efectuada fora deste prazo e a Administração Tributária considerar que estão verificados os fundamentos da revisão oficiosa do acto tributário – como o erro imputável aos serviços ou a injustiça grave ou notória –, procedendo à revisão mas chegando, no entanto, à conclusão que o acto de liquidação não é ilegal, que não se verificam os vícios invocados pelo sujeito passivo, proferindo uma decisão de indeferimento. Caso o sujeito passivo requeira a revisão oficiosa do acto tributário, decorrido o prazo de reclamação graciosa e a Administração Tributária considerar que não se verificam os fundamentos da revisão oficiosa do acto tributário, não vai apreciar a (i)legalidade do acto tributário, pelo que profere uma decisão de indeferimento que *não comporta a apreciação da legalidade da liquidação*, sendo que este acto só poderá ser impugnado contenciosamente através da *acção administrativa* regulada no CPTA. Nos casos de indeferimento tácito, caso a Administração Tributária não se pronuncie acerca do pedido de revisão dos actos tributários, nos termos do artigo 57º, nºs 1 e 5 da LGT, decorrido o prazo de 4 (quatro) meses, a jurisprudência do STA – designadamente nos acórdãos de 23 de Setembro de 2009, proferido no âmbito do processo nº 0420/09 e de 2 de Julho de 2014, proferido no âmbito do processo nº 01950/13 – tem vindo a entender que o meio processual adequado será a impugnação judicial.

[21] Freitas da Rocha critica o facto do artigo 77º, nº 3 do CPPT praticamente "convidar" o tribunal a proceder ao controlo do mérito da decisão da Administração Tributária de aplicação do agravamento à colecta. Cf. Joaquim Freitas da Rocha (2014), p. 317.

- Actos interlocutórios ou preparatórios quando imediatamente lesivos dos direitos dos contribuintes e comportem a apreciação da legalidade da liquidação, de acordo com o artigo 54º do CPPT[22];
- Providências cautelares adoptadas pela Administração Tributária, com as especificidades previstas no artigo 144º do CPPT (artigo 97º, nº 1, alínea *g*) do CPPT) tendo designadamente carácter urgente; e
- Actos de apreensão ainda que esta também seja de carácter urgente nos termos do artigo 143º do CPPT.

Por último, é de salientar os actos que não são sindicáveis através da impugnação judicial: os actos em matéria tributária[23] que não comportem a apreciação da legalidade de um acto de liquidação, nos termos do artigo 97º, nº 1, alínea *p*) e nº 2 do CPPT. Não será, portanto, impugnável, por exemplo, a decisão do recurso hierárquico que negue o direito a um determinado benefício fiscal, de indeferimento do pedido de compensação entre dívidas tributárias, de indeferimento do pedido de compensação com créditos não tributários, de indeferimento de um pedido de pagamento da dívida tributária em prestações e de indeferimento de pedido de sub-rogação, entre outros. A impugnação contenciosa destes actos será feita através da acção administrativa regulada nos artigos 37º e seguintes do CPTA e que será objecto de análise no ponto 61 deste manual[24].

[22] Como tivemos oportunidade de salientar no ponto 41 relativo ao princípio da impugnação unitária, em regra, os actos interlocutórios não são impugnáveis contenciosamente de forma autónoma, tal como disposto no artigo 54º do CPPT. Contudo, esta regra admite excepções designadamente quando a lei expressamente o admitir, tratando-se de actos destacáveis, e quando os actos interlocutórios sejam imediatamente lesivos dos direitos ou interesses legítimos dos contribuintes ou outros interessados. Nestes casos, o interessado poderá optar entre impugnar contenciosamente de forma autónoma o acto interlocutório ou apenas o acto final de liquidação, não podendo, todavia, impugnar ambos os actos, invocando os mesmos vícios. No que diz respeito ao meio processual adequado, para os actos destacáveis será aquele indicado expressamente na lei, enquanto para os actos imediatamente lesivos será a impugnação judicial ou a acção administrativa, consoante o acto comporte ou não a apreciação da legalidade da liquidação.

[23] Os actos tributários em sentido lato são actos da Administração Tributária, produtores de efeitos jurídicos, de carácter individual e concreto, de aplicação da norma tributária substantiva a um caso concreto. Os actos tributários *stricto sensu* correspondem aos actos de liquidação, incluindo os actos de liquidação adicional, liquidação oficiosa, autoliquidação, retenção na fonte e de pagamento por conta, sendo os actos impositivos por excelência. Já os *actos em matéria tributária* são todos os outros actos que integram a noção ampla de acto tributário mas que não são actos de liquidação.

[24] Assim também tem entendido a jurisprudência do STA. Veja-se, a título exemplificativo, os acórdãos do STA de 7 de Janeiro de 2016, proferido no âmbito do processo nº 01412/15 e de 14 de Maio de 2015, proferido no âmbito do processo nº 01958/13. Relativamente à dicotomia actos

É ainda de salientar o âmbito material da arbitragem tributária e da reclamação graciosa, ou seja, os actos cuja legalidade poderá ser contestada mediante a utilização destes meios tutelares.

Assim, no que diz respeito ao âmbito material da *arbitragem tributária*, serão arbitráveis, isto é, impugnáveis mediante o pedido de constituição de tribunal arbitral os seguintes actos[25]:

- Actos de liquidação administrativa de impostos cuja administração seja da competência da Autoridade Tributária e Aduaneira, ao abrigo da alínea *a)*, do nº 1, do artigo 2º do RJAT, do artigo 1º e do corpo do artigo 2º da Portaria de Vinculação;
- Actos de autoliquidação, de retenção na fonte ou de pagamento por conta de impostos administrados pela Autoridade Tributária e Aduaneira, desde que precedidos de reclamação graciosa prévia, nos termos e para os efeitos dos artigos 131º a 133º do CPPT, ao abrigo do artigo 2º, nº 1, alínea *a)* do RJAT, do artigo 1º e da alínea *a)*, do artigo 2º, *a contrario*, da Portaria de Vinculação;
- Actos de indeferimento expresso de reclamações graciosas, recursos hierárquicos ou pedidos de revisão oficiosa que apreciem, eles próprios, a (i)legalidade do acto de liquidação, de autoliquidação, de retenção na fonte ou de pagamento por conta, ao abrigo de uma interpretação teleológica da alínea *a)*, do nº 1, do artigo 2º, do RJAT e da alínea *a)*, do artigo 2º, da Portaria de Vinculação;
- Actos de liquidação de IVA, impostos especiais sobre o consumo (IEC) e outros impostos indirectos sobre mercadorias que não sejam sujeitas a direitos de importação, ao abrigo da alínea *a)*, do artigo 2º, do RJAT e da alínea *d)*, do artigo 2º, *a contrario*, da Portaria de Vinculação;
- Pretensões relativas a imposições à exportação instituídas no âmbito da política agrícola comum ou no âmbito de regimes específicos aplicáveis a determinadas mercadorias resultantes de transformação de produtos agrícolas, ao abrigo da alínea *a)*, do nº 1, do artigo 2º, do RJAT;
- Actos de fixação de VPT, para efeitos de impostos administrados pela Autoridade Tributária e Aduaneira, ao abrigo da alínea *b)*, do nº 1, do artigo 2º, do RJAT, do artigo 1º e do corpo do artigo 2º da Portaria de Vinculação;

tributários/actos em matéria tributária e impugnação judicial/acção administrativa, veja-se o ponto 61 deste manual no qual criticamos esta solução.

[25] Seguindo Carla Castelo Trindade (2016), p. 116-118.

- Actos de fixação da matéria tributável sem recurso a métodos indirectos ou seja, por recurso a métodos directos, quando *não dêem origem* à liquidação de qualquer imposto cuja administração esteja cometida à Autoridade Tributária e Aduaneira, designadamente os *Relatórios de Inspecção*, ao abrigo da primeira parte da alínea *b)*, do nº 1, do artigo 2º, do RJAT e da alínea *b)*, do artigo 2º, *a contrario*, da Portaria de Vinculação; e
- Actos de determinação da matéria colectável, sem recurso a métodos indirectos ou seja, por recurso a métodos directos, *quando dêem origem* à liquidação de qualquer imposto cuja administração esteja cometida à Autoridade Tributária e Aduaneira, designadamente os *Relatórios de Inspecção*, ao abrigo da alínea *b)*, do nº 1, do artigo 2º, do RJAT, do artigo 1º e da alínea *b)*, do artigo 2º, *a contrario*, da Portaria de Vinculação.

Já no que concerne o âmbito material da *reclamação graciosa*, por força do nº 1 do artigo 68º do CPPT, esta visa apenas a anulação ou declaração de nulidade ou inexistência de actos tributários *stricto sensu*, ou seja, actos de liquidação – administrativa, adicional ou oficiosa – e equiparados, tais como os actos de autoliquidação, de retenção na fonte e de pagamento por conta, sendo que nestes casos a reclamação será necessária nos termos dos artigos 131º a 133º do CPPT.

Comum à impugnação judicial, à reclamação graciosa e à arbitragem tributária é a exclusão da sindicabilidade de actos em matéria tributária que não comportem a apreciação da legalidade do acto de liquidação. Para a contestar a legalidade destes actos, o contribuinte poderá apresentar um recurso hierárquico nos termos do artigo 66º do CPPT ou uma acção administrativa regulada no CPTA, de acordo com o previsto no artigo 97º, nº 1, alínea *p)* e nº 2 do CPPT.

60.2. Relação com a reclamação graciosa

Analisados os actos impugnáveis através do meio processual de impugnação judicial, destaca-se, desde já, o facto de a reclamação graciosa ter igualmente por objecto actos tributários, ou seja, actos de liquidação, tal como tivemos oportunidade de analisar no ponto 44 deste manual.

Assim, são de salientar neste ponto os elementos que este meio processual e o meio tutelar administrativo de reclamação graciosa têm em comum, bem como aqueles que os distinguem, para além da posição assumida pela Administração Tributária que será naturalmente distinta. Contudo, a questão mais relevante que aqui se coloca e que cabe descortinar é relativa à forma como se articulam estes dois meios que podem ter por objecto os mesmos actos. Será que o contribuinte pode recorrer simultaneamente aos dois meios? Utilizar a impugnação judicial depois do indeferimento de uma reclamação graciosa? Ou recorrer à reclamação graciosa depois de "perder" a impugnação judicial[26]?

Antes de responder a estas questões há que referir que faremos o mesmo estudo de articulação, aquando do estudo da arbitragem tributária, mas desta feita distinguindo a impugnação judicial do pedido de constituição do tribunal arbitral.

- ***Pontos em comum: reclamação graciosa e impugnação judicial***

Comecemos por indicar os *pontos em comum* do meio processual de impugnação judicial e da reclamação graciosa. Estas podem ter por *objecto* os mesmos actos tributários, terão o mesmo *objectivo* de anulação ou de declaração da nulidade ou de inexistência destes actos, de acordo com os artigos 68º, nº 1 e 124º, nº 1 do CPPT e terão ainda idênticos *fundamentos*, como resulta da remissão do artigo 70º, nº 1 do CPPT para o artigo 99º do CPPT. O fundamento destes meios tutelares pode ser *qualquer ilegalidade*, como se viu aquando do estudo da reclamação no ponto 44 deste manual.

Para além disso, nem na reclamação graciosa nem na impugnação judicial se verifica o efeito suspensivo automático da respectiva liquidação, tal como resulta dos artigos 69º, alínea *f*) e 103º, nº 4 do CPPT.

- ***Diferenças: reclamação graciosa e impugnação judicial***

Apesar dos pontos em comum, não há dúvida que a impugnação judicial e a reclamação graciosa constituem duas garantias dos contribuintes distintas, desde já devido ao diferente papel da Administração Tributária que, no âmbito da reclamação graciosa actua como entidade decisora e, no âmbito da impugnação judicial assume o papel de parte, cabendo ao tribunal dirimir o litígio existente entre o contribuinte que contesta a legalidade do acto tributário e a Administração. Para além do mais, os prazos para recorrer a estes meios são diferentes: a reclamação graciosa deverá ser deduzida no prazo de 120 (cento e vinte) dias contados a partir dos factos elencados no artigo 102º, nº 1 do CPPT, de acordo com o artigo 70º, nº 1 do CPPT e a impugnação judicial deverá ser apresentada no prazo de 3 (três) meses, de acordo com a referida norma constante do artigo 102º, nº 1 do CPPT.

Acresce que, a marcha da impugnação judicial será tendencialmente mais lenta do que a da reclamação graciosa, desde logo porque à Fazenda Pública é naturalmente dada a possibilidade de contestar e há uma fase de produ-

[26] Seguindo de perto JOAQUIM FREITAS DA ROCHA (2014), p. 293- 296.

ção de prova, pese embora vigore no âmbito do processo judicial tributário o princípio da economia e celeridade processual. De facto, enquanto a reclamação graciosa deverá ser decidida no prazo de 4 (quatro) meses, sob pena de formação de presunção de indeferimento tácito, nos termos do artigo 57º, nºs 1 e 4 da LGT, a impugnação judicial "*não deve ter duração acumulada superior a dois anos contados entre a data da respectiva instauração e da decisão proferida em 1ª instância que lhe põe termo*", devendo a sentença ser proferida no prazo de 20 (vinte) dias, nos termos dos artigos 21º, alínea *b)* e 96º, nº 2 do CPPT, não se prevendo qualquer cominação para o incumprimento deste limite[27]. Por outro lado, enquanto são admitidos na impugnação judicial os meios gerais de prova, de acordo com o artigo 115º, nº 1 do CPPT, em sede de reclamação graciosa verifica-se uma limitação dos meios probatórios à forma documental, de acordo com o artigo 69º, alínea *e)* do CPPT. Deste modo, se o contribuinte quiser anular determinado acto tributário e só tenha como elementos de prova a prova testemunhal, em princípio, deverá optar pela impugnação judicial.

É ainda de referir o facto de as decisões da impugnação judicial, isto é, as sentenças proferidas no seu âmbito, fazerem caso julgado material, o que não ocorre com as decisões de deferimento ou indeferimento da reclamação graciosa que consubstanciam actos administrativos, tal como resulta do artigo 69º, alínea *f)* do CPPT. Aqui saliente-se que não deixam, porém, de fazer caso julgado administrativo, razão pela qual podem ser executadas designadamente em processo de execução de julgados.

Por fim, enquanto a reclamação graciosa é caracterizada pela isenção de custas, nos termos do artigo 69º, alínea *d)* do CPPT, não sendo necessária a constituição de mandatário judicial, na impugnação judicial verifica-se a sujeição a custas, de acordo com o artigo 122º, nº 2 do CPPT, e é obrigatória a constituição de advogado nos termos previstos no artigo 6º do CPPT, ou seja, nas causas judiciais cujo valor exceda o dobro da alçada do tribunal tributário da 1ª instância – €10.000,00 –, bem como nos processos da competência do TCA e do STA[28].

[27] Prevê-se a caducidade da garantia prestada apenas nos casos em que a reclamação graciosa não estiver decidida no prazo de 1 (um) ano a contar da data da sua interposição, nos termos do artigo 183º-A, nº 1 do CPPT, sendo de salientar que antes da Lei nº 53-A/2006, de 29 de Dezembro, também se previa como consequência da demora excessiva dos processos judiciais a caducidade das garantias e o levantamento de penhoras. Actualmente não se prevê qualquer consequência para o incumprimento do prazo de 20 (vinte) dias para proferir a sentença ou de 2 (dois) anos para a duração da impugnação judicial, desde a data da propositura da acção até à data da prolação da sentença.

[28] Na verdade, vale no âmbito do procedimento tributário o princípio da gratuitidade dos actos do procedimento, pelo que, em regra, os procedimentos serão gratuitos. Contudo, há excepções a esta regra designadamente a realização de inspecção tributária a pedido do sujeito passivo – artigo 4º,

- ***Escolha do meio processual***

Tendo em conta que temos dois meios tutelares que visam, via de regra, a anulação ou declaração de nulidade dos mesmos actos – os actos tributários – poderá colocar-se a questão de saber qual o meio mais vantajoso para o sujeito passivo ou outro interessado com legitimidade activa. Isto é, o que levará o sujeito passivo a optar por uma impugnação judicial ou por uma reclamação graciosa quando esteja em tempo de escolher entre estes dois meios tutelares e não se trate de um caso de reclamação graciosa necessária?

A reclamação graciosa terá vantagens evidentes em relação à impugnação judicial. Por um lado, a isenção de custas, por força do princípio da gratuitidade que vigora no âmbito do procedimento tributário, por outro, a inexigência de constituição de mandatário judicial. Além do mais, em caso de inêxito da pretensão, este meio tutelar administrativo será menos oneroso do que a impugnação judicial, na medida em que não há lugar à condenação em custas. Pelo contrário, a impugnação judicial está sujeita a custas, podendo o impugnante ser condenado no seu pagamento, em caso de inêxito da sua pretensão. Para além disso, é obrigatória a constituição de advogado nos termos previstos no artigo 6º do CPPT, ou seja, nas causas judiciais cujo valor exceda o dobro da alçada do tribunal tributário da 1ª instância – €10.000,00.

Deste modo, são patentes as *vantagens económicas* da reclamação graciosa em relação à impugnação judicial.

Por outro lado, a reclamação graciosa será tendencialmente mais célere, na medida em que, de acordo com o artigo 57º, nºs 1 e 4 da LGT, deverá ser decidida no prazo de 4 (quatro) meses, sob pena de formação da presunção de indeferimento tácito, enquanto a impugnação judicial poderá ter um prazo máximo de duração de 2 (dois) anos entre a data da sua instauração e a data da prolação da decisão em 1ª instância, tal como disposto no nº 2 do artigo 96º do CPPT, sendo que na prática verifica-se que persiste a excessiva morosidade dos tribunais tributários, como tivemos oportunidade de salientar no ponto 53.5 deste manual, sem cominação processual prevista.

A reclamação graciosa terá assim vantagens também ao nível da *celeridade*.

Contudo, a apresentação de uma reclamação graciosa poderá resultar numa perda de tempo para o contribuinte ou outro interessado, desde logo nos casos em que a Administração Tributária já se tenha pronunciado, encontrando-se a sua posição – contrária à defendida pelo contribuinte – plasmada em orientações genéricas ou informações vinculativas. Nestes casos, o con-

nº 1 do Decreto-Lei nº 6/99, de 8 de Janeiro – e o pedido de prestação de informações vinculativas com carácter de urgência – 68º, nº s 6 e 7 da LGT.

tribuinte já sabe à partida que a decisão que a Administração tomar em sede de reclamação graciosa lhe será desfavorável. Constituirá porventura uma vantagem se o contribuinte ou outro interessado quiser garantir vários níveis decisórios, funcionando a reclamação como uma primeiríssima instância, aumentando as probabilidades de ganho de causa.

Por fim, a impugnação judicial terá uma importante vantagem sobre a reclamação graciosa, respeitante aos meios de prova admitidos. Enquanto na reclamação graciosa, como se viu no ponto 44 deste manual, verifica-se uma limitação dos meios probatórios à forma documental, tal como disposto na alínea *e*) do nº 1 do artigo 69º do CPPT, no âmbito da impugnação judicial são admitidos os meios gerais de prova, o que inclui, designadamente a prova testemunhal e pericial. Por conseguinte, se o sujeito passivo necessitar de apresentar meios de prova distintos da prova documental para sustentar a sua pretensão de ilegalidade do acto contestado, deverá optar pela apresentação da impugnação judicial, em detrimento da reclamação graciosa.

Aqui chegados, consideramo-nos capazes de delimitar as situações em que será mais vantajoso o sujeito passivo optar pela reclamação graciosa ou pela impugnação judicial.

Caso o sujeito passivo não tenha possibilidades económicas e /ou pretenda obter uma decisão o mais célere possível, não carecendo de outros meios de prova para além da prova documental e não sabendo à partida que a decisão da Administração lhe será desfavorável, deverá optar pela reclamação graciosa. Se simplesmente não tem possibilidades económicas, deverá optar também pela reclamação graciosa.

Pelo contrário, se tem possibilidades económicas e/ou não tem interesse na obtenção de uma decisão o mais célere possível, poderá optar pela impugnação judicial. Se pretender recorrer a outros meios de prova para além da prova documental, deverá igualmente deduzir uma impugnação judicial, tendo em conta que em sede de reclamação graciosa verifica-se uma limitação dos meios probatórios.

No que diz respeito ao pedido de constituição de tribunal arbitral, é de referir que a arbitragem tributária está sujeita a custas, admitindo-se a condenação em custas, em caso de inêxito da pretensão do impugnante. À semelhança da regra aplicável à impugnação judicial, também na arbitragem verificar-se-á a obrigatoriedade de constituição de advogado nos processos cujo valor ultrapasse € 10.000,00. Admitem-se igualmente os meios gerais de prova, sendo ainda de referir que, de acordo com o artigo 21º, nº 1 do RJAT a duração da fase processual, desde a data da constituição do tribunal arbitral até à data da decisão arbitral, será de 6 (seis) meses[29]. Esta terá evidentes vantagens ao nível da celeridade na medida em que a partir do momento da constituição do tribunal arbitral, o processo arbitral tributário terá uma duração máxima de 6 (seis) meses. Para além disso, terá vantagens em relação à reclamação graciosa pois o litígio será dirimido por um ou vários terceiros imparciais (os árbitros), não correndo o risco de se afigurar como uma perda de tempo, no sentido de não obter uma decisão em tempo útil, como pode suceder na reclamação graciosa.

Deste modo, parece-nos que o sujeito passivo deverá optar pela apresentação de um pedido de constituição de tribunal arbitral se tiver possibilidades económicas e interesse na obtenção de uma decisão célere. Em todo o caso, refira-se que, em determinados casos, já analisados no ponto 44.5., e que em suma dizem respeito a situações em que a Administração Tributária não interveio na formação do acto a reclamação graciosa não pode ser dispensada antes da apresentação da impugnação, constituindo um passo obrigatório prévio.

- ***Articulação entre a impugnação judicial e a reclamação graciosa***

Aqui chegados, sabendo que apesar das semelhanças, a impugnação judicial e a reclamação graciosa constituem garantias diferentes dos contribuintes que visam a anulação ou a declaração da nulidade e da inexistência de actos tributários, cabe delimitar como se articulam estes dois meios.

Por um lado, cabe desde já referir que a instauração de uma reclamação graciosa não preclude o direito de interposição da impugnação judicial. Depois de decidida a reclamação, ainda pode ser instaurada a impugnação. De facto, prevê-se no artigo 97º, nº 1, alínea *c)* a possibilidade de impugnação do indeferimento total ou parcial das reclamações graciosas dos actos tributários. Uma solução contrária que não permitisse a impugnação dos actos de indeferimento de reclamações graciosas seria violadora do princípio constitucional de acesso ao Direito, previsto no artigo 20º da CRP, "*pois estar-se-ia a admitir que a última palavra na resolução de um litígio fosse subtraída aos Tribunais*"[30]. No entanto, como se viu aquando do estudo da reclamação graciosa, o nº 2 do artigo 68º do CPPT proíbe a dedução de reclamação graciosa quando já tiver sido instaurada impugnação judicial com o mesmo fundamento. Por outro lado, é possível apresentar uma reclamação graciosa do mesmo acto tributário, na pendência da impugnação judicial, desde que seja invocado um fundamento diverso.

Aqui, porém, há que ter cautela.

[29] Carla Castelo Trindade (2016), p. 414-418.

[30] Joaquim Freitas da Rocha (2014), p. 295.

Na verdade, não é possível que corram simultânea e separadamente uma reclamação graciosa e uma impugnação judicial que tenha por objecto o mesmo acto tributário, mesmo nos casos em que o fundamento invocado pelo contribuinte seja diferente.

Assim, se o contribuinte apresentar uma impugnação judicial *depois de ter deduzido uma reclamação graciosa* relativamente ao mesmo acto tributário, independentemente de o fundamento invocado ser o mesmo ou não, o artigo 111º, nº 3 do CPPT determina a apensação da reclamação graciosa à impugnação judicial, no estado em que se encontrar, sendo considerada, para todos os efeitos, no âmbito do processo de impugnação. Se, por outro lado, o contribuinte deduzir uma reclamação graciosa com diverso fundamento *após ter sido interposta a impugnação judicial*, a solução será igualmente a apensação da reclamação à impugnação judicial, sendo considerada, para todos os efeitos, no âmbito do processo de impugnação, de acordo com o artigo 111º, nº 4 do CPPT. Assim, será o tribunal a apreciar tanto as questões levantadas na impugnação judicial quanto as invocadas na reclamação graciosa[31].

Deste modo, da análise destas soluções chegamos à conclusão, acompanhando o entendimento de Lopes de Sousa, de que existe uma "*preferência absoluta*" do meio judicial de impugnação sobre os meios administrativos, na medida em que se impede que seja apreciada, por via administrativa, a legalidade de um acto tributário que seja objecto de impugnação judicial[32]. A impugnação será assim "o mais".

Posto isto, pese embora a apresentação de uma reclamação graciosa não precluda a interposição da impugnação judicial do eventual acto de indeferimento e, em regra, o contribuinte possa optar entre a dedução de uma reclamação graciosa e a apresentação de uma impugnação judicial para contestar a legalidade de um acto tributário de liquidação[33], a verdade é que estes dois meios nunca poderão correr simultaneamente quando digam respeito

[31] Jorge Lopes de Sousa, com quem tendemos a concordar, defende que, por analogia, também deverá ocorrer a apensação à impugnação judicial de um pedido de revisão do acto tributário, apresentado nos termos do artigo 78º da LGT, nos casos em que não se fundamente em factos supervenientes em relação ao acto impugnado Cf. Jorge Lopes de Sousa (2011), Vol. II, p. 241.

[32] Este autor salienta, no entanto, a possibilidade de revogação do acto tributário em sede de impugnação judicial nos termos dos artigos 111º e 112º do CPPT Cf. Jorge Lopes de Sousa (2011), Vol. II, p. 241.

[33] Recorde-se que, em certos casos, exige-se o esgotamento prévio dos meios administrativos, ou seja, a apresentação de uma reclamação graciosa necessária antes da impugnação judicial, nos termos dos artigos 131º a 133º do CPPT. Para mais desenvolvimentos veja-se o ponto 44.5 deste manual relativo às reclamações graciosas necessárias.

ao mesmo acto tributário, independentemente de os fundamentos invocados serem idênticos ou não. Verifica-se assim uma preferência absoluta pela apreciação da legalidade do acto tributário através da impugnação judicial, pelo que a reclamação graciosa deduzida antes ou depois da apresentação da impugnação judicial será sempre apensada à impugnação judicial e considerada, para todos os efeitos, no âmbito do processo de impugnação, cabendo ao juiz apreciar todos os fundamentos invocados quer na impugnação judicial quer na reclamação graciosa[34].

60.3. Cumulação de impugnações

Antes de entrarmos na análise da efectiva tramitação da forma processual de impugnação judicial, cabe ainda referir a questão da possibilidade de cumulação de impugnações[35].

Embora o artigo 104º do CPPT tenha como epígrafe "*cumulação de pedidos*", seguimos o entendimento da maioria da doutrina de que esta epígrafe se refere, na verdade, à *cumulação de impugnações*[36]. De facto, não se colocam quaisquer dúvidas acerca da possibilidade de cumulação de pedidos *na impugnação de um acto tributário*. O que está aqui em causa é algo diferente pois, quando se verifica a cumulação de impugnações, temos um pedido "*dirigido contra vários actos tributários*", justificando-se esta possibilidade de cumulação, desde logo, por razões de economia de meios e de uniformidade de decisões[37].

Neste ponto caberá determinar os *requisitos* desta possibilidade de cumulação de impugnações, ou dito de outro modo, as situações em que é possível o contribuinte cumular a impugnação de diferentes actos tributários num só processo de impugnação judicial, analisando em especial o requisito da *identidade da natureza dos tributos*. Seguidamente será feita uma referência às consequências da não verificação dos requisitos de que depende a cumulação de impugnações.

Por fim, analisaremos o regime de cumulações de pedidos em sede de arbitragem tributária e recordaremos o regime previsto no âmbito da reclamação graciosa.

[34] Se for depois, terá necessariamente de ter um fundamento diverso, nos termos do artigo 68º, nº 2 do CPPT.

[35] Veja-se, a este propósito, SÉRGIO GONÇALVES CABO (2006), "A cumulação processual no contencioso tributário" *in* Estudos jurídicos e económicos em homenagem ao Prof. Doutor António de Sousa Franco, Vol. III.

[36] RUI DUARTE MORAIS (2012), p. 288. No mesmo sentido JORGE LOPES DE SOUSA (2011), Vol. II, p. 180.

[37] RUI DUARTE MORAIS (2012), p. 289.

• ***Requisitos***

Assim, a cumulação de pedidos – impugnações – no processo de impugnação judicial apenas é possível mediante a verificação cumulativa dos seguintes requisitos previstos, quase todos, no artigo 104º do CPPT[38]:

- O mesmo *tribunal* deverá ser *competente* para conhecer de todos os pedidos;
- A *entidade recorrida* deverá ser a mesma;
- Os *fundamentos de facto e de direito* invocados deverão ser idênticos e
- Deverá verificar-se também a *identidade de natureza dos tributos.*

Quanto ao último requisito da *identidade de natureza dos tributos* cabe fazer uma referência especial para delimitar quando é que se deverá considerar que os tributos em causa são de idêntica natureza.

Lopes de Sousa defende, tal como a jurisprudência do STA vinha entendendo, que a identidade da natureza dos tributos se reporta às categorias de impostos previstas no artigo 104º da CRP, ou seja, os impostos sobre o rendimento, sobre o património e sobre o consumo, que constitui a classificação com aceitação legal "mais evidente", inclusive a nível do Direito da União Europeia e de convenções internacionais. Neste sentido, embora se possam cumular na mesma impugnação judicial pedidos de anulação de actos de liquidação de IRS e de IRC, pois tratam-se ambos de impostos sobre o rendimento, já não se poderá contestar no mesmo processo a ilegalidade de actos de liquidação de IRC e de IVA, na medida em que o IRC constitui um imposto sobre o rendimento e o IVA um imposto sobre o consumo[39]. Assim, segundo esta posição haverá identidade de natureza de tributos quando estejam em causa vários actos tributários relativos ao *mesmo imposto*, bem como quando estejam em causa actos tributários relativos à *mesma categoria de imposto*. Quando disserem respeito a diferentes categorias de imposto, segundo a jurisprudência do STA, não se verificará o requisito da identidade de natureza de tributos e consequentemente não será possível a cumulação de pedidos/impugnações. Neste sentido, veja-se o acórdão de 27 de Abril de 2005, proferido no âmbito do processo nº 1891/03 no qual se esclarece que:

[38] Seguindo Jorge Lopes de Sousa (2011), Vol. II, p. 181 e Rui Duarte Morais (2012), p. 289-290.

[39] Jorge Lopes de Sousa (2011), Vol. II, p. 181. No mesmo sentido, vejam-se os acórdãos do STA de 17 de Dezembro de 2014, proferido no âmbito do processo nº 0544/14, de 29 de Maio de 2013, proferido no âmbito do processo nº 01219/12, de 24 de Janeiro de 2007, proferido no âmbito do processo nº 0667/06, de 10 de Janeiro de 2005, proferido no âmbito do processo nº 01390/04 e de 2 de Fevereiro de 2005, proferido no âmbito do processo nº0974/04.

"[n]os termos do artigo° 104° do CPPT, na impugnação judicial podem cumular-se pedidos em caso de identidade de natureza dos tributos. Logo, se os tributos não forem de idêntica natureza não pode haver cumulação de pedidos. Para efeitos desta norma temos de ter em conta uma certa e determinada classificação dos tributos. Essa classificação tem de ser a legal e não qualquer classificação doutrinal. Ora, a classificação dos tributos em razão da natureza dos mesmos é a que os divide em impostos sobre o rendimento, impostos sobre o património e impostos sobre o consumo."

Rui Duarte Morais critica esta posição, considerando que não se entende a razão de ser desta exigência adicional da identidade de tributos que parece "*mais não ser que a transposição para o plano judicial de regras de organização interna da administração tributária*". Este autor alega ainda que desta solução decorre um "*desperdício processual*" e a ocorrência de situações em que a mesma causa conhece diferentes decisões consoante o imposto em causa[40].

A este propósito, também Isabel Marques da Silva discorda da opinião perfilhada pelo STA e por Lopes de Sousa, designadamente quando defendem que impostos da mesma natureza são impostos sobre o rendimento, sobre o património, ou sobre a despesa. No entendimento desta autora – à data –, a identidade da natureza dos tributos impõe a proibição da cumulação de pedidos relativos a taxas e a impostos. Estes sim serão tributos de natureza diferente[41]. A autora entende ainda que, nos termos previstos no artigo 104° do CPPT, será pressuposto da cumulação de pedidos no âmbito da impugnação judicial a regra das três identidades: a identidade dos fundamentos de facto e de direito invocados, a identidade do tribunal competente para a decisão e a última identidade da natureza dos tributos. Neste sentido, desde 2011 que esta tem sido, na maioria dos casos, a posição acolhida pelo STA sobre este tema. A título exemplificativo, veja-se o acórdão do STA de 17 de Dezembro de 2014, proferido no âmbito do processo n° 0544/14, no qual se entendeu que:

"Na sequência do que ficou dito, a questão de saber se no caso existia, ou não, a excepção dilatória da ilegal cumulação de pedidos, não ficou prejudicada. Acresce referir que, derivando as liquidações de IRC e IVA na sua quase totalidade dos mesmos factos elencados no relatório de inspecção, não é, sequer, manifesta nem patente a ilegal cumulação dos pedidos apresentados, pois que a jurisprudência do STA se tem vindo a consolidar no sentido de ser permitida essa cumulação à luz do artigo 104° do CPPT (...)."

[40] Rui Duarte Morais (2012), p. 290-291.

[41] Veja-se neste sentido, em artigo de anotação ao acórdão do STA de 10 de Março de 2004: Isabel Marques da Silva (2004), "Cumulação de impugnações de IVA e de IRS, CTF", p. 371 e 373-374.

Bem como o acórdão do STA de 6 de Março de 2013, proferido no âmbito do processo nº 01327/12, no qual se defendeu que:

"(...) no caso em apreço, as liquidações adicionais em causa decorreram de um mesmo facto, que foi a alteração da matéria tributável, efectuada por métodos indirectos, homologada pelo despacho impugnado. E, por conseguinte, a eventual anulação das liquidações adicionais, na sequência da anulação do referido despacho, decorrem do mesmo fundamento de facto e de Direito e da anulação do mesmo despacho.

Com efeito, o que os recorrentes verdadeiramente questionam e constitui a causa de pedir é a utilização pela Fazenda Pública de métodos indirectos para proceder às correcções da matéria tributável e que originou as liquidações adicionais de IRS e de IVA.

Em face do exposto, tendo presente as circunstâncias concretas que o caso convoca, afigura-se que, por força do princípio pro actione, enquanto corolário do direito à tutela judicial efectiva, na dimensão em que impõe a eliminação de formalismos processuais que afectem desrazoavelmente a protecção judicial dos cidadãos, deve o art. 104º do CPPT ser interpretado no sentido de não constituir obstáculo ao prosseguimento da presente impugnação. É que para além do já sublinhado quanto à identidade de causa de pedir, a verdade é que a proceder a impugnação judicial a consequência será a anulação das correcções e consequentes liquidações pelo facto de se terem baseado em métodos indirectos, o que implicará a elaboração de novo relatório de inspecção. Em face deste circunstancialismo, por exigências de racionalidade de meios, da celeridade da decisão e tendo presente o objectivo de evitar decisões contraditórias, tudo aponta no sentido das liquidações em causa serem analisadas na mesma acção."

E, ainda, o acórdão do STA de 24 de Outubro de 2012, proferido no âmbito do processo nº 0747/12, no qual se perfilha o mesmo entendimento:

"É verdade que as impugnações respeitam a IVA e a IRC, sendo o IVA um imposto sobre a despesa e tratando-se do IRC um imposto sobre o rendimento. Estamos, contudo, em ambos os casos, perante tributos com a natureza de impostos, razão pela qual entendemos não faltar no caso dos autos o requisito da 'identidade da natureza dos tributos'. É esta, segundo nos parece, a interpretação do artigo 104º do CPPT que, cabendo na letra da lei, obsta a que a especialidade criada pelo CPPT quanto à cumulação de impugnações (afastando-a do regime do processo administrativo a que antes deste diploma a cumulação de pedidos e de impugnações se sujeitava – cfr. o artigo 38º, nºs 1 e 3 da LPTA e afastando-a da hoje consagrada nos artigos 4º, nº 5 e 47º, nº 4 do CPTA), restrinja de forma injustificada, e sem que para tal houvesse habilitação na respectiva lei de autorização legislativa (Lei nº 87-B/98, de 31 de Dezembro), a possibilidade de deduzir cumulativamente impugnações de actos tributários respeitantes a impostos diversos mas assentes em idênticos fundamentos fácticos e jurídicos, a aconselhar, por isso, em prol da racionalidade de meios, da

celeridade da decisão e do são objectivo de evitar decisões contraditórias, a sua apreciação na mesma acção.

Ao contrário do que se estabelece no nº 2 do artigo 71º do CPPT para a cumulação de pedidos de reclamação administrativa, o legislador não exige no artigo 104º a 'identidade do tributo', exige apenas a identidade 'da natureza' destes, o que remeterá para a classificação de tributos, atenta a sua diversa natureza, estabelecida nos números 1 e 2 do artigo 4º da Lei Geral Tributária."

Deste modo, permite-se que seja apresentada impugnação judicial relativamente a diferentes actos tributários desde que, na tese agora perfilhada pelo STA, se tratem de actos relativos apenas a impostos, ou a apenas a taxas ou apenas a contribuições abandonando-se, portanto, o entendimento da necessidade de se tratarem de impostos sobre o rendimento, sobre o património, ou sobre a despesa. Assim sendo, admitir-se-á a impugnação judicial relativa a uma liquidação adicional de IRS e uma liquidação adicional de IVA, mas não será possível a apresentação de uma impugnação judicial relativamente a um acto de liquidação adicional de IRC e a um acto de liquidação de uma taxa ou de uma contribuição, apesar de ser segura a relação de dependência existente entre as diferentes liquidações, desde logo mesmo que tenham como pressuposto a mesma correcção.

Em jeito de conclusão, só uma nota para recordar, por um lado, o regime de cumulação de pedidos em sede de reclamação graciosa e para salientar, por outro, o regime de cumulação de pedidos no âmbito da arbitragem tributária.

No que diz respeito à *reclamação graciosa*, a lei permite a cumulação de pedidos, nos artigos 43º da LGT e 71º do CPPT, relativamente ao mesmo acto, sendo disto exemplo paradigmático o pedido de anulação do acto de liquidação adicional cumulado com o pedido de condenação da Administração Tributária ao pagamento de juros indemnizatórios. Mais que uma cumulação de pedidos, o artigo 71º do CPPT admite, quando o órgão instrutor entender que não há prejuízo para a celeridade da decisão, a possibilidade de *cumulação de reclamações* relativamente a actos tributários distintos.

Nestes casos, de acordo com os nºs 1 e 2 deste artigo, os pressupostos da cumulação de pedidos referentes a actos tributários diferentes serão (*i*) a identidade do tributo, (*ii*) a identidade do órgão competente para a decisão e (*iii*) a identidade dos fundamentos de facto e de direito. Daqui decorre que o artigo 71º do CPPT impede a cumulação em reclamação graciosa de pedidos de anulação relativamente a tributos diferentes.

Assim, podemos concluir que no âmbito do contencioso tributário verifica-se a particularidade de se exigir para a cumulação processual a *identidade do tributo*, por um lado, em sede de reclamação graciosa e, a *identidade de natureza do tributo*, por outro, no âmbito da impugnação judicial. Sérgio Gonçalves do Cabo defende que a imposição destes requisitos terá sido imposta pela concretização da ideia plasmada no preâmbulo do Decreto-Lei nº 433/99, de 26 de Outubro, que aprovou o CPPT. Com efeito, o preâmbulo deste diploma estabelece que o CPPT "*não se aplica apenas aos impostos administrados tradicionalmente pela Direcção-Geral dos Impostos (DGCI)*" mas também, ao exercício dos direitos tributários em geral, quer pela DGCI, quer por outras entidades públicas, designadamente a DGCAEI, quer ainda por administrações tributárias não dependentes do Ministério das Finanças, como a Segurança Social[42].

Já no que concerne à *arbitragem tributária*, o artigo 3º do RJAT admite a cumulaçao de pedidos ainda que relativos a actos diferentes, quando a procedência dos pedidos dependa essencialmente da apreciação das mesmas circunstâncias de facto e da interpretação dos mesmos princípios ou regras de direito. Não se exige, assim, numa óptica legislativa mais atualizada, nem a identidade de tributos como em sede de reclamação graciosa, nem a identidade da natureza dos mesmos como no âmbito da impugnação judicial.

Com efeito, "*[a] previsão de uma regra deste género dá conforto à afirmação de que, além dos casos em que possa haver cumulação de pedidos no âmbito do procedimento e do processo tributários – e que, recordam-se, residem na cumulação de pedidos relativamente ao mesmo acto ou relativamente a actos tributários diferentes desde que respeitantes ao mesmo tributo ou a tributos de igual natureza –, a arbitragem tributária permite a cumulação de pedidos relativos a actos diferentes sendo unicamente exigível que a procedência do pedido de pronúncia arbitral, além da apreciação da mesma factualidade (por exemplo, da mesma correcção ou do mesmo relatório de inspecção) dependa também da interpretação e aplicação dos mesmos princípios ou das mesmas regras de direito*"[43].

Assim, é patente a intenção do legislador de obstar na arbitragem tributária às dificuldades e críticas que se fazem sentir quer no procedimento tributário em sede de reclamação graciosa, quer em sede de processo judicial tributário, no âmbito da impugnação judicial, decorrentes, como se viu, da exigência da verificação da identidade dos tributos ou da identidade da natureza dos tributos. Deste modo, aproximou-se do regime de cumulação de pedidos previsto no contencioso administrativo no artigo 4º, nº 1, alíneas

[42] Sérgio Gonçalves Cabo (2006), "A cumulação processual no contencioso tributário", p. 923-952.

[43] Carla Castelo Trindade (2016), p. 139. No mesmo sentido: Nuno Villa-Lobos/Tânia Carvalhais Pereira (2013), p. 382-383.

a) e *b*) do CPTA, no qual vigora o princípio da livre cumulação de pedidos e de impugnações.

Por conseguinte, admite-se a cumulação de pedidos de pronúncia arbitral no mesmo processo sempre que:

- *A causa de pedir seja a mesma e única* ou os *pedidos estejam entre si numa relação de prejudicialidade ou de dependência*, designadamente por se inscreverem no âmbito da mesma relação jurídica material; e
- Sendo *diferente a causa de pedir*, a procedência dos pedidos principais dependa *essencialmente* da apreciação dos mesmos factos e da interpretação e aplicação dos mesmos princípios ou regras de direito, não se exigindo, todavia, uma identidade absoluta das situações fácticas.

• ***Consequências da cumulação ilegal de impugnações***

Aqui chegados, já delimitados os requisitos da cumulação de pedidos em sede de impugnação judicial, cabe agora determinar as consequências da cumulação nos casos em que não se verifiquem os requisitos exigidos no artigo 104º do CPPT, designadamente a identidade da natureza dos tributos.

Assim, em caso de cumulação ilegal de pedidos em sede de impugnação judicial, ou seja, quando não se verificarem os requisitos exigidos, tal como a identidade da natureza dos tributos, LOPES DE SOUSA e RUI DUARTE MORAIS defendiam que seria aplicável subsidiariamente, por força do artigo 2º, alínea *c*) do CPPT, o regime previsto no artigo 47º do CPTA[44]. Ora, de acordo com o artigo 47º, nº 5 do CPTA o impugnante devia ser notificado para escolher qual o pedido que queria ver apreciado nesse processo. Se nada dissesse, haveria lugar à absolvição da instância relativamente a todos os pedidos formulados, podendo o interessado apresentar novas petições no prazo de 30 (trinta) dias, cuja data de apresentação retroagiria à data em que tinha sido apresentada a primeira petição, de acordo com o artigo 47º, nº 6 do CPTA. No entanto, com a reforma de 2015 do contencioso administrativo o artigo 47º do CPTA, relativo à cumulação de pedidos, foi revogado, desaparecendo a solução defendida por estes autores. Por outro lado, quando não se possa aceitar a cumulação de pedidos devido ao facto de aos pedidos formulados corresponderem diferentes formas processuais, designadamente quando o contribuinte impugnar um acto tributário e um acto em matéria tributária que não comporte a apreciação da legalidade do acto de liquidação, ao qual corresponde a forma de acção administrativa, RUI DUARTE MORAIS defendia

[44] JORGE LOPES DE SOUSA (2011), Vol. II, p. 183-184 e RUI DUARTE MORAIS (2012), p. 291.

que o regime do CPTA também seria aplicável[45]. Assim, o impugnante seria notificado para escolher qual dos pedidos queria ver apreciado no processo.

Em sentido contrário, Jesuíno Alcântara Martins e Costa Alves entendem que *"cumulando-se na petição inicial de impugnação várias causas de pedir e pedidos a que correspondem diversas formas de processo, e não sendo viável a convolação ao abrigo dos artºs 98º, nº 4 do CPPT e 97º, nº 3 da LGT, a petição deve ser liminarmente indeferida, pois não cabe ao juiz substituir-se ao interessado na escolha de uma das formas processuais adequadas, já que é este que deve escolher o meio de defesa que julgue mais conveniente"*[46].

Tendemos a concordar com os primeiros autores já que o princípio da economia processual assim o indica. Com efeito, esta solução é também em nosso entender a que mais se compatibiliza com os princípios *pro actione* e da adequação formal, aplicáveis no âmbito do processo judicial tributário. Assim, parece-nos defensável que o juiz notifique o impugnante de qual o pedido que vai ser apreciado pelo tribunal *a quo* na medida em que é o único que tem competência para o apreciar.

Este entendimento parece ir de encontro ao perfilhado pelo STA no acórdão de 7 de Janeiro de 2016, proferido no âmbito do processo nº 01265/13. Com efeito, este tribunal superior entendeu que na interpretação do pedido formulado para aferir a existência de erro na forma do processo, "*deve usar-se de alguma flexibilidade não afastando o recurso à figura do pedido implícito por desta forma se salvaguardar melhor o respeito pelos princípios da tutela jurisdicional efectiva e do pro actione*". Neste sentido, concluiu que "*[t]endo sido efectuados, na petição inicial de impugnação, dois pedidos um de anulação da liquidação de vários tributos e outro de anulação do despacho de reversão verifica-se erro parcial na forma do processo devendo desprezar-se este último pedido e prosseguir o processo apenas para conhecimento do primeiro que é o único adequado à forma processual escolhida*".

Assim, em caso de cumulação de pedidos aos quais correspondam formas processuais distintas, parece-nos que a solução que melhor se coaduna com os princípios *pro actione*, da adequação formal e até da tutela jurisdicional efectiva, será o prosseguimento do processo apenas pelo conhecimento do pedido adequado à forma processual escolhida.

Posto isto, podemos concluir que, no caso de a cumulação de pedidos ser julgada ilegal por corresponderem aos pedidos formulados *formas de processo diferentes*, em primeiro lugar, deverá proceder-se à convolação na forma

[45] Rui Duarte Morais (2012), p. 291.

[46] Jesuíno Alcântara Martins/José Costa Alves (2015), p. 110. No mesmo sentido, veja-se o acórdão do STA de 2 de Junho de 2010, proferido no âmbito do processo nº 0196/10.

de processo adequada, por força dos artigos 97º, nº3 da LGT e 98º, nº 4 do CPPT. Caso esta não seja viável, entendemos que o processo deverá prosseguir conhecendo o tribunal do pedido adequado à forma processual escolhida, disso notificando o impugnante.

Nos restantes casos de cumulação ilegal, designadamente quando não se verifique a identidade da natureza dos tributos, dos fundamentos de facto e de direito invocados, tendo sido revogado o artigo do CPTA cuja aplicação era defendida pela doutrina, parece que ficamos sem uma solução clara. No entanto, por força dos princípios *pro actione* e da adequação formal, aplicáveis no âmbito do processo judicial tributário, parece-nos defensável que o juiz notifique o impugnante para escolher qual o pedido que quer ver apreciado na impugnação judicial, ou seja, qual o acto tributário cuja legalidade pretende contestar.

Estamos presentes, portanto, perante mais uma razão que justifica a premente necessidade de adaptação do contencioso tributário ao novo contencioso administrativo. No entanto, mais do que determinar o que o juiz deverá fazer perante uma cumulação ilegal nestes casos, em nossa opinião, deverá admitir-se de forma mais ampla a cumulação de pedidos em sede de impugnação judicial, admitindo até a cumulação de pedidos aos quais correspondam formas de processo diferente. Se pensarmos que com a reforma do contencioso administrativo de 2015 esta questão deixou de se colocar devido à introdução de uma só forma de processo comum – a acção administrativa –, facilmente concluímos que se verifica uma excessiva rigidez no âmbito do contencioso tributário, exigindo-se assim a sua simplificação e actualização.

Por fim, cabe fazer referência às consequências da ilegalidade da cumulação de pedidos no âmbito da reclamação graciosa e em sede de arbitragem tributária.

Ora, no ponto 44.4 deste manual, chegámos à conclusão – acompanhando o entendimento de Rui Duarte Morais – que nos casos em que não se verificassem os requisitos exigidos, isto é, nos casos em que o contribuinte solicitasse a anulação de vários actos tributários referentes a tributos diferentes, a Administração Tributária deveria sanar oficiosamente esta irregularidade procedimental, extraindo cópias da petição da reclamação e, com base em cada uma, organizar diferentes autos, a serem apreciados pelos funcionários a quem, internamente está atribuída a competência para apreciarem as reclamações relativas a cada um dos impostos em causa. A Administração Tributária deverá então convolar a reclamação graciosa, cuja cumulação de pedidos foi ilegal, em duas. Esta é de resto a solução que melhor se compadece com o princípio da economia processual e do aproveitamento dos actos e com o princípio da celeridade. Assim, discordamos do disposto no Ofício Circulado nº 060 08, de 20-12-2010, segundo o qual o reclamante deverá ser notificado para escolher, entre os pedidos apresentados, aqueles que pretende que venham a ser decididos com a consequente desistência dos outros, sob pena de ser liminarmente indeferido o requerimento apresentado em que sejam deduzidos os vários pedidos[47].

Já no que concerne à ilegalidade da cumulação de pedidos no âmbito da arbitragem tributária, defendia-se igualmente a aplicação subsidiária das normas do CPTA, designadamente o artigo 47º, nºs 5 e 6 deste diploma, defendendo-se que na ausência de norma expressa no CPPT, deveria recorrer-se ao disposto no CPTA, através dos quais o(s) árbitro(s) dever(iam) notificar o(s) autor(es) para, no prazo de 10 (dez) dias, escolher(em) qual o pedido que quer(iam) ver apreciado pelo tribunal arbitral. Deste modo, parece que também ficámos sem solução expressa no caso de cumulação ilegal de pedidos de pronúncia arbitral, pelo que, à luz do princípio da autonomia do tribunal arbitral na condução do processo e na determinação das regras a observar com vista à obtenção, em prazo razoável, de uma pronúncia de mérito sobre as pretensões formuladas – previsto no artigo 16º, alínea *c*) do RJAT –, parece-nos defensável que o(s) árbitro(s) notifique(m) o sujeito passivo para escolher qual o pedido que quer ver apreciado, isto é, qual o acto tributário cuja legalidade pretende contestar.

60.4. Tramitação

Analisadas estas questões iniciais, entremos agora na efectiva tramitação do meio processual – a "marcha do processo". A impugnação judicial inicia-se necessariamente com a apresentação da petição inicial pelo contribuinte ou por outro interessado com legitimidade, pelo que será pela análise da petição inicial que iniciaremos o nosso estudo.

60.4.1. Petição Inicial

Antes de mais, cabe determinar o prazo geral para apresentação da petição inicial de impugnação judicial e a forma como se procede à sua contagem, bem como os prazos especiais existentes e a questão da petição inicial extemporânea.

[47] No mesmo sentido: Rui Duarte Morais (2012), p. 189.

60.4.1.1. Prazo de entrega da petição Inicial

• ***Prazo geral e o modo de contagem***

De acordo com o artigo 102º do CPPT, o *prazo geral* para apresentação será de 3 (três) meses contados a partir dos factos enumerados nas alíneas do nº 1 deste artigo, designadamente a partir do termo do prazo para pagamento voluntário das prestações tributárias legalmente notificadas ao contribuinte, da formação de presunção de indeferimento tácito ou da citação dos responsáveis subsidiários em processo de execução fiscal. Via de regra, o prazo de 3 (três) meses conta-se a partir do termo do prazo para pagamento voluntário das prestações tributárias legalmente notificadas ao contribuinte[48].

É de referir que também o prazo de 120 (cento e vinte) dias para a apresentação da reclamação graciosa, bem como o prazo de 90 (noventa) dias para a entrega do pedido de constituição do tribunal arbitral contam-se a partir dos factos previstos nos nºs 1 e 2 do artigo 102º do CPPT, tal como decorre do artigo 70º, nº 1 do CPPT e 10º, nº1, alínea *a*) do RJAT, respectivamente.

Relativamente aos responsáveis solidários e subsidiários, estes poderão, de acordo com o artigo 22º, nº 5 da LGT, reclamar ou impugnar a dívida cuja responsabilidade lhes pode ser atribuída, nos mesmos termos do devedor principal, sendo o prazo para apresentar a impugnação judicial igualmente de 3 (três) meses. No entanto, no que diz respeito aos responsáveis subsidiários, uma vez que estes apenas tomam conhecimento dos actos a impugnar aquando da citação na sequência da reversão do processo de execução fiscal, de acordo com o artigo 9º, nº 3 do CPPT e 23º, nºs 1 e 4 da LGT, o prazo para apresentarem a impugnação judicial contar-se-á desde essa citação, de acordo

[48] É de salientar que no caso dos actos de liquidação de imposto cujo pagamento seja faseado em duas ou mais prestações, designadamente o IMI e o Imposto do Selo, somos da opinião que o interessado poderá deduzir impugnação judicial no prazo de 3 (três) meses a contar da data do termo do prazo de pagamento voluntário quer da primeira, quer da segunda, quer da eventual terceira prestação, na medida em que, por um lado, o acto cuja legalidade se contesta e cuja anulação se pretende é sempre o mesmo e único – o acto de liquidação do imposto – e que, por outro, a própria alínea *a*) do nº 1 do artigo 102º do CPPT determina que o prazo de apresentação de impugnação judicial se conta a partir do termo do prazo para pagamento voluntário das *prestações tributárias* legalmente notificadas ao contribuinte. Porém, dizer que o contribuinte pode reagir contenciosamente contra qualquer uma das prestações na medida em que o acto tributário subjacente é o mesmo, não significa que possa reagir contra todas. Se o fizer, apresentando três impugnações judiciais (ou três pedidos de constituição de tribunal arbitral) referentes ao mesmo acto tributário haverá litispendência ou caso julgado. Para mais desenvolvimentos relativamente à impugnabilidade dos actos de liquidação de imposto cujo pagamento seja faseado em mais do que uma prestação, veja-se o ponto 4.1.1 deste manual, bem como o ponto 44.1 referente ao prazo de apresentação de reclamação graciosa.

com o artigo 102º, nº 1, alínea *c*) do CPPT e não do termo do prazo para pagamento voluntário. Por sua vez, os responsáveis solidários podem ser notificados para o pagamento da dívida tributária antes da instauração do processo de execução fiscal, contando-se o prazo para impugnação judicial do termo do prazo de pagamento voluntário, nos termos da alínea *a*) do nº 1 do artigo 102º do CPPT. Se, pelo contrário, a exigência da dívida do responsável solidário só for efectuada em processo de execução fiscal, este será chamado através da citação, pelo que é a partir desta que se conta o prazo de impugnação judicial, também nos termos da alínea *c*) do nº 1 do artigo 102º do CPPT.

É ainda de referir que caso o contribuinte tenha requerido a notificação dos elementos em falta na notificação da decisão em matéria tributária ou a passagem de certidão que os contenha, nos termos do artigo 37º do CPPT, por força do disposto no nº 2 deste artigo a contagem do prazo para apresentação de impugnação judicial desse acto inicia-se a partir da notificação ou da entrega da certidão que tenha sido requerida. Esta questão já foi de resto largamente explorada no ponto 26.1.2 deste manual.

Como já tivemos oportunidade de referir, este prazo geral de apresentação da impugnação judicial, bem como os prazos especiais de apresentação da impugnação judicial que indicaremos de seguida, contam-se nos termos do artigo 279º do CC, como decorre expressamente do artigo 20º do CPPT[49]. Este não se trata de um prazo procedimental, nem de um prazo processual, na medida em que apesar de já não estarmos no âmbito do procedimento tributário, ainda não há um processo judicial tributário constituído. Pelo contrário, o prazo para entrega da petição inicial da impugnação judicial consubstancia um prazo substantivo, de caducidade, que visa determinar o período para o exercício de um direito.

De acordo com o artigo 279º do CC, este prazo será contado de forma contínua, não se suspendendo aos sábados, domingos e feriados. Na contagem do prazo não se inclui o dia em que ocorrer o evento a partir do qual o prazo começa a correr, seja o dia da notificação do acto de liquidação, da citação ou da formação do indeferimento tácito, sendo considerado o "dia zero". Para além disso, quando o prazo de impugnação terminar a um domingo, dia feriado ou em férias judiciais, transfere-se para o primeiro dia útil subsequente[50].

[49] Também o prazo de apresentação do pedido de constituição de tribunal arbitral consubstancia um prazo substantivo que se conta nos termos do artigo 279º do CC.

[50] No acórdão do STA de 08 de Outubro de 2014, proferido no âmbito do processo nº 0548/14 defende-se até uma interpretação actualista da alínea *e*) do artigo 279º do CC, no sentido de quando o prazo terminar num sábado, transfere-se igualmente para o primeiro dia útil seguinte.

Assim, embora não se tratando de um prazo processual, na medida em que não se conta nos termos do CPC mas sim de um prazo de natureza substantiva que se conta nos termos do CC, o STA tem vindo a entender uniformemente que quando o prazo para apresentação da impugnação judicial terminar em férias judiciais, transfere-se para o primeiro dia útil seguinte ao termo destas, independentemente do impugnante ter apresentado a petição inicial no tribunal tributário competente ou no serviço periférico local, estando tal possibilidade prevista no artigo 103º, nº 1 do CPPT[51]. Deste modo, a jurisprudência tem entendido que será aplicável à entrega da petição inicial o disposto na parte final da alínea *e*) do artigo 279º do CC, nos termos da qual quando o prazo termine em domingo ou dia feriado transfere-se para o primeiro dia útil seguinte, sendo as férias judiciais equiparadas aos domingos e feriados, *se o acto sujeito a prazo tiver de ser praticado em juízo*. Isto é, o STA parece considerar que a entrega da petição inicial consubstancia um acto que tem de ser praticado em juízo, o que nos leva a qualificar o prazo de interposição da impugnação como sendo um prazo substantivo com cariz processual.

Por outro lado, Lopes de Sousa defende que a razão de ser desta transferência do prazo para a entrega de petição inicial para o primeiro dia útil seguinte ao termo das férias judiciais não resulta do encerramento dos tribunais, que mesmo em férias judiciais continuam com os serviços de secretaria abertos ao público, mas do facto de durante as férias judiciais não se praticarem actos processuais nos processos não urgentes[52].

Quanto a nós, concordamos com a posição perfilhada pelo STA embora não com a argumentação a esta subjacente, pelo que entendemos que terminando em férias judiciais, o prazo se transfere para o primeiro dia útil seguinte, sendo aplicável a parte final da alínea *e*) do artigo 279º do CC. Com efeito, a entrega da petição inicial consubstancia o acto que dá início ao processo, pelo que, com o devido respeito, julgamos que não fará sentido o entendimento do STA de que esta ocorre "em juízo". Contudo, a verdade é que não será dado qualquer seguimento ao processo, quando a petição inicial é entregue durante as férias judiciais, até ao termo das mesmas, na medida em que a impugnação judicial não constitui um processo urgente. Por esta razão se

[51] Neste sentido, veja-se a título exemplificativo, os acórdãos do STA de 08 de Outubro de 2015, proferido no âmbito do processo nº 0389/15, de 28 de Novembro de 2012, proferido no âmbito do processo nº 0571/12 e de 07 de Setembro de 2011, proferido no âmbito do processo nº 0677/10.

[52] Segundo este autor, está será a razão de ser da transferência do prazo prevista no artigo 279º, alínea *e*) do CC, aplicável na contagem do prazo para entrega da petição inicial Cf. Jorge Lopes de Sousa (2011), Vol. I, p. 279.

justifica a transferência para o primeiro dia útil quando o prazo para a entrega da petição inicial termine em férias judiciais, podendo defender-se até que esta solução decorre de uma interpretação *extensiva* da alínea *e*) do artigo 279º do CC para o qual o artigo 20º do CPPT remete. Isto é, pese embora o acto de entrega da petição inicial não deva ser praticado em juízo, todos os actos que lhe seguem serão, pelo que será aplicável extensivamente a alínea *e*) do artigo 279º do CC para o qual o artigo 20º do CPPT remete.

Aqui chegados, há que deixar claro um ponto. Deste entendimento da jurisprudência não decorre que o prazo para a entrega da petição inicial se suspende em período de férias judiciais. Apenas significa que, na medida em que não será dado seguimento ao processo de impugnação judicial, o termo deste prazo se transfere para o primeiro dia útil seguinte.

Cabe referir que este regime está igualmente previsto para o *prazo de entrega do pedido de constituição de tribunal arbitral*. Com efeito, quer a doutrina quer a jurisprudência arbitral têm entendido que, pese embora o artigo 3º-A do RJAT estabeleça que no procedimento arbitral os prazos se contam nos termos do CPA, deverá entender-se que o prazo para entrega de pedido de constituição de tribunal arbitral constitui um prazo substantivo, porque não há ainda processo, nem procedimento, sendo aplicáveis as regras previstas no artigo 279º do CC[53]. Mais, a doutrina e a jurisprudência têm vindo a entender que relativamente à entrega do pedido de constituição do tribunal arbitral, será igualmente aplicável o disposto na parte final da alínea *e*) do artigo 279º do CC, pelo que terminando este prazo em férias judiciais, o termo deste prazo se transfere para o primeiro dia útil seguinte.

Também o prazo geral de 120 (cento e vinte) dias, previsto no artigo 70º, nº 1 do CPPT para a apresentação da reclamação graciosa se deverá contar nos termos do artigo 279º do CC, por força do artigo 20º, nº 1 do CPPT e na medida em que se trata de um prazo procedimental. Contudo, terminando este prazo em férias judiciais, o termo deste prazo não se transfere para o primeiro dia útil seguinte, ao contrário dos prazos para apresentação da impugnação judicial e do pedido de constituição do tribunal arbitral, na medida em que a reclamação graciosa consubstancia um meio tutelar administrativo, cujo prosseguimento não depende dos tribunais.

- ***Prazos especiais***

Conhecido o prazo geral para apresentação da impugnação judicial, os momentos a partir dos quais se inicia a contagem deste prazo e como se pro-

[53] Neste sentido: Carla Castelo Trindade (2016), p. 168-170 e processo arbitral nº 17/2014-T.

cede a esta contagem, são de referir alguns dos *prazos especiais* para apresentação da petição inicial deste meio processual, ou seja, que não correspondem a 3 (três) meses e não se contam desde os momentos previstos no artigo 102º do CPPT[54].

Assim, a impugnação judicial de:

- Actos de indeferimento expresso de reclamações graciosas de actos de pagamento por conta deve ser apresentada no prazo de 30 (trinta) dias, de acordo com o artigo 133º, nº 3 do CPPT;
- Actos de fixação dos valores patrimoniais deve ser apresentada no prazo de 90 (noventa) dias após a sua notificação ao contribuinte, de acordo com o artigo 134º, nº 1 do CPPT;
- Incorrecções nas inscrições matriciais dos valores patrimoniais deve ser apresentada no prazo de 30 (trinta) dias a partir da notificação da recusa ou do termo do prazo para apreciação do pedido, de acordo com o artigo 134º, nºs 3 e 6 do CPPT[55];
- Actos de apreensão de bens praticados pela Administração Tributária deve ser apresentada no prazo de 15 (quinze) dias a contar do levantamento do auto, de acordo com o artigo 143º, nº 1 do CPPT e de
- Providências cautelares adoptadas pela Administração Tributária deve ser apresentada no prazo de 15 (quinze) dias após a sua realização ou o seu conhecimento efectivo pelo interessado, quando posterior, de acordo com o artigo 144º, nº 1 do CPPT.

Recorde-se que também se prevêem prazos especiais para a apresentação da reclamação graciosa, designadamente nos casos de reclamação graciosa necessária previstos nos artigos 131º a 133º do CPPT. Assim, a reclamação graciosa para contestar a legalidade de actos de autoliquidação e de actos de

[54] É de salientar que até 31 de Dezembro de 2014, o prazo para apresentação de impugnação judicial de um acto de indeferimento expresso de uma reclamação graciosa era de 15 (quinze) dias, de acordo com o nº 2 do artigo 102º do CPPT, enquanto o prazo para apresentação de impugnação judicial no caso de se tratar de um acto de indeferimento tácito de uma reclamação graciosa era de 3 (três) meses. Com a Lei nº 82-E/2014, de 31 de Dezembro (Orçamento do Estado para 2015), este nº 2 do artigo 102º do CPPT foi revogado uniformizando-se o prazo de 3 (três) meses para apresentação da impugnação judicial de actos de indeferimento expresso ou tácito de reclamações graciosas, com vantagens óbvias para o contribuinte. Não só tem ao seu dispor um prazo mais lato de impugnação mas o próprio regime de apresentação de impugnação judicial tornou-se mais simples.

[55] A impugnação judicial destas incorrecções é possível desde que contribuinte tenha solicitado previamente a correcção da inscrição junto da entidade competente e esta a recuse ou não se pronuncie no prazo de 90 (noventa) dias a partir do pedido.

retenção na fonte deverá ser apresentada no prazo de 2 (dois) anos, por força do disposto nos artigos 131º e 132º do CPPT. Já quando estiverem em causa actos de pagamento por conta, a reclamação graciosa deverá ser apresentada no prazo de 30 (trinta) dias, nos termos do artigo 133º do CPPT.

- ***Impugnação extemporânea/intempestiva***

Por último, cabe fazer referência à possibilidade de o contribuinte poder apresentar a sua impugnação judicial quando ainda não começou a correr o prazo dos 3 (três) meses para a apresentação da petição inicial porque, por exemplo, ainda está a decorrer o prazo para pagamento voluntário ou, tendo optado por deduzir reclamação graciosa, apresentou uma impugnação judicial depois de ultrapassado o prazo de 3 (três) meses contado desde o termo do prazo para pagamento voluntário mas antes de ter decorrido o prazo de 4 (quatro) meses que leva à formação da presunção de indeferimento tácito, de acordo com o artigo 57º, nºs 1 e 5 da LGT. A questão que se coloca nestes casos é a de saber se esta impugnação é extemporânea, por antecipação.

No caso de apresentação da impugnação judicial antes do decurso do prazo para pagamento voluntário, seguimos o entendimento de Lopes de Sousa segundo o qual nada impede o contribuinte de apresentar a impugnação judicial antes do termo deste prazo, tendo por base o princípio de que "*os prazos, não podendo ser excedidos, podem, em regra, ser antecipados*"[56]. Nestes casos, entendemos que a petição inicial não deverá ser rejeitada, pese embora só deva dar entrada no primeiro dia do prazo para apresentação da impugnação judicial, ou seja, a partir do termo do prazo para pagamento voluntário do tributo. Até este momento, o tribunal não estará obrigado a dar andamento ao processo.

Já no que diz respeito à apresentação da impugnação judicial, após a dedução de uma reclamação graciosa e antes do decurso do prazo de 4 (quatro) meses para formação da presunção de indeferimento tácito, Rui Duarte Morais refere que a posição tradicional era de que o contribuinte que tinha optado pela reclamação graciosa, não podia impugnar o acto de liquidação antes do indeferimento expresso ou tácito da reclamação[57].

[56] Jorge Lopes de Sousa (2011), Vol. II, p. 146. Este é, aliás, um entendimento muito antigo do STA, que decorre dos acórdãos de 22 de Maio de 1985, proferido no âmbito do processo nº 3033, de 31 de Maio de 1995, proferido no âmbito do processo nº 18789, de 17 de Dezembro de 2008, proferido no âmbito do processo nº 734/2008 e ainda de 27 de Maio de 2009, proferido no âmbito do processo nº 1064/08.

[57] Rui Duarte Morais (2012), p. 294, que cita vários acórdãos do STA, designadamente os acórdãos de 25 de Maio de 2009, proferido no âmbito do processo nº 1064/08 e de 5-07-2007, proferido no âmbito do processo nº 0358/07.

No entanto, os tribunais superiores – o STA e os TCA – têm vindo a alterar esta posição, defendendo "*o interessado pode optar por não esperar que seja proferida a respectiva decisão, podendo optar pela impugnação contenciosa do acto administrativamente impugnado, mesmo antes de estar expirado o prazo legal para ser decidida a reclamação, com base no citado princípio de que os prazos, não podendo ser excedidos, podem, em regra, ser antecipados, desde que já esteja praticado o acto que é objecto de impugnação.*"[58]. Rui Duarte Morais, por seu turno, considera que o fundamento desta possibilidade de o contribuinte poder apresentar a impugnação judicial antes de ter decorrido o prazo de 4 (quatro) meses de decisão da reclamação graciosa, que leva à formação da presunção de indeferimento tácito, não decorre da questão da possibilidade de antecipação dos prazos mas sim do facto de o entendimento tradicional que proibia esta impugnação implicar uma restrição ao direito à tutela jurisdicional "*sem qualquer necessidade ou sentido*"[59].

Quanto a nós, concordamos com o entendimento de Rui Duarte Morais, admitindo-se a possibilidade de apresentação da impugnação judicial, pelo contribuinte, antes do decurso do prazo de 4 (quatro) meses para a formação da presunção de indeferimento tácito, quando este tiver previamente deduzido reclamação graciosa. Com efeito, seguindo o entendimento dos tribunais superiores o prazo poderá ser antecipado quando já esteja praticado o acto que é objecto de impugnação, sendo que "*[t]endo a reclamação graciosa como objecto um acto de liquidação, o objecto do processo de impugnação judicial de indeferimento tácito de reclamação graciosa embora seja, formalmente, o indeferimento tácito, é, mediatamente, o acto de liquidação que foi objecto da reclamação, e é mesmo este acto de liquidação, nos casos de indeferimento tácito, o único cuja legalidade pode ser apreciada no processo de impugnação judicial*"[60]. Ou seja, sendo o objecto da reclamação graciosa e objecto mediato da impugnação judicial do acto de indeferimento da reclamação o acto de liquidação, antes do decurso do prazo de 4 (quatro) meses este já se encontra praticado, pelo que o contribuinte poderá deduzir a impugnação judicial.

É verdade que admitir esta possibilidade resultará, na prática, num alargamento do prazo para apresentação da impugnação judicial. Pensemos no caso de um contribuinte que decide apresentar uma reclamação graciosa e decorridos 2 (dois) meses apresenta uma impugnação judicial, ao abrigo deste

[58] Neste sentido, veja-se o acórdão do TCA Sul de 3 de Março de 2016, proferido no âmbito do processo nº 09266/16 e do STA de 28 de Outubro de 2009, proferido no âmbito do processo nº 0595/09.

[59] Rui Duarte Morais (2012), p. 294-295.

[60] Cf. Acórdão do STA de 28 de Outubro de 2009, proferido no âmbito do processo nº 0595/09. No mesmo sentido: Jorge Lopes de Sousa (2011), Vol. II, p. 198-199.

entendimento da jurisprudência e da doutrina. Contudo, restringir-se esta possibilidade implicaria, de facto, uma limitação do princípio da tutela jurisdicional efectiva sem justificação plausível, na medida em que não se colocam questões de tutela da segurança jurídica dos contribuintes ou de estabilidade da instância, que ainda não se formou. Esta será assim a solução que melhor se coaduna com a tutela dos direitos e interesses legítimos dos contribuintes.

Por outro lado, o sujeito passivo poderá apresentar a impugnação judicial *depois de decorrido* o prazo de 3 (três) meses para a sua interposição, previsto no artigo 102º do CPPT. Nestes casos a impugnação judicial será *intempestiva*.

Ora, de acordo com o acórdão do STA de 10 de Setembro de 2014, proferido no âmbito do processo nº 01681/13, a "*intempestividade de meio impugnatório utilizado implica a não pronúncia do tribunal no que toca às questões suscitadas na respectiva petição inicial, ainda que de conhecimento oficioso, na exacta medida em que a lide impugnatória não chega a ter início*". Ou seja, deverá ser rejeitada a petição inicial de qualquer meio processual, inclusive da impugnação judicial, tendo já decorrido o prazo de interposição, quando esta se afigure intempestiva.

São ainda de salientar as consequências da apresentação intempestiva do pedido de constituição do tribunal arbitral e da reclamação graciosa.

Assim, no caso de pedido de constituição de tribunal arbitral intempestivo, apresentado decorrido o prazo de 90 (noventa) dias, verificar-se-á a excepção dilatória de caducidade do direito de acção, na medida em que, como se viu, o prazo para a apresentação consubstancia um prazo substantivo[61].

Já no que concerne à apresentação intempestiva de uma reclamação graciosa, decorrido o prazo de 120 (cento e vinte) dias, como se viu no ponto 10 deste manual referente ao princípio da decisão, o dever de decisão da Administração Tributária cessa se já tiver decorrido o prazo para solicitar o que está em causa. Deste modo, decorrido este prazo, a Administração Tributária não está obrigada a decidir a reclamação graciosa.

60.4.1.2. Local de entrega da petição inicial

Independentemente do prazo para apresentação da impugnação judicial, quer seja o prazo geral de 3 (três) meses, quer seja um dos prazos especiais acima referidos, a petição inicial deverá ser sempre apresentada no *tribunal tributário competente* ou no *serviço periférico local* onde haja sido ou deva legalmente considerar-se praticado o acto impugnado, de acordo com o artigo 103º, nº 1 do CPPT. No caso de a petição ser apresentada no serviço periférico local, este deverá proceder ao seu envio ao tribunal tributário competente no prazo

[61] Cf. Processo arbitral nº 314/2014-T.

de 5 (cinco) dias após o pagamento da taxa de justiça inicial, de acordo com o artigo 103º, nº 3 do CPPT.

No que diz respeito ao *local de entrega*, recorde-se que a reclamação graciosa deverá ser apresentada por escrito no serviço periférico local da área do domicílio ou sede do contribuinte, da situação dos bens ou da liquidação, podendo ser apresentada oralmente mediante redução a termo, em caso de manifesta simplicidade, de acordo com o nº 6 do artigo 70º do CPPT. O nº 7 do mesmo artigo prevê ainda a possibilidade de a reclamação graciosa ser enviada por transmissão electrónica de dados. Por outro lado, é de salientar que o pedido de constituição de tribunal arbitral deverá ser feito mediante requerimento e enviado por via electrónica ao presidente do CAAD, tal como disposto no artigo 10º, nº 2 do RJAT.

60.4.1.3. Elementos que devem constar da petição inicial

A petição inicial deverá preencher determinados requisitos previstos no artigo 108º do CPPT. Assim, deverá ser articulada, elaborada em triplicado e dirigida ao juiz do tribunal competente. Isto pese embora as regras de apresentação de peças processuais e documentos por via electrónica nos tribunais da jurisdição administrativa e fiscal através do SITAF, previstas na Portaria nº 1417/2003, de 30 de Dezembro, alterada pela Portaria nº 114/2008, de 6 de Fevereiro.

Deverá indicar o acto impugnado, bem como a entidade que o praticou e a exposição dos factos e razões de direito que fundamentam o pedido. Este pedido corresponderá ao efeito jurídico que se pretende obter no caso concreto, isto é, a anulação ou a declaração de nulidade do acto tributário.

Para além disso, deverão constar da petição inicial determinados elementos que cabe agora delimitar. Assim, começaremos por descortinar os seus fundamentos, ou melhor os fundamentos da impugnação judicial. De seguida, analisaremos as regras de fixação do valor da causa que deverá ser indicado na petição inicial para, por fim, delimitarmos os meios de prova que devem ser igualmente apresentados com esta peça processual[62].

[62] Recorde-se que devem constar do requerimento inicial através do qual o contribuinte apresenta a *reclamação graciosa* os elementos previstos no artigo 102º do CPA, tais como a designação do órgão administrativo a que se dirige e a identificação do requerente, pela indicação do nome, domicílio, bem como, se possível, dos números de identificação civil e identificação fiscal, entre outros. Por sua vez, do *pedido de constituição de tribunal arbitral* deverão constar os elementos previstos no nº 2 do artigo 10º do RJAT, designadamente a identificação do sujeito passivo, incluindo o número de identificação fiscal, e do serviço periférico local do seu domicílio ou sede ou, no caso de coligação de sujeitos passivos, do serviço periférico local do domicílio ou sede do sujeito identificado em primeiro lugar no pedido; a identificação do acto ou actos tributários objecto do pedido de

• ***Fundamentos da petição inicial***

No que diz respeito aos fundamentos da petição inicial, é de referir que as razões de direito que justificam o pedido constituem os vícios específicos que se invocam para obter o efeito invalidante do acto impugnado. Ora, nos termos do artigo 99º do CPPT, poderá ser invocado como fundamento da impugnação judicial *qualquer ilegalidade* que afecte a validade ou a existência do acto tributário impugnado. Casalta Nabais salienta que, em face da garantia da tutela jurisdicional efectiva consagrada constitucionalmente no artigo 268º, nº 4 da CRP, outra solução não seria admissível. Com efeito, este autor defende que qualquer pretensão de limitar a impugnação judicial ao princípio da tipicidade dos vícios seria inconstitucional[63].

Há, no entanto, que fazer uma ressalva. As ilegalidades que são fundamento da impugnação judicial serão apenas aquelas que afectem a validade do acto impugnado e não aquelas que afectem, por sua vez, a exigibilidade da dívida tributária ou que digam respeito à eficácia ou ineficácia do acto. Estas questões poderão ser conhecidas em sede de oposição à execução fiscal, mas já não no âmbito da impugnação judicial[64].

Por outro lado, é de referir que, em regra, os vícios do acto impugnado que podem servir de fundamento serão susceptíveis de gerar a anulabilidade do acto. A nulidade do acto apenas se verifica nos casos em que a lei preveja expressamente esta forma de invalidade, tal como decorre do artigo 161º do CPA. Por fim, os vícios poderão ainda ser fundamento da inexistência do acto, tal como se infere do artigo 124º, nº 1 do CPPT[65].

Para além disso, é de salientar que a(s) ilegalidade(s) que afectam o acto impugnado podem não ocorrer directamente em relação a este, mas relativamente a actos procedimentais, interlocutórios ou preparatórios que não sejam susceptíveis de imediata impugnação contenciosa, cuja ilegalidade se repercuta no acto tributário subsequente[66].

pronúncia arbitral; a identificação do pedido de pronúncia arbitral, constituindo fundamentos deste pedido os previstos no artigo 99º do CPPT e, bem assim, a exposição das questões de facto e de direito objecto do referido pedido de pronúncia arbitral; os elementos de prova dos factos indicados e a indicação dos meios de prova a produzir; a indicação do valor da utilidade económica do pedido; o comprovativo do pagamento da taxa de arbitragem inicial, nos casos em que o sujeito passivo não tenha optado por designar árbitro ou comprovativo do pagamento da taxa de arbitragem, caso o sujeito passivo manifeste a intenção de designar o árbitro e a intenção de designar árbitro nos termos da alínea b) do nº 2 do artigo 6º.

[63] Casalta Nabais (2015), p. 373-374.

[64] Jorge Lopes de Sousa (2011), Vol. II, p. 108.

[65] *Ibidem*, p. 113.

[66] *Ibidem*, p. 108.

O artigo 99º do CPPT oferece-nos uma lista meramente exemplificativa dos vícios que podem ser fundamento da impugnação. Com efeito, repita-se, decorre deste mesmo artigo que a impugnação judicial pode ter como fundamento *qualquer* ilegalidade. No entendimento de LOPES DE SOUSA, constitui ilegalidade e consequentemente vício do acto tributário, "*qualquer ofensa dos princípios ou normas jurídicas aplicáveis*"[67]. No mesmo sentido, FREITAS DA ROCHA considera que qualquer acto tributário que, por qualquer motivo, violar normas jurídicas – constitucionais, internacionais, legais ou regulamentares – será entendido como um acto ilegal[68].

LOPES DE SOUSA qualifica os vícios geradores da anulabilidade do acto tributário e que, consequentemente poderão servir de fundamento da impugnação judicial, como (*i*) *erros sobre os pressupostos de direito*, quando na prática do acto tenha sido feita uma errada interpretação ou aplicação das normas legais, sejam normas de incidência objectiva e subjectiva, sejam normas que fixam taxas ou que determinam a matéria tributável; (*ii*) *erros sobre os pressupostos de facto*, quando se verificar uma divergência entre a realidade e a matéria de facto na qual a Administração se baseou na prática do acto; (*iii*) *incompetência* e (*iv*) *vícios de forma* no qual inclui a falta de fundamentação e a preterição de formalidades essenciais[69].

Apesar do seu carácter meramente exemplificativo, caberá olhar em concreto para os vícios enumerados no artigo 99º do CPPT, bem como para outras ilegalidades que fomos elencando ao longo do manual:

Errónea qualificação e quantificação dos rendimentos, lucros, valores patrimoniais e outros factos tributários (artigo 99º, alínea a) do CPPT)
Nestes casos, a impugnação tem por base a invocação do argumento de que a Administração Tributária procedeu a uma errada qualificação ou quantificação dos factos tributários. No primeiro caso, embora tenha apurado correctamente a matéria tributável, procedeu a uma errada qualificação dos factos tributários aos quais esta diz respeito. Pense-se nos casos em que determinado prédio foi qualificado como urbano, quando é rústico.

Por outro lado, a Administração Tributária pode proceder a uma errada quantificação da matéria tributável quando promove, designadamente, correcções ao *quantum* de imposto a pagar, por via das correcções aritméticas

[67] *Ibidem*, p. 113.
[68] JOAQUIM FREITAS DA ROCHA (2014), p. 230.
[69] JORGE LOPES DE SOUSA (2011), Vol. II, p. 115.

ou, nos casos limite, aquando da aplicação de métodos indirectos de avaliação da matéria tributável.

Nestes casos, poderemos estar perante um *erro sobre os pressupostos de direito*, na medida em que este se verifica, segundo LOPES DE SOUSA, sempre que na prática tenha sido efectuada uma errada interpretação ou aplicação das normas legais, como as normas de incidência objectiva e subjectiva, as que fixam as taxas aplicáveis ou que atribuem isenções ou outros benefícios fiscais e ainda as que determinam a matéria tributável[70]. Deste modo, da errada interpretação e aplicação das normas que determinam a matéria tributável poderá decorrer a errada qualificação e quantificação dos factos tributários.

A errada quantificação e qualificação dos factos tributários poderá ainda consubstanciar um *erro sobre os pressupostos de facto* quando se verificar uma divergência entre a realidade e a matéria de facto utilizada como pressuposto na prática do acto[71].

É de salientar o que pensamos ter deixado claro no ponto 19 relativo ao direito à fundamentação. Como se viu, todos os actos praticados pela Administração Tributária – vinculados ou discricionários, favoráveis ou desfavoráveis – serão fundamentados, de acordo com o artigo 77º da LGT, sob pena de ilegalidade. De facto, recorde-se que recai sobre a Administração o dever de fundamentação, constitucionalmente consagrado no artigo 268º, nº 3 da CRP.

Ora, como vimos, haverá casos em que a Administração Tributária cumpriu o seu dever de fundamentação *formal*, sendo que o acto impugnado contém a fundamentação de facto e de direito exigida, mas os fundamentos por esta invocados não são válidos. Ou seja, o acto tributário está fundamentado, há fundamentação, mas esta é errada. Nestes casos a Administração cumpriu o seu dever de fundamentação, mas os preceitos jurídicos invocados ou os factos nos quais se baseou não justificam a prática daquele acto, não sendo susceptíveis de o fundamentar legitimamente. Pensemos nos casos em que a Administração invocou a norma jurídica errada, procedeu a uma errada interpretação da norma ou baseou-se em factos que não justificam aquela decisão. Com efeito, a jurisprudência do STA tem entendido que a fundamentação consubstancia um requisito formal da decisão que não se confunde com o seu conteúdo. Assim, no acórdão de 10 de Setembro de 2014, proferido no âmbito do processo nº 01226/13 defendeu que:

> *"[N]ão deve confundir-se a suficiência da fundamentação com a exactidão ou a validade substancial dos fundamentos invocados. Com efeito, o discurso fundamentador tem*

[70] *Ibidem.*

[71] *Ibidem.*

de ser capaz de esclarecer as razões determinantes do acto, para o que há-de ser um discurso claro e racional; mas, na medida em que a sua falta ou insuficiência acarreta um vício formal, não está em causa, para avaliar da correcção formal do acto, a valia substancial dos fundamentos aduzidos, mas só a sua existência, suficiência e coerência, em termos de dar a conhecer as razões da decisão."

Se a Administração Tributária cumprir o dever de fundamentação formal mas a fundamentação do acto tributário for errada, ou seja, as razões de facto e de direito invocadas não sejam susceptíveis de justificar a prática do acto, este acto será ilegal, não por falta de fundamentação, mas por erro nos pressupostos de facto ou de direito, ou seja, por errónea quantificação ou qualificação dos factos tributários, sendo susceptível de anulação nos termos do artigo 99º, nº 1, alínea *a)* do CPPT. Com efeito, a fundamentação é uma composição, antecedente ao acto tributário, e a (i)legalidade daquela irá, consequentemente, determinar se não mesmo inquinar a legalidade deste último.

Assim, caso a fundamentação do acto tributário seja *errada,* o acto enfermará deste vício de erro sobre os pressupostos de facto ou de direito, ou seja, de errónea qualificação e quantificação dos factos tributários[72].

Por outro lado, é de referir que a errónea quantificação e quantificação dos factos tributários abrange, naturalmente, o erro na quantificação ou nos pressupostos de determinação indirecta da matéria tributável. Assim, será de recordar que, nos termos do nº 5 do artigo 86º da LGT, a impugnação do acto de liquidação ou do acto de fixação da matéria tributável por métodos indirectos – se esta não der lugar à prática de um acto de liquidação – depende do esgotamento prévio do pedido de revisão da matéria tributável por métodos indirectos previsto nos artigos 91º e seguintes da LGT.

Isto é, se o sujeito passivo decidir deduzir impugnação judicial para contestar a legalidade do acto de liquidação ou do acto de fixação da matéria tributável por métodos indirectos, com fundamento em erro na quantificação ou nos pressupostos da determinação indirecta da matéria tributável, terá necessariamente que recorrer primeiro ao pedido de revisão da matéria tributável.

[72] Recorde-se que somos da opinião de que o juiz poderá, em sede de impugnação judicial, sanar um acto *mal* fundamentado, procedendo à substituição dos fundamentos errados invocados pela Administração Tributária por outros que justifiquem a prática do acto, por ele descortinados ao abrigo do princípio do inquisitório, não determinando assim a anulação do acto por erro sobre os pressupostos de facto ou de direito. Exige-se, contudo, a verificação de determinados pressupostos, bem como a ponderação dos princípios em confronto no caso concreto, designadamente o princípio da tutela jurisdicional efectiva e da separação de poderes. Para um maior desenvolvimento desta questão, veja-se o ponto 54.1 deste manual.

Por outro lado, como se viu no ponto 43, o objectivo deste procedimento é a obtenção de um acordo relativamente à matéria tributável entre os peritos da Administração Tributária e do contribuinte, pelo que se os peritos chegarem a um acordo, o sujeito passivo não poderá posteriormente impugnar judicialmente o acto com base em erro na quantificação ou nos pressupostos da determinação indirecta da matéria tributável. Seria *venire contra factum próprio*. Todavia relativamente a este ponto existem algumas excepções pelo que deverá ser feita uma leitura do ponto 43.

Ou seja, o sujeito passivo só poderá deduzir impugnação judicial com base em erro na quantificação ou nos pressupostos da determinação indirecta da matéria tributável se tiver recorrido previamente ao procedimento de revisão da matéria tributável fixada por métodos indirectos e se, no âmbito deste procedimento, os peritos não tiverem chegado a um acordo, sendo a matéria tributável fixada pelo órgão competente, de acordo com o seu prudente juízo, nos termos do nº 6 do artigo 92º da LGT.

Quando a impugnação judicial tenha como fundamento a errónea qualificação ou quantificação dos factos tributários admite-se a realização das diligências necessárias para a demonstração destes erros, designadamente avaliações e peritagens[73]. Para além disso, admitindo-se como fundamento da impugnação judicial a errónea quantificação da matéria tributável, permite-se o controlo judicial de questões de carácter técnico e contábil pelo que, nesta sede o artigo 116º do CPPT admite a produção de prova pericial em sede de impugnação judicial e o artigo 117º do CPPT prevê regras específicas para a impugnação com base em errónea quantificação da matéria tributável, admitindo que o impugnante apresente pareceres periciais e requeira diligências, devendo o tribunal realizar as diligências necessárias, mesmo que não sejam requeridas, de acordo com o nº 4 do mesmo artigo.

Incompetência (artigo 99º, alínea b) do CPPT)

Este vício verifica-se quando a entidade que praticou o acto tributário em causa não for aquela a quem, por força da lei, seja atribuída a competência para o praticar.

Já referimos as regras de atribuição de competência da Administração Tributária para intervir no procedimento tributário e, consequentemente, para praticar actos tributários de liquidação no ponto 4.2.3.1 deste manual para o qual remetemos. É de salientar, contudo, que em regra, o órgão territorial ou materialmente incompetente é obrigado a enviar as peças do procedimento

[73] Jorge Lopes de Sousa (2011), Vol. II, p. 114.

para o órgão da Administração competente, no prazo de 48 (quarenta e oito) horas após a declaração de incompetência, tal como dispõe o nº 2 do artigo 61º da LGT. Caso não o faça, decidindo e praticando actos tributários para os quais não é competente, este acto enfermará de vício de incompetência que, por força da alínea *b*) do artigo 99º do CPPT, constitui fundamento de impugnação judicial.

Em regra, o vício de incompetência terá como consequência a anulabilidade do acto, só se verificando a sua nulidade nos casos previstos na lei, designadamente no artigo 163º do CPA. De acordo com este artigo, verificar-se-á a nulidade nos casos de *usurpação de poderes* previstos na alínea *a*) do nº 2 do artigo 133º do CPA, quando a competência para praticar o acto por um órgão da Administração coubesse a um órgão de outro poder do Estado, tal como o poder legislativo ou judicial, e nos casos de *prática de actos estranhos às atribuições do órgão* que decidir, previstos na alínea *b*) do nº 2 do artigo 133º do CPA, quando a competência coubesse a um órgão de outro Ministério ou pessoa colectiva[74].

No que concerne à competência para a liquidação, cobrança e gestão de impostos que corresponde à competência em razão da matéria, cabe recordar o caso especial das Regiões Autónomas. Na verdade, temos que distinguir entre os impostos nacionais e regionais cobrados aos contribuintes residentes na Região Autónoma dos Açores e na Região Autónoma da Madeira.

A este propósito, é de recordar que a Região Autónoma dos Açores sistematizou a adaptação do sistema fiscal nacional no Decreto Legislativo Regional nº 2/99/A, de 20 de Janeiro, objecto de republicação por meio do Decreto Legislativo Regional nº 42/2008/A, de 7 de Outubro, não tendo optado por instituir serviços fiscais próprios. Já no que diz respeito à Região Autónoma da Madeira, por sua vez, foi levado a cabo um processo de regionalização da administração fiscal através do Decreto-Lei nº 18/2005, de 18 de Janeiro; do Decreto Legislativo Regional nº 27/2008/M, de 3 de Julho; do Decreto Regulamentar Regional nº 29-A/2005/M, de 31 de Agosto e do Decreto Regulamentar Regional nº 2/2013/M, de 1 de Fevereiro, do Decreto Regulamentar Regional nº 2/2015/M, de 12 de Maio e do Decreto Regulamentar Regional nº 3/2015/M, de 28 de Maio.

Assim, enquanto no caso dos impostos respeitantes à Região Autónoma dos Açores, são os sistemas centralizados da Autoridade Tributária e Aduaneira que têm competência para a liquidação e cobrança dos impostos respeitantes à Região, no que concerne à Região Autónoma da Madeira, o lançamento,

[74] Jorge Lopes de Sousa (2011), Vol. I, p. 156.

liquidação, respectiva cobrança e competência para apreciação graciosa do acto de liquidação que venha a ser emitido, cabem à Direcção Regional dos Assuntos Fiscais da Região Autónoma da Madeira.

Deste modo, se a Autoridade Tributária e Aduaneira proceder à liquidação administrativa, oficiosa ou adicional de um imposto respeitante à Região Autónoma da Madeira, sendo o órgão competente a Direcção Regional dos Assuntos Fiscais da Região Autónoma da Madeira, o acto tributário enfermará de um vício de incompetência, susceptível de gerar a sua anulabilidade e que servirá de fundamento da impugnação judicial.

Por outro lado, se o acto de indeferimento da reclamação graciosa tiver sido praticado pelo órgão periférico *local* da área do domicílio ou sede do contribuinte e não pelo dirigente do órgão periférico *regional* do domicílio ou sede do contribuinte, da situação dos bens ou da liquidação ou, não havendo órgão periférico regional, pelo *dirigente máximo do serviço*, este acto também enfermará do vício de incompetência.

É de recordar que a competência para a prática de actos tributários poderá ser delegada ou subdelegada, nos termos do artigo 62º da LGT. Esta ocorre quando os órgãos administrativos normalmente competentes para decidir em determinada matéria permitem que outro órgão ou agente pratique actos administrativos sobre a mesma matéria, de acordo com o previsto no artigo 44º do CPA. Em regra, no procedimento tributário admite-se que a competência de qualquer órgão possa ser delegada e que a competência delegada seja subdelegada, com autorização do delegante, de acordo com o nº 2 do artigo 62º da LGT, sendo de afastar esta possibilidade apenas nos casos em que a lei a proíba.

Ora, se determinado acto for praticado invocando delegação de poderes ou subdelegação inexistente ou ilegal, o acto estará afectado de vício de incompetência, susceptível de gerar a anulabilidade do mesmo nos termos do artigo 163º do CPA ou a declaração da sua nulidade, nos termos do artigo 161º, nº 2, alíneas *a*) e *b*) do CPA[75].

Ausência ou vício da fundamentação legalmente exigida (artigo 99º, alínea c) do CPPT)

No ponto 19 deste manual foi dada a atenção merecida ao direito à fundamentação para o qual remetemos. Contudo, cabe recordar que o direito dos contribuintes à fundamentação dos actos tributários é de consagração constitucional, estando previsto no artigo 268º, nº 3, da CRP.

[75] JORGE LOPES DE SOUSA (2011), Vol. I, p. 154.

Na verdade, a fundamentação constitui não só um direito dos contribuintes mas, como se compreende, um dever para a Administração Tributária. Assim, com vista a proteger os contribuintes de abusos ou da má aplicação da lei, a Administração Tributária está obrigada a fundamentar os seus actos, à semelhança do que sucede no direito administrativo em geral, estando o direito à fundamentação em matéria tributária concretizado actualmente no artigo 77º da LGT.

Leite Campos, Benjamim Silva Rodrigues e Lopes de Sousa entendem que da conjugação dos nºs 3 e 4 do artigo 268º da CRP resulta o direito à "*impugnação contenciosa com máxima eficácia*", ou seja, de que seja proporcionada aos administrados a possibilidade de impugnarem os actos que lesem os seus direitos ou interesses "*com completo conhecimento das razões que os motivaram*"[76]. De facto, sem o conhecimento da fundamentação dos actos os administrados – e os contribuintes – não poderão decidir entre atacar a ilegalidade do acto em causa ou simplesmente conformarem-se com o seu conteúdo, na medida em que não conhecem as razões que levaram a Administração a decidir como decidiu.

Assim, chegámos à conclusão, por um lado, que o dever de fundamentação da Administração considerar-se-á cumprido, em regra, se o destinatário do acto puder descortinar o caminho percorrido pelo órgão decisor que o levou a decidir de determinada forma e não de outra, ficando habilitado a impugná-lo convenientemente e, por outro, que o grau de fundamentação exigido varia em função do tipo concreto de acto.

Este dever de fundamentação abrange, assim, todas as decisões, incluindo tanto as decisões favoráveis aos sujeitos passivos quanto as desfavoráveis, e tanto os actos estritamente vinculados quanto os actos praticados no uso de poderes discricionários. Contudo, o grau de fundamentação exigido não seja o mesmo. Com efeito, este será tanto mais intenso quanto maior for o afastamento da Administração das declarações do contribuinte, campo onde as possibilidades de litígio são proporcionalmente elevadas. No entanto, de acordo com o artigo 77º, nº 1 da LGT, para que um acto se considere legalmente fundamentado, deverão constar sempre da fundamentação as *razões de facto* – os factos nos quais baseou a sua decisão – e as *razões de direito* – o preenchimento dos concretos pressupostos legais de que depende a sua decisão.

Pelo contrário, de acordo com Leite Campos, Benjamim Silva Rodrigues e Lopes de Sousa que remetem para o artigo 125º, nº 2 do antigo CPA correspondente ao actual artigo 153º, nº 2, o acto considerar-se-á *não funda-*

[76] Diogo Leite Campos/Benjamim Silva Rodrigues/Jorge Lopes de Sousa (2012), p. 675.

mentado se se verificar (*i*) a *obscuridade* da fundamentação, isto é, quando as afirmações do autor da decisão não deixarem perceber as razões pelas quais decidiu como decidiu; (*ii*) a *contradição* da fundamentação, ou seja, quando as razões invocadas não justifiquem a decisão tomada mas uma decisão de conteúdo oposto ou, quando sejam invocados fundamentos opostos ou a (*iii*) a *insuficiência* da fundamentação, ou seja, quando os fundamentos invocados não sejam bastantes para justificar a tomada da decisão.

Este vício de falta de fundamentação verificar-se-á ainda nos casos em que, tendo o sujeito passivo ou outro interessado exercido o seu direito de audição prévia, nos termos do artigo 60º da LGT, a Administração não tenha tido em conta os novos argumentos de facto e de direito invocados pelo mesmo em sede de audição prévia. Com efeito, resulta expressamente do nº 7 do artigo 60º da LGT que os novos elementos suscitados deverão obrigatoriamente ser tidos em consideração na fundamentação da decisão final, sendo que, como se viu no ponto 21, entendemos que a Administração deverá pronunciar-se acerca dos argumentos invocados, indicando as razões de aceitação ou rejeição dos mesmos. Caso contrário, o acto enfermará de vício de falta de fundamentação, susceptível de gerar a anulabilidade do mesmo.

Ora, quando a Administração Tributária não cumprir o seu dever de fundamentação, verificando-se a falta de fundamentação ou a fundamentação se afigure obscura, contraditória ou insuficiente, o acto tributário em causa padece de vício da fundamentação legalmente exigida que, no entendimento de Lopes de Sousa, consubstancia um *vício de forma*[77].

Distingue-se, assim, dos casos em que a Administração cumpriu o seu dever de fundamentação mas os preceitos jurídicos invocados ou os factos nos quais se baseou não justificam a prática daquele acto, não sendo susceptíveis de o fundamentar legitimamente. Temos, por conseguinte, dois vícios distintos susceptíveis de gerar a anulabilidade do acto e de servir de fundamento da impugnação judicial.

Assim, quando a Administração não cumpriu o seu dever de fundamentação *formal*, não tendo invocado as razões de direito e de facto nas quais baseou a sua decisão, não sendo possível descortinar o itinerário cognoscitivo por esta percorrido, verificar-se-á *a ausência ou vício da fundamentação legalmente exigida*. O acto enfermará do mesmo vício quando a fundamentação for *obscura*, *contraditória* ou *insuficiente*. Pelo contrário, quando a Administração tenha cumprido este dever de fundamentação, invocado as razões de facto e de direito que a levaram a decidir como decidiu mas os fundamentos por si invocados

[77] Jorge Lopes de Sousa (2011), Vol. II, p. 116.

não sejam susceptíveis de justificar ou suportar aquela decisão, ou seja, não sejam válidos, o acto enfermará de erro sobre os pressupostos de facto ou de direito, isto é, de errónea qualificação ou quantificação dos factos tributários.

Estes vícios, de acordo com as alíneas *a*) e *c*) do artigo 99º do CPPT, consubstanciam fundamento da impugnação judicial e são assim susceptíveis de gerar a anulabilidade do acto tributário em causa.

Preterição de formalidades legais (artigo 99º, alínea d) do CPPT)

Este último vício tem natureza residual e diz respeito aos vícios de forma, designadamente à não observância dos requisitos procedimentais e formais que devem ser tidos em conta na prática do acto, tais como a preterição do direito de audição prévia previsto no artigo 60º da LGT ou a inobservância dos requisitos formais durante a inspecção tributária, designadamente quanto aos elementos de informação a fornecer pelos serviços de fiscalização à entidade inspeccionada, incluindo as notificações obrigatórias relativas ao início, fim e prorrogação da acção inspectiva.

Freitas da Rocha salienta que estas formalidades deverão ser essenciais ao procedimento, susceptíveis de inquinar o acto final com vício de ilegalidade e não meras formalidades não essenciais ou irrelevantes que não influenciam o conteúdo ou a forma da decisão final, admitindo-se assim a validade do acto em causa, por força do princípio da aproveitabilidade dos actos[78].

Um exemplo paradigmático do vício de preterição de formalidade essencial será a falta de notificação para exercício do direito de audição prévia, nos termos do artigo 60º da LGT. Com efeito, este direito é um corolário do direito de participação dos contribuintes na formação das decisões no âmbito do procedimento tributário. Este tem, por um lado, uma *dimensão garantística* permitindo que os contribuintes se pronunciem essencialmente acerca de actos que lhe sejam desfavoráveis. Por outro, visa-se que as decisões no âmbito do procedimento tributário sejam *efectivamente participadas*, isto é, resultem de factos e fundamentos quer da Administração Tributária quer dos sujeitos passivos o que, consequentemente, terá vantagens a nível da economia processual, evitando-se inúmeros litígios.

Deste modo, prevê-se o direito de audição antes da liquidação, do indeferimento dos pedidos, reclamações, recursos ou petições, da revogação de qualquer benefício ou acto administrativo em matéria fiscal, da decisão de aplicação de métodos indirectos, quando não haja lugar a relatório de inspecção ou antes da conclusão do relatório de inspecção tributária. Ora, não há

[78] Joaquim Freitas da Rocha (2014), p. 232.

dúvida que a audição prévia consubstancia uma formalidade essencial susceptível de influenciar o conteúdo da forma da decisão final, na medida em que o contribuinte poderá invocar argumentos de facto e de direito que poderão convencer a Administração Tributária a não aplicar métodos indirectos de avaliação, a não praticar determinado acto de liquidação adicional ou ainda a não indeferir a reclamação graciosa. Por conseguinte, quando a Administração não procede à notificação do contribuinte para o exercício deste direito, o acto final que vier a ser praticado enfermará do vício de preterição de formalidade essencial, susceptível de gerar a sua anulabilidade.

Já se o contribuinte for notificado e tiver exercido o seu direito de audição prévia, mas a Administração não tiver em conta na fundamentação da decisão final os novos elementos por este invocados em sede de audição, como se viu no ponto anterior, o acto enfermará de um vício diferente – de vício de falta de fundamentação –, sendo ambos susceptíveis de gerar a anulabilidade do acto e de servirem de fundamento da impugnação judicial.

Descortinados os vícios expressamente previstos no artigo 99º do CPPT, são de recordar *outras ilegalidades* susceptíveis de gerar a anulabilidade do acto e que, consequentemente, poderão servir de fundamento da impugnação judicial.

Deste modo, recorde-se que em caso de violação pela Administração Tributária no âmbito do procedimento tributário dos princípios da imparcialidade, da verdade material e do inquisitório, da colaboração e da boa-fé, os actos finais do procedimento, sejam actos de liquidação ou de indeferimento de reclamações e recursos, entre outros, enfermarão de vício de violação de lei[79].

Actos destacáveis e actos interlocutórios imediatamente lesivos

Por outro lado, como tivemos oportunidade de salientar no ponto 41 deste manual, o princípio da impugnação unitária determina que, em regra, os actos interlocutórios do procedimento não serão susceptíveis de impugnação contenciosa autónoma, admitindo-se, porém excepções a esta regra. Assim, serão impugnáveis contenciosamente de forma autónoma os actos interlocutórios imediatamente lesivos dos direitos e interesses dos contribuintes, bem como os actos cuja impugnabilidade autónoma esteja expressamente prevista na lei – os chamados actos destacáveis. Como temos vindo a defender, entendemos que nestes casos o contribuinte poderá optar entre a impugnação autónoma

[79] Para maiores desenvolvimentos relativamente a estes princípios, vejam-se respectivamente os pontos 8,11,12, 13 e 14 deste manual.

destes actos ou apenas pela impugnação do acto final de liquidação, não se admitindo, todavia, que impugne os dois actos, invocando os mesmos vícios.

Assim, entendemos que, caso o contribuinte não tenha procedido à impugnação autónoma dos actos interlocutórios imediatamente lesivos ou dos actos destacáveis, poderá em sede de impugnação judicial do acto de liquidação final invocar os vícios respeitantes a estes actos.

Actos de segundo e terceiro grau

É de referir ainda o entendimento de Lopes de Sousa que, de resto, acompanhamos, de que a impugnação judicial pode ter como fundamento tanto os vícios do acto de liquidação – que constituirá o objecto *mediato* da acção –, quanto os vícios da decisão de indeferimento da reclamação graciosa ou do recurso hierárquico quando estes sejam objecto de impugnação – e que constituirá o objecto *imediato* da acção –, ou seja, poderão ser invocados quer os *vícios materiais*, quer os *vícios formais* destes actos de segundo e terceiro grau.

Ora, este acto expresso de indeferimento da reclamação graciosa constituirá, como já vimos, um *acto de segundo grau*. Na verdade, o sujeito passivo ou outro interessado também poderá reagir contra este acto, sendo que este poderá ser ilegal quer por vícios formais, quer por vícios materiais.

Com efeito, estes actos poderão, por um lado, enfermar de *vícios formais*, quando se verificar a preterição de uma formalidade essencial, designadamente em caso de falta de notificação para exercício de direito de audição prévia, nos termos do artigo 60º da LGT, sendo que. a alínea *b*) do nº 1 do artigo 60º da LGT determina que o direito de audição prévia verificar-se-á antes do indeferimento total ou parcial dos pedidos, reclamações, recursos ou petições. Assim, quando o sujeito passivo ou outro interessado não tiver sido notificado para o exercício do seu direito de audição prévia antes da prática do acto de indeferimento da reclamação graciosa ou de recurso hierárquico, estes actos de indeferimento serão ilegais, como vimos, por preterição de formalidade essencial, nos termos do artigo 99º, alínea *d*) do CPPT. Estes vícios são, se se quiser, ao nível do procedimento de reclamação graciosa e do recurso hierárquico e não do acto de indeferimento em si mesmo.

Por outro lado, o sujeito passivo poderá ser notificado para o exercício de audição prévia, sendo que nestes casos, como se sabe, a Administração deverá ter em conta na fundamentação do acto final os argumentos ou fundamentos de facto e de direito invocados pelo sujeito passivo em sede de audição prévia, devendo explicitar as razões de aceitação ou rejeição daqueles argumentos, nos termos do nº 7 do artigo 60º da LGT. Neste sentido, caso o sujeito passivo exerça o seu direito de audição prévia antes da prática do acto de indeferimento da reclamação graciosa ou de recurso hierárquico mas a fundamentação do acto de indeferimento não tenha em conta os novos argumentos de facto e de direito por aquele invocados, isto é, em caso de incumprimento do dever de pronúncia acerca dos elementos novos – factuais ou jurídicos – trazidos por aquele para o procedimento, verificar-se-á um vício de fundamentação previsto no artigo 99º, alínea *c*) do CPPT[80]. Para além disso, poderá verificar-se o vício de falta de fundamentação quando o acto de indeferimento não contenha a fundamentação legalmente exigida, designadamente as razões de facto e de direito que levaram a Administração a decidir naquele sentido e não noutro, nos termos do artigo 99º, alínea *c*) do CPPT.

Estes vícios formais têm como consequência a ilegalidade do acto de indeferimento da reclamação graciosa ou de recurso hierárquico, sendo susceptíveis de gerar a anulabilidade do mesmo e de servirem de fundamento da impugnação judicial.

Por outro lado, o acto de indeferimento expresso da reclamação graciosa ou de recurso hierárquico e da própria revisão oficiosa poderá enfermar de *vícios materiais*, ou seja, de erros sobre os pressupostos de facto e de direito, nos termos do artigo 99º, alínea *a*) do CPPT. Nestes casos, o acto de indeferimento será ilegal porque nega a pretensão do contribuinte de averiguação administrativa da ilegalidade do acto tributário. Dito de outro modo, o acto de indeferimento é ilegal na medida em que confirma a legalidade de um prévio acto ilegal – o acto tributário cuja ilegalidade o contribuinte contestou em sede de reclamação graciosa ou de recurso hierárquico – neste caso indirectamente na medida em que o acto contestado será o acto de indeferimento da reclamação graciosa.

Ora, em sede de impugnação judicial, o sujeito passivo poderá invocar qualquer ilegalidade dos actos de segundo e terceiro grau, quer sejam vícios *formais* – de falta de fundamentação ou preterição de formalidade essencial –, quer sejam vícios *materiais* – de erros nos pressupostos de facto de e de direito, nos termos do artigo 99º do CPPT. Dito de outro modo, poderá invocar quer vícios próprios do acto de indeferimento, quer vícios do acto de liquidação contestado nestes meios tutelares.

O mesmo não se passará se o sujeito passivo optar pelo pedido de constituição de tribunal arbitral. De facto, no âmbito da arbitragem tributária

[80] É de referir, contudo o que decorre do acórdão do STA de 25 de Junho de 2009, proferido no âmbito do processo nº 0345/09: a falta de audição prévia no procedimento de reclamação graciosa não resulta na anulabilidade do acto tributário de liquidação que o antecede mas apenas conduz à anulação da eventual decisão de indeferimento da reclamação graciosa, ou seja, apenas é afectado o acto no qual culmina este procedimento e não o acto que dele é objecto.

apenas poderá invocar como fundamento da ilegalidade do acto de indeferimento da reclamação graciosa ou do recurso hierárquico os *vícios materiais*, ou seja, do acto de liquidação. Assim, entendemos na medida em que os actos de segundo grau apenas serão arbitráveis quando comportem, e só quando comportem, eles próprios, a (i)legalidade dos actos de liquidação em causa. Ou seja, defendemos que não são arbitráveis os vícios próprios (*formais*) dos actos de indeferimento de reclamações graciosas e de recursos hierárquicos porque escapam ao âmbito material da arbitragem tributária. Nestes casos o tribunal arbitral vai aferir a legalidade do acto de indeferimento aferindo a legalidade do acto tributário. Este é, na verdade, o objecto do pedido de constituição de tribunal arbitral. Se este for legal, o acto de indeferimento da reclamação graciosa ou do recurso hierárquico será legal, na medida em que confirma a sua legalidade. Se, pelo contrário, o acto tributário for ilegal, o acto de indeferimento de reclamação graciosa ou do recurso hierárquico também será na medida em que confirma a legalidade de um acto ilegal.

Para além disso, concordamos com Lopes de Sousa quando considera que, no âmbito da impugnação judicial dos actos de indeferimento de uma reclamação graciosa ou de um recurso hierárquico, poderão ser invocados quaisquer vícios, mesmo aqueles que não tenham sido invocados em sede de reclamação ou de recurso[81].

Admite-se esta possibilidade, por um lado, na medida em que o próprio artigo 99º do CPPT admite como fundamento da impugnação judicial *qualquer ilegalidade*, não fazendo qualquer restrição relativamente aos vícios dos actos que podem ser invocados.

Por outro lado, considera que enquanto o acto de liquidação não atinge a "*presumível estabilidade*" que o esgotamento absoluto da possibilidade de ser impugnado com fundamento em vícios geradores de mera anulabilidade, não se afiguram razões de segurança jurídica que justifiquem a não invocação de novos vícios.

Aliás, em nossa opinião, esta é a solução que melhor se coaduna com o princípio da tutela jurisdicional efectiva e, *in fine*, da legalidade, tendo em conta que no contencioso administrativo, em prol da sobrevivência apenas de actos legais, admite-se a invocação de novos vícios pelo juiz em sede de acção administrativa, nos termos do artigo 95º, nº 3 do CPTA, não se prevendo, como se sabe, igual faculdade em sede de impugnação judicial.

[81] No entanto, como se viu no ponto 44.5, este autor defende uma limitação dos fundamentos que o contribuinte poderá invocar em sede de arbitragem tributária nos casos de reclamação graciosa necessária, de autoliquidação, de retenção na fonte e de pagamento por conta, advogando que não poderá invocar vícios diferentes daqueles invocados na apresentação da reclamação graciosa.

Assim, enquanto o contribuinte estiver em tempo de impugnar judicialmente o acto de liquidação, quer directamente, quer através da impugnação do acto de indeferimento de uma reclamação graciosa, este autor entende, e nós acompanhamo-lo, que poderá discutir a legalidade da liquidação sem qualquer restrição, invocando outros vícios para além daqueles invocados em sede de reclamação graciosa, ou mesmo de recurso hierárquico da decisão de indeferimento da reclamação graciosa[82].

Por fim, é de salientar que a reclamação graciosa poderá ser apresentada com os mesmos fundamentos previstos para a impugnação judicial no artigo 99º do CPPT, tal como decorre do artigo 70º, nº 1 do CPPT.

O pedido de constituição de tribunal arbitral poderá igualmente ser apresentado com os mesmos fundamentos previstos para a impugnação judicial no artigo 99º do CPPT, tal como disposto no artigo 10º, nº 2, alínea *c*) do RJAT. Contudo, não será de olvidar que quando os actos contestados sejam de segundo ou terceiro grau não poderão ser invocados os vícios próprios destes actos mas apenas os vícios do acto de liquidação.

- ***Regras do valor do processo constantes da petição inicial***

Para além dos fundamentos, decorre do nº 2 do artigo 108º do CPPT que deve constar da petição inicial a *indicação do valor do processo* ou a forma como se pretende a sua determinação, a efectuar pelos serviços competentes da Administração Tributária[83]. A indicação do valor da causa será relevante designadamente para determinar a utilidade económica do pedido, o valor das custas, a necessidade ou não de constituição de advogado, bem como para aferir da recorribilidade da decisão.

Ora, as regras de determinação do valor do processo são aquelas previstas no artigo 97º-A do CPPT, sendo que, no âmbito da impugnação judicial, apenas será relevante o disposto nas alíneas *a*) a *c*) do nº 1 deste artigo, na medida em que a alínea *d*) se refere à acção administrativa e a alínea *f*) ao processo de execução fiscal[84].

[82] Jorge Lopes de Sousa (2011), Vol. II, p. 127-128.

[83] Assim, de acordo com o nº 2 do artigo 108º do CPPT, em sede de impugnação judicial, o valor da causa será fixado pelo interessado na petição inicial ou pelos serviços da Administração Tributária, não fazendo sentido a remissão defendida por Lopes de Sousa para o artigo 306º do CPC que estabelece que o valor da causa é fixado pelo juiz Cf. Jorge Lopes de Sousa (2011), Vol. II, p. 76.

[84] A alínea *d*) indica-nos que na acção administrativa do indeferimento total ou parcial ou da revogação de isenções ou outros benefícios fiscais, o valor da causa corresponderá ao valor da isenção ou do benefício. Nos restantes casos, parece-nos que serão aplicáveis as regras do CPTA. Por sua vez, a alínea *f*) determina que no contencioso associado ao processo de execução fiscal, designadamente

Assim, de acordo com a alínea *a*) do nº 1 do artigo 97º-A do CPPT, quando seja impugnado um *acto de liquidação*, o valor da causa corresponderá ao da importância cuja anulação se pretende. Isto significa que caso se pretenda a anulação *total* do acto, o valor da causa corresponderá ao valor da própria *liquidação* e se, pelo contrário, se pretender apenas a anulação *parcial*, corresponderá ao valor da *parte impugnada*.

Relativamente à impugnação de actos de liquidação, são de referir os casos em que o contribuinte tenha recorrido previamente a um meio tutelar administrativo – a reclamação graciosa ou o recurso hierárquico – tendo a Administração proferido uma decisão de anulação parcial do mesmo. Com efeito, nestes casos, o valor da causa na impugnação judicial posterior não poderá equivaler ao valor da liquidação, sendo necessário proceder à subtracção do valor já anulado pela Administração. O valor da causa corresponderá assim ao valor da parte impugnada resultante da diferença entre o acto de liquidação e a parte já anulada. A este propósito, veja-se o acórdão do TCA Norte de 25 de Fevereiro de 2016, proferido no âmbito do processo nº 00571/11.6, no qual se entendeu que:

> "*Tendo em conta a anulação parcial das liquidações, por decisão proferida no recurso hierárquico, ao valor total das liquidações há que subtrair o valor da parte anulada pela AT.*
>
> *É este valor que representa a utilidade económica do pedido e aquele que nos termos do art. 97-A/1-a) do CPPT corresponde à importância cuja anulação se pretende*".

Por outro lado, deverá considerar-se incluído no valor da liquidação o valor dos juros compensatórios que eventualmente tenham sido liquidados, na medida em que, como se viu no ponto 27.1.1, o artigo 35º, nº 8 da LGT estabelece que estes juros "*integram-se na própria dívida do imposto, com a qual são conjuntamente liquidados*"[85].

Lopes de Sousa salienta ainda que, do teor literal da norma plasmada na alínea *a*) do nº 1 do artigo 97º-A do CPPT, decorre que não serão tidos em conta, para efeitos de determinação do valor da causa, os pedidos que sejam cumulados com o pedido de anulação do acto de liquidação, designadamente os pedidos de juros indemnizatórios e de indemnização por garantia indevida que, como se sabe, podem ser formulados no processo de impugnação judi-

na oposição à execução, o valor da causa corresponderá ao montante da dívida exequenda ou da parte restante, quando haja anulação parcial, excepto nos casos de compensação, penhora ou venda de bens ou direitos, em que o valor corresponderá ao valor dos mesmos, se inferior.

[85] Para mais desenvolvimentos acerca dos juros compensatórios e das implicações de integrarem a própria dívida do imposto, veja-se o ponto 27.1.1 deste manual.

cial, tal como decorre dos artigos 43º, nº 1 e 53º, nº 3 da LGT e do artigo 171º, nº 1 do CPPT. Este autor entende que este regime consubstancia um afastamento "*dificilmente justificável*" da regra, cuja razoabilidade considera evidente, de que, em caso de cumulação de pedidos com valor autónomo, se atenda a todos eles, para a determinação do valor do processo[86]. Aliás, esta é a regra que vale quer no processo civil, tal como dispõe o artigo 297º, nº 2 do CPC, quer no processo administrativo, de acordo com o artigo 32º, nº 7 do CPTA.

Não se compreende, assim, este regime distinto no âmbito do contencioso tributário que poderá ter resultado, eventualmente, do esquecimento do legislador, na medida em que no nº 3 do artigo 97º-A do CPPT estabelece que quando haja apensação de impugnações, o valor corresponde à soma dos pedidos, seguindo a lógica acima referida de que havendo cumulação de pedidos com valor autónomo, deverá atender-se a todos eles para a determinação do valor do processo. Para além disso, pese embora este nº 3 apenas se refira à apensação de impugnações, em nossa opinião, este deverá ser interpretado extensivamente, sendo aplicável aos casos de cumulação de impugnações previstos no artigo 104º do CPPT, ou seja, quando no âmbito da mesma impugnação, o interessado impugna vários actos.

Por sua vez, a alínea *b*) do nº 1 do artigo 97º-A do CPPT determina que quando se impugne o *acto de fixação da matéria tributável*, o valor da causa corresponderá ao valor contestado. Esta norma também é passível de críticas, desde logo porque parece contrariar a regra que vigora quer no processo civil (artigo 297º do CPC), quer no processo administrativo (artigo 32º do CPTA), de que o valor da causa deverá coincidir com o valor do benefício que se pretende obter[87]. Com efeito, nos casos de impugnação judicial do acto de fixação da matéria tributável o benefício que o interessado pretende obter não corresponde ao "*valor contestado*" a que a alínea *b*) faz referência, mas sim ao imposto que deixaria de ser cobrado com a alteração do valor da matéria tributável contestado que será sempre inferior àquele.

A este propósito, Lopes de Sousa defende que, em coerência com o disposto na alínea *a*) do mesmo artigo, nas situações de impugnação de actos de fixação da matéria tributável, o valor da causa deveria ser fixado em função do valor do imposto que estaria conexionado com a matéria tributável contestada. Este autor salienta ainda a inconstitucionalidade do critério de fixação do valor da causa plasmado na alínea *b*) do nº 1 do artigo 97º do CPPT por violação do princípio da igualdade previsto no artigo 13º da CRP, na medida

[86] Jorge Lopes de Sousa (2011), Vol. II, p. 72.

[87] Neste sentido: Jorge Lopes de Sousa (2011), Vol. II, p. 73.

em que a impugnação judicial de actos de fixação da matéria tributável em que está em causa um valor idêntico, terá valor diferente para efeitos de custas, conforme seja ou não praticado um acto de liquidação subsequente[88].

Isto é assim porque, em regra, os actos de fixação da matéria tributável por métodos indirectos apenas são autonomamente impugnáveis quando não haja lugar a liquidação subsequente, tal como disposto no nº 3 do artigo 86º da LGT. Contudo, o nº 4 deste artigo estabelece que na impugnação do acto de liquidação subsequente poderá ser invocada qualquer ilegalidade, inclusive vícios na fixação da matéria tributável. No primeiro caso, o valor do processo corresponderá ao valor da matéria tributável contestado, enquanto no segundo o valor corresponderá ao valor da liquidação cuja anulação se pretende, o que naturalmente será muito menor. Deste modo, o interessado, no segundo caso, estará sujeito ao pagamento de custas num valor relativamente inferior, violando-se, no entender deste autor, o princípio constitucional da igualdade.

A este propósito, será relevante o acórdão do TCA Sul de 13 de Março de 2014, proferido no âmbito do processo nº 07125/13, no qual se entendeu que:

> *"O que a impugnante questiona é a fixação da matéria colectável por métodos indirectos e a consequente desconsideração do princípio declarativo, ou seja, o que se pretende com a presente impugnação é a repristinação da situação jurídico-fiscal que existiria não fosse a prática do acto de fixação da matéria colectável por métodos indirectos crismado ilegal. A fixação da matéria colectável por parte da AF, nos termos do artigo 92º/6, da LGT, cifrou-se em €0,00 (nº 3º do probatório), sendo que a matéria colectável pela qual a impugnante pugna corresponde à que foi por si declarada, ou seja a correspondente a prejuízos fiscais de €304.301,31 (n.os 1 e 7 do probatório). Donde decorre que este último quantitativo corresponde ao benefício económico a obter com a procedência da presente acção, pelo que o pedido se centra na anulação parcial da liquidação impugnada na parte em que desconsiderou os prejuízos fiscais declarados de €304.301,31, sendo este o valor da acção, nos termos do artigo 97º-A/1/a), do CPPT".*

Neste caso, aplicando-se literalmente a alínea *b*) do nº 1 chegaríamos à conclusão que o valor da causa corresponderia a € 0,00, na medida em que este é o valor correspondente à matéria tributável fixada e, consequentemente, o valor contestado. Bem andou o TCA Sul ao considerar como valor da causa os € 304.301,31 respeitantes aos prejuízos fiscais desconsiderados pela Administração Tributária, aplicando a regra geral do processo civil e do processo administrativo de que o valor da causa deverá corresponder ao benefício económico a obter com a procedência da acção.

[88] *Ibidem*, p. 73-74.

Por fim, a alínea *c)* do nº 1 do artigo 97º-A do CPPT estabelece que quando se impugne o *acto de fixação dos valores patrimoniais*, o valor da causa corresponderá ao valor contestado[89].

Também aqui Lopes de Sousa considera que o valor da causa deveria ser fixado em função do valor do imposto que está conexionado com o VPT fixado e não em função do valor contestado, ou seja, do VPT fixado com o qual o contribuinte não concorda.

Contudo, defende esta solução apenas nos casos em que o VPT esteja conexionado com um só acto de liquidação, ressalvando que a regra será adequada quando a fixação do VPT seja utilizada numa pluralidade de actos de liquidação[90]. Com efeito, também entendemos que se o contribuinte pretender contestar a legalidade de um acto de fixação de VPT utilizado ou utilizável numa pluralidade de liquidações, justificar-se-á que o valor da causa corresponda ao valor do VPT, isto é, ao valor contestado e não à soma dos valores das várias liquidações[91]. Já nos casos em que o VPT está conexionado apenas com um acto de liquidação, o benefício que o interessado pretende obter não corresponde ao "valor contestado" a que a alínea *c)* faz referência, mas sim ao imposto que deixaria de ser cobrado com a alteração do valor do VPT contestado, que será sempre inferior àquele.

Assim, esta norma, tal como a plasmada na alínea *b)* é criticável quando o VPT estiver conexionado apenas com um acto de liquidação na medida em que também parece contrariar a regra de que o valor da causa deverá coincidir com o valor do benefício que se pretende obter, aplicável no processo civil (artigo 297º do CPC), bem como no processo administrativo (artigo 32º do CPTA).

Veja-se neste sentido, considerando adequada a utilização do critério do "valor contestado" para determinar o valor da causa, o acórdão do TCA Sul de 10 de Julho de 2015, proferido no âmbito do processo nº 06810/13, no qual se entendeu que:

[89] Recorde-se que no nosso entender estes actos de fixação do VPT correspondem aos actos de avaliação directa da matéria tributável. Para mais desenvolvimentos, veja-se o ponto 32.2 deste manual.

[90] *Ibidem*, p. 74.

[91] Recorde-se que no nosso entender estes actos de fixação do VPT são impugnáveis contenciosamente de forma autónoma, constituindo actos destacáveis. Tratando-se de actos destacáveis, o sujeito passivo ou outro interessado poderá optar entre a impugnação autónoma do acto de fixação do VPT ou a impugnação do acto final de liquidação, não se admitindo, todavia, que proceda à impugnação de ambos os actos, invocando os mesmos vícios. Para mais desenvolvimentos, veja-se o ponto 32.2 deste manual.

"O valor contestado é o critério adoptado no contencioso tributário para os casos de impugnação de acto de fixação do valor patrimonial, correspondendo ao valor fixado na avaliação, pois esse é o valor com o qual o impugnante não concorda, esse é o valor impugnado, contestado na acção de impugnação judicial;

*Considerando que o valor patrimonial fixado **é utilizável «numa pluralidade de actos de liquidação»** de IMI, pois é liquidado anualmente com base naquele valor patrimonial fixado, nesse caso, não se poderá considerar desadequada a utilização do critério do «valor contestado»"*.(destacado nosso).

Por outro lado, no acórdão do STA de 3 de Fevereiro de 2016, proferido no âmbito do processo nº 01146/15, o contribuinte defendeu que a única interpretação da expressão "*valor contestado*", constante da alínea *c*) do nº 1 do artigo 97º-A do CPPT, conforme à lei e à Constituição seria aquela que a fizesse corresponder ao imposto que seria cobrado caso se fixassem os VPT em causa na Ordem Jurídica. Pelo contrário, este tribunal superior defende que:

"Ou seja, é pelo pedido, tal como vem formulado pelo autor, que deve ser aferida aquela utilidade económica imediata, porque outras utilidades haverá que resultarão da procedência do pedido de forma mediata ou indirecta, e às quais não haverá que atender para este efeito.

Assim, no caso de impugnação dos actos de fixação de valores patrimoniais de imóveis, aquela utilidade económica imediata traduz-se na diferença entre o valor fixado pela administração tributária e o valor que o interessado entende dever ter sido o fixado, ou dito de outro modo, a utilidade económica imediata do pedido reside na redução do valor patrimonial pretendida pelo impugnante, face ao valor encontrado pela AT, ou até na não fixação de qualquer valor patrimonial."

Chegando à conclusão que se numa mesma impugnação o contribuinte cumula "*o pedido de 10 segundas avaliações, o valor contestado deverá corresponder à soma dos valores encontrados nessas 10 avaliações que impugna*".

Neste caso, mais do que um acto de fixação de VPT conexionado com vários actos de liquidação, temos a impugnação de vários actos de fixação de VPT. Assim, este acórdão parece não contrariar o nosso entendimento, acima referido, de que o nº 3 do artigo 97º-A do CPPT – referente à apensação de impugnações – deverá ser interpretado extensivamente e aplicável aos casos de cumulação de impugnações previstos no artigo 104º do CPPT, ou seja, quando no âmbito da mesma impugnação, o interessado impugna vários actos.

Por fim, é de salientar que em sede de arbitragem tributária, também deverá constar do pedido de constituição de tribunal arbitral o valor da utilidade económica do pedido, de acordo com o previsto no artigo 10º, nº 2, alínea *e*) do RJAT.

Ora, quando o acto cuja (i)legalidade se pretende discutir é um acto de liquidação, de autoliquidação, de retenção na fonte ou de pagamento por conta, o valor da utilidade económica do pedido será o valor da importância cuja anulação se pretende, sendo aplicável subsidiariamente a alínea *a*) do nº 1 do artigo 97º-A do CPPT, *ex vi* artigo 3º, nº 2 do *Regulamento de Custas* aprovado pelo CAAD.

Se se tratar de um acto de fixação de VPT ou de determinação da matéria tributável, o valor da utilidade económica do pedido será o valor da liquidação a que o sujeito passivo pretende obstar, tal como decorre do nº 3 do artigo 3º do *Regulamento de Custas*, não sendo aplicáveis as alíneas *b*) e *c*) do nº 1 do artigo 97º-A do CPPT[92]. Deste modo, consagra-se, no âmbito da arbitragem tributária, uma solução distinta daquela prevista para a fixação do valor da causa quando o acto impugnado se trate de um acto de determinação da matéria tributável ou de fixação de VPT, afastando-se o critério do "valor contestado". Aliás, consagra-se a solução preconizada pela doutrina que critica o regime fixado no artigo 97º-A do CPPT, estabelecendo que o valor da causa corresponderá ao valor da liquidação com o qual o sujeito passivo não concorde, ou seja, ao imposto que deixaria de ser cobrado com a alteração do valor da matéria tributável ou do VPT contestado, que será sempre inferior a estes.

- ***Meios de prova apresentados na petição inicial***

Com a petição o impugnante deverá ainda oferecer os documentos de que dispuser, arrolar as testemunhas e requerer as demais provas que não dependam de ocorrências supervenientes, de acordo com o artigo 108º, nº 3 do CPPT. Parece valer aqui um princípio de preclusão, na medida em que se não indicar os meios de prova na petição inicial, não poderá fazê-lo mais tarde[93].

Contudo, a junção de documentos poderá ser feita posteriormente até ao encerramento da discussão da causa na 1ª instância que, como se verá, ocorrerá com o termo do prazo para apresentação das alegações previstas no artigo 120º do CPPT, mediante o pagamento de uma multa, de acordo com o previsto no nº 2 do artigo 423º do CPC, aplicável *ex vi* artigo 2º, alínea *e*) do CPPT.

Caso os documentos tenham como finalidade a prova de factos posteriores à apresentação da petição inicial ou caso a sua apresentação se tenha tornado necessária devido a ocorrência posterior, poderão ser apresentados em qualquer estado do processo. Lopes de Sousa assim entendia, remetendo para o artigo 524º, nº 2 do antigo CPC. Este artigo corresponde ao artigo 425º

[92] Carla Castelo Trindade (2016), p. 273.

[93] Neste sentido: Joaquim Freitas da Rocha (2014), p. 302.

do novo CPC no qual se prevê que depois do encerramento da discussão da causa sejam admitidos apenas os documentos "*cuja apresentação não tenha sido possível até àquele momento*"[94]. Serão de incluir nesta disposição as duas situações elencadas, na medida em que não seria possível juntar os documentos em momento anterior, quando a sua apresentação se tenha tornado necessária devido a ocorrência posterior ou quando visem fazer prova de factos posteriores à apresentação da petição inicial.

Por fim, o mesmo autor considera que poderão ser requeridas provas não mencionadas na petição inicial no caso de ocorrências supervenientes como, por exemplo, a impossibilidade de realizar as diligências requeridas na petição. A necessidade de realização da prova também poderá surgir em face da posição assumida pela Fazenda Pública na contestação ou do conteúdo das informações oficiais, prevendo-se expressamente no nº 3 do artigo 116º do CPPT a possibilidade do sujeito passivo requerer a realização de uma perícia após a notificação das informações oficiais.

Esta possibilidade de junção tardia de documentos ou mesmo a admissibilidade de requerimentos de outros meios de prova assegura a tutela jurisdicional efectiva dos contribuintes, contribuindo também para a descoberta da verdade material que deverá nortear o juiz.

Com efeito, Rui Duarte Morais salienta que a rigidez da regra que parece exigir que o sujeito passivo indique os meios de prova na petição inicial, sob pena de não o poder fazer mais tarde, deverá ser temperada pelo respeito pelo princípio do inquisitório, pelo que o juiz deverá admitir a produção de todos os meios de prova sugeridos posteriormente, excepto aqueles que considere manifestamente desnecessários[95]. Concordamos com o autor, especialmente porque com o andamento do processo e a junção de articulados, poderá haver necessidade de ajustamento das provas inicialmente indicadas, em prol de uma boa instrução da acção.

De facto, por força dos artigos 99º da LGT e 13º do CPPT que consagram o princípio do inquisitório, o juiz deve realizar ou ordenar oficiosamente a realização de todas as diligências que se lhe afigurem úteis à descoberta da verdade material. Na verdade, o juiz está vinculado à descoberta da verdade material, estando – em nossa opinião – limitado apenas pelas questões invocadas pelas partes. Assim, não será de admitir num processo onde vigora o princípio da verdade material que o juiz rejeite todo e qualquer meio prova apenas porque este não foi apresentado ou requerido na petição inicial, ou

[94] Jorge Lopes de Sousa (2011), Vol. II, p. 214-215.
[95] Rui Duarte Morais (2012), p. 298.

seja, apenas por razões formais. Aliás, a prática confirma que, em sede dos tribunais de 1ª instância, as provas adicionalmente indicadas são genericamente aceites pelo Tribunal.

Para além disso, recorde-se que em caso de falta de realização de diligências instrutórias úteis para a descoberta da verdade dos factos, LEITE CAMPOS, BENJAMIM SILVA RODRIGUES e LOPES DE SOUSA defendem que, a sentença será nula por *erro de julgamento*, na medida em que resulta de uma "*errada não aplicação do preceito legal que a impõe*". Por sua vez, o acórdão do STA de 23 de Outubro de 2013, proferido no âmbito do processo nº 0388/13, perante a não realização de determinada diligência instrutória útil à descoberta da verdade dos factos, considerou que a sentença enfermava de "*défice instrutório*", aplicando-se subsidiariamente o artigo 662º do CPC:

> *"(...) o princípio do inquisitório, que enforma o processo tributário, impõe que o juiz realize ou ordene todas as diligências que considere úteis ao apuramento da verdade (cf. artigos 99º, nº 1, da LGT e 13º, nº 1, do CPPT), não estando sequer limitado às provas que as partes apresentarem ou requererem.*
>
> *Ora, não constando da sentença, nem dos autos, elementos que permitam ao tribunal 'ad quem' reapreciar do alegado vício de violação de lei, por erro nos pressupostos, das liquidações sindicadas, terá de concluir-se que os autos padecem de défice instrutório, determinante da anulação da sentença recorrida (artigo 712º [actual artigo 662º] do CPC, aplicável ex vi da alínea e) do artigo 2º do CPPT) e da remessa dos autos ao tribunal 'a quo' com vista à cabal averiguação dos factos alegados pela impugnante a esse respeito, indispensável à boa decisão da causa e posterior decisão em conformidade"*

Assim, entendemos que mesmo para além dos casos acima elencados, tal como a verificação de ocorrências supervenientes, o juiz deverá ordenar a realização de todas as diligências que lhe sejam requeridas que se lhe afigurem úteis à descoberta da verdade material, independentemente do momento em que sejam requeridas, rejeitando apenas a realização daquelas que considere inúteis ou dilatórias, sob pena da sentença ser nula por défice instrutório.

Por fim, o impugnante poderá requerer na petição a prestação da garantia como forma de obter a suspensão do processo de execução fiscal, se ainda o não tiver feito antes, de acordo com o artigo 103º, nº 4 do CPPT.

60.4.1.4. Deficiências na petição inicial

A petição inicial pode conter alguma deficiência ou irregularidade de carácter formal, designadamente na identificação de algum dos elementos exigidos acima referidos. Nestes casos, o juiz pode – em nossa opinião, deve – convidar o impugnante a supri-las no prazo que fixar, de acordo com o artigo 110º, nº 2 do CPPT e em nome do princípio da economia processual, na vertente do aproveitamento dos actos. Em caso de errada identificação do autor do acto impugnado, a petição inicial poderá ser corrigida, a convite do tribunal, salvo se o erro for "*manifestamente indesculpável*", de acordo com o artigo 98º, nº 5 do CPPT.

No entanto, em certos casos, quando se verificarem erros mais graves, estes não poderão ser regularizados, conduzindo às nulidades insanáveis previstas no artigo 98º, nº 1 do CPPT, designadamente à ineptidão da petição inicial. Os erros mais graves serão, segundo Jesuíno Alcântara Martins e Costa Alves, os "*manifestamente indesculpáveis*" na acepção do nº 5 do artigo 98º do CPPT[96].

Em concreto, a petição inicial será inepta (*i*) quando faltar ou seja ininteligível a indicação do pedido ou da causa de pedir, (*ii*) quando o pedido esteja em contradição com a causa de pedir e (*iii*) quando se cumulem causas de pedir ou pedidos substancialmente incompatíveis, de acordo com o artigo 186º, nº 2 do CPC, aplicável subsidiariamente ao processo de impugnação judicial, por força do artigo 2º, alínea *e*) do CPPT.

A ineptidão da petição inicial tem como consequência, de acordo com o artigo 98º, nº 1, alínea *a*) do CPPT, a nulidade de todo o processo, tratando-se de uma excepção dilatória, da qual decorre a absolvição da instância, nos termos dos artigos 577º, alínea *b*) e 576º, nº 2 do CPC, respectivamente. No entanto, Freitas da Rocha salienta que esta declaração de nulidade pode não ser imediata ou automática, referindo-se à posição que tem vindo a ser defendida pela jurisprudência de que "*não são relevantes para determinar a nulidade da petição meras deficiências de qualificação jurídica, não devendo ser julgada inepta a petição na qual, não obstante a falta de rigor técnico na formulação do pedido, (...) este dá a conhecer o efeito jurídico que se pretendia obter por intermédio do tribunal*"[97]. A título exemplificativo, veja-se o acórdão do TCA Norte de 28 de Janeiro de 2016, proferido no âmbito do processo nº 00451/15.6, no qual se afirmou que:

> "*Porém, não serão relevantes para determinar a nulidade da petição meras deficiências de qualificação jurídica, designadamente a errónea qualificação dos factos invocados e a deficiente qualificação do efeito jurídico pretendido, devendo antes ser proferido despacho corrigindo o erro ou convidando as partes a corrigi-lo*".

[96] Jesuíno Alcântara Martins/José Costa Alves (2015), p. 109.

[97] Joaquim Freitas da Rocha (2014), p. 301.

No mesmo sentido, o acórdão do STA de 15 de Dezembro de 2012, proferido no âmbito do processo nº 01092/11, no qual se afirmou que[98]:

> *"Aparentemente existiria ineptidão da petição inicial por contradição entre o pedido formulado de extinção da execução, embora de forma implícita, e a causa de pedir invocada que é adequada à impugnação da 2ª avaliação (a qual não integra qualquer dos fundamentos tipificados no artº 204º do CPPT). A causa de pedir não seria adequada a conseguir alcançar o pedido formulado. E, por isso ocorreria ineptidão da petição inicial.*
>
> *No entanto, também tem sido afirmado neste STA que a formulação de um pedido de extinção da execução fiscal, com fundamento na ilegalidade do acto de liquidação da dívida exequenda tem implícita uma pretensão de eliminação jurídica desse acto (vide Ac. de 16/04/2008 tirado no recurso 051/08 em que foi Relator J. Lopes de Sousa). Neste aresto afirma-se que: (...) em tais situações, não deverá entender-se que se está perante falta de pedido adequado a processo de impugnação judicial, mas sim perante uma situação em que poderá haver necessidade da sua explicitação, o que não obstará à convolação, podendo justificar, quando muito, que no processo de impugnação judicial se convide o interessado a esclarecer tal pedido".*

Freitas da Rocha defende porém que este entendimento da jurisprudência, que postula que a ineptidão da petição inicial e a consequente nulidade do processo de impugnação judicial não será sempre automática, é demasiado protector do contribuinte e desresponsabilizante dos actores processuais que os representam[99]. Quanto a nós, entendemos que esta solução se justifica em nome do princípio *pro actione* que norteia o processo judicial tributário.

Cabe salientar que no âmbito da *arbitragem tributária*, consoante os casos, o tribunal arbitral deve convidar o impugnante ao aperfeiçoamento do pedido deficiente ou irregular, através do *convite ao aperfeiçoamento*, ou, em casos mais extremos, rejeitar o pedido, designadamente através da figura do *indeferimento liminar*. Assim, deverá ser liminarmente indeferido o pedido de pronúncia arbitral em que seja *manifesta* a ineptidão do pedido (artigo 89º, nº 1, alínea *a*) do CPTA), sendo que na maioria dos casos, por força do princípio da economia processual na vertente do aproveitamento dos actos, o tribunal arbitral deverá convidar o sujeito passivo ao aperfeiçoamento da peça – o pedido de constituição de tribunal arbitral.

[98] Vejam-se ainda os acórdãos do STA de 10 de Março de 2011, proferido no âmbito do processo nº 0126/11 e do TCA Norte, de 27 de Novembro de 2014, proferido no âmbito do processo nº 00228/07.2BEBRG. Neste último afirma-se que "*[s]e o réu apesar de arguir a ineptidão contestou e após ouvido o autor, se verificar que interpretou corretamente a petição inicial, a mesma não é julgada inepta*".

[99] Joaquim Freitas da Rocha (2014), p. 301.

Pelo contrário, por força do disposto na alínea *b)* do artigo 69º do CPPT, que consagra a dispensa de formalidades essenciais no âmbito do procedimento de *reclamação graciosa*, nenhuma das formalidades exigidas no artigo 102º do CPA para o requerimento de apresentação da reclamação – tais como a designação do órgão administrativo a que se dirige e a identificação do requerente, pela indicação do nome, domicílio, bem como, se possível, dos números de identificação civil e identificação fiscal, entre outros – se deverá considerar essencial, podendo e devendo sempre ser sanada por iniciativa da Administração Tributária, se for imprescindível para a apreciação da reclamação graciosa.

60.4.2. Efeitos da entrega da petição inicial

Por fim, são de salientar os efeitos da entrega da petição inicial da impugnação judicial.

Por um lado, a dedução da impugnação judicial impede a apresentação posterior de uma reclamação graciosa, com o mesmo fundamentado, na medida em que o nº 2 do artigo 68º do CPPT proíbe a dedução de reclamação graciosa quando já tiver sido instaurada impugnação judicial com o mesmo fundamento.

No entanto, o contribuinte poderá deduzir uma reclamação graciosa com diverso fundamento após ter sido interposta a impugnação judicial, sendo a reclamação apensa à impugnação judicial e considerada, para todos os efeitos, no âmbito do processo de impugnação, de acordo com o artigo 111º, nº 4 do CPPT. Assim, será o tribunal a apreciar tanto as questões levantadas na impugnação judicial quanto as invocadas na reclamação graciosa.

Por outro lado, prevêem-se ainda efeitos externos da apresentação da petição inicial, para um eventual processo de execução fiscal. Com efeito, é de salientar que a apresentação da petição inicial interrompe o prazo de prescrição, nos termos do artigo 49º, nº 1 da LGT.

Analisadas todas as especificidades inerentes à petição inicial que dá origem à impugnação judicial, cabe agora olhar para a resposta da Administração Tributária – a *contestação* – que decorre naturalmente do princípio do contraditório que norteia o processo judicial tributário, tal como já tivemos oportunidade de observar no ponto 53.7 deste manual.

60.4.3. Contestação

Recebida a petição inicial, o juiz ordena a notificação do representante da Fazenda Pública para no prazo de 90 (noventa) dias contestar e solicitar a produção de prova adicional, de acordo com o artigo 110º, nº 1 do CPPT. De acordo com o artigo 571º do CPC, na contestação cabe tanto a defesa por impugnação, quanto por excepção. Na defesa por impugnação o representante da Fazenda Pública contradiz os factos articulados na petição ou afirma que estes não podem produzir o efeito jurídico pretendido pelo impugnante. Por sua vez, na defesa por excepção alega factos que obstam à apreciação do mérito da causa, ou factos impeditivos, modificativos ou extintivos do direito invocado pelo impugnante.

Aqui caberá recordar a diferenciação entre excepções *dilatórias* e *peremptórias*, recorrendo às normas do CPC, designadamente aos artigos 576º e 577º. Assim, de acordo com os nºs 2 e 3 do artigo 576º do CPC, enquanto as excepções *dilatórias* obstam a que o tribunal conheça do mérito da causa e dão lugar à *absolvição da instância* ou à remessa do processo para outro tribunal, já as excepções *peremptórias* importam a absolvição total ou parcial do pedido e consistem na invocação de factos que impedem, modificam ou extinguem o efeito jurídico dos factos articulados pelo autor, *in casu*, pelo impugnante[100].

As excepções dilatórias consistem assim na arguição de quaisquer irregularidades ou vícios de carácter processual ou formal. Neste sentido, Castro Mendes considera que "*as excepções dilatórias e os pressupostos processuais são o verso e o reverso da mesma realidade*"[101].

Por sua vez, o artigo 577º do CPC, aplicável à impugnação judicial, *ex vi* artigo 2º, alínea *e)* do CPPT elenca, a título exemplificativo, algumas situações que se têm por excepções dilatórias nominadas, sendo de referir a incompetência, quer absoluta quer relativa, do tribunal; a nulidade de todo o processo; a falta de personalidade ou de capacidade judiciária de alguma das partes; a ilegitimidade de alguma das partes e a litispendência ou o caso julgado. A verificação de qualquer uma destas excepções obstará ao conhecimento do mérito da causa pelo juiz, dando lugar à absolvição da instância.

Assim, o tribunal deverá abster-se de conhecer o pedido e, consequentemente, absolver a Administração Tributária da instância, caso julgue procedente a excepção de incompetência absoluta ou relativa do tribunal, caso entenda que alguma das partes é destituída de personalidade judiciária ou que, sendo incapaz, não está devidamente representada ou autorizada ou quando considere ilegítima alguma das partes ou ainda quando se verificar a excepção de litispendência ou de caso julgado.

[100] Para maiores desenvolvimentos acerca desta distinção entre excepções dilatórias e excepções peremptórias, veja-se Francisco Manuel Lucas Ferreira de Almeida (2015), "Direito Processual Civil", Vol. II, p. 136-142.

[101] Castro Mendes (1987), "Direito Processual Civil", Vol. II, p. 373.

Já analisámos os pressupostos de competência, personalidade e capacidade judiciária, bem como de legitimidade processual no ponto 57 deste manual, para o qual remetemos.

No que diz respeito à litispendência e ao caso julgado, haverá que olhar para o artigo 581º do CPC que enuncia os seus requisitos, estabelecendo o que se entende por "*repetição da causa*". Com efeito, exige-se uma tripla identidade de sujeitos, pedido e causa de pedir, sendo que, de acordo com o nº 2 do artigo 580º do CPC, quer a litispendência quer o caso julgado têm por fim evitar que o tribunal seja colocado na alternativa de contradizer ou reproduzir uma decisão anterior.

Assim, tanto a litispendência quanto o caso julgado têm limites subjectivos – a identidade das partes sob o ponto de vista da qualidade jurídica –, objectivos – a identidade do pedido e da causa de pedir, nos termos dispostos no artigo 581º, nºs 3 e 4 citados –, e ainda limites temporais – uma vez que a ocorrência de litispendência e do caso julgado terá de ser aferida por referência ao momento em que estas excepções são apreciadas[102]. Deste modo, no processo civil a litispendência, ou a excepção de litispendência, pressupõe a repetição de uma causa *estando a anterior ainda em curso*, nos termos do disposto no artigo 580º, nº 1, do CPC. Já a excepção de caso julgado pressupõe que a primeira causa já tenha sido decidida por sentença que não admite recurso ordinário.

Deste modo, o tribunal não poderá apreciar o mérito da causa se tiver sido apresentada outra impugnação judicial pelo mesmo sujeito, requerendo a anulação ou a declaração de nulidade do mesmo acto e invocando os mesmos fundamentos. Se esta primeira impugnação ainda não tiver sido decidida, verificar-se-á a excepção dilatória de litispendência. Se, pelo contrário, já tiver sido decidida e a decisão já não seja susceptível de recurso ordinário, verificar-se-á a excepção de caso julgado.

Ora, é de referir que da falta de contestação do representante da Fazenda Pública não resulta a confissão dos factos articulados pelo impugnante, de acordo com o artigo 110º, nº 6 do CPPT. Por outro lado, o juiz aprecia livremente a falta de contestação especificada dos factos, de acordo com o nº 7 do artigo 110º do CPPT, não recaindo sobre a Administração um ónus de impugnação, como em sede de processo civil.

[102] É de salientar que verificar-se-á a identidade da causa de pedir quando o fundamento invocado para a declaração de ilegalidade nas duas impugnações é o mesmo, por exemplo, a errónea qualificação dos factos tributários.

O representante da Fazenda Pública deverá solicitar no prazo de 3 (três) dias o processo administrativo ao órgão periférico local da situação dos bens ou da liquidação, de acordo com o nº 3 do artigo 110º do CPPT. Este, por sua vez, deverá remeter o processo administrativo no prazo de 30 (trinta) dias a contar do pedido, de acordo com o artigo 111º, nº 1 do CPPT. A junção do procedimento administrativo aos autos deverá ser notificada a todos os interessados, os quais, querendo, sobre eles se poderão pronunciar, sendo aplicável subsidiariamente o artigo 84º, nº 7 do CPTA.

Dentro deste prazo de 30 (trinta) dias, compete ao dirigente máximo do serviço ou ao dirigente do órgão periférico regional da Administração Tributária – consoante o valor do processo exceda ou não o valor da alçada do tribunal tributário da 1ª instância, isto é, € 5.000, 00[103] – *revogar total ou parcialmente* o acto impugnado. Isto é, dentro deste prazo de 30 (trinta) dias, a Administração Tributária tem uma última oportunidade para reapreciar o acto impugnado e proceder à sua revogação total ou parcial, caso concorde com a posição defendida pelo impugnante[104].

Aqui será de salientar que a *revogação* se destina a fazer cessar os efeitos do acto administrativo anterior, pressupondo a extinção dos efeitos jurídicos produzidos pelo acto revogado, mas não pressupondo, pelo contrário, a produção obrigatória de um acto administrativo substitutivo pela Administração Tributária[105].

Assim, de acordo com o nº 4 do artigo 112º do CPPT, caso se proceda à revogação total do acto impugnado, esta deverá ser notificada ao representante da Fazenda Pública nos 3 (três) dias subsequentes, para que este promova a extinção do processo. Por outro lado, de acordo com o artigo 112º,

[103] Dispõe o artigo 105º da LGT, na redacção que lhe foi dada pela Lei nº 82-B/2014, de 31 de Dezembro, que a alçada dos tribunais tributários corresponde àquela que se encontra estabelecida para os tribunais judiciais de 1ª instância. Ora, nos termos do disposto no artigo 44º, nº 1 da Lei de Organização do Sistema Judiciário – Lei nº 62/2013, de 26 de Agosto – a alçada dos tribunais judiciais de 1ª instância em processo civil é de € 5.000,00.

[104] Veja-se a este propósito, Casalta Nabasis (2008), "Revogação do acto tributário na pendência da impugnação judicial" *in* Estudos de Direito Fiscal – Por um Estado Fiscal Suportável, Vol. II, p. 131 e seguintes.

[105] No mesmo sentido, Sérvulo Correia considera que a "*[r]evogação é o acto administrativo que tem por pressuposto um anterior acto administrativo e por conteúdo a destruição dos efeitos jurídicos deste* [revogação anulatória ou *ex-tunc*] *ou a cessação dos mesmos para o futuro* [revogação extintiva ou *ex-nunc*]", pertencendo à categoria dos actos secundários. Com a revogação não se confundem a anulação em acção administrativa (*in casu*, em impugnação judicial) nem a caducidade, que se verifica pelo decurso do prazo de vigência fixado no próprio acto administrativo, ou pelo esgotamento dos pressupostos do acto Cf. J.M Sérvulo Correia (1982), "Noções de Direito Administrativo", Vol. I, p. 471-477.

nº 3 do CPPT, se a Administração proceder à revogação meramente parcial do acto, esta deverá ser notificada ao impugnante para que este se pronuncie no prazo de 10 (dez) dias, prosseguindo o processo se o impugnante nada disser ou declarar que mantém a impugnação. O representante da Fazenda Pública também deverá ser notificado no prazo de 3 (três) dias após a recepção da declaração do impugnante ou no termo do prazo de 10 (dez) dias previsto para este se pronunciar, de acordo com o artigo 112º, nº 5 do CPPT. Neste caso, o prazo para contestar será de 30 (trinta) dias a contar da notificação.

Rui Duarte Morais considera que esta reapreciação administrativa é "*especialmente desejável*" nos casos em que o contribuinte não deduziu reclamação graciosa, tendo optado por apresentar directamente uma impugnação judicial, pois ainda não houve "*qualquer reanálise da situação feita pelos serviços à luz da argumentação apresentada pelo interessado*". Por outro lado, este autor considera demasiado curto o prazo de 30 (trinta) dias para proceder à revogação total ou parcial do acto impugnado, alegando até que os tribunais tributários têm que julgar muitos casos devido ao facto da Administração Tributária não ter tido tempo para reapreciar a decisão impugnada, relembrando que mesmo o prazo mais lato de 4 (quatro) meses para a decisão da reclamação graciosa muitas vezes não é cumprido pelos serviços[106]. Quanto a nós, consideramos que esta faculdade da Administração Tributária de proceder à revogação total ou parcial do acto impugnado dentro do prazo de 30 (trinta) dias, após a impugnação judicial do mesmo, consubstancia um "direito de arrependimento" susceptível de evitar litigância desnecessária e da qual, em nome do princípio da legalidade tributária, a Administração devia usufruir. Mas vamos mais longe: em prol da celeridade e economia processual, deverá ser ponderada a inserção da regra da possibilidade de desistência a todo o tempo, por parte da Administração Tributária e, bem assim, a obrigatoriedade de revogar o acto sempre que trate de matéria de direito entretanto pacificada na jurisprudência ou alvo de orientação administrativa em sentido contrário àquele preconizado em juízo. Estes seriam enormes passos no sentido da igualdade de armas processuais que evitariam o protelar de processos inúteis, com todos os encargos daí decorrentes para o Estado.

Por outro lado, não se compreende o entendimento de Rui Duarte Morais quando considera demasiado curto o prazo de 30 (trinta) dias para proceder à revogação total ou parcial. Note-se que a posição que defendemos acima é relativa a circunstâncias supervenientes ao processo mas, numa pronúncia inicial, o prazo de 30 (trinta) dias afigura-se-nos adequado. Com

[106] Rui Duarte Morais (2012), p. 299.

efeito, no âmbito da *arbitragem tributária*, em sede do qual também se admite – no artigo 13º, nº 1 do RJAT – que o dirigente máximo do serviço da Administração Tributária no mesmo prazo de 30 (trinta) dias a contar do conhecimento do pedido de constituição do tribunal arbitral, proceda à *revogação, ratificação, reforma ou conversão do acto tributário* cuja ilegalidade foi suscitada, praticando, se assim o entender, o acto tributário necessário, são vários os casos em que, no todo ou em parte, a Administração foi ao encontro da pretensão do interessado, evitando-se litigância desnecessária[107].

São de notar, no entanto, algumas diferenças no regime do "direito de arrependimento" da Administração Tributária em sede de impugnação judicial e no âmbito da arbitragem tributária, desde logo porque enquanto o "direito de arrependimento" em sede de impugnação judicial será exercido antes da apresentação da contestação, no processo arbitral tributário deverá ser exercido antes da constituição do tribunal arbitral [108]. Por outro lado, enquanto no âmbito da impugnação judicial o dirigente do órgão periférico regional ou o dirigente máximo dos serviços, consoante os casos, não tem acesso à petição inicial do sujeito passivo ou outro interessado, já na arbitragem tributária após a notificação pelo CAAD do pedido de constituição do tribunal arbitral, a Administração Tributária passa a ter acesso à plataforma digital do CAAD onde lhe é disponibilizada a consulta do *pedido de pronúncia arbitral*, que corresponde no fundo à petição inicial, contendo as razões de facto e de direito que sustentam a pretensão do contribuinte e, bem assim, os respectivos documentos anexos a título de prova documental. Para além disso, enquanto a Administração Tributária em sede de impugnação judicial apenas poderá proceder à revogação total ou parcial do acto, nos termos do artigo 112º do CPPT, já no âmbito da arbitragem tributária, poderá revogar, ratificar, reformar ou converter o acto tributário, podendo ainda praticar o acto tributário necessário, se assim o entender.

No que diz respeito aos efeitos para a Administração Tributária, quando esta opte por não exercer o seu "direito ao arrependimento" no âmbito do processo arbitral tributário, esta fica impossibilitada de praticar um novo acto tributário relativamente ao mesmo sujeito passivo ou obrigado tributário, imposto e período de tributação, a não ser com fundamento em factos

[107] Segundo dados oficiais do CAAD, até final de Abril de 2015, dos 1000 processos que deram entrada no CAAD, a Administração Tributária fez uso da faculdade prevista neste artigo 13º, nº 1 em 9,7% dos casos.

[108] Para maiores desenvolvimentos relativamente ao "direito de arrependimento" da Administração Tributária em sede de arbitragem tributária, veja-se Carla Castelo Trindade (2016), p. 325-338 e Jorge Lopes de Sousa (2013), p.175.

novos, tal como decorre do nº 3 do artigo 13º do RJAT. Decorrido o prazo de 30 (trinta) dias previsto no nº 1 do artigo 13º do RJAT, o acto tributário cristaliza-se na ordem jurídica, não sendo alterável por iniciativa da Administração Tributária a menos que ocorram factos objectivamente supervenientes. Deste modo, os efeitos para a Administração Tributária do não exercício do "direito ao arrependimento" são verdadeiros *efeitos preclusivos*.

Ora, em sede de impugnação judicial, não encontramos nem na LGT, nem no CPPT um regime semelhante que preveja a proibição da prática de actos tributários – excepto com fundamento em factos novos – decorrido o prazo de 30 (trinta) dias para a Administração Tributária proceder à revogação total ou parcial do acto impugnado o que, como se verá melhor no ponto 60.4.8 poderá dar origem a litigância excessiva e desnecessária.

A par da possibilidade de desistência a todo o tempo e a revogação parcial obrigatória do acto que acima referimos, esta característica da arbitragem constituiria uma evidente vantagem a incluir no "direito ao arrependimento" no âmbito da impugnação judicial, designadamente para a celeridade processual, reduzindo sem dúvida a litigância desnecessária e contribuindo para uma diminuição dos processos pendentes nos tribunais administrativos e fiscais.

São ainda de referir as consequências da *junção tardia* do procedimento administrativo pelo órgão periférico local, ou seja, quando este não cumpre o prazo de 30 (trinta) dias previsto no artigo 111º, nº 1 do CPPT.

Por um lado, de acordo com o artigo 110º, nº 3 do CPPT, o facto do representante da Fazenda Pública solicitar a junção do processo administrativo não interfere no prazo de contestação. Por outro, perante a falta de junção do processo administrativo pela Administração, o juiz pode, a todo o tempo, ordenar ao serviço periférico local a remessa do processo, tal como disposto no artigo 110º, nº 3 do CPPT.

Por fim, se persistir a situação de falta de remessa "*sem justificação aceitável*", serão subsidiariamente aplicáveis as sanções previstas no artigo 84º, nº 5 do CPTA, designadamente a aplicação de sanções pecuniárias compulsórias nos termos do artigo 169º do mesmo diploma. Para além disso, o juiz terá que considerar provados os factos alegados pelo impugnante, se a falta do processo administrativo tiver tornado impossível ou de considerável dificuldade a prova, de acordo com o nº 6 do artigo 84º do CPTA, também subsidiariamente aplicável, embora com necessárias restrições devido ao princípio da legalidade tributária que vigora no contencioso tributário[109].

[109] Defendendo igualmente a aplicação subsidiária deste artigo do CPTA, veja-se Jorge Lopes de Sousa (2011), Vol. II, p. 237 e Rui Duarte Morais (2012), p. 300.

Por último, cabe referir que no âmbito do processo arbitral tributário, o dirigente máximo do serviço da Autoridade Tributária poderá apresentar a sua *resposta* no prazo de 30 (trinta) dias, tal como disposto no artigo 17º, nº 1 do RJAT. Poderá defender-se igualmente por impugnação de facto ou de direito, bem como por excepção, alegando factos que obstem à apreciação do mérito da causa ou que sejam impeditivos, modificativos ou extintivos do direito subjacente à pretensão do requerente. Para além disso, ser-lhe-á aplicável o nº 7 do artigo 110º do CPPT, afastando o ónus de impugnação previsto no artigo 574º do CPC, na medida em que o juiz poderá apreciar livremente a falta de contestação especificada dos factos, bem como o nº 6 do mesmo artigo, sendo que a falta de resposta, tal como a falta de contestação, não representa a confissão dos factos articulados pelo impugnante.

Já em sede de reclamação graciosa, tendo em conta que a Administração Tributária é a entidade decisora, tratando-se de um meio tutelar administrativo, não se prevê naturalmente a possibilidade de apresentação de uma peça processual por parte desta, de forma a garantir o contraditório.

60.4.4. Decisão pré-instrutória ou preliminar

Como se viu no ponto anterior, no prazo de 30 (trinta) dias previsto no artigo 111º, nº 1 do CPPT, o dirigente máximo do serviço ou o dirigente do órgão periférico regional da Administração Tributária, consoante o valor da causa exceda ou não o valor da alçada do tribunal tributário da 1ª instância, podem revogar total ou parcialmente o acto impugnado, de acordo com o artigo 112º, nºs 1 e 2 do CPPT.

Chegámos igualmente à conclusão que nos casos em que o acto impugnado fosse totalmente revogado, esta revogação devia ser notificada ao representante da Fazenda Pública nos termos do artigo 112º, nº 4 do CPPT para que este promovesse a extinção do processo. Com efeito, nestes casos, a instância é julgada extinta, por inutilidade superveniente da lide. Freitas da Rocha refere, porém, que a instância deverá prosseguir nos casos em que o juiz assim o entenda, designadamente para a apreciação de um eventual pedido indemnizatório suscitado[110].

Caso não se proceda à revogação total ou parcial do acto impugnado, apresentada a contestação do representante da Fazenda Pública ou decorrido o prazo de 90 (noventa) dias para o fazer, em regra, o juiz ordenará a realização das diligências de produção de prova necessárias, de acordo com o artigo 114º do CPPT, iniciando-se assim a fase de instrução. No entanto, se a questão a

[110] Joaquim Freitas da Rocha (2014), p. 303.

apreciar for apenas de direito ou, sendo também de facto, o processo fornecer os elementos necessários, será ordenada vista ao Ministério Público para se pronunciar expressamente sobre as questões de legalidade que tenham sido suscitadas no processo ou para suscitar outras no âmbito das suas competências legais. A esta conclusão chega Lopes de Sousa, conjugando o disposto no artigo 113º, nº 1 do CPPT com o previsto no artigo 121º do CPPT[111].

Após vista do Ministério Público, de acordo com o artigo 113º, nº 1 do CPPT, o juiz *conhecerá logo do pedido*, ou seja, do fundo da questão em análise, se a questão for apenas de Direito ou, sendo também de facto, o processo fornecer os elementos necessários.

Aqui há já que fazer referência a uma divergência na doutrina. Enquanto Freitas da Rocha entende que o juiz *pode* conhecer de imediato do pedido, Lopes de Sousa defende que o conhecimento imediato previsto no artigo 113º, nº 1 do CPPT é *obrigatório,* retirando esta conclusão da redacção imperativa deste artigo que diz que o juiz *"conhecerá logo o pedido"*[112]. Rui Duarte Morais, por seu turno, entende que a regra geral é de que, recebida a contestação, o juiz, após vista do Ministério Público, conhecerá imediatamente do pedido, verificados os pressupostos já referidos – a questão ser só de direito ou, sendo também de facto, o processo fornecer todos os elementos necessários à decisão[113]. Cremos assistir a razão a Lopes de Sousa, por força do princípio da celeridade que deverá nortear o processo judicial tributário e da proibição de prática de actos inúteis. Com efeito, se o tribunal pode conhecer imediatamente do pedido, na medida em que se a questão a apreciar for apenas de direito ou, sendo também de facto, o processo fornecer os elementos necessários, não se coaduna com as exigências de celeridade que o juiz prossiga nestes casos para a fase de instrução. Com efeito, como decorre do artigo 114º do CPPT, o juiz ordena a realização das diligências probatórias que considere necessárias à descoberta da verdade material, sendo que nestes casos em que podia ter conhecido imediatamente do pedido, nenhuma das diligências requeridas pelas partes se afigurará verdadeiramente útil para a tomada da decisão. Em boa verdade, o tribunal já estava em condições de a tomar antes da fase de produção de prova.

Por outro lado, Freitas da Rocha, referindo-se ao disposto no acórdão do TCA Sul de 19 de Outubro de 2004, proferido no âmbito do processo nº 07203/02, salienta o facto de não se exigir a notificação das partes desta

[111] Jorge Lopes de Sousa (2011), Vol. II, p. 249.
[112] Joaquim Freitas da Rocha (2014), p. 304 e Jorge Lopes de Sousa (2011), Vol. II, p. 250.
[113] Rui Duarte Morais (2012), p. 300.

decisão do juiz de conhecer imediatamente do pedido, recebida a contestação e após vista do Ministério Público[114].

Aqui chegados, o que nos parece mais relevante de salientar é a atenção que necessariamente deverá ser dada ao princípio do contraditório, pese embora esta possibilidade de conhecimento imediato do pedido por parte do juiz.

Assim, seguimos o entendimento de LOPES DE SOUSA de que deverá ser assegurado no âmbito da impugnação judicial o cumprimento do princípio do contraditório, pelo que a possibilidade de conhecimento imediato do pedido dependerá de "*não haver controvérsia sobre os factos relevantes para a decisão ou ambas as partes se terem pronunciado sobre a prova produzida em relação a eles*"[115]. Neste sentido, não será admissível o conhecimento imediato do pedido por parte do juiz nos casos em que forem juntos ao processo com a contestação pelo representante da Fazenda Pública documentos que sejam relevantes para a decisão da causa e sobre os quais o impugnante não tenha tido oportunidade de tomar posição, designadamente quando não se demonstre que os documentos eram do conhecimento do impugnante no momento em que apresentou a petição[116].

Este autor considera até que no caso de se verificar o conhecimento imediato do pedido nestas situações em que, na sua opinião, não seria de admitir, este conhecimento constituirá uma nulidade processual, devido ao facto de o impugnante não ter tido a oportunidade de se pronunciar acerca dos elementos probatórios juntos pelo representante da Fazenda Pública com a contestação. Como esta nulidade se verifica com a prolação da sentença, o impugnante deverá argui-la em sede de recurso, se esta o admitir, ou, caso não seja admissível recurso, através de requerimento dirigido ao tribunal que proferiu a decisão, nos termos do artigo do 615º, nº 4 do CPC.

Pelo contrário, nos casos em que o representante da Fazenda Pública conteste mas não apresente outros elementos probatórios ou não remeta o processo administrativo com informações oficiais e o juiz não ordenar a sua remessa nos termos do artigo 110º, nº 5 do CPPT, este autor entende que poderá haver conhecimento imediato do pedido, "*se não existirem pontos da matéria de facto controvertidos*"[117].

[114] JOAQUIM FREITAS DA ROCHA (2014), p. 304.

[115] Aliás, defendemos a aplicação subsidiária deste princípio consagrado no artigo 3º, nº 3 do CPC a todo o processo judicial tributário. Para mais desenvolvimentos, remetemos para o ponto 53.7 deste manual.

[116] JORGE LOPES DE SOUSA (2011), Vol. II, p. 249.

[117] *Ibidem*, p. 250.

Por fim, faz referência à natural subjectividade associada à decisão de conhecer ou não imediatamente do pedido nos casos em que a questão também seja de facto pois caberá ao juiz determinar se o processo fornece, ou não, os elementos necessários à decisão, ou seja, se é necessária ou não a realização de mais diligências probatórias. Esta prerrogativa do juiz relaciona-se necessariamente com o princípio do inquisitório que já tivemos oportunidade de analisar no ponto 54.1 deste manual e para o qual remetemos.

Se o juiz entender que é necessária a realização de outras diligências probatórias ou nos casos em que não seja admissível o conhecimento imediato do pedido por respeito do princípio do contraditório, seguir-se-á a fase de instrução que analisaremos de seguida.

Assim, no âmbito da impugnação judicial não há lugar a despacho pré-saneador, audiência prévia ou despacho saneador como previsto em sede de acção administrativa nos artigos 87º a 88ºdo CPTA[118].

60.4.5. Instrução

Nos casos em que a questão ou questões a decidir na impugnação judicial não sejam apenas de direito e o processo não forneça os elementos necessários para decidir as questões de facto suscitada, de acordo com o artigo 114º do CPPT, haverá lugar à fase de instrução, isto é, à realização das diligências de prova que forem julgadas necessárias.

Esta é a fase em que são carreados para o processo os meios de prova necessários à tomada de decisão por parte do juiz, sendo que, de acordo com o artigo 341º do CC, as provas *"têm por função a demonstração da realidade dos factos"*. Freitas da Rocha considera que a fase de instrução é uma das mais importantes de todo o processo de impugnação judicial, defendendo que nesta fase, mais do que em qualquer outra, o impugnante deverá *"lançar mão de todas as armas processuais legítimas de que disponha"*, relembrando que, caso resulte da prova produzida a fundada dúvida sobre a existência e sobre a quantificação do facto tributário, o acto impugnado deverá ser anulado, de acordo com o disposto no artigo 100º, nº 1 do CPPT[119].

[118] Rui Duarte Morais, acompanhando o Relatório do Grupo de Trabalho para o Estudo da Política Fiscal – competitividade, eficiência e justiça do sistema fiscal, p. 584, considera duvidosos os benefícios da introdução no processo judicial tributário da fase de audiência preliminar e do despacho saneador. Quanto a nós, remetemos para o ponto 61 deste manual relativo à acção administrativa no qual concluímos pela necessidade de adaptação do contencioso tributário, exigindo designadamente a introdução da audiência prévia e do despacho saneador (Cf. Rui Duarte Morais (2012), p. 301).

[119] Joaquim Freitas da Rocha (2014), p. 306.

Ora, o artigo 114º do CPPT determina que não conhecendo logo do pedido, o "*juiz ordena as diligências de produção de prova necessárias, as quais são produzidas no respectivo tribunal*". Neste artigo consagram-se, assim, dois princípios fundamentais relativos à prova: o princípio da oficialidade, do qual decorre o poder de direcção do processo do juiz e o princípio do inquisitório, do qual decorre que o tribunal deve realizar ou ordenar oficiosamente todas as diligências que se lhe afigurem úteis para conhecer a verdade relativamente aos factos alegados ou de que oficiosamente pode conhecer, não se devendo bastar com as provas oferecidas ou requeridas pelas partes. Com efeito, já tivemos oportunidade de proceder ao estudo do princípio do inquisitório no ponto 54.1 deste manual, em sede do qual defendemos a sua aplicação no âmbito do processo judicial tributário, embora com certos limites impostos pelo princípio do dispositivo. Não cabe aqui proceder novamente a uma análise aprofundada deste princípio, sendo apenas de referir que este vigora também na fase de instrução do processo de impugnação judicial, embora com o limite das questões suscitadas pelas partes na petição inicial e na contestação.

Posto isto, por força da aplicação do princípio do inquisitório e do princípio da oficialidade nesta fase, o tribunal deverá realizar ou ordenar a realização de todas as diligências probatórias que considere úteis à descoberta da verdade material, por um lado, e recusar ou dispensar a realização de diligências de prova requeridas pelas partes, por outro.

No que diz respeito à dispensa da realização de diligências requeridas, esta apenas deverá ocorrer quando for seguro que estas diligências são inúteis e não quando haja dúvidas acerca da sua utilidade. Isto é, a decisão sobre a utilidade da realização de diligências de prova requeridas para a apreciação do mérito da causa cabe ao juiz que se deverá basear em razões objectivas[120]. O despacho do juiz que recuse ou dispense a realização de determinadas diligências probatórias requeridas pelas partes constitui uma decisão interlocutória, susceptível de ser impugnada através de recurso jurisdicional tramitado nos termos do artigo 285º, nº 1 do CPPT, ou seja, subindo apenas com o recurso que vier a ser interposto da decisão final.

- ***Meios de prova admitidos***

Relativamente aos meios de prova admitidos no âmbito da impugnação judicial, por força do artigo 115º, nº 1 do CPPT, são admitidos os meios gerais de prova previstos nos artigos 349º e seguintes do CC, ao contrário do que sucede em sede de reclamação graciosa, na medida em que, de acordo com o artigo

[120] Neste sentido: Jorge Lopes de Sousa (2011), Vol. II, p. 254.

69º, alínea *e)* do CPPT, verifica-se a "*limitação dos meios probatórios à forma documental e aos elementos oficiais de que os serviços disponham*", embora também aqui vigore o princípio do inquisitório, pelo que como vimos a Administração Tributária poderá sempre sempre ordenar a realização de diligências probatórias indispensáveis à descoberta da verdade material.

Neste ponto analisaremos apenas os meios de prova mais frequentes em sede de impugnação judicial os quais, como se compreende, são aqueles a que o CPPT faz referência expressamente.

Informações oficiais

Assim, comecemos por referir que as *informações oficiais* referidas nos nºs 2 e 3 do artigo 115º do CPPT constituem um meio de prova no âmbito do processo de impugnação judicial. Porém, estas só têm força probatória quando devidamente fundamentadas, de acordo com critérios objectivos tal como dispõe o artigo 115º, nº 2 do CPPT. Já tivemos oportunidade de nos debruçar sobre este meio de prova aquando do estudo do princípio da livre apreciação da prova no ponto 54.3 deste manual, cabendo agora apenas relembrar que as informações oficiais são prestadas pela inspecção tributária sobre a matéria de facto pertinente e pelos serviços da Administração Tributária sobre os elementos oficiais que digam respeito à matéria impugnada, de acordo com o artigo 111º, nº 2, alíneas *a)* e *b)* do CPPT.

Como se viu, em tempos estabeleceu-se a força probatória plena destas informações oficiais, designadamente no artigo 22º do Decreto-Lei nº 24784, de 17 de Dezembro de 1934, mas com a entrada em vigor do CPT, a força probatória destas informações passou a verificar-se apenas quando estas estivessem devidamente fundamentadas. Para além disso, de acordo com Jesuíno Alcântara Martins e Costa Alves, as informações oficiais juntas ao processo determinam a possibilidade do impugnante se pronunciar acerca do conteúdo das mesmas no prazo de 10 (dez) dias, através de uma resposta que ponha em causa a sua força probatória ou arguindo a falsidade do documento, nos termos do artigo 115º, nºs 3 e 4 do CPPT[121].

Prova pericial

Relativamente à *prova pericial*, de acordo com o artigo 388º do CC, esta tem como finalidade a percepção ou apreciação de factos por meio de peritos, quando sejam necessários conhecimentos especiais que os julgadores não possuem, ou quando os factos, relativos a pessoas não devam ser objecto de

[121] Jesuíno Alcântara Martins/José Costa Alves (2015), p. 116-117.

inspecção judicial. De acordo com o artigo 116º, nº 4 do CPPT, este meio de prova está regulado no CPC, nos artigos 467º a 489º, pese embora a produção de prova pericial nos casos de impugnação com base em erro na quantificação da matéria tributável ou nos pressupostos de aplicação de métodos indirectos, tenha que preencher outros requisitos expressamente previstos no artigo 177º do CPPT. De acordo com o artigo 468º do CPC, a perícia pode ser singular ou colegial, cabendo a escolha ao juiz, oficiosamente, ou por requerimento das partes. No caso de perícia colegial a mesma é levada a cabo por três peritos, cabendo a nomeação de dois dos peritos a cada uma das partes e, do terceiro, ao juiz. Segundo Jesuíno Alcântara Martins e Costa Alves, a utilização deste meio de prova, isto é, a existência de perícias e de pareceres técnicos, é frequente no âmbito do processo de impugnação judicial devido à complexidade das matérias que podem estar em apreciação, designadamente nos casos de determinação da existência de erro na fixação da matéria tributável com recurso a métodos indirectos[122]. A realização da perícia poderá ser requerida quer pelo impugnante, na petição inicial, quer pelo representante da Fazenda Pública, na contestação, podendo ser ordenada oficiosamente pelo juiz, como resulta do disposto nos artigos 108º, nº 3, 110º, nº 1 e 116º, nº 2 do CPPT.

O tribunal adianta o encargo das diligências não requeridas pelo impugnante, o que entrará no final em regra de custas, tal como disposto no artigo 116º, nº 5 do CPPT. Pelo contrário, por força do nº 6 do mesmo artigo, quando a prova pericial seja requerida pelo impugnante, as despesas da diligência requerida são suportadas pelo impugnante, mediante preparo a fixar pelo juiz, entrando também no final em regra de custas.

Por último, é de salientar que a força probatória da posição assumida pelos peritos pode ser livremente apreciada pelo tribunal, de acordo com o artigo 389º do CC.

Prova testemunhal

Já no que diz respeito à *prova testemunhal*, esta poderá igualmente ser requerida pelo impugnante na petição inicial e pelo representante da Fazenda Pública na contestação e ordenada oficiosamente pelo juiz, ao abrigo do princípio do inquisitório, nos termos dos artigos 108º, nº 3, 110º, nº 1 e 114º do CPPT.

Neste ponto é de referir que o número máximo de testemunhas a inquirir não poderá exceder 10 por cada acto tributário impugnado – em manifesta abertura à possibilidade de cumulação de pedidos na mesma impugnação – e

[122] *Ibidem*, p. 117.

3 por cada facto. Os depoimentos são prestados em audiência contraditória, devendo ser gravados sempre que existam meios técnicos que o permitam. Quando não seja possível a gravação dos depoimentos, estes deverão ser reduzidos a escrito e constar da acta, tudo nos termos do artigo 118º, nº 2 do CPPT.

De facto, como se viu aquando do estudo do princípio da oralidade no ponto 55 deste manual, o processo de impugnação judicial – e os restantes meios processuais tributários, em geral – trata-se essencialmente de um processo escrito, sendo que o único "momento oral" é aquele sobre o qual agora nos debruçamos: a audiência contraditória em sede da qual são inquiridas as testemunhas nos termos do artigo 118º do CPPT.

Se não forem arroladas testemunhas pelo impugnante ou pelo representante da Fazenda Pública, ou se o tribunal não ordenar a inquirição de qualquer testemunha, o processo de impugnação judicial será essencialmente escrito. A esta conclusão chegaremos também no final da análise da tramitação deste processo[123].

Relativamente à notificação das testemunhas, de acordo com o artigo 119º, nº 1 do CPPT, apenas aquelas residentes na área de jurisdição do tribunal tributário são por este notificadas por carta registada. As restantes testemunhas, incluindo as aditadas ao rol inicialmente apresentado, devem ser apresentadas pela parte que as ofereceu, excepto se fundadamente se requerer a sua notificação. Para além disso, o impugnante e o representante da Fazenda Pública podem requerer que o depoimento das testemunhas residentes fora da área de jurisdição do tribunal tributário seja feito através de teleconferência gravada a partir do tribunal tributário da área da sua residência, de acordo com o nº 3 do artigo 119º do CPPT.

Por último, como bem refere Rui Duarte Morais, não é elaborada em sede de impugnação judicial uma base instrutória, nem são indicados temas da prova como no processo civil e na acção administrativa. Assim, as testemunhas depõem sobre os factos alegados nos articulados. Na verdade, segundo este autor, é prática usual dos tribunais, antes de marcarem a data para a audição de testemunhas, notificarem as partes para indicarem os factos sobre os quais elas irão depor, elaborando-se deste modo uma "*base instrutória informal*"[124].

[123] Pelo contrário, como se viu e como melhor se desenvolverá, no processo arbitral tributário prevêem-se na alínea d) do artigo 16ºdo RJAT como princípios orientadores deste processo a oralidade e a imediação.

[124] Rui Duarte Morais (2012), p. 301.

Prova documental

Quanto à *prova documental*, também procedemos à sua análise aquando do estudo do princípio da livre apreciação da prova no ponto 54.3 deste manual, no qual distinguimos, de forma sucinta, entre os documentos autênticos, os documentos autenticados e os particulares. Aqui chegámos à conclusão que os documentos autênticos gozam de força probatória *plena* relativamente aos factos que referem como praticados pela autoridade ou oficial público respectivo, assim como dos factos que neles são atestados com base nas percepções da entidade documentadora e que, neste sentido, a força probatória só poderá ser ilidida com base na falsidade dos documentos, nos termos do artigo 372º, nº 1 do CC.

Assim, estabelece-se no artigo 115º, nº 4 do CPPT que a genuinidade de qualquer documento deve ser impugnada no prazo de 10 (dez) dias após a sua apresentação ou junção ao processo. Com efeito, se o impugnante ou o representante da Fazenda Pública não impugnarem a genuinidade dos documentos, o juiz terá que respeitar a força probatória destes documentos fixada por lei, designadamente dos documentos autênticos que possuem força probatória plena. Isto pese embora seja de destacar novamente o facto de os meios de prova com força probatória *plena* admitirem sempre prova em contrário.

Neste ponto cabe ainda averiguar até que momento é possível a junção de documentos pelas partes no processo de impugnação judicial. No caso do impugnante, normalmente este juntará os documentos que dispuser com a petição inicial. No entanto, de acordo com o artigo 423º, nº 2 do CPC, os documentos poderão ser apresentados *até ao encerramento da discussão em 1ª instância* que, como veremos, se verifica apenas após a apresentação das alegações escritas pelas partes. Assim, poderão ser apresentados documentos mesmo com as alegações escritas, pese embora, no caso do impugnante, este seja condenado em multa se não provar que não os pôde apresentar com a petição inicial, de acordo com o artigo 423º, nº 2 do CPC.

Quando são juntos documentos com as alegações escritas, a junção deverá ser notificada à parte contrária para que esta se possa pronunciar acerca deles no prazo de 10 (dez) dias, de acordo com os artigos 427º do CPC e 29º, nº 1 do CPTA, tudo em nome do princípio do contraditório que vigora no âmbito do processo da impugnação judicial.

Por fim, é de referir que em sede de *arbitragem tributária* serão igualmente de admitir os meios gerais de prova previstos no CC e no CPC, por força da aplicação subsidiária das normas do CPC relativas aos meios de prova, *ex vi* artigo 29º, nº 1, alínea *e*) do RJAT. Com efeito, a alínea *d*) do nº 2 do artigo 10º do RJAT determina que deverão constar do pedido de constituição de tribunal arbitral "*os elementos de prova dos factos indicados e a indicação dos meios de prova a produzir*", não fazendo o legislador qualquer restrição aos meios de prova que podem ser apresentados ou requeridos pelo sujeito passivo ou outro interessado, tal como no artigo nº 3 do artigo 108º do CPPT relativo à petição inicial da impugnação judicial.

Já no âmbito da *reclamação graciosa*, por sua vez, recorde-se que de acordo com o artigo 69º, alínea *e*) do CPPT se verifica uma limitação dos meios probatórios à forma documental. É de salientar ainda que nos termos do artigo 73º, nº s 1 e 2 do CPPT, o órgão periférico local onde é apresentada a reclamação graciosa deverá instaurar o procedimento e proceder à instrução com todos os elementos que tiver ao seu dispor em prazo não superior a 90 (noventa) dias. Porém, de acordo com o nº 3 do mesmo artigo, este órgão poderá dispensar a instrução quando disponha de todos os elementos necessários à decisão.

Realizadas todas as diligências de prova ordenadas pelo juiz, quer tenham sido requeridas ou não pelas partes, designadamente a prova pericial e a prova testemunhal, de acordo com o artigo 120º do CPPT, o juiz deverá ordenar a notificação dos interessados para alegarem, por escrito, no prazo que o mesmo fixar, que não poderá ser superior a 30 (trinta) dias.

60.4.6. Alegações

Finda a produção de prova, de acordo com o artigo 120º do CPPT, o juiz deverá ordenar então a notificação dos interessados para alegarem por escrito no prazo por este fixado, não superior a 30 (trinta) dias.

Segundo Freitas da Rocha, visa-se através da discussão crítica separar os factos que se podem considerar provados daqueles que não se podem considerar provados, de modo a que o juiz possa "*captar com plenitude a realidade que lhe é colocada à frente*" e assim decidir de forma inequívoca. Com efeito, através destas alegações escritas, as partes poderão fazer uma apreciação crítica das provas produzidas e pronunciar-se acerca das questões de direito objecto do processo[125].

No entanto, estas alegações escritas são meramente facultativas, na medida em que o processo prossegue independentemente da sua apresentação, como se deduz do artigo 121º do CPPT que estabelece que o juiz dá vista ao Ministério Público, apresentadas as alegações "*ou findo o respectivo prazo*". A este propósito, Lopes de Sousa defende que, sendo as alegações facultativas, não haverá lugar a qualquer sanção processual relacionada com o seu conteúdo, não ficando precludido qualquer direito do impugnante que não as apresente

[125] Joaquim Freitas da Rocha (2014), p.307.

ou que as apresente de forma deficiente em relação ao conteúdo da petição da impugnação. O mesmo autor alega ainda que para que estas alegações tenham alguma utilidade, deverão conter designadamente a apreciação da matéria de facto e a discussão das questões de direito que são objecto do processo[126].

Pese embora estas alegações sejam facultativas, tal não significa necessariamente que a notificação às partes para a apresentação das mesmas o seja. Isto é, apesar das partes poderem optar entre apresentarem ou não alegações escritas, o tribunal está obrigado em determinadas situações a notificar as partes para procederem, se quiserem, à apresentação de tais alegações.

Deste modo, pretendemos em primeiro lugar descortinar as situações nas quais é obrigatória a notificação das partes para a apresentação de alegações escritas para, de seguida, determinar-se a consequência da falta desta notificação.

Em primeiro lugar, segundo Lopes de Sousa, haverá lugar à notificação dos interessados para alegarem em todos os casos em que o *juiz não conheça imediatamente do pedido*, independentemente de terem sido realizadas ou não diligências de prova. Segundo este autor, nestes casos, o impugnante poderá aproveitar as alegações escritas para, por exemplo, se pronunciar acerca das excepções invocadas pelo representante da Fazenda Pública na contestação. Assim, quando a questão não for apenas de direito e o processo não fornecer os elementos necessários, ou seja, nos casos em que o juiz não conhecer logo do pedido, haverá sempre lugar à notificação das partes para alegações escritas, independentemente de se terem efectivamente realizado diligências de prova designadamente quando as diligências que se pretendiam realizar se tenham tornado inviáveis.

Freitas da Rocha defende que não haverá lugar à notificação dos interessados para alegações escritas quando o juiz conhece imediatamente do pedido, exactamente pelo facto de não se ter verificado uma fase de produção de prova ou de instrução. Na opinião deste autor, nestes casos em que não existiu fase de produção de prova, as alegações escritas serão dispensáveis, não sendo necessário facultar-se aos interessados uma nova oportunidade de se pronunciarem sobre questões de facto e de direito, para além daquela já facultada nos respectivos articulados[127].

Lopes de Sousa faz ainda uma ressalva. Nos casos em que deva ocorrer o conhecimento imediato do pedido mas tenham sido juntos documentos pelas partes após a contestação, não poderá dispensar-se a notificação das

[126] Jorge Lopes de Sousa (2011), Vol. II, p. 295-296.

[127] Joaquim Freitas da Rocha (2014), p. 307.

partes para alegações, permitindo-se assim que estas se pronunciem acerca da relevância de tais documentos para a decisão da causa. Na opinião deste autor, nestes casos não poderá dispensar-se a notificação das partes para alegações mesmo se na sequência da junção dos documentos por cada uma das partes, a outra tenha sido notificada da junção e se tenha pronunciado acerca da mesma. A justificação para a exigência de notificação das partes para alegações nestas situações é o prazo mais lato de que as partes dispõem para a apresentação de alegações escritas, que de acordo com o artigo 120º do CPPT, poderá estender-se até 30 (trinta) dias. Com efeito, as partes dispõem apenas de 10 (dez) dias para se pronunciarem sobre a junção do documento, de acordo com o disposto no artigo 149º do CPC, aplicável subsidiariamente por força do artigo 2º, alínea *e*) do CPPT.

Aqui chegados, podemos concluir então que haverá lugar à notificação das partes para alegações escritas nos termos do artigo 120º do CPPT quando:

- O juiz não conheça imediatamente do pedido, independentemente de terem sido realizadas ou não diligências de prova, e
- O juiz proceda ao conhecimento imediato do pedido mas tenham sido juntos documentos pelas partes após a contestação.

Segundo Lopes de Sousa, e numa solução que parece ser a única compaginável com as regras em análise, a falta de notificação das partes para alegações nestes casos em que se impunha que fosse efectuada, constitui uma nulidade processual, de acordo com o artigo 195º, nº 1 do CPC, aplicável subsidiariamente por força do artigo 2º, alínea *e*) do CPPT. Esta nulidade poderá ser arguida pelos interessados directamente perante o tribunal nos termos do artigo 199º do CPC, e no prazo geral de 10 (dez) dias, previsto no artigo 29º, nº 1 do CPTA, ou em recurso se o interessado só tiver conhecimento da nulidade através da notificação da sentença[128].

No mesmo sentido, veja-se, a título exemplificativo, o acórdão do TCA Sul de 18 de Dezembro de 2014, proferido no âmbito do processo nº 06300/13, no qual se afirmou que:

> *"Tendo havido junção ao processo de documentos e informações oficiais com relevo probatório (como é o caso dos documentos juntos e do PAT), que podem ser relevantes para a decisão final, impõe-se que se conceda às partes a possibilidade de alegarem sobre esta matéria, nos termos do art. 120º do CPPT.*

[128] Jorge Lopes de Sousa (2011), Vol. II, p. 298.

Ao não se notificar as partes para produzirem alegações escritas (art. 120º do CPPT), ocorreu uma omissão susceptível de influir no exame e na decisão da causa, a qual determina a anulação da sentença recorrida (art. 201º do CPC, então vigente, actualmente o art. 195), e implica a anulação dos termos processuais subsequentes (art. 98º, nº 3, do CPPT)."

No que diz respeito ao conteúdo das alegações escritas, relembre-se que a apresentação de alegações escritas pelas partes constitui o termo final do prazo para apresentação de documentos na 1ª instância, pelo que é admissível a junção de documentos com estas alegações. Por outro lado, já não será possível invocar novos factos ou suscitar novas questões de ilegalidade do acto impugnado.

Como bem entende Lopes de Sousa, nas alegações, em regra, apenas será admissível a apreciação crítica da prova produzida na fase de instrução e a discussão das questões de direito suscitadas na petição da impugnação, ou na contestação do representante da Fazenda Pública, em nome do princípio da estabilidade da instância consagrado no artigo 260º do CPC[129].

É de salientar que a apresentação de alegações constitui o *encerramento da discussão da causa na 1ª instância*[130]. Assim, não haverá lugar a audiência de discussão e julgamento, nem a alegações orais das partes como no âmbito do processo civil, de acordo com o artigo 604º do CPC, e da acção administrativa, nos casos previstos no artigo 91º do CPTA. Salienta-se assim novamente a falta de oralidade do processo de impugnação judicial.

Por último, como se verá no ponto 71.6, em sede de arbitragem tributária as alegações poderão ser escritas ou orais, distinguindo-se assim da impugnação judicial, em sede da qual são sempre escritas.

Quando o tribunal arbitral proceda à reunião prevista no artigo 18º do RJAT, nessa reunião será comunicado às partes o prazo para apresentarem as suas alegações – orais ou escritas –, bem como a data para a decisão final. Nos casos de dispensa de realização desta reunião, o processo prosseguirá por um período não superior a 10 (dez) dias, procedendo o tribunal arbitral à notificação às partes da decisão de dispensa, bem como do prazo para apresentações de alegações – escritas ou orais – e da data para prolação da decisão arbitral.

60.4.7. Vista do Ministério Público

Antes da prolação da sentença e após as alegações terem sido apresentadas pelas partes ou tendo decorrido o respectivo prazo, "*o juiz dará vista ao Minis-*

[129] *Ibidem*, p. 297.

[130] Neste sentido: Joaquim Freitas da Rocha (2014), p. 307 e Jorge Lopes de Sousa (2011), Vol. II, p. 296.

tério Público para, se pretender, se pronunciar expressamente sobre as questões de legalidade que tenham sido suscitadas no processo ou suscitar outras nos termos das suas competências legais", de acordo com o disposto no nº 1 do artigo 121º do CPPT.

Segundo Jesuíno Alcântara Martins e Costa Alves, na prática a vista ao Ministério Público equivale a um parecer[131].

Como se viu aquando do estudo das partes do processo, designadamente do papel do Ministério Público no processo judicial tributário no ponto 57.3 deste manual, o Ministério Público pode intervir quer como actor processual ou parte acessória na *defesa da legalidade e a promoção do interesse público* em matéria tributária, quer como parte principal, *na representação dos incapazes menores, interditos e inabilitados*, tal como disposto no artigo 14º, nº 1 do CPPT. Assim, antes de mais, cabe salientar que o Ministério Público não terá vista quando actue como parte no processo de impugnação judicial, mas apenas quando intervenha na defesa da legalidade e promoção do interesse público. Facilmente se compreende a razão de ser desta limitação. Assumindo o papel de parte, o Ministério Público tem os respectivos poderes processuais e com a sua eventual intervenção cumulativa ao abrigo do artigo 121ºdo CPPT que prevê a vista, estar-se-ia a pôr em causa o princípio da igualdade de faculdades e de meios processuais das partes, consagrado no artigo 98º da LGT.

Assim, como já tivemos oportunidade de salientar, o Ministério Público como actor processual ou parte acessória na *defesa da legalidade e a promoção do interesse público* poderá (*i*) promover o que tiver por conveniente (artigo 6º, nº 1 do Estatuto do Ministério Público), podendo designadamente suscitar a regularização da petição, *arguir nulidades, suscitar questões que obstem ao conhecimento do pedido* e *requerer a realização de diligências* (artigos 16º, nº 2 e 121º, nºs 1 e 2 do CPPT); (*ii*) *pronunciar-se sobre as questões de legalidade* que tenham sido suscitadas no processo, nos termos do artigo 121º, nº 1 do CPPT; e (*iii*) *suscitar novos vícios do acto impugnado*, como se infere do disposto no artigo 124º, nº 2, alínea *b*) do CPPT.

Em sede de impugnação judicial, estes poderes serão exercidos através da vista ao Ministério Público. De facto, este é o acto principal cuja prática lhe é atribuída no âmbito do processo de impugnação judicial na 1ª instância, pelo que será necessariamente aqui que o Ministério Público se pronuncia sobre as questões de legalidade suscitadas no processo, suscita outras nos termos das suas competências legais ou requer a realização de diligências.

Ora, quando na vista o Ministério Público *suscita novos vícios* do acto impugnado, o juiz está obrigado a pronunciar-se expressamente na sentença sobre

[131] Jesuíno Alcântara Martins/José Costa Alves (2015), p. 118.

tais vícios, sob pena, segundo Freitas da Rocha, de nulidade da sentença por omissão de pronúncia[132].

Por outro lado, no caso de o Ministério Público *requerer novas diligências*, o juiz poderá naturalmente optar pela realização ou não destas diligências ao abrigo do princípio do inquisitório. Cabe ao juiz determinar a relevância ou utilidade destas diligências para a descoberta da verdade material. O STA tem entendido que nestes casos em que o Ministério Público requeira a realização de novas diligências, impõe-se uma nova vista ao Ministério Público antes da sentença, caso a diligência tenha sido deferida pelo juiz e consequentemente realizada.

Neste sentido, veja-se o acórdão do STA, já antigo, de 9 de Fevereiro de 2005, proferido no âmbito do processo nº 0799/03, no qual se afirmou que[133]:

> *"Antes de proferir sentença em processo de impugnação judicial impõe-se dar vista ao Ministério Público – cfr. artº 121º do CPPT"*

E ainda que:

> *"Se, na vista para esse efeito aberta, o Ministério Público requer diligência interessante e que merece deferimento, impõe-se, depois de realizada ou concretizada esta diligência, e antes de proferir sentença, seja dada nova vista àquele Magistrado, pois a omissão de tal formalidade consubstancia nulidade processual (artº 201. nº 1 e 2 do CPC) que demanda a anulação de todo o processado subsequente."*

Por outro lado, nos casos em que o juiz não considere necessária a realização da diligência requerida pelo Ministério Público não tendo esta lugar, o STA tem entendido que não ocorre nulidade se não tiver sido dada nova vista ao Ministério Público antes da prolação da sentença[134].

Acompanhamos Lopes de Sousa quando considera que nos casos em que o Ministério Público requeira a realização de diligências, quer o juiz tenha deferido ou não esta pretensão, ou seja, independentemente da realização efectiva da diligência requerida, impõe-se que seja dada nova vista ao Ministério Público antes de proferir a sentença. Assim entende, por um lado,

[132] Joaquim Freitas da Rocha (2014), p. 308. No mesmo sentido, vejam-se os acórdãos do STA de 15 de Abril de 1998, proferido no âmbito do processo nº 020830 e de 5 de Novembro de 1997, proferido no âmbito do processo nº 0214043.

[133] Veja-se ainda o acórdão do STA de 18 de Junho de 2003, proferido no âmbito do processo nº 0807/03.

[134] Neste sentido veja-se o acórdão do STA de 15 de Março de 2006, proferido no âmbito do processo nº 01090/04 e Joaquim Freitas da Rocha (2014), p. 308 que parece aderir a esta posição do STA.

porque o artigo 14º, nº 2 do CPPT impõe que o Ministério Público seja ouvido sempre nos processos judiciais antes de ser proferida a sentença, decorrendo deste artigo a importância do acto de vista ao Ministério Público para a decisão da causa. Por outro, porque o Ministério Público, ao requerer novas diligências, não renuncia implicitamente à intenção de se pronunciar. Este apenas entende que o processo ainda não está completamente instruído pelo que não será a ocasião adequada para se pronunciar. Esta deverá ocorrer quando o processo estiver pronto para a decisão final, tal como resulta do artigo 14º, nº 2 do CPPT[135].

Por fim, quando o Ministério Público *suscita questões que obstem ao conhecimento do pedido*, por força do disposto no artigo 121º, nº 2 do CPPT, deverão ser ouvidos o impugnante e o representante da Fazenda Pública, em nome do princípio do contraditório. Lopes de Sousa vai ainda mais longe defendendo que a audição das partes também é obrigatória quando o Ministério Público *argui novos vícios* ou *suscita novas questões* acerca das quais as partes ainda não tiverem oportunidade de se pronunciar.

Como bem salienta este autor, o princípio do contraditório consagrado no artigo 3º, nº 3 do CPC aplicável subsidiariamente ao processo de impugnação judicial, exige que não sejam decididas questões de facto ou de direito, mesmo as que sejam de conhecimento oficioso, sem que as partes tenham tido oportunidade de sobre elas se pronunciarem[136]. Assim, quando o Ministério Público *suscitar questões que obstem ao conhecimento do pedido, arguir novos vícios* ou *suscitar novas questões* acerca das quais as partes ainda não tiverem oportunidade de se pronunciar, o juiz não poderá proferir a sentença sem a audição prévia do impugnante e do representante da Fazenda Pública, de acordo com o artigo 121º, nº 2 do CPPT e em nome do princípio do contraditório.

Segundo Lopes de Sousa, a omissão desta audição das partes, nos casos em que seja obrigatória, constitui nulidade processual enquadrável no artigo 195º do CPC, devendo ser arguida nos termos do artigo 199º do CPC[137].

É de salientar ainda que o prazo para o Ministério Público se pronunciar será de 15 (quinze) dias nos termos do artigo 22º, nº 2 do CPPT e que a sua intervenção é meramente facultativa, como decorre do artigo 121º, nº 1 do CPPT. Com efeito, este artigo prevê que o juiz dará vista ao Ministério Público para, *se pretender*, se pronunciar expressamente sobre as questões da legalidade que tenham sido suscitadas. Este carácter facultativo de inter-

[135] Jorge Lopes de Sousa (2011), Vol. II, p. 302.

[136] *Ibidem*, p. 301.

[137] *Ibidem*.

venção do Ministério Público também decorre do próprio estatuto constitucional e legal de autonomia de que o Ministério Público goza em relação aos outros poderes do Estado, de acordo com o artigo 219º, nº 2 da CRP e 2º, nº 1 do Estatuto do Ministério Público.

No entanto, sendo defensor *da legalidade e a promoção do interesse público*, o Ministério Público deverá intervir, suscitar novas questões que obstem ao conhecimento do mérito da causa, suscitar novos vícios do acto impugnado ou mesmo requerer novas diligências sempre que o considere necessário, zelando assim pelos interesses que está incumbido de defender.

A omissão desta formalidade, traduzida na não abertura de vista ao Ministério Público prevista no artigo 121º, nº 1 do CPPT constitui uma nulidade processual integrável no artigo 195º do CPC[138].

Por fim, é de referir que o Ministério Público não tem qualquer intervenção em sede de *reclamação graciosa* na medida em que, como se viu no ponto 4.2.3 relativo à legitimidade no procedimento tributário, a esta entidade não é reconhecida legitimidade procedimental. Com efeito, decorre do artigo 9º do CPPT que o Ministério Público apenas tem legitimidade no processo judicial tributário.

O Ministério Público também não tem qualquer intervenção no âmbito da *arbitragem tributária*, excepto para interpor recurso da decisão arbitral para o Tribunal Constitucional. Como se verá no ponto 72.2.2, além das partes, terá ainda legitimidade para recorrer o Ministério Público, por força do artigo 72º, nº 1, alínea *a*) da LTC e, bem assim, do nº 3 do artigo 280º da CRP, leis que prevalecem, por razões óbvias de valor reforçado, sobre o RJAT. A legitimidade do Ministério Público para recorrer implicará, desde logo, a sujeição do árbitro-presidente, ou pelo menos do CAAD, à obrigação de notificar o Ministério Público da decisão arbitral proferida sempre que o tribunal arbitral recuse a aplicação de uma norma que conste de convenção internacional, acto legislativo ou decreto regulamentar com fundamento na sua inconstitucionalidade, casos em que o recurso pelo Ministério Público é obrigatório[139].

[138] Neste sentido, veja-se o acórdão do STA de 25 de Junho de 2003, proferido no âmbito do processo nº 0806/03.

[139] Sobre a legitimidade do Ministério Público para recorrer da decisão arbitral veja-se Jorge Miranda / Rui Medeiros (2007), "Constituição Portuguesa Anotada", Tomo III, p. 118; Miguel Galvão Teles (2010) "Recurso para o Tribunal Constitucional das decisões dos tribunais arbitrais", e, no âmbito da arbitragem tributária Carla Castelo Trindade (2016), p. 475-477.

60.4.8. Sentença

• ***Prazos***

Após as alegações das partes e a vista ao Ministério Público, os autos são conclusos para decisão do juiz, que proferirá a sentença no prazo de 20 (vinte) dias, de acordo com os artigos 21º, alínea *b*) e 122º, nº 1 do CPPT. Para além disso, por força do artigo 96º, nº 1 do CPPT, o processo judicial tributário tem a função da tutela plena, efectiva e *em tempo útil* dos direitos e interesses legalmente protegidos em matéria tributária, pelo que o processo não deverá ter uma duração acumulada superior a 2 (dois) anos, contados entre a data da respectiva instauração e a decisão proferida em 1ª instância, tal como decorre do nº 2 do artigo 96º do CPPT. Ou seja, o processo de impugnação judicial, em princípio não deverá ter duração superior a 2 (dois) anos desde que é instaurado até à data da prolação da sentença.

No entanto, como salientam Jesuíno Alcântara Martins e Costa Alves esta norma é meramente orientadora, na medida em que, como se sabe, não se estabelece qualquer sanção processual para a não observância deste prazo. Na verdade, antes da Lei nº 53-A/2006, de 29 de Dezembro previa-se como consequência da demora excessiva dos processos judiciais a caducidade das garantias e o levantamento de eventuais penhoras. No entanto, esta consequência foi eliminada, prevendo-se a caducidade da garantia apenas em sede administrativa, em concreto nos casos em que a reclamação graciosa não estiver decidida no prazo de 1 (um) ano a contar da data da sua interposição, nos termos do artigo 183º-A, nº 1 do CPPT. Assim, a única consequência decorrente do não cumprimento do prazo de duração máxima do processo judicial tributário, dos 2 (dois) anos ou mesmo dos 20 (vinte) dias para a prolação da sentença, será a eventual responsabilidade civil extracontratual do Estado por atraso na administração na justiça, ou melhor, por violação do direito à tutela judicial em tempo útil, por força do disposto no artigo 22º da CRP.

Uma vez proferida a sentença, esta deverá ser notificada no prazo de 10 (dez) dias ao Ministério Público, ao impugnante e ao representante da Fazenda Pública, de acordo com o disposto no artigo 126º do CPPT.

Não nos querendo alongar acerca da matéria dos recursos que será objecto de análise no ponto 66 deste capítulo, cabe apenas salientar que das decisões das impugnações judiciais proferidas pelos tribunais tributários de 1ª instância cabe sempre recurso quando o valor da causa ultrapassar o valor da alçada fixada para os tribunais tributários de 1ª instância, ou seja, € 5.000, 00, de acordo com os artigos 280º do CPPT e 105º da LGT. Assim, para conhecer das impugnações judiciais será competente o tribunal tributário da 1ª instância, cabendo recurso da decisão proferida, ou seja, da sentença para a secção de contencioso tributário do TCA a interpor no prazo de 10 (dez) dias, de acordo com o artigo 280º, nº 1 do CPPT, excepto nos casos em que a matéria for exclusivamente de direito, nos quais o recurso será *per saltum*, para a secção de contencioso tributário do STA.

Determinado o prazo de prolação da sentença, o prazo da sua notificação às partes e ao Ministério Público e aferida a possibilidade de interpor recurso desta decisão, cabe agora delimitar o conteúdo desta sentença, as causas de nulidade da mesma, para, por fim, determinar os efeitos decorrentes da prolação da sentença.

Assim, no que diz respeito ao *conteúdo* da sentença, de acordo com os artigos 123º e 124º do CPPT, a sentença proferida no âmbito do processo de impugnação judicial deverá identificar os interessados, os factos objecto do litígio, sintetizar a pretensão do impugnante e os seus fundamentos, bem como a posição do representante da Fazenda Pública e do Ministério Público, fixando ainda as questões que ao tribunal cumpre solucionar. Na sentença será também discriminada a matéria provada da não provada, sendo devidamente fundamentada a decisão.

Ainda relativamente ao conteúdo da sentença, é de referir que o artigo 124º do CPPT estabelece uma ordem de conhecimento dos vícios tendo como pressuposto que, conhecendo de um vício que conduza à anulação ou declaração de nulidade do acto impugnado, o tribunal deixará de conhecer os restantes vícios. Se assim não fosse, ou seja, se o juiz tivesse de conhecer de todos os vícios imputados ao acto, seria indiferente a ordem conhecimento dos mesmos. Contudo, segundo Lopes de Sousa o tribunal só deixará de conhecer os outros vícios invocados quando o reconhecimento da existência de um vício impeça definitivamente a renovação do acto, na medida em que se esta ainda for possível, será necessário apreciar os restantes[140]:

Ora, de acordo com o nº 1 do artigo 124º do CPPT, o tribunal deverá apreciar primeiro os vícios que conduzem à inexistência ou nulidade do acto e seguidamente os vícios que conduzem à anulabilidade. Dentro destes dois grupos de vícios, o legislador estabeleceu que o tribunal deverá conhecer prioritariamente dos vícios cuja procedência determine a tutela mais estável ou eficaz dos interesses ofendidos, tal como disposto na alínea *a*) do nº 2 do mesmo artigo. No caso dos vícios geradores de anulabilidade também se estabelece esta ordem de conhecimento, pese embora a alínea *b*) do nº 2 do mesmo artigo determine que o julgador deverá seguir a ordem determinada pelo impugnante, caso este tenha estabelecido uma relação de subsidia-

[140] Jorge Lopes de Sousa (2011), Vol. II, p. 340.

riedade entre os vícios imputados ao acto e o Ministério Público não tenha arguido outros vícios[141]:

No que diz respeito aos vícios que deverão ser conhecidos em primeiro lugar, na medida em que garantem a tutela mais estável ou eficaz dos interesses ofendidos, Lopes de Sousa parece defender que estes corresponderão aos vícios que impeçam a renovação do acto lesivo dos direitos e interesses do impugnante[142]. Este é também o entendimento por nós perfilhado, acrescentando que o vício de violação de lei será aquele que conduzirá à *"mais estável ou eficaz tutela dos interesses ofendidos"* exactamente devido ao facto de a sua eventual procedência impedir a renovação do acto, o que não sucede com a anulação dos demais vícios, designadamente com os vícios de forma, de falta de fundamentação e de preterição de formalidades essenciais. Sendo um acto de liquidação anulado por vício de falta de fundamentação ou preterição de formalidade essencial, estando dentro do prazo de caducidade do direito de liquidação, nada impede a Administração Tributária de praticar um novo acto expurgado destes vícios.

No entanto, por vezes, poderá ser necessário o conhecimento prioritário do vício de falta de fundamentação, pese embora este não impeça a renovação do acto impugnado e consequentemente não se afigure como o vício que assegura a mais eficaz tutela dos direitos e interesses do impugnante. Lopes de Sousa assim entende, na medida em que, em certos casos, a falta de fundamentação pode afectar a possibilidade de o tribunal *"se aperceber de qual o real conteúdo do acto impugnado, ao nível dos pressupostos de facto ou de direito."*[143]. Com efeito, nos casos em se verifica a ausência total de fundamentação, quando a Administração Tributária não cumpriu o seu dever de fundamentação formal, não tendo indicado as razões de facto e de direito nas quais baseou a sua decisão, o julgador não conseguirá averiguar se se verificam erros sobre os pressupostos de facto ou de direito, se a Administração aplicou e interpretou adequadamente as normas jurídicas, por exemplo, na medida em que estes não constam do acto. Nestes casos, compreende-se que o vício a apreciar em primeiro lugar seja o de falta de fundamentação.

[141] Segundo Lopes de Sousa, o julgador não seguirá a ordem estabelecida pelo impugnante quando o Ministério Público tiver imputado outros vícios ao acto impugnado na medida em que nestes casos o impugnante não é o único interessado na decisão, não lhe devendo ser reconhecido o direito de dispor do conteúdo da decisão (Cf. Jorge Lopes de Sousa (2011), Vol. II, p. 341).

[142] Jorge Lopes de Sousa (2011), Vol. II, p. 342.

[143] *Ibidem*, p. 341.

- ***Causas de nulidade da sentença***

Por sua vez, o artigo 125º do CPPT enumera as causas de nulidade da sentença, designadamente[144]:

- A falta de assinatura do juiz;
- A não especificação dos fundamentos de facto e de direito da decisão;
- A oposição dos fundamentos com a decisão;
- A falta de pronúncia sobre questões que o juiz devia apreciar; e
- A pronúncia sobre questões que não deva conhecer.

Analisemos sucintamente cada uma destas causas de nulidade da sentença.

Relativamente à *falta de assinatura do juiz*, esta pode ser suprida oficiosamente ou a requerimento dos interessados, enquanto for possível obtê-la, devendo o juiz declarar a data em que assina, tal como disposto no nº 2 do artigo 125º do CPPT. Esta nulidade é, assim, de conhecimento oficioso, embora também possa ser arguida pelos interessados.

É de salientar que no processo de impugnação judicial apenas esta nulidade e as outras previstas no artigo 98º, nº 1 do CPPT consubstanciam nulidades processuais de conhecimento oficioso. Por conseguinte, as restantes nulidades da sentença acima referidas estão dependentes de arguição pelo que só poderão ser conhecidas na sequência da arguição dos interessados ou do Ministério Público. Assim, será subsidiariamente aplicável o regime previsto no nº 4 do artigo 615º do CPC, tendo em conta que não consta do CPPT uma norma especial.

Deste modo, a oposição dos fundamentos com a decisão, por exemplo, só poderá ser arguida perante o tribunal que proferiu a sentença no prazo de 10 (dez) dias, de acordo com o artigo 29º, n. 1 do CPTA se esta não admitir recurso ordinário – ou seja, se o valor da causa não exceder o valor da alçada para o tribunal tributário da 1ª instância, de € 5.000, 00 – podendo o recurso, no caso contrário, ter como fundamento esta nulidade, de acordo com o previsto no nº 4 do artigo 615º do CPC, aplicável subsidiariamente ao processo de impugnação judicial, por força do artigo 2º, alínea *e*) do CPPT.

No que diz respeito à *não especificação dos fundamentos de facto e de direito da decisão,* antes de mais é de relembrar que a sentença deverá conter, obrigatoriamente, as razões de facto e de direito – os fundamentos – que a motivaram, por força do disposto no artigo 123º, nº 1 do CPPT.

Assim, há que distinguir, em primeiro lugar, a falta da indicação dos fundamentos *de facto*, da falta de indicação dos fundamentos *de direito* da decisão.

[144] Estas nulidades estão igualmente previstas no artigo 615º do CPC.

Relativamente à *matéria de facto*, a nulidade abrange não só a falta de discriminação dos factos provados e não provados mas também o exame crítico das provas, exigidos respectivamente pelo artigo 123º, nº 2 do CPPT e artigo 607º, nº 4 do CPC. Contudo, só haverá nulidade da sentença por falta de indicação dos factos não provados relativamente aos factos alegados que não tenham sido dados como provados ou como não provados e que sejam *relevantes para a decisão da causa*[145].

Por outro lado, poderá verificar-se a *falta do exame crítico* das provas e a falta de *fundamentação de direito* que deverá consistir na indicação, interpretação e aplicação das normas em que se baseia a decisão.

Ora, a jurisprudência dos tribunais superiores tem vindo a entender que apenas constitui nulidade a omissão total dos fundamentos de facto e de direito, isto é, a falta absoluta de fundamentação. Neste sentido, exigindo a falta de fundamentação absoluta tanto de facto quanto de direito, veja-se o acórdão do TCA Sul de 17 de Março de 2016, proferido no âmbito do processo nº 05361/12, no qual se afirmou que:

> "*Nos termos do preceituado no citado artº.615, nº.1, al.b), do C.P.Civil, é nula a sentença quando não especifique os fundamentos de facto e de direito que justificam a decisão. Para que a sentença padeça do vício que consubstancia esta nulidade é necessário que a falta de fundamentação seja absoluta, não bastando que a justificação da decisão se mostre deficiente, incompleta ou não convincente. Por outras palavras, o que a lei considera nulidade é a falta absoluta de motivação, tanto de facto, como de direito. Já a mera insuficiência ou mediocridade da motivação é espécie diferente, podendo afectar o valor doutrinal da sentença, sujeitando-a ao risco de ser revogada em recurso, mas não produz nulidade. Igualmente não sendo a eventual falta de exame crítico da prova produzida (cfr.artº.607, nº.4, do C.P.Civil) que preenche a nulidade sob apreciação. No processo judicial tributário o vício de não especificação dos fundamentos de facto e de direito da decisão, como causa de nulidade da sentença, está previsto no artº.125, nº.1, do C.P.P.Tributário.*"

E ainda o acórdão do TCA Sul, de 18 de Junho de 2013, proferido no âmbito do processo. nº 06121/12:

> "*Para que a sentença padeça do vício que consubstancia esta nulidade* [de não especificação dos fundamentos de facto que justificam a decisão] *é necessário que a falta de fundamentação seja absoluta, não bastando que a justificação da decisão se mostre deficiente, incompleta ou não convincente.*"

[145] Jorge Lopes de Sousa (2011), Vol. II, p. 358.

Compreende-se a razão de ser desta causa de nulidade da sentença na medida em que, sem a exigida especificação dos fundamentos de facto e de direito tornar-se-ia impossível a compreensão do itinerário cognoscitivo percorrido pelo tribunal e, consequentemente, a possibilidade de conformação das partes com a decisão.

Tratando-se de uma nulidade que não é de conhecimento oficioso, a falta de especificação dos fundamentos de facto e de direito só poderá ser arguida perante o tribunal que proferiu a sentença no prazo de 10 (dez) dias, de acordo com o artigo 29º, n. 1 do CPTA, se esta não admitir recurso ordinário.

Quanto à *oposição dos fundamentos com a decisão*, recorde-se que não basta que estejam efectivamente presentes na sentença judicial os fundamentos de facto e de direito, exigindo-se ainda que a consequência retirada com base naqueles fundamentos seja lógica e legal. A nulidade da sentença verificar-se-á, por exemplo, quando esta considerar que houve caducidade do direito à liquidação emitida pela Administração, negando todavia a pretensão do impugnante, não procedendo à anulação do acto tributário impugnado.

A este propósito, tem sido defendido quer pela doutrina quer pela jurisprudência que a nulidade apenas ocorre quando os fundamentos invocados na sentença deveriam conduzir, num processo lógico, à solução oposta da que foi adoptada na decisão. Lopes de Sousa defende que não se verifica a nulidade da sentença quando existem contradições entre os fundamentos da mesma decisão ou contradições entre diferentes decisões[146]. Neste sentido, veja-se o acórdão do TCA Sul de 14 de Abril de 2016, proferido no âmbito do processo nº 08128/14, no qual se afirmou que:

> *"A nulidade da sentença por 'contradição entre os fundamentos e a decisão', que é prevista na alínea c) do nº1 do artigo 615º do CPC e incluída no nº1 do artigo 125º do CPPT, verifica-se quando há um vício real na lógica-jurídica que presidiu à sua construção, de tal modo que os fundamentos invocados apontam logicamente num determinado sentido e a decisão tomada vai noutro sentido, oposto ou, pelo menos, diverso."*

E ainda o acórdão do TCA Sul de 30 de Janeiro de 2014, proferido no âmbito do processo nº 06952/13, no qual se entendeu que:

> *"O vício em análise, o qual tem como premissa a eventual violação do necessário silogismo judiciário que deve existir em qualquer decisão judicial terá lugar somente quando os fundamentos da sentença devam conduzir, num processo lógico, a uma decisão oposta ou, pelo menos, diferente da que foi adoptada."*

[146] Jorge Lopes de Sousa (2011), Vol. II, p. 361.

Cabe agora analisar os vícios de *falta de pronúncia sobre questões que o juiz devia apreciar* e de *pronúncia sobre questões que não devia conhecer.* Estas duas causas de nulidade da sentença estão intimamente ligadas ao princípio do inquisitório que vincula a actuação do juiz no processo judicial tributário e que tivemos oportunidade de analisar no ponto 54.1 deste manual.

Com efeito, recorde-se que chegámos à conclusão que o juiz podia conhecer não só dos factos alegados pelas partes, bem como dos factos de conhecimento oficioso, dos factos instrumentais e dos factos complementares que resultem da instrução da causa, desde que sobre eles as partes tenham tido a possibilidade de se pronunciar, ao abrigo do princípio do contraditório. O juiz poderá ainda conhecer dos factos notórios e daqueles que tenha conhecimento por virtude do exercício das suas funções. Na verdade, em relação aos *factos*, não há dúvida que predomina o princípio do inquisitório.

No entanto, quanto às questões, por força da nulidade consagrada no artigo 125º do CPPT, os poderes de cognição do tribunal estarão limitados às questões suscitadas pelas partes, além daquelas de conhecimento oficioso, verificando-se a prevalência do princípio do dispositivo. Assim, caso o tribunal conheça de questões que não podia conhecer ou caso não se pronuncie acerca de questões que devia apreciar, o princípio do dispositivo determina a nulidade da sentença, prevista no artigo 125º do CPPT. Analisemos então estes vícios em pormenor.

Relativamente à *falta de pronúncia* sobre questões que o juiz devia apreciar, ou seja, à *omissão de pronúncia*, a nulidade da sentença só ocorre quando existe uma violação dos deveres de pronúncia do tribunal sobre questões que deva apreciar, porque suscitadas pelas partes.

No entanto, há que ter cautela.

Por um lado, deste dever de pronúncia do julgador acerca das questões suscitadas pelas partes não decorre que este tenha de se pronunciar sobre todos os "argumentos" elencados pelas partes. A este propósito, veja-se o acórdão do TCA Sul de 18 de Setembro de 2014, proferido no âmbito do processo nº 07647/14, em sede do qual este Tribunal salientou que:

> *"[a] doutrina e a jurisprudência distinguem por um lado, 'questões' e, por outro, 'razões' ou 'argumentos' para concluir que só a falta de apreciação das primeiras (ou seja, das 'questões') integra a nulidade prevista no citado normativo* [do 615º, nº 1, alínea. *d*) do CPC quanto à omissão de pronúncia], *mas já não a mera falta de discussão das 'razões' ou 'argumentos' invocados para concluir sobre as questões."*

No mesmo sentido pronunciou-se o STA no acórdão de 13 de Abril de 2016, proferido no âmbito do processo nº 0862/15:

> *"Há omissão de pronúncia quando o tribunal deixa, em absoluto, de apreciar e decidir as questões que lhe são colocadas e não quando deixa de apreciar argumentos, considerações, raciocínios, ou razões invocados pela parte em sustentação do seu ponto de vista quanto à apreciação e decisão dessas questões."*

Ou seja, a omissão de pronúncia reporta-se apenas à falta de pronúncia sobre questões e não acerca dos argumentos ou das razões suscitadas pelas partes[147].

Por outro lado, a nulidade da sentença por omissão de pronúncia apenas se verifica em caso de violação pelo tribunal do seu dever de se pronunciar acerca de todas as questões *suscitadas pelas partes*. Já no que concerne às questões de conhecimento oficioso – não suscitadas pelas partes –, embora o tribunal tenha naturalmente o dever de se pronunciar acerca destas, a omissão de tal dever não constitui uma nulidade da sentença,mas sim um erro de julgamento, seguindo o entendimento de Lopes de Sousa[148].

A este propósito, veja-se ainda o acórdão do TCA Sul, de 12 de Dezembro de 2013, proferido no âmbito do processo nº 07004/13, no qual o Tribunal entendeu que "*[e]mbora o Tribunal tenha também o dever de pronúncia sobre questões de conhecimento oficioso não suscitadas pelas partes (cfr. artº.608, nº.2, do C.P.Civil), a omissão de tal dever não constituirá nulidade da sentença, mas sim um erro de julgamento*".

Por fim, a falta de realização de uma diligência processual, bem como a falta de avaliação das provas produzidas, não terão como consequência a nulidade da sentença por omissão de pronúncia. O tribunal não tem um dever de se pronunciar acerca de toda a matéria de facto, mas sim de seleccionar a matéria de facto relevante para a discussão do mérito da causa.

Quanto à "*pronúncia sobre questões que não deva conhecer*", esta corresponde ao vício de *excesso de pronúncia* e verifica-se quando o julgador ultrapassa os limites do princípio do dispositivo. Com efeito, o juiz deverá pronunciar-se

[147] É ainda de referir que a não realização de uma diligência processual não dá origem à nulidade da sentença, constituindo pelo contrário uma nulidade processual. Neste sentido, veja-se o acórdão do TCA Sul de 18 de Setembro de 2014, proferido no âmbito do processo nº 07647/14.

[148] Este autor entende que nos casos de omissão de pronúncia acerca de questões de conhecimento oficioso o tribunal entendeu, implicitamente, que a solução daquelas questões não era relevante para a apreciação da causa Cf. Jorge Lopes de Sousa (2011), Vol. II, p. 365. Defendendo que "*[a] omissão de pronúncia (vício de 'petitionem brevis') pressupõe que o julgador deixa de apreciar alguma questão que lhe foi* ***colocada pelas partes*** *(cfr.artº.615, nº.1, al.d), do C.P.Civil).*" (destacado nosso), veja-se ainda o acórdão do TCA Sul de 16 de Dezembro de 2015, proferido no âmbito do processo nº 06439/13.

apenas acerca das questões suscitadas pelas partes, salvo se a lei lhe permitir o conhecimento de outras, de acordo com o artigo 608º, nº 2 do CPC[149].

Neste ponto é de salientar que o artigo 28º, nº 1, alínea *c*) do RJAT prevê como fundamento da impugnação da decisão arbitral a "*pronúncia indevida*". Este vício da decisão arbitral abrange não só o excesso de pronúncia mas igualmente os casos em que o tribunal arbitral nem sequer podia ter decidido, por ter ocorrido um vício que inquinou a sua constituição, ou porque a questão estava fora das suas competências legais[150]. A esta conclusão chega a doutrina pelo facto do legislador no RJAT ter utilizado a expressão "*pronúncia indevida*" em vez da mais comum, utilizada quer no CPC, quer CPPT, quer no CPTA, de "*pronúncia sobre questões que não deva conhecer*". Como no artigo 125º do CPPT não é feita qualquer referência à "*pronúncia indevida*" como causa de nulidade da sentença, este vício não implicará a nulidade da sentença proferida em sede de impugnação judicial.

Aqui chegados, é de referir que do artigo 615º, nº 1, alínea *e*) do CPC decorre que a sentença é nula quando o juiz condenar em quantidade superior ou em objecto diverso do pedido e que esta causa de nulidade da sentença não está expressamente prevista no artigo 125º do CPPT. LOPES DE SOUSA defende, no entanto, que da omissão de referência a esta nulidade no CPPT não resulta a inexistência no âmbito do processo de impugnação judicial desta limitação quantitativa e qualitativa do juiz pelo pedido. Assim, entende que existe neste processo a limitação do juiz pelo pedido, quer em termos quantitativos, quer em termos qualitativos, por um lado, porque alega que a limitação do juiz pelo pedido é uma regra de aplicação generalizada no direito processual e, por outro, porque ao admitir-se esta excepção à regra, não seria razoável que não existisse qualquer limitação aos poderes de decisão do juiz[151]. Nós entendemos que estas limitações têm que ser conciliadas com o princípio do inquisitório e especialmente com a possibilidade de o juiz declarar a nulidade do acto tributário quando o impugnante requer apenas a sua anulação.

Por fim, relativamente às nulidades da sentença é de referir que a procedência da arguição das mesmas pelas partes perante o tribunal que proferiu a sentença, se esta não admitir recurso ordinário, ou em sede de recurso, impõe

[149] A este propósito, veja-se o acórdão do TCA Sul de 5 de Novembro de 2015, proferido no âmbito do processo nº 07885/14.

[150] Para mais desenvolvimentos acerca do vício de pronúncia indevida, veja-se o ponto 72.2.4 deste manual relativo à impugnação da decisão arbitral e ainda SUSANA BRADFORD FERREIRA (2015), "Os Recursos e a Impugnação da Decisão Arbitral em Matéria Tributária", Dissertação de Mestrado apresentada à Universidade Católica Portuguesa.

[151] JORGE LOPES DE SOUSA (2011), Vol. II, p. 367.

que seja proferida uma nova sentença. Isto é, da declaração de nulidade da sentença decorrerá a prolação de uma nova sentença[152].

- ***Efeitos da sentença***

Aqui chegados, cabe referir os *efeitos* decorrentes da sentença do processo de impugnação judicial, em caso de *total ou parcial procedência da pretensão do sujeito passivo* ou em caso de *improcedência da pretensão do sujeito passivo.*

Aqui caberá olhar para o artigo 100º da LGT que determina os efeitos das decisões favoráveis ao sujeito passivo, proferidas em sede de reclamações ou recursos administrativos, bem como no âmbito do processo judicial.

Assim, em primeiro lugar, a Administração Tributária, sem depender do pedido por parte do interessado, deverá proceder à *reconstituição plena da legalidade do acto ou situação objecto do litígio*, procedendo designadamente à restituição da quantia indevidamente paga a título de imposto ou tributo e à prática do acto de extinção, total ou parcial, do processo de execução fiscal, anulando toda ou parte da garantia bancária eventualmente prestada pelo sujeito passivo para suspensão da execução.

Por outro lado, deverá proceder à prática do acto tributário legalmente devido em substituição do acto objecto da impugnação judicial, bem como à revisão dos actos tributários que se encontrem numa relação de prejudicialidade ou de dependência com os actos tributários objecto da decisão arbitral, designadamente por se inscreverem no âmbito da mesma relação jurídica de imposto, ainda que correspondentes a obrigações periódicas distintas, alterando-os ou substituindo-os, total ou parcialmente[153].

Freitas da Rocha salienta o facto de a Administração poder praticar um novo acto de liquidação *legal*, se ainda não tiver decorrido o prazo de caducidade. Não poderá porém praticar um acto idêntico ao anterior sob pena de violação do caso julgado[154].

Com efeito, também entendemos que decorre do instituto do caso julgado que a sentença preclude o direito da Administração poder praticar um novo acto tributário relativamente ao mesmo sujeito passivo ou obrigado tri-

[152] Nos casos em que a nulidade apenas afectar parte da sentença, a solução adequada será a anulação parcial Cf. Jorge Lopes de Sousa (2011), Vol. II, p. 374.

[153] Aqui, pense-se naqueles casos em que a mesma correcção realizada pela Administração Tributária deu lugar a várias liquidações adicionais, *e.g.* de IRC, de IVA e de Imposto do Selo, incidindo o processo arbitral apenas sobre a liquidação adicional de IRC ou de IVA. Nestes casos, a Administração Tributária terá também a obrigação de anular os restantes actos de liquidação adicional que dependiam da correcção julgada ilegal na decisão arbitral proferida.

[154] Joaquim Freitas da Rocha (2014), p. 311-312.

butário e período de tributação, salvo nos casos em que este se fundamente em factos novos.

Para além da *reconstituição plena da legalidade*, a Administração Tributária deverá proceder ao pagamento dos *juros indemnizatórios* nos casos em que tal direito do sujeito passivo seja reconhecido. Com efeito, o nº 1 do artigo 43º da LGT determina que são devidos juros indemnizatórios quando se determine, em reclamação graciosa ou impugnação judicial, que houve *erro imputável aos serviços* do qual resultou o pagamento da dívida tributária em montante superior ao legalmente devido. Sobre esta questão tivemos a oportunidade de nos pronunciar no ponto 22 deste manual, relativo ao direito a juros indemnizatórios, para o qual remetemos, sendo apenas de recordar que não serão devidos juros indemnizatórios em caso de anulação do acto por vício de forma, seja de falta de fundamentação, seja de preterição de formalidade essencial, exigindo-se a verificação de um erro sobre os pressupostos de facto ou de direito. Já Freitas da Rocha defende que até o direito a juros indemnizatórios – e a consequente obrigação da Administração Tributária de proceder ao pagamento – não depende da existência de uma sentença que expressamente os preveja, decorrendo esta obrigação do simples facto de o acto tributário ter sido anulado, isto é, da sentença anular o acto tributário impugnado.

Aqui cabe recordar o que foi dito acerca do direito a juros indemnizatórios no ponto 22 deste manual. Assim, cabe relembrar que na base deste direito estará sempre o facto de o sujeito passivo ter pago indevidamente uma determinada prestação tributária, por erros imputáveis aos serviços ou pelo não cumprimento por estes de prazos legais. Ou seja, para além da verificação do *erro imputável aos serviços* que, como se sabe, corresponderá a um erro sobre os pressupostos de direito ou de facto, o sujeito passivo/impugnante terá que ter procedido ao pagamento da quantia indevida a título de imposto. Senão, tendo prestado garantia de forma a suspender o processo de execução fiscal, nos termos do artigo 103º, nº 4 do CPPT, terá direito ao *levantamento* da garantia ou até *à indemnização por prestação de garantia indevida.*

Para além disso, poderá haver lugar à *cumulação dos juros indemnizatórios com juros de mora* a favor do sujeito passivo, nos termos dos artigos 43º, nº 4 da LGT e 61ºdo CPPT. Com efeito, como tivemos oportunidade de analisar no ponto 27.1.2 deste manual, quando esteja em causa executar uma decisão e sejam devidos juros indemnizatórios, os juros de mora serão cumuláveis com os indemnizatórios, pois são contados desde a data do termo do prazo para execução espontânea da sentença até à data do processamento da nota de crédito, justificando-se esta cumulação no facto da atribuição destes dois tipos de juros terem objectivos diferentes: por um lado, os juros indemnizatórios visam compensar o sujeito passivo pela privação da quantia indevidamente paga, por outro, os juros de mora visam compelir a Administração ao cumprimento de uma decisão judicial.

Contudo, recorde-se que se trata de um regime excepcional, não sendo aplicável quando a Administração Tributária não cumpra o prazo de execução de decisões administrativas que determinam o reembolso de um tributo indevidamente pago. Este regime encontra justificação na violação, pela Administração Tributária, do dever constitucional imposto pelo artigo 205º, nº 2 da CRP que estabelece a obrigatoriedade da observância das decisões judiciais para todas as entidades públicas.

Por fim, é de referir a opinião perfilhada por FREITAS DA ROCHA de que a sentença do processo de impugnação judicial não poderá ser impositiva, isto é, não poderá impor "*condutas reconstitutivas*" à Administração. A posição deste autor apoia-se no entendimento de que o processo de impugnação judicial constitui um contencioso de mera anulação, competindo ao Tribunal apenas "*aferir a legalidade das liquidações impugnadas e, caso entenda que as mesmas enfermam de vício que determina a sua anulação, anulá-las*", citando o acórdão do TCA Sul de 26 de Outubro de 2004, proferido no âmbito do processo nº 02465/99. Deste modo, conclui que a sentença não poderá determinar os procedimentos a seguir pela Administração na reconstituição da legalidade. Por outro lado, admite a utilização do meio processual de execução de julgados de forma a garantir a execução integral da sentença por parte da Administração quando esta não adoptar todos os comportamentos atinentes à reconstituição da legalidade[155].

Quanto a nós, não podemos concordar com a posição deste autor. Com efeito, sendo o contencioso tributário de plena jurisdição e, se na prática, tal ainda não se reflecte no processo de impugnação judicial, a verdade é que o objectivo deverá ser a possibilidade de prolação de sentenças impositivas ou condenatórias que garantam a tutela plena e efectiva dos direitos e interesses legalmente protegidos dos sujeitos passivos. Por outro lado, no âmbito da arbitragem tributária – configurada como um meio alternativo à impugnação judicial – prevê-se no artigo 24º do RJAT como efeito da decisão arbitral a obrigação da Administração proceder à prática do acto tributário legalmente devido, em substituição do acto objecto da decisão arbitral, pelo que parece-nos que o mesmo será de admitir em sede de impugnação judicial.

[155] *Ibidem*, p. 312-313.

Pelo contrário, em caso de *improcedência da pretensão* do sujeito passivo, o acto impugnado não será anulado, mantendo-se na ordem jurídica e verificar-se-á o direito ao pagamento de juros a favor da Administração Tributária.

Assim, verifica-se a obrigação de pagamento sob pena de instauração do processo de execução fiscal ou a obrigação de pagamento para extinção do processo de execução fiscal, já instaurado, sob pena de eventual execução da garantia que tiver sido prestada.

Para além disso, quer no CPPT, quer na LGT, prevê-se o direito da Administração Tributária, enquanto credor tributário, ao vencimento de juros por atraso na liquidação ou no pagamento, imputável ao contribuinte. O nº 1 do artigo 44º da LGT determina assim que *"[s]ão devidos juros de mora quando o sujeito passivo não pague o imposto devido no prazo legal."*. Por sua vez, o nº 1 do artigo 86º do CPPT estabelece que, findo o prazo de pagamento voluntário, começarão a vencer-se juros de mora nos termos das leis tributárias. Na verdade, como vimos no ponto 27.1.2, são devidos juros de mora em toda e qualquer situação em que se verifique mora do devedor, ou seja, a partir do momento em que termina o prazo legal para pagamento voluntário de um tributo.

Deste modo, perante uma sentença que dê razão, total ou parcialmente, à Administração Tributária, os juros de mora serão fixados desde a data do termo do prazo legal para pagamento voluntário até à data em que o pagamento for efectuado.

Para além disso, decorre do instituto do caso julgado a impossibilidade de o sujeito passivo contestar a legalidade do mesmo acto, invocando fundamentos idênticos. Com efeito, apenas poderá apresentar reclamação graciosa, impugnar judicialmente, requerer a revisão oficiosa ou requerer a constituição de tribunal arbitral quanto ao mesmo acto, quando a pretensão tenha por base fundamentos de facto e de direito diversos, sob pena de serem proferidas decisões contraditórias. Na prática, o único meio ao dispor do sujeito passivo depois da impugnação judicial será a revisão oficiosa dos actos tributários cujos prazos são mais latos, como tivemos oportunidade de observar no ponto 46 deste manual.

Aqui chegados, cabe por fim fazer referência à decisão arbitral e à decisão da reclamação graciosa.

No que diz respeito à decisão arbitral, de acordo com o artigo 21º do RJAT, esta deverá ser emitida e notificada às partes no prazo de 6 (seis) meses a contar da data do início do processo arbitral. Na verdade, este prazo de 6 (seis) meses corresponde ao prazo de duração máxima do processo arbitral *stricto sensu*, ou seja, desde a data da constituição do tribunal arbitral até à data da prolação da decisão arbitral. O prazo para decidir será sempre mais curto na medida em que desde a data da constituição do tribunal arbitral, a Administração Tributária terá 30 (trinta) dias para apresentar a sua resposta, poderá eventualmente realizar-se a reunião prevista no artigo 18º do RJAT e as partes poderão dispor ainda de um prazo para apresentarem as alegações escritas. Por força da aplicação subsidiária do disposto no artigo 21º, alínea *b*) do CPTT poderá defender-se até que o prazo para decidir será igual àquele previsto para a prolação da sentença no âmbito da impugnação judicial – 20 (vinte) dias – ou, no máximo, será de 30 (trinta) dias, por aplicação subsidiária do artigo 607º, nº 1 do CPC[156].

Ora, relativamente ao prazo de prolação da decisão arbitral, caberá distinguir dois casos distintos de incumprimento do mesmo.

Por um lado, poderá verificar-se o incumprimento do prazo de 20 (vinte) ou 30 (trinta) dias para decidir, não sendo ultrapassado porém o prazo de 6 (seis) meses previsto no nº 1 do artigo 21º do RJAT. Nestes casos, será de admitir que não advenha qualquer sanção do incumprimento do prazo previsto no CPPT ou no CPC, na medida em que nem todos os árbitros estão em exclusividade de funções e que muitas vezes, em especial nos tribunais colectivos, a compatibilização de agendas poderá tornar-se difícil.

Por outro, poderá verificar-se o incumprimento do prazo para decidir, sendo ultrapassado o prazo de 6 (seis) meses previsto no nº 1 do artigo 21º do RJAT, sem que o tribunal arbitral tenha utilizado, fundamentada e justificadamente, o mecanismo de prorrogação previsto no nº 2. Este nº 2 admite que o prazo de 6 (seis) meses seja prorrogado por períodos sucessivos de 2 (dois) meses, sem ultrapassar um total de 6 (seis) meses e impondo-se apenas que a decisão de prorrogação seja fundamentada e que os fundamentos sejam conhecidos pelas partes. Ora nestes casos de incumprimento, entendemos que a consequência será a dissolução do tribunal arbitral, admitindo-se a apresentação de uma acção de responsabilidade do(s) árbitro(s) em questão.

No que concerne ao *conteúdo* desta decisão, o nº 2 do artigo 22º do RJAT remete para o disposto na primeira parte do artigo 123º do CPPT relativamente ao conteúdo da sentença judicial, exigindo-se a identificação dos interessados e os factos objecto do litígio, sintetizando a pretensão do impugnante e respectivos fundamentos. O nº 3 do mesmo artigo indica que a decisão arbitral deverá ser assinada por todos os árbitros, identificando os factos objecto de litígio, as razões de facto e de direito que motivaram a decisão, bem como a data em que foi proferida e a fixação do montante e a repartição pelas par-

[156] Neste sentido: Carla Castelo Trindade (2016), p. 417.

tes das custas. Para além disso, a ordem de conhecimento dos vícios imputados ao acto impugnado será idêntica àquela prevista para a sentença judicial, aplicando-se subsidiariamente o artigo 124º do CPPT, por força do artigo 29º, nº 1, alínea *a*) do RJAT[157]. Contudo, é de referir que o tribunal deverá começar por analisar os argumentos apresentados na defesa por excepção, designadamente as excepções dilatórias invocadas e de seguida os argumentos de inconstitucionalidade para, por fim, analisar os argumentos em sede de defesa por excepções peremptórias e na medida em que não se verifique a procedência de qualquer um destes, os argumentos apresentados na defesa por impugnação[158]. Na análise da defesa por impugnação aplicar-se-á então a ordem de conhecimento de vícios fixada no artigo 124º do CPPT.

Relativamente à possibilidade de interpor recurso da decisão arbitral, como se verá no ponto 72.2, esta é, por regra, irrecorrível. Contudo, admite-se no artigo 25º, nº 1, do RJAT o recurso para o Tribunal Constitucional da decisão arbitral que recuse a aplicação de qualquer norma com fundamento na sua inconstitucionalidade ou da decisão arbitral que aplique norma cuja inconstitucionalidade tenha sido suscitada durante o processo. Por outro lado, o nº 2 do mesmo artigo prevê que a decisão arbitral é ainda susceptível de recurso para o STA quando esteja em oposição, quanto à mesma questão fundamental de direito, com acórdão proferido pelo TCA ou pelo próprio STA. Por fim, o legislador previu ainda, no artigo 27º, nº 1, do RJAT, que a decisão arbitral em matéria fosse impugnável junto do TCA Sul, sendo que os fundamentos da impugnação da decisão arbitral previstos no artigo 28º do RJAT correspondem às causas de nulidade da sentença judicial, acrescentando-se o vício de pronúncia indevida e a violação dos princípios do contraditório e da igualdade das partes.

No que diz respeito aos efeitos da decisão arbitral, estes serão idênticos àqueles elencados para a sentença judicial sendo de salientar que o artigo 24º do RJAT prevê expressamente a obrigação da Administração Tributária proceder à prática do acto tributário legalmente devido em substituição do acto objecto da decisão arbitral, à revisão dos actos tributários que se encontrem numa relação de prejudicialidade ou de dependência com os actos tributários objecto da decisão arbitral, bem como à liquidação das prestações tributárias em conformidade com a decisão arbitral ou abster-se de as liquidar.

Por outro lado, a decisão da *reclamação graciosa* deverá ser proferida no prazo de 4 (quatro) meses sob pena de formação da presunção de indeferimento

[157] Jorge Lopes de Sousa (2013), p. 202.

[158] Carla Castelo Trindade (2016), p. 426.

tácito, nos termos do artigo 57º, nºs 1 e 4 da LGT, não estando previstas exigências específicas relativamente ao conteúdo da decisão, excepto ao nível da sua fundamentação. Como se sabe, por força do artigo 77º da LGT a decisão da reclamação graciosa, tais como as decisões dos procedimentos em geral, deverá ser sempre fundamentada, por meio de sucinta exposição das razões de facto e de direito que a motivaram. O contribuinte ou outro interessado poderá contestar a legalidade desta decisão interpondo um recurso hierárquico no prazo 30 (trinta) dias, nos termos do artigo 76º do CPPT, deduzir impugnação judicial no prazo de 3 (três) meses, de acordo com o disposto no artigo 97º, nº 1, alínea *c*) do CPPT ou pedir constituição do tribunal arbitral nos termos do artigo 10º do RJAT.

No que diz respeito aos efeitos da decisão de deferimento ou indeferimento da reclamação graciosa estes também serão idênticos àqueles previstos para a sentença judicial, nos termos dos artigos 44º e 100º da LGT. Em caso de deferimento não haverá lugar, contudo, à cumulação de juros indemnizatórios com juros de mora, na medida em que este regime de cumulação é excepcional e apenas encontra justificação na violação, pela Administração Tributária, do dever constitucional imposto pelo artigo 205º, nº 2 da CRP que estabelece a obrigatoriedade da observância das decisões judiciais para todas as entidades públicas.

60.4.9. Alteração do pedido, invocação superveniente de vícios e modificação objectiva da instância

Analisada em pormenor a tramitação do processo de impugnação judicial – o mais paradigmático meio processual do contencioso tributário –, desde a apresentação da petição inicial à prolação da sentença final, cabe ainda fazer referência à possibilidade de alterações ao nível do pedido do sujeito passivo, dos vícios por este invocados e mesmo do objecto do processo – o acto impugnado – antes de analisarmos a tramitação dos incidentes no ponto seguinte.

Começando pela *alteração do pedido*, serão aplicáveis subsidiariamente os artigos 264º e 265º do CPC, *ex vi* artigo 2º, alínea *e*) do CPPT, admitindo-se que este possa ser ampliado até ao momento da discussão do encerramento da causa em 1ª instância. O artigo 264º do CPC admite a ampliação sem restrições em caso de acordo, excepto se perturbar inconvenientemente a instrução. Já o artigo 265º do CPC admite a possibilidade de ampliação do pedido sem acordo quando se trate do desenvolvimento ou da consequência do pedido primitivo de anulação do acto de liquidação, sendo aditado, por exemplo, um pedido de condenação em juros indemnizatórios ou em indemnização por prestação de garantia indevida.

Já no que diz respeito à *invocação de vícios*, a regra será de que estes deverão ser imputados na petição inicial, não se admitindo a imputação de novos vícios designadamente nas alegações previstas no artigo 120º do CPPT. Este entendimento baseia-se, por um lado, no princípio da estabilidade da instância previsto no artigo 260ºdo CPC e, por outro, no ónus que recai sobre o impugnante de expor, na petição de impugnação, os factos e as razões de direito que fundamentam o seu pedido, de acordo com o artigo 108º, nº 1 do CPPT.

Contudo, são de admitir excepções quando se trate de questões de conhecimento oficioso ou quando o impugnante tome conhecimento de vícios que não podia ter conhecimento no momento da apresentação da petição inicial. Este conhecimento superveniente pode decorrer, designadamente, da junção de documentos por parte da Administração Tributária ou do próprio processo administrativo tributário[159]. Nestes casos, por força do princípio da verdade material que norteia o processo, será naturalmente de admitir que o impugnante possa invocar novos vícios até ao encerramento da discussão da causa em 1ª instância.

Veja-se neste sentido o acórdão do STA de 25 de Setembro de 2013, proferido no âmbito do processo nº 0895/13 no qual se entendeu que:

> *"No caso vertente, trata-se de uma impugnação judicial, cujo formalismo processual vem definido nos arts. 103º a 134º do CPPT, iniciando-se com a entrega de uma petição inicial com os contornos definidos no art. 108º do referido diploma legal. É nesta peça processual que o impugnante desenha e define os contornos do pleito, expondo as questões de facto e de direito que fundamentam o pedido, colocando, em suma, as questões que pretende ver dirimidas e que, com excepção daqueloutras que sejam do conhecimento oficioso, balizam a pronúncia do tribunal.*
>
> (...)
>
> *A caducidade do direito à liquidação invocada apenas nas alegações finais previstas no art. 120º do CPPT,* ***não constituindo facto subjectivamente superveniente nem matéria de conhecimento oficioso****, teria de ser suscitada em sede de petição inicial, pelo que, não o tendo sido, estava vedado ao tribunal conhecer dessa questão."* (destacado nosso).

Quando se verifiquem as excepções elencadas, admitindo-se a invocação superveniente dos vícios, o juiz terá que pronunciar-se acerca dos mesmos, sob pena de nulidade da sentença por *omissão de pronúncia*. A este propósito veja-se o acórdão do TCA Sul de 4 de Junho de 2015, proferido no âmbito do processo nº 07453/14, no qual se entendeu que:

[159] Jorge Lopes de Sousa (2011), Vol. II, p. 209.

> *"Tendo ocorrido a invocação de novos vícios em sede de alegações pré-sentenciais, após a junção do processo administrativo aos autos e após a produção de prova testemunhal, cumpre conhecer de tais vícios na sentença."*

Por fim, é de salientar a possibilidade de *modificação objectiva da instância*.

Como se viu, quer no processo judicial tributário, quer no processo arbitral admite-se a possibilidade da Administração Tributária exercer um "direito ao arrependimento", sendo que no âmbito da impugnação judicial apenas se admite, com restrições temporais, a revogação total ou parcial do acto impugnado e, em sede de arbitragem tributária, para além da revogação, admite-se ainda a ratificação, reforma ou conversão do acto e a prática do acto tributário substitutivo.

Por outro lado, o nº 3 do artigo 13º do RJAT que prevê o "direito ao arrependimento" no âmbito do processo arbitral estabelece que findo o prazo de 30 (trinta) dias previsto neste artigo para a Administração proceder então à revogação, ratificação, reforma ou conversão do acto cuja legalidade foi suscitada, esta fica impedida de praticar novo acto tributário relativamente ao mesmo sujeito passivo ou obrigado tributário, imposto e período de tributação, a não ser com fundamento em *factos novos*. Estes terão que ser factos *objectivamente supervenientes* relativamente ao acto tributário, ou seja, estes factos têm que ter ocorrido temporalmente depois, não podendo ser apenas novos em relação à Administração[160].

Norma semelhante não se encontra no âmbito da impugnação judicial. Com efeito, pretendeu-se deixar claro no RJAT "*a máxima que tem vindo a ser insistentemente defendida pelos sujeitos passivos e que se prende com o facto de a Administração Tributária não poder, relativamente ao mesmo sujeito passivo ou obrigado tributário, imposto e período de tributação emitir os actos tributários que lhe aprouver tendo como único limite o prazo dos 4 anos do direito à liquidação*".

Na verdade, esta posição da Administração Tributária "*gera uma* ***sucessão infindável de actos tributários*** *(umas vezes chamados de liquidações adicionais, outras de reliquidações, outras de demonstrações de acertos de conta mas cujo âmbito material é exactamente o mesmo e que só têm é nomes diferentes); uma* ***insegurança*** *bastante elevada para o sujeito passivo; e, bem assim, uma* ***grande confusão nos tribunais portugueses****. Em boa verdade, e independente do que se tem defendido na Doutrina e na consultoria, a prática corrente da Administração Tributária tem sido a*

[160] Neste sentido: Carla Castelo Trindade (2016), p. 408 e em sentido contrário, entendendo que a superveniência dos subjectiva dos factos novos será suficiente – Jorge Lopes de Sousa (2013), p. 177.

que acima se referiu e, por cautela, os sujeitos passivos acabam por recorrer contenciosamente das sucessivas (re)liquidações, as mais das vezes em processos diferentes, gerando então litigância excessiva e desnecessária e, bem assim, dando azo à existência de decisões contraditórias"[161] (destacado nosso).

Deste modo, o RJAT veio prever no seu artigo 20º que caso a Administração Tributária pratique um novo acto tributário – apenas com fundamento em novos factos –, a substituição, na pendência do processo, dos actos objecto de pedido da decisão arbitral com fundamento em factos novos implica a modificação objectiva da instância, obstando assim à litigância excessiva e desnecessária que poderá levar a decisões contraditórias.

Isto é, caso seja emitido um novo acto tributário, não haverá lugar à absolvição da instância, mas sim à alteração objectiva da instância, sendo substituído o acto objecto do pedido, excepto nos casos em que desta alteração resulte uma excepção dilatória insuprível, tal como a incompetência do tribunal arbitral. Quando se verificar a modificação objectiva da instância, haverá lugar também à alteração do valor da utilidade económica do pedido.

A alternativa a esta solução seria a absolvição da instância, por inutilidade superveniente da lide, na medida em que o objecto do processo – o acto originalmente impugnado -desapareceu, tendo sido substituído por um novo acto praticado pela Administração. Na verdade, quer a doutrina, quer a jurisprudência entendem que a consequência do desaparecimento do objecto do processo será a inutilidade superveniente da lide, sendo o regime fixado no RJAT inovador[162].

No que diz respeito à impugnação judicial, que agora nos ocupa, não encontramos quer na LGT, quer no CPPT um regime semelhante que preveja a proibição da prática de actos tributários – excepto com fundamento em factos novos – decorrido o prazo de 30 (trinta) dias para a Administração Tributária proceder à revogação total ou parcial do acto impugnado. Por outro lado, também não se prevê expressamente a possibilidade de modificação objectiva da instância, em vez da absolvição da instância, em caso de desaparecimento do objecto do processo decorrente da prática de um novo

[161] Carla Castelo Trindade (2016), p. 409-410.

[162] Neste sentido, veja-se o acórdão do TCA Sul de 10 de Abril de 2014, proferido no âmbito do processo nº 07433/14 no qual se entendeu que "*Também neste sentido segue a doutrina e a jurisprudência, ao referirem que a impossibilidade ou inutilidade superveniente da lide se dá quando, por facto ocorrido na pendência da instância, a pretensão do autor não se pode manter, por virtude do desaparecimento dos sujeitos ou do objecto do processo ou, por outro lado, porque encontra satisfação fora do esquema da proveniência pretendida. Num e noutro caso, a causa deixa de interessar – além por impossibilidade de atingir o resultado visado; aqui, por ele já ter sido atingido por outros meios.*"

acto tributário pela Administração. Deste modo, parece que serão de aplicar as normas do CPC, designadamente o artigo 277º que determina a extinção da instância por impossibilidade superveniente da lide, na medida em que não será possível a anulação do acto impugnado pelo contribuinte pois este foi substituído pelo novo acto tributário praticado pela Administração.

No entanto, consideramos criticável a solução consagrada no âmbito da impugnação judicial pelas razões acima expostas. A possibilidade de a Administração Tributária praticar sucessivamente actos de liquidação sobre o mesmo sujeito passivo ou obrigado tributário, imposto e período de tributação, e a consequente extinção da instância quando um novo acto seja praticado, dá origem a uma litigância excessiva, desnecessária e susceptível de gerar decisões contraditórias. Estendendo-se o regime previsto no RJAT ao contencioso tributário em geral, por um lado, seriam muito menos os actos tributários sucessivamente praticados pela Administração Tributária, na medida em que a prática dos mesmos estaria dependente da existência de factos objectivamente novos e, por outro, reduzir-se-ia a litigância, tendo em conta que o sujeito passivo poderia impugnar o primeiro acto tributário praticado e, nos casos em que a Administração procedesse à prática de um novo, teria lugar a modificação objectiva da instância, substituindo-se o acto impugnado pelo novo.

60.4.10. Incidentes

Cabe por fim referir a possibilidade de surgir uma questão prejudicial ou acidental que se possa relacionar com a questão principal de apreciação da legalidade do acto tributário.

Referimo-nos aos "incidentes" que, nas palavras de Alberto dos Reis, correspondem a "*uma ocorrência extraordinária que perturba o movimento normal do processo*"[163].

Isto é, no decurso de determinado processo de impugnação judicial, poderá surgir uma questão acessória, secundária – ou seja, incidental – que será resolvida autonomamente, dando origem à prática de actos e a uma tramitação própria. Assim, segundo Freitas da Rocha, as características marcantes de um incidente serão a acessoriedade em relação à questão principal e a autonomia da respectiva tramitação[164]. A nosso ver, assume-se como prejudicial toda a questão cuja solução a dar à questão final dependa da prévia solução a dar a esta.

[163] Alberto dos Reis (2005), "Comentário ao Código de Processo Civil", Vol. III, p. 563.

[164] Joaquim Freitas da Rocha (2014), p. 313.

Pese embora a teoria geral do processo conheça vários incidentes, designadamente os incidentes da falsidade e da verificação do valor da causa, no âmbito do processo de impugnação judicial o legislador prevê apenas três incidentes no artigo 127º, nº 1 do CPPT. Na verdade, actualmente prevêem-se somente dois incidentes que dão origem a subprocessos, que correm por apenso ao principal, obedecendo a uma tramitação própria prevista na lei[165]:

- O incidente de assistência (artigo 127º, nº 1, alínea *a*) do CPPT) e
- O incidente de habilitação (artigo 127º, nº 1, alínea *b*) do CPPT).

A referência ao incidente de apoio judiciário na alínea *c*) do nº 1 do artigo 127º do CPPT já não fará sentido actualmente, tendo em conta que, desde a entrada em vigor da Lei nº 30-E/2000, de 20 de Dezembro, o pedido de apoio judiciário deixou de estar integrado no processo de impugnação judicial, sendo concedido e retirado por decisão administrativa, susceptível de impugnação judicial através de recurso próprio. Embora esta lei tenha sido revogada pela Lei nº 34/2004 de 29 de Julho, alterada pela Lei nº 47/2007, de 28 de Agosto, a verdade é que este regime se mantém.

Analisemos então sucintamente os outros dois incidentes previstos no âmbito do processo de impugnação judicial, começando pelo *incidente de assistência*. Este permite a intervenção no processo de alguém que tem interesse indirecto na resolução da causa. Assim, segundo Freitas da Rocha, o assistente não pretende fazer valer uma pretensão sua mas, pelo contrário, apenas está interessado que o impugnante a quem assiste "*tenha ganho na causa*".

De acordo com o artigo 129º do CPPT, o incidente de assistência será admitido no âmbito do processo de impugnação judicial nos casos de intervenção do substituto nas impugnações deduzidas pelo substituído e vice-versa e nos casos de intervenção do responsável subsidiário nas impugnações deduzidas pelo contribuinte.

Este autor refere ainda que o incidente de assistência não é permitido no âmbito do processo tributário com a mesma amplitude com que vigora no processo civil. Por um lado, só é permitido em sede de impugnação judicial e não em qualquer outro meio processual tributário e, por outro, não poderá intervir como assistente neste processo qualquer pessoa que tenha "*interesse jurídico em que a decisão do pleito seja favorável*" àquela parte, como refere o artigo 326ºdo CPC, mas apenas os sujeitos previstos no artigo 129º do CPPT, ou seja, o substituto, o substituído ou o responsável subsidiário[166].

[165] Jorge Lopes de Sousa (2011), Vol. II, p. 399 e Rui Duarte Morais (2012), p. 302-303.
[166] Joaquim Freitas da Rocha (2014), p. 313-314.

Rui Duarte Morais, por sua vez, considera que "*pouco ou nenhum interesse*" terá a constituição como assistente no processo de impugnação judicial. Assim, entende porque aqueles que a lei admite no artigo 129º do CPPT que intervenham como assistente poderão, eles próprios, impugnar os actos tributários em questão e intervir a título principal como impugnante. Por outro lado, salienta o facto de a lei excluir a possibilidade de intervenção como assistente nos casos em que, em sua opinião, mais se justificaria, ou seja, nos casos em que alguém tem interesse directo em que a causa seja decidida a favor de uma das partes e não pode, ele próprio, intervir como parte principal no processo de impugnação do acto tributário em causa, como por exemplo, os Municípios relativamente aos processos de impugnação judicial referentes a impostos municipais administrados pela Autoridade Tributária e Aduaneira[167].

Relativamente ao *incidente de habilitação*, este será admitido quando, no decurso do processo judicial, falecer o impugnante e o sucessor pretenda impor a sua posição processual, de acordo com o artigo 130º do CPPT. Este incidente verifica-se, então, quando haja necessidade de uma alteração subjectiva da instância. Na verdade, se o impugnante falecer no decurso do processo de impugnação judicial, este prossegue em nome da herança representada pelo cabeça-de-casal, enquanto os herdeiros não requererem a habilitação.

Com efeito, por força do disposto no artigo 3º, nº 1 do CPPT, resultando a personalidade judiciária da personalidade tributária e sendo esta reconhecida a entidades desprovidas de personalidade jurídica, a estas entidades será igualmente reconhecida a susceptibilidade de ser parte no processo judicial tributário. Como exemplo destas entidades a quem é reconhecida personalidade tributária e consequentemente personalidade judiciária temos, como se sabe, a herança jacente e indivisa. A este propósito falámos já quando tratámos da questão da personalidade e da capacidade judiciária aquando do estudo das entidades com legitimidade processual tributária no ponto 57 deste manual, tendo feito referência ao acórdão do STA de 24 de Outubro de 2012, proferido no âmbito do processo nº 0550/12, no qual se afirmou a susceptibilidade do cabeça-de-casal intervir em representação da herança jacente e indivisa no âmbito do processo judicial tributário.

Relativamente ao regime aplicável a estes incidentes, cabe referir que o prazo de resposta será de 15 (quinze) dias, de acordo com o artigo 127º, nº 2 do CPPT e que o Ministério Público deverá pronunciar-se obrigatoriamente antes da decisão do incidente sobre a matéria nele discutida, tal como dis-

[167] Rui Duarte Morais (2012), p. 303.

posto no nº 3 do artigo 127º do CPPT[168]. Todos os outros aspectos relativos ao incidente de assistência e de habilitação estão regulados no CPC para o qual o artigo 128º do CPPT remete.

Por fim, é de referir que por aplicação subsidiária do artigo 127º, nº 1, alínea *a)*, 128º e 129º, todos do CPPT, por via do artigo 29º, nº 1, alínea *a)*, do RJAT, e pelo facto do processo arbitral tributário constituir um meio alternativo à impugnação judicial, serão ainda de admitir incidentes de assistência no âmbito da arbitragem tributária.

61. Acção administrativa

Como temos vindo a salientar ao longo deste manual, verifica-se no contencioso tributário uma dicotomia criticável entre os actos tributários e os actos em matéria tributária. Na verdade, como vimos, temos os actos tributários em sentido lato que constituem os actos da Administração Tributária, produtores de efeitos jurídicos de carácter individual e concreto, de aplicação da norma tributária substantiva a um caso específico e que abrangem quer os actos tributários *em sentido estrito,* quer os actos *em matéria tributária.*

Os *actos tributários stricto* sensu, como se sabe, correspondem aos actos de liquidação, incluindo os actos de liquidação adicional, liquidação oficiosa, autoliquidação, retenção na fonte e de pagamento por conta. Já os *actos em matéria tributária* são, residualmente, todos os outros actos que integram a noção ampla de acto tributário mas que não são actos de liquidação, abrangendo designadamente, os actos de reconhecimento de benefícios fiscais – artigo 65º do CPPT –, de indeferimento do pedido de compensação entre dívidas tributárias – artigo 90º do CPPT –, de indeferimento do pedido de compensação com créditos não tributários – artigo 90º-A do CPPT – de indeferimento de um pedido de pagamento da dívida tributária em prestações – artigos 42º da LGT e 196º e seguintes do CPPT- e de indeferimento de pedido de sub-rogação – artigo 92º do CPPT–, entre outros.

Recuperando o referido aquando da distinção entre actos tributários e actos em matéria tributária, efectuada no âmbito da classificação dos actos da Administração Tributária no capítulo IV, voltamos a salientar a importância desta distinção pelo facto de os meios de defesa a utilizar pelos destinatários dos mesmos serem diferentes para um ou para outro tipo de actos.

[168] Obrigatoriedade que se afigura estranha, tendo em conta que a vista ao Ministério Público antes da prolação da sentença final, parece ser meramente facultativa nos termos do artigo 121º, nº 1 do CPPT.

Já vimos aquando do estudo dos meios tutelares administrativos que apenas se poderá recorrer ao procedimento de reclamação graciosa para contestar a legalidade de um acto tributário, de acordo com o artigo 68º do CPPT, e que, por sua vez, para contestar a legalidade de um acto em matéria tributária, o interessado terá que interpor um recurso hierárquico nos termos do artigo 66º do CPPT[169]. Assim, sabemos já que o CPPT prevê diferentes mecanismos tutelares administrativos consoante o tipo de acto em causa. A mesma dicotomia reflecte-se ao nível dos meios processuais ao dispor do sujeito passivo ou outro interessado.

Deste modo, para contestar a legalidade dos actos tributários o sujeito passivo poderá apresentar uma impugnação judicial mas, pelo contrário, para reagir contra um acto em matéria tributária com o qual não concorde, deverá deduzir uma acção administrativa, isto pese embora, se admita nos termos do artigo 99º do CPPT, a impugnação judicial dos actos em matéria tributária que comportem a apreciação da legalidade do acto de liquidação, ou seja, dos actos de *segundo* e *terceiro grau*, tais como os actos de indeferimento de reclamações graciosas e recursos hierárquicos.

Relativamente à impugnação judicial, como pensamos ter deixado claro no ponto anterior, o sujeito passivo poderá recorrer a este meio processual para contestar, via de regra, os actos tributários, de liquidação e equiparados, como os actos de autoliquidação, de retenção na fonte e de pagamento por conta.

No entanto, como antedito, admite-se igualmente a apresentação da impugnação judicial para contestar a legalidade de actos em matéria tributária que versem sobre a legalidade de actos tributários – os actos de *segundo* e *terceiro grau*. Por conseguinte, torna-se necessário distinguir ainda entre actos administrativos em matéria tributária que *comportam* a apreciação da legalidade do acto de liquidação e actos administrativos em matéria tributária que *não comportam* a apreciação da legalidade do acto de liquidação, na medida em que apenas estes últimos serão sindicáveis através da acção administrativa[170].

Ora, os actos em matéria tributária que comportam a apreciação da legalidade de actos de liquidação correspondem aos actos de *segundo* e *terceiro grau*, designadamente a actos de indeferimento de reclamações graciosas ou de

[169] Os actos em matéria tributária serão designadamente, os actos de reconhecimento de benefícios fiscais – artigo 65º do CPPT –, de indeferimento do pedido de compensação entre dívidas tributárias – artigo 90º do CPPT –, de indeferimento do pedido de compensação com créditos não tributários – artigo 90º-A do CPPT – de indeferimento de um pedido de pagamento da dívida tributária em prestações – artigos 42º da LGT e 196º e seguintes do CPPT – e de indeferimento de pedido de sub-rogação – artigo 92º do CPPT–, entre outros.

[170] Jesuíno Alcântara Martins/José Costa Alves (2015), p. 136.

recursos hierárquicos. Relativamente aos actos de indeferimento de recursos hierárquicos, é de referir que estes apenas versam sobre a legalidade do acto de liquidação quando apreciarem actos de indeferimento de reclamações graciosas. Já nos casos em que apreciam a legalidade de actos em matéria tributária, estes actos só poderão ser contestados mediante a apresentação de uma acção administrativa.

Para além destes actos, como tivemos oportunidade de salientar aquando do estudo do procedimento de revisão dos actos tributários no ponto 46 deste manual, também os actos de indeferimento do pedido de revisão oficiosa poderão ser apreciados em sede de impugnação judicial quando comportem a apreciação da legalidade do acto de liquidação. Quando a Administração se limitar a apreciar a verificação dos pressupostos exigidos no artigo 78º da LGT, decidindo pela não verificação de um "*erro imputável aos serviços*" ou de uma "*injustiça grave ou notória*", não comporta a apreciação da legalidade do acto de liquidação, pelo que este acto de indeferimento só poderá ser objecto de recurso hierárquico ou de acção administrativa.

Já o acto de indeferimento do pedido de revisão oficiosa que considere verificados estes requisitos mas que julgue que o acto tributário não é ilegal, bem como os actos de indeferimento praticados quando os pedidos de revisão dos actos tributários sejam efectuado dentro do prazo para reclamação graciosa, comportam a apreciação da legalidade do acto de liquidação, podendo ser objecto de reclamação graciosa ou de impugnação judicial.

Assim, para os actos em matéria tributária que comportam a apreciação da legalidade de um acto de liquidação, o legislador reservou a impugnação judicial, enquanto para os actos em matéria tributária que não comportem a apreciação da legalidade de um acto de liquidação, remeteu a sua apreciação para o âmbito do processo administrativo, tal como decorre do artigo 97º, nº 1, alínea *p*) e nº 2 do CPPT, originado uma dicotomia de meios que já tivemos oportunidade de criticar em vários pontos do nosso Manual[171],[172].

Relativamente à impugnação judicial, será ainda de referir o entendimento de Jesuíno Alcântara Martins e Costa Alves. Estes autores defendem que o legislador não reservou a impugnação judicial para as situações de apreciação da legalidade dos actos tributários da liquidação, visando, pelo

[171] Neste sentido, veja-se o ponto 2.1.2 relativo ao CPPT, o ponto 25.4 relativo à distinção entre actos tributários e actos em matéria tributária, o ponto 44 referente ao procedimento de reclamação graciosa, o ponto 52 onde se abordou a questão do contencioso tributário como contencioso de plena jurisdição e ainda o ponto 53.2 que diz respeito ao princípio da tipicidade das formas processuais.

[172] Veja-se Rui Camacho Palma (2002).

contrário, *"conexionar esse meio processual tributário com as situações que envolvessem questões específicas do direito tributário, pelo menos as mais relevantes."*[173]. Assim, consideram que é por esta razão que se justifica que o legislador também admita a impugnação judicial de actos de fixação da matéria tributável, quando não dêem origem à liquidação de qualquer tributo, de acordo com o artigo 97º, nº 1, alínea *b*) do CPPT, e de actos de fixação de valores patrimoniais, de acordo com o artigo 134º do CPPT.

Ora, vistos os aspectos essenciais e a tramitação do processo de impugnação judicial que visa então, via de regra, a anulação ou declaração de nulidade e de inexistência de actos tributários (de liquidação) ou de actos em matéria tributária que versem sobre a legalidade de actos tributários (actos de *segundo* ou de *terceiro grau*), *máxime* decisões de reclamações graciosas e recursos hierárquicos, cabe agora analisar a acção administrativa que será o meio processual adequado para contestar a legalidade de actos em matéria tributária.

Assim, o artigo 97º, nº 1, alínea *p*) e nº 2 determina que, quanto aos actos administrativos em matéria tributária que não comportem a apreciação da legalidade da liquidação, o contribuinte deverá recorrer contenciosamente através do "recurso contencioso" – isto é, como veremos, a acção administrativa –, uma vez que a impugnação judicial prevista no artigo 99º e seguintes do CPPT só é aplicável aos actos tributários. Ou seja, afastou-se deste processo específico a tutela dos direitos ou interesses dos contribuintes em actos que não sejam puramente ligados à liquidação de um tributo, como é o caso do reconhecimento dos benefícios fiscais ou o reembolso de impostos, deixando essa tutela para o processo administrativo comum.

Pretende-se analisar então sucintamente a *tramitação* deste meio processual, salientando os pontos onde se distingue da impugnação judicial regulada no CPPT, fazendo também referência ao facto de esta tramitação resultar da recente reforma do contencioso administrativo, operada em 2015 com o Decreto- lei nº 214-G/2015, de 2 de Outubro.

Por último, caberá fazer uma *apreciação crítica* da existência desta dicotomia de meios processuais entre o processo de impugnação judicial e a acção administrativa.

Assim, no artigo 97º, nº 1, alínea *p*) e nº 2 do CPPT estabelece-se que o processo judicial tributário compreende *"o recurso contencioso do indeferimento total ou parcial ou da revogação de isenções ou outros benefícios fiscais, quando dependentes de reconhecimento da administração tributária, bem como de outros actos relativos a questões tributárias que não comportem a apreciação da legalidade do acto de*

[173] Jesuíno Alcântara Martins/José Costa Alves (2015), p. 137.

liquidação", bem como *"o recurso contencioso dos actos administrativos em matéria tributária que ano comportem a apreciação da legalidade do acto de liquidação"*. Ora, o artigo 191º do CPTA, por sua vez, determina que as remissões feitas para o regime do recurso contencioso de anulação de actos administrativos deverão considerar-se feitas para o regime da *acção administrativa*. Ou seja, o legislador no artigo 97º, nº 1, alínea *p)* e nº 2 do CPPT remete para o regime da acção administrativa previsto no CPTA.

Na redacção anterior ao Decreto- lei nº 214-G/2015, de 2 de Outubro, este artigo remetia para o regime da *acção administrativa especial*, igualmente regulada no CPTA. Na verdade, antes da reforma do contencioso administrativo de 2015 previa-se um modelo dualista, *"assente na contraposição entre as formas da acção administrativa comum e da acção administrativa especial"*. Segundo MÁRIO AROSO DE ALMEIDA, seguiam a forma da acção administrativa especial os processos de impugnação de actos administrativos e de normas regulamentares e os processos dirigidos à condenação da Administração à emissão desse tipo de actos, em caso de recuso ou omissão. Nos restantes casos, quando estivessem em causa pretensões integrantes da jurisdição administrativa mas não relacionadas com o exercício de poderes administrativos de autoridade, o processo seguia a forma da acção administrativa comum[174].

Esta solução dualista era criticada pela doutrina, designadamente por RUI MACHETE que considerava que a dicotomia acção administrativa comum/ acção administrativa especial reflectia uma *"centralidade exagerada concedida no sistema português ao acto administrativo"*, sem justificação no âmbito do CPTA à data[175].

Actualmente, foi afastada esta estrutura dualista, pelo que todos os processos que correspondiam às duas formas referidas, passaram a ser submetidos a *uma única forma de processo*: a acção administrativa prevista no artigo 37º do CPTA, embora se prevejam ainda quatro processos de natureza urgente[176].

[174] MÁRIO AROSO DE ALMEIDA (2016), p. 73.

[175] RUI MACHETE (2012), "A justiça administrativa deve continuar", *in* Cadernos de Justiça Administrativa, nº 94, p. 11.

[176] MÁRIO AROSO DE ALMEIDA (2016), p. 72-73. Relativamente à tramitação da antiga acção administrativa especial, veja-se JOSÉ CARLOS VIEIRA DE ANDRADE (2014), p. 185-223. Para maiores desenvolvimentos acerca do fim do regime dualista das acções administrativas no Anteprojecto de revisão do CPTA veja-se ANA SOFIA FIRMINO (2014), "O fim do regime dualista das acções administrativas no Anteprojecto de revisão do Código de Processo nos Tribunais Administrativos", p. 11-59 *in* O Anteprojecto de Revisão do Código de Processo nos Tribunais Administrativos e do Estatuto dos Tribunais Administrativos e Fiscais em debate – CARLA AMADO GOMES/ ANA FERNANDA NEVES/TIAGO SERRÃO (coord).

SÉRVULO CORREIA entende que a nova acção administrativa configura uma "*solução unipolar*", na medida em que é o único meio processual principal não urgente para a resolução de litígios jurídico-administrativos. No entanto, este autor considera que do modelo de bipolaridade imperfeita, o contencioso administrativo passou para um modelo de "*unipolaridade atenuada*" referindo-se à estruturação do Título II do Anteprojecto de Revisão do CPTA – relativo à acção administrativa – e às diferenças entre a impugnação de actos administrativos, a condenação à prática de acto devido, à impugnação de normas e a declaração de ilegalidade por omissão ao nível do objecto, dos sujeitos, dos prazos e dos demais pressupostos, bem como dos poderes de pronúncia e dos efeitos da decisão[177].

Não cabendo aqui um estudo exaustivo da nova acção administrativa, pretendemos analisar de forma sucinta a sua tramitação, indicando onde se distingue e onde se aproxima da impugnação judicial regulada no CPPT.

Sendo a reforma do contencioso administrativo ainda muito recente, é de referir que a doutrina e jurisprudência relativamente a esta forma processual são ainda escassas. Na doutrina, socorremo-nos especialmente da obra de MÁRIO AROSO DE ALMEIDA e relativamente à jurisprudência, os acórdãos do STA existentes até à data referem-se ainda à antiga acção administrativa especial[178].

Antes de iniciarmos a análise da tramitação da acção administrativa são de referir porém três pontos: dois onde a acção administrativa se aproxima da impugnação judicial e um, muito relevante, no qual se afasta.

Em primeiro lugar, nos termos do artigo 58º, nº 1, alínea *b*) do CPTA, o prazo para recorrer à acção administrativa – quando esteja em causa a impugnação de actos anuláveis, que é aquele que aqui nos interessa – é de 3 (três) meses. Assim, aproxima-se do regime da impugnação judicial em sede do qual se estabelece o mesmo prazo de 3 (três) meses para a impugnação de actos tributários, de acordo com o artigo 102º, nº 1 do CPPT.

Por outro lado, como se teve oportunidade de referir no ponto anterior relativamente à apresentação da petição inicial de impugnação judicial, este prazo de 3 (três) meses conta-se nos termos do artigo 279º do CC, como dispõe o artigo 20º do CPPT: "*os prazos de impugnação judicial contam-se nos termos do artigo 279º do Código Civil*". Ora, no artigo 58º, nº 2 do CPTA também se

[177] J.M SÉRVULO CORREIA (2014), "Da acção administrativa especial à nova acção administrativa", *in* Cadernos de Justiça Administrativa, nº 106, Julho/Agosto 2014, p. 52.
[178] Cf. MÁRIO AROSO DE ALMEIDA (2016), p. 347-361.

estabelece que o prazo de 3 (três) meses para a interposição da acção administrativa se conta nos termos do artigo 279º do CC[179].

Deste modo, os regimes da acção administrativa e da impugnação judicial aproximam-se no que diz respeito aos prazos de interposição e à contagem dos mesmos.

No entanto, no último ponto que cabe referir estas duas formas processuais afastam-se substancialmente. Referimo-nos à possibilidade de cumulação de pedidos em sede de impugnação judicial e de acção administrativa.

Na verdade, no âmbito da impugnação judicial o interessado requer, via de regra, a anulação ou a declaração de nulidade ou inexistência do acto tributário, podendo solicitar ainda a restituição do tributo já pago e o pagamento de juros indemnizatórios ou o pagamento de indemnização por prestação indevida de garantia. Não se admite, no entanto, a cumulação de pedidos aos quais correspondam formas processuais distintas.

Já em sede de acção administrativa, o artigo 37º do CPTA prevê que esta acção pode ter por objecto quer a impugnação de actos administrativos, quer a condenação à prática de actos administrativos devidos, nos termos da lei, bem como a condenação à não emissão de actos administrativos, nas condições admitidas por este Código.

• ***Tramitação***

Aqui chegados, cabe analisar então a tramitação da acção administrativa. Sérvulo Correia considera que o capítulo III do CPTA referente à marcha da acção administrativa, "*entretece-se em uma minuciosa e ponderada urdidura de fios normativos*" provenientes quer da anterior versão do CPTA, quer do novo CPC, "*aqui e ali ponteada de novas ideações*". Com efeito, este autor refere que a marcha da nova acção administrativa contém normas ou regras provenientes quer da marcha da antiga acção administrativa especial, quer do CPC, pós reforma de 2013[180].

Mário Aroso de Almeida, por sua vez, entende que vale, no âmbito do contencioso administrativo, a mesma regra que no processo civil, de que o processo especial se aplica nos casos expressamente previstos na lei e que o processo comum é aplicável a todos os demais casos aos quais não correspon-

[179] Isto mais não significa que este prazo é contínuo, não se suspendendo nas férias judiciais e contando-se sábados, domingos e feriados. No entanto, se o prazo terminar a um sábado, domingo ou feriado, transfere-se para o dia útil seguinte.

[180] J.M. Sérvulo Correia (2014), p. 53 e 56.

dam um processo especial. Assim, conclui que a acção administrativa constitui a forma de processo declarativo comum do contencioso administrativo[181].

No CPTA, os aspectos respeitantes à acção administrativa encontram-se no Título II, ou seja, nos artigos 37º a 96º deste diploma, sendo que a marcha deste processo, isto é, a sua tramitação, se encontra regulada no capítulo III, artigos 78º e seguintes.

Comecemos por analisar a apresentação da *petição inicial*.

Assim, no artigo 78º do CPTA estatui-se que a instância se constitui com a propositura da acção e que esta se considera proposta logo que a petição inicial seja recebida na secretaria do tribunal ao qual é dirigida. Nas várias alíneas do nº 2 deste artigo prevêem-se os requisitos da petição inicial, estabelecendo-se no artigo 80º a possibilidade de recusa do recebimento da petição inicial pela secretaria.

No que diz respeito à petição inicial, o regime da impugnação judicial distingue-se da acção administrativa, na medida em que se permite a apresentação da petição não só no tribunal tributário competente mas também no serviço periférico local onde haja sido ou deva legalmente considerar-se praticado o acto tributário, de acordo com o artigo 103º, nº 1 do CPPT. No entanto, aproximam-se relativamente aos requisitos exigidos, devendo constar quer da petição inicial da impugnação judicial, quer da acção administrativa, a indicação:

- Do acto impugnado (artigo 108º, nº 1 do CPPT e artigo 78º, nº 2, alínea *e)* do CPTA);
- Da entidade que o praticou (artigo 108º, nº 1 do CPPT e artigo 78º, nº 2, alínea *b)* e nº 3 do CPTA);
- Dos factos e as razões de direito que fundamentam o pedido (artigo 108º, nº 1 do CPPT e artigo 78º, nº 2, alínea *f)* do CPTA);
- Do valor da causa (artigo 108º, nº 2 do CPPT e artigo 78º, nº 2, alínea *h)* do CPTA) e
- Do rol de testemunhas e o requerimento de outros meios de prova (artigo 108º, nº 3 do CPPT e artigo 78º, nº 4 do CPTA).

Para além disso, exige-se quer no CPPT, quer no CPTA, que a petição inicial seja *articulada*, ou seja, que seja deduzida por artigos distinguindo-se a parte dos factos da parte do direito.

Recebida a petição, nos termos do artigo 81º do CPTA, cabe à secretaria promover oficiosamente a citação dos demandados. Já no âmbito da impugna-

[181] Mário Aroso de Almeida (2016), p. 347.

ção judicial, sabemos que cabe ao juiz ordenar a notificação do representante da Fazenda Pública, de acordo com o artigo 110º, nº 1 do CPPT.

Quer os demandados, quer o representante da Fazenda Pública são citados ou notificados, respectivamente, para *contestar*. Ao nível da contestação, são dois os pontos onde o regime da acção administrativa se distingue do da impugnação judicial: ao nível dos prazos e dos efeitos da falta da contestação. Deste modo, de acordo com o artigo 82º, nº 1 do CPTA, os demandados podem contestar no prazo de 30 (trinta) dias, enquanto o representante da Fazenda Pública terá 90 (noventa) dias, nos termos do artigo 110º, nº 1 do CPPT. Já no âmbito da arbitragem tributária, como se sabe, o prazo para apresentação da resposta da Administração será também de 30 (trinta) dias, nos termos do 17º, nº 1 do RJAT. Para além disso, MÁRIO AROSO DE ALMEIDA salienta que, pese embora a falta de contestação especificada dos factos não implique a confissão dos mesmos, podendo o juiz apreciar livremente, tal como previsto no artigo 83º, nº 4 do CPTA, com a reforma de 2015 a falta absoluta de contestação importa a confissão dos factos articulados pelo autor[182]. SÉRVULO CORREIA também se refere a esta inovação da confissão em caso de falta de contestação do réu, considerando que se trata de uma nova forma de concordância entre os "*princípios de igualdade de armas, por um lado, e os da verdade material e da salvaguarda do interesse público*", embora saliente que a salvaguarda do interesse público também pode ser "*gravemente preterida*" pela inércia do órgão administrativo competente[183].

Deste modo, no âmbito da acção administrativa a falta absoluta de contestação resulta na confissão dos factos alegados pelo autor. Já a falta de impugnação especificada nas acções relativas a actos administrativos – que aqui nos importam – não importa a confissão dos factos articulados pelo autor, mas o tribunal aprecia livremente essa conduta para efeitos probatórios, de acordo com o artigo 83º, nº 4 do CPTA. Na impugnação judicial, por seu turno, os nºs 6 e 7 do artigo 110º do CPPT indicam que a falta – absoluta – de contestação não representa a confissão dos factos articulados pelo impugnante e que o juiz aprecia livremente a falta de contestação especificada dos factos. Esta é também a solução em sede de arbitragem tributária. Com efeito, é aplicável subsidiariamente o nº 7 do artigo 110º do CPPT, afastando-se o ónus de impugnação previsto no artigo 574º do CPC, na medida em que o juiz poderá apreciar livremente a falta de contestação especificada dos factos. Por outro

[182] MÁRIO AROSO DE ALMEIDA (2016), p. 349-350.
[183] J.M SÉRVULO CORREIA (2014), p. 57.

lado, será ainda aplicável o nº 6 do artigo 110º do CPPT, sendo que a falta de resposta, não representa a confissão dos factos articulados pelo impugnante.

Tal como na impugnação judicial, prevê-se no âmbito da acção administrativa a possibilidade de *intervenção do Ministério Público* no artigo 85º do CPTA, quando não figure como autor. Este poderá pronunciar-se sobre o mérito da causa, em defesa dos direitos fundamentais dos cidadãos, de interesses públicos especialmente relevantes ou de algum dos valores ou bens referidos no artigo 9º, nº 2 do CPTA, bem como invocar causas de invalidade diversas das que tenham sido arguidas na petição inicial e requerer a realização de diligências instrutórias nos processos impugnatórios, de acordo com os nºs 2 e 3 do artigo 85º. Contudo, o Ministério Público não poderá actuar em defesa da "*legalidade processual*", ou seja, não pode invocar excepções, nulidades ou quaisquer outras questões que obstem ao prosseguimento da causa[184].

Aqui distingue-se do regime da intervenção do Ministério Público em sede de impugnação judicial, na medida em que se deduz do nº 2 do artigo 121º do CPPT que este pode suscitar questões que obstem ao conhecimento do pedido. Com efeito, o artigo 16º, nº 2 do CPPT prevê expressamente a possibilidade de o Ministério Público poder suscitar a incompetência absoluta do tribunal, isto é, como se viu, a incompetência em razão da matéria e em razão da hierarquia.

Já em sede de arbitragem tributária, recorde-se que o Ministério Público não tem qualquer intervenção, excepto para interpor recurso da decisão arbitral para o Tribunal Constitucional, como se verá no ponto 72.2.2 deste manual.

Findos os articulados, e no passo porventura mais distintivo desta acção face à impugnação judicial previsto no CPPT, o processo é concluso ao juiz para proferir *despacho pré-saneador*, nos termos do artigo 87º CPTA, podendo ser convocada *audiência prévia* nos termos do artigo 87º-A CPTA, para de seguida ser proferido o *despacho saneador*, nos termos do artigo 88º do CPTA. Antes da reforma de 2015 previa-se apenas que o juiz proferisse o despacho saneador, pelo que a introdução do *despacho pré-saneador* e da *audiência prévia* resulta numa clara aproximação do regime do contencioso administrativo ao regime do processo civil decorrente do novo CPC de 2013.

[184] Neste sentido: Mário Aroso de Almeida (2016), referindo designadamente a possibilidade no regime anterior ao CPTA, p. 352. Relativamente à intervenção do Ministério Público antes da reforma de 2015, veja-se Manuela Flores (2006), "O Ministério Público e a Reforma do Contencioso Administrativo – seu papel", *in* A Nova Justiça Administrativa, p. 161-173 e ainda sobre a possibilidade de invocação de vícios: Miguel Teixeira de Sousa (1997), "Arguição de vícios pelo Ministério Público no recurso de anulação" *in* Cadernos de Justiça Administrativa, nº 5, p. 25-32.

Assim, de acordo com o artigo 87º, nº 1 do CPTA, o *despacho pré-saneador* destina-se a providenciar pelo suprimento de excepções dilatórias e pelo aperfeiçoamento dos articulados, bem como a determinar a junção de documentos com vista a permitir a apreciação de excepções dilatórias ou o conhecimento, no todo ou em parte, do mérito da causa no despacho saneador.

Já a *audiência prévia* destina-se, entre outros fins consagrados nas várias alíneas do nº 1 do artigo 87º-A do CPTA, a realizar uma tentativa de conciliação nos termos do artigo 87º-C, a facultar às partes a discussão de facto e de direito, quando o juiz tencione conhecer imediatamente, no todo ou em parte, do mérito da causa e a proferir despacho saneador, nos termos do artigo 88º, nº 1 do CPTA[185].

Aqui há que ter alguma cautela.

Não pode haver no que em concreto se refere às questões tributárias objecto de acção administrativa qualquer conciliação, porquanto tal redundaria numa violação do princípio da indisponibilidade dos créditos tributários acerca do qual já tivemos oportunidade de nos pronunciar no ponto 37 deste manual[186].

Assim, cabe recordar que este princípio constitui um corolário do princípio da legalidade, na vertente de submissão da Administração Tributária às normas legais, e do princípio da igualdade, na vertente do tratamento dos sujeitos passivos de imposto em igual medida, sem atentar a razões de justiça do caso concreto, impondo-se à Administração Tributária e a todos os particulares. Deste princípio decorre que a indisponibilidade dos créditos tributários não pode ser afastada por vontade das partes ou de terceiros.

Com efeito, o princípio da indisponibilidade dos créditos tributários foi uma das razões apontadas contra a instituição da arbitragem tributária, tendo esta crítica sido contornada através da proibição prevista no artigo 2º do RJAT dos árbitros decidirem segundo a equidade. Como se verá melhor no ponto 69.3 relativo à vinculação das partes à arbitragem, ao ser vedado o recurso à equidade, o legislador quis compatibilizar o regime arbitral tributário com este princípio fundamental do direito fiscal, proibindo-se qualquer tipo de

[185] A possibilidade de realização de uma audiência prévia contribui para a afirmação de que vale no âmbito do processo administrativo o princípio da oralidade, enquanto o processo tributário, como vimos no ponto 55 deste manual, continua a ser um processo maioritariamente escrito.

[186] Para além disso, recorde-se que o processo judicial tributário não é um processo de partes, na medida em que a Administração Tributária exerce as suas funções na prossecução do interesse público, tal como dispõe o artigo 55º da LGT, correspondendo este à efectivação do princípio da legalidade, à descoberta da verdade material e à tributação de acordo com a real capacidade contributiva dos contribuintes.

negociação entre a Administração Tributária e o contribuinte com vista a encontrar a solução mais equitativa.

Ora, também no âmbito da acção administrativa, admitindo-se a conciliação das partes em sede de audiência prévia, que fosse para além da mera fixação dos pressupostos processuais, factos controvertidos ou diligências de prova a produzir, permitir-se-ia, automaticamente, a realização de negociações entre a Administração Tributária e o sujeito passivo, o que pese embora pudesse almejar-se como algo ideal, na prática acabaria por gerar, em nossa opinião, uma generalizada insegurança jurídica no sistema fiscal, potenciando a desigualdade de tratamento entre contribuintes. Na verdade, permitindo-se que a Administração e o sujeito passivo chegassem a um acordo em sede de acção administrativa, tal poderia resultar num tratamento desigual do contribuinte e até no desrespeito por normas legais. Deste regime podiam resultar situações absurdas, na medida em que se admitiria que a Administração Tributária chegasse a um entendimento com o sujeito passivo em determinado processo, reconhecendo o benefício fiscal e noutro, estando em causa a mesma questão jurídica e sendo os factos relativamente semelhantes, a Administração não reconhecesse o mesmo benefício.

O *despacho saneador*, por fim, pode destinar-se a conhecer das excepções dilatórias e nulidades processuais que hajam sido suscitadas pelas partes, ou que, em face dos elementos constantes dos autos, o juiz deva apreciar oficiosamente[187]. Pode também destinar-se a conhecer total ou parcialmente do mérito da causa, sempre que a questão seja apenas de direito ou quando, sendo também de facto, o estado do processo permita, sem necessidade de mais indagações, a apreciação dos pedidos ou de alguns dos pedidos deduzidos, ou de alguma excepção peremptória, de acordo com o artigo 88º, nº 1 do CPTA.

Esta aproximação da tramitação ao processo civil não se verifica no âmbito do contencioso tributário, designadamente em sede de impugnação judicial, na qual não se prevê a possibilidade de realização de audiência prévia ou de o juiz proferir um despacho pré-saneador ou saneador e que apontamos como uma das grandes virtudes deste processo em prol da celeridade e simplicidade processuais. O único ponto no qual existe uma certa aproximação é no facto de o juiz, na acção administrativa, poder conhecer imediatamente do

[187] Recorde-se que, de acordo com os nºs 2 e 3 do artigo 576º do CPC, enquanto as excepções dilatórias obstam a que o tribunal conheça do mérito da causa e dão lugar à absolvição da instância ou à remessa do processo para outro tribunal, já as excepções peremptórias importam a absolvição total ou parcial do pedido e consistem na invocação de factos que impedem, modificam ou extinguem o efeito jurídico dos factos articulados pelo autor, *in casu*, pelo impugnante.

mérito da causa no despacho saneador, mesmo antes da produção de prova, de acordo com o artigo 88º, nº 1, alínea *b*) do CPTA. De facto, também no âmbito da impugnação judicial se admite que o juiz conheça logo do pedido, "*junta a posição do representante da Fazenda Pública ou decorrido o respectivo prazo e após vista ao Ministério Público*", se a questão for apenas de direito ou, sendo também de facto, o processo forneça os elementos necessários, de acordo com o artigo 113º, nº 1 do CPPT.

Tendo sido proferido o despacho saneador e devendo a acção prosseguir, o juiz profere *despacho destinado a identificar o objecto do litígio e a enunciar os temas da prova*, de acordo com o artigo 89º-A do CPTA. Novamente a tramitação do processo administrativo aproxima-se do processo civil, decorrente do novo CPC de 2013, em sede do qual se abandonou a figura da base instrutória, tendo sido substituída pelos temas da prova[188].

No âmbito da *instrução*, de acordo com o artigo 90º, nº 3 do CPTA, o juiz ordena as diligências de prova que considere necessárias para o apuramento da verdade. Daqui podemos retirar a conclusão de que vigora no âmbito da acção administrativa, tal como na impugnação judicial – de acordo com o artigo 114º do CPPT, o princípio do inquisitório[189]. Com efeito, os poderes do juiz no âmbito da acção administrativa serão bastante superiores aos poderes atribuídos ao juiz no âmbito da impugnação judicial, designadamente ao nível do conhecimento de vícios do acto impugnado. Isto a menos que se faça uma interpretação teleológica ou actualista dos poderes deste último.

Como se viu, o juiz no âmbito do processo judicial tributário apenas poderá conhecer das questões suscitadas pelas partes, verificando-se uma predominância do princípio do dispositivo ao nível das questões. Isto significa que o juiz só poderá conhecer dos vícios imputados ao acto impugnado invocados pelo impugnante e pelo Ministério Público, como se infere do artigo 124º, nº 2, alínea *b*) do CPPT. Se se pronunciar acerca de questões que não podia conhecer, ou seja, acerca de vícios não invocados por estes, a sentença será nula nos termos do artigo 125º do CPPT.

[188] Neste sentido Mário Aroso Almeida (2016), p. 357. Relativamente à aproximação do contencioso administrativo ao CPC pós reforma de 2013 veja-se Elizabeth Fernandez (2013), "O Código de Processo nos Tribunais Administrativos à luz do *novo* Código de Processo Civil", *in* Cadernos de Justiça Administrativa, nº 102, Novembro/Dezembro 2013 e José Mário Ferreira de Almeida (2013) "Algumas notas sobre a aproximação do processo administrativo ao processo civil" *in* Cadernos de Justiça Administrativa, nº 102, Novembro/Dezembro 2013.

[189] Para maiores desenvolvimentos acerca do princípio do inquisitório no âmbito do contencioso tributário, veja-se o ponto 54.1 deste manual.

Já no âmbito da acção administrativa, admite-se no artigo 95º, nº 3 do CPTA que o juiz conheça outras causas de invalidade do acto impugnado. Aliás, trata-se de um poder-dever do juiz na medida em que esta norma estabelece que o juiz "*deve identificar a existência de causas de invalidade diversas das que tenham sido alegadas*". Com efeito, esta devia ser a solução prevista no âmbito da impugnação judicial, tendo em conta que também neste meio processual vigora o princípio da verdade material.

Quando haja lugar a prestação de depoimento de parte, inquirição de testemunhas ou prestação de esclarecimentos verbais pelos peritos, de acordo com o artigo 91ºdo CPTA, há lugar à realização de *audiência final*. Em sede desta audiência, para além da produção de prova referida, o juiz no início da mesma procura *conciliar* as partes – artigo 91º, nº 3 – e após a produção de prova, os advogados das partes podem proceder a *alegações orais* expondo as conclusões de facto e de direito que hajam extraído da prova produzida – artigo 91º, nº 3, alínea *e*). Aqui com a ressalva atrás efectuada quanto à possibilidade de conciliação.

Como tivemos oportunidade de observar aquando do estudo do princípio da oralidade no ponto 55 deste manual, o único momento oral em sede de impugnação judicial é o de inquirição de testemunhas ou da realização de outras diligências de prova, não havendo lugar a uma audiência final de julgamento.

Por fim, encerrada a audiência final – ou apresentadas as alegações escritas ou decorrido o respectivo prazo, quando não haja lugar à audiência final –, o processo é concluso ao juiz para ser proferida *sentença* no prazo de 30 (trinta) dias, de acordo com o artigo 94º do CPTA, prevendo-se um prazo mais lato do que no âmbito da impugnação judicial, em sede da qual o juiz deverá proferir a sentença no prazo de 20 (vinte) dias, de acordo com os artigos 21º, alínea *b*) e 122º, nº 1 do CPPT.

Aqui chegados, analisada a tramitação da nova acção administrativa regulada no CPTA para a qual o artigo 97º, nº 1, alínea *p*) e nº 2 do CPPT remete, há dois pontos a salientar.

O primeiro relativamente à tramitação da acção administrativa em si que, com a reforma do contencioso administrativo de 2015, se aproximou da tramitação do processo civil, decorrente do novo CPC de 2013, prevendo-se uma só forma de processo comum, em sede da qual se podem cumular vários pedidos diferentes. O contencioso administrativo é hoje sem dúvida mais simples, mais oral e consequentemente mais garantístico dos direitos e interesses dos administrados, pese embora se pudesse ter ido mais longe quanto à fase de saneamento do processo, que se sabe ser a fase que estatisticamente mais faz parar a tramitação.

O segundo para reiterarmos a posição que temos vindo a defender ao longo deste manual da necessidade de adaptação do contencioso tributário à reforma do contencioso administrativo.

- ***Adaptação do contencioso tributário à reforma do contencioso administrativo***

No sentido acima preconizado, consideramos que não faz sentido a dicotomia entre actos tributários e actos em matéria tributária existente no contencioso tributário que resulta, por sua vez, numa dicotomia de meios processuais – impugnação judicial/acção administrativa – passível de gerar as maiores dificuldades interpretativas na aplicação das normas e na escolha do meio processual mais adequado em cumprimento do disposto no nº 2 do artigo 97º da LGT, ou seja, da utilização do meio processual adequado segundo a lei[190],[191].

Cabe relembrar o caso da recém criada legislação tributária de Cabo Verde, na qual não se prevê esta distinção entre a impugnabilidade dos actos tributários e dos actos em matéria tributária na medida em que no artigo 200º, nº 2 do seu recentemente aprovado Código de Processo Tributário se prevê simplesmente que *"o processo judicial tributário compreende a impugnação dos actos tributários, incluindo o indeferimento total ou parcial das reclamações"*.

Já no nosso contencioso tributário temos dois meios completamente distintos consoante a natureza do acto impugnado.

Com efeito, a acção administrativa assume-se como um processo oral, admitindo-se a realização de audiência prévia e audiência final de julgamento. Para além disso, prevê-se a realização de um despacho saneador que pode destinar-se a conhecer das excepções dilatórias e nulidades processuais que hajam sido suscitadas pelas partes, ou a conhecer total ou parcialmente do mérito da causa, sempre que a questão seja apenas de direito ou quando, sendo também de facto, o estado do processo o permita. Verifica-se, na ver-

[190] Na verdade, como se viu no ponto 25.4 deste manual, apenas é possível definir em que consistem os actos tributários, sendo os actos em matéria tributária os restantes actos.

[191] No mesmo sentido, Rui Duarte Morais considera esta dicotomia *"altamente criticável"*, alegando que tem gerado vários casos de erros na forma de processo, o que tem consequências designadamente ao nível da morosidade processual. Assim, entende que é defensável que a impugnação judicial constitui o meio adequado à apreciação dos actos para os quais a lei impõe hoje a acção administrativa regulada no CPTA. Será então de ponderar, na opinião deste autor – e na nossa – a aplicação no contencioso tributário da acção administrativa Cf. Rui Duarte Morais (2012), p. 287-288. No mesmo sentido: Marta Rebelo (2005), "O acto tributário está perdido? Implicações da reforma do processo administrativo no acesso à justiça tributária", *in* Cadernos de Justiça Administrativa, nº 54 p. 58 e seguintes.

dade, uma aproximação do contencioso administrativo do processo civil, ao nível da sua tramitação, desde logo pela consagração de uma só forma de processo – a acção administrativa.

Pelo contrário, a impugnação judicial mantém-se como um meio processual essencialmente escrito, sendo o único momento oral do processo a audiência contraditória em sede da qual são inquiridas as testemunhas nos termos do artigo 118º do CPPT ou da realização das demais diligências probatórias que impliquem o depoimento de peritos ou de pessoas destinadas a prestar esclarecimentos em sede de inspecção judicial, não havendo lugar nem a audiência prévia, nem a audiência final de julgamento. Não haverá lugar tampouco à realização de um despacho saneador.

Para além disso, tendo sido proferido o despacho saneador e devendo a acção administrativa prosseguir, o juiz profere *despacho destinado a identificar o objecto do litígio e a enunciar os temas da prova*, de acordo com o artigo 89º-A do CPTA, aproximando-se do processo civil decorrente do novo CPC de 2013. Já no âmbito da impugnação judicial, o juiz não indica os temas da prova, nem estabelece uma base instrutória. Assim, as testemunhas depõem sobre os factos alegados nos articulados, sendo prática usual dos tribunais, antes de marcarem a data para a audição de testemunhas, notificarem as partes para indicarem os factos sobre os quais elas irão depor.

Por outro lado, também se verificam diferenças entre estes dois meios processuais ao nível dos poderes reconhecidos ao Ministério Público e ao juiz na acção administrativa e na impugnação judicial.

No que concerne ao Ministério Público, este poderá pronunciar-se sobre o mérito da causa, em defesa dos direitos fundamentais dos cidadãos, de interesses públicos especialmente relevantes ou de algum dos valores ou bens referidos no artigo 9º, nº 2 do CPTA, bem como invocar causas de invalidade diversas das que tenham sido arguidas na petição inicial e requerer a realização de diligências instrutórias nos processos impugnatórios, de acordo com os nºs 2 e 3 do artigo 85º, tal como em sede de impugnação judicial. Contudo, o Ministério Público não poderá actuar na acção administrativa em defesa da "legalidade processual", ou seja, não pode invocar excepções, nulidades ou quaisquer outras questões que obstem ao prosseguimento da causa.

Relativamente aos poderes do juiz, como se viu, este terá no âmbito da acção administrativa o poder-dever de invocar outros vícios do acto impugnado, nos termos do artigo 95º, nº 3 do CPTA, enquanto em sede de impugnação judicial não poderá conhecer de outros vícios para além daqueles invocados pelo impugnante e pelo Ministério Público, sob pena de nulidade da sentença, de acordo com o disposto no artigo 125º do CPPT.

Aqui chegados, reiteramos a conclusão de que não faz sentido a dicotomia de meios processuais, desde logo porque torna o sistema prolixo, pouco eficaz e oneroso. Com efeito, recorde-se que por força do princípio da tipicidade dos meios processuais aplicável no âmbito do processo tributário e do número excessivo de meios processuais que compõem o processo judicial tributário, o interessado muitas vezes terá que lançar mão de vários meios processuais para obter diferentes efeitos pois não se admite a cumulação de pedidos aos quais correspondam formas processuais distintas, tais como a acção administrativa e a impugnação judicial ou a impugnação judicial e a intimação para um comportamento.

Para além disso, desde 2004 que no processo administrativo se estabelece que o tribunal deve identificar a existência de causas de invalidade diversas das que tenham sido alegadas, devendo ser ouvidas as partes para alegações complementares, estando esta possibilidade prevista actualmente no artigo 95º, nº 3 do CPTA. Ou seja, o juiz, no âmbito do contencioso administrativo, poderá conhecer vícios dos actos impugnados não invocados quer pelo impugnante, quer pelo Ministério Público. Já no processo de impugnação judicial, o juiz só poderá conhecer dos vícios do acto tributário impugnado invocados pelo impugnante na petição inicial (artigo 108º, nº 1 do CPPT) e pelo Ministério Público, como decorre do artigo 124º, nº 2 do CPPT. Pelo contrário, não poderá conhecer de outros vícios do acto administrativo, não invocados pelas partes na medida em que não está consagrada no âmbito do processo judicial tributário uma norma equivalente àquela prevista em sede de processo administrativo no artigo 95º, nº 3 do CPTA. E, na verdade, não se afigura qualquer razão para esta distinção de regimes, sendo de referir que o Relatório do Grupo para o Estudo da Política Fiscal, Competitividade, Eficiência e Justiça do Sistema Fiscal, de 3 de Outubro de 2009, propôs como medida a adoptar a reponderação no âmbito do processo judicial tributário da questão dos poderes de cognição do juiz e as causas de invalidade não invocadas[192].

Esta e as outras diferenças por nós elencadas levam-nos a concluir que temos dois regimes completamente opostos consoante o acto que o sujeito passivo pretenda impugnar. Há, de facto, um tratamento diferenciado, sendo que esta diferença de tratamento será, no limite, violadora do princípio da legalidade constitucionalmente consagrado no artigo 13º da CRP.

Assim, em nossa opinião, na actual configuração de ambos os meios, a acção administrativa será capaz de assegurar uma melhor tutela dos direitos

[192] Relatório disponível em http://www.ideff.pt/xms/files/GPFRelatorioGlobal_VFinal.pdf.

e interesses legítimos dos contribuintes, na medida em que se permite designadamente o conhecimento de outros vícios do acto impugnado pelo juiz.

Por conseguinte, defendemos uma adaptação do contencioso tributário à reforma de 2015 do contencioso administrativo, adoptando as suas características mais modernas, permitindo-se a impugnação de actos tributários e de actos em matéria tributária em sede de um único meio processual: a impugnação judicial regulada no CPPT. Esta, por sua vez, deverá ser objecto de alterações permitindo-se a cumulação de outros pedidos, designadamente da condenação na prática do acto devido e admitindo-se o conhecimento pelo juiz de vícios dos actos impugnados, não invocados pelas partes.

Até lá, e tal como referimos no ponto 54.1 outra conclusão que não a da necessidade de uma interpretação teleológica ou actualista – conforme às evoluções do sistema – que permita que se reconheça ao juiz ou ao árbitro poderes para ir além das questões e dos vícios alegados pelas partes.

Com efeito, como se viu no ponto 54.1 deste manual, será de admitir que o juiz proceda à sanação de um acto tributário *mal* fundamentado, que devia ser praticado naqueles termos mas com base noutros fundamentos de facto ou de direito. Assim, o juiz, ao invés de anular o acto por erro sobre os pressupostos, poderá substituir os fundamentos errados invocados pela Administração se puder determinar com segurança a existência de outros fundamentos – não invocados – que justifiquem a prática do mesmo. Será de admitir ainda a sanação dos actos tributários por desconsideração de fundamentos errados ou "supérfluos" quando a Administração Tributária tiver indicado na sua fundamentação outros motivos válidos que justifiquem a prática do acto em causa.

Tudo em nome do princípio da legalidade e da descoberta da verdade material, sob pena de violação – até – do princípio da igualdade.

62. Acção para o reconhecimento de um direito ou interesse legítimo em matéria tributária

Como já se viu, no artigo 268º, nº 4 da CRP consagra-se o direito à tutela jurisdicional efectiva que abrange o *reconhecimento de direitos ou interesses legalmente protegidos* dos administrados. De facto, o processo de impugnação judicial e a acção administrativa, como actualmente delineados, não se mostram suficientes para proteger toda e qualquer situação em que os direitos e interesses dos administrados/contribuintes são afectados. Por outro lado, também temos vindo a defender que o contencioso tributário consubstancia um contencioso de plena jurisdição, o que significa que tem como pressuposto a existência de uma lesão de direitos ou de interesses legítimos dos contribuintes, independentemente da lesão resultar ou não de um acto administrativo, não sendo assim necessária a existência de um acto lesivo para a concessão da tutela jurisdicional.

Deste modo, os dois meios processuais que acabámos de analisar são, por exigência constitucional, complementados com outros meios, designadamente a acção para o reconhecimento de um direito ou interesse legítimo em matéria tributária, que nos cabe agora analisar, e o processo de intimação para um comportamento, que trataremos no ponto seguinte.

A acção para o reconhecimento de um direito ou interesse legítimo em matéria tributária está prevista no artigo 145º do CPPT, sendo utilizada pelo interessado quando este pretende obter o reconhecimento de determinado estatuto jurídico ou direito, pressupondo-se que o mesmo não foi reconhecido pela Administração Tributária e cujo reconhecimento não lhe seja possível obter através de um outro meio tutelar, muito à semelhança da tutela que, no âmbito do CPC, se alcança por via da acção de simples apreciação. Ou seja, não visa este meio anular actos ou constituir direitos mas, tão somente declarar e reconhecer direitos ou interesses previamente existentes, com vista a permitir ao interessado a sua invocação ou exercício, em sede tributária. Assim, segundo Freitas da Rocha, o interessado poderá recorrer a esta acção com o objectivo, por exemplo, de lhe ser reconhecido o estatuto de portador de deficiência para efeitos fiscais ou o estatuto de "consumidor final". Poderíamos acrescentar, ainda, como exemplos, o reconhecimento da qualidade de residente ou de não residente em território nacional, para efeitos fiscais, ou a qualidade de dependente de determinado agregado familiar.

Neste ponto a questão fundamental será descortinar o campo de aplicação desta forma processual, ou seja, as situações nas quais o interessado poderá recorrer a esta acção, que a prática demonstra ter uma reduzida utilização, sendo que encontraremos quanto a este ponto, no essencial, algumas posições doutrinárias distintas[193]. Descortinado o âmbito de aplicação deste meio processual, caberá delimitar sucintamente a sua tramitação, não sem deixar de fazer uma referência especial à questão da legitimidade passiva.

Em primeiro lugar, é de referir que esta questão levanta-se devido ao disposto no nº 3 do artigo 145º do CPPT que determina que "*as acções apenas podem*

[193] Relativamente a esta questão, veja-se Alexandra Leitão (1998), "Da pretensa subsidiariedade da acção para o reconhecimento de direitos ou interesses legítimos face aos restantes meios contenciosos" *in* Cadernos de Justiça Administrativa, nº 7, p. 16-23 e Marta Rebelo (2003), "A tutela jurisdicional efectiva e os poderes de pronúncia do juiz em sede de acção para reconhecimento de um direito ou interesse em matéria fiscal: a teoria do alcance médio", *in* Fiscalidade, nº 13-14, p. 27-38.

ser propostas sempre que esse meio processual for o mais adequado para assegurar uma tutela plena, eficaz e efectiva do direito ou interesse legalmente protegido". Esta norma representa uma alteração relativamente ao que dispunha a norma correspondente do CPT – o artigo 165º, nº 3 – que previa que as acções só podiam ser propostas quando os restantes meios contenciosos, incluindo os relativos à execução da sentença, não assegurassem a tutela efectiva do direito ou interesse em causa[194].

A interpretação desta norma não tem sido, assim, pacífica quer na doutrina, quer na jurisprudência, embora não haja dúvidas relativamente ao *carácter subsidiário* desta acção.

Com efeito, na doutrina encontramos três posições distintas sobre a interpretação de norma idêntica a esta prevista no CPPT que constava do artigo 69º, nº 2 da Lei de Processo nos Tribunais Administrativos – já revogada. São elas: *(i)* a teoria do alcance mínimo, *(ii)* a teoria do alcance médio e *(iii)* a teoria do alcance máximo, sendo a primeira a que impõe um âmbito totalmente subsidiário e residual deste tipo de acção, que só pode ser utilizada quando não haja nenhum outro meio que possa tutelar o interessado; a terceira, em sentido oposto, a que determina que esta acção possa ser usada sempre, ainda que haja outros meios susceptíveis de dar ao interessado a necessária tutela; e, por fim, a segunda, que admite a utilização desta acção, ainda que haja outros meios tutelares disponíveis, enquanto seu meio complementar, ou seja, desde que a mesma se mostre ser a mais útil, eficaz ou adequada ao fim pretendido[195]. Não cabendo aqui analisar exaustivamente estas teorias, pretendemos apenas referir a posição da doutrina mais relevante relativamente à interpretação do artigo 145º, nº 3 do CPPT, ou seja, relativamente ao campo de aplicação da acção para o reconhecimento de um direito ou interesse legítimo em matéria tributária.

LOPES DE SOUSA tem entendido, em manifesto abono da teoria do alcance médio, que o factor decisivo para determinar o campo de aplicação desta acção é a sua *maior ou menor adequação* em confronto com a que outros meios contenciosos podem proporcionar para satisfazer a pretensão do interessado. Dito de outro modo, defende que não será de afastar a possibilidade de uso desta acção *"se com a acção for possível obter uma* ***mais*** *efectiva tutela do direito ou interesse em causa"*, apesar de existirem *outros* meios contenciosos para obter

[194] RUI DUARTE MORAIS considera que desta alteração decorre que não se exige hoje que não haja outros meios contenciosos aptos à satisfação do pedido, *"mas tão-só que esses outros meios não sejam os mais adequados"* Cf. RUI DUARTE MORAIS (2012), p. 321.

[195] Para maiores desenvolvimentos, veja-se JORGE LOPES DE SOUSA (2011), Vol. II, p. 491-493.

alguns dos efeitos pretendidos pelo interessado[196]. Por conseguinte, o que condiciona a possibilidade de utilização desta acção, no entendimento deste autor, é a inexistência de outro meio contencioso que permita assegurar a obtenção dos efeitos jurídicos pretendidos pelo interessado *de forma adequada*. Pelo contrário, a existência de outros meios contenciosos não obsta à utilização da acção para reconhecimento de um direito ou interesse legítimo em matéria tributária, desde que esta acção constitua o meio *mais adequado* de tutela dos direitos e interesses do interessado.

Neste sentido, Lopes de Sousa faz referência às situações em que o interessado pretende que a decisão judicial vincule a Administração Tributária para o futuro e não só relativamente a determinados actos praticados, designadamente nos casos em que o sujeito passivo é confrontado com actos tributários originados em situações factuais que se tendem a repetir. A título exemplificativo, temos o caso de alguém que pretende ver declarado o seu estatuto de IPSS, que lhe permite aceder a determinado tratamento fiscal em sede de IVA. O contribuinte não pretende apenas que os actos de liquidação praticados sejam anulados, mas também que a sua situação jurídico-tributária seja definida com efeitos para o futuro, ou seja, que se reconheça que a taxa de IVA a aplicar é a taxa reduzida ou que determinada isenção lhe é aplicável. Aqui chegados, conclui-se que, no entendimento de Lopes de Sousa, a acção para reconhecimento de um direito ou interesse legítimo em matéria tributária é de carácter complementar, embora subsidiário, não podendo ser utilizada quando o interessado possa utilizar outros meios processuais mais adequados à satisfação da sua pretensão, designadamente o processo de impugnação judicial. Não exige, portanto, a inexistência de outros meios contenciosos aptos à satisfação do pedido do interessado, mas apenas que esses outros meios não sejam os mais adequados[197].

Assim também tem entendido a jurisprudência do STA, tal como resulta do acórdão do Pleno da secção de contencioso tributário do STA de 16 de Outubro de 2013, proferido no âmbito do processo nº 0295/12 e dos acórdãos do STA de 21 de Maio de 2014, proferido no âmbito do processo nº 0737/13, de 17 de Outubro de 2012, proferido no âmbito do processo nº 0295/12, de 2 de Junho de 2010, proferido no âmbito do processo nº 0118/10 e de 21 de Outubro de 2009, proferido no âmbito do processo nº 0291/09.

Em sentido contrário, Freitas da Rocha considera que sempre que o contribuinte pode utilizar outro meio processual, como o processo de impug-

[196] Jorge Lopes de Sousa (2011), Vol. II, p. 497.

[197] No mesmo sentido: Rui Duarte Morais (2012), p. 321.

nação judicial, deverá fazê-lo, pois, na sua opinião, este será o "*meio adequado*" para tutelar a posição jurídica daquele[198]. Não faz o autor depender a escolha do meio, portanto, da sua maior ou menor adequação ao fim pretendido, mas sim do facto objectivo de o interessado poder alcançar a tutela do seu direito através de outro meio processual, ainda que implique aguardar pela prática de um acto tributário ou em matéria tributária, em manifesto abono da teoria do alcance mínimo.

Quanto a nós, acompanhamos a posição de Lopes de Sousa e da jurisprudência do STA, parecendo-nos claro que o que o nº 3 do artigo 145º do CPPT determina, *a contrario*, é que esta acção não poderá ser utilizada quando existir um outro meio contencioso *mais adequado* à satisfação da pretensão do interessado. Isto é, a acção para o reconhecimento de um direito ou interesse legítimo poderá ser utlizada quando for o meio *mais adequado* à satisfação dos interesses do interessado, mesmo se este tiver outros meios ao seu dispor, que não garantam o mesmo "nível" de satisfação. Esta é de resto a conclusão a que se chega se se olhar à evolução legislativa.

Descortinado o campo de aplicação desta acção, no que diz respeito à sua tramitação, verificamos que esta segue os termos do processo de impugnação judicial, de acordo com o nº 4 do artigo 145º do CPPT, pelo que remetemos o seu estudo para o ponto 60 deste manual. Cabe apenas referir que esta acção poderá ser proposta por quem invoque a titularidade do direito ou interesse legítimo a reconhecer, de acordo com o artigo 145º, nº 2 do CPPT, no prazo de 4 (quatro) anos após a constituição do direito ou o conhecimento da lesão do interessado, tal como disposto no nº 2 do mesmo artigo.

Por último, é de salientar que a legitimidade passiva nestas acções não é reconhecida ao representante da Fazenda Pública, mas à entidade que tiver competência para reconhecer o direito ou interesse invocado. A falta de indicação desta entidade tem como consequência a nulidade de todo o processo pois torna ininteligível o pedido, isto é, impossibilitando o conhecimento de qual o órgão está adstrito ao reconhecimento de determinado direito ou do interesse legítimo do interessado. Esta nulidade é de conhecimento oficioso e pode ser suscitada até à decisão final, nos termos dos artigos 186º, nº 2, alínea *a*), 196º e 200º, nº 2 do CPC, todos aplicáveis subsidiariamente ao processo judicial tributário, por força do artigo 2º, alínea *e*) do CPPT.

[198] Joaquim Freitas da Rocha (2014), p. 322.

63. Intimação para um comportamento

Como tivemos oportunidade de salientar no ponto 10 deste manual, um dos princípios norteadores do procedimento tributário será o princípio da decisão, segundo o qual a Administração Tributária está obrigada a pronunciar-se sobre todos os assuntos da sua competência que lhe sejam apresentados por meio de reclamações, recursos, representações, exposições, queixas ou quaisquer outros meios previstos na lei pelos sujeitos passivos ou por quem tiver um interesse legítimo.

Recaem, assim, sobre a Administração dois deveres distintos: o dever de pronúncia e o dever de decisão, sendo que a principal consequência do incumprimento do dever de decisão será a formação da presunção de indeferimento tácito, nos termos do artigo 54º, nº 4 da LGT. A presunção de indeferimento tácito, por sua vez, deve ser entendida como uma garantia dos contribuintes e não como uma forma de desvincular a Administração, que continua obrigada a decidir. Na verdade, o interessado, se preferir, pode aguardar pela decisão da Administração, ou seja, pelo deferimento ou indeferimento expresso, sem que lhe seja imposta qualquer penalização.

Como se sabe, o sujeito passivo poderá contestar a legalidade do próprio indeferimento tácito do acto. Contudo, consideramos que não se pode aceitar que este, deixando passar os prazos de reacção, tenha que ficar perpetuamente à espera de uma decisão expressa da Administração Tributária. É de relembrar que o dever de decidir da Administração Tributária não cessa com a formação de presunção de indeferimento tácito, decorrido o prazo de decisão legalmente fixado. Neste sentido, de forma a obter uma tutela plena e eficaz dos seus direitos e interesses, o interessado poderá recorrer à intimação para um comportamento nos termos do artigo 147º do CPPT, pedindo a condenação da Administração na prática do acto de deferimento ou indeferimento expresso.

Na verdade, este artigo prevê a possibilidade de o interessado requerer, junto do tribunal tributário competente, a intimação da Administração para o cumprimento do dever de qualquer prestação jurídica susceptível de lesar direito ou interesse legítimo em matéria tributária, em caso de omissão, por parte da Administração Tributária.

Trata-se de um meio processual ao dispor dos interessados quando a Administração se abstém da prática de determinado acto, "*materializável numa prestação jurídica, susceptível de lesar direito ou interesse legítimo em matéria tributária*"[199].

Na verdade, a existência de um meio processual que visa a intimação da Administração para adopção de um determinado comportamento, em caso de

[199] Joaquim Freitas da Rocha (2014), p. 381.

omissões da prática de actos lesivos de quaisquer direitos ou interesses legítimos, é postulada pelo direito constitucional de tutela jurisdicional efectiva, previsto no artigo 268º, nº 4 da CRP. Como se sabe, este artigo determina que é garantido aos administrados a tutela jurisdicional efectiva dos seus direitos ou interesses legalmente protegidos, incluindo, nomeadamente "*a determinação da prática de actos administrativos legalmente devidos*".

No âmbito do contencioso administrativo, antes da reforma de 2015 encontrava-se prevista a acção administrativa especial de condenação à prática de acto devido, regulada nos artigos 66º a 71º do CPTA, em sede da qual se visava um efeito semelhante àquele pretendido com o meio processual de intimação para um comportamento previsto no artigo 147º do CPPT, "*mas relativamente à prática de actos administrativos e sem a estrutura simplificada que assume este meio processual tributário*"[200]. Actualmente, como já se disse, no âmbito do contencioso administrativo prevê-se apenas uma forma de processo comum – a acção administrativa – e, segundo o artigo 37º, nº 1, alínea *b*) do CPTA, os processos que tenham por objecto a condenação à prática de actos administrativos devidos seguem a forma da acção administrativa. Aqui cabe reiterar a nossa posição acerca da necessidade de adaptação do contencioso tributário às reformas de 2004 e de 2015 do contencioso administrativo.

Não obstante, neste ponto pretendemos analisar o regime deste meio processual, delimitando o seu campo de aplicação e a sua tramitação. Comecemos então por delimitar o campo de aplicação deste meio processual ou, dito de outro modo, as situações em que o interessado poderá recorrer à intimação para um comportamento.

O artigo 147º, nº 2 do CPPT estabelece, desde logo, que este meio apenas é aplicável quando, de entre os demais meios processuais previstos no CPPT, este for o meio mais adequado para assegurar a tutela plena, eficaz e efectiva dos direitos ou interesses em causa, uma vez mais assumindo um carácter complementar. Daqui resulta também que a intimação para um comportamento constitui um meio subsidiário, ao qual o interessado recorre apenas nos casos em que não exista outro mais adequado para satisfazer os seus direitos ou interesses. Para Rui Duarte Morais, a possibilidade de utilização deste meio é "*relativamente excepcional*"[201]. Com efeito, enquanto na acção para o reconhecimento de um direito ou interesse em matéria tributária apenas se exige que este seja o meio mais adequado à satisfação dos interesses do interessado, mesmo se este tiver outros meios ao seu dispor, que não garantam

[200] Jorge Lopes de Sousa (2011), Vol. II, p. 582.
[201] Rui Duarte Morais (2012), p. 339.

o mesmo "nível" de satisfação, já em sede de intimação para um comportamento exige-se que a inexistência de qualquer outro meio tutelar à disposição do sujeito passivo.

Deste modo, o interessado *não* poderá recorrer a este meio processual quando pretender a condenação da Administração Tributária na *anulação ou declaração de nulidade de um acto tributário*, na medida em que, como se sabe, o meio adequado será o processo de impugnação judicial previstos nos artigos 99º e seguintes do CPPT. Por outro lado, esta também *não* será a via adequada para obter o pleno e integral *cumprimento de decisões judiciais ou de actos administrativos inimpugnáveis*, tendo em conta que o meio processual adequado será a execução de julgados previsto no artigo 146º do CPPT e regulado no CPTA, que será objecto de estudo no ponto 64.3 deste capítulo[202].

Antes da entrada em vigor do CPTA, em face da redacção do então artigo 146º do CPPT, colocava-se a questão de saber se o meio adequado para a execução de julgados prevista neste preceito seria o processo de intimação para um comportamento. Com efeito, e atendendo ao disposto no nº 1 do artigo 147º do CPPT, quando a Administração Tributária não execute voluntariamente a sentença no prazo de 3 (três) meses há uma omissão, por parte daquela, de um dever de prestação jurídica e que é susceptível de lesar direito ou interesse legítimo do sujeito passivo. No entanto, a entrada em vigor do CPTA veio permitir a aplicação do processo de execução de sentenças anulatórias de actos administrativos, previsto no artigo 176º e seguintes do CPTA. Deste modo, prevendo-se no artigo 146º, nº 1 do CPPT, o processo para execução de julgados que segue a tramitação prevista no CPTA para a execução de decisões de anulação de actos administrativos, o processo de intimação para um comportamento não será aplicável quando o interessado vise obter a execução de uma decisão judicial ou de actos administrativos inimpugnáveis[203],[204].

Por fim, a intimação para um comportamento também não será o meio processual adequado para a satisfação da pretensão do interessado quando

[202] Rui Duarte Morais defende que a intimação para um comportamento consubstancia o meio processual a utilizar para obter o cumprimento de decisões judiciais ou de actos administrativos inimpugnáveis favoráveis ao sujeito passivo, quando o uso da via processual normal, ou seja, a execução de julgado, já não seja possível por ter decorrido o prazo de caducidade de 1 (um) ano para a sua interposição Cf. Rui Duarte Morais (2012), p. 340. No mesmo sentido, veja-se o acórdão do STA de 15 de Maio de 2013, proferido no âmbito do processo nº 01496/12.

[203] Designadamente por força do disposto no artigo 102º, nº 1, da LGT ao referir, recorde-se, que "*[a] execução de sentenças dos tribunais tributários e aduaneiros segue o regime previsto para a execução das sentenças dos tribunais administrativos*".

[204] Neste sentido: Jorge Lopes de Sousa (2011) Vol. II, p. 583-584.

não seja possível concluir com segurança pela existência do direito ou interesse invocado. Isto decorre da inexistência de uma fase declarativa e de realização de diligências de prova no âmbito do processo de intimação para um comportamento. Neste sentido, LOPES DE SOUSA, defende que a utilização deste meio processual supõe que já esteja definida previamente a existência de um dever pela Administração Tributária[205]. A este propósito, veja-se ainda o acórdão do STA de 28 de Outubro de 2015, proferido no âmbito do processo nº 01305/14, no qual se afirmou que[206]:

> *"Assim, há que verificar se pode ter-se como estabelecida a primeira condição ou requisito legal para a utilização deste meio processual e que consiste em saber se pode considerar-se omitido pela AT um dever jurídico susceptível de lesar direito ou interesse legítimo em matéria tributária.*
>
> *O uso do processo de intimação para um comportamento, em face da inexistência de fase declarativa deste meio processual, pressupõe a 'evidência do direito' que se invoca como tendo sido lesado pela conduta omitida pela Administração tributária".*

Com efeito, a intimação para um comportamento só será o meio adequado quando seja evidente a existência do direito que se pretende efectivar. Caso contrário, o meio adequado para assegurar a tutela plena, eficaz e efectiva dos direitos e interesses em causa será a acção para reconhecimento de direito ou interesse legítimo em matéria tributária prevista no artigo 145º do CPPT. Assim, sendo possível, o juiz deverá proceder à convolação do requerimento de intimação para um comportamento em petição daquela acção. Se a convolação não for viável, o pedido de intimação deverá ser julgado improcedente, pese embora seja de salientar o facto desta decisão negativa apenas significar que não é evidente que o direito invocado exista, mas não que este efectivamente não exista, não obstando assim a que o interessado utilize posteriormente a acção para reconhecimento de direito ou interesse legítimo para ver reconhecido tal direito.

Delimitados os casos em que a intimação para um comportamento não constitui o meio processual adequado para o interessado fazer valer a sua pretensão, cabe agora referir determinadas situações nas quais o interessado poderá recorrer a este meio processual, tendo sempre em conta que se deverá

[205] JORGE LOPES DE SOUSA (2011) Vol. II, p. 584-586.

[206] Veja-se ainda o acórdão do STA de 28 de Maio de 2014, proferido no âmbito do processo nº 0214/14 que, citando outro acórdão do mesmo tribunal superior, afirmou que "*[a] utilização deste procedimento, visando obter o cumprimento de um dever pela administração tributária, supõe que esteja definida previamente a existência deste*".

verificar uma *omissão por parte da Administração Tributária do dever de qualquer prestação jurídica susceptível de lesar direito ou interesse legítimo em matéria tributária* e que *não pode existir outro meio mais adequado* para assegurar a tutela plena, eficaz e efectiva dos direitos e interesses em causa.

Assim, o sujeito passivo ou outro interessado poderão recorrer ao meio processual de intimação para um comportamento:

- Para compelir a Administração Tributária a emitir uma decisão expressa – positiva ou negativa – sobre a prestação de garantia no âmbito de processo de execução fiscal – acórdão do STA de 28 de Maio de 2014, proferido no âmbito do processo nº 0214/14;
- Para compelir a Administração Tributária à emissão de declaração comprovativa da regularidade da situação tributária do contribuinte – acórdão do STA de 9 de Abril de 2014, proferido no âmbito do processo nº 0363/14;
- Para compelir a Administração Tributária ao pagamento de juros indemnizatórios, quando não for cumprido o prazo de restituição oficiosa dos impostos, prevista na al. *a*) do nº 3 do artigo 43º da LGT – entre outros, acórdão do TCA Sul de 12 de Junho de 2014, proferido no âmbito do processo nº 06858/13 e do STA de 23 de Maio de 2007, proferido no âmbito do processo nº 0255/07;
- Ainda para, em nossa opinião, compelir a Administração Tributária proferir uma decisão no âmbito do procedimento tributário, designadamente no procedimento de reclamação graciosa ou outro cujo prazo de decisão não tenha sido respeitado.

Aqui cabe fazer uma referência especial à possibilidade de utilização deste meio processual para compelir a Administração Tributária a decidir.

Com efeito, aquando do estudo do princípio da decisão no ponto 10 deste manual, chegámos à conclusão que, de forma a obter uma tutela plena e eficaz dos seus direitos e interesses, o interessado poderia recorrer à intimação para um comportamento nos termos do artigo 147º do CPPT, pedindo a condenação da Administração à prática do acto de deferimento ou indeferimento expresso quando esta não cumprisse o seu dever de decisão.

Recorde-se que quando a Administração Tributária não cumpre o seu dever de decisão, ou seja, não conclui determinado procedimento tributário, emanando um acto final, nos prazos fixados na lei – em regra, o prazo de 4 (quatro) meses previsto no artigo 57º, nº 1 da LGT – forma-se, em princípio, a presunção de indeferimento tácito nos termos do artigo 57º, nº 5 da

LGT[207]. Esta abre a possibilidade de recurso aos meios tutelares graciosos e contenciosos.

Ora, parte da doutrina entende que embora o interessado não tenha o ónus, mas apenas a faculdade, de recorrer aos meios tutelares administrativos, judiciais e jurisdicionais de forma a atacar a ilegalidade do acto de indeferimento tácito que se formou, se deixar passar os prazos de reacção, não poderá recorrer ao meio processual de intimação para um comportamento, de forma a forçar assim a Administração Tributária a emitir um acto de deferimento ou indeferimento expresso. Assim entendem, porque consideram que a tutela ficou assegurada pelo instituto do indeferimento tácito pelo que, não tendo sido aproveitado, não se poderá, nos termos do artigo 147º, nº 2 do CPPT, recorrer ao meio processual de intimação para um comportamento para colmatar a falta de recurso aos meios adequados no prazo legalmente conferido após a formação daquela presunção, sendo certo que o dever de decisão da Administração Tributária perdura em qualquer caso.

Neste sentido, o STA, no acórdão de 30 de Abril de 2012, proferido no âmbito do processo nº 0658/02 determinou não só que a intimação para o comportamento não era o meio mais adequado perante o incumprimento da Administração Tributária do prazo de decisão de uma reclamação graciosa, na medida em que podia recorrer contra o indeferimento tácito desta através da impugnação judicial, mas também que *"se os contribuintes pudessem pedir a intimação para um comportamento da Administração que demora a decidir uma reclamação graciosa, os tribunais tributários poder-se-iam ver 'inundados' com requerimentos desses, pois as reclamações pendentes de despacho contam-se por largos milhares nas repartições de finanças do país"*.

Rui Duarte Morais, por sua vez, admite a possibilidade de o interessado recorrer à intimação para um comportamento para pedir a condenação da Administração a decidir expressamente a reclamação graciosa apresentada[208]. Este autor refere-se expressamente aos casos em que o contribuinte tenha optado pela via da reclamação graciosa, tendo decorrido o prazo de 4 (quatro) meses previsto no artigo 57º, nº 1 da LGT sem que a Administração

[207] Em certos casos decorre um prazo de decisão (isto é, de conclusão do procedimento tributário) diferente sendo que, deverá ser este o prazo a considerar para formação da presunção do indeferimento tácito. Veja-se, a título exemplificativo, o artigo 66º, nº 5 do CPPT que prevê o prazo máximo de 60 (sessenta) dias para a decisão do recurso hierárquico; o artigo 95º- C, nº 3 do CPPT que estabelece o prazo máximo de 15 (quinze) dias para a decisão do pedido de correcção de erros da Administração Tributária e o artigo 257º, nº 5 do CPPT que determina o prazo máximo de 45 (quarenta e cinco) dias para a decisão do pedido de anulação da venda no âmbito do processo de execução fiscal.

[208] Rui Duarte Morais (2012), p. 295.

Tributária tenha proferido uma decisão, formando-se a presunção de indeferimento tácito, tal como disposto no artigo 57º, nº 4 da LGT.

Ora, se o interessado optar por não impugnar judicialmente este acto de indeferimento tácito – desde logo porque pode querer ter uma decisão expressa da Administração Tributária –, decorrido o prazo de 3 (três) meses previsto na lei, a única opção será a de esperar eternamente pela decisão expressa da Administração Tributária? Na opinião de Rui Duarte Morais, a qual acompanhamos, perante o comportamento omissivo ilegal da Administração, o interessado poderá requerer sempre a intimação para um comportamento de forma a compeli-la a decidir a reclamação graciosa ou outro procedimento, nos termos do artigo 147º do CPPT. São três as razões que justificam o entendimento deste autor: (*i*) a manutenção do dever de decisão da Administração Tributária, para além do prazo de formação de presunção de indeferimento tácito, (*ii*) o silêncio da Administração constituir uma violação de direitos e interesses legítimos dos interessados, merecedora de tutela jurisdicional efectiva e (*iii*) a utilização do meio processual mais adequado – o processo de impugnação judicial ou outro aplicável – estar vedado devido ao decurso do prazo de caducidade do direito de acção.

No mesmo sentido, veja-se o acórdão do STA de 31 de Março de 2016, proferido no âmbito do processo nº 0411/15, no qual se afirmou que:

> "*O princípio da separação de poderes não se mostra violado quando o Tribunal, a requerimento do lesado,* ***intima a Administração*** *a cumprir um dever a que está legalmente obrigada e que esta voluntariamente não cumpre, no caso dos* ***autos a decidir a reclamação graciosa que lhe foi apresentada*** *em 31 de Março de 2005 e que, até à data, que se saiba, persiste por decidir, embora a Administração já tenha pretendido executar a garantia que a ela se encontra associada*". (destacado nosso).

Assim, enquanto Rui Duarte Morais defende a possibilidade de recorrer à intimação para um comportamento perante o silêncio da Administração Tributária, compelindo-a a decidir uma reclamação graciosa apresentada pelo interessado, vamos ainda mais longe: o interessado poderá utilizar este meio processual para compelir a Administração a decidir, seja qual for o procedimento tributário em causa. O interessado poderá então optar por impugnar judicialmente o acto de indeferimento tácito que se formou ou requerer a intimação para um comportamento, compelindo a Administração a proferir a decisão expressa[209].

[209] Neste sentido, Freitas da Rocha defende que perante o silêncio da Administração, a intimação para um comportamento constitui, por vezes, a melhor forma de tutela para o contribuinte, em oposição à impugnação judicial Cf. Joaquim Freitas da Rocha (2014), p. 383.

Determinados os casos em que o interessado poderá recorrer a este meio processual, cabe agora analisar a sua tramitação.

De acordo com o artigo 147º, nº 3 do CPPT, o requerente deverá dirigir um requerimento ao tribunal tributário de 1ª instância no qual deverá identificar a omissão da Administração Tributária, o direito ou interesse legítimo violado ou lesado ou susceptível de violação ou lesão e o procedimento ou procedimentos a praticar pela Administração Tributária. Segundo Lopes de Sousa, terão legitimidade activa para requerer a intimação para um comportamento quem invocar a titularidade de um direito ou interesse legítimo em matéria tributária[210].

De seguida, a Administração Tributária será notificada para se pronunciar sobre o requerimento do contribuinte no prazo de 15 (quinze) dias, findos os quais o juiz profere a sua decisão. Relativamente à legitimidade passiva para intervir no processo de intimação para um comportamento, na falta de indicação especial de qualquer autoridade específica da Administração Tributária, aquela caberá ao representante da Fazenda Pública, na medida em que lhe é atribuída genericamente a competência para defender judicialmente os interesses desta, de acordo com os artigos 9º, nº 4 e 15º, nº 1 do CPPT)[211].

Apesar de não se tratar de um processo urgente, não há dúvida que o processo de intimação para um comportamento permite assegurar de forma rápida e expedita a efectivação de direitos cuja existência seja evidente[212]. Não só a decisão do juiz terá de ser proferida no prazo de 15 (quinze) dias nos termos do artigo 147º, nº 4 do CPPT, como o processo em si não poderá ter uma duração superior a 90 (noventa) dias contados entre a data do requerimento do interessado e da decisão proferida em 1ª instância que lhe ponha termo, tal como disposto nos artigos 96º, nº 3 e 97º, nº 1, alínea *m*) do CPPT.

Para além disso, não há lugar à realização de diligências de prova nem a réplica, como se conclui do facto de a decisão do juiz ser proferida imediatamente a seguir a terminar o prazo para a Administração Tributária se pronunciar, tal como resulta do artigo 147º, nº 4 do CPPT. Isto significa que na prática o único meio de prova admissível no processo de intimação para um comportamento será a prova documental, o que se entende, na medida em que a intimação para um comportamento consubstancia um meio rápido para a concretização da imposição à Administração Tributária da prática de actos

210 Jorge Lopes de Sousa (2011), Vol. II, p. 586.

211 Neste sentido: Jorge Lopes de Sousa (2011), Vol. II, p. 586.

212 Neste sentido, veja-se o acórdão do STA de 22 de Março de 2006, proferido no âmbito do processo nº 0109/06.

devidos, "*sem fase declarativa, que não prejudica a utilização de outros meios, designadamente a acção para reconhecimento de um direito ou interesse legítimo, nos casos em que não for viável deferir a intimação*"[213].

Refere ainda Lopes de Sousa que, em nome do princípio do contraditório, quando a Administração Tributária suscitar questões prévias, tais como a incompetência do tribunal ou a falta de legitimidade do requerente, a este terá necessariamente que ser dada a possibilidade de se pronunciar acerca das mesmas no prazo de 10 (dez) dias, fixado no artigo 29º, nº 1 do CPTA. O Ministério Público também terá que ser ouvido, por força do disposto no artigo 14º, nº 2 do CPPT que determina que este será sempre ouvido nos processos judiciais, podendo pronunciar-se no prazo de 15 (quinze) dias previsto no artigo 22º do CPPT[214].

Ora, findo o prazo de 15 (quinze) dias para a Administração Tributária se pronunciar sobre o requerimento, o juiz resolverá, intimando, se for caso disso, a Administração Tributária a reintegrar o direito, a reparar a lesão ou a adoptar a conduta que se revelar necessário, que poderá incluir a prática de actos administrativos, num prazo razoável, que não poderá ser inferior a 30 (trinta) nem superior a 120 (cento e vinte) dias, de acordo com o artigo 127º, nº 4 do CPPT. De acordo com o nº 5 do artigo 147º do CPPT, a decisão judicial deverá especificar os actos a praticar para o integral cumprimento do dever de prestação jurídica omitido. Aqui cabe recordar o afirmado pelo STA no acórdão de 31 de Março de 2016, proferido no âmbito do processo nº 0411/15: "*o princípio da separação de poderes não se mostra violado quando o Tribunal, a requerimento do lesado, intima a Administração a cumprir um dever a que está legalmente obrigada e que esta voluntariamente não cumpre*". Com efeito, a possibilidade de o juiz condenar a Administração Tributária à prática do acto devido contribui para a afirmação de que o contencioso tributário constitui um contencioso de plena jurisdição.

64. Meios processuais acessórios

De acordo com o artigo 146º do CPPT, são admitidos no processo judicial tributário os meios acessórios de intimação para consulta de documentos e passagem de certidões, de produção antecipada de prova e de execução de julgados, regulados pelo CPTA, para o qual se remete.

Para além destes, também o processo de derrogação do dever de sigilo bancário e o recurso de decisão de avaliação da matéria colectável com base

[213] Jorge Lopes de Sousa (2011), Vol. II, p. 590.

[214] *Ibidem*, p. 591.

em manifestações de fortuna constituem meios acessórios que caberá analisar neste ponto.

A análise destes meios acessórios será naturalmente mais sucinta, na medida em que a sua importância não será igual à dos restantes meios processuais estudados até agora. Estes meios acessórios completam, de certa forma, o arsenal de meios processuais ao dispor dos interessados, tutelando interesses específicos.

Comecemos por descortinar a intimação para consulta de documentos e passagem de certidões.

64.1. Intimação para consulta de documentos e passagem de certidões

Com este meio processual acessório pretende-se assegurar o direito de informação consagrado no nº 1 do artigo 268º da CRP, no qual se prevê o direito que assiste aos cidadãos de serem informados pela Administração, sempre que o requeiram, acerca do andamento dos processos em que sejam directamente interessados, bem como o de conhecer as resoluções definitivas que sobre eles forem tomadas. Para além do direito à informação relativo a concretos procedimentos tributários em que sejam interessados, os contribuintes têm também direito a obter, da Administração Tributária, informação de carácter genérico sobre os seus direitos e obrigações em matéria tributária e o cumprimento de deveres acessórios, tal como disposto no artigo 59º, nº 3, alíneas *a*) e *c*) da LGT.

Já tivemos oportunidade de analisar o direito dos contribuintes à informação no ponto 17 deste manual, onde se concluiu que se trata uma garantia decorrente essencialmente da ideia de segurança jurídica que deverá existir no ordenamento jurídico – *maxime* no tributário. Com efeito, não são raras as vezes em que os contribuintes tomam as suas decisões com base no enquadramento da sua situação jurídico-tributária, pelo que se justifica o seu direito a serem informados pela Administração Tributária das consequências das operações que estão a considerar realizar e, bem assim, da sua situação jurídico--tributária. Com efeito, só colocando à disposição dos contribuintes toda a informação relativa à sua situação tributária é que se permite que estes consigam cumprir correctamente as suas muitas obrigações tributárias.

Ora, a utilização do meio processual de intimação para consulta de documentos e passagem de certidões depende da verificação de determinados requisitos: (*i*) a recusa expressa ou tácita da Administração Tributária em disponibilizar a informação requerida, (*ii*) o interesse objectivo do requerente na obtenção da documentação em causa, (*iii*) a proporcionalidade entre a razão de ser do pedido e o esforço exigido à Administração para a sua satisfação e (*iv*) a existência, em serviço dependente da autoridade requerida, do documento contendo a informação a certificar[215].

Determinados que estão os requisitos da utilização deste meio processual acessório e antes da delimitação da sua tramitação, cabe referir que os casos em que este meio acessório é mais utilizado são os das notificações com fundamentação insuficiente. Isto é, como tivemos oportunidade de referir no ponto 26 deste manual, perante uma notificação de um acto que não contenha todos os elementos legalmente exigidos, tal como a indicação dos meios de defesa, os prazos de reacção ou a fundamentação do acto, o contribuinte ou outro interessado poderá, nos termos do artigo 37º do CPPT, requerer a notificação dos elementos em falta ou a passagem de certidão que os contenha. Se passado o prazo legal de resposta – 3 (três) ou 5 (cinco) dias, consoante o processo seja informatizado ou não, de acordo com o artigo 24º do CPPT[216] –, a Administração Tributária não proceder à notificação ou à passagem de certidão, o interessado poderá lançar mão do processo de intimação para consulta de documentos e passagem de certidões.

Recorde-se que o destinatário de um acto tributário ou em matéria tributária poderá recorrer ao mecanismo do artigo 37º do CPPT apenas para suprir as deficiências da notificação *irregular*, tais como a falta de indicação da decisão, dos meios de defesa, dos prazos para reagir, bem como a falta de indicação da fundamentação legalmente exigida. A não utilização deste mecanismo resultará na sanação dos vícios do acto notificado e na consequente eficácia do acto notificado.

Pelo contrário, este mecanismo nunca poderá ser utilizado para sanar os vícios do acto notificado, nem da sua utilização poderá resulta na sanação dos mesmos.

No que diz respeito à fundamentação, é necessário um esclarecimento adicional, muito embora nos tenhamos detido bastante neste tema no ponto 19 para o qual remetemos.

Com efeito, o vício de falta de fundamentação legalmente exigida tem como consequência a ilegalidade do acto a notificar, tratando-se de um vício

[215] Estes requisitos são elencados por Rui Duarte Morais Cf. Rui Duarte Morais (2012), p. 324.

[216] Pese embora o artigo 67º da LGT estabeleça o prazo de 10 (dez) dias para a Administração Tributária responder, em nossa opinião, tendo em conta que, como já se viu, não deve ser reconhecido valor reforçado à LGT, deverá aplicar-se a regra geral prevista no artigo 7º, nºs 1 e 2 do CC, que determina que lei nova derroga lei anterior. Deste modo, entendemos que onde se lê 10 (dez) dias no artigo 67º da LGT, deverá ler-se 3 (três) ou 5 (cinco) dias consoante o procedimento tributário seja ou não informatizado, sendo este o prazo que vincula a Administração Tributária. Para mais desenvolvimentos remetemos para o ponto 5 deste manual.

intrínseco, referente ao segundo nível ou ao segundo acto. Contudo, admite-se no artigo 37º, nº 1 do CPPT a utilização deste mecanismo para requerer a notificação ou a passagem de certidão que contenha a fundamentação em falta. Isto é assim na medida em que, na prática, será impossível determinar se a falta de fundamentação consubstancia um vício do acto de notificação – a fundamentação existe mas não foi comunicada – ou do acto notificado – que não continha a fundamentação legalmente exigida.

Isto significa que nos termos deste artigo o destinatário do acto notificado poderá requerer a notificação ou a passagem de certidão que contenha a indicação da decisão, dos meios de defesa e dos prazos de reacção, bem como a explicação da fundamentação legalmente exigida quando tais elementos não constarem do acto de notificação. No que diz respeito à fundamentação, a verdade é que, na prática, será impossível determinar se a falta de fundamentação constitui uma deficiência do acto de notificação ou do acto notificado – estes são materialmente um só – e o nº 1 do artigo 37º do CPPT admite expressamente a utilização deste mecanismo para requerer a fundamentação em falta. No entanto, é de salientar que a não utilização do mecanismo do artigo 37º do CPPT nos casos de falta de fundamentação não sana nem os vícios da notificação, nem do acto notificado.

Com efeito, em nossa opinião, caso a Administração não cumpra os prazos legalmente fixados de 3 (três) ou 5 (cinco) dias consoante o procedimento seja ou não informatizado para, em cumprimento do direito à informação, emitir uma certidão que contenha os elementos solicitados pelo contribuinte no âmbito do mecanismo previsto no artigo 37º do CPPT, este poderá recorrer ao processo de intimação para a consulta de processos ou passagem de certidões previsto no artigo 146º do CPPT e regulado nos artigos 104º e seguintes do CPTA. Assim, a violação do direito à informação, designadamente pela falta de comunicação por escrito das informações previstas no artigo 67º da LGT, permite que o contribuinte ou outro interessado recorra ao processo de intimação para a prestação de informações, consulta de processos ou passagem de certidões previsto no artigo 146º do CPPT que remete para os artigos 104º a 108º do CPTA. Por outro, faz incorrer a Administração Tributária – o órgão, agente ou funcionário – em responsabilidade civil, de acordo com o artigo 22º da CRP e com os artigos 7º e 8º do Regime da Responsabilidade Civil Extracontratual do Estado e Demais Entidades Públicas.

Por último, relativamente à tramitação deste meio processual, caberá olhar para as normas do CPTA.

É de referir, desde já, que se trata de um processo urgente, de acordo com o artigo 36º, nº 1, alínea *d*) do CPTA. Por conseguinte, nos termos do nº 2 do mesmo artigo, os processos urgentes correm em férias judiciais, com dispensa de vistos prévios, mesmo em fase de recurso jurisdicional, e os actos da secretaria são praticados no próprio dia, com precedência sobre quaisquer outros. Assim, de acordo com o artigo 105º, nº 2 deste diploma, o interessado poderá requerer a intimação para a prestação de informações, consulta de processos ou passagem de certidões no prazo de 20 (vinte) dias a contar do decurso do prazo legalmente estabelecido, sem que a entidade requerida satisfaça o pedido que lhe foi dirigido, do indeferimento do pedido ou da satisfação parcial do pedido. Deduzido o pedido, a secretaria do Tribunal promove oficiosamente a citação da entidade demandada e dos contra-interessados para responderem no prazo de 10 (dez) dias, tal como disposto no artigo 107º nº 1 do CPTA. Apresentada a resposta ou decorrido o respectivo prazo e concluídas as diligências que se mostrem necessárias, o juiz profere a decisão no prazo de 5 (cinco) dias. Segundo LOPES DE SOUSA, o juiz não poderá recusar a pretensão do requerente do pedido de consulta de documento ou passagem de certidão com base na irrelevância dos documentos pretendidos para os fins que o interessado se propõe alcançar, cabendo a este último apreciar a utilidade do conhecimento daqueles documentos ou da passagem daquelas certidões[217].

Se der provimento ao processo, o juiz determina o prazo em que a intimação deve ser cumprida, o qual não poderá ultrapassar os 10 (dez) dias, de acordo com o artigo 108º, nº 1 do CPTA. Se houver incumprimento da intimação pela Administração sem justificação aceitável, o nº 2 do mesmo artigo prevê o dever de o juiz determinar a aplicação de sanções pecuniárias compulsórias nos termos do artigo 169º do CPTA, sem prejuízo do apuramento da responsabilidade civil, disciplinar e criminal a que haja lugar, segundo o disposto no artigo 159º do mesmo diploma.

Por fim, é de referir que a utilização deste meio processual acessório quando o interessado tenha requerido a notificação dos elementos em falta na notificação de determinado acto tributário ou a passagem de certidão que

[217] JORGE LOPES DE SOUSA (2011), Vol. II, p. 516. No mesmo sentido, veja-se o acórdão de 31 de Agosto de 2011, proferido no âmbito do processo nº 0758/11 no qual se afirmou que o direito de acesso aos documentos administrativos não depende da demonstração de qualquer interesse do requerente, fora dos casos em que especialmente se preveja outro regime e ainda o acórdão do STA de 16 de Março de 2016, proferido no âmbito do processo nº 0224/16 no qual se afirmou que "*[o] recorrente tem direito de conhecer o texto integral do invocado email e <u>será ele que poderá aferir do interesse ou falta dele</u> que o mesmo revista para a sua actuação processual, sem que a Administração Tributária ou o Tribunal tenham qualquer poder de o tutelar nessa decisão, ou por ele decidirem que o texto do email lhe não interessa*" (sublinhado nosso).

os contenha, nos termos do artigo 37º do CPPT, não afecta a suspensão do prazo de reclamação graciosa, impugnação judicial ou pedido de constituição de tribunal arbitral, prevista no nº 2 do referido artigo. Com efeito esta suspensão mantém-se até ao cumprimento da decisão judicial que defira o pedido de intimação ou o trânsito em julgado da decisão que o indefira, salvo se antes de ser proferida sentença, a Administração tiver dado cumprimento voluntário ao requerido, designadamente passando a certidão requerida, nos termos dos artigos 37º, nº 2 do CPPT e 106º, nº 1 do CPTA.

64.2. Produção antecipada de prova

O segundo meio acessório previsto no artigo 146º do CPPT é o de produção antecipada de prova, sendo a sua tramitação regulada no artigo 134º do CPTA.

Havendo justo receio de vir a tornar-se impossível, ou muito difícil, o depoimento de certas pessoas ou a verificação de certos factos por meio de prova pericial ou por inspecção, pode o depoimento ou a inspecção realizar-se antes de intentado o processo. Apesar de estar normalmente em causa a produção de prova antes de ser instaurado o processo – pois só nestes casos existirá um processo autónomo –, o nº 6 do artigo 134º do CPTA prevê a aplicação do disposto neste artigo, com as necessárias adaptações, aos pedidos de antecipação de prova em processo já instaurado.

No requerimento de produção antecipada de prova, deverá o requerente justificar sumariamente a necessidade de antecipação da prova, mencionar com precisão os factos sobre os quais esta há-de recair, especificar os meios de prova a produzir, identificar as pessoas que hão-de ser ouvidas, se for caso disso, e indicar, com a possível concretização, o pedido e os fundamentos da causa a propor, bem como a pessoa ou o órgão em relação aos quais se pretende fazer uso da prova.

Nos termos do nº 3 do artigo 104º, a pessoa ou o órgão referido é notificado para intervir nos actos de preparação e produção de prova ou para deduzir oposição no prazo de 3 (três) dias.

64.3. Execução de julgados

De acordo com o artigo 158º do CPTA, aplicável subsidiariamente ao processo tributário, as decisões dos tribunais são obrigatórias para todas as entidades públicas e privadas e prevalecem sobre as decisões de quaisquer entidades administrativas. Assim, qualquer acto administrativo que desrespeite uma decisão judicial será nulo e os seus autores incorrerão em responsabilidade civil, criminal e disciplinar nos termos do artigo 159º do CPTA.

Por outro lado, de acordo com o artigo 100º da LGT, a Administração Tributária está obrigada, em caso de *procedência total ou parcial* de reclamação ou de processo judicial a favor do sujeito passivo, à imediata e plena reconstituição da situação que existiria se não tivesse sido cometida a ilegalidade, compreendendo o pagamento de juros indemnizatórios, nos termos e condições previstos na lei. Isto é, transitada em julgado uma decisão judicial que julgue procedente uma impugnação judicial ou uma acção administrativa, a Administração Tributária fica adstrita a *executar a decisão*, de acordo com o disposto no artigo 100º da LGT.

Sem prejuízo daquela previsão, no CPTA prevêem-se os prazos para a execução espontânea das decisões judiciais por parte da Administração Tributária, sendo este regime também aplicável à execução de sentenças dos tribunais tributários, por força do disposto no artigo 102º da LGT que prevê que a sua execução segue o previsto para a execução das sentenças dos tribunais administrativos. Assim, a sentença que condene a Administração à prestação de factos ou à entrega de coisas deverá ser executada no prazo de 90 (noventa) dias, de acordo com o artigo 162º, nº 1 do CPTA. Já a sentença que condene ao pagamento de quantia certa deve ser executada no prazo de 30 (trinta) dias, de acordo com o previsto no artigo 170º, nº 1 do CPTA e, por último, a sentença de anulação de actos administrativos deverá ser executada no prazo de 90 (noventa) dias, de acordo com o artigo 175º do CPTA.

Estes prazos – como os próprios artigos que os prevêem indicam – são procedimentais, pelo que contar-se-ão nos termos do artigo 87º do CPA, ou seja, não se inclui na contagem o dia em que ocorra o evento a partir do qual o prazo começa a correr e o prazo suspende-se nos sábados, domingos e feriados.

Relativamente ao prazo de execução espontânea, não é líquido o momento a partir do qual se inicia a respectiva contagem, tendo em conta que o artigo 146º, nº 2 do CPPT estabelece que o prazo de execução espontânea das sentenças e acórdãos dos tribunais se conta a partir da data em que o processo tiver sido remetido ao órgão da Administração Tributária competente para a execução, enquanto o artigo 100º da LGT indica que a Administração está obrigada à imediata e plena reconstituição da situação que existiria se não tivesse sido cometida a ilegalidade.

Assim, Jesuíno Alcântara Martins e Costa Alves entendem que o prazo para execução espontânea se conta a partir da data em que o processo tiver sido remetido ao órgão da Administração Tributária competente para a execução, tal como disposto no artigo 146º, nº 2 do CPPT. Neste artigo prevê-se ainda que o interessado possa requerer a remessa no prazo de 8 (oito) dias após o trânsito em julgado da decisão[218].

Em sentido contrário, Lopes de Sousa defende que o prazo de execução espontânea deverá contar-se a partir do trânsito em julgado da sentença, alegando que o CPPT não poderá dispor de forma contrária à LGT, diminuindo as garantias dos contribuintes, em face da supremacia da LGT sobre o CPPT, reconhecida no artigo 1º do CPPT e do sentido da autorização legislativa em que o Governo se baseou na sua aprovação, que é o de compatibilização das normas do CPT com as da LGT, não sendo admissível, assim, que no CPPT se estabeleça um regime incompatível com aquele previsto na LGT[219].

O mesmo entendimento é perfilhado por Rui Duarte Morais, que defende que a solução não podia ser outra, sob pena da efectivação dos direitos dos contribuintes, reconhecidos por sentença judicial transitada em julgado, ficar "*dependente da inércia discricionária das secretarias judiciais*", a quem cabe a remessa dos autos à Administração Tributária[220].

Acompanhamos, assim, os dois últimos autores, em especial tendo em consideração os argumentos avançados por Lopes de Sousa quanto à especialidade de LGT.

Neste sentido parece seguir também a jurisprudência. Veja-se o acórdão do STA de 12 de Fevereiro de 2014, proferido no âmbito do processo nº 01528/13, no qual se afirmou que[221]:

> *"A 'conveniência dos serviços' não é razão ponderosa bastante para que se protele o termo inicial do dever de cumprimento do julgado ou que se o faça depender de requerimento do contribuinte, porquanto a obrigatoriedade de acatamento da decisão judicial transitada decorre directa e imediatamente da própria Lei Fundamental (cfr. o nº 2 do artigo 205º da Constituição)."*

E ainda que "*[o] interessado dispõe de mera faculdade, que não do dever, de requerer a remessa dos autos ao órgão da administração competente para a execução da decisão judicial tributária.*".

Ora, entendendo-se que o prazo de execução espontânea se deverá contar a partir do trânsito em julgado da sentença, na falta de execução pela Admi-

[218] Jesuíno Alcântara Martins/José Costa Alves (2015), p. 124. No mesmo sentido: Casalta Nabais (2015), p. 370.

[219] Jorge Lopes de Sousa (2011), Vol. II, p. 528 e seguintes.

[220] Rui Duarte Morais (2012), p. 330.

[221] No mesmo sentido veja-se os acórdãos do STA de 19 de Março de 2009, proferido no âmbito do processo nº 0983/08 e de 3 de Dezembro de 2008, proferido no âmbito do processo nº 0570A/08.

nistração Tributária nos prazos acima referidos, o sujeito passivo ou outro interessado a quem a sentença seja favorável poderá recorrer ao processo de execução de julgados previsto no artigo 146º do CPPT, regulado nos artigos 157º e seguintes do CPTA para obter a execução coerciva da sentença.

Encontramos no CPTA três espécies de processos executivos: a execução para prestação de factos ou coisas (artigos 162º e seguintes), a execução para o pagamento de quantia certa (artigo 170º e seguintes) e a execução de sentenças de anulação de actos administrativos (artigo 173º e seguintes).

Tendo em especial consideração que as sentenças judiciais mais frequentes no âmbito do contencioso tributário serão de conteúdo anulatório, decorrentes de processos de impugnação judicial de actos de liquidação e que destas sentenças decorre para a Administração Tributária a obrigação de colocar o interessado na situação em que estaria se o acto ilegal não tivesse sido praticado, a espécie processual a utilizar nos casos em que a Administração não procede à execução espontânea será o processo de execução de sentenças de anulação de actos administrativos[222].

Por outro lado, independentemente de se tratar da execução para prestação de factos ou coisas, da execução para o pagamento de quantia certa ou da execução de sentenças de anulação de actos administrativos, o prazo para interposição do processo de execução de julgados, isto é, para obter a execução coerciva da sentença, é sempre de 1 (um) ano, tal como disposto nos artigos 164º, nº 2, 170º, nº 2 e 176º, nº 2 do CPTA[223].

Relativamente à tramitação do processo de execução de julgados, focar-nos-emos apenas na execução de sentenças de anulação de actos administrativos, tendo em conta que serão estes porventura os casos mais comuns no âmbito do processo tributário, a utilizar quando a Administração Tributária não proceda à execução das decisões de processos de impugnação judicial ou de acção administrativa que anulem determinado acto tributário ou em matéria tributária.

Assim, intentada a ação e apresentada a petição, nos termos do artigo 177º do CPTA é ordenada a notificação da entidade ou entidades requeridas, bem como dos contra-interessados a quem a satisfação da pretensão possa prejudicar, para *contestarem* no prazo de 20 (vinte) dias. Havendo contestação, o autor

[222] RUI DUARTE MORAIS (2012), p. 332.

[223] Este prazo é procedimental, contando-se nos termos do artigo 87º do CPA, ou seja, não se inclui na contagem o dia em que ocorra o evento a partir do qual o prazo começa a correr e o prazo suspende-se nos sábados, domingos e feriados. Antes do Decreto-Lei nº 214-G/2015, de 2 de Outubro, este prazo era de 6 (seis) meses e criticado por RUI DUARTE MORAIS, que o considerava demasiado curto Cf. RUI DUARTE MORAIS (2012), p. 333.

é notificado para replicar no prazo de 10 (dez) dias e, no caso de concordar com a causa legítima de inexecução invocada na contestação, o autor poderá pedir a fixação da indemnização devida, seguindo os termos do artigo 166º do CPTA.

Por outro lado, se não concordar e juntar réplica ou expirado o respectivo prazo sem que o autor tenha manifestado a sua concordância com a eventual contestação apresentada pela Administração, o tribunal ordena as diligências instrutórias que considere necessárias, findo o que se segue a abertura da vista simultânea aos juízes-adjuntos, caso se trate de um tribunal colectivo. Por fim, o tribunal decidirá no prazo máximo de 20 (vinte) dias.

A terminar, há três notas a fazer.

A primeira, para referir a possibilidade da situação de incumprimento da Administração Tributária, nos casos de obrigação de pagamento de quantia certa, decorrer da inexistência de verba ou cabimento orçamental que permita o pagamento imediato da quantia devida. Nestes casos, a entidade obrigada deve, dentro do prazo de 20 (vinte) dias, dar conhecimento da situação ao tribunal que convida as partes a chegarem a acordo, nos termos do artigo 171º, nº 6 do CPTA.

A segunda, para salientar o facto do processo de execução de julgados não abranger apenas a execução de decisões judiciais, mas também de actos tributários consolidados ou inimpugnáveis, nos casos em que a Administração não dê execução prática àquilo que ela própria decidiu em sede de reclamação graciosa, por exemplo, de acordo com o artigo 157º, nº 2 do CPTA.

E, por fim, cabe recordar a possibilidade de serem devidos juros de mora a favor do sujeito passivo quando a Administração Tributária se atrase no pagamento de quantias devidas aos contribuintes, matéria que já foi objecto de análise aprofundada no ponto 27.1.2 deste manual, relativo aos juros de mora. Com efeito, quando a decisão que decretou a anulação de determinado acto e reconheceu o direito a juros indemnizatórios for judicial, a partir do termo do prazo de execução espontânea, de acordo com o nº 5 do artigo 43º da LGT, são devidos juros de mora a favor do contribuinte se a Administração ainda não tiver procedido à restituição do tributo já pago. O nº 2 do artigo 102º da LGT prevê, igualmente, que são devidos juros de mora a pedido do contribuinte, a partir do termo do prazo da execução espontânea de uma sentença que implicar a restituição do tributo já pago. Assim, os juros de mora serão devidos a uma taxa equivalente ao dobro da taxa de juros de mora definida pela lei geral para as dívidas ao Estado e outras entidades, desde a data do termo de prazo de execução espontânea de decisão judicial transitada em julgado até à data de emissão da nota de crédito, quando se verificar um atraso na restituição do imposto e esta restituição tenha sido decretada por decisão judicial transitada em julgado[224]. Deste modo, o interessado pode recorrer ao procedimento de execução julgados que acabámos de analisar para obter a execução coerciva da sentença e poderá requerer, igualmente, o pagamento dos juros de mora devidos pela Administração Tributária quando a este houver lugar.

64.4. Processo de derrogação do dever de sigilo bancário

Já nos referimos ao procedimento de acesso a informações e documentos bancários, ou seja, de derrogação de sigilo bancário pela Administração Tributária no ponto 35 deste manual, cabendo aqui recordar as três vertentes do seu regime.

Por um lado, o acesso a dados e informações bancárias apenas será possível nas situações elencadas no nº 1 do artigo 63º-B da LGT, designadamente quando se verifiquem indícios da existência de acréscimos de património não justificados, nos termos da alínea *f*) do nº 1 do artigo 87º da LGT ou quando se verifique a impossibilidade de comprovação e quantificação exacta da matéria tributável, nos termos do artigo 88º da mesma lei, e, em geral quando estejam verificados os pressupostos para o recurso a uma avaliação indirecta.

Por outro, as decisões da Administração Tributária de derrogação de sigilo bancário devem ser fundamentadas, de acordo com o nº 4 do artigo 63º-B da LGT, recaindo sobre a Administração um dever especial de fundamentação[225].

Por fim, no caso de acesso a dados bancários de familiares ou de terceiros com quem o contribuinte tenha uma relação especial, é de referir que o nº 5 do artigo 63º-B da LGT exige a audição prévia dos mesmos antes da decisão da Administração de derrogar do sigilo bancário.

Ora, exigindo-se o cumprimento destes requisitos para o acesso a dados bancários dos contribuintes, seus familiares ou terceiros com quem tenham uma relação especial ou ainda das entidades com as quais se encontrem numa relação de domínio – nº 7 do artigo 63º-B da LGT –, terão de necessaria-

[224] Daqui resulta que quando esteja em causa executar uma decisão e sejam devidos juros indemnizatórios, os juros de mora serão cumuláveis com os indemnizatórios pois são contados desde a data do termo do prazo para execução espontânea da sentença até à data do processamento da nota de crédito, justificando-se esta cumulação no facto de a atribuição destes dois tipos de juros terem objectivos diferentes: por um lado, os juros indemnizatórios visam compensar o sujeito passivo pela privação da quantia indevidamente paga, por outro, os juros de mora visam compelir a Administração ao cumprimento de uma decisão.

[225] Neste sentido, veja-se o acórdão do STA de 25 de Fevereiro de 2015, proferido no âmbito do processo nº 01398/14, no qual se afirmou que *"a decisão da AT de aceder a informações ou documentos bancários sem dependência do consentimento do seu titular deve ser fundamentada com expressa menção dos motivos concretos que a determinam"*.

mente existir formas de reacção ao dispor destes sujeitos, para quando tais requisitos não sejam cumpridos. A forma de reacção consagrada é, então, o recurso judicial de decisões de derrogação de sigilo bancário, regulado nos artigos 146º-B a 146º-D do CPPT, que pretendemos analisar neste ponto. Este recurso consubstancia também um meio processual que os contribuintes e outros interessados têm ao seu dispor para tutelar um interesse específico, neste caso, o direito ao sigilo bancário.

Aqui entendemos que as decisões da Administração Tributária de derrogação de sigilo bancário constituem actos destacáveis, sendo aliás um bom exemplos destes, devido ao facto de, em face da sua lesividade imediata, serem directa e imediatamente impugnáveis por via contenciosa através deste recurso previsto no artigo 146º-B do CPPT[226]. Consubstanciam assim uma excepção ao princípio da impugnação unitária, consagrado no artigo 54º do CPPT. É nosso entendimento que o sujeito passivo ou outro interessado poderá optar entre a impugnação autónoma deste acto, que é destacável – de decisão de derrogação do sigilo bancário – ou em alternativa, apenas pela impugnação do acto final, sendo os vícios dos actos destacáveis arguíveis na discussão da legalidade do acto final de liquidação ainda que não tenham sido objecto de impugnação autónoma. Isto é, ainda que o sujeito passivo não tenha recorrido ao recurso judicial previsto no artigo 146º-B do CPPT, poderá em sede de impugnação invocar todos o vícios referentes à derrogação do sigilo bancário que precedeu a emanação do acto tributário final.

Contudo, não se poderão duplicar meios sob pena de os eventuais vícios do acto destacável constituirem uma questão prejudicial da impugnabilidade do acto definitivo. Ou seja, não se poderá interpor o recurso judicial nos termos do artigo 146º-B do CPPT e posteriormente impugnar o acto de liquidação final invocando os mesmos vícios[227]. Neste caso, valerá a decisão proferida em sede de processo especial quanto ao sigilo bancário, servindo a impugnação para discutir os demais vícios do acto.

[226] Como exemplos de actos destacáveis temos o acto de avaliação por métodos indirectos, apenas quando não dê lugar a um acto de liquidação – artigo 86º, nº 3 da LGT –; a decisão de avaliação da matéria colectável por métodos indirectos com base em manifestações de fortuna e em acréscimos de património ou de despesa injustificados – artigo 89º-A da LGT, nºs 6 e 7 -; as decisões proferidas no âmbito do procedimento de informações vinculativas – artigo 68º, nº 20 da LGT -; a decisão de não reconhecimento de um benefício fiscal – artigo 65º do CPPT – e o acto de avaliação directa – de fixação do valor patrimonial tributário (VPT) – artigo 86º, nº 1 da LGT.

[227] Em sentido contrário, entendendo que a decisão de derrogação de sigilo bancário terá de ser impugnada autonomamente em relação à decisão final, não podendo os vícios de que enferme a decisão de derrogação ser invocados na impugnação do acto final de liquidação: Jorge Lopes de Sousa (2011), Vol. II, p. 559.

Quanto ao regime processual, antes de mais, é de referir que no número 2 do artigo 146º-A do CPPT se previam duas formas do processo especial de derrogação de sigilo bancário: o recurso interposto pelo contribuinte, na alínea *a*) do nº 2 e o pedido de autorização da Administração Tributária na alínea *b*) do nº 2.

No entanto, como chegámos à conclusão no ponto 35 deste manual, actualmente o acesso da Administração Tributária aos dados bancários dos contribuintes e dos seus familiares ou de terceiros com quem tenham uma relação especial é directo, sem necessidade de autorização judicial, pelo que a alínea *b*) do nº 2 do artigo 146º-A do CPPT foi revogada.

Assim, aqui pretende-se apenas analisar a tramitação do recurso judicial interposto pelo contribuinte ou pelos seus familiares e terceiros ou entidades que se encontrem numa relação de domínio, da decisão da Administração Tributária de derrogação de sigilo bancário.

Começando pela legitimidade activa, este recurso poderá ser interposto quer pelo contribuinte – artigo 146º-A, nº 2, alínea *a*) do CPPT –, quer pelos familiares ou por terceiros em relação especial com este – artigo 63º-B, nº 5 da LGT –, bem como pelas entidades que se encontrem numa relação de domínio com o contribuinte, na medida em que a Administração Tributária poderá ter acesso directo aos dados bancários destes sujeitos[228].

No entanto, é de salientar que o efeito deste recurso será diferente consoante a entidade que recorra. Assim, quando o recurso judicial é interposto pelo contribuinte este terá efeito meramente devolutivo, enquanto se for interposto pelos familiares ou por terceiros em relação especial com o contribuinte, terá efeito suspensivo, de acordo com o artigo 63º-B, nº 5 da LGT. Relativamente aos recursos interpostos pelas entidades que se encontrem numa relação de domínio com o contribuinte, o legislador não se refere expressamente ao efeito deste recurso pelo que entendemos que a regra será a do efeito meramente devolutivo.

O efeito do recurso será, porém, o único ponto que distingue os recursos interpostos pelo contribuinte dos recursos interpostos pelos seus familiares ou por terceiros em relação especial com o contribuinte. No que diz respeito à apresentação do recurso, aos prazos e aos meios de prova serão aplicáveis as mesmas regras.

Assim, de acordo com o artigo 146º-B, nº 1 do CPPT, deverá ser apresentado *no tribunal tributário de 1ª instância da área de domicílio fiscal* do contribuinte ou dos familiares e terceiros, um requerimento justificando sumariamente as razões da discordância da decisão da Administração Tributária de derrogação

[228] Reconhecendo a legitimidade activa das entidades que se encontram numa relação de domínio com o contribuinte, veja-se, Jesuíno Alcântara Martins/José Costa Alves (2015), p. 130.

de sigilo bancário. Ao contrário da petição inicial da impugnação judicial, este requerimento não poderá ser entregue nos serviços da Administração Tributária, mas apenas directamente no tribunal competente, maioritariamente por razões de celeridade, na medida em que se suprime o tempo necessário para a remessa da petição ao tribunal pela Administração Tributária[229], primordial quando estamos perante um processo urgente. No entanto, como salienta LOPES DE SOUSA, por vezes, poderá admitir-se a restrição do rigor deste regime legal quando se justificar o seu afastamento em face de princípios constitucionais, referindo-se aos casos em que tenha sido dada uma informação errada na notificação da decisão administrativa de derrogação de sigilo bancário[230]. Ou seja, quando constar erradamente da notificação da decisão de derrogação de sigilo bancário a informação de que o contribuinte poderá recorrer desta decisão apresentando o requerimento nos serviços da Administração, em nome do princípio da boa-fé e da protecção da confiança, este requerimento deverá ser aceite mesmo se apresentado nos serviços, na medida em que os contribuintes não poderão ser prejudicados quando forem induzidos em erro pelos actos da Administração.

Na verdade, esta solução coaduna-se com a solução que o legislador prevê expressamente nos casos de erro na indicação dos meios de defesa na notificação do acto no nº 4 do artigo 37º do CPPT. Este artigo prevê que, no caso de o tribunal vir a reconhecer como estando errado o meio de reacção contra o acto notificado *indicado na notificação*, poderá o meio de reacção adequado ser ainda exercido no prazo de 30 (trinta) dias a contar do trânsito em julgado da decisão judicial. Ou seja, quando o contribuinte tenha utilizado o meio de defesa indicado na notificação e o tribunal venha a considerar este meio como errado – admite-se que o interessado recorra ao meio de reacção adequado no prazo de 30 (trinta) dias a contar do trânsito em julgado da decisão judicial. Referimo-nos a esta questão no ponto 26.1.2 deste manual, quanto ao instituto do artigo 37º do CPPT, no qual salientámos que esta solução terá sido consagrada em nome da boa-fé e da protecção da confiança dos contribuintes que seguiram as informações indicadas pela Administração na notificação do acto. Para além disso, esta solução decorre do princípio *pro actione*, segundo o qual o juiz deve interpretar as normas processuais no sentido de favorecimento do processo, ou seja, de obtenção da justiça, evitando formalismos excessivos e decisões formais injustificadas, que afectem desrazoavelmente a protecção judicial dos particulares.

[229] Neste sentido: JORGE LOPES DE SOUSA (2011), Vol. II, p. 561.
[230] JORGE LOPES DE SOUSA (2011), Vol. II, p. 562.

Assim, tal como se admite a possibilidade de o contribuinte exercer o meio de reacção adequado quando tiver utilizado o meio errado indicado na notificação, também o requerimento para apresentação de recurso judicial da decisão de derrogação de sigilo bancário *erradamente* apresentado nos serviços da Administração deverá ser aceite, se da notificação da decisão da Administração constar a informação de que o contribuinte o podia fazer. Tudo em nome do princípio da boa-fé e da protecção da confiança.

Este requerimento deverá ser apresentado no prazo de 10 (dez) dias a contar da data em que o contribuinte ou familiar tenha sido notificado da decisão de derrogação de sigilo bancário[231]. Quando esta notificação não contiver todos os elementos legalmente exigidos, tais como a indicação dos meios de reacção ou a fundamentação legalmente exigida, o destinatário do acto poderá recorrer ao mecanismo previsto no artigo 37º do CPPT, requerendo a notificação dos elementos em falta ou a passagem de certidão que os contenha. Como o prazo de reacção, neste caso, é inferior a 30 (trinta) dias, de acordo com o artigo 37º, nº 1 do CPPT, é aplicável o prazo de 10 (dez) dias para fazer uso desta faculdade.

Como decorre do nº 2 do artigo 37º do CPPT, se o interessado usar a faculdade concedida pelo nº 1 do mesmo artigo, requerendo a notificação dos elementos em falta ou a passagem de certidão que os contenha, *o prazo de 10 (dez) dias* para apresentação do requerimento para impugnar a decisão de derrogação de sigilo bancário *conta-se a partir da notificação ou entrega da certidão que tenha sido requerida.*

De acordo com o nº 3 do artigo 146º-B, a petição ou requerimento apresentado pelo contribuinte não obedece a qualquer formalidade especial, nem tem de ser subscrita por advogado, em nossa opinião, tudo em nome da simplicidade e celeridade processual inerente a este meio processual. Lopes de Sousa faz uma ressalva, entendendo que a dispensa de representação por advogado se limita à subscrição da petição, pelo que, na restante tramitação de processo, serão aplicáveis as regras gerais do CPC sobre a obrigatoriedade de constituição de advogado[232]. Embora possamos concordar com o autor no que diz respeito à obrigatoriedade de constituição de advogado na restante tramitação de processo, não são de aplicar as regras do CPC, mas sim o disposto no artigo 6º, n. 1 do CPPT, que prevê que a constituição de advogado é obrigatória nas causas judiciais cujo valor seja superior a € 10.000,00.

[231] Trata-se de um prazo processual pelo que, de acordo com o artigo 20º, nº 2 do CPPT, deverá contar-se nos termos do CPC. Assim, recorde-se que os prazos no processo tributário são contínuos, contando-se sábados, domingos e feriados mas suspendendo-se nas férias judiciais, excepto no âmbito dos processos urgentes. O dia da notificação não conta, sendo considerado como o "dia zero".

[232] Jorge Lopes de Sousa (2011), Vol. II, p. 560.

Para além disso, a petição do contribuinte deverá ser acompanhada dos respectivos elementos de prova, que devem revestir natureza exclusivamente documental, nos termos do artigo 114º-B, nº 3 do CPPT. Aqui há que relembrar o entendimento de LOPES DE SOUSA e, depois de chamado a pronunciar-se, a do Tribunal Constitucional relativamente a esta restrição dos elementos de prova que podem ser utilizados pelo contribuinte. Segundo LOPES DE SOUSA, a garantia constitucional do direito de acesso aos tribunais para defesa dos direitos e interesses legalmente protegidos, prevista no artigo 20º, nº 1 da CRP, "*reclama a possibilidade de utilização dos meios probatórios que sejam necessários para que tal defesa se possa efectivamente concretizar*"[233]. Assim, no entendimento deste autor, serão materialmente inconstitucionais as normas que prevejam limitações à utilização de meios de prova indispensáveis para a demonstração prática dos direitos ou interesses que se pretenda ver judicialmente reconhecidos. No entanto, não se exclui totalmente a possibilidade de, em determinados meios processuais, designadamente no âmbito de processos urgentes nos quais se visa a obtenção de uma decisão de forma expedita – como o recurso judicial da decisão de derrogação do sigilo bancário –, se limitar os meios de prova, impedindo a utilização dos meios de prova que podem causar uma certa morosidade. Torna-se porém necessário, para que tal restrição probatória seja constitucionalmente admissível, que não se ponha em causa a possibilidade prática de reconhecimento judicial dos direitos ou interesses. Isto significa que as restrições probatórias apenas serão constitucionalmente admissíveis nos casos em que seja possível obter tal reconhecimento através da utilização de outro meio processual. A este propósito, no processo nº 681/2006, de 12 de Dezembro de 2006, o Tribunal Constitucional, chamado a pronunciar-se quanto a um recurso interposto no âmbito de um processo de derrogação de sigilo bancário em que foi negado o uso de prova testemunhal, *julgou inconstitucional*, por violação do direito de acesso aos tribunais, consagrado no artigo 20º, nº 1 da CRP, em conjugação com o princípio da proporcionalidade consagrado no artigo 18º, nº 2 da CRP, o artigo 146º-B do CPPT "*na parte em que veda em qualquer caso a possibilidade de o contribuinte produzir prova testemunhal no recurso da decisão da administração tributária que determina o acesso à informação bancária que lhe diz respeito*". Note-se, no entanto, que este acórdão tem apenas eficácia *inter-partes*, não impedindo por isso a aplicação da norma que ainda se mantém no ordenamento jurídico. Recorde-se que o Tribunal Constitucional, no acórdão nº 759/2013, de 30 de Outubro de 2013, julgou inconstitucional com força obrigatória geral, por violação dos artigos 20º, nº 1, em conjugação

[233] *Ibidem*, p. 257.

com o artigo 18º, nº 2, ambos da CRP, a norma constante da parte final do nº 3 do artigo 146º-B, do CPPT, *"na medida em que exclui em absoluto a produção de prova testemunhal, nos casos em que esta é, em geral, admissível"* mas, apenas quando aplicável por força do disposto no nº 8 do artigo 89º-A da LGT, ou seja, apenas nos recursos judiciais de decisões de aplicação de métodos indirectos com base em manifestações de fortuna ou em acréscimos injustificados de património ou despesa. Não obstante, aplicando-se o regime do artigo 146º-B do CPPT àquele instituto, por remissão expressa do nº 5 da norma, cremos ser fundada a argumentação no sentido de a restrição constitucional se aplicar ao processo de derrogação de sigilo bancário, por maioria de razão, devendo ser admitida a prova testemunhal em ambas as situações.

Entregue o requerimento, o nº 4 do artigo 146º-B do CPPT prevê a notificação do Director-geral dos Impostos ou do Director-Geral das Alfândegas e dos Impostos Especiais sobre o Consumo para, querendo, deduzirem oposição no prazo de 10 (dez) dias, acompanhada dos respectivos elementos de prova. A este propósito há que salientar que de acordo com o artigo 12º, nº 2, do Decreto-Lei nº 118/2011, de 15 de Dezembro – que aprova a estrutura orgânica da Autoridade Tributária e Aduaneira, resultante da fusão da DGCI, da DGAIEC e da DGITA –, a Autoridade Tributária e Aduaneira sucede à DGCI, à DGAIEC e à DGITA e todas as referências a estas consideram-se como feitas à Autoridade Tributária e Aduaneira. Ou seja, a notificação para oposição prevista no nº 4 do artigo 146º-B do CPPT deverá ser feita ao Director-Geral da Autoridade Tributária e Aduaneira.

A oposição do Director-Geral da Autoridade Tributária e Aduaneira deverá ser acompanhada dos respectivos meios de prova que, segundo Lopes de Sousa, devem revestir natureza exclusivamente documental, por força do princípio da igualdade de meios processuais, consagrado no artigo 98º da LGT[234]. Com efeito, não se compreenderia a limitação dos meios de prova ao dispor do contribuinte – já considerada materialmente inconstitucional pelo Tribunal Constitucional – e a admissão dos meios de prova em geral na oposição pela Administração Tributária.

Por fim, de acordo com o artigo 146º-D, nº 2 do CPPT, a decisão judicial deverá ser proferida no prazo de 90 (noventa) dias a contar da data de apresentação do requerimento inicial. O nº 1 do mesmo artigo estabelece que o recurso judicial da decisão da derrogação de sigilo bancário é tramitado como processo urgente o que significa que os prazos correm em férias judiciais com dispensa de vistos prévios mesmo em fase de recurso jurisdicional,

[234] Jorge Lopes de Sousa (2011), Vol. II, p. 568.

e os actos da secretaria são praticados no próprio dia com precedência sobre quaisquer outros.

Segundo Jesuíno Alcântara Martins e Costa Alves, na prática, os tribunais tributários têm vindo a decidir sobretudo ao nível da *verificação dos pressupostos* previstos no nº 1 do artigo 63º-B da LGT, que estão na base da decisão proferida pelo Director-Geral da Autoridade Tributária e Aduaneira para sustentar a derrogação do sigilo bancário, e ao nível da *fundamentação legalmente exigida* para a decisão[235]. Isto é, no âmbito destes recursos os tribunais têm vindo a averiguar se se verificam as situações elencadas no nº 1 do artigo 63º-B da LGT, por um lado, e a se a Autoridade Tributária e Aduaneira cumpriu o seu dever especial de fundamentação previsto no nº 4 do artigo 63º-B da LGT, por outro.

A este propósito e relativamente ao dever especial de fundamentação, veja-se o acórdão do TCA Norte de 16 de Outubro de 2014, proferido no âmbito do processo nº 00224/14.3, no qual se afirmou que *"[o] despacho que ordena a derrogação do sigilo bancário ao abrigo do disposto na alínea a) do nº 1 do art. 63-B LGT deve ser fundamentado com a exposição sucinta das razões de facto e direito que a motivaram"*, devendo conter "*factos indiciários integradores da norma, e não meros juízos ou conclusões*". Se não contiver factos – indiciadores –, este tribunal entendeu que "*a ATA incumpriu o seu dever de fundamentação*".

Para além disso, é fundamental fazer menção ao entendimento da jurisprudência do STA, de que a fundamentação da decisão de derrogação do sigilo bancário, com expressa menção dos motivos concretos que os justificam, pode ser remissiva. Neste sentido, veja-se o acórdão do STA de 9 de Março de 2016, proferido no âmbito do processo nº 0138/16, em sede do qual se afirmou que "*(...) pese embora numa fase inicial este Supremo Tribunal Administrativo tenha revelado algumas reticências relativamente à possibilidade de fundamentar a decisão de quebra do sigilo bancário por remissão, desde há muito tal possibilidade constitui jurisprudência consolidada*"[236].

Já que no diz respeito aos requisitos da decisão de derrogação de sigilo bancário, a jurisprudência tem entendido que a derrogação do sigilo bancário não é um fim em si mesmo, só podendo ocorrer no âmbito de uma acção de fiscalização tributária, verificadas as situações elencadas no nº 1 do artigo

[235] Jesuíno Alcântara Martins/José Costa Alves (2015), p. 132.

[236] No mesmo sentido, vejam-se, entre outros, os acórdãos do STA de 12 de Novembro de 2014, proferido no âmbito do processo nº 0642/14, de 28 de Abril de 2010, proferido no âmbito do processo nº 0897/09-16-2009, proferido no âmbito do processo nº 0384/09, de 19 de Março de 2009, proferido no âmbito do processo nº 0135/09 e do TCA Sul de 04 de Fevereiro de 2016, proferido no âmbito do processo nº 09258/16 e do TCA Norte de 28 de Fevereiro de 2013, proferido no âmbito do processo nº 00157/12.8.

63º-B da LGT e mediante o cumprimento de critérios de proporcionalidade, ou seja, a derrogação deverá revelar-se necessária, adequada e proporcionada em sentido estrito[237]. Neste sentido, veja-se o afirmado no acórdão do TCA Norte de 14 de Janeiro de 2016, proferido no âmbito do processo nº 01680/15.8:

> *"Os pressupostos da derrogação do sigilo bancário a que se refere o art. 63ºB da LGT são:_decorra uma ação de fiscalização tributária [art. 63º, nº3 da LGT];_nessa ação de fiscalização se recolha indícios de incumprimento dos deveres de colaboração do s.p. que decorrem das circunstâncias mencionadas nas várias alíneas do nº1, [nº1, do art. 63ºB];_ que a derrogação do sigilo bancário seja necessária, adequada e proporcionada ao apuramento da situação tributária visado na inspeção, [nº1, do art. 63º-B, 'diligências necessárias ao apuramento da situação tributária' em conjugação com o art. 55º (proporcionalidade) e art. 7º do RCIT]".*

Por último, o nº 6 do artigo 63º-B da LGT estabelece que em caso de deferimento do recurso, isto é, caso não se verifiquem os requisitos da decisão de derrogação do sigilo bancário, os elementos de prova entretanto obtidos não podem ser utilizados para qualquer efeito em desfavor do contribuinte.

Apesar desta solução, entendemos que o legislador devia ir mais longe, no sentido de prever o ressarcimento do contribuinte cujos dados bancários foram acedidos ilegalmente pela Administração Tributária. Com efeito, com o actual regime de derrogação do sigilo bancário, a Administração tem acesso directo aos dados bancários do contribuinte sem necessidade de autorização judicial, pelo que mesmo sendo considerada ilegal a decisão de derrogação do sigilo bancário, a verdade é que a Administração já teve acesso a estes dados, aos quais não podia legalmente aceder.

Não há, assim, a possibilidade de reconstituição natural no caso de acesso indevido. É verdade que a Administração está vinculada ao cumprimento do princípio da legalidade, devendo actuar em obediência à lei pelo que, em teoria, a Administração só decidirá aceder aos dados bancários quando se verificarem as situações previstas nas várias alíneas do nº 1 do artigo 63º-B da LGT. No entanto, tal não ocorre na prática, daí que o legislador preveja que caso o recurso interposto pelo contribuinte seja deferido, a Administração não possa utilizar os elementos obtidos para qualquer efeito em desfavor do contribuinte.

E aqui há dois pontos a salientar. Por um lado, cumpre determinar o que é abrangido por esta proibição de utilização de elementos obtidos por força da derrogação do sigilo bancário. Por outro, a suficiência desta consequência

[237] Veja-se o acórdão do TCA Norte de 27 de Setembro de 2012, proferido no âmbito do processo nº 008380/12.5.

como desincentivo à derrogação do sigilo bancário pela Administração Tributária, fora dos casos elencados no artigo 63º-B da LGT.

No que diz respeito à primeira questão, entendemos que a Administração Tributária não poderá proceder à fixação da matéria tributável por métodos indirectos ou à liquidação do tributo com fundamento nos elementos obtidos através do acesso aos dados bancários. Rui Duarte Morais entende e nós concordamos, que daqui resulta igualmente a exigência de serem anuladas as liquidações efectuadas com base na fixação da matéria colectável em que tenha sido utilizada a informação obtida através do acesso a estes dados[238] .

Deste modo, através do recurso judicial da derrogação do sigilo bancário o contribuinte pode impedir que os dados aos quais a Administração ilegalmente teve acesso, sejam utilizados "contra si".

Relativamente à segunda questão, parece-nos defensável afirmar que o recurso judicial não protege efectivamente o sigilo bancário dos contribuintes, estando aquém do ensejo constitucional da tutela jurisdicional efectiva, na medida em que o contribuinte recorrerá a este meio judicial após o acesso ilegal da Administração a estes dados, ou seja, após a violação do seu direito ao sigilo bancário. Esta consequência decorre naturalmente do regime actual de acesso directo da Administração aos dados bancários. Ou seja, o direito ao sigilo bancário estava efectivamente protegido quando o seu acesso pela Administração dependia de prévia autorização judicial. Por conseguinte, não se nos afigura suficiente como consequência do acesso ilegal a dados bancários pela Administração a impossibilidade de utilização dos mesmos para qualquer efeito em desfavor do contribuinte. Pelo contrário, entendemos que, falindo a possibilidade de plena reconstituição, o contribuinte devia ser ressarcido pela violação do seu direito ao sigilo bancário, recaindo sobre a Administração um dever de indemnização. Este dever de indemnizar o contribuinte, por um lado, serviria como um efectivo desincentivo à derrogação do sigilo bancário fora dos casos previstos no artigo 63º-B da LGT e por outro, garantiria uma melhor protecção do direito ao sigilo bancário dos contribuintes, sem fazer perigar os objectivos que levaram o legislador a prever esta supressão de direitos, isto é, o efectivo combate à fraude e evasão fiscal.

64.5. Recurso de decisão de avaliação da matéria colectável com base em manifestações de fortuna

No ponto 32.3 deste manual, aquando do procedimento de avaliação indirecta da matéria tributável, chegámos à conclusão que existe um método especial

[238] Rui Duarte Morais (2012), p. 234.

de fixação da matéria colectável por métodos indirectos e que se prende com o disposto nas alíneas *d*) e *f*) do artigo 87º quando prevêem as manifestações de fortuna e os acréscimos injustificados respectivamente. Este método é especial porque quer um quer outro, previstos no nº 4 e 5 do artigo 89º-A da LGT estipulam uma presunção de rendimento tributável, não sendo necessária qualquer avaliação da Administração Tributária.

Assim, relativamente à avaliação indirecta com base em manifestações de fortuna, haverá lugar à avaliação indirecta quando o contribuinte não entregue declaração e evidencie as manifestações de fortuna previstas na tabela do nº 4. Ou seja, quando o contribuinte não tenha declarado rendimentos, mas tenha evidenciado as seguintes manifestações de fortuna:

- Aquisição de imóveis de valor de aquisição igual ou superior a € 250.000,00;
- Aquisição de automóveis ligeiros de passageiros de valor igual ou superior a € 50.000,00 e motociclos de valor igual ou superior a € 10.000,00;
- Aquisição de barcos de recreio de valor igual ou superior a € 25.000;
- Aquisição de aeronaves de Turismo;
- Efetivação de suprimentos e empréstimos feitos no ano de valor igual ou superior a € 50 000 e
- Efetivação de transferência de montantes de e para contas de depósito ou de títulos abertas pelo sujeito passivo em instituições financeiras residentes em país, território ou região sujeito a um regime fiscal claramente mais favorável, constante da lista aprovada por portaria do Ministro das Finanças, cuja existência e identificação não seja mencionada nos termos previstos no artigo 63º-A.

Para estes efeitos, devem ter-se em consideração os bens previstos no nº 2 do artigo 89º-A da LGT, designadamente (*i*) os bens adquiridos no ano em causa ou nos três anteriores pelo *sujeito passivo* ou qualquer outro elemento do respectivo *agregado familiar*, bem como (*ii*) os bens de que frua no ano em causa o sujeito passivo ou qualquer elemento do respectivo agregado familiar, adquiridos nesse ano ou nos três anos anteriores por sociedade na qual detenham, directa ou indirectamente, participação maioritária, ou por entidade sediada em território de fiscalidade privilegiada ou cujo regime não permita identificar o titular respectivo, (*iii*) os suprimentos e empréstimos efectuados pelo sócio à sociedade, no ano em causa, ou por qualquer elemento do seu agregado familiar e (*iv*) a soma dos montantes transferidos de e para contas de depósito ou de títulos abertas pelo sujeito passivo em instituições financeiras residentes em país, território ou região sujeito a um regime fiscal claramente mais favorável, constante da lista aprovada por portaria do Ministro das Finanças, cuja existência e identificação não seja mencionada nos termos previstos no artigo 63º-A no ano em causa.

Assim, em relação a cada uma das manifestações de fortuna, presume-se, em relação ao sujeito passivo, a titularidade de um rendimento-padrão que será de, respectivamente:

- 20% do valor de aquisição do imóvel, ou seja, € 50.000, 00;
- 50% do valor do automóvel ligeiro de passageiros no ano de matrícula – ou seja, € 25. 000, 00 e € 5.000, 00, respectivamente – com o abatimento de 20% – € 10.000, 00 e € 2.000, 00 respectivamente -por cada um dos anos seguintes;
- Valor do barco de recreio no ano de registo com o abatimento de 20% por cada um dos anos seguintes, ou seja, € 5.000,00;
- Valor da aeronave de turismo no ano de registo com o abatimento de 20% por cada um dos anos seguintes, ou seja, € 5.000,00;
- 50% do valor anual dos suprimentos e empréstimos, ou seja, pelo menos € 25.000,00 e
- 100% da soma dos montantes anuais transferidos.

Por outro lado, também poderá haver lugar à avaliação indirecta quando o sujeito passivo entregue a declaração de rendimentos, evidencie as manifestações de fortuna acima referidas e o rendimento líquido declarado pelo contribuinte mostre uma desproporção superior a 30%, para menos, em relação ao rendimento padrão resultante da tabela do nº 4.

Ou seja, quando o sujeito passivo, pese embora tenha entregue declaração:

- Tenha adquirido um imóvel de valor de aquisição igual ou superior a € 250.000,00 e declare um rendimento de € 35.000,00;
- Tenha adquirido um automóvel ligeiro de passageiros de valor igual ou superior a € 50.000,00 ou um motociclo de valor igual ou superior a € 10.000,00, tendo declarado um rendimento de € 17.500,00 ou € 7.000, 00, respectivamente;
- Tenha adquirido um barco de recreio de valor igual ou superior a € 25.000,00 tendo declarado um rendimento de € 3.500,00;
- Tenha adquirido uma aeronave de turismo e declare um rendimento que mostre uma desproporção superior a 30%, para menos do valor da aeronave de turismo no ano de registo com o abatimento de 20% por cada um dos anos seguintes;

- Apresente suprimentos e empréstimos feitos no ano de valor igual ou superior a € 50 000 e declare um rendimento de € 17.500,00; e
- Apresente montantes transferidos de e para contas de depósito ou de títulos abertas pelo sujeito passivo em instituições financeiras residentes em país, território ou região sujeito a um regime fiscal claramente mais favorável, constante da lista aprovada por portaria do Ministro das Finanças, cuja existência e identificação não seja mencionada nos termos previstos no artigo 63º-A, tendo declarado um rendimento que mostre uma desproporção superior a 30%, para menos do valor da somados montantes anuais transferidos.

Assim, considera-se rendimento tributável em sede de IRS, a enquadrar na categoria G, os rendimentos-padrão previstos na tabela do nº 4 do artigo 89º-A da LGT, quando o sujeito passivo evidencie as manifestações de fortuna previstas nesta tabela, como por exemplo, um imóvel de valor de aquisição igual ou superior a € 250.000,00 e falte a declaração de rendimentos ou o rendimento líquido declarado mostre uma desproporção superior a 30% para menos, em relação ao rendimento padrão resultante da referida tabela, nos termos do artigo 89º-A, nºs 1 e 4 da LGT.

Já que no que diz respeito à avaliação indirecta com base em acréscimos de património ou de despesa efectuada, incluindo liberalidades, de valor superior a €100.000,00, verificados simultaneamente com a falta de declaração de rendimentos ou com a existência, no mesmo período de tributação, de uma divergência não justificada com os rendimentos declarados. De acordo com o artigo 89º-A, nº 5 da LGT, considera-se rendimento tributável em sede de IRS, a enquadrar na categoria G, a diferença entre o acréscimo de património ou a despesa efectuada e os rendimentos declarados pelo sujeito passivo no mesmo período de tributação.

Para além disso, como se viu, estes métodos de avaliação indirecta são especiais porque ambos têm uma forma de reacção especial – o recurso para o tribunal tributário, nos termos do artigo 146º-B do CPPT, aplicável por remissão expressa do seu nº 5, com efeito suspensivo –, pelo que o contribuinte não terá que recorrer ao procedimento administrativo de avaliação da matéria colectável.

Com efeito, todas as decisões de avaliação da matéria tributável por métodos indirectos assumem a natureza de actos destacáveis para efeitos de impugnação, embora se insiram num procedimento de liquidação de um tributo. Assim sendo, o sujeito passivo ou outro interessado poderá optar entre a impugnação autónoma do acto destacável – de avaliação da matéria tributável por métodos indirectos – ou apenas pela impugnação do acto final de liquidação, sendo que, como temos vindo a defender, os vícios dos actos destacáveis serão arguíveis na discussão da legalidade do acto final ainda que não tenham sido objecto de impugnação autónoma. Contudo, não se poderão duplicar meios, sob pena dos eventuais vícios do acto destacável serem uma questão prejudicial da impugnabilidade do acto definitivo. Isto é, não poderá impugnar autonomamente os actos de avaliação por métodos indirectos e, de seguida, impugnar o acto final de liquidação, invocando os mesmos vícios[239].

Só que, enquanto as restantes decisões de avaliação da matéria tributável por métodos indirectos são impugnáveis através do procedimento de revisão da matéria tributável, que analisámos no ponto 43 deste manual, as decisões com base em manifestações de fortuna ou em acréscimos injustificados de património ou de despesa são impugnáveis exclusivamente através do recurso judicial previsto no artigo 146º-B do CPPT que pretendemos agora analisar, tal como decorre do artigo 89º-A, nºs 7 e 8 da LGT[240].

Como já tivemos oportunidade de referir, entendemos que o recurso judicial previsto no artigo 146º-B do CPPT será o meio adequado para contestar as decisões de avaliação da matéria tributável por métodos indirectos, quer com base em manifestações de fortuna (artigo 87º, nº 1, alínea *d*) da LGT), quer com base em acréscimos injustificados de património (artigo 87º, nº 1, alínea *f*) da LGT)[241], aliás como o nº 5 da norma impõe. Estas decisões não são, porém, susceptíveis de pedido de revisão da matéria tributável nos termos do artigo 91º e seguintes da LGT, mas sim de recurso judicial previsto no artigo 146º-B do CPPT.

Tratando-se de actos destacáveis, entendemos que o sujeito passivo ou outro interessado poderá optar entre a impugnação autónoma do acto de

[239] Como exemplos de outros actos destacáveis temos a decisão de derrogação do sigilo bancário – artigo 63º-B, nº 5 da LGT; as decisões proferidas no âmbito do procedimento de informações vinculativas – artigo 68º, nº 20 da LGT -; a decisão de não reconhecimento de um benefício fiscal – artigo 65º do CPPT – e o acto de avaliação directa – de fixação do valor patrimonial tributário (VPT) – artigo 86º, nº 1 da LGT.

[240] O Tribunal Constitucional já teve oportunidade de se pronunciar acerca da constitucionalidade da norma do nº 7 do artigo 89º-A da LGT, no acórdão nº 554/2009, de 27 de Outubro de 2009, no qual não julgou inconstitucional, quando interpretada no sentido de que a forma processual urgente, aí prevista, constitui a única via de impugnação judicial da decisão de avaliação da matéria colectável pelo método indirecto previsto no artigo 89º-A da LGT (manifestações de fortuna), não violando designadamente o princípio da tutela jurisdicional efectiva.

[241] Em sentido contrário, entendendo que o recurso previsto no artigo 146º-B do CPPT apenas é aplicável para contestar a legalidade das decisões de avaliação indirecta com base em manifestações de fortuna: Jesuíno Alcântara Martins/José Costa Alves (2015), p. 134.

avaliação da matéria tributável com base em manifestações de fortuna ou acréscimos injustificados ou apenas pela impugnação do acto final, sendo que os vícios dos actos destacáveis serão arguíveis na discussão da legalidade do acto final ainda que não tenham sido objecto de impugnação autónoma. Não poderá, contudo, interpor recurso judicial nos termos do artigo 146º-B do CPPT e posteriormente impugnar o acto de liquidação final, invocando os mesmos vícios, sob pena de os eventuais vícios do acto destacável constituírem uma questão prejudicial da impugnabilidade do acto definitivo.[242].

No que diz respeito à tramitação deste recurso, de acordo com o nº 5 do artigo 146º-B do CPPT, aplicar-se-ão as regras previstas neste artigo, as quais analisámos no ponto anterior relativamente ao recurso da decisão da Administração Tributária de derrogação de sigilo bancário, com as necessárias adaptações, pelo que remetemos para este ponto[243]. Este processo também é de natureza urgente, tal como decorre dos artigos 89º-A, nº 7 da LGT e 146º-D, nº 1 do CPPT.

Assim, também em sede de recurso da decisão de avaliação da matéria tributável por métodos indirectos com base em manifestações de fortuna ou acréscimos injustificados de património ou despesa se poderia colocar a questão de limitação dos meios de prova ao dispor do sujeito passivo e da Administração Tributária, tendo em conta o disposto no nº 3 do artigo 146º-B do CPPT, igualmente aplicável a este recurso. Contudo, no processo nº 813/07, de 22 de Janeiro de 2008, o Tribunal Constitucional julgou inconstitucional com eficácia *inter partes*, por violação dos artigos 20º, nº 1, em conjugação com o artigo 18º, nº 1, ambos da CRP, a norma constante da parte final do nº 3 do artigo 146º-B, do CPPT, quando aplicável por força do disposto no nº 8 do artigo 89º-A da LGT, na medida em que exclui em absoluto a produção de prova testemunhal, nos casos em que esta é, em geral, admissível. Por outro lado, o Tribunal Constitucional no acórdão nº 759/2013, de 30 de Outubro de 2013, julgou inconstitucional *com força obrigatória geral*, por violação dos artigos 20º, nº 1, em conjugação com o artigo 18º, nº 2, ambos da CRP, da norma

[242] Em sentido contrário, entendendo que a decisão de derrogação de avaliação da matéria tributável com base em manifestações de fortuna terá de ser impugnada autonomamente em relação à decisão final, não podendo os vícios de que enferme a decisão de derrogação ser invocados na impugnação do acto final de liquidação: JORGE LOPES DE SOUSA (2011), Vol. II, p. 571.

[243] A petição deve ser apresentada no tribunal tributário de 1ª instância da área de domicílio fiscal do interessado (nº 1), no prazo de 10 (dez) dias a contar da data em que foi notificado da decisão (nº 2), acompanhada dos respectivos elementos de prova, que devem revestir natureza exclusivamente documental (nº 3). A petição não ter que ser subscrita por advogado nem tampouco tem que obedecer a qualquer formalidade especial (nº 3).

constante da parte final do nº 3 do artigo 146º-B, do CPPT, quando aplicável por força do disposto no nº 8 do artigo 89º-A da LGT, *"na medida em que exclui em absoluto a produção de prova testemunhal, nos casos em que esta é, em geral, admissível"*. No entanto, declarou a inconstitucionalidade com força obrigatória geral da parte final do nº 3 do artigo 146º-B, do CPPT apenas nos casos em que seja aplicável por força do disposto no nº 8 do artigo 89º-A da LGT, ou seja, nos recursos judiciais de decisões de aplicação de métodos indirectos com base em manifestações de fortuna ou em acréscimos injustificados de património ou despesa. Assim, tendo a norma prevista na parte final do nº 3 do artigo 146º-B, do CPPT sido declarada inconstitucional com força obrigatória geral, nos casos em que seja aplicável por força do disposto no nº 8 do artigo 89º-A da LGT, não será de admitir a limitação dos meios de prova àqueles com natureza documental neste recurso. O mesmo entendimento deverá ter-se quanto aos demais casos em que a lei imponha a restrição à prova documental, como aponta LOPES DE SOUSA, que acompanhamos, designadamente quanto aos casos de impugnação da aplicação das manifestações de fortuna, nos termos do artigo 89º-A da LGT[244].

Por fim, para além desta distinção ao nível dos meios de prova admitidos, também é de salientar a diferença ao nível do efeito do recurso da decisão da Administração Tributária de derrogação de sigilo bancário e de avaliação da matéria colectável por métodos indirectos com base em manifestações de fortuna ou acréscimos injustificados de património ou despesa.

Como se viu, o recurso da decisão da Administração Tributária de derrogação de sigilo bancário terá efeito suspensivo quando interposto pelos familiares do contribuinte ou terceiros em relação especial, por força do previsto no artigo 63º-B, nº 5 da LGT, e efeito meramente devolutivo quando interposto pelo contribuinte.

Já o recurso da decisão de avaliação da matéria colectável por métodos indirectos com base em manifestações de fortuna ou acréscimos injustificados de património ou despesa terá sempre efeito suspensivo, de acordo com o previsto no artigo 89ºA, nº 7 da LGT, pelo que a Administração Tributária não poderá praticar o acto de liquidação subsequente, enquanto estiver pendente este recurso.

65. Contencioso cautelar

Estudados os meios processuais que integram o processo judicial tributário, previstos no artigo 97º do CPPT e antes de procedermos à análise das formas de

[244] JORGE LOPES DE SOUSA (2011), p. 566.

reapreciação das decisões proferidas no âmbito dos mesmos – ou seja, ao estudo dos recursos –, torna-se fundamental uma referência ao contencioso cautelar.

Neste ponto pretendemos recordar em que consistem as medidas cautelares, quais os seus pressupostos e as suas características, tendo sempre em consideração que o que verdadeiramente nos interessa são as medidas cautelares que podem ser adoptadas ou decretadas em sede de contencioso.

Com efeito, as medidas cautelares já serão conhecidas de outros ramos do direito processual, designadamente do processo civil e do processo administrativo, tratando-se, como se sabe, de meios de tutela mais céleres, tramitados sob processo urgente, que visam a manutenção de determinada situação jurídica ou fáctica ou a antecipação dos efeitos de determinada decisão. Estas medidas visam, assim, garantir o efeito útil de determinadas actuações procedimentais ou processuais[245].

No âmbito do contencioso tributário, teremos medidas cautelares quer *a favor da Administração Tributária*, quer *a favor dos contribuintes*.

Assim, no que diz respeito às medidas cautelares a favor da Administração Tributária, estas poderão ser administrativas ou jurisdicionais, consoante sejam adoptadas pela própria Administração de forma directa e sem mediação jurisdicional ou requeridas ao tribunal. Segundo FREITAS DA ROCHA, a necessidade de consagração de medidas cautelares a favor da Administração decorre do *princípio da prossecução do interesse público*, concretizado na arrecadação de receitas necessárias à satisfação das necessidades do Estado, designadamente para a defesa, saúde, educação, entre outras[246].

Relativamente às medidas cautelares a favor dos contribuintes, naturalmente que serão sempre jurisdicionais, sendo necessário o requerimento ao tribunal para o decretamento de providências cautelares que acautelem os seus direitos ou interesses legítimos. FREITAS DA ROCHA considera que a previsão destes instrumentos cautelares a favor dos contribuintes decorre, por sua vez, dos princípios do acesso ao Direito e da tutela jurisdicional efectiva[247]. Com efeito, resulta do disposto no artigo 268º, nº 4 da CRP que consagra o direito à tutela jurisdicional efectiva, a exigência de "*adopção de medidas cautelares adequadas*".

Quanto aos pressupostos da adopção das medidas cautelares no âmbito do contencioso tributário, serão os mesmos previstos no processo civil e no processo administrativo, cabendo aqui recordar, de forma sucinta, em que consistem.

[245] JOAQUIM FREITAS DA ROCHA (2014), p. 389.

[246] *Ibidem*, p. 391.

[247] *Ibidem*.

Por conseguinte, serão três os pressupostos – de verificação cumulativa – para adopção das medidas cautelares: o *periculum in mora*, o *fumus boni iuris* e a observância do princípio da proporcionalidade.

Relativamente ao *periculum in mora*, consiste no fundado receio de frustração ou de lesão de direitos e interesses legalmente protegidos, em consequência da demora. Esta lesão não poderá consistir num mero incómodo resultante da demora normal ou do decurso do tempo, mas também não se exige que a lesão seja irreparável. A doutrina tem entendido que apenas se exige que se verifique o receio ou perigo de lesão de difícil reparação.

A este propósito, Freitas da Rocha salienta o facto de dificilmente se considerarem como absolutamente irreparáveis as lesões de natureza patrimonial – que serão as mais comuns em matéria tributária –, na medida em que restará sempre a possibilidade de ressarcimento ou de compensação indemnizatória. Sem embargo desta advertência do autor, importa referir que pese embora a relação jurídica tributária assente essencialmente em questões de natureza patrimonial, a verdade é que não raras vezes, e em especial em sede de cobrança coerciva dos tributos, valores de outra natureza carecem da devida tutela antecipatória ou conservatória – atentemos, por exemplo, a uma ameaça de penhora sobre a casa de morada de família ou a ameaça de apreensão de uma mercadoria perecível. Já Lopes de Sousa, referindo-se especificamente às medidas cautelares a favor do contribuinte, previstas do artigo 147º, nº 6 do CPPT, exige a adopção destas medidas para além dos casos em que possa ocorrer um prejuízo irreparável, entendendo que o direito à tutela jurisdicional efectiva parece impor a consagração do velho princípio processual enunciado por Chiovenda, de que "*a inevitável demora de processo ou a necessidade de recorrer a ele não devem provocar dano à parte que tem razão*"[248].

No que diz respeito ao *fumus boni iuris*, decore deste pressuposto a exigência de se demonstrar, com elevada probabilidade, a existência no caso em concreto do direito ou do interesse invocado por aquele a quem a medida cautelar aproveita. Ou seja, não será necessária a prova definitiva da existência do direito de quem requer a adopção da medida cautelar, mas apenas a aparência fundada do mesmo, isto é, a probabilidade de existência do mesmo.

Por fim, quanto à necessidade de observância do princípio da proporcionalidade, exige-se que se verifique a necessidade da medida, a adequação da mesma aos fins que se pretende atingir e a proporcionalidade em sentido estrito. Esta exigência está expressamente prevista no artigo 51º, nº 3 da LGT, relativamente às providências cautelares adoptadas pela Administração Tributária.

[248] Joaquim Freitas da Rocha (2014), p. 392 e Jorge Lopes de Sousa (2011), Vol. II, p. 592.

Tal como as medidas cautelares em geral, também as medidas adoptadas no âmbito do contencioso tributário poderão ser de natureza antecipatória ou conservatória. Serão antecipatórias quando tiverem como objectivo o adiantamento da produção de determinado efeito jurídico ou factual que, em princípio, só verificaria num momento posterior, como por exemplo, a providência cautelar de antecipação de um benefício fiscal. Por outro lado, serão conservatórias quando tiverem como objectivo manter o estado de determinada situação jurídica ou fáctica, como por exemplo, o arresto que evita a alienação ou ocultação de bens.

Por fim, são de referir como características típicas das medidas cautelares a sua provisoriedade e instrumentalidade. A provisoriedade significa que os seus efeitos são limitados no tempo, por não estar em causa a resolução definitiva de um litígio. Já da instrumentalidade decorre o facto de as medidas não constituírem elas próprias um fim em si mesmas, encontrando-se na dependência de uma acção principal cuja utilidade visa assegurar.

Já no que diz respeito às medidas cautelares adoptadas ou decretadas no âmbito do contencioso tributário, a única característica distinta será a sua provisoriedade, não se exigindo a dependência formal de uma causa que tenha por fundamento o direito acautelado, especialmente nas medidas jurisdicionais a favor da Administração, tal como decorre dos artigos 122º e seguintes do CPTA e do artigo 364º do CPC[249].

Feita esta introdução relativamente às medidas cautelares em geral e àquelas adoptadas no âmbito do contencioso tributário, pretendemos agora analisar o regime previsto para estas medidas cautelares.

Estudaremos em primeiro lugar o regime das medidas cautelares a favor da Administração Tributária, quer as adoptadas pela própria Administração de forma directa – que, na verdade, integram o procedimento tributário e não o processo judicial tributário, na medida em que a Administração surge como entidade decisora e não como parte –, quer as medidas jurisdicionais.

De seguida, analisaremos as medidas cautelares a favor dos contribuintes que decorrem da exigência constitucional do direito à tutela jurisdicional efectiva consagrado no artigo 268º, nº 4 da CRP, bem como a possibilidade de impugnação pelos contribuintes das medidas cautelares adoptadas pela Administração Tributária.

[249] Freitas da Rocha considera que verifica-se uma instrumentalidade relativa, mais visível no âmbito do procedimento do que no processo tributário, na medida em que neste último não se exige que exista dependência formal de uma causa que tenha por fundamento o direito acautelado Cf. Joaquim Freitas da Rocha (2014), p. 393.

65.1. Medidas cautelares a favor da Administração Tributária

65.1.1. Medidas da competência da Administração

Comecemos então por analisar as medidas cautelares a favor da Administração Tributária, da competência da mesma. Como se viu, estas medidas cautelares constituem meios directos que não carecem de mediação jurisdicional. Deste modo, a Administração pode decidir adoptar estas medidas cautelares sem necessidade de autorização ou decisão do tribunal nesse sentido.

Esta possibilidade reconhecida à Administração de tomar providências cautelares está prevista no artigo 51º da LGT e, quanto a nós, integra o âmbito do procedimento tributário, na medida em que a Administração surge como entidade decisora e não como parte de um litígio a dirimir pelos tribunais.

De acordo com o nº 1 do artigo 51º da LGT, a Administração Tributária poderá adoptar estas providências cautelares para assegurar a garantia dos créditos tributários. Para além disso, estas providências cautelares também poderão visar a preservação de meios de prova que permitam a comprovação de determinada situação contributiva – em sede de procedimento inspectivo – ou obstar à continuação de uma actividade fiscalmente ilícita[250].

Determinadas as finalidades das providências cautelares adoptadas pela Administração, torna-se necessário compreender em que podem consistir tais providências. O nº 3 do artigo 51º da LGT estabelece que as providências cautelares consistem:

- Na apreensão de bens, direitos ou documentos[251]; e
- na retenção de prestações tributárias a que o contribuinte tenha direito, até à satisfação dos créditos tributários, como por exemplo, a restituição de impostos a que o contribuinte tenha direito devido à anulação de acto de liquidação ilegal.

Para além destas providências, o RCPITA prevê ainda no seu artigo 30º a possibilidade de:

- Selar quaisquer instalações, apreender bens, valores ou mercadorias, sempre que se mostre necessário à demonstração da existência de um ilícito tributário (artigo 30º, nº 1, alínea *b*) do RCPITA);

[250] Neste sentido: RUI DUARTE MORAIS (2012), p. 310.

[251] Segundo FREITAS DA ROCHA, os bens deverão ser tributariamente relevantes e esta medida terá como efeito apenas o desapossamento, ou seja, a retirada da posse, dos bens e não a desapropriação dos mesmos, que continuarão na titularidade do respectivo proprietário Cf. JOAQUIM FREITAS DA ROCHA (2014), p. 397.

- Visar, quando conveniente, os livros e demais documentos (artigo 30º, nº 1, alínea *c*) do RCPITA).

Ora, não se poderá deixar de referir o entendimento de Lopes de Sousa de que a Administração Tributária só está autorizada a utilizar, para fins cautelares, os meios previstos na lei, não lhe sendo permitida a criação de outros meios cautelares sem suporte legal, nem tampouco dar aos meios procedimentais – e até processuais – previstos na lei fins diferentes daqueles que a lei lhes atribuiu. Tudo em nome do princípio da legalidade tributária que vincula a Administração na sua actuação[252].

Não podemos deixar de concordar com a posição deste autor. De acordo com o artigo 55º da LGT, a Administração Tributária exerce as suas atribuições na prossecução do interesse público de acordo com o princípio da legalidade, o qual impõe sobre os órgãos da Administração o dever de actuarem em obediência à lei, dentro dos limites dos poderes que lhe estão atribuídos e em conformidade com os fins para que esses poderes lhes foram atribuídos. Como já se viu, do princípio da legalidade decorre a proibição da prática por parte da Administração de actos contrários à lei, resultando na invalidade e consequente anulabilidade dos actos que a contrariem. Tudo porque a violação do princípio da legalidade constitui um vício de violação de lei[253].

Deste modo, a Administração Tributária, por força do princípio da legalidade e da consequente exigência de actuar em obediência à lei e ao direito, só poderá adoptar as providências cautelares previstas na lei, designadamente as que elencámos em cima. Se se admitisse a criação de novos meios cautelares por parte da Administração, facilmente se cometeriam abusos.

Como se compreende, tendo em conta o que foi dito no ponto anterior, exige-se a verificação cumulativa de determinados pressupostos para que a Administração possa adoptar as medidas que acabámos de elencar. Do artigo 51º, nº 1 da LGT decorre a exigência da verificação do *periculum in mora*, ou seja, do fundado receio de frustração da cobrança dos créditos tributários. Por outro lado, o nº 2 do mesmo artigo exige que as providências cautelares sejam proporcionadas ao dano a evitar e que não causem dano de impossível ou difícil reparação, decorrendo deste preceito a exigência de observância do *princípio da proporcionalidade.*

Por último, não resulta deste artigo nem é referida expressamente nem na LGT, nem no CPPT, a exigência da verificação do *fumus boni iuris*, isto é,

[252] Jorge Lopes de Sousa (2011), Vol. II, p. 482.

[253] Este princípio tem consagração constitucional no artigo 266º, nº 2 da CRP, encontrando-se concretizado no artigo 3º do CPA. Para mais desenvolvimentos, veja-se o ponto 5 deste manual.

da demonstração da aparência fundada do direito da Administração Tributária. No entanto, acompanhamos o entendimento de FREITAS DA ROCHA que defende que esta exigência está indirectamente prevista no artigo 51º da LGT, ao referir-se aos "*termos da lei*"[254].

Descortinado o regime das providências cautelares da competência da Administração, é ainda de salientar o facto de estas poderem ser impugnadas pelos interessados, nos termos dos artigos 143º e 144º do CPPT. Esta possibilidade de impugnação será objecto de análise no ponto 65.3, para o qual remetemos.

65.1.2. Medidas jurisdicionais

No ponto anterior foi analisada a competência atribuída à própria Administração Tributária para a adopção de medidas cautelares, sem necessidade de recorrer aos tribunais, prevista no artigo 51º da LGT.

Já no artigo 135º e seguintes do CPPT prevêem-se procedimentos cautelares que não são adoptados pela Administração, mas que podem ser por ela requeridos aos tribunais tributários. Assim, neste ponto pretendemos analisar estas medidas jurisdicionais requeridas pela Administração aos tribunais, designadamente o arresto e o arrolamento a que o nº 1 do artigo 135º do CPPT faz referência e que estão regulados nos artigos 136º a 139º e 140º a 142º do CPPT, respectivamente.

É de salientar, no entanto, que há situações enquadráveis no arresto – artigo 136º, nº 1, alínea *a*) do CPPT – e no arrolamento – artigo 140º do CPPT – que também se enquadram no previsto no artigo 51º, nº 1 da LGT, ou seja, nas providências cautelares administrativas.

Como veremos, o arresto consiste na apreensão judicial de bens para garantir a cobrança de créditos tributários, sendo que a apreensão de bens também constitui uma providência cautelar que pode ser adoptada pela Administração, de acordo com o artigo 51º, nº 3 da LGT.

Em face desta cumulação de possibilidades de adopção de providências cautelares para os mesmos fins pela Administração Tributária e pelos tribunais a requerimento daquela, LOPES DE SOUSA entende – apesar de a prática seguida junto dos tribunais tributários desmentir a tese do autor – que não é razoável admitir que a Administração Tributária possa requerer a adopção de providências que ela própria tem competência para adoptar. Deste modo, conclui que a lei só pode permitir a adopção de medidas cautelares pela Administração Tributária que coincidam com os fins e com os actos praticados pre-

[254] JOAQUIM FREITAS DA ROCHA (2014), p. 399.

vistos para o arresto e para o arrolamento em situações especiais de urgência, incompatíveis com a adopção por via judicial[255].

A mesma opinião é perfilhada por RUI DUARTE MORAIS que defende que as medidas de apreensão de bens – a que equivale o arresto –, só podem ser adoptadas pela própria Administração Tributária, sem autorização judicial, em situações de excepcional urgência. Senão, segundo este autor, se a providência cautelar tiver sido adoptada pela Administração fora dos casos de especial urgência, deverá ser anulada em sede de impugnação deduzida pelo interessado, mesmo que se verifiquem os pressupostos da concessão de um arresto[256].

Analisemos então estas duas providências cautelares jurisdicionais que podem ser requeridas pela Administração Tributária ao tribunal, analisando designadamente os requisitos dos quais depende o seu decretamento, a sua tramitação e os efeitos da sua aplicação.

65.1.2.1. Arresto

A primeira providência cautelar de natureza judicial que nos cabe analisar é o arresto, regulado nos artigos 136º a 139º do CPPT. Esta medida que só pode ser adoptada pelos tribunais tributários consiste na *apreensão judicial de bens*, destinada a garantir a cobrança de créditos tributários.

De acordo com o artigo 136º, nº 1 do CPPT, poderá ser requerido o arresto, ou seja, a apreensão de bens do devedor originário, bem como do responsável solidário ou subsidiário pelo pagamento do imposto. Assim tem entendido a jurisprudência, designadamente o TCA Norte no acórdão de 15 de Janeiro de 2015, proferido no âmbito do processo nº 00974/14.4, no qual afirmou a existência de um requisito especial para a adopção do arresto contra o responsável subsidiário[257]:

> *"Ao arresto contra bens do responsável subsidiário pelo pagamento do imposto, aplicam-se os mesmos pressupostos que para o arresto de bens do devedor originário, para além da alegação e da prova, esta ainda que perfunctória (fumusboniiuris e summariacognitio), a cargo do requerente do arresto, de que aquele se encontra em condições de contra ele vir a ser decretada (de futuro) a **reversão da execução fiscal**"* (destacado nosso).

Salienta-se também que o arresto pode ser requerido tanto antes, quanto na pendência do processo de execução fiscal, embora no segundo caso esteja

[255] JORGE LOPES DE SOUSA (2011), Vol. II, p. 481-482.

[256] RUI DUARTE MORAIS (2012), p. 312.

[257] Admitindo a possibilidade de arresto contra bens do responsável subsidiário, veja-se ainda o acórdão do TCA Norte de 15 de Janeiro de 2015, proferido no âmbito do processo nº 00798/14.9.

previsto no artigo 214º do CPPT. Na pendência do processo de execução fiscal, o arresto só fará sentido quando não possa ainda ser efectuada a penhora, como por exemplo, nos casos em que a penhora só pode ter lugar depois da citação do executado e de ter decorrido o prazo para este deduzir oposição[258].

Aqui chegados, pretende-se primeiro delimitar os *requisitos* de adopção desta medida cautelar pelos tribunais e, de seguida, analisar a sua *tramitação*.

No que diz respeito aos requisitos, caberá olhar para o nº 1 do artigo 136º do CPPT que estabelece que o arresto pode ser requerido quando houver fundado receio de diminuição de garantia de cobrança de créditos tributários e quando o tributo estiver liquidado ou em fase de liquidação[259].

Relativamente ao "*fundado receio*", não há duvida alguma que corresponde ao requisito geral das providências cautelares do *periculum in mora*, sendo de considerar, porém, a presunção prevista no nº 5 do artigo 136º do CPPT. Aqui prevê-se a presunção do fundado receio nos casos de dívidas por impostos que o devedor ou responsável esteja obrigado a reter ou repercutir a terceiros e que não haja entregue nos prazos legais[260].

Não se presume, no entanto, que o tributo está liquidado ou em fase de liquidação, como resulta da clara referência no nº 5 do artigo 136º do CPPT à alínea *a*) do nº 1 onde está previsto o requisito do fundado receio[261].

Por sua vez, o requisito do tributo "*estar liquidado ou em fase de liquidação*" equivale ao *fumus boni iuris*, ou seja, à aparência fundada ou elevada probabilidade de existência do direito da Administração Tributária, também comum

[258] Neste sentido, Rui Duarte Morais que defende que o arresto na pendência da execução ainda poderá ocorrer quando o executado tenha requerido a suspensão da execução pela prestação de uma determinada garantia ou com dispensa da sua prestação, tal não tenha sido aceite e de tal decisão tenha havido reclamação nos termos do artigo 276º do CPPT que suspende o prosseguimento do processo de execução fiscal, inviabilizando a possibilidade de penhora. Pelo contrário, não admite que o arresto possa ser decretado quando tenha sido requerida prestação de garantia e a Administração não se tenha pronunciado, na medida em que o eventual *periculum in mora* será imputável à Administração Cf. Rui Duarte Morais (2012), p. 312.

[259] A este propósito, veja-se o acórdão do TCA Sul de 10 de Julho de 2015, proferido no âmbito do processo nº 08820/15 onde são descortinados quer os requisitos, quer a tramitação do arresto.

[260] Veja-se o acórdão do TCA Sul de 22 de Outubro de 2015, proferido no âmbito do processo nº 09034/15, no qual se afirmou que "*[o] facto de estarmos perante IVA indevidamente deduzido, e não IVA indevidamente liquidado, não obsta à conclusão de que estamos perante imposto relativamente ao qual o devedor está obrigado a repercutir a terceiros e não entregou nos prazos legais, subsumível à previsão legal do nº 5 do art. 136º do CPPT, e portanto, que se possa presumir o fundado receio da diminuição de garantia de cobrança de crédito tributáveis*".

[261] Assim, não se compreende como chega Lopes de Sousa a esta conclusão, de que presume-se a verificação deste pressuposto, de acordo com o nº 5 do artigo 136º do CPPT Cf. Jorge Lopes de Sousa (2011), Vol. II, p. 446-447.

às providências cautelares em geral. Nos nºs 2 e 3 o legislador indica quando é que se considera que os tributos periódicos e os de obrigação única estão em fase de liquidação, respectivamente.

Por último, é de salientar como requisito do arrolamento, a necessidade de observância do princípio da proporcionalidade decorrente do nº 3 do artigo 137º do CPPT, em sede do qual se afirma que o arresto caducará na medida do que exceder o montante suficiente para garantir o tributo, juros compensatórios liquidados e o acrescido relativo aos seis meses posteriores.

Em termos de tramitação, é de referir desde já que esta decorre do disposto na secção II do Capítulo III do CPPT, bem como das normas do CPC – artigos 391º a 396º do CPC e ainda no que nestas não estiver previsto, as normas do processo cautelar comum que correspondem aos artigos 362º a 376º do CPC –, para as quais o artigo 139º do CPPT remete.

Assim, verificados os requisitos acima elencados, o representante da Fazenda Pública pode requerer o arresto de bens ao tribunal tributário de 1ª instância da área do órgão periférico local competente para a execução dos créditos que se pretendam garantir, de acordo com o disposto nos artigos 136º, nº 1 e 138º do CPPT. No requerimento inicial, o representante da Fazenda Pública deverá alegar os factos que demonstrem o tributo ou a sua provável existência e os fundamentos do receio de diminuição de garantias de cobrança de créditos tributários, relacionando ainda os bens que devem ser arrestados, os quais devem ser suficientes para garantir a cobrança do respectivo crédito fiscal, tal como prevê o nº 4 do artigo 136º do CPPT.

O arresto será decretado sem audiência da parte contrária, de acordo com o previsto no artigo 393º, nº 1 do CPC, *ex vi* artigo 139º do CPPT, só se iniciando, para o arrestado, a via contraditória depois de ser notificado da decisão. Este poderá optar em alternativa por uma das duas vias contenciosas possíveis, de acordo com os artigos 372º, nº1 e 376º, nº 1, do CPC: ou o recurso da decisão que decretou o arresto quando entenda que, face aos elementos apurados, ele não devia ter sido deferido; ou a oposição à mesma decisão, quando pretenda alegar factos ou produzir meios de prova não tidos em conta pelo tribunal e que possam afastar os fundamentos da providência ou determinar a sua redução.

Tratando-se de um procedimento cautelar, o arresto terá carácter de processo urgente, de acordo com o artigo 363º do CPC, aplicável por força do artigo 139º do CPPT. Isto significa que os actos relativos ao processo precedem qualquer outro serviço judicial não urgente, de acordo com o artigo 363º, nº 1 do CPC, os prazos correm em férias judiciais, de acordo com o artigo 138º do CPC, os despachos ou promoções devem ser proferidos no prazo mínimo de 2 (dois) dias, de acordo com o artigo 156º, nº 3 do CPC e os recursos jurisdicionais são apresentados por meio de requerimento juntamente com as alegações, no prazo de 10 (dez) dias, de acordo com o artigo 283º do CPPT.

Para além disso, por força da conjugação dos artigos 96º, nº 3 e 97º, nº 1, alínea *i*) do CPPT, este procedimento cautelar não poderá ter uma duração superior a 90 (noventa) dias, desde a data em que foi apresentado o requerimento até à data da decisão proferida em 1ª instância. A sentença deverá ser proferida no prazo geral de 20 (vinte) dias, previsto no artigo 21º, alínea *b*) do CPPT.

Sendo decretado o arresto, a consequência será naturalmente a apreensão dos bens com a aplicação das regras da penhora que constam dos artigos 221º a 233º do CPPT. De acordo com o artigo 366º, nº 6 do CPC, aplicável por força do artigo 139º do CPPT, o requerido só será notificado da decisão que ordenou o arrolamento após a efectivação da apreensão dos bens.

Quando decretado, o arresto não poderá perdurar por tempo indefinindo, caducando quando a sua manutenção deixar de ser necessária designadamente para garantir a cobrança de créditos tributários. Assim, nos termos do artigo 137º do CPPT, o arresto caduca:

- Com o pagamento da dívida (artigo 137º, nº 1 do CPPT),
- Quando for prestada garantia adequada (artigo 137º, nº 1 do CPPT),
- Quando se apure até ao fim do ano posterior àquele em que se efectuou o arresto, não haver lugar a qualquer acto tributário (artigo 137º, nº 1 do CPPT)[262],
- Quando for desproporcional, ou seja, quando exceder o montante suficiente para garantir o tributo, juros compensatórios liquidados e o acrescido relativo aos seis meses posteriores,
- Quando, tendo sido decretado na pendência de procedimento de inspecção tributária, a entidade inspeccionada não seja notificada do relatório de inspecção no prazo de 90 (noventa) dias a contar da data do seu decretamento (artigo 137º, nº 2 do CPPT).

[262] A referência a "*qualquer acto tributário*", e não à liquidação cuja provável existência justificou o arresto, segundo Lopes de Sousa, justifica-se por o arresto poder ter-se destinado a assegurar mais do que uma liquidação de tributos e bastar que apenas uma delas se concretize até ao termo do ano posterior àquele em que se efectuou o arresto para que não se verifique a caducidade desta providência Cf. Jorge Lopes de Sousa (2011), Vol. II, p. 461. Já que no diz respeito ao "*ano em que o arresto se efectuou*", Rui Duarte Morais entende que trata-se do ano em que foi proferida a decisão judicial que o ordenou e não a data em que, na realidade, foi efectivada a apreensão de bens. Se assim não fosse, este autor salienta que a duração do prazo de caducidade dependeria da maior ou menor celeridade da Administração dar execução material ao decretado pelo tribunal Cf. Rui Duarte Morais (2012), p. 314.

Com efeito, o artigo 31º do RCPITA prevê a possibilidade do representante da Fazenda Pública requerer o arresto quando, durante um procedimento de inspecção tributária, se verifique o justo receio de frustração dos créditos tributários. O arresto nestes casos será requerido com base numa informação elaborada pela Administração Tributária contendo a descrição dos factos demonstrativos do tributo ou da sua provável existência, a fundamentação do fundado receio de diminuição das garantias de cobrança do tributo e a relação dos bens suficientes para garantir a cobrança da dívida acrescido, com a indicação do valor, localização e identificação de registo predial ou outras menções que permitam concretizar a descrição.

No entanto, o nº 2 do artigo 137º do CPPT que prevê esta causa de caducidade do arresto apenas poderá valer nos casos em que se verifique uma conexão entre o arresto e o procedimento de inspecção. Isto é, o representante da Fazenda Pública poderá requerer o arresto durante a pendência de procedimento de inspecção tributária, mas tal arresto pode não estar conexionado com ele quando não seja requerido com base numa informação do tipo previsto no artigo 31º do RCPITA, pelo que não fará sentido a caducidade do arresto devido à falta de notificação do relatório de inspecção[263].

Caso não seja decretado o arresto, o representante da Fazenda Pública poderá interpor recurso para o STA ou para o TCA territorialmente competente, consoante o fundamento do mesmo seja ou não constituído por matéria exclusivamente de direito, de acordo com o artigo 280º, nº 1 do CPPT. Este recurso será interposto nos termos do artigo 283º do CPPT, por meio de requerimento juntamente com as alegações, devendo ser apresentado no prazo de 10 (dez) dias, na medida em que se trata de um processo urgente.

Por último, cabe referir o regime para o arresto requerido na pendência do processo de execução fiscal previsto no artigo 214º do CPPT. Na verdade, o regime jurídico não é substancialmente diferente, como decorre da remissão do nº 1 do artigo 214º do CPPT para o disposto para o arresto no processo judicial tributário.

No entanto, tal como Freitas da Rocha salienta, os pressupostos serão distintos. Assim, relativamente ao *fumus boni iuris*, ou seja, a invocação da aparência fundada do direito da Administração Tributária, este resultará da simples instauração do processo de execução fiscal, na medida em que o carácter líquido da dívida constitui ele próprio um pressuposto da execução fiscal[264].

[263] Neste sentido: Jorge Lopes de Sousa (2011), Vol. II, p. 462.

[264] Joaquim Freitas da Rocha (2014), p. 401-402.

Por outro lado, o *periculum in mora* concretiza-se no justo receio de insolvência ou de ocultação ou alienação de bens, de acordo com o nº 1 do artigo 214º do CPPT.

Verificados estes pressupostos, o representante da Fazenda Pública poderá requerer o decretamento do arresto, nos mesmos termos e seguindo os mesmos trâmites que o arresto requerido antes da instauração do processo de execução fiscal previsto no artigo 136º do CPPT que acabámos de analisar.

Quer seja requerido antes ou na pendência do processo de execução fiscal, o arresto é convertido em penhora se o pagamento da dívida tributária não for efectuado, de acordo com o nº 3 do artigo 214º do CPPT.

65.1.2.2. Arrolamento

O arrolamento está previsto nos artigos 140º a 142º do CPPT e consiste na descrição, avaliação e depósito de bens ou na descrição e depósito de documentos que tenham conexão com obrigações tributárias, tal como resulta do artigo 406º do CPC. Do artigo 403º, nº 1 do CPC decorre que podem ser objecto de arrolamento bens móveis ou imóveis.

Segundo Lopes de Sousa, o objectivo desta providência cautelar é evitar que tais bens ou documentos deixem de poder ser utilizáveis para os fins tributários com que estão conexionados. O mesmo autor salienta que não será necessário para o decretamento do arrolamento a existência de uma obrigação tributária definida por acto de liquidação, admitindo-se que os bens e documentos estejam conexionados quer com a obrigação principal de pagamento de imposto, quer com obrigações acessórias tais como a manutenção de contabilidade[265].

Para além desta conexão dos bens e documentos a arrolar com uma determinada obrigação tributária, deverão verificar-se os requisitos por nós já conhecidos, para que o arrolamento possa ser decretado pelo tribunal.

Assim, deverá verificar-se, em primeiro lugar, o "*fundado receio*" de extravio ou dissipação dos bens ou documentos que corresponde ao *periculum in mora*, de acordo com o artigo 140º do CPPT. Caso seja requerido o arrolamento no âmbito de um procedimento de inspecção tributária, ou seja, com base numa informação elaborada pela Administração Tributária contendo a descrição dos factos demonstrativos do tributo ou da sua provável existência, a fundamentação do fundado receio de diminuição das garantias de cobrança do tributo e a relação dos bens suficientes para garantir a cobrança da dívida acrescido, com a indicação do valor, localização e identificação de registo predial ou

[265] Jorge Lopes de Sousa (2011), Vol. II, p. 466-467.

outras menções que permitam concretizar a descrição, o artigo 31º, nº 3 do RCPITA exige que constem ainda desta informação *factos que fundamentam* o receio de extravio ou destruição.

Segundo Lopes de Sousa, o receio de extravio ou dissipação deve consistir num "*perigo logicamente fundado*" ou uma "*probabilidade séria*" de que os bens ou documentos a arrolar venham a deixar de poder ser utilizados para os fins conexos com as obrigações tributárias[266].

Embora não esteja expressamente previsto no artigo 140º do CPPT, também entendemos – acompanhando o entendimento de Freitas da Rocha – que deverá verificar-se a *aparência fundada do direito* da Administração Tributária, ou seja, o *fumus boni iuris*. Segundo este autor, esta exigência decorre de uma leitura integrada com a restante legislação tributária[267]. Com efeito, o artigo 31º, nº 3 do RCPITA exige, nos casos em que seja requerido o arrolamento no âmbito de um procedimento de inspecção tributária, a *prova sumária do direito* relativo aos bens ou documentos que se pretendem arrolar.

Descortinados os requisitos desta providência cautelar, é de referir que o arrolamento está regulado na secção III do capítulo III do CPPT, nos artigos 140º a 143º e nos artigos 403º a 409º do CPC, por força da remissão prevista no artigo 142º do CPPT.

A legitimidade para requerer o arrolamento será do representante da Fazenda Pública, por força do artigo 15º do CPPT que estabelece que a este compete representar a Administração Tributária no processo judicial tributário, em geral. De acordo com o artigo 141º do CPPT, o arrolamento deverá ser requerido no tribunal tributário de 1ª instância da área da residência, sede ou estabelecimento estável do contribuinte que consequentemente terá competência para decretar esta providência cautelar.

Produzidas as provas que forem julgadas necessárias, o juiz decreta a providência cautelar se adquirir a convicção de que, sem o arrolamento, o interesse do requerente corre risco sério, de acordo com o disposto no artigo 405º, nº 2 do CPC, aplicável subsidiariamente. Por força da conjugação dos artigos 96º, nº 3 e 97º, nº 1, alínea *i*) do CPPT, este procedimento cautelar não poderá ter uma duração superior a 90 (noventa) dias, desde a data em que foi apresentado o requerimento até à data da decisão proferida em 1ª instância. A sentença deverá ser proferida no prazo geral de 20 (vinte) dias, previsto no artigo 21º, alínea *b*) do CPPT[268].

266 *Ibidem*, p. 469.

267 Joaquim Freitas da Rocha (2014), p. 402.

268 Neste sentido: Jorge Lopes de Sousa (2011), Vol. II, p. 455.

O requerido/contribuinte só será notificado após a efectivação do arrolamento, de acordo com os artigos 393º, nº 1 e 366º, nº 2 do CPC, sendo que na sequência desta notificação poderá, de acordo com o artigo 372º do CPC, recorrer do despacho que ordenou o arrolamento – quando entenda que este não devia ter sido deferido – ou deduzir oposição, quando pretender alegar factos ou produzir meios de prova não tidos em conta pelo tribunal e que possam afastar os fundamentos da providência ou determinar a sua redução.

Se o arrolamento não for decretado, o representante da Fazenda Pública poderá interpor recurso para o STA ou para o TCA territorialmente competente consoante o fundamento seja ou não exclusivamente matéria de direito, tal como disposto nos artigos 280º, nº 1 do CPPT e 26º, alínea *b*) e 38º, alínea *a*) do ETAF. O recurso será interposto nos termos do artigo 283º do CPPT, mediante um requerimento juntamente com as alegações que tem de ser apresentado no prazo de 10 (dez) dias, na medida em que se trata de um processo urgente, de acordo com o artigo 363º do CPC, aplicável por força do artigo 376º do mesmo diploma.

Por último, é necessária uma referência à caducidade desta providência cautelar que, naturalmente, não se poderá manter indefinidamente. Ao contrário do arresto, não se estabelecem normas especiais relativas à caducidade desta providência cautelar pelo Lopes de Sousa entende que as causas de caducidade do arrolamento deverão encontrar-se no CPC, mais especificamente no artigo 373º do CPC que diz respeito à generalidade das providências cautelares.

No entanto, esta norma refere-se à propositura da acção, o que não se coaduna com o arrolamento decretado no âmbito do contencioso tributário, tendo em conta que esta providência não depende de qualquer acção, nem tem o representante da Fazenda Pública legitimidade para propor acções. Assim, aquele autor defende que as referências feitas à acção deverão reportar-se ao procedimento tributário, na medida em que entende que não se justifica que o arrolamento se mantenha indefinidamente com os consequentes inconvenientes para o possuidor dos bens ou documentos[269].

65.2. Medidas cautelares a favor do contribuinte

Como se viu, decorre de exigência constitucional prevista no artigo 268º, nº 4 da CRP, isto é, do direito constitucional à tutela jurisdicional efectiva a existência de medidas cautelares adequadas ao dispor dos administrados/contribuintes. Assim, neste ponto pretende-se analisar as providências cautelares

[269] Jorge Lopes de Sousa (2011), Vol. II, p. 474-475.

que podem ser requeridas pelos contribuintes, designadamente em que consistem, os requisitos dos quais depende o seu decretamento e a sua tramitação.

A possibilidade de os contribuintes requererem o decretamento de providências cautelares que acautelem os seus direitos ou interesses legalmente protegidos aos tribunais está prevista no artigo 147º, nº 6 do CPPT, embora, como refere Freitas da Rocha, de modo "*escondido*"[270]. Este nº 6 determina que o regime e a tramitação do meio processual de intimação para um comportamento é aplicável às providências cautelares a favor do contribuinte ou demais obrigados tributários pelo que daqui se infere a existência de tais providências.

As providências cautelares que podem ser requeridas pelos contribuintes poderão ser de natureza antecipatória ou conservatória, mas a verdade é que são inominadas. Isto significa que o CPPT não indica numa listagem tipificada, como faz para as medidas administrativas e jurisdicionais a favor da Administração Tributária, quais são e em que consistem tais providências, tornando-se necessário olhar para os diplomas análogos que prevêem providências cautelares, designadamente para o CPTA e para o CPC.

Olharemos para estes diplomas com o intuito de importar para o contencioso tributário as providências cautelares naqueles previstas.

Podemos concluir desde já que as providências cautelares previstas nos artigos 377º e seguintes do CPC não serão aplicáveis no âmbito do contencioso tributário, na medida em que não se coadunam com o direito tributário e com os interesses em causa. Pense-se, por exemplo, nos alimentos provisórios ou no embargo de obra nova. Por outro lado, também não terá sentido a aplicação do arresto e do arrolamento previstos como medidas cautelares jurisdicionais a favor da Administração Tributária, tendo em conta que não se poderão apreender ou arrolar bens da Fazenda Pública, *máxime*, do Estado.

Relativamente às providências cautelares previstas no artigo 112º, nº 2 do CPTA, aquela que terá mais relevância no contencioso tributário e que será requerida, na maioria dos casos, será a suspensão da eficácia de um acto administrativo[271].

No entanto, o seu âmbito de aplicação será algo restrito. Assim, em primeiro lugar, não poderá ser requerida a suspensão da eficácia nos termos previstos no CPTA de um *acto de liquidação*, na medida em que o princípio do *solve et repete* é estrutural no direito tributário e, quanto aos casos em que se admite o seu excepcional afastamento, prevêem-se outras vias para obter esse fim.

[270] Joaquim Freitas da Rocha (2014), p. 403.

[271] Algumas das providências cautelares previstas neste artigo também não farão sentido no âmbito do contencioso tributário, tal como a admissão provisória em concurso e exames. Por outro lado, poderá questionar-se a admissão da suspensão da eficácia de uma norma.

Com efeito, o contribuinte poderá impugnar judicialmente, interpor reclamação graciosa ou pedir a constituição de tribunal arbitral para contestar a legalidade do acto de liquidação e prestar garantia idónea ou pedir a dispensa de prestação de garantia, de forma a suspender *ab initio* o processo de execução fiscal, ou seja, a eficácia do acto de liquidação nos termos dos artigos 169º e 170º do CPPT[272].

Este também é o entendimento perfilhado por Rui Duarte Morais que entende que a lei tributária consagra um meio específico para assegurar que o executado nada sofrerá como consequência da demora do julgamento da acção principal: a prestação de garantia idónea ou a dispensa de prestação de garantia, em caso de prejuízo irreparável ou de falta de meios económicos, previstos nos artigos 169º e 170º do CPPT. Deste modo, assegurando o direito processual tributário, através de mecanismos próprios, as mesmas garantias que em processo administrativo são alcançadas com o procedimento cautelar de suspensão de eficácia de actos administrativos, este autor defende que não será aplicável aos actos de liquidação o disposto no artigo 112º, nº 2, alínea *a*) do CPTA[273].

Já Lopes de Sousa entende que o regime previsto no artigo 169º do CPPT para a suspensão da eficácia dos actos de liquidação de dívidas cobradas através de processo de execução fiscal reconduz para a medida cautelar prevista no CPTA de suspensão de eficácia do acto administrativo que imponha o pagamento de quantia certa, sem natureza sancionatória, prevista no artigo 120º, nº 6 do CPTA.

Assim, defende o autor que, estando previsto um regime especial para a suspensão de actos de liquidação de dívidas susceptíveis de serem cobradas através de processo de execução fiscal no artigo 169º do CPPT – que remete para o regime da suspensão de eficácia dos actos previstos no CPTA –, estará afastada a aplicabilidade do regime do nº 6 do artigo 147º do CPPT[274] ao processo tributário.

Quanto a nós, entendemos que o mecanismo previsto no artigo 169º do CPPT de prestação de garantia idónea como forma de suspensão do processo de execução fiscal, ou seja, da eficácia do acto de liquidação, consubstancia um

[272] Este é também o entendimento perfilhado por Freitas da Rocha Cf. Joaquim Freitas da Rocha (2014), p. 406.

[273] Este autor afasta o argumento de que esta tutela cautelar não é assegurada pela intervenção de um tribunal como a Constituição exige, na medida em que o interessado pode reclamar judicialmente, nos termos do artigo 276º do CPPT, da decisão administrativa de recusa de dispensa de prestação de garantia Cf. Rui Duarte Morais (2012), p. 318-319.

[274] Jorge Lopes de Sousa (2011), Vol. II, p. 613.

mecanismo próprio do contencioso tributário que não remete para qualquer providência cautelar regulada no CPTA, nem com estas está conexionada. Por outro lado, estando previsto no CPPT um meio específico para obter a suspensão da eficácia do acto de liquidação, não poderá o interessado utilizar a providência cautelar de suspensão de eficácia do acto administrativo prevista no artigo 112º, nº 2, alínea *a*) do CPTA para obter este efeito. Diferente será o caso de actos em matéria tributária, onde não se discute a dívida tributária, mas cujos efeitos podem urgir suspender.

Por outro lado, também não poderá ser requerida a suspensão da eficácia nos termos previstos no CPTA dos actos concretos já praticados no âmbito do processo de execução fiscal, tais como a *penhora* ou a *venda* dos bens penhorados para evitar a aquisição dos bens por um terceiro, na medida em que também existe um meio específico para obter a suspensão da eficácia destes actos: a reclamação para o Tribunal prevista no artigo 276º do CPPT[275]. Esta terá subida imediata se o interessado invocar um prejuízo irreparável, tal como disposto no artigo 278º, nº 3 do CPPT, obtendo-se o efeito suspensivo do acto *ope legis* – e não do processo de esecução fiscal que continua a correr os seus trâmites normais – até à apreciação desse pedido pelo tribunal.

Coisa diferente será o recurso à providência cautelar para, de forma antecipatória, prevenir a prática de actos ilegais no âmbito da execução. Neste caso, em que não existe nenhum acto do órgão de execução do qual reclamar, mas que se antecipa que possa ocorrer com prejuízo irreparável dos direitos e interesses do executado, parece clara a possibilidade de recorrer a este meio processual.

Deste modo, o âmbito de aplicação desta providência cautelar de suspensão de eficácia do acto administrativa fica bastante reduzido. Na verdade, destas restrições decorre que esta medida cautelar só poderá ter por objecto actos administrativos em matéria tributária e não actos tributários.

Neste sentido, Freitas da Rocha elenca duas situações em sede das quais será admissível o pedido de suspensão de eficácia: (*i*) a suspensão de eficácia do acto de revogação de um benefício fiscal, quando o contribuinte pretende evitar que lhe seja retirada uma isenção de que vinha beneficiando e (*ii*) a suspensão de eficácia de acto de derrogação do sigilo bancário nas situações em que se pretende evitar o acesso imediato pela Administração Tributária aos seus dados bancários[276].

[275] Neste sentido: Joaquim Freitas da Rocha (2014), p. 406.

[276] *Ibidem*.

Nestes casos, de acordo com o artigo 128º do CPTA, quando seja requerida a suspensão da eficácia de um acto administrativo, a autoridade administrativa, recebido o duplicado do requerimento, não pode iniciar ou prosseguir a execução, salvo se, mediante resolução fundamentada, reconhecer, no prazo de 15 (quinze) dias, que o diferimento da execução seria gravemente prejudicial para o interesse público.

Para além da utilização desta providência cautelar nestes casos restritos, LOPES DE SOUSA entende que não há qualquer restrição ao tipo de providências adoptadas, desde que satisfaçam os requisitos previstos para a sua adopção, na medida em que a enumeração constante do artigo 112º do CPTA é meramente exemplificativa[277]. Compreende-se o entendimento deste autor, tendo em conta que as providências cautelares a favor do contribuinte são inominadas. Estas poderão ser materialmente muito distintas, com consequências diferentes, desde que se verifiquem os requisitos da sua adopção.

Por conseguinte, cabe descortinar os requisitos dos quais depende a adopção de medidas cautelares a favor dos contribuintes, tendo em conta que bastará a sua verificação para as mais variadas providências serem decretadas. Isto é assim, recordamos, porque estas providências são inominadas e o legislador não prevê uma lista taxativa de providências cautelares que podem ser decretadas pelos tribunais no contencioso tributário, a favor dos contribuintes.

Ora, serão aplicáveis às providências cautelares a favor dos contribuintes os requisitos gerais das providências cautelares que já tivemos oportunidade de referir: (*i*) o fundado receio de prejuízo sério ou grave – o *periculum in mora*, (*ii*) a probabilidade de existência de um direito ou interesse legalmente protegido – o *fumus boni iuris* e (*iii*) a observância do *princípio da proporcionalidade*. De acordo com FREITAS DA ROCHA, deste último requisito decorre a regra da subsidiariedade da providência, da qual resulta que apenas poderá ser decretada a providência cautelar se outro meio não for mais idóneo para o mesmo fim[278].

Contudo, o artigo 147º, nº 6 do CPPT prevê que o disposto para a intimação para um comportamento é aplicável com as necessárias adaptações às providências cautelares a favor do contribuinte ou demais obrigados tributários, pelo que este deverá dirigir o requerimento ao tribunal tributário de 1ª instância indicando a medida cautelar a adoptar, o direito ou interesse legítimo em concreto e ainda invocando e fazendo prova do fundado receio de uma *lesão irreparável* a causar pela actuação da Administração Tributária, nos termos do artigo 147º, nºs 3 e 6 do CPPT.

[277] JORGE LOPES DE SOUSA (2011), Vol. II, p. 602.

[278] JOAQUIM FREITAS DA ROCHA (2014), p. 407.

Apesar de a lei exigir expressamente a existência de um fundado receio de uma lesão *irreparável*, acompanhamos o entendimento de Lopes de Sousa que exige a adopção destas medidas como regra, sempre que se indicie que a pretensão formulada pelo contribuinte será julgada procedente e seja de prever que a demora do processo provoque prejuízos para o requerente "*para além dos casos em que possa ocorrer um prejuízo irreparável*" [279].

Neste sentido, também Freitas da Rocha entende que uma leitura juridicamente enquadrada deste requisito poderá conduzir a uma interpretação restritiva do enunciado linguístico utilizado pelo legislador no nº 6 do artigo 147º do CPPT, bastando a probabilidade de lesão de difícil reparação, aplicando integrativamente o artigo 120º, nº 1 do CPTA.

Por fim, no que diz respeito ao regime aplicável às medidas cautelares a favor dos contribuintes, como se compreende por força do artigo 147º, nº 6 do CPPT, aplicar-se-á o regime da intimação para um comportamento. No entanto, este não será suficiente para definir o regime jurídico das providências cautelares a favor dos contribuintes pelo que será subsidiariamente aplicável o regime geral das providências cautelares previsto no CPTA, por força do artigo 2º, alínea *c*) do CPPT[280].

De acordo com o artigo 113º, nº 2 do CPTA, estes processos cautelares são de natureza urgente pelo que correm em férias judiciais, com dispensa de vistos prévios, mesmo em fase de recurso jurisdicional, e os actos de secretaria são praticados no próprio dia, com precedência sobre quaisquer outros, nos termos do artigo 36º, nº 2 do CPTA. Para além disso, da natureza urgente destes processos decorre que, caso não seja decretada a providência cautelar, o recorrente poderá interpor recurso jurisdicional nos termos do artigo 283º do CPPT, ou seja, por meio de requerimento juntamente com as alegações no prazo de 10 (dez) dias.

Por fim, a decisão que decreta ou não a providência cautelar deverá ser proferida no prazo de 5 (cinco) dias, de acordo com o artigo 119º, nº 1 do CPTA.

65.3. Impugnação de medidas cautelares adoptadas pela Administração Tributária

Como tivemos oportunidade de analisar no ponto 65.1, a Administração Tributária pode adoptar providências cautelares, de forma directa e sem a necessidade de autorização judicial. Como se viu, estas poderão consistir na

[279] Jorge Lopes de Sousa (2011), Vol. II, p. 592-593.

[280] Neste sentido: Jorge Lopes de Sousa (2011), Vol. II, p. 598.

apreensão de bens, na retenção de prestações tributárias, na selagem de instalações ou na aposição de vistas.

Ora, naturalmente que o visado ou lesado por estas providências cautelares poderá querer contestar a efectivação das mesmas, designadamente por as considerar desnecessárias ou desproporcionadas. Neste sentido, para além de medidas cautelares a favor do contribuinte, prevê-se a possibilidade de este impugnar as medidas cautelares adoptadas pela Administração Tributária.

De facto, como bem salienta FREITAS DA ROCHA, a própria CRP exigirá uma tutela neste domínio, colocando ao dispor dos interessados "*um arsenal garantístico convenientemente satisfatório*"[281].

Em nossa opinião, a possibilidade de impugnação das medidas cautelares adoptadas pela Administração decorre do direito à tutela jurisdicional efectiva consagrado no artigo 268º, nº 4 da CRP, tendo em conta que estas medidas cautelares poderão ser lesivas dos direitos e interesses legítimos dos contribuintes, designadamente quando não seja respeitado o princípio da proporcionalidade.

Assim, prevêem-se no CPPT dois regimes de impugnação das medidas cautelares adoptadas pela Administração Tributária que pretendemos neste ponto analisar. No artigo 143º do CPPT prevê-se a impugnação dos actos de apreensão e, por sua vez, no artigo 144º do CPPT estabelece-se a impugnação das demais providências cautelares adoptadas pela Administração Tributária.

Cabe desde já referir que são ambos processos de natureza urgente, de acordo com os artigos 143º, nº 2 e 144º, nº 3 do CPPT, sem efeito suspensivo e que devem ser concluídos no prazo de 90 (noventa) dias, como decorre da conjugação dos artigos 96º, nº 3 e 97º, nº 1, alínea *g*) do CPPT.

Comecemos então por analisar a impugnação dos actos de apreensão prevista no artigo 143º do CPPT.

65.3.1. Impugnação dos actos de apreensão

No artigo 143º do CPPT prevê-se a impugnação judicial da generalidade dos actos de apreensão de bens praticados pela Administração Tributária, inclusive as apreensões efectuadas em processos contra-ordenacionais, como se infere do nº 6 do mesmo artigo.

Apesar do artigo 144º do CPPT regular a impugnação das providências cautelares adoptadas pela Administração Tributária, será aplicável o regime previsto no artigo 143º do CPPT sempre que se pretenda impugnar providências cautelares que consistam na apreensão de bens. A esta conclusão, com a

[281] JOAQUIM FREITAS DA ROCHA (2014), p. 408-409.

qual concordamos, chega Lopes de Sousa, alegando que tal decorre do nº 1 do artigo 144º do CPPT que refere que o aí previsto é feito "*sem prejuízo do disposto no artigo anterior*"[282].

Deste modo, para analisarmos o regime da impugnação dos actos de apreensão praticados pela Administração, teremos necessariamente que olhar para o disposto no artigo 143º do CPPT.

No que diz respeito à legitimidade, poderão requerer a impugnação destes actos tanto o proprietário quanto o detentor dos bens apreendidos, de acordo com o artigo 143º, nº 4 do CPPT[283].

Estes deverão apresentar a impugnação judicial dos actos de apreensão no prazo de 15 (quinze) dias, a contar do levantamento do auto – artigo 143º, nº 1 do CPPT –, sendo competente para o seu conhecimento o tribunal tributário de 1ª instância da área em que a apreensão tiver sido efectuada, de acordo com o nº 3 do artigo 143º do CPPT.

No requerimento, o proprietário ou detentor dos bens apreendidos, deverá invocar as razões de facto e de direito que justificam a anulação total ou parcial da providência, tal como decorre do artigo 144º, nº 4 do CPPT.

Na verdade, o artigo 144º do CPPT será aplicável subsidiariamente à impugnação dos actos de apreensão relativamente a tudo o que não estiver expressamente previsto no artigo 143º do CPPT, na medida em que a apreensão também é considerada uma providência cautelar[284]. Assim, deverá aplicar-se o regime da impugnação das providências cautelares previsto no artigo 144º do CPPT designadamente no que diz respeito aos requisitos do requerimento a apresentar e à tramitação do processo.

Por fim, é de referir, por um lado, a natureza urgente do processo e, por outro, os efeitos do caso julgado.

Relativamente à natureza urgente do processo, esta decorre do previsto no nº 2 do artigo 143º do CPPT, sendo que tal significa que corre em férias judiciais, com dispensa de vistos prévios, mesmo em fase de recurso jurisdicional, e que os actos de secretaria são praticados no próprio dia, com precedência sobre quaisquer outros, nos termos do artigo 36º, nº 2 do CPTA.

De harmonia com o disposto nos artigos 96º, nº 3 e 97º, nº 1, alínea *g*) do CPPT, a decisão final do processo de impugnação judicial de apreensão

[282] Jorge Lopes de Sousa (2011), Vol. II, p. 476.

[283] Freitas da Rocha refere-se a uma "*legitimidade impugnatória alargada*", resultante do facto dos bens apreendidos poderem facilmente mudar de esfera jurídica, como por exemplo, os veículos automóveis Cf. Joaquim Freitas da Rocha (2014), p. 409.

[284] Jorge Lopes de Sousa (2011), Vol. II, p. 478.

deverá ser proferida dentro do prazo de 90 (noventa) dias, sendo que a sentença deverá ser proferida no prazo de 20 (vinte) dias, de acordo com o artigo 21º, alínea *b*) do CPPT.

Por último, salienta-se que a decisão proferida no âmbito desta impugnação faz caso julgado quando esteja pendente um processo contra-ordenacional, considerando-se sempre definitiva a libertação dos bens e meios de transporte, independentemente da decisão quanto às coimas, ou seja, o caso julgado apenas abrange a questão objecto do processo de impugnação: a legalidade do acto que decretou a apreensão dos bens e a manutenção ou não desta.

65.3.2. Impugnação de outras medidas cautelares

No que diz respeito à impugnação das demais providências cautelares adoptadas pelas Administração Tributária será aplicável o regime previsto no artigo 144º do CPPT.

Para além disso, no que não estiver especialmente regulado neste artigo, será aplicável o regime processual dos processos cautelares, designadamente as normas do CPTA sobre processos cautelares. A esta conclusão chega Lopes de Sousa, na medida em que esta impugnação judicial das providências cautelares adoptadas pela Administração Tributária prevista no artigo 144º do CPPT, apesar de se tratar de um tipo especial de processo de impugnação judicial e, portanto, de um meio processual principal, foi enquadrada entre os processos cautelares[285].

Deste modo, para analisarmos o regime e a tramitação desta impugnação, não só teremos que olhar para o artigo 144º do CPPT, mas também para as normas do CPTA sobre processos cautelares.

Antes de mais, tal como a impugnação dos actos de apreensão, de acordo com o artigo 144º, nº 3 do CPPT, o processo de impugnação judicial das providências cautelares adoptadas pela Administração Tributária será de carácter urgente com todas as implicações previstas no artigo 36º do CPTA, que já conhecemos, designadamente o facto de correr em férias judiciais.

Para além disso, de acordo com o nº 6 do artigo 144º do CPPT, a impugnação judicial das providências cautelares não tem efeito suspensivo mas a Administração Tributária deverá abster-se de praticar actos que possam comprometer os efeitos úteis do processo. Estes actos serão ilegais pelo que poderão ser anulados em processo próprio, para além de poderem gerar responsabilidade civil da entidade pública que tiver praticado o acto e dos autores do acto, de acordo com os artigos 22º da CRP e 7º e 8º do Regime da Res-

[285] *Ibidem*, p. 485.

ponsabilidade Civil Extracontratual do Estado e Demais Entidades Públicas, aprovado pela Lei nº 67/2007, de 31 de Dezembro, alterada pela Lei nº 31/2008, de 17/07.

Relativamente à legitimidade para apresentar esta impugnação judicial, segundo Lopes de Sousa, esta é reconhecida a quem for afectado pela adopção da providência cautelar, quer seja o contribuinte ou outro interessado, embora o legislador por lapso se refira apenas ao contribuinte no nº 4 do artigo 144º do CPPT[286].

Nos termos dos nºs 1 e 2 do artigo 144º do CPPT, a impugnação judicial deverá ser apresentada no tribunal tributário de 1ª instância da área do serviço da Administração Tributária que tiver adoptado a providência cautelar, no prazo de 15 (quinze) dias após a realização da providência cautelar ou do seu conhecimento efectivo pelo interessado, quando posterior, com fundamento em qualquer ilegalidade.

Aqui há que fazer uma referência relativamente ao facto de a data de início de contagem do prazo de impugnação que, de acordo com o nº 1 do artigo 144º do CPPT, será a data de realização da providência cautelar ou do seu conhecimento efectivo pelo interessado, quando posterior. Ora, como bem salienta Lopes de Sousa, a adopção de medidas cautelares pela Administração Tributária terá que ser notificada aos particulares, na medida em que afecta a sua esfera jurídica, por força do disposto no artigo 268º, nº 3 da CRP. Tanto se verifica esta exigência que a própria LGT estabelece que a eficácia dos actos da Administração Tributária em relação aos particulares só ocorre com a notificação, de acordo com o previsto no nº 6 do seu artigo 77º.

Deste modo, entende o autor que a norma do nº 1 do artigo 144º do CPPT seria materialmente inconstitucional, se fosse interpretada no sentido de estabelecer a possibilidade de a adopção de medidas cautelares pela Administração Tributária poder ter eficácia em relação aos visados antes de ser efectuada a respectiva notificação. Assim, defende que, numa interpretação conforme à CRP, este nº 1 deverá ser entendido como estabelecendo uma possibilidade de o interessado impugnar a adopção de providências cautelares pela Administração, quando sejam executadas antes da notificação da respectiva decisão ocorrer, mas nunca prejudicando o direito de impugnação a partir da "*imprescindível*" notificação[287].

Daqui decorre que o contribuinte ou outro interessado não terá necessariamente que impugnar judicialmente a providência cautelar no prazo de

[286] Jorge Lopes de Sousa (2011), Vol. II, p. 484.

[287] *Ibidem*, p. 483.

15 (quinze) dias após a sua realização ou do momento em que daquela tiver conhecimento. Exigindo-se a notificação da adopção da providência cautelar pela Administração Tributária, este prazo para impugnar judicialmente deverá contar-se necessariamente da data da notificação. O que o nº 1 do artigo 144º do CPPT prevê será apenas a *faculdade* de deduzir a impugnação judicial quando a providência cautelar tiver sido executada antes da sua notificação aos por ela afectados.

Já no que diz respeito aos elementos que deverão constar do requerimento de apresentação da impugnação judicial, para além de o contribuinte ou interessado dever invocar os fundamentos de facto e de direito que justificam a anulação total ou parcial da providência cautelar, tal como previsto no nº 4 do artigo 144º do CPPT, também deverão constar os elementos indicados no nº 3 do artigo 114º do CPTA, que como se viu, será subsidiariamente aplicável.

Na falta de indicação de qualquer dos elementos enunciados no nº 3 do artigo 114º do CPTA, o interessado será notificado para suprir a falta no prazo de 5 (cinco) dias, de acordo com o nº 5 do mesmo artigo. Se estas deficiências não forem sanadas, na sequência da notificação para o efeito, o requerimento deverá ser rejeitado liminarmente, tal como disposto no artigo 116º, nº 2, alínea *a*) do CPTA.

Sendo admitido o requerimento, o nº 5 do artigo 144º do CPPT estabelece que a Administração Tributária deverá ser obrigatoriamente ouvida sobre a necessidade e a legalidade da providência cautelar, antes de ser proferida a decisão pelo tribunal.

Por fim, de harmonia com o previsto nos artigos 96º, nº 3 e 97º, nº 1, alínea *g*) do CPPT, o processo não pode ter uma duração superior a 90 (noventa) dias a contar da sua instauração, devendo a sentença ser proferida no prazo de 20 (vinte) dias, de acordo com o artigo 21º, alínea *b*) do CPPT.

66. Recursos

Terminado o estudo dos diferentes meios processuais que integram o contencioso tributário, incluindo o contencioso cautelar, torna-se fundamental a análise das formas de reapreciação jurisdicional das decisões dos tribunais tributários, ou seja, dos recursos. Os recursos são "*instrumentos legalmente previstos mediante os quais se solicita a um Tribunal superior uma reapreciação da decisão proferida por um Tribunal inferior*"[288]. A existência de meios de reacção contra decisões jurisdicionais decorre do princípio constitucional, já nosso conhecido, da tutela jurisdicional efectiva, consagrado no artigo 20º da CRP.

[288] Joaquim Freitas da Rocha (2014), p. 411.

Assim, neste ponto pretendemos analisar o regime dos recursos no âmbito do contencioso tributário, começando por delimitar o conteúdo do princípio do duplo grau de jurisdição para de seguida proceder ao estudo dos recursos regulados pelo CPPT, fazendo ainda uma especial menção ao recurso excepcional de revista previsto no CPTA.

66.1. Princípio do duplo grau de jurisdição

O princípio do duplo grau de jurisdição já é conhecido de outros ramos processuais do direito, cabendo aqui relembrar a sua principal consequência: o mesmo litígio, no âmbito do mesmo processo, não pode ser objecto de mais de duas decisões por parte de dois Tribunais diferentes[289].

Não há dúvida que este princípio vigora no âmbito do contencioso tributário, embora não esteja taxativamente consagrado numa determinada norma, quer na LGT, quer no CPPT. A sua aplicação decorre da conjugação das normas que regulam os recursos e as competências dos tribunais tributários em razão da hierarquia. Isto significa que só existe um grau de recurso das decisões proferidas pelos tribunais administrativos e fiscais ou pelo TCA e STA, nos casos em que são excepcionalmente competentes em primeiro grau de jurisdição, pese embora haja excepções, quer no sentido de que há casos em que se admite um segundo grau de recurso, quer no sentido de que há situações em que não se garante sequer um grau de recurso, como analisaremos.

Já se questionou se o princípio do duplo grau de jurisdição e a consequente consagração de um só grau de recurso das decisões judiciais era violadora dos direitos constitucionais de acesso à justiça e a uma tutela jurisdicional efectiva. Aqui reiteramos a posição do Tribunal Constitucional de que aquele direito e princípio constitucionalmente consagrados não têm em si ínsito um direito subjectivo ao duplo grau de decisão. De facto, o Tribunal Constitucional tem dito e redito, apoiando-se na doutrina e na sua já vasta jurisprudência a propósito tirada, que o direito de acesso aos tribunais postulado pelo artigo 20º, nº 1 da Lei Fundamental *não garante, necessariamente,* em todos os casos e por si só, *o direito a um duplo ou a um triplo grau de jurisdição*[290]. Assim, à excepção dos casos respeitantes ao Direito Penal, a nossa Lei Fundamental não consagra, pelo menos expressamente, um princípio ou mesmo um direito ao duplo grau de jurisdição. Coisa diferente será, a nosso ver, não garantir em todas as situações pelo menos um grau de recurso, designadamente nos casos em que

[289] Seguindo Joaquim Freitas da Rocha (2014), p. 260-261.

[290] Cf. acórdão do Tribunal Constitucional nº 489/95, de 27 de Setembro de 1995. No mesmo sentido: J.J Gomes Canotilho /Vital Moreira (2014) Vol. I, p. 418-419.

se discute a liquidação ou a cobrança, solução que nos parece muito duvidosa do ponto de vista da sua conformidade constitucional. Isto naturalmente com as ressalvas que se efectuarão quanto à arbitragem. Para maiores desenvolvimentos quanto à irrecorribilidade da decisão arbitral ter sido condição de sucesso do regime veja-se o ponto 72.2.1.

No âmbito do contencioso tributário, cabe recordar que das decisões dos tribunais tributários da 1ª instância cabe, em regra, recurso para a secção de contencioso tributário do TCA, quando o fundamento do recurso consistir em matéria de facto, acompanhada ou não de matéria de direito, tal como decorre do artigo 38º, alínea *a*) do ETAF e no artigo 280º, nº 1, do CPPT. Quando o fundamento de recursos consistir exclusivamente em matéria de direito, por sua vez, cabe recurso *per saltum* para a secção de contencioso tributário do STA, tal como disposto no artigo 26º, alínea *b*) do ETAF e no artigo 280º, nº 1, parte final, do CPPT.

Aqui cabe fazer uma especial referência a esta possibilidade de recurso *per saltum* para a secção de contencioso tributário do STA. No âmbito deste recurso será fundamental a delimitação dos fundamentos nas conclusões das alegações de recurso, de modo a que seja possível determinar se versam sobre matéria de facto ou matéria de direito ou ambas, na medida em que é dos requisitos que depende a interposição de recurso para o TCA ou *per saltum* para o STA.

Segundo Freitas da Rocha, estar-se-á perante matéria de facto quando se discutam no recurso "*ocorrências fenoménicas ou factos da vida real*", ou porque se entende que os factos que foram dados como provados não o deveriam ter sido, ou porque não se consideraram provados factos que o deveriam ter sido ou ainda porque a prova produzida foi insuficiente, exigindo-se a realização de mais diligências. Já, pelo contrário, estar-se-á perante matéria de direito quando se discuta a aplicação, interpretação e integração de normas jurídicas[291].

Rui Duarte Morais, por sua vez, faz referência à forma como a jurisprudência do STA interpreta as normas delimitadoras da sua competência, considerando-a demasiado restrita. Segundo este autor, o STA deveria adoptar uma postura diferente, reconhecendo-se competente e, por conseguinte, admitindo o recurso *per saltum*, sempre que não se mostrasse necessária a reapreciação da prova produzida, sustentando a sua posição em duas ordens de razões diferentes. Por um lado, defende que muitas questões de direito de extrema relevância muitas vezes não são apreciadas pelo STA por aparecerem associadas a "questões de facto" e, por outro, salienta a função do STA de

[291] Joaquim Freitas da Rocha (2014), p. 417.

criação de uma jurisprudência que influencia de forma decisiva quer o legislador, quer a própria Administração Tributária na sua própria actuação[292].

Como exemplos dessa visão restrita do STA a que o autor faz referência, vejam-se o acórdão do STA de 1 de Outubro de 1997, proferido no âmbito do processo nº 021531, no qual se afirmou que o recurso é de matéria de direito quando o recorrente aceite integralmente os factos dados como provados pela 1ª instância e não alegue outros factos para além dos aí consignados, e o acórdão de 26 de Abril de 2012, proferido no âmbito do processo nº 0236/12, no qual se afirmou que há a necessidade de dirimir questões de facto "*quando o recorrente suscita a insuficiência da prova produzida, quando defende que os factos levados ao probatório não estão provados, quando diverge das ilações de facto que deles se devam retirar, e quando invoca factos que não vêm dados como provados e que não são, em abstracto, indiferentes para o julgamento da causa*".

Já no que diz respeito às decisões do TCA, se forem proferidas em primeiro grau de jurisdição, caberá recurso para a secção de contencioso tributário do STA, de acordo com o previsto no artigo 26º, alínea *a*) do ETAF. Se, pelo contrário, se tratar de decisões proferidas em sede de recurso, ou seja, em segundo grau de jurisdição, por força do princípio do duplo grau de jurisdição, são irrecorríveis.

Por fim, das decisões proferidas pela secção de contencioso tributário do STA em primeiro grau de jurisdição cabe recurso para o pleno da secção do próprio STA, nos termos do artigo 27º, nº 1, alínea *a*) do ETAF.

Para além disso, embora não decorra do princípio do duplo grau de jurisdição, mas de um autêntico *princípio da sucumbência*, e como atrás antecipado, não podemos deixar de referir que certas decisões proferidas em primeiro grau de jurisdição são irrecorríveis, pelo facto de o valor da causa ser inferior ao da alçada do tribunal que a proferiu. Com efeito, o nº 4 do artigo 280º do CPPT prevê que não cabe recurso das decisões dos tribunais tributários de 1ª instância proferidas em processo de impugnação judicial ou de execução fiscal quando o valor da causa não ultrapassar o valor da alçada fixada para os tribunais tributários de 1ª instância, ou seja, € 5.000,00[293]. Embora este artigo

[292] Rui Duarte Morais (2012), p. 352-353. Relativamente à influência da jurisprudência do STA na actuação da Administração Tributária veja-se o nº 4 do artigo 68º-A da LGT que a obriga a rever o conteúdo das suas orientações genéricas atendendo à jurisprudência dos tribunais superiores.

[293] Dispõe o artigo 105º da LGT, na redacção que lhe foi dada pela Lei nº 82-B/2014, de 31 de Dezembro, que a alçada dos tribunais tributários corresponde àquela que se encontra estabelecida para os tribunais judiciais de 1ª instância Assim, nos termos do disposto no artigo 44º, nº 1 da Lei de Organização do Sistema Judiciário – Lei nº 62/2013, de 26 de Agosto – a alçada dos tribunais judiciais de 1ª instância em processo civil é de € 5.000,00.O legislador, embora tenho alterado o

apenas faça referência aos processos de impugnação judicial e de execução fiscal, acompanhamos o entendimento de Freitas da Rocha de que se deverá considerar aplicável a todos os processos apreciados ou julgados pelos tribunais tributários[294].

No entanto, esta regra de sucumbência não é sempre aplicável, designadamente no caso de recurso para o pleno da secção de contencioso tributário do STA nos termos do artigo 280º, nº 5 do CPPT para uniformização de jurisprudência, caso em que o recurso é sempre possível, independentemente do valor da causa.

Quanto a este ponto cremos que, pese embora com a gravíssima situação das pendências judiciais o valor da *economia processual* não seja obviamente de desprezar – o que determina a criação de regras para retirar cada vez mais litígios dos tribunais – a verdade é que, em face da importância dos interesses tutelados pelo direito tributário, principalmente quando falamos das famílias e das micro ou pequenas empresas, a eliminação do recurso não se coaduna com o princípio da tutela jurisdicional efectiva. Vejamos o exemplo de uma família que tenha um litígio de IMI que, com grande probabilidade, não ultrapassa os € 5.000 de colecta anual: deve esta família ver apartada a possibilidade de pedir a revisão da primeira decisão desfavorável a um tribunal superior? O mesmo quanto à micro-empresa que discute uma retenção na fonte ou um pagamento especial por conta que também não ultrapassa a alçada do tribunal de 1ª instância? Parece evidente que matérias que envolvam a liquidação propriamente dita, designadamente as normas de incidência, taxas, benefícios fiscais, bem como as garantias dos contribuintes – em suma, todas as que o legislador elencou como sujeitas ao princípio da legalidade, previsto no artigo 103º da CRP – não devam estar afastadas da possibilidade de, pelo menos, um grau recurso. Em todo o caso, o entendimento que aqui se defende – de que o contencioso tributário deverá sempre prever um duplo grau de jurisdição – não significa que, em mecanismos alternativos de resolução de litígios esse duplo grau de jurisdição tenha também de existir, sob pena de violação do princípio da tutela jurisdicional efectiva. Com efeito, conforme veremos adiante no ponto 72.2.1, a respeito da arbitragem em matéria tributária, a regra da irrecorribilidade revela, em certos casos,

disposto no artigo 105º da LGT, não procedeu à correspondente alteração ao artigo 6º do ETAF, continuando o nº 2 daquele artigo a dispor que "*[a] alçada dos tribunais tributários de corresponde a um quarto da que se encontra estabelecida para os tribunais judiciais de 1ª instância*". O disposto no artigo 105º da LGT prevalece, porém, sobre o inalterado artigo 6º, nº 2 do ETAF.

[294] Tendo em conta que tanto o artigo 6º, nº 1 do ETAF, quanto o artigo 105º da LGT prevê em que os tribunais tributários de 1ª instância têm alçada.

vantagens críticas, contribuindo, de certo modo, para a própria efectividade do princípio da tutela jurisdicional.

Pese embora não se deseje o arrastamento da discussão das "bagatelas jurídicas", cremos que as reformas da justiça e o tratamento dos males do sistema judicial não devem ser feitos à custa dos direitos dos mais desfavorecidos que são, em regra, quem tem litígios de valor mais reduzido. Urge, portanto, na esfera do legislador, reavaliar a questão, adequando o valor da alçada de recurso à realidade económica do país.

O mesmo urge quanto aos casos em que, nos termos do artigo 38º do ETAF os tribunais de 2ª instância, *v.g.*, os TCA, podem decidir pela primeira vez, em primeiro grau de jurisdição, uma questão não antes analisada pelo tribunal de 1ª instância de cuja decisão se recorre, designadamente quando, nos termos do artigo 665º, nº 3 do CPC, o mesmo dispõe de todos os elementos para proferir uma decisão de mérito sobre a acção não antes apreciada pelo tribunal recorrido – que não se tenha pronunciado sobre a mesma, em virtude de omissão de pronúncia ou por ter dado como procedente uma excepção que obstou ao conhecimento do mérito. No entanto, nesse caso, a parte que se vir vencida na decisão do TCA não poderá recorrer, pela via "normal" da decisão para o STA, não se prevendo expressamente esse tipo de recurso nem no CPPT, nem no ETAF. Dir-se-ia que poderia então socorrer-se, ao abrigo do direito subsidiário aplicável, ao disposto no artigo 671º do CPC, que admite um recurso para o tribunal superior quando o Tribunal da Relação decida uma questão pela primeira vez, mas o STA veio já esclarecer que não se aplica tal normativo ao contencioso tributário pois o artigo 280º do CPPT deixou de fora esta situação, expressando a tese de não ser sequer necessário garantir sempre um segundo grau de recurso em sede tributária[295],[296]. Cremos, porém, que a tese do STA falece num ponto: é que o poder de decidir sobre a existência de condições para que se tome a decisão em primeiro grau, pelo TCA (em vez de fazer baixar o processo à 1ª instância) é do próprio tribunal, não podendo o interessado opor-se a essa mesma decisão. Se assim é, então é clara a existência de uma manifesta desigualdade entre o visado que tem a "sorte" de ver o seu processo decidido em primeiro grau pelo tribunal inferior, que pode recorrer para o TCA ou STA se a mesma for desfavorável, e aquele que

[295] O artigo 671º, nº 1 do CPC estabelece "*Cabe revista para o Supremo Tribunal de Justiça do acórdão da Relação, proferido sobre decisão da 1ª instância, que conheça do mérito da causa ou que ponha termo ao processo, absolvendo da instância o réu ou algum dos réus quanto a pedido ou reconvenção deduzidos.*", conferindo o expressamente um segundo grau de jurisdição mesmo nos casos em que a decisão de mérito tenha sido tomada em segunda instância.

[296] No acórdão de 11 de Maio de 2016, proferido no âmbito do processo nº 01668/15.

se veja na circunstância de ver decidida a causa pelo tribunal superior, situação em que o recurso lhe é, no actual desenho do sistema de recursos, negado. Obviamente esta situação merecerá, a nosso ver, um ajustamento legislativo.

66.2. Recursos regulados pelo CPPT

Descortinado o princípio do duplo grau de jurisdição, pretende-se agora analisar o regime dos recursos no contencioso tributário. Do artigo 279º do CPPT parece resultar uma dualidade de regimes: os recursos dos actos jurisdicionais praticados no processo judicial tributário e no processo de execução fiscal são regulados pelo CPPT e, de outro lado, os recursos dos actos jurisdicionais sobre meios processuais acessórios comuns à jurisdição administrativa e tributária são regulados pelas normas sobre processos nos tribunais administrativos, ou seja, pelo CPTA.

Esta dualidade de regimes de recursos é altamente criticada pela doutrina. Rui Duarte Morais critica a complexidade inerente a esta dualidade, evidenciando certas dificuldades de aplicação questionando qual o regime de recursos aplicável à decisão de uma acção administrativa que constitui o meio de reacção indicado para contestar a legalidade de actos em matéria tributária, se o previsto no CPPT ou, pelo contrário, o consagrado no CPTA. A resposta mais óbvia seria a aplicabilidade do regime do CPTA, mas sucede que a acção administrativa não constitui um meio processual acessório, pelo que não parece incluída na previsão do artigo 279º, nº 2 do CPPT. Na verdade, os recursos das decisões proferidas em sede da acção administrativa seguem o regime e a tramitação prevista no CPTA, mas por força do disposto no artigo 97º, nº 2 do CPPT que determina que esta acção é regulada pelas normas sobre processo nos tribunais administrativos, não resultando do artigo 279º, nº 2 do CPPT[297].

Por seu turno, Freitas da Rocha, salienta a falta de sistematização ou de classificação dos recursos no CPPT e o facto de no artigo 281º deste diploma ainda se remeter para uma figura que deixou de existir – os recursos por agravo em processo civil[298] –, chegando à conclusão que se verifica um "*caos positivista*" em matéria de recursos no contencioso tributário[299].

Pese embora estas críticas ao regime dos recursos no contencioso tributário e a aparente complexidade e confusão associada, tentaremos traduzir o sistema de recursos regulados pelo CPPT, designadamente o *recurso comum*,

[297] Rui Duarte Morais (2012), p. 350.

[298] Embora seja de referir que o artigo 4º, nº 1 do Decreto-Lei nº 303/2007 prescreve que para efeitos do disposto em legislação avulsa, entende-se que as referências feitas ao agravo interposto na primeira instância, consideram-se feitas ao recurso de apelação.

[299] Joaquim Freitas da Rocha (2014), p. 412.

por *oposição de acórdãos* e de *revisão da sentença*. Não nos dedicaremos, portanto, ao estudo dos recursos jurisdicionais de decisões de meios processuais acessórios comuns à jurisdição administrativa e tributária (artigo 146º do CPPT) ou da acção administrativa, que são regulados no CPTA. Faremos apenas referência a algumas diferenças relativamente ao regime do CPPT e ao recurso excepcional de revista previsto no artigo 150º do CPTA.

66.2.1. Recurso comum

Comecemos por analisar o regime e a tramitação do recurso comum regulado no CPPT. Este será o regime aplicável designadamente aos recursos interpostos de decisões de processos de impugnação judicial, de acções para reconhecimento de um direito ou interesse legalmente protegido em matéria tributária, de processos de derrogação de sigilo bancário e de processos intentados no âmbito da execução fiscal[300].

Antes de analisarmos a tramitação do recurso comum, é necessário determinarmos que decisões judiciais são susceptíveis de recurso – comum – e quem tem legitimidade para o interpor.

Assim, segundo o artigo 279º, nº 1 do CPPT, são susceptíveis de recurso os *"actos jurisdicionais"* praticados no processo tributário. Estes actos, no entendimento de Freitas da Rocha, serão os actos de resolução de conflitos de pretensões, quer sejam decisões finais, como sentenças e acórdãos, quer sejam decisões interlocutórias, de incidentes. Na opinião deste autor, apenas estarão excluídas as decisões que não resolvam qualquer conflito e os despachos de mero expediente ou discricionários, estes últimos por força da aplicação subsidiária do artigo 630º do CPC, por força do artigo 2º, alínea *e*) do CPPT[301].

Para além disso, não se poderá olvidar a regra da sucumbência que vigora no âmbito do contencioso tributário, por força do artigo 280º, nº 4 do CPPT, não são susceptíveis de recurso as decisões dos tribunais tributários de 1ª instância quando o valor da causa não ultrapassar o valor da alçada do tribunal tributário de 1ª instância, ou seja, € 5.000, 00[302]. Pelo contrário, admite-se o recurso para o pleno da secção de contencioso tributário do STA para uniformização de jurisprudência, independentemente do valor da causa, nos termos do artigo 280º, nº 5 do CPPT.

[300] A este propósito e reconhecendo que o regime de recursos aplicável nos processos de impugnação judicial é o previsto no artigo 280º e seguintes do CPPT, veja-se o acórdão do TCA Sul de 28 de Abril de 2016, proferido no âmbito do processo nº 09171/15.

[301] Joaquim Freitas da Rocha (2014), p. 414-415.

[302] As regras de determinação do valor da causa nos processos judiciais tributários estão previstas no artigo 97º-A do CPPT.

Determinadas as decisões susceptíveis de recurso, é ainda de referir que a legitimidade para recorrer cabe a quem, sendo parte principal na causa, tenha ficado vencido, de acordo com o previsto no artigo 631º, nº 1 do CPC, ou seja, quer o sujeito passivo ou outros interessados, quer a Administração Tributária que serão, em regra, as partes no processo judicial tributário[303].

Aqui chegados, cabe analisar a tramitação deste recurso, bem como os seus efeitos.

Este recurso deverá ser interposto por meio de requerimento em que se declara a intenção de recorrer, apresentado ao tribunal que proferiu a decisão, no prazo de 10 (dez) dias a contar da notificação da decisão, de acordo com os artigos 280º, nº 1 e 282º, nº 1 do CPPT[304].

Após a apreciação pelo juiz, será proferido despacho a admitir o recurso que será notificado ao recorrente, ao recorrido e ao Ministério Público, de acordo com o nº 2 do artigo 282º do CPPT. A partir da notificação deste despacho, o recorrente dispõe de 15 (quinze) dias para alegar e o recorrido, a partir do termo do prazo para as alegações do recorrente, terá igualmente 15 (quinze) dias para apresentar as suas contra-alegações. Claro que se houver

[303] Neste sentido, veja-se o acórdão do TCA Norte de 25 de Fevereiro de 2016, proferido no âmbito do processo nº 04882/04, no qual se afirmou que "*se o impugnante não ficou vencido com a sentença final, não tem legitimidade para dela interpor recurso*".

[304] Os prazos serão naturalmente processuais pelo que, acordo com o artigo 20º, nº 2 do CPPT, deverão contar-se nos termos do CPC. Assim, recorde-se que os prazos no processo tributário são contínuos, contando-se sábados, domingos e feriados. Os prazos processuais suspendem-se nas férias judiciais e dia da notificação não conta, sendo considerado como o "dia zero". Contudo, no âmbito dos processos urgentes, tal como o recurso judicial da decisão de derrogação de sigilo bancário nos termos do artigo 146º-B do CPPT, não há lugar a esta suspensão nos termos do artigo 138º do CPC. Este é também o modo de contagem dos prazos no âmbito do processo arbitral tributário. Já os prazos no procedimento tributário contam-se nos termos do artigo 279º do CC, não se suspendendo sábados, domingos e feriados nem durante as férias judiciais. Trata-se de prazos contínuos, sendo que o dia da notificação também não conta, constituindo o "dia zero": Por sua vez, no que diz respeito aos prazos no procedimento administrativo aplicáveis ao procedimento arbitral (fase que ocorre até à constituição do tribunal arbitral), de acordo com o artigo 87º do CPA, não há férias judiciais mas o prazo suspende-se sábados, domingos e feriados. Se o termo do prazo coincidir com dia em que o serviço perante o qual deva ser praticado o acto não esteja aberto ao público, ou não funcione durante o período normal, transfere-se para o primeiro dia útil seguinte. Assim, a diferença entre o modo de contagem dos prazos no CC, no CPC e no CPA reflecte-se na sua suspensão. Enquanto os prazos do procedimento tributário, nos termos do CC, não se suspendem sábados, domingos e feriados, nem durante as férias judiciais, já os prazos do processo judicial e arbitral tributário, nos termos do CPC, pese embora não se suspendam sábados domingos e feriados, suspendem-se durante as férias judiciais, excepto no caso dos processos (judiciais) urgentes. Por fim, os prazos no procedimental arbitral, nos termos do CPA, suspendem-se sábados, domingos e feriados mas não durante as férias judiciais.

interposição de recurso por cada uma das partes, ou por uma e pelo Ministério Público, as regras de interposição aplicam-se quanto a ambos os recursos, em que cada uma assume a posição de recorrente, no recurso por si interposto, e de recorrido, no recurso interposto pela outra parte. Já no caso de interposição de recurso subordinado, por força da aplicação subsidiária do CPC, onde se prevê, no artigo 633º que uma parte possa, na sequência do recurso interposto pela outra, recorrer igualmente da decisão não se cingindo apenas a contrapor-se ao recurso apresentado pela primeira recorrente, alegando os argumentos que julgar pertinentes.

Em qualquer dos casos, o recorrente terá mesmo o ónus de alegar, tendo em conta que na falta de alegações, de acordo com o nº 4 do artigo 282º do CPPT, o recurso será julgado deserto. As alegações devem ter conclusões que reflictam os fundamentos descritos nas alegações senão o tribunal deverá convidar o recorrente a apresentar conclusões – se este não as tiver apresentado de todo – ou a apresentar novas conclusões, caso as tenha apresentado, mas estas não reflictam os fundamentos descritos nas alegações, de acordo com o disposto nos nºs 5 e 6 do artigo 282º do CPPT.

A este propósito, veja-se o acórdão do TCA Sul de 17 de Março de 2016, proferido no âmbito do processo nº 08679/15, no qual se afirmou que "*[n]ão deve tomar-se conhecimento do recurso quando, sendo deficientes e obscuras as conclusões da alegação apresentada, o recorrente, apesar do convite do relator, não diligencia pela sua correcção*".

Relativamente à tramitação é ainda de referir que no caso dos recursos de processos urgentes, como por exemplo do processo especial da decisão de derrogação de sigilo bancário proposto por familiar do contribuinte ou da reclamação do acto do órgão de execução fiscal, aqueles serão apresentados por meio de requerimento "motivado", ou seja, acompanhado das respectivas alegações, no prazo de 10 (dez) dias, tal como disposto no artigo 283º do CPPT.

Por sua vez, de acordo com o artigo 285º, nº 1 do CPPT, os recursos de despachos ou decisões interlocutórias também podem ser apresentados no prazo de 10 (dez) dias contados da notificação da decisão que se pretende recorrer, mediante requerimento contendo as respectivas alegações e conclusões. Normalmente, como estabelece o nº 2 do mesmo artigo, estes recursos subirão nos autos com o recurso interposto da decisão final, excepto nos casos em que o recorrente alegue fundamentadamente que a não subida imediata comprometerá o seu efeito útil, como por exemplo, no caso de um despacho que determina a suspensão da instância ou de indeferimento de determinada diligência probatória reputada de essencial pelo interessado, ou quando o recurso não disser respeito ao objecto do processo.

Por último, é fundamental uma menção aos efeitos do recurso. De acordo com o nº 2 do artigo 286º do CPPT, os recursos têm efeito meramente devolutivo, salvo se for prestada garantia ou o efeito devolutivo afectar o efeito útil dos recursos. Este artigo parece referir-se apenas aos casos de recursos interpostos pelos sujeitos passivos em que esteja em causa a liquidação de um imposto pois será nestes casos que se colocará a questão da prestação da garantia de modo a obter a suspensão do processo de execução fiscal[305].

Rui Duarte Morais considera que o efeito meramente devolutivo destes recursos não prejudica a situação do particular recorrente, tendo em conta que o processo de execução estará suspenso, pelo menos desde o momento em que foram concluídas as diligências para a penhora. Pelo contrário, a Fazenda Pública terá vantagens em requerer a atribuição de efeito suspensivo ao recurso quando exista fundado receio de que o levantamento das penhoras a ou a devolução da garantia prestada, em consequência da decisão favorável em primeira instância, possa pôr em risco a efectiva cobrança, no caso de procedência do recurso interposto[306].

66.2.2. Recurso por oposição de acórdãos e recurso por oposição de julgados

No artigo 284º do CPPT prevê-se a possibilidade de recurso com fundamento em oposição de acórdãos que, segundo Freitas da Rocha, visa a concretização de dois princípios jurídico-constitucionais básicos: o princípio da segurança jurídica e protecção da confiança, por um lado, e da igualdade, por outro.

No entendimento deste autor, através do recurso de oposição de acórdãos visa-se, por um lado, que o sentido das decisões jurisprudenciais em matéria tributária, não sofra oscilações "*imprevisíveis, acentuadas e injustificadas*", geradoras naturalmente de incerteza na esfera jurídica dos diversos actores. Por outro, procura-se assegurar que não sejam introduzidas *"disparidades significativas"* no tratamento jurídico, em termos de se conseguir prever um tratamento idêntico às situações relativamente às quais se possa dizer que existem circunstâncias subjacentes idênticas[307].

[305] Relativamente ao efeito meramente devolutivo dos recursos no contencioso tributário, veja-se o acórdão do TCA Sul de 31 de Março de 2016, proferido no âmbito do processo nº 07966/13.

[306] No entendimento deste autor, não obstante a pendência de recurso interposto pela Administração Tributária ou pelo Ministério Público, se a decisão de 1ª instância for favorável ao sujeito passivo que tiver prestado garantia, esta terá que lhe ser devolvida Cf. Rui Duarte Morais (2012), p. 357.

[307] Joaquim Freitas da Rocha (2014), p. 420.

Rui Duarte Morais, por seu turno, considera que o recurso por oposição de acórdãos tem um importante papel de uniformização da jurisprudência, contribuindo para que, no futuro, haja maior segurança jurídica para a generalidade dos cidadãos. No entanto, este recurso não é verdadeiramente de "*uniformização de jurisprudência*", tendo em conta que a decisão proferida no âmbito do mesmo, não obriga os Tribunais a, no futuro, seguirem a orientação definida nesta decisão, embora na prática tal acabe por acontecer[308]. Cristina Flora e Margarida Reis[309], por seu turno, assinalam que o objectivo deste recurso é o de assegurar a igualdade de tratamento dos interessados e não o de uniformizar jurisprudência, não tendo por isso natureza vinculativa fora do próprio processo ou valor extra-processual.

Antes de mais, cabe delimitar os requisitos da interposição deste recurso para de seguida analisarmos a sua tramitação, indicando, designadamente, o tribunal competente para conhecer este recurso.

A jurisprudência dos tribunais superiores tem vindo a entender que a interposição do recurso por oposição de acórdãos depende da verificação cumulativa de dois requisitos:

- A contradição inconciliável e expressa entre o acórdão recorrido e um outro acórdão, designado de "*acórdão fundamento*" sobre a mesma questão fundamental de Direito; e,
- Que não ocorra o caso de a decisão impugnada estar em sintonia com a jurisprudência mais recentemente consolidada do STA.

Relativamente à caracterização da questão fundamental de direito sobre a qual deve existir contradição de julgados, devem adoptar-se os seguintes critérios para detectar essa contradição[310]:

- *Identidade da questão de direito* sobre que recaíram os acórdãos em confronto, o que supõe estar-se perante uma *situação de facto substancialmente idêntica* – ou seja, é necessária tanto uma identidade jurídica como factual, o que pressupõe identidade substancial das situações fácticas, entendida esta não como uma total identidade dos factos mas apenas como a sua subsunção às mesmas normas legais[311],[312];

[308] Rui Duarte Morais (2012), p. 360.

[309] Cristina Flora e Margarida Reis (2015), p. 81.

[310] Neste sentido, veja-se, por todos o acórdão do TCA Norte de 14 de Abril de 2016, proferido no âmbito do processo nº 00863/13.0.

[311] Neste sentido, veja-se o acórdão do STA de 20 de Abril de-2016, proferido no âmbito do processo nº 028/16, no qual se afirmou que "*[a] admissibilidade dos recursos por oposição de acórdãos, tendo em conta*

- Que *não tenha havido alteração substancial na regulamentação jurídica* – a qual se verifica sempre que as eventuais modificações legislativas possam servir de base a diferentes argumentos que possam ser valorados para determinação da solução jurídica;
- Que se tenha perfilhado, nos dois arestos, *solução oposta*, que decorra de *decisões expressas*, não bastando a simples oposição entre razões ou argumentos enformadores das decisões finais ou a invocação de decisões implícitas ou a pronúncia implícita ou consideração colateral tecida no âmbito da apreciação de questão distinta; e
- Que ambos os acórdãos tenham sido proferidos pela mesma jurisdição, pelos TCAS ou STA nas respectivas secções de contencioso tributário e no âmbito de processos tributários *stricto sensu*.

Este último requisito implica que os acórdãos em oposição não possam ser das diferentes secções dos TCAS ou do STA, ou seja, não será admissível o recurso por oposição de acórdãos quando a mesma questão de direito tenha sido apreciada de forma diversa numa decisão da secção de contencioso administrativo e noutra da secção de contencioso tributário[313]. Menos ainda, portanto, se admite a invocação de oposição entre acórdãos de diferentes jurisdições, *maxime*, entre o STA e o STJ, o que não deixa de ser contraditório quando à jurisdição tributária se aplica subsidiariamente o direito processual civil (e o próprio direito civil), pelo que se a questão se reconduzir à interpretação daquelas normas, ficará vedada a oposição, a menos que os tribunais da jurisdição tributária já a tenham também apreciado.

Quando estejam preenchidos os requisitos acima identificados – de entre os quais se destacam a identidade substancial da situação fáctica em confronto e a identidade da questão de direito que, refira-se, têm sido interpretados de

o regime previsto nos artigos 27º, alínea b) do ETAF e 152º do Código de Processo nos Tribunais Administrativos, depende de existir contradição entre o acórdão recorrido e o acórdão invocado como fundamento sobre a mesma questão fundamental de direito, o que pressupõe a ***identidade substancial das situações de facto*** *subjacentes aos arestos em confronto*" (destacado nosso).

[312] No recurso por oposição de acórdãos a que se refere o RJAT a nossa posição quanto aos requisitos designadamente quanto à identidade de factos é diferente. Ver para este efeito o que referimos no ponto 72.2.

[313] A este propósito, veja-se o acórdão do pleno de secção de contencioso tributário do STA de 19 de Setembro de 2012, proferido no âmbito do processo nº 0135/11. Freitas da Rocha também defende que este será o entendimento mais razoável, em face da articulação do disposto nos artigos 280º, nºs 3 e 5 do CPPT, e 152º, nº 1 do CPTA. Cf. Joaquim Freitas da Rocha (2014), p. 421. Já Rui Duarte Morais retira esta conclusão do disposto no artigo 27º, nº 1, alínea *b*) do ETAF – Cf. Rui Duarte Morais (2012), p. 361.

forma notoriamente restritiva pelo STA, reconduzindo este recurso a um papel excepcional, que o legislador não lhe conferiu expressamente –, o interessado poderá interpor o recurso por oposição de acórdãos. De acordo com o artigo 27º, nº 1, alínea *b*) do ETAF, a competência para conhecer deste recurso cabe ao pleno da secção de contencioso tributário do STA. Menos ainda, portanto, se admite a invocação de oposição entre acórdãos de diferentes jurisdições, *maxime*, entre o STA e o STJ, o que não deixa de ser contraditório quando à jurisdição tributária se aplica subsidiariamente o direito processual civil (e o próprio direito civil), pelo que se a questão se reconduzir à interpretação daquelas normas, ficará vedada a oposição, a menos que os tribunais da jurisdição tributária já a tenham também apreciado.

Quando estejam preenchidos os requisitos acima identificados – de entre os quais se destacam a identidade substancial da situação fáctica em confronto, bem como a identidade da questão de direito que, refira-se, têm sido interpretados de forma notoriamente restritiva pelo STA, reconduzindo este recurso a um papel excepcional, que o legislador não lhe conferiu expressamente –, o interessado poderá interpor o recurso por oposição de acórdãos. De acordo com o artigo 27º, nº 1, alínea *b*) do ETAF, a competência para conhecer deste recurso cabe ao pleno da secção de contencioso tributário do STA, o que não sucede com o recurso por oposição de julgados (artigo 280º, nº 5 do CPPT), que é julgado pela secção de contencioso tributário do STA.

Relativamente à tramitação o recurso por oposição de acórdãos inicia-se com o requerimento do recorrente a ser apresentado no prazo de 10 (dez) dias no tribunal e no processo em que foi proferido o acórdão recorrido. Por força do disposto no nº 1 do artigo 284º do CPPT, no requerimento deverá indicar-se o(s) acórdão(s) que estejam em oposição com o acórdão recorrido, bem como o lugar em que tenham sido publicados ou estejam registados, sob pena de não ser admitido o recurso. O relator pode determinar que o recorrente seja notificado para apresentar certidão deste(s) acórdão(s) para efeitos de prosseguimento do recurso, de acordo com o nº 2 do artigo 284º do CPPT.

Admitido o recurso, o recorrente é de tal notificado, dispondo de um prazo de 8 (oito) dias para apresentar alegações tendentes a demonstrar que entre os acórdãos existe a oposição exigida, ou seja, que se verificam os requisitos que acima elencámos, comummente designadas de alegações de primeiro grau. Verifica-se aqui também um ónus de alegação do recorrente, sob pena de o recurso ser considerado deserto, de acordo com o nº 4 do artigo 284º do CPPT.

Se as alegações forem feitas, o recorrido é notificado para, querendo, contra-alegar igualmente no prazo de 8 (oito) dias.

Recebidas as alegações, o relator aprecia a existência ou não da alegada oposição de acórdãos. Caso entenda que não há oposição, considera o recurso findo, de acordo com o artigo 284º, nº 5 do CPPT, sendo a decisão passível de reclamação para a conferência, se o recurso tiver sido apresentado no STA ou reclamação para o presidente do TCA se o recurso tiver sido apresentado junto deste tribunal, nos termos do artigo 652º, nº 3 do CPC, não cabendo recurso desta decisão. Pelo contrário, se entender que se verifica a oposição de acórdãos, notifica as partes para alegarem nos termos do artigo 282º do CPPT, ou seja, acerca dos vícios apontados à decisão recorrida, sobre a qual o recorrente entende que a decisão deve ser tomada. Assim, enquanto nas primeiras alegações o recorrente se limita a fundamentar a existência de uma oposição de acórdãos, isto é, a verificação dos requisitos de interposição deste recurso, nestas alegações de segundo grau cabe ao recorrente apreciar o mérito do acórdão recorrido.

Segue-se o julgamento pelo pleno da secção de contencioso tributário do STA que, segundo Rui Duarte Morais, não está vinculado à decisão que concluiu pela existência de uma oposição de acórdãos, ou seja, pode entender que esta oposição não se verifica e não aprecia o mérito da causa[314].

Nos casos em que conheça do mérito da causa, o pleno analisará a questão não estando limitado a optar entre as duas posições em confronto, podendo adoptar a solução que julgue mais adequada para a questão jurídica sobre a qual versa o conflito. Isto mesmo decidiu o STA no acórdão proferido no processo nº 1076/03, de 20 de Outubro de 2004.

Por seu turno, o *recurso para uniformização de jurisprudência*, previsto no artigo 280º, nº 5 do CPPT – não raras vezes confundido com o recurso por oposição de acórdãos – seguindo a tramitação prevista nos artigos 281º a 283º do CPPT, caracteriza-se essencialmente por não estar limitado à alçada dos tribunais recorridos e por ter como objecto apenas a sentença da 1ª instância, no sentido de a mesma estar em confronto com, pelo menos, três decisões do mesmo ou de outro tribunal de igual grau ou com uma decisão de tribunal de hierarquia superior[315]. A decisão de mérito proferida terá, neste caso, de optar pela posição que se considera dever prevalecer.

66.2.3. Recurso de revisão da sentença

Por fim, cabe analisar o último recurso regulado no CPPT, previsto no seu artigo 293º: o recurso de revisão da sentença. Embora esta classificação não

[314] Rui Duarte Morais (2012), p. 363.

[315] Cristina Flora e Margarida Reis (2015), pp. 82 e seguintes, distinguem claramente as duas figuras.

seja adoptada no CPPT, este recurso é *extraordinário*, na medida em que é interposto após o trânsito em julgado da decisão em crise. Os recursos ordinários, pelo contrário, são aqueles interpostos antes do trânsito em julgado das decisões.

Nos termos do artigo 619º, nº 1 do CPC, uma vez transitada em julgado a decisão que decida sobre o mérito da causa, o decidido sobre a relação material controvertida *"fica a ter força obrigatória dentro do processo e fora dele nos limites fixados pelos artigos 580º a 581º, sem prejuízo do disposto nos artigos 696º a 702º"*. Estes limites ao caso julgado reportam-se, nem mais nem menos, ao recurso de revisão. O recurso de revisão possibilita, então, em casos excepcionais especialmente previstos na lei, a reapreciação de questões que, por não serem já susceptíveis de recurso ordinário ou de reclamação, consideraram-se transitadas em julgado, por força do disposto no artigo 628º do CPC.

De igual forma, também o CPPT passou a prever expressamente a susceptibilidade de recurso de revisão das sentenças judiciais tributárias com a Lei nº 3-B/2000, de 4 de Abril, que aditou um artigo 293º ao CPPT, sob a epígrafe *"revisão de sentença"*[316].

Os artigos 154º a 156º do CPTA admitem também a interposição de recurso de revisão das sentenças transitadas em julgado no âmbito do contencioso administrativo. Ao abrigo do nº 1 do artigo 154º do CPTA, no que não esteja especialmente regulado naquele código, são subsidiariamente aplicáveis as normais dispostas no CPC. Os fundamentos de recurso de revisão em contencioso administrativo serão assim os mesmos elencados no artigo 696º do CPC.

Neste recurso temos dois princípios em confronto[317]. Por um lado, o princípio da justiça material que justifica a reapreciação de decisões jurisdicionais já transitadas em julgado e, por outro, o princípio da segurança jurídica que sustenta a estabilidade do caso julgado.

É em nome do princípio da segurança jurídica que o recurso de revisão da sentença é de carácter excepcional. Isto significa que serão muitos restritos os fundamentos deste recurso que permitem alterar uma decisão já transitada em julgada, consolidada para o ordenamento jurídico.

Do artigo 293º, nº 2 do CPPT decorrem três fundamentos possíveis para o recurso de revisão de sentença:

[316] Relativamente à susceptibilidade de recurso de revisão da decisão arbitral em matéria tributária, mesmo depois do seu trânsito em julgado, veja-se a anotação ao artigo 25º do RJAT de Carla Castelo Trindade, Cf. Carla Castelo Trindade (2016),p. 465 e seguintes e Jorge Lopes de Sousa (2013), "Recurso de revisão de decisões arbitrais tributárias".

[317] Como bem nota, Joaquim Freitas da Rocha (2014), p. 422.

- Quando posteriormente ao encerramento do processo, se verifique a declaração, por decisão transitada em julgado, da *falsidade de documento* que tenha sido essencial para fundamentar a decisão que se pretende rever;
- Quando posteriormente ao encerramento do processo, surja um *documento novo* que o interessado não podia nem devia ter apresentado no processo – seja porque o documento não existia ou porque o recorrente não podia ter acesso – e que seja suficiente para a destruição da prova feita[318];
- Quando se verifique a falta ou nulidade da notificação do recorrente e o processo tenha corrido totalmente à sua *revelia*.

O artigo 293º, nº 2 do CPPT limita os fundamentos de revisão da sentença às alíneas *b), c)* e *e)* do artigo 696º do CPC que regula o recurso de revisão no âmbito do processo civil, utilizando uma terminologia desnecessariamente mais complexa.

Contudo, é de notar que o STA já se pronunciou sobre a aplicação subsidiária dos fundamentos previstos no artigo 696º do CPC. Nesse sentido, veja-se o acórdão de 2 de Julho de 2014, proferido no âmbito do processo nº 0360/13, no qual o STA afirmou que *"[q]uanto aos pressupostos processuais do recurso de revisão da sentença, no que não se encontrar previsto no artigo 293º do CPPT, haverá que recorrer à legislação subsidiária indicada no artigo 2º do CPPT" onde se inclui o CPC"*.

Verificados estes fundamentos, de acordo com o artigo 293º, nº 3 do CPPT, o requerimento para revisão deverá ser apresentado no tribunal que proferiu a decisão a rever, no prazo de 30 (trinta) dias a contar, consoante os casos, do trânsito em julgado da decisão que proferiu a falsidade do documento, da data do aparecimento do novo documento ou do seu conhecimento pelo recorrente, ou do conhecimento do facto superveniente, ou seja, do processo que correu contra si à sua revelia, juntamente com a documentação necessária. No entanto, é de salientar o limite temporal de 4 (quatro) anos contados desde o trânsito em julgado da decisão a rever, previsto no nº 1 do artigo 293º

[318] A este propósito, veja-se o acórdão do TCA Norte de 9 de Junho de 2010, proferido no âmbito do processo nº 00159/08.9 no qual se afirmou que "*se os documentos apresentados como fundamento do pedido de revisão, apesar de terem sido emitidos com data ulterior à da sentença cuja revisão se pretende, se reportam a factos anteriores à data em que foi proferida a sentença e* ***nada obstava a que o recorrente os tivesse obtido até essa data*** *(sendo, aliás, que o recorrente nada alegou no sentido dessa impossibilidade), só o não tendo feito por determinação sua ou negligência, não se verifica um dos requisitos enunciados no citado nº 2 do art. 293º do CPPT, motivo por que o* ***pedido de revisão não pode proceder***" (destacado nosso).

do CPPT que decorrerá da necessidade de acautelar as exigências do princípio da segurança jurídica.

Segundo o nº 5 do artigo 293º do CPPT, a revisão segue os termos do processo em que foi proferida a decisão revidenda, por exemplo, o processo de impugnação judicial se a decisão a rever tiver sido proferida no âmbito deste processo.

A revisão também poderá ser requerida pelo Ministério Público, apresentando o requerimento nos termos do artigo 293º, nº 3 do CPPT mas no prazo de 90 (noventa) dias, segundo o nº 4 do mesmo artigo. Compreende-se a legitimidade do Ministério Público para interpor este recurso, tendo em conta o papel que desempenha no processo judicial tributário de *defesa da legalidade* e *promoção do interesse público.*

Se a decisão for considerada procedente, FREITAS DA ROCHA defende a aplicabilidade subsidiária do artigo 701º do CPC, por força do artigo 2º, alínea *e)* do CPPT, e em nome do princípio da aproveitabilidade dos actos jurídicos, entende que a decisão deverá ser expulsa do ordenamento jurídico mediante revogação, mas que não se deverá deixar de aproveitar a parte do processo que o fundamento da revisão não tenha prejudicado[319].

66.3. Recursos regulados pelo CPTA

Terminada a análise dos recursos regulados no CPPT, como antecipado, não cabe aqui um estudo aprofundado dos recursos regulados pelo CPTA[320]. Este será o regime aplicável aos recursos das decisões proferidas no âmbito da acção administrativa prevista no artigo 97º, nº 1, alínea *p)* e nº 2 do CPPT, regulada nos artigos 37º e seguintes do CPTA, bem como das decisões proferidas no âmbito dos meios processuais acessórios previstos no artigo 146º do CPPT e regulados no CPTA, tais como o processo de intimação para a consulta de documentos e passagem de certidões, de produção antecipada de prova e de execução de julgados.

Neste ponto pretendemos delimitar apenas duas diferenças existentes entre o regime dos recursos do CPPT e o regime previsto no CPTA para, de seguida, analisarmos o recurso excepcional de revista previsto no artigo 150º do CPTA.

Assim, enquanto o recurso comum regulado no CPPT tem, em regra, efeito meramente devolutivo, tal como resulta do artigo 286º, nº 2 do CPPT – salvo

[319] *Ibidem.*

[320] Para maiores desenvolvimentos relativamente aos recursos regulados pelo CPTA, veja-se: JOSÉ CARLOS VIEIRA DE ANDRADE (2015), p. 395 e seguintes.

se for prestada garantia ou o efeito devolutivo afectar o efeito útil do recurso –, nos recursos regulados no CPTA vale a regra oposta, do efeito suspensivo, tal como dispõe o artigo 144º, nº 1 deste diploma[321].

Por outro lado, admite-se no âmbito do contencioso tributário o recurso *per saltum* para a secção de contencioso tributário do STA quando o fundamento de recursos consistir exclusivamente em matéria de direito, tal como disposto no artigo 26º, alínea *b*) do ETAF. O mesmo recurso é admitido para a secção de contencioso administrativo do STA, embora se exija a verificação de um requisito adicional, para além de estar apenas em causa matéria de direito: que o valor da causa seja superior a € 500.000,00, de acordo com o artigo 151º do CPTA.

66.3.1. Recurso excepcional de revista

O recurso excepcional de revista previsto no artigo 150º do CPTA foi durante muito tempo entendido como admissível no caso das decisões proferidas em processos regulados no âmbito deste diploma, tais como a acção administrativa e os meios processuais acessórios, não se prevendo possibilidade semelhante no regime de recursos consagrado no CPPT.

Porém, prevendo o artigo 150º do CPTA a possibilidade de haver excepcionalmente recurso de revista para o STA, das decisões proferidas em segunda instância pelo TCA, quando esteja em causa a apreciação de uma questão que, pela sua relevância jurídica ou social, se revista de importância fundamental ou quando a admissão do recurso seja claramente necessária para uma melhor aplicação do direito, tal como decorre do nº 1 do mesmo artigo, tem vindo a ser entendido pelo STA, afirmando uma arrojada interpretação, ser admissível a sua aplicação aos casos em que o recurso se regulava pelo CPPT. A esse propósito, vejam-se a título de exemplo as decisões proferidas no âmbito dos processos nºs 01108/11, de 7 de Março de 2012, 0110/11, de 14 de Março de 2012, 083/12, de 16 de Maio de 2012, 0285/14, de 7 de Janeiro de 2015 e 0385/16, de 9 de Novembro de 2016.

A natureza excepcional deste recurso impõe, contudo, um ónus de alegação prévio quanto à pertinência da sua utilização no caso concreto. Com efeito, apesar de a alegação integral dever acompanhar o requerimento de interposição do recurso (não havendo dois graus de alegação, como ocorre na oposição de acórdãos), a decisão quanto à questão de saber se, no caso concreto, se verificam os pressupostos acima referidos, ou seja, se se coloca uma questão que pela sua relevância jurídica ou social se revista de importân-

[321] Devido ao efeito meramente devolutivo deste recurso, chegámos à conclusão que, nos casos em que a decisão proferida seja favorável ao sujeito passivo e a Administração Tributária interpuser recurso, a garantia prestada deverá ser restituída.

cia fundamental ou se se verifica a necessidade do recurso para uma melhor aplicação do direito, cabe ao STA, devendo ser objecto de apreciação preliminar sumária, a cargo de uma formação constituída por três juízes de entre os mais antigos da secção de contencioso administrativo, de acordo com o nº 6 do artigo 150º do CPTA.

FREITAS DA ROCHA salienta o facto de este recurso não significar a introdução de uma nova instância de recurso ou de um terceiro grau de jurisdição, constituindo na verdade uma *"válvula de segurança do sistema"* cujo objectivo é de garantir a uniformização do Direito, decorrente do princípio constitucional da segurança jurídica e da protecção da confiança[322].

Na verdade, em sede do CPPT, as decisões de recursos de revista proferidas nos últimos anos pelo STA demonstram, não raras vezes, a necessidade de repor a legalidade em decisões flagrantemente ilegais ou com grande repercussão social o que em matéria tributária é muitas vezes justificado em face da fácil e provável replicação dos casos em litígio. Parece, assim, que a convocação deste instituto pelo STA para o processo tributário, visou precisamente fazer deste recurso a válvula de segurança que o autor acima citado refere.

67. Tramitação processual

67.1. Prazos processuais

Aqui chegados, é de recordar que é distinto o modo de contagem dos prazos para a prática de actos no processo e no procedimento tributário, bem como no procedimento arbitral.

Assim, os prazos para a prática de actos processuais no processo judicial tributário processuais, deverão contar-se nos termos do CPC, de acordo com o artigo 20º, nº 2 do CPPT. Estes prazos são contínuos, contando-se sábados, domingos e feriados e suspendendo-se nas férias judiciais, excepto no caso dos processos urgentes, nos termos do artigo 138ºdo CPC. O dia da notificação também não conta, sendo considerado como o "dia zero". Estes serão os prazos do processo judicial tributário, aplicáveis após a entrega da petição inicial da impugnação judicial e relativamente aos demais meios processuais. Este será o modo de contagem, por exemplo, do prazo de 20 (vinte) dias para requerer a realização de uma perícia no âmbito da impugnação judicial, de acordo com o nº 3 do artigo 116º do CPPT ou do prazo de 90 (noventa) dias para a decisão judicial ser proferida nos processos urgentes, designadamente no recurso da decisão de derrogação de sigilo bancário, nos termos do artigo 146º-D do CPPT.

322 JOAQUIM FREITAS DA ROCHA (2014), p. 425.

Por outro lado, saliente-se que, de acordo com o nº 1 do artigo 20º do CPPT os "prazos de impugnação judicial" se contam nos termos do artigo 279º do CC. Isto significa que o prazo para a entrega da petição inicial da impugnação judicial se conta nos termos do CC e não nos termos do CPC. Só a partir deste momento aplicar-se-á o modo de contagem previsto no CPC.

Ora, no que diz respeito ao prazo de 3 (três) meses para a entrega da petição inicial, apesar de ser aplicável o modo de contagem do artigo 279º do CC, tal não significa que se trata de um prazo procedimental, na medida em que já não estamos no âmbito do procedimento tributário. Este é um prazo substantivo, de caducidade do direito à acção, que visa determinar o período para o exercício de um direito.

Na verdade, todos os prazos para a propositura de acções – que não consubstanciem recursos praticados no âmbito de um processo já em curso, como sucede, por exemplo, com os meios tutelares apresentados no âmbito da execução fiscal, em que as acções propostas já se inserem noutro processo em curso – constituem prazos substantivos, de caducidade do direito de acção, que integram a própria relação jurídica material controvertida. Com efeito, antes da propositura da acção não há processo, logo não haverá prazos judiciais. Estes prazos judiciais ou adjectivos, por sua vez, supõem que a acção já está em juízo, determinam o lapso de tempo necessário para se produzir determinado efeito processual ou para a prática de determinado acto judicial, como sucede na execução fiscal.

Embora não se tratando de um prazo processual, como se viu, o STA tem vindo a entender uniformemente que quando este prazo terminar em férias judiciais este se transfere para o primeiro dia útil seguinte ao termo destas, independentemente de o impugnante ter apresentado a petição inicial no tribunal tributário competente ou no serviço periférico local, estando tal possibilidade prevista no artigo 103º, nº 1 do CPPT.

Pelo contrário, os prazos no procedimento tributário, por força do artigo 57º, nº 3 da LGT e do artigo 20º, nº 1 do CPPT contam-se nos termos do artigo 279º do CC. Isto mais não significa do que os prazos são contínuos, incluindo sábados, domingos e feriados e não se suspendendo nas férias judiciais, pese embora nos casos em que o prazo termine aos sábados – seguindo a interpretação actualista do STA –, domingos e feriados, se transfira para o primeiro dia útil. O dia da notificação nunca se conta, sendo considerado o "dia zero". Este será o modo de contagem do prazo de 120 (cento e vinte) dias para apresentação de uma reclamação graciosa de acordo com o artigo 70º, nº 1 do CPPT, do prazo de 30 (trinta) dias para interposição de um recurso hierárquico nos termos do artigo 66º, nº 2 do CPPT ou de 4 (quatro) meses para formação de presunção de indeferimento tácito, nos termos do artigo 57º, nº 1 da LGT.

Já no âmbito da arbitragem tributária, também teremos de distinguir o modo de contagem dos prazos no procedimento e no processo arbitral.

Assim, para a prática de actos do procedimento arbitral aplicam-se as regras de contagem de prazos previstas no artigo 87º do CPA para o procedimento administrativo. Ou seja, não se inclui o dia em que ocorre o evento – é o chamado "dia zero" – a partir do qual o prazo começa a correr, suspendendo-se aos sábados, domingos e feriados e, caso termine em dia em que o CAAD não se encontre aberto ao público, ou não funcione durante o período normal, transfere-se para o primeiro dia útil seguinte.

A razão de ser da aplicação do modo de contagem de prazos previsto no CPA prende-se com razões de ordem prática, na medida em que, por um lado, são extremamente curtos os prazos previstos no procedimento arbitral, designadamente aqueles previstos ao nível da designação dos árbitros nos termos do artigo 11ºdo RJAT, e por outro, o horário do expediente do CAAD que não inclui fins-de-semana e feriados.

Já para a prática de actos do processo arbitral, fase que se inicia a partir do momento da constituição do tribunal arbitral, os prazos contam-se nos termos do CPC, tal como no processo judicial tributário.

É de referir, contudo, que o prazo para a apresentação do pedido de constituição de tribunal arbitral, tal como o prazo para entrega da petição inicial, se conta nos termos do artigo 279º do CC. Assim entendemos porquanto se trata ainda de um prazo substantivo, pois não há ainda processo, nem procedimento. A propósito das normas de contagem de prazos plasmadas no artigo 279º do CC, a doutrina e a jurisprudência têm entendido que à prática daqueles actos será também aplicável o disposto na parte final da alínea *e)* daqueles preceitos, nos termos da qual "*[o] prazo que termine em domingo ou dia feriado transfere-se para o primeiro dia útil; aos domingos e dias feriados são equiparadas as férias judiciais, se o acto sujeito a prazo tiver de ser praticado em juízo*"[323].

Tal não significa que o prazo para entrega do pedido de constituição do tribunal arbitral se suspende durante as férias judiciais mas apenas que, terminando o prazo em período de férias judiciais, porque se considera tratar-se de acto que tenha de ser praticado em juízo, o mesmo transfere-se para o primeiro dia útil seguinte.

É de salientar que as consequências do incumprimento dos prazos poderão ser diferentes. Uma impugnação judicial, um pedido de constituição de tribunal arbitral ou um recurso será *intempestivo* quando for apresentado depois de decorrido o prazo de interposição. Pelo contrário, será *extemporâneo* quando for apresentado antes do início do mesmo prazo.

[323] Cf. Acórdão do STA de 08 de Outubro de 2014, proferido no âmbito do processo nº 0548/14.

Por outro lado, o próprio decurso dos prazos processuais e substantivos poderá ter efeitos diferentes consoante se trata de um prazo *dilatório* ou *peremptório*. Assim, de acordo com o artigo 139º do CPC, os prazos *dilatórios* diferem para certo momento a possibilidade de realização de um acto ou o início da contagem de um outro prazo, admitindo-se nos termos do nº 5 deste artigo a prática do acto dentro dos 3 (três) primeiros dias úteis subsequentes ao termo do prazo, mediante o pagamento imediato de uma multa. Já o decurso dos prazos *peremptórios* extingue o direito de praticar o acto. Exemplos de prazos peremptórios serão os prazos de 3 (três) meses para apresentação da petição inicial da impugnação judicial e de 90 (noventa) dias para a entrega do pedido de constituição do tribunal arbitral, tendo em conta que o seu decurso extingue o direito de acção[324].

Na verdade, estes prazos peremptórios são simultaneamente prazos *substantivos* cujo decurso resulta na caducidade do direito de acção. Outro exemplo de um prazo cujo decurso tem como consequência a caducidade do direito será o de 4 (quatro) anos para proceder à liquidação dos tributos, nos termos do artigo 45º da LGT.

Em resumo, no contencioso tributário temos quatro modos distintos de contagem de prazos, sendo necessário recorrer a três diplomas: o CC, o CPC e o CPA.

Assim:

- Os prazos no procedimento tributário contam-se nos termos do artigo 279º do CC;
- Os prazos no procedimento arbitral contam-se nos termos do artigo 87º do CPA;
- Os prazos no âmbito do processo judicial e arbitral tributário contam-se nos termos do CPC e
- Os prazos para entrega da petição inicial da impugnação judicial e para a entrega do pedido de constituição de tribunal arbitral contam-se nos termos do artigo 279º do CC.

A diferença entre os regimes previstos no CC, no CPC e no CPA prende-se unicamente com a suspensão. Por um lado, a suspensão em férias judiciais apenas existe no CPC e não no CC nem no CPA. Por outro, a suspensão dos prazos em sábados, domingos e feriados apenas se verifica nos termos do CPA.

[324] Veja-se neste sentido o processo arbitral nº 35/2012-T que considera que "*Os prazos para a propositura de acções são prazos substantivos, de caducidade, e integram a própria relação jurídica material controvertida. Visam determinar o período para o exercício de um direito e são peremptórios, pois o seu decurso extingue o próprio direito*".

67.2. Esquematização das formas processuais impugnatórias

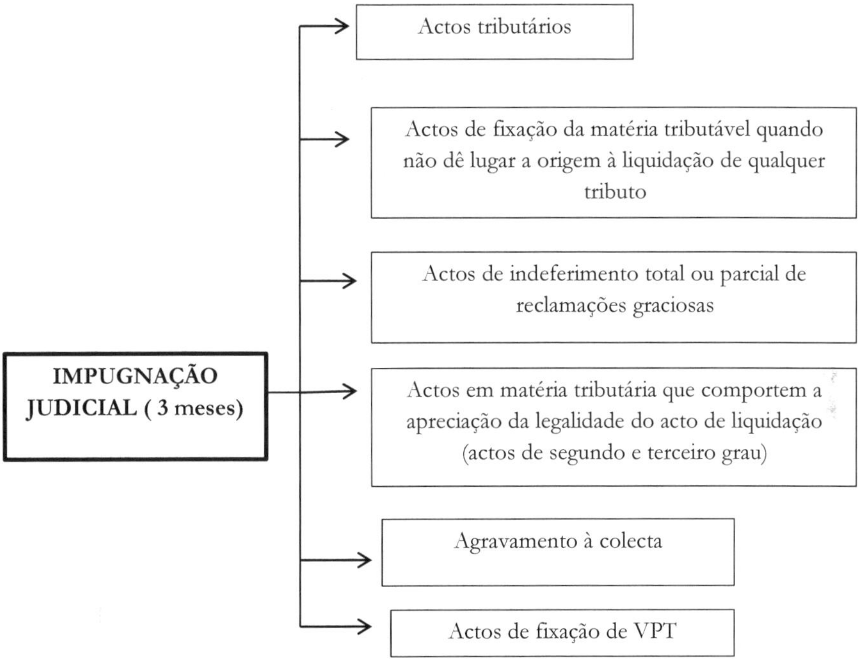

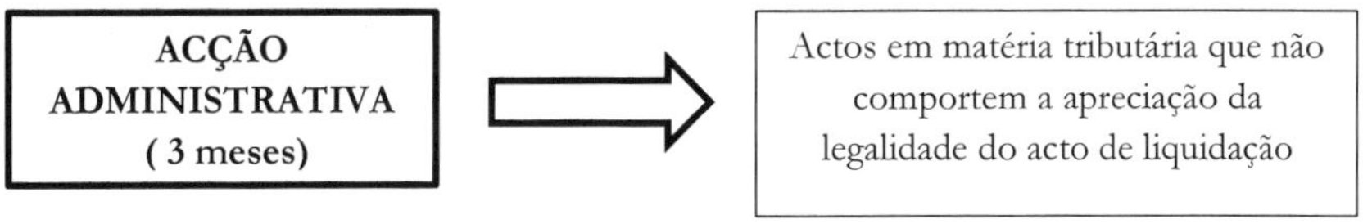

67.3. Esquematização dos meios processuais acessórios

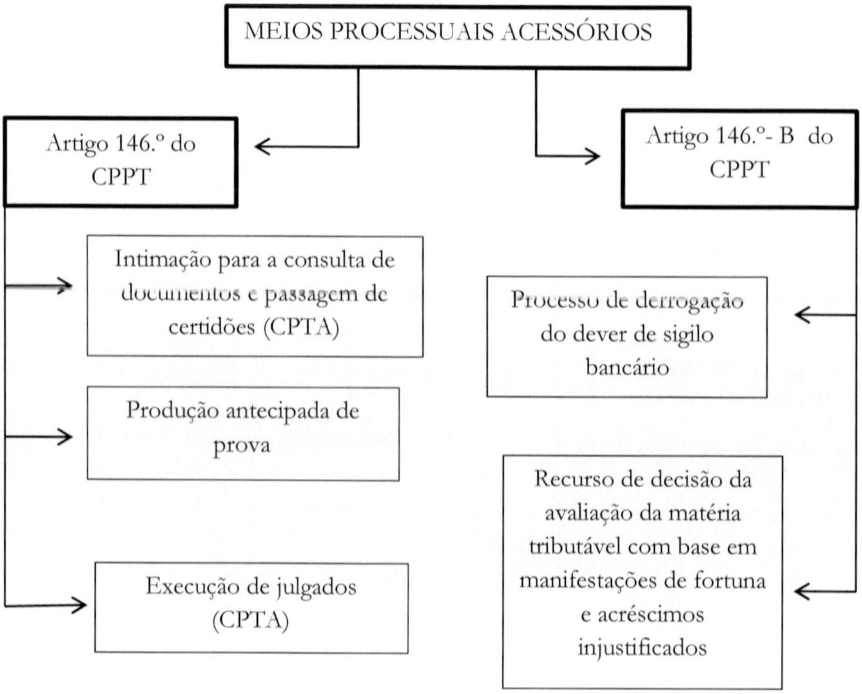

67.4. Esquematização do contencioso cautelar

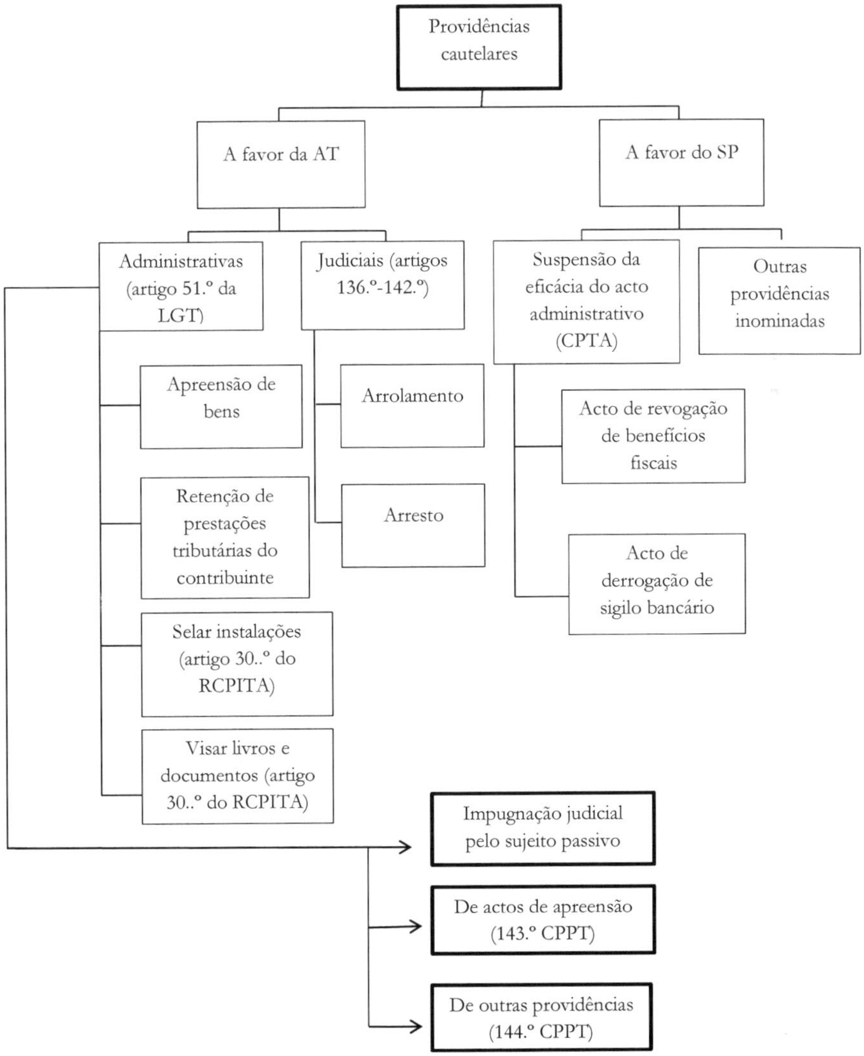

67.4. Esquematização dos recursos jurisdicionais

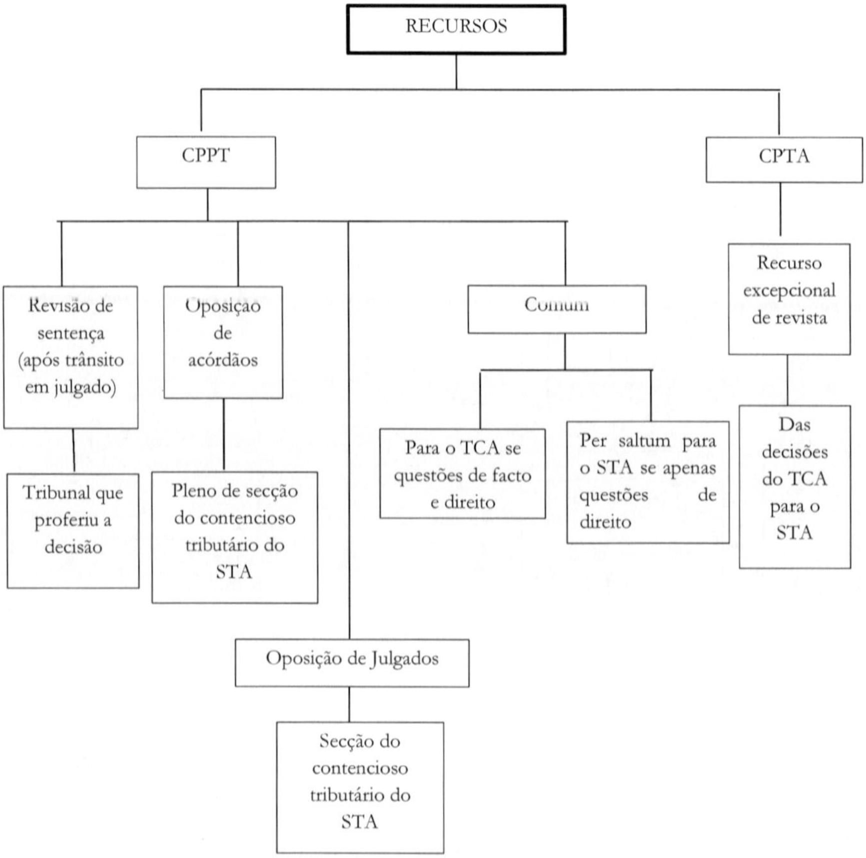

Capítulo XI
Ónus da Prova

Já foram analisados os aspectos mais importantes do processo judicial tributário, tais como os seus princípios estruturantes, os princípios relativos à prova e à forma, as partes do processo, designadamente as entidades com legitimidade processual, bem como as regras de delimitação da competência dos tribunais tributários, sem deixar de dar a merecida importância ao estudo das várias formas processuais, em especial à impugnação judicial e à acção administrativa.

Ao longo desta análise dos vários aspectos do processo tributário referimo-nos à questão do ónus da prova, designadamente aquando do estudo dos princípios do inquisitório e da aquisição processual nos pontos 54.1 e 54.4 deste manual. No capítulo VII da parte I deste manual, relativa ao procedimento tributário analisámos a questão do ónus da prova objectivo e subjectivo. Contudo, ficaram por esmiuçar as regras relativas ao ónus da prova no âmbito do processo judicial tributário, designadamente nos meios processuais impugnatórios e nos processos de outra natureza.

Comecemos então por recordar a distinção entre o ónus da prova subjectivo e o ónus da prova objectivo e as razões de ser da aplicação das regras do ónus da prova objectivo em sede de processo judicial tributário.

De seguida, analisaremos em específico as regras de repartição do ónus da prova no âmbito do processo judicial tributário, olhando em especial para as regras aplicáveis nos processos impugnatórios, tais como a impugnação judicial e a acção administrativa. Aqui caberá analisar o regime resultante do artigo 100º do CPPT, bem como os casos de afastamento da regra plasmada no nº 1 deste artigo, nos casos de quantificação da matéria tributável por métodos indirectos.

Caberá ainda salientar a conciliação destas regras com o princípio do inquisitório, analisado no ponto 54.1 deste manual, que exige que o tribunal realize ou ordene a realização de todas as diligências que considere úteis à descoberta da verdade material.

Por fim, analisaremos as regras de repartição do ónus da prova no âmbito dos processos de outra natureza, tais como a intimação para um comportamento, a acção para o reconhecimento de um direito ou interesse em matéria tributária ou no âmbito das providências cautelares. Será ainda de salientar a possibilidade de estabelecimento de regras específicas de ónus da prova pelo juiz.

68. Ónus da prova subjectivo e objectivo

Antes de mais, e conforme referido, cabe recordar a distinção entre ónus da prova *objectivo* e ónus da prova *subjectivo* e a razão de ser da aplicação das regras do ónus da prova objectivo no âmbito do procedimento tributário e do processo judicial tributário.

Segundo Saldanha Sanches, o ónus subjectivo consiste numa "*responsabilidade insuprível da parte no carrear para o processo dos factos sobre os quais se vai basear a decisão judicial*", tratando-se de uma manifestação da auto-responsabilidade das partes no processo tributário[1]. O autor refere que, enquanto no ónus subjectivo existe uma conexão ou ligação entre a parte a quem cabe a prova e a alegação de determinados factos, no ónus objectivo trata-se de saber que factos devem ficar provados e não saber quem os tem de alegar[2]. Na verdade, o ónus objectivo não constitui um verdadeiro ónus pois a prova poderá ser obtida de outra forma, através de outros sujeitos e não apenas pela actividade probatória do interessado[3]. Já Rui Duarte Morais considera que não existe no processo judicial tributário – e acrescentamos nós, no procedimento tributário – um ónus da prova subjectivo, ou seja, "*a obrigação de ser cada uma das partes a lograr a prova dos factos do seu interesse*"[4].

Deste modo, podemos concluir, desde já, que o ónus da prova subjectivo corresponde a uma responsabilidade, obrigação ou dever que recai sobre as partes de proceder à prova dos factos por si alegados, de carrear a prova para o processo. Já do ónus da prova objectivo, como se verá melhor no ponto seguinte, resultam regras que auxiliam o Tribunal no processo judicial tribu-

[1] J.L Saldanha Sanches (1987), p. 151.

[2] *Ibidem*, citando José Alberto dos Reis (1962), Vol. III, p. 272.

[3] *Ibidem*, citando João Castro Mendes (1961), p. 440.

[4] Rui Duarte Morais (2012), p. 73.

tário – bem como a Administração Tributária no âmbito do procedimento tributário e o árbitro no processo arbitral tributário – a suprir dúvidas fundadas quanto aos factos sobre os quais é chamado a decidir, mas não uma obrigação para as partes. Não se trata, na verdade, de um autêntico ónus na medida em que, se a parte não fizer prova de determinado facto por si alegado, mas se outra parte ou o Ministério Público o fizer ou se o Tribunal – ou a Administração Tributária – tiverem acesso a dados que o confirmem, como as informações oficiais, o facto deve ser dado como provado[5].

Descortinado o conceito de ónus da prova *subjectivo*, é de recordar que não existe, quer no processo judicial tributário, quer no procedimento tributário um ónus da prova "subjectivo" ou "formal", mas apenas objectivo, sendo de salientar as razões de incompatibilidade do ónus da prova subjectivo com o procedimento tributário e com o processo judicial tributário[6].

Relativamente ao procedimento tributário, recorde-se que não serão aplicáveis, em nossa opinião, as regras do ónus da prova subjectivo na medida em que neste vigoram o princípio do inquisitório e da verdade material. Com efeito, como se viu no ponto 11, o princípio da verdade material consubstancia o princípio norteador do procedimento tributário, no sentido de que a finalidade última deste será alcançar uma tributação ou uma não tributação que corresponda à verdade material. Em rigor, a finalidade última da Administração Tributária será alcançar o recorte jurídico tributário legal daquele contribuinte ou de uma situação em concreto.

Por outro lado, se a verdade material é o fim, o princípio do inquisitório é o meio para o alcançar. Assim, no que concerne ao princípio do inquisitório que vigora no procedimento tributário, refere o artigo 58º da LGT, que "*a Administração Tributária deve no procedimento, realizar todas as diligências necessárias à satisfação do interesse público e à descoberta da verdade material, não estando subordinada à iniciativa do autor do pedido*"[7]. Por isso, exige-se que a Administração não se cinja aos elementos apresentados pelos contribuintes ou outros interessados que tenham formulado o pedido, nem aguarde pela iniciativa destes. A Administração deve, ela própria, tomar a iniciativa de realizar as diligências que entenda serem relevantes para o apuramento da verdade dos factos na

[5] Para maiores desenvolvimentos acerca das informações oficiais como meio de prova, vejam-se os pontos 54.2 e 54.3 deste manual, relativos aos princípios da universalidade dos meios de prova e da livre apreciação da prova, respectivamente.

[6] No mesmo sentido: Elisabete Louro Martins (2010), p. 265, J.L Saldanha Sanches (1987), p. 146 e Rui Duarte Morais (2012), p. 258.

[7] Para maiores desenvolvimentos relativamente ao princípio do inquisitório veja-se Pedro Vidal Matos (2010), "O princípio inquisitório no procedimento tributário".

qual deve assentar a sua decisão. Deve ainda, em cumprimento do dever de imparcialidade resultante dos artigos 266º, nº 2 da CRP e 55º da LGT, trazer para o procedimento todos os elementos de prova que lhe pareçam indispensáveis à descoberta da verdade material – embora, de acordo com as regras do ónus da prova, a indicação de tais elementos caiba aos interessados – ainda que tenham em vista demonstrar factos cuja prova seja contrária aos interesses patrimoniais da Administração Tributária. Assim, esta não pode deixar de considerar todos os meios de prova que tenha em seu poder, nem todas as diligências que possa tomar, mesmo os que beneficiem o contribuinte. Para Freitas da Rocha, trata-se de um verdadeiro dever de agir que impende sobre a Administração Tributária[8].

Neste sentido, Rui Duarte Morais considera que não existe um "*um ónus no carrear de elementos probatórios para o procedimento*"[9], sendo que a questão da valoração da prova apenas se situa num momento posterior da sua recolha. Assim, no entendimento deste autor as regras do ónus da prova serão, de certa forma, subsidiárias tendo em conta que só serão aplicáveis se se verificar o cumprimento do princípio do inquisitório pela Administração Tributária. Caso não sejam recolhidos todos os elementos factuais necessários, Rui Duarte Morais entende que a decisão enfermará de um défice instrutório, não se encontrando suficientemente fundamentada[10]. Embora não o diga directamente, parece-nos que este autor defende a inexistência de um ónus da prova subjectivo em sede de procedimento tributário e a aplicação, ao invés, das regras do ónus da prova objectivo.

E esta é também a nossa opinião. Na medida em que a Administração Tributária está vinculada à descoberta da verdade material, ao cumprimento do princípio da imparcialidade, da legalidade e do inquisitório, não se verifica um ónus do sujeito passivo ou da Administração carrearem elementos de prova para o procedimento. Porém, como se viu no ponto 51 deste manual, são aplicáveis subsidiariamente as regras do ónus da prova objectivo que possibilitam que a Administração tome uma decisão nos casos de dúvida insanável.

Já no que diz respeito ao processo tributário, são vários os princípios que não se coadunam com a aplicação de regras do ónus da prova subjectivo, na medida em que tal implicaria que o juiz só poderia considerar os factos alegados e provados por cada uma das partes interessadas. Ora, em primeiro lugar, esta solução seria contrária ao princípio do inquisitório e ao princípio

[8] Joaquim Freitas da Rocha (2014), p. 123.

[9] Rui Duarte Morais (2012), p. 258, citando J.L Saldanha Sanches (1987), p. 130.

[10] *Ibidem*, p. 258.

da aquisição processual que, como vimos nos pontos 54.1 e 54.4 deste manual, vigoram no âmbito do processo judicial tributário.

Com efeito, recorde-se que decorre do *princípio do inquisitório*, previsto nos artigos 99º, nº 1 da LGT e 13º, nº 1 do CPPT, que o juiz ou o tribunal no processo tributário deve visar a descoberta da verdade material – e não apenas formal –, impendendo sobre este o poder-dever de realizar todas as diligências que entenda serem úteis para a descoberta da verdade material, não estando limitado às provas que as partes apresentarem ou requererem. Já do *princípio da aquisição* processual, expressamente previsto no artigo 413º do CPC, resulta que o tribunal deve ter em conta todas as provas produzidas, independentemente de terem sido produzidas pela parte que as devia produzir. Isto significa que as provas emanadas por uma das partes podem aproveitar à parte contrária, dando-se os factos como provados para o processo, mesmo se resultarem consequências desfavoráveis para a parte que os alegou. Ambos são decorrências naturais da exigência de descoberta da verdade material que será a finalidade última do juiz no processo judicial tributário.

Se vigorasse um ónus da prova subjectivo no âmbito do processo tributário, ao tribunal estaria vedado realizar diligências probatórias que não tivessem sido requeridas pelas partes, mesmo que as considerasse úteis à descoberta da verdade material, na medida em que só poderia ter em consideração os factos alegados e provados por cada uma das partes interessadas. Por outro lado, só poderia ter em conta na sua decisão as provas produzidas pela parte que as devia produzir, não se admitindo, pelo contrário, que considerasse determinados factos como provados se a prova tivesse sido emanada pela parte contrária.

Assim tem entendido a doutrina que a natureza do ónus da prova existente no processo judicial tributário não é compatível com as regras do ónus da prova subjectivo. ELISABETE LOURO MARTINS entende que, pese embora recaia sobre o sujeito passivo o ónus da prova quanto a factos impeditivos e extintivos do direito invocado pela Administração, "*o Tribunal não pode proferir decisão com base no facto de o Impugnante ou da Administração Fiscal não terem produzido provas sobre determinado facto, cabendo àquele órgão jurisdicional ordenar todos os meios de prova que sejam essenciais para a descoberta da verdade material*". Esta exigência decorre, naturalmente, do princípio do inquisitório. Por outro lado, entende que o Tribunal pode valorar provas contra ou a favor de ambos os intervenientes, por força do princípio da aquisição processual[11].

Com efeito, as regras do ónus da prova subjectivo são aplicáveis em processos regulados pelo princípio do dispositivo, nos processos de partes, não

[11] Cf. ELISABETE LOURO MARTINS (2010), p. 264.

consubstanciando o processo judicial tributário um processo de partes, prevalecendo no seu âmbito, como se observou em detalhe no ponto 54.1, o princípio do inquisitório[12]. No entanto, é de referir que mesmo no âmbito do processo civil – o processo de partes por excelência, no âmbito do qual prevalece o princípio do dispositivo –, as regras do ónus da prova são aplicáveis em sentido objectivo, quando o Tribunal tem de decidir em caso de dúvida, decidindo contra a parte onerada com a prova, estabelecendo o nº 3 do artigo 342º do CC que, em caso de dúvida, o facto deverá considerar-se constitutivo[13].

No que diz respeito ao princípio do dispositivo, seguindo a doutrina de Lebre de Freitas, sabemos que este pode traduzir-se em duas ideias fundamentais: (*i*) na disponibilidade da instância em si mesma, isto é, disponibilidade das partes sobre o impulso processual inicial e sobre o termo do processo, celebração de compromisso arbitral, desistência, confissão ou transacção, e (*ii*) na disponibilidade da conformação da instância, ou seja, disponibilidade sobre o objecto do processo. Dito de outro modo, o princípio do dispositivo traduz-se "*na liberdade de decisão sobre a instauração do processo, sobre a conformação do seu objecto e das partes em causa, e sobre o termo do processo, assim como, muito mitigadamente sobre a sua suspensão*"[14]. Como se viu no ponto 54.1 deste manual, somos da opinião que o princípio do inquisitório deverá prevalecer no âmbito do processo judicial tributário, quer ao nível da alegação dos factos, admitindo-se que o juiz tenha conhecimento de factos não alegados pelas partes, quer sejam factos de conhecimento oficioso, quer sejam factos notórios, instrumentais ou complementares, quer ao nível da prova, admitindo-se que o juiz realize ou ordene a realização de todas as diligências probatórias que considere úteis à descoberta da verdade material, acerca dos factos que lhe seja lícito conhecer, tratando-se, na verdade, de um poder-dever. O princípio do dispositivo, por seu turno, apenas prevalecerá ao nível das questões de direito, tendo em conta que nos termos do 125º do CPPT consubstancia a nulidade da sentença a pronúncia sobre questões que o juiz não deva conhecer, isto é, questões não alegadas pelas partes.

No que concerne à classificação do processo judicial tributário como um processo de partes, é de referir que este será um processo onde as partes

[12] Esta autora refere ainda que a não aplicação das regras do ónus da prova subjectivo no processo judicial tributária resulta da aplicação do princípio da livre apreciação da prova, Cf. Elisabete Louro Martins (2010), p. 265-266. No mesmo sentido, citando Alberto dos Reis, Saldanha Sanches refere que "*os limites à existência de um ónus subjectivo são o princípio do inquisitório e o princípio da aquisição processual*", Cf. J.L Saldanha Sanches (1987), p. 129.

[13] Neste sentido: Elisabete Louro Martins (2010), p. 265.

[14] José Lebre de Freitas (2013), p. 156-157.

dispõem do mesmo por força da aplicação do princípio do dispositivo. Isto significa que partes gozam de liberdade de decisão sobre a instauração do processo, sobre a conformação do seu objecto, sobre as partes em causa e mesmo sobre o termo do processo. Como observámos no ponto 53.6 relativo ao princípio da igualdade das partes, em nossa opinião, e pese embora se possa usar a qualificação de "partes" por razões de conveniência de narrativa, não se poderá afirmar que o processo tributário consubstancia, em rigor, um processo "de partes", ainda que cada vez mais se consigam retirar das suas características de um verdadeiro processo de partes. Com efeito, são duas as razões que nos impedem de qualificar o processo tributário como um processo de partes *tout court*.

Por um lado, pelo facto de a Administração Tributária exercer as suas funções na prossecução do interesse público, tal como dispõe o artigo 55º da LGT. Este corresponde à efectivação do princípio da legalidade, à descoberta da verdade material e à tributação de acordo com a real capacidade contributiva dos contribuintes. Por outro, porque impende sobre a actuação da Administração Tributária o princípio da imparcialidade, previsto igualmente no artigo 55º da LGT. Com efeito, havendo sempre uma entidade – a Administração Tributária – sobre a qual impende o dever de se manter imparcial e de prosseguir o interesse público, e não um interesse próprio, a mesma não pode ser entendida como sendo a típica "parte" que encontramos no processo civil – aquela que defende inquestionavelmente a sua posição sem quaisquer preocupações de imparcialidade. É, quanto muito, uma parte diferente.

Assim, dos princípios do inquisitório e da aquisição processual decorre a não aplicação das regras do ónus da prova subjectivo no âmbito do processo judicial tributário. Estes dois princípios decorrem, por seu turno, da exigência do Tribunal procurar a descoberta da verdade material, não se limitando com os meios de prova requeridos ou apresentados pelas partes. Para além disso, este não consubstancia um processo de partes, sendo que a Administração Tributária deve prosseguir o interesse público e está vinculada pelo princípio da imparcialidade, não defendendo um interesse próprio. Por conseguinte, não existindo um ónus da prova subjectivo, mesmo se as partes não lograrem produzir a prova dos factos que são do seu interesse, o juiz deverá realizar ou ordenar a realização das diligências probatórias que considere úteis à descoberta da verdade material por força do princípio do inquisitório e deverá valorar todas as provas, independentemente de terem sido produzidas pela parte que as devia produzir, de acordo com o princípio da aquisição processual.

Pese embora não se verifique existir um ónus da prova subjectivo, após a produção de prova pelo sujeito passivo, pela Administração Tributária, ou mesmo após a realização de diligências probatórias pelo Tribunal no âmbito do processo judicial tributário, poderá manter-se no espírito do Tribunal uma dúvida fundada quanto aos factos sobre os quais deve decidir.

Assim, segundo LEITE CAMPOS, BENJAMIM SILVA RODRIGUES e LOPES DE SOUSA, as regras do ónus da prova são estabelecidas de forma a permitir que a Administração Tributária possa decidir nos casos em que, mesmo após a produção de prova, se mantenha uma dúvida "*insanável*" acerca de qualquer ponto da matéria de facto[15]. No mesmo sentido, embora referindo-se às regras do ónus da prova no processo judicial tributário, RUI DUARTE MORAIS considera necessário o estabelecimento de regras jurídicas que determinem o sentido em que deve se proferida a decisão quando, "*perante o quadro fáctico dado como provado*", se mantenha no espírito do juiz uma "*dúvida razoável*" relativamente aos factos sobre os quais deve decidir[16].

Já VIEIRA DE ANDRADE, referindo-se às regras do ónus da prova no contencioso administrativo, considera que, pese embora não exista um ónus da prova "subjectivo" ou "de produção", "*há sempre um ónus da prova objectivo*", não se podendo excluir a hipótese de subsistir no espírito do juiz, mesmo após a produção de prova, uma "*incerteza quanto aos factos relevantes para a decisão final*". Assim, de forma a ultrapassar esta incerteza serão necessárias "*«presunções»*" [17].

Quanto a nós, como defendemos no ponto anterior, consideramos que, por força do princípio do inquisitório e da aquisição processual que norteiam o Tribunal no processo judicial tributário, bem como da exigência de o juiz procurar a descoberta da verdade material, não se limitando aos meios de prova requeridos ou apresentados pelas partes, não poderá valer no âmbito do processo tributário um ónus da prova subjectivo. Contudo, mesmo após a produção da prova por parte dos intervenientes processuais, e mesmo após a realização das diligências que lhe afigurem úteis à descoberta da verdade material, o Tribunal pode permanecer com dúvidas relativamente aos factos que interessam para a sua decisão. Nestes casos, em que não é possível suprir as dúvidas ou incertezas do juiz, na medida em que este não se pode abster de decidir, será necessária a aplicação de regras específicas que lhe permitam a tomada da decisão. Estas são as regras do ónus da prova objectivo.

[15] DIOGO LEITE CAMPOS/BENJAMIM SILVA RODRIGUES/JORGE LOPES DE SOUSA (2012), p. 655.

[16] RUI DUARTE MORAIS (2012), p. 258-259.

[17] Estas serão as regras aplicáveis na acção administrativa que foi objecto de estudo no ponto 61 deste manual e constitui o meio de impugnação de actos em matéria tributária que não comportem a apreciação da legalidade da liquidação. JOSÉ CARLOS VIEIRA DE ANDRADE (2015), p. 443.

68.1. Ónus da prova no processo tributário

Sabendo que as regras de repartição do ónus da prova apenas são aplicáveis em sentido objectivo, nos casos de dúvida fundada do juiz, não se verificando uma obrigação subjectiva das partes de carrearem as provas para o processo, analisemos então essas regras que visam permitir a prolação da sentença ou a tomada da decisão, começando por analisar em pormenor o ónus da prova nos processos de natureza impugnatória e as suas especificidades para, de seguida, determinarmos as regras aplicáveis nos processos de outra natureza, designadamente no âmbito das providências cautelares[18].

68.1.1. Processos de natureza impugnatória

Neste ponto pretendemos analisar o modo de repartição do ónus da prova nos processos de natureza impugnatória sabendo, desde já, que as regas aplicáveis não serão as relativas a um ónus da prova subjectivo, não existindo, portanto, uma obrigação das partes carrearem para o processo os meios de prova. Como antedito, consagram-se apenas regras de repartição do ónus da prova em sentido objectivo, que permitem ao Tribunal proferir a sentença, seja a decisão de anulação ou não do acto tributário, de condenação ou não no pagamento em juros indemnizatórios, entre outras, nos casos de dúvida fundada.

Dedicar-nos-emos em especial às regras de determinação do ónus da prova no âmbito da impugnação judicial, pese embora as mesmas sejam aplicáveis em sede de outros processos de natureza impugnatória, como se verá.

Assim, caberá antes de mais salientar que são aplicáveis no âmbito da impugnação judicial as mesmas regras previstas em sede de procedimento tributário, constantes do artigo 74º da LGT. No entanto, estas regras são completadas pelo regime decorrente do artigo 100º do CPPT, sendo fundamental analisar os seus nºs 1 e 2 que estabelecem, em rigor, as regras de ónus da prova objectivo. Estas serão aplicáveis em detrimento das regras gerais consagradas no artigo 342º do CC, sob pena da verificação de uma presunção de legalidade dos actos tributários.

Ao nível da análise deste regime, pretende-se delimitar os casos em que é aplicável o regime do nº 1 ou do nº 2 do artigo 100º do CPPT, ou seja, sobre quando é que as dúvidas probatórias do Tribunal são valoradas a favor ou não do contribuinte, salientando os casos de avaliação indirecta da matéria tributável.

Por fim, faremos referência aos outros meios impugnatórios nos quais são aplicáveis as mesmas regras de repartição do ónus da prova, na medida em que

[18] As regras do ónus da prova objectivo aplicáveis no procedimento tributário foram objecto de estudo no ponto 51 deste manual, para o qual remetemos.

a aplicação das regras gerais do CC resultaria, tal como em sede de impugnação judicial, numa presunção de legalidade do acto tributário ou em matéria tributária.

Deste modo, é de salientar, desde já, que são aplicáveis no âmbito do processo judicial tributário – e não só em sede de impugnação judicial – as regras de repartição do ónus da prova objectivo, previstas no artigo 74º da LGT para o procedimento tributário, analisados no ponto 51 deste manual. Assim, tanto no procedimento tributário, como no processo judicial tributário em geral, o ónus da prova dos factos constitutivos dos direitos da Administração Tributária ou dos contribuintes recai sobre quem os invoque, tal como disposto no nº 1 do artigo 74º da LGT. De acordo com o nº 2 do mesmo artigo, caso os elementos de prova dos factos estejam em poder da Administração, o ónus do contribuinte ou outro interessado considerar-se-á satisfeito, caso este tenha procedido à sua correcta identificação junto da Administração. Por fim, também as regras de inversão do ónus da prova, previstas no nº 3, serão aplicáveis no âmbito do processo judicial tributário, cabendo à Administração o ónus da prova da verificação dos pressupostos da aplicação de métodos indirectos de avaliação da matéria tributável e ao sujeito passivo o ónus de provar a existência de um erro sobre os pressupostos ou do excesso na quantificação da matéria tributável.

No entanto, nos processos de natureza impugnatória, designadamente em sede de impugnação judicial, este regime é completado pelo artigo 100º do CPPT que estabelece, no seu nº 1, que sempre que da prova produzida resulta uma "*fundada dúvida sobre a existência e a quantificação do facto tributário*", o acto impugnado deverá ser anulado. Assim, a regra na impugnação judicial será que as dúvidas probatórias serão valoradas a favor do contribuinte[19]. A este propósito, Rui Duarte Morais considera que nos casos em esteja em causa a existência do facto gerador do imposto não poderá ser proferida decisão desfavorável ao sujeito passivo, devendo a decisão anterior ser anulada, na medida em que vale o brocardo *in dúbio contra fiscum*[20]. Concordamos com esta posição, na medida em que não pode ser outra a interpretação do

[19] Diogo Leite Campos/ Benjamim Silva Rodrigues/ Jorge Lopes de Sousa (2012), p. 659.

[20] Aliás, defende que esta regra *in dúbio contra fiscum* vigora igualmente em sede de procedimento tributário. Discordamos do autor, como se viu no ponto 51.1 deste manual, na medida em que entendemos que serão de aplicar as regras gerais do ónus da prova objectivo: em caso de dúvida, a Administração deverá decidir contra a parte onerada com o ónus da prova que não o cumpriu. Contudo, a verdade é que caberá à Administração o ónus da prova dos factos constitutivos do seu direito ao imposto e à liquidação, designadamente da existência do facto tributário, pelo que o resultado será o mesmo no âmbito dos meios tutelares administrativos, em caso de dúvida acerca

disposto no nº 1 do artigo 100º do CPPT que claramente estabelece a regra de que, em caso de dúvida relativamente à existência da existência ou quantificação do facto tributário, a decisão proferida não poderá ser desfavorável ao sujeito passivo, estabelecendo o legislador a exigência de anulação do acto impugnado. Outra interpretação seria, aliás, violadora do princípio da legalidade, pois admitiria que, no limite, um determinado sujeito passivo pudesse ter de suportar um imposto a si erroneamente imputado.

No mesmo sentido, Lopes de Sousa entende que no nº 1 do artigo 100º do CPPT estabelece-se o princípio de que as dúvidas sobre a existência ou quantificação do facto tributário serão valoradas a favor do contribuinte, resultando na anulação do acto impugnado. Com efeito, considera que esta norma concretiza a eliminação da presunção de legalidade dos actos da Administração Tributária no âmbito do contencioso tributário, sendo substituída por uma presunção de veracidade dos actos do cidadão-contribuinte.

Para além disso, considera que esta regra constitui uma aplicação ao processo de impugnação judicial da regra plasmada no nº 1 do artigo 74º da LGT, aplicável no âmbito do procedimento tributário[21].

Para este autor serão duas as razões que justificam a aplicação desta regra do procedimento tributário, no âmbito do processo de impugnação judicial: o princípio da unidade do sistema jurídico e o facto de o impugnante, no âmbito da impugnação judicial, proceder à invocação de vícios do acto tributário[22].

Relativamente ao princípio da unidade do sistema jurídico, previsto no artigo 9º, nº 1 do CC, como elemento fundamental da interpretação jurídica, é este princípio que, de acordo com o autor, impõe uma certa coerência valorativa e axiológica que resulta, por sua vez, na exigência da utilização do mesmo critério de repartição do ónus da prova no procedimento e no processo judicial tributário. Dito de outro modo, é a unidade do sistema jurídico que determina que quem tinha o ónus da prova de certos factos no procedimento tributário tenha idêntico ónus no processo judicial tributário. Por outro lado, Lopes de Sousa considera que pelo facto de o impugnante invocar vícios do acto tributário impugnado, não lhe deve caber o ónus da prova de factos que não tinha de provar no âmbito do procedimento tributário, designadamente a não verificação dos factos constitutivos do direito da Administração, cuja verificação a esta cabia em sede de procedimento tributário.

da existência do facto tributário – a anulação da decisão anterior. Cf. Rui Duarte Morais (2014), p. 259.

[21] Jorge Lopes de Sousa (2011), Vol. II, p. 131.

[22] *Ibidem* p. 131-132.

Ora, verificando-se no artigo 100º do CPPT regras próprias de repartição do ónus da prova no contencioso tributário relativamente à existência e quantificação da matéria tributável, Lopes de Sousa entende que não serão aplicáveis as regras do artigo 342º a 344º do CC, nem do artigo 414º do CPC, pese embora saliente que, em regra, os resultados serão semelhantes[23]. Parece-nos assim entender este autor que, não se verificando uma lacuna ao nível da repartição dos ónus da prova no contencioso tributário, não será necessário aplicar subsidiariamente as regras previstas noutros diplomas legais.

Já Rui Duarte Morais considera que as regras gerais sobre a distribuição do ónus da prova não poderão ser formalmente aplicadas aos processos de natureza impugnatória, na medida em que está em causa a conformidade com o ordenamento jurídico de uma decisão administrativa de autoridade. Na verdade, entende este autor que nos processos impugnatórios verifica-se uma inversão da posição processual das partes no que diz respeito ao interesse que querem fazer valer em juízo. Apesar de o impugnante deduzir a impugnação judicial e pretender a anulação do acto tributário impugnado, deverá entender-se que é a Administração – Ré no processo – que se arroga a existência de um direito ao imposto, sendo o contribuinte – Autor – quem o nega. Deste modo, o autor entende que desta inversão da posição processual das partes resulta que caberá à Administração a prova do seu direito ao imposto, dos factos constitutivos deste direito, e ao contribuinte-impugnante a prova dos factos impeditivos, modificativos ou extintivos de tal direito[24].

Assim, tal como Lopes de Sousa conclui que não caberá ao impugnante a prova da não verificação dos factos constitutivos do direito à Administração. Porém, enquanto o primeiro entende que tal resulta da aplicação das regras previstas no procedimento tributário ao processo judicial tributário, não cabendo ao sujeito passivo um ónus que não tinha no procedimento tributário, Rui Duarte Morais advoga que este regime impede uma "*presunção quase absoluta da legalidade do acto administrativo*". Com efeito, se assim não fosse, caberia ao impugnante a prova que a Administração Tributária não actuou em conformidade com a lei, ou seja, os factos constitutivos da sua pretensão anulatória, ficando a Administração dispensada de provar que actuou em conformidade[25].

Quanto a nós, entendemos que do nº 1 do artigo 100º do CPPT decorre a aplicação em sede de impugnação judicial da norma plasmada no artigo 74º,

[23] *Ibidem*, p. 133.

[24] Rui Duarte Morais (2012), p. 259.

[25] *Ibidem*, p. 260.

nº 1 da LGT que determina que cabe à Administração e ao contribuinte o ónus da prova dos factos constitutivos do seu direito, partindo sempre, porém, quando aplicável, da presunção de veracidade da declaração do contribuinte que decorre do disposto do artigo 75º da LGT. Assim, a nosso ver, o critério de repartição do ónus da prova será idêntico em sede de procedimento e processo judicial tributário.

Ora, no âmbito do procedimento tributário caberá à Administração o ónus da prova dos factos constitutivos do seu direito à liquidação ou à prática de outro acto tributário, pelo que não poderá caber ao contribuinte-impugnante, em sede de impugnação judicial, um ónus que não lhe cabia em sede de procedimento tributário, designadamente de prova da não verificação dos factos constitutivos deste direito da Administração. Para além disso, também não é defensável que recaia sobre o impugnante o ónus da prova dos factos constitutivos da sua pretensão de anulação do acto impugnado, sob pena da verificação de uma presunção "quase absoluta" de legalidade do acto administrativo, ficando a Administração dispensada da prova dos factos constitutivos do seu direito à liquidação ou ao imposto. Acompanhamos, assim, o entendimento de Rui Duarte Morais de que verificar-se-á no âmbito dos processos impugnatórios uma inversão da posição processual das partes, cabendo à Administração – tal como em sede de procedimento tributário – a prova dos factos constitutivos do seu direito à liquidação e ao impugnante o ónus da prova dos factos impeditivos, modificativos e extintivos deste direito.

Sabendo que do artigo 100º, nº 1 do CPPT decorre que, no âmbito da impugnação judicial, recai sobre a Administração o ónus da prova quanto aos factos constitutivos do seu direito à liquidação e, consequentemente, que em caso de dúvida fundada acerca da existência e da quantificação do facto tributário, o acto impugnado deverá ser anulado, olhemos agora para os casos em que será aplicável esta regra do nº 1.

O nº 1 do artigo 100º do CPPT será aplicável quando da prova produzida resultar uma fundada dúvida sobre a existência ou quantificação do facto tributário, devendo, nesse caso, a questão ser decidida contra a parte que tinha o ónus probatório, ou seja, contra a Administração, anulando-se o acto impugnado. Segundo Lopes de Sousa, esta regra aplicar-se-á ainda nos casos de dúvida sobre a existência total ou parcial do facto tributário, ou seja, em relação a determinadas partes da matéria tributável, devendo o Tribunal, nestes casos, proceder à anulação parcial do acto, isto é, apenas da parte correspondente à matéria tributável sobre cuja existência recaia a dúvida fundada[26].

[26] Jorge Lopes de Sousa (2011), Vol. II, p. 134.

Por outro lado, o mesmo autor considera que, nos casos em normas especiais determinem o ónus da prova do contribuinte, as dúvidas no processo judicial que subsistam acerca da matéria de facto não se poderão considerar *dúvidas fundadas* para efeito do nº 1 do artigo 100º do CPPT. Ou seja, quando o ónus da prova da existência ou da quantificação do facto tributário couber ao contribuinte, por força de norma especial, em caso de dúvida insanável acerca dos factos sobre os quais o Tribunal é chamado a decidir, não será aplicável a regra prevista no nº 1 do artigo 100º do CPPT, não devendo o acto impugnado ser anulado[27].

As situações em que o ónus da prova da existência e da quantificação do facto recai sobre o contribuinte resultarão, designadamente do afastamento da presunção de veracidade dos elementos do contribuinte previsto no nº 2 do artigo 75º da LGT. Nestes casos, caberá ao contribuinte provar que os factos declarados ou inscritos na sua contabilidade correspondem à realidade, sendo sobre estes que existem dúvidas probatórias. A este propósito, veja-se o acórdão do TCA Sul de 22 de Janeiro de 2015, proferido no âmbito do processo nº 06240/12, em sede do qual se entendeu que:

> *"O art. 100º do CPPT não se aplica quando cessa a presunção legal de veracidade das declarações dos contribuintes, bem como dos dados que constam da sua contabilidade e escrita, uma vez que, nesses casos, o ónus da prova cabe ao contribuinte, e nessa medida, existindo dúvida tem de ser processualmente valorada contra este, por ser quem tem o ónus da prova."*

Já Elisabete Louro Martins considera que o nº 1 do artigo 100º do CPPT será aplicável mesmo nos casos de inversão do ónus da prova, que analisámos no ponto 51.2 deste manual, designadamente quando caiba ao contribuinte o ónus da prova do erro sobre os pressupostos da aplicação dos métodos indirectos ou sobre o excesso da quantificação da matéria tributável. Assim, entende a autora, merecendo a nossa concordância, que caso se verifiquem dúvidas fundadas acerca da existência e quantificação do facto tributário, o acto impugnado deverá ser anulado[28]. Por um lado, e no que diz respeito à avaliação indirecta da matéria tributável, não se cingindo o dever de anular o acto impugnado, em caso de dúvida fundada, apenas nos casos previstos no nº 2 do artigo 100º do CPPT. Por outro, porque sendo o contencioso tributário – como se sabe – um contencioso de legalidade, não será de admitir que

[27] *Ibidem*, p. 133.
[28] Elisabete Louro Martins (2010), p. 268.

o tribunal mantenha um acto tributário na ordem jurídica quando se verifiquem dúvidas acerca da existência ou da quantificação do facto tributário, independentemente do ónus da prova do erro sobre os pressupostos da avaliação indirecta ou do excesso da matéria tributável caber ao sujeito passivo.

Contudo, esta regra não será absoluta. Em certos casos, previstos no nº 2 do artigo 100º do CPPT, em caso de quantificação da matéria tributável por métodos indirectos, não se considera existir dúvida fundada, para efeitos da anulação do acto de liquidação, se o fundamento para a aplicação daqueles métodos consistir na inexistência ou desconhecimento, por recusa de exibição, da contabilidade ou escrita e de mais documentos legalmente exigidos ou a sua falsificação, ocultação ou destruição, ainda que os contribuintes invoquem razões acidentais. Isto é, nestes casos excepcionais – expressamente previstos para quando a necessidade de comprovação indirecta da matéria colectável resulta da inexistência, fortuita ou não da contabilidade e documentos de suporte, tal como previstos no artigo 88º da LGT – prevê-se um afastamento da regra plasmada no nº 1, não se considerando existir dúvida fundada e, consequentemente, não se anulando o acto tributário com este fundamento. Isto, pese embora se verifiquem dúvidas acerca da existência e da quantificação do facto tributário. Se assim não fosse, os objectivos da avaliação indirecta nestes casos não seriam logrados, fazendo da norma respectiva "letra morta".

Nos restantes casos de avaliação indirecta da matéria tributável previstos no artigo 87º da LGT aplicar-se-á a regra do nº 1, valorando-se a favor do contribuinte-impugnante as dúvidas fundadas acerca da existência ou quantificação da matéria tributável, designadamente as dúvidas relativas aos pressupostos da aplicação dos métodos indirectos. Leite Campos, Benjamim Silva Rodrigues e Lopes de Sousa assim entendem, realçando a consonância entre a aplicação da regra do nº 1 do artigo 100º do CPPT nestes casos e a repartição do ónus da prova em caso de avaliação indirecta da matéria tributável, prevista no nº 3 do artigo 74º da LGT[29].

A este propósito, veja-se o acórdão do STA de 1 de Junho de 2011, proferido no âmbito do processo nº 0211/11, em sede do qual se entende que:

> *"Em caso de determinação da matéria tributável por métodos indirectos, compete à administração tributária o ónus da prova da verificação dos pressupostos da sua aplicação, cabendo ao sujeito passivo o ónus da prova do excesso na respectiva quantificação (artº 74º, nº 3 da LGT).*

[29] Diogo Leite Campos/ Benjamim Silva Rodrigues/ Jorge Lopes de Sousa (2012), p. 659.

Sempre que da prova produzida resulte a fundada dúvida sobre a existência e quantificação do facto tributário, deverá o acto impugnado ser anulado (artº 100º, nº 1 do CPPT).

Em caso da quantificação da matéria tributável por métodos indirectos não se considera existir dúvida fundada, para efeitos do número anterior, se o fundamento da aplicação daqueles consistir na inexistência ou desconhecimento, por recusa de exibição da contabilidade ou escrita e demais documentos legalmente exigidos ou a sua falsificação, ocultação ou destruição ainda que os contribuintes invoquem razões acidentais (artº 100º, nº 2 do CPPT).

Uma vez que, no caso dos autos, o fundamento para o recurso a métodos indirectos foi o da alínea d) do artº 88º da LGT, – existência de manifesta discrepância entre o valor declarado e o valor de mercado de bens ou serviços – nenhum obstáculo legal existia à aplicação do nº 1 do citado artº 100º".

Veja-se ainda o acórdão do TCA Norte de 10 de Dezembro de 2015, proferido no âmbito do processo nº 00058/03, no qual se entendeu que:

"Em caso de determinação da matéria tributável por métodos indirectos, compete à administração tributária o ónus da prova da verificação dos pressupostos da sua aplicação, cabe ao sujeito passivo o ónus da prova do excesso na respectiva quantificação (art. 74º/3 da LGT).

Demonstrados pela AT os pressupostos para recurso à avaliação indirecta, o Contribuinte/Impugnante fica onerado com o ónus da prova do excesso na respectiva quantificação.

A dúvida resolve-se contra a parte a quem o facto aproveita (art. 414º do CPC).

Mas se depois da prova produzida se concluir que a metodologia utilizada pela AT na quantificação não é rigorosa (e podia sê-lo) e dessa metodologia resultam dúvidas fundadas sobre a quantificação, a liquidação poderá ser anulada nos termos do art. 100º/1 do CPPT" (destacado nosso).

Com efeito, estas regras de inversão do ónus da prova serão aplicáveis no âmbito do processo judicial tributário, cabendo à Administração a prova dos pressupostos da aplicação dos métodos indirectos e, ao contribuinte, o ónus de provar a existência de um erro nos pressupostos ou do excesso na quantificação. Assim, Elisabete Louro Martins defende que, o âmbito de aplicação do nº 2 do artigo 100º do CPPT, será o de afastar a aplicação da regra do nº 1 nos casos em que a dúvida fundada assente nos pressupostos de aplicação de métodos indirectos, mas apenas nos casos em que tenha sido o próprio contribuinte a causar com dolo ou negligência a impossibilidade de produção de prova sobre os factos declarados na declaração[30].

Concordamos com a posição defendida pela referida autora, considerando-a a mais adequada no âmbito de um contencioso de legalidade, em sede do

[30] Elisabete Louro Martins (2010), p. 268.

qual o juiz não deverá manter na ordem jurídica actos quando tenha dúvidas acerca da existência ou quantificação do facto tributário. No entanto, é de sublinhar que o nº 2 do artigo 100º do CPPT determina expressamente que não será de considerar a existência de uma dúvida fundada em caso de destruição da contabilidade ou escrita "*ainda que os contribuintes invoquem razões acidentais*", não se exigindo nestas situações a actuação do contribuinte com dolo ou negligência.

Assim, nos casos elencados no nº 2 do artigo 100º do CPPT, pese embora existam dúvidas acerca da existência ou da quantificação da matéria tributável, é afastada a regra do ónus da prova prevista no nº 1, não sendo anulado o acto impugnado. De acordo com o nº 3 do artigo 100º do CPPT, o contribuinte poderá demonstrar erro ou manifesto excesso na quantificação da matéria tributável, recaindo sobre o contribuinte-impugnante o ónus da prova da não correspondência da matéria tributável quantificada com a realidade. Demonstrado este erro ou excesso da matéria tributável quantificada pelo contribuinte, o acto tributário será anulado[31].

Aqui chegados, podemos concluir que em sede de impugnação judicial caberá, em regra, à Administração Tributária o ónus da prova dos factos constitutivos do seu direito à liquidação, cabendo ao impugnante a prova dos factos impeditivos, modificativos ou extintivos do mesmo, invocando os vícios do acto tributário impugnado.

Em caso de dúvida fundada acerca da existência ou da quantificação da matéria de facto, o nº 1 do artigo 100º do CPPT determina que esta deverá ser valorada a favor do contribuinte, devendo o acto impugnado ser anulado. Esta regra vale mesmo nos casos de avaliação indirecta da matéria tributável nos quais se verifica uma inversão do ónus da prova no âmbito do procedimento tributário e do processo judicial tributário, caso se verifiquem dúvidas acerca dos pressupostos de aplicação dos métodos indirectos ou acerca da existência e quantificação do facto tributário. Porém, esta regra não é absoluta verificando-se o seu afastamento nos casos previstos no nº 2 do artigo 100º do CPPT, isto é, quando os fundamentos da aplicação dos métodos indirectos de avaliação consistirem na inexistência ou desconhecimento, por recursa de exibição, da contabilidade ou escrita e demais documentos legalmente exigidos ou a sua falsificação, ocultação ou destruição, ainda que os contribuintes invoquem razões acidentais. Nestes casos, apesar da existência de dúvidas acerca da existência ou quantificação da matéria tributável, o acto impugnado não será anulado, cabendo ao sujeito passivo-impugnante demonstrar

[31] Neste sentido: Jorge Lopes de Sousa (2011), Vol. II, p. 138.

a existência de um erro ou excesso na matéria tributável quantificada, tal como disposto no nº 3 do artigo 100º do CPPT. Compreende-se a razão de ser desta excepção na medida em que, na maior parte das situações elencadas no nº 2 do artigo 100º do CPPT, é o próprio contribuinte a causar, com dolo ou negligência, a impossibilidade de produção de prova sobre os factos declarados na declaração.

Pese embora este regime de repartição do ónus da prova, não se poderá olvidar que vale no âmbito do processo judicial tributário o princípio do inquisitório, recaindo sobre o juiz o poder-dever de realizar ou ordenar a realização de todas as diligências que considere úteis à descoberta da verdade material, sendo que os poderes de cognição do juiz apenas estarão limitados pelas questões alegadas pelas partes, sob pena de nulidade da sentença por excesso de pronúncia, nos termos do artigo 125º do CPPT. Assim, entendemos que as regras previstas no artigo 100º do CPPT serão de aplicação subsidiária. O juiz deverá recorrer a estas regras quando, mesmo após a realização das diligências probatórias úteis para a descoberta da verdade material, permanece no seu espírito uma dúvida fundada acerca dos factos acerca dos quais é chamado a decidir, designadamente acerca da existência ou quantificação do facto tributário. Elisabete Louro Martins parece ter posição próxima desta, defendendo que o Tribunal não pode proferir uma decisão acerca da qual não tenha a certeza da existência ou quantificação do facto tributário, "*impondo que sejam realizadas todas as diligências probatórias necessárias para a descoberta da verdade material, sob pena da fundada dúvida ter de anular o acto tributário*".

Pelo contrário, tal como referido no ponto 54.1 deste manual, quando o acto tributário enfermar do vício de fundamentação *errada*, ou seja, de erro sobre os pressupostos de facto ou de direito, entendemos que o juiz poderá, em certos casos, sanar o acto quando, ao abrigo do princípio do inquisitório e da descoberta da verdade material, descortinar outros fundamentos que justifiquem a sua prática. Dito de outro modo, perante um acto tributário *mal* fundamentado, estritamente vinculado, o Tribunal não pode limitar-se a anular o acto por erro sobre os pressupostos, devendo, pelo contrário, procurar outros fundamentos de facto ou de direito que justifiquem a sua prática, em nome do dever de descoberta da verdade material. Se, de facto, descortinar outros fundamentos válidos que justifiquem a prática do acto tributário, naqueles termos, deverá proceder à substituição dos fundamentos errados por estes, sanando assim o acto.

Assim, olhemos para o acórdão do TCA Norte de 17 de Setembro de 2015, proferido no âmbito do processo nº 00438/12.0BEPRT, em sede do qual este tribunal superior chegou às mesmas conclusões por nós aqui elencadas:

"1. Nos termos do art. 100º/1 do CPPT, sempre que da prova produzida resulte a fundada dúvida sobre a existência e quantificação do facto tributário, deverá o ato impugnado ser anulado.

2. Este preceito constitui aplicação no processo de impugnação judicial da regra geral sobre o ónus da prova, enunciada no art. 74º/1 LGT. Regra que também encontramos no art. 414º do CPC (anterior art. 516º) fazendo recair sobre o onerado com a prova de um facto a desvantagem da dúvida.

3. A norma é aplicável quando da prova produzida resultem fundadas dúvidas sobre a existência do facto tributário.

4. A prova produzida de que há-de resultar a «fundada dúvida sobre a existência e quantificação do facto tributário» deverá ser não só a prova mobilizada pelas partes mas também aquela que o juiz deverá impulsionar (art. 13º/1 do CPPT)."

Acrescentando ainda que:

5. A dúvida relevante nunca se poderá considerar fundada se assentar na ausência ou inércia probatória da parte onerada com a prova, especialmente do impugnante, sobre quem recai o dever de comprovar os factos constitutivos do direito alegado (art. 342º/1 do Código Civil)."

Ora, o regime de repartição do ónus da prova também vigora no âmbito da acção administrativa que, de acordo com o artigo 97º, nº 1, alínea *p*) e nº 2 do CPPT, constitui o meio processual adequado para contestar a legalidade dos actos em matéria tributária que não comportem a apreciação da legalidade da liquidação, constituindo assim um processo de natureza impugnatória. Neste sentido, Vieira de Andrade advoga que não se pode exigir do autor a prova dos factos constitutivos da sua pretensão de anulação, cabendo à Administração apenas a prova das excepções invocadas, sob pena da existência de uma presunção de legalidade do acto administrativo, "*fazendo recair sobre o particular o ónus da prova (subjectivo) da ilegalidade do acto impugnado*". Assim, no âmbito da acção administrativa, tal como na impugnação judicial, caberá à Administração a prova da verificação dos pressupostos legais da sua actuação "*designadamente se agressiva (positiva e desfavorável)*", cabendo ao contribuinte a prova da ilegitimidade do acto, quando se mostrem verificados os pressupostos[32].

Parece-nos que estas regras de repartição do ónus da prova serão aplicáveis ainda nos restantes meios processuais impugnatórios, designadamente no âmbito do recurso judicial da decisão de avaliação indirecta da matéria tri-

[32] José Carlos Vieira de Andrade (2015), p. 444-445.

butável com base em manifestações de fortuna ou acréscimos injustificados de património ou de despesa e da decisão de derrogação do sigilo bancário previstos no artigo 146º-B do CPPT, bem como em sede de impugnação de actos de apreensão e de outras providências cautelares, previstos nos artigos 143º e 144º do CPPT, respectivamente.

68.1.2. Processos de outra natureza

Descortinadas as regras de delimitação do ónus da prova objectivo nas formas processuais de natureza impugnatória, designadamente no âmbito da impugnação judicial e da acção administrativa, pretende-se neste ponto delimitar as regras aplicáveis nos processos de outra natureza.

Nas formas processuais de outra natureza que não impugnatória, ou seja, nos casos em que o contribuinte não pretende a impugnação de um acto, serão aplicáveis as regras gerais de repartição do ónus da prova objectivo previstas no artigo 342º do CC e no artigo 74º da LGT, cabendo ao sujeito passivo e à Administração o ónus da prova dos factos constitutivos do direito que invoca, cabendo à parte contrária a prova dos factos impeditivos, modificativos ou extintivos dos direitos contra si invocados. Não se verifica, pelo contrário, uma inversão das posições processuais das partes que determine que em caso de dúvida, esta seja valorada de forma favorável ao sujeito passivo ou outro interessado.

O Tribunal, por sua vez, em caso de dúvida fundada acerca dos factos sobre os quais é chamado a decidir, deverá valorar estas dúvidas contra a parte sobre a qual recaía o ónus da prova e que não o cumpriu. Isto é, faz recair sobre o onerado com a prova de um facto a desvantagem da dúvida.

Será assim no âmbito da intimação para um comportamento prevista no artigo 147º do CPPT, cabendo ao sujeito passivo ou outro interessado o ónus da prova da omissão da Administração e do direito ou interesse legítimo violado ou lesado, ou susceptível de violação ou lesão, e em sede da acção para o reconhecimento de um direito ou interesse legítimo em matéria tributária, recaindo sobre o sujeito passivo a prova dos factos constitutivos do direito ou interesse que pretende ver reconhecido.

Para além disso e pese embora o grau de prova exigido seja menor, sendo apenas necessária a prova indiciária, caberá à Administração ou ao sujeito passivo o ónus de prova da verificação dos pressupostos da concessão das providências cautelares, designadamente o *fumus boni iuris*, o *periculum in mora* e o respeito pelo princípio da proporcionalidade.

Neste sentido, no que diz respeito às providências cautelares judiciais decretadas a favor da Administração Tributária, designadamente o arresto previsto no artigo 136º e seguintes do CPPT, "*[n]o requerimento inicial deve a Fazenda Pública alegar e efectuar prova sumária ("bonus fumus iuris") da factualidade demonstrativa do imposto ou da sua existência provável e dos factos integrantes do fundado receio da diminuição de garantias de cobrança do correspondente crédito*"[33]. Relativamente às medidas cautelares a favor do contribuinte, como a suspensão da eficácia do acto prevista no artigo 128º do CPTA, veja-se o acórdão do TCA Norte de 21 de Abril de 2016, proferido no âmbito do processo nº 02410/13.4 BEPRT, no qual se entendeu que:

> "*I. A concessão das providências cautelares, no tocante ao requisito do periculum in mora exigido pelo artigo 120º, nº 1, alíneas b) e c), do CPTA, assenta nos factos alegados pelas partes. Uma alegação insuficiente e meramente "conclusiva", desprovida dos factos essenciais que carreiem uma causa de pedir, não é adequada para a averiguação do preenchimento de tal requisito.*
>
> *II. Cabe ao requerente alegar factos concretos que permitam ao julgador apreciar e eventualmente concluir pela existência de uma alegada situação de carência económica relevante para preenchimento do requisito do periculum in mora previsto na alínea b) do nº 1 do artigo 120º do CPTA*".

Em todos estes casos, caso o interessado não cumpra o ónus da prova que sobre si recaia, o Tribunal deverá decidir contra a sua pretensão, não reconhecendo o direito ou interesse em causa ou não decretando a medida cautelar requerida.

[33] Cf. Acórdão do TCA Sul de 16 de Dezembro de 2015, proferido no âmbito do processo nº 09201/15. Para maiores desenvolvimentos relativamente ao arresto, veja-se o ponto 65.1.2.1 deste manual.

PARTE III
ARBITRAGEM TRIBUTÁRIA[1]

[1] Para maiores desenvolvimentos relativamente à arbitragem tributária veja-se: Benjamim Silva Rodrigues (2014), "Sobre os tribunais fiscais e os tribunais arbitrais tributários" *in* Revista de Arbitragem Tributária, nº 1, Carla Castelo Trindade (2016), Jorge Lopes de Sousa (2013), "Comentário ao Regime Jurídico da Arbitragem Tributária" *in* Guia da Arbitragem Tributária, Manuel Pereira Barrocas (2013), "Manual de Arbitragem" e Sérgio Vasques/Carla Castelo Trindade (2013), "Os efeitos do pedido de constituição do Tribunal Arbitral Tributário" *in* Cadernos de Justiça Tributária, nº 02.

Terminado o estudo do processo judicial tributário na parte II deste manual, cabe agora analisar o meio alternativo de litígios no domínio tributário, consagrado no regime jurídico português desde 2010: a arbitragem em matéria tributária.

Mas a arbitragem é um meio alternativo ao quê? Alternativo à impugnação judicial.

Deste modo, os sujeitos passivos que queiram discutir a legalidade de actos tributários – porque como veremos os actos em matéria tributária não são arbitráveis – podem apresentar uma impugnação judicial ou, ao invés, um pedido de constituição de tribunal arbitral.

Neste ponto pretendemos dar uma visão do procedimento e do processo arbitral não sem antes fazer um enquadramento teórico do regime jurídico da arbitragem tributária.

Comecemos então com uma breve contextualização do regime da arbitragem tributária.

69. Breve contextualização

69.1. Consagração legal da arbitragem

A arbitragem em matéria tributária constitui um meio alternativo de litígios no domínio fiscal que surgiu em 2010 no seio de uma doutrina que lhe era tendencialmente contrária. Na verdade, a maior parte da comunidade fiscalista opunha-se a este regime, rejeitando assim a possibilidade de os litígios tributários beneficiarem de um meio alternativo de resolução de litígios, como já ocorria há vários anos no seio do Direito Privado e, mais recentemente, no Direito Administrativo[2]. Portugal foi pioneiro nesta matéria, na medida em que o legislador quis alcançar o que nenhum outro país havia ainda conse-

[2] Sobre a arbitragem no direito administrativo, veja-se MÁRIO AROSO DE ALMEIDA (2004), "A arbitragem no Direito Administrativo Português" *in* La Contrataсtión Pública en el Horizonte de la

guido: uma verdadeira alternativa aos meios judiciais no domínio do contencioso tributário[3]. Ora, contra a arbitragem tributária levantaram-se questões de constitucionalidade e questões de ordem prática.

Ao nível da constitucionalidade, questionou-se inúmeras vezes se a consagração de um processo arbitral tributário não viria pôr em causa o *princípio da indisponibilidade dos créditos tributários* e o *princípio da legalidade tributária.* Questionou-se ainda se a existência de tribunais arbitrais tributários não colidiria com a *competência especializada,* constitucionalmente consagrada, dos tribunais administrativos e fiscais. Independentemente dos argumentos que, à data, remaram contra a consagração do regime, o certo é que o RJAT acabou por ser aprovado, por unanimidade, tendo o legislador encontrado o modelo adequado a evitar eventuais inconstitucionalidades e ilegalidades que pudessem surgir.

Assim, introduziu-se no ordenamento jurídico português um regime jurídico de arbitragem em matéria tributária como meio de resolução jurisdicional de conflitos alternativo à impugnação judicial, com três objectivos principais[4]. Por um lado, *o reforço da tutela jurisdicional efectiva e dos direitos e interesses legalmente protegidos dos sujeitos passivos,* na medida em que passam a ter ao seu dispor mais um meio para verem assegurados os seus direitos, onde os julgadores são árbitros com especialização na matéria litigada. Por outro lado, a promoção de uma *maior celeridade* na resolução de litígios que opõem a Administração Tributária aos contribuintes, dispensando-se comentários relativos à morosidade da justiça nos tribunais portugueses. Finalmente, a *redução do número de processos pendentes nos tribunais administrativos e fiscais,* em

Integración Europea e do mesmo autor, (2012) "Sobre o âmbito das matérias passíveis de arbitragem de Direito administrativo em Portugal", *in* Estudos em homenagem a Miguel Galvão Teles, Vol. II.

[3] O modelo de arbitragem tributária adoptado em Portugal tornou-se, de resto, um exemplo a seguir para outros países um pouco por todo o mundo. Actualmente, em Cabo Verde, a arbitragem em matéria tributária é já uma realidade, tendo-se adoptado com a Lei nº 108/VIII/2016, de 28 de Janeiro, um modelo que, seguindo de perto o Português, inclui algumas inovações de interesse que poderiam até colmatar algumas lacunas existentes no RJAT.

[4] De relembrar, porém, que, em respeito pelo princípio da legalidade, o RJAT vem legitimado da autorização legislativa vertida no artigo 124º da Lei do Orçamento do Estado para 2010 (Lei nº 3-B/2010, de 28 de Abril). Ainda assim, o legislador adoptou, no RJAT, um âmbito mais estreito e mais fechado, determinado pela necessidade de assegurar o cumprimento dos princípios constitucionais em matéria tributária e processual e também pela consciência de que esta era uma experiência inovadora e pioneira e que implicaria vários riscos. Assim, e em consequência dos pareceres emitidos pelas entidades ouvidas no âmbito da consulta pública e, bem assim, dos receios apontados, foram tomadas algumas cautelas que estreitaram o resultado final vertido no RJAT em comparação à autorização legislativa constante da Lei do Orçamento do Estado para 2010.

especial de primeira instância, o que irá permitir, a longo prazo, um funcionamento equilibrado das instâncias judiciais, a par das instâncias arbitrais[5].

69.2. Arbitragem institucionalizada – o CAAD

De modo a contornar alguns argumentos de inconstitucionalidade, o legislador optou, expressa e claramente, pela consagração de um regime de arbitragem institucionalizada. Assim, nos termos do artigo 4º, nº 2, do RJAT, os tribunais arbitrais tributários funcionam no Centro de Arbitragem Administrativa (CAAD).

O CAAD, pessoa colectiva de direito privado sem fins lucrativos, funciona, por sua vez, sob a égide do Conselho Superior dos Tribunais Administrativos e Ficais.

O funcionamento dos tribunais arbitrais sob a tutela do Conselho Superior dos Tribunais Administrativos e Ficais implica que estes se sujeitem a toda a regulamentação que nele existia à data e que, entretanto, foi elaborada de modo a incluir a arbitragem tributária.

Cabe ainda referir que a lista de árbitros em matéria tributária, bem como a designação dos árbitros que irão compor os tribunais arbitrais comuns rege-se pelo Regulamento de Selecção de Árbitros em Matéria Tributária[6]. Estes árbitros, por seu turno, encontram-se sujeitos às disposições constantes do Código Deontológico do CAAD[7].

Por fim, é de salientar que o CAAD aprovou um Regulamento de Custas nos Processos de Arbitragem Tributária[8] que, em conjugação com o disposto no artigo 12º do RJAT, contém a regulamentação aplicável à determinação e ao pagamento das denominadas "*taxa de arbitragem*" e "*taxa inicial de arbitragem*"[9].

69.3. Vinculação das partes – a Portaria de Vinculação

A arbitragem, tal como é tradicionalmente entendida, depende de um acordo das partes no sentido da submissão do litígio à jurisdição arbitral, ou seja,

[5] De facto, sabemos hoje, que a arbitragem em matéria tributária revelou-se um sucesso entre os meios de reacção ao dispor do contribuinte, contribuindo em larga medida para a redução dos processos judiciais pendentes. Dados oficiais do CAAD revelam que em 2012 deram entrada 150 processos arbitrais, 311 em 2013 e um total de 850 em 2014. Estas estatísticas demonstram uma transferência substancial da litigância dos tribunais judiciais para os arbitrais.

[6] Disponível em http://www.caad.org.pt/.

[7] Também disponível em http://www.caad.org.pt/.

[8] Também disponível em http://www.caad.org.pt/.

[9] Note-se, porém, que o Regulamento de Arbitragem do CAAD não é aplicável à arbitragem tributária. Tal regulamento foi gizado antes mesmo da aprovação do RJAT, tendo por objectivo regular as arbitragens em matéria administrativa.

depende de uma convenção arbitral. Se se importasse esta clássica versão da arbitragem para a arbitragem tributária, o processo arbitral ficaria dependente de um acordo de vontades entre a Administração Tributária e o contribuinte, *maxime*, da celebração de um compromisso arbitral.

Por outro lado, se a possibilidade de submissão à arbitragem das matérias fiscais dependesse da disponibilidade da Administração Tributária ir ou não a juízo arbitral, estar-se-ia a contrariar uma das premissas do *princípio da indisponibilidade dos créditos tributários*. A este respeito, relembramos que no contencioso tributário, a escolha sobre qual o meio de reacção a adoptar perante um determinado acto tributário parte sempre do contribuinte. Deste modo, perante um acto de liquidação ilegal, por exemplo, o contribuinte tem sempre a faculdade de escolher entre a apresentação de reclamação graciosa ou de impugnação judicial[10]. Seguindo esse mesmo raciocínio, a possibilidade de recurso à arbitragem não poderia ficar dependente de uma qualquer manifestação de vontade por parte da Administração Tributária sob pena de pôr em causa o *princípio da indisponibilidade de créditos tributários*. A escolha entre o processo arbitral e a impugnação judicial teria de partir, forçosamente, do contribuinte.

Foi por essa razão que o legislador determinou, através do artigo 4º do RJAT, que a Administração Tributária se vinculasse, através de portaria, à jurisdição arbitral no geral e não a cada litígio em concreto. Daqui resulta que a Administração Tributária está tão vinculada à decisão do contribuinte de recorrer à via judicial ou à via arbitral, como o está quanto à opção do contribuinte de recorrer à via graciosa ou judicial/jurisdicional.

A portaria a que se refere o artigo 4º do RJAT é, então, a Portaria nº 112-A/2011, de 22 de Março, denominada "Portaria de Vinculação". Através dessa portaria, as anteriores DGCI e DGAIEC – às quais, como se sabe, sucedeu a Autoridade Tributária e Aduaneira[11] – vincularam-se à jurisdição arbitral, tendo, porém, delimitado os contornos dessa vinculação, reduzindo, como se verá, o leque de matérias que, em abstracto seriam arbitráveis.

A Administração impôs, assim, limites ao âmbito material da arbitragem definido no artigo 2º do RJAT, limitando ainda a sua vinculação à jurisdição

[10] Embora existam casos de reclamações graciosas necessárias, no âmbito dos quais se exige que o sujeito passivo recorra à reclamação graciosa antes de impugnar judicialmente os actos de autoliquidação, de retenção na fonte e de pagamento por conta nos casos previstos nos artigos 131º a 133º do CPPT. Para maiores desenvolvimentos veja-se o ponto 44.6 deste manual.

[11] Com efeito, relembramos que nos termos do artigo 12º, nº 2, do Decreto-Lei nº 118/2011, de 15 de Dezembro – que aprova a estrutura orgânica da Autoridade Tributária e Aduaneira, resultante da fusão da DGCI com a DGAIEC e a DGITA – a Autoridade Tributária e Aduaneira sucede à DGCI, à DGAIEC e à DGITA, e todas as referências a estas consideram-se como feitas àquela.

arbitral a processos inferiores a € 10.000.000,00. Mais que isso, a Administração veio, de certa forma, aditar normas procedimentais no que respeita à constituição do tribunal arbitral quando, no artigo 3º, nº 2, da Portaria de Vinculação, se vem determinar as qualificações do árbitro-presidente nos tribunais colectivos em função do valor do processo.

Deste modo, podemos concluir que o regime jurídico da arbitragem em matéria tributária é constituído:

- Pelo próprio RJAT;
- Pelos regulamentos do CAAD acima referidos; e
- Pela Portaria de Vinculação, sem a qual, a arbitragem não seria possível e que limita, como veremos, o seu âmbito de aplicação da arbitragem.

69.4. Julgamento segundo o direito constituído

Como já se referiu, um dos argumentos apontados para a não consagração de um regime de arbitragem em matéria fiscal era o *princípio da indisponibilidade dos créditos tributários.*

De facto, uma das grandes vantagens dos processos arbitrais, tal como eram tradicionalmente entendidos – isto é, aqueles em que se litigam matérias cíveis e comerciais – era a possibilidade de os árbitros poderem decidir segundo a equidade. Sendo a equidade a justiça do caso concreto, era permitido aos árbitros decidir de acordo com o que seria mais justo e não obrigatoriamente de acordo com a estrita legalidade.

Ora, se esta característica fosse importada para a arbitragem tributária e consequentemente se permitisse o julgamento segundo a equidade, a arbitragem tributária seria inconstitucional, na medida em que contrariaria o *princípio da igualdade e da legalidade* e bem assim o *princípio da indisponibilidade dos créditos tributários*[12].

O legislador acabou por contornar liminarmente este problema, vedando, no artigo 2º, nº 2 do RJAT, o julgamento segundo a equidade e, em consequência, obrigando os árbitros a decidir de acordo com o direito constituído. Deste modo, temos uma arbitragem com características diferentes daquelas que, até então, qualificavam este meio alternativo de resolução de litígios.

Em boa verdade, a indisponibilidade dos créditos tributários, enquanto corolário do princípio da legalidade, só seria posta em causa com a consagração de um regime de arbitragem tributária que, a par da arbitragem administra-

[12] Para maiores desenvolvimentos veja-se a anotação ao artigo 2º em Carla Castelo Trindade (2016), p. 126-129 e Nuno Villa-Lobos (2013), "Novas configurações da justiça administrativa e fiscal em Portugal", p. 371.

tiva, permitisse o recurso à equidade. Assim, ao vedar o recurso à equidade, entendemos que o legislador quis compatibilizar a arbitragem tributária com aqueles princípios fundamentais salvando-a de uma eventual discussão de inconstitucionalidade.

De facto, independentemente de estarmos perante um meio alternativo de resolução de litígios, não nos podemos esquecer dos princípios fundamentais e enformadores específicos do Direito Fiscal os quais não poderiam, de modo algum, ser postos em causa em prol de um qualquer encontro de vontades entre a Administração Tributária o contribuinte.

70. Âmbito material da arbitragem tributária

Feita uma breve contextualização acerca da arbitragem tributária, indicando designadamente as razões invocadas contra a sua consagração e a forma como foram contornadas pelo legislador, quer através da previsão de uma arbitragem institucionalizada, quer através da proibição de julgamento segundo a equidade, cabe agora analisar o âmbito material da arbitragem tributária, ou seja, as matérias sobre as quais os tribunais arbitrais tributários têm competência para apreciar e julgar[13].

Ora, o âmbito material da arbitragem tributária vem estabelecido, pelo menos em abstracto, no artigo 2º, nº 1, do RJAT. E dizemos em abstracto porque na prática, como se verá adiante, o âmbito material da arbitragem ficou aquém do estabelecido pelo legislador, tendo sido objecto de inúmeras limitações impostas pela Portaria de Vinculação.

Com efeito, o legislador fixou, nas alíneas do nº 1 do artigo 2º do RJAT, um conjunto de questões que poderiam ser submetidas à apreciação dos tribunais arbitrais tributários tal como previa, de resto, o artigo 124º, alínea *a*), do ponto 4 da autorização legislativa que legitimou a apresentação do diploma de que ora nos ocupamos – constante da Lei nº 3-B/2010, de 28 de Abril. Posteriormente, com a emissão da Portaria de Vinculação, a Administração Tributária veio recortar daquele rol de matérias que seriam, em abstracto, arbitráveis nos termos do RJAT, aquelas às quais a Administração Tributária se vinculou deixando de fora toda uma realidade de actos não arbitráveis por força da referida Portaria.

Por essa razão, torna-se necessário compreender primeiro as matérias que, nos termos do artigo 2º, nº 1, do RJAT, poderão ser objecto de uma pronúncia arbitral para depois perceber o sentido da vinculação da Administração, e as limitações impostas pela Portaria de Vinculação.

[13] A este propósito veja-se Sérgio Vasques/Carla Castelo Trindade (2013), "Os efeitos do pedido de constituição do Tribunal Arbitral Tributário" *in* Cadernos de Justiça Tributária, nº 02.

Ao abrigo do artigo 2º, nº 1, alínea *a*), do RJAT, a competência dos tribunais arbitrais em matéria tributária compreende "*a declaração de ilegalidade de actos de liquidação de tributos, de autoliquidação, de retenção na fonte e de pagamento por conta*", conceitos que, por referência ao CPPT e à LGT ficaram já definidos nos pontos 3.1.1 e 4.1.1, aquando do estudo do procedimento tributário. O âmbito material da arbitragem tributária definido por esta alínea corresponde precisamente àquele que vem previsto no artigo 97º, nº 1, alínea *a*), do CPPT. Estamos, então, perante questões que podem simultaneamente ser objecto de arbitragem e impugnação judicial, ou seja, naquela que chamaremos de "*zona de coincidência entre o impugnável e o arbitrável*".

Deste modo, ao abrigo do artigo 2º, nº 1, alínea *a*), do RJAT, são arbitráveis: os actos de liquidação administrativa, seja ela simples, oficiosa ou adicional; os actos de autoliquidação; os actos de retenção na fonte, trate-se ela de retenção na fonte a título definitivo ou por conta do imposto devido a final; e os actos de pagamento por conta, de pagamento especial por conta ou de pagamento adicional por conta. Não serão, porém, susceptíveis de recurso à arbitragem os falsos actos de pagamento por conta, isto é, aqueles previstos no artigo 86º do CPPT[14].

De notar, porém, que a alínea *a*) do nº 1 do artigo 2º do RJAT não faz qualquer referência aos actos de indeferimento total ou parcial das reclamações graciosas dos actos tributários, actos esses que, de resto, vêm previstos no artigo 97º, nº 1, alínea *c*) do CPPT e que – sabemos já – poderão ser objecto de impugnação judicial. Com efeito, tal como vimos anteriormente, dos actos que decidem reclamações graciosas e recursos hierárquicos pode ser intentada impugnação judicial desde que se tratem de actos que – pese embora sejam actos em matéria tributária – versem sobre a legalidade ou ilegalidade dos actos tributários. A estes actos que decidem reclamações graciosas, recursos hierárquicos e, bem assim, pedidos de revisão de acto tributário atribuí-

[14] Os nºs 4 e 6 do artigo 86º do CPPT prevêem os denominados *falsos actos de pagamento por conta*, ali se dispondo que, desde que certos requisitos estejam preenchidos, o sujeito passivo pode fazer pagamentos por conta, findo o período de pagamento voluntário do imposto e até a extracção da dívida (no primeiro caso), ou no âmbito do processo de execução fiscal (no segundo caso). Julga-se que o que diferencia estes *falsos actos de pagamento por conta* dos já elucidados *verdadeiros actos de pagamento por conta* é que estes últimos são adiantamentos por conta do imposto que será devido a final, o que significa que são efectuados durante a formação do acto tributário – de formação sucessiva – de IRC e de IRS; e os primeiros são verdadeiros pagamentos de imposto já apurado e, portanto, efectuados depois da formação do facto tributário, ou seja, quando já terminou o prazo para o pagamento voluntário do tributo. A este propósito vejam-se os comentários ao artigo 86º do CPPT efectuados por Jorge Lopes de Sousa (2011), Vol. I, p. 700-716 e o ponto 4.1.1 deste manual relativamente aos diferentes tipos de pagamentos por conta.

mos, seguindo Lopes de Sousa, a denominação de *actos de segundo e terceiro graus*[15], na medida em que comportam, ou poderão comportar, a apreciação da (i)legalidade dos *actos de primeiro grau* – actos de liquidação, de autoliquidação, de retenção na fonte e de pagamento por conta.

Na verdade, a arbitrabilidade, ou não, dos actos de segundo e terceiro graus é uma das questões mais discutidas na jurisprudência e na doutrina. Não pretendendo fazer aqui uma exposição exaustiva sobre a questão, esclareça-se, desde já, que os vícios próprios dos actos de segundo e terceiro graus não são, ao abrigo do RJAT, arbitráveis. Posto isto, ficam então duas questões por resolver.

Uma primeira, a de saber se tendo sido intentado um meio gracioso administrativo – reclamação graciosa, recurso hierárquico ou pedido de revisão de acto tributário –, o objecto do processo arbitral será a decisão que venha a ser proferida pela Administração Tributária ou, pelo contrário, o acto de liquidação, de autoliquidação, de retenção na fonte ou de pagamento por conta.

Uma segunda, que interliga questões de competência e questões de prazos, e que é a de saber se o tribunal terá competência – e se sim, em que medida – para apreciar um acto de primeiro grau quando o pedido seja apresentado na decorrência de um indeferimento tácito de uma reclamação graciosa, de um recurso hierárquico ou de um pedido de revisão previamente apresentados.

No que respeita à primeira questão, quanto ao objecto do processo arbitral, seguimos aqui o mesmo entendimento defendido a este propósito no âmbito da impugnação judicial: quando apresentado pedido de pronúncia arbitral ou impugnação judicial sobre um determinado acto tributário, por vício próprio desse mesmo acto – e ainda que sobre este a Administração Tributária se tenha pronunciado no âmbito de reclamação graciosa, recurso hierárquico ou pedido de revisão – o objecto do processo é o acto de liquidação, de autoliquidação, de retenção na fonte ou de pagamento por conta[16].

Já a segunda questão será, porventura, aquela que mais dificuldades levanta por relacionar, não intencionalmente, questões de competência e questões de prazos. No entanto, e porque o que aqui releva é sintetizar e dar a entender ao leitor o regime jurídico da arbitragem tributária como um todo, retire-se

[15] Jorge Lopes de Sousa (2013), p. 121.

[16] Já assim defendia o STA, no acórdão datado de 18 de Maio de 2011, proferido no âmbito do processo nº 0156/11, nos termos do qual *"(...) o objecto real da impugnação é o acto de liquidação e não o acto que decidiu a reclamação, pelo que são os vícios daquela e não deste despacho que estão verdadeiramente em crise."*. Veja-se ainda, a este respeito, o que ficou dito no ponto 60, no âmbito da impugnação judicial, cujo raciocínio se mantém inteiramente válido quando nos referimos à arbitrabilidade de vícios próprios de actos de primeiro grau, ainda que objecto de algum meio gracioso administrativo.

apenas a seguinte conclusão, cujo itinerário cognoscitivo poderá ser encontrado, desenvolvidamente, na anotação ao RJAT[17]. Muito sinteticamente, a problemática que se coloca passa pelas seguintes premissas: por um lado, o sujeito passivo pode apresentar reclamação graciosa, recurso hierárquico ou promover a revisão oficiosa do acto de liquidação antes de recorrer ou à via judicial ou à via arbitral; por outro, o sujeito passivo tem 90 (noventa) dias, a contar do indeferimento tácito das impugnações administrativas referidas para requerer a constituição do tribunal arbitral; finalmente, como acima dissemos, o tribunal arbitral só tem competência para apreciar o acto de primeiro grau. A estas premissas acrescenta-se uma quarta: o indeferimento tácito pela Administração Tributária ocorre, não raras vezes, em casos em que esta nem estaria em condições de decidir sobre o mérito da questão controvertida, designadamente porque não se encontravam preenchidos os pressupostos – formais ou substanciais – necessários à tomada de decisão. A problemática decorre então da consideração de que, no limite, qualquer sujeito passivo poderia apresentar uma reclamação graciosa, recurso hierárquico ou promover o pedido de revisão oficiosa, ainda que não preenchesse os pressupostos de que depende a apreciação do mérito, prevendo o seu indeferimento tácito, apenas com o intuito de "ganhar tempo" para apresentação do pedido de pronúncia arbitral.

De modo a evitar essas situações, e em especial no que respeita ao pedido de revisão de acto tributário – cujo prazo de apresentação é mais alargado, e cujos pressupostos são mais restritos, como tivemos oportunidade de ver no ponto 46 deste manual – a conclusão a que se chega é a de que perante um indeferimento tácito de um meio gracioso, o sujeito passivo só estará em prazo para requerer a constituição do tribunal arbitral, se pela apresentação daquele meio gracioso fosse efectivamente possível uma tomada de decisão pela Administração Tributária. Dito de outro modo, e sumariamente concluindo, perante um acto de indeferimento tácito de reclamação graciosa, de recurso hierárquico ou de pedido de revisão de acto tributário, o sujeito passivo deverá trazer ao conhecimento do tribunal arbitral os pressupostos de admissibilidade daqueles meios graciosos para o conhecimento do mérito da pretensão de modo a que o tribunal arbitral possa aferir se a reclamação graciosa o recurso hierárquico ou o pedido de revisão de acto tributário apresentados pelo contribuinte permitiam a emissão de um acto expresso por parte da Administração Tributária que, por sua vez, apreciasse a (i)legalidade do acto tributário de primeiro grau que o sujeito passivo verdadeira e efectiva-

[17] Veja-se, para o efeito, CARLA CASTELO TRINDADE (2016), p. 67-76 e 250-259.

mente pretende impugnar. Tudo porque, só assim e nessa medida, se poderá considerar aberta a via arbitral.

A alínea *b*) do nº 1 do artigo 2º do RJAT prevê, por seu turno, a competência dos tribunais arbitrais para declararem a "*ilegalidade de actos de determinação da matéria tributável quando não dê origem à liquidação de qualquer tributo, de actos de determinação da matéria colectável e de actos de fixação de valores patrimoniais*".

São então três as realidades cuja arbitrabilidade está prevista nesta alínea *b*), a saber:

- Os actos tributários que consubstanciem a declaração de ilegalidade de actos de determinação da matéria tributável quando não dêem origem à liquidação de qualquer tributo;
- Os actos de determinação da matéria colectável; e
- Os actos de fixação de valores patrimoniais.

No que respeita aos actos de fixação de valores patrimoniais, a sua sindicalidade arbitral situa-se na denominada *zona de coincidência entre o arbitrável e o impugnável*. Com efeito, o artigo 97º, nº 1, alínea *f*) do CPPT, bem como o artigo 77º do Código do IMI, prevêem a sujeição destes actos a impugnação judicial. No entanto, a arbitrabilidade destes actos será diferente da sua impugnabilidade por uma simples razão: como vimos o artigo 134º, nº 7 do CPPT exige, para a impugnação de actos de fixação de valores patrimoniais, que sejam esgotados os meios graciosos previstos no procedimento de avaliação, como por exemplo, a segunda avaliação que analisámos no ponto 48 deste manual.

Ora, como melhor compreenderemos *infra*, aquando da análise das limitações impostas pela Portaria de Vinculação, se a Administração teve o cuidado de referir expressamente, na alínea *a*) do artigo 2º da Portaria de Vinculação, a necessidade de recurso à via administrativa prévia nos termos e para os efeitos do disposto nos artigos 131º a 133º do CPPT, o mesmo não sucedeu quanto aos actos de fixação de valores patrimoniais e à exigência constante do nº 7 do artigo 134º, também do CPPT. Assim, parece ser de concluir que na arbitragem tributária, ao contrário do que sucede na impugnação judicial, o "*esgotamento dos meios graciosos previstos no procedimento de avaliação*" não é, de facto, exigível[18].

[18] Posição contrária é a defendida por PAULA ROSADO PEREIRA, entendendo que a *ratio* do artigo 134º impõe que o esgotamento dos meios graciosos seja exigível também para submissão dos actos de fixação de valores patrimoniais à arbitragem tributária, escrevendo a este propósito

Não obstante a diferença acima referida, a grande novidade do RJAT está na primeira parte daquela alínea *b*), ou seja, na atribuição de competência aos tribunais arbitrais para apreciarem a (i)legalidade de actos cuja impugnabilidade, nos termos gerais, não está prevista. Referimo-nos aqui à arbitrabilidade dos *Relatórios de Inspecção*, à qual já aludimos no ponto 41 deste manual, aquando do estudo do princípio da impugnação unitária.

Trata-se de uma novidade do RJAT que permite e continua a permitir, assim defendemos, a impugnação autónoma de actos preparatórios – os *Relatórios de Inspecção* – em termos mais abrangentes do que os previstos no CPPT à luz do princípio da impugnação unitária aí consagrado no artigo 54º.

Deste modo, a arbitragem abriu a porta a uma realidade que até 2011 era desconhecida: a sindicância autónoma e directa dos Relatórios de Inspecção. Com efeito, o que decorre da alínea *b*) do nº 1 do artigo 2º do RJAT é a arbitrabilidade de (*i*) actos tributários que consubstanciem a declaração de ilegalidade de actos de determinação da matéria tributável na medida em que não dêem origem à liquidação de qualquer tributo; e (*ii*) os actos de determinação da matéria colectável. Ora, é desde logo nos Relatórios de Inspecção, seja ela interna ou externa, por métodos directos ou indirectos, que são efectuadas correcções ou à matéria tributável ou à matéria colectável. O legislador conferiu, pois, aos Relatórios de Inspecção que se materializem em correcções à matéria tributável ou à matéria colectável legitimidade bastante para os considerar arbitráveis, por si só, e sem necessidade de concretização das correcções em actos de liquidação consequentes.

Contudo, e infelizmente, não podemos deixar de voltar a referir que a arbitrabilidade dos Relatórios de Inspecção, de onde decorram alterações à matéria tributável ou alterações à matéria colectável, ficou absolutamente fragilizada pela revogação do artigo 14º do RJAT, levada a cabo pelo artigo 161º da Lei nº 64-B/2011, de 30 de Dezembro. Isto porque, originalmente, aquele artigo 14º do RJAT previa a *suspensão do acto consequente do Relatório de Inspecção*, isto é, da liquidação das prestações tributárias cuja fundamentação fosse, de parte ou de todo, do Relatório em discussão[19].

que "*The constraint is also applicable to the requests for the declaration of illegality of property valuation referred to in Article 2 (1) (b) of LRTA. Reasons of economy and contentious methods justify that restriction in both cases – in judicial courts and in arbitration courts*" Cf. PAULA ROSADO PEREIRA (2015) "The material scope of tax arbitration", p. 95-96.

[19] Veja-se a este propósito o que se escreveu na anotação ao artigo 2º em CARLA CASTELO TRINDADE (2016), p. 104-105.

A posição que defendemos, em face da actual redacção do RJAT, é – ainda – a arbitrabilidade dos Relatórios de Inspecção[20]. Não obstante, não podemos deixar de referir que esta é uma posição minoritária na doutrina.

Uma outra questão que também se coloca é a de saber qual a diferença entre a primeira parte da alínea *b)* – actos tributários que consubstanciem a declaração de ilegalidade de actos de determinação da matéria tributável – e a segunda parte da mesma – actos de determinação da matéria colectável, sendo certo que até ao RJAT o legislador vinha utilizando as expressões "matéria tributável" e "matéria colectável", ousamos dizer, como sinónimos, embora não o sejam.

Com efeito, nos termos do artigo 15º do Código do IRC, a *matéria colectável* obtém-se "*pela dedução ao lucro tributável determinado nos termos do artigo 17º e seguintes, dos montantes correspondentes a: 1) Prejuízos fiscais, nos termos do artigo 52º; 2) Benefícios fiscais eventualmente existentes que consistam em deduções naquele lucro*".

Por seu turno, refere o artigo 17º que o *lucro tributável* é constituído "*pela soma algébrica do resultado líquido do período e das variações patrimoniais positivas e negativas verificadas no mesmo período e não reflectidas naquele resultado, determinados com base na contabilidade e eventualmente corrigidos nos termos deste Código*".

Assim é certo que, por um lado, matéria tributável em IRC será o lucro tributável, e, por outro lado, matéria colectável é, *grosso modo*, igual ao lucro tributável deduzido de prejuízos fiscais e de benefícios fiscais.

De referir, a este respeito, que de um Relatório de Inspecção do qual decorram alterações ao lucro tributável quando este seja positivo daria sempre lugar a alterações ao valor da matéria colectável. O mesmo é dizer que a alteração introduzida pelo artigo 160º da Lei nº 64-B/2011, de 30 de Dezembro – onde se acrescentou que os actos tributários que consubstanciem a declaração de ilegalidade de actos de determinação da matéria tributável só são recorríveis arbitralmente quando não dê origem à liquidação de qualquer tributo – seria desnecessária na medida em que caso dê lugar à liquidação de qualquer tributo é já aplicável a segunda parte da alínea *b)*, *i.e.*, tratam-se de actos tributários que consubstanciam a declaração de ilegalidade de actos de determinação da matéria colectável. Por outras palavras, e no seguimento do que acima defendemos – de que os Relatórios de Inspecção são arbitráveis – os Relatórios de Inspecção dos quais decorram correcções ao lucro tributável – matéria tributável – se não originarem imposto a pagar são recorríveis pela via arbitral pela primeira parte da alínea *b)* e caso origem imposto a pagar são recorríveis

[20] E que, de resto, já se defendia em SÉRGIO VASQUES/CARLA CASTELO TRINDADE (2013) "Âmbito material da arbitragem Tributária".

pela via arbitral pela segunda parte da alínea *b)* uma vez que originam sempre correcções à matéria colectável.

Por fim, a versão originária do RJAT previa, na alínea *c*) do nº 1 do artigo 2º, a competência dos tribunais arbitrais para a "*apreciação de qualquer questão, de facto ou de direito, relativa ao projecto de liquidação, sempre que a lei não assegure a faculdade de deduzir a pretensão*" de declaração de ilegalidade de actos de determinação da matéria tributável e colectável e de actos de fixação da matéria patrimonial. Esta inovação do RJAT, que permitia a impugnação autónoma de uma série de actos preparatórios em termos muito mais abrangentes que os previstos no CPPT, acabou por ser expressamente revogada pelo artigo 161º da Lei nº 64-B/2011, de 30 de Dezembro.

70.1. As limitações da Portaria de Vinculação

Do que ficou acima exposto, sabemos já que, nos termos do artigo 2º, nº 1, alínea *a*) do RJAT, são susceptíveis de apreciação pelos tribunais arbitrais tributários os actos de liquidação administrativa seja ela simples, oficiosa ou adicional, os actos de autoliquidação, os actos de retenção na fonte, trate-se ela de retenção na fonte a título definitivo ou por conta do imposto devido a final, os actos de pagamento por conta, de pagamento especial por conta ou de pagamento adicional por conta. Não são, porém, susceptíveis de recurso à arbitragem os falsos actos de pagamento por conta previstos no artigo 86º do CPPT.

Bem assim, ao abrigo da alínea *b*) do nº 1 do artigo 2º do RJAT, está compreendida no âmbito material da arbitragem tributária a apreciação da (i) legalidade de actos de determinação da matéria tributável quando não dêem origem à liquidação de qualquer tributo – Relatórios de Inspecção com alterações em prejuízos fiscais por exemplo –, de actos de determinação da matéria colectável – outros Relatórios de Inspecção em que as correcções sejam efectuadas à matéria colectável – e de actos de fixação de valores patrimoniais.

Questiona-se, então, que limitações terá a Portaria de Vinculação introduzido quanto a estas questões.

Do que referimos a respeito da Portaria de Vinculação no ponto anterior, sabemos já que "*os serviços e organismos referidos no artigo anterior*" são a DGCI e a DGAIEC, hoje integradas na Autoridade Tributária e Aduaneira. Curioso é notar que, ao contrário do que sucede no RJAT, onde o legislador se referiu apenas a "*tributos*" no geral, a Portaria de Vinculação vem agora delimitar a competência especificamente a "*impostos*". Não podemos, portanto, concordar com uma recente decisão de um tribunal arbitral tributário[21], na qual se entendeu que:

[21] Veja-se a decisão proferida no âmbito do processo nº 312/2015-T.

"Em primeiro lugar, o teor literal e a articulação sistemática dos preceitos não permitem um esclarecimento direto e evidente do sentido das normas. E se algum sentido se pode atribuir de forma mais próxima e fiel à interpretação literal-sistemática dos preceitos é o de que a referência a "impostos" em vez de "tributos" no artigo 2º da Portaria nº 112-A/2011, seguida da remissão expressa para o nº 1 do artigo 2º do RJAT e da enunciação expressa de um conjunto de exceções, indicia que o 'legislador' da Portaria ***não teve a intencionalidade restritiva clara que a AT invoca****, pois se assim fosse teria feito alusão expressa a essa restrição no leque das alíneas que contemplam as exceções.*

Em segundo lugar, a convocação dos elementos teleológico e racional da interpretação jurídica também não apontam para a razoabilidade de uma tal restrição, mas apenas para a "limitação do âmbito de vinculação da AT através da titularidade dos poderes para administrar os tributos", sendo esse, de resto, o limite lógico da vinculação – não abrangendo a restrição assim os relacionados com "contribuições" também por ela liquidadas.

O facto é que o procedimento de liquidação e cobrança dessas "contribuições" em nada se distingue, na sua natureza e estrutura, do dos "impostos" (a AT atua aí como se de impostos se tratasse), donde não há razão válida para excluir a vinculação da AT, nesses casos, à arbitrabilidade.

A inexistência de uma referência expressa no texto do artigo 2º da mencionada Portaria nº 112-A/2011 a esse tipo de tributos dever-se-á apenas, ao fim e ao cabo, ao facto de, à data dela, ainda não se encontrar atribuído à administração da AT qualquer tributo com tais características."

Ora, em primeiro lugar, refira-se que este entendimento está, ao que se crê, isolado daquele que tem sido o entendimento, julgávamos nós, unânime, na doutrina e jurisprudência arbitrais.

Em segundo lugar, não deixa de surpreender que o tribunal arbitral tributário ali constituído se tenha desprendido de tal forma da letra da Portaria ao ponto de concluir que onde a Administração se refere a "impostos" quis também incluir todos os restantes tributos, até porque, refere-se ali, *"o procedimento de liquidação e cobrança dessas "contribuições" em nada se distingue, na sua natureza e estrutura, do dos "impostos"*.

Ora, salvo o devido respeito, não andou bem aquele tribunal arbitral, ferindo, aliás, aquela decisão de nulidade por vício de incompetência. Como se sabe, o intérprete não pode considerar um pensamento legislativo que não tenha na lei um mínimo de correspondência verbal, ainda que imperfeitamente expresso (artigo 9º, nº 2 do CC). O legislador, no RJAT, referiu-se a tributos. A Administração, na Portaria de Vinculação, referiu-se a impostos. Não há razões para crer que o Governo se tenha "equivocado" querendo, submeter à arbitragem os restantes tributos.

O tribunal arbitral ali constituído entendeu que seria necessária menção expressa a esse tipo de tributos para que se pudesse considerar a sua inarbitrabilidade. Este entendimento não pode prevalecer sob pena de descredibilizar, por completo, qualquer interpretação *a contrario* das normas legais. De facto, se unanimemente se aceitam três tipos de tributos – impostos, taxas e contribuições –, quando a Administração diz que são arbitráveis os *impostos*, está, obviamente, a excluir os restantes dois.

Assim, este preceito da Portaria de Vinculação contempla no seu corpo duas limitações: só são arbitráveis (*i*) impostos (*ii*) cuja administração esteja cometida à Autoridade Tributária e Aduaneira[22],[23].

Em face desta redacção, são duas as consequências que se podem retirar.

Por um lado, o âmbito material da arbitragem resume-se à análise de questões relativas a *impostos*, não sendo portanto susceptíveis de recurso à arbitragem, porquanto fogem aos termos de vinculação da Administração Tributária, questões relativas a taxas e contribuições[24] e, por outro, o âmbito material da arbitragem resume-se à análise de questões relativas aos impostos que sejam administrados pela Autoridade Tributária e Aduaneira, ficando então de fora os impostos administrados pela Região Autónoma da Madeira ou administrados por outras entidades que não a Autoridade Tributária e Aduaneira[25],[26].

[22] Entendendo-se aqui *imposto* na definição avançada por Sérgio Vasques, ou seja, enquanto "*prestação pecuniária, coactiva, unilateral, exigida por uma entidade pública como o propósito de angariação de receita*", Cf. Sérgio Vasques (2014), p. 214.

[23] Segundo Casalta Nabais, a administração ou gestão dos impostos diz respeito ao seu lançamento, à sua liquidação e à respectiva cobrança Cf. Casalta Nabais (2015), p. 241. Seguimos assim este entendimento, acompanhado, de resto, pela jurisprudência arbitral tributária, a qual acrescenta ainda um outro elemento ao conceito de "*administração de imposto*": a competência para apreciação graciosa do acto de liquidação que venha a ser emitido cf. a título de exemplo, vejam-se as decisões arbitrais proferidas nos processos arbitrais nºs 8/2011-T e 178/2013-T.

[24] Ficam, desde logo, excluídas da arbitragem tributária as questões relativas às contribuições para a Segurança Social suportadas pelos trabalhadores – a que a lei designa de *quotizações* – seguindo-se aqui o entendimento de Sérgio Vasques de que estes tributos configuram verdadeiras *contribuições*, e não impostos, na medida em que são prestações exigidas como contrapartida de prestações presumivelmente provocadas ou aproveitadas pelos sujeitos passivos, Cf. Sérgio Vasques (2014), p. 264 e seguintes.

[25] Referimo-nos especialmente à Região Autónoma da Madeira, e não à Região Autónoma dos Açores, na medida em que na primeira foi levado a cabo um processo de regionalização da administração fiscal, ao abrigo da prorrogativa atribuída às regiões autónomas de criação de impostos próprios e adaptação regional dos impostos que compõem o sistema fiscal nacional atribuída pela Lei das Finanças das Regiões Autónomas – Lei Orgânica nº 2/2013, de 2 de Setembro. Já a Região Autónoma dos Açores procedeu à adaptação do sistema fiscal nacional, não tendo optado por instituir serviços fiscais próprios, servindo-se então dos sistemas centralizados da

Prosseguindo na leitura do artigo 2º da Portaria de Vinculação, a alínea *a)* vem ainda determinar que, no que respeita a actos de autoliquidação, de retenção na fonte e de pagamento por conta, a Autoridade Tributária e Aduaneira só se vinculou à jurisdição arbitral na medida em que tenha havido recurso prévio à via administrativa, nos termos e para os efeitos do disposto nos artigos 131º a 133º do CPPT. Dito de outro modo, condicionou-se o recurso à arbitragem a reclamação graciosa necessária. Esta é igualmente a regra que impera para o recurso à via judicial, tal como tivemos oportunidade de analisar no ponto 44.5 deste manual.

Assim, a consagração desta "regra" – que, em bom rigor, é uma excepção à regra da impugnabilidade directa dos actos lesivos de direitos e interesses legalmente protegidos – justifica-se na arbitragem do mesmo modo e com as mesmas ressalvas que se justifica para a impugnação judicial, pelo que permanecem válidos os comentários tecidos a este propósito no ponto 44.5 deste manual. Por facilidade de leitura e por razões de economia, remete-se para o ali disposto, deixando apenas a nota que os tribunais arbitrais têm entendido no mesmo sentido ali propugnado, afirmando que:

> *"(...) a referência expressa ao precedente "recurso à via administrativa nos termos dos artigos 131º a 133º do Código de Procedimento e Processo Tributário" deve ser interpretada como reportando-se aos casos em que tal recurso é obrigatório, através de reclamação graciosa, que é o meio administrativo indicado naqueles artigos 131º a 133º do CPPT, para cujos termos se remete."*[27]

Uma última nota a este respeito para referir que para efeitos dos artigos 131º a 133º do CPPT, o pedido de revisão de acto tributário será equiparável à reclamação graciosa ali prevista, sendo arbitrável o acto de autoliquidação, de retenção na fonte ou de pagamento por conta sobre cuja (i)legalidade do acto

anterior DGCI, actual Autoridade Tributária e Aduaneira, para liquidação e cobrança dos impostos respeitantes àquela região. Para maiores desenvolvimentos, veja-se Carla Castelo Trindade (2016), p. 81-86.

[26] Não são, por isso, arbitráveis as contribuições para a Segurança Social a cargo das entidades empregadoras. Com efeito, ainda que se tratem de verdadeiros e próprios impostos, não são administrados pela Autoridade Tributária e Aduaneira, mas antes pela Segurança Social, ao abrigo do artigo 20º, nº 1, do Código dos Regimes Contributivos do Sistema Previdencial da Segurança Social, aprovado pela Lei nº 110/2009, de 16 de Setembro, nos termos do qual *"[a] gestão do processo de arrecadação e cobrança das contribuições, quotizações e juros de mora compete às instituições de segurança social nos termos das respectivas competências"*.

[27] Cf. Decisão arbitral proferida no âmbito do processo nº 48/2012-T.

de primeiro grau se tenha pronunciado a Administração Tributária, designadamente, por via de acto expresso de indeferimento do pedido de revisão[28].

A alínea *b*) do artigo 2º da Portaria de Vinculação vem, por seu turno, recortar o âmbito definido pelo legislador, na alínea *b*) do nº 1 do artigo 2º do RJAT, ao excluir do âmbito material da arbitragem tributária "*as pretensões relativas a actos de determinação da matéria tributável e os actos de determinação da matéria colectável, ambos por métodos indirectos, incluindo a decisão do procedimento de revisão*".

Assim, resulta do preceituado nesta alínea que quando a avaliação da matéria colectável for efectuada, pela Administração Tributária, por métodos indirectos, nos termos e condições previstos nos artigos 87º a 89º da LGT, os sujeitos passivos só poderão recorrer aos meios já disponíveis nos termos gerais, designadamente, ao procedimento de revisão da matéria colectável previsto no artigo 91º da LGT. No entanto, esta limitação não deve ser entendida no sentido de que o acto definitivo de liquidação – oficiosa ou adicional – que resulte da fixação da matéria colectável por métodos indirectos não seja arbitrável.

Dito de outro modo, a Administração Tributária não se vinculou à arbitragem (*i*) quanto a pretensões relativas a actos de determinação da matéria tributável ou da matéria colectável, ambos por métodos indirectos – ou seja, aquelas realidades que estão sujeitas aos mecanismos de fixação previstos no artigo 90º da LGT e que analisámos no ponto 32.3 deste manual -; nem (*ii*) quanto à discussão da decisão do procedimento de revisão a que se referem os artigos 91º a 94º da LGT, ou seja, ao procedimento de revisão da matéria tributável que analisámos no ponto 43. Situação diferente é a do acto definitivo de liquidação, na medida em que este sim, é arbitrável, nos termos e para os efeitos do disposto no artigo 2º, nº 1, alínea *a*) do RJAT.

A posição que aqui defendemos – a de que o acto de liquidação é arbitrável ainda que a matéria colectável tenha sido determinada por métodos indirectos – não tem sido, porém, acompanhada por toda a jurisprudência arbitral. Com efeito, há tribunais arbitrais tributários que têm entendido que os actos de liquidação decorrentes de fixação da matéria colectável por métodos indirectos só são impugnáveis judicialmente, na medida em que "*tal acto de liquidação substantivamente nada acrescenta, limitando-se a materializar a decisão do procedimento, a concretizar o valor do imposto que deriva aritmeticamente desta*

[28] Para maiores desenvolvimentos sobre a equiparação do pedido de revisão de acto tributário à reclamação graciosa necessária para efeitos dos artigos 131º a 133º, veja-se Carla Castelo Trindade (2016), p. 96-102.

decisão e a externa-la, para que esta possa produzir os efeitos jurídicos da relação jurídico-tributária constituída"[29].

Ora, tal entendimento não pode prevalecer. De facto, a LGT distingue claramente os três momentos:

- O momento da fixação da matéria colectável por métodos indirectos, no artigo 90º;
- O momento da discussão do resultado da fixação da matéria colectável por métodos indirectos através do pedido de revisão da matéria colectável, no artigo 91º;
- E o momento da discussão do acto tributário de liquidação em que a matéria colectável tenha sido determinada por métodos indirectos no artigo 86º, nº 4.

A Administração Tributária quis deixar de fora da arbitragem os dois primeiros casos não se excluindo à arbitrabilidade quanto ao último. Tudo porque, insista-se, para a discussão daqueles actos – preparatórios – havia já procedimentos próprios[30].

Cumpre por último referir que, no que respeita em concreto às matérias da anterior DGAIEC, as alíneas *c*) e *d*) do artigo 2º da Portaria de Vinculação, excluem do âmbito da arbitragem:

- As pretensões relativas a direitos aduaneiros sobre a importação;
- As pretensões relativas a demais impostos indirectos que incidam sobre mercadorias sujeitas a direitos de importação;
- As pretensões relativas à classificação pautal;
- As pretensões relativas à classificação de origem;
- As pretensões cuja resolução dependa da análise laboratorial ou de diligências a efectuar por outro Estado-membro no âmbito da cooperação administrativa em matéria aduaneira.

[29] Cf. Decisão proferida no processo arbitral nº 70/2012-T.

[30] Posição que, de resto, é acompanhada por Francisco Geraldes Simões (2014) "A arbitrabilidade dos actos de liquidação por métodos indirectos", p. 16-19, destacando que *"[o] RJAT atribuiu aos tribunais arbitrais competência para sindicar autonomamente esses actos, passando assim a constituir um meio de resolução de litígios tributários alternativo ao próprio procedimento administrativo de revisão. Por seu turno, a Portaria, ao excepcionar nesse caso a vinculação da AT à jurisdição arbitral, mais não pretendeu do que impedir que a jurisdição arbitral passasse a constituir um meio de resolução de litígios alternativo ao procedimento de revisão do artigo 91º da LGT"*. Para maiores desenvolvimentos sobre esta questão veja-se Carla Castelo Trindade (2016), p. 110-112.

A exclusão destas matérias da arbitragem prende-se, ao que se julga, com razões de ordem prática e bem assim de direito comunitário[31]. No entanto, a restrição do acesso à arbitragem nestes casos, especialmente no que diz respeito aos operadores de impostos especiais sobre o consumo, tem sido criticada pela doutrina. Antes de mais, é de referir que no âmbito dos impostos especiais sobre o consumo, o recurso à arbitragem tributária está limitado à apreciação da legalidade das pretensões relativas aos impostos especiais sobre o consumo "*devidos nas operações internas, intra-UE e na exportação irregular, ainda assim, com a ressalva de que não estejam em causa pretensões relativas à classificação pautal ou cuja resolução dependa de análise laboratorial ou de diligências a efectuar por outro estado-membro no âmbito da cooperação administrativa em matéria tributária*"[32]. Assim, MANUEL TEIXEIRA FERNANDES considera que "*os contribuintes carecem de uma via processual que lhes permita uma resolução célere dos conflitos que os opõem à AT. E o interesse na celeridade do processo é ainda maior pelo facto de que, enquanto não estiverem pagas ou garantidas as importâncias em litígio, os contribuintes litigantes não podem 'declarar produtos para consumo', ficando, assim, impossibilitados de desenvolverem com normalidade a sua actividade empresarial*"[33].

Analisado o âmbito material da arbitragem tal como definido pelo legislador, no artigo 2º do RJAT, e compreendidas as limitações impostas pela Portaria de Vinculação, percebemos então que o âmbito material da arbitragem poderá ser dividido em duas "zonas": uma em que o arbitrável e o impugnável são coincidentes; outra em que o arbitrável vai além do que é impugnável.

Deste modo, são *simultaneamente arbitráveis e impugnáveis:*

- Actos de liquidação administrativa – seja ela simples, oficiosa ou adicional – de impostos cuja administração seja da competência da Autoridade Tributária e Aduaneira, ainda que decorrentes de actos de fixação da matéria colectável e de actos de fixação da matéria tributável, independentemente desta ser efectuada por métodos directos ou indirectos, desde que, neste último caso, sejam precedidos de procedimento de revisão da matéria colectável especialmente previsto na LGT – ao

[31] Veja-se a este propósito SÉRGIO BRIGAS AFONSO (2015) "Mercadorias sujeitas a direitos de importação: Restrições no recurso à arbitragem tributária" chamando a atenção para o facto de existirem normas do RJAT que contrariam o Código Aduaneiro Comunitário.

[32] SÉRGIO VASQUES/TÂNIA CARVALHAIS PEREIRA (2016), p. 397-398.

[33] MANUEL TEIXEIRA FERNANDES (2014), "Arbitrabilidade dos Direitos Aduaneiros e dos IEC" *in* Temas de Direito Aduaneiro, p. 291. No mesmo sentido: SÉRGIO BRIGAS AFONSO (2015), "Mercadorias sujeitas a direitos de importação – restrições no recurso à arbitragem tributária", p. 23-28.

abrigo da alínea *a*), do nº 1, do artigo 2º, do RJAT, do artigo 1º e do corpo do artigo 2º da Portaria de Vinculação;

- Actos de autoliquidação, de retenção na fonte ou de pagamento por conta de impostos administrados pela Autoridade Tributária e Aduaneira, desde que precedidos de reclamação administrativa prévia, nos termos e para os efeitos dos artigos 131º a 133º do CPPT, bastando, para o efeito, uma qualquer intervenção por parte da Administração Tributária que sirva a *ratio* da filtragem administrativa daqueles preceitos – ao abrigo do artigos 2º, nº 1, alínea *a*) do RJAT, do artigo 1º e da alínea *a*), do artigo 2º, *a contrario*, da Portaria de Vinculação;
- Actos de indeferimento expresso de reclamações graciosas, recursos hierárquicos ou pedidos de revisão oficiosa que apreciem, eles próprios, a (i)legalidade do acto de liquidação, de autoliquidação, de retenção na fonte ou de pagamento por conta – ao abrigo de uma interpretação teleológica da alínea *a*), do nº 1, do artigo 2º, do RJAT e da alínea *a*), do artigo 2º, da Portaria de Vinculação, sendo certo que o objecto do processo arbitral é sempre o acto tributário de primeiro grau cuja (i)legalidade o sujeito passivo pretende ver apreciada;
- Actos de fixação de valores patrimoniais, para efeitos de impostos administrados pela Autoridade Tributária e Aduaneira, depois de esgotados os meios graciosos previstos no procedimento de avaliação, conforme dispõe o artigo 134º do CPPT – ao abrigo da alínea *b*), do nº 1, do artigo 2º, do RJAT, do artigo 1º e do corpo do artigo 2º da Portaria de Vinculação – ainda que para a arbitragem não seja necessário esse esgotamento dos meios graciosos;
- Actos de liquidação de IVA, impostos especiais sobre o consumo (IEC) e outros impostos indirectos sobre mercadorias que não sejam sujeitas a direitos de importação – ao abrigo da alínea *a*), do artigo 2º, do RJAT e da alínea *d*), do artigo 2º, *a contrario*, da Portaria de Vinculação;
- Pretensões relativas a imposições à exportação instituídas no âmbito da política agrícola comum ou no âmbito de regimes específicos aplicáveis a determinadas mercadorias resultantes de transformação de produtos agrícolas – ao abrigo da alínea *a*), do nº 1, do artigo 2º, do RJAT.

Por seu turno, são *arbitráveis, ainda que não impugnáveis:*

- Actos de fixação da matéria tributável sem recurso a métodos indirectos ou seja, por recurso a métodos directos, quando não dêem origem à liquidação de qualquer imposto cuja administração esteja cometida à Autoridade Tributária e Aduaneira – mormente Relatórios de Inspecção com correcções a prejuízos fiscais ou a benefícios fiscais – ao abrigo da primeira parte da alínea *b)*, do nº 1, do artigo 2º, do RJAT e da alínea *b)*, do artigo 2º, *a contrario*, da Portaria de Vinculação – tendo dado lugar a imposto a pagar, serão arbitráveis por via da segunda parte da alínea *b)*, do nº 1, do artigo 2º, do RJAT, uma vez que determinaram alterações à matéria colectável e portanto são os que se identificam abaixo;

- Actos de determinação da matéria colectável, sem recurso a métodos indirectos ou seja, por recurso a métodos directos, quando dêem origem à liquidação de qualquer imposto cuja administração esteja cometida à Autoridade Tributária e Aduaneira – mormente Relatórios de Inspecção – ao abrigo da alínea *b)*, do nº 1, do artigo 2º, do RJAT, do artigo 1º e da alínea *b)*, do artigo 2º, *a contrario*, da Portaria de Vinculação;
- Actos de fixação de valores patrimoniais, para efeitos de impostos administrados pela Autoridade Tributária e Aduaneira, mesmo que não tenham sido esgotados os meios graciosos previstos no procedimento de avaliação – ao abrigo da alínea *b)*, do nº 1, do artigo 2º, do RJAT, do artigo 1º e do corpo do artigo 2º da Portaria de Vinculação e na medida em que a Portaria de Vinculação não obriga à necessidade de ao esgotamento dos meios graciosos, aludindo apenas às reclamações graciosas necessárias constantes dos artigos 131º a 133º do CPPT.

A terminar, fazemos ainda referência àqueles actos que ficaram completamente excluídos da jurisdição arbitral, ou por mão do próprio legislador ou por exclusão operada pela Portaria de Vinculação.

Assim, *não são arbitráveis, mas apenas impugnáveis:*

- Actos em matéria tributária;
- Vícios próprios de actos de indeferimento de reclamações graciosas, recursos hierárquicos ou pedidos de revisão de acto tributário, por força do artigo 2º, nº 1, alínea *a)*, *a contrario*, do RJAT;
- Actos de liquidação, de autoliquidação, de retenção na fonte ou de pagamento por conta de taxas e de contribuições, por força de uma interpretação *a contrario* do corpo do artigo 2º da Portaria de Vinculação[34];

[34] Aqui discordando, frontalmente, da já mencionada jurisprudência isolada do tribunal arbitral tributário constituído no âmbito do processo nº 312/2015-T.

- Actos de liquidação, de autoliquidação, de retenção na fonte ou de pagamento por conta de impostos cuja administração não seja da competência da Autoridade Tributária e Aduaneira, designadamente os impostos administrados pela Região Autónoma da Madeira, por força do artigo 1º da Portaria de Vinculação.

71. Tramitação Procedimental e Processual

Descortinado o âmbito material da arbitragem tributária, ou seja, *grosso modo*, os actos arbitráveis, cabe agora analisar a tramitação do processo arbitral tributário.

Lembra Rui Duarte Morais que "*qualquer processo arbitral é marcado por um menor rigor formal comparativamente a um processo judicial*" e que "*[m]ais que o cumprimento de ritos, exige-se o integral cumprimento dos princípios processuais*"[35]. Não obstante, não se pode descurar o facto de o processo arbitral tributário *lato sensu*, incidir sobre matérias com inerente interesse público, implicando, por isso, um especial cuidado, por comparação, *e.g.*, à arbitragem em direito cível e comercial. A especial natureza do Direito Fiscal determinou, como vimos, a adopção de um regime de arbitragem tributária nos precisos moldes que hoje se exploram, mostrando necessária a consagração de medidas sem as quais, mesmo a nível formal, a arbitragem tributária não existiria.

A título de exemplo, e no que respeita ao procedimento arbitral tributário, a adopção de uma arbitragem institucionalizada no CAAD, determinou, desde logo, o seguimento de um procedimento de designação de árbitros mais restrito.

Ainda no procedimento, o facto de a arbitragem incidir sobre um acto tributário da Administração Tributária implicou, desde logo, que o legislador previsse um "*direito ao arrependimento*" da Administração Tributária, ou seja, a possibilidade de a Administração Tributária, olhando aos argumentos do sujeito passivo, manter ou não o acto sindicado.

Assim, os efeitos decorrentes da apresentação de um pedido de constituição de tribunal arbitral não são exactamente os mesmos que os decorrentes da apresentação de uma petição inicial de arbitragem cível ou comercial. De igual modo, e como não poderia deixar de ser, a própria constituição do tribunal arbitral, pós não exercício do "*direito ao arrependimento*" pela Administração Tributária, produz efeitos cuja previsão no seio do processo de impugnação judicial nem seria necessária.

[35] Rui Duarte Morais (2012), p. 391.

Tudo para dizer que, não obstante se estar perante um processo arbitral cuja liberdade formal é, sem dúvida, mais ampla que o equivalente judicial – a impugnação judicial – a natureza dos direitos substantivos em causa forçou a adopção de normas procedimentais e processuais mais restritas do que o que seria de esperar num processo arbitral puro de Direito Privado.

Feita esta breve nota compreendamos então, a tramitação do processo arbitral tributário *lato sensu*, não sem antes deixar clara uma distinção fundamental: procedimento arbitral tributário e processo arbitral tributário *stricto sensu*.

De facto, o processo arbitral tributário estabelecido no RJAT subdivide-se em duas fases, uma procedimental e uma processual. Naquela primeira fase, as partes terão em vista a constituição do tribunal arbitral. Só após este momento teremos então um verdadeiro órgão jurisdicional – o tribunal arbitral –, com competência para decidir sobre as matérias tributárias incluídas no artigo 2º do RJAT, com os limites impostos pela Portaria de Vinculação.

Deste modo, e como ponto de partida, fique-se com a ideia de que o processo arbitral tributário *lato sensu* se divide em:

(i) Procedimento arbitral, que se inicia com o recebimento do pedido de constituição de tribunal arbitral e compreende os actos praticados com vista à constituição do tribunal arbitral e que na prática serão: o procedimento de designação de árbitros (artigo 11º) e a revogação, ratificação, reforma ou conversão, pela Autoridade Tributária, do acto tributário cuja ilegalidade foi suscitada – o tal direito ao arrependimento –, de acordo com o artigo 13º, nº 1 do RJAT;

(ii) Processo arbitral *stricto sensu*, que compreende toda a tramitação subsequente à constituição do tribunal arbitral – momento ditado pelo artigo 15º do RJAT por referência ao nº 8 do artigo 11º do mesmo diploma –, tendo em vista a prolação da decisão arbitral, incluindo, designadamente, a resposta da Administração Tributária – artigo 17º, nº 1 do RJAT –, a eventual reunião do tribunal arbitral – artigo 18º do RJAT – e a decisão arbitral – artigos. 21º a 24º do RJAT.

71.1. Os prazos na arbitragem tributária

O artigo 3º-A do RJAT, sob a epígrafe *"Prazos"*, não constava da versão originária do RJAT, tendo sido introduzido pela Lei nº 66-B/2012, de 31 de Dezembro.

Até à sua introdução, e na ausência de norma expressa, a solução era a de direito subsidiário, ou seja, o recurso ao disposto no artigo 20º do CPPT, por via do artigo 29º, nº 1, alínea *a*) do RJAT. Assim, e porque no contencioso judicial tributário o modo de contagem dos prazos é também diferente consoante se esteja no âmbito do procedimento ou do processo tributário, esta distinção foi "importada" para a arbitragem tributária, em respeito pela própria sistemática do RJAT.

No entanto, a contagem dos prazos pela aplicação subsidiária das normas constantes do CPPT acabou por dar origem a alguns constrangimentos de ordem prática, designadamente por no procedimento arbitral estarem em causa prazos muito curtos. Determinou-se então a necessidade de uma intervenção legislativa.

Com efeito, a contagem de forma contínua dos prazos no procedimento arbitral, decorrente da aplicação do disposto no artigo 279º do CC – por via do nº 1 do artigo 20º do CPPT –, acabou por se revelar, com a experiência, se não impraticável, pelo menos de difícil aplicação. Para tal contribuíram (*i*) os reduzidos prazos previstos no Capítulo II do RJAT; (*ii*) o horário de expediente do CAAD que não englobava nem feriados nem fins-de-semana; e (*iii*) o facto de os árbitros em matéria tributária não o serem em exclusividade de funções.

Neste seguimento, a Lei nº 66-B/2012, de 31 de Dezembro, aditou um artigo 3º-A ao RJAT, consagrando regras de contagens de prazos das quais resultasse um aumento dos prazos previstos para a prática de determinados actos do procedimento arbitral, sem contudo alterar os inúmeros artigos onde aqueles vinham estabelecidos.

Assim, actualmente, os prazos na arbitragem em matéria tributária contam-se do seguinte modo:

(i) Para a prática de actos do *procedimento arbitral*, incluídos no Capítulo II do RJAT, seguem-se as normas de contagem de prazos previstas no CPA, designadamente, no artigo 87º. Quer isto dizer que para a contagem dos prazos no procedimento arbitral não se inclui o dia em que ocorre o evento – o chamado "dia zero" – a partir do qual começa a correr o prazo, suspendendo-se aos sábados, domingos e feriados e, caso termine em dia em que o CAAD não se encontre aberto ao público, ou não funcione durante o período normal, transfere-se para o primeiro dia útil seguinte[36];

[36] Recorde-se que os prazos no procedimento tributário contam-se nos termos do 279º do CC, por força dos artigos 57º, nº 3 da LGT e 20º, nº 1 do CPPT. Assim, contam-se de forma contínua, incluindo sábados, domingos e feriados e não se suspendendo nas férias judiciais. No entanto, se o prazo terminar a um sábado, domingo ou feriado, transfere-se para o dia útil seguinte. O dia da notificação nunca se conta, sendo considerado o "dia zero". Já os prazos no processo tributário contam-se nos termos do CPC, sendo contínuos, contando-se sábados, domingos e feriados, mas suspendendo-se nas férias judiciais. No entanto, no âmbito dos processos urgentes, tal como o

(ii) Já quanto à contagem dos prazos na pendência do processo arbitral, aqueles previstos no Capítulo III do RJAT, continuam a seguir-se as normas previstas nos artigos 138º do CPC, desta feita por remissão directa do nº 2 do artigo 3º-A do RJAT. Assim, tal como ocorre no contencioso judicial tributário, os prazos para a prática de actos após a constituição do tribunal arbitral são contínuos suspendendo-se apenas durante as férias judiciais, e quando o prazo terminar em dia em que os tribunais se encontrem encerrados, transfere-se o seu termo para o primeiro dia útil seguinte.

No que respeita ao prazo para pedir a constituição do tribunal arbitral, mantêm-se válidos os argumentos que levaram a que o legislador previsse, no artigo 20º, nº 1, do CPPT, que a contagem do prazo para entrega da petição inicial de impugnação judicial seguisse o disposto no artigo 279º do CC. No entanto, a substantividade do prazo não deverá levar à conclusão de que são aplicáveis as normas constantes do CPA, e não as do CC. Tal conclusão levaria a que, pela suspensão aos sábados, domingos e feriados, o contribuinte tivesse bem mais do que os 90 (noventa) ou 30 (trinta) dias previstos no artigo 10º do RJAT para recorrer à arbitragem[37], ao que julgamos porque o nº 1 do artigo 3º-A do RJAT não foi pensado para abranger o prazo para entrega do pedido de constituição do tribunal arbitral, a contagem daquele prazo segue ainda as normas constantes do artigo 279º do CC, nos exactos termos previstos para a contagem do prazo de entrega da petição inicial de impugnação judicial, o que significa que se contam de forma contínua, incluindo sábados, domingos e feriados e não se suspendendo nas férias judiciais. No entanto, se o prazo terminar a um sábado, domingo ou feriado, transfere-se para o dia útil seguinte. O dia da notificação nunca se conta, sendo considerado o "dia zero". Para além disso, o STA tem vindo a entender uniformemente que quando este prazo terminar em férias judiciais este se transfere para o primeiro dia útil seguinte ao termo destas, independentemente do impugnante ter apresen-

recurso judicial da decisão de derrogação de sigilo bancário nos termos do artigo 146º-B do CPPT, não há lugar a esta suspensão nos termos do artigo 138º do CPC. O dia da notificação também não conta, sendo considerado como o "dia zero". Assim, a diferença entre o modo de contagem dos prazos no CC, no CPC e no CPA reflecte-se na sua suspensão. Enquanto os prazos do procedimento tributário, nos termos do CC, não se suspendem sábados, domingos e feriados, nem durante as férias judiciais, já os prazos do processo judicial e arbitral tributário, nos termos do CPC, pese embora não se suspendam sábados domingos e feriados, suspendem-se durante as férias judiciais, excepto no caso dos processos (judiciais) urgentes. Por fim, os prazos no procedimental arbitral, nos termos do CPA, suspendem-se sábados, domingos e feriados, mas não durante as férias judiciais.

[37] Sobre esta questão veja-se a anotação ao artigo 3º-A em Carla Castelo Trindade (2016) 167-170.

tado a petição inicial no tribunal tributário competente ou no serviço periférico local, estando tal possibilidade prevista no artigo 103º, nº 1 do CPPT.

71.2. Pedido de constituição do Tribunal Arbitral

A arbitragem tributária foi gizada de modo a constituir um direito potestativo dos contribuintes. Nesse sentido, e à semelhança do que sucede com a impugnação judicial, o desencadeamento do processo arbitral em sentido amplo, está dependente de um "impulso" do interessado. Este impulso processual corresponde, precisamente, ao pedido de constituição de tribunal arbitral, efectuado por meio de requerimento enviado electronicamente ao presidente do CAAD – através do *site* do CAAD em http://www.caad.org.pt/ – qual devem constar todos os elementos referidos nas alíneas *a*) a *g*) do nº 2 do artigo 10º do RJAT, a saber:

- A identificação do sujeito passivo, incluindo o número de identificação fiscal, e do serviço periférico local do seu domicílio ou sede ou, no caso de coligação de sujeitos passivos, do serviço periférico local do domicílio ou sede do sujeito identificado em primeiro lugar no pedido;
- A identificação do acto ou actos tributários objecto do pedido de pronúncia arbitral[38];
- A identificação do pedido de pronúncia arbitral, constituindo fundamentos deste pedido os previstos no artigo 99º do CPPT e, bem assim, a exposição das questões de facto e de direito objecto do referido pedido de pronúncia arbitral;
- Os elementos de prova dos factos indicados e a indicação dos meios de prova a produzir;
- A indicação do valor da utilidade económica do pedido;
- O comprovativo do pagamento da taxa de arbitragem inicial, nos casos em que o sujeito passivo não tenha optado por designar árbitro ou comprovativo do pagamento da taxa de arbitragem, caso o sujeito passivo manifeste a intenção de designar o árbitro;
- A intenção de designar árbitro nos termos da alínea *b*) do nº 2 do artigo 6º[39].

[38] Reveja-se a este respeito quais os actos que podem ser objecto de pronúncia arbitral acima no ponto 70.

[39] Mais do que a intenção de designar árbitro, o sujeito passivo deverá efectivamente indicá-lo no pedido de constituição do tribunal arbitral, ao abrigo do disposto no artigo 11º, nº 2, do RJAT. A redacção desta alínea *g*) do nº 2 do artigo 10º remonta à versão original do RJAT, nos termos da qual o sujeito passivo apenas indicava a intenção de designar árbitro, cabendo à Administração Tributária a designação do "seu" ´árbitro em primeiro lugar. Só após essa designação caberia ao

A alínea *c*) do nº 2 do artigo 10º inclui o *pedido de pronúncia arbitral* como um dos elementos a constar do *pedido de constituição do tribunal arbitral*. Compreenda-se, então, a diferença entre ambos.

Ora, sendo o *pedido de constituição de tribunal arbitral* um requerimento electrónico preenchido na plataforma *on-line* disponibilizada pelo CAAD para o efeito, o *pedido de pronúncia arbitral* é, materialmente, a petição inicial da arbitragem tributária.

Assim, e tal como exigido pela alínea *c*) do nº 2 do artigo 10º do RJAT, o *pedido de pronúncia arbitral* deverá conter, sob pena de ineptidão, os fundamentos do pedido e, bem assim, a exposição das razões de facto e de direito objecto do mesmo.

Os fundamentos do pedido de pronúncia arbitral poderão ser os taxativamente elencados no artigo 99º do CPPT[40], ou seja:

- Qualquer ilegalidade, designadamente a errónea qualificação e quantificação dos rendimentos, lucros, valores patrimoniais e outros factos tributários;
- A incompetência;
- Ausência ou vício da fundamentação legalmente exigida; e
- Preterição de outras formalidades legais.

O valor da utilidade económica do pedido, por seu turno, segue regras diferentes consoante o sujeito passivo pretenda a discussão da (i)legalidade de actos referidos na alínea *a*) do nº 1 do artigo 2º, ou de actos a que respeita a alínea *b*) daquele preceito. De facto, nos termos do artigo 3º do *Regulamento de Custas*, o valor da causa é determinado por referência às normas constantes do artigo 97º-A do CPPT[41], excepto nos casos previstos na alínea *b*) do nº 1 do artigo 2º do RJAT.

sujeito passivo designar então o "seu" árbitro. Actualmente, com as alterações de que foi objecto o artigo 11º do RJAT, sob a epígrafe "Procedimento de designação de árbitros", a primeiro árbitro é designado pelo sujeito passivo, logo no pedido de constituição de tribunal arbitral, pelo que o artigo 10º, nº 2, alínea *g*) deverá ser lido conjuntamente com o artigo 11º.
Assim, o sujeito passivo deverá logo no pedido de constituição de tribunal arbitral deixar claro se opta pela constituição de um *tribunal arbitral especial*, ou se, pelo contrário, opta por um *tribunal arbitral comum*, pagando a taxa de arbitragem ou taxa de arbitragem inicial, respectivamente, tal como refere a alínea *f*) do nº 2 do artigo 10º.

[40] Por razões de economia, veja-se o que ficou escrito no ponto 60.4.1.3 a respeito dos fundamentos de impugnação.

[41] "*Artigo 97º-A*
1 – Os valores atendíveis, para efeitos de custas ou outros previstos na lei, para as acções que decorram nos tribunais tributários, são os seguintes:

Pelo exposto, quando o acto cuja (i)legalidade se pretende discutir é um acto de liquidação, de autoliquidação, de retenção na fonte ou de pagamento por conta, o valor da utilidade económica do pedido é o valor da importância cuja anulação se pretende (artigo 97º-A, nº 1, alínea *a*), do CPPT *ex vi* artigo 3º, nº 2, do *Regulamento de Custas*). Já se o acto cuja (i)legalidade se pretende ver arbitralmente apreciada for um acto de fixação de valores patrimoniais ou de determinação da matéria colectável ou tributável, o valor da utilidade económica do pedido será o valor da liquidação a que o sujeito passivo pretende obstar (artigo 3º, nº 3 do Regulamento de Custas).

A indicação do valor da utilidade económica do pedido será importante, no processo arbitral, para dois aspectos. Um primeiro, para aferir a competência do tribunal arbitral, isto é, para no caso de o sujeito passivo optar por não designar árbitro, constituindo-se assim um "tribunal arbitral comum", se aferir da necessidade de constituição de um tribunal arbitral singular ou colectivo. Um segundo, para aferir o valor da taxa de arbitragem a liquidar, nos termos das tabelas do Regulamento de Custas e que dele fazem parte integrante[42].

a) Quando seja impugnada a liquidação, o da importância cuja anulação se pretende;
b) Quando se impugne o acto de fixação da matéria colectável, o valor contestado;
c) Quando se impugne o acto de fixação dos valores patrimoniais, o valor contestado;
d) No recurso contencioso do indeferimento total ou parcial ou da revogação de isenções ou outros benefícios fiscais, o do valor da isenção ou benefício.
e) No contencioso associado à execução fiscal, o valor correspondente ao montante da dívida exequenda ou da parte restante, quando haja anulação parcial, exceto nos casos de compensação, penhora ou venda de bens ou direitos, em que corresponde ao valor dos mesmos, se inferior. (Redação da lei nº 66-B/2012, de 31 de dezembro)
2 – Nos casos não previstos nos números anteriores, o valor é fixado pelo juiz, tendo em conta a complexidade do processo e a condição económica do impugnante, tendo como limite máximo o valor da alçada da 1ª instância dos tribunais judiciais.
3 – Quando haja apensação de impugnações ou execuções, o valor é o correspondente à soma dos pedidos."

[42] A circunstância de o sujeito passivo indicar o valor da utilidade económica do pedido logo no pedido de constituição de tribunal arbitral, e, bem assim, o facto de ser esse valor a definir (i) a composição singular ou colectiva do tribunal arbitral; (ii) o valor da taxa de arbitragem ou taxa de arbitragem inicial a liquidar, poderá fazer surgir, na prática, questões de difícil resolução. Com efeito, ocorrendo na pendência do processo alguma alteração ao valor da utilidade económica do pedido, essa alteração repercutir-se-á, necessariamente, ao nível da competência dos tribunais arbitrais comuns – podendo determinar que um tribunal arbitral singular que era *a priori* competente deixe de o ser, e vice-versa – e ao nível das custas – na medida em que o sujeito passivo pagou uma taxa de arbitragem ou taxa de arbitragem inicial que, a final, poderá não corresponder ao valor efectivamente devido. As situações que poderão dar azo a alterações no valor da utilidade económica do pedido são, em rigor, três: (i) alteração objectiva sucessiva da instância – incluindo-se aqui os casos de redução e de ampliação do objecto; (ii) cumulação inicial em que um dos pedidos é genérico; e (iii) erros na determinação e/ou indicação do valor da utilidade económica do pedido. Esta matéria encontra-se amplamente explorada em Carla Castelo Trindade (2016), p. 275-288, pelo que, não deixando de fazer a nota, para lá se remete o seu desenvolvimento.

No que respeita à legitimidade para requerer, e na medida em que a arbitragem é um meio alternativo à impugnação judicial, esta corresponderá àquela prevista no artigo 9º do CPPT, *ex vi* artigo 29º, nº 1, alínea *a*) do RJAT[43]. Deste modo, terão legitimidade para requerer a constituição de tribunal arbitral o contribuinte, o sujeito passivo, o substituto ou o responsável tributário. Poderão ainda existir casos de legitimidade plural, coligação e/ou litisconsórcio, nos precisos termos em que são admissíveis – ou, no caso de litisconsórcio necessário, exigíveis – no âmbito do processo de impugnação judicial, ressalvando-se, claro está, as regras de competência material definidas no RJAT e na Portaria de Vinculação.

Na apresentação do pedido de constituição de tribunal arbitral, o sujeito passivo poderá, ou não, fazer-se representar por mandatário judicial. A obrigatoriedade ou não de constituição de mandatário judicial, ou seja, o patrocínio judiciário, segue, por aplicação subsidiária, o disposto no artigo 6º do CPPT. Por conseguinte, identicamente ao que vem previsto para a impugnação judicial, haverá obrigatoriedade de constituição de advogado nos processos cujo valor ultrapasse o dobro da alçada dos tribunais tributários de primeira instância, ou seja € 10.000,00[44].

A grande diferença no que respeita ao patrocínio judiciário em sede arbitral, por comparação à impugnação judicial, tem que ver com a sanação da não constituição de mandatário judicial quando este era obrigatório, ou seja, quando a sua não constituição consubstancia uma excepção dilatória. Com efeito, no processo judicial tributário, a norma aplicável é a do artigo 41º do CPC, o que significa que o convite ao aperfeiçoamento é da competência do tribunal. Compreenda-se, porém, que aquela norma do CPC foi pensada para os processos judiciais onde existe, na maioria dos casos, uma fase de saneamento e instrução prévia ao julgamento. Deste modo, e adaptando-se a regra à realidade arbitral, a prática na arbitragem tem ido no sentido de, logo aquando do recebimento do pedido de constituição de tribunal arbitral, notificar oficiosamente a parte em falta para constituir advogado dentro de prazo certo, tratando-se, assim, de um acto a praticar pela secretaria. Saliente-se, contudo, que a não constituição de mandatário judicial pelo sujeito passivo antes da constituição do tribunal arbitral não poderá determinar – como sucede no

[43] Veja-se o que se deixou escrito a este propósito no ponto 4 relativamente aos sujeitos do procedimento tributário e no capítulo IX relativo às partes do processo judicial tributário.

[44] A propósito da obrigatoriedade de constituição de mandatário judicial, veja-se o que se deixou escrito no ponto 57.1 relativamente à legitimidade dos sujeitos passivos para intervirem no processo judicial tributário.

processo civil – a absolvição da instância. Tudo porque, em rigor, não existe ainda um tribunal arbitral constituído com competência para declarar a absolvição da instância[45].

71.2.1. Prazos

Como se sabe, o artigo 102º do CPPT fixa o prazo para apresentação da petição inicial de impugnação judicial. Ora, o nº 1 do artigo 10º do RJAT é o seu correspondente para a arbitragem tributária, ali se fixando os prazos para apresentação do pedido de constituição do tribunal arbitral.

Assim, a alínea *a*) do nº 1 do artigo 10º do RJAT dispõe, em matéria de prazos, que o pedido de constituição do tribunal arbitral deve ser apresentado, sob pena de caducidade:

- No prazo de 90 (noventa) dias a contar dos *factos previstos nos nºs 1 e 2 do artigo 102º do CPPT*;
- No prazo de 90 (noventa) dias a contar da *notificação da decisão expressa do recurso hierárquico*;
- No prazo de 90 (noventa) dias a contar do *termo do prazo legal de decisão de recurso hierárquico.*

Note-se, porém, que a alínea *a*) do nº 1 do artigo 10º do RJAT será aplicável apenas aos casos em que o pedido de pronúncia arbitral tenha como objecto as situações previstas no artigo 2º, nº 1, alínea *a*), do RJAT, ou seja, a apreciação pelos tribunais arbitrais de actos de liquidação, de autoliquidação, de retenção na fonte ou de pagamento por conta. A remissão operada para o artigo 102º do CPPT é apenas, insista-se nesta ideia, para os factos dele constantes, pretendendo estabelecer o *dies ad quo* do prazo para apresentação do pedido e que será, em regra, igual na impugnação judicial e na arbitragem – ainda que, como se verá, o prazo propriamente dito possa ser diferente.

Os factos constantes do artigo 102º, nºs 1 e 2, do CPPT, foram já objecto de estudo, a propósito da reclamação graciosa e da impugnação judicial, nos pontos 44 e 60 respectivamente, pelo que o presente ponto limitar-se-á a realçar as particularidades da sua aplicação à arbitragem tributária.

Uma nota prévia apenas para notar que, curiosamente, a revogação do nº 2 do artigo 102º do CPPT, operada pela Lei nº 82-E/2014, de 31 de Dezembro, ao contrário do que sucedeu quanto à impugnação judicial, não veio afectar o prazo estabelecido no âmbito da arbitragem tributária. Com efeito, o

[45] Para maiores desenvolvimentos nesta matéria veja-se Carla Castelo Trindade (2016), p. 267-268.

nº 2 do artigo 102º do CPPT previa um prazo de 15 (quinze) dias para impugnar judicialmente quando se estivesse perante um acto de indeferimento expresso de reclamação graciosa, opondo-se, assim, ao prazo de 3 (três) meses previsto nos restantes casos, designadamente, quando se estivesse perante um indeferimento tácito daquele meio gracioso. Refira-se, porém, que o prazo para requerer a constituição do tribunal arbitral perante o indeferimento expresso de reclamação graciosa era já de 90 (noventa) dias. Tudo porque, em rigor, a remissão da alínea *a*) do nº 1 do artigo 10º do RJAT é apenas para os *factos* constantes daquele preceito do CPPT, e não para os *prazos* ali previstos. Este era, portanto, um daqueles casos em que a arbitragem se tornava um meio mais apelativo, pelo facto de o prazo para requerer a constituição do tribunal arbitral ser maior – 90 (noventa) dias *vs* 15 (quinze) dias. Hoje os prazos são equivalentes – 90 (noventa) dias e 3 (três) meses – tendo o legislador aproximado a impugnação judicial da arbitragem tributária, indo ao encontro daquele que era já entendimento unânime na doutrina[46].

Para a sindicância dos actos previstos no artigo 2º, nº 1, alínea *b*) do RJAT, o artigo 10º, nº 1, alínea *b*) do mesmo diploma dispõe que o pedido de constituição do tribunal arbitral deve ser apresentado no prazo de 30 (trinta) dias, contados a partir da notificação daqueles[47]. Assim, o prazo para apresentação do pedido de constituição de tribunal arbitral para apreciação da (i)legalidade de actos de fixação de valores patrimoniais, e actos de fixação da matéria tributável e da matéria colectável, ambos sem recursos a métodos indirectos – aqueles previstos no artigo 2º, nº 1, alínea *b*) do RJAT, com as excepções impostas pela alínea *b*) do artigo 2º da Portaria de Vinculação – é mais curto que o previsto para os comuns actos de liquidação, de autoliquidação, de retenção na fonte ou de pagamento por conta.

Poderíamos dizer, à primeira vista, que o diferente tratamento, a nível de prazos, se justifica por se estar agora numa zona em que a arbitrabilidade vai além da impugnabilidade, na medida em que, como se viu a propósito da competência, os actos a que se refere o artigo 2º, nº 1, alínea *b*), do RJAT não são, por regra, impugnáveis[48].

[46] A este respeito, veja-se o que se deixou escrito no ponto 60, bem assim, em CARLA CASTELO TRINDADE (2016), p. 243.

[47] Note-se que a referência à alínea *c*) do nº 1 do artigo 2º perde o seu sentido pela revogação operada pelo artigo 161º da Lei nº 64-B/2011, de 30 de Dezembro, a qual não foi, porém, acompanhada da actualização da redacção do nº 1 do artigo 10º.

[48] Excepção feita para os actos de fixação de valores patrimoniais que serão também impugnáveis quando se mostrem esgotados os meios graciosos previstos no procedimento de avaliação Cf. artigo 134º, nº 7 do CPPT.

No entanto, a intenção do legislador ao estabelecer um prazo mais reduzido para sindicância arbitral destes actos não foi, ao que se julga, o facto de a arbitrabilidade ser aqui mais ampla que a impugnabilidade. Com efeito, a fixação de um prazo mais reduzido do que os 90 (noventa) dias previstos na alínea *a*) justifica-se sim pelo facto de, inicialmente, o legislador ter previsto, no artigo 14º do RJAT – entretanto revogado – que os pedidos de constituição de tribunal arbitral apresentados com vista à obtenção de pronúncia sobre a (i)legalidade dos actos previstos nas alíneas *b*) e *c*) do nº 1 do artigo 2º, tivessem efeito suspensivo da liquidação das prestações tributárias correspondentes às questões sindicadas. Nesta medida, tratava-se então de um prazo lato o suficiente para assegurar que o sujeito passivo ponderasse o recurso à arbitragem, e cauteloso o suficiente para assegurar que, entre a notificação, por exemplo, do Relatório de Inspecção, e a decisão do sujeito passivo de recorrer à arbitragem, a Administração Tributária não praticasse o acto consequente, isto é, não emitisse a liquidação adicional[49].

Perante a revogação do artigo 14º operada pelo artigo 161º da Lei nº 64-B/2011, de 30 de Dezembro, o efeito suspensivo da liquidação que era assegurado pelo RJAT deixou de existir, o que significa que deixaram de haver razões para manter esta diferença tão substancial de prazos.

71.3. Composição dos tribunais arbitrais

Assim como os tribunais judiciais *lato sensu* podem constituir-se em singulares ou colectivos[50], o artigo 5º, nº 1, do RJAT prevê a constituição de tribunais arbitrais *singulares* ou *colectivos*.

Serão colectivos aqueles tribunais arbitrais em que o sujeito passivo opte por designar árbitro. Nestes casos, o tribunal arbitral funcionará com um colectivo de três árbitros, cabendo a cada parte a designação de um deles e, aos árbitros assim designados a designação do terceiro que exerce as funções de árbitro-presidente (artigo 5º, nº 3, alínea *b*) do RJAT).

Serão ainda colectivos os tribunais arbitrais em que, não obstante o sujeito passivo não exerça a faculdade de designar árbitro, o valor do pedido ultrapasse duas vezes o valor da alçada do TCA, ou seja, € 60.000,00[51]. Nestes

[49] Sobre a suspensão da liquidação relativamente às questões apreciadas em sede de arbitragem, veja-se o comentário ao já revogado artigo 14º do RJAT em Carla Castelo Trindade (2016), p. 355.

[50] Como vimos, em regra, os tribunais tributários de 1ª instância funcionam como juiz singular e, pelo contrário, a secção de contencioso tributário do STA pode julgar em pleno ou em formação de três juízes.

[51] O valor da alçada dos TCA (Sul e Norte) corresponde ao valor da alçada que se encontra estabelecida para a Relação, ou seja, € 30.000,00, conforme se retira da leitura conjugada do artigo

casos, porém, a designação dos três árbitros que compõem o tribunal cabe ao Conselho Deontológico do CAAD (artigo 5º, nº 3, alínea *a*) do RJAT).

Por seu turno, o tribunal arbitral será singular, funcionando com um único árbitro designado pelo Conselho Deontológico do CAAD, quando o sujeito passivo não exerça a faculdade de designar árbitro e o valor do pedido não ultrapasse duas vezes a alçada do TCA.

Do que ficou exposto, e sabendo-se já que ao sujeito passivo assiste a faculdade de designar árbitro, aquando da entrega do pedido de constituição do tribunal arbitral, defende-se a existência de dois "*tipos*" de tribunais arbitrais, aos quais se atribui a denominação de "*comum*" e "*especial*", e cujo âmbito de competência, efeitos de instauração do processo e efeitos de pronúncia arbitral são, na verdade, coincidentes.

Na terminologia adoptada, "*comuns*" serão os tribunais arbitrais constituídos sem a designação de árbitro pelo sujeito passivo, competindo essa designação ao Conselho Deontológico do CAAD. "*Especiais*" serão, por seu turno, aqueles em que o sujeito passivo opte por designar árbitro, permitindo que a Administração Tributária também use da mesma faculdade, e sendo o terceiro árbitro designado pelos primeiros dois.

Estes dois "*tipos*" de tribunais arbitrais, *comuns* e *especiais*, irão divergir, tão-somente, no procedimento de designação de árbitros que levará à sua constituição e, bem assim, no regime de pagamento de custas processuais, nos termos fixados pelo Regulamento de Custas aprovado pelo CAAD. Com efeito, no pedido de constituição de tribunal arbitral "*comum*", o sujeito passivo terá de pagar apenas uma taxa de arbitragem inicial, nos termos da primeira parte do artigo 10º, nº 2, alínea *f*) do RJAT, sendo que as custas serão suportadas na medida do decaimento. Pelo contrário, caso o sujeito passivo opte por designar árbitro, e assim constituir um tribunal arbitral "*especial*", pagará a taxa de arbitragem por inteiro, suportando as custas na totalidade[52].

Deste modo, o sujeito passivo, quando decide optar pelo processo arbitral tributário, enquanto meio jurisdicional alternativo ao processo de impugnação judicial, terá que, de seguida, fazer a opção de designar qual o "tipo" de tribunal que pretende ver constituído, se o *comum* se o *especial*. Neste último caso, sabe que não só irá suportar todas as custas do processo, independentemente de ganhar ou perder a causa, mas também que o valor da taxa de

6, nº 4, do ETAF e do artigo 44º da Lei de Organização do Sistema Judiciário (Lei nº 62/2013, de 26 de Agosto).

[52] Cf. artigo 5º, nº 2 do *Regulamento de Custas* do CAAD. Veja-se, a este propósito, a anotação ao artigo 12º em Carla Castelo Trindade (2016), p. 301-314.

arbitragem é substancialmente mais elevado que o valor das custas judiciais ou o valor da taxa de arbitragem a pagar, no caso de optar pela constituição do tribunal arbitral *comum*.

As regras relativas ao procedimento de designação dos árbitros que compõem o tribunal vêm definidas no artigo 11º do RJAT, preceito que terá de ser necessariamente conjugado quer com o recém-referido artigo 6º, a respeito da composição colectiva ou singular do tribunal arbitral; quer com o artigo 13º do RJAT, a respeito do "*direito ao arrependimento*" da Administração Tributária; quer, ainda, com o Regulamento de Selecção de Árbitros em Matéria Tributária no caso dos tribunais arbitrais comuns.

71.3.1. Designação de árbitros no tribunal comum

Nos tribunais arbitrais *comuns*, isto é, aqueles em que o sujeito passivo optou por não designar árbitro, o procedimento de designação do(s) árbitro(s) que compõe(m) o tribunal arbitral é deveras mais simplificado, sendo este(s) designado(s) de entre a lista de árbitros que compõem o CAAD, a qual se encontra sujeita ao normativo estabelecido no *Regulamento de Selecção de Árbitros em Matéria Tributária*.

Recorde-se, antes de mais, que os tribunais comuns, ao contrário dos especiais, poderão ser colectivos ou singulares. Serão singulares sempre que o valor do pedido não ultrapasse duas vezes o valor da alçada do TCA, ou seja, € 60.000,00, e serão colectivos nos restantes casos (artigos 5º e 6º do RJAT).

Sabendo-se já que, independentemente de se tratar da constituição de um tribunal singular ou colectivo, todos os árbitros serão designados pelo Conselho Deontológico do CAAD, a sequência cronológica será a que se segue:

(1) O sujeito passivo entrega ao CAAD, por via electrónica, o pedido de constituição do tribunal arbitral (artigo 10º do RJAT);
(2) O CAAD, após a recepção do pedido de constituição de tribunal arbitral – comum – dispõe de 2 (dois) dias para notificar a Administração Tributária do pedido de pronúncia arbitral (artigo 10º, nº 3, do RJAT);
(3) Notificada do pedido de pronúncia arbitral, a Administração Tributária terá 30 (trinta) dias para exercer o seu *direito ao arrependimento*, ou seja, para revogar, ratificar, reformar ou converter o acto tributário cuja ilegalidade foi suscitada pelo sujeito passivo;
(4) No decurso do prazo para o "*arrependimento*" da Administração Tributária, o CAAD designa o(s) árbitro(s) que irá compor o tribunal arbitral, assim dando tempo a que os próprios árbitros possam invocar os fundamentos de impedimentos ou recusas que possam eventualmente existir;

(5) Decorrido o prazo de 30 (trinta) dias para que a Administração Tributária revogue, ratifique, reforme ou converta o acto, sem que esta tenha dado uso ao seu "*direito ao arrependimento*", o CAAD notifica as partes da designação do(s) árbitro(s);
(6) Por fim, o CAAD notifica as partes da constituição do tribunal arbitral se à notificação da designação do(s) árbitro(s) as partes não se tiverem oposto no prazo de 10 (dez) dias (artigo 11º, nº 1, alínea *c*) conjugado com o artigo 13º, nº 1, *in fine*).

À sequência cronológica exposta importa fazer duas notas.

Uma para referir que após a notificação às partes do(s) árbitro(s) designado(s) pelo Conselho Deontológico do CAAD, estas poderão opor-se àquela designação, nos termos do artigo 8º do RJAT e, bem assim, do *Código Deontológico* do CAAD, invocando os fundamentos para impedimento, rejeição ou afastamento que poderão eventualmente existir, por meio de requerimento dirigido ao Conselho Deontológico.

Uma segunda para concluir que a regra é a aceitação tácita da designação do(s) árbitro(s) já que caso "*a tal designação as partes não se opuserem*" no prazo de 10 (dez) dias, o Conselho Deontológico comunicará a constituição do tribunal arbitral, considerando-se então iniciado o processo arbitral tributário em sentido estrito.

Sobre o "*direito ao arrependimento*" da Administração Tributária, veja-se o disposto no início do ponto 71.4 relativo à manutenção ou revogação do acto tributário.

71.3.2. Designação de árbitros no tribunal especial

Conforme se referiu acima, sempre que o sujeito passivo opte por designar árbitro, o tribunal arbitral seguirá uma composição colectiva (artigo 5º, nº 3, alínea *b*) do RJAT), sendo os árbitros designados pelas partes e cabendo a designação do terceiro árbitro, que exercerá as funções de árbitro-presidente, aos árbitros designados ou, na falta de acordo, ao Conselho Deontológico do CAAD (artigo 6º, nº 2, alínea *b*) do RJAT). Aos tribunais assim constituídos atribuiu-se então a designação de *tribunais arbitrais especiais*.

Ora, os nºs 2 a 7 do artigo 11º do RJAT tratam então da fixação das regras relativas à designação dos árbitros no caso de se estar perante um tribunal arbitral especial.

Viu-se já, a respeito dos elementos constantes do pedido de constituição de tribunal arbitral a submeter electronicamente pelo sujeito passivo, substituto ou responsável tributário, que nos termos do artigo 10º, nº 2, alínea *g*) do

RJAT, quando o sujeito passivo tenha intenção de designar árbitro, indica-o logo naquele requerimento electrónico, ideia que se repete no nº 2 do artigo 11º do RJAT. Optando o sujeito passivo por designar árbitro, o procedimento de constituição do tribunal arbitral seguirá os seguintes trâmites:

(1) O CAAD notifica a Administração Tributária, no prazo de 2 (dois) dias, do pedido de constituição do tribunal arbitral, que contém a designação do árbitro "*do*" sujeito passivo (artigo 10º, nº 3 do RJAT);
(2) A Administração Tributária dispõe de 30 (trinta) dias, a contar da recepção do pedido, para (*i*) decidir se altera ou mantém a situação jurídica do sujeito passivo, isto é, se irá revogar, ratificar, reformar ou converter o acto tributário cuja ilegalidade foi suscitada (artigo 13º, nº 1 do RJAT); e (*ii*) notificar o presidente do CAAD da indicação efectuada pelo dirigente máximo do serviço do "*seu*" árbitro (artigo 11º, nº 3 do RJAT);
(3) Se no prazo de 30 (trinta) dias a Administração Tributária não se pronunciar, e por conseguinte não exercer o seu "*direito ao arrependimento*", e não designar árbitro, o Conselho Deontológico dispõe de 5 (cinco) dias para, em substituição daquela designar o árbitro que irá compor o tribunal arbitral (artigo 11º, nº 4 do RJAT)[53], e outros 5 (cinco) dias para notificar o sujeito passivo dessa designação (artigo 11º, nº 5 do RJAT);

[53] Considera-se justificada a substituição do Conselho Deontológico do CAAD ao dirigente máximo do serviço na designação do árbitro "*da*" parte na medida em que o legislador não poderia permitir que a inércia da Administração Tributária obstasse à constituição do tribunal arbitral. Com efeito, caso não tivesse sido pensado um qualquer mecanismo de substituição, poder-se-ia chegar à situação em que, no limite, caberia à Administração Tributária a aceitação ou não da opção exercida pelo sujeito passivo de recorrer à jurisdição arbitral. Tudo porque, se sem a designação do "*seu*" árbitro não houvesse tribunal arbitral, a Administração Tributária afastaria a arbitragem com um mero "*veto de gaveta*". Ora, sendo a opção pela via arbitral um verdadeiro direito potestativo do sujeito passivo, o legislador, com cautela entendível, previu que coubesse ao Conselho Deontológico substituir-se à Administração Tributária na designação do "*seu*" árbitro quando esta não o faça no prazo de 30 (trinta) dias a contar da notificação do pedido de constituição do tribunal arbitral.
Julga-se, porém, que nestes casos o Conselho Deontológico não estará obrigado a reger-se pelas normas de designação de árbitros presentes no *Regulamento de Selecção de Árbitros em Matéria Tributária* do CAAD, como se de um tribunal arbitral comum se tratasse. Dito de outro modo, sempre que o Conselho Deontológico se substitua à Administração Tributária na designação do "*seu*" árbitro, as regras aplicáveis à designação pelo dirigente máximo do serviço serão também aplicáveis, designadamente, a norma constante do nº 3 do artigo 6º do RJAT, nos termos da qual o árbitro a designar poderá não constar da lista de árbitros que compõem o CAAD. A este respeito veja-se Carla Castelo Trindade (2016), p. 294-296.

(4) Se, pelo contrário, a Administração Tributária não exercer o seu *direito ao arrependimento*, e notificar o CAAD do "*seu*" árbitro, designado pelo dirigente máximo do serviço, o CAAD notificará o sujeito passivo dessa designação no prazo de 5 (cinco) dias (artigo 11º, nº 5 do RJAT);
(5) O CAAD notificará ainda os dois árbitros designados pelas partes – ou pelo sujeito passivo e pelo Conselho Deontológico no caso de incumprimento pela Administração Tributária – para, no prazo de 10 (dez) dias, designarem o terceiro árbitro, que exercerá as funções de árbitro-presidente (artigo 11º, nº 6 do RJAT);
(6) Designado o terceiro árbitro, o presidente do CAAD informa as partes dessa designação e notifica-as da constituição do tribunal arbitral se, no prazo de 10 (dez) dias, as partes não se opuserem àquela designação (artigo 11º, nº 7 do RJAT).

Sobre o procedimento de constituição de tribunal arbitral acima referido fica por referir uma situação relacionada com aqueles casos em que, na designação do terceiro árbitro, os árbitros "*das*" partes não cheguem a acordo. Nestes casos, ao abrigo do artigo 6º, nº 2, alínea *b*) *in fine* do RJAT, a designação do terceiro árbitro, que exercerá as funções de árbitro-presidente caberá ao Conselho Deontológico do CAAD, podendo designar árbitro que não conste da lista de árbitros que compõem o CAAD, por aplicação da norma constante do nº 3 daquele artigo 6º. O prazo ao dispor do Conselho Deontológico para proceder à nomeação do terceiro árbitro será, em nossa opinião, um prazo de 5 (cinco) dias, por aplicação analógica da regra prevista no nº 4 do artigo 11º do mesmo diploma.

Uma última nota para referir que a Lei nº 66-B/2012, de 31 de Dezembro, alterou substancialmente o procedimento de designação de árbitros em matéria tributária, maioritariamente por razões de ordem prática e em prol do princípio da economia processual. Uma dessas alterações foi precisamente o momento da escolha do árbitro pelo sujeito passivo.

Com efeito, a versão originária do RJAT previa que cabia ao dirigente máximo do serviço a escolha do árbitro "*da*" Administração Tributária em primeiro lugar. Assim, no requerimento inicial, isto é, no pedido de constituição de tribunal arbitral, o sujeito passivo manifestava apenas a *intenção* de designar árbitro, sem chegar efectivamente a designá-lo. Administração Tributária era notificada do pedido, designava árbitro, e só depois era o sujeito passivo notificado para designar o "*seu*" árbitro. Hoje, como se pode ver, as posições inverteram-se, o que só se compreende pela eliminação de um acto procedimental e, consequentemente, pela diminuição do prazo entre a entrega do pedido de constituição do tribunal arbitral e a sua efectiva constituição.

71.4. Manutenção ou revogação do acto tributário

O nº 1 do artigo 13º do RJAT permite que, após a apresentação do pedido de constituição de tribunal arbitral, o dirigente máximo do serviço da Administração Tributária possa, no prazo de 30 (trinta) dias a contar do conhecimento daquele pedido, proceder à revogação, ratificação, reforma ou conversão do acto tributário cuja ilegalidade foi suscitada praticando, quando necessário, o acto tributário substitutivo.

A esta faculdade da Administração Tributária de revogar, ratificar, reformar ou converter o acto tributário objecto do pedido de pronúncia arbitral, denominou-se, singelamente, de "*direito ao arrependimento*" da Administração Tributária.

Exercendo ou não o seu "*direito ao arrependimento*", a Administração Tributária deverá notificar o presidente do CAAD da sua decisão. Não obstante, é de referir que este dever de notificação da Administração Tributária, no prazo de 30 (trinta) dias, não implica uma total paralisação do procedimento. Tudo porque, em rigor, se a Administração Tributária nada disser dentro dos 30 (trinta) dias previstos no nº 1 do artigo 13º do RJAT, admite-se tacitamente que o acto tributário que o sujeito passivo pretende ver discutido em sede arbitral se mantém, ou seja, que a Administração não revogou, ratificou, reformou ou converteu o acto.

Nos casos em que a Administração Tributária exerça o seu "*direito ao arrependimento*", o acto sindicado será, total ou parcialmente, alterado ou substituído por outro. Nestes casos, o sujeito passivo deverá ser notificado para, no prazo de 10 (dez) dias, se pronunciar se quer ou não prosseguir com o procedimento arbitral. O silêncio do sujeito passivo vale como manifestação de interesse no prosseguimento do processo arbitral, seguindo-se a restante tramitação do procedimento de designação de árbitros indicada no artigo 11º do RJAT e acima descrita. Deste modo, ou (*i*) o sujeito passivo declara expressamente não pretender prosseguir com o processo arbitral; ou (*ii*) o sujeito passivo declara pretender prosseguir com o processo arbitral ou, surtindo o mesmo efeito, nada diz.

No primeiro caso, o procedimento arbitral considerar-se-á extinto, sendo, porém, devidas as respectivas custas arbitrais, de acordo com o disposto no artigo 3º-A do *Regulamento de Custas* do CAAD)[54].

[54] Nos termos do artigo 3º-A do *Regulamento de Custas* do CAAD, quando o procedimento arbitral termine por algum motivo antes de ser constituído o tribunal, o sujeito passivo é reembolsado da

No segundo caso, em especial quando o sujeito passivo declare expressamente que pretende prosseguir com o procedimento arbitral, esta declaração deverá conter os elementos de facto e de direito que julgue convenientes à adaptação do requerimento do pedido de constituição de tribunal arbitral – aqueles já entregues nos termos do artigo 10º do RJAT – ao novo acto tributário que vai estar em discussão. Certo é que, independentemente de se tratar de uma declaração tácita ou expressa, os eventuais vícios e irregularidades decorrentes do prosseguimento do processo, após, por exemplo, a revogação parcial do acto, deverão ser sanados, preferencialmente, no decorrer da reunião a que se refere o artigo 18º do RJAT[55].

O exercício ou não do "*direito ao arrependimento*" pela Administração Tributária origina então três tipos de efeitos para o futuro: (*i*) efeitos para a própria Administração Tributária, quando não goze daquele direito; (*ii*) efeitos para o sujeito passivo; e (*iii*) efeitos externos, isto é, para um eventual processo de execução fiscal que possa ter sido, entretanto, instaurado, designadamente quanto a prazos de caducidade e prescrição.

No que respeita aos efeitos para a Administração Tributária, quando esta opte por não exercer o seu "*direito ao arrependimento*", ao abrigo do nº 3 do artigo 13º do RJAT, a Administração Tributária fica impossibilitada de praticar novo acto tributário relativamente ao mesmo sujeito passivo ou obrigado tributário, imposto e período de tributação, a não ser com fundamento em factos novos. Assim, o legislador deixou claro que a Administração Tributária tem uma só oportunidade para definir a situação jurídico-tributária do contribuinte. Decorrido o prazo de 30 (trinta) dias previsto no nº 1 do artigo 13º do RJAT, o acto tributário cristaliza-se na ordem jurídica, não sendo alterável por iniciativa da Administração Tributária a menos que ocorram factos objectivamente supervenientes[56]. Deste modo, os efeitos para a Administra-

taxa de arbitragem paga. Ao montante a devolver ao sujeito passivo será, porém, deduzido um valor para efeitos de cobrança de encargos administrativos e de processamento.

[55] As irregularidades ou vícios poderão ainda ser sanados a qualquer momento até a prolação da sentença arbitral, por meio de despacho, ao abrigo do princípio da livre condução do processo (artigo 19º do RJAT). Evita-se, assim, que se volte ao início da tramitação processual constante dos artigos 10º e 11º, impedindo-se, por conseguinte, a repetição de actos procedimentais aproveitáveis, sempre em prol do princípio da economia processual.

[56] Com efeito, julga-se a este propósito que "*factos novos*" serão, necessariamente, factos objectivamente supervenientes, ou seja, factos que ocorreram temporalmente depois do evento a que se faz referência. Em sentido contrário, Jorge Lopes de Sousa (2013), p. 177, para quem a superveniência subjectiva dos "*factos novos*" é suficiente. Para maiores desenvolvimentos a este respeito veja-se Carla Castelo Trindade (2016), p. 341-346.

ção Tributária do não exercício do "*direito ao arrependimento*" são, por assim dizer, verdadeiros *efeitos preclusivos*.

Já quanto aos efeitos para o sujeito passivo: nos termos do nº 4 do artigo 13º do RJAT, a apresentação do pedido de constituição de tribunal arbitral preclude o direito de o sujeito passivo, com os mesmos fundamentos, reclamar, impugnar, requerer a revisão – incluindo a da matéria colectável –, ou a promoção da revisão oficiosa, ou suscitar nova pronúncia arbitral sobre os actos objecto desses pedidos, ou sobre os consequentes actos de liquidação. A regra do nº 4 do artigo 13º admite, porém, três excepções. Assim, o sujeito passivo poderá ainda recorrer a outro meio alternativo à arbitragem, seja ele judicial ou gracioso, para sindicar aquele mesmo acto tributário, nos três casos seguintes:

- Quando o sujeito passivo apresente impugnação judicial com *fundamentos diferentes*, tal como decorre do artigo 3º, nº 2, do RJAT. Crê-se, a este propósito, que o sujeito passivo poderá também, por maioria de razão, apresentar reclamar, recorrer ou requerer a revisão, incluindo a da matéria colectável ou a promoção da revisão oficiosa[57];
- Quando o *procedimento arbitral termine antes da constituição do tribunal arbitral*. Será o caso de a Administração Tributária fazer uso do seu "*direito ao arrependimento*" e o sujeito passivo declarar não pretender prosseguir com o procedimento arbitral. Será também o caso de o sujeito passivo desistir do pedido antes da notificação às partes da constituição do tribunal arbitral. Será ainda o caso de o sujeito passivo não liquidar a taxa de arbitragem ou a taxa de arbitragem inicial exigível, sendo a falta de pagamento causa impeditiva da constituição do tribunal arbitral;
- Quando o *processo arbitral termine sem uma pronúncia sobre o mérito da causa*. Nestes casos, ao contrário dos anteriores, o tribunal arbitral chegou a constituir-se, iniciando-se o processo arbitral que terminou, porém, com uma decisão de forma proferida pelo tribunal. Aqui, de duas uma: ou *(i)* o tribunal arbitral não conheceu do mérito por causa não imputável ao sujeito passivo ou *(ii)* o tribunal arbitral não conheceu do mérito por causa imputável ao sujeito passivo. No primeiro caso, a regra aplicável é a prevista no nº 3 do artigo 24º do RJAT[58].

[57] Veja-se a este propósito o que se deixou escrito em anotação ao artigo 3º, em CARLA CASTELO TRINDADE (2016), p. 149-160.

[58] As excepções elencadas em *(a)* e *(b)* vêm previstas no próprio nº 4 do artigo 13º do RJAT, tratando-se de casos que consubstanciam, na verdade, situações em que o sujeito passivo pretende utilizar

Por fim, prevêem-se ainda efeitos externos, ou seja, efeitos para um eventual processo de execução fiscal que possa ter sido entretanto instaurado, designadamente quanto a prazos de caducidade e prescrição. Assim, o nº 5 do artigo 13º do RJAT estabelece que, salvo quando a lei dispuser de outro modo, são atribuídos à apresentação do pedido de constituição de tribunal arbitral os efeitos da apresentação de impugnação judicial, aos quais já nos referimos acima no ponto 60 deste manual.

71.5. Resposta da Administração Tributária

Como se viu, o tribunal arbitral constitui-se 10 (dez) dias após a notificação às partes da designação do(s) árbitro(s) que o compõe(m), sem que a tal designação as partes se tivessem oposto, de acordo com o artigo 11º, nº 1, alínea *c*) e nº 7 do RJAT. Dessa constituição são as partes notificadas e, bem assim, o próprio tribunal arbitral então constituído.

O tribunal arbitral notifica então a Administração Tributária para, querendo, apresentar a sua resposta, no prazo de 30 (trinta) dias, naquela que é uma decorrência clara do princípio do contraditório.

A apresentação de resposta pela Administração Tributária é, pois, o primeiro acto *processual* arbitral expressamente previsto no RJAT.

A "*resposta*" da Administração Tributária assemelha-se, assim, à contestação no processo de impugnação judicial. Deste modo, a Administração Tributária poderá defender-se por impugnação, de facto ou de direito, ou por excepção, peremptória ou dilatória. À resposta da Administração Tributária será ainda aplicável o disposto no nº 7 do artigo 110º do CPPT, *ex vi* artigo 29º, nº 1, alínea *a*), do RJAT, nos termos do qual "*o juiz aprecia livremente a falta de contestação especificada dos factos*", e, bem assim, o princípio da concentração da defesa consagrado no artigo 573º do CPC, devendo o dirigente máximo do serviço alegar, na sua resposta, todas as excepções, incidentes e meios de defesa de que disponha para obstar à procedência do pedido de pronúncia arbitral.

A lei não prevê, porém, qualquer cominação para a não apresentação de resposta pela Administração Tributária. Nos termos do nº 1 do artigo 19º do RJAT, "*a falta de (...) defesa não obstam ao prosseguimento do processo e à consequente*

um meio gracioso, judicial ou arbitral para ver apreciado um determinado acto tributário, com os mesmos fundamentos de (i)legalidade, posteriormente a ter pedido a constituição do tribunal arbitral, e tendo o procedimento ou o processo arbitral terminado por uma das razões acima elencadas. Deste modo, tratando-se dos mesmos sujeitos, de um mesmo pedido e de uma idêntica causa de pedir, em procedimento (administrativo) ou processo (arbitral ou judicial) posterior, está-se perante eventuais excepções de caso julgado. Para maiores desenvolvimentos sobre esta matéria veja-se a anotação ao artigo 13º, nº 4, do RJAT em CARLA CASTELO TRINDADE (2016), p. 341-346.

emissão da decisão arbitral, com base na prova produzida", norma que resulta, ao que se julga, do princípio da livre apreciação da prova e da autonomia do tribunal arbitral na condução do processo[59].

Na apresentação de resposta a Administração Tributária poderá, caso queira, solicitar a produção de prova adicional (artigo 17º, nº 1, *in fine*, do RJAT), remetendo ao tribunal arbitral cópia do processo administrativo, aplicando-se, na falta de remessa, o disposto no nº 5 do artigo 110º do CPPT[60]. O mesmo é dizer que os árbitros poderão a todo o tempo ordenar ao serviço periférico local a remessa da cópia do processo administrativo.

71.6. Reunião do tribunal arbitral

Apresentada a resposta da Administração Tributária – ou decorrido o seu prazo quando esta não o faça[61] – o tribunal arbitral promove uma reunião com as partes para:

- Definir a tramitação processual a adoptar em função das circunstâncias do caso e da complexidade do processo;
- Ouvir as partes quanto a eventuais excepções que seja necessário apreciar e decidir antes de conhecer do pedido; e
- Convidar as partes a corrigir as suas peças processuais, quando necessário.

Nessa mesma reunião será ainda comunicado às partes o prazo para apresentarem as suas alegações – orais ou escritas –, bem como a data para a decisão final.

[59] A solução encontrada pelo legislador arbitral segue de perto a solução adoptada no âmbito do processo judicial tributário e, bem assim, nas arbitragens em matéria cível, comercial e administrativa. Como se viu, dispõe o artigo 110º, nº 6, do CPPT que "*a falta de contestação não representa a confissão dos factos articulados pelo impugnante*" sendo que neste caso "*o juiz aprecia livremente a falta de contestação especificada dos factos*". Por seu turno, nos termos do artigo 35º, nº 2 da LAV, "*se o demandado não apresentar a sua contestação (...) o tribunal arbitral prossegue o processo arbitral, sem considerar esta omissão, em si mesma, como uma aceitação das alegações do demandante*". Já no contencioso administrativo, pese embora a falta de contestação especificada dos factos não implique a confissão dos mesmos, podendo o juiz apreciar livremente, tal como previsto no artigo 83º, nº 4 do CPTA, com a reforma de 2015 a falta absoluta de contestação importa a confissão dos factos articulados pelo autor.

[60] Por oposição ao estabelecido no artigo 110º, nº 4, do CPPT, onde se exige a remessa do original.

[61] A não apresentação de resposta pela Administração Tributária, seja deliberadamente, seja por inércia, não tem qualquer efeito cominativo no processo arbitral tributário. Com efeito, nos termos do artigo 19º, nº 1, do RJAT, "*a falta de (...) defesa não obstam ao prosseguimento do processo e à consequente emissão da decisão arbitral, com base na prova produzida*".

A flexibilidade da tramitação processual, definível, caso a caso, pelo tribunal arbitral é uma clara decorrência do princípio da "*autonomia do tribunal arbitral na condução do processo e na determinação das regras a observar com vista à obtenção, em prazo razoável de uma pronúncia de mérito sobre as pretensões formuladas*", previsto na alínea *c*) do artigo 16º do RJAT como um dos princípios estruturantes do processo arbitral tributário. Este princípio, não obstante conferir uma liberdade quase plena ao tribunal arbitral de definir a tramitação processual a adoptar, não legitima porém o tribunal arbitral a descurar os restantes princípios balizadores do processo arbitral, designadamente, o princípio do contraditório e o princípio da igualdade das partes, previstos nas alíneas *a*) e *b*) do artigo 16º do RJAT. Na definição da tramitação processual a seguir o tribunal arbitral terá ainda de ter em conta a celeridade, a simplicidade e a informalidades processuais inerentes aos processos arbitrais, tal como disposto no nº 2 do artigo 29º do RJAT. A alínea *b*) do nº 1 do artigo 18º do RJAT inclui no âmbito da reunião do tribunal arbitral o conhecimento de eventuais excepções que seja necessário apreciar e decidir antes de conhecer do mérito do pedido. Faz-se aqui referência, naturalmente, às excepções dilatórias, aquelas previstas nos artigos 576º, nº 2, e 577º do CPC, aplicáveis subsidiariamente *ex vi* artigo 29º, nº 1, alínea *e*) do RJAT. Importa, porém, relembrar que a aplicação daqueles preceitos à arbitragem tem necessariamente que ser adaptada, em especial no que respeita à excepção dilatória de incompetência, quer absoluta quer relativa, do tribunal.

No que respeita ao convite ao aperfeiçoamento e correcção de peças processuais, somos da opinião que este não terá necessariamente de ocorrer apenas na reunião do tribunal arbitral. Com efeito, julgamos que, em prol do princípio da economia processual, o tribunal arbitral plenamente constituído, tendo recebido o pedido de constituição de tribunal arbitral, que contém, por seu turno, o pedido de pronúncia arbitral, poderá desde logo convidar o sujeito passivo ao aperfeiçoamento, mesmo antes da realização da reunião.

Por fim, ao abrigo do nº 2 do artigo 18º do RJAT, da reunião do tribunal arbitral deverá ainda decorrer o prazo ao dispor das partes para eventual apresentação de alegações finais[62].

[62] Refira-se, porém, que não obstante o artigo 16º, alínea *d*), do RJAT prever o princípio da imediação e da oralidade como princípio estruturante do processo arbitral tributário, não serão raras as vezes em que a apresentação de alegações escritas será mais útil e pertinente. Com efeito, se o princípio da oralidade se justifica pelas razões de celeridade que regem o processo arbitral, o certo é que a observância da oralidade não poderá ser levada ao extremo. Deste modo, a prática de actos por escrito não se deve ter por globalmente excluída.

Uma última nota apenas para esclarecer que, não obstante o artigo 18º do RJAT se referir à *"primeira reunião do tribunal arbitral"*, com as sucessivas alterações legislativas de que foi alvo a tramitação processual arbitral, esta reunião passou a ser, em rigor, a *"única reunião do tribunal arbitral"*[63], sendo diversas vezes dispensada a sua realização. Com efeito, ao abrigo dos princípios da autonomia do tribunal arbitral na condução do processo, da celeridade, da simplificação e informalidade processuais – previstos nos artigos 19º, nº 2, e 29º, nº 2, do RJAT –, a reunião do tribunal arbitral poderá ser dispensada, nomeadamente, quando:

- Não haja prova testemunhal a produzir;
- Os factos alegados pelas partes para produção de prova testemunhal estão já provados por documento ou nem sequer são susceptíveis de prova testemunhal;
- Não foi requerida prova pericial;
- Não foram alegadas excepções dilatórias de que cumpra tomar conhecimento;
- O tribunal arbitral considere que as excepções alegadas podem ser decidas por despacho, sendo atribuído prazo de resposta, por escrito;
- O tribunal arbitral não vislumbre qualquer outra utilidade em realizar a reunião.

Quando o tribunal arbitral verifique a desnecessidade de realização de reunião, notifica as partes dessa decisão, e, bem assim, do prazo para apresentações de alegações – escritas ou orais – e a data para prolação da decisão arbitral.

71.7. Decisão arbitral

71.7.1. Prazo, forma e conteúdo

A decisão arbitral em matéria tributária deve ser emitida e notificada às partes no prazo de 6 (seis) meses, tal como disposto no nº 1 do artigo 21º do RJAT. O nº 2, por seu turno, admite a prorrogação daquele prazo, por períodos

[63] Na versão originária do RJAT, era apenas com a *"primeira reunião do tribunal arbitral"* que este se considerava constituído, daí denominar-se *"primeira"*. Actualmente, porém, o tribunal considera-se constituído 10 (dez) dias após a notificação às partes da designação do árbitro ou do colectivo de árbitros que compõe o tribunal arbitral, sem que a tal as partes se oponham. O tribunal constituiu-se, assim, sem qualquer reunião entre os árbitros ou entre estes e as partes. Assim, a primeira, porventura única, e na maioria das vezes inexistente, reunião do tribunal arbitral ocorrerá apenas após a apresentação de resposta pela Administração.

sucessivos de 2 (dois) meses, os quais não poderão ultrapassar um total de 6 (seis) meses[64].

Cumpre perceber, em primeiro lugar, a partir de quando é que se contam os 6 (seis) meses ao dispor do tribunal arbitral para emitir e notificar às partes a decisão arbitral. Ora, em nosso entender, o prazo de 6 (seis) meses conta-se exactamente a partir da constituição do tribunal arbitral a que se refere o artigo 11º, nº 8, do RJAT[65]. Isto significa, desde logo, que este prazo de 6 (seis) meses é um prazo processual, porque contado a partir da constituição do tribunal arbitral onde, por sua vez, se inicia a fase processual arbitral.

O prazo dos 6 (seis) meses não é, porém, um prazo peremptório para decidir, mas sim o prazo de duração da fase processual arbitral. O prazo para a tomada de decisão será, necessariamente, mais curto. Com efeito, por força de uma aplicação analógica do disposto no artigo 21º, alínea *b*), do CPPT, julgamos que o prazo para decidir será de 20 (vinte) dias ou, no máximo, 30 (trinta) dias caso se utilize subsidiariamente a regra do artigo 607º, nº 1, do CPC[66]. Não obstante, entendemos que estes 20 (vinte) ou 30 (trinta) dias para decidir deverão ser respeitados mesmo que terminem antes do prazo de 6 (seis) meses contados a partir da constituição do tribunal arbitral.

O artigo 22º do RJAT prevê as regras aplicáveis à deliberação, definindo ainda o conteúdo necessário da decisão arbitral e a sua forma.

Quando o tribunal arbitral funcione com um colectivo de árbitros – ou seja, sempre que o sujeito passivo opte por designar árbitro ou, não fazendo uso dessa faculdade, o valor do pedido seja superior ao dobro da alçada do TCA – a decisão arbitral é tomada por deliberação da maioria dos seus membros. Não se prevêem, portanto, votos especiais, nem mesmo do árbitro-presidente.

No que se refere ao conteúdo da decisão arbitral, o nº 2 do artigo 22º do RJAT remete para o disposto no artigo 123º, 1ª parte, do CPPT, estabelecendo-se para o conteúdo da decisão arbitral tributária as mesmas regras aplicáveis

[64] A este propósito, veja-se para maiores desenvolvimentos: Carla Castelo Trindade (2014), "Os prazos na arbitragem tributária" *in* Revista de Arbitragem Tributária, nº 2.

[65] Alternativa seria a contagem do prazo de 6 (seis) meses a partir do envio ou submissão do pedido de constituição do tribunal arbitral a que se refere o artigo 10º do RJAT.

[66] Esta distinção torna-se desde logo relevante para efeitos de contagem do prazo para decidir. Com efeito, tratando-se o prazo de 6 (seis) meses previsto no nº 1 do artigo 21º como verdadeiro prazo para a tomada de decisão, por ser igual ou superior a 6 (seis) meses, não haveria suspensão em férias judiciais, ao abrigo do artigo 138º do CPC. Aceitando-se, como julgamos ser o correcto, que o prazo para decidir é, na verdade, bastante inferior àquele ali previsto, este prazo suspender-se-á em férias judiciais. Para maiores desenvolvimentos a este respeito veja-se a anotação ao artigo 21º em Carla Castelo Trindade (2016), p. 415-418.

ao conteúdo da sentença de impugnação judicial. Assim, na decisão arbitral começar-se-á por identificar os interessados e os factos do litígio. Far-se-á, de seguida um breve relatório contendo os diferentes factos ocorridos quer no âmbito do procedimento, quer no âmbito do processo arbitral. Posteriormente, sintetizar-se-ão as pretensões do sujeito passivo que requereu constituição do tribunal arbitral e os respectivos fundamentos, bem como a posição do dirigente máximo do serviço. Exclui-se, portanto, a referência à posição do Ministério Público, cuja intervenção autónoma não está prevista no processo arbitral tributário. Por último, deverão ser fixadas as questões que ao tribunal cumpre solucionar, não sem antes sanear o processo analisando eventuais questões de tempestividade, legitimidade ou competência do tribunal.

Posto isto, deverão ser identificados os factos objecto do litígio e as razões de facto e de direito que motivaram a decisão.

No que respeita aos *poderes de cognição do tribunal arbitral*, o RJAT não os regula expressa e especialmente. Assim, serão de aplicar subsidiariamente as regras previstas para o processo tributário, designadamente, as dos artigos 99º da LGT e 13º do CPPT, por via do artigo 29º, nº 1, alínea *a*) do RJAT. Tal como referimos no ponto 54.1 aquando do estudo do princípio do inquisitório no âmbito do processo judicial tributário, designadamente a respeito dos poderes do juiz na decisão de impugnação judicial, as normas em questão, e que delimitam o conteúdo das decisões judiciais e arbitrais tributárias, opõem, em certa medida, o princípio do inquisitório e o princípio do dispositivo, sendo certo que aquele primeiro se materializará no poder/dever do julgador de ordenar as diligências que entender necessárias para a *descoberta da verdade material*. Já ali se defendeu a necessidade de distinguir os poderes do julgador quanto a *factos*, por um lado, e quanto a *questões*, por outro. As questões, quer em processo civil quer em processo tributário, delimitam o conteúdo do conhecimento do julgador. Ao invés, no que respeita aos factos, o princípio do inquisitório terá de ser necessariamente mais forte no processo tributário – judicial ou arbitral –, encontrando-se os tribunais sujeitos à descoberta da verdade material, por força da natureza e interesses públicos inerentes às matérias tributárias. Assim, e muito sumariamente, as conclusões que acima tomámos a este respeito, repercutem-se aqui, entendendo-se que:

(i) Quanto a *factos*, vigora essencialmente o princípio do inquisitório ou da investigação, devendo o tribunal ordenar todas as diligências necessárias ao apuramento da verdade material. O tribunal poderá servir-se de factos que, embora não alegados pelas partes, e ainda que não sejam de conhecimento oficioso, sejam relativos a questões suscitadas pelas partes. A utilização desses factos poderá, quanto muito, determinar a existência de um mero erro de julgamento, por violação do princípio do dispositivo.

(ii) Quanto a *questões*, o tribunal está, por força do princípio do dispositivo, limitado às questões alegadas pelas partes, estando obrigado ao conhecimento de todas as questões por elas suscitadas e ainda daquelas que sejam de conhecimento oficioso. O conhecimento pelo tribunal de questões que não podia conhecer constitui fundamento de impugnação da decisão arbitral por *pronúncia indevida*; já a falta de conhecimento pelo tribunal de questão suscitada pelas partes constitui fundamento de impugnação por *omissão de pronúncia*, ambos nos termos da alínea *c*) do artigo 28º do RJAT.

É de salientar que no âmbito da acção administrativa, admite-se no artigo 95º, nº 3 do CPTA que o juiz conheça outras causas de invalidade do acto impugnado. Aliás, trata-se de um poder-dever do juiz na medida em que esta norma estabelece que o juiz "deve identificar a existência de causas de invalidade diversas das que tenham sido alegadas". Com efeito, esta devia ser a solução prevista no âmbito da impugnação judicial, tendo em conta que também neste meio processual vigora o princípio da verdade material. Assim, consagra-se um regime diferente que vale no processo arbitral tributário, em sede do qual árbitro estará limitado pelos vícios invocados pelo sujeito passivo.

Por outro lado, valem aqui as considerações tecidas no ponto 54.1 deste manual, relativamente à possibilidade do juiz sanar um acto tributário mal ou insuficientemente fundamentado. Ou seja, tal como juiz no âmbito da impugnação judicial, também o tribunal arbitral poderá, ao abrigo do princípio do inquisitório e do dever de descoberta material, sanar um acto tributário *mal* fundamentado que devia ser praticado naqueles termos.

Este poderá, por um lado, substituir os fundamentos errados invocados pela Administração Tributária, por outros válidos que justifiquem a sua prática, descortinados pelo próprio tribunal arbitral. Por outro, a sanação do acto poderá consistir na desconsideração de certos fundamentos errados, quando outros válidos tenham sido invocados pela Administração na fundamentação do acto, seguindo a prática jurisprudencial do *Conseil d'État*.

Será de relembrar que esta possibilidade de sanação do acto tributário mal fundamentado dependerá sempre de uma análise casuística, tendo em consideração os princípios em confronto no caso concreto, designadamente dos fundamentos invocados pela Administração e da sua actuação conforme à lei ao longo do procedimento tributário, de forma a garantir que esta não se furta ao cumprimento dos seus deveres por força da possibilidade de sanação dos actos.

Por outro lado, antes de proceder à sanação do acto tributário, o tribunal arbitral deve, em cumprimento do princípio do contraditório, dar oportunidade às partes para se pronunciarem acerca da mesma.

A decisão arbitral poderá ser decomposta em pronúncias parciais incidentes sobre as diversas questões suscitadas no processo, salvo nos casos de árbitro singular. Esta é uma regra para os tribunais arbitrais colectivos, que decorre da parte final do nº 1 do artigo 22º do RJAT.

Exemplo paradigmático dos casos em que poderão porventura resultar pronúncias parciais sobre o mérito será o caso em que a questão controvertida é relativa a uma liquidação adicional de IRC que decorre de uma inspecção tributária cujo Relatório de Inspecção revela várias correcções – denominemos correcção "A" e correcção "B". A ilegalidade da liquidação adicional alegada pelo sujeito passivo poderá basear-se nas várias correcções efectuadas pela inspecção. Ora, na deliberação final, 2 dos 3 árbitros poderão concordar com a ilegalidade da correcção "A" e o outro árbitro afirmar a sua legalidade. Neste caso, o acto de liquidação adicional será ilegal na parte que verter esta correcção. Podem, porém, não concordar com a correcção "B", ou mesmo concordaram os 3 e não já só aqueles 2 árbitros que concordaram com a ilegalidade da primeira correcção. Permite-se assim, dando uma larga margem de autonomia e independência aos árbitros aquando da tomada de decisão, a emissão de duas sentenças parciais de mérito: uma primeira, que determina a ilegalidade do acto pela não conformidade da correcção "A" com os termos legais; uma segunda que, não obstante a já declarada ilegalidade do acto tributário, não dê por procedente a pretensão do sujeito passivo quanto à correcção "B". Assim, o acto tributário a emitir pela Administração Tributária em cumprimento da decisão arbitral, terá apenas de se debruçar sobre a correcção "A".

72. Efeitos da decisão arbitral

72.1. Efeitos da decisão arbitral de que não caiba recuso ou impugnação

Analisada a tramitação do processo arbitral, cabe agora delimitar os efeitos da decisão arbitral, bem como as possibilidades de impugnação e de recurso desta decisão.

Assim, as decisões arbitrais, à semelhança, de resto das sentenças de impugnação judicial, poderão ser decisões de mérito ou decisões de forma.

O certo é que, independentemente de se estar perante uma decisão arbitral que conheça do mérito da pretensão, ou de uma decisão arbitral que ponha termo ao processo sem o conhecer, haverá efeitos que deverão ser acautelados, os quais vêm previstos, desde logo, no artigo 24º do RJAT.

Decisões arbitrais das quais não cabe recurso ou impugnação são, em rigor, decisões arbitrais transitadas em julgado, ou seja, sobre as quais *já decorreu o prazo para interpor recurso ou para impugnar*[67].

- ***Decisão Arbitral que conheça do mérito da causa***

Das decisões arbitrais que conheçam do mérito da causa, quando transitadas em julgado, decorrem efeitos quer para a Administração Tributária, quer para o sujeito passivo.

A decisão arbitral sobre o mérito da pretensão vincula a Administração Tributária a partir do termo do prazo previsto para a impugnar ou dela recorrer. Assim, uma vez notificada da decisão que dê, no todo ou em parte, procedência ao pedido do contribuinte, a Administração Tributária deve, nos exactos termos da procedência da decisão arbitral, adoptar um ou vários dos seguintes comportamentos, consoante o caso:

- Praticar o acto tributário legalmente devido em substituição do acto objecto da decisão arbitral;
- Reestabelecer a situação que existiria se o acto tributário objecto da decisão arbitral não tivesse sido praticado, adoptando os actos e operações necessários para o efeito[68];
- Rever os actos tributários que se encontrem numa relação de prejudicialidade ou de dependência com os actos tributários objecto da decisão arbitral, designadamente por se inscreverem no âmbito da mesma relação jurídica de imposto, ainda que correspondentes a obrigações periódicas distintas, alterando-os ou substituindo-os, total ou parcialmente[69];

[67] Para este propósito, esclareça-se, adiantando o que se dirá adiante a respeito dos recursos, que a decisão arbitral da qual já não caiba recurso ou impugnação é aquela relativamente à qual tenham decorrido já 30 (trinta) dias desde a sua notificação às partes. Com efeito, o prazo de 30 (trinta) dias para recorrer para o STA por oposição de acórdãos (cf. artigos 25º, nº 3, do RJAT e artigo 152º do CPTA) é, dos três prazos previstos para os meios impugnatórios, o mais alargado.

[68] Pense-se, por exemplo, nos casos em que a par da liquidação é instaurado um processo de execução fiscal. A Administração Tributária deverá, então, praticar o acto de extinção, total ou parcial, do processo de execução fiscal, anulando toda ou parte da garantia bancária eventualmente prestada pelo sujeito passivo para suspensão da execução.

[69] Aqui, pense-se naqueles casos em que a mesma correcção realizada pela Administração Tributária deu lugar a várias liquidações adicionais, *e.g.* de IRC, de IVA e de Imposto do Selo, incidindo o processo arbitral apenas sobre a liquidação adicional de IRC ou de IVA. Nestes casos,

- Liquidar as prestações tributárias em conformidade com a decisão arbitral ou abster-se de as liquidar[70].

Questiona-se, então, "*quando*", "*a partir de quando*" e "*até quando*", deverá a Administração Tributária actuar em conformidade com o acima disposto.

Ora, em primeiro lugar, só se produzirão os efeitos já descritos para a Administração Tributária *quando*, de alguma forma, a pretensão do contribuinte se vença, ou seja, quando o tribunal arbitral, no todo ou em parte, dê razão ao contribuinte.

Em segundo lugar, a Administração Tributária deverá actuar *a partir do momento* em que a decisão arbitral se torne definitiva, ou seja, transite em julgado, que é como adiantámos, 30 (trinta) dias após a notificação da decisão arbitral às partes.

Em terceiro lugar, e por fim, a Administração Tributária deverá actuar *até* ao termo do prazo previsto para execução espontânea das sentenças dos tribunais judiciais tributários, ou seja, no prazo de 90 (noventa) dias, nos termos do disposto no artigo 146º, nº 2, do CPPT[71]. Caso a Administração Tributária não dê execução à decisão arbitral no prazo de 90 (noventa) dias, o interessado poderá fazer valer o seu direito à execução perante o tribunal tributário do lugar onde ocorreu a arbitragem, ou seja, o tribunal tributário de Lisboa, por aplicação subsidiária da norma constante do nº 9, do artigo 59º da LAV[72].

O nº 4 do artigo 24º do RJAT determina ainda um outro efeito da decisão arbitral de mérito para a Administração Tributária. Ao abrigo do ali dis-

a Administração Tributária terá também a obrigação de anular os restantes actos de liquidação adicional que dependiam da correcção julgada ilegal na decisão arbitral proferida.

[70] Exemplo paradigmático será aquele em que uma liquidação adicional que foi julgada ilegal porquanto a correcção subjacente seria de 10 e não de 20. Neste caso, é dever da Administração Tributária emitir uma nova liquidação adicional em conformidade com a decisão arbitral.

[71] De notar que pese embora o regime previsto no artigo 146º do CPPT, na tramitação para a execução de sentenças segue-se a regra prevista no artigo 176º do CPTA, por força do artigo 102º, nº 1, da LGT, nos termos do qual "*A execução de sentenças dos tribunais tributários e aduaneiros segue o regime previsto para a execução de sentenças dos tribunais administrativos*". Veja-se, a este propósito, a anotação ao artigo 146º do CPPT em Jorge Lopes de Sousa (2011) Vol. II, p. 520-545. A esta conclusão chegámos, aliás, no ponto 64.3 deste manual relativo à execução de julgados, para o qual remetemos.

[72] Em rigor, o artigo 176º do CPTA dispõe no sentido de a execução ser peticionada junto do tribunal que proferiu a decisão. No entanto, o tribunal arbitral tributário considera-se dissolvido após a notificação às partes do arquivamento do processo, nos termos do artigo 23º do RJAT; e os tribunais arbitrais não têm, por natureza, poderes coercivos necessários à imposição judicial de execução de sentença. Para maiores desenvolvimentos a respeito da execução da sentença arbitral veja-se o que se deixou escrito em Carla Castelo Trindade (2016), p. 448-452.

posto, a decisão arbitral preclude o direito de a Administração Tributária praticar novo acto tributário relativamente ao mesmo sujeito passivo ou obrigado tributário e período de tributação, salvo nos casos em que este se fundamente em factos novos e, portanto, diferentes daqueles que motivaram o pedido de constituição de tribunal arbitral e a decisão por este emitida. Esta é uma regra que decorre, desde logo, do próprio instituto do caso julgado, enquanto efeito paradigmático das decisões que não sejam susceptíveis de recurso ou reclamação ou ainda, no caso da arbitragem, de impugnação. A regra decorria também do disposto no artigo 13º, nº 3, do RJAT, do qual nos ocupámos acima, a propósito do "*direito ao arrependimento*" da Administração Tributária. De referir, porém, que os *factos novos* a que se refere o artigo 24º, nº 4, não serão os mesmos a que alude o artigo 13º, nº 3. Com efeito, considerando-se apenas a superveniência objectiva dos factos, ou seja, que estes serão "*novos*" apenas pela sua ocorrência posterior a um dado momento e não pelo momento do conhecimento dos mesmos pela Administração Tributária, *factos novos* para efeitos do artigo 24º, nº 4 do RJAT serão todos aqueles que ocorram após a prolação da decisão arbitral. Para efeitos do artigo 13º, nº 3, porém, serão *factos novos* todos aqueles que ocorram após o término do prazo de que a Administração Tributária dispõe para revogar, ratificar, reformar ou convertes o acto tributário[73].

Por fim, no que respeita aos efeitos para a Administração Tributária, o nº 5 do artigo 24º do RJAT prevê ainda a obrigação de pagamento de juros indemnizatórios ao contribuinte, em correspondência ao direito aos juros deste último. Os juros indemnizatórios serão devidos nos exactos termos definidos na lei, nos artigos 43º e 100º da LGT[74].

Os efeitos para o Requerente/sujeito passivo, da decisão arbitral de mérito que já não seja susceptível de recurso ou de impugnação, são aqueles previstos no nº 2 do artigo 24º do RJAT, no qual se estabeleceu que a decisão arbitral preclude o direito do sujeito passivo de, com os mesmos fundamentos, reclamar, impugnar, requerer a revisão ou a promoção da revisão oficiosa, ou sus-

[73] Para maiores esclarecimentos sobre esta matéria veja-se o que se deixou escrito em Carla Castelo Trindade (2016) p. 339-341 e 454-456.

[74] Veja-se a este propósito o que deixámos escrito no ponto 22 relativo ao direito a juros indemnizatórios. No que em concreto respeita à arbitragem tributária, refira-se que não obstante a Administração Tributária invocar, as mais das vezes, a incompetência do tribunal arbitral para conhecer e decidir do pedido de pagamento de juros indemnizatórios, a jurisprudência arbitral tem ido, e bem, no sentido de considerar o conhecimento do pedido dentro dos poderes de anulação do tribunal arbitral. Veja-se a este respeito Carla Castelo Trindade (2016), p. 120-126 e 456-458.

citar nova pronúncia arbitral sobre os actos objecto desses pedidos ou sobre os consequentes actos de liquidação.

Bem se vê que esta é uma regra que decorre, novamente, do instituto do caso julgado. Regra semelhante decorria já do nº 4 do artigo 13º do RJAT, do qual nos ocupámos acima no ponto 72, sendo certo que ali o legislador consagrava uma proibição de litispendência, ao passo que aqui, no artigo 24º, consagra uma verdadeira proibição de caso julgado. Assim, o sujeito passivo só poderá apresentar reclamação graciosa, impugnar judicialmente, requerer a revisão, incluindo a da matéria colectável, promover a revisão oficiosa, ou requerer nova constituição de tribunal arbitral quanto ao mesmo acto tributário quando a pretensão tenha por base factos e fundamentos facto e de direito diversos.

O nº 2 do artigo 24º do RJAT faz ainda referência aos "*demais efeitos previstos no Código de Procedimento e de Processo Tributário*". A decisão arbitral de mérito produzirá, assim, todos os efeitos previstos no CPPT para a decisão da impugnação judicial, não fosse a arbitragem tributária um verdadeiro meio alternativo ao dispor dos contribuintes. Deste modo, os "*demais efeitos*" previstos no CPPT serão, por um lado, a obrigação de pagamento sob pena de instauração de um processo de execução fiscal ou a obrigação de pagamento de pagamento para extinção de processo de execução fiscal já instaurado sob pena de eventual execução da garantia que tiver sido prestada – sempre que não tenha sido dada procedência à sua pretensão ou, por outro lado, o direito ao levantamento da garantia bancária eventualmente prestada para suspensão de processo executivo ou mesmo o direito a indemnização pela garantia indevidamente prestada – caso tenha sido dado provimento à pretensão do sujeito passivo.

Recordamos ainda, que, ao abrigo do nº 5 do artigo 24º do RJAT, o sujeito passivo terá ainda direito ao pagamento de juros indemnizatórios quando a decisão arbitral lhe seja favorável. Por outro lado, quando a decisão arbitral não dê procedência à sua pretensão de ilegalidade, o sujeito passivo terá a obrigação de pagamento de juros de mora à Administração Tributária, pelo atraso na liquidação ou pagamento, imputável ao contribuinte, nos termos dos artigos 44º, nº 1, da LGT e 86º, nº 1, do CPPT[75].

[75] Sobre o direito da Administração ao pagamento de juros de mora veja-se o que deixamos escrito no ponto 27.1.2 deste manual.

- ***Decisão arbitral que não conheça do mérito da causa***

Olhemos agora aos efeitos da decisão arbitral que, ao contrário da anterior, não chegue a conhecer do mérito da questão controvertida. Referimo-nos, a este respeito, das decisões arbitrais *de forma*.

Ora, o nº 3 do artigo 24º do RJAT prevê que caso a decisão arbitral, pondo termo ao processo, não conheça do mérito da pretensão por facto não imputável ao sujeito passivo, os prazos para reclamação, impugnação, revisão, promoção da revisão oficiosa, revisão da matéria tributável ou para suscitar nova pronúncia arbitral dos actos objecto da pretensão arbitral decidida contam-se a partir da notificação da decisão arbitral. Dito de outro modo, sempre que a decisão arbitral não conheça do mérito por facto não imputável ao sujeito passivo, reiniciam-se os prazos ao seu dispor par reagir contra aquele acto tributário.

Sabemos já que o que poderá obstar ao conhecimento do mérito da causa é a ocorrência de excepções dilatórias, as quais vêm previstas no artigo 577º do CPC, *ex vi* artigo 29º, nº 1, alínea *e*) do RJAT, ou seja:

- A incompetência, quer absoluta quer relativa, do tribunal;
- A nulidade de todo o processo;
- A falta de personalidade ou de capacidade judiciária de alguma das partes;
- A falta de autorização ou deliberação que o autor devesse obter;
- A ilegitimidade de alguma das partes;
- A coligação de autores ou réus;
- A pluralidade subjectiva subsidiária, fora dos casos em que é legalmente admitida;
- A falta de constituição de advogado por parte do autor, nos processos em que esta é obrigatória, e a falta, insuficiência ou irregularidade de mandato judicial por parte do mandatário que propôs a acção;
- A litispendência ou o caso julgado.

A questão que se coloca é, portanto, a de saber quando é que o não conhecimento do mérito poderá, ou não, ser imputável ao sujeito passivo. Esta concretização revela-se porém difícil. Com efeito, no limite, poder-se-ia afirmar que a ocorrência de qualquer excepção dilatória – no que ao autor/sujeito passivo respeita – seria imputável ao sujeito passivo na medida em que foi ele que não configurou correctamente a competência do tribunal, a legalidade da coligação ou da cumulação, a não verificação de litispendência ou caso julgado, etc..

Na sequência do que se defendeu na anotação ao RJAT, julgamos, porém, que caberá ao tribunal arbitral aferir a desculpabilidade desse "*erro*" do sujeito passivo. Dito de outro modo, e tomando por referência os casos de incompetência do tribunal arbitral, há questões de tal maneira dúbias que determinam, quer na doutrina, quer na jurisprudência, posições contraditórias, que, caso seja procedente uma excepção de incompetência, o não conhecimento do mérito não poderá ser imputável ao sujeito passivo.

Aferida então a desculpabilidade do "erro", e a imputação, ou não, ao sujeito passivo do não conhecimento do mérito o legislador entendeu então que:

- Quando o não conhecimento do mérito *não seja imputável ao sujeito passivo*, os *prazos* para reclamar, impugnar, pedir a revisão ou promover a revisão oficiosa, pedir a revisão da matéria tributável ou para suscitar nova pronúncia arbitral dos actos sindicados, *reiniciam-se*, contando-se a partir da notificação da decisão arbitral. A arbitragem funciona, assim, como uma causa de interrupção dos referidos prazos;
- Quando o não conhecimento do mérito *seja imputável ao sujeito passivo*, o sujeito passivo só poderá reclamar, impugnar, pedir revisão, promover a revisão oficiosa, pedir revisão da matéria tributável ou suscitar nova pronúncia arbitral daqueles mesmo acto *quando esteja ainda em prazo para o efeito*.

72.2. Recursos e Impugnação da decisão arbitral

72.2.1. Irrecorribilidade da decisão arbitral

A decisão arbitral em matéria tributária é, por regra, irrecorrível. A irrecorribilidade da decisão, mais do que uma opção do legislador, foi uma condição necessária à assunção da arbitragem tributária como uma verdadeira alternativa ao descongestionamento dos tribunais judiciais tributários.

Não obstante, reconhecemos que a irrecorribilidade da decisão arbitral no RJAT, ainda que não tenha sido inovadora, não foi consensual na doutrina, subsistindo ainda vozes discordantes na matéria[76]. Com efeito, a regra da irrecorribilidade levanta, para alguns, dúvidas de constitucionalidade por alegada violação ao direito fundamental de acesso ao direito e a uma tutela jurisdicional efectiva, consagrado no artigo 20º da CRP e que dispensa apresentações. Para quem defenda este argumento, entenderá que o direito a uma tutela jurisdicional efectiva engloba, no seu núcleo fundamental, um direito ao duplo grau de decisão. Contra este argumento sempre se dirá, acompa-

[76] Em rigor, ao abrigo da LAV 1986, ainda que a regra fosse a recorribilidade da decisão arbitral, as partes podiam convencionar a sua definitividade, equivalendo a submissão do litígio à equidade à renúncia ao recurso.

nhando aquele que tem sido o entendimento do Tribunal Constitucional, que o princípio da tutela jurisdicional efectiva não tem em si ínsito um direito subjectivo ao duplo grau de decisão[77]. De facto, à excepção dos casos respeitantes ao Direito Penal, a nossa Lei Fundamental não consagra, pelo menos expressamente, um princípio ou mesmo um direito ao duplo grau de jurisdição.

De todo o modo, somos da opinião que a regra da irrecorribilidade mais não é do que uma vantagem em prol da tutela jurisdicional efectiva. Com efeito, como temos vindo a defender, a celeridade e a certeza da decisão em tempo útil são também meios de assegurar uma tutela jurisdicional efectiva. Tenha-se em conta que, quando os contribuintes recorrem à arbitragem, fazem-no, em nossa opinião, por duas razões essenciais: pela celeridade e expectativa de obtenção de uma decisão em tempo útil e pela especialização dos árbitros[78]. Ora, ao admitir-se a recorribilidade como regra, descurar-se-iam ambos os objectivos. Por um lado, o processo arbitral não seria já um processo célere, na medida em que a decisão só se tornaria certa após o julgamento de recurso que, a decorrer nos tribunais judiciais, padeceria do mesmo problema de estagnação no tempo dos restantes processos judicias tributários. Por outro, a especialização dos árbitros – uma grande, se não a maior, vantagem da arbitragem – ia ficar sobrevalorizada, na medida em que a decisão arbitral poderia vir a ser anulada e substituída nos tribunais judiciais.

No entanto, e como não poderia deixar de ser, da decisão arbitral em matéria tributária admite-se recurso para o Tribunal Constitucional e ainda recurso por oposição de acórdãos para o STA. A decisão arbitral poderá também ser impugnada com base em vícios procedimentais e processuais, isto é, formais, com base em fundamentos muito específicos, taxativamente elencados no artigo 28º do RJAT, conforme se verá.

Antes, porém, de analisarmos os três meios impugnatórios previstos no RJAT, é de referir que *"[n]os casos em que o tribunal arbitral seja a última instância*

[77] Cf. entre outros, o acórdão do Tribunal Constitucional nº 489/95, de 27 de Setembro de 1995, segundo o qual aquele Tribunal *"tem dito e redito, apoiando-se na Doutrina e na sua já vasta jurisprudência a propósito tirada, que o direito de acesso aos tribunais postulado pelo artigo 20º, nº 1 da Lei Fundamental não garante, necessariamente, em todos os casos e por si só, o direito a um duplo ou a um triplo grau de jurisdição"* (sublinhado nosso).

[78] No mesmo sentido, a propósito da arbitragem voluntária em matéria cível e comercial, António Sampaio Caramelo (2014), "A impugnação da sentença arbitral: comentário aos artigos 46º, 51º e 54º da Lei da Arbitragem Voluntária", p. 10, escreve que *"Em apoio da irrecorribilidade e consequente definitividade (finality) da sentença arbitral, salienta-se também que esta reforça as principais vantagens reconhecidas à arbitragem, nomeadamente a celeridade na resolução do litígio e o facto de esta ser cometida a decisores com reconhecida competência para o efeito."*.

de decisão de litígios tributários, a decisão é susceptível de reenvio prejudicial, em cumprimento do § 3 do artigo 267º do Tratado sobre o Funcionamento da União Europeia", como se pode ler no preâmbulo do RJAT. O reenvio prejudicial é um mecanismo fundamental do Direito da União Europeia que favorece a cooperação activa entre as várias jurisdições nacionais e o TJUE, beneficiando a aplicação uniforme do Direito europeu em todo o território da União. A sua principal finalidade é, desse modo, fornecer aos órgãos jurisdicionais dos Estados-membros, um meio de assegurar uma interpretação e uma aplicação uniformes do Direito da União. Este mecanismo não deverá, porém, ser confundido com um recurso para uma instância europeia. Em boa verdade, o reenvio prejudicial não é um recurso, mas uma *pergunta* dirigida ao TJUE, relativa à aplicação do Direito da União. O reenvio prejudicial poderá ser submetido pelo órgão jurisdicional do Estado-membro, *in casu*, pelo próprio tribunal arbitral tributário. Com efeito, em 12 de Junho de 2014, o TJUE veio dissipar eventuais dúvidas que se levantavam a respeito da qualificação dos tribunais arbitrais tributários como órgãos jurisdicionais de um Estado-membro, na acepção do artigo 267º do TFUE, na medida em que (*i*) são órgãos de origem legal; (*ii*) têm carácter de permanência; (*iii*) a sua jurisdição é obrigatória; (*iv*) o processo arbitral tributário tem natureza contraditória; (*v*) os tribunais arbitrais tributários aplicam o direito constituído, estando-lhes vedado o julgamento segundo a equidade; (*vi*) as suas decisões são vinculativas; e (*vii*) são órgãos independentes, à semelhança dos tribunais judiciais[79],[80].

72.2.2. Recurso para o Tribunal Constitucional

Nos termos do disposto no artigo 25º, nº 1, do RJAT, cabe recurso para o Tribunal Constitucional da decisão arbitral que recuse a aplicação de qualquer norma com fundamento na sua inconstitucionalidade ou da decisão arbitral que aplique norma cuja inconstitucionalidade tenha sido suscitada durante o processo[81]. O legislador verteu, assim, para a arbitragem tributária o disposto

[79] Cf. acórdão *Ascendi*, de 12 de Junho de 2014, proferido no âmbito do processo nº C-377/13, disponível em http://www.curia.europa.eu/.

[80] Para maiores desenvolvimentos veja-se CARLA CASTELO TRINDADE/SUSANA BRADFORD FERREIRA (2015) "O reenvio prejudicial para o Tribunal de Justiça da União Europeia – o caso específico da arbitragem tributária", *in* CEJ – Contencioso Tributário, p. 199-224, disponível em http://www. cej.mj.pt e SERENA CABRITA NETO/LUIS CASTILHO (2015), *in 100 Anos de Arbitragem - os casos essenciais comentados*, "Anotação ao Acórdão Ascendi", p. 355-368.

[81] A este propósito, veja-se MIGUEL GALVÃO TELES (2011), "Recurso para o Tribunal Constitucional das decisões dos tribunais arbitrais" *in* Estudos de Homenagem ao Prof. José Manuel Sérvulo Correia, Vol. I.

no artigo 204º da CRP, no sentido de que "*nos feitos submetidos a julgamento não podem os tribunais aplicar normas que infrinjam o disposto na Constituição ou os princípios nela consignados*"[82].

O prazo para interposição de recurso para o Tribunal Constitucional é de 10 (dez) dias, nos termos do disposto no artigo 75º, nº 1 da Lei do Tribunal Constitucional (LTC).

No que respeita à legitimidade para recorrer, o artigo 72º da LTC determina que quando se esteja perante recursos com fundamento na *recusa por parte do tribunal arbitral da aplicação de qualquer norma baseada na sua inconstitucionalidade* qualquer uma das partes poderá apresentar recurso da decisão arbitral. Por outro lado, se o fundamento do recurso for o facto de o *tribunal arbitral ter aplicado norma cuja inconstitucionalidade foi suscitada durante o processo*, só poderá recorrer a parte que tiver alegado, no âmbito do processo arbitral, a respectiva inconstitucionalidade. Além das partes, terá ainda legitimidade para recorrer o Ministério Público, não obstante este não ter qualquer intervenção prevista na arbitragem tributária, por força do artigo 72º, nº 1, alínea *a*) da LTC e, bem assim, do nº 3 do artigo 280º da CRP, leis que prevalecem, por razões óbvias de valor reforçado, sobre o RJAT. A legitimidade do Ministério Público para recorrer implicará, desde logo, a sujeição do árbitro-presidente, ou pelo menos do CAAD, à obrigação de notificar o Ministério Público da decisão arbitral proferida sempre que o tribunal arbitral recuse a aplicação de uma norma que conste de convenção internacional, acto legislativo ou decreto regulamentar com fundamento na sua inconstitucionalidade, casos em que o recurso pelo Ministério Público é obrigatório[83].

O nº 4 do artigo 25º do RJAT prevê que o recurso de constitucionalidade seja apresentado directamente no próprio Tribunal Constitucional, acompanhado de cópia do processo arbitral. No entanto, o nº 1 do artigo 76º da LTC prevê que a competência para admissão do recurso de constitucionalidade cabe ao tribunal que tenha proferido a decisão recorrenda, ou seja, *in casu*, ao tribunal arbitral. Ora, na medida em que a LTC é Lei Orgânica, de valor reforçado, o nº 4 do artigo 25º do RJAT deverá sofrer uma interpretação sistemática e teleológica, no sentido de se reportar unicamente ao recurso para

[82] Fora do RJAT ficaram os casos referidos no nº 2 do artigo 280º da CRP, replicados nas alíneas *c*) a *f*) do artigo 70º, nº 1, da LTC e que se relacionam com a fiscalização concreta da legalidade.

[83] Sobre a legitimidade do Ministério Público para recorrer da decisão arbitral veja-se JORGE MIRANDA / RUI MEDEIROS (2007), "Constituição Portuguesa Anotada", Tomo III, p. 118; MIGUEL GALVÃO TELES (2010) "Recurso para o Tribunal Constitucional das decisões dos tribunais arbitrais", e, no âmbito da arbitragem tributária CARLA CASTELO TRINDADE (2016), p. 475-477.

o STA, sob pena de inconstitucionalidade[84]. Aliás, no acórdão nº 713/2014, o Tribunal Constitucional veio mesmo a declarar a inconstitucionalidade da norma constante do nº 4 do artigo 25º do RJAT, na parte em que se refere ao recurso de constitucionalidade. Assim, não poderão restar dúvidas de que o requerimento de recurso deverá ser entregue no tribunal arbitral que proferiu a decisão recorrenda para que este aprecie a sua admissibilidade.

Esta regra levanta, porém, o problema de, ao abrigo do artigo 23º do RJAT, o tribunal arbitral se considerar dissolvido após a notificação da decisão e do arquivamento do processo, tendo-se esgotado o seu poder jurisdicional. Entendemos, porém, que na medida em que o próprio artigo 23º do RJAT está em contradição com a tramitação estabelecida na LTC, também aquele deverá ser lido à luz da norma de valor reforçado o que significa, que os efeitos do arquivamento do processo arbitral, *maxime*, o esgotamento do jurisdicional do tribunal arbitral, ficarão suspensos *pelo menos até o decurso do prazo para recorrer*[85].

Esta solução aplicar-se-á ainda, em nossa opinião, caso o Tribunal Constitucional venha a dar procedência ao recurso. Com efeito, se nos termos do artigo 80º, nº 2, da LTC o recurso de constitucionalidade é um recurso de natureza *cassatória*[86], a suspensão dos efeitos do arquivamento do processo arbitral terá de manter-se, caso o recurso seja admitido, até que uma decisão seja proferida pelo Tribunal Constitucional. Sendo essa uma decisão de procedência, o mesmo tribunal arbitral que proferiu a decisão manter-se-á em condições de proferir nova decisão arbitral de mérito[87].

[84] Nesse sentido, veja-se o acórdão do Tribunal Constitucional nº 204/14, de 25 de Março de 2014.

[85] O itinerário cognoscitivo que nos permitiu concluir pela solução adoptada poderá ser encontrado nas anotações aos artigos 23º e 25º do RJAT, em Carla Castelo Trindade (2016), p. 440-443 e p. 477-482.

[86] Recursos de natureza *cassatória*, por oposição aos de natureza *substitutiva*, são aqueles em que o tribunal de recurso, considerando procedente o recurso interposto, se limita a revogar a decisão recorrida e reenvia o processo ao tribunal *a quo* para que se realize novo julgamento. Sobre a distinção veja-se António Abrantes Geraldes (2009) "Cassação ou substituição? Livre escolha ou determinismo legislativo?".

[87] Outra interpretação levaria a admitir-se que o tribunal arbitral se dissolveu, novamente, após a decisão de admissibilidade de recurso e que se reconstituiria, ou se repristinaria, nos exactos termos da sua formação primária, caso fosse necessário reformular a decisão arbitral recorrida. Colocar-se-iam, então, questões relevantes quanto a impedimentos, recusas e custas no processo arbitral. Para maiores desenvolvimentos sobre o tema veja-se Carla Castelo Trindade (2016), p. 481-482.

72.2.3. Recurso para o Supremo Tribunal Administrativo

Ao abrigo do artigo 25º, nº 2, do RJAT, a decisão arbitral é ainda susceptível de recurso para o STA quando esteja em oposição, quanto à mesma questão fundamental de direito, com acórdão proferido pelo TCA ou pelo próprio STA.

Em rigor, o que se pretende com este recurso é, de certa forma, uma uniformização ao nível da jurisprudência, seja ela judicial ou arbitral, tornada possível, desde logo, pelo facto de ser imposto aos tribunais arbitrais o julgamento segundo o direito constituído, tal como disposto no artigo 2º, nº 2, do RJAT. Ao recurso por oposição de acórdãos, assim o denominamos, é aplicável, com as necessárias adaptações, o regime previsto no artigo 152º do CPTA para o recurso para uniformização de jurisprudência. O fundamento do recurso será, porém, aquele especial e expressamente definido no RJAT: oposição, quanto à mesma questão fundamental de direito, entre a decisão arbitral e acórdão do TCA, Norte ou Sul, ou do STA[88].

O prazo para recorrer, por oposição de acórdãos, para o STA é, ao abrigo do artigo 152º, nº 1, do CPTA *ex vi* artigo 25º, nº 3, do RJAT, de 30 (trinta) dias, contados, porém, a partir da notificação da decisão arbitral.

A legitimidade para requerer o recurso pertence às partes, em especial à parte vencida e, por força da remissão para o CPTA, ao Ministério Público[89].

O recurso deverá ser apresentado mediante requerimento, directamente junto do STA – artigo 25º, nº 4, do RJAT –, acompanhado de alegações nas quais se identifiquem, de forma precisa e circunstanciada, os aspectos de identidade que determinam a contradição alegada e a infracção imputada à decisão arbitral objecto do recurso – artigo 152º, nº 2 do CPTA. O recurso não será, porém, admitido quando a orientação perfilhada na decisão arbitral estiver de acordo com a jurisprudência mais recentemente consolidada do STA, ainda que contrarie a questão decidida pelo TCA, Norte ou Sul.

Não restam, pois, dúvidas, que na definição do recurso por oposição de acórdãos da decisão arbitral, o legislador se apoiou consideravelmente no recurso para uniformização de jurisprudência previsto no CPTA, ao invés de

[88] Poder-se-á aqui questionar por que razão o legislador não possibilitou o recurso de uma decisão arbitral que estivesse em oposição, quanto à mesma questão fundamental de direito, com outra decisão arbitral. Para maiores desenvolvimentos veja-se Carla Castelo Trindade (2016), p. 485-486.

[89] Note-se, porém, que ao contrário do que vimos a respeito do recurso para o Tribunal Constitucional, a legitimidade do Ministério Público não advém, aqui, de qualquer norma constitucional ou sequer de norma de valor reforçado. Assim, e ainda que se admita a legitimidade do Ministério Público para interposição de recurso, não se poderá exigir do tribunal arbitral uma obrigação de notificação daquela entidade.

seguir o seu homónimo, estabelecido no artigo 284º do CPPT. Deste modo, será pertinente visitar a jurisprudência do STA a respeito dos requisitos formais e substanciais exigidos para a uniformização de jurisprudência.

Assim, o STA tem entendido que são *requisitos formais* essenciais deste tipo de recurso (*i*) a interposição no prazo de 30 (trinta) dias; (*ii*) a invocação e identificação do acórdão-fundamento, isto é, o acórdão proferido pelo TCA ou pelo STA que se encontra em oposição com a decisão arbitral recorrenda; e (*iii*) o trânsito em julgado do acórdão fundamento, na medida em que só uma decisão definitiva e consolidada poderá servir de base para a uniformização de jurisprudência[90].

No que respeita aos *requisitos substanciais* do recurso por oposição de acórdãos ou para uniformização de jurisprudência, por referência ao RJAT e ao CPTA, esses serão também três, a saber: (*i*) que exista contradição entre a decisão arbitral de que se recorre e um acórdão proferido por algum dos TCA, Norte ou Sul, ou pelo STA; (*ii*) que essa contradição seja relativamente à mesma questão fundamental de direito; e (*iii*) que a orientação perfilhada pelo acórdão impugnado não esteja de acordo com a jurisprudência consolidada do STA.

O STA tem entendido que, na caracterização da questão fundamental sobre a qual poderá existir contradição de julgados, devem ser adoptados os critérios que vinham firmados no anterior ETAF de 1984 e na Lei de Processo dos Tribunais Administrativos[91].

Assim, será necessário, em primeiro lugar, olhar aos factos que estão na base dos dois processos – do processo arbitral de cuja decisão se recorre, e do processo em que foi proferido o acórdão fundamento – exigindo-se, no entender do STA, uma identidade substancial das situações fácticas, a qual não implicará, porém, uma identidade absoluta dos factos, mas sim, e pelo

[90] Neste sentido, vejam-se os acórdãos do STA, de 18 de Setembro de 2013, proferido no âmbito do processo nº 01158/12, e de 26 de Fevereiro de 2014, proferido no âmbito do processo nº 01470/13.

[91] Nesse sentido, veja-se o acórdão do STA, de 4 de Junho de 2014, proferido no âmbito do processo nº 01447/13, onde se elencam os seguintes critérios:

"*i. identidade da questão de direito sobre que recaíram os acórdãos em confronto, o que pressupõe uma identidade substancial das situações fácticas, entendida esta não como uma total identidade dos factos mas apenas como a sua subsunção às mesmas normas legais;*

ii. que não tenha havido alteração substancial da regulamentação jurídica, a qual se verifica sempre que as eventuais modificações legislativas possam servir de base [a] diferentes argumentos que possam ser valorados para determinação da solução jurídica;

iii. que se tenha perfilhado, nos dois arestos, solução oposta e esta oposição decorra de decisões expressas, não bastando a simples oposição entre razões ou argumentos enformadores das decisões finais ou a invocação de decisões implícitas ou a pronúncia implícita ou consideração colateral tecida no âmbito da apreciação de questão distinta.".

menos, a sua subsunção aos mesmos preceitos normativos. Adiantamos, a este respeito, que discordamos desta necessidade.

Em segundo lugar, e como não poderia deixar de ser, é absolutamente necessário fazer o enquadramento jurídico temporal de ambas as decisões no sentido de apurar se existiram ou não alterações legislativas de relevo com influência na decisão da causa.

Por último, a contradição entre as decisões tem de ser expressa, desconsiderando-se, portanto, argumentos constantes da fundamentação da decisão, pronúncias implícitas ou considerações colaterais.

Sem a verificação dos critérios acima expostos, a questão fundamental de direito não será "a mesma", o recurso para o STA não será admissível por falta de requisitos substanciais, e aquele tribunal nem chegará a conhecer do mérito da questão.

A terminar quanto aos requisitos, reitere-se apenas a nossa discordância no que se refere ao entendimento do STA segundo o qual a identidade da questão fundamental de direito implica, de certo modo, a identidade substancial das situações fácticas. Com efeito, não cremos que essa tenha sido a intenção do legislador ao ter deixado expresso, no artigo 25º, nº 2, do RJAT, que o fundamento de recurso é a oposição de acórdãos *quanto à mesma questão fundamental de direito*. Julgamos, pelo contrário, que o legislador pretendeu, precisamente, afastar a exigência de identidade fáctica substancial, a qual, em nossa opinião, não se coaduna com o processo tributário, nem com a impugnação judicial, nem com a acção arbitral.

Por fim, no que respeita aos efeitos da decisão de recurso, note-se que a decisão do STA que verifique a existência da contradição de julgados alegada anula a decisão arbitral e substitui-a decidindo a questão controvertida. Tudo porque, ao contrário do recurso para o Tribunal Constitucional, cuja natureza é, como se viu, cassatória, o recurso para o STA tem natureza substitutiva.

72.2.4. Impugnação da decisão arbitral

A par do recurso para o Tribunal Constitucional, e do recurso por oposição de acórdãos para o STA, o legislador previu ainda, no artigo 27º, nº 1, do RJAT, que a decisão arbitral em matéria fosse impugnável junto do TCA Sul[92].

[92] Não obstante o RJAT fazer apenas referência ao TCA, o tribunal competente será o TCA Sul por aplicação subsidiária do artigo 59º, nº 2, da LAV (*ex vi* artigo 29º, nº 1, alínea *c*) do RJAT), nos termos do qual a competência para decidir da impugnação de sentença arbitral "*pertence ao Tribunal Central Administrativo em cuja circunscrição se situe o local da arbitragem*". Ora, sendo a arbitragem tributária uma arbitragem institucionalizada a funcionar exclusivamente no CAAD, com sede em

Compreenda-se, em primeiro lugar que a impugnação da decisão arbitral não é, em rigor, um recurso. A impugnação da decisão arbitral, também denominada de *acção de anulação da decisão arbitral* é, precisamente, uma acção declarativa especial. O pedido dessa acção será, nem mais nem menos, do que a anulação da decisão arbitral proferida com fundamento em vícios processuais e procedimentais constantes de um elenco taxativamente estabelecido no artigo 28º do RJAT. Assumir-se a impugnação da decisão arbitral como uma verdadeira acção, ainda que proposta no TCA Sul, trará desde logo consequências ao nível da tramitação e, bem assim, ao nível da contagem do prazo para a sua apresentação, conforme veremos.

O prazo para impugnar a decisão arbitral é, ao abrigo do artigo 27º, nº 1, do RJAT, de 15 (quinze) dias, contados da notificação às partes da decisão arbitral e do arquivamento do processo[93]. Este prazo é, porém, ao contrário dos prazos para recorrer, um prazo de natureza substantiva. Com efeito, se, como acima se disse, a impugnação da decisão arbitral toma a forma de acção declarativa, parece-nos forçoso concluir, talvez remando contra a maré, que o prazo para impugnar é também um prazo substantivo[94]. A contagem do prazo seguirá, em nosso entender, as regras previstas no artigo 279º do CC, o que determina, desde logo, a sua não suspensão durante as férias judiciais[95]. Não podemos, porém, deixar de referir que esta questão mantém-se controvertida na doutrina, mesmo no âmbito da arbitragem em matéria cível, comercial e administrativa, posicionando-se a maioria pela natureza processual do prazo[96].

Lisboa, o TCA Sul será sempre competente para decidir dos pedidos de impugnação das decisões arbitrais tributárias.

[93] Com efeito, não obstante o artigo 27º, nº 1, do RJAT distinguir o início da contagem do prazo consoante se esteja perante um tribunal arbitral comum ou um tribunal arbitral especial, porquanto o artigo 23º do RJAT parece também distinguir entre a notificação da decisão e a notificação do arquivamento, o certo é que, na prática, as partes são notificadas, acto contínuo, de ambos. Deste modo, há só uma notificação (da decisão e do arquivamento), sendo a partir desta que se deverá contar o prazo de 15 (quinze) dias para impugnar. Para maiores desenvolvimentos veja-se Carla Castelo Trindade (2015), p. 435-436 e p. 516-517.

[94] Os prazos substantivos são prazos de caducidade do direito à acção e que visam determinar o período para o exercício de um direito. Na verdade, todos os prazos para a propositura de acções constituem prazos substantivos, de caducidade do direito de acção, que integram a própria relação jurídica material controvertida. Já os prazos judiciais ou adjectivos, por sua vez, supõem que a acção já está em juízo, determinam o lapso de tempo necessário para se produzir determinado efeito processual ou para a prática de determinado acto judicial.

[95] Sem prejuízo da aplicação do disposto no artigo 279º, alínea *e*) do CC, nos termos do qual quando o prazo que termine em período de férias judiciais transfere-se o seu término para o primeiro dia útil após o término das férias judiciais.

[96] A título de exemplo poderá consultar-se, Armindo Ribeiro Mendes (2014) "A Nova Lei da Arbitragem Voluntária e as Formas de Impugnação das Decisões Arbitrais (Algumas Notas)",

Olhemos agora aos fundamentos de impugnação da decisão arbitral. Nos termos do artigo 28º, nº 1, do RJAT, a decisão arbitral só poderá ser impugnada com fundamento na[97]:

- Não especificação dos fundamentos de facto ou de direito que justificam a decisão;
- Oposição dos fundamentos com a decisão;
- Pronúncia indevida e omissão de pronúncia; e
- Violação dos princípios do contraditório e da igualdade das partes, nos termos em que estes são estabelecidos no artigo 16º.

A não especificação dos fundamentos de facto ou de direito e, bem assim, a oposição dos fundamentos com a decisão são, de resto, nulidades da decisão também previstas no artigo 125º, nº 1, do CPPT, sobre as quais nos ocupámos no ponto 60.4.8 deste manual relativo à sentença no processo de impugnação judicial, pelo que para lá remetemos maiores desenvolvimentos sobre a questão.

Por seu turno, no que respeita aos fundamentos de *pronúncia indevida* e *omissão de pronúncia*, há algumas particularidades a ter em conta. Em primeiro lugar, estes fundamentos devem ser analisados à luz dos poderes cognitivos do tribunal arbitral, aos quais fizemos referência acima no ponto 54.1 relativo ao princípio do inquisitório, e que coincidem, ao que se julga, com aqueles admitidos aos juízes nos tribunais judiciais tributários.

Em segundo lugar, parece-nos ser necessário um paralelo entre os fundamentos de impugnação a que agora se faz referência, por um lado, e as nulidades de sentença previstas no artigo 125º, nº 1, do CPPT, respeitantes à falta de pronúncia sobre questões que o juiz deva apreciar ou a pronúncia sobre questões que não deva conhecer, por outro.

Tudo porque, em rigor, a *omissão de pronúncia*, corresponde, precisamente, à *falta de pronúncia sobre questões que o juiz deva apreciar*. Assim, os comentários tecidos a propósito desta nulidade no ponto 60.4.8 mantêm-se válidos, pelo que para lá remetemos. O mesmo não ocorre, porém, quanto à *pronúncia inde-*

p. 745, defendendo a natureza processual do prazo para impugnar; e Mariana França Gouveia (2014) "Curso de Resolução Alternativa de Litígios", p. 298; e António Sampaio Caramelo (2014), p. 27, propugnando pela natureza substantiva do prazo.

[97] A taxatividade dos fundamentos de impugnação, ainda que não resulte da letra da lei, é entendimento unânime na doutrina e jurisprudência. Veja-se, por todos, o acórdão do TCA Sul, de 19 de Fevereiro de 2013, proferido no âmbito do processo nº 05203/11. A taxatividade dos fundamentos do nº 1 do artigo 28º do RJAT poderia ser retirada ainda, por analogia, do artigo 46º da LAV, cujo nº 3 dispõe que "*a sentença arbitral só pode ser anulada pelo tribunal estadual competente se (...)*".

vida e ao seu "suposto" paralelo da *pronúncia sobre questões que não deva conhecer*. Com efeito, somos de opinião que a utilização da expressão "*pronúncia indevida*" no RJAT foi intencional, tendo o legislador pretendido afastar-se do tradicional "*excesso de pronúncia*" que, de resto, vem previsto no artigo 125º, nº 1, do CPPT e, bem assim, no artigo 615º, nº 1, alínea *d*) do CPC[98]. Assim, defendemos o entendimento segundo o qual "*pronúncia indevida*" poderá ocorrer em dois casos distintos: (*i*) o tradicional excesso de pronúncia, em que o tribunal arbitral conhece de questões de que não podia conhecer, ultrapassando os limites do princípio do dispositivo; (*ii*) em todas as situações em que o tribunal arbitral nem sequer podia decidir por haver um vício que inquinou a sua constituição ou porque decidiu fora das suas competências materiais[99],[100].

De referir que, o Tribunal Constitucional já se pronunciou recentemente no sentido da inconstitucionalidade da interpretação segundo a qual "pronúncia indevida", enquanto fundamento de impugnação, não inclui os casos em que o tribunal arbitral decidiu sem competência para tal[101]. Com efeito, entendeu o Tribunal que uma tal interpretação violaria concomitantemente o disposto nos artigos 20º e 209º, nº 2 da CRP, mais referindo que:

> "*Quando é proposta uma ação num tribunal de 1ª instância da jurisdição comum ou da jurisdição administrativa, a decisão desse tribunal relativamente à sua competência material nunca é definitiva, dela cabendo sempre recurso – independentemente do valor da causa –, conducente à prolação de uma segunda decisão judicial [cfr. artigo 629º, nº 2, alínea a), do CPC].*
>
> *Não pode deixar de impressionar, comparativamente, que a decisão de um tribunal arbitral sobre a sua competência – que, repete-se, não é própria, antes subtraída a um tribunal do Estado, e se extingue no termo do processo arbitral – seja insuscetível de reapreciação por um outro tribunal.*
>
> *(...)*

[98] Já no âmbito da impugnação judicial, como se viu no ponto 60.4.8, a sentença não será nula em caso de *pronúncia indevida* mas apenas nos casos de *omissão de pronúncia* – quando o juiz não se pronuncia sobre questões que se devia pronunciar – e de *excesso de pronúncia* – quando se pronuncia acerca de questões acerca das quais não se podia pronunciar.

[99] No mesmo sentido, veja-se Jorge Lopes de Sousa (2013), p. 235 e, a título de exemplo, o acórdão do TCA Sul, de 12 de Junho de 2014, proferido no âmbito do processo nº 06244/12.

[100] Este entendimento não tem sido sempre seguido pela jurisprudência do TCA Sul. Veja-se o decidido no acórdão de 19 de Fevereiro de 2013, proferido no âmbito do processo nº 05203/11, onde o tribunal ignorou o entendimento segundo o qual "*pronúncia indevida*" é um conceito mais amplo que "*excesso de pronúncia*", limitou-se a decidir a questão como se um tradicional excesso de pronúncia se tratasse quando, em rigor, o que estava em causa era uma questão de competência.

[101] Cf. Acórdão do Tribunal Constitucional, processo nº 126/15, de 29 de Março de 2016.

14. Relativamente aos tribunais arbitrais tributários, a comparação não apenas impressiona, como as suas consequências são inaceitáveis. É que se de qualquer tribunal arbitral se pode dizer que retira a sua competência (da competência) de um tribunal do Estado, quando esta inclui matéria tributária haverá de reconhecer-se que as decisões de um tribunal arbitral tributário sobre a própria competência não podem deixar de estar submetidas a reapreciação por um tribunal do Estado, sob pena de serem as próprias atribuições deste em matéria tributária a ficar em risco.

(...)

Julga-se acertado considerar que a interpretação normativa contestada pelo recorrente, tornando judicialmente irrefutável uma decisão do tribunal arbitral sobre a sua competência, constitui limitação injustificada da reapreciação da decisão arbitral.

Por outras palavras: a alegada incompetência do tribunal arbitral não pode deixar de se considerar coberta pela expressão «pronúncia indevida»; na interpretação normativa oposta, adotada na decisão recorrida, terá ocorrido ofensa daqueles preceitos da Constituição."

Esta era uma posição que defendíamos já e que, de resto, serviu de fundamentação a este arresto do Tribunal Constitucional.

No que respeita aos fundamentos de violação dos princípios do contraditório e da igualdade das partes, cumpre apenas fazer uma breve nota para referir que, com grande probabilidade, esta violação ocorrerá não no momento da decisão, mas no decorrer do processo arbitral. Deste modo, estes fundamentos constituem não nulidades da própria decisão, mas sim do processo arbitral e de todos os actos subsequentes ao momento em que se verificou a violação. Assim, a impugnação da decisão arbitral por via de um destes fundamentos poderá determinar, também, a anulação de actos prévios à decisão, que terão, claro está, de ser repetidos.

Quanto a tramitação, o nº 2 do artigo 27º do RJAT remete, com as necessárias adaptações, para o regime do recurso de apelação previsto no CPTA. Esta remissão tem, porém, de ser atendida com cuidado. Com efeito, não se poderá daqui depreender que tudo quanto diga respeito ao recurso de apelação será aplicável à impugnação da decisão arbitral. Aliás, julgamos que apenas os trâmites propriamente ditos serão efectivamente aplicáveis. Não será, desde logo, aplicável o disposto no artigo 149º do CPTA quanto aos poderes do tribunal de apelação e não será aplicável na medida em que a acção de anulação ou impugnação da decisão arbitral tem natureza cassatória, e não substitutiva, limitando-se a revogar a decisão recorrida, estando vedado ao TCA Sul o conhecimento do mérito[102].

[102] Para uma maior abordagem ao tema veja-se CARLA CASTELO TRINDADE (2016), p. 518-524.

A decisão do TCA Sul que dê procedência à impugnação da decisão arbitral limitar-se-á, portanto, a anulá-la. Tal não significa, porém, que a tenha de anular no seu todo. Por outras palavras, na medida em que o fundamento de impugnação poderá afectar apenas parte da decisão arbitral, o TCA Sul, ao dá-lo como provado, anulará apenas a parte da decisão que se encontre viciada.

Questão que frequentemente se coloca é a de saber qual a tramitação subsequente à anulação de parte ou da totalidade da decisão arbitral, em especial tendo em conta que, nos termos do artigo 23º do RJAT, o tribunal arbitral que proferiu a decisão impugnada já se encontra dissolvido, tendo-se esgotado o seu poder jurisdicional. No entanto, porque a lei não exige que os autos baixem ao *mesmo* tribunal que proferiu a decisão, a solução passará, em nossa opinião, pela constituição de um tribunal arbitral *ex novo*, seguindo-se o mesmo "*tipo*" de tribunal arbitral anteriormente escolhido – isto é, se o sujeito passivo optou por designar árbitro, terá, após a anulação da decisão arbitral, oportunidade de o fazer; pelo contrário, se o tribunal cuja decisão foi anulada era um tribunal comum, o novo tribunal a constituir será, também ele, comum[103].

Por fim, uma última nota para referir que, na medida em que para a decisão sobre a impugnação, a apresentar no prazo de 15 (quinze) dias, e do recurso por oposição de acórdãos, a interpor no prazo de 30 (trinta) dias, são competentes dois tribunais distintos – TCA Sul e STA, respectivamente –, havendo uma impossibilidade legal de cumular ambos os meios impugnatórios, o sujeito passivo que pretenda recorrer e impugnar a decisão arbitral terá que fazê-lo, separadamente, respeitando os respectivos prazos. Não obstante, e ao que se crê, o STA deverá suspender a instância de recurso até que uma decisão sobre a impugnação seja proferida pelo TCA Sul[104].

[103] Para uma melhor compreensão desta questão veja-se Carla Castelo Trindade (2016), p. 524-527.

[104] Veja-se a este propósito Jorge Lopes de Sousa (2013), p. 238-239, e Carla Castelo Trindade (2016), p. 529-532.

PARTE IV
PROCESSO DE EXECUÇÃO FISCAL[1]

[1] Para maiores desenvolvimentos acerca do processo de execução fiscal veja-se: ANTÓNIO CARVALHO MARTINS (2001), "Reclamação, Graduação e Verificação de Créditos", CARLOS PAIVA (2016), "O Processo de Execução Fiscal", PEDRO VIDAL MATOS (2008), "A Reversão do Processo de Execução Fiscal" *in* Separata da Revista da Ordem dos Advogados, A. 68, nº 2/3, RUI DUARTE MORAIS (2010), "A Execução Fiscal", RUI PINTO (2003), "Penhora, Venda e Pagamento", TÂNIA MEIRELES DA CUNHA (2006), "O Momento da Reversão da Execução Fiscal Contra os Responsáveis Subsidiários" *in* Ciência e Técnica Fiscal nº 416 e TIAGO LOURENÇO AFONSO (2015), "A reclamação de actos do órgão de execução fiscal em caso de subida imediata: âmbito do efeito suspensivo" *in* Cadernos de Justiça Tributária nº 7.

Nas partes I a III deste manual procedemos ao estudo dos vários meios tutelares ao dispor do contribuinte que pretenda contestar a legalidade de um acto de liquidação. Sabemos então que, perante a notificação de um acto de liquidação com o qual não se conforme, o sujeito passivo ou outro interessado poderá contestar a legalidade do mesmo directamente perante a Administração Tributária, em regra, através da reclamação graciosa no prazo de 120 (cento e vinte) dias, perante um juiz mediante a dedução de uma impugnação judicial no prazo de 3 (três) meses ou perante um árbitro, através do pedido de constituição do tribunal arbitral no prazo de 90 (noventa) dias.

Estes prazos contam-se, via de regra, a partir do termo do prazo para pagamento voluntário do tributo, tal como decorre da alínea *a*) do nº 1 do artigo 102º do CPPT. A verdade é que, independentemente de o sujeito passivo decidir discutir a legalidade do acto de liquidação, terá inevitavelmente de proceder ao pagamento do tributo em causa, sob pena de instauração do processo de execução fiscal e eventual penhora do seu património[2]. Isto decorre do princípio *solve et repete* que vigora no contencioso tributário e obriga os contribuintes a procederem ao pagamento do tributo cuja legalidade pretendem discutir, sob pena de instauração de um processo de execução fiscal para cobrança coerciva do mesmo. Se o sujeito passivo optar por não pagar o tributo, poderá prestar garantia idónea, pedir a sua dispensa, verificando-se por essa via a suspensão da execução fiscal e assim impedindo a penhora dos seus bens. Acrescem, como vias adicionais de evitação da penhora, a possibilidade de o contribuinte solicitar o pagamento em prestações que em regra também depende de prestação de garantia, a dação em pagamento ou, já para evitar a venda do bem penhorado, a aplicação do recém-criado regime

[2] Veja-se o ponto 78 para uma articulação esquemática dos meios tutelares administrativos, processos de natureza impugnatória e a arbitragem tributária e o processo de execução fiscal.

de protecção da casa de morada de família, que impede a sua venda em sede de execução fiscal[3].

De uma forma singela, perante uma dívida fiscal, o contribuinte tem duas grandes opções, ambas no âmbito do princípio *solve et repete*: ou paga o tributo e de seguida apresenta reclamação graciosa, impugnação judicial ou pedido de constituição de tribunal arbitral caso queira contestar a legalidade do acto de liquidação tendo direito à restituição da quantia indevidamente paga e a juros indemnizatórios caso tenha vencimento. Ou, pelo contrário, não paga o tributo, recorre a qualquer um destes meios tutares e presta garantia idónea de forma a obter a suspensão do processo de execução fiscal, evitando a penhora do seu património. Neste último caso, se a sua pretensão for procedente, terá direito a uma indemnização por prestação de garantia indevida.

O que justifica o princípio *solve et repete* – que poderá ser muitas vezes penoso para o contribuinte que se vê obrigado a pagar um tributo com o qual não concorda ou a prestar garantia durante longos períodos de tempo – é naturalmente o interesse público que decorre da primordial necessidade de financiamento do Estado. Com efeito, os modernos Estados fiscais, na ausência de outras formas de financiamento, são financiados maioritariamente pela arrecadação de impostos e demais tributos ou encargos pagos pelos contribuintes. Assim, se se admitisse que o contribuinte discutisse a legalidade de qualquer acto de liquidação sem antes proceder ao pagamento do tributo ou sem prestar qualquer garantia que acautelasse esse pagamento, este podia simplesmente optar por não pagar qualquer tributo e "reclamar" de todos, o que teria gravosas consequências para a tesouraria do Estado e para todos os serviços públicos dependentes da arrecadação de impostos.

Verifica-se uma tendência de imprimir celeridade, simplicidade, eficácia e eficiência no âmbito do processo de execução fiscal através da atribuição de cada vez mais competências à Administração, ou seja, ao órgão da execução fiscal, designadamente para proceder à verificação e à graduação de créditos e à anulação da venda. Os tribunais tributários, como se verá, intervêm apenas para resolver os eventuais litígios que possam surgir, garantindo o respeito pelos direitos e garantias dos contribuintes ao longo da execução fiscal.

[3] A Lei nº 13/2016, de 23 de Maio, veio alterar o artigo 244º do CPPT, inserindo uma norma que, quanto aos imóveis destinados à habitação própria e permanente do executado ou do seu agregado familiar, e desde que o mesmo não esteja enquadrado, no momento da penhora, na taxa máxima para efeitos de transmissão (nos termos do Código do IMT), impede a sua venda, ficando no entanto penhorado até ao pagamento integral da dívida.

O que nesta parte IV pretendemos analisar é então o processo de execução fiscal que será instaurado caso o contribuinte opte por não pagar o imposto ou outro tributo. Pretende-se assim determinar os pressupostos materiais e formais de instauração deste processo, as regras de competência e legitimidade, sem deixar de delimitar a natureza deste processo algo *sui generis*. Como se verá, de forma bastante original, o processo de execução fiscal assume legalmente a natureza judicial, pese embora a maior parte dos actos ao longo do mesmo seja praticada pela Administração Tributária, em específico, pelo órgão da execução fiscal.

De seguida analisaremos a tramitação deste processo desde a sua instauração às causas da sua extinção, salientando os meios de defesa ao dispor do executado e de terceiros ao longo da execução fiscal, tal como a oposição judicial, a reclamação para o tribunal tributário de 1ª instância ou os embargos de terceiro.

Feitas estas considerações iniciais, iniciemos então a análise do processo de execução fiscal, começando por descortinar a natureza deste processo.

73. Natureza do processo

Antes da análise dos pressupostos do processo de execução de fiscal é fundamental determinar a natureza do mesmo, sendo hoje pacífico que o processo de execução fiscal é de natureza judicial.

De facto, decorre expressamente do nº 1 do artigo 103º da LGT que o processo de execução fiscal tem natureza judicial, "*sem prejuízo da participação dos órgãos da administração tributária nos actos que não tenham natureza jurisdicional*". Assim também tem entendido a doutrina, designadamente LEITE CAMPOS, BENJAMIM SILVA RODRIGUES e LOPES DE SOUSA que entendem que este nº 1 do artigo 103º da LGT reflecte uma "*opção clara do legislador pela natureza do processo de execução fiscal como processo judicial*", verificando-se um estrito controlo de legalidade por parte do tribunal, sendo a intervenção da Administração conformada como de simples participação na realização do seu escopo judicial[4]. FREITAS DA ROCHA, por seu turno, considera que o processo de execução fiscal consubstancia um meio processual cuja finalidade é a realização de um determinado direito de crédito, acrescentando que se trata de uma "*verdadeira acção*", ressalvando, porém, que este inclui uma "*forte componente não jurisdicional*", na medida em que vários actos são praticados por órgãos administrativos[5].

[4] DIOGO LEITE CAMPOS/ BENJAMIM SILVA RODRIGUES/JORGE LOPES DE SOUSA (2012), p. 890.

[5] JOAQUIM FREITAS DA ROCHA (2014), p. 323.

A natureza judicial do processo de execução fiscal não é pacífica apenas na doutrina, mas igualmente na jurisprudência dos tribunais superiores. Neste sentido, veja-se o acórdão do STA de 8 de Agosto de 2012, proferido no âmbito do processo nº 0803/12 no qual se afirmou que:

> *"O nº 1 do artigo 103° da LGT, ao referir que «o processo de execução fiscal tem natureza judicial», exprime literalmente o sentido de que a execução fiscal se realiza através de um «processo» e não de um «procedimento administrativo», no pressuposto hoje indiscutível que estamos perante realidades com natureza distintas."*

Deste acórdão resulta ainda uma conclusão importante. Tratando-se o processo de execução fiscal de um meio processual, ou seja, de um processo de natureza judicial, "*independentemente da natureza materialmente administrativa ou jurisdicional dos actos que nele sejam praticados, a conclusão lógica é que as normas previstas para o procedimento não se aplicam à categoria processo de execução fiscal*". Esta conclusão é fundamental, designadamente quanto aos seus efeitos ao nível da contagem de prazos. Como vimos nos pontos 49.1 e 67.1 deste manual, o modo de contagem de prazos será diferente no âmbito do procedimento tributário e em sede do processo judicial tributário. Na medida em que o processo de execução fiscal assume uma natureza judicial, será de aplicar o modo de contagem de prazos previsto no CPC, aplicável no âmbito do processo judicial tributário. Isto significa que, de acordo com o artigo 20º, nº 2 do CPPT, os prazos para a prática de actos no âmbito do processo de execução fiscal são contínuos, contando-se sábados, domingos e feriados e suspendendo-se nas férias judiciais, excepto no caso dos processos urgentes, nos termos do artigo 138ºdo CPC. O dia da notificação também não conta, sendo considerado como "dia zero".

Por fim, é de referir que tendo em conta a natureza judicial do processo de execução fiscal, já se questionou a eventual inconstitucionalidade da atribuição de competências aos órgãos da Administração Tributária para a prática de actos no âmbito da execução fiscal. O Tribunal Constitucional pronunciou-se acerca desta questão no acórdão nº 80/2003 de 12 de Fevereiro de 2003, concluindo pela não inconstitucionalidade material e orgânica das normas que conferem aos órgãos da Administração competências para a prática de actos no processo de execução fiscal. Na verdade, este tribunal superior entendeu que "*a nossa lei fundamental não obriga a que todos os actos em que se desenrola o processo de execução fiscal devam ser obrigatoriamente praticados pelo juiz, pese embora a jurisprudência fiscal e, hoje, abertamente a Lei Geral Tributária (artº 103º nº 1), aprovada pelo Decreto-Lei nº 433/99, de 26 de Outubro atribuam ao processo de execução fiscal «natureza judicial»*".

Assim, defendeu que não resulta da Constituição que os actos integrantes do processo de execução fiscal tenham de ser praticados por um juiz, pese embora a natureza judicial deste processo. Na verdade, advoga que da qualificação do processo de execução fiscal como um processo de natureza judicial apenas decorre "*que os conflitos de interesses que dentro dele se suscitem – mesmo que sejam emergentes, não só da actuação das partes ou até de terceiros no processo, como também de qualquer decisão que nele seja tomada pela administração fiscal, relativamente aos actos para cuja prática a lei lhe atribui competência –, serão sindicados, no próprio processo, sempre pelo juiz tributário*".

Deste modo, podemos concluir que o processo de execução fiscal assume a natureza judicial, sendo os prazos qualificados com prazos processuais para efeitos de contagem, pese embora a prática de actos no âmbito deste processo seja, na grande maioria das vezes, confiada na Administração Tributária. A atribuição destas competências à Administração não é orgânica ou materialmente inconstitucional, exigindo-se, porém, que os eventuais conflitos que surjam no âmbito do processo de execução fiscal sejam dirimidos no próprio processo pelo juiz tributário.

74. Pressupostos

Vejamos agora, antes de iniciarmos a análise dos pressupostos da instauração do processo de execução fiscal, as suas principais características, bem como a sua finalidade primordial.

No que diz respeito às características do processo de execução fiscal, este será fundamentalmente um processo simples e célere tendo em conta que, de acordo com o nº 1 do artigo 177º do CPPT, este se extingue dentro de 1 (um) ano contado da instauração, excepto quando se verificarem causas insuperáveis, devidamente justificadas. Segundo Jesuíno Alcântara Martins e Costa Alves, este prazo é, no entanto, meramente ordenador ou disciplinar, tendo como objectivo a motivação da extinção do processo de execução fiscal de forma célere[6],[7]. Os mesmos autores sublinham que num grande

[6] Recorde-se que, de acordo com o artigo 139º do CPC, os prazos dilatórios ou ordenadores diferem para certo momento a possibilidade de realização de um acto ou o início da contagem de um outro prazo, admitindo-se nos termos do nº 5 deste artigo a prática do acto dentro dos 3 (três) primeiros dias úteis subsequentes ao termo do prazo, mediante o pagamento imediato de uma multa. Já o decurso dos prazos peremptórios extingue o direito de praticar o acto.

[7] Jesuíno Alcântara Martins/José Costa Alves (2015), p. 237. Freitas da Rocha reconhece igualmente o carácter célere do processo de execução fiscal, considerando a possibilidade de utilização do processo de execução fiscal vantajosa precisamente devido à celeridade do mesmo Cf. Joaquim Freitas da Rocha (2014), p. 326.

número de processos, a observância do prazo de 1 (um) ano é "*manifestamente inviável*", devido às diligências que têm de ser realizadas, bem como às ocorrências que se podem verificar, inerentes ou não à normal evolução do processo de execução fiscal[8].

Para além da simplicidade e tendencial celeridade do processo de execução fiscal, a segunda característica deste processo será o facto de não se discutir no seu âmbito a legalidade da dívida, excepto quando a lei não assegure meio judicial de impugnação ou recurso contra o acto de liquidação, tal como disposto no artigo 204º, nº 1, alínea *h*) do CPPT[9]. Jesuíno Alcântara Martins e Costa Alves consideram que esta característica do processo de execução fiscal acentua a sua especificidade e a sua força coercitiva.

Freitas da Rocha reconhece igualmente esta característica, entendendo que as questões relativas à legalidade ou validade da dívida se devem considerar resolvidas no âmbito do processo de execução fiscal, ou por serem pacíficas, ou porque não foram levantadas no tempo e através dos meios adequados, ou, ainda, porque o sujeito levantou as questões mas não teve sucesso[10].

Apuradas as características principais do processo de execução fiscal – simplicidade, celeridade e impossibilidade de discussão da legalidade da dívida –, torna-se necessário para a compreensão deste processo o conhecimento da sua finalidade essencial. Esta finalidade corresponderá então à cobrança coerciva de créditos do Estado e de outras pessoas colectivas de direito público[11].

Aqui chegados, podemos iniciar a nossa análise dos pressupostos da instauração do processo de execução fiscal sendo de salientar, desde já, que serão dois os pressupostos exigidos. Temos, por um lado, pressupostos materiais ao nível do âmbito ou objecto do processo, exigindo-se que as dívidas tributárias objecto do processo de execução fiscal cumpram determinados requisitos. Por outro, ao nível dos pressupostos formais, exige-se a existência de um título executivo dotado de coactividade e definitividade.

[8] Jesuíno Alcântara Martins/José Costa Alves (2015), p. 237.

[9] Jesuíno Alcântara Martins e Costa Alves salientam que esta hipótese será virtualmente inexistente nos casos de liquidação de tributos, tendo em conta que a liquidação será impugnável administrativa e contenciosamente Cf. Jesuíno Alcântara Martins/José Costa Alves (2015), p. 237. Com efeito, o sujeito passivo poderá discutir a legalidade da dívida tributária em sede de reclamação graciosa, impugnação judicial ou mediante o pedido de constituição de tribunal arbitral, contestando a legalidade do acto de liquidação em causa. Para maiores desenvolvimentos acerca destes meios tutelares vejam-se os pontos 44, 60 e a Parte III deste manual.

[10] Joaquim Freitas da Rocha (2014), p. 324.

[11] Jesuíno Alcântara Martins/José Costa Alves (2015), p. 232. Freitas da Rocha considera que o objecto do processo de execução fiscal será a realização de um determinado direito de crédito Cf. Joaquim Freitas da Rocha (2014), p. 323.

O estudo destes pressupostos será feito em pontos autónomos, começando por descortinar os pressupostos materiais da instauração do processo de execução fiscal.

74.1. Pressupostos materiais: o âmbito e objecto do processo de execução fiscal

Neste ponto pretende-se responder à questão de saber que dívidas podem ser cobradas coercivamente através do processo de execução fiscal. Serão todas as dívidas de entidades públicas e privadas? Que requisitos deverão preencher estas dívidas? Aqui chegaremos à conclusão que as dívidas cobradas coercivamente através do processo de execução fiscal serão apenas as dívidas ao Estado e a outras pessoas de direito público certas, líquidas e exigíveis. Comecemos, assim, por analisar qual a razão desta exclusividade da execução fiscal quanto às dívidas ao Estado e a outras pessoas de direito público para, depois, analisarmos os demais requisitos que estas dívidas deverão preencher.

Antes de mais, importa referir que as dívidas cobradas mediante um processo de execução fiscal não serão apenas as dívidas ao Estado, tendo em conta que este processo poderá ter como objecto dívidas a outras pessoas colectivas de direito público não raras vezes localizadas fora do seu perímetro orçamental. Por outro lado, nem todas as dívidas ao Estado serão cobradas mediante um processo de execução fiscal, designadamente as coimas e outras sanções pecuniárias fixadas em decisões, sentenças ou acórdãos relativos a contra-ordenações tributárias, quando aplicadas pelos tribunais comuns, tal como resulta do artigo 148º, nº 1, alínea *b*) do CPPT[12].

Olhemos em concreto para este artigo 148º do CPPT de epígrafe "*Âmbito da execução fiscal*" que estabelece as dívidas que podem ser cobradas mediante um processo de execução fiscal. Estas dívidas correspondem então a:

- Tributos, incluindo impostos aduaneiros, especiais e extrafiscais, taxas, demais contribuições financeiras a favor do Estado, adicionais cumulativamente cobrados, juros e outros encargos legais (nº 1, alínea *a*));
- Coimas e outras sanções pecuniárias fixadas em decisões, sentenças ou acórdãos relativos a contra-ordenações tributárias, salvo quando aplicadas pelos tribunais comuns (nº 1, alínea *b*));
- Coimas e outras sanções pecuniárias decorrentes da responsabilidade civil determinada nos termos RGIT (nº 1, alínea *c*));

[12] Neste sentido: JOAQUIM FREITAS DA ROCHA (2014), p. 324.

- Outras dívidas ao Estado e a outras pessoas colectivas de direito público que devam ser pagas por força de acto administrativo (nº 2, alínea *a*)); e
- Reembolsos ou reposições (nº 2, alínea *b*)).

A doutrina tem apontado defeitos ao elenco. FREITAS DA ROCHA, por exemplo, considera que resultam deste artigo duas dificuldades. A primeira diz respeito ao facto de existirem certas figuras cuja natureza não é líquida, questionando-se se serão ou não verdadeiros tributos, ou seja, se se trata de contribuições, de tarifas ou de preços e consequentemente passíveis de cobrança coerciva mediante o processo de execução fiscal. Por outro, salienta as dificuldades inerentes à utilização de uma fórmula demasiado vaga na alínea *a*) do nº 2 do artigo 148º do CPPT, admitindo-se a cobrança coerciva de "*outras dívidas*" ao Estado e a "*outras pessoas colectivas de direito público*" [13].

Cremos assistir razão ao autor, designadamente com a problemática da formulação demasiado vaga da alínea *a*) do nº 2 do artigo 148º do CPPT, tornando-se necessário concretizar o conceito de "*outras dívidas a outras pessoas colectivas de direito público*", designadamente a que pessoas colectivas é que o legislador se refere. Esta concretização tem sido levada a cabo quer pela doutrina, quer pela jurisprudência dos tribunais superiores que caberá agora analisar.

Assim, é de referir que as dívidas a outras pessoas colectivas de direito público, determinadas por força de acto administrativo, previstas na alínea *a*) do nº 2 do artigo 148º do CPPT só poderão ser cobradas mediante o processo de execução fiscal se esta forma de cobrança estiver expressamente prevista na lei, reconhecendo-se este benefício à entidade titular do crédito[14]. Trata-se, de facto, de um benefício poder usufruir do processo de execução fiscal para proceder à cobrança das suas dívidas na medida em que o processo de execução fiscal é tendencialmente célere, extinguindo-se no prazo de 1 (um) ano após a sua instauração, sendo esta uma vantagem relativamente aos processos de execução que correm nos tribunais comuns[15].

[13] JOAQUIM FREITAS DA ROCHA (2014), p. 325.

[14] Esta exigência de lei prévia que preveja expressamente a cobrança através do processo de execução fiscal verifica-se igualmente nos casos de outras dívidas não tributárias devidas ao Estado, que devam ser pagas por força de um acto administrativo, tal como decorre expressamente do nº 2 do artigo 148º do CPPT que dispõe que tais dívidas *"poderão ser igualmente cobradas mediante processo de execução fiscal, nos casos e termos expressamente previstos na lei"*. Neste sentido, veja-se JESUÍNO ALCÂNTARA MARTINS/JOSÉ COSTA ALVES (2015), p. 232 e JORGE LOPES DE SOUSA (2011), Vol. III, p. 31.

[15] Neste sentido: JESUÍNO ALCÂNTARA MARTINS/JOSÉ COSTA ALVES (2015), p. 232 e JOAQUIM FREITAS DA ROCHA (2014), p. 326.

Normalmente, o reconhecimento da possibilidade de cobrança coerciva das dívidas através do processo de execução fiscal verifica-se no diploma legal que aprova a lei orgânica dos institutos e demais entidades de direito público em causa[16]. LOPES DE SOUSA refere, porém, que, no que diz respeito à cobrança das dívidas não tributárias que devam ser pagas por força de acto administrativo, pese embora se exija sempre a existência de lei expressa que preveja a cobrança através do processo de execução fiscal, nestes casos existe uma norma de carácter geral que autoriza a utilização deste processo. Refere-se ao artigo 155º, nº 1 do antigo CPA – actual nº 1 do artigo 179º – que determina que "*quando, por força de um acto administrativo, devam ser pagas a uma pessoa colectiva pública, ou por ordem desta, segue-se, na falta de pagamento voluntário no prazo fixado, o processo de execução fiscal, tal como regulado na legislação do processo tributário*"[17].

Com efeito, parece-nos que, nos casos de dívidas a outras pessoas colectivas de direito público que devam ser pagas por força de acto administrativo, a possibilidade de proceder à cobrança coerciva das mesmas através do processo de execução fiscal resultará sempre do artigo 179º do CPA, norma de carácter geral. Na verdade, o nº 1 do artigo 179º do CPA ao admitir, em geral, a cobrança coerciva de dívidas a pessoas colectivas públicas que devam ser pagas por força de acto administrativo mediante o processo de execução fiscal, cumpre a exigência da existência de uma lei prévia, consagrada no nº 2 do artigo 148º do CPPT.

Em nossa opinião, não será necessário que esta possibilidade de utilização do processo de execução fiscal conste do diploma legal que aprova a lei orgânica dos institutos e demais entidades de direito público. Esta decorre do artigo 179º do CPA, em geral, para todas as pessoas colectivas de direito público.

Neste sentido, veja-se o acórdão do STA de 18 de Junho de 2013, proferido no âmbito do processo nº 01380/12 no qual se admitiu a cobrança coerciva das dívidas ao Instituto de Infra-Estruturas Rodoviárias, IP, afirmando que mesmo que esta possibilidade não resultasse do artigo 17º-A aditado à Lei nº 25/2006, de 30 de Junho, pela Lei nº 55-A/2010, de 31 de Dezembro – regime sancionatório aplicável às transgressões ocorridas em matéria de infra-estruturas rodoviárias onde seja devido o pagamento de taxas de portagem –, a "*execução coerciva da dívida em causa sempre estaria legitimada, por força da aplicação da regra geral do art. 155º, nº 1* [actual artigo 179º, nº1], *do CPA, uma*

[16] *Ibidem.*

[17] JORGE LOPES DE SOUSA (2011), Vol. III, p. 31.

vez que o processo de execução em causa tem em vista o pagamento de prestação pecuniária que deve ser paga a "uma pessoa colectiva pública, ou por ordem desta", caindo, desta forma, na previsão daquele preceito".

Por conseguinte, será naturalmente extensa a lista das dívidas a pessoas colectivas de direito público cuja cobrança coerciva pode ser efectuada através do processo de execução fiscal. Elencamos aqui, no entanto, algumas das dívidas que beneficiam desta possibilidade:

- Taxas de ocupação de instalações dos aeroportos e aeródromos públicos[18];
- Dívidas ao Instituto da Vinha e do Vinho[19];
- Dívidas ao Instituto de Financiamento da Agricultura e Pescas[20];
- Dívidas ao Instituto de Emprego e da Formação Profissional[21] e
- Créditos relativos à taxa de portagem, aos custos administrativos e aos juros de mora devidos, bem como a coima e respectivos encargos devidos ao Instituto de Infra-Estruturas Rodoviárias[22].

Para além das dívidas às pessoas colectivas de direito público que devam ser pagas por força de acto administrativo, é de referir que, nos termos do nº 3 do artigo 8º da Lei nº 98/97, de 26 de Agosto, também a execução das decisões condenatórias, bem como dos emolumentos e demais encargos financeiros fixados pelo Tribunal de Contas segue o processo de execução fiscal.

Aqui chegados, o que é fundamental reter é que desde a entrada em vigor do Decreto-Lei nº 241/93 de 8 de Julho, tal como disposto no seu artigo 3º, o processo de execução fiscal apenas se aplica à cobrança coerciva das dívidas ao Estado e a outras pessoas de direito público. Isto pese embora, até à entrada em vigor deste diploma serem cobradas através deste processo dívidas

[18] Artigo 25º do Decreto-Lei nº 102/90, de 21 de Março e neste sentido: Jesuíno Alcântara Martins/José Costa Alves (2015), p. 232.

[19] Acórdãos do STA de 21 de Março de 2012, proferido no âmbito do processo nº 01080/11 e de 2 de Março de 2011, proferido no âmbito do processo nº 046/11. Neste sentido, veja-se ainda Joaquim Freitas da Rocha (2014), p. 326.

[20] Acórdão do STA de 20 de Junho de 2012, proferido no âmbito do processo nº 0324/12. Neste sentido, veja-se ainda Joaquim Freitas da Rocha (2014), p. 326.

[21] Joaquim Freitas da Rocha (2014), p. 326.

[22] Jesuíno Alcântara Martins/José Costa Alves (2015), p. 235 e acórdão do STA de 18 de Junho de 2013, proferido no âmbito do processo nº 01380/12. Estes autores consideram, no entanto, que deverá ser ponderada a legalidade quando a entidade exequente destas dívidas seja a concessionária ou a subconcessionária, tendo em conta a sua natureza jurídica. Na verdade, estas não constituem pessoas colectivas de direito público, sendo que as dívidas cuja cobrança coerciva é admitida através do processo de execução fiscal serão, por força do artigo 3º do Decreto-Lei nº 241/93 de 8 de Julho, apenas aquelas devidas ao Estado ou outras pessoas colectivas de direito público.

de outras entidades, designadamente da Caixa Geral de Depósitos, enquanto empresa de capitais maioritariamente públicos, cabendo agora a cobrança coerciva destas dívidas aos tribunais comuns.

Ora, antes de analisarmos os demais requisitos que as dívidas a estas entidades deverão preencher, é de salientar o caso especial das dívidas à Segurança Social.

No que concerne às dívidas à Segurança Social, de acordo com Jesuíno Alcântara Martins e Costa Alves, estas corresponderão a "*toda a dívida contraída perante as instituições do sistema de solidariedade e de segurança social, podendo o devedor ser uma pessoa singular, uma pessoa colectiva ou uma entidade a esta legalmente equiparada*"[23].

É de referir que com o Decreto-Lei nº 42/2001, de 9 de Fevereiro, foram criadas secções de processos executivos do sistema de solidariedade e segurança social que, de acordo com o artigo 2º do Decreto-Lei nº 84/2012, de 30 de Março, consubstanciam serviços desconcentrados a nível regional do Instituto de Gestão Financeira da Segurança Social. Na verdade, a principal especificidade ao nível da cobrança coerciva das dívidas à Segurança Social é o facto de os processos de execução fiscal serem instaurados nestas secções de processos executivos da Segurança Social, quando, previamente à criação destas secções, tinham lugar nos serviços de finanças. Não há dúvida, porém, que estas dívidas serão cobradas coercivamente mediante o processo de execução fiscal. A única diferença será o lugar onde é instaurado o processo – as secções de processos executivos da Segurança Social e não os serviços de finanças.

Assim, sabemos desde já que o objecto do processo de execução fiscal, a dívida cuja cobrança coerciva se pretende efectuar, deverá enquadrar-se no artigo 148º do CPPT. No que diz respeito às "*outras dívidas*" devidas a "*outras pessoas colectivas de direito público*" que devam ser pagas por força de acto administrativo, exige-se uma lei prévia que reconheça a possibilidade de utilização do processo de execução fiscal destas dívidas. Em nossa opinião, esta exigência estará cumprida com o artigo 179º, nº 1 do CPA que admite, em geral, a cobrança coerciva das dívidas a pessoas colectivas de direito público que devam ser pagas por força de acto administrativo através do processo de execução fiscal. Para além disso, por força do artigo 3º do Decreto-Lei nº 241/93, de 8 de Julho, apenas se admite a cobrança coerciva de dívidas ao Estado e outras pessoas colectivas de direito público e nunca a entidades privadas.

Ora, para além da exigência de se tratarem de dívidas ao Estado ou a pessoas colectivas de direito público, estas deverão preencher três requisitos

[23] Jesuíno Alcântara Martins/José Costa Alves (2015), p. 233.

– devem ser *certas*, *líquidas* e *exigíveis*[24]. Jesuíno Alcântara Martins e Costa Alves salientam o facto destes requisitos constarem expressamente do artigo 234º do CPT, não se encontrando norma semelhante no actual CPPT. Contudo, entendem que a exigência destes requisitos resulta do facto de a execução ter necessariamente por base um título que determina a finalidade e os limites da acção executiva, exigindo-se que a dívida exequenda preencha estes requisitos, previstos no artigo 713º do CPC, aplicável subsidiariamente ao processo de execução fiscal *ex vi* artigo 2º, alínea *e*) do CPPT[25].

Deste modo, caberá delimitar em que consistem estes requisitos e quando se deverá considerar que determinada dívida os preenche, fazendo uma referência especial às dívidas tributárias que são, naturalmente, aquelas que na maioria das vezes são cobradas coercivamente através do processo de execução fiscal.

Seguindo a doutrina de Freitas da Rocha, (*i*) a dívida será *certa* quando não se verificarem dúvidas relativamente aos sujeitos devedores e à natureza e conteúdo das prestações em que tais dívidas se materializam; (*ii*) será *líquida* quando não existirem quaisquer dúvidas relativamente ao seu montante e (*iii*) será *exigível* quando não houver dúvidas acerca do momento para ser reivindicada, sendo que a verificação deste último requisito será aferida em face do título executivo[26].

Lopes de Sousa indica que a certeza e liquidez implicam a indicação do seu montante em dinheiro, mas acrescenta que a falta de contabilização dos juros de mora vencidos não é obstáculo à instauração da execução fiscal, como se depreende do artigo 163º, nº 2 do CPPT[27].

Apesar de termos concluído que o processo de execução fiscal pode ter como objecto outras dívidas que não tributárias, desde que exista uma lei prévia que expressamente admita tal possibilidade, consideramos relevante referir quando é que estes requisitos se consideram preenchidos ao nível das dívidas tributárias na medida em que, tal como referimos, estas corresponderão, na maioria dos casos, ao objecto do processo de execução fiscal[28].

[24] Neste sentido: Jesuíno Alcântara Martins/José Costa Alves (2015), p. 237-238 e Joaquim Freitas da Rocha (2014), p. 323-324.

[25] Jesuíno Alcântara Martins/José Costa Alves (2015), p. 237.

[26] Joaquim Freitas da Rocha (2014), p. 323-324.

[27] Jorge Lopes de Sousa (2011), vol.III, p. 129.

[28] No que diz respeito às dívidas à Segurança Social, segundo Jesuiíno Alcântara Martins e Costa Alves, as contribuições para o regime de Segurança Social serão passíveis de cobrança coerciva através do processo de execução fiscal quando terminar o prazo de pagamento voluntário das mesmas, exigindo-se que a entidade titular do crédito proceda à extracção da certidão da dívida. Este prazo de pagamento voluntário das contribuições e quotizações à Segurança Social constará, por sua vez, do Código Contributivo, aprovado pela Lei nº 110/2009, de 16 de Setembro.

Assim, como se sabe, a liquidação constitui a operação através da qual se aplica a taxa de imposto à matéria tributável, apurando-se o valor devido pelo contribuinte. Com efeito, através da liquidação determina-se o valor de tributo devido pelo contribuinte, sendo este montante *certo* e *líquido*, na medida em que não há dúvidas acerca do sujeito devedor, da natureza e do conteúdo das prestações, nem relativamente ao valor da dívida. Por conseguinte, acompanhando o entendimento de Jesuíno Alcântara Martins e Costa Alves, podemos afirmar que as dívidas tributárias serão sempre *certas* e *líquidas*, resultando o preenchimento destes requisitos da própria operação de liquidação do tributo[29].

Por outro lado, as dívidas tributárias apenas se tornam exigíveis após o decurso do prazo de pagamento voluntário do tributo, ou seja, quando não sejam pagas neste prazo. Assim, para determinar se determinada dívida tributária é ou não exigível será necessário olharmos para os prazos de pagamento voluntário previstos nos códigos e leis tributárias, na medida em que só pelo decurso destes prazos é que as dívidas se tornam exigíveis. O preenchimento deste requisito será aferido em face do título executivo, tendo em conta que, de acordo com a alínea *c*) do nº 1 do artigo 163º do CPPT, deste deverá constar a data em que foi emitido. Se o título tiver sido emitido em data anterior ao decurso do prazo para pagamento voluntário da dívida tributária, esta ainda não será exigível e, consequentemente, não será passível de cobrança coerciva através do processo de execução fiscal.

Aqui chegados, podemos concluir que tanto poderão ser objecto de cobrança coerciva através do processo de execução fiscal dívidas tributárias, quanto dívidas não tributárias, sendo de esclarecer que, ao longo do estudo deste processo, forcar-nos-emos nos casos relativos às dívidas tributárias, pese embora possam ir sendo feitas algumas referências aos casos em que a dívida a cobrar coercivamente não seja de natureza tributária.

Na verdade, para além destes pressupostos materiais, a instauração do processo de execução fiscal depende ainda de um importante pressuposto formal – a existência de um título executivo dotado de coactividade e definitividade – que cumpre analisar no ponto seguinte.

74.2. Pressupostos formais: o título executivo

Para além de ter como objecto as dívidas com as características analisadas no ponto anterior, ou seja, dívidas ao Estado ou a outras pessoas colectivas de direito público certas, líquidas e exigíveis, o processo de execução fiscal tem

[29] Jesuíno Alcântara Martins/José Costa Alves (2015), p. 237.

como pressuposto formal, necessário à sua instauração, a existência de um título executivo que respeite determinados requisitos[30].

A este propósito, Lopes de Sousa refere que, de acordo com o disposto no artigo 45º do CPC – actual nº 5 do artigo 10º do novo CPC – toda a execução tem por base um título executivo, no qual se definem o fim e os limites da acção executiva[31]. Já Freitas da Rocha compreende esta exigência no âmbito do processo de execução fiscal na medida em que é necessário um comprovativo de que a dívida – cuja cobrança coerciva se pretende efectuar – existe, sendo que, em princípio, não se discutirá em sede deste processo a legalidade da mesma[32].

Ora, neste ponto pretendemos, antes de mais, delimitar as funções do título executivo, exigido como pressuposto formal para a instauração do processo de execução fiscal. De seguida, indicaremos as espécies de títulos executivos que podem servir de base ao processo de execução fiscal, fazendo uma referência especial à certidão de dívida extraída do título de cobrança e aos títulos executivos para a cobrança coerciva de dívidas à Segurança Social. Caberá ainda estabelecer os requisitos essenciais dos quais depende a força executiva destes títulos executivos para, por fim, determinarmos as consequências da falta de preenchimento destes requisitos.

- ***Funções dos títulos executivos***

Seguindo a doutrina de Lopes de Sousa o título executivo desempenha duas funções. Os títulos executivos visam, por um lado, permitir que a entidade perante a qual corre a execução fiscal possa "*verificar se estão reunidas as condições para prosseguir com o processo*", designadamente se a dívida é certa, líquida e exigível. Por outro, os títulos executivos têm ainda a função de informar o executado da dívida que se executa, permitindo que este organize a sua defesa, se assim o pretender[33]. Dito de outro modo, os títulos executivos não só devem permitir a verificação dos pressupostos materiais da execução fiscal pelo órgão responsável pela mesma, mas também devem garantir a comunicação ao executado da dívida que se executa, permitindo que este se defenda contra a instauração do processo de execução fiscal.

A este propósito, Jesuíno Alcântara Martins e Costa Alves consideram que o título executivo consubstancia o "*documento comprovativo da*

[30] No mesmo sentido: Joaquim Freitas da Rocha (2014), p. 327.
[31] Jorge Lopes de Sousa (2011), Vol. III, p. 120.
[32] Joaquim Freitas da Rocha (2014), p. 328.
[33] Jorge Lopes de Sousa (2011), Vol. III, p. 125.

obrigação cujo cumprimento se pretende", bem como o documento *"constitutivo do direito de cobrança da entidade exequente"* [34].

- ***Espécies de títulos executivos***

Descortinadas as funções dos títulos executivos, caberá olhar agora para o artigo 162º do CPPT que estabelece as *espécies de títulos executivos* admitidas. Assim, podem servir de base à execução fiscal os seguintes títulos executivos:

- Certidão extraída do título de cobrança relativa a tributos e outras receitas do Estado (alínea *a*));
- Certidão de decisão exequível proferida em processo de aplicação das coimas (alínea *b*));
- Certidão do acto administrativo que determina a dívida a ser paga (alínea *c*)); e
- Qualquer outro título a que, por lei especial, seja atribuída força executiva (alínea *d*)).

Será de referir que, tal como LOPES DE SOUSA, consideramos que decorre da alínea *d*) deste artigo que a lista aqui elencada de espécies de títulos executivos que podem servir de base ao processo de execução fiscal não é taxativa[35]. Pelo contrário, admite-se que qualquer outro título sirva de base à execução fiscal, desde que lhe seja atribuída por lei especial força executiva. Assim, o título executivo corresponde a uma certidão ou qualquer outro documento a que, por lei especial, tenha sido atribuída força executiva, desde que preenchidos os requisitos previstos no artigo 162º do CPPT, que serão objecto de análise mais à frente.

Por outro lado, deste artigo decorre que os títulos executivos tanto podem ser administrativos, sendo extraídos pelos serviços competentes da Administração Tributária ou outros serviços administrativos do Estado, quanto judiciais, tratando-se de certidões de decisões exequíveis proferidas por tribunais tributários. JESUÍNO ALCÂNTARA MARTINS e COSTA ALVES assim entendem, considerando que constituem títulos executivos judiciais as certidões de decisões exequíveis proferidas em processo de aplicação de coimas, previstas na alínea *b*) do artigo 162º do CPPT. Estes autores defendem ainda que as decisões exequíveis aqui em causa correspondem às decisões proferidas por *tribunais tributários* ou pelas *autoridades administrativas* que se tornam definiti-

[34] JESUÍNO ALCÂNTARA MARTINS/JOSÉ COSTA ALVES (2015), p. 240.
[35] JORGE LOPES DE SOUSA (2011), Vol. III, p. 120.

vas com o trânsito em julgado ou por não interposição de recurso judicial[36]. Neste sentido, Lopes de Sousa também considera que as decisões exequíveis a que a alínea *b*) do artigo 162º do CPPT faz referência são apenas aquelas proferidas em processos de contra-ordenações tributárias, aduaneiras ou não aduaneiras, sendo que nos casos em que a aplicação de coimas tem lugar em processo criminal, o entendimento deste autor é que a execução seguirá os termos da execução das decisões dos tribunais comuns, alegando que tal conclusão resulta do disposto no artigo 148º, nº 1, alínea *b*) do CPPT[37].

Nós tenderemos a concordar com a posição destes autores, tendo em conta que o artigo 148º, nº 1, alínea *b*) do CPPT, que determina o âmbito do processo de execução fiscal estabelece expressamente que este processo abrange a cobrança coerciva de "*coimas e outras sanções pecuniárias fixadas em decisões, sentenças ou acórdãos relativos a contra-ordenações tributárias, **salvo quando aplicadas pelos tribunais comuns***" (destacado nosso). Deste modo, tratando-se de um pressuposto material da instauração da execução fiscal que a coima ou sanção pecuniária cuja cobrança coerciva se pretende efectuar tenha sido fixada numa sentença ou decisão proferida pelos *tribunais tributários*, não poderá naturalmente admitir-se que o processo de execução fiscal tenha por base um título executivo correspondente a uma certidão de decisão exequível proferida pelos *tribunais comuns*. Nestes casos, entendemos que a execução seguirá os termos da execução das decisões dos tribunais comuns, previstos no CPC.

É de referir ainda que nos casos mais comuns, de cobrança de tributos, especialmente de impostos, a execução fiscal terá por base a certidão de dívida que, de acordo com o artigo 88º, nº 1 do CPPT "*findo o prazo de pagamento voluntário estabelecido nas leis tributárias, será extraída pelos serviços competentes certidão de dívida com base nos elementos que tiverem ao seu dispor*". As certidões de dívida serão assinadas e autenticadas e conterão, sempre que possível, os elementos previstos no nº 2 do artigo 88º do CPPT, designadamente a identificação do devedor, incluindo o número fiscal de contribuinte e a proveniência da dívida e seu montante, entre outros. Já no que concerne às dívidas à Segurança Social, o nº 1 do artigo 7º do Decreto-Lei nº 42/2001, de 9 de Fevereiro, determina que são títulos executivos as certidões de dívida emitidas pelas instituições de solidariedade e segurança social.

[36] Jesuíno Alcântara Martins/José Costa Alves (2015), p. 241.
[37] Jorge Lopes de Sousa (2011), Vol. III, p. 121.

• ***Requisitos essenciais dos títulos executivos***

Descortinadas as espécies de títulos executivos admitidas, a verdade é que mesmo que se trate de uma certidão extraída do título de cobrança relativa a tributos e outras receitas do Estado, de uma certidão do acto administrativo que determina a dívida a ser paga ou de qualquer outro título ao qual é reconhecida força executiva em lei prévia, estes títulos só possuirão força executiva e consequentemente poderão servir de base ao processo de execução fiscal se preencherem os *requisitos essenciais* consagrados no artigo 163º do CPPT.

Por conseguinte, são requisitos essenciais dos títulos executivos que estes deverão preencher, sob pena de ineficácia:

- Menção da entidade emissora ou promotora da execução (nº 1, alínea *a*));
- Assinatura da entidade emissora ou promotora da execução, por chancela nos termos do presente Código ou, preferencialmente, através de aposição de assinatura electrónica avançada (nº 1, alínea *b*));
- Indicação da data em que foi emitido (nº 1, alínea *c*));
- Indicação do nome e domicílio do ou dos devedores (nº 1, alínea *d*));
- Indicação da natureza e proveniência da dívida e indicação do seu montante (nº 1, alínea *e*)); e a
- Indicação da data a partir da qual são devidos juros de mora e a importância sobre que incidem (nº 2).

Para além disso, de acordo com o nº 3 do artigo 163º do CPPT, os títulos executivos deverão ser emitidos por via electrónica e, quando provenientes de entidades externas, devem preferencialmente ser entregues à Administração Tributária por transmissão electrónica de dados, valendo nesse caso como assinatura a certificação de acesso.

• ***Consequências da falta de verificação dos requisitos essenciais dos títulos executivos***

Caso não conste do título executivo algum destes requisitos essenciais, caso falte, por exemplo, a menção da entidade emissora ou promotora da execução ou a indicação do nome e domicílio do devedor, verificar-se-á a ineficácia do mesmo – não podendo servir de base à execução fiscal – verificando-se, ainda, a nulidade de todo o processo de execução fiscal, nos termos do artigo 165º, nº 1, alínea *b*) do CPPT[38].

[38] Neste sentido: Jesuíno Alcântara Martins/José Costa Alves (2015), p. 240, Joaquim Freitas da Rocha (2014), p. 329 e Jorge Lopes de Sousa (2011), Vol. III, p. 141.

Contudo, a nulidade insanável do processo de execução fiscal, decorrente da falta de algum dos requisitos essenciais do título executivo previstos no artigo 163º do CPPT, apenas se verificará quando esta falta não seja suprível por prova documental. A este propósito, veja-se o acórdão do TCA Sul de 26 de Junho de 2014, proferido no âmbito do processo nº 07656/14, no qual se entendeu que:

> *"Nos termos do artº.165, nº.1, al.b), do C.P.P.T., constitui nulidade insanável em processo de execução fiscal a falta de requisitos essenciais do título executivo, quando não puder ser suprida por prova documental. Esta nulidade ocorre quando falte à certidão de dívida algum dos requisitos indicados no artº.163, nº.1, do mesmo diploma, se a falta não puder ser suprida por documento."*

E ainda o acórdão do STA de 12 de Fevereiro de 2014, proferido no âmbito do processo nº 01910/13, em sede do qual se afirmou que "*[a] falta de requisitos essenciais (os que constam do art. 163º do CPPT) do título executivo só constitui nulidade insanável do processo de execução fiscal quando não puder ser suprida por prova documental (al. b) do nº 1 do art. 165º do CPPT).*".

Lopes de Sousa considera que é à luz das funções do título executivo – de possibilidade de verificação dos pressupostos materiais da execução fiscal pelo órgão responsável pela mesma e de comunicação ao executado da dívida que se executa, de forma a permitir a preparação da sua defesa – que deverá ser entendida esta possibilidade de sanação do título executivo mediante prova documental, prevista no artigo 165º, nº 1, alínea *b*) do CPPT. Com efeito, é entendimento deste autor que a possibilidade de sanação só se compreende na medida em que, apesar da falta de algum dos requisitos essenciais previstos no artigo 163º do CPPT, foi dada satisfação aos interesses que a lei pretendia assegurar ao exigi-lo. Ou seja, apesar da falta de verificação deste requisito, as funções do título executivo foram cumpridas, através da apresentação da prova documental que indica, por exemplo, a data em que foi emitido o título ou a natureza e proveniência da dívida e indicação do seu montante, elementos que não constavam do título executivo[39]. Assim, este autor considera que só se verificará a nulidade insanável se estiverem em causa "*os objectivos visados com a exigência dos requisitos*"[40].

O mesmo autor entende que, tal como se infere do nº 2 do artigo 165º do CPPT, quando a nulidade do processo de execução fiscal seja suprida por prova documental, apenas deverão ser anulados os actos já praticados que

[39] Jorge Lopes de Sousa (2011), Vol. III, p. 142.
[40] *Ibidem.*

tenham sido influenciados pela deficiência em causa. Pelo contrário, quando não seja possível suprir tal nulidade mediante prova documental, designadamente quando a falta do requisito põe em causa os objectivos visados pelo legislador ao exigi-lo, o processo de execução fiscal será integralmente anulado. Contudo, se não existir outro impedimento, nada obsta a que Administração Tributária extraia um novo título executivo que cumpra os requisitos exigidos pelo artigo 163º do CPPT, procedendo à instauração de um novo processo de execução fiscal com base nele. Lopes de Sousa assim entende, alegando que nos termos do artigo 673º do CPC – actual artigo 621º – a decisão de anulação do processo de execução fiscal por nulidade do título executivo "*só forma caso julgado material quanto à impossibilidade de cobrança coerciva com base num título que enferme desses vícios*", não impedindo todavia a instauração de um novo processo de execução fiscal que tenha por base um título executivo que preencha os requisitos exigidos, ou seja, que não enferme dos vícios em causa[41].

Estes casos de falta de requisitos essenciais do título executivo serão equiparáveis às situações em que se verifica a nulidade do mesmo, sendo de referir que a nulidade do título executivo não é, de acordo com a jurisprudência dominante essencialmente apoiada na tese de Lopes de Sousa, fundamento do processo de oposição à execução fiscal, como se verá melhor no ponto 77.3.4[42]. Lopes de Sousa considerava ainda que o título executivo seria nulo quando o acto de liquidação ou o acto administrativo em que se tinha baseado fosse anulado ou declarado nulo ou inexistente, alegando que nos termos da alínea *i*) do nº 1 do artigo 133º do CPA seriam nulos os actos consequentes de actos administrativos – e de actos de liquidação – anulados ou declarados nulos ou inexistentes[43]. No entanto, com o novo CPA o artigo correspondente ao artigo 133º – o artigo 161º – deixou de considerar como nulos "*os actos consequentes de actos administrativos anteriormente anulados ou revogados*".

Aqui chegados, podemos concluir que a instauração de um processo de execução fiscal depende da existência de um título a que, por lei especial, seja atribuída força executiva, que contenha os requisitos essenciais previstos no artigo 163º do CPPT, sob pena de nulidade insanável do processo de execução fiscal, nos termos do artigo 165º, nº 1, alínea *b*) do CPPT. Contudo, esta nulidade poderá ser suprida por prova documental quando esta sanação

41 *Ibidem*, p. 141.

42 Veja-se, neste sentido, o acórdão do TCA Sul de 26 de Junho de 2014, proferido no âmbito do processo nº 07656/14.

43 Jorge Lopes de Sousa (2011), Vol. III, p. 141.

não ponha em causa as funções do título executivo, isto é, a possibilidade de verificação dos pressupostos materiais da execução fiscal pelo órgão responsável pela mesma e de comunicação ao executado da dívida que se executa, de forma a permitir a preparação da sua defesa.

75. Regras de competência

Descortinados os pressupostos dos quais depende a instauração do processo de execução fiscal, designadamente as características da dívida cuja cobrança coerciva se pretende efectuar, bem como a necessidade de existência de um título executivo que preencha determinados requisitos, pretende-se agora delimitar a competência para a prática de actos neste processo. No ponto seguinte, por sua vez, analisaremos a quem é reconhecida legitimidade para intervir no processo de execução fiscal, quer como exequente, quer como executado.

Ora, no que diz respeito às regras de competência para a prática de actos no âmbito do processo de execução fiscal, será necessário, antes de mais, salientar que os actos praticados ao longo do processo de execução fiscal serão de natureza administrativa ou de natureza jurisdicional. Desta diversa natureza dos actos praticados no âmbito do processo de execução fiscal decorre a atribuição da competência para a prática dos mesmos tanto à Administração Tributária quanto ao Tribunal. Assim, caberá delimitar quais os actos que devem ser praticados pela Administração e quais os actos que serão da competência do Tribunal para, por fim, determinarmos quais os órgãos da Administração e quais os tribunais competentes para a prática de tais actos.

Freitas da Rocha salienta que o processo de execução fiscal possui duas fases distintas – uma fase administrativa e uma fase jurisdicional – daqui resultando que a os actos praticados ao longo do processo de execução fiscal serão de natureza diversa. Para este autor, estes actos distinguem-se ao nível subjectivo, tendo em conta que a natureza da entidade que os pratica é diferente, e ao nível objectivo, na medida em que a natureza jurídica do próprio acto será distinta[44].

Com efeito, no âmbito do processo de execução fiscal teremos actos de natureza administrativa praticados por órgãos da Administração Tributária e actos de natureza jurisdicional praticados pelo Tribunal. Os primeiros correspondem designadamente à instauração da execução, prevista no artigo 150º do CPPT, à citação do executado prevista no artigo 188º do CPPT, à autorização para pagamento em prestações, prevista no artigo 197º do CPPT

[44] Joaquim Freitas da Rocha (2014), p. 330.

e ainda à dação em pagamento, tal como disposto no artigo 201º do CPPT. Na verdade, o artigo 10º, nº 1, alínea *f)* estabelece que cabe aos serviços da Administração Tributária "*[i]nstaurar os processos de execução fiscal e realizar os actos a estes respeitantes, salvo os previstos no nº 1 do artigo 151º do presente Código*", pelo que, em regra, caberá à Administração dar impulso ao processo de execução fiscal e praticar os actos ao longo do mesmo, excepto aqueles previstos no artigo 151º do CPPT, cuja competência caberá ao Tribunal.

De acordo com este artigo, caberá ao Tribunal, por sua vez, decidir as reclamações das decisões do órgão da execução fiscal nos termos do artigo 276º do CPPT, a oposição à execução, de acordo com os artigos 203º e seguintes do CPPT, os incidentes previstos nos artigos 127º e seguintes do CPPT, a reclamação da graduação de créditos e os embargos, de acordo com o artigo 237º do CPPT. Todos estes actos são de natureza jurisdicional, cabendo ao Tribunal a resolução de todos os conflitos ou litígios que possam surgir no âmbito do processo de execução fiscal[45]. A este propósito, LOPES DE SOUSA considera que as matérias cujo conhecimento é atribuído aos tribunais (tributários) por força do nº 1 do artigo 151º do CPPT são as que exigem "*uma decisão de carácter jurisdicional*", salientando que a função jurisdicional se caracteriza por consistir na resolução de conflitos de interesses, com a finalidade de realização do direito e da justiça, destinando-se a satisfazer o interesse público da composição dos conflitos[46].

Aqui chegados, será necessário determinar quais os órgãos da Administração Tributária competentes para a instauração do processo de execução fiscal e para a prática de actos de natureza administrativa, bem como os tribunais competentes para decidir estes conflitos de pretensões que possam surgir no âmbito do processo de execução fiscal, designadamente se serão os tribunais tributários ou os tribunais comuns.

Contudo, antes de procedermos a esta determinação, são de salientar três questões decorrentes da atribuição de competências à Administração Tributária para a prática de actos no âmbito do processo de execução fiscal, tendo em conta que, tal como vimos no ponto 73, este processo é de natureza judicial.

[45] JESUÍNO ALCÂNTARA MARTINS e COSTA ALVES salientam ainda que todas as questões relativas à legitimidade dos responsáveis subsidiários chamados à execução fiscal por aplicação do artigo 24º da LGT ou do artigo 8º do RGIT serão do conhecimento do tribunal (tributário), devendo ser equacionadas mediante a oposição judicial. A competência para o conhecimento destas questões por parte dos tribunais tributários resulta, aliás, do artigo 151º, nº 1 do CPPT Cf. JESUÍNO ALCÂNTARA MARTINS/JOSÉ COSTA ALVES (2015), p. 248.

[46] JORGE LOPES DE SOUSA (2011), Vol. III, p. 51.

Em primeiro lugar, caberá recordar que o Tribunal Constitucional já se pronunciou no acórdão nº 80/2003 de 12 de Fevereiro de 2003 acerca da eventual inconstitucionalidade da atribuição de competências à Administração Tributária para a prática de actos no âmbito do processo de execução fiscal, concluindo pela não inconstitucionalidade material e orgânica das normas que conferem aos órgãos da Administração tais competências. Na verdade, como tivemos oportunidade de salientar no ponto 73 deste manual, o Tribunal Constitucional entendeu que "*a nossa lei fundamental não obriga a que todos os actos em que se desenrola o processo de execução fiscal devam ser obrigatoriamente praticados pelo juiz, pese embora a jurisprudência fiscal e, hoje, abertamente a Lei Geral Tributária (artº 103º nº 1), aprovada pelo Decreto-Lei nº 433/99, de 26 de Outubro atribuam ao processo de execução fiscal «natureza judicial»*".

Com efeito, este tribunal superior defendeu que não resulta da Constituição que os actos integrantes do processo de execução fiscal tenham de ser praticados por um juiz, pese embora a natureza judicial deste processo mas apenas "*que os conflitos de interesses que dentro dele se suscitem – mesmo que sejam emergentes, não só da actuação das partes ou até de terceiros no processo, como também de qualquer decisão que nele seja tomada pela administração fiscal, relativamente aos actos para cuja prática a lei lhe atribui competência*" sejam sempre sindicados no próprio processo pelo juiz tributário. Por conseguinte, o facto de o processo de execução fiscal assumir a natureza judicial, não impede que muitas vezes seja confiada na Administração Tributária a prática de actos no âmbito deste processo, resultando esta possibilidade expressamente do disposto no artigo 10º, nº 1, alínea *f*) do CPPT.

Em segundo lugar, cabe salientar a "*desjurisdicionalização*" do processo de execução fiscal, na medida em que o Tribunal só intervém quando se verifica um litígio ou conflito, cabendo à Administração Tributária a prática dos restantes actos ao longo do processo. Na verdade, e pese embora a natureza judicial do processo de execução fiscal, este envolve a prática de muitos actos por órgãos da Administração Tributária, admitindo-se, porém, a reclamação ou recurso destas decisões para o Tribunal[47].

Por fim, apesar da atribuição aos órgãos da Administração Tributária da competência para a prática da dos actos de natureza administrativa no âmbito do processo de execução fiscal, é de referir o entendimento de Freitas da Rocha de que nada impede o Tribunal de praticar tais actos. Pelo contrário, o mesmo autor salienta que o mesmo não vale para os actos de natureza

[47] Neste sentido, Freitas da Rocha considera a *desjurisdicionalização* uma das notas marcantes do processo de execução fiscal Cf. Joaquim Freitas da Rocha (2014), p. 332.

jurisdicional, não se admitindo a sua prática pelos órgãos da Administração Tributária, por força do princípio constitucional da reserva da função jurisdicional, previsto no artigo 202º da CRP. Com efeito, qualquer resolução de conflitos de pretensões ou de litígios nas quais se traduzem os actos jurisdicionais deve ser efectuada, "*em última palavra*", por um tribunal. Quanto a nós, entendemos que pese embora não esteja constitucionalmente consagrado qualquer princípio que impeça o Tribunal de proceder à prática dos actos de natureza administrativa ao longo do processo de execução fiscal, parece-nos que a lei delimita claramente os actos cuja competência cabe à Administração, por um lado, e os actos que devem ser praticados pelo Tribunal, por outro, não se admitindo que o Tribunal possa, por exemplo, proceder à instauração da execução fiscal ou à citação do executado, ignorando a delimitação de competências prevista no CPPT. A este caberá apenas a prática dos actos previstos no artigo 151º do CPPT.

Analisadas estas três questões prévias, podemos agora determinar quais os órgãos da Administração Tributária e quais os tribunais com competência para a prática de actos de natureza administrativa e de natureza jurisdicional, respectivamente, no âmbito do processo de execução fiscal.

Relativamente à competência para a prática de *actos de natureza administrativa* na execução fiscal, Jesuíno Alcântara Martins e Costa Alves consideram que cabe aos serviços da Administração Tributária, "*na pessoa do órgão da execução fiscal*", apoiando-se no artigo 10º, nº 1, alínea *f*) do CPPT[48]. O artigo 149º do CPPT, por seu turno, estabelece que o órgão da execução fiscal corresponde ao serviço da Administração Tributária onde deva legalmente correr a execução. Assim, os órgãos da Administração aos quais é reconhecida a competência para a prática de actos ao longo do processo de execução fiscal serão os *órgãos da execução fiscal* e assim serão denominados ao longo do CPPT, bem como ao longo da nossa análise deste processo.

Já o artigo 150º do CPPT delimita as regras da competência territorial dos órgãos da Administração Tributária, ou seja, determina quais os órgãos da Administração territorialmente competentes para a prática dos actos no processo de execução fiscal.

Estabelece então o nº 2 daquele preceito que a instauração e os actos da execução são praticados no órgão da Administração Tributária designado, mediante despacho, pelo dirigente máximo do serviço. Se não existir decisão administrativa que designe o órgão competente, o nº 3 determina que os actos da execução serão praticados no órgão periférico local da sede do deve-

[48] Jesuíno Alcântara Martins/José Costa Alves (2015), p. 245.

dor, da situação dos bens ou da liquidação, excepto se a dívida cuja cobrança coerciva se pretende efectuar consistir numa coima fiscal e respectivas custas, sendo competente neste caso o órgão periférico local da área onde tiver corrido o processo da sua aplicação. Deste modo, em regra, será competente para a prática dos actos de natureza administrativa no âmbito do processo de execução fiscal o órgão designado pelo dirigente máximo do serviço. Na falta de designação, será competente o órgão periférico local da sede do devedor, da situação dos bens ou da liquidação, salvo quando se tratar de coima fiscal e respectivas custas, caso em que será competente o órgão periférico local da área onde tiver corrido o processo da sua aplicação.

Para LOPES DE SOUSA, quando se estabeleçam vários critérios de delimitação da competência, designadamente no nº 3 do artigo 150º do CPPT que estabelece que, na falta de designação, será competente o órgão periférico local da sede do devedor, da situação dos bens ou da liquidação, caso seja aplicável mais do que um critério, a competência será cumulativa. Na verdade, este autor salienta que a previsão da competência de vários órgãos da Administração Tributária para a instauração de execuções fiscais teve como objectivo a flexibilização dos poderes da Administração, permitindo-se a instauração da execução *"em qualquer dos órgãos em relação aos quais se verificar um factor atributivo de competência"*[49]. Deste entendimento parece decorrer que, nos casos em que o dirigente máximo do serviço não tenha procedido à designação do órgão competente para a instauração do processo de execução fiscal – e para a prática dos demais actos de natureza administrativa no âmbito do processo –, este poderá ser instaurado quer pelo órgão periférico local da sede do devedor, quer pelo órgão periférico local da situação dos bens ou da liquidação.

Para além disso, é de referir que, de acordo com o nº 2 do artigo 6º do Decreto-Lei nº 433/99, de 26 de Outubro, na execução fiscal consideram-se órgãos periféricos locais os serviços de finanças e demais órgãos da Administração Tributária a quem lei especial atribua competência para instaurar e promover a execução de dívidas.

Relativamente às *dívidas à Segurança Social*, no entanto, de acordo com o artigo 3º-A do Decreto-Lei nº 42/2001, de 9 de Fevereiro, não serão competentes para a instauração e promoção do processo de execução fiscal os serviços designados pelo dirigente máximo do serviço ou os serviços de finanças, mas sim o Instituto de Gestão Financeira da Segurança Social[50]. Na verdade, antes da criação destas secções de processos executivos da Segurança Social

[49] JORGE LOPES DE SOUSA (2011), Vol. III, p. 47.

[50] Neste sentido: JESUÍNO ALCÂNTARA MARTINS/JOSÉ COSTA ALVES (2015), p. 246.

através do Decreto-Lei nº 42/2001, de 9 de Fevereiro, os processos de execução fiscal destinados à cobrança coerciva das dívidas à Segurança Social também tinham lugar nos serviços de finanças. Com a entrada em vigor deste diploma legal, o seu artigo 3º, nº 1 passou a estabelecer a competência da delegação do Instituto de Gestão Financeira da Segurança Social do distrito da sede ou da área de residência do devedor para a instauração e instrução do processo de execução de dívidas à Segurança Social, tendo este artigo sido posteriormente revogado através do Decreto-Lei nº 112/2004, de 13 de Maio[51]. Por fim, o artigo 3º-A, que prevê actualmente a competência do Instituto de Gestão Financeira da Segurança Social, foi aditado pelo Decreto-Lei nº 63/2014, de 28 de Abril.

Em caso de incompetência territorial, isto é, se o processo de execução fiscal for instaurado num serviço de finanças territorialmente incompetente, Jesuíno Alcântara Martins e Costa Alves entendem que a execução ficará sujeita ao regime do artigo 17º, nº 2, alínea *b*) do CPPT, pelo que a incompetência relativa só poderá ser arguida no processo de execução fiscal pelo executado até findar o prazo para a oposição[52]. Como tivemos oportunidade de observar no ponto 58.3.2, a arguição da incompetência do órgão da Administração Tributária poderá resultar na declaração judicial de incompetência do mesmo, sendo que esta decisão deverá indicar o órgão ou serviço considerado competente e implicará que o processo seja remetido oficiosamente no prazo de 48 (quarenta e oito) horas ao mesmo, nos termos do artigo 18º do CPPT.

No que concerne à competência para a prática dos *actos jurisdicionais*, o artigo 151º do CPPT estabelece que compete ao *tribunal tributário de 1ª instância da área do domicílio ou sede do devedor* decidir os incidentes, os embargos, a oposição, incluindo quando incida sobre os pressupostos da responsabilidade subsidiária, e a reclamação dos actos praticados pelos órgãos da execução fiscal.

Deste artigo 151º, nº 1 do CPPT decorre, desde já, que em regra serão competentes para a prática dos actos jurisdicionais no âmbito do processo de execução fiscal os tribunais tributários. Ou seja, em regra, os processos de execução fiscal correm termos nos tribunais tributários. Por outro lado, serão hierarquicamente competentes os tribunais tributários de 1ª instância e territorialmente competentes os tribunais da área do domicílio ou sede do devedor.

[51] A este propósito, veja-se o acórdão do STA de 4 de Dezembro de 2013, proferido no âmbito do processo nº 0157/13, no qual se entendeu que "*[a]s secções de processos das delegações do Instituto de Gestão Financeira da Segurança Social. I.P. são órgãos de execução fiscal competentes para instaurar e instruir processos de execução (por dívidas à Segurança Social)*", anteriormente à revogação do artigo 3º do Decreto-Lei nº 42/2001, de 9 de Fevereiro.

[52] Jesuíno Alcântara Martins/José Costa Alves (2015), p. 246.

Refira-se que antes da alteração a esta norma com a Lei nº 64-B/2011, de 30 de Dezembro – Lei de Orçamento do Estado para 2012 – os tribunais tributários territorialmente competentes correspondiam aos tribunais da 1ª instância da área onde corresse a execução.

Relativamente às *dívidas à Segurança Social*, o artigo 5º, nº 1 do Decreto-Lei nº 42/2001, de 9 de Fevereiro, estabelece que é da competência do tribunal tributário da área onde corre a execução "*decidir os incidentes, os embargos, a oposição, incluindo quando incida sobre os pressupostos da responsabilidade subsidiária, a graduação e a verificação de créditos e as reclamações dos atos materialmente administrativos praticados pelos órgãos de execução*".

Por fim, será de referir que o nº 2 do artigo 151º do CPPT, admite a possibilidade de o processo de execução fiscal correr nos tribunais comuns, considerando que nestes casos caberá a estes tribunais o integral conhecimento dos incidentes, dos embargos, da oposição, incluindo quando incida sobre os pressupostos da responsabilidade subsidiária, e da reclamação dos actos praticados pelos órgãos da execução fiscal. Todavia, actualmente não nos parece que possam existir processos de execução fiscal que corram termos nos tribunais comuns. A este propósito, seguimos o entendimento de Lopes de Sousa que chega a esta conclusão por um lado, porque desde a entrada em vigor do Decreto-Lei nº 241/93, de 8 de Julho, que o processo de execução fiscal apenas poderá ter como objecto dívidas ao Estado e a outras pessoas colectivas de direito público e, por outro, porque os tribunais tributários são os únicos competentes para conhecer das questões de natureza jurisdicional levantadas no âmbito do processo de execução fiscal nos termos dos artigos 49º, nº 1, alínea *a*), sub-alínea *iii*) e *d*) e 49º-A, nº 1, alínea *c*), nº 2, alínea *a*)e *c*) e nº 3, alínea *a*), sub-alínea *iii*) e *c*) do ETAF[53].

Aqui chegados, podemos concluir que, sem prejuízo da sua natureza judicial, o processo de execução fiscal assume-se hoje como um processo "desjurisdicionalizado", cabendo à Administração Tributária, ou seja, aos órgãos da execução fiscal – em regra, órgãos designados pelo dirigente máximo do serviço ou, em caso de falta de designação, os serviços de finanças da sede do devedor, da situação dos bens ou da liquidação ou os serviços de finanças da área onde tiver corrido o processo de aplicação da coima fiscal – a competência para a prática da maioria dos actos ao longo do processo de execução fiscal, tais como a instauração do próprio processo ou a citação do executado.

Aos tribunais tributários de 1ª instância da área do domicílio ou sede do devedor caberá apenas a resolução dos eventuais conflitos de pretensões que

[53] Jorge Lopes de Sousa (2011), Vol. III, p. 56.

poderão surgir ao longo do processo de execução fiscal, decidindo designadamente os incidentes, os embargos, a oposição, incluindo quando incida sobre os pressupostos da responsabilidade subsidiária e a reclamação dos actos praticados pelos órgãos da execução fiscal, nos termos do artigo 151º do CPPT. Esta solução coaduna-se com a CRP que, de acordo com o Tribunal Constitucional, plasmado no acórdão nº 80/2003 de 12 de Fevereiro de 2003, não exige que todos os actos no âmbito do processo de execução fiscal sejam praticados por um juiz mas apenas que apenas "*que os conflitos de interesses que dentro dele se suscitem – mesmo que sejam emergentes, não só da actuação das partes ou até de terceiros no processo, como também de qualquer decisão que nele seja tomada pela administração fiscal, relativamente aos actos para cuja prática a lei lhe atribui competência*" sejam sempre sindicados no próprio processo pelo juiz tributário. Pese embora o nº 2 do artigo 151º do CPPT admita esta possibilidade, parece-nos que actualmente os processos de execução fiscal não poderão correr nos tribunais comuns, verificando-se a competência exclusiva dos tribunais tributários para a prática destes actos jurisdicionais no âmbito do processo.

76. Legitimidade para intervir no processo de execução fiscal

Ao descortinarmos as regras da competência no ponto anterior, chegámos à conclusão de que o processo de execução fiscal consubstancia um processo de natureza judicial "desjurisdicionalizado", na medida em que a maioria dos actos praticados ao longo do mesmo são praticados por órgãos da Administração Tributária – os órgãos da execução fiscal – tratando-se de actos de natureza administrativa. O Tribunal, em específico, os tribunais tributários de 1ª instância da área do domicílio ou sede do devedor, pelo contrário, apenas serão chamados para resolver os conflitos e litígios que poderão surgir no âmbito do processo de execução fiscal, para decidir designadamente a oposição à execução ou as reclamações dos actos praticados pelos órgãos da execução fiscal.

Neste ponto pretendemos analisar as regras de delimitação da legitimidade para intervir no processo de execução fiscal quer como exequente, quer como executado. Ao exequente caberá a instauração do processo de execução fiscal nos termos do artigo 152º do CPPT, pelo que recuperaremos o que determinámos no ponto anterior, isto é, quais os órgãos da Administração Tributária com competência para a prática dos actos ao longo do processo de execução fiscal, incluindo o acto de impulso deste processo, de instauração do mesmo. Por outro lado, como se viu, este processo poderá ter uma fase jurisdicional caso surjam conflitos de pretensões ao longo do mesmo, tornando-se necessário descortinar quem terá legitimidade para representar o exequente, via de regra, a Administração Tributária. Será sempre o representante da Fazenda Pública nos termos do artigo 15º, nº 1, alínea *a*) do CPPT?

De seguida, caberá descortinar a legitimidade do executado, isto é, que sujeitos poderão ser executados no processo de execução fiscal nos termos dos artigos 153º e seguintes do CPPT. Como se verá, não só o devedor originário poderá ser sujeito ao processo de execução fiscal. Na verdade, a execução poderá reverter contra outros sujeitos não originários, tais como os responsáveis solidários e subsidiários ou terceiros adquirentes de bens, tornando-se fundamental analisar em detalhe os casos de reversão do processo de execução fiscal, bem como os seus pressupostos e formas de reacção.

76.1. Legitimidade dos exequentes

Comecemos por descortinar a legitimidade dos exequentes para intervir no processo de execução fiscal determinando, em primeiro lugar, a que entidades é reconhecida a legitimidade para instaurar o processo de execução fiscal. De seguida, tendo em conta que o processo de execução fiscal poderá ter uma fase judicial quando surjam conflitos de pretensões a dirimir por um tribunal tributário, será fundamental delimitar quais as entidades com legitimidade para intervir em representação do exequente nesta fase do processo.

- ***Legitimidade para promover a execução fiscal***

No que diz respeito à legitimidade para instaurar o processo de execução fiscal, decorre do nº 1 do artigo 152º do CPPT, que o *órgão da execução fiscal* tem legitimidade para promover o processo de execução fiscal. Já o nº 2 do mesmo artigo prevê a legitimidade do *Ministério Público* para promover os processos de execução fiscal que corram nos tribunais comuns, sendo de recordar, porém, que actualmente não poderão existir processos de execução fiscal a correr nos tribunais comuns pelo que, na verdade, a legitimidade para proceder à instauração destes processos caberá sempre ao *órgão da execução fiscal*[54]. O artigo 149º do CPPT estabelece que, para efeitos do CPPT, considera-se órgão da execução fiscal o serviço da Administração Tributária onde deva legalmente

[54] Assim entendemos, seguindo a opinião perfilhada por LOPES DE SOUSA, por um lado, porque desde a entrada em vigor do Decreto-Lei nº 241/93, de 8 de Julho, que o processo de execução fiscal apenas poderá ter como objecto dívidas ao Estado e a outras pessoas colectivas de direito público e, por outro, porque os tribunais tributários são os únicos competentes para conhecer das questões de natureza jurisdicional levantadas no âmbito do processo de execução fiscal nos termos dos artigos 49º, nº 1, alínea *a*), sub-alínea *iii*) e *d*) e 49º-A, nº 1, alínea *c*), nº 2, alínea *a*)e *c*) e nº 3, alínea *a*), sub-alínea *iii*) e *c*) do ETAF Cf. JORGE LOPES DE SOUSA (2011), Vol. III, p. 56.

correr a execução, ou seja, o serviço competente para a prática dos actos ao longo do processo de execução fiscal.

Assim, os *órgãos da execução fiscal* correspondem aos órgãos da Administração a quem é reconhecida a competência para a prática dos actos no âmbito do processo de execução fiscal e consequentemente, como se verá, a legitimidade para intervir como exequente.

Na verdade, os órgãos da Administração Tributária – órgãos da execução fiscal – que reconhecemos no ponto anterior como competentes para a prática dos actos no âmbito do processo de execução fiscal terão necessariamente legitimidade para intervir no processo como exequentes na medida em que um dos actos para os quais têm competência será o de instauração do processo de execução fiscal. Isto é, ao reconhecer-se a competência dos órgãos da Administração Tributária para a prática dos actos de natureza administrativa no âmbito do processo de execução fiscal, reconhece-se igualmente a legitimidade destes órgãos para intervir no processo como exequentes, ou seja, para a instauração do processo de execução fiscal, nos termos do nº 1 do artigo 152º do CPPT. Neste sentido, Freitas da Rocha entende que têm legitimidade para intervir como exequentes, ou seja, para a instauração da execução, os órgãos da Administração Tributária titulares da competência para a prática de actos de natureza administrativa. Deste modo, considera que se trata de uma "*legitimidade por inerência*", cujo único desvio se verificará quando o processo de execução fiscal correr nos tribunais comuns, sendo que nestes casos a legitimidade será reconhecida ao Ministério Público[55].

Deste modo, será necessário recordar o que foi dito no ponto anterior relativamente à competência dos órgãos da Administração Tributária para a prática dos actos de natureza administrativa no processo de execução fiscal, olhando designadamente para o artigo 150º do CPPT, que nos indica quais os órgãos da Administração territorialmente competentes. A estes órgãos da execução fiscal será reconhecida a legitimidade para intervir como exequentes no processo de execução fiscal, ou seja, para promover a execução fiscal.

Estabelece então, o nº 1 do artigo 150º do CPPT, em primeiro lugar, que a competência para a execução fiscal é reconhecida à Administração Tributária. O nº 2, por sua vez, estabelece que os órgãos da Administração competentes serão, em regra, aqueles designados pelo dirigente máximo do serviço. Na falta de designação, o nº 3 consagra um critério residual, determinando que os actos de execução – e consequentemente o acto de instauração da execução – serão praticados pelo órgão periférico local, isto é, pelo serviço de finanças

[55] Joaquim Freitas da Rocha (2014), p. 332.

da sede do devedor, da situação dos bens ou da liquidação, excepto quando se tratar de coima fiscal e respectivas custas, caso em que será competente o serviço de finanças da área onde tiver corrido o processo de aplicação da coima.

Deste modo, via de regra, a legitimidade para intervir como exequente no âmbito do processo de execução fiscal caberá ao órgão da Administração Tributária designado pelo dirigente máximo do serviço. Na falta de designação, a legitimidade será reconhecida ao órgão periférico local da sede do devedor, da situação dos bens ou da liquidação, excepto quando se tratar de coima fiscal e respectivas custas, caso em que a promoção do processo de execução fiscal caberá ao órgão periférico local da área onde tiver corrido o processo de aplicação da coima.

Recorde-se que, de acordo com o artigo 6º, nº 2 do Decreto-Lei nº 433/99, de 26 de Outubro, que aprovou o CPPT, na execução fiscal consideram-se órgãos periféricos locais os serviços de finanças e quaisquer outros órgãos da Administração Tributária a quem lei especial atribuía competência para promover a execução das dívidas. Por conseguinte, em regra, terão legitimidade para intervir como exequentes, para a promoção da execução fiscal, os serviços de finanças que serão assim os órgãos da execução fiscal. Para além disso, há que salientar que de acordo com o artigo 12º, nº 2, do Decreto-Lei nº 118/2011, de 15 de Dezembro – que aprovou a estrutura orgânica da Autoridade Tributária e Aduaneira, resultante da fusão da DGCI, da DGAIEC e da DGITA –, a Autoridade Tributária e Aduaneira sucede à DGCI, à DGAIEC e à DGITA, pelo que actualmente, de uma modo geral, os órgãos da execução fiscal com legitimidade para promover a execução fiscal serão os serviços da Autoridade Tributária e Aduaneira.

Aqui chegados, são de referir determinados casos em que a legitimidade para promover a execução fiscal e intervir como exequente não será dos serviços de finanças da Autoridade Tributária e Aduaneira. No primeiro, relativo às dívidas à Segurança Social, pese embora a legitimidade para assumir a posição de exequente e para instaurar o processo de execução fiscal seja do órgão da execução fiscal, este não corresponde aos serviços de finanças previstos no artigo 150º do CPPT, mas sim ao Instituto de Gestão Financeira da Segurança Social. Por outro lado, em certos casos a legitimidade para promover a execução fiscal poderá caber às Câmaras Municipais que assumem assim o papel de órgão da execução fiscal. Por fim, será de analisar ainda a possibilidade da legitimidade para a instauração do processo de execução fiscal recair sobre um terceiro, uma pessoa ou entidade diferente do órgão da execução fiscal.

Legitimidade para promover a execução fiscal por dívidas à Segurança Social
Em primeiro lugar, quando as dívidas cuja cobrança coerciva se pretende efectuar sejam à Segurança Social, por força do Decreto-Lei nº 42/2001, de 9 de Fevereiro, que criou as secções de processos executivos do sistema de solidariedade e segurança social que funcionam na dependência e sob coordenação do Instituto de Gestão Financeira da Segurança Social e do Decreto-Lei nº 63/2014, de 28 de Abril, que aditou o artigo 3º-A, a competência para a instauração dos processos de execução fiscal caberá ao Instituto de Gestão Financeira da Segurança Social. Por outro lado, o mesmo artigo 3º-A determina a competência deste instituto para a instrução do processo de execução fiscal pelo que, este não só possuirá legitimidade para intervir como exequente no processo de execução fiscal, cabendo-lhe a promoção ou instauração do mesmo, como também competência para a prática dos actos no âmbito do processo.

Assim, relativamente às dívidas à segurança social, o órgão da execução fiscal com competência para a instauração e instrução do processo de execução fiscal não será o serviço de finanças territorialmente competente nos termos do artigo 150º do CPPT mas sim o Instituto de Gestão Financeira da Segurança Social, nos termos do artigo 3º-A do Decreto-Lei nº 42/2001, de 9 de Fevereiro.

Legitimidade das Autarquias Locais para instauração do processo de execução fiscal
Estão previstos na Lei nº 73/2013, de 3 de Setembro – que estabelece o regime financeiro das autarquias locais e das entidades intermunicipais – os poderes tributários das autarquias locais, sendo de salientar o disposto na alínea *c)* do artigo 15º deste diploma legal. Esta norma prevê a possibilidade de "*cobrança coerciva de impostos e outros tributos a cuja receita tenham direito, nos termos a definir por diploma próprio*".

Por sua vez, o nº 2, do artigo 12º, da Lei nº 53-E/2006, de 29 de Dezembro, que aprova o Regime Geral das Taxas das Autarquias Locais, estabelece que "*as dívidas que não forem pagas voluntariamente são objecto de cobrança coerciva através de processo de execução fiscal, nos termos do Código de Procedimento e de Processo Tributário*".

Deste modo, podemos concluir que as Autarquias Locais poderão promover a execução fiscal para a cobrança coerciva dos impostos e outros tributos a cuja receita tenham direito, assumindo assim o papel de órgão da execução fiscal.

Legitimidade de outras entidades – sub-rogação da dívida tributária
Por outro lado, seguimos o entendimento de LOPES DE SOUSA que será de admitir, quando previsto em norma especial, que pessoa ou entidade diferente do órgão da execução fiscal promova a execução fiscal, pese embora o artigo 152º do CPPT lhe atribua esta legitimidade[56]. Esta possibilidade será de admitir designadamente nos casos de sub-rogação da dívida tributária.

Assim, como vimos no ponto 40 deste manual, admite-se a transmissão do lado activo da obrigação tributária através da sub-rogação, permitindo-se que os direitos da Administração Tributária como credora, designadamente o direito de exigir a cobrança coerciva da dívida, sejam transmitidos a um terceiro que efectuou o pagamento da dívida tributária do sujeito passivo. Recorde-se que de acordo com o artigo 91º do CPPT, o pedido de sub-rogação poderá ser formulado antes da instauração do processo de execução fiscal, devendo ser dirigido ao dirigente do serviço periférico local da Administração Tributária a quem caberá a decisão nos termos do nº 1, ou na pendência da execução fiscal, devendo o pedido ser dirigido neste caso ao órgão competente – o órgão da execução fiscal – a quem caberá a decisão, nos termos do nº 2.

Ora, caso se verifique a sub-rogação da dívida tributária, o artigo 92º, nº 1 do CPPT estabelece que a dívida paga pelo sub-rogado conserva as garantias e privilégios que decorrem da sua condição tributária e continua a vencer juros de mora. Por outro lado, de acordo com o nº 2 do mesmo artigo, o terceiro sub-rogado poderá requerer a instauração ou o prosseguimento do processo de execução fiscal para cobrar ao executado/sujeito passivo o que por ele tiver sido pago. Neste sentido, veja-se o acórdão do STA de 19 de Janeiro de 2011, proferido no âmbito do processo nº 0622/10, no qual se afirmou:

> "*Com a sub-rogação transmite-se para o sub-rogado a titularidade do crédito que a administração tributária detinha sobre o obrigado tributário,* ***mantendo-se as garantias, privilégios e a possibilidade de utilização do processo de execução fiscal para a sua cobrança coerciva,*** *requerendo a sua instauração, se o pagamento ocorreu antes dela, ou o seu prosseguimento.*" (destacado nosso).

E ainda, especificamente no que diz respeito ao processo de execução fiscal, veja-se o acórdão do TCA Sul de 10 de Setembro de 2015, proferido no âmbito do processo nº 08754/15:

> "*(...) do regime da sub-rogação em execução fiscal (instituto através do qual, como resulta dos autos, a ora Recorrida procedeu ao pagamento da quantia exequenda), previsto nos arti-*

[56] JORGE LOPES DE SOUSA (2011),Vol. III, p. 62.

gos 41º da Lei Geral Tributária (LGT) e 91º e 92º do CPPT, resulta que, nas situações de sub-rogação de dívidas tributárias, o sub-rogado passa a ocupar a posição da Fazenda Pública na execução, passando a deter a qualidade de Exequente contra o Executado que consta do título executivo, conservando a dívida paga todas as garantias e privilégios de cobrança".

Assim, nos casos em que se verifique a sub-rogação da dívida tributária, a legitimidade para intervir como exequente, isto é, para a instauração do processo de execução fiscal caberá ao terceiro sub-rogado que procedeu ao pagamento da dívida do sujeito passivo originário e não ao órgão da execução fiscal, ou seja, aos serviços de finanças territorialmente competentes. Porém, a competência para a instrução e para a prática dos actos no âmbito do processo de execução fiscal continuará a caber ao órgão da execução fiscal.

Lopes de Sousa considera que desta possibilidade do terceiro sub-rogado promover a instauração do processo de execução fiscal decorre que o artigo 152º, nº 1 do CPPT, que estabelece que o órgão da execução fiscal tem legitimidade para promover a execução, deve ser entendido como a "*enunciação de uma regra*" e não com o objectivo de excluir a possibilidade de outras entidades, para além do órgão da execução fiscal, poderem assumir a posição de exequente no processo de execução fiscal[57].

• ***Legitimidade para representação do exequente na fase judicial do processo de execução fiscal***[58]

No que concerne a legitimidade para representação do exequente na fase judicial do processo de execução fiscal, quando se verifique algum litígio ou conflito de pretensões a dirimir pelo tribunal tributário nos termos do artigo 151º do CPPT, a sua delimitação dependerá do órgão da execução fiscal em causa e, por vezes, do credor tributário da dívida cuja cobrança coerciva se pretende efectuar[59].

Assim, em regra, quando o órgão da execução fiscal – o exequente com legitimidade para promover a execução fiscal – corresponde aos serviços de finanças territorialmente competentes nos termos do artigo 151º do CPPT, o *representante da Fazenda Pública* intervém em representação da Administração

[57] *Ibidem.*

[58] É de referir que também será reconhecida ao Ministério Público legitimidade para intervir na fase judicial do processo de execução fiscal, quando este tenha de subir aos tribunais tributários, nos termos do artigo 14º do CPPT, cabendo-lhe a defesa da legalidade e a promoção do interesse público, bem como a representação dos ausentes, incertos e incapazes. Neste sentido, veja-se Jesuíno Alcântara Martins/José Costa Alves (2015), p. 244.

[59] Seguindo de perto, Jesuíno Alcântara Martins/José Costa Alves (2015), p. 243-244.

Tributária sempre que o processo de execução fiscal tenha de subir ao tribunal tributário. Esta legitimidade decorre do artigo 15º, nº 1, alínea *a*) do CPPT que estabelece a competência do representante da Fazenda Pública nos tribunais tributários para representar a Administração Tributária no processo de execução fiscal. Resulta do mesmo artigo 15º, nº 1, alínea *a*) do CPPT a legitimidade ou competência do representante da Fazenda Pública para representar, nos termos da lei, outras entidades públicas no processo de execução fiscal.

Pelo contrário, quando o órgão da execução fiscal não corresponder aos serviços de finanças da Autoridade Tributária e Aduaneira, mas sim ao Instituto de Gestão Financeira da Segurança Social – na medida em que se trata de dívidas à Segurança Social – ou a uma Câmara Municipal – pois visa-se a cobrança coerciva de impostos ou outros tributos a cuja receita esta tem direito, a representação do credor exequente não será do representante da Fazenda Pública. Com efeito, as suas competências serão exercidas por mandatário judicial designado pelo exequente, isto é, pelo Instituto de Gestão Financeira da Segurança Social ou pela Autarquia Local.

O mesmo ocorre quando, pese embora o órgão da execução fiscal corresponda a um serviço de finanças da Autoridade Tributária e Aduaneira, o credor tributário não seja a Administração Tributária mas outra entidade de direito público.

Como observamos no ponto 74.1, o processo de execução fiscal poderá ter como objecto dívidas ao Estado e a outras pessoas colectivas de direito público, desde que a possibilidade de recorrer ao processo de execução fiscal para a cobrança coerciva das dívidas esteja expressamente prevista na lei. Assim, enumerámos algumas dívidas a entidades de direito público cuja cobrança coerciva se poderá efectuar mediante o processo de execução fiscal, designadamente as dívidas ao Instituto da Vinha e do Vinho ou ao Instituto de Financiamento da Agricultura e Pescas. Nestes casos não há dúvida que a promoção da execução fiscal caberá aos serviços de finanças, no entanto, como o credor tributário não é a Administração Tributária, não será o representante da Fazenda Pública quem terá legitimidade para intervir na fase judicial do processo de execução fiscal. As competências normalmente exercidas por este serão atribuídas a um mandatário judicial designado pelos credores tributários que correspondem a outras pessoas colectivas de direito público. Neste sentido, veja-se o acórdão do STA de 21 de Março de 2012, proferido no âmbito do processo nº 01080/11, no qual se entendeu que:

> *"O Instituto da Vinha e do Vinho não é representado em juízo pela Fazenda Pública, pois que essa representação cabe a mandatário especialmente designado para o efeito pelo Presidente desse instituto público."*

Assim, podemos concluir que:

- Quando o exequente é um serviço de finanças territorialmente competente nos termos do artigo 150º do CPPT, que promove a execução fiscal de dívidas ao Estado, o representante da Fazenda Pública será competente para representar a Administração Tributária na fase judicial do processo de execução fiscal.
- Quando o exequente não seja um serviço de finanças, mas, por exemplo, o Instituto de Gestão Financeira da Segurança Social ou uma autarquia local, estes órgãos da execução fiscal serão representados na fase judicial do processo de execução fiscal por mandatário judicial, por estes designado.
- Quando, pese embora o exequente seja um serviço de finanças, os credores das dívidas cuja cobrança coerciva se pretende efectuar através do processo de execução fiscal sejam outras pessoas colectivas de direito público como por exemplo Instituto da Vinha e do Vinho ou o Instituto de Financiamento da Agricultura e Pescas, estes serão representados na fase judicial do processo por mandatário judicial por eles designado.

76.2. Legitimidade dos executados

Analisado no ponto anterior o lado activo do processo de execução fiscal, designadamente que entidades podem proceder à sua instauração, concluímos que, em regra, de acordo com o nº 1 do artigo 152º do CPPT, a promoção deste processo caberá ao órgão da execução fiscal que poderá corresponder a um serviço de finanças territorialmente competente nos termos do artigo 150º do CPPT, ao Instituto de Gestão Financeira da Segurança Social ou a uma autarquia local. Contudo, também será de admitir a possibilidade de outras entidades procederem à promoção do processo de execução fiscal, designadamente o terceiro sub-rogado, tal como disposto no artigo 92º, nº 2 do CPPT.

Neste ponto pretende-se olhar para o lado passivo deste processo, determinando quem pode ser sujeito a um processo de execução fiscal e, consequentemente, a quem é reconhecida legitimidade para intervir no processo como executado. Com efeito, a importância da legitimidade do executado é primordial se tivermos em conta que a pessoa ou entidade contra quem é dirigida a execução fiscal poderá ver os seus bens penhorados nos termos do artigo 215º do CPPT, se não prestar garantia, de acordo com o artigo 169º do CPPT.

Assim, compreende-se que a ilegitimidade da pessoa citada – por esta não ser o próprio devedor que figura no título ou seu sucessor ou, sendo o que nele figura, não ter sido, durante o período a que respeita a dívida exequenda, o possuidor dos bens que a originaram, ou por não figurar no título e não ser responsável pelo pagamento da dívida – consubstancie um fundamento de oposição à execução previsto no artigo 204º, nº 1, alínea *b)* do CPPT. Neste sentido, veja-se o acórdão do STA de 8 de Julho de 2015, proferido no âmbito do processo nº 0606/15, no qual se entendeu que[60]:

> *"Constitui fundamento admissível da oposição à execução fiscal a ilegitimidade substantiva do oponente, fundada no facto de este, apesar de figurar como devedor no título executivo, não ter sido, durante o período a que respeita a dívida exequenda, o possuidor dos bens que a originaram [cfr. art. 204º, nº 1, alínea b), do CPPT]."*

Freitas da Rocha salienta que podem ser sujeitos a uma execução fiscal "*um leque bastante alargado de pessoas ou entidades*", tendo em consideração que também o conceito de sujeito passivo da relação jurídico-tributária será bastante "*«elástico» e abrangente*"[61]. Com efeito, recorde-se que, de acordo com o artigo 18º, nº 3 da LGT, os sujeitos passivos correspondem às pessoas singulares ou colectivas, aos patrimónios ou organizações de facto ou de direito que, nos termos da lei, estejam vinculados ao cumprimento da prestação tributária, seja como contribuintes directos, substitutos ou responsáveis[62].

Ora, cabe salientar, desde já, que poderão ser sujeitos a uma execução fiscal quer os devedores originários, ou seja, via de regra, o sujeito passivo directo ou originário que possua uma relação directa com o facto tributário, quer sujeitos ou devedores não originários contra os quais a execução fiscal seja revertida. No primeiro caso a execução fiscal é originalmente dirigida contra determinados sujeitos que serão os devedores originários e, no segundo, a execução que foi inicialmente dirigida a um devedor originário é revertida contra outro sujeito, mediante a verificação de determinados pressupostos.

Neste ponto pretendemos analisar, em específico, os casos mais comuns, quando a execução fiscal é originalmente dirigida contra o sujeito ou devedor originário, não tendo lugar a reversão da mesma. No ponto seguinte analisaremos então as especificidades da reversão da execução fiscal isto é quando são sujeitos à execução devedores não originários.

Cabe então agora olhar para o disposto no artigo 153º, nº 1 do CPPT que estatui que podem ser executados no processo de execução fiscal "*os devedores*

[60] Veja-se ainda o acórdão do STA de 25 de Novembro de 2009, proferido no âmbito do processo nº 0670/09.

[61] Joaquim Freitas da Rocha (2014), p. 333.

[62] Para maiores desenvolvimentos acerca do conceito de sujeito passivo das relações jurídico-tributárias, veja-se o ponto 4.2.3.2 deste manual.

originários e seus sucessores dos tributos e demais dívidas referidas no artigo 148º, bem como os garantes que se tenham obrigado como principais pagadores, até ao limite da garantia prestada". Deste modo, em primeira linha, poderão ser sujeitos à execução fiscal, ocupando o lado passivo deste processo, (*i*) os devedores originários; (*ii*) os seus sucessores e (*iii*) os garantes que se tenham obrigado como principais pagadores da dívida, até ao limite da garantia prestada. A execução fiscal poderá assim ser originalmente instaurada contra estes sujeitos[63].

No que diz respeito ao *devedor originário* este será o sujeito passivo da relação jurídico-tributária que deu origem às dívidas tributárias cuja cobrança coerciva se pretende efectuar no processo de execução fiscal, bem como o devedor originário das demais dívidas não tributárias, previstas no artigo 148º do CPPT. Com efeito, JESUÍNO ALCÂNTARA MARTINS e COSTA ALVES consideram que o devedor da contribuição na relação jurídica contributiva consubstancia um "*potencial executado*", sempre que não proceda ao respectivo pagamento no prazo legalmente estabelecido[64].

Relativamente ao *sucessor*, a execução será contra este dirigida nos termos do artigo 155º do CPPT, quando se verificar que a pessoa cujo nome consta do título executivo – o devedor originário – faleceu. É de salientar, contudo, que nos termos do artigo 2071º do CC, a sua responsabilidade será limitada ao que tiver recebido do devedor originário[65]. Assim, de acordo com o nº 3 do artigo 155º do CPPT, quando quem realizar a citação verificar que o executado faleceu, deverá prestar esta informação, declarando os herdeiros e as quotas hereditárias, caso tenha havido partilhas ou, caso não tenha havido, indicando os herdeiros, caso sejam conhecidos e se está pendente inventário. Ora, de acordo com o nº 4 do mesmo artigo, se já tiver havido lugar à partilha, serão citados cada um dos herdeiros para pagar o que proporcionalmente lhes competir na dívida exequenda. Pelo contrário, se ainda não tiver havido partilha, citar-se-á, respectivamente, consoante esteja ou não pendente inventário, o cabeça-de-casal ou qualquer dos herdeiros para pagar a totalidade da dívida sob pena de penhora de quaisquer bens da herança, fazendo-se a citação de herdeiros incertos por editais. Note-se, neste ponto, que nos termos da lei civil, aos herdeiros que tenham aceite a herança cabe responsabilidade até aos limites da herança, o que equivale a dizer que pelas dívidas fiscais não respondem os bens do herdeiro que não sejam parte da herança.

[63] Neste sentido, veja-se o acórdão do TCA Norte de 12 de Fevereiro de 2015, proferido no âmbito do processo nº 00242/08.0.

[64] JESUÍNO ALCÂNTARA MARTINS/ JOSÉ COSTA ALVES (2015), p. 245.

[65] Neste sentido: JORGE LOPES DE SOUSA (2011), Vol. III, p. 63.

Se o executado falecer na pendência do processo de execução fiscal, o artigo 154º do CPPT estabelece que os actos praticados pelo cabeça-de-casal são válidos, independentemente da habilitação de herdeiros. Daqui se infere que em caso de morte do executado na pendência da execução fiscal, é reconhecida a legitimidade do cabeça-de-casal para praticar os actos que forem necessários, para intervir assim como executado. Lopes de Sousa defende que resulta deste artigo 154º do CPPT uma ampliação dos poderes do cabeça--de-casal, relativamente aos previstos no CC. De facto, de acordo com o artigo 2079º do CC, caberá ao cabeça-de-casal a administração da herança, até à sua liquidação e partilha, limitando-se designadamente a poder pedir aos herdeiros ou terceiros a entrega dos bens que deve administrar ou a proceder à cobrança de dívidas activas da herança, sendo que muitos dos direitos relativos à herança só poderão ser exercidos conjuntamente com todos os herdeiros ou contra todos os herdeiros[66].

No que concerne à legitimidade do *garante*, o mesmo autor considera que a execução não só poderá ser originariamente dirigida contra este como, caso tenha sido inicialmente instaurada contra o devedor originário, poderá ter lugar posteriormente[67]. Não há dúvida que estes serão os casos mais comuns, quando a execução fiscal é originalmente dirigida contra um executado que será o devedor originário da dívida ou um garante. Se se verificar que a pessoa cujo nome consta do título executivo faleceu, a execução será dirigida contra os seus sucessores, nos termos do artigo 155º do CPPT. Se o executado originário falecer na pendência do processo de execução fiscal, a legitimidade recai sobre o cabeça-de-casal, nos termos do artigo 154º do CPPT.

Contudo, no nº 2 do artigo 153º e nos artigos 157º e seguintes do CPPT prevê-se a possibilidade de a execução fiscal reverter contra outros sujeitos, não originários, para serem executados. Estes sujeitos serão designadamente os responsáveis solidários e responsáveis subsidiários, os funcionários com intervenção no processo de execução fiscal, terceiros adquirentes de bens, antigos possuidores, fruidores ou proprietários de bens, entre outros. Pese embora a reversão do processo de execução fiscal seja objecto de análise no ponto seguinte são de referir certas especificidades relativamente à legitimidade dos responsáveis solidários e dos responsáveis subsidiários.

Assim, no que diz respeito aos *responsáveis solidários*, acompanhamos o entendimento de Lopes de Sousa de que a execução fiscal não só poderá reverter contra ele, no caso de insuficiência dos bens do executado originário,

[66] Jorge Lopes de Sousa (2011), Vol. III, p. 83.
[67] *Ibidem*, p. 74.

como também poderá ser originariamente dirigida contra este. Na verdade, o responsável solidário poderá ser notificado para o pagamento voluntário da dívida, tal como o devedor originário, antes da instauração da execução fiscal, tal como se infere, segundo este autor, do facto do artigo 22º, nº 5 da LGT fazer referência à notificação como forma de comunicação dos elementos essenciais da liquidação. Com efeito, LOPES DE SOUSA salienta que o chamamento ao processo de execução fiscal ocorre sempre, independentemente do sujeito executado, através da citação, pelo que a referência à notificação, só poderá dizer respeito à exigência de pagamento antes da instauração do processo de execução fiscal[68].

Por conseguinte, se o responsável solidário pode ser notificado para o pagamento voluntário da dívida antes da instauração do processo de execução fiscal, a sua situação é, de certa forma, equiparada à do devedor originário, pelo que será de admitir que o processo de execução fiscal seja dirigido originariamente contra o responsável solidário. Esta possibilidade decorre ainda do artigo 512º do CC que consagra a noção de obrigações solidárias, estabelecendo que a obrigação será solidária quando cada um dos devedores responde pela prestação integral e esta a todos libera, admitindo-se assim que a Administração Tributária possa exigir o pagamento voluntário quer ao devedor originário, quer ao responsável solidário e a execução fiscal possa ser originariamente dirigida quer contra o devedor originário, quer contra o responsável solidário.

A legitimidade dos *responsáveis subsidiários*, por sua vez, resultará de ter sido contra eles ordenada a reversão da execução fiscal, quando se verificarem os pressupostos previstos no nº 2 do artigo 153º do CPPT, em conjugação do nº 2 do artigo 23º da LGT. A legitimidade destes responsáveis poderá decorrer ainda de ter sido accionada ou requerida uma providência cautelar de garantia dos créditos tributários, de acordo com o disposto no nº 3 do artigo 9º do CPPT[69]. Não haverá, no entanto, qualquer possibilidade de a execução fiscal ser originariamente dirigida contra os responsáveis subsidiários, resultando expressamente do nº 1 do artigo 23º da LGT que a responsabilidade subsidiária se efectiva por reversão do processo de execução fiscal.

Analisadas as especificidades dos casos em que a execução é originariamente dirigida aos deveres originários, seus sucessores, garantes e ainda

[68] Neste sentido, LOPES DE SOUSA considera que a execução fiscal poderá reverter contra os responsáveis solidários, no caso de insuficiência dos bens do executado originário, pese embora defenda que a execução também pode ser originariamente dirigida contra estes Cf. JORGE LOPES DE SOUSA (2011), Vol. III, p. 73.

[69] Neste sentido: JESUÍNO ALCÂNTARA MARTINS/JOSÉ COSTA ALVES (2015), p. 245.

contra os seus responsáveis solidários, cabe descortinar no ponto seguinte o regime da reversão da execução fiscal, quando o processo de execução fiscal é dirigido a outros sujeitos, delimitando os seus pressupostos e o modo de reacção contra a mesma.

76.2.1. Reversão da execução fiscal

Como observámos no ponto anterior, por vezes, o processo de execução fiscal originariamente dirigido contra determinada pessoa ou entidade será revertido contra outra pessoa, outro devedor, não originário. Ou seja, outras entidades poderão ser posteriormente chamadas ao processo de execução fiscal, respondendo pela dívida tributária em cobrança, através deste mecanismo de reversão. Assim, a reversão constitui um acto administrativo através do qual se opera uma alteração subjectiva da instância no âmbito do processo de execução fiscal, na medida em que, por variados motivos, a execução fiscal originariamente instaurada contra determinada pessoa acaba por se dirigir contra outras pessoas. Isto é, a reversão consiste num acto administrativo de chamamento destas pessoas à execução fiscal, sem que, porém, implique necessariamente a cessação da responsabilidade do devedor originário.

Ora, antes de mais, será de referir que, de acordo com os artigos 153º e seguintes do CPPT, a reversão da execução fiscal poderá ter lugar contra (*i*) responsáveis subsidiários – nº 2 do artigo 153º do CPP; (*ii*) terceiros adquirentes de bens – artigo 157º do CPPT, (*iii*) antigos possuidores, fruidores ou proprietários – artigo 158º do CPPT e (*iv*) funcionários que intervierem no processo de execução fiscal – artigo 161º do CPPT. A reversão poderá ainda efectuar-se contra os responsáveis solidários nos casos em que a execução fiscal não tenha sido originariamente dirigida contra estes sujeitos[70].

Pretende-se analisar, neste ponto, os pressupostos da reversão da execução fiscal contra todos estes sujeitos, bem como os requisitos que o despacho de reversão deverá preencher. No entanto, será dada uma atenção especial à reversão da execução fiscal contra os responsáveis subsidiários. Destrinçados os pressupostos da reversão da execução fiscal, caberá ainda delimitar os meios de reacção contra o despacho que a ordene.

• ***Reversão da execução fiscal contra os responsáveis subsidiários***

Comecemos por analisar as especificidades da reversão da execução fiscal, recordando, em primeiro lugar, os casos em que se verifica a responsabilidade subsidiária, começando por analisar os seus pressupostos e os requisitos que

[70] Jorge Lopes de Sousa (2011), Vol. III, p. 73.

o despacho que ordene a reversão deverá preencher, designadamente ao nível da fundamentação. Por fim, faremos referência às vantagens do pagamento da dívida pelo revertido e aos casos em que se verifica uma pluralidade de responsáveis subsidiários.

Assim, está legalmente prevista a responsabilidade subsidiária[71]:

- Dos *membros de corpos sociais e responsáveis técnicos*, designadamente de administradores, directores e gerentes e outras pessoas que exerçam - ainda que somente de facto - funções de administração ou de gestão em pessoas colectivas e entes fiscalmente equiparados, incluindo membros de órgãos de fiscalização e revisores oficiais de contas, bem como os técnicos oficiais de contas pelas dívidas em relação à *sociedade ou pessoa colectiva em causa*, cujo património se afigure insuficiente - artigo 24º da LGT;
- Do *titular de estabelecimento individual de responsabilidade limitada* pelas dívidas fiscais do *estabelecimento* - artigo 25º da LGT;
- Dos funcionários que intervierem no processo de execução fiscal, em relação ao *executado/devedor originário* - artigo 161º do CPPT;
- Do *substituto* em relação ao *substituído*, pelo imposto não retido, nos casos de retenção na fonte a título de pagamento por conta - artigo 28º, nº 2 da LGT; e
- Do *substituído* em relação ao *substituto*, pelo imposto não retido, nos casos de retenção de fonte a título definitivo - artigo 28º, nº 3 da LGT.

Os casos de responsabilidade tributária previstos nos artigos 26º e 27º da LGT, respeitantes à responsabilidade dos liquidatários das sociedades e de gestores de bens ou direitos de não residentes respectivamente, prevêem expressamente a responsabilidade *solidária* destes sujeitos pelas dívidas fiscais da sociedade em liquidação, por um lado, e pelas contribuições e impostos do não residente relativos ao exercício do seu cargo, por outro[72].

Será de salientar ainda que a declaração de insolvência dos devedores originários não impede a efectivação da responsabilidade subsidiária através da reversão da execução fiscal, tal como entendeu o STA no acórdão de 17 de Dezembro de 2014, proferido no âmbito do processo nº 01199/13[73]:

[71] Para maiores desenvolvimentos relativamente à responsabilidade tributária e às características da responsabilidade solidária e subsidiária, veja-se o ponto 4.2.3.2 deste manual.

[72] Em sentido contrário, considerando-se que se tratam de casos de responsabilidade tributária subsidiária, veja-se Joaquim Freitas da Rocha (2014), p. 336.

[73] No mesmo sentido, veja-se ainda o acórdão do STA de 2 de Julho de 2014, proferido no âmbito do processo nº 01202/13 e Jesuíno Alcântara Martins/José Costa Alves (2015), p. 381.

> *"A sustação dos processos de execução fiscal que se verifica na sequência da declaração de falência/insolvência da devedora originária, comporta as excepções previstas nos nºs. 1 e 6 do art. 180º do CPPT, não estando vedada a reversão das dívidas tributárias contra o responsável subsidiário (nº 7 do art. 23º da LGT), caso se verifiquem os respectivos pressupostos legais, impondo-se, contudo, que a AT respeite os limites da excussão prévia impostos pelo nº 2 do art. 23º da LGT."*

Aqui chegados quanto aos sujeitos da reversão nos casos de subsidiariedade, cabe agora analisar os pressupostos da efectivação desta reversão.

Pressupostos da reversão da execução fiscal contra responsáveis subsidiários

De acordo com o nº 2 do artigo 153º do CPPT, o chamamento à execução dos responsáveis subsidiários depende da verificação da *inexistência* de bens penhoráveis do devedor e seus sucessores ou da *fundada insuficiência*, de acordo com os elementos constantes do auto de penhora e de outros de que o órgão da execução fiscal disponha, do património do devedor para a satisfação da dívida exequenda e acrescido[74]. A este propósito, será de referir o entendimento de Lopes de Sousa de que, em harmonia com o artigo 23º, nº 2 da LGT, que determina que a reversão contra o responsável subsidiário depende da fundada insuficiência dos bens penhoráveis "*do devedor principal e dos responsáveis solidários*", será requisito da reversão da execução fiscal contra os responsáveis subsidiários não só a inexistência ou fundada insuficiência de bens penhoráveis do devedor originário e dos seus sucessores, mas também a inexistência ou fundada insuficiência de bens penhoráveis dos *responsáveis solidários*. Assim entende, alegando que o CPPT, no artigo 153º, não poderá dispor de forma contrária à LGT, diminuindo as garantias dos contribuintes, em face da supremacia da LGT sobre o CPPT, reconhecida no artigo 1º do CPPT e do sentido da autorização legislativa em que o Governo se baseou na sua aprovação, que é o de compatibilização das normas do CPT com as da LGT, considerando organicamente inconstitucional uma alteração do regime previsto na LGT acerca das condições da reversão[75].

[74] No que diz respeito ao conceito de "*fundada insuficiência*" do património do devedor originário; veja-se o acórdão do STA de 16 de Maio de 2012, proferido no âmbito do processo nº 0123/12, em sede do qual este tribunal superior entendeu que "*[o] conceito «fundada insuficiência» constante do nº2 do artigo 23º da LGT e da alínea b) do nº2 do artigo 153º do CPPT, deve ser fixado objectivamente com recurso aos conhecimentos técnicos, de forma a obter uma avaliação rigorosa dos bens penhorados e penhoráveis do devedor originário, não podendo ser preenchido subjectivamente através da avaliação que o funcionário que lavra o auto de penhora faça sobre o valor dos bens penhorados.*".

[75] Jorge Lopes de Sousa (2011), Vol. III, p. 64.

Quanto a nós, apesar de recordarmos a ausência de valor reforçado da LGT, o que impõe que a sua supremacia se determine por via interpretativa, concordamos com a posição perfilhada por este autor, parecendo decorrer desta a necessidade da execução fiscal ser originalmente dirigida contra os responsáveis solidários ou, pelo menos, revertida contra os responsáveis solidários, previamente à sua reversão contra os responsáveis subsidiários, na medida em que o pressuposto desta será a inexistência ou a fundada insuficiência do património do devedor originário e do devedor solidário.

Deste modo, a reversão da execução fiscal contra responsáveis subsidiários terá lugar quando for instaurado um processo de execução fiscal contra o devedor originário ou contra o responsável solidário – originariamente ou mediante a reversão da execução fiscal – e for apurado pelo órgão de execução que estes não possuem meios suficientes para procederem ao pagamento da dívida ou, pese embora se tenha procedido à penhora e venda de bens destes executados, o produto da venda de tais bens se revele insuficiente para extinguir a execução. Desta conclusão, bem como do próprio artigo 23º, nº 1 da LGT, decorre que a execução fiscal nunca poderá ser instaurada originariamente contra um responsável subsidiário, sendo que, caso tal ocorra, este poderá reagir através da oposição à execução fiscal, nos termos do artigo 204º, nº 1, alínea *i*) do CPPT[76].

Assim, podemos concluir que, nos termos do artigo 23º, nº 2 da LGT e do artigo 153º, nº 2 do CPPT, os responsáveis subsidiários gozam do privilégio de excussão prévia do património do executado, pese embora se admita a reversão mesmo antes da penhora e venda dos bens do responsável originário, se se apurar fundadamente que os bens existentes são insuficientes.

Contudo, pese embora a exigência destes pressupostos – de inexistência ou fundada insuficiência dos bens do devedor originário e do responsável solidário para a efectivação da reversão da execução fiscal –, o nº 3 do artigo 23º da LGT deixou de exigir a excussão prévia como condição da decisão de reversão da execução contra os responsáveis subsidiários, mantendo-se porém como condição do prosseguimento da execução, após a reversão se efectivar. Com efeito, o nº 3 do artigo 23º da LGT dispõe que, caso no momento da reversão da execução fiscal não seja possível determinar a suficiência dos bens penhorados, por não estar definido com precisão o montante a pagar pelo responsável subsidiário, o processo de execução fiscal ficará suspenso desde o termo do prazo de oposição até à completa excussão do património do executado. Admite-se portanto que a reversão tenha lugar antes da excussão do patri-

[76] *Ibidem.*

mónio do executado, ficando o processo de execução fiscal suspenso, em relação ao revertido, até ao final da excussão, momento este em que será possível determinar a fundada insuficiência ou não dos bens do devedor originário. Neste sentido, Jesuíno Alcântara Martins e Costa Alves consideram que quando tenham sido penhorados os bens do devedor originário, e caso o valor atribuído a estes bens no auto de penhora se afigure insuficiente para o pagamento integral da dívida exequenda e acrescido, tendo em conta o disposto no artigo 23º, nº 2 da LGT e no artigo 153º, nº 2, alínea *b*) do CPPT, o órgão da execução fiscal deverá proceder de imediato à reversão da execução fiscal contra os responsáveis subsidiários. Estes autores ressalvam também que caso no momento da reversão não seja possível determinar a suficiência dos bens penhorados para o pagamento integral da dívida, por não estar definido com precisão o montante a pagar pelo responsável subsidiário, os efeitos da reversão ficarão suspensos em relação ao responsável, desde o termo do prazo de oposição até à completa excussão do património do executado, sem prejuízo da adopção de medidas cautelares[77].

Para além disso, Jesuíno Alcântara Martins e Costa Alves salientam que antes de ocorrer a venda dos bens penhorados e do apuramento do produto da venda a aplicar na execução, não será possível conhecer o montante ou valor pelo qual a execução reverte contra os responsáveis subsidiários, ou seja, o montante a pagar por estes. Isto, acrescentamos nós, pese embora o disposto na alínea *b*) do nº 2 do artigo 153º do CPPT, que estabelece que a fundada insuficiência será aferida de acordo com os elementos constantes do auto de penhora[78]. Assim, parece-nos que dificilmente uma reversão da execução fiscal contra responsáveis subsidiários efectuada antes da venda dos bens do executado – da excussão do seu património – não resultará na suspensão do processo de execução fiscal em relação ao revertido, tendo em conta que será necessário a excussão do património do executado originário para a determinação quer da suficiência dos bens penhorados, quer do montante a pagar pelo responsável subsidiário.

Acompanhamos aqui a crítica de Lopes de Sousa de que esta reversão imediata antes da excussão do património do executado, seguida de suspensão do processo de execução fiscal se afigura "*desnecessária*" e "*injustificada*". Na verdade, segundo o autor esta possibilidade desvirtua o objectivo da reversão da execução fiscal que é a cobrança coerciva através do património do responsável subsidiário e não, pelo contrário, garantir a possibilidade de poste-

[77] Jesuíno Alcântara Martins/José Costa Alves (2015), p. 375.
[78] *Ibidem*, p. 376.

riormente vir a efectuar, eventualmente, essa cobrança coerciva. Traduz-se assim "*num afastamento da reversão da sua natural finalidade*", salientando o autor a existência de meios próprios para garantir a cobrança coerciva das dívidas fiscais, referindo-se à providência cautelar do arresto prevista nos artigos 9º, nº 3, 136º e 214º do CPPT. Por outro lado, LOPES DE SOUSA refere ainda que o responsável subsidiário será obrigado a pagar no prazo de oposição uma quantia que posteriormente poderá revelar-se excessiva para beneficiar quer do pagamento da dívida exequenda, sem juros e custas, quer da suspensão da execução o que considera "*injustificadamente gravoso*" para o responsável. Aliás, o autor chega a considerar esta possibilidade de reversão da execução fiscal antes da excussão do património do devedor originário de constitucionalidade "*duvidosa*", excepto nos casos em que seja possível saber qual a medida exacta da insuficiência do património do executado, alegando a sua incompatibilidade com o "*princípio da necessidade na restrição de um direito análogo a um direito fundamental (arts. 17º, 18º, nº 2 e 62º, nº 1 da CRP)*", tendo em conta que esta possibilidade se afigura "*desnecessária e desproporcionada para satisfação do interesse da administração tributária em assegurar a possibilidade de cobrança coerciva das dívidas tributárias*"[79].

Pelo contrário, JESUÍNO ALCÂNTARA MARTINS e COSTA ALVES criticam o facto de, na prática, muitas vezes a reversão apenas ter lugar após a aplicação do produto da venda dos bens penhorados, na medida em que, em rigor, só após este momento será possível aferir com precisão o montante da dívida a pagar pelos responsáveis tributários. Com efeito, salientam que na "*esmagadora*" maioria destes casos, proceder à reversão da execução fiscal neste momento equivale a contribuir para a frustração de créditos, isto é, para que os créditos se tornem incobráveis em virtude da sua indisponibilidade superveniente, na medida em que os responsáveis terão tempo para "*colocar os seus bens em «posição jurídica» inatingível pela penhora*"[80].

Quanto a nós, embora compreendamos as razões invocadas por estes autores, não consideramos defensável que a reversão da execução fiscal se opere em momento anterior à excussão do património do executado, sem conhecimento do montante exacto a pagar pelo responsável subsidiário, tendo em consideração o disposto no artigo 23º, nº 2 da LGT que estabelece expressamente o privilégio da excussão prévia destes responsáveis. A melhor solução será, em nossa opinião, a reversão da execução fiscal contra os responsáveis subsidiários no momento em que o órgão da execução fiscal tenha conheci-

[79] JORGE LOPES DE SOUSA (2011), Vol. III, p. 66.

[80] JESUÍNO ALCÂNTARA MARTINS/JOSÉ COSTA ALVES (2015), p. 376.

mento da fundada insuficiência do património do executado originário e do montante a pagar pelos responsáveis subsidiários. Via de regra, isto só será possível após a aplicação do produto da venda dos bens penhorados. Se se pretender garantir a cobrança coerciva das dívidas com o património dos responsáveis subsidiários, previamente ao conhecimento do montante a pagar por estes, o órgão da execução fiscal poderá, se julgar haver fundado receio da sua dissipação, requerer o arresto dos bens, nos termos do artigo 214º do CPPT.

Requisitos do despacho que decide a reversão

Analisados os pressupostos dos quais depende a reversão da execução fiscal contra os responsáveis subsidiários, é de referir que esta se efectua por despacho, devendo ser previamente precedida da audição dos hipotéticos responsáveis subsidiários, de acordo com o nº 4 do artigo 23º da LGT. Compreende-se o reconhecimento do direito de audição prévia do responsável subsidiário antes da decisão de reversão da execução fiscal por parte do órgão da execução fiscal na medida em que se trata de uma decisão desfavorável para este sujeito, que terá que pagar o total ou remanescente da dívida exequenda ou verá os seus bens penhorados. Na verdade, como tivemos oportunidade de referir no ponto 21 deste manual, a audição prévia constitui a forma principal de concretização do direito de participação no procedimento tributário, sendo que este tem uma *dimensão garantística*, permitindo que os sujeitos se pronunciem essencialmente acerca de actos que lhe sejam desfavoráveis, assumindo, por isso, um especial relevo na situação da reversão em que a ingerência na esfera de um terceiro se afigura acrescidamente agressiva.

Ora, o direito de audição especificamente atribuído aos responsáveis subsidiários será exercido nos termos do artigo 60º da LGT, pelo que estes deverão ser notificados do projecto de decisão de reversão e da sua fundamentação por carta registada enviada para o seu domicílio fiscal, de acordo com os nºs 4 e 5 deste artigo. O direito de audição prévia poderá ser exercido, oralmente ou por escrito, num prazo entre 15 (quinze) a 25 (vinte e cinco) dias, tal como resulta do nº 6 do artigo 60º da LGT[81].

Lopes de Sousa entende que caso não conste da notificação para exercício do direito de audição prévia algum dos elementos exigidos, ou seja, o projecto de decisão e a sua fundamentação, a consequência será a nulidade do processo de execução fiscal, podendo esta ser arguida pelo interessado através de incidente suscitado perante o juiz ou mediante a reclamação para o tribu-

[81] Para maiores desenvolvimentos relativamente ao direito de audição prévia, veja-se o ponto 21 deste manual relativo ao direito de participação no procedimento e audição prévia.

nal tributário de 1ª instância, nos termos do artigo 276º do CPPT. Por outro lado, se a reversão for decidida sem a audição prévia do responsável subsidiário, esta omissão afectará não o processo de execução fiscal mas o acto que decidiu a reversão, provocando a ilegitimidade do revertido, na medida em que a legitimidade do mesmo está dependente de um acto válido de reversão. Por conseguinte, entende que a omissão de audição prévia poderá ser invocada como fundamento da oposição à execução fiscal, enquadrando-se no artigo 204º, nº 1, alínea *i*) do CPPT[82].

Após a realização da audição prévia do responsável subsidiário nos termos do artigo 60º da LGT, poderá ser ordenada a reversão da execução fiscal e a consequente citação do responsável subsidiário. Esta deverá conter os *elementos essenciais da liquidação*, incluindo a sua *fundamentação*, tal como decorre do nº 4 do artigo 23º da LGT. A razão de ser da exigência da notificação da fundamentação da liquidação será a possibilidade, admitida no nº 5 do artigo 22º da LGT, de os responsáveis subsidiários deduzirem reclamação graciosa, ou impugnação judicial para contestar a legalidade da dívida tributária. Com efeito, como vimos no ponto 19 relativo ao direito à fundamentação, uma das razões de ser da exigência de fundamentação dos actos da Administração Tributária será a de permitir que os destinatários dos mesmos possam optar entre a contestação da sua legalidade ou a sua aceitação. Dito de outro modo, os destinatários dos actos da Administração Tributária, tais como os responsáveis subsidiários contra os quais a execução fiscal é revertida, apenas poderão optar entre a aceitação de determinado acto e a contestação da sua legalidade, através dos meios tutelares por nós já estudados, se tiverem conhecimento das razões que levaram a Administração a decidir daquela forma e não de outra, ou seja, quando tenham conhecimento da fundamentação do mesmo.

Relativamente à exigência da citação da decisão de reversão conter os elementos essenciais da liquidação, incluindo a sua fundamentação, veja-se o acórdão do TCA Norte de 16 de Abril de 2015, proferido no âmbito do processo nº 00205/09.9, no qual se entendeu que:

> "*A citação do responsável subsidiário, em processo de execução fiscal deve conter, além dos elementos incluídos na citação do executado originário, os elementos essenciais da liquidação, incluindo a respetiva fundamentação, em conformidade com o disposto no nº 4 do artº 22º e no nº 4 do artº 23º da LGT.*"

Ora, é de salientar que o despacho que ordena a reversão da execução fiscal consubstancia também ele um acto administrativo, como o acto de liquidação,

[82] Jorge Lopes de Sousa (2011), Vol. III, p. 67.

pelo que verificar-se-ão as mesmas exigências ao nível da fundamentação, na medida em que decorre do artigo 268º, nº 3 da CRP, a exigência constitucional de que todos os actos administrativos sejam fundamentados. O órgão da execução fiscal deverá, assim, fundamentar a sua decisão de reversão da execução fiscal contra aquele sujeito, hipotético responsável subsidiário.

Sem prejuízo da análise mais aprofundada dos requisitos da fundamentação no ponto 19 deste manual – para o qual remetemos – cabe recordar os requisitos que a fundamentação deverá preencher, devendo conter designadamente as razões de facto e de direito que levaram a Administração a decidir como decidiu, ou seja, o itinerário cognoscitivo por esta percorrido na tomada da decisão.

A este propósito, Lopes de Sousa considera que, através da fundamentação, o revertido deverá ficar em condições de se aperceber das razões de facto e de direito que levaram a Administração a decidir como decidiu e de impugnar a decisão por erro nos pressupostos ou qualquer outro vício. O mesmo autor defende que o despacho de reversão deverá conter (*i*) "*a indicação dos pressupostos de facto em que assenta a decisão de reversão, designadamente, os factos que levam a concluir que aquele contra quem se profere o despacho de reversão tem a qualidade em que assenta a responsabilidade subsidiária*" e (*ii*) "*os factos que levam a concluir pela insuficiência de bens penhoráveis do devedor principal e dos responsáveis solidários*"[83].

Por outro lado, é de referir que esta exigência de fundamentação do acto de reversão da execução fiscal não diz respeito apenas à reversão contra os responsáveis subsidiários, tratando-se de uma exigência transversal a todas decisões de reversão. A este propósito, exigindo-se a fundamentação dos actos de reversão da execução fiscal contra terceiros adquirentes, nos termos do artigo 157º do CPPT, veja-se o acórdão do TCA Sul de 18 de Fevereiro de 2016, proferido no âmbito do processo nº 07514/14, no qual se entendeu que:

> "O *despacho de reversão, constituindo uma autorização administrativa de agressão legal do património doutrem por dívidas contraídas por terceiro, não pode deixar de conter fundamentação concomitante idónea à reconstituição, por parte de um destinatário médio colocado na posição do revertido, do iter cognoscitivo e valorativo que esteve na base da decisão; só através da explicitação dos motivos da decisão, que lhe seja contextual, se permite ao seu destinatário discernir os critérios em que repousa e, em última análise, garantir a opção do revertido entre conformar-se com a decisão ou deduzir oposição, opção garantida pela tutela judicial efectiva.*"

[83] Jorge Lopes de Sousa (2011), Vol. III, p. 68.

Contudo, são de salientar certas especificidades da fundamentação da decisão de reversão da execução fiscal quando esta seja contra os responsáveis tributários, em especial, contra os membros de corpos sociais e responsáveis técnicos, responsáveis subsidiariamente pelas dívidas fiscais da pessoa colectiva ou ente fiscalmente equiparado. Com efeito, decorre da alínea *b*) do nº 1 do artigo 24º da LGT, uma presunção de culpa dos administradores, directores e gerentes e outras pessoas que exerçam, ainda que somente de facto, funções de administração ou gestão pelas dívidas tributárias cujo prazo legal de pagamento ou entrega tenha terminado no período do exercício do seu cargo. Nestes casos, recairá sobre estes responsáveis subsidiários o ónus de demonstrar que a falta de pagamento não lhes é imputável, pelo que ao órgão da execução fiscal caberá apenas demonstrar que estes sujeitos exerceram, pelo menos de facto, funções de administração ou gestão na pessoa colectiva – devedor originário da dívida. Pelo contrário, não será exigido que demonstre que a falta de pagamento da dívida é imputável aos responsáveis subsidiários.

Nestes casos, apenas deverá constar da decisão de reversão a indicação dos pressupostos de facto em que assenta tal decisão, designadamente os factos que levam a concluir que aquele contra quem se profere despacho de reversão assumiu funções de administração ou gestão, ainda que somente de facto, na pessoa colectiva, devedora originária do processo de execução fiscal. Lopes de Sousasublinha, a este propósito, que a presunção de culpa funcional, quando existe, não implica a presunção de gerência de facto[84]. Por isso, qualquer juízo de presunção quanto ao exercício da gerência de facto – que é uma presunção de natureza judicial e não de natureza legal – será passível de contra-prova Assim, a falta de demonstração pelo órgão de execução do exercício das funções referidas pelo projectado revertido, determinará a sua ilegitimidade na execução, a invocar, por este, em sede de oposição, nos termos do artigo 204º, alínea *b*) do CPPT.

Por seu turno, a alínea *a*), do nº 1, do artigo 24º da LGT, exige como pressuposto da reversão da execução fiscal contra estes responsáveis subsidiários, que lhes seja imputável a insuficiência do património da pessoa colectiva ou ente fiscalmente equiparado para a satisfação da dívida tributária, quando se tratarem de dívidas tributárias cujo facto constitutivo se tenha verificado no período de exercício do seu cargo ou cujo prazo legal de pagamento ou entrega tenha terminado depois deste, exigindo-se uma prova manifestamente mais onerosa à Administração Tributária, pois não estamos perante a verificação de uma presunção legal. Nestes casos, deverão constar da fundamentação do

[84] Jorge Lopes de Sousa (2011), Vol III, p. 457.

acto de reversão, directamente ou através de remissão, as razões que levaram o órgão da execução fiscal a formular o juízo sobre a culpa do revertido que é um pressuposto fundamental para a reversão poder operar uma vez mais sob pena de este poder invocar a sua ilegitimidade, enquanto revertido na execução em processo de Oposição a intentar nos termos do artigo 204º, alínea *b)* do CPPT[85].

Relativamente ao ónus da prova do órgão da execução fiscal e do responsável subsidiário nos termos do artigo 24º, nº 1 do CPPT, veja-se o acórdão do TCA Sul, de 12 de Maio de 2016, proferido no âmbito do processo nº 07693/14, em sede do qual se explicitou que "*[n]a previsão da al. a) do artigo 24º nº 1 da LGT, pretendem-se isolar as situações em que o gerente/administrador culpado pela diminuição do património societário será responsável pelas dívidas tributárias cujo facto constitutivo se tenha verificado no período de exercício do seu cargo ou cujo prazo legal de pagamento ou de entrega tenha terminado depois deste,* ***competindo à Administração Fiscal fazer a prova de que foi por culpa sua que o património se tornou insuficiente.*** *Já na al. b) da mesma disposição legal, o gerente é responsável pelas dívidas tributárias cujo prazo legal de pagamento ou de entrega tenha terminado no período do exercício do seu cargo,* ***recaindo sobre o mesmo o ónus da prova de que não foi por culpa sua que o pagamento não se efectuou.***" (destacado nosso).

Por outro lado, independentemente do ónus da prova da Administração Tributária ou do responsável subsidiário nos termos do nº 1 do artigo 24º da LGT, caberá sempre à Administração, enquanto exequente e como titular do direito de reversão, o ónus de alegar e provar os factos integradores do exercício efectivo ou de facto da gerência. Neste sentido, o acórdão do TCA Norte de 22 de Fevereiro de 2012, proferido no âmbito do processo nº 00207/07.0, considerou que:

> " *(...) para se afirmar a responsabilidade subsidiária dos gerentes por dívidas tributárias exige-se a demonstração de que os mesmos exerceram tal gerência de modo efectivo ou de facto.*
>
> *É sobre a administração tributária, enquanto exequente e como titular do direito de reversão, que recai o ónus de alegar e provar os factos integradores do efectivo exercício da gerência.*"

Por outro lado, quando a reversão da execução fiscal for efectuada contra outros responsáveis subsidiários, tais como os substitutos ou substituídos tributários, nos termos do artigo 28º da LGT, a fundamentação da decisão de reversão deverá consistir na indicação dos pressupostos de facto da reversão

[85] Neste sentido: Jorge Lopes de Sousa (2011), Vol. III, p. 68.

e das normas legais em que esta se baseia, bem como os factos que levam a concluir pela inexistência ou fundada insuficiência do património do executado originário[86].

Pagamento da dívida tributária pelos responsáveis subsidiários revertidos
De acordo com o nº 5 do artigo 23º da LGT, o responsável subsidiário contra o qual for revertida a execução fiscal ficará isento de custas e de juros de mora liquidados no processo de execução fiscal se, tendo sido citado para cumprir a dívida constante do título executivo, efectue o respectivo pagamento no prazo de oposição. Lopes de Sousa salienta que na redacção inicial deste nº 5 o responsável subsidiário que pagasse a dívida tributária principal no prazo da oposição ficava isento não só das custas e dos juros de mora liquidados no processo de execução fiscal mas também dos juros de mora liquidados no próprio título executivo. Efectuado este pagamento dentro do prazo para oposição, a execução fiscal é extinta nos termos do artigo 264º, nº 1 do CPPT.

Por outro lado, o mesmo autor entende que se o pagamento da dívida exequenda não for efectuado dentro deste prazo, os responsáveis tributários suportarão, não só as custas a que tenham dado causa, mas também as que forem devidas pelos devedores originários, retirando esta conclusão do artigo 160º, nº 3 do CPPT. Pese embora esta disposição esteja inserida num artigo com a epígrafe "*Reversão no caso de pluralidade de responsáveis subsidiários*", Lopes de Sousa considera que esta será aplicável a todos os casos de responsáveis subsidiários, alegando que o número de responsáveis não poderá servir de fundamento para uma distinção de tratamento ao nível da responsabilidade por custas[87].

Reversão da execução fiscal em caso de pluralidade de responsáveis subsidiários
Será de referir que quando a execução reverta contra vários responsáveis subsidiários, o órgão da execução fiscal mandá-los-á citar todos, depois de obtida informação no processo sobre as quantias por que responde, de acordo com o nº 1 do artigo 160º do CPPT. Contudo, a falta de citação de algum dos responsáveis não prejudica o andamento da execução contra os restantes, de acordo com o nº 2 do mesmo artigo.

Já o nº 3 do artigo 160º do CPPT estabelece que se o pagamento não for efectuado dentro do prazo para oposição ou decaírem na oposição deduzida, os responsáveis subsidiários deverão suportar, além das custas a que tenham

[86] *Ibidem.*
[87] Jorge Lopes de Sousa (2011), Vol. III, p. 113.

dado causa, as que forem devidas pelos originários devedores, sendo que Lopes de Sousa entende que esta consequência se verifica independentemente da quantidade de responsáveis subsidiários, ou seja, quer estejamos perante uma pluralidade de responsáveis ou apenas um. Por outro lado, Freitas da Rocha considera esta solução de "*constitucionalidade duvidosa*"[88].

Ainda a este propósito, refira-se que o STA decidiu que, quando um dos responsáveis subsidiários deixe passar o prazo para pagamento voluntário, o facto de os demais responsáveis observarem esse prazo não permite que o primeiro aproveite do benefício previsto no artigo 23º, nº 5 da LGT. Com efeito, no acórdão de 19 de Fevereiro de 2012, proferido no âmbito do processo nº 0917/12, o STA entendeu que:

> *"Na verdade, se de acordo com o disposto no nº 2 do art. 160º do CPPT, a falta de citação de qualquer dos responsáveis subsidiários não prejudica o andamento da execução contra os restantes, sendo que, se houver vários executados, os prazos de oposição correrão independentemente para cada um deles (nº 2 do art. 203º do CPPT), terá de concluir-se que, também o prazo daquele pagamento determinante da eventual isenção de juros ou custas pode terminar em datas diferentes para cada um dos revertidos; isto é, terá de concluir-se que, em casos em que a dívida exequenda não tenha sido paga, dentro do prazo de oposição, por responsável subsidiário revertido e primeiramente citado (e, por essa via, constituído já como responsável subsidiário pelos juros e cu***stas devidas) a isenção de que venha a beneficiar, posteriormente, um outro responsável subsidiário igualmente*** *revertido e citado em data posterior, mas que, por sua vez, proceda no prazo em que pode opor-se à execução ao pagamento da dívida constante do título executivo, não aproveita àquele primeiro. Ou seja, a isenção conferida a este último não se comunica àquele. Não utilizando aquela faculdade legal prevista no nº 5 do art. 23º da LGT, o responsável subsidiário também entra, ele próprio, em situação de mora, passando a ser responsável pelo pagamento, não só da dívida tributária principal, mas também dos juros moratórios que forem devidos pelo devedor originário, tal como os encargos que este deveria pagar, designadamente as custas do processo de execução fiscal (nº 1 do art. 22º da LGT), para além dos juros de mora que se forem vencendo em relação a ele próprio (responsável subsidiário) no âmbito do processo de execução e caso haja lugar aos mesmos."*

A reversão das coimas fiscais – polémica jurisprudencial

Quanto ao tipo de dívidas que podem ser alvo de reversão, pacífico é que as dívidas oriundas de tributos e, ainda, de juros compensatórios (que integram a dívida, por força do artigo 35º da LGT), são passíveis de reversão contra os

[88] Joaquim Freitas da Rocha (2014), p. 337.

responsáveis subsidiários. Tema diverso ocorre quando falamos das coimas fiscais, aplicáveis ao responsável originário, em sede contra-ordenacional – isto é, infracional penal – em que a doutrina e a jurisprudência se fracturam quanto ao seu tratamento.

Ora, no caso das coimas, não estamos a falar de tributos, tal como definidos no artigo 3º da LGT, mas sim de coimas, sanções, aplicadas no âmbito de processos de contraordenação, ainda que em virtude de infrações ocorridas no âmbito fiscal. Nessa medida, a análise do preenchimento dos requisitos para a reversão não pode ser efectuada nos termos dos artigos 23º e 24º da LGT, devendo antes ser determinada nos termos previstos no artigo 8º do RGIT, de onde decorre que a imputabilidade da falta de pagamento de quaisquer coimas ou multas não se presume, não sendo à pessoa que exerce a gerência que cabe o ónus da prova da insuficiência do património social ou de a falta de pagamento não lhe ser imputável. Ou seja, a apreciação da responsabilidade – ou mesmo da culpa – no campo infracional, inserido no âmbito do direito penal fiscal, não pode ser efectuada com base nas mesmas regras sobre o ónus probatório que vigoram relativamente à reversão de dívidas respeitantes a tributos, previstas nos artigos 23º e 24º da LGT, sob pena de violação do princípio constitucional da presunção de inocência, consagrado por via do artigo 32º, nº 2 da CRP.

Como tal, quer por força do disposto no artigo 8º do RGIT, quer por força de uma aplicação da lei conforme às normas constitucionais, designadamente ao artigo 32º, nº 2 da CRP que prevê o *princípio constitucional da presunção de inocência*, a apreciação da culpa do responsável subsidiário na insuficiência dos bens para fazer face ao pagamento das coimas, não pode ser feita partindo do pressuposto de que o ónus da prova (de que não é culpado) a ele cabe. A prova de que o mesmo "agiu com culpa" caberá, nestes casos, à Administração Tributária, pelo que, falhando a mesma, o responsável revertido será parte ilegítima na execução, podendo invocar tal argumento como fundamento de oposição, nos termos do artigo 204º, alínea *b*) do CPPT. Acresce que a responsabilidade contra-ordenacional, tal como a penal, não é por natureza transmissível, nos termos do artigo 30º, nº 3 da CRP, porque se baseia num juízo de culpa e de ilicitude efectuado individualmente, no caso concreto.

A este respeito, o STA declarou, no acórdão de 7 de Janeiro de 2009, proferido no âmbito do processo nº 031/08, , a **inconstitucionalidade do artigo 8º do RGIT**, na medida em que tal normativo prevê a reversibilidade das sanções penais contra os responsáveis subsidiários das pessoas coletivas, afirmando que "*É materialmente inconstitucional, por violação dos princípios da intransmissibilidade das penas e da presunção de inocência, consagrados nos artºs 30º, nº 3 e 32º,* *nº 2 da CRP, o disposto no artº 8º do Regime Geral das Infracções Tributárias relativo à responsabilidade subsidiária dos administradores, gerentes e outras pessoas, em relação ao pagamento de coimas aplicadas à sociedade*[89]". Noutro aresto do STA, datado de 10 de Novembro de 2010, proferido no âmbito do processo nº 0767/10, refere-se que "*I – O artigo 8º do RGIT, interpretado no sentido de que ali se prevê a responsabilidade subsidiária por coimas, efectivada através do regime da reversão da execução fiscal contra as pessoas ali mencionadas, é materialmente inconstitucional, por violação dos princípios constitucionais da intransmissibilidade das penas, da presunção de inocência e da violação dos direitos de audiência e defesa, consagrados, respectivamente, no nº 3 do artigo 30º e nos nºs 2 e 10 do artigo 32º, ambos da CRP.*".

Note-se que a doutrina, na voz de LOPES DE SOUSA e de MANUEL SIMAS SANTOS com LEAL HENRIQUES haviam já firmado a posição depois adoptada pelo STA, afirmando estes últimos autores que "*[a] responsabilização dos responsáveis subsidiários e solidários aqui prevista e mesmo sendo ela dependente de actos próprios destes ou omissão de deveres de controle ou vigilância, é uma realidade incontornável que quem faz o pagamento de uma sanção pecuniária é quem a está a cumprir, pelo que esta responsabilização se reconduz a uma transmissão do dever de cumprimento da sanção do responsável pela infracção para outras pessoas.*", sendo "*[p]or isso, a aplicação da sanção a pessoa a quem não pode ser imputada responsabilidade pela sua prática não é necessária para satisfação dos fins que a previsão de sanções tem em vista e, por isso, é constitucionalmente proibida a sua aplicação, por força do preceituado no art. 18º, nº 2, da C.R.P., que estabelece o princípio nuclear da necessidade de qualquer restrição de direitos fundamentais*"[90],[91].

Refira-se ainda, a título complementar, que, antes da posição vertida pelo STA, o Tribunal Constitucional, em análise quanto à constitucionalidade do artigo 8º do RGIT suscitada em diversos processos, entendeu, no acórdão nº 129/2009, de 12 de Março de 2009, proferido no âmbito do processo nº 649/08 remetendo a questão meramente para a relação jurídica estabelecida entre o responsável subsidiário e o revertido, que "*O que o artigo 8º, nº 1, alíneas a) e b), do RGIT prevê é uma forma de responsabilidade civil subsidiária dos administradores e gerentes, que resulta do facto culposo que lhes é imputável de terem gerado uma situação de insuficiência patrimonial da empresa, que tenha sido causadora do não pagamento da multa ou da coima que era devida, ou de não terem procedido a esse pagamento quando a sociedade ou pessoa colectiva foi notificada para esse efeito ainda*

[89] Idêntica posição havia sido expressa no acórdão do STA, de 27 de Fevereiro de 2008, proferido no âmbito do processo nº 1057/07, .

[90] JORGE LOPES DE SOUSA (2007), Vol. II, p. 351 e seguintes.

[91] Na anotação ao artigo 8º do RGIT, *in* MANUEL SIMAS SANTOS/LEAL HENRIQUES (2003), "Regime Geral das Infracções Tributárias Anotado", p. 94.

durante o período de exercício do seu cargo. O que está em causa não é, por conseguinte, a mera transmissão de uma responsabilidade contra-ordenacional que era originariamente imputável à sociedade ou pessoa colectiva; mas antes a imposição de um dever indemnizatório que deriva do facto ilícito e culposo que é praticado pelo administrador ou gerente, e que constitui causa adequada do dano que resulta, para a Administração Fiscal, da não obtenção da receita em que se traduzia o pagamento da multa ou coima que eram devidas.". Continua o Tribunal Constitucional indicando que *"a responsabilidade subsidiária dos administradores e gerentes assenta, não no próprio facto típico que é caracterizado como infracção contra-ordenacional, mas num facto autónomo, inteiramente diverso desse, que se traduz num comportamento pessoal determinante da produção de um dano para a Administração Fiscal. É esse facto, de carácter ilícito, imputável ao agente a título de culpa, que fundamenta o dever de indemnizar, e que, como tal, origina a responsabilidade civil. Tudo leva, por conseguinte, a considerar que não existe, na previsão da norma do artigo 8º, nº 1, alíneas a) e b), do RGIT, um qualquer mecanismo de transmissibilidade da responsabilidade contra-ordenacional, nem ocorre qualquer violação do disposto no artigo 30º, nº 3, da Constituição, mesmo que se pudesse entender – o que não é líquido – que a proibição aí contida se torna aplicável no domínio das contra-ordenações."*.

Ou seja, neste acórdão o Tribunal Constitucional considerou que o artigo 8º do RGIT não padecia de inconstitucionalidade embora se tenha baseado na premissa de que não está em causa a transmissão de uma responsabilidade contra-ordenacional, mas sim a responsabilidade civil do gerente pela prática de um facto ilícito[92]. Ora, a nosso ver, tratando-se a responsabilidade dos devedores subsidiários pelas dívidas por coimas da sociedade originária devedora de uma responsabilidade de natureza civil extracontratual e não de uma responsabilidade pelo pagamento de coimas – na acepção do Tribunal Constitucional –, verifica-se que a "cobrança" destas dívidas não podia ser efectuada através do processo de execução fiscal, porquanto, tais dívidas não figuravam, à data da prolação do acórdão pelo Tribunal Constitucional, entre as dívidas que, nos termos do artigo 148º do CPPT, podiam ser cobradas através do processo de execução fiscal.

Nesse sentido, pronunciou-se o STA no acórdão, de 7 de Janeiro de 2009, proferido no âmbito do processo nº 031/08 no qual referiu que "*I – Sendo a responsabilidade dos devedores subsidiários pelas dívidas por coimas da sociedade originária devedora uma responsabilidade de natureza civil extracontratual e não uma responsabilidade pelo pagamento de coimas, a cobrança destas dívidas de responsabilidade civil não figuram entre as dívidas que podem ser cobradas através do processo de execu-*

[92] E também no acórdão nº 150/2009, de 25 de Março de 2009.

ção fiscal, uma vez que tal cobrança não está prevista no predito artº 148º. II – Deste modo, não pode haver reversão.".

E nem a alteração legislativa ao artigo 148º do CPPT, promovida pela Lei nº 3-B/2010, de 28 de Abril, permite admitir, a nosso ver, a reversão das dívidas por coimas sem que se prove a culpa do revertido. Isto porque, apesar de tal alteração ter introduzido naquele normativo – em clara reacção ao decidido pelo STA – uma alínea que determina que o processo de execução fiscal abrange a cobrança coerciva de "*coimas e outras sanções pecuniárias decorrentes da responsabilidade civil determinada nos termos do Regime Geral das Infracções Tributárias*", tal previsão não dispensa a verificação dos requisitos do artigo 8º do RGIT. Ou seja, continuando a estar em causa uma responsabilidade contra-ordenacional – cujo regime jurídico subsidiário aplicável é o Direito Penal – a imputabilidade da falta de pagamento de quaisquer coimas ou multas não se presume, não incumbindo à pessoa que exerce a gerência o ónus da prova de que a insuficiência do património social ou a falta de pagamento não lhe é imputável, antes cabendo esse ónus, em sentido contrário, à Administração Tributária. A acrescer ao exposto, importa referir que, mais recentemente e contrariando a posição anteriormente assumida, o próprio Tribunal Constitucional tem entendido que o artigo 8º do RGIT é inconstitucional, por violação dos princípios constitucionais da culpa, da igualdade e da proporcionalidade[93].

- ***Reversão da execução fiscal contra terceiros adquirentes de bens***

Analisadas as especificidades da reversão da execução fiscal contra os responsáveis subsidiários, pretende-se agora analisar os restantes casos de reversão, começando por descortinar o regime da reversão da execução fiscal contra terceiros adquirentes de bens, previsto no artigo 157º do CPPT.

Assim, de acordo com o nº 1 deste artigo, na falta ou insuficiência de bens do devedor originário, dos seus sucessores ou dos responsáveis solidários, e se se tratar de uma dívida com direito de sequela sobre bens que se tenham transmitido a terceiros, a execução fiscal será contra estes revertida. FREITAS DA ROCHA distingue estes casos de reversão daqueles em que a execução fiscal é revertida contra os responsáveis subsidiários na medida em que não se acrescenta ao património insuficiente do devedor originário outro património – do revertido –, não existindo uma garantia especial pessoal para cumprimento da obrigação tributária, mas apenas uma garantia real, que diz respeito a um certo bem ou a um conjunto determinado de bens[94].

[93] *Vide* os Acórdãos nºs 481/2010, de 09 de Dezembro de 2010, 24/2011, de 12 de Janeiro de 2011 e 26/2011, de 12 de Janeiro de 2011.

[94] JOAQUIM FREITAS DA ROCHA (2014), p. 337.

O mesmo autor considera que estão em causa neste artigo as situações em que o credor tributário tem o direito de sequela relativamente a certos bens que constituem a base de um tributo. Assim, entende que se o devedor originário do tributo, que corresponde ao primeiro titular do bem, o transmitir a terceiro e o seu património se afigure insuficiente para o cumprimento da dívida exequenda, a execução fiscal poderá reverter contra o terceiro adquirente. Com efeito, para FREITAS DA ROCHA o bem em causa que se encontra na esfera jurídica de terceiro consubstancia um património autónomo que responderá pela dívida tributária[95].

Neste sentido, o nº 2 do artigo 157º do CPPT, estabelece que os terceiros apenas responderão pelo imposto relativo aos bens transmitidos e apenas estes poderão ser penhorados na execução, excepto se os revertidos nomearem outros bens em substituição e o órgão da execução fiscal considerar que não há prejuízo. Assim, por força deste nº 2, independentemente de proceder ao pagamento da dívida exequenda dentro do prazo de oposição à execução ou em momento posterior, por se tratar de uma responsabilidade limitada aos bens abrangidos pela sequela, os terceiros adquirentes nunca serão responsáveis pelos juros de mora ou pelas custas devidas pelo devedor originário, mas apenas pelo "*imposto relativo aos bens transmitidos*"[96].

É de salientar que, de acordo com a parte final do nº 1 do artigo 157º do CPPT, a reversão contra os terceiros adquirentes destes bens com direito de sequela não terá lugar quando a transmissão dos mesmos tenha sido realizada por venda em processo a que a Fazenda Pública devesse ser chamada a deduzir os seus direitos, sendo que, segundo LOPES DE SOUSA, a razão de ser desta solução será favorecer a estabilidade das vendas efectuadas em processos de execução com vista à obtenção de melhores valores de venda. Este autor refere ainda que esta finalidade está genericamente subjacente ao disposto no artigo 824º, nº 2 do CC, que determina que os bens serão transmitidos livres dos direitos de garantia que os onerarem, bem como dos demais direitos reais que não tenham registo anterior ao de qualquer arresto, penhora ou garantia, excepto aqueles constituídos em data anterior que produzem efeitos em relação a terceiros, independentemente de registo[97].

Por fim, será de referir que muitas das especificidades que indicámos na análise da reversão da execução fiscal contra os responsáveis subsidiários também se verificam na reversão contra os terceiros adquirentes. Assim, exige-se

[95] *Ibidem.*

[96] Neste sentido: JORGE LOPES DE SOUSA (2011), Vol. III, p. 99.

[97] *Ibidem.*

como pressuposto da reversão não só a inexistência ou fundada insuficiência dos bens do devedor originário, mas também dos responsáveis solidários. Por outro lado, também não será necessária para a tomada da decisão de reversão a excussão do património do executado originário nos termos do artigo 23º, nº 3 da LGT, suspendendo-se, todavia a execução até à completa excussão do património do executado, por não estar definido o montante a pagar pelo terceiro adquirente.

Os terceiros adquirentes terão igualmente direito de audição prévia, antes da tomada da decisão de reversão de execução fiscal, tal como disposto no nº 4 do artigo 23º da LGT, e nos termos do artigo 60º da LGT. Por fim, o chamamento do terceiro adquirente ao processo de execução fiscal também será realizado mediante a citação que deverá conter os elementos essenciais da liquidação, incluindo a sua fundamentação, na medida em que o terceiro adquirente poderá contestar a legalidade do acto de liquidação apresentando uma reclamação graciosa ou deduzindo impugnação judicial, tal como resulta do preceituado no nº 5 do artigo 22º da LGT.

- ***Reversão da execução fiscal contra antigos possuidores, fruidores ou proprietários***

No artigo 158º, nº 1 do CPPT consagra-se a possibilidade de a execução reverter contra o antigo possuidor, fruidor ou proprietário quando, nos impostos sobre a propriedade mobiliária ou imobiliária, se verificar que a dívida liquidada em nome do actual possuidor, fruidor ou proprietário dos bens respeita a um período anterior ao início da sua posse, fruição ou propriedade. Assim, este artigo diz respeito aos "impostos sobre a propriedade" cujo elemento definidor da incidência objectiva seja constituído pela posse, fruição ou propriedade de determinados bens[98].

Lopes de Sousa salienta que nos casos previstos no artigo 158º do CPPT não se verifica a responsabilidade subsidiária do revertido, tratando-se, na verdade, de situações em que se detecta que a execução foi dirigida contra pessoa ou entidade que não corresponde ao responsável originário pelo pagamento do imposto[99]. Isto é, aplica-se quando o órgão da execução fiscal se apercebe que o processo de execução fiscal não devia ter sido instaurado contra o actual possuidor, fruidor ou proprietário do bem, por não ser o responsável ou devedor originário, mas sim contra o antigo possuidor, fruidor ou proprietário.

[98] Neste sentido: Jorge Lopes de Sousa (2011), Vol. III, p. 101.

[99] *Ibidem.*

Já Freitas da Rocha refere que estas situações normalmente terão lugar após uma oposição à execução bem-sucedida, por parte do devedor originário, com fundamento na alínea *b)* do nº 1 do artigo 204º do CPPT. Citando o acórdão do Tribunal Constitucional nº 507/02 de 6 de Dezembro de 2002, este autor salienta que nestes casos, em que a execução tenha sido instaurada contra um contribuinte que posteriormente procede à oposição à execução com fundamento no facto de não ser possuidor dos bens à data, tem lugar uma "*correcção, por via executiva, do acto tributário, quanto ao respectivo sujeito passivo*"[100].

Deste modo, parece líquido que nos casos previstos no artigo 158º do CPPT, ao contrário da reversão da execução fiscal efectuada contra os responsáveis subsidiários ou contra os terceiros adquirentes de bens, a responsabilidade dos antigos possuidores, fruidores ou proprietários contra os quais a execução é revertida é originária e não subsidiária. Na verdade, o processo de execução fiscal devia ter sido instaurado originariamente contra estes sujeitos, permitindo esta reversão *imprópria* uma segunda oportunidade de cobrança quanto ao responsável originário.

Assim, a reversão da execução fiscal não estará condicionada aos requisitos previstos no artigo 23º da LGT, designadamente à excussão prévia do património do executado originário, nem à audição prévia do hipotético revertido antes da tomada da decisão de reversão. Por outro lado, o revertido não ficará isento de custas e juros de mora liquidados no processo de execução fiscal nos termos do nº 5 do artigo 23º da LGT, ou seja, se efectuar o pagamento da dívida exequenda dentro do prazo de oposição à execução fiscal.

Contudo, Lopes de Sousa defende a aplicação analógica, neste caso, do nº 5 do artigo 22º da LGT que consagra a exigência de a citação da reversão conter os elementos essenciais da liquidação, incluindo a sua fundamentação. Com efeito, a razão de ser desta exigência consiste em garantir a possibilidade do revertido/responsável subsidiário a possibilidade de contestar a legalidade do acto de liquidação, sendo necessário o conhecimento das razões que levaram a Administração a decidir da forma como decidiu para optar entre a aceitação do acto ou a contestação da legalidade do mesmo.

Assim, o autor considera que quando a pessoa contra quem deva ser revertida a execução não tiver sido notificada da liquidação, designadamente para contestar a sua legalidade, a citação deverá conter os elementos essenciais da mesma, incluindo a fundamentação, na medida em que se estará perante uma situação substancialmente idêntica à prevista no artigo 22º, nº 5 da LGT para os responsáveis subsidiários, "*em que é preciso assegurar, de forma semelhante*

[100] Joaquim Freitas da Rocha (2014), p. 338.

a possibilidade de o citado utilizar todos os meios de defesa atribuídos por lei aos sujeitos passivos dos tributos"[101].

- ***Reversão da execução fiscal contra funcionários***

Por fim, o artigo 161º do CPPT prevê a possibilidade de reversão da execução contra funcionários que tenham intervindo no processo de execução fiscal, consagrando-se expressamente a responsabilidade subsidiária destes sujeitos pelas dívidas que não puderam ser cobradas. Esta responsabilidade verificar-se-á quando a não cobrança das dívidas tiver resultado da actuação dolosa do funcionário, designadamente (*i*) quando, por terem dado causa à instauração tardia da execução, por passarem mandado para penhora fora do prazo legal ou por não o terem cumprido atempadamente, não forem encontrados bens suficientes ao executado ou aos responsáveis; (*ii*) quando, sendo conhecidos bens penhoráveis, lavrarem auto de diligência a testar a sua inexistência; ou (*iii*) quando possibilitem um novo estado de insolvência por não informarem nas execuções declaradas em falhas que os devedores ou responsáveis adquiriram posteriormente bens penhoráveis.

É de referir que, de acordo com o nº 2 deste artigo, a reversão da execução fiscal contra o funcionário só poderá ter lugar após a condenação do mesmo em processo disciplinar, pelos factos acima referidos. Verificada esta condenação, a reversão terá lugar caso se verifique a impossibilidade de cobrança das dívidas que são objecto do processo de execução fiscal, tal como decorre do nº 1 do artigo 161º do CPPT, sendo que esta impossibilidade só se verificará, segundo LOPES DE SOUSA, quando a dívida não puder ser cobrada ao devedor originário, nem ao responsável solidário, nem tampouco ao responsável subsidiário, tendo em conta as referências feitas aos responsáveis nas alíneas *a*) e *c*) do nº 1 deste artigo[102].

Tratando-se de um caso de responsabilidade subsidiária, aplicar-se-ão as regras que analisámos relativamente à reversão contra os responsáveis subsidiários, designadamente aquelas decorrentes do artigo 23º da LGT. Deste modo, os funcionários terão igualmente direito de audição prévia, antes da tomada da decisão de reversão de execução fiscal, tal como disposto no nº 4 do artigo 23º da LGT, e nos termos do artigo 60º da LGT e o chamamento dos mesmos ao processo de execução fiscal também será realizado mediante a citação que deverá conter os elementos essenciais da liquidação, incluindo a sua fundamentação, na medida em que o funcionário poderá contestar a

[101] JORGE LOPES DE SOUSA (2011), Vol. III, p. 106.
[102] *Ibidem*, p. 118-119.

legalidade do acto de liquidação apresentando uma reclamação graciosa ou deduzindo impugnação judicial, tal como resulta do preceituado no nº 5 do artigo 22º da LGT.

Contudo, não será aplicável à reversão da execução fiscal contra os funcionários o disposto no nº 5 do artigo 23º da LGT, que prevê a isenção de juros de mora e de custas liquidados no processo de execução fiscal quando o pagamento da dívida exequenda for efectuado no prazo para oposição. LOPES DE SOUSA assim entende por um lado, por força do nº 1 do artigo 161º do CPPT, que estabelece que caberá ao funcionário o pagamento da quantia que deixou de ser cobrada devido à sua actuação. Por outro, porque a isenção prevista no nº 5 encontra justificação no facto de não ser imputável ao responsável subsidiário o atraso no pagamento da quantia exequenda, tendo em conta que foi notificado para pagar voluntariamente a quantia liquidada, sendo que no âmbito da reversão contra os funcionários, não se verifica esta razão de ser pois a falta de cobrança da quantia relativamente à qual há responsabilidade subsidiária será sempre imputável ao funcionário[103].

- ***Formas de reacção contra o despacho de reversão***

Descortinado o regime da reversão da execução fiscal contra os responsáveis subsidiários, contra os terceiros adquirentes de bens, contra antigos possuidores, fruidores ou proprietários, bem como contra funcionários que intervieram no processo de execução fiscal, pretende-se agora determinar como é que estes sujeitos poderão reagir contra o despacho de reversão quando considerem que esta enferma de alguma ilegalidade.

Seguindo o entendimento da doutrina e jurisprudência dominante, consideramos que nos casos em que os sujeitos contra os quais a execução é revertida entendam que a reversão em si sofre de *alguma ilegalidade*, que determine a inexigibilidade da dívida contra si, o meio adequado para a defesa dos seus direitos e interesses legalmente protegidos será a oposição à execução fiscal regulada nos artigos 203º e seguintes do CPPT[104].

Na verdade, a jurisprudência do STA tem entendido que a oposição à execução fiscal será o meio adequado para impugnar contenciosamente o despacho de reversão da execução fiscal, independentemente da ilegalidade em causa. Veja-se o acórdão do STA de 20 de Janeiro de 2016, proferido no âmbito do processo nº 01124/15 no qual se defendeu que:

[103] JORGE LOPES DE SOUSA (2011), Vol. III, p. 119.

[104] Neste sentido, veja-se JESUÍNO ALCÂNTARA MARTINS/JOSÉ COSTA ALVES (2015), p. 384, JORGE LOPES DE SOUSA (2011), Vol. III, p. 68, 98,109 e 119 e o acórdão do TCA Sul de 23 de Abril de 2015, proferido no âmbito do processo nº 08369/15 .

> *"O meio processual adequado para impugnar uma decisão relativa à reversão da execução fiscal, com fundamento de o* ***revertido não ser responsável*** *pelo pagamento da dívida, é a oposição à execução fiscal, nos termos da alínea b) do nº 1 do art. 204º do CPPT."* (destacado nosso).

A este propósito, o STA também entendeu no acórdão de 14 de Maio de 2014, proferido no âmbito do processo nº 0401/14 que:

> *"O meio processual adequado para o revertido impugnar contenciosamente o despacho que ordena a reversão, com fundamento em* ***falta de fundamentação ou preterição de formalidades*** *a tal acto imputadas, é a oposição à execução, e não o processo de impugnação judicial."* (destacado nosso).

E ainda que[105]:

> *"O meio processual adequado para o revertido impugnar contenciosamente o despacho que ordena a reversão, com fundamento em* ***falta de fundamentação deste ou em outros vícios a tal acto imputados****, é a oposição à execução, e não o processo de impugnação judicial."* (destacado nosso).

Em sentido contrário, FREITAS DA ROCHA considera que o meio mais adequado para contestar a legalidade do despacho de reversão da execução fiscal será a reclamação para o tribunal tributário de 1ª instância, prevista no artigo 276º e seguintes do CPPT, alegando que (*i*) mais do que um processo de execução mal revertido, temos um despacho ilegal que deverá ser contestado autonomamente "*de modo a erradicar os seus efeitos e a afastá-lo do ordenamento jurídico*"; (*ii*) que o pedido de sindicância do acto de reversão poderá ter como fundamento uma "*realidade não incluída no elenco das causas de oposição*", o que considera limitativo do direito de acesso à justiça e, por fim; (*iii*) que esta solução decorre do princípio da aproveitabilidade dos actos na medida em que, enquanto o processo de oposição à execução visa a extinção deste processo, a reclamação terá como consequência apenas a anulação do despacho de reversão, admitindo-se que seja proferido novo despacho e que o processo de execução fiscal prossiga, aproveitando-se os outros actos[106].

Não podemos concordar com a posição perfilhada pelo autor na medida em que, por um lado, considerando que os fundamentos da ilegalidade da reversão da execução fiscal se enquadram nas alíneas *b*) e *i*) do nº 1 do artigo

[105] Cf. Acórdão do STA de, 17 de Dezembro de 2014, proferido no âmbito do processo nº 01171/14.

[106] JOAQUIM FREITAS DA ROCHA (2014), p. 339.

204º do CPPT, normativo que elenca taxativamente os fundamentos para a oposição fiscal, não se verifica qualquer limitação do direito de acesso à justiça dos revertidos. Com efeito, a ilegalidade do despacho de reversão invocada por estes será, designadamente, a sua ilegitimidade enquanto parte na execução, ou seja, a não verificação da sua responsabilidade pela dívida exequenda, demonstrando que não se verificam os pressupostos de facto ou de direito da reversão da execução fiscal – o que recai na alínea *b*). Adicionalmente, a falta de fundamentação, falta de audição prévia e de outras formalidades que o despacho de reversão deverá cumprir, também serão fundamento de oposição, sendo que estas ilegalidades poderão ser provadas por documento, tal como é exigido pela alínea *i*). Por outro lado, também não concordamos com o autor quando alega que a reclamação prevista no artigo 276º do CPPT será a melhor opção, na medida em que permite que o processo de execução fiscal prossiga, sendo proferido novo despacho, enquanto o processo de oposição à execução visa – e terá como consequência – a extinção do processo de execução fiscal. O revertido que se veja confrontado com uma reversão da execução fiscal visa, naturalmente, a extinção do processo de execução fiscal para o qual foi chamado, pelo menos quanto a si, e não, pelo contrário, a prática de um novo despacho de reversão sem os vícios verificados. Para além disso, nos casos de ilegitimidade do revertido, quando este não é responsável pela dívida exequenda, não se vislumbra como poderá ser proferido novo despacho de reversão após a anulação do anterior em sede de reclamação.

Parece-nos assim que a oposição à execução fiscal prevista nos artigos 203º e seguintes do CPPT será o meio mais adequado para contestar a legalidade do despacho de reversão e que melhor garante a tutela dos direitos e interesses legítimos do revertido.

Por outro lado, quando o fundamento da reacção do responsável subsidiário ou de outro revertido seja a ilegalidade do acto de liquidação e não a exigibilidade da dívida exequenda, como se verá melhor no ponto 77.3.4 relativo à oposição à execução fiscal, o meio de defesa adequado – a utilizar por este em simultâneo ou não à discussão quanto à inexigibilidade da dívida – não será a oposição à execução fiscal, mas sim a reclamação graciosa, a impugnação judicial ou o pedido de constituição de tribunal arbitral[107]. Através destes meios tutelares, por nós já estudados nas partes I, II e III deste manual, o responsável subsidiário ou outro subvertido poderá contestar a legalidade da

[107] Contudo, admite-se que a ilegalidade da dívida constitua fundamento de oposição à execução fiscal nos casos em que a lei não assegure outro meio judicial de impugnação ou recurso contra o acto de liquidação, nos termos do artigo 204º, nº 1, alínea *h*) do CPPT.

dívida, isto é, da liquidação subjacente ao processo de cobrança. Aliás, como se viu, esta possibilidade é o que justifica a exigência de que conste da citação a fundamentação da liquidação, nos termos do nº 5 do artigo 22º da LGT.

Contudo, é de salientar que não se prevê a possibilidade de contestar a legalidade da dívida quando o revertido seja um funcionário que tenha intervindo no processo de execução fiscal, nos termos do artigo 161º do CPPT[108]. Este apenas poderá reagir contra a ilegalidade do despacho de reversão da execução fiscal através da oposição à execução fiscal, alegando designadamente a verificação de um erro sobre os pressupostos de facto ou de direito em que assentou a decisão de reversão, tais como a não verificação da impossibilidade de cobrança da dívida exequenda ou que a sua actuação não foi dolosa. Compreende-se esta excepção, tendo em conta que, tal como já tivemos oportunidade de referir, a sua responsabilidade pela dívida exequenda assenta na sua actuação dolosa que deu origem à impossibilidade de cobrança coerciva da mesma no âmbito do processo de execução fiscal.

Por fim, como tivemos oportunidade de referir no ponto 43 relativo ao pedido de revisão da matéria tributável fixada por métodos indirectos, os responsáveis subsidiários também poderão recorrer a este meio tutelar previsto nos artigos 91º e seguintes do CPPT após sua citação no processo de execução fiscal, tal como o sujeito passivo/devedor originário. De facto, pese embora a discussão na jurisprudência acerca desta possibilidade, com o acórdão do Pleno da secção de contencioso tributário do STA de 17 de Março de 2011, proferido no âmbito do processo nº 0876/09, a jurisprudência do STA pacificou-se, defendendo actualmente que:

> "*O responsável subsidiário pode formular pedido de revisão da matéria colectável apurada através de métodos indirectos na sequência da sua citação no processo executivo, data a partir da qual se deve contar o prazo de trinta dias previsto para o efeito no nº 1 do artigo 91º da LGT.*".

Aqui chegados, podemos concluir que:

- Qualquer revertido poderá contestar a legalidade do despacho de reversão da execução fiscal.
- O meio mais adequado para contestar a legalidade do despacho de reversão da execução fiscal será a oposição à execução fiscal regulada nos artigos 203º e seguintes do CPPT, independentemente da ilega-

[108] Neste sentido: Jorge Lopes de Sousa (2011), Vol. III, p. 119.

lidade invocada, como por exemplo, a ilegitimidade, a falta de fundamentação ou a falta de audição prévia.

- Em sede de oposição à execução fiscal não poderá ser contestada a ilegalidade da dívida exequenda, de acordo com o artigo 204º, nº 1, alíneas *h*) e *i*) do CPPT.
- O meio adequado para contestar a legalidade de qualquer outro acto praticado pelo órgão da execução fiscal, designadamente para contestar a legalidade do acto de notificação para exercício de direito de audição prévia antes da reversão da execução que não contenha os elementos exigidos, será a reclamação para o tribunal tributário de 1ª instância, nos termos dos artigos 276º e seguintes do CPPT.
- De acordo com o nº 5 do artigo 22º da LGT, os revertidos poderão contestar a legalidade da dívida exequenda, ou seja, da liquidação recorrendo aos meios tutelares administrativos, judiciais e jurisdicionais, ou seja, poderão apresentar reclamação graciosa no prazo de 120 (cento e vinte) dias, impugnação judicial no prazo de 3 (três) meses e pedido de constituição de tribunal arbitral no prazo de 90 (noventa) dias, a contar da data da citação da reversão, de acordo com o artigo 102º, nº 1, alínea *c*) do CPPT.
- Esta possibilidade não se admite, no entanto, quando o revertido seja um funcionário que tenha intervindo no processo de execução fiscal nos termos do artigo 161º do CPPT, na medida em que a sua responsabilidade assenta na actuação dolosa que provocou a impossibilidade de cobrança coerciva da dívida no âmbito do processo de execução fiscal.
- Os responsáveis subsidiários poderão ainda recorrer ao pedido de revisão da matéria tributável previsto nos artigos 91º e seguintes do CPPT.

77. Tramitação

Analisada a natureza do processo de execução fiscal, as suas principais características, os pressupostos materiais e formais da sua instauração, bem como as regras da competência e da legitimidade, sabendo quem pode ser exequente e executado, podemos finalmente iniciar o estudo da tramitação deste processo, começando pela sua instauração.

77.1. Instauração da execução

O processo de execução fiscal inicia-se com a instauração, tratando-se esta do acto que desencadeia toda a tramitação subsequente do processo.

A instauração consiste na remessa do título executivo ao órgão da execução fiscal, cabendo, em regra, aos serviços da Administração Tributária, por força do preceituado no artigo 10º, alínea *f*) do CPPT. Contudo, quando a dívida cuja cobrança coerciva se pretende efectuar mediante a execução fiscal seja à Segurança Social, como vimos no ponto 75 relativo às regras de competência, a instauração deste processo caberá ao Instituto de Gestão Financeira da Segurança Social, nos termos do artigo 3º-A do Decreto-Lei nº 42/2001, de 9 de Fevereiro, aditado pelo Decreto-Lei nº 63/2014, de 28 de Abril.

Jesuíno Alcântara Martins e Costa Alves salientam que, para a instauração dos processos de execução, não é necessário qualquer pedido expresso da entidade exequente nesse sentido[109]. Já Freitas da Rocha refere que não se exige para a instauração da execução fiscal qualquer requerimento ou petição[110].

Ora, recorde-se que o órgão da execução fiscal para o qual deverá ser remetido o título executivo, que será o competente para a instauração do processo de execução fiscal e para a prática de actos ao longo do mesmo, será, em regra, o órgão da Administração Tributária designado, mediante despacho, pelo dirigente máximo do serviço, de acordo com o nº 2 do artigo 150º do CPPT. Na falta de designação, o nº 3 do mesmo artigo estabelece que o órgão da execução fiscal competente para a instauração da execução será o órgão periférico local – o serviço de finanças – da sede do devedor, da situação dos bens ou da liquidação, excepto quando a dívida exequenda se tratar de uma coima fiscal e respectivas custas, caso em que será competente o órgão periférico local da área onde tiver corrido o processo da sua aplicação. No entanto, no caso das dívidas à Segurança Social, por força do disposto no artigo 3º-A do Decreto-Lei nº 42/2001, de 9 de Fevereiro, aditado pelo Decreto-Lei nº 63/2014, de 28 de Abril, o órgão competente para a instauração e instrução do processo, isto é, o órgão da execução fiscal, será o Instituto de Gestão Financeira da Segurança Social e não o serviço de finanças territorialmente competente, nos termos do artigo 150º do CPPT.

Após a recepção do título executivo, será lavrado despacho pelo órgão da execução fiscal no(s) título(s) executivo(s) ou em relação destes, nos termos do artigo 188º do CPPT, tendo este despacho, para Freitas da Rocha, a funcionalidade equivalente à fórmula de "execute-se"[111]. De seguida, deverá proceder-se ao registo da execução fiscal nos termos do artigo 184º do CPPT, sendo que a instauração assumirá a data do despacho.

[109] Jesuíno Alcântara Martins/José Costa Alves (2015), p. 249.

[110] Joaquim Freitas da Rocha (2014), p. 340.

[111] *Ibidem*.

Será de referir que, nos termos do nº 3 do artigo 188º do CPPT, em nome da informatização, desmaterialização e simplicidade, nos processos informatizados, a instauração será efectuada electronicamente, com a emissão do título executivo, sendo de imediato efectuada a citação, deixando nestes casos de haver qualquer despacho lavrado no título executivo a ordenar a instauração da execução e, posteriormente, a citação[112].

À instauração da execução seguir-se-á a citação do executado, tendo em conta o preceituado neste nº 3 para os processos informatizados e o nº 1 do mesmo artigo que estabelece que no prazo de 24 horas após o recebimento do título executivo, após o registo da execução fiscal, o órgão da execução fiscal ordenará a citação do executado.

77.2. Citação do executado

De acordo com o nº 2 do artigo 35º do CPPT a citação é um acto destinado "*a dar conhecimento ao executado de que foi proposta contra ele determinada execução ou a chamar a esta, pela primeira vez, pessoa interessada*". Trata-se do acto que dá a conhecer ao executado que foi instaurado contra ele um processo de execução fiscal, sendo a citação ordenada, após a instauração e o registo da mesma, como se viu no ponto anterior, pelo órgão da execução fiscal, nos termos do artigo 188º, nº 1 do CPPT.

Antes de mais, pretende-se descortinar os requisitos da citação, designadamente a forma através da qual deverá ser efectuada e os elementos que deverá conter. De seguida, analisaremos as consequências da não observância de algum destes requisitos – a nulidade da citação – e da própria falta de citação, indicando os meios de reacção ao dispor do executado. Por fim, seremos capazes de delimitar as funções desempenhadas por este acto.

77.2.1. Requisitos da citação

Neste ponto pretende-se avaliar quais os requisitos que a citação deverá preencher para que possa produzir os seus efeitos, sendo necessário o cumprimento de requisitos *formais* e *substanciais*[113].

Ao nível dos *requisitos formais*, pretende-se determinar as formas que a citação poderá revestir. Como veremos, a citação poderá ser pessoal, postal ou edital, tornando-se necessário delimitar quando é que a citação deverá assumir estas três formas distintas, analisando os diferentes requisitos e especificidades destas três modalidades.

[112] Neste sentido: Jorge Lopes de Sousa (2011), Vol. III, p. 359.

[113] Neste sentido: Joaquim Freitas da Rocha (2014), p. 341.

Ao nível dos *requisitos substanciais*, pretende-se delimitar os elementos que a citação pessoal, postal ou edital deverão conter, sob pena de nulidade, referindo em especial os elementos que deverão constar da citação que chama o responsável subsidiário ou outro subvertido à execução, na medida em que este poderá contestar a legalidade da dívida, ou seja, da liquidação.

Tudo isto para, em seguida, analisarmos as causas da nulidade da citação, bem como da sua falta, as consequências destes vícios e os meios de reacção ao dispor do executado.

• ***Requisitos formais***

A citação poderá assumir a forma de um acto pessoal, edital ou postal, assumindo, via de regra, a forma pessoal[114]. Como veremos em pormenor, a citação postal e edital apenas terão lugar quando não seja possível, por um lado, encontrar a pessoa a citar ou, por outro, quando o valor do processo – isto é, da dívida exequenda – não seja superior a 500 unidades de conta [115]. Na verdade, a citação postal será até provisória, exigindo-se sempre a citação pessoal ou edital antes da venda dos bens penhorados, nos termos do nº 2 do artigo 193º do CPPT.

Comecemos por delimitar as situações em que a citação se materializa num acto pessoal e as especificidades desta forma de citação para, de seguida, analisarmos as excepções à regra, ou seja, a citação postal e edital.

Citação pessoal

Em primeiro lugar, haverá que olhar para o nº 3 do artigo 191º do CPPT que determina haver lugar à citação pessoal quando (*i*) o valor da dívida exequenda seja superior a 500 unidades de conta (€ 51.000,00); (*ii*) na efectivação da responsabilidade solidária ou subsidiária; (*iii*) quando houver necessidade de proceder à venda de bens penhorados; e (*iv*) quando o órgão da execução fiscal a considerar ser a mais eficaz para a cobrança da dívida.

Da alínea *b*) do nº 3 do artigo 191º do CPPT resulta, assim, que a citação dos responsáveis subsidiários ou solidários será *sempre* efectuada mediante citação pessoal.

Por outro lado, a citação pessoal poderá ser efectuada mediante *carta registada com aviso de recepção*, através de *transmissão electrónica de dados*, nos termos

[114] Neste sentido: JORGE LOPES DE SOUSA (2011), Vol. III, p. 359.

[115] Actualmente € 51.000. Recorde-se que o valor da Unidade de Conta é o de € 102,00 conforme se definiu no Decreto-Lei nº 34/2008, de 28 de Fevereiro, cuja alteração mais recente foi introduzida pela Lei nº 7-A/2016, de 30/03.

preceituados nos artigos 191º, nºs 4 a 8 e 192º, nº 1 do CPPT e ainda através do *contacto pessoal e directo* de funcionário com o citando.

As citações pessoais serão efectuadas nos termos preceituados nos artigos 255º e seguintes do CPC, excepto quando se tratar da transmissão electrónica de dados e sem prejuízo da regulação específica da citação através de carta registada com aviso de recepção, prevista nos nºs 2 e 3 do artigo 192º do CPPT.

Na verdade, no que concerne às citações pessoais efectuadas através de *cartas registadas com aviso de recepção*, os nº 2 e 3 do artigo 192º do CPPT determinam que se o aviso de recepção vier devolvido ou não vier assinado por o destinatário ter recusado a sua assinatura ou não ter procedido, no prazo legal, ao levantamento da carta no estabelecimento postal e caso não se comprove que o contribuinte comunicou a alteração do seu domicílio ou sede fiscal, nos termos do artigo 43º do CPPT, a citação pessoal será *repetida*, enviando-se nova carta registada com aviso de recepção ao citando. Nesta nova carta o citando deverá ser advertido de que a citação considerar-se-á efectuada na data certificada pelo distribuidor do serviço postal ou, no caso de ter sido deixado aviso, no 8º dia posterior a essa data, presumindo-se que o citando teve conhecimento dos elementos que lhe foram deixados, sem prejuízo de fazer prova da impossibilidade de comunicação da alteração do seu domicílio ou sede. Deste modo, após o envio da segunda carta, presume-se que a citação pessoal foi efectuada e que o executado teve conhecimento dos elementos indicados, na data certificada pelo distribuidor do serviço postal ou, no caso de ter sido deixado aviso, no 8º dia posterior a essa data.

Neste sentido, veja-se o acórdão do TCA Sul de 19 de Março de 2013, proferido no âmbito do processo nº 06488/13 no qual se entendeu que "*[n]os termos do artº.192, nºs.2 e 3, do C.P.P.T., na redacção aplicável ao caso "sub judice" e resultante da Lei 64-B/2011, de 30/12, a citação pessoal do executado* ***considera-se efectuada mediante o envio de duas cartas registadas com aviso de recepção*** *para o seu domicílio fiscal, ressalvando-se a hipótese de o citando fazer prova da impossibilidade de comunicação da alteração do seu endereço fiscal*"(destacado nosso).

Nestes casos em que a realização da citação se baseia numa presunção, o executado poderá ilidi-la, fazendo prova de que a carta não lhe foi entregue, de que não teve oportuno conhecimento dos elementos que lhe foram deixados ou da impossibilidade de comunicação da alteração do domicílio ou sede, nos termos do artigo 192º, nº 3 do CPPT. Esta possibilidade de ilisão da presunção verificar-se-á ainda nos casos em que o aviso de recepção seja assinado por terceiro, na medida em que a citação efectuada em pessoa diversa do citando capaz de transmitir o conteúdo do acto é equiparada à citação pessoal, presumindo-se, salvo prova em contrário, que o executado dela teve oportuno conhecimento, tal como resulta do nº 1 do artigo 230º e do nº 4 do artigo 225º do CPC[116].

Jesuíno Alcântara Martins e Costa Alves consideram que com este regime resultante da Lei nº 64-B/2011, de 30 de Dezembro – Lei de Orçamento do Estado para 2012 – tornou-se possível "*praticamente em termos absolutos*" proceder à citação pessoal do executado mediante via postal, ou seja, através de carta registada com aviso de recepção. Para além disso, elencam as inúmeras vantagens deste regime designadamente a mais fácil concretização da citação pessoal, a maior celeridade da tramitação processual e da extinção dos processos de execução fiscal e, bem assim, a maior eficácia e eficiência da cobrança coerciva, salientando ainda que este regime reduz as situações em que o órgão da execução fiscal terá de recorrer a outra forma de citação, designadamente ao contacto pessoal de funcionário com o executado ou à citação edital[117].

Deste modo, chegam à conclusão de que actualmente a citação pessoal mediante carta registada com aviso de recepção apenas não será possível quando o órgão da execução fiscal não tiver conhecimento do domicílio do executado ou quando entender, com um grau de certeza "*muito forte e seguro*", que o domicílio do executado já não corresponde ao seu domicílio legal, tendo lugar nestes casos a citação através de contacto pessoal ou a citação edital[118].

Já no que diz respeito à *transmissão electrónica de dados*, decorre do nº 4 do artigo 198º do CPPT que esta vale como citação pessoal. Esta considera-se realizada no momento em que o destinatário aceda à caixa postal electrónica, de acordo com o nº 5 do mesmo artigo e caso não aceda, a citação considera--se efectuada no 25º dia posterior ao seu envio, nos termos do nº 6 do mesmo artigo. Assim, também esta citação se baseia numa presunção que, de acordo com o nº 7, poderá ser ilidida pelo executado quando, por facto que não lhe seja imputável, a citação ocorrer em data posterior à presumida e nos casos em que se comprove que o contribuinte comunicou a alteração da caixa postal electrónica nos termos do artigo 43º do CPPT.

[116] Quando a citação pessoal não tiver sido concretizada na pessoa do executado este beneficia de uma dilação de 5 (cinco) dias nos termos do artigo 245º, nº 1, alínea *a*) do CPC. Será o caso, por exemplo, quando a carta é entregue a qualquer pessoa que se encontre na residência ou local de trabalho do executado nos termos do nº 2 do artigo 228º do CPC ou quando a citação seja feita em terceiro ou por afixação nos termos dos nºs 2 e 4 do artigo 232º do CPC. Neste sentido: JESUÍNO ALCÂNTARA MARTINS/JOSÉCOSTA ALVES (2015), p. 277.

[117] Jesuíno Alcântara Martins/José Costa Alves (2015), p. 279.

[118] *Ibidem*, p. 280.

Aqui chegados, é de salientar que a citação pessoal realizada por carta registada com aviso de recepção ou através de transmissão electrónica de dados será dirigida ao domicílio fiscal do executado, nos termos do artigo 19º da LGT. Assim, recorde-se que, de acordo com este artigo, se o executado for uma pessoa singular, o seu domicílio fiscal corresponderá ao local da sua residência habitual e se for uma pessoa colectiva corresponderá ao local da sede ou direcção efectiva ou, na falta destas, do seu estabelecimento estável em Portugal. Por outro lado, quer se trate de uma pessoa singular ou de uma pessoa colectiva, o domicílio fiscal integra ainda a caixa postal electrónica, de acordo com o nº 2 do artigo 19º da LGT.

A este propósito, JESUÍNO ALCÂNTARA MARTINS e COSTA ALVES consideram que, tendo em conta que por força do preceituado no nº 10 do artigo 19º da LGT os sujeitos passivos de imposto sobre o rendimento das pessoas colectivas com sede ou direcção efectiva em território português e os estabelecimentos estáveis de sociedades e outras entidades não residentes, bem como os sujeitos passivos residentes enquadrados no regime normal do imposto sobre o valor acrescentado, são obrigados a possuir caixa postal electrónica, num futuro breve a modalidade de citação mais utilizada pelos serviços da Administração Tributária será a transmissão electrónica de dados[119].

Por fim, a citação pessoal mediante *contacto directo* de funcionário com o executado concretiza-se na citação por mandato, nos termos do artigo 190º, nºs 3 e 4 do CPPT. Nesta forma de citação entrega-se ao executado uma nota indicativa da natureza e montante da dívida, dos prazos e meios de reacção ao seu dispor após a citação, tal como a oposição à execução ou o pagamento em prestações, lavrando-se certidão de tudo, que será assinada pelo citando e pelo funcionário encarregado da diligência. Quando, por qualquer motivo, a pessoa citada não assinar ou a citação não se puder realizar, intervirão duas testemunhas que assinarão a certidão da diligência.

LOPES DE SOUSA entende que a citação pessoal será realizada, em regra, por carta registada com aviso de recepção ou por transmissão electrónica de dados, utilizando-se a citação mediante o contacto directo do funcionário com o executado apenas quando as outras modalidades de citação não tiverem tido êxito, nos termos dos nºs 1 e 8 do artigo 231º do CPC[120]. Deste modo, serão tendencialmente mais raras as citações pessoais através do contacto directo do funcionário com o executado, tendo em conta as presunções de recebimento quer da carta registada com aviso de recepção, nos termos do artigo

[119] *Ibidem*, p. 269.

[120] JORGE LOPES DE SOUSA (2011), Vol. III, p. 378.

192º, nº 3 do CPPT, quer da transmissão electrónica de dados, nos termos do artigo 190º, nº s 5 e 6 do CPPT.

Citação edital

Nos termos dos nºs 4, 7 e 8 do artigo 192º, e já de forma excepcional, a citação poderá realizar-se através de edital quando (*i*) seja desconhecida a residência; (*ii*) seja prestada a informação de que o interessado reside em parte incerta; ou (*iii*) quando seja devolvida a carta ou postal com a nota de não encontrado.

Jesuíno Alcântara Martins e Costa Alves entendem que a citação edital terá lugar quando se verificarem simultaneamente os requisitos acima enunciados e seja efectuada a penhora dos bens do executado, continuando a não ser conhecida a sua residência. Com efeito, defendem que a citação edital realizada quando não sejam encontrados bens penhoráveis ao executado constitui uma "*diligência inútil*", salientando que este tipo de actos deverá ser evitado nos termos do artigo 103º do CPC[121].

Na verdade, nos termos do artigo 194º do CPPT, nas execuções de valor superior a 500 unidades de conta – excluindo-se, como se verá, os casos em que poderá ter lugar a citação postal – quando o executado não for encontrado, o funcionário encarregue de proceder à citação deverá começar por averiguar se é conhecida a actual morada do executado e se possui bens penhoráveis, sendo que se forem encontrados bens penhoráveis, o nº 3 deste artigo determina que proceder-se-á logo à penhora, "*seguindo-se as diligências previstas nos nº 2 e seguintes do artigo 193º*". Isto significa que a venda dos bens penhorados deverá ser precedida da citação pessoal do executado, de acordo com o nº 2 do artigo 193º do CPPT, procedendo-se à citação edital nos termos do nº 3 do mesmo artigo, se não for conhecida a morada do executado. Pelo contrário, de acordo com o disposto no nº 2 do artigo 194º do CPPT, se ao executado não forem conhecidos bens penhoráveis e não houver responsáveis solidários ou subsidiários, lavrar-se-á certidão da diligência, a fim de a dívida exequenda ser declarada em falhas, sem prejuízo de quaisquer averiguações ou diligências posteriores.

Assim, por força do disposto no artigo 194º, nº 2 do CPPT, acompanhamos o entendimento de Jesuiíno Alcântara Martins e Costa Alves, na medida em que parece decorrer desta norma que a citação edital só terá lugar quando se proceda à penhora dos bens do executado e antes da venda dos mesmos, nos casos em que a morada do executado não seja conhecida.

[121] Jesuíno Alcântara Martins/José Costa Alves (2015), p. 270.

Analisadas as situações em que terá lugar esta modalidade de citação, é de referir que os éditos de onde constam estas citações serão afixados à porta da última residência ou sede do citando, podendo ser publicados em dois números seguidos de um dos jornais mais lidos nesse local ou no Portal das Finanças, de acordo com o nº 8 do artigo 192º do CPPT. Por outro lado, a citação edital considerar-se-á realizada no dia em que se publique o anúncio ou, não havendo anúncio, no dia em que sejam afixados os editais, nos termos do artigo 242º do CPC, sendo de salientar ainda que quando a citação seja efectuada através de edital deverá ter-se em conta o prazo de dilação de 30 (trinta) dias, previsto nos artigos 242º, nº 2 e 245º, nº 3 do CPC. Para Jesuíno Alcântara Martins e Costa Alves, desta dilação decorre que o prazo para apresentação da oposição à execução fiscal só se começa a contar após o término do prazo de dilação[122].

Citação postal

Pese embora a regra seja da citação pessoal – ou edital quando a pessoal não possa ter lugar –, no âmbito daquela, a citação poderá assumir a forma postal. A citação postal terá lugar, nos termos do nº 1 do artigo 191º do CPPT, quando a dívida exequenda não seja superior a 500 unidades de conta[123]. Nos termos dos nºs 1 e 2 deste artigo, quando a dívida exequenda for superior a 50 vezes a unidade de conta[124], a citação será efectuada por via postal registada, sendo que nos casos em que o montante da dívida seja inferior a este valor, a citação efectuar-se-á mediante via postal simples.

É de referir que foi com a Lei nº 82º-B/2014, de 31 de Dezembro – Lei de Orçamento do Estado para 2015 – que os valores previstos nos nºs 1 e 2 foram alterados, sendo que na redacção anterior a citação efectuava-se mediante via postal quando a dívida exequenda não excedesse 250 unidades de conta, apenas tendo lugar mediante via postal registada quando o valor da dívida correspondesse a 10 vezes a unidade de conta. Como apontam Jesuíno Alcântara Martins e Costa Alves, desta alteração de valores resultou a ampliação do número de situações em que pode ter lugar a via postal simples ou via postal registada[125].

Os mesmos autores consideram que o legislador consagrou esta modalidade de citação com o intuito de promover a maior celeridade possível no

[122] *Ibidem*, p. 273.

[123] Ou seja, actualmente € 51.000.

[124] Actualmente € 5.100.

[125] Jesuíno Alcântara Martins/José Costa Alves (2015), p. 268.

processo de execução fiscal[126] o que, a nosso ver, se coaduna com a política governamental de melhoria na cobrança de tributos, verificada na última década. No entanto, esta modalidade de citação, ao contrário da citação pessoal ou edital, consubstancia uma citação provisória que não dispensa a posterior realização da citação definitiva – pessoal ou edital –, excepto nos casos em que não haja lugar à penhora dos bens do executado. Assim entende LOPES DE SOUSA, alegando, por um lado, que a citação postal não oferece garantias de que a mesma tenha chegado ao conhecimento do citando, especialmente quando é realizada por via postal simples, nos termos do nº 1 do artigo 191º do CPPT[127]. Por outro, salienta o disposto no nº 1 do artigo 203º do CPPT, relativo ao termo inicial da oposição à execução fiscal, que prevê que o prazo para apresentação da oposição contar-se-á da citação pessoal ou da primeira penhora. Na opinião deste autor, decorre deste artigo que a citação postal, por não se tratar de uma "*verdadeira citação definitiva*" não determina o início do prazo de oposição à execução fiscal ou de exercício das demais faculdades que devem ser exercidas neste prazo, como o pedido de dação em pagamento[128].

Neste sentido, reconhecendo-se o carácter provisório da citação postal, veja-se ainda o acórdão do STA, de 21 de Março de 2012, proferido no âmbito do processo nº 081/12 no qual se entendeu que:

> "*A citação mediante postal simples ou postal registado, prevista no artigo 191º do CPPT, constitui uma citação provisória, que dispensa a citação definitiva até ao momento em que seja efectuada a penhora de bens.*"

E ainda que:

> "*Essa citação provisória, pela falta de segurança de que se reveste, não é susceptível de abrir o prazo para a defesa do executado, designadamente o prazo de oposição à execução fiscal ou o prazo para o exercício de outros direitos que hajam de ser exercidos dentro daquele prazo, como resulta inequivocamente do disposto no artigo 203º, nº 1, alínea, a), do CPPT.*"

Com efeito, o nº 1 do artigo 193º do CPPT estabelece que se a citação for efectuada por via postal ou por transmissão electrónica de dados, e o postal não vier devolvido ou, sendo devolvido, não indicar a nova morada do executado e ainda em caso de não acesso à caixa postal electrónica, proceder-se-á

[126] *Ibidem.*

[127] JORGE LOPES DE SOUSA (2011), Vol. III, p. 373. No mesmo sentido, defendendo que a citação postal constitui uma citação provisória, veja-se JESUÍNO ALCÂNTARA MARTINS/JOSÉ COSTA ALVES (2015), p. 269.

[128] JORGE LOPES DE SOUSA (2011), Vol. III, p. 373.

à penhora dos bens do executado. Contudo, o nº 2 deste artigo exige a citação pessoal do executado – ou edital, caso não seja conhecida a morada do mesmo – antes da realização da venda dos bens penhorados. Assim, pese embora se admita a citação por via postal esta não será definitiva, exigindo-se uma posterior citação pessoal ou edital antes da realização da venda dos bens penhorados, verificando-se a dispensa de citação definitiva posterior apenas quando não haja lugar à penhora[129].

Pese embora as vantagens da citação postal ao nível da celeridade e simplicidade, a verdade é que esta não fornece garantias de que o executado teve efectivo conhecimento de que foi instaurada contra si uma execução fiscal, tratando-se de uma forma menos segura de proceder à comunicação dos termos da execução aos executados. Por conseguinte, compreende-se a razão de ser da sua provisoriedade e da exigência de proceder à citação pessoal ou edital – que oferecem maiores garantias do efectivo conhecimento do processo de execução fiscal por parte do executado – antes da venda dos bens penhorados. Em todo o caso, afigura-se algo arriscada a tese de que esta citação não tem a virtualidade de abrir os prazos de defesa do citado, na medida em que findos os 30 (trinta) dias conferidos no documento, com a maior probabilidade, o órgão de execução fiscal procederá no sentido de efectuar a penhora, dando a dívida por não paga ou garantida.

Por fim, será de referir relativamente à citação postal, que esta poderá ser efectuada mediante transmissão electrónica de dados, valendo como citação pessoal, nos termos do artigo 191º, nº 4 do CPPT. Assim, podemos concluir que quando a citação por via postal simples ou por via postal registada tem lugar mediante a transmissão electrónica de dados consubstancia uma citação definitiva, não se exigindo a citação pessoal ou edital antes da venda dos bens penhorados, nos termos do artigo 193º, nº 2 do CPPT e constituindo o termo inicial do prazo para apresentação de oposição à execução fiscal e para o exercício dos demais meios de reacção, nos termos do artigo 203º, nº 1, alínea *a*) do CPPT.

É de referir ainda que, nos termos do nº 5 do artigo 190º do CPPT, a citação poderá ser efectuada na pessoa do legal representante nos termos do CPC, ou seja, na pessoa do mandatário constituído pelo executado, com poderes especiais para a receber, mediante procuração passada há menos de 4 (quatro) anos, de acordo com o disposto no nº 5 do artigo 225º do CPC.

[129] Poderá inferir-se desta exigência de citação pessoal ou edital antes da venda dos bens penhorados e da consequente provisoriedade da citação postal que esta não implica qualquer presunção de recebimento Cf. Jorge Lopes de Sousa (2011), Vol. III, p. 373.

• ***Requisitos substanciais***

Vistas as três formas de citação, as suas especificidades, bem como as situações nas quais a citação deverá assumir determinada forma, torna-se agora necessário analisar os requisitos substanciais das citações, ou seja, os elementos que deverão constar deste acto para que este produza os efeitos para os quais é idóneo. Aqui seguiremos a ordem anterior, começando por determinar quais os elementos que deverão constar da citação pessoal, da citação edital e, por fim, da citação postal.

Assim, nos termos do nº 1 do artigo 190º do CPPT, a *citação pessoal* deverá conter, em primeiro lugar, os elementos previstos nas alíneas *a*), *c*), *d*) e *e*) do nº 1 do artigo 163º do CPPT, ou seja, (*i*) a menção da entidade emissora ou promotora da execução; (*ii*) a data em que foi emitido o título executivo; (*iii*) o nome e domicílio do ou dos devedores e (*iv*) a natureza e proveniência da dívida e indicação do seu montante, ou, em alternativa, deverá ser acompanhada de cópia do título executivo. Por outro lado, o nº 2 do mesmo artigo exige que a citação pessoal seja sempre acompanhada da nota indicativa do prazo para oposição, para dação em pagamento ou para pagamento em prestações, bem como da indicação de que, nos casos referidos no artigo 169º do CPPT e no artigo 52º da LGT, a suspensão da execução e a regularização da situação tributária dependem da efectiva existência de garantia idónea, cujo valor deve constar da citação ou, em alternativa, da obtenção de autorização da sua dispensa.

Quando a citação pessoal for dirigida aos responsáveis solidários ou subsidiários, o nº 4 do artigo 22º da LGT determina que, nestes casos, a citação deverá conter, para além dos elementos próprios desta, previstos no artigo 190º do CPPT, os elementos essenciais da liquidação, incluindo a sua fundamentação, bem como o despacho que decidiu a reversão da execução fiscal com a respectiva fundamentação. A citação deverá ainda informar os responsáveis subsidiários da possibilidade de deduzirem impugnação judicial ou reclamação graciosa, bem como, de procederem ao pagamento da dívida exequenda com isenção de juros de mora e custas liquidados no processo de execução fiscal[130].

A *citação edital*, por seu turno, deverá conter os elementos previstos no nº 8 do artigo 192º do CPPT, indicando designadamente (*i*) a natureza dos bens penhorados; (*ii*) o prazo do pagamento e de oposição e (*iii*) a data e o local designados para a venda. Segundo Lopes de Sousa, estas citações deverão indicar também o prazo para requerer o pagamento em prestações e a dação

[130] Neste sentido: Jorge Lopes Dde Sousa (2011), Vol. III, p. 365 e 373.

em pagamento, explicitando que estes prazos só começam a correr depois de decorrido o prazo de dilação, sendo que esta se conta da publicação do último anúncio, nos termos dos artigos 190º, nº 2 do CPPT e 241º, nº 1 do CPC. Por outro lado, este autor entende que não se exige que as citações editais contenham os elementos referidos nos artigos 190º e 191º do CPPT previstos para as citações pessoais – e postais – na medida em que a própria forma da citação edital impede a entrega de documentos ao citando e o "*défice de informação por ela proporcionado*" será compensado pelo prazo mais alargado para o exercício dos seus direitos, por virtude da dilação de 30 (trinta) dias. LOPES DE SOUSA salienta que este prazo de dilação permite que o executado obtenha, através dos serviços que procederam à citação, os elementos necessários à sua defesa[131].

Por fim, a *citação postal* deverá conter os mesmos elementos que a citação pessoal, ou seja, deverá indicar a entidade emissora ou promotora da execução, a data em que foi emitido o título executivo, o nome e domicílio do ou dos devedores e a natureza e proveniência da dívida e indicação do seu montante ou, em alternativa, deverá ser acompanhada de cópia do título executivo. Deverá conter ainda prazo para oposição, para dação em pagamento ou para pagamento em prestações, bem como a indicação de que, nos casos referidos no artigo 169º do CPPT e no artigo 52º da LGT, a suspensão da execução e a regularização da situação tributária dependem da efectiva existência de garantia idónea, cujo valor deve constar da citação, ou em alternativa da obtenção de autorização da sua dispensa[132].

77.2.2. Falta e nulidade da citação

Aqui chegados, haverá que equacionar a possibilidade de a citação enfermar de vícios, quer seja porque as formalidades acima indicadas não foram cumpridas, quer seja porque a citação não contém os elementos legalmente exigidos. Nestes casos verificar-se-á a nulidade da citação, tornando-se necessário analisar as consequências da sua verificação, bem como os meios de reacção ao dispor do executado. Será a oposição à execução fiscal o meio mais adequado?

Por outro lado, poderá estar em causa a falta de citação, a sua total omissão ou, pese embora o acto tenha sido praticado, o não conhecimento do mesmo pelo citando. Aqui as consequências serão diferentes, pretendendo-se descortiná-las, bem como os meios que o executado poderá utilizar para alegar a falta de citação.

[131] JORGE LOPES DE SOUSA (2011), Vol. III, p. 382.

[132] *Ibidem*, p. 364.

Assim, em primeiro lugar, relativamente à *nulidade da citação*, esta verificar-se-á nos casos de não observância das formalidades prescritas na lei, quando a falta cometida puder prejudicar a defesa do citado, de acordo com o preceituado nos nºs 1 e 4 do artigo 191º do CPC, aplicável *ex vi* artigo 2º, alínea *e*) do CPPT. Verificar-se-á a nulidade da citação, por exemplo, quando a citação pessoal não contiver a menção da entidade emissora ou promotora da execução, a data em que foi emitido o título executivo ou o nome e domicílio do ou dos devedores, quando a citação por via postal simples tenha lugar e o valor da dívida exequenda seja superior a 50 vezes a unidade de conta ou quando os éditos não sejam afixados nos locais expressamente previstos no nº 8 do artigo 192º do CPPT. Ou seja, sempre que a citação pessoal, edital ou postal não preencha um requisito formal ou substancial e esta omissão prejudique a defesa do citado.

De acordo com o nº 3 do artigo 191º do CPC, caso a irregularidade da citação consista em se ter indicado um prazo de defesa superior ao que a lei concede, a defesa deverá ser admitida dentro do prazo indicado, a não ser que tenha sido efectuada nova citação cumprindo os requisitos formais e substanciais exigidos.

Lopes de Sousa considera que nestes casos não se estará perante uma nulidade da citação, na medida em que um dos requisitos da sua verificação será o prejuízo para a defesa do executado, admitindo-se no nº 3 a defesa deste dentro do prazo mais alargado, erradamente indicado na citação[133]. Assim, se constar da citação que o executado poderá apresentar a oposição à execução fiscal no prazo de 60 (sessenta) dias e não de 30 (trinta) dias, tal como previsto no artigo 203º, nº 1 do CPPT, deverá admitir-se a sua apresentação mesmo após o decurso do prazo legal, salvo se for realizada nova citação.

Ora, quando se verificar a nulidade da citação por inobservância de alguma formalidade prescrita na lei, ou seja, quando não esteja preenchido algum requisito formal ou substancial e esta omissão prejudique a defesa do executado, a consequência será a anulação dos termos subsequentes do processo que dependam absolutamente da citação, aproveitando-se as peças úteis ao apuramento dos factos, de acordo com o disposto no nº 2 do artigo 165º do CPPT. Para Lopes de Sousa a nulidade da citação resultará na anulação dos actos que dela dependem, designadamente o decurso dos prazos para o exercício das faculdades processuais colocadas ao dispor do executado após a citação, tais como o pagamento voluntário da dívida, o pagamento em prestações, a dação em pagamento ou a apresentação de oposição à execução fiscal

[133] Jorge Lopes de Sousa (2011), Vol. III, p. 367.

nos termos do artigo 189º, nºs 1, 2 e 3 do CPPT, sendo necessário proceder-se à repetição da citação com o cumprimento das formalidades exigidas[134].

Relativamente ao meio de reacção ao dispor dos executados contra a nulidade da citação, a jurisprudência dos tribunais superiores tem defendido que a nulidade da citação não poderá ser arguida no processo de oposição à execução fiscal, não só devido ao carácter taxativo da lista de fundamentos de oposição à execução, prevista no nº 1 do artigo 204º do CPPT mas também porque a nulidade da citação "*não determina a extinção da execução fiscal, mas apenas a repetição do acto com cumprimento das formalidades omitidas*"[135].

Porém, tem-se admitido que a falta ou nulidade de citação seja conhecida no âmbito do processo de oposição à execução fiscal como questão prévia ou prejudicial, tal como decorre do acórdão do TCA Norte de 29 de Janeiro de 2015, proferido no âmbito do processo nº 00321/13.2BEMDL, no qual se entendeu que "*[a] falta ou a nulidade de citação poderá ser conhecida no processo de oposição, se aquela for de considerar como questão prévia relativamente ao conhecimento de uma outra questão, esta sim fundamento de oposição. O conhecimento da falta de citação será, assim, incidental.*".

Por outro lado, não é líquido qual o meio mais adequado para arguir a nulidade da citação, tema muito debatido na doutrina e na jurisprudência. Lopes de Sousa, por um lado, considera que a arguição desta nulidade é enquadrável no conceito de "*incidente*" para efeitos do artigo 151º do CPPT, pelo que defende que deverá ser arguida directamente perante o tribunal tributário de 1ª instância, pese embora refira a possibilidade da arguição da nulidade ser previamente apreciada pelo órgão de execução fiscal, salientando que, caso seja deferida, a questão da nulidade poderá ficar resolvida e que, no caso de indeferimento, o interessado poderá apresentar reclamação nos termos dos artigos 276º do CPPT[136]. Pelo contrário, o TCA Sul já entendeu que o meio idóneo será a imediata reclamação para o tribunal tributário de 1ª instância nos termos dos artigos 276º e seguintes do CPPT, o que se compreende, tendo em conta que a citação consiste num acto praticado pelo órgão da execução fiscal[137].

[134] *Ibidem.*

[135] Cf. Acórdão do TCA Norte de 30 de Setembro de 2015, proferido no âmbito do processo nº 01530/10.1 BEBRG. No mesmo sentido, defendendo que a nulidade da citação não constitui fundamento da oposição à execução fiscal vejam-se ainda os acórdãos do STA de 4 de Março de 2015, proferido no âmbito do processo nº 01271/13, de 28 de Janeiro de 2015, proferido no âmbito do processo nº 01361/14, de 7 de Maio de 2014, proferido no âmbito do processo nº 0283/14 e o acórdão do TCA Sul de 10 de Julho de 2015, proferido no âmbito do processo nº 08736/15.

[136] *Ibidem*, p. 369.

[137] Cf. Acórdão do do TCA Sul de 10 de Julho de 2015, proferido no âmbito do processo nº 08736/15 no qual se defendeu que "*[a] nulidade da citação não constitui fundamento possível de processo de oposição*

Já Jesuíno Alcântara Martins e Costa Alves parecem defender que a nulidade da citação resultante de irregularidade ou inobservância dos formalismos previstos no artigo 190º do CPPT deverá ser arguida na oposição à execução fiscal no prazo de 30 (trinta) dias a contar da citação pessoal, de acordo com o artigo 203º do CPPT. No entanto, também salientam que nada impede o interessado de invocar a nulidade perante o órgão da execução fiscal dentro do prazo para a oposição judicial [138].

Por fim, a maioria da jurisprudência do STA considera que a nulidade da citação deverá ser arguida, em primeira linha, perante o órgão da execução fiscal, com possibilidade de reclamação judicial em caso de decisão desfavorável. Neste sentido veja-se, por exemplo, o acórdão do STA de 4 de Março de 2015, proferido no âmbito do processo nº 01271/13, no qual se entendeu que[139]:

> *"A nulidade da citação não constitui fundamento de oposição à execução fiscal, antes devendo ser arguida em primeira linha perante o órgão da execução fiscal, com possibilidade de reclamação judicial de eventual decisão desfavorável."*

Não obstante esta solução ser, na aparência, a mais adequada, na medida em que o órgão da execução fiscal, apercebendo-se da inobservância de determinado requisito formal ou substancial, poderá proceder de seguida à repetição da citação, cumprindo as formalidades exigidas, contribuindo para a celeridade do processo de execução fiscal, cremos que não é a solução que melhor defende os interesses do executado, na medida em que exclui a possibilidade de posterior invocação da nulidade – porque, note-se, esta invocação deve ser efectuada no prazo de 10 (dez) dias a contar do conhecimento do vício – nem contempla o seu conhecimento oficioso pelo Tribunal. É claro que, caso este órgão entenda que a citação não padece de qualquer vício, o executado terá sempre a oportunidade de reclamar para o tribunal tributário desta decisão, nos termos dos artigos 276º do CPPT e seguintes, mas fará sentido que o vício se sane, quando estes curtos prazos não sejam observados? Cremos bem que não. Tratando-se aqui do vício mais grave – a nulidade – cujo conhecimento é, em regra, efectuado a todo o tempo e é oficioso, a solução que melhor defende os interesses tutelados pelas regras da citação

a execução fiscal (ressalvado o seu conhecimento a título incidental), antes sendo causa de pedir a examinar no âmbito de reclamação de decisão do órgão de execução fiscal, espécie processual prevista no artº.276 e seg. do C.P.P.Tributário.".

[138] Jesuíno Alcântara Martins/José Costa Alves (2015), p. 266.

[139] No mesmo sentido, vejam-se ainda os acórdãos do STA de 28 de Janeiro de 2015, proferido no âmbito do processo nº 01361/14 e de 7 de Maio de 2014, proferido no âmbito do processo nº 0283/14.

seria a de admitir a invocação da nulidade perante o órgão de execução, com vista à sua reparação mas, caso tal não ocorra, não impede nem a reclamação judicial para o tribunal de 1ª instância, nem a invocação em sede de oposição. Não é esta, porém, a tese que vinga actualmente no STA.

Aqui chegados, cabe determinar agora quando é que se verifica a *falta de citação*, as suas consequências e bem assim, os meios de defesa do executado.

Antes de mais, a falta de citação verificar-se-á naturalmente quando esta seja completamente omitida, ou seja, quando este acto simplesmente não seja praticado pelos serviços da Administração Tributária. Esta terá como consequência a nulidade insanável do processo de execução fiscal, nos termos do artigo 165º, nº 1, alínea *a*) do CPPT, ou seja, quando possa prejudicar a defesa do interessado.

Por outro lado, Lopes de Sousa defende que a falta de citação também ocorre nos casos em que este acto foi efectivamente praticado, cumprindo os requisitos exigidos por lei, mas não foi praticado "*na própria pessoa do citando, ou tendo-o sido, este não tomou conhecimento do acto*". Este autor retira esta conclusão do nº 6 do artigo 190º do CPPT que estabelece que só ocorre falta de citação quando o destinatário alegar e demonstrar que não chegou a ter conhecimento do acto, por motivo que não lhe foi imputável. Assim, alega que, neste nº 6, é imposto ao citando um ónus de alegação e de prova do não conhecimento do teor do acto de citação, cabendo à Administração a demonstração de que este foi devidamente praticado[140]. Ressalva, porém, que as situações enquadráveis neste nº 6 do artigo 190º do CPPT serão apenas aquelas em que a citação pessoal é feita mediante carta registada com aviso de recepção e esta é considerada efectuada, pese embora não se demonstre a entrega da carta ao destinatário. Serão, em nossa opinião, os casos previstos no nº 3 do artigo 192º do CPPT. Este autor assim entende na medida em que, por um lado, nos casos de citação postal não se consagra qualquer presunção de recebimento pois, como vimos no ponto anterior, exige-se a citação pessoal ou edital do executado no momento anterior à venda dos bens penhorados e, por outro, porque a citação edital considerar-se-á efectuada "*independentemente do seu conhecimento real pelo destinatário, desde que tenha sido efectuada nas situações previstas na lei*"[141].

Para Lopes de Sousa não será necessária a demonstração de um efectivo ou concreto prejuízo para a defesa, mas apenas a "*possibilidade de prejuízo*", ou seja, que não seja de afastar a possibilidade de ter ocorrido tal prejuízo. Para além

[140] Jorge Lopes de Sousa (2011), Vol. III, p. 136.

[141] *Ibidem*, p. 366.

disso, considera que a falta de citação e "*consequente omissão da comunicação ao executado do montante preciso da dívida que se executa*" será de considerar, em regra, susceptível de prejudicar a defesa do citando na medida em que o montante da dívida poderá relevar para a opção de requerer ou não o pagamento da dívida em prestações ou a dação de bens em pagamento. No mesmo sentido, veja-se ainda o acórdão do STA de 2 de Abril 2014, proferido no âmbito do processo nº 0217/14 considerando que "*[p]ara que ocorra a nulidade por falta de citação basta a mera possibilidade de prejuízo para a defesa do executado e não a demonstração da existência de efectivo prejuízo*".

Caso o destinatário faça prova de que não teve conhecimento da citação, o não conhecimento equivale assim à omissão de citação, verificando-se a nulidade insanável do processo de execução fiscal, nos termos do artigo 165º, nº 1, alínea *a*) do CPPT.

Este autor, que acompanhamos, considera ainda que será subsidiariamente aplicável o artigo 188º do CPC que indica quando é que se verifica a falta de citação no processo civil[142]. Deste modo, verificar-se-á a falta de citação quando tenha havido erro de identidade do citado (alínea *b*) do nº 1 do artigo 188º) ou quando se tenha utilizado indevidamente a citação edital (alínea *c*) do nº 1 do artigo 188º), por exemplo. A tese vertida faz todo o sentido, na medida em que, quer o acto de citação tenha sido completamente omitido, quer se demonstre que o seu destinatário não teve dele conhecimento, designadamente por erro de identidade do citado, a função primordial de comunicação e informação que a citação desempenha não será cumprida, isto é, o executado não terá conhecimento de que corre contra si uma execução fiscal, nem dos meios de reacção e respectivos prazos ao seu dispor que deverão constar da citação. Por conseguinte, deverá considerar-se que nestes casos, tal como no caso de omissão do acto, verifica-se a falta de citação.

Neste sentido, veja-se ainda o acórdão do TCA Sul de 3 de Dezembro de 2015, proferido no âmbito do processo nº 06924/13, no qual se entendeu que:

> "*De acordo com o art. 165º, nº 1, alínea a), do CPPT, a falta de citação quando possa prejudicar a defesa do interessado, constitui uma nulidade insanável do processo de execução fiscal.*
>
> *A falta de citação ocorre, além dos casos em que ela é omitida, também nas situações previstas no art. 195º do CPC (actualmente o art. 188º), a saber: «a) quando o acto tenha sido completamente omitido; b) quando tenha havido erro de identidade do citado; c) quando se tenha empregado indevidamente a citação edital; d) quando se mostre que foi efectuada*

[142] *Ibidem.*

depois do falecimento do citando ou da extinção deste, tratando-se de pessoa colectiva ou sociedade; e) quando se demonstre que o destinatário da citação pessoal não chegou a ter conhecimento do acto, por facto que não lhe seja imputável.».

De acordo com o disposto no art. 190º, nº 6, do CPPT, para que ocorra falta de citação é necessário que o respectivo destinatário alegue e demonstre que não chegou a ter conhecimento do acto por motivo que não lhe foi imputável."

Ora, nestes casos em que ocorre a falta de citação, seja porque ela foi completamente omitida, seja porque o executado faz prova de que não teve conhecimento do acto ou porque se recorreu indevidamente à citação edital nos termos do artigo 188º, nº 1, alínea *c*) do CPC, verificar-se-á a nulidade insanável do processo de execução fiscal, quando prejudicar a defesa do interessado, nos termos do artigo 165º, nº 1, alínea *a*) do CPPT[143]. Na verdade, compreende-se que da falta de citação possa resultar esta consequência tão gravosa, tendo em conta que a citação constitui o acto pelo qual se comunica ao executado que foi instaurada uma execução fiscal contra si, o montante e a natureza da dívida, bem como os possíveis meios de reacção – o pagamento voluntário, o pagamento em prestações, a dação em pagamento ou a oposição à execução fiscal – e os prazos de exercício dos mesmos. Sem a citação não só o executado não sabe que foi instaurado um processo de execução fiscal contra si, podendo ver eventualmente os seus bens penhorados, nem tampouco tem conhecimento dos meios de reacção e de defesa ao seu dispor, que poderá opor-se à execução ou requerer o pagamento da dívida em prestações, por exemplo. Sem a citação o responsável subsidiário não saberá que a execução fiscal foi contra si revertida e que poderá contestar a legalidade da dívida mediante a apresentação de uma reclamação graciosa ou a dedução de uma impugnação judicial, nem terá conhecimento dos prazos para o fazer.

Por fim, relativamente aos meios de defesa ao dispor do executado, será de salientar que esta nulidade insanável por falta de citação poderá ser conhecida oficiosamente ou poderá ser arguida pelo executado através de um meio autónomo, um "*requerimento de arguição de nulidade da citação*"[144]. Pelo contrário, tal como a nulidade da citação, também não poderá ser invocada como fundamento da oposição à execução tendo em conta que a verificação da falta de citação não conduz à extinção do processo de execução fiscal, como ocorre na oposição, mas sim à nulidade insanável do processo.

[143] Cf. Jorge Lopes de Sousa (2011), Vol. III, p. 139.

[144] Veja-se neste sentido Joaquim Freitas da Rocha (2014), p. 341 que cita o entendimento do acórdão do STA de 6 de Março de 1996, proferido no âmbito do processo nº 019775.

A este propósito, veja-se o acórdão do STA de 2 de Abril de 2014, proferido no âmbito do processo nº 0217/14, no qual se entendeu que a falta de citação poderá ser apreciada na reclamação para o tribunal tributário de 1ª instância nos termos dos artigos 276º e seguintes do CPPT, mesmo que não tenha sido arguida previamente perante o órgão da execução fiscal:

> "*Se a nulidade do processo executivo por falta de citação do executado é invocada como um dos vícios geradores da invalidade do acto reclamado, e não como fundamento autónomo de reclamação judicial, pode ser apreciada na reclamação deduzida ao abrigo dos artigos 276º e seguintes do CPPT sem que antes tenha sido arguida perante o órgão de execução fiscal.*"

Lopes de Sousa considera que a alegação da nulidade e a prova da falta de conhecimento da citação serão feitas por requerimento no processo, cabendo no conceito de "*incidentes*" para efeitos do artigo 151º do CPPT, pelo que, na opinião deste autor, a arguição desta nulidade deverá ser feita directamente perante o tribunal tributário, pese embora refira a possibilidade da arguição da nulidade ser apreciada pelo órgão de execução fiscal, salientando que, caso seja deferida, a questão da nulidade poderá ficar resolvida e que, no caso de indeferimento, o interessado poderá apresentar reclamação nos termos dos artigos 276º do CPPT[145].

Quanto a nós, consideramos que será aplicável o mesmo regime previsto para a nulidade da citação, devendo o executado invocar a falta de citação perante o órgão da execução fiscal e, em caso de decisão desfavorável, poderá apresentar reclamação perante o tribunal tributário de 1ª instância, nos termos dos artigos 276º e seguintes do CPPT ou suscitar a questão em sede de oposição, alargando ao máximo as hipóteses de defesa por se tratar de um vício grave.

77.2.3. Funções da citação

Delimitados os requisitos formais e essenciais da citação bem como as consequências do não preenchimento dos mesmos, seremos agora capazes de determinar que funções são desempenhadas por este acto.

Assim, no que diz respeito às funções da citação, decorre expressamente do nº 2 do artigo 35º do CPPT que esta poderá desempenhar duas funções distintas: (*i*) dar conhecimento ao executado de que foi proposta contra ele uma execução fiscal ou (*ii*) chamar ao processo de execução fiscal, pela primeira vez, uma pessoa interessada, designadamente as pessoas contra as quais

[145] Jorge Lopes de Sousa (2011), Vol. III, p. 366-367.

a execução fiscal for revertida, como os responsáveis subsidiários e os antigos possuidores, fruidores ou proprietários de bens.

Com efeito, a função primordial da citação será a de dar conhecimento ao executado – ou ao revertido – de que foi proposta ou revertida uma execução fiscal contra ele, comunicando-lhe ainda várias informações importantes. A citação terá assim uma *função de comunicação e informação,* devendo comunicar designadamente[146]:

- Os meios e os prazos de que o executado ou o revertido dispõem para a tutela dos seus direitos ou interesses legalmente protegidos, através de uma nota que deverá acompanhar a citação, de acordo com o nº 1 do artigo 189º do CPPT;
- Se o pedido de pagamento em prestações pode ser cumulativo com o pedido de dação em pagamento nos termos do artigo 189º, nº 4 do CPPT, ficando o primeiro pedido suspenso até o pedido de dação em pagamento ser decidido pelo Ministro das Finanças ou pela entidade em que este tiver delegado;
- Se a dívida exequenda é passível ou não de pagamento em prestações, nos termos dos artigos 196º e seguintes do CPPT; e ainda
- Se no caso de suspensão da execução fiscal com fundamento na pendência de reclamação graciosa, recurso judicial ou oposição sobre o objecto da dívida exequenda, poderá ser requerido o pagamento em prestações ou a dação em pagamento no prazo de 15 (quinze) dias a contar da notificação da decisão proferida nestes processos, nos termos do artigo 189º, nº 8 do CPPT.

A informação mais importante será, sem dúvida, a relativa aos meios de reacção ou de defesa e aos prazos ao dispor do devedor – executado ou revertido –, devendo a citação indicar o prazo que este dispõe para deduzir oposição judicial à execução, para requerer o pagamento da dívida em prestações ou a dação em pagamento de bens móveis ou imóveis, sendo que, nos termos dos artigos 189º, nºs 1 e 3 e 203º, nº 1 do CPPT, o prazo do executado para reagir será sempre de 30 (trinta) dias a contar da citação, excepto para o pedido de pagamento em prestações que poderá ser apresentado até à marcação da venda[147].

[146] Seguindo de perto: JESUÍNO ALCÂNTARA MARTINS/JOSÉ COSTA ALVES (2015), p. 285-287.

[147] Na verdade, como se verá melhor no ponto 77.3, na sequência da citação o devedor executado poderá reagir procedendo ao pagamento voluntário da dívida exequenda, deduzindo um pedido de pagamento em prestações ou de dação de bens em pagamento e apresentando a oposição judicial à execução fiscal.

Caso a citação vise chamar ao processo de execução fiscal o responsável subsidiário, como vimos no ponto anterior, esta deverá comunicar, para além dos elementos acima referidos, os meios tutelares e os prazos ao dispor do revertido para contestar a legalidade da liquidação, designadamente o prazo de 120 (cento e vinte) dias para apresentação da reclamação graciosa, o prazo de 3 (três) meses para dedução de impugnação judicial e o prazo de 90 (noventa) dias para apresentação do pedido de constituição de tribunal arbitral, de acordo com o artigo 23º, nº 5 da LGT, bem como o prazo para proceder ao pagamento voluntário com isenção de custas e juros.

Para além da função primordial de comunicação, a citação – pessoal – também constitui o *termo inicial* dos prazos de reacção do executado, ou seja, o prazo de 30 (trinta) dias para deduzir oposição à execução, para requerer o pagamento da dívida em prestações ou para pedir a dação de bens em pagamento iniciar-se-á com a citação do executado[148]. Esta regra encontra razão de ser, naturalmente, no facto da citação proceder à comunicação dos meios de reacção e dos prazos ao dispor do executado, sendo a partir deste momento que este poderá optar pelo pagamento voluntário, pela oposição à execução, pelo pagamento em prestações ou pela dação em pagamento. No entanto, como tivemos oportunidade de salientar no ponto anterior, apenas a citação pessoal consubstancia o termo inicial do prazo para apresentação da oposição à execução, tendo em conta que a citação postal será meramente provisória e que na citação edital será necessário considerar a dilação de 30 (trinta) dias, prevista no nº 3 do artigo 245º do CPC.

Relativamente aos revertidos, em especial aos responsáveis subsidiários, a citação – que será sempre pessoal no caso dos responsáveis solidários e subsidiários nos termos do artigo 191º, nº 2, alínea *b*) – constitui o termo inicial do prazo para apresentação da oposição à execução fiscal, para proceder ao pagamento voluntário da dívida exequenda com isenção de custas e de juros de mora liquidados no processo de execução fiscal, tal como previsto no artigo 23º, nº 5 da LGT, e para recorrer aos meios tutelares para contestar a legalidade da dívida tributária. Com efeito, decorre dos artigos 70º, nº 1 e 102º, nº 1, alínea *c*) do CPPT e do artigo 10º, nº 1, alínea *a*) do RJAT que o prazo de 120 (cento e vinte) dias para apresentação da reclamação graciosa, de 3 (três) meses para dedução da impugnação judicial e de 90 (noventa) dias para a apresentação do pedido de constituição de tribunal arbitral são contados a partir da citação dos responsáveis subsidiários em processo de execução fiscal, sendo de incluir aqui os demais revertidos a quem é reconhecida a possibilidade de

[148] Neste sentido: Jesuíno Alcântara Martins/José Costa Alves (2015), p. 285.

contestar a legalidade do acto de liquidação, tal como os antigos possuidores, fruidores ou proprietários de bens[149].

Por fim, será de referir que, nos termos do nº 1 do artigo 49º da LGT, a citação no processo de execução fiscal *interrompe o prazo de prescrição* dos tributos.

Deste modo, podemos concluir que a citação assume uma função essencialmente informativa, devendo comunicar ao executado que foi instaurada uma execução fiscal contra si, mas não se esgota nessa finalidade. Com efeito, a citação desempenha também uma função garantística na medida em que deverá indicar os meios de reacção ao dispor do executado e os prazos para o seu exercício, sendo que os elementos que comunica, como a natureza da dívida exequenda, serão fundamentais para a defesa do executado.

77.3. Reacção do executado

Como vimos no ponto anterior, a citação do executado deverá indicar as faculdades ao seu dispor na sequência da mesma, ou seja, os modos de reacção ao processo de execução fiscal instaurado contra si. A este propósito, vimos que o executado confrontado com a citação poderá optar por:

- Proceder ao pagamento voluntário da quantia exequenda e acrescido;
- Requerer o pagamento em prestações, se a dívida admitir o pagamento fraccionado;
- Requerer a dação de bens em pagamento; ou
- Deduzir oposição à execução fiscal.

Analisemos, assim, os regimes e especificidades destas quatro formas distintas de reacção do executado, começando pelo pagamento voluntário.

77.3.1. Pagamento voluntário

De acordo com o nº 1 do artigo 264º do CPPT, o processo de execução fiscal extingue-se, no estado em que se encontrar, com o pagamento da dívida exequenda e o acrescido efectuado pelo executado ou por outra pessoa. Este pagamento consubstancia um pagamento voluntário na medida em que acontece por iniciativa do executado ou tem lugar *"como corolário da sua chamada ao processo através da citação"* [150].

[149] Neste sentido, veja-se FREITAS DA ROCHA que faz referência ainda ao pedido de revisão da matéria tributável, pelo que será de entender que o prazo de 30 (trinta) dias previsto no artigo 91º, nº 1 da LGT para apresentação deste pedido será contado desde a citação do responsável subsidiário no processo de execução fiscal Cf. JOAQUIM FREITAS DA ROCHA (2014), p. 341.

[150] JESUÍNO ALCÂNTARA MARTINS/JOSÉ COSTA ALVES (2015), p. 288.

Na verdade, a definição de pagamento voluntário encontra-se prevista no artigo 84º do CPPT que determina que "*[c]onstitui pagamento voluntário de dívidas de impostos e demais prestações tributárias o efectuado dentro do prazo estabelecido nas leis tributárias*", parecendo estabelecer que o pagamento apenas se considera voluntário quando efectuado nos prazos estabelecidos nas leis tributárias e já não no âmbito do processo de execução fiscal que visa a cobrança coerciva da dívida. Com efeito, esta forma de pagamento contrapõe-se ao pagamento coercivo que consiste na "*aplicação do produto da venda dos bens do executado penhorados*" ou na "*afectação do produto da penhora de dinheiro, de rendimentos, depósitos bancários ou de créditos*"[151]. Nestes casos de pagamento coercivo não se verifica – naturalmente – qualquer acto de iniciativa do contribuinte/executado que, não tendo procedido ao pagamento voluntário da dívida tributária, tem um processo de execução fiscal instaurado contra ele com o objectivo de proceder à cobrança coerciva da dívida mediante a penhora dos seus bens e posterior venda dos mesmos.

Por outro lado, é nosso entendimento que decorre do nº 1 do artigo 264º do CPPT que, na sequência da citação, o contribuinte, já "nas vestes" de executado, poderá optar por proceder ao pagamento integral da dívida pelo que, tratando-se de um acto da iniciativa do contribuinte, deverá considerar-se como pagamento voluntário para efeitos dos artigos 264º, nº 1 e 269º, nº 1 do CPPT.

Convém salientar que o pagamento voluntário poderá ser efectuado a todo o tempo, quer pelo executado, quer por um terceiro, nos termos dos artigos 264º, nº 1 e 265º, nº 1 do CPPT. O terceiro que proceder ao pagamento da dívida exequenda e do acrescido, como tivemos oportunidade de observar no ponto 40, poderá ficar sub-rogado nos direitos da entidade exequenda, podendo designadamente requerer o prosseguimento do processo de execução fiscal, tal como disposto no nº 2 do artigo 92º do CPPT.

Assim, um terceiro poderá assumir a dívida do executado, procedendo ao pagamento integral da mesma na sequência da citação do executado, decorrendo deste pagamento a extinção da execução fiscal, nos termos do nº 1 do artigo 264º e do nº 1 do artigo 269º do CPPT[152]. Porém, após efectuar o pagamento da dívida exequenda, poderá requerer ao órgão da execução fiscal que

[151] *Ibidem.*

[152] Como se verá no ponto seguinte, se um terceiro assumir a dívida do executado, somente após o pagamento integral da mesma e acrescido é que poderá ficar sub-rogado nos direitos da entidade exequente, não se admitindo que o sub-rogado proceda ao pagamento da dívida em prestações. Isto não significa, no entanto, que o terceiro que decidir assumir a dívida do executado não poderá requerer o pagamento da mesma em prestações, mas apenas que a sub-rogação só poderá ter lugar após o pagamento integral da dívida e acrescido.

lhe sejam reconhecidos os benefícios da sub-rogação, nos termos dos nºs 1 e 2 do artigo 91º do CPPT, isto é, mediante a verificação de um interesse legítimo ou a autorização do devedor, podendo requerer o prosseguimento do processo de execução fiscal contra o executado.

Relativamente ao pagamento voluntário, será de referir ainda que a sua consequência será a extinção do processo de execução fiscal, bem como a extinção da dívida de juros de mora ou custas, nos termos do artigo 269º, nºs 1 e 3 do CPPT, salvo nos casos em que o pagamento seja efectuado pelos responsáveis subsidiários, tendo em conta o preceituado no nº 6 do artigo 23º da LGT, de que o pagamento da dívida não prejudica a manutenção da obrigação do devedor principal ou do responsável solidário de pagarem os juros de mora e as custas, caso venham a ser encontrados bens penhoráveis. Neste sentido, veja-se o acórdão do STA de 10 de Abril de 2015, proferido no âmbito do processo nº 0710/12, no qual se entendeu que o pagamento da dívida efectuado pelo responsável subsidiário para beneficiar da isenção de custas e multa nos termos do artigo 23º nº 5 da LGT não implica a extinção da execução fiscal. Esta especificidade determinou ainda a inserção, no artigo 176º do CPPT, relativo às causas de extinção da execução, operada pela Lei nº 66-B/2012, de 31 de Dezembro (Orçamento do Estado para 2013), da possibilidade de o controlo jurisdicional sobre a execução fiscal – leia-se, por via da oposição –, se manter, ainda que ocorra o pagamento da dívida (integral ou parcial), caso se mantenha a utilidade da apreciação da lide, o que em casos de reversão será frequente.

77.3.2. Pagamento em prestações

Haverá casos em que, pese embora o executado pretenda proceder ao pagamento da dívida exequenda, a sua situação económica não lhe permite fazê-lo integralmente e de uma vez, admitindo-se que efectue o pagamento em prestações.

Assim, como tivemos oportunidade de observar em detalhe no ponto 23 deste manual, relativo ao direito ao pagamento em prestações, quando o contribuinte não pode pagar integralmente e de uma vez só a dívida tributária, o artigo 42º da LGT prevê que este possa requerer o pagamento em prestações, cabendo a este o ónus de provar essa impossibilidade, sendo este direito concretizado ainda no CPPT nos artigos 86º e 196º e seguintes. De facto, este direito consubstancia uma importante garantia dos contribuintes evitando, designadamente, a instauração do processo de execução fiscal ou, no âmbito do processo, a penhora e venda dos seus bens.

Como vimos, em princípio, é permitido o pagamento em prestações de *todas as dívidas tributárias*, excepto nos casos previstos no nº 2 do artigo 42º da LGT. Este preceito exclui então o pagamento em prestações de dívidas de recursos próprios comunitários e, nos termos da lei, de quantias retidas na fonte ou legalmente repercutidas a terceiros ou, ainda, quando o pagamento do imposto seja condição da entrega ou transmissão de bens. Porém, admite-se em certos casos o pagamento em prestações de dívidas de recursos próprios comunitários e de dívidas resultantes da falta de entrega, dentro dos respectivos prazos legais, de imposto retido na fonte ou legalmente repercutidos a terceiros concretizando-se, portanto, uma excepção à excepção.

De facto, os nºs 2, 3 e 4 do artigo 196º do CPPT permitem o pagamento em prestações das dívidas acima indicadas, após a instauração do processo de execução fiscal, nas seguintes situações: (*i*) em caso de falecimento do executado; (*ii*) quando o pagamento em prestações seja imprescindível para a aplicação de plano de recuperação económica de empresa; ou (*iii*) quando se demonstre dificuldade financeira excepcional e consequências económicas gravosas previsíveis. Nestes casos excepcionais, o contribuinte não tem o ónus da prova da impossibilidade de pagamento de uma só vez. Deve provar, no entanto, a necessidade do pagamento a prestações daquela dívida para a viabilização do plano de recuperação económica da empresa e/ou a existência de dificuldade financeira excepcional ou de previsíveis consequências económicas gravosas para o contribuinte e para os seus credores em caso de pagamento na íntegra de uma só vez. O legislador basta-se, assim, nestes casos, com a prova da verificação de uma situação de dificuldade financeira excepcional ou de previsibilidade de consequências económicas gravosas. Será o caso de uma empresa numa situação económica que, embora lhe permita ainda ter disponibilidade de tesouraria para pagar a totalidade da dívida tributária de imediato, a ocorrer, esse pagamento provocar-lhe-á consequências económicas gravosas[153].

Sabendo que o contribuinte pode proceder ao pagamento destas dívidas em prestações, recorde-se que são três os momentos "possíveis" para requerer

[153] Lopes de Sousa entende que este será o caso de empresas que estão numa situação económica difícil, mas que ainda têm disponibilidades de tesouraria para irem solvendo as dívidas, de modo a evitar caírem numa situação de insolvência, para a qual seriam arrastadas com a exigência de pagamento imediato da dívida tributária Cf. Jorge Lopes de Sousa (2011), Vol. III, p. 400. Quanto a nós, entendemos será de admitir o pagamento em prestações quando se prove que o pagamento de uma vez só da dívida causa à empresa uma carência de tesouraria capaz de comprometer o futuro económico da mesma. Isto designadamente no que respeita ao pagamento de salários dos trabalhadores.

à Administração Tributária esta possibilidade: *durante o prazo para pagamento voluntário; após o término do prazo para pagamento voluntário, mas antes da instauração do processo de execução fiscal e após a instauração do processo de execução fiscal.* Assim, o artigo 86º do CPPT prevê a possibilidade de o contribuinte requerer o pagamento em prestações *a partir do termo do prazo de pagamento voluntário*, no seu nº 2 e, *a partir do início do prazo do pagamento voluntário* no seu nº 3. Por sua vez, o Decreto-Lei nº 492/88, de 30 de Dezembro, prevê apenas possibilidade de o contribuinte poder requerer o pagamento em prestações *após o termo do prazo para pagamento voluntário, antes da instauração da execução fiscal.* Por fim, o artigo 196º do CPPT prevê esta possibilidade *após a instauração do processo de execução fiscal.*

Analisados em pormenor os regimes do pedido de pagamento em prestações a ocorrer antes da instauração da execução fiscal no ponto 23 deste manual, relativo ao direito ao pagamento em prestações, para o qual remetemos, pretendemos agora descortinar o regime aplicável ao pedido de pagamento em prestações da dívida no âmbito do processo de execução fiscal, previsto nos artigos 196º e seguintes do CPPT.

Nestes artigos prevê-se a possibilidade de o contribuinte poder requerer o pagamento em prestações de uma dívida tributária já *estando a decorrer o processo de execução fiscal*, ou seja, na sequência da citação. O nº 1 do artigo 196º do CPPT indica que tal pedido deverá ser dirigido, até à marcação da venda, ao órgão da execução fiscal, sendo de salientar que, antes das alterações ao CPPT determinadas pela Lei nº 64-B/2011, de 30 de Dezembro – Lei de Orçamento do Estado para 2012 –, o nº 1 do artigo 196º do CPPT estabelecia que o pedido de pagamento em prestações tinha de ser apresentado no prazo de 30 (trinta) dias a contar da data da citação. Assim, esta alteração legislativa resultou num "*inequívoco alargamento do prazo para a formulação do pedido de pagamento em prestações*", visando uma "*flexibilização das condições de pagamento das dívidas exequendas num contexto de profunda crise económica*"[154].

Por outro lado, manteve-se em vigor a regra do nº 8 do artigo 189º do CPPT que determina que, no caso de suspensão da instância em virtude da pendência de reclamação graciosa, impugnação, recurso judicial ou oposição sobre o objecto da dívida exequenda, o pedido de pagamento em prestações seja apresentado no prazo de 15 (quinze) dias após a notificação da decisão proferida no âmbito destes meios tutelares. Assim, poderá colocar-se a questão da conciliação deste prazo de 15 (quinze) dias com o preceituado no nº 1 do artigo 196º do CPPT, ou seja, com a possibilidade de apresentar o pedido de paga-

[154] Cf. Acórdão do STA de 19 de Agosto de 2015, proferido no âmbito do processo nº 01008/15.

mento da dívida em prestações até à marcação da venda. Jesuíno Alcântara Martins e Costa Alves entendem que o prazo de 15 (quinze) dias previsto no nº 8 do artigo 189º do CPPT está "*prejudicado*", defendendo que o pedido de pagamento em prestações poderá ser sempre realizado até à marcação da venda, sendo que aquele prazo só terá relevância, eventualmente, quando a venda dos bens penhorados for marcada antes da sua preclusão[155]. Neste sentido, veja-se o acórdão do STA de 27 de Janeiro 2016, proferido no âmbito do processo nº 042/16 que, citando o acórdão do STA de 6 de Março de 2013, proferido no âmbito do processo nº 0234/13, entendeu que:

> "*(...) a norma especial do nº 8 do art. 189º do CPPT não afasta a aplicabilidade da regra geral do nº 1 do art. 196º do mesmo Código. A circunstância de o executado não ter requerido o pagamento em prestações nos 15 dias seguintes a ter-lhe sido notificada a decisão proferida em algum dos meios de reacção instaurados contra a liquidação que deu origem à dívida exequenda, não o impede de, enquanto não for notificado da data marcada para a venda, requerer o pagamento em prestações.*"

E ainda que:

> "*Dito de outro modo, o nº 8 do art. 189º do CPPT não constitui uma norma excepcional, pois não cria um regime oposto ao regime-regra consagrado no nº 1 do art. 196º do CPPT; constitui, isso sim, uma norma especial, na medida em que, visando complementar este regime-regra, consagra uma disciplina nova ou diferente para um círculo mais restrito de relações*"

No requerimento de pagamento da dívida em prestações o contribuinte deverá indicar a forma como se propõe efectuar o pagamento, os fundamentos da proposta e fazer prova da existência de uma situação económica que não lhe permite pagar a dívida de uma só vez. Para além disso, Lopes de Sousa alega que o interessado deverá ainda indicar o número de prestações mensais e iguais em que pretende efectuar o pagamento, referindo o nº 1 do artigo 196º e o nº 1 do artigo 198º do CPPT[156]. Já Jesuíno Alcântara Martins e Costa Alves salientam que, caso o requerimento padeça de alguma insuficiência ou irregularidade, o órgão da execução fiscal deverá notificar o interessado para "*suprir as deficiências do pedido*" no prazo fixado na notificação[157]. Na verdade, nos termos do artigo 108º, nºs 1 e 2 do CPA, o órgão da execu-

[155] Jesuíno Alcântara Martins/José Costa Alves (2015), p. 295.
[156] Jorge Lopes de Sousa (2011),Vol. III, p. 401.
[157] Jesuíno Alcântara Martins/José Costa Alves (2015), p. 291-293.

ção fiscal deverá convidar o executado a suprir estas deficiências ou deverá providenciar para as suprir oficiosamente[158]. A este propósito, veja-se ainda o acórdão do STA de 7 de Maio de 2014, proferido no âmbito do processo nº 0468/14, no qual se entendeu que o pedido de pagamento em prestações não terá necessariamente que ser acompanhado da prova necessária:

> *"Ao contrário do que estipula a lei para o pedido de dispensa de prestação de garantia, a lei não impõe que o requerimento do pedido de pagamento em prestações seja desde logo instruído com a prova necessária.*
>
> *Daí que, antes do indeferimento do pedido de pagamento em prestação por falta de prova dos pressupostos de que depende, deva a Administração Fiscal notificar o requerente para vir juntar os documentos de que não disponha e julgue em falta."*

Este pedido de pagamento em prestações deverá ser dirigido ao órgão da execução fiscal, tal como previsto no nº 1 do artigo 196º do CPPT, sendo este competente para autorizar o pagamento em prestações quando a dívida exequenda não seja superior a 500 unidades de conta, tal como disposto no nº 1 do artigo 197º do CPPT. Já nos casos em que a dívida exequenda seja superior a 500 unidades de conta, de acordo com o nº 2 do mesmo artigo, o órgão competente será o órgão periférico regional que poderá proceder à delegação desta competência em funcionário qualificado[159].

O nº 2 do artigo 198º do CPPT estabelece que após a recepção e a instrução do pedido de pagamento em prestações, este deverá ser imediatamente apreciado pelo órgão da execução fiscal, sendo de referir que, antes da alteração do CPPT operada pela referida Lei nº 64-B/2011, de 30 de Dezembro, o prazo para a decisão deste pedido era de 15 (quinze) dias após a recepção do pedido. Lopes de Sousa considerava que o prazo de 15 (quinze) dias se contava nos termos do artigo 279º do CC, por força do disposto no artigo 20º, nº 1 do CPPT, para efeitos da formação da presunção de indeferimento tácito e, consequentemente, para o acesso do executado aos meios de defesa ao seu dispor[160]. Todavia, em face da opção pelo critério indeterminado, actualmente

[158] Neste sentido: Jorge Lopes de Sousa (2011),Vol. III, p. 408.

[159] Em sentido contrário, Freitas da Rocha considera que o pedido de pagamento em prestações deverá ser dirigido ao órgão de execução fiscal ou ao órgão periférico regional quando o valor da dívida exequenda seja superior a 500 unidades de conta Cf. Joaquim Freitas da Rocha (2014), p. 353. Na verdade, resulta expressamente do nº 2 do artigo 198º do CPPT que após a recepção do pedido, este deverá ser imediatamente remetido para sancionamento superior, se for caso disso, ou seja, caso a competência seja do órgão periférico regional.

[160] Jorge Lopes de Sousa (2011), Vol. III, p. 409.

o executado ficará sem certezas quanto a que prazo corresponde a expressão "*imediatamente*" prevista no nº 2 do artigo 198º do CPPT: deverá a decisão ser tomada no próprio dia? Até dia útil seguinte?

Aqui chegados, haverá que equacionar as duas decisões possíveis – de autorização ou não autorização do pedido de pagamento da dívida em prestações – designadamente para o apuramento dos efeitos das mesmas.

- ***Decisão de indeferimento do pedido de pagamento em prestações***

Antes de mais, é de referir que se o pedido de pagamento em prestações não for autorizado, segundo o nº 6 do artigo 189º do CPPT, o processo de execução fiscal deverá prosseguir de imediato. Por outro lado, exige-se a sua notificação ao executado, sendo que esta omissão, de acordo com o entendimento do STA plasmado no acórdão de 29 de Outubro de 2014, proferido no âmbito do processo nº 01045/14, "*tem manifesta repercussão no andamento posterior do processo executivo, contendendo com os direitos e interesses constitucionalmente protegidos do executado*". No mesmo acórdão entendeu-se que esta omissão de notificação, por aplicação do disposto no artigo 195º do CPC, dá lugar a uma nulidade "*na medida em que a irregularidade cometida pode influir no exame e na decisão da causa, e, consequentemente impõe a anulação dos termos processuais subsequentes que dele dependam absolutamente, onde se incluiu o despacho que designou data para a venda do imóvel penhorado.*".

Perante esta decisão de indeferimento do pedido do pagamento da dívida em prestações, naturalmente desfavorável aos seus interesses, o executado poderá apresentar reclamação para o tribunal tributário de 1ª instância, nos termos dos artigos 276º e seguintes do CPPT ou, segundo Lopes de Sousa, interpor recurso hierárquico dirigido ao mais elevado superior hierárquico nos termos dos artigos 80º da LGT e 66º do CPPT. Este autor admite a apresentação de um recurso hierárquico na medida em que considera que, pese embora o processo de execução fiscal assuma a natureza judicial, o pedido de pagamento em prestações gera um procedimento tributário autónomo a tramitar e a decidir pela Administração Tributária, "*pelo que se lhe devem aplicar as regras próprias do procedimento tributário, sem prejuízo da especificidade que é a impugnação contenciosa se fazer através da reclamação prevista no artigo 276º do CPPT*"[161].

Em nossa opinião, não há dúvida que este pedido, pese embora se insira no processo de execução fiscal, se situa na fase do procedimento tributário e não do processo, designadamente para efeitos de contagem de prazos. A corroborar esta posição referimos o acórdão do STA de 8 de Julho de 2015, profe-

[161] *Ibidem.*

rido no âmbito do processo nº 0760/15, no qual o tribunal claramente afirma que o pedido de pagamento da dívida em prestações deduzido no âmbito de processo de execução fiscal origina a instauração de um procedimento tributário na acepção que lhe é dada pelo artigo 54º, nº 1, alínea *h*) da LGT[162].

• ***Decisão de autorização do pedido de pagamento em prestações***

O pedido de pagamento da dívida em prestações poderá, por um lado, ser autorizado quando se verifique que o executado, pela sua situação económica, não pode solver a dívida de uma só vez, tal como disposto no nº 4 do artigo 196º do CPPT. Este constitui o requisito geral da autorização do pedido de pagamento em prestações. Nestes casos, o número de prestações não poderá, em caso algum, exceder 36 (trinta e seis) e o valor de qualquer delas não poderá ser inferior a 1 (uma) unidade de conta no momento da autorização.

Por outro lado, quando é excepcionalmente admitida a possibilidade de pagamento em prestações das dívidas de recursos próprios comunitários e das dívidas resultantes da falta de entrega, dentro dos respectivos prazos legais, de imposto retido na fonte ou legalmente repercutido a terceiros, o nº 3 não exige como requisito de autorização do pagamento em prestações a inviabilidade do executado, pela sua situação económica, cumprir a dívida de uma só vez, mas sim (*i*) que esteja em aplicação plano de recuperação económica legalmente previsto de que decorra a imprescindibilidade do pagamento em prestações; ou (*ii*) que se demonstre a dificuldade financeira excepcional e previsíveis consequências económicas gravosas. Nestes casos, de acordo com o nº 3 do artigo 196º do CPPT, o número das prestações mensais não poderá exceder 24 (vinte e quatro) e o valor de qualquer delas não poderá ser inferior a 1 (uma) unidade de conta no momento da autorização.

Contudo, o nº 5 admite, nos casos em que se demonstre notória dificuldade financeira e previsíveis consequências económicas para os devedores, o

[162] Neste acórdão entendeu-se que do facto do pedido de pagamento em prestações dar origem a um procedimento tributário decorre a aplicação dos "*princípios gerais que regulam a actividade administrativa e as normas que a Lei Geral Tributária prevê para os procedimentos tributários, designadamente o direito de audição previsto no art. 60º da LGT*". Assim, chega à conclusão que antes da decisão de indeferimento do pedido de pagamento em prestações deverá ter lugar a audição prévia do executado, sob pena de preterição de formalidade legal essencial, susceptível de conduzir à anulabilidade da decisão. Em sentido contrário, Jesuíno Alcântara Martins e Costa Alves consideram que não se justifica o direito de audição no processo de execução fiscal, alegando, por um lado, que a decisão de indeferimento do pedido de pagamento em prestações constitui um acto instrumental, passível de controlo judicial nos termos do artigo 276º do CPPT e, por outro, que a celeridade que caracteriza o processo de execução fiscal "*impõe*" a dispensa do direito de audição Cf. Jesuíno Alcântara Martins/José Costa Alves (2015), p. 302.

alargamento do número de prestações mensais até 5 (cinco) anos, se a dívida exequenda exceder 500 unidades de conta[163] no momento da autorização, não podendo então nenhuma delas ser inferior a 10 unidades de conta[164]. O nº 6, por seu turno, determina que quando, no âmbito de plano de recuperação económica legalmente previsto, se demonstre a indispensabilidade do pagamento em prestações e, ainda, quando os riscos inerentes à recuperação dos créditos o tornem recomendável, a Administração Tributária pode estabelecer que o número de prestações seja alargado até ao limite máximo de 150 prestações, não podendo nenhuma delas ser inferior a 10 unidades de conta[165].

De acordo com o nº 7 do mesmo artigo, a importância a dividir em prestações mensais não inclui os juros de mora, que continuam a vencer-se em relação à dívida exequenda incluída em cada prestação e até ao pagamento integral.

Será de salientar ainda que, nos termos do artigo 196º, nº 8 e nº 9 do CPPT, também podem beneficiar deste regime de pagamento em prestações os *terceiros* que assumam a dívida tributária, desde que haja autorização do devedor ou que tenham interesse legítimo e que prestem garantia idónea nos termos previstos no artigo 199º do CPPT. Por outro lado, o nº 12 determina que o regime disposto neste artigo não se poderá aplicar a nenhum caso de pagamento por sub-rogação[166].

Lopes de Sousa entende que decorre deste nº 12 que não poderá haver sub-rogação sem que a dívida esteja paga integralmente, ou seja, não será de admitir que a sub-rogação tenha lugar e que fique o sub-rogado a pagar a dívida em prestações nos termos previstos no artigo 196º do CPPT. Assim, segundo o entendimento do autor, depois de a dívida estar integralmente paga – inclusive pelo terceiro que a assumiu, mediante o pagamento em prestações – "*na sequência subsequente à aceitação da assunção da dívida, este ficará sub-rogado*", podendo requerer o prosseguimento da execução contra o primeiro devedor[167].

Por fim, é de referir que caso seja autorizado o pagamento em prestações, o despacho que o autorize deverá ser notificado ao executado sendo que, nos termos do nº 2 do artigo 198º do CPPT, o pagamento da primeira prestação deverá ser efectuado no mês seguinte àquele em que for notificado o despacho.

[163] Actualmente € 51.000, correspondendo a unidade de conta a € 102.

[164] Actualmente € 1.020.

[165] *Idem.*

[166] Para maiores desenvolvimentos acerca do procedimento de sub-rogação, veja-se o ponto 40 deste manual.

[167] Jorge Lopes de Sousa (2011), Vol. III, p. 402.

- ***Prestação ou dispensa de garantia***

Sendo autorizado o pagamento em prestações, o requerente deverá ser notificado não só do despacho de autorização, mas também de que, caso queira suspender a execução e regularizar a sua situação tributária, deverá ser prestada garantia idónea nos termos do artigo 199º do CPPT.

De acordo com os nºs 1 e 4 do artigo 199º do CPPT, a garantia poderá revestir a forma de garantia bancária, caução, seguro-caução ou qualquer meio susceptível de assegurar os créditos do exequente, valendo como garantia, para os efeitos do nº 1 e para assegurar o pagamento da dívida exequenda e acrescido, a penhora já feita sobre os bens necessários ou a efectuar em bens nomeados para o efeito pelo executado no prazo de 15 (quinze) dias que o executado tem para apresentar a garantia, previsto no nº 7 do mesmo artigo[168].

Assim, qualquer uma destas formas de garantia deverá ser apresentada no prazo de 15 (quinze) dias a contar da notificação que autorizar as prestações, salvo no caso de garantia que pela sua natureza justifique a ampliação do prazo até 30 (trinta) dias, prorrogáveis por mais 30 (trinta), em caso de circunstâncias excepcionais, de acordo com o nº 7 do artigo 199º do CPPT. Nos termos deste nº 5, a garantia deverá ser prestada para cobrir todo o período de tempo que foi concedido para efectuar o pagamento, acrescido de 3 (três) meses.

Para além disso, é de referir que, nos termos do nº 6 do mesmo artigo, quantitativamente a garantia deverá ser prestada pelo (*i*) valor da dívida exequenda; (*ii*) juros de mora contados até ao termo do prazo de pagamento voluntário ou à data do pedido, quando posterior, com o limite de 5 (cinco) anos; e (*iii*) custas na totalidade, acrescida de 25% da soma daqueles valores.

Por fim, é de salientar que no que diz respeito à exigência de prestação de garantia após a notificação da autorização do pedido de pagamento em prestações – caso ainda não se encontre constituída garantia –, o artigo 198º, nº 5 do CPPT prevê a possibilidade de dispensa de prestação de garantia quando, à data do pedido, o devedor tenha dívidas fiscais, legalmente não suspensas, de valor inferior a € 2.500,00 para pessoas singulares, ou € 5.000,00 para pessoas colectivas[169].

- ***Falta de pagamento das prestações***

Determinados os requisitos do pagamento em prestações e a exigência de prestação de garantia, bem como as especificidades da decisão de indeferi-

[168] Nos termos do nº 9 do artigo 199º do CPPT será competente para apreciar as garantias a prestar o órgão competente para autorizar o pagamento em prestações.

[169] A Proposta de Lei de Orçamento do Estado para 2017, ainda não aprovado à data de envio ao prelo do presente manual, prevê a elevação destes valores para o dobro.

mento do pedido de pagamento em prestações e os meios de reacção disponíveis, haverá que equacionar a possibilidade de o executado faltar ao pagamento de alguma das prestações.

Assim, é de salientar que a falta de pagamento de três prestações seguidas ou de seis interpoladas importa o vencimento das seguintes se, no prazo de 30 (trinta) dias a contar da notificação para o efeito, o executado não proceder ao pagamento das prestações incumpridas, prosseguindo o processo de execução fiscal nos seus termos, de acordo com o artigo 200º, nº 1 do CPPT. Uma nota para dizer que a jurisprudência considera que a correspondência entre as prestações e os pagamentos deve ser feita de acordo com a respectiva data de pagamento, relevando para o efeito quer esta data, quer o período durante o qual não é feito nenhum pagamento, mas sendo, por outro lado, irrelevante a forma como os pagamentos são imputados na dívida ou que prestações estão vencidas. Ou seja, os tribunais não aceitam o entendimento, muitas vezes defendido pelo órgão da execução fiscal, de que um pagamento feito, por exemplo, em Maio, corresponde à primeira prestação vencida em Março e que outro, feito só em Agosto, corresponde à segunda prestação, vencida em Abril, pois, se assim fosse o artigo 200º do CPPT jamais teria aplicação no que se refere à existência de 6 (seis) prestações interpoladas em falta[170]. Por outro lado, de acordo com o nº 2 do artigo 200º do CPPT, a entidade que tiver prestado a garantia será citada para, no prazo de 30 (trinta) dias, efectuar o pagamento da dívida ainda existente e acrescido até ao montante da garantia prestada, sob pena de ser executada no processo.

No que diz respeito às consequências da falta de pagamento das prestações, veja-se ainda o acórdão do STA de 2 de Julho de 2014, proferido no âmbito do processo nº 0599/14, no qual se entendeu que:

> *"Se o executado não proceder ao pagamento das prestações em falta no prazo de trinta dias a contar da notificação prevista no nº 1 do artº 200º do Código de Procedimento e Processo Tributário, perde o direito ao pagamento em prestações, ocorrendo o vencimento imediato das seguintes e prosseguindo o processo de execução fiscal os seus termos.*
>
> *Não decorre do nº 1 referido normativo a necessidade de existência de um despacho de exclusão para fazer cessar o regime do pagamento em prestações uma vez que essa produção de efeitos ocorre automaticamente por força da lei."*

Nos casos em que tenha tido lugar a dispensa de garantia, o nº 5 do artigo 198º do CPPT determina que a falta de pagamento de uma só prestação

[170] Veja-se, a título exemplificativo, o acórdão do STA de 31-01-2012, proferido no âmbito do processo nº 039/12.

importa o vencimento imediato das seguintes, prosseguindo o processo de execução fiscal os seus termos.

Em jeito de conclusão, é de referir que o pedido do pagamento em prestações poderá ser cumulativo com o de dação em pagamento, ficando aquele suspenso até o pedido de dação ser decidido pelo Ministro das Finanças ou pelo órgão executivo competente. Assim, caberá analisar no ponto seguinte as especificidades desta faculdade de pedido de dação de bens em pagamento.

77.3.3. Dação de bens em pagamento

Para além do pagamento voluntário e do pedido de pagamento em prestações, o executado poderá, na sequência da citação, optar por requerer a dação de bens em pagamento nos termos do artigo 201º do CPPT.

Já analisámos o procedimento de dação em pagamento, ou em cumprimento, no ponto 38 deste manual, antes e no âmbito do processo de execução fiscal, cabendo recordar aqui os aspectos mais importantes do regime deste pedido no processo de execução fiscal, referindo ainda certas especificidades designadamente ao nível dos bens que poderão ser dados em pagamento.

Assim, recorde-se que a dação em cumprimento constitui uma das formas de extinção da obrigação tributária, admitida no artigo 40º, nº 2 da LGT, consistindo no cumprimento da dívida tributária através da entrega de outra coisa que não dinheiro[171]. Pese embora seja admitida como meio de extinção da obrigação tributária, de acordo com o artigo 40º, nº 2 da LGT apenas valerá com carácter excepcional, ou seja, só nos casos expressamente previstos na lei.

Por outo lado, o CPPT admite que seja requerida a dação em cumprimento antes e após a instauração do processo de execução fiscal, nos artigos 87º e 201º respectivamente, sendo fundamental salientar que, tanto nos casos em que o pedido é formulado antes da instauração do processo de execução fiscal nos termos do artigo 87º do CPPT, quanto naqueles em que é instaurado na sua pendência nos termos do artigo 201º do CPPT, dá sempre origem a um procedimento tendente à sua autorização, sendo aplicáveis as regras e os princípios gerais que devem ser observados na actividade da Administração Tributária.

Ora, nos termos do artigo 201º, nº 1 do CPPT, a dação em cumprimento no âmbito do processo de execução fiscal pode ser requerida pelo executado ou por terceiro, dentro do prazo de oposição, ou seja, em 30 (trinta) dias a contar da citação pessoal para o processo fiscal, ao Ministro ou órgão executivo de quem dependa a Administração Tributária competente para a liquidação e cobrança da dívida. Na verdade, o pedido de dação em pagamento deverá a

[171] Rui Duarte Morais (2012), p. 126.

estes ser dirigido e apresentado, na opinião de FREITAS DA ROCHA, no órgão periférico local[172]. Parece-nos que este autor se refere ao órgão da execução fiscal que, nos termos do artigo 150º, nº 2 do CPPT, corresponderá, na maioria das vezes, ao órgão periférico local. A corroborar este entendimento, temos o nº 2 do artigo 201º do CPPT que determina que, apresentado o requerimento, o órgão da execução fiscal o enviará ao dirigente máximo do serviço.

A competência para autorizar a dação em cumprimento cabe ao ministro ou ao órgão executivo de que dependa a Administração Tributária legalmente competente para a liquidação e cobrança da dívida.

Por outro lado, é de referir que o prazo para efectuar o pedido de dação em pagamento, correspondente ao prazo de 30 (trinta) dias para dedução da oposição à execução fiscal, consubstancia um prazo judicial. Com efeito, esta natureza do prazo decorre do facto do processo de execução fiscal assumir natureza judicial na sua globalidade. Isto significa então que o prazo para apresentação do pedido de dação em pagamento deverá contar-se nos termos do CPC, de acordo com o artigo 20º, nº 2 do CPPT. É, pois, um prazo contínuo, contando-se sábados, domingos e feriados e suspendendo-se nas férias judiciais. O dia da notificação não conta, sendo considerado como "dia zero".

No entanto, apesar de este prazo ser processual, o pedido de dação em cumprimento efectuado na pendência do processo de execução fiscal dá origem à instauração de um procedimento tributário autónomo que culmina com o acto de aceitação ou de recusa da dação em cumprimento, embora esteja inserido no âmbito do processo de execução fiscal.

Assim, tratando-se de um procedimento tributário relativo à cobrança de obrigações tributárias nos termos do artigo 54º, nº 1, alínea *h*) da LGT, o facto de estar enxertado no processo de execução fiscal não é obstáculo à aplicação das regras gerais dos procedimentos tributários previstas quer na LGT, quer no CPPT[173]. Deste modo, são aplicáveis ao procedimento iniciado com o pedido de dação em cumprimento, entre outras, a norma que estabelece o direito à participação, designadamente o direito à audição prévia dos interessados – artigo 60º da LGT. Neste sentido, veja-se o acórdão do STA de 10 de Abril de 2013, proferido no âmbito do processo nº 0441/13, no qual se afirmou que "*a decisão sobre o pedido de dação em pagamento deve qualificar-se como um verdadeiro acto administrativo em matéria tributária, inserido no âmbito de um procedimento tributário autónomo, sendo-lhe assim aplicáveis os princípios gerais que regulam a actividade administrativa e as normas que a Lei Geral Tributária prevê*

[172] JOAQUIM FREITAS DA ROCHA (2014), p. 351.
[173] JORGE LOPES DE SOUSA (2011), Vol. III, p. 424-425.

para os procedimentos tributários, nomeadamente o direito de audição previsto no artigo 60º"[174]. Por outro lado, devido ao facto deste procedimento estar inserido no âmbito do processo de execução fiscal, a decisão proferida – designadamente, a que recuse a dação em pagamento – deve ser impugnada contenciosamente através da reclamação judicial para o tribunal tributário de 1ª instância nos termos dos artigos 276º e seguintes do CPPT[175].

Segundo FREITAS DA ROCHA a autorização ou aceitação da dação em pagamento depende de dois requisitos previstos nas alíneas *a)* e *b)* do nº 1 do artigo 201º do CPPT: (*i*) a apresentação de uma descrição pormenorizada dos bens dados em pagamento e (*ii*) que os bens dados em pagamento não tenham um valor superior à dívida exequenda e acrescido, excepto se se demonstrar a possibilidade de imediata utilização dos referidos bens para fins de interesse público ou social, ou se a dação se efectuar no âmbito do processo conducente à celebração de acordo de recuperação de créditos do Estado[176].

De acordo com o nº 1 do artigo 201º do CPPT, estes bens poderão ser móveis ou imóveis, sendo de salientar que "*[é] ilegal o despacho de indeferimento do pedido de dação em pagamento proferido pela Administração Fiscal que assentou exclusivamente no facto de o valor de mercado do imóvel ser inferior ao valor da dívida exequenda, se aquela Entidade, para chegar a esse juízo de insuficiência, teve por referência um valor de execução liquidado em momento posterior ao da formulação do pedido de dação em pagamento, ao da data do seu próprio despacho liminar de admissibilidade da dação e posterior ao prazo que legalmente dispunha para proceder à respectiva avaliação do imóvel que deveria suportar aquele mesmo juízo*", tal como disposto no acórdão do TCA Sul, de 10 de Julho de 2015, proferido no âmbito do processo nº 08834/15. Neste acórdão entendeu-se ainda que "*[n]em o artigo 201º do Código de Procedimento e de Processo Tributário proíbe, nem a dação em pagamento impõe (nos termos latos em que aquele preceito deve ser interpretado e tendo em consideração o conteúdo, natureza e efeitos da própria dação), que aquela não possa ocorrer relativamente a parte da obrigação tributária, desde que a Administração Tributária a tal nada tenha a obstar, mantendo-se quanto ao remanescente o prosseguimento da execução*".

Assim, pese embora a dação de bens em pagamento não possa ser autorizada quando os bens dados em pagamento tenham valor superior à dívida exequenda e acrescido, nada impede que a dação tenha lugar quando estes bens tenham um valor inferior à dívida, tendo lugar a dação de bens relati-

[174] No mesmo sentido, veja-se o acórdão do STA de 15 de Abril de 2009, proferido no âmbito do processo nº 0130/09 e JOAQUIM FREITAS DA ROCHA (2014), p. 351.

[175] No mesmo sentido, veja-se o acórdão do STA de 25 de Fevereiro de 2009, proferido no âmbito do processo nº 01116/08.

[176] JOAQUIM FREITAS DA ROCHA (2014), p. 351.

vamente a parte da obrigação tributária. O remanescente da dívida poderá, aliás, ser pago em prestações, tal como se infere da possibilidade de cumulação do pedido de pagamento em prestações com o pedido de dação em pagamento, previsto no nº 4 do artigo 189º do CPPT.

Por outro lado, não se poderá olvidar que a dação de bens em pagamento poderá ser autorizada mesmo quando estes tenham um valor superior à dívida exequenda e acrescido, nos termos da alínea *b*) do nº 1 do artigo 201º do CPPT. Assim, esta poderá ser autorizada quando se demonstrar a possibilidade de imediata utilização dos bens em causa para fins de interesse público ou social, ou quando a dação se efectuar no âmbito do processo conducente à celebração de acordo de recuperação de créditos do Estado.

Quando seja autorizada a dação de bens com valor superior à dívida exequenda e acrescido, o nº 9 do artigo 201º do CPPT estabelece que o despacho que a autoriza constitui, a favor do devedor, um crédito no montante desse excesso, a utilizar em futuros pagamentos de impostos ou outras prestações tributárias, na aquisição de bens ou de serviços no prazo de 5 (cinco) anos ou no pagamento de rendas, desde que as receitas correspondentes estejam sob a administração do ministério ou órgão executivo por onde corra o processo de dação.

Analisados os requisitos dos quais depende a aceitação da dação em pagamento no âmbito do processo de execução fiscal, caberá agora olhar para a tramitação do procedimento tendente à decisão de aceitação ou não da dação em pagamento, enxertado no processo de execução fiscal.

Ora, sabemos desde já que, nos termos do nº 1 do artigo 201º do CPPT, o pedido de dação em pagamento deverá ser apresentado pelo executado ou por terceiro, no prazo de 30 (trinta) dias, equivalente ao prazo para apresentação da oposição à execução, no órgão da execução fiscal, sendo dirigido ao Ministro ou órgão executivo de quem dependa a Administração Tributária legalmente competente para a liquidação e cobrança da dívida.

O nº 2 do mesmo artigo estabelece que após a apresentação do requerimento no órgão da execução fiscal, este deverá enviar ao dirigente máximo do serviço no prazo de 10 (dez) dias uma cópia do requerimento, bem como o resumo do processo e dos encargos que incidam sobre os bens, dando conhecimento, no mesmo prazo, ao imediato superior hierárquico, quando este existir.

O nº 3, por seu turno, determina que o dirigente máximo do serviço, após ter recebido o processo, poderá:

- Remetê-lo para despacho do Ministro competente, com fundamento no desinteresse da dação; ou
- Solicitar a avaliação dos bens oferecidos em pagamento.

No que concerne à avaliação dos bens, é de referir que, de acordo com o nº 3 do artigo 201º do CPPT, esta será realizada por uma comissão cuja constituição será promovida pelo órgão da execução fiscal, que presidirá, e dois louvados por ele designados que serão, no caso de bens imóveis, peritos avaliadores das listas regionais e, no caso de bens móveis, pessoas com especialização técnica adequada. Esta avaliação deverá ser concretizada no prazo máximo de 30 (trinta) dias após ser determinada a sua realização, sendo que de acordo com o nº 6 do artigo 201º do CPPT, as despesas efectuadas com a mesma entram em regra de custas do processo de execução fiscal, devendo o devedor pagar o respectivo preparo no prazo de 5 (cinco) dias a contar da data da notificação, sob pena de não prosseguimento do pedido. Por fim, será fundamental delimitar o critério de avaliação dos bens oferecidos em pagamento sendo que, nos termos do nº 5 do artigo 201º do CPPT, a avaliação será efectuada pelo valor de mercado dos bens, tendo em conta a maior ou menor possibilidade da sua realização.

Após a realização desta avaliação, o nº 7 determina que o processo será remetido para despacho ao Ministro ou ao órgão executivo competente, que poderá, antes de decidir, determinar a junção de outros elementos no prazo de 10 (dez) dias, sob pena de o pedido não ter seguimento, salvo se o atraso não for imputável ao contribuinte. De seguida, o Ministro ou órgão executivo competente tomará a decisão de aceitar ou não a dação em pagamento, exigindo-se a notificação do executado desta decisão, tal como se exige a notificação da decisão de autorização ou não do pagamento em prestações[177].

É de salientar que, nos termos do nº 15 do artigo 201º do CPPT, o executado tem a possibilidade de desistir da dação em pagamento até 5 (cinco) dias após a notificação do despacho ministerial que a autoriza, exigindo-se, porém, que proceda ao pagamento integral da totalidade da dívida exequenda e acrescido, incluindo as custas das avaliações que, como vimos, ficam a seu cargo. Na verdade, tal como Jesuíno Alcântara Martins e Costa Alves, consideramos que nada impede o executado de desistir da dação em pagamento e proceder ao pagamento integral da dívida mediante o pagamento em prestações[178]. Estes autores entendem que a razão de ser da consagração desta possibilidade de desistência do requerente se prende com a eventualidade deste perder o interesse na dação, designadamente nos casos em que a avaliação dos bens tiver determinado um valor inferior àquele que corres-

[177] Jesuíno Alcântara Martins/José Costa Alves (2015), p. 306.
[178] *Ibidem*.

pondia às suas expectativas, afigurando-se a dação dos bens em pagamento "*prejudicial aos interesses do peticionante*".

Caso a dação em pagamento seja autorizada e aceite pelo executado, esta operar-se-á através de auto lavrado no processo, de acordo com o disposto no nº 12 do artigo 201º do CPPT, valendo este para todos os efeitos como título de transmissão dos bens à Administração Tributária. Assim sendo, JESUÍNO ALCÂNTARA MARTINS e COSTA ALVES defendem que o órgão da execução fiscal deverá garantir que o requerente entregue toda a documentação necessária à outorga do auto de dação e à verificação das condições legais exigíveis à concretização da dação dos bens, fazendo referência à certificação de que os bens estão livres de ónus e encargos[179].

Uma nota final para referir que, de acordo com o nº 1 do artigo 202º do CPPT, quando a dação seja autorizada, o ministro ou órgão executivo competente podem determinar, no despacho que autorize a dação, a venda dos bens dados em pagamento através de proposta em carta fechada ou negociação particular, conforme as circunstâncias, bem como autorizar a administração à locação ou oneração daqueles bens ou a que estes sejam afectos à realização de capital ou outras prestações sociais.

77.3.4. Oposição judicial

Por fim, o executado, na sequência da citação, poderá optar por deduzir oposição à execução fiscal, nos termos dos artigos 203º e seguintes do CPPT, quando considere a dívida inexigível ou, em certos casos específicos, ilegal.

Para JESUÍNO ALCÂNTARA MARTINS e COSTA ALVES a oposição à execução fiscal tem a natureza de uma contestação, visando, em regra, a extinção da execução fiscal[180]. LOPES DE SOUSA, considera, na mesma linha, que esta assume a função de contestação à pretensão do exequente e FREITAS DA ROCHA qualifica a oposição à execução fiscal como um acto processual que coloca em crise a pretensão executiva do credor tributário[181].

Neste ponto pretende-se analisar, em primeiro lugar, os requisitos da oposição judicial à execução fiscal, designadamente os requisitos *temporais* relativos ao prazo de interposição deste meio, os requisitos *formais* relativos à petição inicial apresentada pelo executado, indicando onde deve ser apresentada, a quem deve ser dirigida e que elementos deve conter e, bem assim, os requisitos *materiais* relativos aos fundamentos nos quais se pode basear a oposição.

[179] *Ibidem.*

[180] JESUÍNO ALCÂNTARA MARTINS/JOSÉ COSTA ALVES (2015), p. 307.

[181] JORGE LOPES DE SOUSA (2011), Vol. III, p. 428 e JOAQUIM FREITAS DA ROCHA (2014), p. 344.

Em seguida descortinaremos a tramitação deste meio tutelar, salientando a possibilidade de revogação do acto pelo órgão da execução fiscal e o facto da oposição à execução fiscal não suspender, por si só, a execução fiscal.

77.3.4.1. Requisitos

Ao nível do prazo de interposição, das formalidades da petição inicial e dos seus fundamentos, a oposição à execução fiscal deve obedecer a requisitos específicos. Comecemos por analisar as especificidades atinentes ao prazo de interposição da oposição, para de seguida analisarmos as formalidades da petição, bem como os fundamentos da oposição, ou seja, os seus requisitos substanciais.

- ***Requisitos temporais – o prazo de interposição***

De acordo com as alíneas *a*) e *b*) do nº 1 do artigo 203º do CPPT, a oposição à execução fiscal deve ser apresentada no prazo de 30 (trinta) dias a contar da citação pessoal ou, não a tendo havido, da primeira penhora, bem como da data em que tiver ocorrido o facto superveniente ou do seu conhecimento pelo executado.

Em primeiro lugar, é de referir que apesar da alínea *a*) apenas fazer referência à citação *pessoal*, deverá entender-se que o prazo para dedução da oposição também se conta após a citação *edital*, tendo em conta que o nº 6 do artigo 192º do CPPT estabelece que os éditos deverão conter o prazo para oposição[182].

No que diz respeito ao facto de o prazo de 30 (trinta) dias também se poder contar a partir da primeira penhora, quando não tenha havido citação pessoal (ou edital), tal não impede o executado de aguardar pela citação e, apenas na sequência desta, apresentar a oposição à execução fiscal. Seguimos assim a opinião perfilhada por Lopes de Sousa que defende que "*perante a exigência legal de comunicação formal aos executados das possibilidades que têm para reagir à execução fiscal*", não seria razoável "*a preclusão de todos esses direitos*", inclusive de interposição da oposição à execução fiscal, sem a comunicação exigida[183]. Com efeito, como vimos no ponto 77.2.3, a citação tem a importante função de comunicação ao executado dos meios de defesa ao seu dispor, não sendo de admitir a sua preclusão sem a realização da citação, ou seja, sem que o executado tivesse conhecimento dos mesmos.

Relativamente à possibilidade de apresentação da oposição à execução quando se verificarem factos supervenientes, prevista na alínea *b*) do nº 1 do

[182] Neste sentido também Jorge Lopes de Sousa (2011), Vol. III, p. 433.

[183] Jorge Lopes de Sousa (2011), Vol. III, p. 430.

artigo 203º do CPPT, o nº 3 do mesmo artigo indica que tanto poderão estar em causa factos objectivamente supervenientes, como factos subjectivamente supervenientes, ou seja, o facto pode ter ocorrido posteriormente ao prazo da oposição ou, pese embora tenha ocorrido antes, só posteriormente chegou ao conhecimento do executado. Nestes casos, o nº 4 do mesmo artigo estabelece que a oposição deverá ser deduzida até à venda dos bens. A este propósito, o acórdão do STA de 6 de Março de 2013, proferido no âmbito do processo nº 01494/12 indica que neste nº 4 "*estabelece-se a regra da venda dos bens como limite do exercício do direito de oposição, limitação esta que se reporta aos casos em que são invocados como fundamento da oposição factos supervenientes*".

É de salientar ainda que o prazo de apresentação da oposição à execução constitui um prazo de natureza judicial, na medida em que está inserido no processo de execução fiscal que, como sabemos, assume igualmente uma natureza judicial. Tratando-se de um prazo judicial contar-se-á nos termos do CPC, suspendendo-se durante as férias judiciais. Neste sentido, veja-se designadamente o acórdão do STA, de 16 de Dezembro de 2015, proferido no âmbito do processo nº 0304/15, no qual se entendeu que "*[o] prazo de dedução da oposição é um prazo judicial, sendo aplicáveis, portanto, nos termos do nº 2 do art. 20º do CPPT, as regras de contagem previstas no CPC, incluindo a constante do nº 5 do seu art. 139º.*"[184].

Por fim, recorde-se que poderá verificar-se a dilação do prazo para apresentação da oposição judicial quando a citação pessoal não tiver sido concretizada na pessoa do executado – beneficiando este de uma dilação de 5 (cinco) dias, nos termos do artigo 245º, nº 1, alínea *a*) do CPC – e quando a citação seja efectuada através de edital -verificando-se uma dilação de 30 (trinta) dias, nos termos dos artigos 242º, nº 2 e 245º, nº 3 do CPC.

- ***Requisitos formais – a petição inicial***

Analisadas as especificidades do prazo de 30 (trinta) dias apresentação da oposição judicial, cabe agora olhar para as formalidades da petição inicial. Nos termos do artigo 207º do CPPT, a petição inicial deverá ser *apresentada* neste prazo no órgão da execução fiscal, devendo ser *dirigida* ao tribunal tributário

[184] Neste sentido, defendendo a natureza judicial do prazo de apresentação da oposição à execução fiscal, suspendendo-se em férias judiciais, veja-se Jesuíno Alcântara Martins/José Costa Alves (2015), p. 312-313 e Jorge Lopes de Sousa (2011), Vol. III, p. 432. A Administração Tributária, pelo contrário, pese embora considere que este prazo tem natureza judicial, entende que não suspende durante as férias judiciais na medida em que a petição inicial deverá ser entregue nos serviços da Administração que não estão sujeitos às férias judiciais (Cf. Jesuíno Alcântara Martins/José Costa Alves (2015), p. 313).

de 1ª instância[185]. De acordo com o artigo 206º do CPPT, a petição deverá ser elaborada em triplicado e o executado deverá oferecer todos os documentos, arrolar as testemunhas e requerer as demais provas[186].

Para além disso, na petição deverá ser indicado o valor da causa, decorrendo esta exigência do artigo 552º, nº 1, alínea *f*) do CPC aplicável *ex vi* artigo 2º, alínea *e*) do CPPT. De acordo com a alínea *e*) do nº 1 do artigo 97º-A do CPPT, o valor da causa na oposição judicial corresponderá ao montante da dívida exequenda ou da parte restante, quando haja anulação parcial, excepto nos casos de compensação, penhora ou venda de bens ou direitos, em que corresponderá ao valor dos mesmos, se inferior.

Segundo FREITAS DA ROCHA, a indicação do valor da causa em sede de oposição judicial será relevante para determinar a necessidade ou não de constituição de advogado, na medida em que esta será obrigatória nas causas judiciais cujo valor exceda o dobro da alçada do tribunal tributário da 1ª instância, ou seja, €10.000,00, nos termos previstos no artigo 6º do CPPT, e para determinar a recorribilidade da decisão proferida pelo tribunal tributário da 1ª instância, tendo em conta que, por força do artigo 280º, nº 4 do CPPT, não são susceptíveis de recurso as decisões dos tribunais tributários de 1ª instância quando o valor da causa não ultrapasse o valor da alçada do tribunal tributário de 1ª instância, ou seja, € 5.000, 00[187].

O mesmo autor salienta que, pese embora a indicação do valor da causa deva ser feita mediante uma declaração explícita nesse sentido, será de admitir a utilização da fórmula "valor do processo: o da quantia exequenda"[188]. Este também tem sido o entendimento da jurisprudência do STA, tal como decorre do acórdão de 27 de Janeiro de 2016, proferido no âmbito do processo nº 0789/15, em sede do qual este tribunal superior entendeu que a utilização desta fórmula satisfaz o requisito formal de indicação do valor da causa:

> *"I – Sendo necessária a indicação do valor da causa na petição inicial, ela deve ser feita por uma declaração explícita nesse sentido, como decorre do artigo 552º do CPC.*
>
> *II – Tratando-se de oposição à execução fiscal, uma vez que o valor da causa corresponde exactamente à quantia exequenda em relação à qual se pretende a extinção da execução*

[185] Neste sentido: JESUÍNO ALCÂNTARA MARTINS/JOSÉ COSTA ALVES (2015), p. 307 e JORGE LOPES DE SOUSA (2011), Vol. III, p. 549.

[186] A oposição judicial está sujeita ao pagamento de taxa de justiça nos termos dos artigos 6º e 11º do Regulamento das Custas Processuais – Decreto-Lei nº 34/2008, de 26 de Fevereiro – pelo que entendemos que com a petição inicial deverá ser junto o comprovativo de pagamento da mesma.

[187] JOAQUIM FREITAS DA ROCHA (2014), p. 348.

[188] *Ibidem*, p. 348-349. No mesmo sentido, veja-se JORGE LOPES DE SOUSA (2011), Vol. III, p. 541.

fiscal, cujo montante é conhecido e foi expressamente alegado pelo oponente na petição apresentada, a utilização da fórmula "Valor do processo: o valor da quantia exequenda" satisfaz o requisito formal exigido por lei quanto à indicação do valor da causa na petição inicial."

Assim, em resumo, exige-se que o executado apresente a petição inicial, junto do órgão da execução fiscal, no prazo de 30 (trinta) dias a contar dos momentos previstos no nº 1 do artigo 203º do CPPT, devendo esta ser dirigida ao tribunal tributário de 1ª instância e elaborada em triplicado, oferecendo todos os documentos, arrolando as testemunhas, requerendo as demais provas e indicando o valor da causa, bastando que utilize a fórmula "valor da causa: o valor da quantia exequenda".

- ***Requisitos substanciais – fundamentos da oposição judicial***

Mesmo quando cumpridas as formalidades acima referidas, a oposição judicial deverá preencher determinados requisitos substanciais, ou seja, deverá basear-se em certos fundamentos que cabe agora delimitar.

Estes fundamentos estão previstos no artigo 204º do CPPT, tendo a doutrina e a jurisprudência entendido que a lista consagrada neste artigo é taxativa, devido ao emprego da palavra "*só*" no seu nº 1[189]. A este propósito, Lopes de Sousa, defendendo igualmente a taxatividade da lista consagrada neste artigo, advoga a não inconstitucionalidade desta solução, na medida em que "*não implica uma restrição aos direitos fundamentais de acesso aos tribunais, à tutela judicial efectiva e ao recurso contencioso*". Na verdade, considera que o carácter taxativo dos fundamentos da oposição à execução fiscal não consubstancia uma restrição dos direitos e interesses legítimos dos cidadãos, mas apenas um condicionamento dos mesmos o que, salienta, "*não é proibido pela Constituição*"[190]. Cremos, contudo, em complemento do que refere o autor, que o carácter aberto de algumas alíneas, como por exemplo a alínea *i)* que admite a invocação de "*quaisquer fundamentos não referidos nas alíneas anteriores*", ainda que apenas provados por documentos e não atinentes à apreciação da legalidade da dívida exequenda ou que represente ingerência na actividade da entidade emissora do título, acaba por atenuar de sobremaneira a taxatividade do elenco.

Assim, de acordo com o nº 1 do artigo 204º do CPPT, a oposição à execução fiscal apenas poderá ter como fundamento:

[189] A este propósito e a título exemplificativo, veja-se o acórdão do STA de 12 de Novembro de 2009, proferido no âmbito do processo nº 0102/09 e na doutrina, Jesuíno Alcântara Martins/José Costa Alves (2015), p. 308 e Joaquim Freitas da Rocha (2014), p. 346.

[190] Jorge Lopes de Sousa (2011), Vol. III, p. 441-442.

- Inexistência do imposto, taxa ou contribuição nas leis em vigor à data dos factos a que respeita a obrigação ou, se for o caso, não estar autorizada a sua cobrança à data em que tiver ocorrido a respectiva liquidação (alínea *a*));
- Ilegitimidade da pessoa citada por esta não ser o próprio devedor que figura no título ou seu sucessor ou, sendo o que nele figura, não ter sido, durante o período a que respeita a dívida exequenda, o possuidor dos bens que a originaram, ou por não figurar no título e não ser responsável pelo pagamento da dívida (alínea *b*));
- Falsidade do título executivo, quando possa influir nos termos da execução (alínea *c*));
- Prescrição da dívida exequenda (alínea *d*))[191];
- Falta da notificação da liquidação do tributo no prazo de caducidade (alínea *e*));
- Pagamento ou anulação da dívida exequenda antes da instauração do processo de execução fiscal (alínea *f*))[192];
- Duplicação de colecta (alínea *g*))[193];
- Ilegalidade da liquidação da dívida exequenda, sempre que a lei não assegure meio judicial de impugnação ou recurso contra o acto de liquidação (alínea *h*)); e, por fim,
- Quaisquer fundamentos não referidos nas alíneas anteriores, a provar apenas por documento, desde que não envolvam apreciação da legalidade da liquidação da dívida exequenda, nem representem interferência em matéria de exclusiva competência da entidade que houver extraído o título (alínea *i*)).

Serão de salientar algumas especificidades relativamente a estes fundamentos, designadamente no que concerne à legalidade da dívida, à falta da notificação da liquidação do tributo no prazo de caducidade e aos fundamentos enquadráveis na já sublinhada alínea *i*) do nº 1 do artigo 204º do CPPT.

[191] Este fundamento será de conhecimento oficioso, nos termos do artigo 175º do CPPT Cf. Jorge Lopes de Sousa (2011),Vol. III, p. 493.

[192] Se o executado proceder ao pagamento ou se a anulação da dívida exequenda se verificar antes da instauração do processo de execução fiscal o executado deverá obter a extinção do processo mediante requerimento no próprio processo, com possibilidade de reclamação para o tribunal tributário de 1ª instância nos termos dos artigos 276º e seguintes Cf. Jorge Lopes de Sousa (2011), Vol. III, p. 493.

[193] Este fundamento também poderá ser invocado em sede de impugnação judicial quando afectar a legalidade do acto de liquidação, nos termos do artigo 99º do CPPT Cf. Jorge Lopes de Sousa (2011), Vol. III, p. 494.

Ilegalidade da divida exequenda

No que diz respeito à ilegalidade, em concreto, da dívida ou liquidação, esta não poderá ser, em princípio, fundamento de oposição à execução fiscal, excepto quando a lei não assegurar outro meio judicial de impugnação ou recurso, tal como resulta da alínea *h*) do nº 1 do artigo 204º do CPPT. Desde logo porque, em sede de execução fiscal, a discussão é feita em torno dos vícios deste processo, que possam levar à declaração de inexigibilidade da dívida em cobrança, e não da repetição ou reabertura da discussão quanto à legalidade da dívida subjacente. Contudo, poderá ser apresentada oposição judicial com fundamento na ilegalidade abstracta da dívida, enquanto excepção expressamente prevista na lei.

Seguindo o entendimento de LOPES DE SOUSA a ilegalidade abstracta corresponde à ilegalidade do tributo, não residindo directamente no acto tributário que aplica a lei no caso concreto "*mas na própria lei cuja aplicação é feita*", não dependendo este vício de ilegalidade da situação real em que a lei foi aplicada ou do circunstancialismo em que o acto foi praticado[194]. A ilegalidade em concreto, pelo contrário, diz respeito à legalidade do próprio acto tributário ou da liquidação. Deste modo, por força da alínea *h*) do nº 1 do artigo 204º do CPPT, o executado não poderá invocar como fundamento a ilegalidade do acto tributário ou da liquidação em concreto mas, inversamente, poderá alegar a ilegalidade abstracta do acto, alegando designadamente (*i*) que o acto não tem suporte em qualquer lei em vigor; (*ii*) que o acto assenta numa norma inexistente ou inválida; (*iii*) que o acto aplica normas que violam normas constitucionais, de direito da União Europeia ou de direito internacional vigente em Portugal ou (*iv*) que a norma aplicada não o podia ser por qualquer outra razão[195].

Falta da notificação da liquidação do tributo no prazo de caducidade

Relativamente a este fundamento, caberá recordar, antes de mais, que o direito de liquidar os tributos caduca se a liquidação não for validamente notificada ao contribuinte no prazo legal. Por outro lado, haverá que distinguir três situações[196]:

- A própria liquidação é efectuada após o termo do prazo de caducidade, admitindo-se nestes casos que o acto de liquidação seja impugnado judicialmente nos termos do artigo 99º do CPPT ou apresentado

[194] JORGE LOPES DE SOUSA (2011), Vol. III, p. 443.

[195] *Ibidem*, p. 446.

[196] Seguindo JORGE LOPES DE SOUSA (2011), Vol. III, p. 485.

pedido de constituição de tribunal arbitral, com fundamento em violação de lei, sendo este acto tributário ilegal por intempestividade;

- A liquidação é feita dentro do prazo legal, mas a notificação da mesma só é realizada após o termo deste prazo; ou
- A liquidação e a notificação são realizadas dentro do prazo legal aplicável, mas a notificação apresenta deficiências.

Assim, poderia concluir-se que, enquanto a liquidação efectuada após o termo do prazo legal aplicável conduz à ilegalidade do acto tributário, a falta de notificação da liquidação no prazo de caducidade apenas afecta a sua eficácia e não a validade intrínseca do próprio acto, constituindo fundamento de oposição à execução – mas não de impugnação judicial ou de pedido de constituição de tribunal arbitral. No entanto, o nº 1 do artigo 45º da LGT determina expressamente que o direito de liquidar os tributos *"caduca se a liquidação não for validamente notificada ao contribuinte no prazo de quatro anos, quando a lei não fixa outro"*, considerando Lopes de Sousa que parece decorrer deste artigo que a falta de notificação no prazo legalmente fixado afecta o direito de liquidação, pondo em causa a legalidade da própria liquidação[197]. É também este o entendimento que perfilhamos, na medida em que a caducidade do direito à liquidação deverá ser aferida tendo em consideração o momento em que se procede à notificação da liquidação, ou seja, será a data da notificação do acto que determina o cumprimento ou não do prazo de caducidade, nos termos do nº 1 do artigo 45º da LGT, sendo compreensível esta opção do legislador. Com efeito, seria impossível para o contribuinte determinar de outra forma se a Administração Tributária terá procedido ou não à liquidação do tributo dentro do prazo de caducidade. Em consequência, qualquer dos casos – seja o de emissão da liquidação fora do prazo legal (e, forçosamente, de notificação intempestiva) ou de mera notificação fora do prazo legal – se reconduzirá ao fundamento de oposição à execução de que aqui tratamos.

Deste modo, seguimos igualmente o entendimento do referido autor de que o contribuinte notificado de um acto de liquidação, decorrido que esteja o prazo de caducidade estabelecido no nº 1 do artigo 45º da LGT, poderá deduzir impugnação judicial ou pedido de constituição de tribunal arbitral com fundamento na intempestividade da notificação, que tem como consequência a anulação do acto tributário. Por outro lado, se tiver sido instaurada uma execução fiscal, o contribuinte poderá optar entre a apresentação da impugnação judicial (ou pedido de constituição de tribunal arbitral), contestando

[197] *Ibidem*, p. 488.

a legalidade da dívida e a dedução de oposição à execução fiscal, contestando neste caso a exigibilidade da mesma[198]. Este entendimento também já foi propugnado pela jurisprudência dos tribunais superiores, designadamente no acórdão do STA de 22 de Abril de 2015, proferido no âmbito do processo nº 051/15, no qual se entendeu que:

> *"À semelhança do que sucede com a ilegalidade abstracta e a duplicação de colecta, também a falta de notificação da liquidação dentro do prazo de caducidade constitui vício invocável tanto em sede de oposição à execução fiscal como em sede de impugnação judicial."*

Lopes de Sousa refere ainda que, caso não seja efectuada a notificação do acto, o executado poderá deduzir oposição à execução fiscal invocando a ineficácia daquele, ao abrigo da alínea *i*) do nº 1 do artigo 204º do CPPT. Perfilhando este entendimento, veja-se o acórdão do Pleno do STA de 18 de Setembro de 2013, proferido no âmbito do processo nº 0578/13 no qual se entendeu que "*[n]as situações em que a notificação do acto de liquidação nunca ocorreu ou, pelo menos, não ocorreu antes da instauração da execução fiscal, está-se perante uma situação de ineficácia do acto de liquidação, que constitui fundamento de oposição enquadrável na alínea i) do nº 1 do art. 204º do CPPT.*".

Fundamentos enquadráveis na alínea i) do nº 1 do artigo 204º do CPPT

Para além da falta de notificação, torna-se necessário apurar quais são os outros fundamentos enquadráveis na alínea *i*) do nº 1 do artigo 204º do CPPT. Lopes de Sousa refere, a esse propósito, a autorização para pagamento em prestações e os vícios do despacho que ordena a reversão do executado, tal como a falta de fundamentação ou a falta de audição prévia[199]. Já o acórdão do STA de 25 de Fevereiro de 2015, proferido no âmbito do processo nº 01232/13 esclarece que "*[o]s fundamentos de oposição à execução subsumíveis à previsão do artº 204º al. i) do CPPT devem consubstanciar-se em factos modificativos ou extintivos da dívida, ou que afectam a sua exigibilidade, importando a sua verificação, consequentemente, a impossibilidade de prosseguimento da instância executiva, ao menos, nos precisos termos em que foi instaurada*".

O que é líquido e não se poderá olvidar é que estes fundamentos não poderão envolver a apreciação da legalidade da liquidação da dívida exequenda,

[198] *Ibidem*, p. 489. Pelo contrário, Jesuíno Alcântara Martins e Costa Alves parecem defender que a falta de notificação da liquidação dentro do prazo de caducidade apenas constitui fundamento de oposição à execução fiscal Cf. Jesuíno Alcântara Martins/José Costa Alves (2015), p. 310.

[199] Jorge Lopes de Sousa (2011), Vol. III, p. 499.

nem representar uma interferência em matéria da exclusiva competência da entidade que houver extraído o título, exigindo-se que a sua prova seja feita através de documentos.

77.3.4.2. Tramitação

Determinados quais os requisitos temporais, formais e substanciais que o executado deverá cumprir de modo a apresentar a oposição à execução fiscal, caberá agora analisar a tramitação deste meio de defesa.

Será de salientar, desde já, que será necessária a constituição de advogado nos termos do artigo 6º do CPPT, consoante o valor da causa, bem como o pagamento de taxa de justiça a liquidar no quadro do Regulamento das Custas Processuais, aprovado pelo Decreto-Lei nº 34/2008, de 26 de Fevereiro.

Assim, recebida a petição inicial pelo órgão da execução fiscal, este deverá autuá-la e, de seguida, no prazo de 20 (vinte) dias, remeter o processo com as informações que considerar convenientes ao tribunal tributário da 1ª instância competente, tal como disposto no nº 1 do artigo 208º do CPPT. Contudo, o nº 2 do mesmo artigo prevê a possibilidade de o órgão da execução fiscal se pronunciar sobre o mérito da questão e de revogar o acto que lhe tenha dado fundamento, sendo que aqui trata-se dos fundamentos invocados para justificar a inexigibilidade da dívida, tal como previstos no artigo 204º do CPPT. É, por exemplo, este o momento adequado para o órgão da execução fiscal apreciar a prescrição da dívida que tenha sido suscitada no requerimento inicial de oposição, o que, aliás, deve fazer nos termos do artigo 175º do CPPT *in fine*, como vimos no ponto 24.2 deste manual.

Com efeito, esta possibilidade, que Jesuíno Alcântara Martins e Costa Alves consideram um exemplo de "*medida de desobstrução da justiça e descongestionamento dos tribunais*", afigura-se como a última oportunidade de a Administração Tributária exercer o seu "direito ao arrependimento", oportunidade esta igualmente prevista no âmbito da impugnação judicial, nos termos do artigo 112º do CPPT e em sede de arbitragem tributária, tal como resulta do artigo 13º, nº 1 do RJAT[200]. Trata-se, na verdade, de um poder-dever da Administração Tributária que, estando vinculada ao princípio da legalidade, deverá revogar todos os actos tributários sempre que se aperceba da legalidade dos mesmos.

[200] Jesuíno Alcântara Martins/José Costa Alves (2015), p. 314. Para maiores desenvolvimentos acerca da possibilidade de revogação dos actos tributários pela Administração em sede de impugnação judicial e de arbitragem tributária vejam-se os pontos 60.4.3 e 71.4, respectivamente.

Quando o órgão da execução fiscal revogar o acto que tenha dado fundamento ao processo de execução fiscal, a doutrina divide-se relativamente ao que se seguirá a esta revogação, havendo quem alegue que o processo deverá ser remetido, mesmo assim, ao tribunal tributário de 1ª instância – por ser ao tribunal a quem compete a apreciação última das questões suscitadas – e quem entenda, por outro lado, que deverá ter lugar o arquivamento do processo de execução fiscal.

Assim, Lopes de Sousa defende que o processo de oposição deverá ser enviado ao tribunal tributário de 1ª instância, mesmo quando tenha sido decidida a revogação, na medida em que, pese embora esta revogação tenha como consequência a inutilidade superveniente da lide, ao tribunal tributário caberá proferir esta decisão nos termos do artigo 151º, nº 1 do CPPT e 49º, nº 1, alínea *d*) e 49º-A, nºs 1, alínea *c*), 2, alínea *c*) e 3, alínea *c*) do ETAF[201]. Jesuíno Alcântara Martins e Costa Alves, por seu turno, defendem que em caso de revogação do acto fundamento da oposição, deverá ter lugar o arquivamento da petição do executado, considerando que a remessa da oposição ao tribunal tributário de 1ª instância nestes casos revestiria "*de absoluta inutilidade a norma do nº 2 do artigo 208º do CPPT*"[202].

Quanto a nós, ponderados os valores em causa e vistos os poderes atribuídos ao órgão da execução fiscal – que, apesar de ser um órgão administrativo, dirige um processo de natureza judicial – vemos sem dúvida vantagens na solução de arquivamento, designadamente ao nível da celeridade. O disposto no artigo 151º do CPPT ficará, assim, destinado aos casos em que a inutilidade superveniente da lide ocorra nas fases posteriores do processo, quando o mesmo for levado ao conhecimento do tribunal. Só assim terá plena utilidade a apreciação prévia, pelo órgão da execução, do mérito da oposição. Note-se que esta solução também tem evidentes vantagens do ponto de vista das custas judiciais a suportar, caso o processo suba a juízo na medida em que com o arquivamento, ao oponente é permitido recuperar, junto do Instituto de Gestão Financeira e Equipamentos da Justiça, a taxa de justiça inicialmente paga.

201 Jorge Lopes de Sousa (2011), Vol. III, p. 552. No mesmo sentido, veja-se o acórdão do STA de 15 de Fevereiro de 2012, proferido no âmbito do processo nº 098/12, no qual se entendeu que "*[n]ão obstante ter havido revogação do despacho de reversão, o órgão de execução fiscal deve proceder ao envio da petição de oposição ao tribunal tributário, nos termos do disposto no art. 208º, nº1, do CPPT, sob pena de nulidade, uma vez que são os tribunais os competentes para decidir o destino a dar à oposição, nos termos das disposições constantes dos arts. 151º, nº1, do CPPT e 49º, nº1, alínea d), e 49º-A, nºs 1, alínea c), 2, alínea c), e 3, alínea c), do ETAF de 2002*".

202 Jesuíno Alcântara Martins/José Costa Alves (2015), p. 315.

Quando não tenha lugar a revogação do acto fundamento da oposição, recebido o processo, o tribunal poderá rejeitar logo a oposição, nos termos do nº 1 do artigo 209º do CPPT. Ou seja, quando se verifique a sua intempestividade, quando não tenha sido alegado algum dos fundamentos admitidos no nº 1 do artigo 204º do CPPT ou quando seja manifesta a sua improcedência, o tribunal pode não aceitar a oposição interposta. Nos casos em que o fundamento da oposição seja o da alínea *i*) do nº 1 do artigo 204º do CPPT, a oposição deverá ser liminarmente rejeitada quando o executado não tenha juntado à petição o(s) documento(s) necessário(s).

Se a oposição judicial não for rejeitada liminarmente, o artigo 210º do CPPT estabelece que o representante da Fazenda Pública seja notificado para contestar no prazo de 30 (trinta) dias. Aqui será de salientar que até à alteração do CPPT pela Lei nº 7-A/2016, de 30 de Março – Lei de Orçamento do Estado para 2016 – este artigo dispunha que a contestação devia ser apresentada no prazo de 10 (dez) dias, o qual podia ser prorrogado por 30 (trinta) dias quando houvesse necessidade de obter informações ou aguardar resposta a consulta feita a instância superior.

Após a notificação para apresentação da contestação, o nº 1 do artigo 211º do CPPT estabelece que se seguirão os trâmites da impugnação judicial, matéria já analisada em detalhe no ponto 60 deste manual, para o qual se remete. De acordo com o nº 2 do mesmo artigo serão admitidos os meios gerais de prova, sem prejuízo do disposto na alínea *i*) do nº 1 do artigo 204º do CPPT, o que significa que, quando este seja o fundamento da oposição, apenas será admitida a prova documental.

Aqui chegados, cabe fazer duas notas finais.

A primeira para salientar que a oposição à execução fiscal não suspende, por si só, o processo de execução fiscal, tal como decorre da parte final do artigo 212º do CPPT. Exige-se, pelo contrário, para que tal efeito se verifique, a prestação de garantia nos termos dos artigos 169º do CPPT, tal como decorre do nº 10 do mesmo artigo, ou que o executado esteja isento de prestar garantia nos termos do artigo 170º do CPPT[203].

A segunda para referir que, de acordo com o nº 5 do artigo 203º do CPPT, o pagamento da dívida exequenda extingue a oposição à execução e naturalmente a execução fiscal, pelo que o executado que decida apresentar oposição à execução fiscal não deverá proceder ao pagamento da dívida exequenda e acrescido. Contudo, tal não acontecerá quando o pagamento seja efectuado

[203] Veja-se neste sentido: Jesuíno Alcântara Martins/José Costa Alves (2015), p. 313 e Joaquim Freitas da Rocha (2014), p. 344-345.

pelos responsáveis subsidiários ou outros subvertidos que efectuem o pagamento com o intuito de obter algum benefício ou vantagem, designadamente a isenção de custas e de juros de mora, nos termos do nº 5 do artigo 23º da LGT.

77.4. Penhora

Analisadas as formas de reacção do executado na sequência da citação, cabe agora prosseguir com a análise da tramitação do processo de execução fiscal, designadamente quanto às especificidades da penhora, que terá lugar findo o prazo de 30 (trinta) dias de que o executado dispõe para apresentar a oposição à execução fiscal, requerer o pagamento em prestações ou requerer a dação de bens em pagamento. Deste modo, pretende-se determinar em que momento deverá ser efectuada a penhora, por quem e como, delimitando ainda que bens serão penhoráveis, quais os limites na realização desta diligência, bem como os meios de reacção contra uma penhora indevida.

Cabe, desde já, descortinar uma definição ou delimitar o conceito de penhora. Afinal, em que consiste? A penhora é tradicionalmente entendida como um acto de apropriação de bens do património do executado pelo Tribunal, ou seja, como uma apreensão judicial de bens[204]. Contudo, a verdade é que no âmbito da execução fiscal esta é levada a cabo pelo órgão da execução fiscal – e não pelo Tribunal – através de mandado, sendo executada por um funcionário que lhe esteja funcionalmente subordinado nos termos do artigo 172º, nº 2 do CPC, aplicável *ex vi* artigo 2º, alínea *e*) do CPPT. A penhora não implica necessariamente, tal como no direito processual civil, a remoção física dos bens ou a sua entrega a fiel depositário, designadamente quando falamos em bens sujeitos a registo ou cuja remoção/guarda implique custos elevados. Por outro lado, actualmente, a forma mais comum de proceder à penhora dos bens é por via electrónica, sendo esta efectuada automaticamente, por vezes quase sem intervenção humana. Assim, seguindo o entendimento de LOPES DE SOUSA, a melhor definição para penhora será "*apreensão de bens e a sua afectação aos fins do processo de execução fiscal*", acrescentando unicamente que aqui essa apreensão deve ser vista como "*jurídica*", não necessariamente física. Este autor salienta ainda que a maioria da doutrina considera que a penhora tem natureza de garantia real[205].

Relativamente ao conceito de penhora, veja-se ainda o acórdão do TCA Sul de 30 de Outubro de 2014, proferido no âmbito do processo nº 08071/14, no qual se entendeu que:

[204] JESUÍNO ALCÂNTARA MARTINS/JOSÉ COSTA ALVES (2015), p. 321 e JOAQUIM FREITAS DA ROCHA (2014), p. 354

[205] JORGE LOPES DE SOUSA (2011), Vol. III, p. 581.

"A penhora consiste numa apreensão de bens e sua afectação aos fins do processo de execução fiscal. Realizada a penhora, o executado continua a poder dispor e onerar os bens penhorados, mas os actos que pratique são ineficazes em relação ao exequente (cfr.artº.819, do C.Civil). A maior parte da doutrina nacional atribui à penhora a natureza de garantia real (cfr.artº.822, nº.1, do C.Civil)."

Para Freitas da Rocha, que acompanhamos, a fase da penhora será "*imprescindível*" para o processo de execução fiscal na medida em que sem a sua realização, os bens do executado manter-se-iam em termos plenos na sua esfera jurídica, impedindo-se assim a sua venda e posterior afectação do produto da mesma ao exequente[206]. Acrescentamos que, se quisermos, a penhora acaba por ser o acto essencial da cobrança coerciva, pois sem ela, a ameaça da coercividade seria perdida ou fortemente secundarizada. Com efeito, sem a realização da penhora muitas dívidas tornar-se-iam incobráveis nos casos em que o executado não procedesse ao pagamento integral (voluntário) da dívida ou não requeresse o pagamento em prestações ou a dação de bens em pagamento.

Olhemos agora, e em primeiro lugar, para o *momento em que esta deverá ser realizada*.

De acordo com o nº 1 do artigo 215º do CPPT "*[f]indo o prazo posterior à citação sem ter sido efectuado o pagamento, procede-se à penhora*", o que significa que, em regra, a penhora terá lugar findo o prazo de 30 (trinta) dias para apresentação da oposição judicial ou do pedido de dação de bens em pagamento[207]. Por outro lado, é de salientar que nas execuções de valor superior a 500 unidades de conta[208], quando o executado não seja encontrado, o funcionário encarregue de proceder à citação poderá começar por averiguar, não só se é conhecida a actual morada do executado mas também se este possui bens penhoráveis, de acordo com o nº 1 do artigo 194º do CPPT, sendo que, se forem encontrados bens penhoráveis, proceder-se-á logo à penhora, apenas se procedendo à citação pessoal antes da realização da venda, de acordo com o nº 2 do artigo 193º do CPPT. Isto significa que a penhora poderá ter lugar após o decurso do prazo de 30 (trinta) dias subsequentes à citação do executado ou no momento em que o órgão da execução fiscal pretende efectuar a citação, não encontrando o executado – quando a dívida exequenda seja de valor superior a 500 unidades de conta.

206 Joaquim Freitas da Rocha (2014), p. 354.

207 Neste sentido: Jorge Lopes de Sousa (2011), Vol. III, p. 582.

208 Actualmente € 51.000.

É de salientar ainda que a penhora não deverá ser efectuada antes de ser proferida a decisão relativamente à dispensa de prestação de garantia na medida em que, como se verá no ponto 77.7, a prestação de garantia bem como a dispensa da mesma suspendem o processo de execução fiscal, impedindo a penhora dos bens. Neste sentido, o acórdão do STA de 6 de Agosto de 2014, proferido no âmbito do processo nº 0742/14, entendeu que "*não deve prosseguir a execução fiscal enquanto não estiver decidida a requerida dispensa de prestação da garantia, admitida pelo nº 4 do art. 52º da LGT e pelo art. 170º do CPPT*", pelo que considera "*ilegal a penhora ocorrida antes de ter sido proferido despacho que decida um anterior pedido de isenção de prestação da garantia*". Assim, podemos concluir desde já que será ilegal a penhora ocorrida antes de ter sido proferida a decisão acerca da dispensa de garantia, bem como antes de ter decorrido o prazo de 30 (trinta) dias subsequentes à citação, ou seja, em momento anterior ao previsto na lei. O mesmo sucederá se o executado, inconformado com a decisão administrativa que recaia sobre a dispensa de prestação de garantia, reclame judicialmente desse acto para o Tribunal de 1ª instância, nos termos do artigo 276º do CPPT, e quando essa reclamação tiver efeito suspensivo, o que sucederá nos casos em que a não suspensão dite um prejuízo irreparável para o reclamante, como veremos adiante.

Sabendo *quando* é que a penhora deverá ser realizada, vejamos agora *como* é esta será efectivada.

No regime anterior à Lei nº 67-A/2007, de 31 de Dezembro, previa-se, no nº 1 do artigo 215º do CPPT, a emissão de um mandado de penhora, findo o prazo de 30 (trinta) dias subsequente à citação, sem que o pagamento tivesse sido efectuado. O mandado era emitido pelo funcionário encarregado do processo no prazo de 5 (cinco) dias – nos termos do nº 1 do então artigo 166º do CPC, actual artigo 162º –, sendo assinado pelo órgão da execução fiscal que poderia fixar um prazo para o seu cumprimento. Na falta de fixação de um prazo, o mandado deveria ser cumprido no prazo de 15 (quinze) dias, tal como resultava do nº 1 do artigo 215º do CPPT. O mandado consistia, assim, numa ordem dada pelo órgão da execução fiscal ao funcionário, encarregado de executar a penhora [209].

Actualmente esta referência ao mandado de penhora foi eliminada, prevendo-se agora no nº 2 do artigo 215º do CPPT que a penhora poderá ser efectuada por via electrónica. A este propósito, Lopes de Sousa considera que a eliminação da referência ao mandado de penhora parece ter subjacente a opção legislativa de não ser necessária uma ordem "*explícita e casuística*" do

[209] *Ibidem*, Jorge Lopes de Sousa (2011), Vol. III, p. 582-583.

órgão da execução fiscal para a realização da penhora, logo que este se aperceba que o prazo de 30 (trinta) dias posterior à citação terminou sem que tenha sido efectuado o pagamento[210].

Na verdade, a penhora deverá ser realizada da forma mais simples e diligente o que corresponde, sem sombra de dúvidas, à penhora por via electrónica prevista no nº 2 do artigo 215º do CPPT. Jesuíno Alcântara Martins e Costa Alves entendem que o actual sistema de cobrança coerciva "*beneficia de um grau de simplificação, informatização e eficiência*" que fomenta a celeridade e eficácia do processo de execução fiscal, defendendo que tal resulta da "*automatização e desmaterialização*" de muitos actos no processo, salientando a possibilidade da penhora de bens ser efectuada a partir de uma base de dados de bens penhoráveis. Com efeito, estes autores consideram que com a introdução da penhora por via electrónica, o legislador pretendeu promover a "*simplicidade, celeridade e eficiência*" na efectivação da penhora de bens, assegurando consequentemente "*de forma real e efectiva*" a realização dos créditos do exequente[211].

Assentindo na posição perfilhada por estes autores, consideramos que a penhora por via electrónica contribui para a celeridade e simplicidade na cobrança coerciva das dívidas, deixando-se de exigir, não só a emissão do mandado, mas a realização pelo funcionário de diligências de forma a identificar e a localizar os bens a penhorar do executado, podendo este proceder automaticamente à penhora a partir de uma base de dados de bens penhoráveis. Para além disso, a penhora por via electrónica garante a eficiência e eficácia da cobrança coerciva das dívidas no âmbito do processo de execução fiscal na medida em que torna mais difícil a ocultação de bens pelos executados.

Os mesmos autores referem que, em certos casos, continua a não ser possível proceder à penhora por via electrónica, sendo necessário proceder à apreensão de bens através da deslocação do funcionário ao terreno de forma a concretizar o acto de penhora. Nestes casos em que se revela impossível a realização da penhora por via electrónica, aplicar-se-ão as regras tradicionais relativas ao mandado, exigindo-se que o órgão da execução fiscal ordene a penhora através de mandado ao funcionário que lhe esteja funcionalmente subordinado, nos termos do artigo 172º, nº 2 do CPC, aplicável *ex vi* artigo 2º, alínea *e*) do CPPT[212].

[210] *Ibidem*, p. 583.

[211] Jesuíno Alcântara Martins/José Costa Alves (2015), p. 317 e 321.

[212] *Ibidem*, p. 317.

Assim, parece-nos que a regra actualmente vigente quanto ao modo como deverá ser realizada a penhora será a da via electrónica, por se tratar da forma mais célere, simples e expedita de proceder à penhora dos bens do executado, devendo ser esta a forma escolhida sempre que seja possível. Esta será efectuada a partir de uma base de dados de bens penhoráveis, não se exigindo o mandado do órgão da execução fiscal. Contudo, haverá casos em que, não sendo possível proceder à penhora por via electrónica, se exige que o funcionário efectue diligências para identificar e localizar os bens a penhorar do executado e que execute a penhora "no terreno", designadamente nas instalações do executado. Nestes casos, pese embora o nº 1, do artigo 215º do CPPT, tenha deixado de fazer referência ao mandado, exige-se a emissão de um mandado pelo funcionário, assinado pelo órgão da execução fiscal, através do qual este ordene aquele a proceder à penhora dos bens do executado.

Aqui chegados, olhemos para quais os bens que poderão ser penhorados.

Seguindo o entendimento de Freitas da Rocha, de que o acto de penhora não poderá consistir num acto de conteúdo abstracto que recai sobre todo o património do executado, de forma indiscriminada, cremos também ser esta a única posição defensável quanto ao tema por ser a única compatível com o princípio da legalidade. Diz este autor, que são razões de segurança jurídica que determinam que a penhora incida sobre bens determinados, pelo que será necessário delimitar *que bens poderão ser nomeados à penhora*[213].

Assim, em primeiro lugar, é de referir que o direito a nomear bens à penhora pertence ao exequente, nos termos do nº 4 do artigo 215º do CPPT, prevendo ainda esta norma a possibilidade de o executado nomear bens, desde que não resulte prejuízo para a realização da dívida exequenda e acrescido. Deste modo, a regra será que o direito a nomear bens à penhora pertence ao exequente, admitindo-se excepcionalmente que o órgão da execução fiscal autorize a nomeação de bens à penhora pelo executado, quando considere que desta possibilidade não decorrerão prejuízos para a cobrança coerciva da dívida[214].

No que diz respeito aos bens que podem ser penhorados, são várias as considerações a fazer.

Em primeiro lugar, e pela novidade e especialidade do regime haverá que referir o recém-criado regime de protecção da casa de morada de família, que impede a sua venda em sede de execução fiscal. Com efeito, a Lei nº 13/2016,

[213] Joaquim Freitas da Rocha (2014), p. 354-355.

[214] Neste sentido: Jesuíno Alcântara Martins/José Costa Alves (2015), p. 318 e Jorge Lopes de Sousa (2011), Vol. III, p. 583.

de 23 de Maio, veio alterar o artigo 244º do CPPT, inserindo uma norma que, quanto aos imóveis destinados à habitação própria e permanente do executado ou do seu agregado familiar, e desde que o mesmo não esteja enquadrado, no momento da penhora, na taxa máxima para efeitos de transmissão (nos termos do Código do IMT), impede a sua venda, ficando no entanto penhorado até ao pagamento integral da dívida.

Em segundo lugar, referimos que deverão ser tidas em conta as normas do CPC que estabelecem limitações absolutas ou relativas, prevendo-se nos artigos 736º, 737º e 738º do CPC que certos bens são absoluta ou relativamente impenhoráveis. Assim tem entendido a jurisprudência, como decorre do acórdão do TCA Norte de 12 de Novembro de 2015, proferido no âmbito do processo nº 01341/15.8BEPNF, no qual se entendeu que[215]:

> *"À penhora de bens em execução fiscal também são de aplicar as restrições e condicionamentos previstos no CPC, desde logo os que resultam da consideração de interesses vitais do executado.*
>
> *Tais limites traduzem-se na impenhorabilidade dos bens, que em alguns casos é absoluta e total (os bem não podem, na sua totalidade ser penhorados – artº 736º do CPC), enquanto noutros casos é relativa (os bens podem ser penhorados apenas em determinadas circunstâncias ou para pagamento de certas dívidas – artº 737º do CPC) ou parcial (os bens só podem ser penhorados em certa parte – artº 738º do CPC)."*

Em regra, serão penhoráveis:

- Bens móveis – artigos 221º do CPPT e 764º do CPC;
- Veículos automóveis de aluguer – artigos 222º do CPPT e 768º do CPC;
- Dinheiro ou valores depositados – artigos 223º do CPPT e 780º do CPC;
- Créditos – artigos 224º do CPPT e 773º do CPC;
- Partes sociais e quotas em sociedades – artigos 225º do CPPT e 781º do CPC;
- Títulos de créditos emitidos em entidades públicas – artigos 226º do CPPT e 774º do CPC;
- Abonos e vencimentos – artigos 227º do CPPT e 779º do CPC;
- Rendimentos periódicos – artigos 228º do CPPT e 779º do CPC;
- Rendimentos – artigo 229º do CPPT;

[215] A doutrina também defendido a aplicação das restrições previstas no CPC. Neste sentido, veja-se Jesuíno Alcântara Martins/José Costa Alves (2015), p. 320 e Jorge Lopes de Sousa (2011), Vol. III, p.583.

- Bens imóveis – artigos 231º do CPPT e 755º do CPC;
- Direito a bens indivisos – artigos 232º do CPPT e 781º do CPC;
- Direitos – artigos 234º do CPPT e 783º do CPC; e
- Estabelecimentos comerciais – artigo 782º do CPC[216].

Assim, responderão pela dívida exequenda todos os bens do devedor que sejam susceptíveis de penhora nos termos da lei substantiva, sendo de salientar a possibilidade de serem penhorados bens de terceiros. Com efeito, como vimos no ponto 76.2.1, a execução fiscal poderá ser revertida contra responsáveis subsidiários ou contra antigos possuidores, fruidores ou proprietários de bens, entre outros, sendo que se estes não procederem ao pagamento voluntário da dívida, também terá lugar a penhora e consequente venda dos seus bens. Por outro lado, o nº 1 do artigo 157º do CPPT prevê ainda a possibilidade de penhora de bens de terceiros quando se tratar de uma dívida com direito de sequela sobre bens transmitidos a terceiros, admitindo-se, no nº 2, a penhora de outros bens dos terceiros adquirentes quando estes nomeiem bens em substituição daqueles com direito de sequela e o órgão da execução fiscal considere não haver prejuízo. Assim entendem Jesuíno Alcântara Martins e Costa Alves que também admitem a penhora de bens de terceiros nos casos especialmente previstos na lei ou através da nomeação expressa do interessado, fazendo referência ao artigo 157º do CPPT[217].

Por outro lado, são ainda de considerar as situações previstas no nº 3 do artigo 215º do CPC, sendo de admitir a penhora de bens que se achem no poder do executado, quando este declare que pertencem a terceiros, mas o órgão de execução tenha dúvidas acerca da titularidade dos bens em causa.

Segundo Jesuíno Alcântara Martins e Costa Alves não será impossível a penhora de bens que já tenham sido penhorados noutra execução, decorrendo esta possibilidade do nº 3 do artigo 218º do CPPT que prevê a possibilidade de serem penhorados pelo órgão da execução fiscal os bens apreendidos por qualquer tribunal, não sendo a execução, por esse motivo, sustada nem apensada[218]. A jurisprudência tem também admitido esta possibilidade de penhorar bens já penhorados noutras execuções, tal como resulta do acórdão do STA de 2 de Setembro de 2015, proferido no âmbito do processo nº 01017/15 no qual se defendeu que:

[216] Para maiores desenvolvimentos acerca das diferentes formalidades que se verificam consoante os bens que sejam objecto de penhora, veja-se Jorge Lopes de Sousa (2011), Vol. III, p. 609-646.

[217] Jesuíno Alcântara Martins/José Costa Alves (2015), p. 321.

[218] *Ibidem*, p. 320.

"O artigo 218º nº 3 do CPPT determina que a execução fiscal não é sustada nem apensada pelo facto de nela ser realizada penhora sobre bem já penhorado noutro processo executivo. O que significa que o legislador escolheu uma solução jurídica para o processo de execução comum e outra, diversa, para o processo de execução fiscal, tendo em conta que este, radicando em interesses de ordem pública, deve ser tramitado com maior celeridade.

A possibilidade de esse bem ser vendido no âmbito do processo de execução fiscal não afecta os valores da certeza jurídica ou da protecção dos interesses do devedor ou do credor, posto que o devedor é notificado da penhora realizada e os credores com garantia real podem reclamar os seus créditos na execução fiscal, nos termos definidos no artigo 240º nºs 1 e 4 do CPPT, a fim de serem pagos pelo produto da venda de acordo com a graduação que lhes couber."

Descortinados os bens que podem ser nomeados à penhora pelo exequente e, em certos casos, pelo executado – bens do executado e, em determinadas circunstâncias, de terceiros que tenham sido ou não objecto de penhora anterior, que não sejam absoluta ou relativamente impenhoráveis, nos termos dos artigos 736º, 737º e 738º do CPC – será de salientar que deverá ser observada uma certa *ordem na realização da penhora* nos termos do artigo 219º do CPPT, ou seja, haverá bens que deverão ser penhorados antes de outros[219]. Assim, em regra, a penhora deverá começar pelos bens cujo valor pecuniário seja de mais fácil realização e se mostre adequado ao montante do crédito do exequente, tal como resulta do nº 1 do artigo 219º do CPPT. O nº 2 deste artigo estabelece, por seu turno, que na falta destes bens, quando se tratar de dívida com privilégio, a penhora deverá começar pelos bens a que o privilégio respeitar.

A prioridade dos bens cujo valor pecuniário seja de mais fácil realização não será aplicável, no entanto, nos casos em que a dívida exequenda tenha garantia real onerando bens do devedor. Com efeito, de acordo com o nº 3 do mesmo artigo, nestes casos a penhora começará por estes bens onerados, só prosseguindo noutros bens quando se reconheça a insuficiência dos primeiros para conseguir os fins da execução. No nº 6 do mesmo artigo prevê-se outra excepção à regra consagrada no nº 1 do artigo 219º do CPPT, quando tenha sido autorizado o pagamento em prestações. Assim, de acordo com esta norma, nos casos em que exista um plano de pagamento em prestações devidamente autorizado e o pagamento esteja a ser pontualmente cumprido, devendo a execução prosseguir a sua normal tramitação, a penhora poderá iniciar-se por bens distintos daqueles cujo valor pecuniário seja de mais fácil realização, quando indicados pelo executado.

[219] Neste sentido: Jesuíno Alcântara Martins/José Costa Alves (2015), p. 322 e Joaquim Freitas da Rocha (2014), p. 355.

Para além da ordem pela qual se deverá proceder à penhora dos bens do executado, deverão ser igualmente respeitados certos limites na realização da penhora, decorrentes do princípio da proporcionalidade que, como se sabe, deverá nortear a actuação da Administração Tributária, de acordo com o artigo 55º da LGT[220]. A este propósito, LOPES DE SOUSA entende que o respeito pelo princípio da proporcionalidade na realização da penhora decorre directamente do artigo 217º do CPPT que delimita a extensão da penhora, resultando deste artigo que a penhora deverá "*limitar-se ao necessário*" para assegurar o pagamento da dívida exequenda e acrescido. Este autor, que acompanhamos em absoluto, considera ainda como corolário do princípio da proporcionalidade que a penhora só tenha lugar quando for necessário, não devendo ser realizada quando o contribuinte tiver requerido a prestação de garantia e ainda não tiver terminado o incidente respectivo[221]. Note-se que, a final, é ao tribunal a quem compete proferir a decisão final sobre esse incidente – que pode levar à discussão judicial em sede de reclamação dos actos do órgão da execução fiscal – pelo que, até lá, ou até ser decretado o efeito devolutivo do incidente, a penhora não pode ter lugar.

Neste sentido, advogando o respeito pelo princípio da proporcionalidade aquando da realização da penhora, veja-se ainda o acórdão do TCA Norte de 12 de Novembro de 2015, proferido no âmbito do processo nº 02644/13.1 BEPRT, no qual se entendeu que:

> "*Resulta do disposto no artigo 217º do Código de Procedimento e Processo Tributário e do princípio da proporcionalidade que a penhora, dada a sua natureza gravosa, deve limitar-se ao necessário para pagamento da dívida exequenda e do acrescido.*"

Assim, a penhora deverá limitar-se ao necessário para o pagamento da dívida exequenda e do acrescido, ou seja, de acordo com o artigo 217º do CPPT, a penhora deverá ser efectuada nos bens previsivelmente suficientes para tal pagamento, sendo que o juízo acerca da suficiência dos bens do executado caberá ao funcionário incumbido de proceder à penhora, admitindo-se que este possa recorrer à ajuda de um perito, em casos em que a avaliação dos bens depender de conhecimentos especializados, sendo subsidiariamente aplicável o artigo 766º, nº 2 do CPC[222]. Segundo JESUÍNO ALCÂNTARA MARTINS e COSTA ALVES, o funcionário aquando da determinação da suficiência ou

[220] Para maiores desenvolvimentos relativamente ao princípio da proporcionalidade que vincula a actuação da Administração Tributária, veja-se o ponto 7 deste manual.

[221] JORGE LOPES DE SOUSA (2011), Vol. III, p. 583.

[222] Neste sentido: JORGE LOPES DE SOUSA (2011), Vol. III, p. 589.

insuficiência dos bens penhorados deverá ter em conta (*i*) o valor dos bens penhorados; (*ii*) o valor base de venda; (*iii*) os créditos reclamados e (*iv*) o tipo e natureza da garantia dos credores reclamantes[223].

Ora, o funcionário poderá proceder incorrectamente ao juízo acerca da suficiência dos bens penhorados, verificando-se a insuficiência do produto dos bens penhorados para o pagamento da dívida exequenda e acrescido, sendo que, nestes casos, por força do disposto na parte final do artigo 217º do CPPT, a penhora deverá prosseguir em outros bens. No mesmo sentido e defendendo que "*[a] insuficiência do produto da venda dos bens penhorados não pode determinar, como o Recorrente parece pretender, que a AT se abstenha de penhorar o de único bem existente na esfera patrimonial do executado*", veja-se o acórdão do TCA Sul de 8 de Janeiro de 2015, proferido no âmbito do processo nº 08231/14.

Penhorados os bens, Jesuíno Alcântara Martins e Costa Alves referem que estes deverão ser removidos para um depósito público ou para as instalações do órgão da execução fiscal, sendo que na prática, verificando-se a inexistência de um depósito público ou de condições nas instalações dos serviços, os bens apreendidos deverão ficar à guarda e sob a administração de um depositário que deverá cumprir as responsabilidades previstas nos artigos 233º do CPPT e 756º do CPC, designadamente o dever de apresentação dos bens[224].

Por fim, analisados os aspectos essenciais da realização da penhora – quando é que deve ser efectuada, como deve ser efectuada, que bens poderão ser objecto de penhora, quais os limites que deverão ser respeitados – serão de referir duas notas finais. A primeira, relativamente ao modo de reacção do executado contra uma penhora ilegal ou indevida. E a segunda relativamente à possibilidade de recorrer à providência cautelar do arresto.

Assim, tratando-se a penhora de um acto praticado por funcionários funcionalmente dependentes do órgão da execução fiscal[225], o modo de reacção contra uma penhora considerada indevida será, como atrás antecipado, a reclamação dirigida ao tribunal tributário de 1ª instância, prevista nos artigos 276º e seguintes do CPPT. Neste sentido, Lopes de Sousa considera que a penhora será indevida, sendo de admitir a possibilidade de reclamação para o tribunal tributário de 1ª instância quando se verificar[226]:

[223] Jesuíno Alcântara Martins/José Costa Alves (2015), p. 320.

[224] *Ibidem*, p. 332.

[225] Pese embora não seja de olvidar a possibilidade de a penhora ter lugar de forma automática, por via electrónica.

[226] Jorge Lopes de Sousa (2011), Vol. III, p. 603.

- A inadmissibilidade da penhora nos bens penhorados, tendo sido objecto de penhora bens absoluta ou relativamente impenhoráveis nos termos do CPC;
- A inadmissibilidade da penhora na sua extensão, tendo sido objecto de penhora bens desnecessários para o pagamento da dívida exequenda e acrescido, em desrespeito pelo princípio da proporcionalidade plasmado no artigo 217º do CPPT; e
- A penhora imediata de bens que só subsidiariamente respondem pela dívida exequenda ou que nem respondem por ela.

Aliás, nos termos do nº 3 do artigo 278º do CPPT a reclamação tem subida imediata – e *in fine* efeito suspensivo, como já esclareceu a jurisprudência – quando tiver como fundamento (*i*) a inadmissibilidade da penhora dos bens concretamente apreendidos ou da extensão com que foi realizada; (*ii*) a imediata penhora dos bens que só subsidiariamente respondam pela dívida exequenda; ou a (*iii*) a incidência sobre bens que, não respondendo, nos termos de direito substantivo, pela dívida exequenda não deviam ter sido abrangidos pela diligência.

De modo a permitir a possibilidade de reclamação por penhora indevida, nos termos do artigo 276º do CPPT, pese embora a notificação da penhora não esteja expressamente prevista no processo de execução fiscal, a jurisprudência tem vindo a defender a sua exigência, na medida em que esta constitui um acto material potencialmente lesivo e susceptível de afectar a esfera jurídica dos destinatários. Neste sentido, veja-se o acórdão do TCA Norte de 30 de Setembro de 2014, proferido no âmbito do processo nº 00050/14.0BEVIS, no qual se defendeu que:

> *"Recorrente, enquanto executado, deve ser notificado (e não citado) da realização da penhora (de imóvel) e embora a notificação da penhora não esteja expressamente prevista no processo de execução fiscal, sendo a penhora um acto que afecta os direitos do executado (ainda que possa ser feita automaticamente, sem intervenção humana apreciando cada situação em concreto, constitui sempre um acto material potencialmente lesivo e susceptível de afectar a esfera jurídica dos destinatários) não pode deixar de ser lhe ser notificada, de modo a permitir que este tenha possibilidade de, querendo, a impugnar, mediante reclamação para o juiz nos termos do referido artigo 276º e seguintes do CPPT."*

Por fim, relativamente à possibilidade de requerer o arresto dos bens no âmbito do processo de execução fiscal, haverá que olhar para o disposto no artigo 214º do CPPT[227]. Poderá recorrer-se a esta providência cautelar quando

[227] Para maiores desenvolvimentos relativamente à providência cautelar do arresto veja-se o ponto 65.1.2.1 deste manual.

não seja possível realizar a penhora no momento adequado para assegurar os direitos e interesses do credor, ou seja, quando haja justo receio de insolvência ou de ocultação ou alienação de bens antes da realização da penhora.

Assim, o nº 1 deste artigo estabelece que, quando se verificar este justo receio, o representante da Fazenda Pública poderá requerer junto do competente tribunal tributário o arresto em bens suficientes para garantir a dívida exequenda e o acrescido, admitindo-se que requeira o decretamento desta providência cautelar antes da instauração do processo de execução fiscal ou na sua pendência, antes do momento em que a lei admite a realização da penhora, ou seja, em regra, antes de decorrido o prazo de 30 (trinta) dias na sequência da citação.

O nº 3 do artigo 214º do CPPT determina, por sua vez, que o arresto efectuado será convertido em penhora, logo que seja possível a sua realização, se o pagamento não tiver sido efectuado, devendo proceder-se ao respectivo averbamento no registo predial.

77.5. Embargos de terceiro

Como vimos no ponto anterior, o executado poderá reagir contra uma penhora indevida através da reclamação para o tribunal tributário de 1ª instância, nos termos dos artigos 276º e seguintes do CPPT. Por outro lado, vimos também que, em regra, a penhora deverá incidir apenas sobre bens do executado. Assim, os embargos de terceiro que neste ponto pretendemos analisar consistem num meio processual adequado à defesa da posse e de outros direitos incompatíveis com a realização ou âmbito da penhora ou de outras diligências, de que seja titular um terceiro. Trata-se de um incidente que, nos termos do artigo 151º do CPPT, será da competência dos tribunais tributários da 1ª instância.

Segundo o nº 1 do artigo 237º do CPPT, os embargos de terceiro serão um meio idóneo à defesa dos direitos e interesses legalmente protegidos do terceiro sempre que o arresto, a penhora ou qualquer outro acto ofenda a posse ou qualquer outro direito incompatível com a realização ou âmbito da diligência. Assim, os terceiros poderão recorrer a este meio processual quando, por exemplo, a penhora tenha sido realizada com base na convicção de que aqueles bens pertenciam ao executado, vindo-se a descobrir que na verdade pertenciam ou estavam na posse de terceiros[228].

Segundo Lopes de Sousa a finalidade deste meio processual será a eliminação jurídica do acto lesivo do direito do embargante, quer seja o arresto,

[228] Neste sentido: Jesuíno Alcântara Martins/José Costa Alves (2015), p. 366-367.

a penhora ou qualquer outro acto judicialmente ordenado de apreensão ou entrega de bens[229]. Para além disso, este autor salienta que, por força do artigo 167º do CPPT que estabelece que o incidente dos embargos de terceiros, quando não forem liminarmente indeferidos na parte em que não estiver regulada no CPPT, rege-se pelas disposições aplicáveis à oposição à execução, e serão aplicáveis a este meio processual as seguintes normas[230]:

- Em primeiro lugar, as normas relativas ao indeferimento liminar adoptadas no Processo Civil *ex vi* artigo 2º, alínea *e*) do CPPT;
- Em segundo lugar, as normas do CPPT relativas aos embargos de terceiro, regulado nos artigos 237º e 238º do CPPT;
- De seguida as regras relativas à oposição judicial previstas nos artigos 203º e seguintes do CPPT, bem como as normas do processo de impugnação judicial, aplicáveis à oposição judicial, por força do nº 1 do artigo 211º do CPPT; e
- Por fim, na falta de regulamentação nestas normas, as normas do CPC, relativas aos embargos de terceiro.

Conhecida a finalidade deste incidente de embargos de terceiro, bem como regime aplicável, caberá antes de mais olhar para os requisitos da dedução deste meio, sendo que de acordo com o disposto no acórdão do TCA Norte de 12 de Dezembro de 2014, proferido no âmbito do processo nº 00007/03, estes corresponderão à:

> "*a-A* ***tempestividade*** *da petição de embargos;*
>
> *b-A* ***qualidade de terceiro*** *face ao processo de execução no âmbito do qual se verificou a diligência judicial ofensiva da posse ou de qualquer outro direito incompatível com a realização ou o âmbito da mesma diligência;*
>
> *c-A* ***ofensa da posse ou de qualquer outro direito incompatível*** *com a realização ou o âmbito da diligência judicial, que se traduza num acto de agressão patrimonial.*" (destacado nosso).

Analisemos as especificidades de cada um em separado.

- ***Tempestividade***

No que concerne ao requisito da tempestividade, será de referir que o prazo de apresentação dos embargos de terceiro está previsto no nº 3 do artigo 237º do

[229] Jorge Lopes de Sousa (2011), Vol. III, p. 156.
[230] *Ibidem*, p. 155-156.

CPPT, correspondendo a 30 (trinta) dias "*contados desde o dia em que foi praticado o acto ofensivo da posse ou direito ou daquele em que o embargante teve conhecimento da ofensa*". Aqui será de referir que caberá ao embargado o ónus da prova da intempestividade, na medida em que será aplicável o artigo 343º, nº 2 do CC que estabelece que quando uma acção é proposta dentro de certo prazo a contar da data em que o autor teve conhecimento de determinado facto, caberá ao réu – neste caso, ao embargado – a prova de o prazo ter já decorrido[231].

Por outro lado, o nº 3 do artigo 237º do CPPT estabelece, na sua parte final, que a dedução de embargos de terceiros nunca poderá ter lugar após a venda dos respectivos bens[232]. Compreende-se a razão de ser deste limite temporal para a apresentação dos embargos de terceiros. Com efeito, seguindo Lopes de Sousa, este limite temporal visa proteger a estabilidade das vendas em execução fiscal, garantir a segurança dos compradores e consequentemente fomentar o aparecimento de mais interessados e a obtenção de melhores preços. Está em causa, sem dúvida, um interesse público na eficácia da cobrança coerciva de dívidas através do processo de execução fiscal que justifica uma restrição dos interesses do terceiro embargante que pretende defender o seu direito, a sua posse[233].

- ***A qualidade de terceiro***

Analisado o requisito da tempestividade e determinado o prazo para a apresentação dos embargos de terceiro, pretende-se agora esclarecer que sujeitos poderão recorrer a este incidente processual, ou seja, a quem é reconhecida a qualidade de terceiro. Não constando uma definição deste conceito do CPPT, recorremos ao artigo 342º do CPC que estabelece que terceiros, para efeitos de embargos, serão aqueles que *não são partes na causa*.

Aqui será de salientar a questão da possibilidade de o próprio cônjuge do executado recorrer aos embargos de terceiro.

Como se viu no ponto 77.6, os cônjuges do executado deverão ser citados nos termos do nº 1 do artigo 239º do CPPT, no caso previsto no artigo 220º do CPPT, ou seja, na execução para cobrança de coima fiscal ou com fundamento em responsabilidade tributária exclusiva de um dos cônjuges ou quando a

[231] Neste sentido: Jorge Lopes de Sousa (2011), Vol. III, p. 159.

[232] Será de referir, contudo, que "*[s]e a venda que constitui fundamento da caducidade do direito de embargar foi anulada, os embargos tornam-se supervenientemente tempestivos*", tal como foi afirmado no acórdão do TCA Norte de 15 de Janeiro de 2015, proferido no âmbito do processo nº 00193/11.1BEMDL.

[233] Jorge Lopes de Sousa (2011), Vol. III, p. 157. Neste sentido, veja-se ainda Jesuíno Alcântara Martins/José Costa Alves (2015), p. 369.

penhora incida sobre bens imóveis ou bens móveis sujeitos a registo, sendo de distinguir os casos em que a citação é feita nos termos do artigo 190º do CPPT, daqueles em que é efectuada de acordo com o artigo 220º do CPPT.

Assim, como se viu, nos casos em que a responsabilidade tributária pela dívida exequenda recai sobre ambos os cônjuges, mas a penhora incidir sobre bens imóveis ou móveis sujeitos a registo, o cônjuge do executado deverá ser citado nos termos do artigo 190º do CPPT, beneficiando dos mesmos direitos processuais que o executado, o que significa que poderá apresentar a oposição à execução fiscal ou requerer o pagamento da dívida em prestações ou a dação de bens em pagamento, nos mesmos termos que o executado. Por outro lado, quando esteja em causa a cobrança coerciva de uma dívida da exclusiva responsabilidade tributária de um dos cônjuges, quer quando a dívida se tratar de uma coima fiscal, quer quando esteja em causa a efectivação da responsabilidade subsidiária, o cônjuge do executado deverá ser citado nos termos do artigo 220º do CPPT de forma a requerer a separação judicial dos bens.

Ora, no primeiro caso, quando o cônjuge do executado é citado nos termos do artigo 190º do CPPT, em virtude da penhora de bens imóveis ou móveis sujeitos a registo, sendo a dívida tributária da responsabilidade de ambos os cônjuges, não será permitido ao cônjuge a dedução de embargos de terceiro, tendo em conta que com a citação este passará a assumir a qualidade de co-executado, sendo-lhe reconhecidos direitos processuais idênticos aos do executado, podendo apresentar designadamente uma oposição à execução fiscal[234].

Pelo contrário, quando o cônjuge do executado é citado nos termos do artigo 220º do CPPT apenas para requerer a separação judicial dos bens, na medida em que a dívida é da responsabilidade tributária exclusiva do executado, este não faz parte do processo executivo, continuando a assumir a qualidade de terceiro. Por conseguinte, acompanhando o entendimento de LOPES DE SOUSA, entendemos que o cônjuge do executado, terceiro no processo de execução fiscal, poderá deduzir embargos de terceiro quando forem penhorados bens próprios seus, em vez de bens comuns, por dívidas da exclusiva responsabilidade do cônjuge executado[235].

Neste sentido, veja-se ainda o acórdão do TCA Sul de 25 de Junho de 2013, proferido no âmbito do processo nº 06609/13, no qual se entendeu que:

[234] Neste sentido e defendendo que a impossibilidade de dedução de embargos de terceiros nestes casos decorre do princípio da adequação formal previsto no nº 2 do artigo 97º da LGT, veja-se JORGE LOPES DE SOUSA (2011), Vol. III, p. 174.

[235] JORGE LOPES DE SOUSA (2011), Vol. III, p. 175.

"Citado o cônjuge do executado para efeitos do artº 239º do CPPT, por haver sido penhorado bem imóvel comum, ainda que não tenha sido expressamente informado que poderia também requerer a separação de bens, fica o mesmo com a qualidade de co-executado, deixando de ser terceiro, não podendo mais utilizar os embargos de terceiro para defender a sua invocada posse desse bem penhorado".

- ***Ofensa da posse ou qualquer outro direito incompatível com a realização ou o âmbito da diligência***

Por fim, o último requisito da dedução de embargos de terceiro será a verificação de uma ofensa da posse ou de qualquer outro direito incompatível com a realização ou com o âmbito da diligência, seja a penhora ou o arresto, entre outras. Deste requisito decorre a exigência do embargante-terceiro, aquando da apresentação dos embargos de terceiro, alegar que tem posse – outro direito incompatível – sobre a coisa atingida pela diligência e, no que diz respeito à posse, que se verificam os elementos objectivo e subjectivo – o *corpus* e o *animus* – que a integram[236].

Vistos os requisitos da dedução de embargos de terceiros, cabe ainda fazer uma referência às suas formalidades e à sua tramitação. Ora, como se viu, o artigo 167º do CPPT estabelece serem aplicáveis a este instituto as normas relativas à oposição judicial, pelo que os embargos de terceiro também deverão ser elaborados em petição articulada, também será necessária a constituição de advogado nos termos do artigo 6º do CPPT, ou seja, quando o valor da causa exceda o dobro da alçada do tribunal tributário da 1ª instância, e também estarão sujeitos a taxa de justiça liquidada nos termos do Regulamento das Custas Processuais, aprovado pelo Decreto-Lei nº 34/2008, de 26 de Fevereiro.

Assim, a petição de embargos de terceiro deverá ser apresentada no órgão da execução fiscal, tal como previsto no nº 2 do artigo 237º do CPPT, e uma vez seguindo a tramitação da oposição judicial, este órgão deverá remeter a petição no prazo de 20 (vinte) dias ao tribunal tributário competente, de acordo com o disposto no nº 1 do artigo 208º do CPPT. Neste prazo, de acordo com o nº 2 do mesmo artigo, tal como no âmbito da oposição à execução fiscal, admitir-se-á que o órgão da execução fiscal revogue o acto praticado, extinguindo-se nestes casos o processo de embargos, por inutilidade superveniente da lide. Aqui remetemos para o ponto 77.3.4 deste manual em sede do qual analisámos em detalhe a tramitação da oposição à execução fiscal e para o ponto 60 onde descortinámos a tramitação da impugnação judicial

[236] Jesuíno Alcântara Amrtins/José Costa Alves (2015), p. 368.

que, nos termos do nº 1 do artigo 211º do CPPT, será aplicável no âmbito da oposição judicial. Todas as considerações aí tecidas serão aplicáveis em sede de embargos de terceiros.

Será de salientar, no entanto, que o incidente de embargos de terceiros tem um efeito suspensivo da execução fiscal relativamente aos bens que sejam objecto do mesmo, sem prejuízo do processo de execução poder prosseguir na parte restante[237].

77.6. Convocação dos credores

Após a realização da penhora, o órgão da execução fiscal procede à convocação dos demais credores do executado para que os mesmos possam vir ao processo de execução fiscal, se for caso disso, reclamar o seu crédito. A finalidade desta convocação será, segundo Jesuíno Alcântara Martins e Costa Alves, que o pagamento pelo produto da venda dos bens penhorados não se faça com prejuízo do direito de credores titulares de garantias reais que deverão ser pagos, segundo a ordem das suas preferências[238].

Neste ponto pretende-se assim, por um lado, determinar que *credores* devem ser convocados para reclamar créditos no processo de execução fiscal e, por outro, *como* deverão ser convocados. Para além disso, é de salientar a norma plasmada no nº 3 do artigo 240º do CPPT, que estabelece que o órgão da execução fiscal só procede à específica convocação de credores quando dos autos conste a existência de qualquer direito real de garantia, acrescentando o nº 4 que nada obsta a que tais credores possam espontaneamente reclamar o seu crédito, até à transmissão dos bens penhorados.

- ***Credores a convocar***

Aqui chegados, importa começar por apurar que credores deverão ser convocados para reclamar os seus créditos no âmbito do processo de execução fiscal.

Para responder à questão, haverá antes de mais que olhar para o nº 1 do artigo 239º do CPPT que indica que credores deverão ser convocados, salientando, desde já que a execução não poderá prosseguir sem a citação destes, quando esta seja exigida. Faremos ainda referência às consequências da falta de citação dos credores. Freitas da Rocha refere que o CPPT rejeitou a ideia de que todos os credores do executado deverão ser chamados em igual posição para reclamar os seus créditos, sendo apenas chamados à execução, pelo contrário, certos credores "*especiais*", salientando que o exequente goza

237 *Ibidem*, p. 370.

238 Jesuíno Alcântara Martins/José Costa Alves (2015), p. 335.

de uma preferência em relação aos demais credores, decorrente da penhora realizada[239].

Credores com garantia real

Em primeiro lugar, decorre do nº 1 do artigo 239º do CPPT que deverão ser citados os credores *com garantia real*, relativamente aos bens penhorados. Recorde-se que as garantias reais constituem direitos reais, pelo que as existentes são as tipificadas na lei, designadamente no CC. Assim, deverão ser citados os credores que tenham sobre os bens penhorados uma consignação de rendimentos – prevista nos artigos 656º a 665º do CC –, um penhor – previsto nos artigos 666º a 685º do CC –, uma hipoteca – prevista nos artigos 686º a 732º do CC –, um privilégio creditório especial – previstos nos artigos 733º a 735º, 738º, 748º e 750º a 752º do CC – ou ainda um direito de retenção – previsto nos artigos 754º a 761º do CC.

Relativamente aos credores com garantia real, cumpre definir qual a melhor interpretação do artigo 240º, nº 1 do CPPT que estabelece que "*[p]odem reclamar os seus créditos no prazo de 15 dias após a citação nos termos do artigo anterior os credores que gozem de garantia real sobre os bens penhorados*". Com efeito, importa determinar se esta norma apenas tem subjacente os direitos reais de garantia acima elencados ou, por outro lado, se também serão abrangidos os privilégios creditórios gerais. Ou seja, importa determinar se apenas os credores com garantias reais devem ser convocados para reclamar créditos e só estes poderão proceder à reclamação de créditos no processo de execução fiscal ou, se se admite que os credores com privilégios creditórios gerais também possam reclamar os seus créditos. Recorde-se que os privilégios creditórios gerais consubstanciam meras qualidades do crédito e não direitos reais de garantia, ou seja, faculdades concedidas a certos credores de serem pagos com preferência a outros, independentemente de registo[240].

Ora, a jurisprudência do STA tem vindo a defender, maioritariamente, que também os credores com privilégios creditórios gerais, para além dos credores com garantias reais – independentemente do teor literal da redacção do artigo 240º do CPPT – podem reclamar os seus créditos e que estes deverão ser admitidos e graduados, posição que nos parece ser a que melhor se coaduna com a tutela dos direitos em causa e, ainda, com a aplicação subsidiária das normas do processo civil.

[239] Joaquim Freitas da Rocha (2014), p. 356.

[240] Também neste sentido: Joaquim Freitas da Rocha (2014), p. 358.

Neste sentido, veja-se, a título exemplificativo o acórdão do STA de 26 de Março de 2014, proferido no âmbito do processo nº 0850/13 no qual se defendeu que "*[o] nº 1 do artigo 240º do CPPT deve ser interpretado em sentido amplo, de modo a terem-se por abrangidos na letra da lei todos os créditos a que a lei substantiva atribui causas legítimas de preferência, nomeadamente privilégios creditórios*", citando os argumentos elencados no acórdão do mesmo tribunal superior de 14 de Setembro de 2011, proferido no âmbito do processo nº 573/11[241]:

> "*Aliás, assim o impõe a* ***unidade do sistema jurídico****, pois não faria sentido que a lei substantiva estabelecesse uma prioridade no pagamento do crédito e a lei adjetiva obstasse à concretização da preferência, impedindo o credor de acorrer ao concurso. Exigir a esse credor que, para fazer valer o privilégio, obtivesse penhora ou hipoteca, seria* ***deixar sem sentido útil o privilégio****, pois nesse caso o crédito passaria a dispor de garantia real, sendo-lhe inútil o privilégio legal.*" (destacado nosso)

Em sentido contrário, Lopes de Sousa critica este entendimento do STA, considerando que não poderão ser reclamados créditos apenas com base em privilégios creditórios gerais, exigindo-se, em sua opinião, que estes créditos beneficiam também de uma garantia real como a hipoteca ou o penhor. Deste modo, entende que os privilégios creditórios gerais não cabem no conceito legal de *garantia real*. Aliás, o autor advoga que a sua solução – que exige que os créditos beneficiem sempre de uma garantia real – será a que melhor se coaduna com o princípio da proporcionalidade, sendo também a mais acertada, pelo que, nos termos do nº 3 do artigo 9º do CC, deverá presumir-se que foi a solução legislativamente adoptada[242].

Pelas razões aduzidas acima, tendemos a acompanhar a posição perfilhada pela jurisprudência do STA, tendo em conta que também entendemos que não faria sentido que a lei substantiva estabelecesse uma prioridade no pagamento do crédito do credor e a lei adjectiva impedisse a concretização desta preferência em sede de execução fiscal, o que o princípio da unicidade do sistema nos leva a rejeitar. Devem, assim, poder ser reclamados os créditos de credores com garantia real e com privilégios creditórios gerais, devendo estes credores ser convocados nesse sentido, pelo órgão da execução fiscal, nos termos do nº 1 do artigo 239º do CPPT.

[241] No mesmo sentido veja-se ainda o acórdão do STA de 14 de Fevereiro de 2013, proferido no âmbito do processo nº 021/13.

[242] Jorge Lopes de Sousa (2011), Vol. IV, p. 36,37 e 40.

Cônjuge do executado
O nº 1 do artigo 239º do CPPT prevê ainda a citação do cônjuge do executado (*i*) no caso previsto no artigo 220º do CPPT, ou seja, na execução para cobrança de coima fiscal ou com fundamento em responsabilidade tributária exclusiva de um dos cônjuges ou (*ii*) quando a penhora incida sobre bens imóveis ou bens móveis sujeitos a registo.

Segundo LOPES DE SOUSA a qualidade de "cônjuge do executado" prevista neste artigo apenas ocorre quando ambos os cônjuges não sejam, ou não devam ser, executados desde o início, ou seja, nos casos em que a execução fiscal não é dirigida *ab initum* contra ambos os cônjuges[243].

Ora, antes de mais, haverá que distinguir os casos de citação do cônjuge do executado quando esteja em causa a cobrança de coima fiscal ou quando o fundamento de execução seja a responsabilidade tributária de um dos cônjuges, daqueles em que a responsabilidade é de ambos e a penhora incide sobre bens imóveis ou móveis sujeitos a registo.

Nos casos de execução para cobrança de uma coima fiscal, na medida em que a responsabilidade tributária será exclusiva de um dos cônjuges e a dívida intransmissível, a citação do cônjuge do executado deverá ser efectuada no prazo de 20 (vinte) dias, nos termos do artigo 220º do CPPT – tal como decorre dos artigos 740º e 741º do CPC, aplicáveis *ex vi* artigo 2º, alínea *e*) do CPPT – , para que este possa vir requerer a separação judicial dos bens, no prazo de 30 (trinta) dias, sob pena da execução fiscal prosseguir sobre os bens penhorados. A citação do cônjuge do executado também deverá ser efectuada no prazo de 20 (vinte) dias, nos termos do artigo 220º do CPPT, quando a responsabilidade tributária pela dívida exequenda seja exclusiva de um dos cônjuges o que, segundo JESUÍNO ALCÂNTARA MARTINS e COSTA ALVES, ocorre nos casos de efectivação da responsabilidade subsidiária, designadamente quando um dos cônjuges tenha exercido o cargo de administrador, gerente ou director ou tenha exercido, ainda que somente de facto, funções de administração ou gestão, nos termos do nº 1 do artigo 24º do CPPT[244]. Ou seja, também nestes casos em que a dívida não é comunicável, o cônjuge do executado será citado de forma a poder requerer a separação judicial de bens.

Assim, quer esteja em causa a cobrança coerciva de uma dívida da exclusiva responsabilidade tributária de um dos cônjuges, quer quando a dívida se tratar de uma coima fiscal, quer quando esteja em causa a efectivação da respon-

[243] JORGE LOPES DE SOUSA (2011), Vol. IV, p. 28.
[244] JESUÍNO ALCÂNTARA MARTINS/JOSÉ COSTA ALVES (2015), p. 336.

sabilidade subsidiária, o cônjuge do executado deverá ser citado nos termos do artigo 220º do CPPT de forma a requerer a separação judicial dos bens.

Pelo contrário, nos casos em que a responsabilidade tributária pela dívida exequenda recai sobre ambos os cônjuges mas a penhora incidir sobre bens imóveis ou móveis sujeitos a registo, o cônjuge do executado deverá ser citado nos termos do artigo 190º do CPPT, beneficiando dos mesmos direitos processuais que o executado, o que significa que poderá apresentar a oposição à execução fiscal ou requerer o pagamento da dívida em prestações ou a dação de bens em pagamento, nos mesmos termos que o executado. Neste sentido, Jesuíno Alcântara Martins e Costa Alves entendem que nestes casos o cônjuge do executado será citado nos termos do artigo 239º do CPPT para pagar a dívida exequenda – o que se compreende, tendo em conta que a responsabilidade tributária é de ambos os cônjuges –, requerer o pagamento em prestações, oferecer bens em pagamento ou deduzir oposição judicial[245].

Lopes de Sousa, por seu turno, considera que a razão de ser da obrigatoriedade da citação do cônjuge do executado quando a penhora incida sobre bens imóveis ou móveis sujeitos a registo relaciona-se com a obrigação de registo, residindo na "*protecção do interesse da segurança e estabilidade das vendas no processo de execução fiscal*", alegando que esta sai reforçada com a convocação do cônjuge para o processo de execução fiscal, na medida em que este é titular de "*múltiplos direitos patrimoniais conexionados com os do executado, que podem ser lesados no processo*"[246].

O mesmo autor refere a possibilidade de a citação do cônjuge do executado ser erradamente efectuada nos termos do artigo 220º do CPPT com o único propósito de permitir que o cônjuge requeira a separação judicial dos bens quando, pela posição que este assume, paralela à do executado, devia ter sido efectuada nos termos do artigo 190º do CPPT, reconhecendo-se-lhe direitos processuais idênticos aos do executado. Nestes casos, o autor considera que estará em causa a falta de citação, verificando-se uma nulidade insanável do processo de execução fiscal, nos termos do artigo 165º, nº 1, alínea *a*) do CPPT, na medida em que prejudica a defesa do interessado[247].

Falta de citação do cônjuge e dos credores

Quer nos casos de falta de citação do cônjuge do executado quando esta tenha sido erradamente citado nos termos do artigo 220º do CPPT, quer nos casos

[245] *Ibidem*, p. 337.

[246] Jorge Lopes de Sousa (2011), Vol. IV, p. 28-29.

[247] *Ibidem*, p. 29-30.

de falta de citação dos credores em geral, quando esta seja omitida, a consequência será a nulidade insanável do processo de execução fiscal nos termos do artigo 165º, nº 1, alínea *a*) do CPPT. Esta nulidade é, como não poderia deixar de ser, de conhecimento oficioso, podendo ser arguida no processo de execução fiscal até ao trânsito em julgado da decisão final. Com efeito, a arguição desta nulidade deverá ocorrer na própria execução, à semelhança do que sucede com as nulidades referentes à falta de citação do executado, sob a forma de requerimento, devendo ser apreciada pelo órgão de execução competente. A eventual decisão desfavorável proferida por este órgão poderá, por se tratar de um acto praticado pelo órgão da execução fiscal, ser objecto de reclamação para o tribunal tributário de 1ª instância nos termos dos artigos 276º e seguintes do CPPT[248].

Este também tem sido o entendimento da jurisprudência dos tribunais superiores, tal como decorre do acórdão do STA de 14 de Maio de 2015, proferido no âmbito do processo nº 0380/15 no qual se entendeu que:

> *"A falta de citação do cônjuge do executado, quando possa prejudicar a defesa do interessado, configura nulidade insanável de conhecimento oficioso, que pode ser arguida até ao trânsito em julgado da decisão final (artigo 165º, nºs 1 e 4 do CPPT).*
>
> *III – Essa nulidade insanável deverá ser arguida no processo de execução fiscal por forma a provocar uma decisão do órgão da execução fiscal e só depois, sendo desfavorável, dela deverá reclamar-se."*

Por outro lado, será de salientar o entendimento de Lopes de Sousa relativamente aos efeitos da falta de citação, quer do cônjuge, quer do credor com a garantia real. Este autor defende que o "*indevido prosseguimento*" do processo de execução fiscal, sem que tenham sido efectuadas as citações, terá os efeitos previstos no artigo 864º, nº 11 do antigo CPC – actual artigo 786º, nº 6 do CPC – pelo que a falta de citação do credor terá os mesmos efeitos que a falta de citação do executado, embora esta não tenha como consequência a anulação das vendas, adjudicações, remições ou pagamentos já efectuados, das quais o exequente não haja sido o exclusivo beneficiário. Nestes casos, reconhece o autor, porém, o direito da pessoa que devia ter sido citada ser indemnizada pelo exequente ou outro credor pago em vez dela, segundo as regras do enriquecimento sem causa e ressalvando a eventual responsabilidade civil que poderá recair sobre a pessoa a quem seja imputável a falta de citação.

Deste modo, considera que se arguição da nulidade por falta de citação tiver lugar antes da venda, adjudicação de bens, remições ou pagamentos, e

[248] Joaquim Freitas da Rocha (2014), p. 361.

se esta falta puder prejudicar a defesa do interessado, terá sempre como consequência a anulação dos termos subsequentes do processo de execução fiscal, aproveitando-se as peças úteis ao apuramento dos factos, nos termos do nº 2 do artigo 165º do CPPT. Pelo contrário, se a arguição por falta de citação for realizada após a venda, adjudicação de bens, remições ou pagamentos, a anulação só poderá ter lugar se o exequente tiver sido o exclusivo beneficiário dele, reconhecendo-se o direito de indemnização do indevidamente citado nos termos do artigo 786º, nº 6 do CPC[249].

- ***Forma de citação***

Delimitados os credores que deverão ser convocados para reclamarem os seus créditos no processo de execução fiscal, cabe agora delimitar como é que esta citação deverá ser efectuada: sob a forma de citação pessoal, edital ou postal?

As regras aplicáveis – constantes dos artigos 239º e 242º do CPPT – dão-nos uma resposta clara. Porém, para procedermos a esta delimitação haverá que distinguir entre os credores conhecidos, dos desconhecidos, sendo que, no primeiro caso, em que falamos de credores cuja existência decorre dos elementos na posse do órgão da execução – mormente das certidões dos bens sujeitos a registos ou de outros elementos na posse da Administração Tributária –, o órgão da execução fiscal deverá proceder à *citação pessoal* mediante envio de carta registada com aviso de recepção ou através da transmissão electrónica de dados, admitindo-se ainda que recorra à citação através de contacto directo do funcionário do órgão da execução fiscal, quando aquelas não tenham sucesso[250]. Pelo contrário, se os credores forem desconhecidos, ou seja, para todos os outros cuja existência não haja informação na execução fiscal, mas que se deve admitir poderem existir, a citação deverá ser *edital*, mediante éditos de 10 (dez) dias, tal como decorre dos artigos 239º, nº 2 e 242º do CPPT.

- ***A regra do nº 3 do artigo 240º do CPPT***

Aqui chegados, cabe por fim escrutinar a norma prevista no nº 3 do artigo 240º do CPPT que determina que "*[o] órgão da execução fiscal só procede à convocação de credores quando dos autos conste a existência de qualquer direito real de garantia*", a qual pode conduzir a conclusões divergentes na doutrina. Desta norma decorre, assim, a regra de que quando não existir qualquer informação

[249] Jorge Lopes de Sousa (2011), Vol. IV, p. 32 e 34.

[250] Neste sentido: Jesuíno Alcântara Martins/José Costa Alves (2015), p. 336 e Jorge Lopes de Sousa (2011), Vol. IV, p. 32.

da existência de uma garantia real a favor de um qualquer credor, o órgão da execução fiscal não deve proceder à convocação de credores, mesmo de credores desconhecidos. O legislador é, assim, assertivo no comando dirigido ao órgão da execução quanto à abstenção da convocação de credores, sempre que dos autos não conste informação sobre qualquer direito real de garantia. No entanto, esta regra não obsta naturalmente à reclamação espontânea de créditos que poderá ser efectuada pelos credores com garantias reais até à transmissão dos bens penhorados, tal como resulta do nº 4 do mesmo artigo, que antes referimos.

Ora, esta limitação tem conduzido a teses distintas na doutrina. Para Jesuíno Alcântara Martins e Costa Alves, numa posição de aceitação da regra, a nova lógica decorrente desta norma visa, por um lado, obstar à prática de actos inúteis e, por outro, dar prevalência ao princípio da materialidade e da substância, promovendo a celeridade e a eficácia na *"arrecadação dos créditos exequendos"*[251]. Lopes de Sousa, por sua vez, entende que a intenção legislativa terá sido de diminuir os casos de convocação de credores, devido às suas consequências nefastas para a celeridade do processo de execução fiscal, considerando que esta solução é de *"constitucionalidade duvidosa"*, na medida em que não assegura razoavelmente a tutela dos direitos dos titulares de garantias reais que se extinguem com a venda em processo executivo, relembrando que do processo de execução fiscal apenas constarão, em regra, os direitos reais de garantia *"registados até ao momento em que é elaborada a certidão de ónus referida no nº 1 do art. 239º do CPPT"*, havendo direitos que podem ser constituídos e registados após a elaboração de tal certidão[252]. Acompanhando as dúvidas de Lopes de Sousa quanto à constitucionalidade desta regra, acrescentamos à tese do autor que, a admitir-se, como fez o STA, que a par dos créditos com garantia real, se abarquem na convocação de credores, os titulares de privilégios creditórios, a limitação constante da norma em análise fica desprovida de sentido. Ou seja, para os credores com privilégios creditórios, cuja identidade conste dos autos, não se descortina a razão para não promover a sua citação, pelas razões que analisámos acima. Também Carlos Paiva inclui os credores titulares de créditos reclamados a que a lei substantiva atribui causas legítimas de preferência, designadamente os que gozam de privilégio creditório[253].

[251] Jesuíno Alcântara Martins/José Costa Alves (2015), p. 338.

[252] Jorge Lopes de Sousa (2011), Vol. IV, p. 28 e 43.

[253] Carlos Paiva (2013), p. 106.

Assim sendo, parece que a solução que melhor se coaduna com a interpretação que o STA tem efectuado quanto ao acervo de normas em apreço, será a de que (i) nos casos em que existam informações relativas à existência de credores com garantia real o órgão da execução fiscal procederá à convocação dos credores, seguindo-se a reclamação dos créditos dos mesmos; (ii) no caso de haver informação nos autos sobre a existência de credores com privilégio creditório, o mesmo deverá ocorrer, por estarem em equiparação de circunstâncias (processuais) nos termos da lei substantiva aplicável.

77.6.1. Reclamação de créditos

Convocados os credores, estes poderão proceder à reclamação dos créditos nos termos do artigo 240º do CPPT e das normas do CPC. Com efeito, o nº 1 do artigo 246º do CPPT dispõe que "*[n]a reclamação de créditos observam-se as disposições do Código de Processo Civil, excepto no que respeita à reclamação da decisão de verificação e graduação, que é efectuada exclusivamente nos termos dos artigos 276º a 278º deste código.*".

Ora, de acordo com o nº 1 do artigo 240º do CPPT os credores com garantia real podem reclamar os seus créditos no prazo de 15 (quinze) dias após a citação, sendo que, segundo Jesuíno Alcântara Martins e Costa Alves, o credor deverá possuir um título exequível, ou seja, uma prova da "*existência do crédito e da garantia que invocar*"[254]. Recorde-se que no nº 4 do mesmo artigo admite-se ainda a possibilidade de reclamação espontânea, sem citação, por parte dos credores com garantia real e até à transmissão dos bens penhorados. O nº 2 do mesmo artigo, por sua vez, estabelece que os créditos exequendos, ou seja, aqueles que estão a ser exigidos no âmbito da execução fiscal, não carecem de ser reclamados.

No que diz respeito às formalidades que deverão ser observadas na reclamação de créditos, cabe referir que esta se deverá processar por apenso à execução fiscal, não devendo as reclamações ser incorporadas no processo[255]. Por outro lado, a reclamação deverá ser feita por petição apresentada no órgão da execução fiscal, sendo a este dirigida e devendo estar "*devidamente fundamentada, quer quanto à existência do crédito, quer quanto à garantia real, subscrita pelo reclamante ou pelo respectivo representante legal*"[256].

[254] Jesuíno Alcântara Martins/José Costa Alves (2015), p. 334.

[255] Neste sentido: Jesuíno Alcântara Martins/José Costa Alves (2015), p. 339, Jorge Lopes de Sousa (2011), Vol. IV, p. 60 e o acórdão do STA de 8 de Outubro de 2014, proferido no âmbito do processo nº 0830/14 que refere que "*[q]uando forem apresentadas reclamações de créditos, seguindo a tramitação subsidiariamente aplicável do Código de Processo Civil nesta matéria, organizar-se-á um único apenso, com todas elas*".

[256] Jesuíno Alcântara Martins/José Costa Alves (2015), p. 341.

Contudo, para demonstrar a existência do crédito e da garantia real o credor apenas poderá recorrer à prova documental, tal como resulta do disposto no nº 2 do artigo 246º do CPPT, considerando LOPES DE SOUSA que esta limitação será materialmente inconstitucional. Este autor tem esta opinião na medida em que considera "*incompaginável*" com o princípio do acesso aos tribunais previsto no nº 1 do artigo 20º da CRP quando seja aplicada a casos em que o direito real de garantia não possa ser provado apenas por prova documental[257]. Esta posição é de resto compatível com a que o autor defendeu – e que acompanhamos – quanto a outros processos tributários especiais em que tal limitação probatória se verifica.

Por fim, importa referir que, segundo o artigo 244º, nº 1 do CPPT, a venda dos bens penhorados realizar-se-á após o termo do prazo de reclamação de créditos, ou seja, após o decurso do prazo de 15 (quinze) dias depois da citação, nos termos do nº 1 do artigo 240º do CPPT.

77.6.2. Verificação e graduação de créditos

Convocados os credores e tendo estes procedido à reclamação de créditos, seguir-se-á a fase de verificação e graduação de créditos que visa determinar, por um lado, quais os créditos que deverão ser pagos pelos bens penhorados ou pelo produto da sua venda e, por outro, a ordem pela qual se deverá proceder ao seu pagamento[258]. Este processo corre por apenso à execução, revestindo um carácter instrumental à mesma nos termos do artigo 246º do CPPT.

Assim, pretende-se neste ponto responder a quatro questões diferentes:

- Quem procede à verificação e graduação de créditos?
- Quando tem lugar esta diligência?
- Como é realizada?
- Como poderão reagir os credores que não concordem com a decisão de verificação e graduação?

Vejamos uma a uma as respostas:

- ***A quem incumbe a verificação e graduação de créditos***

Até 31 de Dezembro de 2010, a verificação e graduação de créditos cabia ao *juiz do tribunal tributário de 1ª instância* que, após o recebimento da execução e do incidente em causa, proferia um despacho a admitir ou a rejeitar limi-

[257] JORGE LOPES DE SOUSA (2011), Vol. IV, p. 70.

[258] Neste sentido: JORGE LOPES DE SOUSA (2011), Vol. IV, p. 70.

narmente as reclamações apresentadas pelos diferentes credores. Actualmente, com a alteração do nº 2 do artigo 245º do CPPT, decorrente da Lei nº 55-A/2010, de 31 de Dezembro – Lei de Orçamento do Estado para 2011 –, por razões de economia e de celeridade processual – a competência para proceder à verificação e graduação de créditos passou a pertencer ao órgão da execução fiscal, correndo esta diligência por apenso ao processo de execução fiscal, nos termos do nº 8 do artigo 788º do CPC, subsidiariamente aplicável por força do artigo 2º, alínea *e*) do CPPT, mas continuando no tribunal o poder de sindicar a actuação do órgão de execução, desta feita por forma indirecta, ou seja, por via da interposição da reclamação judicial prevista no artigo 276º do CPPT. Sobre o alcance da alteração legislativa, veja-se o acórdão do STA de 7 de Janeiro de 2015, proferido no âmbito do processo nº 0275/13, no qual se entendeu que:

> *"Após as alterações introduzidas no CPPT pela Lei nº 55-A/2010, de 31 de Dezembro, os Tribunais Tributários continuam a ter competência para conhecer da matéria relativa à verificação e graduação de créditos, tendo ocorrido apenas uma alteração da via ou forma processual adequada ao seu conhecimento, que deixou de ser o processo judicial de verificação e graduação de créditos, para ser o processo judicial de reclamação da decisão proferida pelo órgão da execução sobre a matéria, passando, assim, esta reclamação a constituir a forma processual de exercer a tutela jurisdicional no que toca à verificação e graduação de créditos."*

Deste modo, é pacífico que o tribunal não deixou de ter competência para apreciar a matéria relativa à verificação e graduação de créditos, pese embora a alteração ao nº 2 do artigo 245º do CPPT, resultante da Lei nº 55-A/2010, de 31 de Dezembro. Com efeito, apesar da decisão de verificação e graduação de créditos caber, em primeira linha, ao órgão da execução fiscal, como se verá melhor, esta decisão poderá ser objecto de reclamação para o tribunal tributário de 1ª instância nos termos dos artigos 276º do CPPT, cabendo-lhe, nestes casos, a apreciação da verificação e graduação de créditos efectuada.

Esta possibilidade de reclamar para o tribunal tributário de 1ª instância, decorrente do artigo 246º do CPPT, parece colmatar as alegações de inconstitucionalidade invocadas por Lopes de Sousa que considerava materialmente inconstitucional a atribuição da tarefa de verificação e graduação de créditos ao órgão da execução fiscal nos casos em que fosse apresentada impugnação quanto ao incidente, junto dos serviços da Administração Tributária onde estivesse a correr a execução fiscal. Na verdade, esta impugnação decorria da aplicação das normas do CPC, designadamente do artigo 789º, nº 2, sendo que actualmente, por força do artigo 246º do CPPT a reclamação da decisão de verificação e graduação é efectuada *exclusivamente* nos termos dos artigos 276º a 278º do CPPT, não sendo de aplicar as regras do CPC e garantindo-se, assim, a possibilidade de pedido de apreciação, quanto à verificação e graduação dos créditos, pelo tribunal tributário de 1ª instância[259].

- ***Momento em que deve ocorrer a verificação e graduação de créditos***

Sabendo que a competência para a verificação e graduação de créditos recai sobre o órgão da execução fiscal, é de referir que, de acordo com o nº 1 do artigo 245º do CPPT, esta "*tem efeito suspensivo quanto ao seu objecto, sem prejuízo do andamento da execução fiscal até à venda dos bens*". Assim, este artigo parece pressupor que a verificação e graduação dos créditos tenha lugar antes da realização da venda dos bens penhorados, salientando Jesuíno Alcântara Martins e Costa Alves que, na prática, a decisão quanto à verificação e graduação de créditos é proferida em momento posterior à realização da venda, ficando este a "*aguardar a concretização ou não da venda dos bens penhorados*". A este propósito, veja-se o acórdão do STA de 8 de Outubro de 2014, proferido no âmbito do processo nº 0830/14, no qual se entendeu que:

> *"O artº 245º nº 1 do Código de Procedimento e Processo Tributário não determina que a verificação e graduação de créditos tenha de ocorrer antes da venda dos bens penhorados, nem assim pode ser entendida a expressão «até à venda».*
>
> *IV – A expressão "até à venda", só pode significar até à realização da venda porque é com essa realização que se abre a fase de pagamentos e estes é que não podem ser efectuados sem que se saiba qual a ordem que decorre da graduação de créditos reclamados."*

Dispôs, assim, como não poderia deixar de ser, este tribunal superior, que o nº 1 do artigo 245º do CPPT apenas impede que a verificação e graduação de créditos tenha lugar após a fase de pagamentos, tendo em conta que será necessário o conhecimento da ordem de graduação dos créditos reclamados para proceder àqueles. Pelo contrário, quanto à verificação e graduação, tais actos não são indispensáveis à realização da venda dos bens penhorados, nada impedindo que esta seja realizada antes do incidente para verificação e graduação dos créditos. Contudo, não será de olvidar que – nos termos do nº 1 do artigo 244º do CPPT –, o legislador determinou que a venda só se poderá realizar após o termo do prazo de reclamação de créditos.

[259] Para maiores desenvolvimentos relativamente à eventual inconstitucionalidade da competência do órgão de execução fiscal para a realização da verificação e graduação de créditos, veja-se Jorge Lopes de Sousa (2011),Vol. IV, p. 70-71.

- ***Forma que deve assumir a verificação e graduação de créditos***

Aqui chegados, torna-se necessário determinar como deve o órgão da execução fiscal proceder à verificação e graduação de créditos, mesmo após a realização da venda dos bens penhorados[260].

Em primeiro lugar, entendemos que a decisão acerca da verificação e graduação de créditos será una, devendo o órgão da execução fiscal começar por determinar se as reclamações de créditos são tempestivas e se foram juntos os elementos de prova necessários à demonstração da existência do crédito e da garantia real. Verificando alguma insuficiência ou irregularidade processual, o órgão da execução fiscal deverá notificar o credor para que este, no prazo de 10 (dez) dias a contar da notificação, proceda ao suprimento da falta, sob pena de a reclamação não ser admitida, nos termos dos artigos 23º do CPPT e 153º do CPC[261]. De seguida, o órgão da execução fiscal deverá proceder à apreciação do mérito da reclamação de créditos, ou seja, deverá decidir se a reclamação de créditos é ou não admissível, terminando aqui a fase de verificação dos créditos.

Deste modo, o órgão da execução prosseguirá para a fase de graduação dos créditos, ou seja, à determinação da ordem pela qual os créditos deverão ser pagos, devendo ter em conta o tipo e natureza da garantia de cada credor e a data da sua constituição[262]. A este propósito, será de referir, por exemplo, que os créditos de IRS – artigo 111º do Código do IRS – e IRC – artigo 116º do Código de IRC – e as Contribuições para a Segurança Social gozam de privilégios imobiliários gerais pelo que prevalecem na graduação sobre os demais créditos comuns garantidos pela penhora.

Contudo, importa sublinhar que a jurisprudência tem entendido, mesmo recentemente, que os créditos que beneficiem de privilégios imobiliários gerais não prevalecem sobre a hipoteca, apenas prevalecendo sobre aquela garantia real os créditos com privilégios imobiliários especiais. Veja-se, a este propósito, o que foi defendido no acórdão do STA de 22 de Abril de 2015, proferido no âmbito do processo nº 01062/14[263]:

> "*Os privilégios imobiliários previstos no artigo 111º do CIRS são gerais, e não especiais, pelo que não preferem ao crédito hipotecário, também reclamado, na respectiva graduação de créditos.*"

[260] Seguindo de perto Jesuíno Alcântara Martins/José Costa Alves (2015), p. 345-351.

[261] Jesuíno Alcântara Martins/José Costa Alves (2015), p. 345.

[262] *Ibidem*, p. 348.

[263] A este propósito vejam-se ainda os acórdãos do STA de 6 de Maio de 2015, proferido no âmbito do processo nº 01380/14 e de 10 de Setembro de 2014, proferido no âmbito do processo nº 0606/14.

E também o entendimento perfilhado pelo STA no acórdão de 24 de Fevereiro de 2016, proferido no âmbito do processo nº 0771/14, no qual se defendeu que:

> *"I - O crédito de IMI quando decorrente do imposto devido pelo Imóvel objecto de penhora goza do privilégio imobiliário especial.*
> *II - Como tal prefere aos restantes créditos ainda que garantidos por hipoteca."*

Assim, de acordo com o elenco proposto por JESUÍNO ALCÂNTARA MARTINS e COSTA ALVES, a graduação dos créditos deverá obedecer à seguinte ordem quando os bens penhorados sejam *bens imóveis*[264]:

- Privilégios especiais;
- Hipoteca[265];
- Privilégios gerais;
- Penhora e outras garantias reais.

Por outro lado, estando em causa *bens móveis*, a ordem de graduação a respeitar será:

- Privilégios especiais;
- Penhor;
- Privilégios gerais;
- Penhora e outras garantias reais.

Por fim, seguindo o entendimento dos referidos autores, a decisão do órgão da execução fiscal de verificação e graduação de créditos deverá conter a (*i*) identificação dos credores reclamantes; (*ii*) identificação dos créditos reclamados e suas características, (*iii*) a data da constituição da garantia e de cálculo de juros; (*iv*) a explicação das normas jurídicas que fundamentam o tipo de garantia que cada crédito reclamado beneficia[266].

- ***Forma de reacção***

Efectuada a verificação e graduação de créditos, o nº 2 do artigo 245º do CPPT, determina que o órgão da execução fiscal deverá proceder à notifica-

[264] JESUÍNO ALCÂNTARA MARTINS/JOSÉ COSTA ALVES (2015), p. 349.

[265] A prevalência da hipoteca sobre os privilégios creditórios gerais e sobre a penhora estará dependente, no entanto, do seu registo anterior, nos termos do artigo 751º do CC.

[266] JESUÍNO ALCÂNTARA MARTINS/JOSÉ COSTA ALVES (2015), p. 349.

ção desta decisão a todos os credores que tenham reclamado créditos, quer a reclamação tenha sido admitida ou não.

Desta notificação deverá constar a possibilidade de os credores procederem à reclamação para o tribunal tributário de 1ª instância no prazo de 10 (dez) dias após a notificação, nos termos dos artigos 276º e seguintes do CPPT, com fundamento em erro na verificação ou graduação de créditos, previsto na alínea *e*) do nº 3 do artigo 278º do CPPT. Ou seja, caso algum interessado discorde da decisão de verificação ou graduação de créditos, seja porque a sua reclamação de créditos não foi considerada ou aceite, seja porque não concorda com a ordem de graduação, o meio adequado para reagir contra este acto do órgão da execução fiscal será através da reclamação para o tribunal tributário da 1ª instância.

É de salientar que esta reclamação tem efeito suspensivo da respectiva decisão, procedendo-se à sua remessa imediata ao tribunal tributário de 1ª instância acompanhado de cópia autenticada do processo principal. Segundo Jesuíno Alcântara Martins e Costa Alves, este efeito suspensivo implica que o produto da venda dos bens penhorados não possa ser aplicado no processo de execução fiscal e distribuído pelos credores graduados[267]. Vamos mais longe, considerando que, à semelhança dos outros casos de reclamação judicial em sede de execução fiscal em que seja atribuído efeitos suspensivo *ope legis* ou em que o interessado invoque um *prejuízo irreparável* se a reclamação não for de imediato conhecida, uma vez apresentada a mesma, até que o juiz se pronuncie sobre o seu efeito, o órgão da execução deverá abster-se de praticar os actos da execução. Outro não pode ser o entendimento, sob pena de esvaziamento da função da reclamação para o juiz quanto às ilegalidades cometidas pelo órgão da execução.

Por fim, o artigo 247º do CPPT estabelece que os processos que tiverem subido ao tribunal tributário de 1ª instância, em virtude de reclamação da decisão do órgão da execução fiscal, para decisão da verificação e graduação de créditos, serão devolvidos ao mesmo após o trânsito em julgado da decisão, procedendo-se de seguida à liquidação em cumprimento da sentença que tiver graduado de forma definitiva os créditos reclamados.

77.6.3. Os privilégios creditórios

Como vimos no ponto 77.6 deverão ser convocados para reclamar os seus créditos os credores com garantias reais, incluindo aqueles com privilégios creditórios gerais e especiais. Por outro lado, salientámos que na graduação de

[267] *Ibidem.*

créditos, quer quando os bens penhorados sejam bens imóveis, quer quando se tratar de bens móveis, os privilégios creditórios *especiais* deverão prevalecer sobre a hipoteca e o penhor. Assim, os privilégios creditórios constituem uma garantia para os titulares de crédito, tal como a hipoteca ou o direito de retenção e demais direitos reais de garantia, sendo que a sua relevância decorre do facto de determinarem a posição de cada crédito na ordem de graduação aquando da execução fiscal, tendo em conta que a graduação será realizada em função do *tipo de garantia* que cada credor detém sobre os bens penhorados integrantes do património do devedor[268].

Por conseguinte, será relevante delimitar – ainda que de forma sucinta – o regime dos privilégios creditórios de que beneficiam as dívidas tributárias ao Estado, descortinando em que consistem, quais as suas características, bem como as diferentes espécies de privilégios existentes.

Ora, nos termos do artigo 733º do CC, o privilégio creditório consiste na faculdade atribuída por lei a certos credores, em atenção à causa do crédito, independentemente de registo, de serem pagos com preferência a outros. Por outro lado, o artigo 8º do Decreto-Lei 47 344, de 25 de Novembro de 1966 que aprovou o CC estabeleceu no seu nº 1 que não são reconhecidos para o futuro quaisquer privilégios e hipotecas legais que não sejam concedidos no CC, ressalvando porém no seu nº 2 os privilégios e hipotecas legais concedidas ao Estado ou a outras pessoas colectivas, quando *não se destinem à garantia de débitos fiscais*. Deste modo, decorre desta norma que os créditos de natureza fiscal do Estado e das demais pessoas colectivas de direito público apenas poderão beneficiar dos privilégios creditórios expressamente previstos no CC.

Contudo, será de salientar que os privilégios creditórios não estão sujeitos a registo, ao contrário das demais garantias reais como a hipoteca ou o penhor e a penhora, constituindo assim uma excepção ao princípio da publicidade. A ausência de registo dos privilégios creditórios tem sido objecto de diversas críticas, não apenas em sede tributária, tendo em conta que podem ser postos em causa os direitos e interesses de outros credores que poderão não ter conhecimento da existência de créditos garantidos através de privilégios creditórios. Jesuíno Alcântara Martins e Costa Alves destacam a relevância do desconhecimento por parte de outros credores da existência de créditos garantidos com privilégios creditórios, tendo em conta que estes créditos poderão preferir em certos casos aos créditos dos demais credores, mesmo quando estes possuam garantias constituídas em data anterior[269].

268 Cf. Jesuíno Alcântara Martins/José Costa Alves (2015), p. 452.

269 *Ibidem*, p. 449.

A este propósito, veja-se a título exemplificativo o acórdão do STA de 6 de Maio de 2015, proferido no âmbito do processo nº 01380/14, em sede do qual se defendeu que[270]:

> *"Nos termos dos artigos 744º, nº 1 do Código Civil e 122º do Código do IMI, gozam de* ***privilégio imobiliário especial*** *sobre os bens cujos rendimentos estão sujeitos a Imposto Municipal sobre Imóveis, os créditos de IMI inscritos para cobrança no ano corrente na data da penhora (...), e nos dois anos anteriores, bem como os respectivos juros de mora (artigo 8º do Decreto-Lei nº 73/99, de 16 de Março),* ***pelo que devem ser graduados em primeiro lugar, precedendo os créditos garantidos por hipoteca****, ex vi do disposto no artigo 751º do Código Civil."* (destacado nosso)

Ora, sabendo que os créditos de natureza fiscal do Estado e das demais pessoas colectivas de direito público apenas poderão beneficiar dos privilégios creditórios expressamente previstos no CC e que estes não estão sujeitos a registo, olhemos agora para as diferentes espécies de privilégios creditórios previstos neste diploma legal.

Decorre do nº 1 do artigo 735º do CC que existem duas espécies diferentes de privilégios creditórios: os mobiliários e os imobiliários, sendo que a distinção entre estas duas espécies de privilégios estará nos bens sobre os quais incidem, na medida em que os privilégios mobiliários abrangem o valor de bens móveis e os imobiliários incidem, naturalmente, sobre bens imóveis.

Por outro lado, os privilégios mobiliários poderão ser especiais ou gerais, de acordo com o nº 2 do artigo 735º do CC, sendo os privilégios imobiliários previstos no CC sempre especiais, por força do disposto no nº 3 do mesmo artigo. Isto significa que os privilégios mobiliários poderão abranger o valor de *todos* os bens móveis existentes no património do devedor à data da penhora ou de acto equivalente, tratando-se de privilégios *gerais* ou poderão ser especiais, abrangendo só o valor de *determinados* bens móveis, de acordo com o nº 2 do artigo 735º do CC. Já os privilégios imobiliários só poderão abranger determinados bens imóveis e nunca a totalidade dos bens existentes no património do devedor.

Como se viu, a graduação de créditos tem de ser efectuada de acordo com as especificidades de cada caso, na medida em que a preferência de certo crédito depende da oponibilidade ou não da sua garantia aos demais credores preferentes. Ora, segundo Jesuíno Alcântara Martins e Costa Alves, os privilégios creditórios constituem uma "*garantia privilegiada*", na

[270] Veja-se neste sentido o acórdão do STA de 28 de Maio de 2014, proferido no âmbito do processo nº 0355/14.

medida em que, pese embora a ausência de registo, em certos casos são oponíveis a terceiros e preferem à hipoteca ou ao direito de retenção, mesmo que estas garantias sejam anteriores ao surgimento do crédito que beneficie do privilégio creditório[271]. Estes serão os privilégios creditórios – imobiliários ou mobiliários – *especiais*. Os privilégios *gerais*, como se viu no ponto anterior, não preferem em relação à hipoteca ou ao penhor, mas apenas relativamente à penhora e demais garantias reais.

Aqui chegados, pretende-se agora delimitar os privilégios creditórios de que beneficiam os créditos do Estado ou outras pessoas colectivas de direito público.

Assim, será de referir que, de acordo com o nº 1 do artigo 736º do CC, o Estado e as autarquias locais têm privilégio mobiliário *geral* para garantia dos créditos por impostos indirectos, e também pelos impostos directos inscritos para cobrança no ano corrente na data da penhora, ou acto equivalente, e nos dois anos anteriores, sendo que, por força do artigo 8º do Decreto-Lei nº 73/99, de 16 de Março – regime dos juros de mora das dívidas ao Estado e outras pessoas colectivas de direito público –, os privilégios creditórios de que beneficiem as dívidas de natureza tributária e contributiva são extensivos aos juros de mora.

Olhemos agora para alguns dos privilégios creditórios de que beneficiam os créditos de diferentes impostos que poderão ser objecto de cobrança coerciva no âmbito do processo de execução fiscal.

Por um lado, vemos que o IVA beneficia do privilégio mobiliário geral, tal como previsto na lei civil, mormente no artigo 736º do CC, sem qualquer limite temporal. O IMT, de acordo com o artigo 39º do Código do IMT, goza dos privilégios previstos nos artigos 738º e 744º do CC, ou seja, de um privilégio mobiliário especial e de um privilégio imobiliário especial, respectivamente. Já o IMI, nos termos do artigo 122º do Código do IMI, goza do privilégio creditório imobiliário especial previsto no artigo 744º do CC, previsto para a contribuição predial[272]. Por fim, relativamente ao IRS e ao IRC, os artigos 111º do Código do Imposto do Selo e 116º do Código do IRC, estabelecem para o pagamento do IRS e do IRC relativo aos três últimos anos, um privilégio mobiliário geral e privilégio imobiliário sobre os bens existentes no património do sujeito passivo à data da penhora ou outro acto equivalente.

Relativamente aos privilégios creditórios de que beneficia a Administração Tributária para pagamento do IRS e do IRC, não concordamos inteiramente

[271] *Ibidem*, p. 453.

[272] Neste sentido acórdão do STA de 6-05-2015, proferido no âmbito do processo nº 01380/14.

com a crítica de JESUÍNO ALCÂNTARA MARTINS e COSTA ALVES que consideram "*extremamente questionável*" o privilégio imobiliário estabelecido nos artigos 111º do Código do IRS e 116º do Código de IRC, devido ao carácter taxativo e imperativo dos normativos do artigo 744º do CC. Este estabelece que os créditos por contribuição predial devida ao Estado ou às autarquias locais, inscritos para cobrança no ano corrente na data da penhora, ou acto equivalente, e nos dois anos anteriores, têm privilégio sobre os bens imóveis cujos rendimentos estão sujeitos àquela contribuição, existindo assim um conflito entre esta disposição e as normas do Código do IRS e do Código do IRC que prevêem também um privilégio imobiliário especial para pagamento destes impostos relativo aos três últimos anos. Contudo, poderá equacionar-se a possibilidade de o contribuinte proceder ao pagamento desta "contribuição predial", não efectuando contudo o pagamento de IRS ou de IRC, admitindo-se que a Fazenda Pública beneficie dos privilégios creditórios previstos para o pagamento destes impostos, tendo preferência sobre a hipoteca. Quando, pelo contrário, forem devidos estes impostos sobre o rendimento e a contribuição predial, de facto, poderá verificar-se um conflito entre estes privilégios creditórios especiais, sendo que aqueles autores parecem defender a prevalência do privilégio previsto no CC[273].

Por fim, será de salientar que a declaração de insolvência do executado determina a extinção dos privilégios creditórios nos termos do artigo 97º do Código da Insolvência e da Recuperação das Empresas, extinguindo-se designadamente:

- Os privilégios creditórios *gerais* que forem acessórios de créditos sobre a insolvência de que forem titulares o Estado, as autarquias locais e as instituições de segurança social constituídos mais de 12 meses antes da data do início do processo de insolvência (nº 1, alínea *a*));
- Os privilégios creditórios *especiais* que forem acessórios de créditos sobre a insolvência de que forem titulares o Estado, as autarquias locais e as instituições de segurança social vencidos mais de 12 meses antes da data do início do processo de insolvência (nº 1, alínea *b*));
- As *hipotecas legais* cujo registo haja sido requerido dentro dos dois meses anteriores à data do início do processo de insolvência, e que forem acessórias de créditos sobre a insolvência do Estado, das autarquias locais e das instituições de segurança social (nº 1, alínea *c*));
- Se não forem independentes de registo, as garantias reais sobre imóveis ou móveis sujeitos a registo integrantes da massa insolvente,

[273] JESUÍNO ALCÂNTARA MARTINS/JOSÉ COSTA ALVES (2015), p. 452.

acessórias de créditos sobre a insolvência e já constituídas, mas ainda não registadas nem objecto de pedido de registo (nº 1, alínea *d*));
- As garantias reais sobre bens integrantes da massa insolvente acessórias dos créditos havidos como subordinados (nº 1, alínea *e*)).

Estes créditos passam a ser exigidos como créditos comuns, o que não deixa de revelar uma opção pela diminuição dos privilégios estatais. Jesuíno Alcântara Martins e Costa Alves entendem, a este propósito, que esta solução de extinção de privilégios creditórios revelou-se "*altamente prejudicial*" para os interesses macro-económicos e financeiros do Estado, sem vantagens ao nível da regeneração do tecido empresarial nacional[274]. Em face dos poderes coercivos estatais e dos muito alargados prazos para cobrança dos seus créditos cremos porventura exagerada a crítica dos autores.

77.7. Venda dos bens

Realizada a penhora dos bens e terminado o prazo para apresentação de reclamação de créditos, terá lugar a venda dos bens penhorados, para que o produto da mesma seja aplicado na execução, excepto nos casos de penhora de dinheiro ou de rendimentos em que tal não se afigura necessário, sendo a aplicação na execução automática. Para Freitas da Rocha esta será a fase em que teleologicamente todo o processo de execução fiscal converge[275].

Cumpre a este propósito chamar a atenção uma vez mais para o facto de a Lei nº 13/2016, de 23 de Maio, ter alterado o artigo 244º do CPPT, inserindo uma norma que, quanto aos imóveis destinados à habitação própria e permanente do executado ou do seu agregado familiar, e desde que o mesmo não esteja enquadrado, no momento da penhora, na taxa máxima para efeitos de transmissão (nos termos do Código do IMT), impede a sua venda, ficando, no entanto, penhorado até ao pagamento integral da dívida.

Se não for este o caso, e, como já referimos, a venda dos bens terá lugar após o termo do prazo para a reclamação dos créditos, tal como decorre do nº 1 do artigo 244º do CPPT, não podendo ser efectuada antes de decorridos 30 (trinta) dias sobre o termo do prazo da oposição à execução fiscal, tal como previsto no nº 4 do artigo 193º do CPPT. Para além disso, recorde-se que, nos termos do nº 2 deste artigo, a venda depende sempre de citação pessoal – ou edital, caso esta não seja possível. A exigência de que a venda dos bens tenha lugar após o termo do prazo para a reclamação de créditos configura uma

[274] *Ibidem*, p. 457.

[275] Joaquim Freitas da Rocha (2014), p. 361.

alteração do CPPT em relação ao regime previsto no CPT, mais uma vez em prol da celeridade processual em sede de execução fiscal.

Determinado o momento em que a venda deverá ter lugar, torna-se fundamental delimitar como é que esta deverá ser efectuada, ou seja, quais as modalidades de venda admitidas pelo CPPT.

Assim, com as alterações introduzidas ao artigo 248º do CPPT pela Lei nº 55-A/2010, de 31 de Dezembro – Lei de Orçamento do Estado para 2011 – a venda judicial passou a realizar-se preferencialmente por meio de leilão electrónico ou, na sua impossibilidade, através de propostas em carta fechada, tendo desaparecido a possibilidade de venda através de arrematação em hasta pública. Quanto à escolha da modalidade de venda, de entre as disponíveis, Lopes de Sousa interpreta que a escolha da modalidade de venda a adoptar caberá ao órgão da execução fiscal, quando não haja determinação pelo dirigente máximo do serviço nos termos do nº 5 do artigo 248º do CPPT, devendo optar – nos casos em que a lei não impuser determinado tipo – pela modalidade que considere que poderá garantir um melhor preço, "*em face do tipo de bens a vender e a urgência ou não na sua concretização*"[276].

Ora, no regime actual da venda judicial no âmbito da execução fiscal, esta deverá ser efectuada preferencialmente por leilão electrónico que decorrerá durante um prazo de 15 (quinze) dias, com um valor de base a anunciar correspondente a 70% do valor da penhora, nos termos do nº 4 do artigo 250º do CPPT, tal como preceituado no nº 2 do artigo 248º do CPPT[277]. Caso não sejam feitas propostas, ficando o leilão "deserto", o nº 3 do mesmo artigo estabelece que a venda passa imediatamente para a modalidade de proposta em carta fechada, que decorre durante 15 (quinze) a 20 (vinte) dias, baixando o valor base a anunciar para 50% do valor da penhora. Já o nº 4 do artigo 248º do CPPT determina que caso não sejam apresentadas propostas, será novamente aberto um leilão electrónico, que decorre durante 15 (quinze) dias, adjudicando-se o bem à proposta de valor mais elevado.

A venda poderá, ainda, ser realizada através de outras modalidades, designadamente por negociação particular, nos casos previstos no artigo 252º do CPPT. Serão os casos de fundada urgência na venda de bens, ou quando estes sejam de valor não superior a 40 unidades de conta, tal como disposto no nº 2 deste artigo[278].

[276] Jorge Lopes de Sousa (2011),Vol. IV, p. 115.

[277] Neste sentido: Jesuíno Alcântara Martins/José Costa Alves (2015), p. 353.

[278] Actualmente € 4.080.

É de salientar a exigência de proceder à publicitação da venda que, nos termos do artigo 249º, nº 1 do CPPT, será efectuada através da Internet, no Portal das Finanças[279], sem prejuízo de serem utilizados outros meios de divulgação por iniciativa do órgão da execução fiscal ou por sugestão dos interessados na venda, de acordo com o nº 2 do mesmo artigo. Todos estes meios de divulgação deverão conter uma indicação dos elementos previstos no nº 5 deste artigo, exigindo-se a menção do órgão por onde corre o processo, o nome ou firma do executado, a identificação sumária dos bens e o valor base da venda, entre outros elementos.

Por outro lado, o nº 7 do artigo 249º do CPPT determina a exigência de notificação, dos titulares do direito de preferência na alienação dos bens, do dia e hora da entrega dos mesmos ao proponente, de forma a poderem exercer o seu direito no acto da adjudicação[280]. Segundo Jesuíno Alcântara Martins e Costa Alves, e em prol da congruência com as regras subsidiárias aplicáveis, também os titulares de direito de remição deverão ser notificados para o exercer nos termos do artigo 258º do CPPT e dos artigos 842º a 845º do CPC[281].

Quanto ao direito de remição, note-se que o mesmo só existe nos casos em que o executado se trate de pessoa singular, sendo reconhecido ao cônjuge do executado não separado judicialmente de pessoas e bens e aos seus descendentes ou ascendentes, nos termos do artigo 842º do CPC. A estes é reconhecido o direito de adquirir os bens adjudicados ou vendidos, ou parte deles, pelo preço que tiver sido feita a adjudicação ou a venda. Na verdade, de acordo com o acórdão do TCA Sul de 21 de Maio de 2015, proferido no âmbito do processo nº 08690/15, "*[o] direito de remição assenta em dois elementos fundamentais: (i) a adjudicação ou venda de bens e (ii) a qualidade jurídica do titular do respectivo direito decorrente do casamento ou do parentesco que se comporte nas designações de «descendentes ou ascendentes»*".

Ora, este direito deverá ser exercido nas condições previstas nos artigos 843º e 844º do CPC. Por conseguinte, de acordo com a alínea *a)* do nº 1 do artigo 843º do CPC, no caso de venda judicial efectuada por *propostas em carta*

[279] https://vendas.portaldasfinancas.gov.pt

[280] Recorde-se que os direitos de preferência podem ter origem legal ou convencional, sendo que estes se baseiam num pacto de preferência que, nos termos do artigo 414º do CC, consiste na convenção pela qual alguém assume a obrigação de dar preferência a outrem na venda de certa coisa. Os direitos convencionais de preferência só serão atendidos no processo de execução fiscal quando possuírem eficácia real nos termos dos artigos 413º, nºs 1 e 2 e 421º do CC (Cf. Jorge Lopes de Sousa (2011), Vol. IV, p. 122-123).

[281] Jesuíno Alcântara Martins/José Costa Alves (2015), p. 354-355.

fechada, o direito de remição será exercido até à emissão do título da transmissão dos bens para o proponente ou no prazo de 5 (cinco) dias previsto no nº 3 do artigo 825º do CPC e nos termos aqui preceituados.

Por outro lado, a alínea *b*) do nº 1 do artigo 843º do CPC determina que nas outras modalidades de venda o direito de remição será exercido até ao momento da entrega dos bens ou da assinatura do título que a documenta. Para além disso, de acordo com o nº 1 do artigo 844º do CPC, o direito de remição deverá prevalecer sobre o direito de preferência legal ou convencional.

Assim, parece-nos – seguindo o entendimento de Jesuíno Alcântara Martins e Costa Alves – que decorre deste artigo 843º do CPC, aplicável *ex vi* artigo 2º, alínea *e*) ao processo de execução fiscal, que o prazo de exercício do direito de remição termina com a elaboração do auto de transmissão e entrega dos bens e não com a elaboração da acta de abertura das propostas apresentadas em carta fechada[282]. Contudo, como estes autores salientam, haverá que ter em conta a possibilidade de os bens vendidos através de venda judicial serem adjudicados ao proponente no próprio dia da abertura das propostas, desde que seja depositado na sua totalidade o preço e estejam satisfeitas as obrigações fiscais inerentes à transmissão, tais como o IMT no caso de transmissão de imóveis. Com efeito, sob pena de ver o seu direito de remição prejudicado pela adjudicação dos bens ao proponente no próprio dia da abertura das propostas, exige-se que nestes casos em que o proponente tenha procedido ao depósito do preço na sua totalidade, o requerente da remição efectue igualmente o pagamento pela totalidade do preço do bem para que possa beneficiar do seu direito ou, acrescentamos ao que referem os autores, pelo menos a manifestação da intenção, pelos titulares do direito de remição, de o efectuar num muito curto e determinado prazo temporal, sob pena de a actuação "surpresa" do proponente poder eliminar a possibilidade de exercício da remição, o que também não será de aceitar[283]. Tudo, parece-nos, em nome de uma mais célere e eficaz cobrança coerciva de dívidas através do processo de execução fiscal, sem descurar ou esvaziar o conteúdo dos vários direitos e interesses a ponderar.

Relativamente ao direito de remissão será de referir, por fim, que nos termos do 845º do CPC este pertence em primeiro lugar ao cônjuge, em segundo lugar aos descendentes e em terceiro aos ascendentes do executado, pelo que, caso concorram à remição vários sujeitos, esta será a ordem a cumprir pelo órgão de execução fiscal. Por outro lado, se concorrerem vários descendentes

[282] *Ibidem*, p. 371.
[283] *Ibidem*.

ou vários ascendentes, o nº 2 do mesmo artigo estabelece que preferem os de grau mais próximo aos de grau mais remoto e, em caso de igualdade de grau, será aberta licitação entre os concorrentes e prefere-se o que oferecer maior preço.

O mais relevante para o ponto que nos ocupa será, porém, a exigência ou não da notificação destes titulares do direito de remição para o exercerem, nos mesmos termos que os titulares de um direito de preferência, sendo o entendimento de Jesuíno Alcântara Martins e Costa Alves que esta notificação deverá ter lugar.

Ora, pese embora entendamos que a opinião destes autores é aquela que melhor se coaduna com o princípio da tutela jurisdicional efectiva, assegurando o acesso aos tribunais para o exercício dos direitos ou interesses legítimos, a verdade é que esta exigência de notificação dos titulares do direito de remição não possui qualquer base legal. Daí Lopes de Sousa entender que não se prevê qualquer notificação dos titulares do direito de remição, criticando, todavia, este regime.

Acompanhamos o autor quanto ao tema, designadamente quando refere que os titulares do direito de remição, cujo direito se sobrepõe ao dos preferentes, têm um direito cujo conteúdo se aproxima ao do exercício de um direito de preferência, "*traduzindo-se mesmo na atribuição ao seu titular de uma preferência prioritária, pois o direito do remidor prevalece sobre os direitos de preferência*", pelo que nada justifica que não haja conhecimento formal da venda, por parte destes. Assim, pese embora compreenda que esta diferença de tratamento decorra da proximidade entre o executado e os titulares do direito de remição que terão conhecimento, através do executado, do momento e do local em que devem exercer o seu direito, considera que a falta de exigência de notificação consubstancia uma solução de constitucionalidade duvidosa "*em face do reconhecimento constitucional do direito a uma tutela judicial efectiva*", na medida em que a atribuição de um direito supõe a previsão de meios processuais que o permitam efectivar e não será compatível com a Constituição uma solução legal que se reconduza a que "*os titulares de um direito o possam perder sem terem possibilidade, em termos de razoabilidade e normalidade, de o assegurarem*"[284]. Deste modo, em nossa opinião, exige-se uma alteração legislativa no sentido de se positivar claramente na lei a exigência de notificação expressa dos titulares do direito de remição, nos mesmos termos que os titulares de direitos de preferência.

[284] Jorge Lopes de Sousa (2011),Vol. IV, p. 131 e 219.

Quanto à entrega de propostas, esta deverá ser feita no órgão da execução fiscal ou por transmissão electrónica de dados nos termos dos nº s 1 e 2 do artigo 251º do CPPT. De seguida, no dia e hora fixados para a venda dos bens, realiza-se a abertura e a aceitação de propostas, nos termos do artigo 826º do CPC. Sendo aceite a melhor proposta, deverão ser interpelados para declararem se pretendem exercer o seu direito quer os titulares de um direito de preferência, quer os titulares de um direito de remição. Se estes não se encontrarem presentes na diligência de abertura das propostas, seguindo o entendimento de Jesuíno Alcântara Martins e Costa Alves, deverão ser notificados nos termos do artigo 249º, nº 7 do CPPT.

Contudo, será de referir que aceite a melhor a proposta, a venda só se concretiza após a efectivação do pagamento integral do preço[285].

Por fim, são de referir os efeitos da venda judicial no âmbito do processo de execução fiscal. Assim, a venda dos bens transfere para o adquirente os direitos do executado sobre a coisa vendida, sendo o bem adquirido livre de ónus ou encargos, ou seja, livre de direitos reais de garantia e dos direitos reais de gozo que caducam se, estando sujeitos a registo, tiverem registo posterior ao mais antigo de qualquer arresto, penhora ou garantia real ou, não estando sujeitos a registo, se tiverem sido constituídos depois da penhora, arresto ou garantia, nos termos do artigo 824º do CC.

Porém, os direitos de terceiros que incidam sobre os bens vendidos serão transferidos para o produto da venda dos mesmos. Jesuíno Alcântara Martins e Costa Alves entendem que será por esta razão que o produto da venda é graduado atendendo ao tipo, natureza e grau da garantia de cada credor incidente sobre cada um dos bens vendidos[286].

Após a venda, os bens deverão ser então entregues aos seus adquirentes, podendo estes, com base no título de transmissão e de acordo com disposto no nº 2 do artigo 256º do CPPT, requerer ao órgão da execução fiscal a entrega dos bens, contra o detentor e no próprio processo.

Como efeitos acessórios da venda serão de referir ainda o levantamento da penhora e o cancelamento do registo dos direitos reais que caducam, nos termos do artigo 260º do CPPT[287].

[285] Neste sentido, veja-se Jesuíno Alcântara Martins/José Costa Alves (2015), p. 355 que fazem referência ao acórdão do STA de 25 de Julho de 2009, proferido no âmbito do processo nº 01107/08 que também perfilha o mesmo entendimento.

[286] Jesuíno Alcântara Martins/José Costa Alves (2015), p. 357.

[287] Neste sentido: Jorge Lopes de Sousa (2011), Vol. IV, p. 174.

77.7.1. Anulação da venda

A venda dos bens penhorados, enquanto procedimento que implica várias particularidades, comporta a possibilidade de serem preteridas algumas das formalidades legalmente previstas ou de serem praticados alguns erros materiais que consubstanciem fundamento para a anulação da venda judicial nos termos do artigo 247º do CPPT, preocupação que o legislador não quis deixar de tutelar, em face dos interesses em causa.

Assim, pretende-se neste ponto delimitar quais serão os fundamentos de uma eventual anulação da venda, a quem é reconhecida legitimidade para a requerer, o prazo em que deverá ser apresentado o pedido de anulação e a quem deverá ser dirigido. Por fim, caberá determinar quem terá competência para apreciar a legalidade da venda judicial e decidir pela anulação ou não da mesma, bem como os meios de reacção do interessado que não concorde com a decisão proferida.

No que concerne aos fundamentos, a anulação da venda só poderá ter lugar com base naqueles previstos na lei, estando estes consagrados no artigo 257º do CPPT, bem como no artigo 839º do CPC, para o qual a alínea *c*) do nº 1 do artigo 257º do CPPT remete. Na verdade, as disposições que consagram os fundamentos que poderão servir de base à anulação da venda são, de certa forma, abertas, cabendo à jurisprudência, como se verá, a delimitação dos fundamentos enquadráveis nestas disposições.

Comecemos, no entanto, por olhar para o nº 1 do artigo 257º do CPPT e para os fundamentos aí consagrados. De acordo com esta norma, a anulação da venda poderá ser requerida com base em:

- Existência de algum ónus real que não tenha sido tomado em consideração e não haja caducado (alínea *a*));
- Erro sobre o objecto transmitido ou sobre as qualidades por falta de conformidade com o que foi anunciado (alínea *a*));
- Algum fundamento de oposição à execução que o executado não tenha podido apresentar no prazo normal da alínea *a*) do nº 1 do artigo 203º do CPPT (alínea *b*)); e
- Algum fundamento previsto no CPC, designadamente quando posteriormente à venda seja julgada procedente uma acção de preferência ou deferida a remição de bens (alínea *c*) do nº 1 do artigo 257º do CPPT e nº 2 do artigo 839º do CPC).

A jurisprudência dos tribunais superiores tem vindo a delimitar os fundamentos enquadráveis nestas alíneas que poderão servir de fundamento à anulação da venda. Destaquemos, por isso, algumas das decisões jurisprudenciais mais relevantes.

Em primeiro lugar, o acórdão do STA de 29 de Abril de 2015, proferido no âmbito do processo nº 0698/14 considerou que não constituía fundamento de anulação de venda a *não entrega do bem vendido ao comprador*, que atempadamente pagou o preço, podendo, todavia, constituir fundamento para o pedido de restituição do preço pago.

Relativamente ao erro sobre o objecto transmitido, importa considerar o acórdão do STA de 9 de Julho de 2014, proferido no âmbito do processo nº 0700/14 e o acórdão de 10 de Julho de 2013, proferido no âmbito do processo nº 01252/12. No primeiro, este tribunal superior entendeu que "*[o] facto de o prédio não poder ser destinado a outras utilizações, além daquelas que foram anunciadas e publicitadas pela AT, não constitui fundamento bastante para que o comprador possa invocar, em seu favor, o erro de vontade na sua declaração negocial, causado por omissão da AT, e com isso obter a anulação da venda*". Já no acórdão de 10 de Julho de 2013, referindo que "*[o] erro sobre o objecto pode ser determinado pela insuficiência e imprecisão do anúncio de venda, que deve respeitar as boas regras publicitárias, designadamente o dever de informar e publicitar com rigor*", defendeu que: "*Face ao quadro publicitário, a compradora criou a convicção de estar a licitar um terreno para construção urbana sem limitações que no entanto existiam, facto que não foi salientado e, devia tê-lo sido, no anúncio de venda. Tanto basta para que reconheçamos a existência de limitação determinativa de erro sobre a coisa transmitida ocorrendo ainda falta de conformidade com o que foi anunciado, tudo determinando nos termos do artº 908 nº 1 do CPC a anulação da venda.*".

No que diz respeito aos fundamentos de oposição à execução, será de referir o acórdão do TCA Sul de 19 de Novembro de 2015, proferido no âmbito do processo nº 08852/15, no qual se entendeu que por força da conjugação dos artigos 203º, nº 4 e 257º, nº 3 do CPPT "*a prescrição, enquanto fundamento de oposição, não pode ser invocado como fundamento para anulação da venda após esta estar consumada*". E, finalmente, no que concerne aos fundamentos elencados no CPC que também poderão alicerçar a anulação da venda ocorrida no processo de execução fiscal, o acórdão do STA de 12 de Fevereiro de 2014, proferido no âmbito do processo nº 051/14 referiu que "*[a] anulação da venda nos termos deste art. 195º do novo CPC (correspondente ao anterior art. 201º) depende, quer da ocorrência, relativamente ao acto de venda ou aos actos preparatórios a ela respeitantes, de qualquer omissão de acto ou formalidade prescrita na lei, quer da circunstância de a irregularidade verificada poder ter influência na venda (nºs. 1 e 2 do mesmo normativo)*".

Determinados que estão os fundamentos da anulação da venda, será essencial determinar a quem é reconhecida legitimidade para requerer esta anulação e em que prazo o deverá fazer.

Relativamente à legitimidade, Lopes de Sousa, pese embora se refira ao regime de anulação da venda anterior à Lei nº 64-B/2011, de 30 de Dezembro, considera que a mesma varia consoante o fundamento invocado. Assim, entende que nas situações elencadas na alínea *a*) do nº 1 do artigo 257º do CPPT, ou seja, em caso de existência de algum ónus real que não tenha sido tomado em consideração e não haja caducado ou de erro sobre o objecto transmitido, a legitimidade será do comprador. Pelo contrário, nos casos elencados na alínea *b*) do nº 1 do artigo 257º do CPPT, isto é, quando seja invocado um fundamento de oposição à execução, bem como nas situações previstas nas alíneas *a*), *b*) e *c*) do nº 1 do artigo 839º do CPC, a legitimidade será, compreensivelmente, do executado[288]. Será de referir ainda que, quando posteriormente à venda, seja julgada procedente uma acção de preferência ou seja deferida a remição dos bens, nos termos do nº 2 do artigo 839º do CPC, estes substituem-se ao comprador, pagando o preço e as despesas da compra.

A este propósito, caberá salientar que a jurisprudência já tem reconhecido a legitimidade do credor com garantia real sobre o bem vendido para requerer a anulação da venda, tal como decorre do acórdão do STA de 31 de Março de 2016, proferido no âmbito do processo nº 0289/16, no qual se entendeu que:

> *"Porque a divergência entre o que foi anunciado e o que foi vendido, a verificar-se e se susceptível de influir na venda, constituiu uma nulidade do processo (art. 195º, nºs 1 e 2, do CPC) e a anulação da venda pode ter por fundamento e ser consequência dessa nulidade [art. 839º, nº 1, alínea c), do CPC, conjugado com a alínea c) do art. 257º, nº 1, do CPPT], há que reconhecer ao credor com garantia real sobre o bem vendido legitimidade para pedir a anulação da venda com esse fundamento."*

No entanto, a questão da legitimidade destes credores não é pacífica, sendo de referir o acórdão do STA de 15 de Abril de 2015, proferido no âmbito do processo nº 0253/15, em sede do qual é perfilhada uma posição oposta, entendendo assim que:

> *"O ónus a que se refere o artigo 257º, nº 1, al. a), do CPPT tem o sentido de uma limitação ou gravame do direito do adquirente face às expectativas que gizaram a aquisição, e que só por este pode ser invocado para o efeito de anular a venda, como claramente resulta*

[288] Jorge Lopes de Sousa (2011), Vol. IV, p. 193.

do que dispõe o artigo 838º, nº 1, do CPC (anterior artigo 908º, nº 1) e, por conseguinte, ***o retentor não tem legitimidade para pedir a anulação da venda com fundamento no seu direito de retenção****.*

Ao promitente-comprador que goze do direito de retenção sobre o prédio penhorado é facultado o direito de reclamar o seu crédito no processo de execução, a fim de ser pago pelo produto da venda no âmbito desse processo, a par dos demais credores, tendo em conta o privilégio creditório que lhe é conferido por esse direito de retenção, e por aqui se queda esse seu direito, que caduca com a venda.

É, pois, através da reclamação de créditos na execução que o promitente-comprador pode fazer valer o seu direito, obtendo o pagamento do que legalmente lhe é devido pelo logro do cumprimento do contrato que celebrou com o executado.

Só os intervenientes no processo de execução têm interesse na venda, e, por conseguinte legitimidade para pedir a sua anulação com fundamento em irregularidades que possam nela ter influência." (destacado nosso).

Cremos ser esta a solução mais correcta, na medida em que o credor com garantia real, poderá garantir a tutela do seu direito mediante a reclamação de créditos, sendo citado para o efeito, tal como vimos no ponto 77.1.6. Assim, não se justifica que o credor não proceda à reclamação do seu crédito e venha, posteriormente à venda, requerer a anulação da mesma com base no seu direito real de garantia. Esta será a solução que melhor se coaduna com a celeridade do processo de execução fiscal e, bem assim com a estabilidade das vendas judiciais. Questão diferente será a do caso em que o credor com garantia real não tenha sido devidamente convocado, por meio de citação, para reclamar o seu crédito, caso em que sempre lhe assistirá a faculdade de requerer a anulação da venda.

Delimitada a legitimidade para requerer a anulação da venda, cabe apurar quais os prazos para apresentação do pedido de anulação da venda, previstos igualmente nas alíneas *a*), *b*) e *c*) do nº 1 do artigo 257º do CPPT, os quais, antecipando, variam consoante o fundamento invocado. Assim, a anulação da venda deverá ser requerida no prazo (*i*) de 90 (noventa) dias, no caso de a anulação se fundar na existência de algum ónus real que não tenha sido tomado em consideração e não haja caducado ou em erro sobre o objecto transmitido ou sobre as qualidades por falta de conformidade com o que foi anunciado; (*ii*) de 30 (trinta) dias, quando for invocado fundamento de oposição à execução que o executado não tenha podido apresentar no prazo da alínea *a*) do nº 1 do artigo 203º do CPPT; e no prazo de (*iii*) 15 (quinze) dias, nos restantes casos previstos no CPC. Para além disso, o nº 2 do mesmo artigo determina que estes prazos contar-se-ão da data da venda ou da que o requerente tome conhecimento do facto que servir de fundamento à anulação, competindo-lhe provar a data desse conhecimento[289].

De acordo com o nº 4 do artigo 257º do CPPT, este pedido deverá ser dirigido ao órgão periférico regional da Administração Tributária a quem caberá tomar a decisão de anulação ou não da venda no prazo máximo de 45 (quarenta e cinco) dias, ouvidos todos os interessados na venda, no prazo previsto no nº 6 do artigo 60º da LGT para exercício da audição prévia, ou seja, entre 15 (quinze) e 25 (vinte e cinco) dias. Caso não profira uma decisão de deferimento ou indeferimento do pedido de anulação decorrido o prazo de 45 (quarenta e cinco) dias, forma-se a presunção de indeferimento tácito, tal como disposto no nº 5 do mesmo artigo 257º do CPPT[290].

Saliente-se que, desde as alterações ao CPPT pela Lei nº 64-B/2011, de 30 de Dezembro, o pedido de anulação é dirigido e decidido pelo órgão periférico regional, e não pelo tribunal tributário de 1ª instância como antes sucedia, nos termos do artigo 151º do CPPT, pelo que o pedido de anulação era naturalmente dirigido ao juiz do tribunal tributário. Ora, actualmente esta decisão cabe à Administração Tributária, designadamente ao órgão periférico regional, exigindo-se nos termos do nº 6 do artigo 257º do CPPT que, nos casos em que haja decisão expressa, esta seja notificada a todos os interessados no prazo de 10 (dez) dias. Para além disso, o nº 7 do mesmo admite a reclamação para o tribunal tributário da 1ª instância nos termos dos artigos 276º e seguintes do CPPT, em caso de indeferimento expresso ou tácito do pedido de anulação da venda. Este será o meio de reacção do comprador ou do executado em caso de indeferimento do seu pedido, mantendo-se assim, a possibilidade de apreciação e de controlo judicial da venda dos bens penhorados. Pese embora a primeira decisão caiba à Administração, o tribunal tributário de 1ª instância terá sempre a última palavra quando a decisão seja desfavorável ao interessado.

Jesuíno Alcântara Martins e Costa Alves entendem que deste novo regime de anulação da venda – que atribui a competência para a decisão de anulação ou não, ou seja, a competência em primeira linha para a apreciação da legalidade da venda ao órgão periférico regional da Administração –, não resulta em nenhuma perda ou redução das garantias dos contribuintes e demais interessados, nem põe em causa os princípios da legalidade, igual-

289 Neste sentido, veja-se o acórdão do TCA Sul de 18 de Fevereiro de 2016, proferido no âmbito do processo nº 09280/16.

290 Neste sentido, veja-se o acórdão do STA de 3 de Setembro de-2014, proferido no âmbito do processo nº 0719/14.

dade, imparcialidade e justiça tributária. Trata-se somente de uma opção legislativa cuja finalidade terá sido promover a celeridade, simplicidade e eficácia na tramitação do processo de execução fiscal, retirando dos tribunais a "pequena conflitualidade"[291].

77.8. Suspensão do processo de execução fiscal

No âmbito da tramitação "normal" do processo de execução fiscal que conduz à penhora dos bens do executado e à posterior venda dos mesmos, é de salientar a possibilidade de suspensão dos seus trâmites, impedindo, designadamente, a realização da penhora e da venda, retardando-os no tempo.

Ora, neste ponto pretende-se descortinar as diferentes causas de suspensão do processo de execução fiscal sendo de salientar, desde já, que a suspensão só será admitida *nos casos expressamente previstos na lei*. Tal decorre dos artigos 36º, nº 3 da LGT e 85º, nº 3 do CPPT, que estabelecem que a Administração Tributária não poderá conceder moratórias no pagamento das obrigações tributárias ou admitir a suspensão da execução fiscal fora dos casos previstos na lei e da consagração no âmbito do procedimento tributário do princípio da indisponibilidade dos créditos tributários que tivemos oportunidade de analisar no ponto 6 deste manual. Recorde-se que este princípio diz respeito apenas aos créditos concretizados em actos de liquidação de tributos e que as proibições decorrentes do mesmo só limitam a actuação da Administração Tributária e não a do legislador. Assim, a Administração Tributária não pode modificar ou extinguir as relações jurídico-tributárias livremente, não se admitindo que conceda moratórias ou suspenda o processo de execução fiscal fora dos casos previstos na lei. Tudo em nome do princípio da legalidade que determina a obediência da Administração aos comandos legais e do princípio da igualdade que impõe um tratamento igual de todos os contribuintes.

Na verdade, os nºs 3 e 4 do artigo 85º do CPPT estabelecem que a suspensão da execução fiscal fora dos casos previstos na lei, quando dolosas, são fundamento de responsabilidade tributária subsidiária, dependendo esta responsabilidade da condenação disciplinar ou criminal do responsável.

Por outro lado, será de referir que, para além da suspensão da tramitação do processo de execução fiscal que impede a realização da penhora e da posterior venda, o nº 11 do artigo 169º do CPPT determina que quando se verificar a suspensão do processo de execução fiscal, considera-se que os contribuintes/executados têm a situação tributária regularizada.

[291] Jesuíno Alcântara Martins/José Costa Alves (2015), p. 366.

Feitas estas considerações iniciais, analisemos então as causas de suspensão do processo de execução fiscal.

- ***Contencioso associado à legalidade da dívida***

O artigo 169º, nº 1 do CPPT prevê a suspensão da execução fiscal até à decisão do pleito em caso de reclamação graciosa, de impugnação judicial ou recurso judicial que tenham por objecto a legalidade da dívida exequenda, bem como durante os procedimentos de resolução de diferendos no quadro da Convenção de Arbitragem nº 90/436/CEE, de 23 de Julho, relativa à eliminação da dupla tributação em caso de correcção de lucros entre empresas associadas de diferentes Estados membros. No entanto, para que execução seja suspensa exige-se que seja simultaneamente prestada ou constituída garantia idónea, nos termos do artigo 199º do CPPT, ou que a penhora garanta a totalidade da quantia exequenda e do acrescido, tal como decorre da parte final deste nº 1. Ou seja, do recurso a estes meios para contestar a legalidade da dívida exequenda não decorre, só por si, a suspensão da execução fiscal, exigindo-se como requisito a prestação ou constituição de garantia idónea ou que a penhora efectuada garanta a totalidade da dívida exequenda e do acrescido. No entanto, será de salientar que a simples prestação de garantia idónea também não terá como consequência, só por si, a suspensão da execução fiscal, exigindo-se designadamente que o executado tenha recorrido ou pretenda recorrer a meio tutelar para contestar a legalidade ou a exigibilidade da dívida.

No que concerne aos casos de recurso aos meios tutelares previstos no nº 1 do artigo 169º do CPPT, Jesuíno Alcântara Martins e Costa Alves consideram que decorre do nº 9 do mesmo artigo que recai sobre o executado o ónus de "*dar a conhecer da existência de processo que justifique a suspensão da execução fiscal*", sob pena de responder pelas custas relativas ao processado posteriormente à penhora, interpretação que nos deixa algumas dúvidas, nomeadamente porque a Administração Tributária participa nos processos tutelares em causa, deles tendo conhecimento, pelo que só fará sentido a obrigação apontada pelos autores quando a notificação da Fazenda Pública ainda não tenha ocorrido e/ou quando a acção não tenha sido interposta junto da Administração, nos casos em que seja possível[292].

Relativamente à suspensão da execução nos termos do nº 1 do artigo 169º do CPPT, importa sublinhar que o elenco de meios tutelares previsto neste nº 1 será aberto, pelo que a reclamação graciosa, a impugnação judicial ou o recurso judicial não serão os únicos meios tutelares adequados a obter a

[292] Jesuíno Alcântara Martins/José Costa Alves (2015), p. 254.

suspensão da execução fiscal. Neste sentido, veja-se o acórdão do STA de 9 de Julho de 2014, proferido no âmbito do processo nº 01944/13, no qual se defendeu que "*[e]mbora a lei não refira a AAE no elenco dos meios processuais adequados a obter a suspensão do processo de execução fiscal, o certo é que o elenco dos meios processuais referidos nas normas citadas não é fechado, nele podendo ser incluídos outros meios procedimentais e processuais*", tendo chegado à conclusão que seria de admitir a dedução de uma acção administrativa especial – actual acção administrativa – como causa de suspensão da execução fiscal, devido à sua natureza impugnatória quando se discuta a legalidade da dívida exequenda. Em suma, entendeu que:

> "*Dada a natureza impugnatória da legalidade da dívida exequenda da acção administrativa especial esta deve ter-se como compreendida entre os meios processuais cuja dedução permite a suspensão da execução fiscal nos termos das leis tributárias,* ***embora o nº 1 do artigo 169º do CPPT se lhe não refira expressamente.***" (destacado nosso).

Deste modo, consagrando-se no nº 1 do artigo 169º do CPPT um elenco aberto de meios procedimentais e processuais que poderão permitir a suspensão da execução fiscal, mediante a prestação ou constituição de garantia idónea, caberá referir quais serão os demais meios tutelares possivelmente incluídos na previsão da norma.

Seguindo o entendimento de Lopes de Sousa, um destes meios será o *recurso hierárquico* quando interposto nos termos do artigo 76º do CPPT, ou seja, quando o objecto de recurso hierárquico seja o indeferimento de uma reclamação graciosa, tendo em conta que, nestes casos, estará em causa a apreciação da legalidade da liquidação, ou seja, da dívida exequenda[293].

Por outro lado, o mesmo autor considera que a *revisão oficiosa* dos actos tributários poderá permitir a suspensão da execução fiscal quando tiver sido apresentada nos termos do nº 1 do artigo 78º da LGT, ou seja, dentro do prazo de 120 (cento e vinte) dias para apresentação da reclamação graciosa, na medida em que se afigura como uma autêntica reclamação, ou seja, como um meio impugnatório em sede do qual se discute a legalidade da dívida[294]. Na verdade, como se viu aquando do estudo deste meio tutelar no ponto 46, é unânime que quando o pedido de revisão oficiosa dos actos tributários é apresentado dentro do prazo da reclamação graciosa terá efeitos idênticos a este meio tutelar, distinguindo-se apenas ao nível do órgão competente para

[293] Jorge Lopes de Sousa (2011), Vol. III, p. 209-210.
[294] *Ibidem*, p. 210-211.

a decisão que será o autor do acto em causa. Já quanto ao caso de o pedido de revisão ser apresentado fora do prazo de reclamação, a questão não é unânime quanto ao efeito que se pode alcançar. A jurisprudência também se tem pronunciado – em diversos acórdãos desde 2009, ano em que, o Pleno da secção de contencioso tributário do STA decidiu, no âmbito do processo nº 017/09, de 6 de Maio de 2009, uniformizou o entendimento – acerca da possibilidade da revisão oficiosa dos actos tributários permitir a suspensão da execução fiscal, sendo de salientar o recente entendimento do acórdão do STA de 5 de Fevereiro de 2015, proferido no âmbito do processo nº 01533/14, no qual se defendeu uma vez mais que esta possibilidade apenas se verificará quando o pedido de revisão for efectuado dentro do prazo de reclamação graciosa, nos termos do nº 1 do artigo 78º da LGT, tendo em conta que o decurso do prazo de exercício dos meios impugnatórios determina a consolidação do acto de liquidação na ordem jurídica[295]:

> *"Ora quanto à primeira modalidade que é uma verdadeira reclamação administrativa podendo e devendo ter o tratamento da reclamação graciosa embora dela distinta por distintas serem as entidades a que as mesmas são endereçadas não há motivo algum para a sua interposição não suspender a execução "ex vi" dos artigos 52 da LGT e 169 do CPPT atentos os seus fundamentos e tempestividade.*
>
> *Mas no que concerne ao acto tributário da liquidação há que ter em conta que o não exercício tempestivo dos meios impugnatórios determina que tal acto se consolide na ordem jurídica como caso resolvido pelo que a sua legalidade e perfeição ficam definitivamente assentes com os efeitos de caso julgado.*
>
> *Daí que um pedido de revisão decorrido que seja o prazo de impugnabilidade do mesmo quer administrativa quer contenciosa não seja susceptível de suspender a execução.*
>
> *Por uma questão de ponderação dos interesses em confronto, de segurança jurídica e de certeza que os actos administrativos devem assegurar."*

Como tivemos a oportunidade de referir no ponto 46 deste manual, discordamos deste entendimento jurisprudencial – que obviamente não pode deixar de ser tido em conta –, pelas razões que passamos sumariamente a expor. Em primeiro lugar, cumpre referir que a conclusão de que a revisão consubstancia uma "verdadeira reclamação" nasceu no seio jurisprudencial, tendo por objectivo consolidar este meio tutelar como a válvula de escape do sistema. Ora, constituindo o Pedido de Revisão uma *verdadeira reclamação*, embora com

[295] No mesmo sentido, veja-se o acórdão do STA de 25 de Junho de 2015, proferido no âmbito do processo nº 0735/15.

diferenças quanto ao órgão decisor e fundamentos, cremos não fazer sentido que os seus efeitos materiais, a nível de suspensão da execução, possam ser distintos daqueles que a lei atribui à reclamação graciosa. Com efeito, o regime do Pedido de Revisão, tal como previsto no artigo 78º da LGT, não distingue os efeitos, a tramitação processual e as consequências do deferimento desse expediente processual nos casos em que seja apresentado "por iniciativa do contribuinte" dos casos em que ocorra por "iniciativa dos serviços" (mesmo a pedido do contribuinte), sendo que a única diferença que existe entre as duas situações refere-se aos fundamentos permitidos (causa de pedir), não podendo, por isso, o intérprete distinguir o que o legislador não fez.

Assim, não ignorando a jurisprudência vigente sobre o tema, o facto de se argumentar que o Pedido de Revisão só suspende a execução quando consubstancia uma verdadeira e própria "reclamação" do acto, ou seja, limitando tal entendimento às reclamações apresentadas no prazo da reclamação administrativa, não colhe à luz da inclusão, por via interpretativa, no artigo 169º do CPPT, de outros meios tutelares que não revistam o carácter de reclamação, como sejam o recurso hierárquico ou a oposição à execução. Aliás, a *ratio legis* do referido artigo 169º do CPPT é a de permitir a possibilidade de suspensão da execução sempre que esteja em causa a discussão da legalidade da liquidação e da sua cobrança, não se restringindo esse efeito suspensivo aos casos em que a legalidade é discutida por iniciativa do contribuinte. São estas as razões que, em suma, nos levam a pôr em causa a tese jurisprudencial em apreço, pese embora, por óbvias razões de prudência, a mesma não possa ser ignorada. Estas razões foram ainda afloradas aquando da explicação neste manual do mecanismo da revisão oficiosa no já ponto 46 para o qual remetemos.

Por fim, será de referir ainda a suspensão da execução fiscal decorrente *do pedido de revisão da matéria tributável*, nos termos do nº 8 do artigo 92º da LGT. Assim, recorde-se que quando o parecer do perito independente for conforme ao do perito do contribuinte e a Administração Tributária resolver em sentido diferente, não havendo acordo entre os peritos, a apresentação da reclamação graciosa ou da impugnação judicial do acto de liquidação subsequente baseado na matéria tributável fixada, terá efeito suspensivo do processo de execução fiscal, *independentemente da prestação de garantia* quanto à parte da liquidação controvertida em que aqueles peritos estiverem de acordo. Ou seja, nestes casos em que haja acordo entre o perito do contribuinte e o perito independente, mas a Administração tome uma decisão diferente, apresentando o contribuinte posteriormente uma reclamação graciosa ou uma impugnação judicial, não será necessária a prestação da garantia pela totalidade da dívida exequenda, como previsto no nº 6 do artigo 199º do CPPT, para que se verifique a suspensão da execução.

Para além da apresentação de um meio tutelar procedimental ou processual para contestar a legalidade da dívida exequenda, desde a alteração ao CPPT com a Lei nº 3-B/2010, de 28 de Abril, o nº 2 do artigo 169º do CPPT permite também a suspensão da execução fiscal quando "*após o termo do prazo de pagamento voluntário, seja prestada garantia antes da apresentação do meio gracioso ou judicial correspondente, acompanhada de requerimento em que conste a natureza da dívida, o período a que respeita e a entidade que praticou o acto, bem como a indicação da intenção de apresentar meio gracioso ou judicial para discussão da legalidade ou da exigibilidade da dívida exequenda*".

Assim, o contribuinte poderá beneficiar da suspensão da execução fiscal mesmo antes da apresentação de um meio tutelar para contestar a legalidade da dívida, desde que, após o termo do prazo de pagamento voluntário, manifeste a intenção de questionar a legalidade da dívida junto do órgão de execução fiscal, apresentando ou constituindo garantia idónea, nos termos do artigo 199º, nº 6 do CPPT. Para além disso, seguindo o entendimento de Jesuíno Alcântara Martins e Costa Alves, consideramos que será de admitir nestes casos que o contribuinte beneficie da dispensa de garantia, se se verificarem os requisitos da mesma[296].

Os mesmos autores salientam as alterações ao CPPT promovidas pela Lei nº 64-B/2011, de 30 de Dezembro – Lei de Orçamento do Estado para 2012 – que eliminou a necessidade de notificação para prestação de garantia, tendo sido o ónus de constituição de garantia transferido para o contribuinte, quer nos casos em que deva ser apresentada antes do recurso a um meio tutelar para discussão da legalidade da dívida, quer após a sua apresentação, ou seja, quer nos casos de suspensão da execução previstos nos nºs 1 e 2 do artigo 169º do CPPT. Deste modo, nos termos do nº 2 do artigo 169º do CPPT, a iniciativa de apresentação da garantia será do executado, sendo que esta deverá acompanhar o requerimento em que é manifestada a intenção de apresentar um meio tutelar para discutir a legalidade da dívida exequenda. Por outro lado, nos termos do nº 7 do mesmo artigo, o executado deverá apresentar, no prazo de 15 (quinze) dias a contar da apresentação do meio procedimental ou processual de defesa, a garantia idónea para determinar a suspensão da execução

[296] Jesuíno Alcântara Martins/José Costa Alves (2015), p. 256. Os requisitos da dispensa de garantia serão analisados mais à frente na medida em que também consubstancia uma causa autónoma de suspensão da execução fiscal.

fiscal, sob pena de penhora dos seus bens, na medida em que a suspensão da execução fiscal está dependente da efectiva prestação da garantia[297].

Já Lopes de Sousa salienta a existência de um efeito suspensivo provisório da execução fiscal durante os 15 (quinze) dias desde a apresentação do meio de defesa procedimental ou processual até à prestação da garantia[298]. Com efeito, só se poderá proceder à penhora após o decurso deste prazo, sem que a garantia tenha sido prestada, pelo que a execução fiscal estará suspensa provisoriamente durante estes 15 (quinze) dias.

- ***Oposição à execução fiscal***

Por força do nº 10 do artigo 169º do CPPT, também se admite a suspensão da execução fiscal caso o executado decida discutir não a legalidade, mas sim a exigibilidade da dívida, apresentando uma oposição judicial e, naturalmente, apresentando ou constituindo garantia idónea nos termos do artigo 199º do CPPT.

Contudo, é de referir o entendimento de Lopes de Sousa, de que ao contrário do efeito suspensivo no caso da apresentação de um meio tutelar para discutir a *legalidade* da dívida, como a reclamação graciosa ou a impugnação judicial, quando a causa da suspensão seja a dedução da oposição judicial à execução, o efeito suspensivo não decorre da simples apresentação pelo executado deste meio de defesa – e constituição de garantia –, exigindo-se que seja proferido despacho liminar pelo juiz que não a rejeite[299]. Ou seja, a suspensão da execução fiscal apenas terá lugar após o juiz do tribunal tributário proferir despacho liminar, aceitando a oposição, o que se compreende na medida em que nos demais meios tutelares de discussão da legalidade da dívida não se verifica a possibilidade de rejeição liminar do pedido nos termos do artigo 209º do CPPT, previstos para a oposição judicial.

- ***Pagamento em prestações e compensação de créditos***

Para além dos casos em que o executado pretenda discutir a legalidade ou a exigibilidade da dívida exequenda, a suspensão da execução fiscal também poderá ter lugar quando este manifeste a intenção de extinguir a obrigação tributária, seja através do pedido de pagamento em prestações, como se viu no ponto 77.3.2, seja através do pedido de compensação da dívida com créditos tributários ou não tributários, nos termos descritos no ponto 39 deste manual.

[297] *Ibidem*, p. 256-257. O valor da garantia será aquele indicado na citação, tal como decorre do nº 2 do artigo 190º do CPPT, sendo que na falta desta informação, o executado poderá consultar o portal das finanças ou solicitar tal informação ao órgão da execução fiscal.

[298] Jorge Lopes de Sousa (2011), Vol. III, p. 217.

[299] *Ibidem*, p. 218.

Assim, quando o executado opte na sequência da citação, pelo pedido de pagamento em prestações da dívida exequenda, poderá verificar-se a suspensão da execução fiscal, desde que este apresente ou constitua garantia idónea nos termos do artigo 199º do CPPT, ou estejam verificados os pressupostos da dispensa da garantia, ao abrigo do artigo 170º do CPPT. Esta possibilidade de suspensão da execução decorre do preceituado no artigo 52º, nºs 1 e 2 da LGT no qual se admite a suspensão da cobrança da prestação tributária no âmbito do processo de execução fiscal em virtude de pagamento em prestações e de prestação de garantia idónea. Contudo, Lopes de Sousa salienta que este efeito suspensivo não é atribuído ao requerimento do pagamento em prestações, mas sim à decisão que o autorizar, "*pelo que a execução fiscal poderá prosseguir, após ser requerido o pagamento em prestações, enquanto ele não for autorizado*"[300].

No que concerne à compensação recorde-se que esta consiste numa forma de extinção das obrigações em geral que pode ser utilizada quando duas pessoas são reciprocamente credor e devedor, nos termos do artigo 847º do CC. Esta ocorre por iniciativa de uma das partes, verificados os pressupostos estabelecidos na lei, designadamente que o crédito seja exigível judicialmente e não proceda contra ele excepção de direito material e que as duas obrigações tenham por objecto coisas fungíveis da mesma espécie e qualidade. Ora, no que diz respeito às dívidas ao Estado ou outras pessoas colectivas de direito público, a compensação de créditos, como tivemos oportunidade de observar no ponto 39, constitui uma forma de extinção das dívidas tributárias, sendo que poderá ter lugar quer por iniciativa do sujeito passivo, quer por iniciativa da Administração Tributária, nos termos dos artigos 90º e 90º-A do CPPT. No entanto, o efeito suspensivo da execução apenas terá lugar nos casos de compensação por iniciativa do sujeito passivo e no período que decorre entre a apresentação do pedido e a subsequente decisão da Administração Tributária, na medida em que, quando a compensação seja da iniciativa da Administração e após a decisão acerca da compensação a pedido do sujeito passivo, a consequência será a extinção da execução ou a cobrança coerciva da parte não compensada nos casos de compensação parcial[301].

- ***Acção judicial sobre os bens penhorados***

Para além destes casos em que o executado decida discutir a legalidade ou exigibilidade da dívida ou requeira o pagamento em prestações ou a com-

[300] *Ibidem*, p. 226.

[301] Neste sentido, também defendendo o efeito suspensivo da compensação de créditos, veja-se Jesuíno Alcântara Martins/José Costa Alves (2015), p. 259 Joaquim Freitas da Rocha (2014), p. 366-367.

pensação de créditos, a suspensão da execução também se verificará, como se compreende, quando seja apresentada acção judicial que tenha por objecto a propriedade ou posse dos bens penhorados, em relação a esses bens, sem prejuízo de continuar noutros bens, tal como resulta do artigo 172º do CPPT. Enquanto não estiver decidida esta acção não se poderá proceder à venda dos bens do executado objecto de penhora.

Neste artigo serão enquadráveis todas as acções judiciais das quais possa resultar uma decisão acerca da propriedade ou da posse de bens penhorados, designadamente os embargos de terceiro, analisados no ponto 77.5 deste manual.

- ***Processo de insolvência e recuperação de empresas***

O nº 1 do artigo 180º do CPPT prevê que "*[p]roferido o despacho judicial de prosseguimento da acção de recuperação da empresa ou declarada falência, serão sustados os processos de execução fiscal que se encontrem pendentes e todos os que de novo vierem a ser instaurados contra a mesma empresa, logo após a sua instauração*", o que significa que o processo de execução fiscal também poderá ficar suspenso se, nos termos do Código da Insolvência e da Recuperação de Empresas, aprovado pelo Decreto-Lei nº 53/2004, de 18 de Março, for declarada a insolvência do executado ou forem iniciadas negociações no âmbito do Processo Especial de Revitalização[302]. Na verdade, o artigo 180º do CPPT faz referência ao processo especial de recuperação de empresas e de falência regulado no antigo Código dos Processos Especiais de Recuperação da Empresa e de Falência, que foi revogado pelo Decreto-Lei nº 53/2004, de 18 de Março, sendo a sua epígrafe "efeito do processo de recuperação da empresa e de falência na execução fiscal", devendo por isso proceder-se a uma interpretação actualista deste artigo.

Contudo, para que a suspensão tenha lugar, não basta que um credor ou o próprio devedor mostre que foi requerida insolvência do executado[303]. Exige-se, pelo contrário, que seja declarada a insolvência nos termos do Código da Insolvência e da Recuperação de Empresas[304]. Na verdade, como salienta FREITAS DA ROCHA, a regra será a citação da Administração Tributária após a declaração de insolvência, através de carta registada, nos termos do artigo 37º, nº 5 do Código da Insolvência e da Recuperação de Empresas[305].

[302] Recorde-se que a insolvência constitui um estado patológico no quadro do qual uma pessoa singular ou colectiva se encontra impossibilitada de cumprir as suas obrigações vencidas Cf. JOAQUIM FREITAS DA ROCHA (2014), p. 370.

[303] Neste sentido: JESUÍNO ALCÂNTARA MARTINS/JOSÉ COSTA ALVES (2015), p. 257-258.

[304] JORGE LOPES DE SOUSA (2011), Vol. III, p. 322.

[305] JOAQUIM FREITAS DA ROCHA (2014), p. 372.

Por outro lado, tendo conhecimento da declaração de insolvência, a suspensão do processo de execução fiscal nestes casos deverá ser decidida oficiosamente, pelo que o prosseguimento indevido da execução fiscal constitui uma violação da lei que deverá ser conhecida oficiosamente, independentemente da arguição dos interessados[306].

- ***Dispensa de garantia***

Por fim, a execução fiscal também ficará suspensa quando o executado seja isento de prestar garantia, sendo que a isenção ou dispensa de garantia e consequente suspensão da execução fiscal, só poderá ter lugar mediante a verificação dos pressupostos consagrados no nº 4 do artigo 52º da LGT e a pedido do interessado, através de um requerimento apresentado nos termos do artigo 170º do CPPT. Por conseguinte, a dispensa de garantia depende da verificação cumulativa dos seguintes pressupostos[307]:

- Inexistência ou insuficiência de bens para pagamento da dívida exequenda e do acrescido;
- Que esta inexistência ou insuficiência seja imputável ao executado; e
- Que a prestação da garantia cause prejuízo irreparável ao executado ou que seja manifesta a sua falta de meios económicos.

Neste sentido, veja-se o acórdão do STA de 24 de Outubro de 2012, proferido no âmbito do processo nº 0696/12, entendeu que:

> *"Como se depreende do artº 52º, nº 4 da Lei Geral Tributária, para ser deferida a dispensa de prestação de garantia é necessário que se satisfaçam três requisitos, sendo que um deles – a irresponsabilidade do executado pela insuficiência ou inexistência de bens para pagamento da dívida exequenda e acrescido – não comporta alternativas."*

Por outro lado, o mesmo tribunal superior, no acórdão de 18 de Maio de 2016, proferido no âmbito do processo nº 0543/16, entendeu que "*[c]ompete ao executado que solicita a dispensa de prestação de garantia para obter a suspensão da execução fiscal alegar e provar a sua irresponsabilidade pela insuficiência ou inexistência de bens*", pelo que recai sobre o executado o ónus de demonstrar que

[306] *Ibidem*, p. 325.

[307] Na data de envio para o prelo desta obra, encontrava-se em discussão na Assembleia da República a Proposta de Lei do Orçamento do Estado para 2017, em que o Governo propôs a alteração ao artigo 52º do CPPT, invertendo o sentido da norma, passando a Administração Tributária a ter de provar, quando pretender rejeitar a dispensa de garantia, que foi por culpa do executado a falta de meios para a sua prestação.

a inexistência ou insuficiência dos bens não lhe é imputável. Para Jesuíno Alcântara Martins e Costa Alves verificar-se-á a responsabilidade do executado sempre que este, sabendo que tem ou vai ter uma dívida tributária para cumprir, decide alienar ou onerar o seu património de forma a frustrar a cobrança dos créditos tributários[308].

Para além das várias causas de suspensão de execução fiscal acima elencadas que serão as mais comuns, é de referir que a suspensão da execução também se verificará nos casos de pendência de inventário e se pretender executar o direito de herdeiro a herança indivisa, como resulta do artigo 232º, alínea *c*) do CPPT e, após a venda dos bens, para a verificação e graduação de créditos, relativamente aos bens objecto destes, de acordo com o artigo 245º, nº 1 do CPPT.

Aqui chegados, delimitadas as várias causas de suspensão da execução fiscal, serão de salientar certos aspectos do regime da prestação de garantia, da qual depende a suspensão da execução na maioria dos casos.

Assim, de acordo com o nº 1 do artigo 199º do CPPT, o executado terá de oferecer *garantia idónea*, que poderá consistir em garantia bancária, caução, seguro-caução ou qualquer outro meio susceptível de assegurar os créditos do exequente, pelo que estamos perante um elenco aberto. A este respeito, será relevante o entendimento do acórdão do STA de 2 de Julho de 2014, proferido no âmbito do processo nº 0543/14, que realça que o "*meio oferecido tem de ser idóneo aferindo-se essa idoneidade pela capacidade que o meio oferecido tem para satisfação da dívida exequenda em caso de incumprimento posterior do executado*", sendo que o nº 2 do artigo 199º do CPPT "*confere à administração uma certa margem de discricionariedade para decidir, em função de cada caso concreto, se a garantia prestada é ou não «idónea» para assegurar a cobrança efectiva da dívida exequenda, sendo que, para efeito do disposto no dito normativo, bem como no art. 169º do CPPT, garantia idónea será aquela que é adequada para o fim em vista, ou seja, assegurar o pagamento totalidade do crédito exequendo e legais acréscimos*"[309].

A margem de discricionariedade que é mencionada pelo aresto, que é uma realidade perante a redacção da norma em análise, tem dado origem a um grande número de litígios judiciais nos últimos anos – nomeadamente para a apreciação da decisão do órgão da execução sobre a garantia – que justificaria uma intervenção legislativa no sentido de restringir, em determinados casos, essa margem, em prol da celeridade e da economia processual.

[308] *Ibidem.*

[309] Cf. Acórdão do STA de 1 de Julho de 2015, proferido no âmbito do processo nº 0693/15.

Quando a garantia prestada não seja suficiente para assegurar o pagamento da dívida exequenda e do acrescido nos termos do nº 6 do artigo 199º do CPPT, a mesma poderá ser reforçada, tal como decorre do nº 5 do mesmo artigo. Contudo, quando não se proceda a este reforço, "*a execução deverá prosseguir apenas tendo em vista penhorar bens necessários para assegurar o pagamento da parte da divida que não está garantida e, efectuada essa penhora em bens suficientes, a execução deverá ficar suspensa até à decisão do pleito em que se aprecie a legalidade da liquidação da exequenda, pois estará assegurado o pagamento global da divida*", tal como foi defendido pelo TCA Sul no acórdão de 21 de Maio de 2015, proferido no âmbito do processo nº 08689/15.

Por outro lado, é de referir a possibilidade de *caducidade* da garantia nos termos do artigo 183º-A do CPPT. Com efeito, o nº 1 deste artigo estabelece a caducidade da garantia se a reclamação graciosa não estiver decidida no prazo de 1 (um) ano a contar da data da sua interposição, mantendo-se naturalmente a suspensão da execução[310]. Esta solução parece ter como objectivo – para além da desoneração que representa para os executados em face da demora da justiça administrativa – imprimir celeridade nas decisões das reclamações graciosas por parte da Administração que sabe que, decorrido um ano da interposição da reclamação, a garantia prestada pelo contribuinte no processo de execução fiscal caducará. Pelo contrário, a garantia não caduca no caso de o executado optar por deduzir uma impugnação judicial, sendo de salientar que esta causa de caducidade estava prevista na redacção inicial desta norma, tendo sido eliminada com a Lei nº 53-A/2006, de 29 de Dezembro[311]. Parece-nos que esta seria a solução que melhor se coadunaria com a tutela dos direitos e garantias dos contribuintes, não sendo de admitir esta diferença de regimes relativamente à morosidade da Administração e à morosidade dos tribunais tributários.

Ora, nos termos dos nºs 3 e 4 deste artigo a verificação da caducidade em sede de procedimento de reclamação caberá ao órgão com competência para a decidir, mediante requerimento do interessado, devendo a decisão ser proferida no prazo de 30 (trinta) dias, sob pena de deferimento tácito[312].

[310] Na data de envio para o prelo desta obra, encontrava-se em discussão na Assembleia da República a Proposta de Lei do Orçamento do Estado para 2017, em que o Governo propôs que a caducidade da garantia se dê também quando o impugnante obtiver uma decisão favorável em 1ª instância, havendo interposição de recurso.

[311] *Ibidem.*

[312] A lei também atribui ao silêncio da Administração o efeito de deferimento tácito da pretensão do contribuinte ou de outro interessado na falta de resposta a um pedido de informação vinculativa de carácter urgente no prazo de 90 (noventa) dias – artigo 68º, nº 8 da LGT –, na falta de resposta

Por fim, o artigo 171º prevê a possibilidade de indemnização por prestação de garantia indevida, sendo que esta deverá ser requerida no processo em que seja controvertida a legalidade da dívida exequenda, ou seja, no âmbito da reclamação graciosa, da impugnação judicial ou do pedido de constituição de tribunal arbitral. Aliás, uma interpretação teleológica, mais do que extensiva, deste artigo 171º do CPPT, levar-nos-á a concluir que o mesmo diz respeito a qualquer meio procedimental ou processual através do qual seja contestada a legalidade da dívida tributária, incluindo o recurso hierárquico do indeferimento da reclamação graciosa apresentado nos termos do artigo 76º do CPPT, o pedido de revisão oficiosa dos actos em que se discuta a legalidade do acto subjacente à dívida tributária e, ainda, o pedido de constituição de tribunal arbitral, nos termos do nº 1 do artigo 78º da LGT.

77.9. Nulidades em processo de execução fiscal

Analisadas as situações que determinam a suspensão do processo de execução fiscal, pretende-se neste ponto delimitar as causas de nulidade do mesmo. Na verdade, já referimos as duas causas de nulidade – ditas "insanáveis" – ao longo do nosso estudo do processo de execução fiscal, cabendo aqui recordá-las e delimitá-las, de modo sistemático.

Assim, de acordo com o artigo 165º, nº 1 do CPPT, as duas causas de nulidade insanável serão:

- A falta de citação, quando possa prejudicar a defesa do interessado (alínea *a*)); e
- A falta de requisitos essenciais do título executivo, quando não puder ser suprida por prova documental (alínea *b*)).

Comecemos por recordar quando é se que se verificam estas nulidades para, de seguida, analisarmos as suas consequências e como deverão ser arguidas pelos interessados.

à petição do interessado no procedimento para a ilisão de presunções legais no prazo de 6 (seis) meses – artigo 64º, nº 3 do CPPT, na falta de resposta ao pedido de sancionamento do relatório de inspecção no prazo de 6 (seis) meses, nos termos do artigo 64º, nº 3 do RCPITA e na falta de decisão da reclamação graciosa quando esteja em causa um acto de pagamento por conta, de acordo com o nº 4 do artigo 133º do CPPT, decorridos 90 (noventa) dias após a apresentação da reclamação graciosa.

• ***Falta de citação***[313]

Antes de mais, cabe recordar que a falta de citação verificar-se-á quando esta seja completamente omitida, ou seja, quando este acto simplesmente não seja praticado pelos serviços da Administração Tributária, quando devido.

Lopes de Sousa sublinha que a falta de citação também ocorre nos casos em que este acto foi efectivamente praticado, cumprindo os requisitos exigidos por lei, mas não foi praticado *"na própria pessoa do citando, ou tendo-o sido, este não tomou conhecimento do acto"*. O autor retira esta conclusão do nº 6 do artigo 190º do CPPT que estabelece que só ocorre falta de citação quando o destinatário alegar e demonstrar que não chegou a ter conhecimento do acto, por motivo que não lhe foi imputável. Assim, alega que neste nº 6 é imposto ao citando um ónus de alegação e de prova do não conhecimento do teor do acto de citação, cabendo à Administração a demonstração de que este foi devidamente praticado[314].

Contudo, as situações enquadráveis no nº 6 do artigo 190º do CPPT serão apenas aquelas em que tem lugar a citação *pessoal*, sendo esta realizada mediante carta registada com aviso de recepção e considerando-se efectuada nos termos do nº 3 do artigo 192º do CPPT, sem que se demonstre a efectiva entrega da carta ao destinatário. Pelo contrário, nos casos de citação *postal* não se consagra qualquer presunção de recebimento, exigindo-se a citação pessoal ou edital do executado no momento anterior à venda dos bens penhorados, pelo que não serão enquadráveis no nº 6 do artigo 190º do CPPT. A citação edital também não se deverá considerar abrangida por esta norma, tendo em conta que esta se considera efectuada *"independentemente do seu conhecimento real pelo destinatário, desde que tenha sido efectuada nas situações previstas na lei"*[315].

Para além destes casos em que se verifica a falta de citação, será subsidiariamente aplicável o artigo 188º do CPC – antigo artigo 195º do CPC – que estabelece os casos nos quais se verifica a falta de citação no processo civil[316]. Deste modo, verificar-se-á a falta de citação quando tenha havido erro de

[313] A falta de citação não se confunde com a nulidade da citação, tal como tivemos oportunidade de salientar no ponto 77.2.2 deste manual. Com efeito, como resulta do acórdão do TCA Sul de 10 de Julho de 2014, proferido no âmbito do processo nº 07845/14, *"[s]ó a falta de citação, e não também a nulidade de citação, é enquadrável na alínea a) do nº 1 do artigo 165º do CPPT e, por isso, só aquela pode constituir nulidade insanável do processo de execução fiscal quando possa prejudicar a defesa do interessado, a qual pode ser conhecida oficiosamente ou na sequência de arguição, até ao trânsito em julgado da decisão final (nº 4 do mesmo art. 165º do CPPT)."*.

[314] Jorge Lopes de Sousa (2011), Vol. III, p. 136.

[315] *Ibidem*, p. 366.

[316] *Ibidem*.

identidade do citado (alínea *b*) do nº 1 do artigo 188º) ou quando se tenha utilizado indevidamente a citação edital (alínea *c*) do nº 1 do artigo 188º), por exemplo. Neste sentido, veja-se o acórdão do TCA Sul de 19 de Março de 2013, proferido no âmbito do processo nº 06488/13, onde se decidiu que as causas de falta de citação previstas no CPC serão subsidiariamente aplicáveis ao processo de execução fiscal, afirmando que:

> *"A mencionada falta de citação não ocorre apenas nos casos em que ela é omitida. Na verdade, no artº.195, do C.P.C. [actual artigo 188º do CPC], indicam-se várias outras situações em que se considera ocorrer falta de citação e esta norma será aplicável subsidiariamente ao processo de execução fiscal, na medida em que o que nela se dispõe não for prejudicado por normas do C.P.P.T., uma vez que não se indicam neste Código as situações em que deve entender-se ocorrer tal falta (cfr.artº.2, al.e), do C.P.P.T.).*
>
> *Nos termos do referido artº.195, do C.P.C., haverá falta de citação:*
>
> *a) Quando o acto tenha sido completamente omitido;*
>
> *b) Quando tenha havido erro de identidade do citado;*
>
> *c) Quando se tenha empregado indevidamente a citação edital;*
>
> *d) Quando se mostre que foi efectuada depois do falecimento do citando ou da extinção deste, tratando-se de pessoa colectiva ou sociedade;*
>
> *e) Quando se demonstre que o destinatário da citação pessoal não chegou a ter conhecimento do acto, por facto que não lhe seja imputável (cfr. artº.190, nº.6, do C.P.P.T.)."*

Ora, estas situações em que se verifica a falta de citação só darão lugar à nulidade insanável do processo de execução fiscal nos termos do artigo 165º do CPPT, quando possa prejudicar a defesa do interessado, tal como decorre da alínea *a*) do nº 1 deste artigo. Assim será de recordar o entendimento de Lopes de Sousa de que não será necessária a demonstração de um efectivo ou concreto prejuízo para a defesa, mas apenas a "*possibilidade de prejuízo*", ou seja, que não seja de afastar a possibilidade de ter ocorrido tal prejuízo. Aliás, o autor entende que a falta de citação e "*consequente omissão da comunicação ao executado do montante preciso da dívida que se executa*" serão de considerar, em regra, como susceptíveis de prejudicar a defesa do citando, na medida em que o montante da dívida – comunicado através da citação – poderá relevar para a opção de requerer ou não o pagamento da dívida em prestações ou a dação de bens em pagamento. A este propósito, será de referir, ainda, o acórdão do STA de 2 de Abril 2014, proferido no âmbito do processo nº 0217/14 em sede do qual se defendeu que "*[p]ara que ocorra a nulidade por falta de citação basta a mera possibilidade de prejuízo para a defesa do executado e não a demonstração da existência de efectivo prejuízo*".

Por outro lado, Jesuíno Alcântara Martins e Costa Alves defendem que a possibilidade de prejuízo verificar-se-á quando ficar precludida, pelo decurso do prazo, a oportunidade de deduzir oposição à execução fiscal. Para além deste caso, consideram que a nulidade insanável por falta de citação verificar-se-á ainda (*i*) em caso de falta de citação do cônjuge do executado, quando esta seja exigida nos termos do nº 1 do artigo 239º do CPPT e (*ii*) em caso de falta de citação de credores quando, nos termos do artigo 240º, nº 3 do CPPT, o órgão da execução fiscal deva proceder à convocação dos credores titulares de garantias reais sobre os bens penhorados para que estes procedam à reclamação dos respectivos créditos[317].

Por outro lado, como vimos no ponto 77.6, a citação do cônjuge do executado poderá ser feita, por um lado, nos termos do artigo 190º do CPPT quando a dívida seja da responsabilidade de ambos os cônjuges e a citação tenha lugar na medida em que a penhora incide sobre bens imóveis ou móveis sujeitos a registo e, por outro, nos termos do artigo 220º do CPPT, quando a responsabilidade tributária pela dívida exequenda seja exclusiva de um dos cônjuges, designadamente quando se tratar de uma coima fiscal, sendo o cônjuge do executado citado para requerer a separação judicial de bens. Ora, a este propósito, será de referir o entendimento plasmado no acórdão do STA de 30 de Outubro de 2013, proferido no âmbito do processo nº 01312/13, de que "*[s]e devia ter sido feita citação do cônjuge, nos termos do art. 239º do CPPT, por se tratar de caso de penhora de bens imóveis ou móveis sujeitos a registo, e apenas se procedeu à citação a que se reporta o art. 220º do mesmo Código, ocorre uma nulidade insanável por falta de citação (art. 165º do mesmo CPPT), por ter sido omitido o acto que deveria ter sido praticado*".

Aqui chegados, podemos concluir desde já, que verificar-se-á a nulidade insanável por falta de citação:

- Quando citação for omitida, ou seja, não se tenha procedido efectivamente à citação;
- Quando o destinatário alegue e demonstre que não teve conhecimento da citação pessoal, equivalendo o não conhecimento à omissão de citação;
- Nos casos previstos no artigo 188º do CPC, designadamente quando o acto tenha sido completamente omitido ou quando se tenha recorrido indevidamente à citação edital.

Porém, o requisito da verificação de um prejuízo para a defesa do interessado será sempre necessário, o que ocorrerá designadamente quando:

[317] Jesuíno Alcântara Martins/José Costa Alves (2015), p. 263.

- Ficar precludida, pelo decurso do prazo, a oportunidade de deduzir oposição à execução fiscal;
- Em caso de falta de citação do cônjuge do executado, esta seja exigida nos termos do nº 1 do artigo 239º do CPPT;
- A citação do cônjuge do executado seja efectuada nos termos do artigo 220º do CPPT e não do artigo 239º do CPPT, tal como era exigido; e
- Em caso de falta de citação de credores, nos termos do artigo 240º, nº 3 do CPPT, o órgão da execução fiscal deva proceder à convocação dos credores titulares de garantias reais.

Ora, nestes casos em que ocorre a falta de citação, seja porque ela foi completamente omitida, seja porque o executado faz prova de que não teve conhecimento do acto ou porque se recorreu indevidamente à citação edital nos termos do artigo 188º, nº 1, alínea *c*) do CPC, verificar-se-á a nulidade insanável do processo de execução fiscal, quando prejudicar a defesa do interessado, nos termos do artigo 165º, nº 1, alínea *a*) do CPPT[318]. Na verdade, compreende-se que da falta de citação possa resultar esta consequência tão gravosa, tendo em conta que a citação constitui o acto pelo qual se comunica ao executado que foi instaurada uma execução fiscal contra si, o montante e a natureza da dívida, bem como os possíveis meios de reacção – o pagamento voluntário, o pagamento em prestações, a dação em pagamento ou a oposição à execução fiscal – e os prazos de exercício dos mesmos. Sem a citação não só o executado não sabe que foi instaurado um processo de execução fiscal contra si, podendo ver eventualmente os seus bens penhorados, nem tampouco tem conhecimento dos meios de reacção e de defesa ao seu dispor, que poderá opor-se à execução ou requerer o pagamento da dívida em prestações, por exemplo. Sem a citação o cônjuge do executado não saberá que pode requerer a separação judicial de bens e sem a citação os credores com garantia real não saberão que poderão reclamar os seus créditos.

- ***Falta de requisitos essenciais do título executivo, quando não puder ser suprida por prova documental***

Como se viu no ponto 74.2 deste manual, a instauração do processo de execução fiscal depende da existência de um título executivo que deverá preencher determinados requisitos essenciais elencados no artigo 163º do CPPT. Na verdade, apenas a falta destes requisitos essenciais determina a nulidade insanável do processo de execução fiscal, caso falte, por exemplo, a menção

318 Cf. Jorge Lopes de Sousa (2011), Vol. III, p. 139.

da entidade emissora ou promotora da execução ou a indicação do nome e domicílio do devedor.

Por outro lado, recorde-se que a nulidade insanável do processo de execução fiscal decorrente da falta de algum dos requisitos essenciais do título executivo previstos no artigo 163º do CPPT, apenas se verificará quando tal falta não seja suprível por prova documental. A este propósito, veja-se o acórdão do TCA Sul de 26 de Junho de 2014, proferido no âmbito do processo nº 07656/14, no qual se entendeu que:

> *"Nos termos do artº.165, nº.1, al.b), do C.P.P.T., constitui nulidade insanável em processo de execução fiscal a falta de requisitos essenciais do título executivo, quando não puder ser suprida por prova documental. Esta nulidade ocorre quando falte à certidão de dívida algum dos requisitos indicados no artº.163, nº.1, do mesmo diploma, se a falta não puder ser suprida por documento."*

No que diz respeito à possibilidade de sanação desta nulidade, Lopes de Sousa considera que é à luz das funções do título executivo – de possibilidade de verificação dos pressupostos materiais da execução fiscal pelo órgão responsável pela mesma e de comunicação ao executado da dívida que se executa, de forma a permitir a preparação da sua defesa – que deverá ser entendida esta possibilidade de sanação mediante prova documental, prevista no artigo 165º, nº 1, alínea *b)* do CPPT. Com efeito, é entendimento deste autor que a possibilidade de sanação só se compreende na medida em que, apesar da falta de algum dos requisitos essenciais previstos no artigo 163º do CPPT, foi dada satisfação aos interesses que a lei pretendia assegurar ao exigi-lo. Ou seja, apesar da falta de verificação deste requisito, as funções do título executivo foram cumpridas, através da apresentação da prova documental que indica, por exemplo, a data em que foi emitido o título ou a natureza e proveniência da dívida e indicação do seu montante, elementos que não constavam do título executivo[319]. Assim, este autor considera que só se verificará a nulidade insanável se estiverem em causa *"os objectivos visados com a exigência dos requisitos"* [320]. Cremos que esta interpretação deve ser tomada com cautela, sob pena de subverter o papel da citação: se é verdade que o legislador confere oportunidade de sanação, não é menos verdade que o ónus de a fazer devidamente, contendo todos os seus requisitos formais, é da Administração, pelo que o escrutínio sobre o suprimento das faltas de elementos no título, quando efectuada, deve ser rigoroso.

[319] Jorge Lopes de Sousa (2011), Vol. III, p. 142.
[320] *Ibidem.*

Para além da falta de citação e da falta de requisitos essenciais do título executivo, JESUÍNO ALCÂNTARA MARTINS e COSTA ALVES referem ainda que, em conformidade com o previsto no artigo 195º do CPC, a prática de um acto não admitido por lei ou a omissão de um acto ou de uma formalidade exigida, poderá ter como consequência a nulidade do processo de execução fiscal mas apenas quando a lei o preveja ou quando a irregularidade possa influir no exame ou na decisão da pretensão do interessado ou possa prejudicar ou mesmo violar os seus direitos ou interesses legalmente protegidos[321].

- ***Consequências da verificação das nulidades insanáveis***

Determinadas as causas de nulidade do processo de execução fiscal, serão de delimitar as consequências da verificação das mesmas para o processo. Assim, nos termos do nº 2 do artigo 165º do CPPT, a nulidade dos actos terá como consequência a anulação dos termos subsequentes do processo que deles dependam absolutamente, aproveitando-se as peças úteis ao apuramento dos factos, em nome do princípio do aproveitamento dos actos.

Ora, quando se verificar a *falta de citação*, o acórdão do STA de 30 de Novembro de 2011, proferido no âmbito do processo nº 0915/11, determina que:

"Omitido o acto de citação do executado, com a consequente possibilidade de prejuízo para a sua defesa, em virtude de, pela falta de citação, ter ficado impossibilitado de utilizar os meios de defesa que a lei prevê para esse efeito, impõe-se a declaração daquela nulidade insanável, com a consequente anulação dos termos subsequentes do processo que deles dependam absolutamente".

Para além disso, terá lugar a efectivação da citação indevidamente omitida.

Por outro lado, quando se verificar a *falta de requisitos essenciais do título executivo* e não seja possível suprir tal nulidade mediante prova documental, designadamente quando a falta do requisito põe em causa os objectivos visados pelo legislador ao exigi-lo, o processo de execução fiscal será integralmente anulado, ou seja, extinto. Contudo, se não existir outro impedimento, nada obsta a que Administração Tributária extraia um novo título executivo que cumpra os requisitos exigidos pelo artigo 163º do CPPT, procedendo à instauração de um novo processo de execução fiscal com base nele. LOPES DE SOUSA assim entende, alegando que nos termos do artigo 673º do CPC – actual artigo 621º – a decisão de anulação do processo de execução fiscal por nulidade do título executivo *"só forma caso julgado material quanto à impossibilidade de cobrança coerciva com base num título que enferme desses vícios"*, não impedindo todavia a instauração de um novo processo de execução fiscal que tenha

[321] JESUÍNO ALCÂNTARA MARTINS/JOSÉ COSTA ALVES (2015), p. 266.

por base um título executivo que preencha os requisitos exigidos, ou seja, que não enferme dos vícios em causa[322]

- ***Meio de arguição das nulidades***

Por fim, cabe determinar os meios através dos quais poderá ser arguida a nulidade insanável por falta de citação ou por falta de requisitos essenciais do título executivo. Deste modo, será de referir que, de acordo com o nº 4 do artigo 165º do CPPT, estas nulidades são de conhecimento oficioso e poderão ser arguidas até ao trânsito em julgado da decisão final.

Assim, no que concerne à falta de citação, esta nulidade poderá ser conhecida oficiosamente ou poderá ser arguida pelo executado através de um meio autónomo, um "*requerimento de arguição de nulidade da citação*" [323]. Pelo contrário, como vimos a propósito dos fundamentos para a oposição à execução, não poderá ser invocada como fundamento da oposição tendo em conta que a verificação da falta de citação não conduz à extinção do processo de execução fiscal, como ocorre na oposição, mas sim à nulidade insanável do processo e à efectivação da citação indevidamente omitida. Cremos, desde logo, que esta restrição implica uma delimitação injustificada do que dispõe o artigo 165º, nº 4 do CPPT que admite o conhecimento do vício até ao trânsito em julgado da decisão final, o que implica que possa ser suscitada sempre, perante qualquer órgão.

Lopes de Sousa considera que a alegação da nulidade e a prova da falta de conhecimento da citação serão feitas por requerimento no processo, cabendo no conceito de "*incidentes*" para efeitos do artigo 151º do CPPT, pelo que, na opinião deste autor, a arguição desta nulidade deverá ser feita directamente perante o tribunal tributário, pese embora refira a possibilidade da arguição da nulidade ser apreciada pelo órgão de execução fiscal, salientando que, caso seja deferida, a questão da nulidade poderá ficar resolvida e que, no caso de indeferimento, o interessado poderá apresentar reclamação nos termos dos artigos 276º do CPPT[324].

Quanto a nós, consideramos que o executado deverá invocar a falta de citação directamente perante o órgão da execução fiscal até ao trânsito em julgado da decisão final e, em caso de decisão desfavorável, poderá apresentar reclamação perante o tribunal tributário de 1ª instância, nos termos dos arti-

[322] Jorge Lopes de Sousa (2011), Vol. III, p. 141.

[323] Veja-se neste sentido Joaquim Freitas da Rocha (2014), p. 341 que cita o entendimento do acórdão do STA de 6 de Março de 1996, proferido no âmbito do processo nº 019775.

[324] Jorge Lopes de Sousa (2011), Vol. III, p. 366-367.

gos 276º e seguintes do CPPT. Não encontramos, porém, qualquer obstáculo a que o gravoso vício seja suscitado directamente perante o tribunal, em sede de oposição, designadamente porque sendo o vício de conhecimento oficioso, a única solução compatível com essa característica é a da possibilidade de invocação a todo o tempo e perante qualquer órgão com competência para o apreciar. Sabemos, porém, que não é esta a tese aceite pelos tribunais superiores.

Relativamente à nulidade por falta de requisitos essenciais do título executivo, entendemos que este também será o regime aplicável, podendo o executado arguir a nulidade perante o órgão da execução fiscal e, em caso de indeferimento, apresentar uma reclamação para o tribunal tributário de 1ª instância, nos termos dos artigos 276º e seguintes do CPPT. Este também tem sido o entendimento da jurisprudência, tal como decorre do acórdão do TCA Sul de 18 de Fevereiro de 2016, proferido no âmbito do processo nº 09247/15, em sede do qual se entendeu que:

> *"A arguição de nulidade por falta dos requisitos essenciais do título executivo tem que ser primariamente arguida perante o órgão de execução fiscal, no âmbito do processo de execução fiscal, intervindo o tribunal na apreciação da questão se, havendo indeferimento administrativo dessa arguição, a sua intervenção for requerida através de reclamação judicial deduzida nos termos dos artigos 276.° e seguintes do CPPT."*

Contudo, uma vez mais, acompanhamos quem defende que, nestes casos de nulidade insanável, ao contrário daqueles em que se verifica a falta de citação, será de admitir a sua arguição directa em sede de oposição à execução fiscal, por se tratar de um fundamento enquadrável na fórmula genérica da alínea *i*) do nº 1 do artigo 204º do CPPT, tendo em conta que será demonstrável mediante prova documental e não envolve a apreciação da legalidade da liquidação. Esta posição, tem sido perfilhada por Lopes de Sousa que defende que a fundamentação justificativa da impossibilidade de arguir a nulidade do processo de execução fiscal por falta de citação no âmbito da execução judicial não será aplicável nos casos de falta de requisitos essenciais do título executivo. Com efeito, esta fundamentação – que não acompanhamos integralmente, mas apenas nas suas conclusões – tem na sua base que a finalidade da oposição judicial consiste na extinção ou suspensão da execução fiscal, pelo que só deverão ser aceites fundamentos que conduzam a estes objectivos, sendo que a falta de citação, quando constitua nulidade insanável do processo de execução fiscal, apenas levará à efectivação da citação indevidamente omitida e não à extinção da execução. Pelo contrário, nos casos em que se verificar a nulidade do processo de execução fiscal por falta de requisitos essenciais do título executivo e quando esta não possa ser suprida por prova documental, a execução será extinta, verificando-se a mesma consequência da procedência da oposição judicial.

Este autor salienta ainda que a questão de saber se determinada causa de extinção poderá ser fundamento de oposição judicial é simples. Bastará olhar para as situações previstas nas várias alíneas do nº 1 do artigo 204º do CPPT e verificar se é enquadrável em alguma delas, sendo que a falta de requisitos essenciais do título executivo poderá ser enquadrável na alínea *i*) deste nº 1, tendo em conta que será demonstrável mediante prova documental – bastará juntar o título executivo que não contenha a menção da entidade emissora ou promotora da execução ou o nome e domicílio do(s) devedor(es) ou algum dos outros requisitos elencados no artigo 163º do CPPT[325].

Assim, aqui chegados, podemos concluir que a nulidade insanável do processo de execução fiscal decorrente da falta de citação – quando possa prejudicar a defesa do interessado – terá como consequência a anulação dos termos subsequentes do processo absolutamente dependentes da citação e a efectivação da citação indevidamente omitida, podendo ser arguida até ao trânsito em julgado da decisão final mediante um requerimento perante o órgão da execução fiscal e, em nossa opinião, também em sede de oposição, enquanto questão prévia a apreciar pelo juiz. No primeiro caso, se o órgão de execução fiscal proferir uma decisão de indeferimento o executado poderá apresentar uma reclamação perante o tribunal tributário de 1ª instância nos termos dos artigos 276º e seguintes do CPPT, não se admitindo, porém, a dedução de oposição à execução fiscal.

Já a nulidade insanável do processo de execução fiscal por falta de requisitos do título executivo – quando não puder ser suprida por prova documental – terá como consequência a anulação de todo o processo, isto é, a extinção da execução fiscal. Por esta razão, para além da arguição da nulidade perante o órgão de execução fiscal e a eventual reclamação dirigida ao tribunal tributário de 1ª instância, o executado poderá apresentar oposição à execução fiscal, desta feita nos termos do artigo 204º, nº 1, alínea *i*) do CPPT.

Quer a nulidade por falta de citação, quer a nulidade por falta de requisitos essenciais do título executivo serão de conhecimento oficioso, tal como decorre do nº 4 do artigo 165º do CPPT.

[325] Jorge Lopes de Sousa (2011), Vol. III, p. 144-147.

77.10. Reclamação das decisões dos órgãos da administração tributária

Decorre do artigo 276º, nº 1 do CPPT que as decisões proferidas pelo órgão da execução fiscal e outras autoridades da Administração Tributária que, no processo de execução, afectem os direitos e interesses legítimos do executado ou de terceiro são susceptíveis de *reclamação para o tribunal tributário de 1ª instância*. Esta reclamação está igualmente prevista no nº 2 do artigo 103º da LGT que estabelece que é garantido aos interessados *o direito de reclamação* para o juiz da execução fiscal dos actos materialmente administrativos praticados por órgãos da Administração Tributária, decorrendo do princípio da tutela jurisdicional efectiva e da ideia do contencioso tributário como contencioso de plena jurisdição que assegura a tutela jurisdicional de todas as situações lesivas dos direitos ou interesses dos contribuintes, dignos de tutela legal.

Para Freitas da Rocha esta reclamação tem um "*misto*" de recurso contencioso, na medida em que consubstancia o controlo de um acto de um órgão administrativo por parte de um Tribunal e de recurso jurisdicional, tendo em conta que o acto a ser controlado pelo Tribunal se trata de um acto praticado num processo, o processo de execução fiscal[326]. Já para Jesuíno Alcântara Martins e Costa Alves a importância desta reclamação decorre do facto deste meio processual ser muitas vezes o único meio a utilizar pelo lesado quando o acto ilegal não seja susceptível de oposição judicial ou de embargos de terceiro, na medida em que os fundamentos da oposição judicial estão taxativamente previstos no nº 1 do artigo 204º do CPPT e os embargos de terceiro só poderão ser utilizados por alguém que seja terceiro em relação à execução fiscal[327]. Por fim, Lopes de Sousa salienta que a finalidade desta reclamação será a obtenção da anulação de actos praticados no processo de execução fiscal e não a extinção do próprio processo de execução, como por exemplo, a oposição judicial[328].

Comecemos por delimitar que actos podem ser objecto desta reclamação e quem tem legitimidade para recorrer a este meio de defesa para analisarmos, de seguida, a sua tramitação.

Relativamente aos actos que poderão ser objecto de reclamação nos termos do artigo 276º do CPPT, estes serão actos que exteriorizem decisões do órgão da execução fiscal e que afectem direitos e interesses legítimos do

[326] Neste sentido: Joaquim Freitas da Rocha (2014), p. 376-377.

[327] Jesuíno Alcântara Martins/José Costa Alves (2015), p. 388.

[328] Jorge Lopes de Sousa (2011), Vol. IV, p. 280. Neste sentido, veja-se ainda o acórdão do TCA Sul de 4 de Fevereiro de 2016, proferido no âmbito do processo nº 09222/15.

executado[329]. Na verdade, ao longo da nossa análise do processo de execução fiscal fomos referindo várias situações em que se admitia a apresentação da reclamação para o tribunal tributário da 1ª instância, cabendo aqui elencar alguns destes actos:

- Indeferimento da arguição da nulidade por falta de citação;
- Indeferimento da arguição da nulidade da citação;
- Indeferimento do pedido de pagamento em prestações;
- Indeferimento do pedido de dação em pagamento;
- Decisão de verificação e graduação de créditos; e
- A penhora ilegal, entre outros.

Ora, no que concerne à legitimidade para apresentação da reclamação, o nº 1 do artigo 2276º do CPPT faz referência ao "*executado*" e ao "*terceiro*" cujos direitos ou interesses legítimos possam ser afectados, sendo que Lopes de Sousa considera que a expressão "*terceiro*" deverá ser entendida como fazendo referência a qualquer interessado no processo de execução fiscal que não seja o próprio executado ou co-executado, independentemente de ter sido citado ou não para o processo, ou seja, independentemente de ser parte ou não no processo. Esta possibilidade subjectiva é, com efeito, uma particularidade deste processo, pois a regra em sede de contencioso administrativo e tributário é a de conferir tutelas distintas aos sujeitos da relação e aos terceiros. Daí, em regra os terceiros terem ao seu dispor, em sede de execução fiscal, a possibilidade de recurso ao instituto dos embargos de terceiro, nos termos do artigo 237º do CPPT nas situações previstas no artigo 278º, nº 3, alíneas *a*) a *c*) do CPPT. Por outro lado, refere que estará excluída a possibilidade de apresentação desta reclamação pelo Ministério Público, excepto quando representem incertos, ausentes ou incapazes perante os tribunais tributários[330].

Ora, sabendo quem poderá recorrer a este meio de defesa e que actos poderão ser impugnados através do mesmo, cabe agora descortinar a tramitação da reclamação para o tribunal tributário de 1ª instância nos termos dos artigos 276º do CPPT e seguintes.

[329] Neste sentido: Joaquim Freitas Da Rocha (2014), p. 377. Será de referir que Lopes de Sousa defende a possibilidade de apresentação da reclamação para o tribunal tributário de 1ª instância, nos termos do artigo 276º do CPPT, para reagir contra uma omissão da Administração Tributária, advogando a aplicação directa ou analógica do regime do indeferimento tácito previsto no artigo 57º, nº 5 da LGT Cf. Jorge Lopes de Sousa (2011), Vol. IV, p. 271.

[330] Jorge Lopes de Sousa (2011), Vol. IV, p. 269.

Assim, antes de mais, será de referir que, segundo JESUÍNO ALCÂNTARA MARTINS e COSTA ALVES, esta reclamação estará sujeita às mesmas regras formais que a oposição à execução fiscal pelo que, nos termos do artigo 6º do CPPT, será necessária a constituição de advogado, consoante o valor da causa e o recurso a este meio de defesa estará dependente do pagamento de taxa de justiça a liquidar no quadro do Regulamento das Custas Processuais, aprovado pelo Decreto-Lei nº 34/2008, de 26 de Fevereiro[331].

Nos termos dos nºs 1 e 2 do artigo 277º do CPPT esta reclamação deverá ser apresentada no prazo de 10 (dez) dias após a notificação da decisão no órgão da execução fiscal, indicando expressamente os seus fundamentos e conclusões[332]. Porém, deverá ser dirigida ao juiz do tribunal tributário da 1ª instância[333]. Para além disso, será de salientar que nos termos do nº 6 do artigo 277º do CPPT, esta reclamação segue as regras dos processos urgentes, tendo a sua apreciação prioridade sobre quaisquer processos que devam ser apreciados no tribunal que não tenham esse carácter.

Entregue a reclamação no órgão da execução fiscal, os nºs 2 e 3 do artigo 277º do CPPT estabelece que este poderá ou não revogar o acto reclamado no prazo de 10 (dez) dias ou no prazo de 30 (trinta) dias quando o acto reclamado tenha sido proferido por entidade diversa do órgão da execução fiscal. Caso se trate de um acto proferido por entidade diversa, LOPES DE SOUSA salienta a necessidade de o órgão da execução fiscal comunicar ao autor do acto reclamado que foi apresentada reclamação[334]. Mais uma vez, tal como em sede de oposição judicial e de impugnação judicial, verifica-se a consagração de um "direito de arrependimento" da Administração que poderá revogar um acto antes da sua apreciação judicial, em prol da celeridade e economia processual.

Ora, não sendo revogado o acto objecto de reclamação, esta deverá subir para o tribunal tributário de 1ª instância, sendo a regra a *subida diferida* o que significa que o tribunal só conhecerá das reclamações quando, depois de realizadas a penhora e a venda, o processo lhe for remetido a final, tal como dis-

[331] JESUÍNO ALCÂNTARA MARTINS/JOSÉ COSTA ALVES (2015), p. 392-393.

[332] Trata-se de um prazo processual, na medida em que o processo de execução fiscal é de natureza judicial. Por conseguinte, de acordo com o artigo 20º, nº 2 do CPPT, deverá contar-se nos termos do CPC. Assim, recorde-se que os prazos no processo tributário são contínuos, contando-se sábados, domingos e feriados. Os prazos processuais suspendem-se nas férias judiciais, excepto no caso dos processos urgentes, tal como o recurso judicial da decisão de derrogação de sigilo bancário nos termos do artigo 146º-B do CPPT, de acordo com o artigo 138º do CPC. O dia da notificação não conta, sendo considerado como o "dia zero".

[333] Neste sentido: JOAQUIM FREITAS DA ROCHA (2014), p. 378.

[334] JORGE LOPES DE SOUSA (2011), Vol. IV, p. 293.

posto no nº 1 do artigo 278º do CPPT[335]. Neste sentido, veja-se o acórdão do STA de 9 de Janeiro de 2013, proferido no âmbito do processo nº 01437/12, no qual se alegou que:

> *"A regra geral, constante do nº 1 do artigo 278º do CPPT, é a de que as reclamações das decisões proferidas pelo órgão de execução fiscal que no processo afectem os direitos e interesses legalmente protegidos do executado ou outros interessados apenas sobem ao tribunal tributário após a realização da penhora e da venda."*

Contudo, o nº 3 do artigo 278º do CPPT admite a *subida imediata* da reclamação quando esta se fundamentar em *prejuízo irreparável* causado por qualquer das seguintes ilegalidades[336]:

- Inadmissibilidade da penhora dos bens concretamente apreendidos ou da extensão com que foi realizada (alínea *a*));
- Imediata penhora dos bens que só subsidiariamente respondam pela dívida exequenda (alínea *b*));
- Incidência sobre bens que, não respondendo, nos termos de direito substantivo, pela dívida exequenda, não deviam ter sido abrangidos pela diligência (alínea *c*));
- Determinação da prestação de garantia indevida ou superior à devida (alínea *d*)); e
- Erro na verificação ou graduação de créditos (alínea *e*)).

Ora, a arguição deste prejuízo irreparável caberá em regra ao reclamante, pese embora Jesuíno Alcântara Martins e Costa Alves considerem que caso este não o faça, ao órgão da execução fiscal competirá decidir se a reclamação deve ou não subir de imediato para o tribunal ou apenas a final, após a penhora e a venda, nos termos do nº 1 do artigo 278º do CPPT[337]. Certo é, porém, que se for invocado o prejuízo irreparável, em caso de não revogação do acto, não resta hipótese ao órgão da execução senão a de fazer subir de imediato a reclamação, o que lhe confere efeito suspensivo. Deste modo, caberá ao órgão da execução fiscal avaliar a verificação ou não de um prejuízo irreparável para o interessado em caso de subida diferida da reclamação.

No entanto, será de salientar o entendimento da doutrina e da jurisprudência de que os casos elencados no nº 3 do artigo 278º do CPPT deverão ser

[335] Neste sentido: Joaquim Freitas da Rocha (2014), p. 378.

[336] Em caso de subida imediata, o nº 4 do mesmo artigo determina que o órgão da execução fiscal fará subir a reclamação no prazo de 8 (oito) dias.

[337] Jesuíno Alcântara Martins/José Costa Alves (2015), p. 391.

entendidos em termos de uma tipicidade aberta, ou seja, que serão de admitir outras situações que poderão justificar a subida imediata da reclamação. Assim, para além dos casos previstos no nº 3, deverão ser admitidas (*i*) todas as situações nas quais a subida diferida possa resultar num *prejuízo irreparável* para o interessado, (*ii*) bem como todas aquelas que terão como consequência a *inutilidade da reclamação*, sob pena de inconstitucionalidade desta norma por violação do princípio da tutela jurisdicional efectiva[338].

Perfilhando este entendimento, veja-se, a título de exemplo, o acórdão do STA de 13 de Março de 2013, proferido no âmbito do processo nº 0325/13, no qual se defendeu que:

> *"I – A subida imediata da reclamação nas situações previstas no nº 3 do art. 278º, do CPPT tem por fundamento a existência: (i) de um acto lesivo de posições jurídicas processuais do executado; (ii) cuja legalidade pode causar prejuízos irreparáveis; (iii) a invocação do facto ou factos de que deriva o prejuízo irreparável.*
>
> *II – Para além das situações elencadas no nº 3 do art. 278º do CPPT, deve assegurar-se a subida imediata das reclamações, mesmo que a subida diferida não provoque uma lesão irreparável, sempre que, sem a subida imediata, elas percam toda a utilidade, situação que conduziria à impossibilidade prática de impugnação de actos lesivos praticados pela Administração, com violação do preceituado nos artigos 20º, nº 1, 3 e 268º, nº 4, da CRP.*
>
> *III – Num contexto em que se discute o valor da garantia a prestar e se o processo fiscal deve ou não prosseguir, admitindo-se que possa até estar suspenso, a continuação da execução, relegando a sua apreciação para "depois de realizada a penhora e a venda", permite prognosticar que em caso de deferimento da reclamação a mesma perderá toda a sua utilidade, o seu efeito prático, com o consequente prejuízo irreparável."*

Freitas da Rocha salienta, porém, a importância de se tratar de um prejuízo *irreparável* do interessado, não se exigindo a subida imediata da reclamação quando estejam em causa prejuízos inerentes a qualquer execução[339]. Ou seja, exige o autor a alegação do prejuízo concreto para o executado que reclamar.

Por fim, será de salientar a questão do efeito suspensivo da reclamação das decisões do órgão da execução fiscal quando tenha subida imediata nos termos do nº 3 do artigo 278º do CPPT. Nos casos em que a subida seja deferida, tal como resulta expressamente do nº 2 do mesmo artigo, esta só terá lugar após

[338] Veja-se neste sentido Jesuíno Alcântara Martins/José Costa Alves (2015), p. 390, Joaquim Freitas da Rocha (2014), p. 379 e Jorge Lopes de Sousa (2011), Vol. IV, p. 305 e 307.
[339] Joaquim Freitas da Rocha (2014), p. 379.

a penhora e a venda, não se levantando sequer a possibilidade de suspensão do processo de execução fiscal. Nos outros casos, a suspensão operará *ope legis*.

Antes de mais, é de referir que antes da Lei nº 66-B/2012, de 3 de Dezembro – Lei de Orçamento do Estado para 2013 –, os artigos 101º, alínea *d*) da LGT e 97º, nº 1, alínea *n*) do CPPT previam que a reclamação, em caso de subida imediata, consubstanciava uma reclamação no próprio processo de execução fiscal, pelo que o órgão da execução fiscal estava impedido de praticar novos actos processuais enquanto a decisão da reclamação não fosse proferida, ou seja, antes das alterações operadas por aquele diploma legal a reclamação tinha como consequência a suspensão do processo de execução fiscal, não tendo lugar a penhora e a subsequente venda dos bens penhorados[340].

Actualmente, pelo contrário, os artigos 101º, alínea *d*) da LGT e 97º, nº 1, alínea *n*) do CPPT dispõem que, quando decorre da subida deferida um prejuízo irreparável para o interessado ou a inutilidade da reclamação, a reclamação deverá subir imediatamente *por apenso*, pelo que, segundo Jesuíno Alcântara Martins e Costa Alves, caso os contribuintes pretendam que a reclamação prevista no artigo 276º do CPPT tenha efeito suspensivo terão de requerer a prestação ou constituição de garantia idónea nos termos do artigo 199º do CPPT, não se verificando o efeito suspensivo da reclamação em caso de subida imediata, por si só. Na verdade, subindo a reclamação por apenso e não se tratando de uma reclamação no próprio processo de execução fiscal, nada parece impedir o órgão da execução fiscal de prosseguir com a cobrança coerciva da dívida exequenda, procedendo à penhora dos bens penhorados. Admitindo-se, porém, que o executado possa obter a suspensão da execução fiscal se, para além de apresentar esta reclamação, constituir garantia idónea nos termos do artigo 199º do CPPT.

Por outro lado, será de referir que a redacção do artigo 278º do CPPT foi objecto de alteração pela Lei nº 82-B/2014, de 31 de Dezembro, que suprimiu da epígrafe "*efeito suspensivo*".

Ora, os tribunais superiores também têm entendido que o efeito suspensivo da reclamação no seu todo foi eliminado com as alterações legislativas que resultaram na subida imediata desta por apenso, fazendo porém uma importante ressalva que, a nosso ver, impõe a manutenção do efeito suspensivo, designadamente quanto ao acto reclamado e aos seus efeitos: a decisão reclamada fica suspensa com a apresentação da reclamação com subida imediata, pelo que o órgão da execução fiscal não poderá praticar actos de

[340] Relativamente ao regime anterior à Lei nº 66-B/2012, de 3 de Dezembro, veja-se Jorge Lopes de Sousa (2011), Vol. IV, p. 287 e 302-303.

execução da mesma. Neste sentido, veja-se designadamente o acórdão do STA de 5 de Agosto de 2015, proferido no âmbito do processo nº 0990/15, no qual se postulou que:

"I- Decorre da nova redacção que ao artº 278º do CPPT foi dada pela Lei nº 82-B/2014, de 31/12 e bem assim que à al. n) do nº 1 do artº 97º do CPPT foi dada pela Lei 66-B/2012, que a reclamação das decisões do órgão da execução fiscal, com subida imediata, não tem efeito suspensivo da execução no seu todo.

II – Não obstante, tal não significa que o órgão de execução fiscal possa praticar actos de execução da decisão reclamada, pois esta fica suspensa com a reclamação com subida imediata.

*III – Ademais **esse efeito suspensivo é imprescindível para assegurar a tutela judicial efectiva dos direitos ou interesses do reclamante** afectados por actos da Administração Tributária e, por isso, é também exigido pelos arts. 204, nº 1, e 268 nº 4, da CRP."* (destacado nosso).

E ainda o acórdão do TCA Sul de 14 de Abril de 2016, proferido no âmbito do processo nº 09417/16, em sede do qual se defendeu que:

"Por via de tais alterações legislativas poderá sustentar-se que não decorre do regime legal vigente que a reclamação com subida imediata tenha efeito suspensivo da execução no seu todo.

II. Mas já não será legitimo concluir que a reclamação com subida imediata não tem efeito suspensivo da decisão reclamada. Nem tal significa que o órgão de execução fiscal possa praticar actos "de execução" da decisão reclamada, pois não há quaisquer dúvidas de que a reclamação com subida imediata tem efeito suspensivo da decisão reclamada, como decorre do nº 3 daquele artº 278º. Muito embora o efeito suspensivo decorrente da reclamação ao abrigo do artigo 276 do CPPT esteja confinado aos casos em que a continuação do Processo Executivo e a consequente execução seja susceptível de causar prejuízo irreparável ,o certo é que verificado esse pressuposto o efeito jurídico do recebimento e subida imediata deste meio judicial tem de manter-se como referimos já enquanto não houver decisão transitada em julgado a negar provimento a essa reclamação sendo que o seu provimento conduz a que a Administração Tributária tenha de respeitar a decisão não podendo agir em contrário por força do disposto no artigo 205/2 da CRP."

Concordamos com este entendimento jurisprudencial, pese embora consideremos que a solução anterior – que previa que a reclamação era apresentada no processo de execução fiscal, pelo que a subida imediata da mesma tinha como consequência a suspensão da execução fiscal –, era aquela que melhor se coadunava com a tutela dos direitos e garantias dos contribuintes.

Com efeito, o objectivo destas alterações legislativas que levaram à eliminação do efeito suspensivo da reclamação sobre toda a execução, excepto no que diz respeito à decisão reclamada, terá sido a promoção de celeridade no processo de execução fiscal, admitindo-se assim que a penhora e a posterior venda sejam realizadas mesmo na pendência de uma reclamação para o tribunal tributário de 1ª instância, que já subiu para o tribunal, mas cuja decisão ainda não tenha sido proferida. Contudo, não há dúvida que esta solução não defende tão intensamente os direitos e garantias dos contribuintes executados, pese embora a suspensão da decisão reclamada possa acautelar, em certos casos, os seus interesses.

77.11. Recurso dos actos jurisdicionais

Decorre da alínea *b*) do nº 1 do artigo 279º do CPPT que serão aplicáveis aos recursos dos actos jurisdicionais no processo de execução fiscal as disposições previstas no título V, relativo ao recurso dos actos jurisdicionais. Estarão aqui em causa, designadamente, as decisões sobre incidentes, oposição, pressupostos da responsabilidade subsidiária, verificação e graduação definitiva de créditos, anulação da venda e recursos dos demais actos praticados pelo órgão da execução fiscal, tal como a decisão da reclamação apresentada nos termos do artigo 276º do CPPT e que analisámos no ponto anterior.

Deste modo, todas as considerações que fizemos no ponto 66 relativo aos recursos serão aplicáveis no caso de recurso de actos jurisdicionais praticados no âmbito do processo de execução fiscal, cabendo aqui recordar os aspectos mais importantes do regime do *recurso comum*, do *recurso por oposição de acórdãos* e do *recurso de revisão de sentença* regulados no CPPT.

Antes de mais, cabe recordar que segundo o artigo 279º, nº 1 do CPPT, apenas são susceptíveis de recurso os *"actos jurisdicionais"* praticados no processo tributário, não sendo de olvidar a regra da sucumbência que vigora no âmbito do contencioso tributário, por força do artigo 280º, nº 4 do CPPT. Com efeito, não serão susceptíveis de recurso – comum – as decisões dos tribunais tributários de 1ª instância quando o valor da causa não ultrapassar o valor da alçada do tribunal tributário de 1ª instância, ou seja, € 5.000,00, sendo que no âmbito do contencioso associado à execução fiscal o valor da causa corresponderá ao da dívida exequenda, nos termos do artigo 97º-A, nº 1, alínea *e*) do CPPT. Pelo contrário, admite-se o recurso para o pleno da secção de contencioso tributário do STA para uniformização de jurisprudência independentemente do valor da causa, nos termos do artigo 280º, nº 5 do CPPT.

Por outro lado, das decisões dos tribunais tributários da 1ª instância cabe, em regra, recurso para a secção de contencioso tributário do TCA, quando o fundamento do recurso consistir em matéria de facto, acompanhada ou não de matéria de direito, tal como decorre do artigo 38º, alínea *a*) do ETAF. Quando o fundamento de recursos consistir exclusivamente em matéria de direito, por sua vez, cabe recurso *per saltum* para a secção de contencioso tributário do STA, tal como disposto no artigo 26º, alínea *b*) do ETAF.

No que diz respeito ao *recurso comum*, este deverá ser interposto por meio de requerimento em que se declara a intenção de recorrer, no prazo de 10 (dez) dias a contar da notificação da decisão, de acordo com os artigos 280º, nº 1 e 282º, nº 1 do CPPT[341]. De seguida, será proferido um despacho a admitir o recurso que será notificado ao recorrente, ao recorrido e ao Ministério Público, de acordo com o nº 2 do artigo 282º do CPPT. A partir da notificação deste despacho, o recorrente tem 15 (quinze) dias para alegar e o recorrido, a partir do termo do prazo para as alegações do recorrente, terá igualmente 15 (quinze) dias para apresentar alegações. O recorrente terá mesmo o ónus de alegar, tendo em conta que na falta de alegações, de acordo com o nº 4 do artigo 282º do CPPT, o recurso será julgado deserto.

Relativamente à tramitação deste recurso, é ainda de referir que no caso dos recursos de processos urgentes, como por exemplo da decisão da reclamação das decisões do órgão da execução fiscal apresentada nos termos dos

[341] Os prazos serão naturalmente processuais pelo que, acordo com o artigo 20º, nº 2 do CPPT, deverão contar-se nos termos do CPC. Assim, recorde-se que os prazos no processo tributário são contínuos, contando-se sábados, domingos e feriados. Os prazos processuais suspendem-se nas férias judiciais e dia da notificação não conta, sendo considerado como o "dia zero". Contudo, no âmbito dos processos urgentes, tal como o recurso judicial da decisão de derrogação de sigilo bancário nos termos do artigo 146º-B do CPPT, não há lugar a esta suspensão nos termos do artigo 138º do CPC. Este é também o modo de contagem dos prazos no âmbito do processo arbitral tributário. Já os prazos no procedimento tributário contam-se, recorde-se, nos termos do artigo 279º do CC, não se suspendendo sábados, domingos e feriados nem durante as férias judiciais. Trata-se de prazos contínuos, sendo que o dia da notificação também não conta, constituindo o "dia zero": Por sua vez, no que diz respeito aos prazos no procedimento administrativo aplicáveis ao procedimento arbitral (fase que ocorre até à constituição do tribunal arbitral), de acordo com o artigo 87º do CPA, não há férias judiciais mas o prazo suspende-se sábados, domingos e feriados. Se o termo do prazo coincidir com dia em que o serviço perante o qual deva ser praticado o acto não esteja aberto ao público, ou não funcione durante o período normal, transfere-se para o primeiro dia útil seguinte. Assim, a diferença entre o modo de contagem dos prazos no CC, no CPC e no CPA reflecte-se na sua suspensão. Enquanto os prazos do procedimento tributário, nos termos do CC, não se suspendem sábados, domingos e feriados, nem durante as férias judiciais, já os prazos do processo judicial e arbitral tributário, nos termos do CPC, pese embora não se suspendam sábados domingos e feriados, suspendem-se durante as férias judiciais, excepto no caso dos processos (judiciais) urgentes. Por fim, os prazos no procedimental arbitral, nos termos do CPA, suspendem-se sábados, domingos e feriados, mas não durante as férias judiciais.

artigos 276º e seguintes do CPPT, aqueles serão apresentados por meio de requerimento juntamente com as alegações, no prazo de 10 (dez) dias, tal como disposto no artigo 283º do CPPT.

No artigo 284º do CPPT prevê-se, por seu turno, a possibilidade de recurso com fundamento em *oposição de acórdãos*, sendo de recordar que a interposição deste recurso depende da verificação de dois requisitos: (*i*) a contradição inconciliável e expressa entre o acórdão recorrido e um outro acórdão, designado de "*acórdão fundamento*" sobre a mesma questão fundamental de Direito; e (*ii*) que não ocorra o caso de a decisão impugnada estar em sintonia com a jurisprudência mais recentemente consolidada do STA.

Relativamente à tramitação deste recurso, este inicia-se com o requerimento do recorrente a ser apresentado no prazo de 10 (dez) dias no tribunal e no processo em que foi proferido o acórdão recorrido, sendo que por força do artigo 27º, nº 1, alínea *b*) do ETAF, a competência para conhecer deste recurso cabe ao pleno da secção de contencioso tributário do STA. Por força do disposto no nº 1 do artigo 284º do CPPT, no requerimento deverá indicar-se o(s) acórdão(s) que esteja(m) em oposição com o acórdão recorrido, bem como o lugar em que tenham sido publicados ou estejam registados, sob pena de não ser admitido o recurso. O relator pode determinar que o recorrente seja notificado para apresentar certidão deste(s) acórdão(s) para efeitos de prosseguimento do recurso, de acordo com o nº 2 do artigo 284º do CPPT.

Admitido o recurso, o recorrente é de tal notificado, dispondo de um prazo de 8 (oito) dias para apresentar alegações tendentes a demonstrar que entre os acórdãos existe a oposição exigida, ou seja, que se verificam os requisitos que acima elencámos. Verifica-se aqui também um ónus de alegar do recorrente, sob pena do recurso ser considerado deserto, de acordo com o nº 4 do artigo 284º do CPPT. Se as alegações forem feitas, o recorrido é notificado para, querendo, contra-alegar igualmente no prazo de 8 (oito) dias. Perante estas alegações, o relator aprecia a existência ou não da alegada oposição de acórdãos. Caso entenda que não há oposição, considera o recurso findo, de acordo com o artigo 284º, nº 5 do CPPT. Pelo contrário, se entender que se verifica a oposição de acórdãos, notifica as partes para alegarem nos termos do artigo 282º do CPPT, ou seja, acerca dos vícios apontados à decisão recorrida, sobre a qual o recorrente entende que a decisão deve ser tomada. Nos casos em que conheça do mérito da causa, o pleno revoga o acórdão que foi proferido no processo em que aconteceu o recurso, podendo optar ou não por uma das posições em confronto.

Por fim, o *recurso de revisão* possibilita a reapreciação de questões que, por não serem já susceptíveis de recurso ordinário ou de reclamação, consideraram-se transitadas em julgado, por força do disposto no artigo 628º do CPC, prevendo-se expressamente no CPPT a susceptibilidade de recurso de revisão das sentenças judiciais tributárias, desde as alterações efectuadas ao CPPT com a Lei nº 3-B/2000, de 4 de Abril, que aditou um artigo 293º ao CPPT, sob a epígrafe "*revisão de sentença*"[342].

Do artigo 293º, nº 2 do CPPT decorrem três fundamentos possíveis para o recurso de revisão de sentença, designadamente (*i*) quando posteriormente ao encerramento do processo, verifique-se a declaração, por decisão transitada em julgado, da falsidade de documento que tenha sido essencial para fundamentar a decisão que se pretende rever; (*ii*) quando posteriormente ao encerramento do processo, surja um documento novo que o interessado não podia nem devia ter apresentado no processo – seja porque o documento não existia ou porque o recorrente não podia ter acesso – e que seja suficiente para a destruição da prova feita; e (*iii*) quando se verifique a falta ou nulidade da notificação do recorrente e o processo tenha corrido totalmente à sua revelia.

Verificados estes fundamentos, de acordo com o artigo 293º, nº 3 do CPPT, o requerimento para revisão deverá ser apresentado no tribunal que proferiu a decisão a rever, no prazo de 30 (trinta) dias a contar, consoante os casos, do trânsito em julgado da decisão que proferiu a falsidade do documento, da data do aparecimento do novo documento ou do seu conhecimento pelo recorrente, ou do conhecimento do facto superveniente, ou seja, do processo que correu contra si à sua revelia, juntamente com a documentação necessária[343]. No entanto, será de salientar o limite temporal de 4 (quatro) anos contados desde o trânsito em julgado da decisão a rever, previsto no nº 1 do artigo 293º do CPPT que decorrerá da necessidade de acautelar as exigências do princípio da segurança jurídica.

Segundo o nº 5 do artigo 293º do CPPT, a revisão segue os termos do processo em que foi proferida a decisão revidenda, por exemplo, o processo de impugnação judicial se a decisão a rever tiver sido proferida no âmbito deste processo.

77.12. Formas de extinção da execução fiscal

Aqui chegados, já descortinámos os aspectos essenciais da tramitação do processo de execução fiscal desde a sua instauração à venda dos bens penhora-

[342] Relativamente à susceptibilidade de recurso de revisão da decisão arbitral em matéria tributária, mesmo depois do seu trânsito em julgado, veja-se a anotação ao artigo 25º do RJAT de Carla Castelo Trindade Cf. Carla Castelo Trindade (2016), p. 465 e seguintes e Jorge Lopes de Sousa (2013), "Recurso de revisão de decisões arbitrais tributárias".

[343] Joaquim Freitas da Rocha (2014), p. 423.

dos, já analisámos os meios de defesa ao dispor do executado e de terceiros afectados, tais como a oposição judicial, a reclamação para o tribunal tributário de 1ª instância e os embargos de terceiro, sem deixarmos de referir as circunstâncias que poderão dar lugar à nulidade e à suspensão da execução fiscal. Contudo, carecem ainda de ser estudadas as formas de extinção da execução fiscal. Como termina este processo, como é que se extingue? É a esta questão que pretendemos neste ponto dar resposta.

De acordo com o nº 1 do artigo 176º do CPPT, o processo de execução fiscal extingue-se:

- Por pagamento (voluntário ou coercivo) da quantia exequenda e do acrescido (alínea *a*));
- Por anulação da dívida ou do processo (alínea *b*)); ou
- Por qualquer outra forma prevista na lei (alínea *c*)).

O nº 2 do mesmo artigo, por seu turno, estabelece que nas execuções por coimas ou outras sanções pecuniárias, o processo se extingue:

- Por morte do infractor quando se tratar de pessoa singular ou por extinção das pessoas colectivas nos termos do CC e do CSC (alínea *a*));
- Por amnistia da contra-ordenação (alínea *b*));
- Pela prescrição das coimas e sanções acessórias (alínea *c*)); ou
- Pela anulação da decisão condenatória em processo de revisão (alínea *d*)).

Segundo Lopes de Sousa, decorre do princípio da indisponibilidade dos créditos tributários previsto no artigo 30º, nº 2 da LGT, a inadmissibilidade de causas de extinção da execução fiscal não previstas nas leis tributários, quando esteja em causa a cobrança destes créditos[344]. Ou seja, as causas de extinção do processo de execução, quando o seu objecto corresponda a créditos tributários, serão apenas aquelas expressamente previstas na lei, por força deste princípio que, como se sabe, é um corolário do princípio da legalidade e da igualdade que deverão nortear a actuação da Administração. Esta não poderá declarar a extinção da execução fiscal fora dos casos previstos na lei.

No entanto, deste entendimento não resulta o carácter taxativo da norma plasmada no artigo 176º do CPPT. Serão admitidas outras causas de extinção de execução fiscal, desde que previstas na lei, tal como decorre aliás da alínea *c*) do nº 1 deste artigo. Estas causas serão designadamente (*i*) a prescrição da dívida exequenda nos termos do artigo 175º do CPPT; (*ii*) a procedência

[344] Jorge Lopes de Sousa (2011), Vol. III, p. 304.

da oposição à execução fiscal quando a execução não possa reverter contra qualquer responsável solidário ou subsidiário ou antigo possuidor dos bens; (*iii*) a declaração em falhas da dívida exequenda e acrescido nos termos do artigo 272º do CPPT[345]; e o decurso do prazo de 1 (um) ano, contado desde a instauração do processo de execução fiscal, "*salvo causas insuperáveis*", nos termos do artigo 177º do CPPT[346].

Relativamente a esta última causa de extinção do processo, recorde-se o entendimento de Jesuíno Alcântara Martins e Costa Alves de que este prazo é meramente ordenador ou disciplinar, tendo como objectivo a motivação da extinção do processo de execução fiscal de forma célere. Os mesmos autores sublinham que num grande número de processos, a observância do prazo de 1 (um) ano é "*manifestamente inviável*", devido às diligências que têm de ser realizadas, bem como às ocorrências que se podem verificar, inerentes ou não à normal evolução do processo de execução fiscal[347].

Segundo Lopes de Sousa, a apreciação destas causas de extinção da execução fiscal será de conhecimento oficioso, por força dos "*termos imperativos*" utilizados pelo legislador neste artigo 176º do CPPT. Contudo, o mesmo autor ressalva a possibilidade de o executado requerer ao órgão da execução fiscal a extinção da mesma com base num destes fundamentos, admitindo-se a apresentação de uma reclamação nos termos do artigo 276º do CPPT, caso a sua pretensão seja indeferida. Para além disso, algumas destas causas de extinção da execução fiscal poderão ser fundamento da oposição judicial, designadamente a prescrição da dívida exequenda prevista na alínea *d*) do nº 1 do artigo 204º do CPPT, o pagamento ou anulação da dívida exequenda enquadráveis na alínea *f*) do mesmo artigo, sendo que as demais causas de extinção serão, em princípio, enquadráveis na alínea *i*)[348].

Feitas estas considerações iniciais, analisemos agora em separado as causas de extinção previstas no nº 1 do artigo 176º do CPPT, bem como a prescrição da dívida. A declaração em falhas, devido à particularidade de poder não ser definitiva, será analisada num ponto em separado, no 78.13.

[345] A declaração em falhas será objecto de análise mais aprofundada no ponto 77.13 deste manual, para o qual remetemos.

[346] Neste sentido: Joaquim Freitas da Rocha (2014), p. 375 e Jorge Lopes de Sousa (2011), Vol. III, p. 304-305.

[347] Jesuíno Alcântara Martins/José Costa Alves (2015), p. 236-237.

[348] Jorge Lopes de Sousa (2011), Vol. III, p. 309-310.

77.12.1. Pagamento voluntário

Como vimos no ponto 77.3.1, o pagamento voluntário será aquele que tem lugar dentro do prazo estabelecido nas leis tributárias ou já no âmbito da execução fiscal por iniciativa do executado ou que é efectuado por um terceiro que o realize por ele. Ora, de acordo com o nº 1 do artigo 264º do CPPT, o processo de execução fiscal extingue-se no estado em que se encontrar, com o pagamento da dívida exequenda e o acrescido efectuado pelo executado ou por outra pessoa, ou seja, com o *pagamento voluntário* da dívida exequenda e acrescido. A extinção da execução fiscal decorre ainda do nº 1 do artigo 269º do CPPT que prevê expressamente que o pagamento voluntário da dívida implica a extinção da execução, devendo este facto ser comunicado ao executado, por via electrónica.

Neste ponto pretendemos analisar as especificidades do pagamento voluntário como causa de extinção da execução fiscal, designadamente a possibilidade de sub-rogação e os seus efeitos; a possibilidade do executado efectuar pagamentos por conta; as formas de pagamento admitidas, tais como a dação em pagamento e a compensação de créditos; os casos em que não será admitido o pagamento voluntário e a consequente extinção da execução fiscal; bem como os efeitos do pagamento voluntário na pendência da oposição judicial.

Ora, como se afirmou, admite-se que o pagamento voluntário seja efectuado quer pelo executado, quer pelo terceiro, verificando-se, em regra, a extinção da execução fiscal. Contudo, o terceiro poderá pretender sub-rogar-se nos direitos do credor, sendo que após efectuar o pagamento integral da dívida exequenda e do acrescido, poderá requerer o prosseguimento do processo de execução fiscal nos termos do nº 2 do artigo 92º do CPPT, não se extinguindo o processo de execução fiscal[349].

Recorde-se que caso o terceiro pretenda sub-rogar-se nos direitos do credor – o Estado ou outras pessoas colectivas de direito público –, antes da venda dos bens, deverá proceder ao pagamento integral do que faltar pagar da dívida exequenda, dos juros de mora e das custas, de acordo com o nº 2 do artigo 91º do CPPT. Após a realização da venda, o pagamento com sub-rogação só poderá ser admitido pela quantia que ficar em dívida, depois do produto da venda dos bens ser aplicado aos créditos prioritários, à dívida exequenda e aos juros de mora e às custas, tal como resulta do nº 3 do artigo 91º do CPPT. Para além disso, o terceiro terá que requerer ao órgão da execução fiscal a autorização para pagamento com sub-rogação, exigindo-se que faça

[349] Neste sentido: JORGE LOPES DE SOUSA (2011), Vol. III, p. 243.

prova de um interesse legítimo ou da autorização do devedor, nos termos do artigo 41º, nº 2 da LGT e do artigo 91º, nºs 1 e 2 do CPPT[350].

Sabendo quem poderá efectuar o pagamento nestes casos, cabe referir que o pagamento por iniciativa do executado ou efectuado por um terceiro poderá não ser integral, pese embora não dê lugar à extinção da execução fiscal, tal como decorre do nº 2 do artigo 264º do CPPT que prevê a possibilidade de pagamento por conta do débito, desde que a entrega não seja inferior a uma unidade de conta[351], "*sem prejuízo do andamento do processo*". Será de referir ainda a possibilidade prevista no nº 4 do mesmo artigo que Jesuíno Alcântara Martins e Costa Alves consideram que foi introduzida para agilizar o processo de execução fiscal e evitar situações de especial gravidade[352]. Com efeito, estabelece-se neste nº 4 que nos casos em que o pagamento por conta efectuado corresponder a 20% do valor da dívida, o procedimento de venda dos bens penhorados ficará suspenso por um período de 15 (quinze) dias. Se o executado proceder ao pagamento integral da dívida exequenda e do acrescido dentro deste prazo, a execução fiscal será extinta. Pelo contrário, se a dívida e o acrescido não forem pagos na sua totalidade, findo este prazo de 15 (quinze) dias, dá-se seguimento ao processo de execução fiscal, tendo lugar a venda.

Para além destes pagamentos por conta, o nº 3 do artigo 264º do CPPT determina que são admitidos na execução fiscal os meios de pagamento previstos na fase de pagamento voluntário das obrigações tributárias, o que significa que para se verificar a extinção da execução fiscal por pagamento voluntário da dívida exequenda e acrescidos, este deverá ser efectuado nos termos previstos no artigo 15º do Regime da Tesouraria do Estado – Decreto-Lei nº 191/99, de 5 de Junho, com as alterações introduzidas pelas Leis nºs 3-B/2000, de 4 de Abril e 107-B/2003, de 31 de Dezembro.

Por conseguinte, de acordo com o nº 1 do artigo 15º deste diploma, o pagamento voluntário poderá ser efectuado em moeda corrente, através de cheque, débito em conta, transferência conta a conta e transferência de fundos, bem como mediante qualquer outro meio de pagamento do tipo e com as características dos utilizados pelos bancos ou previstos na lei.

No entanto, para além destas formas de pagamento, será de salientar o entendimento de Lopes de Sousa de que poderão ser utilizadas outras formas de extinção das obrigações tributárias, designadamente a *dação em*

[350] Para maiores desenvolvimentos acerca do procedimento tendente à sub-rogação, veja-se o ponto 40 deste manual.

[351] Actualmente € 102.

[352] Jesuíno Alcântara Martins/José Costa Alves (2015), p. 401.

pagamento e a *compensação de créditos*, nos termos dos artigos 40º, nºs 1 e 2 da LGT, 87º, 88º, 90º e 202º do CPPT[353].

No que diz respeito à *dação em pagamento*, como tivemos oportunidade de o observar nos pontos 38 e 77.3.3, o executado poderá, na sequência da citação, optar por requerer a dação de bens em pagamento nos termos do artigo 201º do CPPT, sendo que esta constitui uma das formas de extinção da obrigação tributária, admitida no artigo 40º, nº 2 da LGT, consistindo no cumprimento da dívida tributária através da entrega de outra coisa que não dinheiro. Assim, tendo em conta que a dação em pagamento terá como consequência a extinção da obrigação ou dívida tributária exequenda, compreende-se que o deferimento do pedido de proceder à dação resulte na extinção da execução fiscal que, caso contrário, ficaria sem objecto.

No que concerne à *compensação*, caberá recordar que esta também constitui uma forma de extinção das obrigações tributárias que poderá ser da iniciativa da Administração Tributária ou do sujeito passivo e que neste caso poderá ter lugar com créditos tributários ou com créditos não tributários. Assim, como se viu no ponto 39 deste manual, o procedimento de compensação por *iniciativa da Administração Tributária* está regulado no artigo 89º do CPPT, do qual resultam os seguintes requisitos: (*i*) a existência de um crédito a favor de um contribuinte de que a Administração seja devedora e que se encontre em fase de execução; (*ii*) que esse crédito decorra de reembolso, de revisão oficiosa, de reclamação graciosa, de impugnação judicial ou outro meio administrativo ou contencioso; (*iii*) que o contribuinte seja simultaneamente devedor de tributos e (*iv*) que a dívida do contribuinte não esteja garantida ou estando, que não esteja pendente reclamação graciosa, recurso hierárquico, impugnação judicial, recurso judicial ou oposição à execução fiscal relativa à mesma, nem esteja a ser paga em prestações.

O último requisito da compensação exige que não tenha sido prestada garantia da dívida do contribuinte. Isto é, a Administração não pode proceder à compensação da dívida tributária do contribuinte quando este tenha prestado garantia. Por outro lado, exige-se ainda que não esteja pendente

[353] Jorge Lopes de Sousa (2011), Vol. III, p. 303. No entanto, o pagamento em prestações já não será admitido como forma de pagamento voluntário, susceptível de dar lugar à extinção da execução fiscal, na medida em que a falta de pagamento de três prestações ou de seis interpoladas importa o vencimento das seguintes e o prosseguimento do processo de execução fiscal nos termos do nº 1 do artigo 200º do CPPT. na verdade, como vimos no ponto 77.8, o pagamento em prestações terá como consequência a suspensão da execução fiscal, desde que o executado apresente ou constitua garantia idónea nos termos do artigo 199º do CPPT, ou estejam verificados os pressupostos da dispensa da garantia, ao abrigo do artigo 170º do CPPT.

reclamação graciosa, recurso hierárquico, impugnação judicial, recurso judicial ou oposição à execução fiscal. Ora, quanto a este ponto SÉRGIO VASQUES defende que com a fixação deste requisito o legislador pretendeu evitar que o contribuinte visse os seus créditos sobre a Administração aplicados na extinção de uma obrigação tributária cuja legalidade pretendia contestar perante a própria Administração ou perante os tribunais ou ainda a extinção de uma dívida tributária a cuja execução se pretendia opor por considerar inexigível[354].

Determinados os pressupostos dos quais depende a compensação de créditos por iniciativa da Administração, cabe recordar *como é que esta se efectua*. Ora, o artigo 89º, nº 5 do CPPT determina que a compensação é efectuada "*através da emissão de título de crédito destinado a ser aplicado no pagamento da dívida exequenda e acrescido.*". Deste modo, a compensação da dívida tributária com o crédito do sujeito passivo não é automática. Na verdade, segundo LOPES DE SOUSA, o processo de execução fiscal deve prosseguir, sendo objecto de penhora o direito de crédito do contribuinte sobre a Administração Tributária, ou seja, "*o título de crédito em relação ao qual se pretende efectuar a compensação*[355]. Após a penhora do direito de crédito do contribuinte, verificar-se-á a extinção do processo de execução fiscal, pelas razões acima enunciadas para a dação em pagamento – se assim não fosse, a execução fiscal ficaria sem objecto, na medida em que decorre da compensação a extinção da dívida tributária exequenda.

Já a compensação por *iniciativa do contribuinte*, disciplinada nos artigos 90º e 90º-A do CPPT, esta poderá ser efectuada, de acordo com o artigo 90º do CPPT, se se verificar: (*i*) a existência de um crédito a favor de um contribuinte de que a Administração seja devedora; (*ii*) que esse crédito decorra de reembolso, de revisão oficiosa, de reclamação graciosa, de impugnação judicial ou outro meio administrativo ou contencioso; (*iii*) que o contribuinte seja simultaneamente devedor de tributos; (*iv*) que o contribuinte formule um pedido no sentido de ser efectuada a compensação e (*v*) que a própria Administração esteja impedida de fazer a compensação[356]. Nos termos do nº 2 do artigo 90º do CPPT, a compensação pode ser efectuada quer com créditos tributários de que o sujeito passivo seja titular, quer com créditos pertencentes a terceiros, desde que estes expressamente o aceitem, sendo que de acordo com o nº 3 do mesmo artigo, a competência para autorizar a compensação caberá ao dirigente máximo da Administração Tributária.

[354] SÉRGIO VASQUES (2015), p. 432.

[355] JORGE LOPES DE SOUSA (2011), Vol. I, p. 728.

[356] JORGE LOPES DE SOUSA (2011), Vol. I, p. 735 e o acórdão do STA de 09 de Outubro de 2013, proferido no âmbito do processo nº 01442/13.

No artigo 90º-A do CPPT está prevista, por sua vez, a compensação com créditos não tributários sobre o Estado que será admitida caso: (*i*) haja uma dívida tributária do contribuinte que esteja em fase de cobrança coerciva; (*ii*) exista uma dívida certa, líquida e exigível da Administração directa do Estado para com o contribuinte executado; (*iii*) o contribuinte executado tenha formulado um pedido no sentido de ser efectuada a compensação, fazendo prova da existência e da origem do crédito, do valor deste e do prazo de vencimento.

O que distingue este procedimento de compensação por iniciativa do contribuinte é, por um lado, o facto de esta ser efectuada com créditos não tributários e, por outro, o facto de *apenas ser admitida no âmbito do processo de execução fiscal*. Com o artigo 90º-A do CPPT, o executado poderá requerer a compensação com créditos de qualquer natureza sobre a Administração directa do Estado ao dirigente máximo da Administração Tributária, fazendo prova da existência e origem deste crédito, bem como do seu valor e do prazo de vencimento (nºs 1 e 2). A Administração Tributária, por sua vez, deverá solicitar no prazo de 10 (dez) dias à entidade da Administração directa do Estado devedora o reconhecimento e a validação do carácter certo, líquido e exigível do crédito indicado pelo executado (nº 3). Esta entidade deverá pronunciar-se acerca do carácter certo, líquido e exigível do crédito igualmente no prazo de 10 (dez) dias, de forma a permitir o processamento da compensação (nº 4). De seguida, o órgão da execução fiscal deverá proceder à aplicação do crédito referido no processo de execução fiscal, formando-se a presunção de indeferimento tácito em caso de inércia da Administração, decorrido o prazo geral de 4 (quatro) meses nos termos do artigo 57º, nºs 1 e 5 da LGT, na medida em que não é fixado no artigo 90º- A do CPPT um prazo especial. Em caso de indeferimento expresso ou tácito, ou seja, de recusa de compensação, o sujeito passivo poderá apresentar reclamação para o tribunal tributário de 1ª instância, nos termos do artigo 276º do CPPT, tendo em conta que se trata de uma decisão do órgão da execução fiscal.

Delimitadas as formas de pagamento voluntário que darão lugar à extinção da execução fiscal, será de salientar o disposto no nº 3 do artigo 265º do CPPT que estabelece que este pagamento não suspende o concurso de credores se for efectuado após a realização da venda. Deste modo, parece decorrer desta norma que o pagamento voluntário pelo executado ou por terceiro não será de admitir, não se verificando a consequente extinção da execução fiscal, se tiver havido concurso de credores e tiver sido realizada a venda. Neste sentido, Lopes de Sousa defende que nestes casos será necessário proceder à verificação e graduação dos créditos reclamados e ao pagamento dos créditos graduados e da dívida exequenda e do acrescido com o produto da venda ou com o dinheiro penhorado, admitindo-se o pagamento requerido apenas "*depois de apurada a parte da dívida exequenda não paga*"[357]. A razão de ser desta solução terá sido, por um lado, tutelar a confiança e as expectativas fundadas dos titulares de créditos com garantia real sobre os bens penhorados que, tendo reclamado os seus créditos, contavam com a aplicação do produto da venda dos bens penhorados ao pagamento dos mesmos. Por outro, visa-se também garantir a estabilidade das vendas judiciais, garantir a segurança dos compradores e consequentemente fomentar o aparecimento de mais interessados e a obtenção de melhores preços, tendo em conta que admitir-se o pagamento integral da dívida exequenda e acrescido implicaria, naturalmente, a anulação da venda dos bens penhorados.

Por fim, será de destacar o efeito do pagamento voluntário na pendência da oposição judicial, exigindo o nº 5 do artigo 203º do CPPT que o órgão da execução fiscal comunique o pagamento da dívida exequenda ao tribunal tributário de 1ª instância onde pender a oposição, para efeitos da sua extinção. Isto é, na medida em que o pagamento voluntário terá como consequência a extinção da execução, desta resultará a inutilidade superveniente da lide e a extinção da oposição judicial em sede da qual o executado discutia, em princípio, a exigibilidade da dívida exequenda. Contudo, em certos casos, o pagamento da dívida não implicará a extinção da oposição judicial, designadamente quando se discuta a legalidade do acto de liquidação, nos termos da alínea *h*) do nº 1 do artigo 204º do CPPT[358]. Neste sentido, veja-se o acórdão do STA de 20 de Junho de 2012, proferido no âmbito do processo nº 0537/12, no qual se entendeu que:

> *"A extinção da execução fiscal pelo pagamento não acarreta a impossibilidade superveniente da oposição quando nesta se está a discutir a legalidade da dívida exequenda ao abrigo da alínea h) do nº 1 do art. 204º do CPPT, possibilidade que existe quando aquela dívida não resulte de acto administrativo ou tributário prévio definidor da obrigação, como pode suceder relativamente às contribuições para a Segurança Social."*

Por outro lado, a jurisprudência também tem entendido que a extinção da execução fiscal não dará lugar à extinção da oposição judicial quando o pagamento tenha sido efectuado pelo responsável solidário ou subsidiário, nos termos do artigo 23º, nº 5 da LGT para beneficiar da isenção de custas e de juros de mora. A este propósito, veja-se o acórdão do STA de 27 de Junho de 2016, proferido no âmbito do processo nº 0430/12, em sede do qual se defendeu que:

[357] Jorge Lopes de Sousa (2011), Vol. IV, p. 243.
[358] Jorge Lopes de Sousa (2011), Vol. IV, p. 249.

"Sendo o pagamento da dívida efetuado pelo responsável subsidiário para beneficiar da isenção de custas e multa nos termos do artigo 23º, nº 5 da LGT, esse pagamento não implica a preclusão do seu direito de impugnar o despacho de reversão, não podendo extinguir-se a oposição com fundamento em inutilidade ou impossibilidade superveniente da lide, em virtude da extinção da execução contra o revertido."

77.12.2. Pagamento coercivo

Para além do pagamento voluntário – no qual se incluem os casos de dação em pagamento e de compensação de créditos – também o *pagamento coercivo* da dívida exequenda e dos acrescidos – custas e juros de mora – poderá ter como consequência a extinção do processo de execução fiscal, como decorre do artigo 261º do CPPT. O pagamento coercivo corresponde à aplicação do produto da venda dos bens penhorados ou da penhora de dinheiro ou valores depositados, ou seja, será o resultado "normal" da cobrança coerciva da dívida exequenda através da penhora e venda.

Ora, o nº 1 do artigo 261º do CPPT determina que a execução será declarada extinta depois de feitos os pagamentos se em virtude da penhora ou da venda forem arrecadadas importâncias suficientes para solver a execução.

Contudo, será de recordar que, para além da dívida exequenda e dos acrescidos, também poderão existir créditos verificados e graduados de outros credores, sendo que nestes casos o produto da venda dos bens penhorados e a penhora de dinheiro terão quer ser aplicados não só ao pagamento da dívida e dos acrescidos, mas também ao pagamento destes créditos. Por conseguinte, seguimos o entendimento de Lopes de Sousa de que a execução também poderá ser declarada extinta nestes casos se as importâncias arrecadadas forem suficientes para pagar não só a dívida exequenda e acrescidos, mas também todos aqueles créditos[359].

Por outro lado, será de equacionar a possibilidade de se verificar a insuficiência das quantias arrecadadas através da penhora e da venda, tornando-se necessário delimitar as consequências desta insuficiência. Assim, se as quantias arrecadadas forem suficientes para o pagamento de créditos reclamados com prioridade sobre a dívida exequenda, mas seja insuficiente para proceder ao pagamento desta e do acrescido, a execução fiscal não será extinta, devendo prosseguir em outros bens do devedor, de responsáveis solidários ou subsidiários, na medida do necessário para o pagamento integral da dívida exequenda e do acrescido. Por outro lado, se as importâncias arrecadadas forem suficientes para o pagamento de créditos prioritários em relação à dívida exequenda,

[359] *Ibidem*, p. 227.

bem como para o pagamento desta e do acrescido mas não forem suficientes para proceder ao pagamento de outros créditos *tributários* reclamados, o nº 1 do artigo 262º do CPPT estabelece que a execução fiscal deverá prosseguir com a penhora dos bens do executado, de responsáveis solidários e subsidiários que sejam necessários para assegurar o pagamento daqueles créditos. Porém, tendo em conta o preceituado neste nº 1, se os créditos em causa não forem de natureza tributária parece-nos que a execução fiscal deverá ser extinta, pese embora a insuficiência das quantias arrecadadas para proceder ao pagamento dos mesmos[360].

Ora, será de referir a ordem pela qual as importâncias arrecadadas serão aplicadas quando sejam insuficientes para solver a dívida exequenda e o acrescido, analisando o disposto no nº 2 do artigo 262º do CPPT. Este artigo dispõe que, nestes casos, as importâncias arrecadadas serão sucessivamente aplicadas, em primeiro lugar, na amortização dos juros de mora, de outros encargos legais e da dívida tributária mais antiga, incluindo juros compensatórios. Pelo contrário, quando a execução fiscal não tiver por objecto tributos ou outros rendimentos em dívida à Fazenda Pública, como no caso das coimas ou outras sanções pecuniárias, pagar-se-ão sucessivamente as custas, a dívida exequenda e os juros de mora.

77.12.3. Anulação da dívida exequenda

Como referimos acima o nº 1 do artigo 176º do CPPT prevê as várias causas de extinção do processo de execução fiscal decorrendo da sua alínea *b*) que também a anulação do processo e da dívida exequenda extingue a execução fiscal.

No que concerne à anulação do processo, esta verificar-se-á nos casos de nulidade insanável, previstos na alínea *b*) do nº 1 do artigo 165º do CPPT, isto é, em caso de falta de requisitos essenciais do título executivo quando não puder ser suprida por prova documental. Com efeito, como já tivemos oportunidade de referir, nos casos de falta de citação – que também poderá ter como consequência a nulidade insanável do processo de execução fiscal –, em regra, não haverá lugar à anulação deste processo, sendo repetida a citação indevidamente omitida. Dito de outro modo, enquanto a nulidade insanável por falta de requisitos essenciais do título executivo impede o prosseguimento do processo de execução fiscal, levando à extinção quando não puder ser suprida por prova documental, a nulidade insanável por falta de citação apenas exige que a citação omitida seja efectuada, não extinguindo a execução fiscal.

[360] Seguindo o entendimento de Lopes de Sousa plasmado em Jorge Lopes de Sousa (2011), Vol. IV, p. 227.

Já a extinção da execução fiscal por anulação da dívida exequenda que ora nos ocupa está regulada nos artigos 270º e 271º do CPPT, estabelecendo o nº 1 do artigo 270º que o órgão da execução fiscal onde correr o processo deverá declarar extinta a execução, oficiosamente, quando se verifique a anulação da dívida exequenda. O artigo 271º do CPPT, por seu turno, determina que sendo a execução extinta por anulação da dívida, deverá o órgão da execução fiscal ordenar o levantamento da penhora e o cancelamento do seu registo, quando houver lugar a ele.

Pese embora caiba ao órgão da execução fiscal declarar oficiosamente a extinção da execução fiscal não lhe caberá proceder à anulação da dívida exequenda. Na verdade, esta deverá ser processada pela entidade que procedeu à sua liquidação, devendo esta posteriormente proceder à comunicação da anulação ao órgão da execução fiscal[361].

Esta anulação decorre da eliminação jurídica do facto que serviu de base à elaboração do título executivo, designadamente do acto de liquidação do tributo ou da decisão de aplicação da coima. Assim, na maioria dos casos, a anulação da dívida resulta de uma decisão proferida em sede de um meio tutelar administrativo ou judicial, tal como a reclamação graciosa, a impugnação judicial ou o pedido de constituição de tribunal arbitral interposto pelo sujeito passivo da relação jurídica tributária ou pelo responsável subsidiário. Assim, quando no âmbito destes meios tutelares a Administração, o juiz ou o árbitro decidirem que o acto de liquidação é ilegal, procedendo à anulação do mesmo ou à declaração da nulidade ou inexistência do mesmo, a entidade que procedeu à liquidação deverá executar esta decisão e comunicar o órgão da execução fiscal para que este declare extinta a execução. A anulação da dívida exequenda poderá resultar ainda da iniciativa da Administração quando esta proceda à revisão oficiosa dos actos tributários nos termos do artigo 78º da LGT.

Ora, será de recordar que a anulação da dívida poderá ser meramente parcial, entendendo Jesuíno Alcântara Martins e Costa Alves que o processo deverá prosseguir para a cobrança coerciva do remanescente da dívida exequenda[362]. Neste sentido, será de referir o disposto no acórdão do STA de 28 de Abril de 2010, proferido no âmbito do processo nº 0297/10, no qual se entendeu que:

> *"Verificando-se que a sentença proferida no processo de impugnação procedeu à anulação total, e não apenas parcial, do acto de liquidação impugnado, a Administração tributária*

[361] Neste sentido: Jesuíno Alcântara Martins/José Costa Alves (2015), p. 403.

[362] Jesuíno Alcântara Martins/José Costa Alves (2015), p. 403.

estava obrigada a cumprir o que aí se determinou (artigo 205º da Constituição da República Portuguesa) e a retirar da anulação judicial da liquidação as devidas consequências, quais sejam, atento o disposto nos artigos 176º, nº 1, alínea b) e 270º nº 1 do Código de Procedimento e de Processo Tributário, a de extinguir o processo de execução fiscal instaurado para cobrança coerciva da dívida titulada por aquela liquidação.

***Para que a execução fiscal pudesse prosseguir no remanescente, não anulado, com o mesmo título (executivo), mister era que a anulação judicial da liquidação tivesse sido meramente parcial**, o que, atento ao teor da sentença anulatória, não se verifica no caso dos autos."*

Por outro lado, Lopes de Sousa salienta que o legislador se refere à anulação da dívida exequenda e não à anulação da liquidação, pelo que o artigo 270º do CPPT prevê a extinção da execução fiscal não só nos casos em que o título executivo é uma certidão de um acto de liquidação de um tributo ou outra receita pública, mas também naqueles em que o título executivo é uma decisão proferida em processo de aplicação de coimas ou qualquer outro título com força executiva. Deste modo, o mesmo autor considera que o processo de execução fiscal será extinto por anulação da dívida exequenda sempre que esta ocorrer "*como acto consequente de ter sido eliminado da ordem jurídica o acto que a cria ou a declara, seja ele qual for*" referindo a anulação, declaração de nulidade ou de inexistência do acto de liquidação ou do acto administrativo ou a anulação da decisão de aplicação da coima em processo de revisão[363]. Refere ainda, o autor que não há excepções à extinção da execução fiscal em caso de anulação da dívida, ao contrário do que sucedia nos casos de pagamento voluntário previstos no nº 3 do artigo 265º do CPPT. Defende Lopes de Sousa que mesmo que tenha havido concurso de credores, tendo a dívida exequenda sido anulada, o processo de execução fiscal terá necessariamente de ser declarado extinto, as vendas deverão ser anuladas e as penhoras levantadas e cancelados os respectivos registos. Assim entende na medida em que considera que estes casos de extinção da execução por anulação da dívida exequenda são equiparáveis aos de anulação ou revogação da sentença executada em sede de processo de execução comum previsto no artigo 839º, nº 1, alínea *a*) do CPC relativo aos casos em que a venda fica sem efeito[364]. Nós tenderemos a concordar com o entendimento deste autor tendo em conta que, no caso do pagamento voluntário, poderá admitir-se que o executado podia ter procedido ao pagamento antes da realização da venda e da convocação dos credo-

[363] Jorge Lopes de Sousa (2011), Vol. IV, p. 261.
[364] *Ibidem*, p. 262.

res, assim garantindo a extinção da execução fiscal, enquanto da anulação da dívida exequenda decorrente da eliminação jurídica do acto que lhe serve de fundamento, o processo de execução fiscal fica desprovido de objecto a partir do momento em que se efectivar a anulação. Por estas razões, entendemos que no caso de anulação da dívida exequenda os direitos e garantias do executado deverão prevalecer sobre a estabilidade das vendas judiciais.

77.12.4. Prescrição da dívida

Por fim, também a prescrição da dívida exequenda terá como consequência a extinção do processo de execução fiscal, tendo em conta que a dívida ou obrigação tributária deixa de existir como obrigação civil, coercivamente exigível, ficando a execução fiscal sem objecto. Esta será uma das outras causas de extinção do processo de execução fiscal previstas na lei, enquadráveis na alínea *c*) do nº 1 do artigo 176º do CPPT.

Ora, como vimos no ponto 24.2, de acordo com o artigo 175º do CPPT, a prescrição deverá ser conhecida oficiosamente pelo juiz se o órgão da execução fiscal que anteriormente tenha intervindo o não tiver feito. Contudo, tendo em conta que a prescrição também consubstancia fundamento de oposição à execução fiscal, nos termos do artigo 204º, nº 1, alínea *d*) do CPPT, o executado, na sequência da citação, pode deduzir oposição judicial no prazo de 30 (trinta) dias após a citação, invocando a prescrição da dívida exequenda. Caso não o faça, consideramos que se poderá invocar mediante um requerimento atípico perante o órgão da execução fiscal, sendo que, em caso de indeferimento deste requerimento – devidamente fundamento e validamente notificado ao devedor –, o executado poderá no prazo de 10 (dez) dias a contar da notificação apresentar reclamação perante o tribunal tributário de 1. ª instância nos termos do artigo 276º do CPPT[365].

Por outro lado, será de referir o entendimento perfilhado pelo STA no acórdão de 10 de Dezembro de 2014, proferido no âmbito do processo nº 01323/14, no sentido de que a falta de apreciação ou declaração da prescrição da dívida exequenda antes da extinção da mesma por pagamento coercivo não provoca a nulidade dos actos praticados no processo de execução fiscal com vista à cobrança coerciva da dívida, podendo gerar o direito do executado ser indemnizado pelos danos causados por esse acto omissivo. Assim, este tribunal superior defendeu que:

> *"A eventual consumação do prazo prescricional da obrigação tributária, nunca apreciada nem declarada antes da extinção da dívida por pagamento coercivo e da extinção do*

[365] Também neste sentido, Jesuíno Alcântara Martins/José Costa Alves (2015), p. 417.

próprio processo executivo, não provoca a nulidade dos actos que no processo executivo hajam sido praticados com vista à cobrança da dívida.

A omissão, por parte do órgão da execução fiscal, do dever de declarar prescrita a dívida no momento oportuno e de se abster da prática de posteriores actos executivos, constitui um facto ilícito à luz do conceito de ilicitude contido no art. 9º da Lei nº 67/2007, de 31.12, que gera o direito de o lesado ser indemnizado pelos danos causados por esse acto omissivo que constitui o facto ilícito, mas não conduz nem à nulidade dos actos processuais praticados no processo judicial executivo nem à eliminação da ordem jurídica da decisão (transitada em julgado) de extinção desse processo".

Pese embora tenhamos procedido a uma análise em detalhe do instituto da prescrição e das questões que este levanta no ponto 24.2 – para o qual remetemos para maiores desenvolvimentos –, são de recordar os aspectos essenciais deste regime, na medida em que a sua verificação resultará na extinção do processo de execução fiscal. Assim, pretendemos responder de forma sucinta à questão: quando é que se verifica a prescrição das dívidas que podem ser objecto de cobrança coerciva no âmbito do processo de execução fiscal?

No que concerne às dívidas tributárias, o nº 1 do artigo 48º da LGT estabelece que estas prescrevem, salvo o disposto em lei especial, no prazo de 8 (oito) anos contados, nos impostos periódicos, a partir do termo do ano em que se verificou o facto tributário e, nos impostos de obrigação única, a partir da data em que o facto tributário ocorreu, excepto no IVA e nos impostos sobre o rendimento quando a tributação seja efectuada por retenção na fonte a título definitivo, caso em que aquele prazo se conta a partir do início do ano civil seguinte àquele em que se verificou, respectivamente, a exigibilidade do imposto ou o facto tributário.

São de referir, contudo, as causas de suspensão e de interrupção deste prazo de prescrição que, em nossa opinião, tornam praticamente impossível a verificação da prescrição das dívidas tributárias.

Assim, nos termos do nº 1 do artigo 49º da LGT *interrompem* a prescrição a citação, a reclamação, o recurso hierárquico, a impugnação e o pedido de revisão oficiosa da liquidação do tributo, sendo que segundo Jesuíno Alcântara Martins e Costa Alves, qualquer uma das formas de citação previstas no artigo 191º do CPPT será susceptível de provocar a interrupção do prazo de prescrição[366]. Ou seja, quer a citação pessoal, quer a citação postal provisória provocam a interrupção deste prazo.

[366] *Ibidem*, p. 414.

Já o artigo o nº 4 deste artigo 49º da LGT consagra as causas de suspensão do prazo de prescrição prevendo que este se suspende:

- Em virtude de pagamento de prestações legalmente autorizadas;
- Enquanto não houver decisão definitiva ou transitada em julgado, que ponha termo ao processo, nos casos de reclamação, impugnação, recurso ou oposição, quando determinem a suspensão da cobrança da dívida;
- Desde a instauração até ao trânsito em julgado da acção de impugnação pauliana intentada pelo Ministério Público; e
- Durante o período de impedimento legal à realização da venda de imóvel afecto a habitação própria e permanente.

O nº 5 do mesmo artigo prevê ainda que o prazo de prescrição legal se suspende desde a instauração de inquérito criminal até ao arquivamento ou trânsito em julgado da sentença.

Relativamente aos casos de suspensão do prazo de prescrição enquanto não estiver decidida definitivamente a reclamação graciosa ou não tenha transitado em julgado a decisão da impugnação judicial, do recurso ou da oposição judicial, Jesuíno Alcântara Martins e Costa Alves ressalvam que a sua apresentação apenas determina a suspensão do prazo de prescrição quando seja apresentada ou constituída garantia nos termos dos artigos 52º da LGT e 169º e 199º do CPPT, ou caso seja autorizada a dispensa de garantia[367].

Tendo em consideração que a execução fiscal poderá ser revertida contra responsáveis solidários ou contra responsáveis subsidiários quando o património do executado não se revele suficiente para o pagamento integral da dívida exequenda, será relevante o disposto nos nºs 2 e 3 do artigo 48º da LGT que estabelecem que estas causas de suspensão ou interrupção da prescrição aproveitam não só ao devedor principal mas também aos responsáveis solidários ou subsidiários, pese embora a interrupção da prescrição relativamente ao devedor principal não produza efeitos quanto ao responsável subsidiário se a citação deste, em processo de execução fiscal, for efectuada após o 5º ano posterior ao da liquidação.

Relativamente às dívidas à Segurança Social, o artigo 187º do Código Contributivo determina que a obrigação de pagamento das contribuições e das quotizações, respectivos juros de mora e outros valores devidos à Segurança Social prescreve no prazo de 5 (cinco) anos a contar da data em que aquela

[367] *Ibidem*, p. 415-416.

obrigação deveria ter sido cumprida, sendo que o seu nº 2 estabelece que este prazo se interrompe pela ocorrência de qualquer diligência administrativa realizada, da qual tenha sido dado conhecimento ao responsável pelo pagamento, conducente à liquidação ou à cobrança da dívida e pela apresentação de procedimento extrajudicial de conciliação.

Por outro lado, as dívidas de coimas ou por outras sanções pecuniárias prescrevem no prazo de 5 (cinco) anos a contar da data da sua aplicação, sem prejuízo das causas de interrupção e de suspensão previstas na lei, tal como decorre do artigo 34º do RGIT. Relativamente às causas de suspensão e interrupção deste prazo de prescrição, o artigo 34º do RGIT remete para a lei geral, ou seja, para o Regime Jurídico do Ilícito de Mera Ordenação Social aprovado pelo Decreto-Lei nº 433/82, de 27 de Outubro. Este prevê no artigo 30º que o prazo de prescrição se suspende durante o tempo em que:

- Por força da lei a execução não pode começar ou não pode continuar a ter lugar;
- A execução foi interrompida;
- Foram concedidas facilidades de pagamento.

Já o artigo 30º-A do mesmo diploma legal prevê que a prescrição da coima se interrompe com a sua execução.

Por fim, não será de olvidar que o processo de execução fiscal poderá ter por objecto dívidas não tributárias ao Estado e a outras pessoas colectivas de direito público sendo que nestes casos será aplicável o prazo de prescrição de 20 (vinte) anos previsto no artigo 309º do CC.

Aqui chegados, podemos delimitar os aspectos essenciais que nos permitem determinar a verificação da prescrição da dívida exequenda e a consequente extinção do processo de execução fiscal. Assim, em primeiro lugar, haverá que determinar a natureza da dívida, tendo em conta que os prazos de prescrição serão diferentes consoante se trate de uma dívida tributária ou não tributária, de uma dívida de coima fiscal ou de outra sanção pecuniária ou ainda se se tratar de uma dívida à Segurança Social. Por outro lado, haverá que identificar o termo inicial do prazo de prescrição e averiguar se se verificou algum facto interruptivo ou suspensivo do prazo.

Verificando-se a prescrição da dívida exequenda, esta será de conhecimento oficioso e dará lugar à extinção do processo de execução fiscal, na medida em que este fica sem objecto.

77.13. Declaração em falhas

Decorre do nº 1 do artigo 194º do CPPT que nas execuções de valor superior a 500 unidades de conta, quando o executado não for encontrado, o funcionário encarregue de proceder à citação deverá começar por averiguar se este possui bens penhoráveis. O nº 2, por sua vez, estabelece que se não forem conhecidos bens penhoráveis do executado e não houver responsáveis solidários ou subsidiários, lavrar-se-á certidão de diligência que servirá de base à declaração em falhas nos termos do artigo 272º do CPPT. Segundo LOPES DE SOUSA esta certidão de diligência será lavrada não só nestes casos previstos no artigo 194º do CPPT em que o executado não é encontrado, mas em todas as situações previstas no artigo 272º em que terá lugar a declaração em falhas, "*por paridade de razão*"[368].

Deste nº 2 do artigo 272º do CPPT decorre ainda que a declaração em falhas não ocorre imediatamente quando se verifica a inexistência de bens penhoráveis do executado, não se excluindo a realização de quaisquer averiguações ou diligências após a certidão de diligência ser lavrada. Daqui parece resultar uma preocupação de não proceder à declaração em falhas antes de ser certa e líquida a falta de bens do executado e dos seus sucessores e a inexistência de responsáveis solidários e responsáveis subsidiários, o que se compreende, tendo em conta que a declaração em falhas terá como consequência a extinção do processo de execução fiscal.

De acordo com o artigo 272º do CPPT a declaração em falhas poderá ter lugar quando:

- Se verificar a falta de bens penhoráveis do executado, seus sucessores e responsáveis solidários ou subsidiários (alínea *a*));
- For desconhecido o executado e não seja possível identificar o prédio, quando a dívida exequenda for de um tributo sobre a propriedade imobiliária como o IMI (alínea *b*));
- Se encontrar ausente em parte incerta o devedor do crédito penhorado e o executado não tiver outros bens penhoráveis (alínea *c*)).

Exige-se na alínea *a*) não só a falta de bens penhoráveis do executado mas também dos seus sucessores e dos responsáveis solidários ou subsidiários na medida em que, verificando-se a falta de bens penhoráveis do executado, a execução fiscal poderá ser dirigida contra os seus sucessores ou revertida contra os responsáveis solidários ou subsidiários cujos bens responderão pela

[368] JORGE LOPES DE SOUSA (2011), Vol. IV, p. 264.

dívida exequenda e acrescido. A declaração em falhas e consequente extinção da execução só poderá ter lugar quando nenhum dos possíveis responsáveis pela dívida exequenda possuir bens penhoráveis.

Declarada em falhas a dívida exequenda e acrescido, em face do auto de diligência lavrado, verificar-se-á a extinção do processo de execução fiscal, tendo em conta que será impossível realizar a penhora do património do executado e demais responsáveis e a posterior venda ou por falta de bens penhoráveis ou por ser desconhecido o executado ou por se encontrar ausente em parte incerta o devedor do crédito penhorado. Isto é, justifica-se a extinção da execução fiscal na medida em que não será possível cumprir a finalidade deste processo – a cobrança coerciva da dívida exequenda e do acrescido.

Jesuíno Alcântara Martins e Costa Alves consideram que se trata de uma suspensão "forçada", na medida em que, nos termos do artigo 274º do CPPT, a execução por dívida declarada em falhas prosseguirá, sem necessidade de nova citação e a todo o tempo, salvo prescrição, logo que haja conhecimento de que o executado, seus sucessores ou outros responsáveis possuem bens penhoráveis ou logo que se identifique o executado ou prédio, no caso previsto na alínea *b*) do artigo 272º do CPPT[369].

Quanto a nós, consideramos que o que distingue a declaração em falhas das demais causas de extinção da execução será exactamente esta possibilidade de prosseguimento do processo de execução fiscal, sem nova citação, após a sua extinção, tratando-se assim de uma extinção de carácter "provisório", não estável. Contudo, este nº 1 do artigo 274º do CPPT ressalva que o prosseguimento do processo de execução fiscal não terá lugar, mesmo que haja conhecimento de que o executado, seus sucessores ou outros responsáveis possuem bens penhoráveis, em caso de prescrição da dívida, na medida em que esta estando prescrita deixa de ser civilmente exigível.

Lopes de Sousa salienta que os funcionários que tenham conhecimento de que o executado ou os demais responsáveis adquiriram bens penhoráveis posteriormente à declaração em falhas e extinção da execução, deverão comunicar esta informação ao órgão da execução fiscal, sob pena de responderem subsidiariamente pelo pagamento da dívida exequenda e acrescido[370]. A razão de ser desta responsabilidade subsidiária será, em nossa opinião, o prejuízo causado para o Estado e demais pessoas colectivas de direito público na medida em que a dívida for declarada em falhas quando existiam bens penhoráveis, ou seja, quando era possível proceder à cobrança coerciva da mesma.

[369] Jesuíno Alcântara Martins/José Costa Alves (2015), p. 397.

[370] Jorge Lopes de Sousa (2011), Vol. IV, p. 265.

Por fim, será de referir que quando os responsáveis subsidiários e solidários procederem ao pagamento da dívida exequenda nos termos do nº 5 do artigo 23º da LGT, ou seja, no prazo de 30 (trinta) dias na sequência da citação para beneficiarem da isenção de custas e juros de mora, o processo de execução fiscal deverá prosseguir, não sendo extinto por pagamento voluntário, tendo em conta que o nº 6 do mesmo artigo determina que a obrigação do devedor principal ou do responsável solidário de pagarem os juros de mora e as custas mantém-se no caso de lhe virem a ser encontrados bens penhoráveis. Ou seja, o acrescido permanece como valor em dívida da responsabilidade do devedor principal ou do responsável solidário. Assim, apenas se se verificar a inexistência de bens penhoráveis do devedor principal ou do responsável solidário o remanescente da dívida será declarado em falhas, com a consequente extinção da execução.

Senão poderá ainda equacionar-se a extinção da execução por pagamento dos juros de mora e das custas com o produto da venda dos bens do devedor originário ou do responsável solidário. O certo é que, após o pagamento da dívida exequenda pelo responsável, isento de custas e de juros de mora, não se verificará a extinção da execução.

77.14. Liquidação dos juros de mora

Como se viu no ponto anterior, pese embora a dívida exequenda seja cumprida e paga integralmente, a execução fiscal não se extingue na medida em que se exige o pagamento do acrescido, ou seja, dos juros de mora e das custas processuais. Assim, será relevante analisar como é que se procede à liquidação do acrescido no âmbito do processo de execução fiscal, começando por descortinar neste ponto quando e como é que são devidos os juros de mora.

Recorde-se, antes de mais, que nos termos do nº 2 do artigo 804º do CC, o devedor entra em mora quando, por causa que lhe seja imputável, a prestação, ainda possível, não foi efectuada no tempo devido.

Relativamente às prestações tributárias, o nº 1 do artigo 44º da LGT estabelece que são devidos juros de mora a favor da Administração Tributária quando o sujeito passivo não pague o imposto devido no prazo legal[371]. Estes prazos de pagamento dos diferentes tributos estão previstos nas várias leis tributárias, designadamente no Código do IRS, no Código do IRC, no Código do IMI ou no Código do IVA.

[371] Relativamente à possibilidade de serem devidos juros de mora a favor do sujeito passivo, veja-se o ponto 27.1.2 em sede do qual foi abordada esta questão.

Ora, haverá lugar à *liquidação* de juros de mora sempre que se verificar o atraso no pagamento do tributo nos termos do nº 1 do artigo 44º da LGT – que não ocorreu no prazo de pagamento voluntário – e a cobrança coerciva deste seja efectuada através do processo de execução fiscal[372]. Relativamente aos responsáveis subsidiários e solidários será de referir o disposto no acórdão do STA de 19 de Setembro de 2012, proferido no âmbito do processo nº 0917/12:

> *"O responsável subsidiário que não utilize a faculdade legal prevista no nº 5 do art. 23º da LGT, entra em situação de mora, passando a ser responsável pelo pagamento não só da dívida tributária principal, mas também dos juros moratórios que forem devidos pelo devedor originário, tal como os encargos que este deveria pagar, designadamente as custas do processo de execução fiscal (nº 1 do art. 22º da LGT), para além dos juros de mora que se forem vencendo em relação a ele próprio (responsável subsidiário) no âmbito do processo de execução e caso haja lugar aos mesmos."*

Assim, quando não efectuar o pagamento da dívida exequenda nos termos do nº 5 do artigo 23º da LGT, ou seja, no prazo de 30 (trinta) dias após a citação, o responsável subsidiário ou solidário entrará em mora, passando a responder não só pelo pagamento da dívida exequenda, mas também pelos juros de mora e pelas custas processuais devidas pelo devedor originário. Para além disso, também será responsável pelos juros de mora que se forem vencendo em relação a ele próprio a partir deste momento.

Em ordem a determinar o valor que será liquidado a título de juros de mora no âmbito da execução fiscal, será necessário delimitar a taxa aplicável, bem como o prazo de contagem dos juros, ou seja, até que momento são devidos estes juros.

No que diz respeito à *taxa*, o nº 3 do artigo 44º da LGT remete para a lei geral para as dívidas ao Estado e outras entidades públicas, ressalvando, no entanto que no período que decorrer entre a data do termo do prazo de execução espontânea de decisão judicial transitada em julgado e a data do pagamento da dívida relativamente ao imposto que deveria ter sido pago por decisão judicial transitada em julgado, será aplicável uma taxa equivalente ao dobro da prevista naquela lei geral. Deste modo, haverá que olhar para o preceituado no Decreto-Lei nº 73/99, de 16 de Março – o regime dos juros de mora das dívidas ao Estado e outras pessoas colectivas de direito público – designadamente para o seu artigo 3º que estabelece que a taxa de juros de mora tem vigência anual com início em 1 de Janeiro de cada ano, sendo apu-

[372] Neste sentido: JESUÍNO ALCÂNTARA MARTINS/JOSÉ COSTA ALVES (2015), p. 428.

rada e publicitada pelo Instituto de Gestão da Tesouraria e do Crédito Público, I.P., através de aviso a publicar no Diário da República até 31 de Dezembro do ano anterior, sendo que a taxa de juros de mora para o ano de 2016, prevista no Aviso nº 87/2016, é de 5,168%[373].

Na liquidação dos juros de mora na execução fiscal aplicar-se-á a taxa em vigor durante o período em que se verifica a mora no pagamento o que poderá implicar a aplicação de taxas diferentes. Por outro lado, será de referir a possibilidade de redução da taxa anual prevista para metade para as dívidas cobertas por *garantias reais* constituídas por iniciativa da entidade credora ou por ela aceites e para as dívidas cobertas por *garantia bancária*, tal como previsto no nº 3 do artigo 3º do no Decreto-Lei nº 73/99, de 16 de Março. A redução desta taxa será automática, não dependendo de qualquer despacho do órgão da execução fiscal, exigindo-se naturalmente a prestação ou constituição da garantia real ou da garantia bancária[374].

O nº 6 do mesmo artigo ainda prevê a redução da taxa de juros de mora através de despacho do Ministro de que dependa a entidade credora, desde que se verifiquem cumulativamente determinados requisitos, designadamente que os créditos estejam a ser exigidos no âmbito de procedimento conducente à celebração de contrato de consolidação financeira e reestruturação empresarial previsto no Decreto-Lei nº 81/98, de 2 de Abril, de processo de insolvência, de processo Especial de Revitalização ou ainda no Sistema de Recuperação de Empresas por Via Extrajudicial, estes três últimos consagrados no Código da Insolvência e da Recuperação de Empresas, aprovado pelo Decreto-Lei nº 53/2004, de 18 de Março. A redução será aquela fixada no despacho do Ministro.

Estabelecida a taxa a aplicar e as possibilidades de redução da mesma, vejamos agora o momento até ao qual serão devidos juros de mora, o que será fundamental para a liquidação em sede de execução fiscal do valor devido a este título.

Assim, será de referir que o nº 4 do artigo 44º da LGT estabelece que, no caso de a dívida ser paga no prazo de 30 (trinta) dias contados da data da

[373] Será de referir que as multas e as coimas não se enquadram no âmbito de incidência do regime dos juros de mora das dívidas ao Estado e a outras pessoas colectivas de direito público previsto neste Decreto-Lei, tal como decorre do disposto no nº 2 do artigo 15º do RGIT, que estabelece que sobre a pena de multa não incidem quaisquer adicionais. Neste sentido: Jesuíno Alcântara Martins/José Costa Alves (2015), p. 428.

[374] De forma a determinar as garantias reais que permitem a redução da taxa de juros de mora será necessário olhar para os ofícios circulados nº 60 003 de 11 de Fevereiro de 2009 e nº 60 009 de 21 de Maio de 1999 Cf. Jesuíno Alcântara Martins/José Costa Alves (2015), p. 433.

citação do processo de execução fiscal, os juros de mora serão contados apenas até à data da emissão desta. Por outro lado, com a Lei nº 66-B/2012, de 31 de Dezembro – Lei de Orçamento do Estado para 2013 – foi aditado um nº 3 ao artigo 40º do regime geral que estabelece que nas dívidas cobradas em processo de execução fiscal não se contam, no cálculo dos juros de mora, os dias incluídos no mês de calendário em que se efectuar o pagamento, pelo que Jesuíno Alcântara Martins e Costa Alves entendem que sempre que o prazo de 30 (trinta) dias para pagamento terminar no mês seguinte ao da emissão da citação, não serão devidos juros de mora no mês do pagamento, mesmo que o pagamento seja posterior ao prazo indicado na citação[375].

Os mesmos autores salientam que estas normas visam evitar que o processo de execução fiscal fique pendente, sem possibilidade de ser extinto por pagamento, por se mostrar devido um valor diminuto de juros de mora.

Sabemos desde já que, caso o executado proceda ao pagamento da dívida nos 30 (trinta) dias subsequentes à citação, os juros de mora serão contados apenas desde o termo do prazo de pagamento voluntário até à data da citação do processo de execução fiscal. Também sabemos que não se contam no cálculo dos juros de mora os dias incluídos no mês de calendário em que o executado proceda ao pagamento da dívida exequenda.

Por outro lado, o nº 2 do artigo 44º da LGT determina que os juros de mora aplicáveis às dívidas tributárias são devidos *até à data do pagamento da dívida*, sendo que o nº 1 do artigo 4º do Decreto-Lei nº 79/99, de 16 de Março – o regime geral dos juros de mora das dívidas ao Estado e demais entidades públicas –, pelo contrário, estabelece um limite temporal à liquidação de juros de mora. Assim, não poderá ultrapassar os últimos 5 (cinco) anos anteriores à data do pagamento da dívida sobre que incidem, não contando os períodos durante os quais a liquidação de juros tenha ficado legalmente suspensa.

Na verdade, na redacção anterior à Lei nº 64-B/2011, de 30 de Dezembro, também a LGT estabelecia no nº 2 do seu artigo 44º um limite temporal para a liquidação de juros de mora, sendo que o prazo máximo de contagem destes juros era de 3 (três) anos, excepto nos casos de pagamento em prestações da dívida quando os juros de mora eram contados até ao termo do prazo do respectivo pagamento, sem exceder 8 (oito) anos. Actualmente, o legislador consagrou uma liquidação de juros de mora incidente sobre dívidas tributárias sem limites temporais, sendo estes devidos desde o momento em que o devedor entra em mora até à data do pagamento da dívida.

[375] Jesuíno Alcântara Martins/José Costa Alves (2015), p. 430.

Jesuíno Alcântara Martins e Costa Alves criticam arduamente esta alteração legislativa, considerando um "*regresso ao passado*" e "*completamente ao arrepio da filosofia introduzida pela LGT*". Por um lado, criticam o facto de decorrer do nº 2 do artigo 44º da LGT que o devedor poderá estar sistematicamente a pagar juros de mora, sem conseguir amortizar a dívida exequenda, tendo em conta as regras de imputação dos pagamentos parciais previstas no nº 2 do artigo 262º do CPPT. Com efeito, de acordo com esta norma, as importâncias arrecadadas deverão ser aplicadas em primeiro lugar na amortização dos juros de mora e de outros encargos legais e só depois na amortização da dívida exequenda. Assim, também concordamos com a opinião destes autores de que esta ordem de imputação só fará sentido na medida em que exista um limite temporal para a liquidação de juros de mora, sob pena do executado ficar "eternamente" a pagar juros de mora que se vão vencendo, sem que possa proceder ao pagamento da dívida exequenda. Por outro, Jesuíno Alcântara Martins e Costa Alves salientam a injustiça deste regime sem limites temporais previsto na LGT ser apenas aplicável às dívidas fiscais, sendo que o regime geral previsto no Decreto-Lei nº 79/99, de 16 de Março, será aplicável a todas as outras dívidas ao Estado e outras pessoas colectivas de direito público, não podendo a liquidação dos juros de mora ultrapassar os últimos 5 (cinco) anos anteriores à data do pagamento da dívida[376].

Na verdade, em nossa opinião, poderá defender-se que esta solução é de constitucionalidade duvidosa, por violação do princípio da igualdade consagrado no artigo 13º da CRP, na medida em que prevê um tratamento diferente, mais gravoso, consoante a dívida exequenda, objecto do processo de execução fiscal. Assim, nos termos do artigo 44º da LGT, se se tratar de uma dívida tributária os juros de mora serão contados até à data do pagamento da dívida exequenda, excepto os dias incluídos no mês de calendário em que o executado proceda ao pagamento. Se estiver em causa a cobrança coerciva de qualquer outra dívida ao Estado ou a outra pessoa colectiva de direito público será aplicável o disposto no Decreto-Lei nº 73/99, de 16 de Março – o regime dos juros de mora das dívidas ao Estado e outras pessoas colectivas de direito público –, sendo que para efeitos de liquidação, os juros de mora só poderão ser contados até os últimos 5 (cinco) anos anteriores à data do pagamento da dívida.

Contudo, poderá não ter lugar o pagamento voluntário da dívida exequenda pelo executado ou por outra pessoa, extinguindo-se a execução por pagamento coercivo, ou seja, por penhora do património do devedor e poste-

[376] *Ibidem*, p. 430-431.

rior venda dos seus bens penhoráveis. Nestes casos, o nº 8 do artigo 262º do CPPT determina que "*[o]s juros de mora são devidos relativamente à parte que for paga até ao mês, inclusive, em que se tiver concluído a venda dos bens ou, se a penhora for de dinheiro, até ao mês em que esta se efectuou*".

Por fim, será de referir que para efeitos de determinação do valor da garantia a prestar ou a constituir, mantêm-se os limites temporais relativamente aos juros de mora, tal como decorre do nº 6 do artigo 199º do CPPT que dispõe que a garantia é prestada pelo valor da dívida exequenda, custas na totalidade e juros de mora contados até ao termo do prazo de pagamento voluntário ou à data do pedido, quando posterior, com o limite de 5 (cinco) anos, acrescida de 25% da soma daqueles valores. De outra forma, seria virtualmente impossível determinar o valor devido a título de juros de mora para efeitos de prestação da garantia, na medida em que não será possível determinar a data em que o devedor procederá ao pagamento da dívida.

A este propósito, veja-se o acórdão do STA de 27 de Abril de 2016, proferido no âmbito do processo nº 0430/16, no qual se entendeu que:

> "*I -As alterações ao artº 44º da Lei Geral Tributária introduzidas pela Lei 64-B/2011 de 30 de Dezembro vieram estabelecer que: «Os juros de mora aplicáveis às dívidas tributárias são devidos até à data do pagamento da dívida». Tal disposição legal, atento o disposto no artº 151º, nº2, da mesma lei, tem aplicação imediata em todos os processos de execução fiscal que se encontrem pendentes à data da sua entrada em vigor.*
>
> *II – Não houve qualquer alteração legislativa relativa à prestação de garantias para suspender a execução fiscal.*"

77.15. Liquidação das custas processuais

Além dos juros de mora, também as custas processuais integram o acrescido que será devido pelo executado ou pelo responsável solidário ou subsidiário, estes últimos caso não efectuem o pagamento da dívida exequenda nos termos do nº 5 do artigo 23º da LGT, nos 30 (trinta) dias subsequentes à citação. Assim, para que se verifique a extinção da execução fiscal será necessário o pagamento da dívida exequenda, dos juros de mora e das custas processuais devidas, pelo que se torna necessário delimitar como se procede à liquidação das custas devidas no âmbito do processo de execução fiscal[377].

É de salientar, desde já, que o regime aplicável será distinto consoante a fase do processo de execução fiscal em causa, ou seja, consoante a competência para a prática dos actos recaia sobre o órgão da execução fiscal ou sobre

[377] Seguindo de perto Jesuíno Alcântara Martins/José Costa Alves (2015), p. 441-447.

o tribunal tributário da 1ª instância. De facto, como temos vindo a afirmar, o processo de execução fiscal possui uma natureza judicial, daí estar sujeito ao pagamento de custas processuais. Contudo, no âmbito deste processo podemos distinguir entre uma fase administrativa e uma fase judicial, na medida em que a maioria dos actos praticados no âmbito da execução fiscal serão da competência do órgão da execução fiscal, tal como a citação, a penhora e a verificação e graduação de créditos. Por outro lado, os tribunais tributários serão chamados para decidir qualquer litígio que surja ao longo do processo de execução fiscal, tal como os incidentes, os embargos de terceiro, a oposição judicial e a reclamação prevista no artigo 276º do CPPT, nos termos do artigo 151º do CPPT.

Assim, em relação aos actos e procedimentos de competência do órgão da execução fiscal, será aplicável o Regulamento das Custas dos Processos Tributários, aprovado pelo Decreto-Lei nº 29/98, de 11 de Fevereiro, sendo que a sua última alteração teve lugar com a Lei nº 64-B/2011, de 30 de Dezembro. Já quando estiver em causa um incidente, a oposição judicial, os embargos de terceiro ou a reclamação perante o tribunal tributário de 1ª instância, será aplicável o regime plasmado no Regulamento das Custas Processuais, aprovado pelo Decreto-Lei nº 34/2008, de 26 de Fevereiro, com a redacção decorrente das últimas alterações com a Lei nº 7-A/2016, de 30 de Março – Lei de Orçamento do Estado para 2016.

Comecemos por delimitar as regras de liquidação das custas processuais na *fase administrativa* do processo de execução fiscal, plasmadas no Regulamento das Custas dos Processos Tributários.

Assim, o artigo 1º, nº 2 deste diploma estabelece que o processo de execução fiscal está sujeito a custas que, nos termos do nº 1 do mesmo artigo, abrangem a *taxa de justiça* e os *encargos*. No que diz respeito aos *encargos*, estes serão os indicados no artigo 20º do Regulamento das Custas dos Processos Tributários, devendo atender-se ao disposto no Ofício Circulado nº 7373, de 11 de Setembro de 1998, da Direcção de Serviços de Justiça Tributária da DGCI, actual Autoridade Tributária e Aduaneira, para a quantificação do custo de cada folha de papel. Os encargos serão, assim, os custos despendidos pelos serviços de finanças – o órgão da execução fiscal – na prática dos actos ou com os procedimentos.

Relativamente à *taxa de justiça*, haverá que olhar para o artigo 7º do Regulamento das Custas dos Processos Tributários que nos indica os valores a atender no processo de execução fiscal para liquidação da taxa de justiça. Estes serão, designadamente:

- O montante da dívida ou dívidas exequendas, o da parte restante quando tiver havido anulação parcial ou, em qualquer caso, o do produto dos bens liquidados, quando for inferior, no caso da *execução*;
- O montante da dívida inicial ou o montante dos bens liquidados, quando inferior, no caso da execução *a requerimento do sub-rogado*; e
- O montante dos bens penhorados no caso do *levantamento da penhora* a requerimento do executado ou de qualquer credor.

Por outro lado, o nº 3 do artigo 9º deste diploma determina que a taxa de justiça nunca poderá exceder o montante da quantia exequenda. Será ainda de referir a possibilidade de redução da taxa de justiça devida nos casos previstos no artigo 14º do Regulamento das Custas dos Processos Tributários, decorrentes do momento em que tem lugar o pagamento da dívida exequenda. Deste modo, quando o executado proceder ao pagamento antes da realização da citação pessoal ou edital, a taxa de justiça será reduzida a um terço. Esta poderá ser reduzida a três quartos quando o pagamento for efectuado nos 30 (trinta) dias subsequentes à citação pessoal, ou seja, no prazo de apresentação da oposição judicial ou quando tenha lugar o pagamento em prestações, desde que este seja pontual e integralmente cumprido.

Tendo em conta que a verificação e a graduação de créditos também cabem ao órgão da execução fiscal, as custas processuais que serão devidas deverão ser calculadas nos termos preceituados no Regulamento das Custas dos Processos Tributários. Estas também abrangem a taxa de justiça e os encargos. Deste modo, de acordo com o artigo 9º, nº 4 deste diploma, a *taxa de justiça*, a ser paga pelo credor reclamante, será determinada em função do valor dos créditos reclamados e liquidada em função dos valores constantes da tabela anexa ao Regulamento das Custas dos Processos Tributários. Já os *encargos*, igualmente devidos pelo credor reclamante, são relativos ao reembolso dos custos referidos nas alíneas *a*) a *f*) do nº 1 do artigo 20º do mesmo diploma, despendidos no âmbito do procedimento de verificação e graduação de créditos previsto no artigo 245º do CPPT.

Aqui chegados, será de referir que a conta das custas devidas nos termos acima indicados será efectuada pelo órgão da execução fiscal, admitindo-se a reclamação pelo interessado, nos termos do artigo nº 2 do artigo 23º do Regulamento das Custas dos Processos Tributários e antes da realização do pagamento das custas. Jesuíno Alcântara Martins e Costa Alves salientam que a informatização e desmaterialização dos actos e procedimentos levados a cabo na execução fiscal levaram a que *taxa de justiça* seja automaticamente calculada e liquidada pelo sistema informático, por um lado, e que exista em relação aos *encargos* um sistema semi-automático, por outro. Ressalvam, todavia, que as mesmas regras jurídicas para a liquidação das custas serão aplicáveis, mantendo-se a possibilidade de reclamação pelo interessado[378].

Ora, relativamente às custas devidas na eventual fase judicial do processo de execução fiscal, ou seja, no âmbito dos incidentes, embargos de terceiro, oposição judicial ou da reclamação perante o tribunal tributário, que serão da competência dos tribunais tributários nos termos do artigo 151º do CPPT, a *taxa de justiça* será liquidada nos termos do Regulamento das Custas Processuais. Assim, haverá que olhar para o disposto no artigo 7º, nºs 4 e 5 e em especial para a Tabela II, anexa a este diploma, para a qual aqueles números remetem. Nesta Tabela distingue-se entre as execuções de valor igual ou inferior a € 30.000,00 designadamente para a determinação da taxa de justiça devida em sede de oposição judicial ou embargos de terceiro que será mais elevada nas execuções de valor superior a € 30.000,00.

A conta das custas nestes casos será efectuada no tribunal tributário, sendo que são devidas pela parte que deu causa às custas, como decorre do nº 1 do artigo 527º do CPC[379]. Em regra, será a parte vencida a dar causa às custas. A este propósito, veja-se a título exemplificativo o entendimento plasmado relativamente às custas no acórdão do TCA Norte de 12 de Dezembro de 2007, proferido no âmbito do processo nº 00195/07.2BEDML:

> "*II. Anulada a liquidação subjacente à dívida exequenda deve ser julgada extinta a execução fiscal e levantada a penhora (cf. os arts. 270º, nº 1, e 271º, do CPPT), motivo por que deixa de ter utilidade a reclamação deduzida pelo executado com vista a obter a anulação do despacho que ordenou a penhora e desta diligência uma vez que a pretensão por si deduzida na reclamação foi já satisfeita por outro modo.*
>
> *(...)*
>
> *VII – A parte responsável pelas custas não arca com as respeitantes aos actos e incidentes supérfluos a que não deu causa, que hão-de ficar a cargo de quem os requereu, como resulta do disposto nos nºs 1 e 2 do art. 448º do CPC.*
>
> *VIII – Assim, nas circunstâncias referidas em II, é o reclamante que responde pelas custas respeitantes à remessa do processo ao tribunal, se esta só ocorreu porque ele, apesar de ciente da anulação da liquidação que deu origem à dívida exequenda e consequente extinção da execução fiscal, a determinar a inutilidade superveniente da reclamação, insistiu por que esta fosse remetida a tribunal com o argumento de que a decisão da mesma era imprescindível para apurar a responsabilidade pelas custas.*"

[378] Jesuíno Alcântara Martins/José Costa Alves (2015), p. 443.

[379] Neste sentido: acórdão do TCA Norte de 17 de Setembro de 2015, proferido no âmbito do processo nº 00846/14.2BEAVR.

Ora, será de salientar que a falta de pagamento da taxa de justiça inicial tem como consequência a recusa da petição nos termos do artigo 558º, alínea *f)* do CPC, aplicável *ex vi* artigo 2º, alínea *e)* do CPPT. Por outro lado, de acordo com o nº 1 do artigo 189º do CPTA, as custas também serão devidas pelo Estado e demais entidades públicas, pese embora estas estejam dispensadas de efectuar o pagamento prévio da taxa de justiça.

Por fim, não será de olvidar a possibilidade de poderem ser exigidas *custas de parte* nos termos dos artigos 529º e 533º do CPC e do 25º do Regulamento das Custas Processuais mesmo no âmbito do processo de execução fiscal. Segundo Jesuíno Alcântara Martins e Costa Alves, as custas de parte correspondem ao que cada parte haja despendido com o processo e que tem direito a ser compensada, "*em virtude da condenação da parte contrária*". Assim, estes autores entendem que as custas da parte vencedora poderão ser suportadas pela parte vencida, devendo a parte vencedora remeter para o Tribunal e para a parte vencida a nota justificativa das custas, com os elementos previstos no nº 2 do artigo 25º do Regulamento das Custas Processuais e no nos nºs 2 e 3 do artigo 533º do CPC, no prazo de 5 (cinco) dias após o trânsito em julgado da decisão proferida em oposição judicial, embargos de terceiro ou na reclamação do artigo 276º do CPPT ou após a notificação de que foi obtida a totalidade do pagamento ou do produto da penhora. As partes serão o executado, o responsável subsidiário ou solidário ou um terceiro, por um lado, e o exequente, por outro.

78. Tramitação do processo de execução fiscal

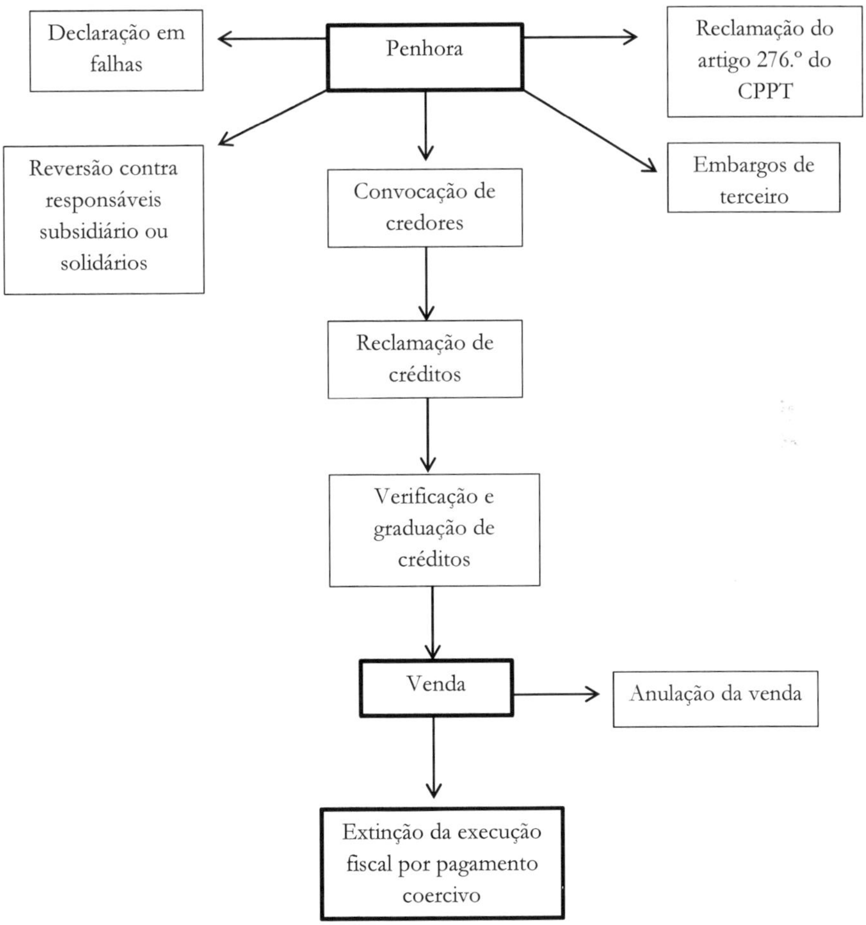

JURISPRUDÊNCIA

Supremo Tribunal Administrativo

ACÓRDÃO DO STA, PROCESSO Nº 3033, 22-05-1985 – Petição inicial extemporânea/ antecipação de prazos

ACÓRDÃO DO STA, PROCESSO Nº18789, 31-05-1995 – Petição inicial extemporânea/ antecipação de prazos

ACÓRDÃO DO STA, PROCESSO Nº 20141, 11-12-1996 – Falta de fundamentação/ ilegalidade do acto

ACÓRDÃO DO STA, PROCESSO Nº 021531, 1-10-1997 – Recurso da matéria de facto

ACÓRDÃO DO STA, PROCESSO Nº 020111, 22-10-1997 – Legitimidade/ gestor de negócios

ACÓRDÃO DO STA, PROCESSO Nº 0214043, 5-11-1997 – Invocação de novos vícios pelo Ministério Público/ omissão de pronúncia

ACÓRDÃO DO STA, PROCESSO Nº 020830, 03-04-1998 – Nulidade da sentença / vista ao Ministério Público/ omissão de pronúncia

ACÓRDÃO DO STA, PROCESSO Nº 021694, 3-03-1999 – Interpretação extensiva/integração analógica/ benefícios fiscais

ACÓRDÃO DO STA, PROCESSO Nº 305/03, 20-05-2003 – Impugnação judicial/ acção administrativa/ actos que comportem ou não comportem a apreciação da legalidade do acto de liquidação

ACÓRDÃO DO STA, PROCESSO Nº 0807/03, 18-06-2003 – Impugnação judicial/Vista do Ministério Público/ novas diligências

ACÓRDÃO DO STA, PROCESSO Nº 0806/03, 25-06-2003 – Falta de vista do Ministério Público/ nulidade processual

ACÓRDÃO DO STA, PROCESSO Nº 0463/03, 10-03-2004 – Pedido de pagamento de juros indemnizatórios

ACÓRDÃO DO STA, PROCESSO Nº 0742/03, 26-05-2004 – Fundamentação/ Itinerário cognoscitivo

ACÓRDÃO DO STA, PROCESSO Nº 1865/03, 2-06-2004 – Personalidade jurídica/ personalidade judiciária/ condomínio

ACÓRDÃO DO STA, PROCESSO Nº 0974/04, 2-02-2005 – Impugnação judicial/ cumulação de impugnações/ identidade de natureza de tributo

ACÓRDÃO DO STA, PROCESSO Nº 1171/04, 2-02-2005 – Impugnação judicial/ acção administrativa/ actos que comportem ou não comportem a apreciação da legalidade do acto de liquidação

ACÓRDÃO DO STA, PROCESSO Nº 960/04, 16-02- 2005 – Impugnação judicial/ acção administrativa/ actos que comportem ou não comportem a apreciação da legalidade do acto de liquidação

ACÓRDÃO DO STA, PROCESSO Nº 01390/04, 10-03-2005 – Impugnação judicial/ cumulação de impugnações/ identidade de natureza de tributo

ACÓRDÃO DO STA, PROCESSO Nº 01171/04, 7-04-2005 – Revisão dos actos tributários/ a todo o tempo/ prescrição da obrigação tributária

ACÓRDÃO DO STA, PROCESSO Nº 1891/03, 27-04-2005 – Impugnação judicial/ cumulação de impugnações/ identidade de natureza de tributo

ACÓRDÃO DO STA, PROCESSO Nº 01124/15, 20-01-2016 – Reversão/ meio de defesa/ oposição judicial

ACÓRDÃO DO STA, PROCESSO Nº 042/16, 27-01-2016 – Pagamento da dívida tributária em prestações/ processo de execução fiscal

ACÓRDÃO DO STA, PROCESSO Nº 01090/04, 15-03-2006 – Impugnação judicial/Vista do Ministério Público/ novas diligências

ACÓRDÃO DO STA, PROCESSO Nº 0109/06, 22-03-2006 – Intimação para um comportamento/ processo urgente

ACÓRDÃO DO STA, PROCESSO Nº 16/06, 17-05-2006 – Revisão oficiosa dos actos tributários/ iniciativa do sujeito passivo

ACÓRDÃO DO STA, PROCESSO Nº 0402/06, 12-07-2006 – Revisão dos actos tributários/ meio alternativo aos meios impugnatórios

ACÓRDÃO DO STA, PROCESSO Nº 0695/06, 29-11-2006 – Valor reforçado da LGT

ACÓRDÃO DO STA, PROCESSO Nº 0667/06, 24-01-2007 – Impugnação judicial/ cumulação de impugnações/ identidade de natureza de tributo

ACÓRDÃO DO STA, PROCESSO Nº 0255/07, 23-05-2007 – Intimação para um comportamento/ pagamento de juros indemnizatórios

ACÓRDÃO DO STA, PROCESSO Nº 0358/07, 5-07-2007 – Impugnação judicial/prazos / indeferimento de reclamação graciosa

ACÓRDÃO DO STA, PROCESSO Nº 01007/06, 27-10-2007 – Questões de direito

ACÓRDÃO DO STA, PROCESSO Nº 0532/07, 28-11-2007 – Revisão dos actos tributários/ erro imputável aos serviços/ autoliquidação

ACÓRDÃO DO STA, PROCESSO Nº 615/04, 11-12-2007 – Grau de fundamentação

ACÓRDÃO DO STA, PROCESSO Nº 04/08, 16-04-2008 – Acto de fixação de valor patrimonial/ impugnação judicial/ segunda avaliação de imóveis

ACÓRDÃO DO STA, PROCESSO Nº 0541/08, 29-10-2008 – Princípio *pro actione*/ aplicação no processo judicial tributário

ACÓRDÃO DO STA, PROCESSO Nº 0357/08, 6-11-2008 – Indeferimento de pedido de revisão oficiosa de actos tributários/ acto em matéria tributária

ACÓRDÃO DO STA, PROCESSO Nº 0325/08, 19-11-2008 – Princípio da justiça/ princípio da legalidade/ poderes vinculados

ACÓRDÃO DO STA, PROCESSO Nº 0570A/08, 3-12-2008 – Execução da sentença/ execução de julgados/ tempestividade

ACÓRDÃO DO STA, PROCESSO Nº 031/08, 7-01-2009 – Responsabilidade subsidiária / reversão de dívidas (coimas)
ACÓRDÃO DO STA, PROCESSO Nº 0771/09, 21-01-2009 – Revisão oficiosa dos actos tributários/ iniciativa do sujeito passivo
ACÓRDÃO DO STA, PROCESSO Nº 0699/08, 28-01-2009 – Conflito entre princípio da boa-fé e princípio da legalidade/ orientações genéricas/ informações vinculativas
ACÓRDÃO DO STA, PROCESSO Nº 01116/08, 25-02-2009 – Dação em cumprimento/ Processo de execução fiscal/ Reclamação para o tribunal tributário de 1ª instância
ACÓRDÃO DO STA, PROCESSO Nº 0983/08, 19-03-2009 – Execução da sentença/ execução de julgados/ tempestividade
ACÓRDÃO DO STA, PROCESSO Nº 0135/09, 19-03-2009 – Decisão de derrogação de sigilo bancário/ fundamentação remissiva
ACÓRDÃO DO STA, PROCESSO Nº 0130/09, 15-04-2009 – Dação em cumprimento/ Procedimento tributário autónomo/ aplicação dos princípios gerais/ direito de audição prévia
ACÓRDÃO DO STA, PROCESSO Nº 01064/08, 25-05-2009 – Impugnação judicial/prazos / indeferimento de reclamação graciosa
ACÓRDÃO DO STA, PROCESSO Nº 0246/09, 17-06-2009 – Mecanismo do artigo 37º do CPPT/ ónus do contribuinte
ACÓRDÃO DO STA, PROCESSO Nº 0345/09, 25-06-2009 – Falta de audição prévia/ indeferimento de reclamação graciosa/ consequências
ACÓRDÃO DO STA, PROCESSO Nº 0346/09, 25-06-2009 – Juros indemnizatórios/ erro imputável aos serviços/ erro sobre os pressupostos de facto ou de direito
ACÓRDÃO DO STA, PROCESSO Nº 0346/09, 25-06-2009 – Juros indemnizatórios/ erro imputável aos serviços/ erro sobre os pressupostos de facto ou de direito
ACÓRDÃO DO STA, PROCESSO Nº 01107/08, 25-06-2009 – Venda em execução fiscal / nulidade processual
ACÓRDÃO DO STA, PROCESSO Nº 362/09, 9-09-2009 – Legitimidade processual/ substitutos tributários
ACÓRDÃO DO STA, PROCESSO Nº 0611/09, 16-09-2009 – Notificação irregular do acto tributário/ efeitos
ACÓRDÃO DO STA, PROCESSO Nº 0945/08, 21-09-2009 – Juros indemnizatórios/ erro imputável aos serviços/ erro sobre os pressupostos de facto ou de direito
ACÓRDÃO DO STA, PROCESSO Nº 0420/09, 23-09-2009 – Revisão dos actos tributários/ indeferimento tácito/ impugnação judicial
ACÓRDÃO DO STA, PROCESSO Nº 0128/029, 7-10-2009 – Mecanismo do artigo 37º do CPPT/ efeitos da notificação irregular
ACÓRDÃO DO STA, PROCESSO Nº 0291/09, 21-10-2009 – Acção para o reconhecimento de um direito ou interesse legítimo em matéria tributária/ meio adequado
ACÓRDÃO DO STA, PROCESSO Nº 0583/09, 21-10-2009 – Princípio do inquisitório no procedimento tributário
ACÓRDÃO DO STA, PROCESSO Nº0595/09, 28-10-2009 – Petição inicial extemporânea/ antecipação de prazos
ACÓRDÃO DO STA, PROCESSO Nº 0102/09, 12-11-2009 – Oposição judicial/ fundamentos/ lista taxativa do artigo 204º do CPPT

ACÓRDÃO DO STA, PROCESSO Nº 0681/09, 12-11-2009 – Indeferimento tácito de pedido de revisão oficiosa de actos tributários/ impugnação judicial
ACÓRDÃO DO STA, PROCESSO Nº 0952/09, 18-11-2009 – Princípio da igualdade das partes/ processo judicial tributário/ processo de partes
ACÓRDÃO DO STA, PROCESSO Nº 0670/09, 25-11-2009 – Processo de execução fiscal/ legitimidade/ devedor originário
ACÓRDÃO DO STA, PROCESSO Nº 0892/09, 2-12-2009 – Juros indemnizatórios/ erro imputável aos serviços
ACÓRDÃO DO STA, PROCESSO Nº 01091/09, 3-02-2010 – Juros indemnizatórios/ erro imputável aos serviços/ erro sobre os pressupostos de facto ou de direito
ACÓRDÃO DO STA, PROCESSO Nº 01065/09, 3-03-2010 – Pedido de pagamento de juros indemnizatórios
ACÓRDÃO DO STA, PROCESSO Nº 0999/09, 17-03-2010 – Pedido de revisão da matéria tributável/ legitimidade do substituto tributário
ACÓRDÃO DO STA, PROCESSO Nº 01055/09, 24-03-2010 – Contribuição especial/ fixação da matéria colectável / direito de audiência
ACÓRDÃO DO STA, PROCESSO Nº 0297/10, 28-04-2010 – Anulação da dívida exequenda/ anulação parcial/ extinção da execução fiscal
ACÓRDÃO DO STA, PROCESSO Nº 0876/09, 28-04-2010 – Pedido de revisão da matéria tributável/ legitimidade do substituto tributário
ACÓRDÃO DO STA, PROCESSO Nº 0897/09, 28-04-2010 – Fundamentação por remissão
ACÓRDÃO DO STA, PROCESSO Nº 0214/07, 19-05-2010 – Princípio da justiça/ princípio da legalidade/ poderes vinculados
ACÓRDÃO DO STA, PROCESSO Nº 0734/09, 19-05-2010 – Avaliação indirecta da matéria tributável/ manifestações de fortuna/ ilisão parcial da presunção do rendimento-padrão
ACÓRDÃO DO STA, PROCESSO Nº 0118/10, 2-06-2010 – Acção para o reconhecimento de um direito ou interesse legítimo em matéria tributária/ meio adequado
ACÓRDÃO DO STA, PROCESSO Nº 0196/10, 2-06-2010 – Cumulação de pedidos/ formas de processo diferentes
ACÓRDÃO DO STA, PROCESSO Nº 1032/09, 23-06-2010 – Informações vinculativas/ insusceptibilidade de impugnação contenciosa autónoma
ACÓRDÃO DO STA, PROCESSO Nº 0164/10, 30-06-2010 – Princípio da tutela jurisdicional efectiva/ recursos
ACÓRDÃO DO STA, PROCESSO Nº 0549/10, 14-07-2010 – Inconstitucionalidade material/ prova documental/ artigo 146º-B, nº 3 do CPPT
ACÓRDÃO DO STA, PROCESSO Nº 062/10, 15-09-2010 – Revisão da matéria tributável/ impugnação judicial em caso de acordo
ACÓRDÃO DO STA, PROCESSO Nº 0624/10, 17-11-2010 – Legitimidade processual/ Câmara Municipal
ACÓRDÃO DO STA, PROCESSO Nº 01103/09, 24-11-2010, – Contencioso de plena jurisdição/ pagamento de juros indemnizatórios / execução de julgados
ACÓRDÃO DO STA, PROCESSO Nº 0669/10, 30-11-2010 – Caducidade de liquidação/ suspensão da caducidade/ prazo/ inspecção tributária externa
ACÓRDÃO DO STA, PROCESSO Nº 0622/10, 19-01-2011 – Sub-rogação/ execução fiscal

ACÓRDÃO DO STA, PROCESSO Nº 0967/10, 2-03-2011 – Notificação dos actos tributários e actos em matéria tributária/ presunções de recebimento/ ilidíveis
ACÓRDÃO DO STA, PROCESSO Nº 046/11, 2-03-2011 – Processo de execução fiscal/ dívidas ao Instituto da Vinha e do Vinho
ACÓRDÃO DO STA, PROCESSO Nº 022/11, 10-03-2011 – Revisão da matéria tributável/ impugnação judicial em caso de acordo
ACÓRDÃO DO STA, PROCESSO Nº0126/11, 10-03-2011 – Ineptidão da petição inicial/ meras deficiências de qualificação jurídica
ACÓRDÃO DO STA, PROCESSO Nº 0876/09, 17-03-2011 – Revisão da matéria tributável/ responsáveis subsidiários jurisdição/ indemnização por garantia indevida/ execução de julgados
ACÓRDÃO DO STA, PROCESSO Nº 01032/10, 13-04-2011 – Contencioso de plena jurisdição/ indemnização por garantia indevida/ execução de julgados
ACÓRDÃO DO STA, PROCESSO Nº 021/11, 4-05-2011 – Contencioso de plena jurisdição mitigado/ anulação parcial
ACÓRDÃO DO STA, PROCESSO Nº 01024/10, 12-05-2011 – Princípio da legalidade fiscal/ exigência de tipicidade/ conceitos determináveis
ACÓRDÃO DO STA, PROCESSO Nº 0156/11, 18-05-2011 – Impugnação judicial/ objecto real/ indeferimento de reclamação graciosa/ acto de liquidação
ACÓRDÃO DO STA, PROCESSO Nº 0211/11, 1-06-2011 – Ónus da prova/ avaliação indirecta da matéria tributável
ACÓRDÃO DO STA, PROCESSO Nº 0876/09, 6-06-2011 – Juros indemnizatórios/ erro imputável aos serviços/ erro sobre os pressupostos de facto ou de direito
ACÓRDÃO DO STA, PROCESSO Nº 0416/11, 7-09-2011 – Juros indemnizatórios/ erro imputável aos serviços/ erro sobre os pressupostos de facto ou de direito
ACÓRDÃO DO STA, PROCESSO Nº 0677/10, 7-09-2011 – Prazo de apresentação da impugnação judicial/ prazo substantivo/ férias judiciais
ACÓRDÃO DO STA, PROCESSO Nº 0608/11, 16-11-2011 – Cumulação de pedidos/ Reclamação graciosa/ Identidade de fundamentos de facto e de direito
ACÓRDÃO DO STA, PROCESSO Nº 0619/11, 30-11-2011 – Mecanismo do artigo 37º do CPPT/ faculdade do contribuinte
ACÓRDÃO DO STA, PROCESSO Nº 0915/11, 30-11-2011 – Falta de citação/ nulidade insanável/ consequências
ACÓRDÃO DO STA, PROCESSO Nº 01011/11, 5-01-2012 – Informações vinculativas/ princípio da impugnação unitária
ACÓRDÃO DO STA, PROCESSO Nº 039/12, 31-01-2012 – Pagamento da dívida tributária em prestações/ processo de execução fiscal/ incumprimento
ACÓRDÃO DO STA, PROCESSO Nº 01011/11, 5-02-2012 – Informações vinculativas/ insusceptibilidade de impugnação contenciosa autónoma
ACÓRDÃO DO STA, PROCESSO Nº 0295/12, 14-02-2012 – Pedido de pagamento de juros indemnizatórios/ acção para reconhecimento de um direito
ACÓRDÃO DO STA, PROCESSO Nº 0872/11, 15-02-2012 – Vício formal de falta de fundamentação/ vício material da fundamentação errada
ACÓRDÃO DO STA, PROCESSO Nº 441/11, 29-02-2012 – Impugnação judicial/ acção administrativa/ actos que comportem ou não comportem a apreciação da legalidade do acto de liquidação

ACÓRDÃO DO STA, PROCESSO Nº 0928/11, 29-02-2012 – Dever de fundamentação/ razões de facto/ razões de direito
ACÓRDÃO DO STA, PROCESSO Nº 01123/11, 7-03-2012 – Direito de audição prévia/ Reclamação graciosa
ACÓRDÃO DO STA, PROCESSO Nº 01402/11, 7-03-2012 – Indeferimento de recurso hierárquico/ impugnação judicial
ACÓRDÃO DO STA, PROCESSO Nº 060/12, 14-03-2012 – Princípio da tutela jurisdicional efectiva/ execução fiscal
ACÓRDÃO DO STA, PROCESSO Nº 01007/11, 14-03-2012 – Revisão dos actos tributários/ erro imputável aos serviços
ACÓRDÃO DO STA, PROCESSO Nº 081/12, 21-03-2012 – Citação postal/ carácter provisório
ACÓRDÃO DO STA, PROCESSO Nº36/12, 19-04-2012 – Requisitos da fundamentação dos actos tributários/ razões de direito
ACÓRDÃO DO STA, PROCESSO Nº 0964/11, 19-04-2012 – Revisão da matéria tributável/ impugnação judicial
ACÓRDÃO DO STA, PROCESSO Nº 01080/11, 21-03-2012 – Processo de execução fiscal/ dívidas ao Instituto da Vinha e do Vinho
ACÓRDÃO DO STA, PROCESSO Nº 0236/12, 26-04-2012 – Recurso da matéria de facto
ACÓRDÃO DO STA, PROCESSO Nº 6858/02, 30-04-2012 – Intimação para um comportamento/ admissibilidade/ reclamação graciosa
ACÓRDÃO DO STA, PROCESSO Nº 0123/12, 16-05-2012 – Reversão/ conceito de fundada insuficiência
ACÓRDÃO DO STA, PROCESSO Nº 0503/12, 30-05-2012 – Mecanismo do artigo 37º do CPPT/ actos processuais
ACÓRDÃO DO STA, PROCESSO Nº 0233/12, 6-06-2012 – Princípio da impugnação unitária/ reclamação administrativa de actos interlocutórios
ACÓRDÃO DO STA, PROCESSO Nº 01380/12, 18-06-2012 – Processo de execução fiscal/ dívidas ao Instituto de Infra-Estruturas Rodoviárias
ACÓRDÃO DO STA, PROCESSO Nº 0537/12, 20-06-2012 – Extinção da execução fiscal/ extinção da oposição judicial
ACÓRDÃO DO STA, PROCESSO Nº 0324/12, 20-06-2012 – Processo de execução fiscal/ dívidas ao Instituto de Financiamento da Agricultura e Pescas
ACÓRDÃO DO STA, PROCESSO Nº 0803/12, 8-08-2012 – Processo de execução fiscal/ natureza judicial
ACÓRDÃO DO STA, PROCESSO Nº 0135/11, 19-09-2012 – Recurso de oposição de acórdãos/ uniformização da jurisprudência/ requisitos/ secções do TCA
ACÓRDÃO DO STA, PROCESSO Nº 0917/12, 19-09-2012 – Liquidação de juros de mora/ responsáveis subsidiários e solidários
ACÓRDÃO DO STA, PROCESSO Nº 0277/12, 10-10-2012 – Vertente formal da fundamentação/ vertente material da fundamentação
ACÓRDÃO DO STA, PROCESSO Nº 0295/12, 17-10-2012 – Acção para o reconhecimento de um direito ou interesse legítimo em matéria tributária/ meio adequado
ACÓRDÃO DO STA, PROCESSO Nº 0383/12, 17-10-2012 – Vício de falta de fundamentação/ possibilidade de sanação

ACÓRDÃO DO STA, PROCESSO Nº 0702/12, 17-10-2012 – Coligação/ requisitos
ACÓRDÃO DO STA, PROCESSO Nº 0550/12, 24-10-2012 – Personalidade judiciária/ herança jacente/ cabeça-de-casal
ACÓRDÃO DO STA, PROCESSO Nº 0696/12, 24-10-2012 – Dispensa de garantia/ requisitos
ACÓRDÃO DO STA, PROCESSO Nº 0747/12, 24-10-2012 – Impugnação judicial/ cumulação de impugnações/ identidade de natureza de tributo
ACÓRDÃO DO STA, PROCESSO Nº 0736/12, 21-11-2012 – Mecanismo do artigo 37º do CPPT/ vícios do acto de notificação/ efeitos da não utilização
ACÓRDÃO DO STA, PROCESSO Nº 0571/12, 28-11-2012 – Prazo de apresentação da impugnação judicial/ prazo substantivo/ férias judiciais
ACÓRDÃO DO STA, PROCESSO Nº 01152/11, 12-12-2012 – Princípio da imediação/ limitações
ACÓRDÃO DO STA, PROCESSO Nº 01092/11, 15-12-2012 – Ineptidão da petição inicial/ meras deficiências de qualificação jurídica
ACÓRDÃO DO STA, PROCESSO Nº 098/12, 15-02-2012 – Oposição judicial/ revogação do despacho de reversão/ envio da petição ao tribunal tributário
ACÓRDÃO DO STA, PROCESSO Nº 01437/12, 9-01-2013 – Reclamação dos actos do órgão de execução fiscal/ subida diferida
ACÓRDÃO DO STA, PROCESSO Nº 0968/12, 23-01-2013 – Interpretação da lei fiscal/ conceitos de outros ramos do direito
ACÓRDÃO DO STA, PROCESSO Nº 01275/12, 23-01-2013 – Compensação de créditos/ extinção da obrigação tributária
ACÓRDÃO DO STA, PROCESSO Nº 0839/11, 6-02-2013 – Legitimidade procedimental/ legitimidade processual/ substitutos tributários
ACÓRDÃO DO STA, PROCESSO Nº 0989/12, 6-02-2013 – Princípio da impugnação unitária
ACÓRDÃO DO STA, PROCESSO Nº 0935/12, 6-02-2013 – Representante da Fazenda Pública/ Caixa Geral de Depósitos
ACÓRDÃO DO STA, PROCESSO Nº 01114/12, 6-02-2013 – Cumulação de juros indemnizatórios com juros de mora
ACÓRDÃO DO STA, PROCESSO Nº 01168/12, 6-02-2013 – Interpretação da lei fiscal/ conceitos de outros ramos do direito
ACÓRDÃO DO STA, PROCESSO Nº 021/13, 14-02-2013 – Convocação de credores/ privilégios creditórios gerais
ACÓRDÃO DO STA, PROCESSO Nº 01494/12, 6-03-2013 – Oposição judicial/ factos supervenientes/ venda
ACÓRDÃO DO STA, PROCESSO Nº 01327/12, 6-03-2013 – Impugnação judicial/ cumulação de impugnações/ identidade de natureza de tributo/ princípio *pro actione*/ aplicação no processo judicial tributário
ACÓRDÃO DO STA, PROCESSO Nº 0325/13, 13-03-2013 – Reclamação dos actos do órgão de execução fiscal/ subida imediata/ tipicidade aberta
ACÓRDÃO DO STA, PROCESSO Nº 0288/13, 13-03-2013 – Direito de audição prévia/ processo de execução fiscal/ decisão de indeferimento da suspensão da garantia

ACÓRDÃO DO STA, PROCESSO Nº 0955/13, 30-03-2013 – Taxas de juro de mora a favor do sujeito passivo

ACÓRDÃO DO STA, PROCESSO Nº 0441/13, 10-04-2013 – Dação em cumprimento/ Procedimento tributário autónomo/ aplicação dos princípios gerais/ direito de audição prévia

ACÓRDÃO DO STA, PROCESSO Nº01159/12, 10-04-2013 – Erro na forma do processo/ dever de convolação/ Administração Tributária

ACÓRDÃO DO STA, PROCESSO Nº 01374/12, 30-04-2013 – Contencioso tributário como contencioso de plena jurisdição

ACÓRDÃO DO STA, PROCESSO Nº 033/13, 8-05-2013 – Cumulação de juros indemnizatórios com juros de mora

ACÓRDÃO DO STA, PROCESSO Nº 01230/12, 8-05-2013 – Princípio do contraditório/ notificação para alegações/ efeitos da violação do princípio do contraditório/ nulidade processual

ACÓRDÃO DO STA, PROCESSO Nº 01410/12, 8-05-2013 – Direito de audição prévia/ processo de execução fiscal/ decisão de indeferimento da suspensão da garantia

ACÓRDÃO DO STA, PROCESSO Nº 01215/12, 10-05-2013 – Falta de fundamentação do relatório de inspecção tributária/ efeitos/ acto de liquidação subsequente

ACÓRDÃO DO STA, PROCESSO Nº 01496/12, 15-05-2013 – Intimação para um comportamento/ meio adequado/ execução de julgados

ACÓRDÃO DO STA, PROCESSO Nº 0245/13, 22-05-2013 – Juros indemnizatórios/ violação do princípio da participação

ACÓRDÃO DO STA, PROCESSO Nº 0793/13, 22-05-2013 – Compensação de créditos por iniciativa da Administração/ garantia/ execução fiscal

ACÓRDÃO DO STA, PROCESSO Nº 01008/12, 22-05-2013 – Cumulação de juros indemnizatórios com juros de mora

ACÓRDÃO DO STA, PROCESSO Nº 01219/12, 29-05-2013 – Impugnação judicial/ cumulação de impugnações/ identidade de natureza de tributo

ACÓRDÃO DO STA, PROCESSO Nº 01004/12, 6-06-2013 – Interpretação da lei fiscal/ benefícios fiscais

ACÓRDÃO DO STA, PROCESSO Nº 01148/12, 18-06-2013 – Legitimidade processual/ representante da Fazenda Pública/ intimação para um comportamento

ACÓRDÃO DO STA, PROCESSO Nº 01380/12, 18-06-2013 – Processo de execução fiscal/ cobrança coerciva de dívidas ao Instituto de Infra-Estruturas Rodoviárias, IP/ artigo 179º do CPA

ACÓRDÃO DO STA, PROCESSO Nº 01184/12, 18-06-2013 – Competência em razão da matéria/ processo de execução fiscal

ACÓRDÃO DO STA, PROCESSO Nº 0216/13, 26-06-2013 – Pedido de revisão da matéria tributável/ impugnação judicial/ conhecimento de outros vícios

ACÓRDÃO DO STA, PROCESSO Nº 01252/12, 10-07-2013 – Anulação da venda/ fundamentos

ACÓRDÃO DO STA, PROCESSO Nº 0578/13, 18-09-2013 – Oposição judicial/ falta de notificação/caducidade

ACÓRDÃO DO STA, PROCESSO Nº 01158/12, 18-09-2013 – Recurso de oposição de acórdãos/ uniformização da jurisprudência/ requisitos

ACÓRDÃO DO STA, PROCESSO Nº 0895/13, 25-09-2013 – Impugnação judicial/ invocação de vícios do acto impugnado/ alegações finais
ACÓRDÃO DO STA, PROCESSO Nº 01442/13, 9-10-2013 – Compensação por iniciativa do sujeito passivo/ requisitos
ACÓRDÃO DO STA, PROCESSO Nº 0295/12, 16-10-2013 – Acção para o reconhecimento de um direito ou interesse legítimo em matéria tributária/ meio adequado
ACÓRDÃO DO STA, PROCESSO Nº 0388/13, 23-10-2013 – Violação do princípio do inquisitório/ défice instrutório
ACÓRDÃO DO STA, PROCESSO Nº 0955/13, 30-10-2013 – Cumulação de juros indemnizatórios com juros de mora
ACÓRDÃO DO STA, PROCESSO Nº 01312/13, 30-10-2013 – Falta de citação/ cônjuge do executado
ACÓRDÃO DO STA, PROCESSO Nº 0897/13, 13-11-2013 – Princípio da impugnação unitária/ princípio da tutela jurisdicional efectiva
ACÓRDÃO DO STA, PROCESSO Nº 01111/13, 4-12-2013 – Juros compensatórios/ dever de fundamentação
ACÓRDÃO DO STA, PROCESSO Nº 01685/13, 8-01-2014 – Segunda avaliação de imóveis/ impugnação judicial/ fundamentos
ACÓRDÃO DO STA, PROCESSO Nº 0441/13, 22-01-2014 – Falta de audição prévia/ consequências/ anulabilidade do acto tributário/ princípio do aproveitamento do acto
ACÓRDÃO DO STA, PROCESSO Nº 01945/13, 22-01-2014 – Incompetência relativa/ processo de execução fiscal/ conhecimento oficioso
ACÓRDÃO DO STA, PROCESSO Nº 01755/13, 22 -01-2014 – Legitimidade processual do Ministério Público/ defesa da legalidade/ reforma dos autos
ACÓRDÃO DO STA, PROCESSO Nº 035/14, 29-01-2014 – Avaliação indirecta da matéria tributável/ ónus da prova do sujeito passivo
ACÓRDÃO DO STA, PROCESSO Nº 0663/13, 29-01-2014 – Princípio do contraditório/ aplicação no processo judicial tributário
ACÓRDÃO DO STA, PROCESSO Nº 0196/13, 12-02-2014 – Legitimidade/ herança jacente e indivisa
ACÓRDÃO DO STA, PROCESSO Nº 01528/13, 12-02-2014 – Execução da sentença/ execução de julgados/ tempestividade
ACÓRDÃO DO STA, PROCESSO Nº 01910/13, 12-02-2014 – Falta de requisitos essenciais do título executivo/nulidade insanável do processo de execução fiscal/ sanação por prova documental
ACÓRDÃO DO STA, PROCESSO Nº 051/14, 12-02-2014 – Anulação da venda/ fundamentos
ACÓRDÃO DO STA, PROCESSO Nº 01470/13, 26-02-2014 – Recurso de oposição de acórdãos/ uniformização da jurisprudência/ requisitos
ACÓRDÃO DO STA, PROCESSO Nº 0850/13, 26-03-2014 – Convocação de credores/ privilégios creditórios gerais
ACÓRDÃO DO STA, PROCESSO Nº 01943/13, 2-04-2014 – Violação do princípio da colaboração e do princípio da boa-fé/ vício autónomo de violação de lei
ACÓRDÃO DO STA, PROCESSO Nº 0217/14, 2-04-2014 – Falta de citação/ possibilidade de prejuízo para a defesa do executado/ reclamação para o tribunal tributário de 1.ª instância

ACÓRDÃO DO STA, PROCESSO Nº 0363/14, 9-04-2014 – Intimação para um comportamento/ declaração comprovativa da regularidade da situação tributária do contribuinte
ACÓRDÃO DO STA, PROCESSO Nº 0401/14, 14-04-2016 – Reversão/ meio de defesa/ oposição judicial
ACÓRDÃO DO STA, PROCESSO Nº 0430/16, 27-04-2016 – Liquidação de juros de mora/ prestação de garantia
ACÓRDÃO DO STA, PROCESSO Nº 01361/14, 7-05-2014 – Nulidade da citação/ reclamação nos termos do artigo 276º do CPPT
ACÓRDÃO DO STA, PROCESSO Nº 0737/13, 21-05-2014 – Acção para o reconhecimento de um direito ou interesse legítimo em matéria tributária/ meio adequado/ pedido de pagamento de juros indemnizatórios
ACÓRDÃO DO STA, PROCESSO Nº 01701/13, 21-05-2014 – Legitimidade processual do Ministério Público/ defesa da legalidade/ reforma dos autos
ACÓRDÃO DO STA, PROCESSO Nº 0214/14, 28-05-2014 – Intimação para um comportamento/ prestação de garantia no âmbito de processo de execução fiscal
ACÓRDÃO DO STA, PROCESSO Nº 01263/13, 28-05-2014 – Recurso contencioso do artigo 97º do CPPT/ Acção administrativa
ACÓRDÃO DO STA, PROCESSO Nº 1263/13, 28-05-2014 – Impugnação judicial/ acção administrativa/ actos que comportem ou não comportem a apreciação da legalidade do acto de liquidação
ACÓRDÃO DO STA, PROCESSO Nº 0355/14, 28-05-2014– Verificação e graduação de créditos/ privilégios creditórios
ACÓRDÃO DO STA, PROCESSO Nº 01447/13, 4-06-2014 – Recurso de oposição de acórdãos/ uniformização da jurisprudência/ requisitos/ questão fundamental de direito
ACÓRDÃO DO STA, PROCESSO Nº 0547/12, 18-06-2014 – Recursos/ matéria de facto/ matéria de direito/ recurso *per saltum*
ACÓRDÃO DO STA, PROCESSO Nº 0447/14, 2-07-2014 – Aplicação da lei no tempo
ACÓRDÃO DO STA, PROCESSO Nº 0543/14, 2-07-2014 – Prestação de garantia idónea
ACÓRDÃO DO STA, PROCESSO Nº 0599/14, 2-07-2014 – Pagamento em prestações/ consequências da falta de pagamento
ACÓRDÃO DO STA, PROCESSO Nº 01950/13, 2-07-2014 – Revisão dos actos tributários/ indeferimento tácito/ impugnação judicial
ACÓRDÃO DO STA, PROCESSO Nº 0360/13, 2-07-2014 – Recurso de revisão da sentença/ pressupostos processuais
ACÓRDÃO DO STA, PROCESSO Nº 1950/13, 2-07-2014 – Impugnação judicial/ acção administrativa/ actos que comportem ou não comportem a apreciação da legalidade do acto de liquidação
ACÓRDÃO DO STA, PROCESSO Nº 01202/13, 02-07-2014 – Declaração de insolvência do devedor originário/ reversão contra o responsável subsidiário
ACÓRDÃO DO STA, PROCESSO Nº 0166/14, 9-07-2014 – Cláusula geral anti-abuso
ACÓRDÃO DO STA, PROCESSO Nº 0194/13, 9-07-2014 – Coligação/ requisitos
ACÓRDÃO DO STA, PROCESSO Nº 01146/13, 9-07-2014 – Contencioso de plena jurisdição mitigado/ anulação parcial
ACÓRDÃO DO STA, PROCESSO Nº 0700/14, 9-07-2014 – Anulação da venda/ fundamentos

ACÓRDÃO DO STA, PROCESSO Nº 0742/14, 6-08-2014 – Penhora ilegal/ dispensa de garantia
ACÓRDÃO DO STA, PROCESSO Nº 0718/14, 3-09-2014 – Princípio do inquisitório
ACÓRDÃO DO STA, PROCESSO Nº 0719/14, 3-09-2014 – Anulação da venda/ indeferimento tácito
ACÓRDÃO DO STA, PROCESSO Nº 01226/13, 10-09-2014 – Dever de fundamentação/ fundamentação da liquidação/ fundamentação suficiente
ACÓRDÃO DO STA, PROCESSO Nº 01681/13, 10-09-2014 – Petição inicial intempestiva/ consequências/ impugnação judicial
ACÓRDÃO DO STA, PROCESSO Nº 0582/14, 10-09-2014 – Princípio da tutela jurisdicional efectiva/ recurso de revista excepcional
ACÓRDÃO DO STA, PROCESSO Nº 0606/14, 10-09-2014 – Verificação e graduação de créditos/ privilégios creditórios gerais e especiais
ACÓRDÃO DO STA, PROCESSO Nº 0907/14, 24-09-2014 – Avaliação indirecta da matéria tributável/ acréscimos injustificados de património ou de despesa
ACÓRDÃO DO STA, PROCESSO Nº 0382/14, 1-10-2014 – Recurso contencioso do artigo 97º do CPPT/ acção administrativa
ACÓRDÃO DO STA, PROCESSO Nº 0548/14, 8-10-2014 – Prazos procedimentais/ modo de contagem/ suspensão
ACÓRDÃO DO STA, PROCESSO Nº 01016/14, 8-10-2014 – Contencioso de plena jurisdição/ indemnização por garantia indevida/ execução de julgados
ACÓRDÃO DO STA, PROCESSO Nº 0830/14, 8-10-2014 – Verificação e graduação de créditos/ momento de realização/ reclamação de créditos por apenso
ACÓRDÃO DO STA, PROCESSO Nº 01381/12, 29-10-2014 – Irregularidade da notificação/ efeitos
ACÓRDÃO DO STA, PROCESSO Nº 01045/14, 29-10-2014 – Indeferimento do pedido de pagamento em prestações/ notificação
ACÓRDÃO DO STA, PROCESSO Nº 0914/13, 5-11-2014 – Procedimento de inspecção tributária/ início do procedimento
ACÓRDÃO DO STA, PROCESSO Nº 0147/12, 5-11-2014 – Revisão dos actos tributários/ erro imputável aos serviços/ ilegalidade do acto
ACÓRDÃO DO STA, PROCESSO Nº0642/14, 12-11-2014 – Decisão de derrogação de sigilo bancário/ fundamentação remissiva
ACÓRDÃO DO STA, PROCESSO Nº 0886/14, 19-11-2014 – Revisão dos actos tributários/ erro imputável aos serviços/ ilegalidade do acto/ indeferimento/ impugnação judicial
ACÓRDÃO DO STA, PROCESSO Nº 0607/14, 19-11-2014 – Erro na forma do processo/ Dever de convolação/ Requisitos
ACÓRDÃO DO STA, PROCESSO Nº 01323/14, 10-12-2014 – Prescrição/ extinção da execução fiscal
ACÓRDÃO DO STA, PROCESSO Nº 01174/14. 17-12-2014 – Reversão/ meio de defesa/ oposição judicial
ACÓRDÃO DO STA, PROCESSO Nº 01199/13, 17-12-2014 – Declaração de insolvência do devedor originário/ reversão contra o responsável subsidiário
ACÓRDÃO DO STA, PROCESSO Nº 0544/14, 17-12-2014 – Impugnação judicial/ cumulação de impugnações/ identidade de natureza de tributo

ACÓRDÃO DO STA, PROCESSO Nº 0275/13, 7-01-2015 – Verificação e graduação de créditos/ competência do órgão da execução fiscal/ possibilidade de reclamação para tribunais tributários de 1. ª instância

ACÓRDÃO DO STA, PROCESSO Nº 033/14, 14-01-2015 – Juros compensatórios/ tributação de bens em segunda mão

ACÓRDÃO DO STA, PROCESSO Nº 01382/14, 14-01-2015 – Competência absoluta do tribunal/ excepção dilatória/ possibilidade de remessa ao tribunal competente

ACÓRDÃO DO STA, PROCESSO Nº 0843/14, 21-01-2015 – Juros indemnizatórios/ autoliquidação

ACÓRDÃO DO STA, PROCESSO Nº 0632/14, 21-01-2015 – Juros compensatórios/ pressupostos

ACÓRDÃO DO STA, PROCESSO Nº 01361/14, 28-01-2015 – Nulidade da citação/ oposição judicial

ACÓRDÃO DO STA, PROCESSO Nº 01533/14, 5-02-2015 – Revisão oficiosa dos actos tributários/ suspensão do processo de execução fiscal

ACÓRDÃO DO STA, PROCESSO Nº 0799/03, 9-02-2015 – Impugnação judicial/Vista do Ministério Público/ novas diligências

ACÓRDÃO DO STA, PROCESSO Nº 01841/13, 12-02-2015 – Juros de mora/ Taxa

ACÓRDÃO DO STA, PROCESSO Nº 01610/13, 12-02-2015 – Juros indemnizatórios/ erro sobre pressupostos de facto ou de direito

ACÓRDÃO DO STA, PROCESSO Nº 06424/13, 19-02-2015 – Recursos/ matéria de facto/ matéria de direito/ recurso *per saltum*

ACÓRDÃO DO STA, PROCESSO Nº 0709/14, 25-02-2015 – Procedimento de inspecção tributária/ inobservância dos prazos/ caducidade do direito de liquidação

ACÓRDÃO DO STA, PROCESSO Nº 01232/13, 25-02-2015 – Oposição judicial/ fundamentos/ artigo 204º, nº 1, alínea i) do CPPT

ACÓRDÃO DO STA, PROCESSO Nº 01398/14, 25-02-2015 – Decisão de derrogação do sigilo bancário/ dever especial de fundamentação

ACÓRDÃO DO STA, PROCESSO Nº 01271/13, 4-03-2015 – Nulidade da citação/ oposição judicial/ meio idóneo de arguição

ACÓRDÃO DO STA, PROCESSO Nº 01911/13, 18-03-2015 – Requisitos da fundamentação/ liquidação de juros compensatórios/ revogação parcial

ACÓRDÃO DO STA, PROCESSO Nº 0278/15, 25-03-2015 – Princípio da indisponibilidade dos créditos tributários/ processo especial de revitalização

ACÓRDÃO DO STA, PROCESSO Nº 0334/15, 8-04-2015 – Direito de audição prévia/ processo de execução fiscal/ decisão de indeferimento da suspensão da garantia

ACÓRDÃO DO STA, PROCESSO Nº 0710/12, 10-04-2015 – Pagamento voluntário/ responsáveis subsidiários/ extinção da execução fiscal

ACÓRDÃO DO STA, PROCESSO Nº 0302/15, 15-04-2015 – Princípio da indisponibilidade dos créditos tributários/ processo especial de revitalização/ valor reforçado da LGT

ACÓRDÃO DO STA, PROCESSO Nº 0253/15, 15-04-2015 – Anulação da venda/ legitimidade dos credores com garantia real

ACÓRDÃO DO STA, PROCESSO Nº 051/15, 22-04-2015 – Oposição judicial/ fundamentos/ falta de notificação/ caducidade

ACÓRDÃO DO STA, PROCESSO Nº 01062/14, 22-04-2015 – Verificação e graduação de créditos/ privilégios creditórios gerais e especiais

ACÓRDÃO DO STA, PROCESSO Nº 01380/14, 06-05-2015 – Verificação e graduação de créditos/ privilégios creditórios gerais e especiais

ACÓRDÃO DO STA, PROCESSO Nº 0698/14, 29-05-2015 – Anulação da venda/ fundamentos

ACÓRDÃO DO STA, PROCESSO Nº 01310/14, 6-05-2015 – Coligação/ requisitos

ACÓRDÃO DO STA, PROCESSO Nº 01380/14, 6-05-2015 – Verificação e graduação de créditos/ privilégios creditórios

ACÓRDÃO DO STA, PROCESSO Nº 0475/15, 14-05-2015 – Compensação de créditos por iniciativa da Administração/ garantia/ execução fiscal

ACÓRDÃO DO STA, PROCESSO Nº 01958/13, 14-05-2015 – Impugnação judicial/ acção administrativa/ actos que comportem ou não comportem a apreciação da legalidade do acto de liquidação

ACÓRDÃO DO STA, PROCESSO Nº 0380/15, 14-05-2015 – Falta de citação do cônjuge do executado/ nulidade insanável do processo de execução fiscal

ACÓRDÃO DO STA, PROCESSO Nº 01509/14, 27-05-2015 – Métodos indirectos/ correcções técnicas

ACÓRDÃO DO STA, PROCESSO Nº 0793/14, 3-06-2015 – Recurso de oposição de acórdãos/ uniformização da jurisprudência/ requisitos

ACÓRDÃO DO STA, PROCESSO Nº 0735/15, 5-06-2015 – Revisão oficiosa dos actos tributários/ suspensão do processo de execução fiscal

ACÓRDÃO DO STA, PROCESSO Nº 01722/13, 17-06-2015 – Pedido de revisão da matéria tributável/ Impugnação judicial

ACÓRDÃO DO STA, PROCESSO Nº 0735/15, 25-06-2015 – Suspensão da execução fiscal/ revisão oficiosa dos actos tributários

ACÓRDÃO DO STA, PROCESSO Nº 0693/15, 1-07-2015 – Prestação de garantia idónea

ACÓRDÃO DO STA, PROCESSO Nº 0606/15, 8-07-2015 – Oposição à execução fiscal/ fundamentos/ ilegitimidade do executado

ACÓRDÃO DO STA, PROCESSO Nº 0760/15, 8-07-2015 – Falta de audição prévia/ consequências/ anulabilidade do acto tributário/ princípio do aproveitamento do acto

ACÓRDÃO DO STA, PROCESSO Nº 0389/15, 8-07-2015 – Prazo de apresentação da impugnação judicial/ prazo substantivo/ férias judiciais

ACÓRDÃO DO STA, PROCESSO Nº 0732/14, 13-07-2015 – Revisão da matéria tributável/ responsáveis subsidiários

ACÓRDÃO DO STA, PROCESSO Nº 0990/15, 5-08-2015 – Reclamação dos actos do órgão de execução fiscal/ efeito suspensivo

ACÓRDÃO DO STA, PROCESSO Nº 0107/15, 2-09-2015 – Bens penhoráveis/ bens já penhorados noutras execuções fiscais

ACÓRDÃO DO STA, PROCESSO Nº 099/15, 16-09-2015 – Recurso de oposição de acórdãos/ uniformização da jurisprudência/ requisitos

ACÓRDÃO DO STA, PROCESSO Nº 01305/14, 28-10-2015 – Intimação para um comportamento/ evidência do direito do Ministério Público/ defesa da legalidade/ reforma dos autos

ACÓRDÃO DO STA, PROCESSO Nº01181/14, 28-10-2015 – Recursos/ matéria de facto/ matéria de direito/ recurso *per saltum*

ACÓRDÃO DO STA, PROCESSO Nº 0459/14, 18-11-2015 – Reconhecimento de benefícios fiscais/ efeito constitutivo e efeito declarativo

ACÓRDÃO DO STA, PROCESSO Nº 0831/14, 25-11-2015 – Incompetência em razão da hierarquia/ incompetência absoluta/ remessa para o tribunal competente

ACÓRDÃO DO STA, PROCESSO Nº 0260/14, 25-11-2015 – Impugnação autónoma do acto de avaliação indirecta/ prejuízos fiscais/reclamação administrativa de actos interlocutórios

ACÓRDÃO DO STA, PROCESSO Nº 0576/13, 25-11-2015 – Cláusula geral anti-abuso

ACÓRDÃO DO STA, PROCESSO Nº 0839/15, 25-11-2015 – Princípio do contraditório/ consequências da violação

ACÓRDÃO DO STA, PROCESSO Nº 01346/15, 25-11-2015 – Competência dos Tribunais Administrativos/ acções sobre a responsabilidade civil extracontratual de entes públicos

ACÓRDÃO DO STA, PROCESSO Nº 0730/15, 2-12-2015 – Erro na forma do processo/ Dever de convolação/ Requisitos/ Aptidão da petição

ACÓRDÃO DO STA, PROCESSO Nº 0754/15, 2-12-2015 – Contencioso de plena jurisdição/ anulação parcial

ACÓRDÃO DO STA, PROCESSO Nº 06924/13, 3-12-2015 – Falta de citação

ACÓRDÃO DO STA, PROCESSO Nº 075/14, 16-12-2015 – Competência em razão da matéria/ tribunais tributários

ACÓRDÃO DO STA, PROCESSO Nº 0304/15, 16-12-2015 – Prazo de apresentação da oposição judicial

ACÓRDÃO DO STA, PROCESSO Nº 01265/13, 7-01-2016 – Cumulação de pedidos/ formas de processo diferentes

ACÓRDÃO DO STA, PROCESSO Nº 0574/14, 7-01-2016 – Juros indemnizatórios

ACÓRDÃO DO STA, PROCESSO Nº01412/15, 7-01-2016 – Impugnação judicial/ acção administrativa/ actos que comportem ou não comportem a apreciação da legalidade do acto de liquidação

ACÓRDÃO DO STA, PROCESSO Nº 0789, 27-01-2016 – Oposição judicial/ valor da causa/ indicação do valor na petição inicial

ACÓRDÃO DO STA, PROCESSO Nº 042/16, 27-01-2016 – Pagamento em prestações/ artigo 189º do CPPT/ artigo 196º do CPPT

ACÓRDÃO DO STA, PROCESSO Nº 01720/13, 27-01-2016 – Cláusula geral anti-abuso

ACÓRDÃO DO STA, PROCESSO Nº 0931/13, 3-02-2016 – Nulidade da sentença/ Questões de direito/ Excesso de pronúncia

ACÓRDÃO DO STA, PROCESSO Nº 01146/15, 3-02-2016 – Regras de fixação do valor da causa/ Impugnação judicial/ actos de fixação do valor patrimonial tributário/ valor contestado

ACÓRDÃO DO STA, PROCESSO Nº 0205/15, 4-02-2016 – Princípio do contraditório/ consequências da violação

ACÓRDÃO DO STA, PROCESSO Nº 668/15, 17-02-2016 – Aplicação da lei fiscal no tempo/ retroactividade da lei fiscal

ACÓRDÃO DO STA, PROCESSO Nº 01618/15, 17-02-2016 – Incompetência relativa/ processo de execução fiscal/ conhecimento oficioso

ACÓRDÃO DO STA, PROCESSO Nº 01182/13, 24-02-2016 – Erro na forma do processo/ Dever de convolação/ Requisitos
ACÓRDÃO DO STA, PROCESSO Nº 01291/15, 24-02-2016 – Valor da alçada dos tribunais tributários de 1ª instância
ACÓRDÃO DO STA, PROCESSO Nº 01182/13, 24-02-2016 – Limites ao dever de convolação
ACÓRDÃO DO STA, PROCESSO Nº 0805/15, 9-03-2016 – Requisitos da fundamentação/ liquidação de juros compensatórios
ACÓRDÃO DO STA, PROCESSO Nº 0138/16, 9-03-2016 – Decisão de derrogação de sigilo bancário/ fundamentação remissiva
ACÓRDÃO DO STA, PROCESSO Nº 0224/16, 16-03-2016 – Intimação para passagem de certidão/ direito a informação procedimental/ documento
ACÓRDÃO DO STA, PROCESSO Nº 0183/16, 16-03-2016 – Derrogação do sigilo bancário/ familiar/ âmbito do recurso judicial
ACÓRDÃO DO STA, PROCESSO Nº 01315/14, 16-03-2016 – Recurso de oposição de acórdãos/ uniformização da jurisprudência/ requisitos
ACÓRDÃO DO STA, PROCESSO Nº 0587/15, 16-03-2016 16 de Março de 2016 – Ónus da prova/ facturas falsas
ACÓRDÃO DO STA, PROCESSO Nº 0411/15, 31-03-2016 – Intimação para um comportamento/ admissibilidade/reclamação graciosa
ACÓRDÃO DO STA, PROCESSO Nº 0289/16, 31-03-2016 – Anulação da venda/ legitimidade dos credores com garantia real
ACÓRDÃO DO STA, PROCESSO Nº 0548/15, 3-04-2016 – Princípio do contraditório
ACÓRDÃO DO STA, PROCESSO Nº 0548/15, 13-04-2016 – Princípio do contraditório/ decisão de indeferimento liminar da oposição à execução/Efeitos da violação do princípio do contraditório
ACÓRDÃO DO STA, PROCESSO Nº 0862/15, 13-04-2016 – Omissão de pronúncia
ACÓRDÃO DO STA, PROCESSO Nº 01150/15, 16-04-2016 – Competência dos Tribunais Administrativos/ Caixa de Previdência dos Advogados e Solicitadores (CPAS)
ACÓRDÃO DO STA, PROCESSO Nº 028/16, 20-04-2016 – Recurso de oposição de acórdãos/ uniformização da jurisprudência/ requisitos/ questão fundamental de direito
ACÓRDÃO DO STA, PROCESSO Nº028/16, 20-04-2016 – Recurso de oposição de acórdãos/ uniformização da jurisprudência/ requisitos
ACÓRDÃO DO STA, PROCESSO Nº 01476/15, 20-04-2016 – Formalismo das notificações/ consequências do incumprimento
ACÓRDÃO DO STA, PROCESSO Nº 0458/16, 4-05-2016 – Regras de determinação do valor da causa/ Contencioso associado à execução fiscal
ACÓRDÃO DO STA, PROCESSO Nº 0543/16, 18-05-2016 – Dispensa de garantia/ requisitos
ACÓRDÃO DO STA, PROCESSO Nº 0430/12, 27-06-2016 – Extinção da execução fiscal/ extinção da oposição judicial

Tribunal Central Administrativo do Sul

ACÓRDÃO DO TCA SUL, PROCESSO Nº 02465/99, 26-10-2004 – Efeitos da sentença/ contencioso de mera anulação
ACÓRDÃO DO TCA SUL, PROCESSO Nº 579/03, 17-04-2007 – Mecanismo do artigo 37º do CPPT/ ónus do contribuinte/ efeitos da não utilização/ impugnação judicial/ falta de fundamentação
ACÓRDÃO DO TCA SUL, PROCESSO Nº 002515/08, 18-12-2008 – Inversão do ónus da prova/ preços transferência
ACÓRDÃO DO TCA SUL, PROCESSO Nº 02543/08, 27-01-2009 – Princípio *pro actione* no processo judicial tributário
ACÓRDÃO DO TCA SUL, PROCESSO Nº 0255/07, 23-06-2007 – Intimação para um comportamento/ pagamento de juros indemnizatórios
ACÓRDÃO DO TCA SUL, PROCESSO Nº 02543/08, 27-01-2009 – Princípio da aquisição processual
ACÓRDÃO DO TCA SUL, PROCESSO Nº 02729/08, 9-06-2009 – LGT/ lei de valor reforçado
ACÓRDÃO DO TCA SUL, PROCESSO Nº 02842/09, 23-11-2009 – Revisão oficiosa dos actos tributários/ injustiça grave ou notória
ACÓRDÃO DO TCA SUL, PROCESSO Nº 02842/09, 25-11-2009 – Revisão dos actos tributários/ injustiça grave ou notória
ACÓRDÃO DO TCA SUL, PROCESSO Nº 03748/10, 21-09-2010 – Interpretação da lei fiscal/ conceitos de outros ramos do direito/ antiguidade
ACÓRDÃO DO TCA SUL, PROCESSO Nº 04255/10, 15-02-2011 – Procedimento de aplicação de cláusula geral anti-abuso/ exame casuístico
ACÓRDÃO DO TCA SUL, PROCESSO Nº 5104/11, 14-02-2012 – Procedimento de aplicação da cláusula geral anti-abuso/ pressupostos da sua aplicação
ACÓRDÃO DO TCA SUL, PROCESSO Nº 08727/12, 21-06-2012 – Prazos substantivos/ prazos judiciais
ACÓRDÃO DO TCA SUL, PROCESSO Nº 05948/12, 27-12-2012 – Legitimidade processual/ impugnação de actos tributários/ sujeitos passivos
ACÓRDÃO DO TCA SUL, PROCESSO Nº 06488/13, 19-03-2013 – Citação pessoal/ presunção de recebimento/ falta de citação
ACÓRDÃO DO TCA SUL, PROCESSO Nº 06418/13, 7-05-2013 – Princípio da livre apreciação da prova
ACÓRDÃO DO TCA SUL, PROCESSO Nº 06121/12, 18-06-2013 – Nulidade da sentença/ não especificação dos fundamentos de facto e de direito da decisão/ falta de fundamentação absoluta
ACÓRDÃO DO TCA SUL, PROCESSO Nº 06609/13, 25-06-2013 – Embargos de terceiro/ qualidade de terceiro/ cônjuge do executado
ACÓRDÃO DO TCA SUL, PROCESSO Nº 06629/13, 2-07-2013 – Ónus da prova/ benefícios fiscais
ACÓRDÃO DO TCA SUL, PROCESSO Nº 05555/12, 14-11-2013 – Princípio da livre apreciação da prova
ACÓRDÃO DO TCA SUL, PROCESSO Nº 07004/13, 12-12-2013 – Falta de pronúncia/ questões de conhecimento oficioso/ erro de julgamento

ACÓRDÃO DO TCA SUL, PROCESSO Nº 06952/13, 30-01-2014 – Nulidade da sentença/ contradição entre os fundamentos e a decisão
ACÓRDÃO DO TCA SUL, PROCESSO Nº 07236/13, 13-02-2014 – Competência territorial para a execução fiscal
ACÓRDÃO DO TCA SUL, PROCESSO Nº 07329/14, 13-02-2014 – Legitimidade processual/ pressuposto processual/ consequências da falta de legitimidade
ACÓRDÃO DO TCA SUL, PROCESSO Nº 07656/14, 26-06-2014- Falta de requisitos essenciais do título executivo/nulidade insanável do processo de execução fiscal/ sanação por prova documental
ACÓRDÃO DO TCA SUL, PROCESSO Nº 07343/14, 27-02-2014 – Procedimento de inspecção tributária externa/ irrepetibilidade do procedimento de fiscalização/ princípio da proporcionalidade
ACÓRDÃO DO TCA SUL, PROCESSO Nº 07125/13, 13-03-2014 – Impugnação de actos de fixação da matéria tributável/ regras de determinação do valor da causa/valor contestado
ACÓRDÃO DO TCA SUL, PROCESSO Nº 07433/14, 10-04-2014 – Desaparecimento do objecto do processo/ impossibilidade ou inutilidade superveniente da lide/ extinção da instância
ACÓRDÃO DO TCA SUL, PROCESSO Nº 06858/13, 12-06-2014 – Intimação para um comportamento/ pagamento de juros indemnizatórios
ACÓRDÃO DO TCA SUL, PROCESSO Nº 07647/14, 26-06-2014 – Nulidade da sentença/ omissão de pronúncia/ questões/ argumentos
ACÓRDÃO DO TCA SUL, PROCESSO Nº 07647/14, 26-06-2014 – Omissão de diligências/ nulidade processual
ACÓRDÃO DO STA, PROCESSO Nº 01944/13, 9-10-2014 – Suspensão da execução fiscal/ meios impugnatórios
ACÓRDÃO DO TCA SUL, PROCESSO Nº 05876/12, 10-07-2014 – Interpretação da lei fiscal/ letra da lei/ ratio legis
ACÓRDÃO DO TCA SUL, PROCESSO Nº 07845/14, 10-07-2014 – Nulidade da citação/ falta de citação
ACÓRDÃO DO TCA SUL, PROCESSO Nº 07844/14, 24-07-2014 – Inversão do ónus da prova/manifestações de fortuna
ACÓRDÃO DO TCA SUL, PROCESSO Nº 08071/14, 30-10-2014 – Conceito de penhora
ACÓRDÃO DO TCA SUL, PROCESSO Nº 06300/13, 18-12-2014 – Falta de notificação para apresentação de alegações/ nulidade da sentença
ACÓRDÃO DO TCA SUL, PROCESSO Nº 05429/12, 2-01-2015 – Procedimento de inspecção tributária externa/ caducidade do direito de liquidação/ efeito suspensivo
ACÓRDÃO DO TCA SUL, PROCESSO Nº 08231/14, 8-01-2015 – Penhora/ insuficiência dos bens penhorados
ACÓRDÃO DO TCA SUL, PROCESSO Nº 06240/12, 22-01-2015 – Ónus da prova do contribuinte/ presunção de veracidade
ACÓRDÃO DO TCA SUL, PROCESSO Nº 06424/13, 19-02-2015 – Recursos/ matéria de facto/ matéria de direito
ACÓRDÃO DO TCA SUL, PROCESSO Nº 06182/12, 23-04-2015 – Procedimento de inspecção tributária externa/ irrepetibilidade do procedimento de fiscalização/ segurança jurídica/ estabilidade da relação fiscal

ACÓRDÃO DO TCA SUL, PROCESSO Nº 08369/15, 23-04-2015 – Reversão/ meio de defesa/ oposição judicial

ACÓRDÃO DO TCA SUL, PROCESSO Nº 03437/09, 21-05-2015 – Inversão do ónus da prova/manifestações de fortuna

ACÓRDÃO DO TCA SUL, PROCESSO Nº 08689/15, 21-05-2015 – Prestação de garantia insuficiente/ reforço/ prosseguimento da execução fiscal

ACÓRDÃO DO TCA SUL, PROCESSO Nº 08690/15, 21-05-2015 – Venda de bens penhorados/ direito de remição

ACÓRDÃO DO TCA SUL, PROCESSO Nº 07453/14, 4-06-2015 – Impugnação judicial/ invocação superveniente de vícios/ omissão de pronúncia

ACÓRDÃO DO TCA SUL, PROCESSO Nº 08736/15, 10-07-2015 – Nulidade da citação/ oposição judicial/ reclamação nos termos do artigo 276º do CPPT

ACÓRDÃO DO TCA SUL, PROCESSO Nº 06810/13, 10-07-2015 – Impugnação de acto de fixação do valor patrimonial/ determinação do valor da causa/ valor contestado

ACÓRDÃO DO TCA SUL, PROCESSO Nº 08820/15, 10-07-2015 – Providências cautelares/ arresto/ tramitação/ requisitos

ACÓRDÃO DO TCA SUL, PROCESSO Nº 08834/15, 10-07-2015 – Dação em pagamento / execução fiscal

ACÓRDÃO DO TCA SUL, PROCESSO Nº 08754/15, 10-09-2015 – Procedimento de sub-rogação/ efeitos/ execução fiscal

ACÓRDÃO DO TCA SUL, PROCESSO Nº 08591/15, 10-09-2015 – Recurso/ incompetência material

ACÓRDÃO DO TCA SUL, PROCESSO Nº 09034/15, 22-10-2015 – Fundado receio/ periculum in mora/ repercussão

ACÓRDÃO DO TCA SUL, PROCESSO Nº 08133/14, 5-11-2015 – Acção de anulação de decisão arbitral/ conhecimento da excepção de incompetência absoluta do tribunal arbitral

ACÓRDÃO DO TCA SUL, PROCESSO Nº 07885/14, 5-11-2015 – Nulidade da sentença/ excesso de pronúncia/ questões suscitadas pelas partes

ACÓRDÃO DO TCA SUL, PROCESSO Nº 08852/15, 19-11-2015 – Anulação da venda/ fundamentos

ACÓRDÃO DO TCA SUL, PROCESSO Nº 07421/14, 3-12-2015 – Contencioso tributário como contencioso de plena jurisdição

ACÓRDÃO DO TCA SUL, PROCESSO Nº 09201/15, 16-12-2015 – Ónus da prova/ providências cautelares

ACÓRDÃO DO TCA SUL, PROCESSO Nº 09258/16, 4-02-2016 – Decisão de derrogação do sigilo bancário/ fundamentação remissiva

ACÓRDÃO DO TCA SUL, PROCESSO Nº 09222/15, 4-02-2016 – Reclamação dos actos do órgão de execução fiscal/ finalidade

ACÓRDÃO DO TCA SUL, PROCESSO Nº 09163/15, 18-02-2016 – Cumulação de juros de mora com juros indemnizatórios

ACÓRDÃO DO TCA SUL, PROCESSO Nº 09247/15, 18-02-2016 – Falta de requisitos essenciais/ título executivo/ nulidade insanável/ forma de arguição

ACÓRDÃO DO TCA SUL, PROCESSO Nº 07514/14, 18-02-2016 – Despacho de reversão/ exigência de fundamentação

ACÓRDÃO DO TCA SUL, PROCESSO Nº 09280/16, 18-02-2016 – Anulação da venda/ prazo para apresentação do pedido
ACÓRDÃO DO TCA SUL, PROCESSO Nº 09288/16, 18-02-2016 – Procedimento de sub-rogação/ efeitos/ execução fiscal
ACÓRDÃO DO TCA SUL, PROCESSO Nº 09266/16, 3-03-2016 – Petição inicial extemporânea/ prazos antecipados/ indeferimento de reclamação graciosa
ACÓRDÃO DO TCA SUL, PROCESSO Nº 08679/15, 17-03-2016 – Recursos/ ónus de alegação/ efeitos da falta de alegação
ACÓRDÃO DO TCA SUL, PROCESSO Nº 05361/12, 17-03-2016 – Nulidade da sentença/ não especificação dos fundamentos de facto e de direito da decisão/ falta de fundamentação absoluta
ACÓRDÃO DO TCA SUL, PROCESSO Nº 03900/10, 17-03-2016 – Ónus da prova/ facturas falsas
ACÓRDÃO DO TCA SUL, PROCESSO Nº 07966/13, 31-03-2016 – Recursos/ efeito meramente devolutivo
ACÓRDÃO DO TCA SUL, PROCESSO Nº 08128/14, 14-04-2016 – Nulidade da sentença/ contradição entre os fundamentos e a decisão
ACÓRDÃO DO TCA SUL, PROCESSO Nº 09417/16, 14-04-2016 – Reclamação dos actos do órgão de execução fiscal/ efeito suspensivo
ACÓRDÃO DO TCA SUL, PROCESSO Nº 04712/11, 28-04-2016 – Revisão oficiosa dos actos tributários/ injustiça grave ou notória
ACÓRDÃO DO TCA SUL, PROCESSO Nº 09171/15, 28-04-2016 – Recursos/ impugnação judicial/ regime aplicável
ACÓRDÃO DO TCA SUL, PROCESSO Nº 07693/14, 12-05-2016 – Reversão/ ónus da prova/ gerente

Tribunal Central Administrativo do Norte

ACÓRDÃO DO TCA NORTE, PROCESSO Nº 00064/03, 4-05-2006 – Pedido de reconhecimento do direito a juros indemnizatórios/ meio adequado/ acção para o reconhecimento de um direito ou interesse legítimo
ACÓRDÃO DO TCA NORTE, PROCESSO Nº 00195/07.2BEMDL, 12-12-2007 – Liquidação de custas processuais
ACÓRDÃO DO TCA NORTE, PROCESSO Nº 00040/03, 24-01-2008 – LGT/ lei de valor reforçado
ACÓRDÃO DO TCA NORTE, PROCESSO Nº 00002/03, 16-10-2008 – Pedido de reconhecimento do direito a juros indemnizatórios/ meio adequado/ acção para o reconhecimento de um direito ou interesse legítimo
ACÓRDÃO DO TCA NORTE, PROCESSO Nº 00159/08, 9-06-2010 – Recurso de revisão de sentença/ fundamentos
ACÓRDÃO DO TCA NORTE, PROCESSO Nº 00342/05.9., 20-10-2011 – Capacidade tributária/ cônjuges
ACÓRDÃO DO TCA NORTE, PROCESSO Nº 01552/08.2, 9-02-2012 – Procedimento de revisão da matéria tributável por métodos indirectos/ impugnação judicial/ fundamentos
ACÓRDÃO DO TCA NORTE, PROCESSO Nº 00207/07.0, 22-02-2012 – Reversão/ ónus da prova/ gerente/ exercício efectivo ou de facto da gerência

ACÓRDÃO DO TCA NORTE, PROCESSO Nº 008380/12.5., 27-09-2012 – Decisão de derrogação de sigilo bancário/ pressupostos/ acção de fiscalização tributária/ critério de proporcionalidade

ACÓRDÃO DO TCA NORTE, PROCESSO Nº 00145/12.4, 15-02-2013 – Dever de sigilo bancário/ interesses públicos/ interesses privados/ fundamentação remissiva

ACÓRDÃO DO TCA NORTE, PROCESSO Nº º00127/11.3, 14-02-2014 – Dever de fundamentação dos actos tributários/ requisitos da fundamentação/ fundamentação suficiente e não exaustiva

ACÓRDÃO DO TCA NORTE, PROCESSO Nº 00141/12.1, 28-02-2013 – Princípio *pro actione* no processo judicial tributário

ACÓRDÃO DO TCA NORTE, PROCESSO Nº 00157/12.8., 28-02-2013 – Decisão de derrogação de sigilo bancário/ fundamentação remissiva

ACÓRDÃO DO TCA NORTE, PROCESSO Nº 00050/14.0BEVIS, 30-09-2014 – Penhora/ exigência de notificação

ACÓRDÃO DO TCA NORTE, PROCESSO Nº 00224/14.3, 16-10-2014 – Decisão de derrogação de sigilo bancário/ dever especial de fundamentação

ACÓRDÃO DO TCA NORTE, PROCESSO Nº 00228/07.2BEBRG, 27-11-2014 – Ineptidão da petição inicial/ correcta interpretação pelo réu

ACÓRDÃO DO TCA NORTE, PROCESSO Nº 00007/03, 12-12-2014 – Embargos de terceiro/ requisitos

ACÓRDÃO DO TCA NORTE, PROCESSO Nº 00974/14.4, 15-01-2015 – Providência cautelar/ arresto/ responsável subsidiário/ requisito especial

ACÓRDÃO DO TCA NORTE, PROCESSO Nº 00798/14.9, 15-01-2015 – Providência cautelar/ arresto/ bens do responsável subsidiário

ACÓRDÃO DO TCA NORTE, PROCESSO Nº 00193/11.1BEMDL, 15-01-2015 – Embargos de terceiro/tempestividade

ACÓRDÃO DO TCA NORTE, PROCESSO Nº 00321/13.2BEMDL, 29-01-2015 – Nulidade da citação/ oposição judicial

ACÓRDÃO DO TCA NORTE, PROCESSO Nº 00242/08.0, 12-02-2015 – Processo de execução fiscal/ legitimidade/ devedor originário

ACÓRDÃO DO TCA NORTE, PROCESSO Nº 00118/2002, 26-02-2015 – Ónus da prova/ presunção de veracidade/ omissões, erros ou inexactidões

ACÓRDÃO DO TCA NORTE, PROCESSO Nº 00955/13.5., 26-03-2015 – Avaliação da matéria tributável por métodos indirectos/ acréscimos injustificados de património ou despesa/ pressupostos

ACÓRDÃO DO TCA NORTE, PROCESSO Nº 00205/09.9, 16-04-2015 – Citação da reversão/ elementos essenciais da liquidação

ACÓRDÃO DO TCA NORTE, PROCESSO Nº 00846/14.2BEAVR, 17-09-2015 – Custas / parte vencida

ACÓRDÃO DO TCA NORTE, PROCESSO Nº 00196/09.6, 30-09-2015 – Procedimento de inspecção tributária/ procedimento interno e externo/ distinções

ACÓRDÃO DO TCA NORTE, PROCESSO Nº 01530/10.1BEBRG, 30-09-2015 – Nulidade da citação/ oposição judicial

ACÓRDÃO DO TCA NORTE, PROCESSO Nº 00438/12.0BEPRT, 17-09-2015 – Ónus da prova/ artigo 100º do CPPT/ dúvida fundada

ACÓRDÃO DO TCA NORTE, PROCESSO Nº 02644/13.1BEPRT, 12-11-2015 – Penhora/ princípio da proporcionalidade
ACÓRDÃO DO TCA NORTE, PROCESSO Nº 01341/15.8BEPNF, 12-11-2015 – Bens penhoráveis/ limitações absolutas e relativas do CPC
ACÓRDÃO DO TCA NORTE, PROCESSO Nº 00115/04.6, 26-11-2015 – Ónus da prova/ facturas falsas
ACÓRDÃO DO TCA NORTE, PROCESSO Nº00058/13, 10-12-2015 – Ónus da prova/ artigo 100º do CPPT/ dúvida fundada
ACÓRDÃO DO TCA NORTE, PROCESSO Nº 01680/15.8, 14-01-2016 – Decisão de derrogação de sigilo bancário/ pressupostos/ acção de fiscalização tributária/ critério de proporcionalidade
ACÓRDÃO DO TCA NORTE, PROCESSO Nº 00451/15.6, 28-01-2016 – Nulidade da petição inicial/ deficiências de qualificação jurídica
ACÓRDÃO DO TCA NORTE, PROCESSO Nº 00641/08.8, 11-02-2016 – Dever de fundamentação/ destinatário comum/ itinerário cognoscitivo
ACÓRDÃO DO TCA NORTE, PROCESSO Nº 00571/11.6, 25-02-2016 – Determinação do valor da causa/ impugnação judicial/ acto de liquidação/ anulação parcial
ACÓRDÃO DO TCA NORTE, PROCESSO Nº 04882/04, 25-02-2016 – Recursos/ legitimidade/ parte vencida
ACÓRDÃO DO TCA NORTE, PROCESSO Nº 00101/2002, 10-03-2016 – Princípio da boa-fé/exercício de poderes discricionários
ACÓRDÃO DO TCA NORTE, PROCESSO Nº 00029/03, 31-03-2016 – Direito de audição prévia/ preterição de formalidade essencial/ reclamação graciosa/ convalidação
ACÓRDÃO DO TCA NORTE, PROCESSO Nº 00056/04.7, 31-03-2016 – Inversão do ónus da prova/ avaliação indirecta da matéria tributável
ACÓRDÃO DO TCA NORTE, PROCESSO Nº 00863/13.0BEPRT, 14-04-2016 – Recurso de oposição de acórdãos/ uniformização de jurisprudência/ requisitos/ questão fundamental de direito
ACÓRDÃO DO TCA NORTE, PROCESSO Nº 00285/08.4, 14-04-2016 – Inversão do ónus da prova/ avaliação indirecta da matéria tributável
ACÓRDÃO DO TCA NORTE, PROCESSO Nº 01886/09.9, 12-05-2016 – Pedido de revisão oficiosa/ indeferimento/ extemporaneidade do pedido/ meio adequado/ acção administrativa
ACÓRDÃO DO TCA NORTE, PROCESSO Nº 03152/10.8, 12-05-2016 – Ónus da prova/ facturas falsas

Tribunais Arbitrais Tributários
PROCESSO ARBITRAL Nº 8/2011-T – Artigo 2º do RJAT/ competência/ administração do imposto
PROCESSO ARBITRAL Nº 8/2011-T – Artigo 2º do RJAT/ competência/ administração do imposto
PROCESSO ARBITRAL Nº 19/2011-T – Artigo 2º do RJAT/ competência/ administração do imposto/ derrama municipal
PROCESSO ARBITRAL Nº 2/2012-T – Artigo 2º do RJAT/ competência/ administração do imposto

PROCESSO ARBITRAL Nº 4/2012-T – Artigo 2º do RJAT/ competência/ administração do imposto

PROCESSO ARBITRAL Nº 5/2012-T – Artigo 2º do RJAT/ competência/ administração do imposto/ derrama/ artigo 16º do RJAT/ princípio da autonomia do tribunal arbitral na condução do processo e na determinação das regras a observar

PROCESSO ARBITRAL Nº 35/2012-T – Prazos substantivos/ prazos judiciais

PROCESSO ARBITRAL Nº 48/2012-T – Artigo 2º do RJAT/ competência/ actos de autoliquidação, retenção na fonte ou pagamentos por conta/ reclamação graciosa necessária

PROCESSO ARBITRAL Nº 54/2012-T – Artigo 2º do RJAT/ competência/ administração do imposto

PROCESSO ARBITRAL Nº 70/2012-T – Artigo 2º do RJAT/ competência/ avaliação por métodos indirectos

PROCESSO ARBITRAL Nº 82/2012-T – Artigo 2º do RJAT/ competência/ administração do imposto

PROCESSO ARBITRAL Nº 87/2012-T – Artigo 2º do RJAT/ competência/ administração do imposto

PROCESSO ARBITRAL Nº 89/2012-T – Artigo 2º do RJAT/ competência /administração do imposto/ Região Autónoma da Madeira

PROCESSO ARBITRAL Nº 94/2012-T – Artigo 2º do RJAT/ competência/ administração do imposto

PROCESSO ARBITRAL Nº 98/2012-T – Artigo 2º do RJAT/ competência/ administração do imposto

PROCESSO ARBITRAL Nº 47/2013-T – Aplicação da cláusula geral anti-abuso

PROCESSO ARBITRAL Nº 48/2013-T – Artigo 2º do RJAT/ competência/ artigo 24º do RJAT/ decisões arbitrais condenatórias/ juros indemnizatórios/ indemnização por garantia indevida

PROCESSO ARBITRAL Nº 64/2013-T – Procedimento de revisão oficiosa de actos tributários/ erro imputável aos serviços/ comportamento do sujeito passivo

PROCESSO ARBITRAL Nº 178/2013-T – Artigo 2º do RJAT/ competência/ administração do imposto/ Região Autónoma da Madeira

PROCESSO ARBITRAL Nº 205/2013-T – Actos de liquidação de IMI e Imposto do Selo/ pagamento em prestações/ tempestividade da impugnação judicial, reclamação graciosa e pedido de constituição de tribunal arbitral/ início da contagem de prazo

PROCESSO ARBITRAL Nº 17/2014-T – Artigos 3º e 10º do RJAT/ contagem do prazo para entrega do pedido de constituição de tribunal arbitral

PROCESSO ARBITRAL Nº 314/2014-T – Intempestividade do pedido de constituição do tribunal arbitral/ prazo substantivo/ caducidade do direito de acção

PROCESSO ARBITRAL Nº 377/2014-T – Aplicação da cláusula geral anti-abuso/ pressupostos/ exame casuístico

PROCESSO ARBITRAL Nº 408/2014-T – Actos de liquidação de IMI e Imposto do Selo/ pagamento em prestações

PROCESSO ARBITRAL Nº 770/2014-T – Aplicação da lei fiscal no tempo/ retroactividade/ transmissão onerosa de acções/ facto tributário de formação sucessiva

PROCESSO ARBITRAL Nº 726/2014-T – Actos de liquidação de IMI e Imposto do Selo/ pagamento em prestações

PROCESSO ARBITRAL Nº 736/2014-T – Actos de liquidação de IMI e Imposto do Selo/ pagamento em prestações
PROCESSO ARBITRAL Nº 784/2014-T – Aplicação da lei fiscal no tempo/ retroactividade/ transmissão onerosa de acções/ facto tributário de formação sucessiva
PROCESSO ARBITRAL Nº 793/2014-T – Procedimento de revisão oficiosa de actos tributários/ erro imputável aos serviços/ falta de realização de diligências/ falta de solicitação de elementos probatórios
PROCESSO ARBITRAL Nº 809/2014-T – Procedimento de inspecção tributária/ procedimento interno e externo/ distinções
PROCESSO ARBITRAL Nº 60/2015-T – Dever de fundamentação dos actos tributários/ requisitos/ razões de facto
PROCESSO ARBITRAL Nº 84/2015-T – Actos de liquidação de IMI e Imposto do Selo/ pagamento em prestações/ tempestividade da impugnação judicial, reclamação graciosa e pedido de constituição de tribunal arbitral/ início da contagem de prazo
PROCESSO ARBITRAL Nº 90/2015-T – Actos de liquidação de IMI e Imposto do Selo/ pagamento em prestações
PROCESSO ARBITRAL Nº 112/2015-T – Incompetência material do tribunal arbitral/ excepção dilatória/absolvição da instância
PROCESSO ARBITRAL Nº 137/2015-T – Actos de liquidação de IMI e Imposto do Selo/ pagamento em prestações
PROCESSO ARBITRAL Nº 173/2015-T – Procedimento de aplicação da cláusula geral anti-abuso/ limite temporal para a aplicação
PROCESSO ARBITRAL Nº 312/2015-T – Competência material dos tribunais arbitrais/ taxas e contribuições
PROCESSO ARBITRAL Nº 549/2015-T – Interpretação da lei fiscal/ conceitos de outros ramos do direito/ partes de capital
PROCESSO ARBITRAL Nº 669/2015-T – Incompetência material do tribunal arbitral/ excepção dilatória/absolvição da instância

Tribunal Constitucional

ACÓRDÃO DO TRIBUNAL CONSTITUCIONAL Nº 11/83, 20-10-1983 – Aplicação da lei fiscal no tempo/ retroactividade/ proibição de retroactividade intolerável
ACÓRDÃO DO TRIBUNAL CONSTITUCIONAL Nº 553/94, 17-05-1995 – Artigo 42º, nº 1, alínea a) do CPT/ representação autónoma das autarquias nos processos judicias/ autonomia das autarquias locais/ descentralização administrativa
ACÓRDÃO DO TRIBUNAL CONSTITUCIONAL Nº 489/95, 27-09-1995 – Direito de acesso aos tribunais/ duplo grau de jurisdição
ACÓRDÃO DO TRIBUNAL CONSTITUCIONAL Nº 499/96, 5-03-1998 – Recurso hierárquico necessário
ACÓRDÃO DO TRIBUNAL CONSTITUCIONAL Nº 245/99, 29-04-1999 – Notificação/ falta de fundamentação/ efeitos
ACÓRDÃO DO TRIBUNAL CONSTITUCIONAL Nº 507/02, 06-12-2002 – Processo de execução fiscal/ atribuição de competências aos órgãos da Administração
ACÓRDÃO DO TRIBUNAL CONSTITUCIONAL Nº 80/2003, 12-02-2003 – Processo de execução fiscal/ atribuição de competências aos órgãos da Administração

ACÓRDÃO DO TRIBUNAL CONSTITUCIONAL Nº 681/2006, 12-12-2006 – Artigo 146º-B do CPPT/ recurso judicial da decisão de derrogação de sigilo bancário/ limitação de prova/ prova testemunhal/ inconstitucionalidade
ACÓRDÃO DO TRIBUNAL CONSTITUCIONAL Nº 813/07, 22-01-2008 – Artigo 146º-B do CPPT/ recurso judicial da avaliação indirecta da matéria tributável com base em manifestações de fortuna/ limitação de prova/ prova testemunhal/ inconstitucionalidade
ACÓRDÃO DO TRIBUNAL CONSTITUCIONAL Nº 72/2009, 11-02-2009 – Notificação/ falta de fundamentação/ efeitos
ACÓRDÃO DO TRIBUNAL CONSTITUCIONAL Nº 916/2007, 11-02-2009 – Notificações em matéria tributária/ requisitos/ pessoalidade/ efectiva cognoscibilidade do acto notificado
ACÓRDÃO DO TRIBUNAL CONSTITUCIONAL Nº 128/2009, 12-03-2009 – Aplicação da lei fiscal no tempo/ retroactividade/ retrospectividade/ princípio da segurança jurídica
ACÓRDÃO DO TRIBUNAL CONSTITUCIONAL Nº 583/2009, 22-03-2009 – Invocação de orientações genéricas pelo contribuinte/ princípio da boa-fé
ACÓRDÃO DO TRIBUNAL CONSTITUCIONAL Nº 85/2010, 3-03-2010 – Aplicação da lei fiscal no tempo/ retroactividade/ retrospectividade/ princípio da segurança jurídica
ACÓRDÃO DO TRIBUNAL CONSTITUCIONAL Nº 554/2009, 27-10-2009 – Artigo 89º-A, nº 7 da LGT/ única via de impugnação judicial da decisão de avaliação da matéria colectável pelo método indirecto previsto no artigo 89º-A da LGT (manifestações de fortuna) / princípio da tutela jurisdicional efectiva
ACÓRDÃO DO TRIBUNAL CONSTITUCIONAL Nº 507/02, 6-12-2002 – Reversão/ antigos possuidores, fruidores ou proprietários
ACÓRDÃO DO TRIBUNAL CONSTITUCIONAL Nº 340/2013, 17-06-2013 – Utilização de elementos obtidos em sede de inspecção tributária no âmbito do processo penal/ prova proibida/ prerrogativa contra a auto-incriminação
ACÓRDÃO DO TRIBUNAL CONSTITUCIONAL Nº 759/2013, 30-10-2013 – Artigo 146º-B do CPPT/ recurso judicial da avaliação indirecta da matéria tributável com base em manifestações de fortuna/ limitação de prova/ prova testemunhal/ inconstitucionalidade com força obrigatória geral
ACÓRDÃO DO TRIBUNAL CONSTITUCIONAL Nº 204/14, 25-03-2014 – LTC/ lei orgânica de valor reforçado/ artigo 25º, nº 4 do RJAT/ interpretação sistemática e teleológica/ recurso para o STA
ACÓRDÃO DO TRIBUNAL CONSTITUCIONAL Nº 713/2014, 28-10-2014 – Artigos 23º e 25º do RJAT/ notificação do Ministério Público/ notificação do arquivamento/ recurso de constitucionalidade/ inconstitucionalidade do artigo 25º, nº 4 do RJAT no que respeita ao recurso de constitucionalidade
ACÓRDÃO DO TRIBUNAL CONSTITUCIONAL Nº 126/15, 29-03-2016 – Decisão arbitral/ pronúncia indevida/ incompetência do tribunal arbitral

Outros

ACÓRDÃO DO SUPREMO TRIBUNAL DE JUSTIÇA, PROCESSO Nº 161/052TBVLG.S1, 22-09-2009 – Superveniência objectiva e subjectiva
ACÓRDÃO *ASCENDI*, PROCESSO Nº C-256/14, 12-06-2014

BIBLIOGRAFIA

Afonso, Sérgio Brigas (2015) "Mercadorias sujeitas a direitos de importação: Restrições no recurso à arbitragem tributária", *in* Villa-Lobos, Nuno, Pereira, Tânia Carvalhais (coords), *Revista de Arbitragem* nº 3, Lisboa: CAAD

Afonso, Tiago Lourenço (2015), "A reclamação de actos do órgão de execução fiscal em caso de subida imediata: âmbito do efeito suspensivo" *in Cadernos de Justiça Tributária nº 7.*

Amaral (2016), Diogo Freitas do *Curso de Direito Administrativo, Vol. II,* Coimbra: Almedina

Almeida, Francisco Manuel Lucas Ferreira de (2015), *Direito Processual Civil, Vol. II,* Coimbra: Almedina

Almeida, José Mário Ferreira de (2013) "Algumas notas sobre a aproximação do processo administrativo ao processo civil" *in Cadernos de Justiça Administrativa,* nº 102, Novembro/Dezembro 2013

Almeida, Mário Aroso de (2016), *Manual de Processo Administrativo,* Coimbra: Almedina

Almeida, Mário Aroso de (2012) "Sobre o âmbito das matérias passíveis de arbitragem de Direito administrativo em Portugal", in *Estudos em homenagem a Miguel Galvão Teles,* vol. II, Coimbra: Almedina

Almeida, Mário Aroso de (2004), "A arbitragem no Direito Administrativo Português" *in La Contratactión Pública en el Horizonte de la Integración Europea,* Madrid: INAP

Almeida, Mário Aroso de, Cadilha, Carlos Fernandes (2010) *Comentário ao Código de Processo nos Tribunais Administrativos,* Coimbra: Almedina

Alte, Sofia Tomé d' (2002), "Sigilo Fiscal: um Direito da Administração Tributária e uma Garantia dos Administrados" *in Revista da Faculdade de Direito da Universidade de Lisboa,* nº 1

Amorim, Ana Clara Azevedo de (2007), "Acordos prévios em matéria de preços de transferência: ponderando a sua regulamentação em Portugal" *in Estudos de Direito Fiscal,* Coimbra: Almedina'

Amorim, Pedro Patrício (2011), "Anotação à primeira decisão de um tribunal superior sobre a cláusula geral anti-abuso" *in Revista de Finanças Públicas e Direito Fiscal*

Andrade, Fernando Rocha (2002), "Preços de transferência e tributação de multinacionais: as evoluções recentes e o novo enquadramento jurídico português" *in Boletim de Ciências Económicas,* FDUC, Coimbra, nº 45-A

Andrade, José Carlos Vieira de (2015), *A justiça administrativa,* Coimbra: Almedina

Andrade, José Carlos Vieira de (2007), *O Dever de Fundamentação Expressa de Actos Administrativos,* Coimbra: Almedina

Andrade, José Carlos Vieira de (1974), "A Imparcialidade da administração como Princípio Constitucional" *in Boletim da Faculdade Direito da Universidade de Coimbra*, Coimbra

Antunes, Bruno Botelho (2009), "Impugnação judicial em situações de retenção na fonte – uma nova perspectiva sobre o interesse processual" *in Fiscalidade*, nº 37

Antunes, Bruno Botelho (2008), *Da Repercussão Fiscal no IVA*, Coimbra: Almedina

Azevedo, Maria Eduarda (2010), "O segredo bancário e a fiscalidade na ordem jurídica portuguesa" *in Estudos em Memória do Prof. Doutor J.L Saldanha Sanches, Vol. V*, Coimbra: Coimbra Editora

Barbosa, Paula Elisabete Henriques (2005), "Do valor do sigilo bancário, sua evolução, limites: em especial o sigilo bancário no domínio fiscal – A Reforma Fiscal", *in Revista da Faculdade de Direito da Universidade de Lisboa*, nº 2

Barrocas, Manuel Pereira (2013) *Manual de Arbitragem*, 2ª edição, Coimbra: Almedina

Bulcão, Gonçalo, Vidal, José Ramos e Menezes, Maria João (2015), *Lei Geral Tributária Comentada e Anotada*, Coimbra: Almedina

Cabo, Sérgio Gonçalves do (2006) "A cumulação processual no contencioso tributário" in *Estudos jurídicos e económicos em homenagem ao Prof. Doutor António de Sousa Franco, Vol. III*, Coimbra: Coimbra Editora

Caldeira, João Damião (2011), *O procedimento tributário de inspecção: um contributo para a sua compreensão à luz dos direitos fundamentais in* www.tributarium.net

Campos, Diogo Leite de, Rodrigues, Benjamim Silva, Sousa, Jorge Lopes de (2012), *Lei Geral Tributária – Anotada e Comentada*, Lisboa: Encontro da Escrita Editora

Campos, Diogo Leite (2005), "A cláusula Geral Anti-Abuso: artigo 38º nº 2 da Lei Geral (e artigo 46º, 10 do CIRC)", *in Revisores e empresas*

Canotilho, J. J. Gomes, Moreira, Vital (2014) *Constituição da República Portuguesa – Anotada, vols. I e II*, Coimbra: Coimbra Editora

Cardoso, Renata da Cruz Almeida (2007), "A Cláusula Geral Anti-Abuso Qualificada à luz da Lei Geral Tributária e da Lei Fundamental da República", *in Estudos de Direito Fiscal*

Carlos, Brás (2015), *Impostos (Teoria Geral)*, Coimbra: Almedina

Carvalho, Cláudio (2008), "As reclamações prévias em matéria tributária" *in Scientia Iuridica*, nº 314, Braga

Carvalho, João Filipe Pacheco de (2005), "O procedimento de aplicação das normas anti-abuso", *in Fiscalidade*, nº 23

Carvalho, Raquel (1999), *O Direito à Informação Administrativa Procedimental*, Porto: P.U.C

Castro, Catarina Sarmento e (2002), "Direito à informação procedimental: os interesses e os interessados: todos diferentes, todos iguais?" *in Cadernos de Justiça Administrativa*, Janeiro/ Fevereiro 2002

Castro, José Miguel (2013), "O Dever de Guardar Sigilo e o Acordo de Confidencialidade na Lei da Arbitragem Voluntária: uma reflexão de direito público" *in A Arbitragem Administrativa e Tributária: Problemas e Desafios*

Correia, José Manuel Sérvulo (2014), "Da acção administrativa especial à nova acção administrativa", *in Cadernos de Justiça Administrativa*, nº106, Julho/Agosto 2014

Correia, José Manuel Sérvulo (2005), "O incumprimento do dever de decidir", *in Cadernos de Justiça Administrativa*, nº 54

Correia, José Manuel Sérvulo (2004), "O princípio pro actione no procedimento administrativo", *in Cadernos de Justiça Administrativa*, nº 44

Correia, José Manuel Sérvulo (1982), *Noções de Direito Administrativo, Vol. I*

Côrte-Real, Pamplona, Gouveia, J. Bacelar, Costa, J. Cardoso da (1992) "Breves reflexões em matéria de confidencialidade fiscal" in *Ciência e Técnica Fiscal* nº 368, Lisboa

Costa, Mário Júlio De Almeida (2016), *Direito das Obrigações*, Coimbra: Almedina

Courinha, Gustavo Lopes (2009), *A Cláusula Geral Anti-Abuso no Direito Tributário: contributos para a sua compreensão*, Coimbra: Almedina

Cunha, Tânia Meireles Da (2006), "O Momento da Reversão da Execução Fiscal Contra os Responsáveis Subsidiários" *in Ciência e Técnica Fiscal nº 416*

Dourado, Ana Paula (2014) *O Princípio da Legalidade Fiscal: Tipicidade, Conceitos Jurídicos Indeterminados e Margem de Livre Apreciação*, Coimbra: Almedina

Duarte, Cláudia Reis (2015), "O Procedimento de Inspeção de Natureza Externa", *in Revista Arbitragem Tributária*, nº 2, Lisboa: CAAD

Duarte, David (1996), *Procedimentalização, Participação e Fundamentação: para uma concretização do princípio da imparcialidade administrativa como parâmetro decisório*, Coimbra: Almedina

Faria, Paulo Ramos de, Loureiro, Ana Luísa (2014), *Primeiras Notas ao Novo Código de Processo Civil*, Coimbra: Almedina

Faveiro, Vítor (2002), *O Estatuto do Contribuinte – a pessoa do contribuinte no Estado Social de Direito*, Coimbra: Coimbra Editora

Fernandez, Elizabeth (2013), "O Código de Processo nos Tribunais Administrativos à luz do *novo* Código de Processo Civil", *in Cadernos de Justiça Administrativa*, nº 102, Novembro/Dezembro 2013

Ferreira, Catarina (2014), "Cláusula geral anti-abuso – reflexões e aplicação à realidade empresarial", *in Fiscalidade* (Jan. – Mar. 2014)

Ferreira, Susana Bradford (2005), *Os Recursos e a Impugnação da Decisão Arbitral em Matéria Tributária*, Dissertação de Mestrado apresentada à Universidade Católica Portuguesa

Figueiras, Cláudia Sofia Melo (2013), "Arbitragem: a descoberta de um novo paradigma de justiça tributária?", *in A Arbitragem Administrativa e Tributária: Problemas e Desafios*, Coimbra: Almedina

Firmino, Ana Sofia (2014), "O fim do regime dualista das acções administrativas no Anteprojecto de revisão do Código de Processo nos Tribunais Administrativos", *in* Gomes, Carla Amado, Neves, Ana Fernanda, Serrão, Tiago (coord), *O Anteprojecto de Revisão do Código de Processo nos Tribunais Administrativos e do Estatuto dos Tribunais Administrativos e Fiscais em debate*

Flora, Cristina e REIS, Margarida, "Recursos no Contencioso Tributário" (2015), Lisboa: Quid Juris

Flores, Manuela (2006), "O Ministério Público e a Reforma do Contencioso Administrativo – seu papel", *in A Nova Justiça Administrativa*, Coimbra: Coimbra Editora

Freitas, José Lebre de (1991) *A Confissão no Direito Probatório*, Coimbra: Coimbra Editora

Freitas, José Lebre de (2013) *Introdução ao Processo Civil – Conceito e princípios gerais à luz do novo Código*, Coimbra: Coimbra Editora

Gama, João Taborda da (2011), "Tendo surgido dúvidas sobre o valor das circulares e outras orientações genéricas" *in Estudos em memória do Prof. Doutor J.L Saldanha Sanches, Volume V*

GAMA, João Taborda da (2005), "Erros, serviços e vícios na atribuição de juros indemnizatórios – Comentário a AcSTA nº 114/02, de 29-05 (Rel: Almeida Lopes), e ao AcSTA nº 772/04, de 17-11 (Rel: Baeta de Queiroz) *in Fiscalidade* nº 23

GARCIA, Nuno de Oliveira (2010), "Notificação incompleta – o recurso ao disposto no artigo 37º do CPPT e o princípio da não antecipação do prazo de reacção", *in Estudos em Memória do Prof. Doutor J.L Saldanha Sanches, Vol. V*

GARCIA, NUNO de OLIVEIRA, NUNES, Rita Carvalho (2011), "Inspecção tributária externa e a relevância dos actos materiais de inspecção", *in Revista de Finanças Públicas e Direito Fiscal*

GERALDES, António Abrantes (2009), *Cassação ou substituição? Livre escolha ou determinismo legislativo?*, disponível em http://trl.mj.pt

GONÇALVES, Joaquim, (1999), *A Caducidade face ao Direito Tributário*, Problemas Fundamentais do Direito Tributário, Lisboa: Vislis Editores

GONÇALVES, Joaquim J. Brigas (2002), *O Conflito entre o Dever de Cooperação do Obrigado Fiscal e o Direito à Não Inculpação do Arguido*, Dissertação de Mestrado apresentada à Universidade Católica Portuguesa

GUERREIRO, António Lima (2001) *Lei Geral Tributária Anotada*, Carcavelos: Rei dos Livros

JÚNIOR, Andreia (2008) "A compensação de créditos tributários" *in Revista Fiscal*, Abril 2008, Porto

LEITÃO, Alexandra (1998), "Da pretensa subsidiariedade da acção para o reconhecimento de direitos ou interesses legítimos face aos restantes meios contenciosos" *in Cadernos de Justiça Administrativa*, nº 7

LEITÃO, Luís Manuel Teles De Menezes (2016), *Direito das Obrigações, Vol. II*, Coimbra: Almedina

LOPES, Pedro Moniz (2011), *Princípio Boa Fé e Decisão Administrativa*, Coimbra: Almedina

MACHETE, Pedro (1999), "A audição prévia do contribuinte" *in Problemas Fundamentais de Direito Tributário*, Lisboa: Vislis

MARQUES, Iara Rodrigues Costa (2012), *A Cláusula Geral Anti-Abuso como meio de combate ao planeamento fiscal ilegítimo: pressupostos e condições de aplicação da CGAA no Direito Fiscal Português*, dissertação de Mestrado apresentada à Faculdade de Direito da Universidade Católica Portuguesa – Escola de Lisboa

MARQUES, Joana Nunes Trincão (2015), *Harmonização das Cláusulas Gerias Anti-Abuso? Análise da Proposta da Comissão Europeia no âmbito da Recomendação sobre Planeamento Fiscal Abusivo*, dissertação de Mestrado apresentada à Universidade Católica Portuguesa

MARQUES, João Paulo Remédio (2011) *A Acção Declarativa à Luz do Código Revisto*, 3ª Edição, Coimbra: Almedina

MARQUES, Paulo (2014), *O Procedimento de Inspecção Tributária*, Coimbra: Coimbra Editora

MARTINS, António Carvalho (1999), *Revisão da Matéria Tributável: procedimento de avaliação e escrutínio judicial*, Coimbra: Coimbra Editora

MARTINS, António Carvalho (2001), *Reclamação, Graduação e Verificação de Créditos*, Coimbra: Coimbra Editora

MARTINS, Elisabete Louro (2011), "Os Limites do Princípio do Inquisitório e a sua Articulação com as Regras do Ónus da Prova no Procedimento e no Processo

Judicial Tributário" *in Estudos em memória do Professor Doutor J.L Saldanha Sanches, Vol. V*

MARTINS, Jesuíno Alcântara, ALVES, José Costa (2015), *Procedimento e Processo Tributário: uma perspectiva prática*, Coimbra: Almedina

MARTINEZ, Pedro Soares (1969) *Da Personalidade Tributária*, Cadernos de Ciência e Técnica Fiscal, Lisboa: Centro de Estudos Fiscais da Direcção-Geral das Contribuições e Impostos

MATOS, Pedro Vidal (2008), "A Reversão do Processo de Execução Fiscal" *in Separata da Revista da Ordem dos Advogados, A. 68, nº 2/3*

MATOS, Pedro Vidal (2010), *O princípio inquisitório no procedimento tributário*, Coimbra: Coimbra Editora – Wolters Kluwer

MEALHA Esperança, MAÇÃS Fernanda (coord.) (2013), *Mudar a Justiça Administrativa e Fiscal*, Coimbra: Almedina

MENDES, Castro (1987), *Direito Processual Civil, Vol. II*, Lisboa: AAFDL

MESQUITA, Maria Margarida (1991), "A protecção da confidencialidade em matéria fiscal" *in Ciência e Técnica Fiscal*, nº 364

MIRANDA, Jorge, MEDEIROS, Rui (2007) *Constituição Portuguesa Anotada*, tomos I e III, Coimbra: Coimbra Editora

MORAIS, Rui Duarte (2009), "Preços de transferência: o sistema fiscal no fio da navalha" *in Revista de Finanças Públicas e Direito Fiscal*

MORAIS, Rui Duarte (2010), *A Execução Fiscal*, Coimbra: Almedina

MORAIS, Rui Duarte (2012), *Manual de Procedimento e Processo Tributário*, Coimbra: Almedina

MORÃO, Helena (2006), "O efeito-à-distância das proibições de prova no direito processual português", *in Revista Portuguesa de Ciência Criminal* nº6

MORGADO, Abílio (2006), "Constituição e concretização do direito a juros indemnizatórios" *in Ciência e Técnica Fiscal*, nº 418

MORGADO, Abílio (2004), "O sigilo fiscal" *in Ciência e Técnica Fiscal*, nº 414

NABAIS, José Casalta (2015) *Direito Fiscal*, 8ª Edição, Coimbra: Almedina

NABAIS, José Casalta (2010), "A revisão dos actos tributários", *in Estudos de Direito Fiscal – Por um Estado Fiscal Suportável, Vol. III*, Coimbra: Almedina

NABAIS, José Casalta (2009), *O Dever Fundamental de Pagar Impostos*, Coimbra: Almedina

NABAIS, José Casalta (2008), "Revogação do acto tributário na pendência da impugnação judicial" *in Estudos de Direito Fiscal – Por um Estado Fiscal Suportável, Vol. II*, Coimbra: Almedina

NABAIS, José Casalta (2001), "A Impugnação Administrativa no Direito Fiscal", *in Scientia Jurídica – Revista de Direito Comparado Português e Brasileiro*, nº 291

NETO, Abílio (2016), *Código Civil Anotado*, 19º Edição Reelaborada, Lisboa: Ediforum

NETO, Abílio (2014), *Novo Código de Processo Civil Anotado*, Lisboa: Ediforum

NETO, Serena Cabrita e CASTILHO, Luis (2015), "Anotação ao Acórdão Ascendi" *in 100 Anos de Arbitragem – os casos essenciais comentados*, Colecção PLMJ, Coimbra, Coimbra Editora

NETO, Serena Cabrita e DUARTE, Cláudia Reis (2010), "O Regime da Contagem da Prescrição no Direito Tributário – Certeza e Segurança Jurídicas" *in Estudos em Memória do Prof. Doutor J.L Saldanha Sanches, Vol. V*, Coimbra: Coimbra Editora.

NETO, Serena Cabrita (2001), "Requiem pelo Acto Tácito", *in Fiscalidade*, nº 7/8, Julho/Outubro de 2001

NETO, Serena Cabrita (2004), *Introdução ao Processo Tributário*, Lisboa: ISG

NUNES, Gonçalo Avelãs (2000), "A Cláusula Geral Anti-Abuso de Direito em Sede Fiscal – art. 38 nº 2, da Lei Geral Tributária – à luz dos Princípios Constitucionais do Direito Fiscal", *in Fiscalidade*, nº 3, (Julho de 2000)

PACTEAU, Bernard (1977), *Le Juge de l'Excès de Pouvoir et les Motifs de l'Acte Administratif*, Travaux et Recherches de la Faculté de Droit et de Science Politique de l'Université de Clermont I, Paris: Librairie générale du droit et de jurisprudence

PAIVA, Carlos (2008), *Da Tributação à Revisão dos Actos Tributários*, Coimbra: Almedina

PAIVA, Carlos (2016), *O Processo de Execução Fiscal*, Coimbra: Almedina

PALMA, Rui Camacho, (2002), "Algumas Reflexões Sobre o Recurso Contencioso e a Impugnação Judicial no Código de Procedimento e de Processo Tributário", *in Fisco* nº 101/102, Lisboa: Livraria Lex

PEREIRA, Manuel Das Neves (2015), *Introdução ao Direito e às Obrigações*, Coimbra: Almedina

PEREIRA, Paula Rosado (2015) "The material scope of tax arbitration", *in* VILLA-LOBOS, Nuno, PEREIRA, Tânia Carvalhais, *The Portuguese Tax Arbitration Regime*, CAAD, Coimbra: Almedina

PEREIRA, Paula Rosado (2008), "Acordos prévios sobre preços de transferência: alguns comentários ao projecto de portaria" *in Revista de Finanças Públicas e Direito Fiscal*

PEREIRA, Paula Rosado (2006), "Acordos prévios sobre preços de transferência: breve contributo para uma análise relativa à sua introdução em Portugal" *in Estudos Jurídicos e Económicos em Homenagem ao Prof. Doutor de Sousa Franco, Vol. III*

PEREIRA, Rui Ribeiro (2013), "Breves Notas sobre o Regime da Arbitragem Tributária", *in A Arbitragem Administrativa e Tributária: Problemas e Desafios*, Coimbra: Almedina

PINTO, Rui (2003), *Penhora, Venda e Pagamento*, Lisboa: Livraria Lex

PORTUGAL, António Moura (2011), "A revisão do acto tributário na recente jurisprudência fiscal portuguesa" *in Estudos em memória do Prof. Doutor J.L Saldanha Sanches, Vol. V*

PORTUGAL, *Relatório do Grupo de Trabalho para o Estatuto da Política Fiscal – competitividade, eficiência e justiça do sistema fiscal* (2010) *in Cadernos de Ciência e Técnica Fiscal*, nº 209

QUADROS, Fausto de, CORREIA, José Manuel Sérvulo, MACHETE, Rui Chancerelle de, ANDRADE, José Carlos Vieira de, GARCIA, Maria da Glória Dias, ALMEIDA, Mário Aroso de, HENRIQUES, António Políbio, SARDINHA, José Miguel (2016), *Comentários à Revisão do Código do Procedimento Administrativo*, Coimbra: Almedina

REBELO, Marta (2005), "O acto tributário está perdido? – Implicações da reforma do processo administrativo no acesso à justiça tributária", *in Cadernos de Justiça Administrativa*, nº 54

REBELO, Marta (2003), "A tutela jurisdicional efectiva e os poderes de pronúncia do juiz em sede de acção para reconhecimento de um direito ou interesse em matéria fiscal: a teoria do alcance médio", *in Fiscalidade*, nº 13-14'

REIS, Alberto dos (2005), *Comentário ao Código de Processo Civil, Vol. III*, Coimbra: Coimbra Editora

RIBEIRO, João Sérgio (2011), "Algumas notas acerca das manifestações de fortuna", p. 197-210 *in Estudos em memória do Prof. Doutor J.L Saldanha Sanches, Vol. V*

RIBEIRO, Maria Teresa de Melo (1996) *O princípio da imparcialidade da Administração Pública*, Coimbra: Almedina

RIBEIRO, Nuno Cerdeira (2014), *O Controlo Jurisdicional dos Actos da Administração Tributária*, Coimbra: Almedina

Rocha, Joaquim Freitas da (2014) *Lições de Procedimento e Processo Tributário*, 5ª Edição, Coimbra: Coimbra Editora

Rocha, Joaquim Freitas da, Caldeira, João Damião (2013), *Regime Complementar do Procedimento de Inspecção Tributária (RCPIT) Anotado e Comentado*, Coimbra: Coimbra Editora

Rocha, Joaquim Freitas da (2009), "O procedimento de correcção de erros da administração tributária", *in Scientia Jurídica*, nº 319

Rocha, Joaquim Freitas da (2008), "O controlo do controlo tributário: meios reactivos à inspecção tributária" *in Cadernos de Justiça Administrativa*, nº 67

Rodrigues, Benjamim Silva (2014), "Sobre os tribunais fiscais e os tribunais arbitrais tributários"*in Revista de Arbitragem Tributária*, nº 1, Lisboa: CAAD

Rodrigues, Benjamim Silva (1999), "A prescrição no direito tributário" *in* Problemas Fundamentais do Direito Tributário, Lisboa: Vislis Editores

Rodrigues, Fernando Pereira (2013), *O Novo Processo Civil: os Princípios Estruturantes*, Coimbra: Almedina

Rodrigues, Fernando Pereira (2016), *Os Meios de Prova em Processo Civil*, Coimbra: Almedina

Sanches, José Luís Saldanha (2007), *Manual de Direito Fiscal*, Coimbra: Coimbra Editora

Sanches, José Luís Saldanha (2006), *Os Limites do Planeamento Fiscal: Forma e Substância no Direito Fiscal Português, Comunitário e Internacional*, Coimbra: Coimbra Editora

Sanches, José Luís Saldanha, Gama, João Taborda (2006) "Audição – Participação – Fundamentação: A Co-Responsabilização do Sujeito Passivo na Decisão Tributária" *in Separata de Homenagem a José Guilherme Xavier de Basto*, Coimbra: Coimbra Editora

Sanches, José Luís Saldanha (2002), "O indeferimento tácito em matéria fiscal: uma garantia do contribuinte?" *in Fiscalidade*, nº 11

Sanches, José Luís Saldanha (2001), "O Contencioso Tributário como Contencioso de Plena Jurisdição" *in Fiscalidade*, nº 7/8, Julho/Outubro de 2001

Sanches, José Luís Saldanha (1995), *A Quantificação da Obrigação Tributária: deveres de cooperação, autoavaliação e avaliação administrativa*, Lisboa: CTF

Sanches, José Luís Saldanha (1987), *Princípios do Contencioso Tributário*, Lisboa

Silva, André Festas da (2007), *Princípios Estruturantes do Contencioso Tributário*, Lisboa: Dislivro

Silva, Germano Marques da (2009), *Direito Penal Tributário*, Lisboa: Universidade Católica

Silva, Hugo Flores (2014), *Privatização do sistema de gestão fiscal*, Coimbra: Coimbra Editora

Silva, Isabel Marques da (2011), "O artigo 89º-A da Lei Geral Tributária na jurisprudência do Supremo Tribunal Administrativo" *in Estudos em memória do Prof. Doutor J.L Saldanha Sanches, Vol. V.*

Silva, Isabel Marques da (2004), "Cumulação de impugnações de IVA e de IRS, CTF" *in Ciência e Técnica Fiscal*, nº 414

Silva, Isabel Marques da (2000), "Dever de Correcta Notificação dos Meios de Defesa ao dispor dos contribuintes, Boa-Fé e Protecção da Confiança" *in Direito e Justiça Vol. XIV, Tomo 2*

Silva, Isabel Marques da (2000),"Algumas Considerações em Torno do Código de Procedimento e Processo Tributário", *in Revista Justiça Administrativa, nº 32, Setembro/Outubro*

Silva, Vasco Pereira da (2013), *O Contencioso Administrativo no Divã da Psicanálise*, Coimbra: Almedina

Sousa, Jorge Lopes de (2011) *Código de Procedimento e de Processo Tributário Anotado e Comentado, vols. I, II, III e IV*, Lisboa: Áreas

Sousa, Jorge Lopes de (2013), "Algumas notas sobre o regime da arbitragem tributária" *in* Isabel Celeste M. Fonseca (coord), *Arbitragem Administrativa e Tributária: Problemas e Desafios*, Coimbra: Almedina

Sousa, Jorge Lopes de (2013) "Comentário ao Regime Jurídico da Arbitragem Tributária" *in* Nuno Villa-Lobos e Mónica Brito Vieira (coord.) *Guia da Arbitragem Tributária*, Coimbra: Almedina

Sousa, Jorge Lopes de (2013), "Recurso de revisão de decisões arbitrais tributárias", *in Newsletter CAAD – Arbitragem Fiscal*, nº 2 de 2013, Lisboa, disponível em http://www.caad.org.pt/

Sousa, Jorge Lopes de (2010), *Sobre a Prescrição da Obrigação Tributária – Notas Práticas*, 2ª Edição, *Aumentada e Melhorada*, Lisboa: Áreas Editora

Sousa, Jorge Lopes de (2008), *Sobre a Prescrição da Obrigação Tributária – Notas Práticas*, Lisboa: Áreas Editora

Sousa, Miguel Teixeira de (1997), "Arguição de vícios pelo Ministério Público no recurso de anulação" *in Cadernos de Justiça Administrativa*, nº 5

Soutelinho, Susana (2013) "A arbitragem tributária – uma realidade?" *in A Arbitragem Administrativa e Tributária: Problemas e Desafios*, 2ª edição, Coimbra: Almedina

Taborda, Daniel Geraldo (2006), "O direito de audição no procedimento tributário" *in Fiscalidade, nº 25*

Teles, Miguel Galvão (2011) "Recurso para o Tribunal Constitucional das decisões dos tribunais arbitrais" *in* Jorge Miranda (coord.) *Estudos de Homenagem ao Prof. José Manuel Sérvulo Correia*, vol. I, Coimbra: Coimbra Editora

Trindade, Carla Castelo (2016), *Regime Jurídico da Arbitragem Tributária Anotado*, Coimbra: Almedina

Trindade, Carla Castelo, Ferreira, Susana Bradford (2015) "O reenvio prejudicial para o Tribunal de Justiça da União Europeia – o caso específico da arbitragem tributária" *in CEJ – Contencioso Tributário*, Lisboa: Centro de Estudos Judiciários, 199-224, disponível em http://www.cej.mj.pt/

Trindade, Carla Castelo (2014) "Os prazos na arbitragem tributária" *in* Villa-Lobos, Nuno, Pereira, Tânia Carvalhais (coords) *Revista de Arbitragem Tributária*, nº 2, Lisboa: CAAD

Vasques, Sérgio (2008) *O Princípio da Equivalência como Critério de Igualdade Tributária*, Coimbra: Almedina

Vasques, Sérgio, Pereira, Tânia Carvalhais (2016), *Os Impostos Especiais sobre o Consumo*, Coimbra: Almedina

Vasques, Sérgio (2014) *Manual de Direito Fiscal*, Coimbra: Almedina

Vasques, Sérgio, Trindade, Carla Castelo (2013) "Âmbito material da arbitragem tributária" *in Cadernos de Justiça Tributária*, nº 00, Braga: Cejur – Centro de Estudos Jurídicos do Minho

Vasques, Sérgio, Trindade, Carla Castelo (2013) "Os efeitos do pedido de constituição do Tribunal Arbitral Tributário" *in Cadernos de Justiça Tributária*, nº 02, Braga: Cejur – Centro de Estudos Jurídicos do Minho

Villa-Lobos, Nuno (2013), "Novas configurações da justiça administrativa e fiscal em Portugal" *in A Arbitragem Administrativa e Tributária: problemas e desafios*, Coimbra: Almedina

Villa-Lobos, Nuno (2013) "Novas configurações da justiça administrativa e fiscal em Portugal" *in* Isabel Celeste M. Fonseca (coord), *Arbitragem Administrativa e Tributária: Problemas e Desafios*, Coimbra: Almedina

Villa-Lobos, Nuno, Vieira, Mónica Brito (coord.) (2013) *Guia da Arbitragem Tributária*, Coimbra: Almedina

Villa-Lobos, Nuno, Pereira, Tânia Carvalhais (2013) "Arbitragem Tributária: Breves Notas" *in* Isabel Celeste M. Fonseca (coord), *Arbitragem Administrativa e Tributária: Problemas e Desafios*, Coimbra: Almedina

Xavier, Alberto (1972), *Conceito e Natureza do Acto Tributário*, Coimbra: Almedina

Xavier, Alberto (1974), *Manual de Direito Fiscal*, Lisboa: FDUL

Xavier, Alberto (2005), *Princípios do Processo Administrativo e Judicial Tributário*, Rio de Janeiro: Editora Forense

Xavier, Rita Lobo, Folhadela, Inês, Castro, Gonçalo Andrade e (2014), *Elementos de direito processual civil : teoria geral : princípios : pressupostos*, Porto: Universidade Católica

ÍNDICE GERAL

VOLUME I

PROCEDIMENTO, PRINCÍPIOS E GARANTIAS

VOLUME II

PROCESSO, ARBITRAGEM E EXECUÇÃO